面向中国式现代化进一步全面深化改革研究

迈向高质量发展与高水平治理的强国方略

杨志刚　徐 策◎著

中国经济出版社
CHINA ECONOMIC PUBLISHING HOUSE
·北 京·

图书在版编目（CIP）数据

面向中国式现代化进一步全面深化改革研究：迈向高质量发展与高水平治理的强国方略 / 杨志刚，徐策著．北京：中国经济出版社，2024. 10. --ISBN 978-7-5136-7901-5

Ⅰ. D61

中国国家版本馆 CIP 数据核字第 2024AX9475 号

策划统筹　姜　静
责任编辑　丁　楠
责任印制　马小宾
封面设计　任燕飞装帧设计工作室

出版发行　中国经济出版社
印 刷 者　北京科信印刷有限公司
经 销 者　各地新华书店
开　　本　787mm×1092mm　1/16
印　　张　48.5
字　　数　1062 千字
版　　次　2024 年 10 月第 1 版
印　　次　2024 年 10 月第 1 次
定　　价　398.00 元
广告经营许可证　京西工商广字第 8179 号

中国经济出版社 **网址** http://epc.sinopec.com/epc/ **社址** 北京市东城区安定门外大街 58 号 **邮编** 100011
本版图书如存在印装质量问题，请与本社销售中心联系调换（联系电话：010-57512564）

重磅推荐

彭森 改革开放是决定当代中国命运的关键一招。进一步全面深化改革是中国式现代化建设的必然要求。《面向中国式现代化进一步全面深化改革研究》一书是进一步全面深化改革的重要理论研究成果。作者以详实的史料和严谨的逻辑，紧紧抓住高质量发展和高水平治理两个关键点，系统梳理了改革开放 46 年来中国改革的演进历程、基本经验与重大成就，深入分析了新一轮中长期改革面临的新形势和新要求，尝试提出了新一轮中长期改革的总体方案，研究了新一轮中长期改革的重大改革举措，并侧重提出了一系列创新性的改革措施，为进一步全面深化改革、推进中国式现代化提供了理论和实践参考，对新时代中国进一步全面深化改革具有重要借鉴意义。

——推荐人为中国经济体制改革研究会会长，国家发展和改革委员会原党组成员、副主任

刘世锦 改革开放是党和人民事业大踏步赶上时代、取得举世瞩目伟大成就的关键一招，也是吸收人类文明成果、从中国国情出发全面推进现代化历史进程的重要法宝。《面向中国式现代化进一步全面深化改革研究》一书紧紧围绕推进中国式现代化进一步全面深化改革这一主线，按照总报告和十个专题报告的结构，全面阐述了新一轮中长期改革中“改什么、怎么改”的问题，分析了改革的主要历程、重要经验、总体框架、基本方向、难点卡点等，既体现了改革思路的前瞻性、系统性，也重视政策建议的针对性、可操作性，有助于总结改革经验，明确改革方向，落实改革举措，富有成效地把中国式现代化不断推向前进。

——推荐人为中国环境与发展国际合作委员会中方首席顾问，国务院发展研究中心原副主任

王一鸣 中国式现代化是在改革开放中不断推进的，也必将在改革开放中开辟广阔前景。《面向中国式现代化进一步全面深化改革研究》一书系统梳理改革开放的历史进程，总结改革开放特别是党的十八大以来取得的伟大成就和基本经验，分析以中国式现代化全面推进强国建设、民族复兴伟业面临的新形势新要求，阐释进一步全面深化改革的重

点任务和重大举措，对深入学习理解党的二十届三中全会精神有参考价值。

——推荐人为中国国际经济交流中心副理事长，中国人民银行货币政策委员会委员，国务院发展研究中心原党组成员、副主任

迟福林 《面向中国式现代化进一步全面深化改革研究》一书以党的二十届三中全会精神为指导，以中国式现代化为导向，深入分析进一步全面深化改革的重大问题，提出了新一轮中长期改革的基本思路、总体方案和重点任务，读后很有启发。这份报告以及相关的专题报告，有助于学习理解党的二十届三中全会精神，也有助于增强进一步全面深化改革事业的自觉性。我很愿意向各位读者推荐这本著作。

——推荐人为中国（海南）改革发展研究院院长

徐善长 《面向中国式现代化进一步全面深化改革研究》一书总结和运用改革开放以来特别是新时代全面深化改革的宝贵经验，紧紧围绕中国式现代化，突出体制机制改革，强化系统集成，内容丰富，指向清晰，对深入理解党的二十届三中全会《决定》精神、对发展改革理论研究和实际工作具有很好的参考指导作用。

——推荐人为中国宏观经济学会会长，国家发展和改革委员会体改司原司长

曹文炼 《面向中国式现代化进一步全面深化改革研究》是一部最新版全景式展现中国改革道路与发展方向的鸿篇巨著。作者以总论和分论相结合，全面回顾中国改革开放的历史进程和伟大成就，深入分析现阶段面临的主要问题和各种挑战，着重阐述如何通过新一轮中长期改革开放引领，推进实现中国特色现代化。论述提纲挈领、深入浅出、逻辑鲜明，贯彻问题导向和目标导向，充分体现了作者厚实的理论功底和丰富的专业经验。

——推荐人为莫干山研究院理事长兼院长，中国经济体制改革研究会副会长

《面向中国式现代化进一步全面深化改革研究

——迈向高质量发展与高水平治理的强国方略》

课 题 组

组　　长 杨志刚　徐　策

副 组 长 伊丽娜

课题组成员（按姓氏笔画排序）

左登基　白　杨　冯　韵

孙　蕾　肖　慧　何　赛

张浩然　赵　方　梅　怡

曹　樱　章守颖

中经网发展战略与体制改革研究小组简介

为更好服务党中央、国务院、国家发展改革委等有关部门，以及各级政府和企事业单位科学决策，并提供高质量政策咨询和智力支持，中经网依托自身专家和国内外权威专家组成的专家库，专门创建“中经网发展战略与体制改革研究小组”（简称“中经战略改革小组”）。中经战略改革小组始终坚持以习近平新时代中国特色社会主义思想为指导，立足新发展阶段，完整、准确、全面贯彻新发展理念，构建新发展格局，推动高质量发展，主要从事战略规划、宏观经济形势与宏观调控政策、体制改革等方面的研究工作。目前，已形成《决策要参》《热点政策解读系列专题报告》《中央经济工作会议系列专题报告》《政府工作报告解读系列专题报告》《“十四五”中期我国经济社会发展监测研究报告》《面向中国式现代化的中长期改革研究报告》《“十五五”战略形势研判和战略抓手研究报告》《新质生产力助推现代化产业体系建设研究报告》等系列研究品牌。

序　言 | PREFACE

以改革破局突围，以改革重塑优势，以改革支撑中国式现代化

清晨，路过庄严的长安街，第一缕阳光挥洒在天安门广场上，五星红旗在雄壮的国歌声中冉冉升起，脑海中的画面瞬间已越千年。从春秋战国的百家争鸣，到秦汉大一统的制度创新，从唐宋的开放包容，到明清的变革尝新，从洋务运动的“师夷自救”，到辛亥革命的风起云涌，直至新中国成立后一系列波澜壮阔的改革实践，脑海中激荡着改革给我们这个时代描摹的壮丽篇章。中华民族是一个极具改革精神的民族，在中华民族历史赓续的伟大画卷中，正是用“改革”标注出一个又一个最鲜明的时代符号，也正是通过“改革”成就了一次又一次伟大转折、跨越了一个又一个历史关口。在新中国成立以来的改革史上，党的十一届三中全会无疑是划时代的里程碑，党的十八届三中全会也无疑是划时代的里程碑。改革之过去波澜壮阔，改革之未来荡气回肠。无数生动的人物画像，缔造了46年波澜壮阔的改革时代，无数坚定的奋斗历程，讲述了46年荡气回肠的改革故事。实践证明，改革开放是党和人民大踏步赶上时代的重要法宝。世界百年未有之大变局和中华民族伟大复兴之战略全局，终将在一次次历史突围与超越中，成就千年伟业。

在改革的伟大历程中，我们始终坚持问题导向和目标导向，只是在不同时期有所侧重。1978年之后的10年，改革更多地侧重问题导向，到了20世纪80年代中后期，改革在坚持目标导向的同时，开始重视顶层设计。自1987年10月起，国家体改委委托并组织有关经济主管部门、科研机构、大专院校及部分地方体改部门，对之后八年的经济体制改革分头进行了综合规划和专项设计。2013年11月，党的十八届三中全会围绕“完善和发展中国特色社会主义制度，推进国家治理能力和治理体系现代化”这一改革总目标，对改革伟大事业进行了系统性顶层设计，具体包括60项改革事项、336条改革举措。通过十年的全面深化改革，实现了改革由局部探索、破冰突围到系统集成、全面深化的转变，各领域基础性制度框架基本建立，许多领域实现历史性变

革、系统性重塑、整体性重构，总体完成了改革任务，在实现各方面制度更加成熟更加定型方面取得明显成效，为全面建成小康社会、实现党的第一个百年奋斗目标提供有力制度保障，推动我国迈上全面建设社会主义现代化国家新征程。2024年7月，党的二十届三中全会围绕“继续完善和发展中国特色社会主义制度，推进国家治理体系和治理能力现代化”这一进一步全面深化改革总目标，把握“七个聚焦”“六个坚持”“十四个方面”系统部署，提出369项具体改革任务。这又是一次改革史上的重要里程碑，必将为中国式现代化提供强大动力和制度保障，为2035年基本实现社会主义现代化和本世纪中叶全面建成社会主义现代化国家奠定坚实基础。

新时代新征程，改革事业也面临新形势新要求、新问题新挑战。一方面，推动高质量发展面临的突出问题依然是发展不平衡不充分。市场体系仍不健全，市场发育还不充分，政府和市场的关系尚未完全理顺，创新能力不适应高质量发展要求，产业体系整体大而不强、全而不精，关键核心技术受制于人状况没有根本改变，农业基础还不稳固，城乡区域发展和收入分配差距仍然较大，民生保障、生态环境保护仍存短板，距离建设中国式现代化的要求有不小差距。这些问题都需要从体制机制上解决，在健全推动经济高质量发展体制机制上，特别是健全因地制宜发展新质生产力体制机制上仍然任重道远，我们距离建成一个成熟、高水平的社会主义市场经济体制还有差距。另一方面，世界百年未有之大变局加速演进，局部冲突和动荡频发，全球性问题加剧，来自外部的打压遏制不断升级，不确定难预料因素增多，需要在制度上做好充分的准备，以更好地有效应对各类风险挑战、在日趋激烈的国际竞争中赢得战略主动，在危机中育新机、于变局中开新局。

无论是发展还是改革，我们都站在了新的历史起点。党的二十大报告指出，“从现在起，中国共产党的中心任务就是团结带领全国各族人民全面建成社会主义现代化强国、实现第二个百年奋斗目标，以中国式现代化全面推进中华民族伟大复兴”，党的二十届三中全会进一步指出，“当前和今后一个时期是以中国式现代化全面推进强国建设、民族复兴伟业的关键时期”。这两个重要判断明确了新时代新征程党和国家发展的历史方位。德国社会学家卡尔·曼海姆曾提出约25年为一个“世代”的概念。从当下2024年到25年后的2049年，恰逢一个“世代”的更替。这样一个“世代”更替，也正是中国迈向全面建成社会主义现代化强国的伟大时期。在新时代新征程上，以中国式现代化全面推进强国建设、民族复兴伟业的历史进程中，中国已经不可回避地走向世界舞台中心，必须站在全人类的发展大局，充分利用自己的智慧、能力和勇气，不断推动人类认知边界向未知领域推进和探索，要勇于率先“发问”，也要能够率先“思考”，更要善于率先“解题”。

为做好改革研究，2023年年初，我们依托“中经网发展战略与体制改革研究小组”成立“面向中国式现代化进一步全面深化改革研究”课题组，会集相关领域专家，特别是有志于研究改革问题的青年专家学者，历时一年半，形成了《面向中国式现代化进一步全面深化改革研究——迈向高质量发展和高水平治理的强国方略》一书。本书共分为十一篇，第一篇是总报告，第二篇到第十一篇是专题报告，分别研究阐述了构建高水平社会主义市场经济体制、健全推动经济高质量发展体制机制、构建支持全面创新体制机制、健全宏观经济治理体系、完善城乡融合发展体制机制、完善高水平对外开放体制机制、深化文化体制机制改革、健全保障和改善民生制度体系、深化生态文明体制改革、推进国家安全体系和能力现代化等领域的改革问题，每一篇包括具体报告若干，全书共计22份报告。本书研究的重点以经济、社会、文化、生态领域改革为主，但未涉及政治、法治、军事、外交等方面。本书每一份报告均按照“改革的主要历程、基本经验与伟大成就”（专门梳理了党的十八大以来取得的新突破）、“进一步全面深化改革面临的新形势新要求”、“进一步全面深化改革指导思想、基本原则和总目标”、“进一步全面深化改革的重点任务”的逻辑线索展开。报告研究起草和修改完善过程中，恰逢党的二十届三中全会胜利召开，我们认真学习领会了全会精神，并进行了对标对表。需要说明的是，第一，在目标研究中，按照党的二十届三中全会精神对2029年和2035年的目标进行了细化落实，同时也按照党的二十大报告精神提出了2050年的改革目标展望；第二，在重点任务研究中，在贯彻落实党的二十届三中全会明确的相关改革举措基础上，进一步提出细化的、落实性的建议，供相关部门和机构参考。本书所引用的观点和数据均为公开发布资料。

在20世纪80年代，改革的热潮凝聚了一大批有识之士，特别是一批青年知识分子，他们心怀家国天下、满眼黎庶苍生，沉浸式地研究改革、推进改革，塑造了那个时代的“改革精神”。在新时代新征程上，我们要赓续改革之血脉与精神，高举改革开放之旗帜，将改革开放之事业更好地传承和发展下去，为强国建设和民族复兴伟业作出应有的贡献！

特以此书，向长期以来奋战在改革开放事业中的前辈和同志们致敬！

于北京木樨地

2024年10月9日

目　录 | CONTENTS

第一篇

总报告：紧紧围绕推进中国式现代化，进一步全面深化改革

第二篇

构建高水平社会主义市场经济体制专题

第三篇

健全推动经济高质量发展体制机制专题

第四篇

构建支持全面创新体制机制专题

第五篇

健全宏观经济治理体系专题

第六篇

完善城乡融合发展体制机制专题

第七篇

完善高水平对外开放体制机制专题

第八篇

深化文化体制机制改革专题

第九篇

健全保障和改善民生制度体系专题

第十篇

深化生态文明体制改革专题

第十一篇

推进国家安全体系和能力现代化专题

第一篇

总报告：

紧紧围绕推进中国式现代化，进一步全面深化改革

改革开放46年以来，我国取得了社会主义现代化建设的历史性成就，我国农村、所有制、价格、统一大市场等基础制度改革深入推进，科技、数据、土地、劳动力、金融体制、生态文明体制等要素市场化配置综合改革有序推进，教育、医药卫生、社会保障、收入分配、文化等民生保障制度改革不断推进，更高水平开放型经济新体制建设加快推进，政府职能、财税体制、城乡二元体制、区域协调发展体制、国家安全体制等宏观经济治理改革持续推进，中国特色社会主义制度逐步完善，国家治理体系和治理能力现代化水平不断提高，全社会发展活力和创新活力显著增强。

当前，世界百年未有之大变局加速演进，新一轮科技革命和产业变革深入发展，我国发展站在新的历史起点，进入新的战略阶段，面临新的战略环境和战略机遇，承担着新的战略使命和战略任务，对进一步全面深化改革提出了新的更高的要求。日益严峻的国际环境需要进一步全面深化改革来增强发展韧性，新一轮科技革命和产业变革需要进一步全面深化改革来抓住时代机遇，人民日益增长的美好生活需要和不平衡不充分的发展之间的矛盾需要进一步全面深化改革来破解，中国式现代化要向进一步全面深化改革汲取根本动力。

党的二十届三中全会通过的《中共中央关于进一步全面深化改革　推进中国式现代化的决定》（以下简称《决定》）明确提出，改革开放是党和人民事业大踏步赶上时代的重要法宝。当前和今后一个时期是以中国式现代化全面推进强国建设、民族复兴伟业的关键时期。面对纷繁复杂的国际国内形势，面对新一轮科技革命和产业变革，面对人民群众新期待、新时代新征程，要全面贯彻落实党的二十大和二十届二中、三中全会精神，聚焦“继续完善和发展中国特色社会主义制度，推进国家治理体系和治理能力现代化”的总目标，突出问题导向，着力解决制约构建新发展格局和推动高质量发展的卡点堵点问题、发展环境和民生领域的痛点难点问题、有悖社会公平正义的焦点热点问题，有效防范化解重大风险；要聚焦构建高水平社会主义市场经济体制，健全推动经济高质量发展体制机制，构建支持全面创新体制机制，健全宏观经济治理体系，完善城乡融合发展体制机制，完善高水平对外开放体制机制，健全全过程人民民主制度体系，完善中国特色社会主义法治体系，深化文化体制机制改革，健全保障和改善民生制度体系，深化生态文明体制改革，推进国家安全体系和能力现代化，持续深化国防和军队改革，提高党对进一步全面深化改革、推进中国式现代化的领导水平等各项任务，把改革摆在更加突出的位置，紧紧围绕推进中国式现代化，进一步全面深化改革，为中国式现代化提供强大动力和制度保障。

进一步全面深化改革要坚持目标导向和问题导向相结合，破立并举、先立后破，加强系统集成、协同高效，坚持重点突破与整体推进有机结合，注重完善改革落实机制，系统谋划全面深化改革的科学路径和有效方法，全力推动全面深化改革实现新突破，为中国式现代化建设提供强劲的动力保障。

一、改革46年的主要历程、基本经验与伟大成就

改革开放是党和人民事业大踏步赶上时代的重要法宝。1978年，党的十一届三中全会作出了把党和国家工作重心转移到经济建设上来以及实行改革开放的战略决策，开启了改革开放和社会主义现代化建设新时期[①]。2013年，党的十八届三中全会实现改革由局部探索、破冰突围到系统集成、全面深化的转变，开创了我国改革开放新局面[②]。46年来，党的几代中央领导集体团结带领全党全国各族人民，紧紧围绕解放和发展社会生产力、实现国家现代化、让中国人民富裕起来、振兴伟大的中华民族的目标[③]，承前启后，继往开来，接力推进改革开放伟大事业。

（一）改革的主要历程

1978年，党的十一届三中全会作出了把党和国家工作重心转移到经济建设上来以及实行改革开放的战略决策，开启了我国改革开放的新纪元。46年来，党始终不渝坚持这次全会确立的路线方针政策，历经思想准备和试点探索、理论创新和由点及面全面展开、初步建立社会主义市场经济、社会主义市场经济完善调整、全面深化改革等五个阶段，不断推动全面深化改革向广度和深度进军，成功实现了从计划经济体制向社会主义市场经济体制的转轨，中国特色社会主义制度更加成熟更加定型，国家治理体系和治理能力现代化水平不断提高，党和国家事业焕发出新的生机活力，为实现社会主义现代化国家提供了强大的动力和保障。

1. 改革开放思想准备和试点探索阶段（1978—1984年）

《中共中央关于党的百年奋斗重大成就和历史经验的决议》指出，党在社会主义建设探索过程中“经历了严重曲折”，党的八大形成的正确路线未能完全坚持下去，先后出现“大跃进”运动、人民公社化运动等失误，“文化大革命”“使党、国家、人民遭到新中国成立以来最严重的挫折和损失，教训极其惨痛”。正如邓小平同志后来总结经验教训时指出，中国社会从1958年到1978年的20年时间，实际上处于停滞和徘徊的状态，国家的经济和人民的生活没有得到多大的发展和提高[④]；60年代末期到

---

① 中共中央关于党的百年奋斗重大成就和历史经验的决议［EB/OL］. https：//www. gov. cn/zhengce/2021-11/16/content_5651269. htm.

② 中共中央关于党的百年奋斗重大成就和历史经验的决议［EB/OL］. https：//www. gov. cn/zhengce/2021-11/16/content_5651269. htm.

③ 高举中国特色社会主义伟大旗帜　为夺取全面建设小康社会新胜利而奋斗［EB/OL］. http：//www. npc. gov. cn/zgrdw/npc/xinwen/szyw/zywj/2007-10/25/content_373528. htm.

④ 邓小平文选（第三卷）［M］. 北京：人民出版社，1993：237.

70 年代这十一二年，我们同世界的差距拉得太大了①。“文化大革命”结束以后，在党和国家面临何去何从的重大历史关头，党深刻认识到，只有实行改革开放才是唯一出路，否则我们的现代化事业和社会主义事业就会被葬送②。

面对“文化大革命”造成的灾难性后果和旧体制的种种弊端，为使人民摆脱贫困、尽快富裕起来，基于发展经济、提高人民生活水平、改变中国落后面貌、实现四个现代化的紧迫感，1978 年，党的十一届三中全会作出了把党和国家工作重心转移到经济建设上来以及实行改革开放的战略决策，开启了改革开放和社会主义现代化建设新时期。1981 年 6 月，党的十一届六中全会提出，必须在公有制基础上实行计划经济，同时发挥市场调节的辅助作用；1982 年，中共十二大通过的《全面开创社会主义现代化建设的新局面》报告，正式确立了“以计划经济为主，以市场调节为辅”的改革原则。

该阶段以农村改革为先导、各项经济改革初步展开、对外开放开始起步。**一是家庭联产承包责任制实行。**1978 年 11 月，安徽省凤阳县小岗村实行“分田到户，自负盈亏”的家庭联产承包责任制（大包干），催生了以家庭承包经营为基础、统分结合的双层经营制度。**二是国有企业改革的序幕拉开。**1978 年 10 月，四川省委选择具有行业代表性的重庆钢铁公司、成都无缝钢管厂、宁江机床厂、四川化工厂、新都县氮肥厂和南充丝绸厂 6 家国有企业率先进行“扩大企业自主权”试点，成为国有企业改革乃至城市经济体制改革起步的标志。1979 年，云南、北京、天津等地也在国有企业中开始扩大自主权的改革试点工作。到 1979 年底，全国企业扩权试点达到 4200 家。**三是政治体制改革开启。**1978 年 12 月，邓小平同志在中共中央工作会议闭幕会上的讲话中强调：“正确地改革同生产力迅速发展不相适应的生产关系和上层建筑。”1980 年，中央政治局召开扩大会议，邓小平同志在会上作《党和国家领导制度的改革》的讲话，为党和国家领导制度的改革明确了基本的指导思想。随后，1982 年我国开始了第一次大规模的政府机构改革。**四是经济特区开始试办。**1979 年 7 月，中共中央、国务院正式批准广东、福建两省在对外经济活动中实行特殊政策和灵活措施。1980 年 5 月，中共中央、国务院决定在广东的深圳、珠海、汕头和福建的厦门，各划出一定范围的区域，试办经济特区。

2. 改革开放理论创新和由点及面全面展开阶段（1984—1992 年）

从党的十一届三中全会到十二届三中全会的几年间，党和国家成功地实现了工作重心的转移，我国社会主义建设步入正轨，但计划和市场的关系问题逐步凸显，长期以来高度集中的计划经济体制形成了劳动和生产积极性不足、资源配置效率低下、经济结构失调等弊端③。与此同时，正在世界范围兴起的新技术革命，给我国经济的发展带来了新的机遇和挑战。

---

① 邓小平文选（第二卷）[M]. 北京：人民出版社，1994：232.

② 中共中央关于党的百年奋斗重大成就和历史经验的决议［EB/OL］. https：//www. gov. cn/zhengce/2021-11/16/content_5651269. htm.

③ 蔡昉. 从发展成就看中国经验的世界意义——新中国 70 年奋斗的启示［EB/OL］. http：//iple. cssn. cn/mkszyyj_rks/201912/t20191204_5053451. shtml.

在农村改革取得重大突破、以城市为中心的全面改革蓄势待发的形势下，为了制订全面改革的蓝图，加快改革的步伐，推动以城市为重点的整个经济体制的改革，更好地开创社会主义现代化建设的新局面，1984 年 10 月，党的十二届三中全会通过《中共中央关于经济体制改革的决定》，突破了把计划经济同商品经济对立起来的传统观念，明确我国社会主义经济是“公有制基础上的有计划的商品经济”；突破了把全民所有企业同国家机构直接经营企业混为一谈的传统观念，提出“所有权同经营权是可以适当分开的”，标志着改革开始由农村转向城市和整个经济领域。1987 年 10 月，中共十三大进一步提出“社会主义有计划商品经济的体制，应该是计划和市场内在统一的体制”，“新的经济运行机制，总体上来说是国家调节市场，市场引导企业”的机制。从理论上确认了市场机制作用的中枢地位，为进一步深化改革指明了方向。

该阶段改革的重点从农村转移到城市，从经济领域扩展到政治领域、科技教育及其他社会生活领域。改革的深度、广度和覆盖面都较前一时期有显著进展。**一是城市经济体制改革全面展开。**原来单一的公有制经济，变为公有制为主体、多种所有制经济共同发展，私营经济在党的十三大报告中明确为必要有益的补充，并在 1988 年写入宪法。与此同时，“三资”经济①也出现萌芽。实行以按劳分配为主、多种分配方式并存的制度。**二是国有企业“放权让利”和“两权分离”式改革。**《中共中央关于经济体制改革的决定》明确提出“所有权与经营权适当分开”的改革思路。此后，出现了以“两权分离”为重点的多种改革模式，租赁制、承包制、资产经营责任制等新的经营机制开始在各地推行，国有企业股份制改革也着手进行试点。**三是初步引入市场价格机制。**《中共中央关于经济体制改革的决定》指出“价格体系的改革是整个经济体制改革成败的关键”，要求“改革过分集中的价格管理体制，逐步缩小国家统一定价的范围，适当扩大有一定幅度的浮动价格和自由价格的范围”。价格改革开始从前期的完善计划价格体制向打破高度集中的计划价格体制迈进，先后放开了大部分农产品价格和多种工业消费品价格；对工业生产资料价格实行双轨制。**四是把对外开放确定为我国的基本国策。**《中共中央关于经济体制改革的决定》提出把对外开放作为长期的基本国策。1984 年进一步开放大连、天津、青岛、上海、福州、广州等 14 个沿海城市②。1985 年决定把长江三角洲、珠江三角洲和闽南三角地区开辟为沿海经济开放区。1988 年批准设立海南经济特区，1992 年同意设立上海浦东新区。

3. 初步建立社会主义市场经济阶段（1992—2002 年）

经过 15 年改革，我国经济体制发生了巨大变化。以公有制为主体的多种经济成分共同发展的格局初步形成，农村经济体制改革不断深入，国有企业经营机制正在转换，市场在资源配置中的作用迅速扩大，对外经济技术交流与合作广泛展开，计划经济体制逐步向社会主义市场经济体制过渡。但在 20 世纪 80 年代末期，世界发生了巨大的

---

① “三资”经济主要指由中外合资经营企业、中外合作经营企业、外商独资经营企业三类外商投资企业构成的所有制经济形态。

② 彭瑶 . 14 个沿海城市开放 40 周年：创新发展，续写下一个 40 年开放故事［EB/OL］. http：//news. china. com. cn/2024-05/16/content_117191582. html.

变化，东欧剧变、苏联解体、冷战结束，世界单极化趋势日益显露。国内一些“左”的思想开始回潮，甚至出现了否定改革开放的观点①。

面对世界范围内科学技术的迅猛发展、综合国力竞争日益激烈的国际大背景，以及现代化建设的需要，1992年春天邓小平同志发表南方谈话，秋季召开了党的十四大，坚定不移地推进改革开放，确立了社会主义市场经济体制的改革目标。1993年党的十四届三中全会通过了《中共中央关于建立社会主义市场经济体制若干问题的决定》，进一步确立了社会主义市场经济体制改革的基本内容。1997年党的十五大确立了公有制为主体、多种所有制经济共同发展的基本经济制度，实现了思想理论上的一系列新突破。

这个时期的改革集中在要素市场和宏观治理领域。我国国有经济股份制改革逐步提速，建立主要由市场形成价格的机制，财政分税制改革、中央银行和商业银行分立改革等陆续展开，资本市场开始建立，开放也由沿海地区向沿江、沿边、内陆地区广泛推进、渐次开花。**一是国有企业建立现代企业制度，实现战略布局调整。**1993年党的十四届三中全会通过《中共中央关于建立社会主义市场经济体制若干问题的决定》，提出我国国有企业改革的目标是建立“产权清晰、权责明确、政企分开、管理科学”的现代企业制度。1994年《公司法》② 开始实施，为国有企业建立健全公司治理结构奠定了法律基础；1999年党的十五届四中全会通过了《中共中央关于国有企业改革和发展若干重大问题的决定》，要求改制公司，普遍实现股权多元化和建立有效的法人治理结构，公司化改制由此全面推广；2002年党的十六大进一步提出除极少数必须由国家独资经营的企业外，积极推行股份制。按照建立现代企业制度的方向，从1994年开始，国务院开始选择100家不同类型的国有大中型企业建立现代企业制度的试点，一批国有大中型企业被改造成国有独资公司、有限责任公司或股份有限公司；各地也先后选定了2500多家国有企业参与现代企业制度试点，试点的重点是企业公司股份制改革，完善公司法人治理结构，许多全国性的行业总公司被改组为控股公司，发展了一批以资本为纽带跨地区、跨行业的大型企业集团；众多的小型国有企业，通过改组、联合、兼并、租赁、承包经营和股份合作制、出售等形式进行了改革。**二是建立主要由市场形成价格的机制。**党的十四大提出“建立起以市场形成价格为主的价格机制”。1993年11月，党的十四届三中全会审议通过《中共中央关于建立社会主义市场经济体制若干问题的决定》，进一步提出“建立主要由市场形成价格的机制”。从1992年开始，我国逐步开始有计划地放开一般商品价格，价格改革进入快车道，政府定价范围大幅缩减，1994年工业生产资料价格“双轨制”基本取消；粮食、能源、交通运输、公共服务等领域价格进一步理顺；《价格法》于1997年底颁布并于1998年实施；价格调控体系加快构建，重要商品价格监测体系基本建立，取消了生产资料价格双轨制，进一步放开了竞争性商品和服务的价格。**三是财政和金融体制改革进一步深化。**

---

① 李永华．重温小平南巡讲话丨“谁反对改革，就让谁睡觉去好了”［EB/OL］．https：//baijiahao. baidu. com/s? id=1616920782998300586&wfr=spider&for=pc.

② 本书提及的法律法规均使用简称，未加“中华人民共和国”。

确立了以分税制为核心的新的财政体制框架，从1994年1月起改革原有的财政包干体制，对各省、自治区、直辖市以及计划单列市实行分税制财政管理体制。强化中央银行对货币供应的调控能力和金融监管方面的职能，开始分离政策性金融与商业性金融。1993年，国务院发布《关于金融体制改革的决定》，以治理整顿金融秩序为主题，提出了新一轮金融体制改革的目标和措施；1994年，成立三大政策性银行。1996年，实现人民币在经常项目下可兑换。**四是多层次、全方位的开放新格局逐步形成。**1992年后，党中央、国务院先后批准开放了13个沿边城市、6个长江沿岸城市、18个内陆省会城市、32个国家级的经济技术开发区、52个高新技术开发区、13个保税区，开放了34个口岸，形成了沿海、沿江、沿边和内陆地区多层次、全方位的开放新格局。两岸达成体现"一个中国"原则的"九二共识"，香港和澳门相继回归。1994年7月，为适应外经贸领域市场化改革的需要，《对外贸易法》正式颁布实施，自此我国对外贸易经营管理步入法治化阶段。**五是进一步改革科技体制和教育体制。**《中共中央关于建立社会主义市场经济体制若干问题的决定》明确要进一步改革科技体制和教育体制。1995年颁布的《中共中央 国务院关于加速科学技术进步的决定》，首次正式提出实施"科教兴国"战略。党的十五大进一步将科教兴国战略和可持续发展战略确立为跨世纪的国家发展战略。通过推动企业成为科技创新的主体、改革科研机构体系、引入市场机制促进科技成果转化等相关举措，国家创新体系逐步构建。1993年，中共中央、国务院发布《中国教育改革和发展纲要》，确定到20世纪末我国要实现基本普及九年义务教育，基本扫除青壮年文盲。1994年，《国务院关于〈中国教育改革和发展纲要〉的实施意见》出炉，确定了到2000年我国教育发展的目标和任务，并要求加快办学体制改革，进一步改变政府包揽办学的状况，形成政府办学为主与社会各界参与办学相结合的新体制。通过改革办学体制、开启教育产业化、进一步推进高等教育改革、推进教育立法、开启素质教育改革等举措，我国实现了基本普及九年义务教育和基本扫除青壮年文盲的战略目标。

4. 社会主义市场经济完善调整阶段（2002—2012年）

党的十一届三中全会之后的20余年，我国经济体制改革在理论和实践上取得重大进展。社会主义市场经济体制初步建立，公有制经济进一步壮大，国有企业改革稳步推进，个体、私营等非公有制经济较快发展。市场体系建设全面展开，宏观调控体系不断完善，政府职能转变步伐加快。财税、金融和政府机构等改革继续深化。开放型经济迅速发展，商品和服务贸易、资本流动规模显著扩大，国家外汇储备大幅度增加。我国加入世贸组织，对外开放进入新阶段。但发展中仍存在经济结构不合理、分配关系尚未理顺、农民收入增长缓慢、就业矛盾突出、资源环境压力加大、经济整体竞争力不强等问题，其重要原因是我国处于社会主义初级阶段，经济体制还不完善，生产力发展仍面临诸多体制性障碍①。

① 中共中央关于完善社会主义市场经济体制若干问题的决定［EB/OL］. https：//www. gov. cn/gongbao/content/2003/content_62494. htm.

进入 21 世纪，为适应经济全球化和科技进步加快的国际环境，适应全面建设小康社会的新形势，2002 年 10 月，党的十六大宣告，我国社会主义市场经济体制初步建立，提出到 2020 年建成完善的社会主义市场经济体制的改革目标。2003 年召开的党的十六届三中全会通过了《中共中央关于完善社会主义市场经济体制若干问题的决定》，对建设完善的社会主义市场经济体制作出全面部署，标志着我国经济体制改革从初步建立社会主义市场经济体制进入完善社会主义市场经济体制的新时期。此后，按照统筹城乡发展、统筹区域发展、统筹经济社会发展、统筹人与自然和谐发展、统筹国内发展和对外开放的要求，积极推进各个领域的改革。

这一时期的改革开放顺应经济全球化和科技进步加快的国际环境，适应全面建设小康社会的新形势，紧紧抓住重要战略机遇期，推动科学发展、促进社会和谐，完善社会主义市场经济体制。**一是把行政管理体制改革放到了突出的位置。**政府职能内涵得到扩展，即在注重政府经济职能的同时，开始强调政府在社会管理和公共服务方面的职能。2013 年，党的十八届二中全会和十二届全国人大一次会议审议通过的《国务院机构改革和职能转变方案》，第一次在党和国家的重要文件中将职能转变与机构改革相并列；同年，《中共中央关于全面深化改革若干重大问题的决定》中明确，必须切实转变政府职能，深化行政体制改革，创新行政管理方式，增强政府公信力和执行力，建设法治政府和服务型政府。**二是农村改革继续向纵深推进。**2003 年，农村税费改革在全国推开。2006 年 1 月 1 日起废止农业税条例，这标志着具有 2600 多年历史的农业税正式退出历史舞台。**三是完善主要由市场形成价格的机制。**2005 年 10 月，党的十六届五中全会《关于制定“十一五”规划的建议》提出“建立反映市场供求状况和资源稀缺程度的价格形成机制，更大程度地发挥市场在资源配置中的基础性作用”。在重要民生商品价格改革方面，全面放开粮食收购市场，转换粮食价格形成机制，医疗服务价格归口国家发展改革委管理；在能源资源价格改革方面，2003 年，国务院发布《关于深化电力体制改革的决定》，电力市场化改革正式启动；2005 年 12 月，国务院发布《关于改革天然气出厂价格形成机制及近期适当提高天然气出厂价格的通知》，改革完善天然气出厂价格形成机制；2008 年 12 月，国务院印发《关于实施成品油价格和税费改革的通知》，决定降低成品油价格，并从 2009 年 1 月 1 日起实施成品油税费改革。**四是财税和金融体制改革不断深化。**2003 年 10 月，党的十六届三中全会判断公共财政体制框架已经初步建立，并作出进一步健全和完善公共财政体制的战略部署。增值税转型试点和出口退税机制改革稳步推进。2004 年，国务院启动国有银行股份制改革，推进建立现代金融企业制度。2006 年，国务院颁布了《外资银行管理条例》，允许外资银行以独立法人的形式存在，并可享受“国民待遇”。2009 年银监会正式成为巴塞尔银行监管委员会和金融稳定理事会成员，中资银行开启国际化进程。**五是科技、劳动力要素市场化改革取得显著进展。**2006 年，中共中央、国务院召开全国科学技术大会，做出了《关于实施科技规划纲要　增强自主创新能力的决定》，发布了《国家中长期科学和技术发展规划纲要（2006—2020 年）》。市场在劳动力要素配置中的基础性作用基本确立，市场化流动逐步成为人力资源流动的主渠道，“就业找市场”成为社会普遍观念。

5. 全面深化改革阶段（2012 年至今）

经过 46 年的改革开放，我国取得了举世瞩目的成就。农村综合改革、集体林权制度改革、国有企业改革不断深化，非公有制经济健康发展。现代市场体系和宏观调控体系不断健全，财税、金融、价格、科技、教育、社会保障、医药卫生、事业单位等改革稳步推进。开放型经济达到新水平，进出口总额跃居世界第二位。但随着实践发展，经济结构性、体制性矛盾突出，发展不平衡、不协调、不可持续，传统发展模式难以为继，一些深层次体制机制问题和利益固化藩篱日益显现①，叠加国际金融危机后世界经济持续低迷影响，经济结构性、体制性矛盾不断积累，发展不平衡、不协调、不可持续问题突出，深化改革开放和转变经济发展方式任务艰巨。

为破解我国发展中面临的一系列矛盾和挑战，促进社会主义市场经济体制加快完善，2012 年 11 月党的十八大召开，标志着我国的改革开放事业进入一个崭新的阶段。2013 年 11 月，党的十八届三中全会审议通过的《中共中央关于全面深化改革若干重大问题的决定》，对经济体制、政治体制、文化体制、社会体制、生态文明体制等制度改革作出部署，实现改革由局部探索、破冰突围到系统集成、全面深化的转变，开创了我国改革开放新局面。2024 年 7 月党的二十届三中全会召开，对进一步全面深化改革、推进中国式现代化作出重要部署。这既是党的十八届三中全会以来全面深化改革的实践续篇，也是新征程推进中国式现代化的时代新篇。党的十八大以来，以习近平同志为核心的党中央从全局出发，以提高人民物质文化生活水平为根本目的，着力推动改革开放和社会主义现代化建设。这一时期的改革更加注重改革的系统性、整体性和协同性，更加注重顶层设计。**一是农村承包地、宅基地、集体经营性建设用地市场化改革取得积极进展**。2013 年中央农村工作会议指出，顺应农民保留土地承包权、流转土地经营权的意愿，把农民土地承包经营权分为承包权和经营权，实现承包权和经营权分置并行，这是我国农村改革的又一次重大创新。2016 年，中办、国办印发《关于完善农村土地所有权承包权经营权分置办法的意见》，明确了农村土地集体所有权、农户承包权、土地经营权“三权”分置并行的基本框架。党的十九大报告提出，巩固和完善农村基本经营制度，深化农村土地制度改革，完善承包地“三权”分置制度。党的二十届三中全会《决定》提出，有序推进农村集体经营性建设用地入市改革，健全土地增值收益分配机制。**二是完善主要由市场决定价格的机制**。2013 年 11 月，党的十八届三中全会《中共中央关于全面深化改革若干重大问题的决定》提出完善主要由市场决定价格的机制。2015 年 10 月，中共中央、国务院印发《关于推进价格机制改革的若干意见》，明确了新时期价格改革的路线图、时间表。遵照中央决策部署，价格改革进入完善主要由市场决定价格机制的时期，主要从“放、管、服”三方面发力，取得了突破性进展。**三是所有制改革全面深化**。2015 年 8 月，中共中央、国务院印发《关于深化国有企业改革的指导意见》（中发〔2015〕22 号），这是新阶段引领国有企业改革的一个纲领性文件，就分类推进国

---

① 高举中国特色社会主义伟大旗帜　为全面建设社会主义现代化国家而团结奋斗［EB/OL］. https://www.gov.cn/gongbao/content/2022/content_5722378.htm.

有企业改革、完善现代企业制度、完善国有资产管理体制、发展混合所有制经济等方面，提出了进一步的实施意见。2016 年 11 月，中共中央、国务院发布《关于完善产权保护制度依法保护产权的意见》，这是中共中央发出的第一份关于完善产权保护制度依法保护产权的纲领性文件。2023 年 7 月，中共中央、国务院发布《关于促进民营经济发展壮大的意见》，从持续优化民营经济发展环境，到加大对民营经济政策支持力度，共提出 8 个方面 31 条具体举措。党的二十届三中全会《决定》指出，深化国资国企改革，完善管理监督体制机制，增强各有关管理部门战略协同，推进国有经济布局优化和结构调整，推动国有资本和国有企业做强做优做大，增强核心功能，提升核心竞争力。**四是深化党和国家机制改革。**2018 年《中共中央关于深化党和国家机构改革的决定》明确了党和国家机构改革的主要任务；同年，《国务院机构改革方案》审议通过。**五是基本建立现代预算制度。**2014 年、2018 年两次修订《预算法》，明确要求“政府的全部收入和支出都应当纳入预算”。2020 年全面修订《预算法实施条例》，进一步细化四本预算的收支范围。2015 年国务院印发《推进财政资金统筹使用方案》的通知，进一步明确四本预算间的衔接机制，同时强调了预算编制和预算执行的统筹协调。**六是初步建立现代税制体系。**2015 年审议通过的《贯彻落实税收法定原则的实施意见》明确，开征新税需由全国人大及其常委会立法通过，并对税收条例修改上升为法律或者废止的时间作出了安排。2021 年，先后修订、出台《重大税务案件审理办法》《税务规范性文件制定管理办法》《税务稽查案件办理程序规定》《重大税收违法失信主体信息公布管理办法》等文件，税收法律制度体系进一步完善。2018 年 1 月 1 日起施行的《环境保护税法》，标志着实施多年的排污费制度正式结束其历史使命。**七是构建与创新驱动发展战略实施相适应的体制机制。**2015 年出台的《深化科技体制改革实施方案》，系统部署了到 2020 年要完成的 10 方面 143 项改革任务，为建设世界科技强国构建长远制度基础。2015 年《关于深化中央财政科技计划（专项、基金等）管理改革的方案》将近百项科技计划优化整合成为新五类科技计划体系。2016 年《国家创新驱动发展战略纲要》在战略背景、战略要求、战略部署、战略任务四个方面对实施创新驱动发展战略进行了全面系统布局。2018 年，国务院成立国家科技领导小组。2021 年中央经济工作会议首次将科技政策作为七大政策之一，凸显了科技创新在党和国家发展全局中的地位和作用。2023 年 3 月，中共中央、国务院印发了《党和国家机构改革方案》，明确提出组建中央科技委员会和重新组建科学技术部的战略部署。**八是建立更加有效的区域协调发展机制。**2012 年，党的十八大报告将基本建成促进区域协调发展的体制机制作为全面建成小康社会的重要目标。2016 年，“十三五”规划纲要明确了推动区域协调发展的重要任务。2017 年，党的十九大报告将“区域协调发展战略”上升为国家七大战略之一，并写入党章。习近平总书记的讲话为区域发展指明了方向。2018 年，中共中央、国务院正式印发《关于建立更加有效的区域协调发展新机制的意见》，明确提出了区域协调发展基本公共服务均等化、基础设施通达程度比较均衡和人民基本生活保障水平大体相当的三个基本目标。**九是生态文明制度体系建设全面展开。**2012 年，党的十八大将“生态文明建设”纳入中国特色社会主义事业“五位一体”总体布局。2013 年，党的十八届三中全会要求“紧紧围绕建设美丽中国深化生态文明体制改革”“建立系统完整的生态文明制度体系”。2019年，党的十九届四中全会强调“坚持和完善生态文明制度体系，促进人与自然和谐共生”。党的二十大提出，推动绿色发展，促进人与自然和谐共生，将人与自然和谐共生列为中国式现代化的五大特征之一，为未来我国生态文明建设路径指明了方向。**十是社会保障制度进入顶层设计的快速发展期**。2012年11月，党的十八大报告提出“全面建成覆盖城乡居民的社会保障体系”。2013年，党的十八届三中全会通过《中共中央关于全面深化改革若干重大问题的决定》，提出社会保障制度改革的总目标是“建立更加公平可持续的社会保障制度”。在党的十九大报告“全面建成覆盖全民、城乡统筹、权责清晰、保障适度、可持续的多层次社会保障体系”的基础上，2022年10月，党的二十大报告提出“健全覆盖全民、统筹城乡、公平统一、安全规范、可持续的多层次社会保障体系”，进一步丰富了社会保障制度的内涵。这一时期，社会保障体系建设驶入快车道，其一是多层次社会保障体系建设积极推进，大病保险制度、企业年金、职业年金相继建立，长期护理保险制度试点范围继续扩大；其二是社会保险制度结构不断优化，建成了统筹城乡的基本养老保险制度和基本医疗保险制度，实施医疗保险与生育保险的合并，实现机关事业单位职工和企业职工基本养老保险制度并轨；其三是社会救助制度创新发展，医疗救助、农村和城镇最低生活保障制度在内的各项制度得以建立与完善，社会救助制度从残补型走向制度型，构建起了中国社会保障体系的兜底保障线。**十一是国家安全体制改革全面推进**。2012年11月，以党的十八大召开为起点，标志着中国特色社会主义进入了新时代，这是我国发展新的历史方位。在此背景下，2013年11月，党的十八届三中全会决定成立中央国家安全委员会，标志着国家安全体制建设站上了新的历史起点。此后，国家安全体制改革全面推进。**十二是文化体制改革全面展开**。2014年3月，《深化文化体制改革实施方案》正式出台，这是中央全面深化改革领导小组（后改为委员会）审议通过的第一个专项小组改革方案。随后，“两个效益”相统一、媒体融合发展、特殊管理股试点、新闻单位采编播管人事管理制度改革、采编和经营两分开、文艺评奖改革、构建现代公共文化服务体系、实施中华优秀传统文化传承发展工程、国际传播能力建设等40多个改革文件先后出台，具有“四梁八柱”性质的文化发展主体框架基本确立，文化体制改革全面展开。党的二十届三中全会《决定》指出，探索文化和科技融合的有效机制，加快发展新型文化业态，这为加快推进文化和科技深度融合提供了方向指引。

（二）改革的总体框架、基本方向和难点卡点

1993年11月，党的十四届三中全会审议通过了《中共中央关于建立社会主义市场经济体制若干问题的决定》，把党的十四大提出的经济体制改革目标和基本原则进一步具体化，制定了建立社会主义市场经济体制的总体规划。该决定所勾画的社会主义市场经济体制的基本框架是：在坚持以公有制为主体、多种经济成分共同发展的基础上，建立现代企业制度、全国统一开放的市场体系、完善的宏观调控体系、合理的收入分配制度和多层次的社会保障制度。经过改革开放46年来的努力探索，我国主要领域改革方案基本出台。

1. 总体框架

改革开放46年来，我国农村、所有制、价格、统一大市场等基础制度改革深入推进，科技、数据、土地、劳动力、金融体制、生态文明体制等要素市场化配置综合改革有序推进，教育、医药卫生、社会保障、收入分配、文化等民生保障制度改革不断推进，更高水平开放型经济新体制建设加快推进，政府职能、财税体制、城乡二元体制、区域协调发展体制、国家安全体制等宏观经济治理改革持续推进，中国特色社会主义制度逐步完善，国家治理体系和治理能力现代化水平不断提高，全社会发展活力和创新活力显著增强。

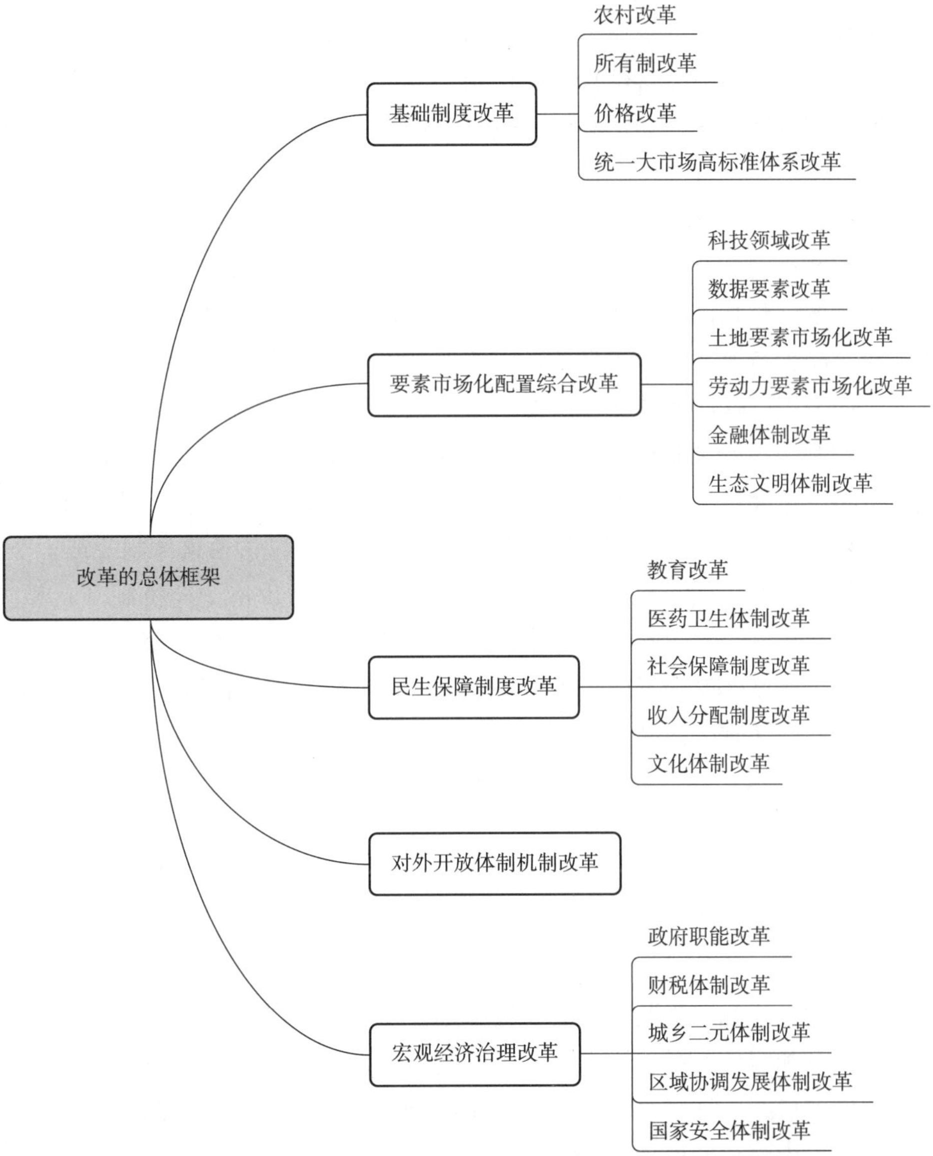

图1-1　改革的总体框架

（1）基础制度改革深入推进，营造市场公平竞争环境

公有制为主体、多种所有制经济共同发展的基本经济制度，是中国特色社会主义制度的重要支柱，也是社会主义市场经济体制的根基①。为保障市场公平竞争，筑牢社会主义市场经济有效运行的体制基础，46 年来，农村改革、所有制改革、价格改革、统一大市场高标准体系改革等基础制度改革不断推进。

一是农村改革经历了确立农业农村发展基础制度安排、农村体制机制开始从计划向市场过渡、农村改革向纵深推进、迈向建设农业强国新征程 4 个阶段。农村改革围绕深化农村土地制度改革、推进农村集体产权制度改革、加快构建现代农业经营体系、健全农业支持保护制度、深化农业科技体制改革、加快农村金融制度创新、推动乡村振兴体制机制改革创新、健全城乡融合发展体制机制框架展开。这些改革使得农村生产力得到极大发展，农村经济结构不断优化。

二是所有制改革经历了初步破局、纵深推进、完善提升、全面深化改革 4 个阶段。所有制改革围绕产权制度改革、持续推进国有经济体制改革、支持非公有制经济高质量发展“三线推进”方略框架展开。其中，产权是所有制的核心和主要内容，贯穿于国有企业改革和支持非公有制经济发展的全过程；国有经济体制改革是我国经济体制改革的中心环节，包括国有企业经营制度改革、国有经济战略性调整、国有资产管理体制改革和垄断性行业改革四大领域；支持非公有制经济高质量发展主要包括支持民营和外资企业发展。这些改革促使所有制改革从单一的公有制经济向公有制、非公有制和混合所有制多种所有制经济共同发展转变，激发了经济活力，增强了市场竞争力。

三是价格改革经历了逐步推动商品价格从计划向市场过渡、初步建立主要由市场形成价格的机制、完善主要由市场形成价格的机制、深入推进价格体制改革 4 个阶段。价格改革围绕有力有效做好保供稳价、完善重要民生商品价格调控机制、完善能源矿产资源价格形成机制、深化水资源价格改革、完善公用事业和公共服务价格政策、基本建立科学定价制度体系、不断完善价格监测调控手段、有效破除垄断壁垒框架展开。这些改革促使我国实现了商品和服务价格从 97%由政府定价到 97%由市场形成价格的历史性转变，逐步建立起与社会主义市场经济相适应的新价格形成机制和价格运行机制。

四是统一大市场高标准体系改革经历了统一大市场出现萌芽并逐步发展、全国统一大市场范围程度持续拓展并形成雏形、全国统一大市场发展根基日渐夯实、全国统一大市场大致形成 4 个阶段。统一大市场高标准体系改革围绕建设全国统一的市场基础制度规则、建设高标准联通的市场设施、建设全国统一的要素和资源市场、建设高水平统一的商品和服务市场、建设公平统一的市场监管体制、规范不当市场竞争和市场干预行为框架展开。这些改革构建了一个更加开放、公平、高效的市场环境，促进了商品和要素自由流动和市场化配置。

---

① 中国共产党第十八届中央委员会第三次全体会议公报［EB/OL］. https：//www. gov. cn/ducha/2015-06/09/content_2875841. html.

（2）要素市场化配置综合改革有序推进，激发市场活力和全社会创造力

市场主体是经济的力量载体，保市场主体就是保社会生产力。要千方百计把市场主体保护好，激发市场主体活力，弘扬企业家精神，推动企业发挥更大作用实现更大发展，为经济发展积蓄基本力量。为进一步激发市场活力和全社会创造力，实现要素价格市场决定、流动自主有序、配置高效公平，提高资源配置效率和公平，激发全社会创造力和市场活力，46 年来，科技、数据要素、土地、劳动力、金融体制、生态文明体制等要素市场化配置综合改革有序推进。

一是科技领域改革经历了恢复和重建及调整和创新科技体制、实施科教兴国战略和构建国家创新体系、深化科技体制改革和建设国家创新体系、落实科学发展观和深化科技体制改革、构建面向创新驱动的新型科技体制和推进科技创新治理能力现代化 5 个阶段。科技领域改革围绕改革科技创新统筹协调机制、营造良好科技创新环境、完善科技对外开放制度框架展开。这些改革构建了一个更加高效、开放、协同的科技创新体系，支撑了国家的经济社会发展和科技进步，提升了国家在全球科技创新领域的竞争力和影响力。

二是数据要素改革经历了数据要素的经济社会贡献开始显现、数据作为重要生产要素的勃兴期、数据要素市场化改革的集中推进期等 3 个阶段。数据要素改革围绕建立完善数据产权制度、建立完善数据流通和交易制度、建立完善数据要素收益分配制度、建立完善数据要素市场治理制度框架展开。这些改革措施初步构成了一个全面的数据基础制度体系，旨在推动数字经济的高质量发展，确保数据的安全合规流通，以及公平合理的收益分配。

三是土地要素市场化改革经历了土地市场经济体制探索时期、土地市场经济体制建立时期、土地市场经济体制完善时期 3 个阶段。土地要素市场化改革围绕农村承包地宅基地“三权”分置改革、农村集体经营性建设用地入市改革、国有土地使用权招拍挂出让制度改革框架展开。这些改革通过实施城乡土地的“双轨制”管理，既保留了农村土地集体所有权的基本框架，又推动了城市土地管理的市场化进程，从而促进了城乡土地资源的有效配置和合理利用。

四是劳动力要素市场化改革经历了劳动力要素市场化开始起步时期、劳动力要素市场化全面展开时期、劳动力要素市场化基本确立时期、劳动力要素市场化逐步完善时期 4 个阶段。劳动力要素市场化改革围绕破除地区及城乡之间限制以促进劳动力要素有效流动、完善公共就业服务体系并促进市场化社会化就业、建立适应社会主义市场经济要求的劳动保障法律体系框架展开。这些改革优化了劳动力市场的资源配置，提高了就业质量，并确保法律保障的公平性。

五是金融体制改革经历了探索建立适应改革开放市场化目标金融体系、建立以人民银行为核心国有专业银行为主体的金融体系、加速对外开放及商业化改革、市场化改革加速、构建现代金融体系 5 个阶段。金融体制改革围绕建立分工协作的现代金融机构体系、建立适应经济发展需要的金融监管体系、建立较为完善的货币市场及外汇市场、建立扎实稳健的金融对外开放制度框架展开。这些改革通过提高金融机构体系市场化程度、提升金融对外开放程度、提高资本市场市场化程度等，共同推动了我国金融业的高质量发展。

六是生态文明体制改革经历了环境保护领域制度体系逐步形成、环境保护制度建设加快推进、生态文明制度建设全面展开 3 个阶段。生态文明体制改革围绕建立健全自然资源资产产权制度、建立健全国土空间开发保护制度、建立健全空间规划体系、建立健全资源总量管理和全面节约制度、建立健全资源有偿使用和生态补偿制度、建立健全环境治理体系、建立健全环境治理和生态保护市场体系、建立健全生态文明绩效评价和责任追究制度框架展开。这些改革使得全社会对环境保护和生态文明建设的认识不断深化，环境保护事业有序发展，污染治理成效不断显现，生态文明理念逐步确立，生态文明制度体系加快形成，生态环境治理明显加强。

（3）民生保障制度改革不断推进，保障和促进社会公平正义

2018 年 6 月，习近平总书记在山东考察时强调，民之所盼，政之所向。增进民生福祉是发展的根本目的。习近平总书记 2014 年元旦发表的新年贺词提出，我们推进改革的根本目的，是要让国家变得更加富强、让社会变得更加公平正义、让人民生活得更加美好。党的二十大报告指出，必须坚持在发展中保障和改善民生，鼓励共同奋斗创造美好生活，不断实现人民对美好生活的向往。为解决一系列关系人民群众切身利益的难题，使人民群众过上幸福生活，46 年来，教育、医药卫生、社会保障、收入分配、文化等民生保障制度改革不断深化。

一是教育改革经历了整顿恢复和重建、实行九年制义务教育及改革高校招生和毕业生分配制度、改革办学体制及加快教育立法、落实科学发展观和深化教育体制改革、深化教育领域综合改革 5 个阶段。教育改革围绕重建学前教育公共服务体系、优化基础教育体系、全面改革高等教育、大力发展职业教育、创设与补偿特殊教育框架展开。这些改革不仅提高了教育普及率和质量，还促进了教育公平和现代化。

二是医药卫生体制改革经历了初步探索医疗卫生体制改革、建立适应社会主义市场经济环境的医疗卫生体制、启动新一轮医药卫生体制改革、持续深化医药卫生体制改革 4 个阶段。医药卫生体制改革围绕持续推进疾控体系改革、推动医疗卫生服务体系改革、推进医疗保障制度改革、建立药品供应保障体系、创新人才发展体制机制改革框架展开。这些改革基本建立了一套具有中国特色的基本医疗卫生制度，为全面建成小康社会和实现“两个一百年”奋斗目标提供了强大的健康支撑。

三是社会保障制度改革经历了实行“国家—单位保障”制度、由“国家—单位保障”向“国家—社会保障”转型、社会保障制度正式成为一项基本的社会制度、进入顶层设计的快速发展时期 4 个阶段。社会保障制度改革围绕形成多层次多支柱的养老保险体系、构建覆盖全民的医疗保险制度、建立健全失业保险+工伤保险+生育保险制度、持续推进社会保障的城乡统筹、逐步建成社会救助社会福利和社会优抚制度、有序推进社会保障法治化框架展开。这些改革使得我国建设了具有鲜明中国特色，世界上规模最大、功能完备的社会保障体系，不断增进民生福祉。

四是收入分配制度改革经历了打破“平均主义”、确立了“按劳分配为主体、多种分配方式并存”的社会主义基本分配制度、更加突出强调公平3个阶段。收入分配制度改革围绕持续完善要素按贡献参与分配的初次分配机制、形成再分配调节机制、建立健全第三次分配制度、规范收入分配秩序框架展开。这些改革缩小了居民收入差距，为共同富裕奠定了基础。

五是文化体制改革经历了文化市场地位得到承认、文化体制改革逐渐深入体制内层面、文化体制改革步伐明显加快、文化体制改革全面展开4个阶段。文化体制改革围绕完善文化管理体制、深化国有文化单位改革、构建现代文化产业体系、建立健全现代文化市场体系、构建现代公共文化服务体系、建设优秀传统文化传承体系、建立对外文化传播和对外话语体系、完善文化政策法规体系框架展开。这些改革极大地释放了文化生产力，推动文化实现大繁荣大发展，我国走出了一条中国特色社会主义文化的发展之路。

（4）更高水平开放型经济新体制建设加快推进，以开放促改革促发展

开放是最大的改革，也是中国特色社会主义制度的重要特征和基本属性。改革开放46年来，我国坚持对外开放的基本国策不动摇，对内促进经济高速增长，对外深度参与全球治理，促进我国国际地位以及影响力显著提升。对外开放基本经历了政策引导下的渐进式开放阶段、区域开放格局形成阶段、全方位宽领域多层次开放格局形成阶段、对外开放全面深化阶段4个阶段。对外开放围绕开放布局、开放领域、开放体制、参与全球治理4个角度框架展开，具体来看，开放布局呈现渐进探索、由外到内、由点及面、全面覆盖的特点；开放领域由低端向高端、由制造业向服务业不断拓宽；开放体制法律基础不断完善，外商投资管理体制实现历史性变革；积极参与全球治理，参与度与话语权取得长足进步。这些改革促使我国在不断扩大开放的条件下经济得到持续快速发展。

（5）宏观经济治理改革持续推进，提升国家治理体系和治理能力现代化水平

科学有效的宏观经济治理是实现国家治理体系和治理能力现代化的客观要求，也是构建高水平社会主义市场经济体制的重要组成部分。为增强国家治理的整体效能和现代化水平，46年来，政府职能、财税体制、城乡二元体制、区域协调发展体制、国家安全体制等宏观经济治理改革持续推进。

一是政府职能改革经历了围绕转变政府经济职能进行初步探索、政府职能定位逐渐明晰下的调整和加强经济职能、政府更加注重社会管理和公共服务职能、构建科学的政府职能体系4个阶段。政府职能改革围绕明晰政府职能定位、转变政府职能方式、厘清中央和地方政府关系、理清政府与市场关系、理顺政府与社会关系、推进依法治理能力框架展开。这些改革使得政府职能的定位、职能方式、职能关系都得到了很大转变，政府越来越做到了把市场和社会的权力分出去，管好、管住自己应该管的事情，将职能更多地向加强社会管理和提供公共服务方面转变。

二是财税体制改革经历了财税体制逐步完善、财税体制全面革新、现代财税体制建立3个阶段。财税体制改革围绕中央与地方财政关系、税收制度、财政支出及预算管理框架展开。这些改革逐步构建起了与经济社会发展状况相适应、与强化国家治理能力相衔接的现代财税制度框架，为优化资源配置、维护市场统一、促进社会公平、实现国家长治久安提供坚实支撑。

三是城乡二元体制改革经历了城乡二元壁垒松动、统筹城乡经济社会发展、城乡融合发展体制机制建设全面推进3个阶段。城乡二元体制改革围绕建立健全有利于城乡要素合理配置的体制机制、建立健全有利于城乡基本公共服务普惠共享的体制机制、建立健全有利于城乡基础设施一体化发展的体制机制、建立健全有利于乡村经济多元化发展的体制机制、建立健全有利于农民收入持续增长的体制机制框架展开。这些改革对于促进城乡融合发展、缩小城乡差距、提升公共服务水平等方面起到了重要作用。

四是区域协调发展体制改革经历了实施“沿海地区优先发展”的区域非均衡发展战略、提出以四大板块为载体区域协调发展战略及四类主体功能定位为载体主体功能区战略、要求建立更加有效的区域协调发展机制3个阶段。区域协调发展体制改革围绕建立区域战略统筹机制、健全市场一体化发展机制、深化区域合作互助机制、健全区域利益补偿机制、完善基本公共服务均等化机制、创新区域政策调控机制框架展开。经过这些改革，区域协调发展的体制机制更加有效，区域协调发展向更高水平和更高质量迈进。

五是国家安全体制改革经历了国家安全管理体系初步建立、国家安全体制建设加快、总体国家安全观正式确立后国家安全体制改革全面推进3个阶段，国家安全体制改革围绕推进国家安全体制机制改革、完善国家经济安全保障机制、深化公共安全保障机制改革、健全社会稳定和安全机制、参与和推动全球治理体系建设框架展开。在党中央坚强领导下，国家安全体制的“四梁八柱”已初步搭建，国家安全得到全面加强，经受住了来自政治、经济、意识形态、自然界等方面的风险挑战考验，为党和国家兴旺发达、长治久安提供了有力保证。

2. 基本方向

改革开放46年，我国体制改革可以梳理出发展型改革与治理型改革两条主线。下一步改革的目标和任务就是要为中国式现代化建设提供制度保障，因此，解放和发展生产力、提供与现代化国家相匹配的治理能力，仍然是改革的两个重点和两条主线①。

坚持和完善社会主义基本经济制度，不断解放和发展社会生产力。推动社会主义市场经济体制更加完善，是更好服务推进中国式现代化、更好服务推动高质量发展、更好服务高水平对外开放的必然要求。进一步完善社会主义市场经济体制，推动有为政府和有效市场更好结合，更好实现效率与公平相兼顾、相促进、相统一。不断在关键性基础性重大改革上突破创新，要完整、准确、全面贯彻新发展理念，以创新、协调、绿色、开放、共享的内在统一来把握发展、衡量发展、推动发展；要进一步处理好政府和市场的关系，发挥有效市场和有为政府这两只手的作用，按照各个地区、各

---

① 江小涓．统筹推进发展型改革与治理型改革　为中国式现代化提供制度保障［EB/OL］．http：//www.china-cer.com.cn/zhonghong/2024071928517.html.

个产业的特性，沿着比较优势的基本原则来发展经济；要深化要素市场化配置改革，推进要素市场制度建设，清除要素自由流动的体制机制障碍，实现要素价格市场决定、流动自主有序、配置高效公平。

推进国家治理体系和治理能力现代化，是立足新时代党治国理政的新形势新任务新要求。立足国家治理的构成要素及其运行规律，建构治理主体、治理制度、治理策略的有效协同机制与实践规范，并将坚持党的全面领导贯穿于国家治理现代化的全过程和各方面，是新发展阶段进一步把我国制度优势转化为国家治理效能的根本要求。

3. 难点卡点

党的二十届三中全会《决定》指出，当前，推动高质量发展面临的突出问题依然是发展不平衡不充分，这些问题都是社会主要矛盾变化的反映，是发展中的问题，必须进一步全面深化改革，从体制机制上推动解决。

市场体系仍不健全，市场发育还不充分。一方面，我国市场准入、竞争、退出等关键环节的基础性制度保障还不到位，要素市场化配置的体制机制有待进一步完善①。另一方面，与商品和服务市场相比，要素和资源的市场化配置不够充分，土地、劳动力等要素市场发展相对滞后。此外，市场监管规则、标准和程序不统一，监管规则的规范化、标准化仍有提升空间，新一代信息技术的发展带来新的监管难题仍需破解。

政府和市场的关系尚未完全理顺，政府职能的越位、错位、缺位问题仍不同程度存在，政府职能转变还不到位，宏观调控、社会管理、公共服务、市场监管等领域亟待加强②。

创新能力不适应高质量发展要求。原创性基础研究保障机制仍然薄弱，青年人才政策落实仍然不充分，科研不当、行政干预现象仍然存在，企业参与科技创新仍面临若干瓶颈。

产业体系整体大而不强、全而不精，关键核心技术受制于人的状况没有根本改变。我国产业链总体上仍处于中低端，高端和高质量供给不足，一些产业宽而不深、全而不精的问题比较突出；自主创新能力不强，部分核心环节和关键技术受制于人③。

农业基础还不稳固。我国地域辽阔，气象灾害、地质灾害、生物灾害等历来多发。不少地方农业生产还是靠天吃饭，自然风险突出。应对农业风险的政策工具还较单一，各类工具衔接还不紧密。多数农产品价格偏弱运行，给农业稳定发展带来压力④。

城乡区域发展和收入分配差距仍然较大。一是城乡教育、医疗、社保、公共服务等软实力差距依然较大，农村公共服务和基础发展能力的短板突出。二是由于长期以来城乡存在的二元土地制度，受农村产权制度不健全等多种因素影响，城乡居民财产

---

① 人民网．加快建设高标准市场体系［N/OL］．人民日报，https：//www.yznews.cn/p/1320208.html.

② 王昌林．以经济体制改革为牵引进一步全面深化改革［EB/OL］．http：//m.ce.cn/bwzg/202408/05/t20240805_39092525.shtml.

③ 王稼琼，戴涛．立足优势提升全产业链水平［N/OL］．经济日报，http：//m.ce.cn/bwzg/202312/12/t20231212_38825508.shtml.

④ 乔金亮．全方位提高农业抗风险能力［N/OL］．经济日报，https：//m.gmw.cn/2024-06/25/content_37398779.htm.

差距有拉大趋势。三是城乡居民生存和健康条件差异依然明显，城乡家庭环境和教育条件不同，带来的发展权差距存在扩大倾向。四是城乡发展能力不平衡，由于城乡投入、教育、人力资本、生产方式以及生活方式的差别，在发展能力方面形成了新的不平衡①。

民生保障仍存在短板。一是当前和今后一个时期，就业总量压力依然存在，劳动力结构变化不断深化，对就业提出了许多新的挑战。二是在进一步推进中国式现代化道路上，部分群体社会保障仍有不足。三是现在“能上学”问题已经基本解决，但“上好学”却成为人民群众最大的期盼。四是卫生健康事业发展不均衡、不充分的问题，依然需要在改革中来解决②。

生态环境保护仍存短板。2023 年 7 月，习近平总书记在全国生态环境保护大会上指出，我国生态环境保护结构性、根源性、趋势性压力尚未根本缓解。我国经济社会发展已进入加快绿色化、低碳化的高质量发展阶段，生态文明建设仍处于压力叠加、负重前行的关键期。

（三）46 年改革的基本经验

习近平总书记主持召开中央全面深化改革委员会第五次会议时强调，要注意从历史、全局、战略的高度总结 40 年改革开放成就和经验，突出时代性、思想性、实践性。要坚持问题导向，对一些带有共性、规律性的问题，要注意总结和反思，以利于更好前进。纵观改革 46 年，我国能够在复杂多变的国际环境中取得举世瞩目的成就，主要得益于坚持党的领导、坚持中国特色社会主义道路、坚持开拓创新、坚持以人民为中心推进改革、坚持问题导向、坚持解放思想、坚持在法治轨道上深化改革、坚持科学方法论、坚持以开放促改革促发展的原则③。

1. 坚持党的领导

党是改革的倡导者、推动者、领导者。习近平总书记旗帜鲜明地指出，全面深化改革必须加强和改善党的领导，充分发挥党总揽全局、协调各方的领导核心作用，坚决维护中央权威，保证政令畅通，坚定不移实现中央改革决策部署④。习近平总书记强调，推进改革的目的是不断推进我国社会主义制度自我完善和发展，赋予社会主义新的生机活力。这里面最核心的是坚持和改善党的领导、坚持和完善中国特色社会主义制度，偏离了这一条，那就南辕北辙了。党具有强大战略定力、强大思想活力、强大组织动员能力、强大制度建设能力，这不仅能够给改革提供正确的方向和科学理论

---

① 任保平．以融合发展破解城乡区域发展和收入分配差距［EB/OL］．理论网，https：//mp. weixin. qq. com/s?__biz=MjM5OTgyODEwNQ==&mid=2650799130&idx=1&sn=c6cf08d45e3a5fa861e140a04ba8541b&chksm=bf3ed3fc88495aea547f019f1cb2fed1b333ba440184a923160cd48c46b36c8cc6cfbd1c383e&scene=27.

② 何长青．坚持问题导向抓改革，让“民生蛋糕”更香甜［EB/OL］．东湖评论，https：//www. sohu. com/a/796549884_121620820.

③ 穆虹．深入学习领会习近平总书记关于全面深化改革的重要论述［EB/OL］．http：//www. qstheory. cn/dukan/qs/2024-05/16/c_1130145155. htm.

④ 中共中央关于全面深化改革若干重大问题的决定［EB/OL］．https：//www. gov. cn/zhengce/2013-11/15/content_5407874. htm.

指导，还能够通过其强大的组织动员能力和制度建设能力，为改革开放提供制度保障。46 年改革历史实践充分证明，正是因为始终坚持党的集中统一领导，我们才能实现伟大历史转折、开启改革开放新时期和中华民族伟大复兴新征程，才能成功应对一系列重大风险挑战、克服无数艰难险阻，才能确保全党全国在改革上始终统一思想、统一意志、统一行动①。只有坚持党的领导，才能把握好改革的正确方向，形成攻坚克难的强大力量。

2. 坚持中国特色社会主义道路

2012 年 12 月习近平总书记在广东考察时明确提出，我们的改革开放是有方向、有立场、有原则的，我们的改革是在中国特色社会主义道路上不断前进的改革，既不走封闭僵化的老路，也不走改旗易帜的邪路。党的十八届三中全会报告指出，全面深化改革的总目标是完善和发展中国特色社会主义制度、推进国家治理体系和治理能力现代化。改革开放的根本目的是不断推进我国社会主义制度自我完善和发展，实现中华民族伟大复兴的中国梦。习近平总书记在庆祝改革开放 40 周年大会上的讲话指出，改革开放 40 年的实践启示我们：方向决定前途，道路决定命运。改革必须坚持和完善社会主义基本经济制度的方向，这是推动我国经济高质量发展、构建高水平社会主义市场经济体制的重要保障。

3. 坚持以人民为中心推进改革

天地之大，黎元为本。习近平总书记深刻指出，为了人民而改革，改革才有意义；依靠人民而改革，改革才有动力。人民是改革的主体，要坚持一切为了人民、一切依靠人民，发挥好广大人民群众的积极性、主动性、创造性，使广大人民群众成为推动改革开放的强大力量②。为中国人民谋幸福，为中华民族谋复兴，是中国共产党人的初心和使命，也是改革开放的初心和使命③。广大人民群众共享改革发展成果，是社会主义的本质要求，是我们党坚持全心全意为人民服务根本宗旨的重要体现。我们追求的发展是造福人民的发展，我们追求的富裕是全体人民的共同富裕。改革发展搞得成功不成功，最终的判断标准是人民是不是共同享受了改革发展成果④。46 年改革历史实践充分证明，全面深化改革，必须坚持人民至上，站在人民立场上处理好涉及改革的重大问题，顺应人民利益的多样化趋势，抓住人民最关心最直接最现实的利益问题推进重点领域改革，推动改革发展成果更多更公平地惠及全体人民。

4. 坚持以开放促改革促发展

习近平总书记在博鳌亚洲论坛 2018 年年会开幕式上指出，实践证明，过去 40 年

① 穆虹 . 深入学习领会习近平总书记关于全面深化改革的重要论述［EB/OL］. http：//www. qstheory. cn/dukan/qs/2024-05/16/c_1130145155. htm.

② 习近平 . 习近平总书记在庆祝海南建省办经济特区 30 周年大会上的讲话［EB/OL］. https：//www. gov. cn/xinwen/2018-04/13/content_5282321. htm.

③ 习近平 . 习近平总书记在庆祝改革开放 40 周年大会上的讲话［EB/OL］. https：//www. gov. cn/xinwen/2018-12/18/content_5350078. htm.

④ 习近平 . 习近平总书记在党外人士座谈会上的讲话［EB/OL］. https：//news. 12371. cn/2015/10/30/ARTI1446204775305227. shtml.

中国经济发展是在开放条件下取得的，未来中国经济实现高质量发展也必须在更加开放的条件下进行。46 年改革的历史实践充分证明，高水平对外开放一方面有利于促进深层次改革，形成国际合作和竞争的新优势，激发我国经济社会发展的重要动力；另一方面可以更好地参与国际经济合作，促进进出口稳定发展，进而提升我国在国际经济中的地位和影响力。

5. 坚持在法治轨道上深化改革

奉法者强则国强，奉法者弱则国弱。全面深化改革需要法治保障。习近平总书记在中央全面依法治国委员会第一次会议上强调，把全面依法治国纳入“四个全面”战略布局，就是要为全面建成小康社会、全面深化改革、全面从严治党提供长期稳定的法治保障[①]。46 年改革的历史实践充分证明，全面深化改革，必须坚持依法治国，这一方面能够以法的强制力保证改革顺利推进，另一方面能够以法治方式巩固和扩大改革成果。

6. 坚持解放思想

习近平总书记在《切实把思想统一到党的十八届三中全会精神上来》一文中指出，解放思想是前提，是解放和发展社会生产力、解放和增强社会活力的总开关。没有解放思想，我们党就不可能在实践中不断推进理论创新和实践创新，有效化解前进道路上的各种风险挑战，把改革开放不断推向前进，始终走在时代前列。全面建成小康社会，实现社会主义现代化，实现中华民族伟大复兴，最根本最紧迫的任务还是进一步解放和发展社会生产力。46 年改革的历史实践充分证明，解放思想不仅能够打破传统束缚，解决深层次的矛盾和问题，促进经济社会健康发展，还能凝聚改革共识，为改革政策的制定和实施提供科学的思想基础和智慧支持。

7. 坚持开拓创新

创新是一个国家、一个民族发展进步的不竭动力[②]。2013 年 3 月，习近平总书记在参加全国政协联组讨论时强调，实施创新驱动发展战略，是立足全局、面向未来的重大战略，是加快转变经济发展方式、破解经济发展深层次矛盾和问题、增强经济发展内生动力和活力的根本措施。2018 年 5 月，习近平总书记在中国科学院第十九次院士大会、中国工程院第十四次院士大会上指出，坚持创新是第一动力，坚持抓创新就是抓发展、谋创新就是谋未来。46 年改革的历史实践充分证明，党领导人民披荆斩棘、上下求索、奋力开拓、锐意进取，不断推进理论创新、实践创新、制度创新、文化创新以及其他各方面创新，敢为天下先，走出了前人没有走出的路，任何艰难险阻都没能阻挡住党和人民前进的步伐。改革必须坚持开拓创新，这不仅是理论上的要求，也是实践中的必然选择。通过不断创新，可以有效解决现有的问题，推动社会经济的全面发展。

---

① 习近平．加强党对全面依法治国的领导［J］．求是，2019（4）．

② 中共中央关于党的百年奋斗重大成就和历史经验的决议［EB/OL］．https：//www.gov.cn/zhengce/2021-11/16/content_5651269.htm.

8. 坚持问题导向

2024 年 3 月，习近平总书记在湖南考察时指出，进一步全面深化改革要突出问题导向，着力解决制约构建新发展格局和推动高质量发展的卡点堵点问题、发展环境和民生领域的痛点难点问题、有悖社会公平正义的焦点热点问题，有效防范化解重大风险，不断为经济社会发展增动力、添活力。46 年改革的历史实践充分证明，改革开放中的矛盾和问题只能用改革开放的办法来解决。坚持问题导向是全面深化改革的核心原则，它要求我们在改革过程中始终关注和解决实际问题，以科学的态度和方法推动改革不断前进。

9. 坚持科学方法论

习近平总书记在十八届中共中央政治局第二次集体学习时指出，改革开放是一个系统工程，必须坚持全面改革，在各项改革协同配合中推进。要加强宏观思考和顶层设计，更加注重改革的系统性、整体性、协同性。46 年改革的历史实践充分证明，科学方法论不仅提供理论上的支持，也为实践操作提供具体的指导原则。

(四) 党的十八大以来改革取得的新突破

党的十八大以来，以习近平同志为核心的党中央从全局出发，推出了 1500 多项改革举措，改革涉及范围之广、出台方案之多、触及利益之深、推进力度之大前所未有。党的十八大以来，各领域基础性制度框架基本确立，很多领域实现历史性变革、系统性重塑、整体性重构。从经济体制改革看，不断完善社会主义基本经济制度，加快完善社会主义市场经济体制，坚持“两个毫不动摇”，充分发挥市场在资源配置中的决定性作用，更好地发挥政府作用，市场体系和宏观调控体系持续健全，为推动高质量发展注入了强劲动力，书写了经济发展奇迹新篇章①。

1. 统一开放、竞争有序的市场体系建设取得积极成效

10 多年来，我国把转变政府职能作为深化行政体制改革的核心，把简政放权等改革作为供给侧结构性改革的重要内容，持续推动有效市场和有为政府更好结合。稳步推进高标准市场体系建设，市场基础制度规则加速实现全国统一，市场设施加快实现高标准联通，市场环境和企业经营显著改善，要素和资源市场迈出重要步伐，商品和服务市场高水平统一稳步推进，市场监管公平统一持续推进，高效规范、公平竞争、充分开放的全国统一大市场加快形成。深化国资国企改革，推动国有经济布局优化和结构调整，积极稳妥深化混合所有制改革，国有资本和国有企业进一步做强做优做大，国有经济功能定位、布局方向、调整机制更加明确。坚持“两个毫不动摇”，高度重视非公经济发展，依法保护民营企业产权和企业家权益，民营经济发展环境不断优化。市场准入制度全面施行，2018 年首版市场准入负面清单制度发布以来，实现三次动态修订。公平竞争审查制度深入实施，将“公平竞争审查制度”写入修订后的《反垄断

---

① 中共国家发展改革委党组．进一步全面深化经济体制改革　以高质量发展推进中国式现代化［EB/OL］. https：//www.ndrc.gov.cn/fzggw/wld/zsj/zyhd/202405/t20240516_1386272.html.

法》，首次开展国家层面公平竞争审查制度创新试点。2024 年 8 月，《关于完善市场准入制度的意见》正式发布，为中央层面首次专门就市场准入制度建设出台的政策文件。营商环境市场化法治化国际化水平显著提升。截至 2023 年底，登记在册经营主体达 1.84 亿户，其中民营企业超过 5300 万户，分别比 2012 年增长了 2.3 倍和 3.9 倍。

2. 形成完备的宏观经济治理体系

10 多年来，我国充分发挥国家发展规划战略导向作用，更好发挥年度计划宏观引导作用，加强宏观政策协调配合，增强政策的系统性和连贯性。加强财政、货币、就业、产业、投资、消费、环保、区域等政策的协调配合，适时及时出台和实施跨周期或逆周期宏观调控政策。把非经济性政策和经济政策均纳入宏观政策取向一致性评估，确保各领域政策在时序、范围、方向和目标上的一致性。通过适时及时出台和实施跨周期或逆周期宏观调控政策，宏观调控的前瞻性、针对性、有效性进一步提高，我国经济实力大幅提升。2023 年国内生产总值超过 126 万亿元，增速居世界主要经济体前列。多年来，我国一直是世界经济增长的最大动力源，对世界经济增长的贡献率超过 30%。

3. 现代化产业体系发展壮大

10 多年来，我国坚持把发展经济的着力点放在实体经济上，大力完善科技创新体制机制，重组国家战略科技力量，加大基础科学研究支持力度，完善技术要素市场建设，构建关键核心技术攻关新型举国体制，改革评价、奖励和科技人员待遇机制，建立健全企业为主体、市场为导向、产学研深度融合的技术创新体系。深入推进供给侧结构性改革，通过优化要素配置和调整生产结构不断提高供给体系质量和效率。党的十八大以来，我国科技事业快速发展，研发投入强度由 1.91%提升至 2.64%，全球创新指数由第 34 名升至第 12 名。科技成果转化应用持续深化，助力新质生产力加快发展，截至 2023 年底，我国国内（不含港澳台）发明专利拥有量达 401.5 万件，成为全球首个突破 400 万件的国家。[①] 2012—2023 年全社会研发经费投入从 1.03 万亿元增长到 3.3 万亿元，与国内生产总值之比达 2.64%，超过欧盟国家平均水平。提出建设创新型国家的战略目标，把建设和完善国家创新体系作为科技体制改革的目标，创新型国家建设成效明显，自主创新能力显著提升。我国产业体系更加完备，是全世界唯一拥有联合国产业分类中全部工业门类的国家。产业结构不断优化，传统产业转型加快，新兴产业蓬勃发展，服务业规模持续壮大。制造业增加值占全球比重达到 30%左右，连续 14 年居全球首位，其中高技术制造业增加值、装备制造业增加值占规模以上工业增加值的比重分别从 2012 年的 9.4%、28%提高到 2023 年的 15.7%、33.6%。服务业增加值占比从 2012 年的 45.5%提高至 2023 年的 54.6%。

4. 开放型经济新体制加快建立

10 多年来，我国实施更大范围、更宽领域、更深层次的全面开放，对外签署的自

---

① 中共国家发展改革委党组. 全面贯彻落实党的二十届三中全会精神 坚定不移推进经济社会高质量发展 [EB/OL]. https://mp.weixin.qq.com/s/HJ1c4vAaXUt6Tu3IKnUKzg.

贸协定数量由10个增加到19个，2016年推动达成了《G20全球投资指导原则》，2022年《区域全面经济伙伴关系协定》（RCEP）生效实施，双边、区域和多边合作持续推进。我国已成为140多个国家和地区的主要贸易伙伴，货物进出口总额连续多年居世界第一。聚焦投资、贸易、金融、创新等对外交流合作的重点领域深化体制机制改革。外商投资准入前国民待遇加负面清单管理制度全面实行。2020年，我国实施了新的《外商投资法》，首次以法律形式确立了国家在“投资促进”“投资保护”“投资管理”三个层面的基础性制度保障，面向全球的贸易、投融资、生产、服务网络加快构建，规则、规制、管理、标准等制度型开放加快推进，分批次设立22个自贸试验区和海南自由贸易港，与29个国家和地区签署了22个自贸协定。共建“一带一路”已成为当今世界最受欢迎的国际公共产品和最大规模的国际合作平台。截至2023年，我国已与152个国家、32个国际组织签署200余份合作文件，涵盖投资、贸易、金融、科技、社会、人文、民生等领域。中欧班列通达欧洲25个国家、200多个城市。

5. 人民群众获得感、幸福感、安全感不断增强

10多年来，我国坚持以人民为中心的发展思想，围绕解决好人民群众急难愁盼问题，推进社会事业改革创新。在收入分配方面，持续完善分配制度，打击非法收入，规范收入分配秩序；在就业方面，坚持守住就业底线，优化创业环境，扶持就业创业的财税金融等优惠政策密集出台；在教育方面，推进城乡间教育均衡发展，提升教育质量，改革人才选拔和评价机制；在社会保障方面，实施全民参保计划，精准推进农民工、灵活就业人员等重点群体参保，实现由覆盖城乡向城乡统筹转变，加大对社会保障服务的调整；在医疗卫生方面，围绕分级诊疗、公立医院改革、全民医保、药品供应保障、重大疫病防控、全民健康信息化、卫生健康科技创新、综合监管等方面建设，在解决看病难、看病贵问题上持续发力；在住房保障方面，保障性住房建设稳步推进，住房保障体系不断完善，住房保障能力持续增强。2020年，我国全面建成小康社会取得伟大历史性成就，决战脱贫攻坚取得决定性胜利，历史性地解决了困扰中华民族几千年的绝对贫困问题，并在幼有所育、学有所教、劳有所得、病有所医、老有所养、住有所居、弱有所扶上取得长足进展。健全促进就业创业体制机制，2013—2023年累计实现城镇新增就业超1.4亿人。城乡居民收入增长与经济增长基本同步，中等收入群体超过4亿人。基本公共服务均等化水平不断提升，东、中、西部和东北地区义务教育生师比基本持平，生均用房面积差距明显缩小，中西部地区大班额比例显著下降。东北地区每千人口医疗卫生机构床位数位居全国前列，中西部地区超过东部地区。建成世界上规模最大的社会保障体系，基本养老保险覆盖10.5亿人，基本医疗保险参保率达到95%。统筹推进区域重大战略和区域协调发展战略，动力源地区引擎带动作用得到加强，重要功能区关键作用更加明显。推进以人为本的新型城镇化，深入实施区域重大战略、大力支持特殊类型地区发展、着力推动重要功能区建设，加快推动农业转移人口市民化，区域协调发展和城乡融合发展体制机制进一步健全。生态文明制度体系不断健全，生态文明顶层设计和制度体系建设全面推动，与高质量发展相适应的国土空间开发格局逐步形成，生态环境保护发生历史性、转折性、全局性变化。绿色发展加快推进，蓝天、碧水、净土保卫战取得重大战略成果。党的十八大以来，我国以年均3.3%的能源消费增速支撑了年均6.1%的经济增长，能耗强度累计下降26.1%，是全球能耗强度降低最快的国家之一。①

6. 经济安全保障能力持续提升

10多年来，我国坚持总体国家安全观，集中统一、高效权威的国家安全领导体制加快健全，强化国家安全工作顶层设计，完善各重要领域国家安全政策，健全国家安全法律法规，加快构建新安全格局，为新发展格局提供了坚实保障。粮食安全得到有力保障，粮食“产购储加销”体系不断健全，牢牢守住了18亿亩耕地红线，实现谷物基本自给、口粮绝对安全。能源供给保障能力持续提升，“四个革命、一个合作”能源安全新战略②加快推进，煤、油、气、电、核及可再生能源多轮驱动的能源供应体系基本形成，一次能源生产总量达到48.3亿吨标准煤，可再生能源发电装机超过总装机的50%。产业链供应链自主可控能力不断增强，产业安全发展短板加快补齐，大宗商品、原材料保供稳价有力有序。数据安全能力建设持续推进，数据安全制度体系基本形成。坚决打好防范化解重大风险攻坚战，金融风险防控体制机制逐步完善。

二、进一步全面深化改革面临的新形势新要求

党的二十大报告指出，当前，世界百年未有之大变局加速演进，新一轮科技革命和产业变革深入发展，国际力量对比深刻调整，我国发展面临新的战略机遇。当前和今后一个时期是以中国式现代化全面推进强国建设、民族复兴伟业的关键时期。党的二十届三中全会进一步明确，面对纷繁复杂的国际国内形势，面对新一轮科技革命和产业变革，面对人民群众新期待，必须继续把改革推向前进。我国发展面临新的战略机遇、新的战略任务、新的战略阶段、新的战略要求、新的战略环境，对进一步全面深化改革提出了新的更高要求。

（一）日益严峻复杂的国际环境对进一步全面深化改革提出新要求

当前，全球经济进入低速增长期，我国经济面临的国际环境日益严峻复杂。从国际看，受新冠疫情影响，全球经济活动遭遇严重困境，国际贸易和投资大幅萎缩、国际金融市场动荡、国际交往受限，世界主要经济体增速均有所放缓，特别是发达经济体经济下行态势明显，对世界经济中长期发展带来的负面冲击不容低估。从国内看，我国经济已由高速增长阶段转向高质量发展阶段，正处在转变发展方式、优化经济结构、转换增长动力的攻关期，面临很多新情况、新矛盾、新问题。此外，全球经济治理的复杂性增加，国际秩序加速调整，外部环境对我国发展的不利影响持续加大。

日益严峻复杂的国际环境对进一步全面深化改革提出了新的要求，具体来看，一

---

① 中共国家发展改革委党组．全面贯彻落实党的二十届三中全会精神　坚定不移推进经济社会高质量发展［EB/OL］．https：//mp.weixin.qq.com/s/HJ1c4vAaXUt6Tu3IKnUKzg.

② 2014年6月，习近平总书记在中央财经领导小组第六次会议上明确提出了“四个革命、一个合作”的重大能源战略思想，即推动能源消费革命、能源供给革命、能源技术革命、能源体制革命，全方位加强能源国际合作。

是我国需积极参与现行全球性国际组织的改革，积极谋求参与现有区域性和专业性国际经济组织等；二是我国需在处理好与邻国关系的同时，把发展和安全有效统筹起来，通过改革开放增强发展的内生动力；三是我国需加强国内改革，依靠改革开放增强发展内生动力，为推动高质量发展、推进中国式现代化持续注入强劲动力。

（二）新一轮科技革命和产业变革对进一步全面深化改革提出新要求

新一轮科技革命和产业变革深入发展，辐射范围之广、影响程度之深前所未有，涌现了一大批新兴技术和产业，将深刻改变经济生产函数，给生产力水平带来颠覆性影响，引发全球产业结构和布局趋势性调整重塑。一是新一轮科技革命和产业变革深入发展，人工智能、大数据、信息通信等新一代信息技术正处于重要突破关口；二是数字化智能化技术成为全球重大前沿技术和颠覆性技术突破的重要方向；三是科学、技术与产业联系更加紧密，创新范式深刻调整，场景创新、数据驱动在新一轮科技革命和产业变革中的作用日益凸显；四是全球范围内科技竞争日趋激烈，科技创新生态发生重大变化，主要发达国家纷纷强化重大前沿技术部署，极地和空天资源争夺加剧，国防技术研发应用受到青睐，全球前沿科技发展竞争激烈。

新一轮科技革命和产业变革对进一步全面深化改革提出了新的要求，具体来看，一是我国需通过进一步全面深化改革，牢牢把握新科技革命浪潮，破除妨碍推进中国式现代化的思想观念和体制机制弊端，破解深层次体制机制障碍和结构性矛盾，推动生产关系和生产力、上层建筑和经济基础更好地适应；二是我国需加快发展新质生产力，建设与时代特征相适应的现代化产业体系，为创新发展提供物质和技术载体，需加快建设以实体经济为支撑的现代化产业体系，以新产业新业态新模式打造新的增长引擎，着力培育新动能、塑造新优势，抢占产业竞争制高点，增强产业国际竞争力；三是我国需把握科技革命和产业变革趋势，着力提高创新驱动发展能力，加速培育新兴产业和未来产业，把自身的比较优势和发展潜力转化为竞争优势，抢占新一轮科技革命和产业变革的先机。

（三）人民日益增长的美好生活需要和不平衡不充分的发展之间的矛盾对进一步全面深化改革提出新要求

党的十九大报告明确指出，中国特色社会主义进入新时代，我国社会主要矛盾已经转化为人民日益增长的美好生活需要和不平衡不充分的发展之间的矛盾。人民日益增长的美好生活需要，不仅对物质文化生活提出了更高要求，而且在民主、法治、公平、正义、安全、环境等方面的要求日益增长。这意味着，随着经济发展和社会进步，人民对物质文化生活的需求不断提高的同时，还希望在政治参与、法律保障、社会公正、安全保障以及生态环境保护等方面得到更好的满足。从社会角度说，人民对美好生活的需要已经从基本的物质文化需求转变为更加多样化、多层次的需求。这种变化要求改革不仅要关注经济增长的速度，更要注重经济发展的质量和效益，以及如何通过改革提高人民的生活质量。换言之，改革要更加注重保障人民群众的各项权利和自由，尊重他们的尊严，并不断提高他们的获得感、幸福感和安全感。党的十九大在肯定取得的成就的同时，提出更加突出的问题是发展不平衡不充分，这已经成为满足人民日益增长的美好生活需要的主要制约因素。这些不平衡不充分表现在实体经济与虚拟经济、区域发展、城乡发展、收入分配、经济与社会、经济与生态等多个方面①。发展不平衡不充分问题，需要通过创新发展、协调发展、绿色发展、开放发展和共享发展等领域的改革来解决。

（四）中国式现代化对进一步全面深化改革提出新要求

进一步全面深化改革是坚持和完善中国特色社会主义制度、推进国家治理体系和治理能力现代化的必然要求。从总体目标来看，继续完善和发展中国特色社会主义制度，推进国家治理体系和治理能力现代化是进一步全面深化改革的目标。从长远目标来看，到2035年，中国将全面建成高水平社会主义市场经济体制，中国特色社会主义制度更加完善，基本实现国家治理体系和治理能力现代化。从历史成就和显著优势来看，中国特色社会主义制度和国家治理体系在历史上取得了显著的成就，并且具有独特的优势。从具体实施路径来看，习近平总书记在庆祝中国共产党成立95周年的大会上指出，我们要把完善和发展中国特色社会主义制度、推进国家治理体系和治理能力现代化作为全面深化改革的总目标，勇于推进理论创新、实践创新、制度创新以及其他各方面创新，让制度更加成熟定型，让发展更有质量，让治理更有水平，让人民更有获得感。

进一步全面深化改革是贯彻新发展理念、更好适应我国社会主要矛盾变化的必然要求。2015年10月，习近平总书记在党的十八届五中全会上提出了“创新、协调、绿色、开放、共享”的新发展理念。创新发展注重解决发展动力问题，协调发展注重解决发展不平衡问题，绿色发展注重解决人与自然和谐共生问题，开放发展注重解决发展内外联动问题，共享发展注重解决社会公平正义问题。进一步全面深化改革思路与新发展理念中的协调、绿色、开放和共享的要求高度契合，是实现高质量发展、解决发展不平衡问题、推动人与自然和谐共生、促进内外联动发展以及实现社会共享的重要手段和必然要求。

进一步全面深化改革是坚持以人民为中心、让现代化建设成果更多更公平惠及全体人民的必然要求。习近平总书记在总结改革开放40周年经验时强调，必须坚持以人民为中心，不断实现人民对美好生活的向往。在进一步全面深化改革中，必须坚持以人民为中心的发展思想，不断实现发展为了人民、发展依靠人民、发展成果由人民共享，通过完善分配制度、健全社会保障体系、构建三次分配协调配套的制度体系等，让现代化建设成果更多更公平地惠及全体人民。

进一步全面深化改革是应对重大风险挑战、推动党和国家事业行稳致远的必然要求。2019年1月，习近平总书记在省部级主要领导干部坚持底线思维着力防范化解重大风险专题研讨班的开班式上，就防范化解政治、意识形态、经济、科技、社会、外

---

① 李伟．不平衡不充分的发展主要表现在六个方面［EB/OL］. http：//cn. chinagate. cn/news/2018-01/13/content_50223130. htm.

部环境、党的建设等领域重大风险作出深刻分析、提出明确要求。习近平总书记关于《中共中央关于坚持和完善中国特色社会主义制度　推进国家治理体系和治理能力现代化若干重大问题的决定》的说明中指出，要打赢防范化解重大风险攻坚战，必须坚持和完善中国特色社会主义制度、推进国家治理体系和治理能力现代化，运用制度威力应对风险挑战的冲击。

进一步全面深化改革是推动构建人类命运共同体、在日趋激烈的国际竞争中赢得战略主动的必然要求。当前，国际竞争日趋激烈，各主要国家纷纷抢抓科技创新的制高点，竞相布局新兴产业、未来产业。同时，经济全球化遭遇逆流，全球治理赤字扩大。我国发展面临的外部环境和条件发生深刻复杂变化，机遇和挑战都有新的变化、新的内涵。唯有继续把改革推向前进，才能增强我国发展的竞争力、持续力，在日趋激烈的国际竞争中赢得主动、赢得优势、赢得未来①。

进一步全面深化改革是解决大党独有难题、建设更加坚强有力的马克思主义政党的必然要求。2023 年 1 月，习近平总书记在二十届中央纪委二次全会上发表重要讲话时指出，如何始终不忘初心、牢记使命，如何始终统一思想、统一意志、统一行动，如何始终具备强大的执政能力和领导水平，如何始终保持干事创业的精神状态，如何始终能够及时发现和解决自身存在的问题，如何始终保持风清气正的政治生态，都是我们这个大党必须解决的独有难题。解决这些难题，是实现新时代新征程党的使命任务必须迈过的一道坎，是全面从严治党适应新形势新要求必须啃下的硬骨头。在新征程上，深入推进新时代党的建设新的伟大工程，继续把改革推向前进，以更高的标准和更高质量探索破解大党独有难题的办法，健全全面从严治党体系，是解决“六个如何始终”的大党独有难题的必然要求。

三、深入领会进一步全面深化改革的指导思想、基本原则和总目标

习近平总书记在庆祝改革开放 40 周年大会上指出，改革开放已走过千山万水，但仍需跋山涉水。2017 年 10 月，习近平总书记在党的十九届一中全会上指出，改革只有进行时，没有结束时。新时代坚持和发展中国特色社会主义，根本动力仍然是全面深化改革。回顾历史，改革开放开创了中国特色社会主义新局面，使中国追赶上时代发展的潮流，把握住历史发展的大势，抓住历史变革的时机，推动了中国特色社会主义事业的伟大飞跃。展望未来，新时期新形势下，改革开放是决定当代中国命运的关键一招，也是决定中国式现代化成败的关键一招②。

（一）指导思想

党的二十届三中全会《决定》明确了进一步全面深化改革的指导思想。坚持马克思列宁主义、毛泽东思想、邓小平理论、“三个代表”重要思想、科学发展观，全面贯彻习近

① 高飞. 继续把改革推向前进的“六个必然要求”之五：推动构建人类命运共同体、赢得战略主动［EB/OL］. http：//www.huyangnet.cn/content/2024-07/10/content_1900888.html.

② 习近平在学习贯彻党的二十大精神研讨班开班式上发表重要讲话［EB/OL］. https：//www.gov.cn/xinwen/2023-02/07/content_5740520.htm.

平新时代中国特色社会主义思想，深入学习贯彻习近平总书记关于全面深化改革的一系列新思想、新观点、新论断，完整准确全面贯彻新发展理念，坚持稳中求进工作总基调，坚持解放思想、实事求是、与时俱进、求真务实，进一步解放和发展社会生产力、激发和增强社会活力，统筹国内国际两个大局，统筹推进“五位一体”总体布局，协调推进“四个全面”战略布局，以经济体制改革为牵引，以促进社会公平正义、增进人民福祉为出发点和落脚点，更加注重系统集成，更加注重突出重点，更加注重改革实效，推动生产关系和生产力、上层建筑和经济基础、国家治理和社会发展更好适应，为中国式现代化提供强大动力和制度保障。

与2013年党的十八届三中全会通过的《中共中央关于全面深化改革若干重大问题的决定》对比可以发现，**一方面，习近平新时代中国特色社会主义思想是党和国家必须长期坚持的指导思想**。进一步全面深化改革强调“全面贯彻习近平新时代中国特色社会主义思想，深入学习贯彻习近平总书记关于全面深化改革的一系列新思想、新观点、新论断，完整准确全面贯彻新发展理念”。实践是检验真理的唯一标准。《中共中央关于党的百年奋斗重大成就和历史经验的决议》科学阐明了习近平新时代中国特色社会主义思想的理论内涵和重大意义。党的十八大以来，在习近平新时代中国特色社会主义思想的指导下，中国最终完成了全面建成小康社会的任务，成功地开启了全面建设社会主义现代化强国的新征程，迎来了中华民族伟大复兴从站起来、富起来到强起来的伟大飞跃，为整个人类社会的和平与发展作出了重大贡献①。习近平新时代中国特色社会主义思想，是对马克思列宁主义、毛泽东思想、邓小平理论、“三个代表”重要思想、科学发展观的继承和发展，是马克思主义中国化最新成果，是党和人民实践经验和集体智慧的结晶，是中国特色社会主义理论体系的重要组成部分，是全党全国人民为实现中华民族伟大复兴而奋斗的行动指南，必须长期坚持并不断发展②。

另一方面，把握好“稳”与“进”的辩证统一关系，要正确处理改革发展稳定的关系。进一步全面深化改革强调“坚持稳中求进工作总基调”。改革是经济社会发展的强大动力，发展是解决一切经济社会问题的关键，稳定是改革发展的前提。坚持稳中求进工作总基调，要更好地发挥党总揽全局、协调各方的领导核心作用，把改革力度、发展速度和社会可承受程度统一起来。把全面深化改革作为推进中国式现代化的根本动力，作为稳大局、应变局、开新局的重要抓手，既努力维护经济社会平稳，为调整经济结构和深化改革开放、坚持和完善社会主义市场经济体制创造稳定宏观环境；又推动调整经济结构和深化改革开放、坚持和完善社会主义市场经济体制取得实质性进展，为经济社会平稳运行创造良好预期，把准方向、守正创新、真抓实干，维护经济发展和社会大局稳定。人民对美好生活的向往就是我们的奋斗目标。要把改善人民生活作为正确处理改革发展稳定关系的重要结合点，在保持社会稳定中推进改革发展，通过改革发展促进社会稳定；要把群众满意不满意、高兴不高兴、答应不答应作为检验各项工作的标准，不断提升人民群众的获得感、

---

① 习近平新时代中国特色社会主义思想为什么行［N］. 人民周刊，2024-05-20（9）.

② 习近平. 决胜全面建成小康社会　夺取新时代中国特色社会主义伟大胜利——在中国共产党第十九次全国代表大会上的报告［EB/OL］. https：//www.gov.cn/zhuanti/2017-10/27/content_5234876.htm.

幸福感、安全感，为改革发展营造良好社会氛围①。

此外，进一步解放和发展社会生产力、激发和增强社会活力。进一步全面深化改革强调“进一步解放和发展社会生产力、激发和增强社会活力”。习近平总书记在主持召开企业和专家座谈会时强调，进一步全面深化改革，要抓住主要矛盾和矛盾的主要方面，进一步解放和发展社会生产力、增强社会活力，推动生产关系和生产力、上层建筑和经济基础更好地适应。“活力”是历年中央经济工作会议中的高频词汇，2023 年底召开的中央经济工作会议提出，必须坚持依靠改革开放增强发展内生动力，统筹推进深层次改革和高水平开放，不断解放和发展社会生产力、激发和增强社会活力。相比党的十八届三中全会的“进一步解放思想、解放和发展社会生产力、解放和增强社会活力”，将“解放和增强社会活力”调整为“激发和增强社会活力”，进一步全面深化改革更加侧重破解束缚社会生产力发展、影响社会活力迸发的体制机制障碍和结构性矛盾，必须进一步激发改革主体的内生动力，充分激发全社会创新创造活力，为推进中国式现代化持续注入强劲动力。

（二）基本原则

一是坚持党的全面领导。习近平总书记强调，党的领导是进一步全面深化改革、推进中国式现代化的根本保证。② 党的二十大报告明确将“坚持中国共产党领导”作为中国式现代化的本质要求之一，强调“坚持党的全面领导是坚持和发展中国特色社会主义的必由之路”。党的二十届三中全会明确，坚持党的全面领导，坚定维护党中央权威和集中统一领导，发挥党总揽全局、协调各方的领导核心作用，把党的领导贯穿改革各方面、全过程，确保改革始终沿着正确的政治方向前进。进一步全面深化改革必须坚持党对改革的集中统一领导不变，完善和发展中国特色社会主义制度、推进国家治理体系和治理能力现代化的总目标不变，坚定维护党中央权威和集中统一领导，发挥党总揽全局、协调各方的领导核心作用，不断提高政治判断力、政治领悟力、政治执行力，把党的领导贯穿改革各方面全过程，确保改革始终沿着正确政治方向前进。

二是坚持以人民为中心。党的二十届三中全会明确，坚持以人民为中心，尊重人民主体地位和首创精神，人民有所呼、改革有所应，做到改革为了人民、改革依靠人民、改革成果由人民共享。进一步全面深化改革必须以促进社会公平正义、增进人民福祉为出发点和落脚点。要坚持全心全意为人民服务的根本宗旨，坚持以人民为中心的发展思想，树牢群众观点，贯彻群众路线，从群众中来、到群众中去，始终保持同人民群众的血肉联系，始终接受人民群众的批评和监督。中国式现代化以人的全面发展为目标，不仅要实现物质文明的发展，还要做到改革为了人民、改革依靠人民、改革成果由人民共享。中国式现代化道路注重解放发展生产力，以经济建设为中心，同

---

① 韩保江．坚持稳中求进工作总基调［EB/OL］．http：//nb.mof.gov.cn/czjg/dcyj/202310/t20231010_3910461.htm.

② 国家发展改革委党组理论学习中心组．以经济体制改革为牵引进一步全面深化改革［N/OL］．人民日报，https：//mp.weixin.qq.com/s/TINSBl-P2Fh1mv-jmn-9oQ.

时坚持共同富裕，将现代化的成果惠及人民，注重人民的美好生活。人民的美好生活不仅要有充足的物质基础，还要有丰富的精神世界，有美好的生态环境，要求社会整体的发展和进步。

三是坚持守正创新。习近平总书记指出，我们要树立守正创新意识，保持现代化进程的持续性。面对现代化进程中遇到的各种新问题新情况新挑战，政党要敢于担当、勇于作为，冲破思想观念束缚，破除体制机制弊端，探索优化方法路径，不断实现理论和实践上的创新突破，为现代化进程注入源源不断的强大活力。党的二十届三中全会明确，坚持守正创新，坚持中国特色社会主义不动摇，紧跟时代步伐，顺应实践发展，突出问题导向，在新的起点上推进理论创新、实践创新、制度创新、文化创新以及其他各方面创新。进一步全面深化改革要坚持解放思想、实事求是、与时俱进、求真务实，坚持把马克思主义基本原理同中国具体实际相结合、同中华优秀传统文化相结合，坚持实践是检验真理的唯一标准，坚持一切从实际出发，坚持中国特色社会主义不动摇，紧跟时代步伐，顺应实践发展，着眼解决新时代改革开放和社会主义现代化建设的实际问题，突出问题导向，不断回答中国之问、世界之问、人民之问、时代之问，做出符合中国实际和时代要求的正确回答，得出符合客观规律的科学认识，在新的起点上推进理论创新、实践创新、制度创新、文化创新和其他各方面创新，形成与时俱进的理论成果，更好地指导中国实践。

四是坚持以制度建设为主线。2020 年 12 月，习近平总书记在主持召开中央全面深化改革委员会第十七次会议时强调，要始终突出制度建设这条主线，不断健全制度框架，筑牢根本制度、完善基本制度、创新重要制度。党的二十届三中全会明确，坚持以制度建设为主线，加强顶层设计、总体谋划，破立并举、先立后破，筑牢根本制度，完善基本制度，创新重要制度。进一步全面深化改革要坚持以制度建设为主线，坚持和完善中国特色社会主义制度，推进国家治理体系和治理能力现代化，以更大的政治智慧，通过加强顶层设计、总体谋划，破立并举、先立后破，确保改革的系统性、整体性和协同性，构建系统完备、科学规范、运行有效的制度体系，要继续深化各领域各方面体制机制改革，推动各方面制度更加成熟更加定型，筑牢根本制度，完善基本制度，创新重要制度，以制度优势应对风险挑战冲击。

五是坚持全面依法治国。2024 年 6 月习近平总书记在中共中央政治局会议上明确指出，坚持全面依法治国，在法治轨道上深化改革、推进中国式现代化，做到改革和法治相统一，重大改革于法有据，及时把改革成果上升为法律制度。进一步全面深化改革要坚持全面依法治国，通过完善法律体系、推进依法行政、严格公正司法、加快建设法治社会等举措，全面推进科学立法、严格执法、公正司法、全民守法，全面推进国家各方面工作法治化。进一步提高运用法治思维和法治方式的能力，发挥法治固根本稳预期利长远作用，最大限度将制度优势转化为治理效能，护航改革开放行稳致远。

六是坚持系统观念。党的二十届三中全会明确，坚持系统观念，处理好经济和社会、政府和市场、效率和公平、活力和秩序、发展和安全等重大关系，增强改革系统性、整体性、协同性。注重系统性、整体性、协同性是全面深化改革的内在要求，也是推进改革的重要方法。推进改革发展、调整利益关系往往牵一发而动全身。进一步全面深化改革要坚持系统观念，不断提高战略思维、历史思维、辩证思维、系统思维、创新思维、法治思维、底线思维能力，处理好经济和社会的关系，让经济发展成果更多更公平地惠及全体人民，处理好政府和市场的关系，让市场在配置资源中发挥决定性作用的同时让政府更好地发挥作用，处理好效率和公平的关系，在提高经济效率的同时有效解决经济发展带来的不公平问题，处理好活力和秩序的关系，实现活而不乱、活跃有序的动态平衡，处理好发展和安全的关系，坚持把国家安全同经济社会发展一起谋划、一起部署、一起实施、一体推进。

（三）总目标和阶段目标

习近平总书记强调，推进中国式现代化，必须进一步全面深化改革开放，不断解放和发展社会生产力、解放和增强社会活力。[①] 进一步全面深化改革是我国发展进步的活力之源，是坚持和发展中国特色社会主义的必由之路，是以实现中华民族伟大复兴为目标的社会主义现代化重要途径。当前和今后一个时期是以中国式现代化全面推进强国建设、民族复兴伟业的关键时期。党的二十届三中全会《决定》站在新的历史起点上，明确了进一步全面深化改革的总目标："继续完善和发展中国特色社会主义制度，推进国家治理体系和治理能力现代化。"进一步全面深化改革总目标体现了党的二十大作出的战略部署；紧扣中国式现代化这个主题，彰显了围绕党的中心任务谋划推动改革这一党领导改革的成功经验，也同党的十八届三中全会提出的"完善和发展中国特色社会主义制度，推进国家治理体系和治理能力现代化"全面深化改革总目标一脉相传，是对党的十八届三中全会提出的改革总目标的丰富和发展。

1. 2029 年目标

党的二十届三中全会《决定》紧扣进一步全面深化改革的总目标，提出"七个聚焦"，明确到 2029 年完成本决定提出的改革任务。

聚焦构建高水平社会主义市场经济体制，充分发挥市场在资源配置中的决定性作用，更好地发挥政府作用，坚持和完善社会主义基本经济制度，推进高水平科技自立自强，推进高水平对外开放，建成现代化经济体系，加快构建新发展格局，推动高质量发展。具体来看，初步建立全国统一的高标准市场体系的基础制度和规则，初步实现市场设施高标准联通，统一的要素和资源市场体系初见成效，商品和服务市场加快迈向高水平统一，公平统一市场监管规则、执法和能力有效提升，不当市场竞争和市场干预行为治理机制进一步优化，支持各地探索形成一批可复制可推广的试点经验，初步建设高效规范、公平竞争、充分开放的全国统一大市场。加强国家战略科技力量建设，构建科技安全风险监测预警和应对体系。健全科技社团管理制度。改进科技计划管理，加强有组织的基础研究，深化科技评价体系改革。高水平对外开放体制机制

---

① 国家发展改革委党组理论学习中心组．以经济体制改革为牵引进一步全面深化改革［N/OL］. 人民日报，https：//mp. weixin. qq. com/s/TINSBl-P2Fh1mv-jmn-9oQ.

进一步完善。制度型开放稳步扩大，主动对接国际高标准经贸规则，扩大自主开放，深化援外体制机制改革，积极参与全球经济治理体系改革。

聚焦发展全过程人民民主，坚持党的领导、人民当家作主、依法治国有机统一，推动人民当家作主制度更加健全、协商民主广泛多层制度化发展、中国特色社会主义法治体系更加完善，社会主义法治国家建设达到更高水平。

聚焦建设社会主义文化强国，坚持马克思主义在意识形态领域指导地位的根本制度，健全文化事业、文化产业发展体制机制，推动文化繁荣，丰富人民精神文化生活，提升国家文化软实力和中华文化影响力。具体来看，国家文化治理能力和治理体系现代化水平显著提升，文化事业、文化产业和旅游业高质量发展的体制机制更加完善，治理效能显著提升。文化事业单位和国有文化企业改革全面推进，文化新质生产力加速形成。高标准文化市场体系更加成熟，高质量文化产品供给体系加快构建，文艺事业繁荣发展。现代公共文化服务体系更加健全，基本公共文化服务标准化均等化水平显著提高，服务效能进一步提升。国家文化数字化战略成效明显，线上线下融合互动、立体覆盖的文化服务供给体系更加成熟，公共文化服务数字化水平加速提升。多层级多要素的城乡历史文化保护传承体系初步构建，中华优秀传统文化传播体系快速发展，中华文化影响力进一步提升，国家文化软实力显著增强，中华民族凝聚力进一步增强。

聚焦提高人民生活品质，完善收入分配和就业制度，健全社会保障体系，增强基本公共服务均衡性和可及性，推动人的全面发展、全体人民共同富裕取得更为明显的实质性进展。具体来看，社会保障法定人群实现全覆盖，多层次社会保障体系更加健全，社保统筹层次进一步提升，公共服务平台等社会保障制度运行支撑进一步强化，社会保障法治化水平进一步提高，公共卫生体系进一步健全，公共卫生应急、服务、协同、保障等关键能力全面强化。

聚焦建设美丽中国，加快经济社会发展全面绿色转型，健全生态环境治理体系，推进生态优先、节约集约、绿色低碳发展，促进人与自然和谐共生。具体来看，环境监管、污染排放控制、环境风险评估和应急响应机制不断健全，自然资源资产产权进一步明晰，严格的资源管理制度深入实施，绿色低碳循环发展政策体系基本健全，顺利实现 2030 年前碳达峰目标，生态补偿和生态产品价值实现机制加速完善。

聚焦建设更高水平平安中国，健全国家安全体系，强化一体化国家战略体系，增强维护国家安全能力，创新社会治理体制机制和手段，有效构建新安全格局。具体来看，国家安全领导体制更加完善，国家安全法治体系、战略体系、政策体系加速完善，国家安全工作协调机制和应急管理机制更加健全，国家安全体系更加完善，国家安全治理体系和治理能力现代化取得显著进展，国家安全更为巩固。

聚焦提高党的领导水平和长期执政能力，创新和改进领导方式和执政方式，深化党的建设制度改革，健全全面从严治党体系。

2. 2035 年目标

党的二十届三中全会《决定》明确了到 2035 年的阶段性改革目标：到 2035 年，

全面建成高水平社会主义市场经济体制，中国特色社会主义制度更加完善，基本实现国家治理体系和治理能力现代化，基本实现社会主义现代化，为到21世纪中叶全面建成社会主义现代化强国奠定坚实基础。

3. 2050年目标

党的二十大报告提出，从二〇三五年到本世纪中叶把我国建成富强民主文明和谐美丽的社会主义现代化强国，到本世纪中叶，把我国建设成为综合国力和国际影响力领先的社会主义现代化强国。围绕这一目标，到2050年，我们认为，在2035年的改革目标基础上，需要明确以下改革目标来支撑同期的中国式现代化目标：高标准市场体系基本建成，要素市场化配置改革取得重大进展，公平竞争制度更加健全。基本实现国家治理体系和治理能力现代化，基本实现社会主义现代化，全过程人民民主制度更加健全，基本建成法治国家、法治政府、法治社会，建成教育强国、科技强国、人才强国、文化强国、体育强国、健康中国，国家文化软实力显著增强。持续完善权责清晰、财力协调、区域均衡的现代财政制度，规范透明、标准科学、约束有力的预算制度基本建成，充分发挥中央和地方两个积极性的体制机制更加健全。实施更大范围、更宽领域、更深层次的对外开放战略，推动对内对外开放相互促进、“引进来”和“走出去”更好结合，促进国际国内要素有序自由流动、资源高效配置、市场深度融合，建设更高水平开放型经济新体制。

四、进一步全面深化改革的重点任务

党的二十届三中全会《决定》提出，当前和今后一个时期是以中国式现代化全面推进强国建设、民族复兴伟业的关键时期。中国式现代化是在改革开放中不断推进的，也必将在改革开放中开辟广阔前景。新时代新征程，要全面贯彻落实党的二十大和二十届二中、三中全会精神，聚焦“继续完善和发展中国特色社会主义制度，推进国家治理体系和治理能力现代化”的总目标，突出问题导向，着力解决制约构建新发展格局和推动高质量发展的卡点堵点问题、发展环境和民生领域的痛点难点问题、有悖社会公平正义的焦点热点问题，有效防范化解重大风险。要聚焦构建高水平社会主义市场经济体制，健全推动经济高质量发展体制机制，构建支持全面创新体制机制，健全宏观经济治理体系，完善城乡融合发展体制机制，完善高水平对外开放体制机制，健全全过程人民民主制度体系，完善中国特色社会主义法治体系，深化文化体制机制改革，健全保障和改善民生制度体系，深化生态文明体制改革，推进国家安全体系和能力现代化，持续深化国防和军队改革，提高党对进一步全面深化改革、推进中国式现代化的领导水平等各项任务，把改革摆在更加突出的位置，紧紧围绕推进中国式现代化进一步全面深化改革，为中国式现代化提供强大动力和制度保障。《决定》共300多项重要改革举措，涵盖改革发展稳定、内政外交国防、治党治国治军各领域各方面，此处重点聚焦内政外交国防中的内政、治党治国治军中的治国等领域改革。

（一）构建高水平社会主义市场经济体制，激发全社会内生动力和创新活力

党的二十届三中全会《决定》提出："高水平社会主义市场经济体制是中国式现代化的重要保障。必须更好发挥市场机制作用，创造更加公平、更有活力的市场环境，实现资源配置效率最优化和效益最大化，既'放得活'又'管得住'，更好维护市场秩序、弥补市场失灵，畅通国民经济循环，激发全社会内生动力和创新活力。"

1. 坚持和落实"两个毫不动摇"

《决定》提出："坚持和落实'两个毫不动摇'。毫不动摇巩固和发展公有制经济，毫不动摇鼓励、支持、引导非公有制经济发展，保证各种所有制经济依法平等使用生产要素、公平参与市场竞争、同等受到法律保护，促进各种所有制经济优势互补、共同发展。""两个毫不动摇"是构建高水平社会主义市场经济体制的重要内容。党的十八大以来，习近平总书记反复强调要坚持"两个毫不动摇"。新时代新征程，必须继续坚持"两个毫不动摇"，进一步巩固和完善国有企业民营企业共同发展体制机制，激发各类经营主体活力，保证各种所有制经济依法平等使用生产要素、公平参与市场竞争、同等受到法律保护，国企改革与支持民营经济举措齐头并进，做强做优做大我国经济。

完善国资国企管理监督体制机制。《决定》提出："完善管理监督体制机制，增强各有关管理部门战略协同。"**一是完善党领导国资国企工作的各项制度。**坚持和加强党中央对国有经济的集中统一领导，强化对国有经济重大战略规划、重要方针政策、重大决策部署的顶层设计、统筹协调、整体推进、督促落实。**二是增强各有关管理部门战略协同。**加强政策协调和信息共享，最大限度减少行政干预，形成工作合力，更好地跨部门、跨区域进行全局性、整体性规划，在更大范围统筹优化国有经济布局结构。**三是不断健全经营性国有资产出资人制度和集中统一监管制度。**打造专责专业的国有资产监管机构，深入推进专业化、体系化、法治化、高效化监管，强化经营性国有资产集中统一监管。推进国资监管机构在履行国有企业出资人职责、国资监管职责和国有企业党的建设等职责基础上，努力成为科技创新、产业控制、安全支撑的组织者、推动者。

深入推进国有经济布局优化和结构调整。《决定》提出："推动国有资本和国有企业做强做优做大，增强核心功能，提升核心竞争力。进一步明晰不同类型国有企业功能定位，完善主责主业管理，明确国有资本重点投资领域和方向。推动国有资本向关系国家安全、国民经济命脉的重要行业和关键领域集中，向关系国计民生的公共服务、应急能力、公益性领域等集中，向前瞻性战略性新兴产业集中。"**一是增强战略核心功能，突出主责主业管理。**制定完善国有企业主责主业动态管理办法，厘清国有企业主责功能和主业标准，构建依法履职分类监管、动态调整、灵活授权的管理机制。健全国有企业投资管理制度，完善投资负面清单，建立投资后评价制度，坚决遏制部分国有企业盲目多元、"铺摊子"倾向。**二是推进国有经济布局优化和结构调整。**统筹国有经济重大生产力布局，明确国有资本重点投资领域和方向，推动国有资本向关系

国家安全、国民经济命脉的重要行业和关键领域集中，向关系国计民生的公共服务、应急能力、公益性领域等集中，向前瞻性战略性新兴产业集中。健全国有资本合理流动机制，统筹推进战略性重组和专业化整合，加快调整存量结构，优化增量投向，加强在关键核心技术攻关和前瞻性战略性产业领域的投入布局，增加医疗卫生、健康养老、防灾减灾、应急保障等民生领域公共服务的有效供给，增强重要能源资源托底作用，维护产业链供应链安全。建立国有经济布局优化和结构调整指引制度，动态发布指引目录，明确国有资本重点投资领域和方向，增强指引的适应性和可操作性，适时开展效果评估。

健全国有企业推进原始创新制度安排。《决定》提出："健全国有企业推进原始创新制度安排。"**一是发挥新型举国体制优势。**支持国有企业更大范围、更高层次、更深程度融入国家创新体系，积极承担国家重点研发计划、重大科技项目，牵头或参与国家科技攻关任务，强化项目、基地、人才、资金一体化配置，促进创新要素向企业集聚，推动国有企业真正成为原创技术创新决策、研发投入、科研组织、成果转化的重要主体。**二是建立多元化资金投入机制。**提升原创技术研发投入占比，建立企业研发准备金制度，鼓励开展高风险、高价值基础研究。**三是加强技术创新。**加强关键共性技术、前沿引领技术、现代工程技术、颠覆性技术创新，推动科技创新从跟踪型向开创型、引领型转变。**四是推进从基础研究到产业化应用的全链条创新。**发挥国有企业市场需求、集成创新、组织平台优势，推进产学研用深度融合，完善产业链上下游、大中小企业协同创新合作机制，打造创新联合体升级版，推进从基础研究到产业化应用的全链条创新，促进科技创新与产业发展的良性循环。**五是优化创新生态。**实施更加积极、更加开收、更加有效的人才政策，灵活开展股权分红等多种形式的中长期激励，允许更多符合条件的国有企业以创新创造为导向，在科研人员中开展多种形式的中长期激励。加强对国有企业实施中长期激励的全过程指导与监督，扩大中长期激励企业覆盖面，支持混合所有制企业稳慎开展骨干员工持股，支持符合条件的创投类企业实施项目跟投。加快推进科技成果赋权改革，加快建设国家战略人才力量，着力培养造就战略科学家、一流科技领军人才和创新团队，有力培养造就卓越工程师、大国工匠、高技能人才，大力弘扬优秀企业家精神和科学家精神，对科技创新活动给予足够包容支持。

深化国有资本投资、运营公司改革，完善授权经营体制。《决定》提出："深化国有资本投资、运营公司改革。"要建立充分竞争领域国有资本市场化流动机制，推进国有企业战略性重组和专业化整合。围绕发挥产业投资、资本运作、国资监管的积极作用，打造国有资本投资布局、整合运作和进退留转的专业化平台，有效发挥投资公司的产业投资功能和公司资本运作功能，促进存量资产盘活和低效无效资产处置，着力当好长期资本、耐心资本、战略资本。完善国有资本经营预算和绩效计价制度，强化国家重大战略任务和基本民生财力保障。深化国有企业之间以及与中央企业、各地国有企业之间的股权合作、供应链合作和项目合作。中央企业和各地方可推动更多符合条件的试点企业转正，同时推进试点企业进一步拓围，探索通过新组建的国有资本投资、运营公司，支持重大科技创新和战略性新兴产业培育。

进一步深化分类改革、分类考核、分类核算。《决定》提出："建立国有企业履行战略使命评价制度，完善国有企业分类考核评价体系，开展国有经济增加值核算。"**一是**强化战略引领，建立科学客观、可量化的国有企业功能价值评价体系，对国有企业履行战略使命情况进行定期评价。**二是**根据企业不同功能、股权结构和组织形态深化分类监管，设置更有针对性、个性化的考核指标，探索实行"一业一策、一企一策"考核，充分体现对科技创新的高度重视，充分体现国家战略导向战略要求，充分体现对共性量化指标与个体差异性的精准把握。研究将市值管理纳入中央企业负责人业绩考核，制定上市公司市值管理指引。**三是**将国有经济增加值核算纳入考核体系，更加突出国有经济对国家和区域经济的贡献度，夯实国民经济结构调整的决策基础。

深化自然垄断环节独立运营和竞争性环节市场化改革。《决定》提出："推进能源、铁路、电信、水利、公用事业等行业自然垄断环节独立运营和竞争性环节市场化改革，健全监管体制机制。"**对于重点行业自然垄断环节**，要统筹推进自然垄断环节独立运营和加强自然垄断环节监管，推动重点行业自然垄断环节在国家监管下独立运营。要推动自然垄断环节业务与竞争性环节业务分离，对于暂不具备条件的，对自然垄断环节业务实行独立核算。要有效规范经营自然垄断环节业务企业的经营范围，建立对经营自然垄断环节业务企业履行使命功能的评价制度。密切关注自然垄断领域市场竞争状况，统筹推进自然垄断领域竞争监管执法，促进行业规范健康发展。**对于重点行业竞争性环节**，要进一步放开，加快实现竞争性环节市场化，稳步推进行政职能与竞争性业务剥离，切实打破行政性垄断，防止市场垄断，激发各类经营主体活力，更好发挥市场机制作用。

健全平等保护的法治环境。《决定》提出："坚持致力于为非公有制经济发展营造良好环境和提供更多机会的方针政策。制定民营经济促进法。"要加快推动出台民营经济促进法，从法律和制度上把平等对待各种所有制经济的要求落实下来，切实保证各种所有制经济依法平等使用生产要素、公平参与市场竞争、同等受到法律保护，确保"有法可依"和"依法落实"。

优化公平竞争的市场环境，支持提升科技创新能力。《决定》提出："深入破除市场准入壁垒，推进基础设施竞争性领域向经营主体公平开放，完善民营企业参与国家重大项目建设长效机制。支持有能力的民营企业牵头承担国家重大技术攻关任务，向民营企业进一步开放国家重大科研基础设施。"**一是优化公平竞争的市场环境。**进一步放宽市场准入、完善市场准入体系，在要素获取、准入许可、经营运行、政府采购和招投标等方面平等对待各类所有制企业。完善支持非公有制经济进入电力、油气等领域的实施细则和具体办法，大幅放宽服务业领域市场准入，向社会资本释放更大发展空间。深入破除市场准入壁垒，推进基础设施竞争性领域向经营主体公平开放，完善民营企业参与国家重大项目建设长效机制，更大力度支持民营企业参与国家重大项目建设。**二是支持提升科技创新能力。**鼓励民营企业根据国家战略需要和行业发展趋势，持续加大研发投入，开展关键核心技术攻关，支持有能力的民营企业牵头承担国家重大技术攻关任务。培育一批关键行业民营科技领军企业、专精特新中小企业和创新能力强的中小企业特色产业集群。加大政府采购创新产品力度，发挥首台（套）保险补偿机制作用，支持民营企业创新产品迭代应用。推动不同所有制企业、大中小企业融通创新，开展共性技术联合攻关。完善高等学校、科研院所管理制度和成果转化机制，调动其支持民营中小微企业创新发展积极性，支持民营企业与科研机构合作建立技术研发中心、产业研究院、中试熟化基地、工程研究中心、制造业创新中心等创新平台。支持民营企业加强基础性、前沿性研究和成果转化，向民营企业进一步开放国家重大科研基础设施，在发展新质生产力中发挥作用。

完善民营企业融资支持政策制度。《决定》提出："完善民营企业融资支持政策制度，破解融资难、融资贵问题。健全涉企收费长效监管和拖欠企业账款清偿法律法规体系。加快建立民营企业信用状况综合评价体系，健全民营中小企业增信制度。"**一是完善民营企业融资支持政策制度。**引导金融机构对各类所有制企业一视同仁、平等对待，健全银行、保险、担保、券商等多方共同参与的融资风险市场化分担机制。支持符合条件的民营中小微企业在债券市场融资，鼓励符合条件的民营企业发行科技创新公司债券，推动民营企业债券融资专项支持计划扩大覆盖面、提升增信力度，支持符合条件的民营企业上市融资和再融资。**二是完善民营企业融资增信支持体系。**加快建立民营企业信用状况综合评价体系，健全中小微企业和个体工商户信用评级和评价体系，加强涉企信用信息归集，推动"信易贷"等服务模式扩大覆盖面、提升增信力度。**三是完善拖欠账款常态化预防和清理机制。**健全涉企收费长效监管和拖欠企业账款清偿法律法规体系，严格执行《保障中小企业款项支付条例》，健全防范化解拖欠中小企业账款长效机制，依法依规加大对责任人的问责处罚力度，营造有利于化解民营企业之间债务问题的市场环境。建立拖欠账款定期披露、劝告指导、主动执法制度。强化商业汇票信息披露，完善票据市场信用约束机制。完善拖欠账款投诉处理和信用监督机制，加强对恶意拖欠账款案例的曝光。完善拖欠账款清理与审计、督查、巡视等制度的常态化对接机制。**四是完善支持政策直达快享机制。**充分发挥财政资金直达机制作用，推动涉企资金直达快享。加大涉企补贴资金公开力度，接受社会监督。针对民营中小微企业和个体工商户建立"免申即享"机制，推广告知承诺制，有关部门能够通过公共数据平台提取的材料，不再要求重复提供。

引导民营企业完善治理结构和管理制度。《决定》提出："支持引导民营企业完善治理结构和管理制度，加强企业合规建设和廉洁风险防控。加强事中事后监管，规范涉民营企业行政检查。"要引导民营企业健全公司治理，加强企业合规建设和完善风险管理，强化内部监督和廉洁风险防控，实现治理规范和有效制衡。支持引导民营企业完善法人治理结构、规范股东行为、强化内部监督，实现治理规范、有效制衡、合规经营，鼓励有条件的民营企业建立完善中国特色现代企业制度。依法推动实现企业法人财产与出资人个人或家族财产分离，明晰企业产权结构。研究构建风险评估体系和提示机制，对严重影响企业运营并可能引发社会稳定风险的情形提前预警。支持民营企业加强风险防范管理，引导建立覆盖企业战略、规划、投融资、市场运营等各领域的全面风险管理体系，提升质量管理意识和能力。加强事中事后监管，规范涉民营企业行政检查。

完善中国特色现代企业制度。《决定》提出："完善中国特色现代企业制度，弘扬企业家精神。"**一是分类建设中国特色现代企业制度。**根据企业规模、发展阶段、所有制性质等方面，因企制宜、因企而异，分类完善中国特色现代企业制度，既要考虑独资/全资企业、绝对控股企业、相对控股企业、参股企业等股权结构，也要考虑上市公司、非上市公司等资本市场的要求。**二是弘扬企业家精神。**完善中国特色现代企业制度与弘扬企业家精神，两者互为依托、互为补充、辩证统一。完善中国特色现代企业制度是制度保障，弘扬企业家精神是内在要求。

提升经营管理水平，建设世界一流企业。《决定》提出："支持和引导各类企业提高资源要素利用效率和经营管理水平、履行社会责任，加快建设更多世界一流企业。"**一是通过专项行动提升管理水平。**全面开展寻标、对标、达标、创标工作，深入实施管理提升、价值创造、创建示范、品牌引领行动，积极推进科技、改革、管理、金融、人才等强企计划。**二是加快建设世界一流企业。**在注重规模增长的同时，提升发展质量。通过提升品牌价值，鼓励企业练好内功、外塑形象，围绕"产品卓越、品牌卓著、创新领先、治理现代"，加快建设更多世界一流企业。

2. 构建全国统一大市场

《决定》提出："推动市场基础制度规则统一、市场监管公平统一、市场设施高标准联通。"大市场构建的根基是建设高标准的市场体系。在大市场的制度与监管统一、设施联通的保障下，才能确保要素的自由流通和充分定价，更好地激发全社会内生动力和创新活力。

强化不正当竞争行为监管。《决定》提出："加强公平竞争审查刚性约束，强化反垄断和反不正当竞争，清理和废除妨碍全国统一市场和公平竞争的各种规定和做法。"**一是加强公平竞争审查刚性约束，**清理和废除妨碍全国统一市场和公平竞争的各种规定和做法，加快落实《公平竞争审查条例》，细化审查规则，统一审查标准，统筹开展"增量"新政策和"存量"政策审查，着力纠治限制企业迁移等突出问题，全面清理资质认定等各种显性隐性进入壁垒。**二是加快建立相关的产业竞争规则，即进出产业领域的制度，**促使各种资源要素自由流动，公平参与竞争。健全跨部门跨行政区域的反不正当竞争执法信息共享、协作联动机制。**三是加强对平台经济、共享经济等新业态领域不正当竞争行为的规制。**促进平台经济创新发展，健全平台经济常态化监管制度，支持平台企业在引领发展、创造就业、国际竞争中大显身手。持续提升平台经济领域监管法治化水平，强化平台经济领域反垄断和反不正当竞争。提升监管体系的稳定性和可预期性，健全完善平台经济跨部门监管协同机制，加强跨层级监管联动，强化市场准入、公平竞争、网络安全常态化监管工作的协同配合。

加快清理招标采购领域违反统一市场建设的规定和做法。《决定》提出："规范地方招商引资法规制度，严禁违法违规给予政策优惠行为。建立健全统一规范、信息共享的招标投标和政府、事业单位、国有企业采购等公共资源交易平台体系，实现项目全流程公开管理。”**一是建立健全高水平良性招商引资新机制**，规范地方招商引资法规制度，明确并严格执行财政奖补、税收返还、出让土地等方面优惠政策实施界限，鼓励各地区持续优化营商环境，依法开展招商引资活动，明确严格禁止招商引资不当行为的范围及情形，健全招商引资违法违规和恶性竞争行为监督问责机制，严禁违法违规给予财政、税收、用地等政策优惠行为，推动各地招商引资从比拼优惠政策搞“政策洼地”向比拼营商环境创“改革高地”转变，以优质的制度供给和制度创新吸引更多优质企业投资。**二是规范招投标市场**，完善招投标制度规则，完善政府采购、招标投标等重点领域环节的专项治理机制，及时废止所有制歧视、行业壁垒、地方保护等不合理限制，建立健全统一规范、信息共享的招投标和政府、事业单位、国有企业采购等公共资源交易平台体系，实施项目全流程公开管理，对各类经营主体一视同仁、平等对待。严厉查处违法限定投标人所在地、所有制形式、组织形式，或者设定其他不合理的条件以排斥、限制经营者参与投标采购活动。

健全统一市场监管规则。《决定》提出：“提升市场综合监管能力和水平。健全国家标准体系，深化地方标准管理制度改革。”**一是加强市场监管标准化规范化建设**。明确市场监管领域基础性、通用性监管规则，强化新经济、新业态监管制度供给；完善市场监管行政处罚等领域裁量基准制度，完善制定主体、职责权限、制发程序、监督管理等规定，推动行政执法标准跨区域衔接，严肃查处和纠正执法不规范、不清廉等行为，统一执法标准和程序，促进公平公正执法；统筹监管力量和执法资源，夯实基层基础，创新监管方式，推进跨部门跨区域协同联动执法，一体推进法治监管、信用监管和智慧监管，增强监管穿透力。增强市场监管制度和政策的稳定性、可预期性。聚焦互联网医疗、线上教育培训、在线娱乐等新业态，推进线上线下一体化监管，避免出现监管漏洞。**二是健全国家标准体系**。推动标准提档升级，优化标准供给结构，提升标准质量水平，提高我国标准与国际标准的一致性程度，增强我国标准的国际影响力和话语权，更好发挥标准引领作用。深化地方标准管理制度改革，规范地方标准制定管理，防止利用地方标准实施妨碍商品服务和要素资源自由流通的行为。

《决定》提出：“完善要素市场制度和规则，推动生产要素畅通流动、各类资源高效配置、市场潜力充分释放。”需加快完善要素市场化配置制度和规则，促进各类先进优质生产要素向发展新质生产力畅通流动集聚。

构建城乡统一的建设用地市场。《决定》提出：“构建城乡统一的建设用地市场。”**一是有序推进农村集体经营性建设用地入市改革**。以土地产权制度改革为主线，以土地管理制度改革为依托，深入推进土地增值收益与分配体系、城乡统一的建设用地价格测算机制、城市建设用地二级市场体系建设、差异化的土地市场体系与土地金融市场等改革试点①。在符合规划、用途管制和依法取得前提下，稳妥有序推进农村集体经营性建设用地与国有建设用地同等入市、同权同价。完善全国统一的建设用地使用权转让、出租、抵押二级市场。**二是优化土地管理制度**，健全同宏观政策和区域发展

---

① 浦绍仙，金莲．新中国成立70多年来土地制度改革与土地市场演进分析［J］．自然资源情报，2022（2）．

高效衔接的土地管理制度，优先保障主导产业、重大项目合理用地，使优势地区有更大发展空间。完善城乡基准地价、标定地价的制定与发布制度，形成与市场价格挂钩的动态调整机制，探索建立全国性的建设用地指标跨区域交易机制。

完善促进资本市场规范发展基础制度。《决定》提出："完善促进资本市场规范发展基础制度。"**一是完善促进资本市场规范发展基础制度。**全面推进金融市场治理体系改革，放宽金融服务业市场准入，加大直接融资与间接融资市场的对接力度，大力发展直接融资市场，全面推进股票发行注册制，促进金融更好地服务实体经济，降低实体经济融资成本。**二是建设高质量资本市场。**选择运行安全规范、风险管理能力较强的区域性股权市场，开展制度和业务创新试点，加强区域性股权市场和全国性证券市场板块间的合作衔接。推动债券市场基础设施互联互通，实现债券市场要素自由流动。发展供应链金融，提供直达各流通环节经营主体的金融产品。**三是加大对资本市场的监督力度。**健全权责清晰、分工明确、运行顺畅的监管体系，筑牢防范系统性金融风险安全底线。坚持金融服务实体经济，防止脱实向虚。为资本设置"红绿灯"，防止资本无序扩张。

加快培育全国一体化技术和数据市场。《决定》提出："培育全国一体化技术和数据市场。完善主要由市场供求关系决定要素价格机制，防止政府对价格形成的不当干预。健全劳动、资本、土地、知识、技术、管理、数据等生产要素由市场评价贡献、按贡献决定报酬的机制。推进水、能源、交通等领域价格改革，优化居民阶梯水价、电价、气价制度，完善成品油定价机制。"**一是加快建设高标准城乡一体化土地市场体系，**以土地产权制度改革为主线，以土地管理制度改革为依托，深入推进土地增值收益与分配体系、城乡统一的建设用地价格测算机制、城市建设用地二级市场体系建设、差异化的土地市场体系与土地金融市场等改革试点①。**二是建设高水平人才体系。**加快建立协调衔接的劳动力、人才流动政策体系和交流合作机制。开展多层次和网络化的专业化人才市场以及民间人才猎头市场建设。**三是加快发展统一的资本市场。**全面推进金融市场的治理体系改革，放宽金融服务业市场准入，加大直接融资与间接融资市场的对接力度，大力发展直接融资市场，全面推进股票发行注册制。**四是加快培育统一的技术市场。**全面发展利用互联网与电子商务等载体，更好地推动商品市场与要素市场的联通，吸引要素市场增强流动性。在保护并促进专利技术加快转让的同时，推进专利与企业的产业化融合。**五是加快完善数据要素市场。**建立数据资源产权、交易流通、跨境传输和安全保护等基础制度和标准规范，完善建立能够使数据要素供求双方进行有效交易的动力机制和制度规则。**六是建设全国统一的能源市场。**确保油气管网设施的高效运行和市场的公平竞争，稳妥推进天然气市场化改革，完善电力市场体系，完善全国统一的煤炭交易市场，向所有市场主体提供公平开放的环境。**七是培育发展全国统一的生态环境市场。**加快完善全国统一的碳排放权、用水权交易市场，推进排污权、用能权市场化交易，探索建立初始分配、有偿使用、市场交易、纠纷解

---

① 浦绍仙，金莲．新中国成立70多年来土地制度改革与土地市场演进分析［J］．自然资源情报，2022（2）．

决、配套服务等制度。

加快市场设施高标准联通。《决定》提出："完善流通体制，加快发展物联网，健全一体衔接的流通规则和标准，降低全社会物流成本。深化能源管理体制改革，建设全国统一电力市场，优化油气管网运行调度机制。"**一是建设现代流通网络。**加强骨干线网运输能力，打破主要城市间现存的运输能力瓶颈，促进港口群联动协作，构建高等级航道网，推动区域港航协同发展。完善区域交通运输协同监管工作机制，强化交通运输联合执法。加快建立健全城乡融合、区域联通、安全高效的电信、能源等基础设施网络。**二是完善市场信息交互渠道。**加快建设高层次、统一的政务信息共享平台，统一标准、统一接口、统一规则，不断提升区域间、部门间数据和信息互联互通水平。**三是推动交易平台优化升级。**加快全国性、区域性交易中心建设，加快推动商品市场数字化改造和智能化升级，鼓励打造综合性商品交易平台。

加快培育完整内需体系。《决定》提出："加快培育完整内需体系，建立政府投资支持基础性、公益性、长远性重大项目建设长效机制，健全政府投资有效带动社会投资体制机制，深化投资审批制度改革，完善激发社会资本投资活力和促进投资落地机制，形成市场主导的有效投资内生增长机制。完善扩大消费长效机制，减少限制性措施，合理增加公共消费，积极推进首发经济。"**一是完善促进投资体制机制，**统筹用好各类政府性资金，规范实施政府和社会资本合作新机制，建立政府投资支持基础性、公益性、长远性重大项目建设长效机制，健全政府投资有效带动社会投资体制机制，充分释放放大效应；深化投资审批制度改革，持续破除民间投资各类准入壁垒，围绕"高效办成一件事"优化投资项目审批流程、提高审批效率，加强重大项目协调服务和用地、用海等要素保障，完善激发社会资本投资活力和促进投资落地机制，形成市场主导的有效投资内生增长机制。**二是完善扩大消费长效机制，**从增加收入、促进就业、扩大优质供给和改善消费环境等方面综合施策，促进消费持续稳定增长；对住房、汽车等部分领域存在的限制性措施，要因地制宜优化调整，缺乏合理性的限制性措施，及时清理取消；围绕教育、医疗、养老、育幼等供需矛盾突出的领域，推动扩大普惠性非基本公共服务供给，合理增加公共消费。当前以发布新品、开设首店等为代表的首发经济成为激活消费新动能的重要形态，要因地制宜积极推进，培育壮大新型消费①。

3. 完善市场经济基础制度

全面完善产权制度。《决定》提出："完善产权制度，依法平等长久保护各种所有制经济产权，建立高效的知识产权综合管理体制。完善市场信息披露制度，构建商业秘密保护制度。对侵犯各种所有制经济产权和合法利益的行为实行同责同罪同罚，完善惩罚性赔偿制度。加强产权执法司法保护，防止和纠正利用行政、刑事手段干预经济纠纷，健全依法甄别纠正涉企冤错案件机制。"**一是健全以公平为原则的产权保护制度。**健全归属清晰、权责明确、保护严格、流转顺畅的现代产权制度，依法平等长久保护各种所有制经济产权，坚持权利平等、机会平等、规则平等，废除对非公有制

---

① 〈中共中央关于进一步全面深化改革、推进中国式现代化的决定〉辅导读本［M］. 北京：人民出版社，2024：30.

经济各种形式的不合理规定，消除各种隐性壁垒。制定和修订物权、债权、股权等产权法律法规，明晰产权归属，完善产权权能。加强数据知识、环境等领域产权制度建设，加快建立数据产权归属认定、市场交易、权益分配、利益保护制度，提升数据安全治理监管能力，建立高效便利安全的数据跨境流动机制。健全自然资源资产产权制度和法律法规，完善全民所有自然资源资产所有权委托代理机制，建立生态环境保护、自然资源保护利用和资产保值增值等责任考核监督制度。**二是加强产权执法司法保护**。完善涉企产权案件诉讼、复核、重审等保护机制，畅通涉政府产权纠纷和处理渠道，防止和纠正利用行政、刑事手段干预经济纠纷。对侵犯各种所有制经济产权和合法利益的行为实行同责同罪同罚。健全依法甄别纠正涉企冤错案件机制，完善惩罚性赔偿制度。**三是建立高效的知识产权综合管理体制**。完善和细化知识产权创造、运用、交易、保护制度规则，加强专利、商标、原产地地理标志等集中统一管理，优化知识产权综合执法，提升知识产权综合管理效能。促进知识产权行政执法标准和司法裁判标准统一。健全知识产权侵权惩罚性赔偿制度和侵权纠纷行政裁决制度。完善新领域新业态知识产权保护制度。

优化新业态新领域市场准入环境。《决定》提出："完善市场准入制度，优化新业态新领域市场准入环境。"要根据标准引领、场景开放、市场推动、产业聚集、体系升级的原则，分领域制定优化市场准入环境的实施方案，深入落实《关于完善市场准入制度的意见》，以提高市场准入的效率。围绕数字化绿色化转型需求，加快构建绿色能源等领域准入政策体系，积极扩大数字产品市场准入，鼓励更多企业参与数字化绿色化转型升级，促进数字经济和低碳经济快速发展。围绕战略性新兴产业和未来产业相关的重点产业、重要领域，应以政策法规、技术标准、检测认证、数据体系为抓手，更好推进新技术新产品应用。

深化注册资本认缴登记制度改革。《决定》提出："深化注册资本认缴登记制度改革，实行依法按期认缴。"要完善经营主体登记管理相关的法律制度体系，推动构建开放透明、规范有序、平等竞争、权责清晰、监管有力的市场准入制度新体系，进一步规范经营主体的登记行为，提高登记管理的效率和效果。进一步强化企业依法按期认缴出资的法律义务，加快实行实缴出资信息强制公示，确保企业注册资本的及时足额到位，同时加大对虚假出资和违反公示义务法律责任的追究，以更好地维护市场秩序和公平竞争。加快研究分类设定注册资本实缴的范围和期限，在公共安全、金融安全、社会稳定安全风险度较高领域，以风险管控为导向，依法分类设定注册资本实缴的范围、比例和期限。

完善市场主体退出制度。《决定》提出："健全企业破产机制，探索建立个人破产制度，推进企业注销配套改革，完善企业退出制度。"要进一步完善企业破产机制，明确破产程序和规则，加强对破产企业的监管，防止企业通过破产逃避债务，合理保护债权人和债务人的合法权益。建立经营主体强制退出制度，对于长期停业、严重违法等情形的经营主体，依法强制其退出市场。进一步简化企业退出流程，推进企业注销配套改革，减少注销环节和时间，推动代位注销成为一项制度规范，明确代位注销的条件和程序，降低企业退出成本。探索建立个人破产制度，优化制度规则设计，推进征信、公平催收等配套制度协同，完善个人破产程序内部制约和激励机制，激发参与主体诚实、积极地参与破产程序，遵守良好行为期的规定和履行清偿计划，重塑良好的市场经济行为模式。

健全社会信用体系和监管制度。《决定》提出："健全社会信用体系和监管制度。"**一是健全以信用为基础的新型监管机制。**进一步加快社会信用立法进程，推动社会信用体系法规制度建设，确保信用体系建设的合法性和规范性。加快完善全链条全生命周期信用监管体系，通过监管方式创新促进事前、事中、事后监管效能提升。加快建立以信用风险防控为导向的信用分级分类监管制度，优化配置监管资源，提高监管的针对性和有效性。进一步完善信用承诺制度，探索信用合规机制建设，强化信用主体的责任意识，促进市场主体诚信经营。**二是推动企业信用评价公平统一。**建立健全社会信用信息收集、处理和应用机制，确保信息的准确性和及时性。加快建立完善综合性电子信用档案，全面记录和追踪各类经营主体的信用状况，形成全面的信用评价和记录。强化信用信息共享共用，促进信用信息有效流通和利用。加快健全信用评价制度，全面建立企业信用状况综合评价体系，建立守信联合激励和失信联合惩戒机制，提升经营主体的诚信意识和信用合规水平，稳步拓展信用信息在行政管理、社会治理、服务实体经济、民生保障等方面的深层次和多场景应用，提升社会信用体系的整体效能。以促进民营经济发展为导向，加快建立民营企业信用状况综合评价体系，健全民营中小企业增信制度。**三是完善信用修复机制。**对失信被执行人在履行完相关义务的合法情形，加快建立健全权责清晰、运行顺畅的信用修复工作机制，向市场和社会释放包容性和正能量，有效激发市场主体守信意愿。加快构建分级分类管理、梯次退出的信用修复格局，在不同部门、不同领域深入推动修复结果协同联动、共享互认。依托社会信用信息共建共享，加快建设完善信用修复系统，为经营主体提供高效便捷的信用修复服务，支持经营主体便捷高效重塑信用。**四是建立健全信用共享机制。**为确保信用信息的准确性和完整性，进一步夯实社会信用体系数据基础，为社会信用体系的有效运行提供有力支持。推动信用信息依法合规流通交易，确保信用信息的合法性和规范性，促进信用信息高效利用。特别是在环境领域，建议进一步深化环境信息依法披露制度改革，提升环境保护和资源利用的效率，构建环境信用监管体系。通过教育和宣传等方式，加强全社会的信用意识和诚信水平，提高公众对信用重要性的认识，为经济发展和社会进步提供有力的信用支持。

（二）构建高质量发展的体制机制，塑造发展新动能新优势

党的二十届三中全会《决定》提出："高质量发展是全面建设社会主义现代化国家的首要任务。必须以新发展理念引领改革，立足新发展阶段，深化供给侧结构性改革，完善推动高质量发展激励约束机制，塑造发展新动能新优势。"

1. 健全因地制宜发展新质生产力体制机制

《决定》提出："推动技术革命性突破、生产要素创新性配置、产业深度转型升

级，推动劳动者、劳动资料、劳动对象优化组合和更新跃升，催生新产业、新模式、新动能，发展以高技术、高效能、高质量为特征的生产力。加强关键共性技术、前沿引领技术、现代工程技术、颠覆性技术创新，加强新领域新赛道制度供给，建立未来产业投入增长机制，完善推动新一代信息技术、人工智能、航空航天、新能源、新材料、高端装备、生物医药、量子科技等战略性产业发展政策和治理体系，引导新兴产业健康有序发展。以国家标准提升引领传统产业优化升级，支持企业用数智技术、绿色技术改造提升传统产业。强化环保、安全等制度约束。”要打通制约科技创新和产业创新的堵点卡点，突破引发颠覆性技术、前沿技术链式反应的临界点，加速推动技术进步和产业升级。加大对传统产业关键生产环节的升级改造力度，大力发展应用技术平台及生产性服务业等，赋能传统产业高端化升级；加强资金、技术、人才扶持，促进传统产业智能化转型；完善要素市场及支持政策，推进传统产业绿色化改造。

《决定》提出：“健全相关规则和政策，加快形成同新质生产力更相适应的生产关系，促进各类先进生产要素向发展新质生产力集聚，大幅提升全要素生产率。鼓励和规范发展天使投资、风险投资、私募股权投资，更好发挥政府投资基金作用，发展耐心资本。”要加快培育壮大耐心资本，充分发挥金融的支撑作用，优化金融结构，提升直接融资占比，推动耐心资本成为服务于实体经济尤其是投资于未来产业的领头羊。

2. 健全促进实体经济和数字经济深度融合制度

《决定》提出：“健全促进实体经济和数字经济深度融合制度。加快推进新型工业化，培育壮大先进制造业集群，推动制造业高端化、智能化、绿色化发展。建设一批行业共性技术平台，加快产业模式和企业组织形态变革，健全提升优势产业领先地位体制机制。优化重大产业基金运作和监管机制，确保资金投向符合国家战略要求。建立保持制造业合理比重投入机制，合理降低制造业综合成本和税费负担。”要加强前瞻谋划和统筹协调，集中力量整合、提升一批行业共性技术平台，鼓励企业特别是大型领军企业，联合上下游企业，通过重组、合作、共享等方式组建共性技术企业类平台，解决跨行业、跨领域关键共性技术问题，提升企业技术创新能力。要以智能制造为主攻方向推动产业技术变革和优化升级。更加精准地引导产业基金投资于符合国家战略方向的关键领域，完善监管机制，提升资金效率。稳定制造业基础，保持制造业合理比重投入，避免经济过度依赖服务业或金融业，确保经济结构的平衡和稳定。合理降低制造业综合成本和税费负担，鼓励企业将更多的资金投入研发和扩大再生产。

《决定》提出：“加快构建促进数字经济发展体制机制，完善促进数字产业化和产业数字化政策体系。加快新一代信息技术全方位全链条普及应用，发展工业互联网，打造具有国际竞争力的数字产业集群。促进平台经济创新发展，健全平台经济常态化监管制度。建设和运营国家数据基础设施，促进数据共享。加快建立数据产权归属认定、市场交易、权益分配、利益保护制度，提升数据安全治理监管能力，建立高效便利安全的数据跨境流动机制。”要持续加强基础设施建设，以场景为牵引、应用为导向，推动工业网络扁平化、无线化、智能化升级，构建新型工业网络体系，提升标识基础设施公共服务能力。聚焦关键核心技术攻关突破，持续加大对开放自动化、工业

5G、工业大模型、数字孪生等新兴技术产品的研发力度。在公共数据领域将率先开展探索，加强汇聚共享和开放开发，积极开展对公共数据产权、收集与归集、流通交易、监管治理、数据安全等方面的探索和实践①。在国际层面，对标高标准国际规则，加快构建数据跨境流通便利机制，探索安全规范的数据跨境流动方式，推动数据跨境双向有序流动，鼓励国内外企业及组织依法依规开展数据跨境流动业务合作，特别是针对跨境电商、跨境支付、供应链管理、服务外包等典型应用场景。

3. 完善发展服务业体制机制

《决定》提出："完善支持服务业发展政策体系，优化服务业核算，推进服务业标准化建设。"要加快建立健全全国统一的行业标准和规范，减少跨地区经营的法律障碍，确保企业在全国范围内可以平等地参与市场竞争，简化跨地区经营的行政审批程序，减少不必要的行政手续，提高政府服务效率，降低企业的运营成本。

《决定》提出："聚焦重点环节分领域推进生产性服务业高质量发展，发展产业互联网平台，破除跨地区经营行政壁垒，推进生产性服务业融合发展。健全加快生活性服务业多样化发展机制。完善中介服务机构法规制度体系，促进中介服务机构诚实守信、依法履责。"**一是在平台建设方面**，加快构建产业互联网平台，鼓励企业采用云计算、大数据、人工智能等先进技术，提升产业互联网平台的服务能力；设立专项基金或提供税收优惠，激励企业加大研发投入，促进新技术、新应用在生产性服务业中的融合创新；发挥好平台作用，促进上下游企业间的资源共享和信息流通，打破地域限制，形成协同效应。**二是加快构建多元化服务供给体系**，聚焦健康养老、文化娱乐、体育健身、家政服务、旅游休闲等领域，推动生活性服务业加快创新、丰富服务种类，开发更多元化的服务产品，满足不同人群的个性化需求。三是完善中介服务机构法规制度体系，促进中介服务机构诚实守信、依法履责。将围绕鉴证、经纪、咨询、代理、监督、公证等中介行业，加快推动完善中介服务机构的法规制度体系，推动服务流程、质量控制、定价机制等方面规范化发展，促进中介服务机构诚实守信、依法履责，提升行业专业水平和服务质量。

4. 健全现代化基础设施建设体制机制

加快完善新基建相关配套机制。《决定》提出："构建新型基础设施规划和标准体系，健全新型基础设施融合利用机制，推进传统基础设施数字化改造，拓宽多元化投融资渠道，健全重大基础设施建设协调机制。"要加快制定长远的、全面的新基建发展规划，明确发展目标、路径和重点领域，建立统一的技术标准和规范，确保不同地区、不同部门之间的互联互通和数据共享，促进上下游产业链、各区域优势力量的整合与优化，提升整个产业链的竞争力。加快推进传统基础设施数字化改造，提升基础设施的效率和智能化水平。

深化传统基建领域改革。《决定》提出："深化综合交通运输体系改革，推进铁路

① 王春晖．2023 数据要素市场回顾与展望［EB/OL］．https：//m. thepaper. cn/baijiahao_25708479；多项政策蓄势数据要素市场化配置改革加快［NB/OL］．北京商报．https：//www. jwview. com/jingwei/html/07-23/601102. shtml.

体制改革，发展通用航空和低空经济，推动收费公路政策优化。提高航运保险承保能力和全球服务水平，推进海事仲裁制度规则创新。健全重大水利工程建设、运行、管理机制。”**一是在铁路体制改革方面**，加快推进铁路运营管理模式改革，鼓励民营经济进入，促进市场竞争，提高铁路网络的覆盖和连通性，提升服务质量与效率。**二是在通用航空和低空经济领域**，加快完善相关配套政策体系、行业发展规划和标准规范，比如完善通用机场建设和运行标准、探索创新无人机适航审定模式、迭代升级低空飞行的安全监管体系等。**三是在收费公路政策优化方面**，持续优化收费公路的收费标准、收费方式，提高公路使用效率，减轻用户负担，加大收费公路政策对社会资本的吸引力，促进公路网络的可持续运营。**四是在航运领域**，重点提高航运保险承保能力，推动保险业产品创新和全球服务网络扩展，提升航运企业的风险抵御能力，降低运营成本，增强国际竞争力；不断完善法律框架，与国际接轨，修订和完善海事仲裁相关法律法规，增强裁决的国际可执行性，加强与其他国家和地区在海事仲裁领域的交流与合作，共同制定公平合理的国际规则。**五是在重大水利工程建设、运行、管理机制方面**，加快探索重大水利工程管理机制创新，探索金融信贷、政府和社会资本合作、水利基础设施投资信托基金试点等机制，深化水价、用水权市场化交易、节水产业支持政策、水利工程管理体制等改革，调动各级水利部门的主动性和创造性，吸引经营主体投入水利基础设施的建设和运营。

5. 健全提升产业链供应链韧性和安全水平制度

加快健全重点产业链发展体制机制。《决定》提出：“抓紧打造自主可控的产业链供应链，健全强化集成电路、工业母机、医疗装备、仪器仪表、基础软件、工业软件、先进材料等重点产业链发展体制机制，全链条推进技术攻关、成果应用。建立产业链供应链安全风险评估和应对机制。”**一是**找准全产业链发展的关键节点，避免出现“撒胡椒面”式的低效投入，在上中下游培育出具有自身优势的长板，掌握引领行业标准的关键节点技术，进一步增强韧性。**二是**明确全产业链发展的优先次序，通过新技术路线开辟新领域新赛道，实现“弯道超车”。

不断优化重大生产力布局。《决定》提出：“完善产业在国内梯度有序转移的协作机制，推动转出地和承接地利益共享。建设国家战略腹地和关键产业备份。加快完善国家储备体系。完善战略性矿产资源探产供储销统筹和衔接体系。”**一是将针对不同产业特性精准施策、分类指导。**例如，劳动密集型产业将巩固传统优势，确保产业链完整性，向中西部地区劳动力丰富、区位交通便利的地区转移；技术密集型产业向中高端迈进，提升产业链稳定性和竞争力，东部地区强化关键核心技术创新，中西部和东北地区的中心城市、省域副中心城市积极承接东部地区转移。针对产业转移与对接协作的不同环节，在产业转移利益分享、产业对接开放协作、产业要素流动、园区集聚发展、项目布局协调、产业对口援助、地方政府官员政绩考核等重点领域进一步完善转出地和承接地的利益共享机制。**二是加快从制度层面着手**，加强四川、重庆、贵州、陕西、河南、湖北、湖南、江西等中西部内陆地区的国家战略腹地和关键产业备份建设。立足区位优势，强化交通、物流基础设施建设，打造联通中老铁路、中欧班列、长江水运等重要运输线路的综合交通枢纽。依托中西部地区丰富的战略性矿产能源资源，着力发展锂电池、光伏风力发电、数据算力中心等新产业。在中西部重要城市加快布局重大科学装置、重点实验室，加快培育内陆科技创新中心，增强产业体系和科技创新能力。**三是加快完善国家储备体系。**加强战略性矿产资源勘探与评估，利用现代地质勘查技术提高勘探效率和精度。根据资源分布和市场需求，合理规划矿山建设，避免过度开采和资源浪费。加快发展绿色开采、资源回收和再利用技术，推动环保技术和服务的发展。构建供应链安全体系，加强与国际伙伴的合作，多元化资源来源，减少对单一国家或地区的依赖，降低供应链风险。稳步推进重点储备设施建设，逐步构建大国储备体系，加强储备管理运营和安全防护。

（三）构建支持全面创新体制机制，提升国家创新体系整体效能

党的二十届三中全会《决定》提出："教育、科技、人才是中国式现代化的基础性、战略性支撑。必须深入实施科教兴国战略、人才强国战略、创新驱动发展战略，统筹推进教育科技人才体制机制一体改革，健全新型举国体制，提升国家创新体系整体效能。"

1. 深化教育综合改革

深化教育综合改革，完善立德树人机制，促进人的全面而自由发展。《决定》提出："加快建设高质量教育体系，统筹推进育人方式、办学模式、管理体制、保障机制改革。完善立德树人机制，推进大中小学思政课一体化改革创新，健全德智体美劳全面培养体系，提升教师教书育人能力，健全师德师风建设长效机制，深化教育评价改革。"**一是推进大中小学思政课一体化改革创新，**守正创新推动思政课建设内涵式发展，加快构建以习近平新时代中国特色社会主义思想为核心内容的课程教材体系，开好讲好习近平新时代中国特色社会主义思想概论课。系统完善中小学思政课课程标准，整体优化设计高校思政课课程方案，完善大中小学集体备课制度，健全与思政课一体化相适应的管理体制、课程定位、教材编写、评价标准，实现循序渐进、螺旋上升、不断巩固的育人效果。构建横向打通板块、纵向贯通学段的思政课程体系，用学术讲政治，促进思政课教学质量不断提升。以中国特色社会主义取得的举世瞩目成就为内容支撑，以中华优秀传统文化、革命文化和社会主义先进文化为力量根基，把道理讲深讲透讲活，引导学生感悟党的创新理论的实践伟力。**二是健全德智体美劳全面培养体系，**强化教育各环节整体协同，将课程育人、制度建设、活动育人、文化育人等各种途径相结合，将德智体美劳教育融入教育全过程、教育教学各个环节。全面深化素质教育，加快补齐体育、美育和劳动教育短板。重视心理健康教育，持续推进学生心理健康促进行动，健全健康教育、监测预警、咨询服务、干预处置工作体系，全面培育积极心理品质，让广大学生更加健康阳光。教育与生产劳动和社会实践相结合，学生实习实践制度，将实习实践教育有机纳入各级各类教育，实施劳动习惯养成计划，培养学生劳动意识，强化对知识的现实运用、对创新的切身感知。**三是提升教师教书育人能力，健全师德师风建设长效机制，**教师评价要坚决破除"五唯"痼疾，大力弘

扬教育家精神，推动教育家精神融入教师培养培训全过程，贯穿教书育人各环节，引导确立科学的育人目标和教育方向。对育人能力、师德师风、学生关怀、家校共育、社会服务建立完善的评价指标体系，对教师准入标准和教师发展标准不断探索、修正，以保障不断提高教师团队素质，保持育人初心。把师德师风作为评价教师队伍素质的第一标准，健全师德师风建设长效机制，对师德违规问题“零容忍”。健全教师教育体系，推动高水平大学开展教师教育，扩大实施“国优计划”，提升师范教育办学质量，完善教师培训制度，以数字化赋能教师发展。切实保障教师地位待遇，减轻教师非教育教学任务负担，坚决维护教师的合法权益，让教师潜心教书、静心育人，全心爱护教师、全力支持教师发展，巩固提高教师政治地位、社会地位、职业地位，全面激发教师的积极性、主动性、创造性。**四是深化教育评价改革。**建立新型教育评价体系，摒弃“唯分数论，唯升学论”的教育评价导向，构建多元主体参与、符合我国实际、具有世界水平、充分发掘学生禀赋的教育评价体系。

优化高等教育布局，加快建设中国特色、世界一流的大学和优势学科。《决定》提出：“分类推进高校改革，建立科技发展、国家战略需求牵引的学科设置调整机制和人才培养模式，超常布局急需学科专业，加强基础学科、新兴学科、交叉学科建设和拔尖人才培养，着力加强创新能力培养。完善高校科技创新机制，提高成果转化效能。强化科技教育和人文教育协同。”**一是分类推进高校改革，**实施高等教育分类管理，明确各类高校发展定位，构建更加多元的高等教育体系。转变高校发展观念，重构科学的高校分类评价体系，引导不同类型高校向研究型、应用型、技能型等多方向发展，多元化培育人才。实施一流学科培优行动，着眼学校办学核心能力提升，加强核心课程、教材、实践项目、教师团队建设，改善学科的教学课程、硬件设施和教学设备，面向国家战略需要，在重大任务完成中提升学科建设能力。**二是建立科技发展、国家战略需求牵引的学科设置调整机制和人才培养模式，**聚焦国家重大战略需求与科技发展态势，动态调整高校学科设置，优化人才培养模式，超常布局急需学科专业。深入实施国家基础学科拔尖人才培养战略行动，深化新工科、新医科、新农科、新文科建设，打造一流核心课程、教材、实践项目和师资团队，强化科技教育与人文教育协同，以学生人文底蕴的提升促进科技创新思维的提高，全面提高学生综合素养，构建高质量拔尖创新人才自主培养体系。**三是完善高校科技创新机制，提高成果转化效能。**完善高校科技创新机制，推进校企协同创新，提高成果转化效能。实施更加积极、更加开放、更加有效的人才政策，完善人才自主培养机制。实施基础学科与交叉学科突破计划，提升基础研究的组织化程度，把重大任务作为科教融汇的“发动机”，引领学科交叉融合，推动产出更多原创性、颠覆性科技创新成果。加强青年科技人才培养，通过长周期稳定支持、长周期评价，引导支持一批具有家国情怀、创新能力突出的高校青年教师，开展高水平自由探索，挑战科学“无人区”。提高高校科技成果转化效能，打造高校区域技术转移转化中心，加快布局建设高等研究院，推动高校和企业“双向奔赴”，促进高校科研成果高水平创造、高效率转化。加快建立与有组织科研模式相适应的评价考核机制，特别是以贡献和质量为核心的标志性成果评价机制，营造良好创新生态。

加快构建职普融通、产教融合的职业教育体系。《决定》提出："加快构建职普融通、产教融合的职业教育体系。完善学生实习实践制度。"**一是加快构建职普融通的教育体系。**打破教育内部壁垒，实现两类教育资源共享、教育模式同携、教育成果互认。强化不同层次职业教育之间的纵向贯通。建立不同层次职业教育之间的衔接机制，优化层次结构。优化中等职业教育办学定位，提升职业教育质量要求，努力让学生成长成才通道更加宽阔，举办"少而精"的中等职业教育，提升高等职业教育发展的核心办学能力，完善职教高考制度，打通中职、高职、本科和硕士纵向贯通体系，破除职业教育天花板。完善学分银行法律法规体系及相关制度保障体系、"1+X"证书制度，加快在职普教育之间建立起多层次对应、标准融通的转换机制。扩大职业培训范围，建立覆盖全生命周期的职业培训机制。推动职业教育与区域发展相协调、与产业布局相衔接，深化省域现代职业教育体系建设改革，推进市域产教联合体、行业产教融合共同体试点，实现人才培养质量与经济社会发展双提升。**二是强化产教融合，完善学生实习实践制度。**深化教育与企业合作，创新项目化课程体系，构建教育+职业实践并行的双元制职业教育，对专业核心课程和实践课程进行项目化改革，构建"学训赛创"融合的应用型实践育人体系，引导学生在一线实践中加强磨炼、增长本领。推进区域技术转移转化中心建设，建立"枢纽+节点"的国家大学科技园网络体系，引导高校和企业"双向奔赴"，促进高校科研成果高水平创造、高效率转化。面向中西部、东北等地区布局建设高等研究院，构建融人才培养、科学研究和技术转移为一体的新平台，服务地方支柱产业发展。把实习实践教育有机纳入各级各类教育，健全企事业单位接纳学生实习的激励机制，将实习岗位与专业课程相衔接，从实践中全面提升教育质量。加强高校实习环节的资源投入，规范实习教学组织与管理，面向所有学生提供公平的就业实习机会。做好高校毕业生就业工作，坚持就业优先导向，拓宽市场化社会化就业渠道，完善就业与招生、培养联动机制，教育引导学生以择业新观念打开就业新天地。

引导规范民办教育发展，提升办学质量。《决定》提出："引导规范民办教育发展。"**一是促进民办教育合理布局。**深化民办教育非营利性和营利性分类，完善鼓励和大力支持社会力量举办非营利性民办学校制度政策，扩大民办教育准入。禁止滥用市场支配地位，排除、限制竞争行为。**二是规范民办教育办学行为，**严格非营利性民办学校管理，规范民办高校教师资格及待遇，提升民办教育质量要求，完善评价机制，引导民办教育特色发展、良性发展。

推进高水平教育开放，鼓励国外高水平理工类大学来华合作办学。《决定》提出："推进高水平教育开放，鼓励国外高水平理工类大学来华合作办学。"要立足国家重大战略需求和高等教育需求，融合世界先进教育理念，引入全球优质资源，同世界一流资源开展高水平合作办学，完善制度建设，健全引进和有效利用优质教育资源长效机制，推进与国外合作高校开展校际课程互选、学分互认及学位互授联授，提升教师国际化水平，建立高级别常态化学术交流机制，有效利用世界一流教育资源和创新要素，加快建设具有强大影响力的世界重要教育中心。要扩大中外青少年交流，实施国际暑期学校等项目，建好“鲁班工坊”，不断拓展中国教育“朋友圈”，更好服务国家外交和经贸大局。积极参与全球教育治理，深化同联合国教科文等国际组织和多边机制合作，支持上海国际STEM教育研究所建设，推动中国教育理念和实践走向世界，增强我国教育国际影响力和话语权。

进一步推进基本公共教育服务均等化，扩大高质量教育供给。《决定》提出：“优化区域教育资源配置，建立同人口变化相协调的基本公共教育服务供给机制。完善义务教育优质均衡推进机制，探索逐步扩大免费教育范围。健全学前教育和特殊教育、专门教育保障机制。”**一是优化区域教育资源配置，建立同人口变化相协调的基本公共教育服务供给机制。**加大优质教育资源供给，针对学龄人口峰谷变化做好前瞻性布局，优化区域教育资源配置。完善中央财政教育转移支付制度，补齐欠发达地区教育短板。完善教育东西部协作和对口支援机制，推动优质教育资源向欠发达地区供给和输入。优化城乡学校布局，推进师资配备均衡化，加快城乡教育一体化。加大对农村留守儿童、困境儿童等群体的教育保障力度，健全农业转移人口随迁子女入学保障政策，将随迁子女纳入流入地义务教育保障范围。**二是完善义务教育优质均衡推进机制，**促进优质均衡发展的配套政策体系，加强义务教育经费保障。着力扩大优质教育资源覆盖面，加快集团化办学和城乡学校共同体建设，通过教育数字化提升薄弱学校、农村学校教学能力，做大优质教育资源“蛋糕”，加强县域普通高中建设。**探索逐步扩大免费教育范围。**加大学生资助资金投入力度，综合考虑各地经济发展水平、财政支付能力条件，逐步扩大学生资助政策，加快缩小教育的城乡、区域、校际、群体差距，努力让每个孩子都能享有公平而有质量的教育。**健全学前教育和特殊教育、专门教育保障机制。**进一步优化学前教育和特殊教育、专门教育资源配置，加强专门学校建设和专门教育工作，完善财政经费支持保障机制，提高办学质量。推动学前教育法出台，推进学前教育普及普惠安全优质发展，全面普及学前教育，依法保障学前教育健康发展。

推进教育数字化，赋能学习型社会建设，加强终身教育保障。《决定》提出：“推进教育数字化，赋能学习型社会建设，加强终身教育保障。”**一是以教育数字化赋能学习型社会建设，**加快推进教育数字化，实施国家教育数字化战略，把全流程数字技术融入从基础教育到高等教育、从普通教育到职业教育的国民教育全过程。坚持应用导向，推动集成化、智能化、国际化，不断丰富国家智慧教育平台和数据中心，运用数字技术优化教育资源配置，扩大国家智慧教育平台应用范围，推动东西部高校共享优质课程，推动数字技术与传统教育融合发展，丰富教育应用场景，持续扩大优质资源覆盖面。**二是以教育数字化加强终身教育保障，**构建覆盖各类人群、方式灵活的终身学习服务体系，搭建职业教育与普通教育、学历教育与非学历教育、职前教育与职后教育相互沟通衔接的机制。拓展数字媒体资源的广度和深度，让学习者可以持续进行更有价值的深度学习，为以高质量的教育数字化发展促进学习型社会、学习型大国建设提供保障。构建起网络化、数字化、个性化、终身化的教育体系，依托国家老年大学搭建全国老年教育公共服务平台，建立老年教育资源库和师资库。

2. 深化科技体制改革

加强国家战略科技力量建设，增强国家创新体系一体化能力。《决定》提出："坚持面向世界科技前沿、面向经济主战场、面向国家重大需求、面向人民生命健康，优化重大科技创新组织机制，统筹强化关键核心技术攻关，推动科技创新力量、要素配置、人才队伍体系化、建制化、协同化。加强国家战略科技力量建设，完善国家实验室体系，优化国家科研机构、高水平研究型大学、科技领军企业定位和布局，推进科技创新央地协同，统筹各类科创平台建设，鼓励和规范发展新型研发机构，发挥我国超大规模市场引领作用，加强创新资源统筹和力量组织，推动科技创新和产业创新融合发展。"**一是完善国家实验室体系，优化国家科研机构、高水平研究型大学、科技领军企业定位和布局。**明确各机构职能定位和任务分工，科学合理布局科技创新，形成体系化、层次化建设，有效覆盖基础研究、高技术产业及为国民经济服务三方面研究。**二是推进科技创新央地协同，统筹各类科创平台建设，鼓励和规范发展新型研发机构。**推动全国科技力量"一盘棋"，推动科技政策从各管一段向构建高效协同的政策体系转变，针对新型举国体制、战略博弈必争领域强化精准政策支持。对国家实验室、国家技术创新中心、创新联合体建设等国家战略科技力量进行统筹布局，及时加强已有机构优化重组和新型研究机构建设，提高战略科技力量布局的精准性、针对性和全面性，做到错位而不缺位、交叉而不重叠，避免各地方重复建设和对稀缺资源的争抢。提高对各部门各领域战略科技力量的协调动员能力，聚焦重大攻关目标，主动打破组织、学科、地域、技术和信息"五大壁垒"。健全科创平台管理机制，构建高效协同的网络体系。**三是发挥我国超大规模市场引领作用，加强创新资源统筹和力量组织，推动科技创新和产业创新融合发展。**通过全国统一大市场建设，促进科创资源和要素合理化配置，扩大国内需求为科技创新提供内生动力。

构建科技安全风险监测预警和应对体系，加强科技基础条件自主保障。《决定》提出："构建科技安全风险监测预警和应对体系，加强科技基础条件自主保障。"要完善面向科技安全的科技情报收集体系，建立高水平科技智库，增强科技情报收集、预测、识别和判断能力，建立跨学科、跨部门、跨组织的多元化专家咨询团队，对关键技术进行相应的风险评估及预警，为新型举国体制精准配置资源等提供参考。

健全科技社团管理制度。《决定》提出："健全科技社团管理制度。"要发挥科技社团在人才纽带、跨界研发、共性技术研究、技术标准制定、技术转移等方面的平台作用。

推进科技高水平对外开放，建立国际科创高地。《决定》提出："扩大国际科技交流合作，鼓励在华设立国际科技组织，优化高校、科研院所、科技社团对外专业交流合作管理机制。"构建并完善全球科技合作网络。除涉及国防及战略核心利益领域外，建立对外开放实验室、重大科研基础设施等国家战略科技力量的机制，吸引海外人才、科研团队、科研机构来华研究。加大高校、科研院所、科技社团对外专业交流合作的自主权限，加强适应国际合作需求知识产权保护机制，营造制度型开放合作环境，全面完善知识产权保护法律体系，推动建立健康、可持续的国际科技合作交流机制，完善国际科技合作成果归属权确认机制。

改进科技计划管理，强化基础研究领域、交叉前沿领域、重点领域前瞻性、引领性布局。《决定》提出：“改进科技计划管理，强化基础研究领域、交叉前沿领域、重点领域前瞻性、引领性布局。加强有组织的基础研究，提高科技支出用于基础研究比重，完善竞争性支持和稳定支持相结合的基础研究投入机制，鼓励有条件的地方、企业、社会组织、个人支持基础研究，支持基础研究选题多样化，鼓励开展高风险、高价值基础研究。深化科技评价体系改革，加强科技伦理治理，严肃整治学术不端行为。”**一是加强有组织的基础研究，提高科技支出用于基础研究比重，完善竞争性支持和稳定支持相结合的基础研究投入机制。**国家战略性科学计划将更加聚焦于基础研究，并为基础研究提供更多财政资金保障，建立符合科研规律的投入机制。有组织推进各类基础研究，实施差异化分类管理，发挥国家实验室、国家科研机构、高水平研究型大学及科技领军企业在不同研究领域的优势及作用。**二是鼓励有条件的地方、企业、社会组织、个人支持基础研究。**完善基础研究的多元投入机制，完善企业、社会力量投入基础研究激励体系，通过建设新型研发机构、联合资助、慈善捐赠等措施，激发全社会力量投入基础研究的热情。**三是支持基础研究选题多样化，鼓励开展高风险、高价值基础研究。**坚持目标导向和自由探索“两条腿走路”。在凝练基础研究关键科学问题时，既要重视从重大应用研究中抽象出的理论问题，也要允许自由探索遵循科学发展规律提出的前沿问题。建立对非共识的基础研究领域或原创性想法的投入机制，对从事基础研究、前沿探索，需要长期坐冷板凳的科研人员提供适当的保障和激励，使科研人员在基础研究方面进行更大胆、更超前的创新。**四是深化科技评价体系改革，加强科技伦理治理，严肃整治学术不端行为。**建立健全职责明确、高效协同的科研诚信管理体系，制定项目质量负面清单，明确处罚措施，对科研不端行为零容忍。强化科研质量管控，实行科研项目全流程内控管理，建立高水平、有理想的科研监管评价专家团队。“破四唯、立新标”，提升科技成果评价质量。

强化企业科技创新主体地位，建立培育壮大科技领军企业机制。《决定》提出：“强化企业科技创新主体地位，建立培育壮大科技领军企业机制，加强企业主导的产学研深度融合，建立企业研发准备金制度，支持企业主动牵头或参与国家科技攻关任务。构建促进专精特新中小企业发展壮大机制。鼓励科技型中小企业加大研发投入，提高研发费用加计扣除比例。鼓励和引导高校、科研院所按照先使用后付费方式把科技成果许可给中小微企业使用。”**一是加强企业主导的产学研深度融合，建立企业研发准备金制度，支持企业主动牵头或参与国家科技攻关任务。**完善企业参与科技创新的机制，建立产业协同创新机制，鼓励企业与科研院所、高校的协同配合，常态化参与重大科技项目，参与重大科技创新决策，承担国家科技攻关任务、前沿技术研究、科技安全风险预警预测研究等。健全发展新质生产力体制机制，加强关键共性技术、前沿引领技术、现代工程技术、颠覆性技术创新，加强新领域新赛道技术供给。**二是构建促进专精特新中小企业发展壮大机制。**鼓励科技型中小企业加大研发投入，提高研发费用加计扣除比例。营造有利于科技型中小微企业成长的良好环境，完善科技型中小企业成长支持机制。优化中小企业研发补贴财政支持政策，落实落细各项优惠政策，完善财政间接引导政策体系，加大中小企业研发投入后补助，加强财政科技资金支持科技成果转移转化力度。**三是鼓励和引导高校、科研院所按照先使用后付费方式把科技成果许可给中小微企业使用。**进一步完善产、学、研对接机制，为市场主体取得知识产权提供便利，加快科技成果转化。

完善中央财政科技经费分配和管理使用机制，健全中央财政科技计划执行和专业机构管理体制。《决定》提出："完善中央财政科技经费分配和管理使用机制，健全中央财政科技计划执行和专业机构管理体制。扩大财政科研项目经费'包干制'范围，赋予科学家更大技术路线决定权、更大经费支配权、更大资源调度权。建立专家实名推荐的非共识项目筛选机制。允许科研类事业单位实行比一般事业单位更灵活的管理制度，探索实行企业化管理。"**一是扩大财政科研项目经费"包干制"范围，赋予科学家更大技术路线决定权、更大经费支配权、更大资源调度权。**进一步完善扩大科学家自主支配权的相关制度，将科技资源分配权力下放，财政科技资金使用市场化管理手段，释放科技领军人才的创新活力。二是**建立专家实名推荐的非共识项目筛选机制。**为支持基础研究选题多样化，鼓励开展高风险、高价值基础研究提供科技经费分配和管理使用机制配套，建立对基础科研、前沿技术研究的财政资金支持决策机制。三是**允许科研类事业单位实行比一般事业单位更灵活的管理制度，探索实行企业化管理。**进一步下放政府对科研单位的管理权限，扩大高校和科研机构自主权，推动科研机构去行政化，完善现代科研院所制度，激发科研单位活力。

深化科技成果转化机制改革，提升科技成果转化效能。《决定》提出："深化科技成果转化机制改革，加强国家技术转移体系建设，加快布局建设一批概念验证、中试验证平台，完善首台（套）、首批次、首版次应用政策，加大政府采购自主创新产品力度。加强技术经理人队伍建设。"一是搭建科技成果转化和推广应用平台，完善产业链对接科技成果转化创新应用场景以及科技金融等配套体系。落实科研人员激励政策，加强科技成果转化的考核评价，建立成果转化容错纠错机制。二是扩大中试验证平台覆盖的行业范围，通过促进设备更新政策，加快科技成果转化，促进产品的市场价值实现。三是健全完善各项基础性法规制度，持续强化技术转移人才专业化教育培养，健全完善评价激励机制，加快建设转化服务平台。

深化科技成果转化机制改革，允许科技人员在科技成果转化收益分配上有更大自主权。《决定》提出："建立职务科技成果资产单列管理制度，深化职务科技成果赋权改革。深化高校、科研院所收入分配改革。允许更多符合条件的国有企业以创新创造为导向，在科研人员中开展多种形式中长期激励。"一是进一步完善松"绑"职务科技成果转化的相关制度，推广职务科技成果转化前非资产化，将科技成果使用权、处置权、收益权下放。二是在高校、科研院所、国企构建从基础研究到成果转化全链条的多元激励体系，充分实现成果转化奖励，让具有真贡献的科研人员实现价值。同时也需要充分考虑基础研究、应用研究等不同研究类项的特性，建立分类、分级、量化的考核指标体系和相应的长期激励机制，让各类科研人员找准发展位置和方向。

构建同科技创新相适应的科技金融体制，提升要素配置效率。《决定》提出：“构建同科技创新相适应的科技金融体制，加强对国家重大科技任务和科技型中小企业的金融支持，完善长期资本投早、投小、投长期、投硬科技的支持政策。健全重大技术攻关风险分散机制，建立科技保险政策体系。”**一是加强科技金融建设**，完善长期资本投早、投小、投长期、投硬科技的支持政策，建立有利于培育耐心资本、长期资本、战略资本的市场制度，鼓励发展创业投资、股权投资和天使投资基金，满足处于不同生命周期科技企业的资金需求，在更多市场化的领域中发挥国资催化剂作用，健全银行机构针对高新技术企业的投贷联动机制。构建多元化、多层次金融服务体系，健全创业投资退出机制，形成“募投管退”良性循环。**二是推进关键技术攻关多元化支持机制建设**，建立金融业支持早期高新技术创业及科技成果转化项目财政资金保障及保险承保补偿机制，推动金融机构“敢投敢贷”。

提高外资在华开展股权投资、风险投资便利性。《决定》提出：“提高外资在华开展股权投资、风险投资便利性。”要完善优化外资准入负面清单，减少不必要的行政干预，确保外资创投基金享受与国内基金同等的待遇。深入实施合格境外有限合伙人（QFLP）境内投资试点，建立健全 QFLP 外汇管理便利化制度，支持以所募的境外人民币直接开展境内相关投资。

3. 深化人才发展体制机制改革

加快建设国家战略人才力量，提高各类人才素质。《决定》提出：“实施更加积极、更加开放、更加有效的人才政策，完善人才自主培养机制，加快建设国家高水平人才高地和吸引集聚人才平台。加快建设国家战略人才力量，着力培养造就战略科学家、一流科技领军人才和创新团队，着力培养造就卓越工程师、大国工匠、高技能人才，提高各类人才素质。建设一流产业技术工人队伍。”**一是着力培养造就战略科学家、一流科技领军人才和创新团队**，构建完善拔尖创新人才自主培养体系，强化人才早期选育机制，健全多样化人才选拔制度，创设人才培养新范式，建设引领性顶尖师资队伍，改进学业评价方式。**二是着力培养造就卓越工程师、大国工匠、高技能人才**，加强顶层设计、优化制度环境，完善关心关爱劳模工匠和高技能人才的常态化机制，健全工匠学院建设体系，建设结构合理的技能人才梯队。突出企业主体作用，积极探索企业新型学徒制。**三是建设一流产业技术工人队伍**，加强职业教育院校学科建设，提高产业工人的科学文化素质，鼓励其到科研攻关一线锻炼。拓宽产业工人职业发展通道，建立终身素养技能形成体系，完善专业技术人才和技能人才的评价体系，推进职称制度与职业资格、职业技能等级制度有效衔接，探索建立人才职称互认机制，加强产业工人的权益维护保障，加强和规范企业民主管理水平，保护工人的劳动经济权益和民主政治权利，加强技能型人才政策体系建设。提高工人的地位和职业荣誉感，在全社会营造尊重劳动、崇尚技能、鼓励创造的社会氛围。

完善人才有序流动机制。《决定》提出：“完善人才有序流动机制，促进人才区域合理布局，深化东中西部人才协作。”要健全统一规范的人力资源市场体系，促进劳动力、人才跨地区顺畅流动。畅通劳动力社会性流动渠道，促进人才区域合理布局，深化东中西部人才协作。加快建立协调衔接的劳动力、人才流动政策体系和交流合作机制。打通高校、科研院所和企业人才交流通道。开展多层次和网络化的专业化人才市场以及民间人才猎头市场建设。

深化人才发展体制机制改革，加快建设国家战略人才力量。《决定》提出："完善青年创新人才发现、选拔、培养机制，更好保障青年科技人员待遇。健全保障科研人员专心科研制度。"要拓展青年科技人才发展空间，给予青年科技人才宽松包容的成长环境，全链条助推青年科技人才成长。向青年科技人才倾斜更多创新资源供给，针对不同类型的科研项目给予针对性的支持，提供基础研究更多资源保障和试错机会，提供应用研究青年人才项目支持、试验条件、成果转化的平台。加大对职业早期青年科技人才稳定的支持力度，提高青年科技人员收入，减轻青年科研人员非科研负担。

强化人才激励机制。《决定》提出："强化人才激励机制，坚持向用人主体授权、为人才松绑。建立以创新能力、质量、实效、贡献为导向的人才评价体系。打通高校、科研院所和企业人才交流通道。完善海外引进人才支持保障机制，形成具有国际竞争力的人才制度体系。"要健全要素参与收入分配机制，更好体现知识、技术、人才的市场价值，营造鼓励创新、宽容失败的良好氛围，为各类人才搭建干事创业的广阔舞台。加大对科研院所、科技人才的权力下放，对科技人才评价进行细化分类，形成立体化交叉型科技人才评价方式，进一步破除"四唯"评价，激励科技人才在一线建功立业，体现和突出价值、贡献导向，引入国际评价和企业评价机制。

完善海外引进人才支持保障机制。《决定》提出："探索建立高技术人才移民制度。"要改革人才引进政策，放宽外国科技人才来华科研签证标准，完善技术移民法律法规制度体系建设，为技术移民提供制度保障，允许海外科技人才参与国内人才计划。搭建海外科技人才创新创业平台，完善海外科研团队、高校院所、科技企业共建联合实验室的支持保障机制。完善海外科技人才来华的发现、招聘、引进、安保体系，畅通科技人才来华通道。

（四）健全宏观经济治理体系，增强宏观政策取向一致性

党的二十届三中全会《决定》提出："科学的宏观调控、有效的政府治理是发挥社会主义市场经济体制优势的内在要求。必须完善宏观调控制度体系，统筹推进财税、金融等重点领域改革，增强宏观政策取向一致性。"

1. 完善国家战略规划体系和政策统筹协调机制

构建国家战略制定和实施机制。《决定》提出："构建国家战略制定和实施机制，加强国家重大战略深度融合，增强国家战略宏观引导、统筹协调功能。健全国家经济社会发展规划制度体系，强化规划衔接落实机制，发挥国家发展规划战略导向作用，强化国土空间规划基础作用，增强专项规划和区域规划实施支撑作用。健全专家参与公共决策制度。"要完善宏观管理部门职责和权限，构建国家战略制定和实施机制，健全跨部门协调机制，加强国家重大战略深度融合，增强国家战略宏观引导、统筹协

调功能。一方面，充分发挥国家发展规划的战略导向作用。健全定位准确、边界清晰、功能互补、统一衔接的国家经济社会发展规划制度体系，紧紧围绕全面建成社会主义现代化强国的战略目标，制定分阶段落实的时间表和路线图，完善规划管理制度，加强规划实施监测评估，强化规划衔接落实机制，合理配置公共资源，引导调控社会资源，发挥国家发展规划战略导向作用。聚焦推动高质量发展和高水平安全的关键问题和突出短板，谋划提出事关国家长远发展的大战略、跨部门跨行业的大政策、具有全局性影响的跨区域大项目。另一方面，持续强化国土空间规划的基础作用。依据国家发展规划提出的国土空间开发保护格局和空间结构优化要求，强化国土空间规划基础作用，建立国土空间规划体系并监督实施，确保其与国家发展规划及其他专项规划、区域规划有效衔接。科学布局生产、生活、生态空间，强化开发强度管控和“三区三线”精准落地，推动形成优势互补、高质量发展的国土空间体系。此外，不断增强专项规划和区域规划的支撑作用。聚焦科技创新、基础设施、绿色生态、民生保障等需要集中力量突破的重点领域制定国家级专项规划。增强专项规划和区域规划实施的支撑作用，并确保各级各类规划在总体要求上指向一致、空间配置上相互协调、时序安排上科学有序，加强各规划与其他专项规划的衔接协调。加强对专家队伍的政治引领，完善专家参与公共决策的政策保障和激励措施，健全专家参与公共决策制度。

推进有为政府建设。《决定》提出：“围绕实施国家发展规划、重大战略促进财政、货币、产业、价格、就业等政策协同发力，优化各类增量资源配置和存量结构调整。探索实行国家宏观资产负债表管理。把经济政策和非经济性政策都纳入宏观政策取向一致性评估。健全预期管理机制。健全支撑高质量发展的统计指标核算体系，加强新经济新领域纳统覆盖。加强产业活动单位统计基础建设，优化总部和分支机构统计办法，逐步推广经营主体活动发生地统计。健全国际宏观政策协调机制。”要围绕实施国家发展规划、重大战略，通过深化财税体制改革及推进金融体制改革等措施，促进财政、货币、产业、价格、就业等政策协同发力，强化政策统筹。通过市场化改革，优化各类增量资源配置和存量结构调整，以实现存量资源的有效利用。探索实行国家宏观资产负债表管理，健全支撑高质量发展的统计指标核算体系，编制全国和地方资产负债表，不断健全各专业统计调查制度方法，加强新经济新领域纳统覆盖。把经济政策和非经济性政策都纳入宏观政策取向一致性评估，健全完善评估机制，明确评估范围，完善评估流程，从严从细把关各项政策对经济总量和结构、供给和需求、行业和区域、就业和预期等的影响。健全预期管理机制，增强引导与调节预期的能力，加强与公众的信息沟通，引导公众预期向政策目标靠拢。加强产业活动单位统计基础建设，优化总部和分支机构统计办法，确保数据的一致性和准确性，建立健全基层统计网络，推进统计信息化建设，逐步推广经营主体活动发生地统计。健全国际宏观政策协调机制。

2. 深化财税体制改革

健全预算制度，加强财政资源统筹。《决定》提出：“健全预算制度，加强财政资源和预算统筹，把依托行政权力、政府信用、国有资源资产获取的收入全部纳入政府预算管理。完善国有资本经营预算和绩效评价制度，强化国家重大战略任务和基本民生财力保障。强化对预算编制和财政政策的宏观指导。加强公共服务绩效管理，强化事前功能评估。深化零基预算改革。统一预算分配权，提高预算管理统一性、规范性，完善预算公开和监督制度。完善权责发生制政府综合财务报告制度。”**一是加强财政资源和预算统筹**。把依托行政权力、政府信用、国有资源资产获取的收入全部纳入政府预算管理，增强预算对落实党和国家重大政策的保障能力。完善国有资本经营预算和绩效评价制度，强化国家重大战略任务和基本民生财力保障。**二是强化对预算编制和财政政策的宏观指导**。预算编制应服从服务于党和国家发展大局，按照经济社会发展目标和宏观调控总体要求，强化对预算编制和财政政策的宏观指导。推进财政支出标准化，建立完善动态调整机制，更好地发挥标准在预算管理中的基础性作用。深化零基预算改革，打破支出固化僵化格局，合理确定支出预算规模。加强财政政策逆周期和跨周期调节，熨平经济周期波动。**三是统一预算分配权。提高预算管理统一性、规范性，完善预算公开和监督制度**。提高年初预算到位率，推进预算安排与存量资金的有机结合，加大财政资金统筹力度与支出结构调整力度，规范支出管理。**四是深化预算绩效管理改革**。深化绩效管理改革，将绩效理念和方法融入预算编制、执行和监督全过程，强化事前评估、强化评价结果运用，推进预算和绩效管理一体化，健全预算安排与绩效结果挂钩的激励约束机制。坚决落实党政机关过紧日子的要求，杜绝大手大脚花钱等现象。**五是完善预算公开和监督制度**。严格执行人大批准的预算，强化预算对执行的控制。进一步加大预算公开力度，提高财政透明度，强化对权力运行的制约监督，提高预算公开工作质量。**六是完善权责发生制政府综合财务报告制度**。强化数据分析应用，提升财政管理效能。完善财会监督体系，严肃财经纪律。

健全税收制度，提升国家宏观调控效能。《决定》提出：“健全有利于高质量发展、社会公平、市场统一的税收制度，优化税制结构。研究同新业态相适应的税收制度。全面落实税收法定原则，规范税收优惠政策，完善对重点领域和关键环节支持机制。健全直接税体系，完善综合和分类相结合的个人所得税制度，规范经营所得、资本所得、财产所得税收政策，实行劳动性所得统一征税。深化税收征管改革。”**规范税收优惠政策，提升宏观调控效能**。研究同新业态相适应的税收制度，促进新业态健康发展。全面落实税收法定原则，规范税收优惠政策，完善对重点领域和关键环节支持机制。合理降低制造业综合成本和税费负担。

完善财政体制，进一步理顺央地关系。《决定》提出：“建立权责清晰、财力协调、区域均衡的中央和地方财政关系。增加地方自主财力，拓展地方税源，适当扩大地方税收管理权限。完善财政转移支付体系，清理规范专项转移支付，增加一般性转移支付，提升市县财力同事权相匹配程度。建立促进高质量发展转移支付激励约束机制。”**一是优化中央和地方收入划分**。拓展地方税源，适当扩大地方税收管理权限，增加地方税收规模以及自主财力。推进税制改革，优化共享税分享比例。完善产业在国内梯度有序转移的协作机制，推动转出地与承接地利益共享。规范非税收入管理，适当下沉部分非税收入管理权限，地方结合实际进行差别化管理。**二是完善财政转移**

支付体系。清理规范专项转移支付，增加一般性转移支付，提升市县财力与事权相匹配程度。建立促进高质量发展转移支付激励约束机制。同时，继续推进省以下财政体制改革，优化省以下财力分配，切实加强基层财力保障。**三是推进省级以下财政体制改革**。优化省级以下财力分配，切实加强基层财力保障。推进省级以下财政事权和支出责任划分改革，适度加强省级在维护本地经济社会协调发展、防范化解债务风险等方面的责任。督促省级政府切实担负起保基本民生、保工资、保运转“三保”主体责任，加快完善省以下转移支付制度，推动财力向困难地区和基层倾斜，逐步建立基层“三保”长效保障机制。

健全地方税体系，培育地方税源。《决定》提出：“推进消费税征收环节后移并稳步下划地方，完善增值税留抵退税政策和抵扣链条，优化共享税分享比例。研究把城市维护建设税、教育费附加、地方教育附加合并为地方附加税，授权地方在一定幅度内确定具体适用税率。”要按照《实施更大规模减税降费后调整中央与地方收入划分改革推进方案》安排，后移消费税征收环节并稳步下划地方，结合消费税立法统筹推进改革。如金银首饰、烟草和汽车等条目已在零售环节征收或部分在批发零售环节征收，已具备征收环节下划到地方的条件。完善增值税留抵退税政策和抵扣链条，优化共享税分享比例。研究把城市维护建设税、教育费附加、地方教育附加合并为地方附加税，授权地方在一定幅度内确定具体适用税率，扩大地方税收规模。稳妥推动房地产税、资源税落地，扩大地方税源体系。

健全政府债务管理体系，推动地方债务风险化解。《决定》提出：“合理扩大地方政府专项债券支持范围，适当扩大用作资本金的领域、规模、比例。完善政府债务管理制度，建立全口径地方债务监测监管体系和防范化解隐性债务风险长效机制，加快地方融资平台改革转型。规范非税收入管理，适当下沉部分非税收入管理权限，由地方结合实际差别化管理。”**一是完善政府债务管理体制机制**。合理确定政府债务规模，加快建立同高质量发展相适应的政府债务管理机制。完善政府债务分类和功能定位，优化债务结构。完善地方政府债务限额确定机制，一般债务限额与税收等一般公共预算收入相匹配，专项债务限额与政府性基金预算收入及项目收益相匹配。加强债务信息公开，建立全国统一的债务信息平台，促进债务显性化，提高债务透明度。**二是防范化解地方政府隐性债务风险**。建立全口径地方债务监测监管体系和防范化解隐性债务风险长效机制。完善以债务率为主的地方政府债务风险评估指标体系，健全地方政府偿债能力评估机制。加强风险评估预警结果应用，有效前移风险防控关口。在合理规范的制度框架内进行数字赋能，将数字分析和数字监管应用于投资监督管理、财政预算管理、动态风险监测等方面。加强源头治理，坚决遏制新增隐性债务，有序化解存量隐性债务。健全市场化、法治化的债务违约处置机制，坚决防止风险累积形成系统性风险。加强督查审计问责，严格落实政府举债终身问责制和债务问题倒查机制。**三是加强地方政府专项债券管理**。合理扩大地方政府专项债券支持范围，适当扩大用作资本金的领域、规模、比例。完善债务限额分配机制，加强专项债券资金借用管还全生命周期管理。健全政府债务信息公开机制，促进形成市场化、法治化融资自律约束机制。积极开展地方债务风险化解机制探索，以地方政府为主体探索债券展期、置换等化债途径，化解短期的债务违约风险。创新中央对地方政府的监管和绩效考核机制，规范地方政府举债行为。**四是加快地方融资平台改革转型。**加强对融资平台公司的综合治理，持续规范融资管理，剥离其政府融资职能。禁止地方融资平台各种变相举债行为，推动形成政府和企业界限清晰、责任明确、风险可控的科学管理机制。

明确中央与地方财政事权与支出责任。《决定》提出："适当加强中央事权、提高中央财政支出比例。中央财政事权原则上通过中央本级安排支出，减少委托地方代行的中央财政事权。不得违规要求地方安排配套资金，确需委托地方行使事权的，通过专项转移支付安排资金。"要适当上移并强化中央财政事权和支出责任。减少委托地方代行的中央财政事权，原则上通过中央本级安排中央财政事权的支出。确实需要委托地方行使事权的，需通过专项转移支付安排资金。

3. 深化金融体制改革

营造良好的货币金融环境，为高质量发展提供高质量的金融供给。《决定》提出："加快完善中央银行制度，畅通货币政策传导机制。积极发展科技金融、绿色金融、普惠金融、养老金融、数字金融，加强对重大战略、重点领域、薄弱环节的优质金融服务。完善金融机构定位和治理，健全服务实体经济的激励约束机制。发展多元股权融资，加快多层次债券市场发展，提高直接融资比重。优化国有金融资本管理体制。"**一是**完善基础货币投放和货币供应调控机制，健全货币政策和宏观审慎政策双支柱调控框架，综合运用多种货币政策工具，保持流动性合理充裕，促进社会融资规模、货币供应量与名义经济增速基本匹配。建立覆盖全面的宏观审慎管理体系，做好跨周期和逆周期调节。发挥好货币政策工具总量和结构双重功能，畅通货币政策传导机制，充实货币政策工具箱，持续深化利率市场化改革，在央行公开市场操作中逐步增加国债买卖。保持人民币汇率在合理均衡水平上的基本稳定。**二是**完善金融政策、标准和产品体系，加大对中小微企业和民营企业、乡村振兴、绿色产业、健康产业、养老产业、银发经济的金融支持。聚焦国家重大科技项目、中小科技企业等重点领域和薄弱环节，发挥科技创新和技术改造再贷款作用，会同相关部门培育支持科技创新的金融市场生态，为科技型企业提供全链条、全生命周期金融服务。完善绿色金融政策、标准和产品体系，大力支持清洁能源的研发、投资、推广运用。持续完善金融支持中小微企业和民营企业的政策体系，进一步缓解融资难、融资贵等问题。加大对乡村振兴的金融投入，支持牢牢端稳粮食饭碗、服务乡村产业发展、促进农民增收致富。加大对健康产业、养老产业、银发经济的财税金融政策支持，有针对性地丰富养老金融产品供给，积极发展第三支柱养老保险。加快金融机构数字化转型，保留必要的现金等传统金融服务方式。提升金融监管科技水平，加快金融机构数字化转型，提高数字化监管和金融消费者保护能力。健全完善金融"五篇大文章"等重点领域的统计口径和考核评价制度，发挥好考核评价"指挥棒"作用，引导金融更好服务实体经济。**三是**着力打造现代金融机构和市场体系，疏通资金进入实体经济的渠道。完善金融机构定位，坚持回归本源、专注主业。做优做强国有大型金融机构，提升综合服务水平，当好服务实体经济的主力军和维护金融稳定的压舱石。严格中小金融机构准入标准和监管要求，推动兼并重组、实现减量提质，立足当地开展特色化经营，推动中小金融机构立足当地开展特色化经营，防止无序扩张。强化政策性金融机构职能定位，聚焦服务国家战略，主要做商业性金融机构干不了、干不好的业务。发挥保险业的经济减震器和社会稳定器功能。健全国家巨灾保险保障体系。在防风险、强监管的基础上，促进信托、金融资产管理公司、企业集团财务公司、金融租赁公司、消费金融公司等其他各类金融机构高质量发展。完善金融企业党建与公司治理机制有机融合，加强对股东及管理人员的履职行为监督。健全服务实体经济的尽职免责、引导和激励机制，建立敢贷愿贷能贷会贷的长效机制。持续推动货币、外汇市场改革发展，稳慎有序发展期货和衍生品市场。坚持以市场需求为导向，开发个性化、差异化、定制化金融产品，让兼具安全性、收益性、流动性的金融产品更多走进寻常百姓家。建设安全高效的金融基础设施，统一金融市场登记托管、结算清算规则制度。**四是**加快多层次债券市场发展，提高直接融资比重。深化北交所、“新三板”以及私募股权和风险投资等领域改革创新，充分发挥其对中小型科技企业的融资支持功能和作用。健全债券发行、交易和管理制度，提升多层次债券市场的直接融资功能。提高直接融资比重，优化股权融资和债券融资的比例关系。完善创业投资“募资、投资、管理、退出”机制，引导金融资本投早、投小、投长期、投硬科技，持续提升金融支持科技创新的能力、强度和水平。**五是**完善国有金融资本布局，合理调整国有金融资本在金融行业的比重。改革政策性银行，推动其聚焦主责主业、严控商业性业务，加强对国家重大战略、重点领域和薄弱环节的支持。推动中央和地方国有金融企业差异化发展。

健全投资和融资相协调的资本市场功能，促进资本市场健康稳定发展。《决定》提出：“健全投资和融资相协调的资本市场功能，防风险、强监管，促进资本市场健康稳定发展。支持长期资金入市。提高上市公司质量，强化上市公司监管和退市制度。建立增强资本市场内在稳定性长效机制。完善大股东、实际控制人行为规范约束机制。完善上市公司分红激励约束机制。健全投资者保护机制。推动区域性股权市场规则对接、标准统一。”**一是**进一步完善发行上市制度。严把发行上市准入关，强化发行上市全链条责任。健全上市公司监管制度体系，加强全链条监管、穿透式监管，全面完善减持规则体系。深化退市制度改革，加快形成应退尽退、及时出清的常态化格局，加大规范类退市实施力度，畅通多元退市渠道。严格退市执行，严厉打击财务造假、操纵市场等恶意规避退市的违法行为。健全退市过程中的投资者赔偿救济机制，对重大违法退市负有责任的公司股东、管理层及实际控制人依法追责。加强交易监管，严肃查处操纵市场、恶意做空等违法违规行为。**二是**落实“建制度、不干预、零容忍”九字方针，完善资本市场制度供给端建设，提升资产供给质量。有机协调融资端改革和投资端改革，引导资本市场由“融资市场”向“投资市场”转型，突出“以投资者为本”的监管导向，塑造“尊重、服务、回报”投资者的市场文化。**三是**加快投资端改革，加强中长期资金入市的顶层设计，研究优化保险公司偿付能力指标，推动建立长期考核机制，提高养老金权益投资比例。**四是**加大对大股东、实际控制人等关键少数的监管力度，严厉打击财务造假，强化对资金侵占、违规担保等典型问题的监管力度，引导大股东、实际控制人专注公司发展和经营、关注投资者回报水平，减少减持套利空间，提高市场信息质量责任，增强公司治理的规范性，形成多层次惩治体系，从严打击违规减持、绕道减持、违规关联交易、侵占公司资产等行为。**五是**加强制度约束督促分红，优化分红方式和节奏，给予分红好的公司更多激励，加大对超出能力分红企业的约束力度。树立上市公司回报股东的意识，合理平衡公司自身发展和回报股东，提高现金分红水平。**六是**提高市场的透明度和公正性。畅通投资者维权救济渠道，加强投资者教育，促使普通投资者维权意识和能力提升，推动中小投资者服务中心行使民事权利。**七是**制定统一的区域性股权市场业务及监管规则，加强地方监管能力及对区域性股权市场规范运作情况的监督检查能力，加强区域性股权市场信息系统建设。

完善金融监管体制，夯实建设金融强国的安全基础。《决定》提出："制定金融法。完善金融监管体系，依法将所有金融活动纳入监管，强化监管责任和问责制度，加强中央和地方监管协同。建设安全高效的金融基础设施，统一金融市场登记托管、结算清算规则制度，建立风险早期纠正硬约束制度，筑牢有效防控系统性风险的金融稳定保障体系。健全金融消费者保护和打击非法金融活动机制，构建产业资本和金融资本'防火墙'。推动金融高水平开放，稳慎扎实推进人民币国际化，发展人民币离岸市场。稳妥推进数字人民币研发和应用。加快建设上海国际金融中心。"**一是**建立金融领域基本法，与其他金融法律法规共同构成比较完备的金融法律体系，明确界定金融活动范围，将各类金融业态、金融产品、金融服务予以规范，统一监管标准，填补现有法律间的空白，确保依法将所有金融活动纳入监管，适应金融科技的快速发展。不断适应金融发展实践需要，及时推进金融重点领域和新兴领域立法，建立定期修法制度。加大金融执法力度，对各类违法违规行为零容忍。健全维护国家金融安全的法律工具箱。**二是**落实好党的二十届三中全会关于金融管理体制改革决策部署，发挥好中央金融委员会统筹协调把关作用，以及中央金融委员会切实加强金融系统党的建设作用。坚持既管合法更管非法、管行业必须管风险，健全监管兜底机制。全面强化机构监管、行为监管、功能监管、穿透式监管、持续监管，做到"长牙带刺"、有棱有角。明确金融监管部门和行业主管部门责任，健全权责一致、激励相容的风险处置责任机制。严格规范金融机构的经营活动及交易行为，加强地方政府风险防范处置职责，履行辖区内金融风险的防范、化解和处置。建立健全问责制度，以责任追究倒逼责任落实。**三是**推进金融的数字化转型。提高金融监管部门之间的统筹和协调配合，完善监管框架，统一监管标准，明确监管层次。持续提升自主掌控和安全保障能力，解决关键核心技术受制于人的"卡脖子"问题。建立风险早期纠正硬约束制度，加强从宏观视角对金融稳定总体形势的分析，健全风险监测评估、认定、提示和早期预警体系，完善风险处置机制，强化金融稳定保障体系，筑牢有效防控系统性风险的金融稳定保障体系。建立风险早期纠正硬约束制度，设定清晰的整改期限及具体整改要求。**四是**健全信息披露制度，构建各类金融产品和服务的适当性操作标准，分级分类高效处理投诉，建设多元化纠纷调处体系，建立健全消费者保护长效机制。强化线上监测预警，常态化开展线下监测，完善非法金融活动风险监测预警技术模型和激励机制。持续健全法人治理结构，优化中小银行保险机构股权结构，加强股东管理，规范金融机构行为，健全公司治理监管体系。防止产业资本在金融领域无序扩张，避免产业和企业本末倒置、脱实向虚，确保产业资本与金融资本在监管框架内合作，避免利益输送和内部交易。**五是**完善人民币国际使用政策支持体系，推动人民币跨境投融资业务创新，优化“跨境理财通”试点规则。稳健扩大金融市场开放和准入程度，提高人民币金融资产的流动性，丰富风险对冲工具，提高外汇交易操作便利性。支持更多境外央行、国际开发机构、跨国企业集团等在境内发行熊猫债。夯实人民币国际化基础设施，推进央行间双边本币互换和本币结算合作。加强与周边和东盟国家本币结算合作。完善离岸市场人民币流动性供给机制，丰富离岸人民币风险管理工具。强化香港离岸人民币业务枢纽功能。**六是**建立完善数字人民币综合监管框架，维护其法定地位。积极参与数字金融全球治理，拓展多应用场景覆盖，深化数字人民币跨境试点，拓展多功能应用。加强保护用户数据和隐私安全。**七是**发挥国际货币基金组织上海区域中心作用，增强亚太区域国家间宏观经济政策交流和协调。发挥改革试验田作用，探索更高层次的制度型开放，全面对接国际高标准经贸规则，率先开展压力测试。逐步推动资本项目可兑换，探索“本币跨境支付”资本项目兑换模式，推动贸易结算便利化安排，加大离岸市场和跨境业务创新。有序将上海的高水平开放政策复制推广至长三角乃至全国范围。

统筹金融开放和安全，着力推进金融高水平对外开放。《决定》提出：“完善准入前国民待遇加负面清单管理模式，支持符合条件的外资机构参与金融业务试点。稳慎拓展金融市场互联互通，优化合格境外投资者制度。推进自主可控的跨境支付体系建设，强化开放条件下金融安全机制。建立统一的全口径外债监管体系。积极参与国际金融治理。”**一是**以制度型开放为重点推进金融高水平对外开放，完善外资金融机构准入前国民待遇加负面清单的管理模式，对标国际高标准经贸协议中金融相关规则，精简限制性措施，在标准统一、体系优化、规则完善等方面加大与国际的统筹对接，进一步完善在金融各领域、各区域的建章立制，形成系统性、制度性的开放局面，优化营商环境，提升跨境投融资便利化水平。支持符合条件的外资机构参与金融业务试点，提升跨境投融资便利化水平。**二是**规范境外投融资行为，加大对共建“一带一路”的金融支持。在沪港通、深港通的基础上探索更高水平的金融互联互通，支持投资者跨境均衡配置，将公募 REITs、交易所债券产品纳入深港通投资标的范围。进一步简化和完善合格境外机构投资（QFII/RQFII）资金管理，支持壮大耐心资本，完善本外币一体化资金池政策，支持跨国公司在沪设立全球或区域资金管理中心，依托跨境贸易投资高水平开放试点、银行外汇展业改革与尽职免责等政策，探索“越诚信、越便利”的外汇管理模式。**三是**加强本外币协同，完善人民币跨境使用基础性制度安排，健全相关规则，增强金融市场透明度、规则性和可预期性。推动境外人民币市场建设，稳步扩大人民币跨境支付系统（CIPS）服务区域，优化人民币清算行布局，发挥好货币互换机制作用。加强跨境人民币业务监管，完善跨境资金流动评估预警体系，健全本外币一体化的跨境资金流动宏观审慎管理框架，构建适应高水平开放的金融监管和风险防控体系。**四是**坚持外债总量控制，保持外债合理水平，优化外债结构，构建协调统一的外债管理体系，完善全口径外债统计监测制度，健全外债数据信息共享机制，强化事中事后监管。**五是**加强国际宏观经济政策对话与协调，坚定推进全球金融治理改革，构建公正高效的全球金融治理格局，维护多边贸易体系的权威性和有效性，加强绿色金融领域的交流合作，提升我国在重大国际金融规则、标准制定中的话语权和影响力。

4. 完善实施区域协调发展战略机制

联动发展四大板块比较优势。《决定》提出："完善构建优势互补的区域经济布局和国土空间体系。健全推动西部大开发形成新格局、东北全面振兴取得新突破、中部地区加快崛起、东部地区加快推进现代化的制度和政策体系。"各地区要立足比较优势和发展定位，因地制宜探索发展路径，持续提升区域发展整体水平，逐步缩小区域差距。其中，西部地区重点发挥能源丰富等优势，积极承接国内外产业转移，推动西部开发形成新格局。东北地区重点加快传统优势产业转型升级和新兴产业培育，推动新时代东北全面振兴取得新突破。中部地区重点发挥承东启西、连南贯北的区位优势以及粮食生产基地、能源原材料基地、装备制造业基地的产业优势。东部地区重点发挥创新要素集聚等优势，不断提高创新能力和经济能级。

更好发挥区域重大战略高质量发展支撑带动作用。《决定》提出："推动京津冀、长三角、粤港澳大湾区等地区更好发挥高质量发展动力源作用，优化长江经济带发展战略、黄河流域生态保护和高质量发展机制。高标准高质量推进雄安新区建设。推动成渝地区双城经济圈建设走深走实。"京津冀协同发展上升为国家战略十周年，这一国家战略正在不断向纵深推进，2023 年出台的《京津冀产业协同发展实施方案》也提出，今后将进一步明确三地产业分工定位，优化产业结构和空间布局，将京津冀打造成为立足区域、服务全国的先进制造业创新发展增长极和产业协同发展示范区。当前雄安新区已进入大规模建设与承接北京非首都功能疏解并重阶段，工作重心转向高质量建设、高水平管理、高质量疏解发展并举，目标为打造全国高质量发展样板。长三角三省一市将加快完善一体化发展体制机制，当好改革"试验田"，进一步深化前期制度创新成果，推动更深层次、更宽领域、更高水平的改革创新。根据 2024 年 1 月出台的《长三角生态绿色一体化发展示范区重大建设项目三年行动计划（2024—2026 年）》，未来三年，长三角将锚定生态环保、设施互通、产业创新、民生服务四大领域，推动新一批展现新理念新模式的项目落地，为全国区域协调发展探路先行、创新示范。粤港澳大湾区将加快建设富有活力和国际竞争力的一流湾区和世界级城市群，打造为高质量发展的典范。根据 2024 年广东省政府工作报告部署，大湾区将强化软硬联通，增强全球资源配置能力，深入推进大湾区国际科技创新中心、大湾区综合性国家科学中心建设，强化南沙、前海、横琴、河套等重大合作平台建设，推进粤港澳三地就业、教育、医疗、社保等领域合作，支持港澳更好地融入国家发展大局。我国将持续推进以长江、黄河为代表的江河战略，推进系统治理、综合治理、源头治理、依法治理，统筹流域性整体国土空间的人口资源环境要素，推动流域（区域）经济社会高质量发展。坚持生态优先、绿色发展的战略定位，突出共抓大保护、不搞大开发的基本要求，推动长江流域经济社会发展全面绿色转型，实现人与自然和谐共生。强化黄河流域生态保护和高质量发展重大国家战略法治保障，加强生态环境保护，推进水资源节约集约利用，保障黄河安澜无害。2024 年，成渝地区双城经济圈建设步入第 5 个年头，数据显示，2023 年双城经济圈实现地区生产总值 81986.7 亿元，在 2021 年突破 7 万亿元后，用 2 年时间再上 1 个万亿元台阶；占全国、西部地区的比重分别达到 6.5%、30.4%，分别比上年提高 0.1 个、0.3 个百分点。2024 年 6 月召开的推动成渝地区双城经济圈建设重庆四川党政联席会议第九次会议提出，要携手打造西部高质量发展核心引擎，助力构建大保护、大开放、高质量发展新格局，更好地服务引领西部地区现代化。在支撑国家战略腹地建设上实干争先、走在前列，持续提升中心城市发展能级，发展壮大副中心城市，促进基础设施联通、公共服务共享，更好支撑国家战略腹地建设。

完善区域一体化发展机制。《决定》提出："健全主体功能区制度体系，强化国土空间优化发展保障机制。完善区域一体化发展机制，构建跨行政区合作发展新机制，深化东中西部产业协作。"要通过完善区域一体化机制，更好整合不同区域内的自然资源以及资本、技术、人才等要素资源，实现更高效的资源配置。打破行政区划带来的市场壁垒，形成更大范围的统一市场，推动商品和服务自由流动，降低交易成本，提高市场效率。在产业协同、创新合作、生态环境治理和保护、基本公共服务共享、交通基础设施互联互通等方面不断推进一体化进程，促进跨行政区在更高层面的协调合作，探索横向生态补偿、生态产品价值实现等机制，构建更有效的区域治理模式。鼓励支持中西部地区聚焦产业结构优化升级，加快承接东部产业转移，吸引东部省份到中西部设立飞地园区，加快补齐基础设施、公共服务、生态环境、产业发展等方面的短板。

完善促进海洋经济发展体制机制。《决定》提出："完善促进海洋经济发展体制机制。"要继续扎实推进海洋资源开发保护重大改革，坚持陆海统筹、河海联动，持续推进重点海域综合治理。妥善处理海洋资源开发、海洋经济高质量发展和高水平保护的关系，推进基于生态系统的海洋综合管理，强化科学布局、整体保护、系统修复、高效利用，守牢生态安全边界，全面提高海洋资源利用效率。提高海洋开发能力，扩大海洋开发领域，加快培育新兴海洋产业，加强科技支撑，加快推进海洋经济转型过程中急需的核心技术和关键共性技术的研究开发。同时，深度参与海洋国际治理，全面参与联合国及其专属机构、区域组织的海洋治理机制和相关规则的制定与实施，与沿海国家开展全方位、多领域、深层次的双边多边合作。

（五）完善城乡融合发展体制机制，促进城乡共同繁荣发展

党的二十届三中全会《决定》提出："城乡融合发展是中国式现代化的必然要求。

必须统筹新型工业化、新型城镇化和乡村全面振兴，全面提高城乡规划、建设、治理融合水平，促进城乡要素平等交换、双向流动，缩小城乡差别，促进城乡共同繁荣发展。”

1. 健全推进新型城镇化体制机制

加快完善农业转移人口市民化制度。《决定》提出：“构建产业升级、人口集聚、城镇发展良性互动机制。推行由常住地登记户口提供基本公共服务制度，推动符合条件的农业转移人口社会保险、住房保障、随迁子女义务教育等享有同迁入地户籍人口同等权利，加快农业转移人口市民化。保障进城落户农民合法土地权益，依法维护进城落户农民的土地承包权、宅基地使用权、集体收益分配权，探索建立自愿有偿退出的办法。”要继续深化户籍制度改革，放开放宽除个别超大城市外的落户限制。推行由常住地登记户口提供基本公共服务制度，促进农业转移人口全面融入城市，提高市民化质量。推动符合条件的农业转移人口社会保险、住房保障、随迁子女义务教育等享有同迁入地户籍人口同等权利。保障进城落户农民合法土地权益，依法维护进城落户农民的土地承包权、宅基地使用权、集体收益分配权，探索建立自愿有偿退出的办法。完善农村产权流转市场体系，健全农户“三权”市场化退出机制和配套政策。

深化城市建设、运营、治理体制改革，加快转变城市发展方式。《决定》提出：“坚持人民城市人民建、人民城市为人民。健全城市规划体系，引导大中小城市和小城镇协调发展、集约紧凑布局。深化城市建设、运营、治理体制改革，加快转变城市发展方式。推动形成超大特大城市智慧高效治理新体系，建立都市圈同城化发展体制机制。深化赋予特大镇同人口和经济规模相适应的经济社会管理权改革。建立可持续的城市更新模式和政策法规，加强地下综合管廊建设和老旧管线改造升级，深化城市安全韧性提升行动。”**一是推动形成超大特大城市智慧高效治理新体系，建立都市圈同城化发展体制机制。**今后将加快推动城市管理机制的现代化，引入更高效的运营模式、利用新技术改进城市服务、强化法治在城市治理中的作用，提高公共服务质量和效率。利用大数据、云计算、人工智能等技术，构建智慧城市，提高城市管理的智能化水平，推动形成超大特大城市智慧高效治理新体系。通过交通网络、公共服务、产业发展等方面的协同，增强都市圈内各城市间的联系，形成更加紧密的城市群。**二是深化赋予特大镇同人口和经济规模相适应的经济社会管理权改革。**常住人口超过 20 万的特大乡镇（街道），是深入推进城乡融合发展、引导大中小城市和小城镇协调发展的关键切入点。党的十八届三中全会提出“对吸纳人口多、经济实力强的镇，可赋予同人口和经济规模相适应的管理权”，《决定》延续党的十八届三中全会精神，立足新型城镇化和乡村全面振兴工作全局，统筹推进有关改革措施，增强经济发达镇发展内生动力，发挥其对周边的辐射带动作用。我国将持续调整地方行政管理权限，使特大镇能够根据自身的人口和经济规模，享有更多的自主管理权力，激发其发展活力。**三是建立可持续的城市更新模式和政策法规。**《决定》提出，加强地下综合管廊建设和老旧管线改造升级，深化城市安全韧性提升行动。住房和城乡建设部在 2023 年 7 月出台的《关于扎实有序推进城市更新工作的通知》中也提出，要创新城市更新可持续模式，坚持政府引导、市场运作、公众参与，完善居民出资分担的机制，建立政府、企业、产权人、群众等多主体参与的机制，将公众参与贯穿于城市更新全过程，实现共治共享。

2. 巩固和完善农村基本经营制度

巩固和完善农村基本经营制度。《决定》提出："有序推进第二轮土地承包到期后再延长三十年试点，深化承包地所有权、承包权、经营权分置改革，发展农业适度规模经营。"要有序推进第二轮土地承包到期后再延长三十年试点，保持农村土地承包关系稳定并长久不变，维护农村土地承包经营当事人的合法权益，促进农业、农村经济发展和农村社会和谐稳定。深化承包地所有权、承包权、经营权分置改革，发展农业适度规模经营。完善农业经营体系，完善承包地经营权流转价格形成机制。发展新型农村集体经济，构建产权明晰、分配合理的运行机制，赋予农民更加充分的财产权益。

加快完善农业经营体系。《决定》提出："完善农业经营体系，完善承包地经营权流转价格形成机制，促进农民合作经营，推动新型农业经营主体扶持政策同带动农户增收挂钩。"**一是完善承包地经营权流转机制**[①]。完善承包地经营权流转价格形成机制，遵循市场规律，做到有效市场和有为政府更好地结合。在坚持承包地经营权流转价格由市场形成的基础上，明确价格合理区间、强化区间调控，引导流转价格在合理区间运行。健全承包地经营权交易平台体系，因地制宜探索农村产权规范化流转交易机制，发挥农村产权流转交易市场在土地流转中的主平台作用，完善规划、投资、金融、税收、审计等相关服务和监管制度。推动平台实现相关数据的互联互通和信息共享，加强承包地经营权流转市场价格引导，促进土地流转信息在更大范围发布。可以通过区域土地流转平台发布指导价、发布市场价格指数、开展价格预警、颁布流转竞价管理办法等方式，避免竞价者盲目抬价，做到流转市场良性发展。**二是促进农民合作经营**。以小农户为基础、新型农业经营主体为重点、社会化服务为支撑，加快打造适应现代农业发展的高素质生产经营队伍。提升家庭农场和农民合作社生产经营水平，增强服务带动小农户能力。顺应新型农业经营主体和社会化服务组织发展新特点新形势，加快实施新型农业经营主体提升行动，支持有条件的小农户成长为家庭农场，引导以家庭农场为主要成员组建农民合作社。不断完善利益联结机制，推动新型农业经营主体扶持政策与带动农户增收挂钩，建立健全契约型、分红型、股权型等利益分享机制，进一步发挥新型农业经营主体联农带农作用。健全便捷高效的农业社会化服务体系，加强农业社会化服务平台和标准体系建设，聚焦农业生产关键薄弱环节和小农户，拓展服务领域和模式。

产权明晰、分配合理。《决定》提出："健全便捷高效的农业社会化服务体系。发展新型农村集体经济，构建产权明晰、分配合理的运行机制，赋予农民更加充分的财

---

① 刘玉俏．确保承包地经营权流转市场合法合理公平［EB/OL］. https：//baijiahao. baidu. com/s? id=1805775770881814459&wfr=spider&for=pc.

产权益。”**一是明晰集体资产产权。**依法界定集体经济组织的资产所有权，明确集体资产的边界和范围，为集体资产的经营管理提供法律依据。**二是推进集体资产股份合作制改革。**将集体资产量化为股份，实行股份合作制，让农民成为集体经济的股东，享有资产收益权。建立健全农村集体经济组织的法人治理结构，明确组织机构和管理职责，提高决策效率和透明度。完善农村财务管理制度，加强财务公开和审计监督，防止集体资产流失。

3. 完善强农惠农富农支持制度

健全保障粮食安全的体制机制。《决定》提出：“坚持农业农村优先发展，完善乡村振兴投入机制。壮大县域富民产业，构建多元化食物供给体系，培育乡村新产业新业态。优化农业补贴政策体系，发展多层次农业保险。”**一是统筹建立粮食产销区省际横向利益补偿机制，调动地方政府重农抓粮的积极性。**通过财政转移支付、税收优惠等措施，对产销区之间的利益差异进行补偿，增强农民的种植积极性和稳定性，进而保障国家粮食安全。推动销区对产区的资金、人员、技术、装备、医疗、文化等各方面的补偿，推动缩小区域发展差距，促进区域协调发展。**二是强化农业补贴、保险等政策举措，调动农民务农种粮的积极性。**首先，优化农业补贴政策体系。在保持农业补贴政策连续性和稳定性的同时，进一步优化补贴方式，提升农业补贴和激励效能。保障种粮农民合理收益，继续对实际种粮农民发放一次性农资补贴，稳定农民收入，调动农民种粮积极性。开展农机购置与应用补贴试点，开展常态化作业信息化监测，优化补贴兑付方式。优化实施玉米和大豆生产者补贴、稻谷补贴和产粮大县奖励等政策，保障国家粮食安全。其次，发展多层次农业保险。健全政策性保险、商业性保险等农业保险产品体系，推动农业保险扩面、增品、提标，更好满足各类农业经营主体多元化保险需求。

完善覆盖农村人口的常态化防止返贫致贫机制。《决定》提出：“完善覆盖农村人口的常态化防止返贫致贫机制，建立农村低收入人口和欠发达地区分层分类帮扶制度。健全脱贫攻坚国家投入形成资产的长效管理机制。运用‘千万工程’经验，健全推动乡村全面振兴长效机制。”**一是推动防止返贫帮扶政策与农村低收入人口常态化帮扶政策衔接并轨。建立农村低收入人口和欠发达地区分层分类帮扶制度**[①]。依托“互联网+”、大数据平台等技术手段，进一步提高低收入人群监测识别的效率。鼓励有劳动能力的农村低保对象参与就业，用好劳务协作、帮扶车间、公益性岗位等渠道，千方百计拓展脱贫人口劳动力的就业渠道，增加就业机会。完善兜底社会保障机制，针对完全或部分丧失劳动能力、无法依靠产业就业帮扶措施实现稳定增收的困难群体，完善低保、特困供养、社会救助等保障措施，进一步强化慈善帮扶。加强涉农资金项目监管，健全脱贫攻坚国家投入形成资产的长效管理机制。**二是建立以提升发展**

---

① 农业农村部．抓紧研究覆盖农村人口的常态化防止返贫致贫机制［EB/OL］．https：//baijiahao. baidu. com/s?id=1805430586805238809&wfr=spider&for=pc；雷明．建构更加成熟完善的农村低收入人口常态化帮扶机制［EB/OL］．http：//journal. crnews. net/ncgztxcs/2024/djq/snlt/963106_20240509091619. html.

能力为导向的欠发达地区帮扶机制，促进跨区域经济合作和融合发展。首先，提升脱贫产业项目抵御风险和可持续发展能力。立足当地特色资源，选好产业项目，做好“土特产”文章，培育壮大特色产业发展。通过“产业升级+消费帮扶+电商营销”“龙头企业+合作社+农户”等模式，提升产品经营能力，完善以销促产的帮扶链条。其次，持续提升脱贫人口就业能力。深化东西部劳务协作，组建区域间劳务协作联盟，鼓励区域协同推进项目立项、招工组织、用工保障和劳务报酬发放。完善转移就业培训机制，推动劳务输出地和输入地对接合作，组织转岗和失业农民工开展定向定岗培训，提升技能培训的实用性，注重围绕市场急需紧缺职业，大力开展建筑、机械、维修、家政、养老、餐饮、保安、物流等适合农民工就业的技能培训，加强快递员、网约配送员、电商直播销售员、汽车代驾员等新职业新业态培训。

不断完善维护粮食市场稳定的价格体制机制。《决定》提出：“加快健全种粮农民收益保障机制，推动粮食等重要农产品价格保持在合理水平。统筹建立粮食产销区省际横向利益补偿机制，在主产区利益补偿上迈出实质步伐。统筹推进粮食购销和储备管理体制机制改革，建立监管新模式。健全粮食和食物节约长效机制。”**一是持续完善农产品价格形成机制**。持续完善农业补贴制度，针对小农户和关键粮食作物实施精准补贴，不断完善粮食最低收购价政策，健全种粮农民收益保障机制，推动粮食等重要农产品价格保持在合理水平，保障农民收入。**二是加强农产品价格监测预警**。及时收集和分析国内外粮食市场数据，加强价格监测与数据采集，建立全面、准确、及时的价格数据库。完善价格预测模型和预警指标体系，利用大数据、人工智能等技术手段，精准分析市场变化，提高对价格走势的预见性和快速反应能力，为政策制定提供依据。同时，强化市场预期管理，通过公开透明的信息发布、政策解读等方式，引导市场主体形成理性预期，减少市场恐慌和过度投机行为。**三是提升储备调节效能**。建立健全政府储备与社会储备、常规储备与临时储备、实物储备与能力储备相结合的多元储备体系。定期评估储备规模、结构和布局，适时调整储备策略，确保储备在关键时刻能发挥平抑市场价格的作用。

4. 深化土地制度改革

健全耕地数量、质量、生态“三位一体”保护制度体系。《决定》提出：“改革完善耕地占补平衡制度，各类耕地占用纳入统一管理，完善补充耕地质量验收机制，确保达到平衡标准。”要严格落实耕地保护制度，用“长牙齿”的硬措施守住耕地红线。改革完善耕地占补平衡制度，各类耕地占用纳入统一管理，完善补充耕地质量验收机制，确保达到平衡标准，坚持“以补定占”，将省域内稳定利用耕地净增加量作为下年度非农建设允许占用耕地规模上限。对乱占、破坏耕地的违法行为，坚持零容忍，坚决整治、严厉打击。针对耕地“非粮化”问题，要统筹考虑粮食生产和重要农产品保障、农民增收的关系，细化明确整改范围，合理安排恢复时序，分类稳妥开展违规占用耕地整改复耕。

完善高标准农田建设、验收、管护机制。《决定》提出：“完善高标准农田建设、验收、管护机制。健全保障耕地用于种植基本农作物管理体系。”**一是加强高标准农**

田全流程建设管理。合理确定不同区域、不同类型高标准农田建设标准，鼓励指导各地进一步优化布局，明确建设优先序，扎实做好项目设计等前期工作，严格落实工程质量管理属地责任，严把选项、招标、建材、施工、验收等各环节质量关。**二是创新高标准农田建设投入机制**。强化财政资金保障，推动高标准农田建设模式和融资机制创新，构建政府投入、金融支持、社会参与的多元投入模式，以中央财政投入为引导，推行政府投资与金融信贷投贷联动，指导地方用足用好土地出让收益、新增耕地指标调剂收益、专项债券等，引导金融、社会资本投入。**三是进一步完善建后管护制度**。推动各地在高标准农田建设项目规划等前期阶段，同步谋划管护主体、管护机制和保障措施，明确管护责任和标准，真正把建后管护措施落下来，避免建后管护悬空甚至落空，扭转一些地方重建轻管的倾向，切实做到建得好、管得也要好。可以探索引入保险机制、购买第三方服务、委托专业化机构等市场化方式，因地制宜建立管用有效管护机制。

有序推进农村集体经营性建设用地入市改革，健全土地增值收益分配机制。《决定》提出："允许农户合法拥有的住房通过出租、入股、合作等方式盘活利用。有序推进农村集体经营性建设用地入市改革，健全土地增值收益分配机制。"要明确入市方案的交易方式、权属登记等流程，规范工作程序、耕地保护、收益分配、权益保障、风险评估等内容①。特别是，积极研究出台全国统一的土地收益分配指导性意见，明确国家、农村集体和农民在土地增值收益分配上的比例范围，兼顾政府、集体和村民三方长远经济利益。同时，在符合规划、用途管制和依法取得前提下，明确入市参与各方的法律地位与权利，稳妥有序推进农村集体经营性建设用地与国有建设用地同等入市、同权同价。

建立土地资源高效利用与高水平保护协调机制。《决定》提出："优化土地管理，健全同宏观政策和区域发展高效衔接的土地管理制度，优先保障主导产业、重大项目合理用地，使优势地区有更大发展空间。建立新增城镇建设用地指标配置同常住人口增加协调机制。探索国家集中垦造耕地定向用于特定项目和地区落实占补平衡机制。"探索国家集中垦造耕地定向用于特定项目和地区落实占补平衡机制。健全同宏观政策和区域发展高效衔接的土地管理制度，优先保障主导产业、重大项目合理用地，使优势地区有更大发展空间。完善国土空间用途管制与土地发展权配置管理，深入推进全域土地综合整治，鼓励土地混合使用和空间功能转换，促进空间资源高效利用。

加强建设用地二级市场建设和监管。《决定》提出："优化城市工商业土地利用，加快发展建设用地二级市场，推动土地混合开发利用、用途合理转换，盘活存量土地和低效用地。开展各类产业园区用地专项治理。制定工商业用地使用权延期和到期后续期政策。"要完善建设用地使用权转让、出租、抵押二级市场交易规则，加快发展建设用地二级市场。强化土地交易管控，通过明晰交易规则和负面清单，建立首次转

---

① 黄征学，谷晓坤．深化土地要素市场化改革［EB/OL］．https：//mp. weixin. qq. com/s? __biz=MzU0MDEyNDI2Ng==&mid=2247506365&idx=5&sn=83a2018855f378ade12186ab91b4cae5&chksm=fb3f6cb8cc48e5aeb6813eca2276a87012f254c2e95306f17841947524d188a6e898496700c3&scene=27.

让、分割转让审核和受让人准入制度，持续加强二级市场交易监管。加强土地批、征、供、用、管、查全生命周期监管，健全多部门协同监管机制。

（六）完善高水平对外开放体制机制，建设更高水平开放型经济新体制

党的二十届三中全会《决定》提出："开放是中国式现代化的鲜明标识。必须坚持对外开放基本国策，坚持以开放促改革，依托我国超大规模市场优势，在扩大国际合作中提升开放能力，建设更高水平开放型经济新体制。"

1. 稳步扩大制度型开放

主动对接高标准国际经贸规则，提升高水平开放程度。《决定》提出："主动对接国际高标准经贸规则，在产权保护、产业补贴、环境标准、劳动保护、政府采购、电子商务、金融领域等实现规则、规制、管理、标准相通相容，打造透明稳定可预期的制度环境。"推动《区域全面经济伙伴关系协定》（RCEP）实施，深度对接《全面与进步跨太平洋伙伴关系协定》（CPTPP）、《数字经济伙伴关系协定》（DEPA）等高标准国际经贸规则，主动构建有利于我国的多边和双边规则体系，加快形成与国际高标准规则相衔接的制度体系和监管模式。

扩大自主开放，扩展开放领域。《决定》提出："扩大自主开放，有序扩大我国商品市场、服务市场、资本市场、劳务市场等对外开放，扩大对最不发达国家单边开放。深化援外体制机制改革，实现全链条管理。"有序扩大我国商品市场、服务市场、资本市场、劳务市场等对外开放，扩大对最不发达国家单边开放，推动开放领域的不断扩展，推进国内相适应的改革举措不断深入。同时，深化援外体制机制改革，实现全链条管理。

维护多边贸易体制，积极参与全球治理体系改革。《决定》提出："维护以世界贸易组织为核心的多边贸易体制，积极参与全球经济治理体系改革，提供更多全球公共产品。扩大面向全球的高标准自由贸易区网络，建立同国际通行规则衔接的合规机制，优化开放合作环境。"维护以世界贸易组织为核心的多边贸易体制，深入参与世界贸易组织改革，推动恢复争端解决机制全面运行、增强世界贸易组织审议监督作用、重振世界贸易组织谈判功能，力争达成首套多边数字贸易规则。积极参与全球经济治理体系改革，提供更多全球公共产品。扩大面向全球的高标准自由贸易区网络，提升我国自由贸易协定开放水平，纳入数字、绿色、标准等规则。提升我国建立同国际通行规则衔接的合规机制，优化开放合作环境。推进海事仲裁制度规则创新。

2. 深化外贸体制改革

加快建设贸易强国。《决定》提出："强化贸易政策和财税、金融、产业政策协同，打造贸易强国制度支撑和政策支持体系，加快内外贸一体化改革，积极应对贸易数字化、绿色化趋势。推进通关、税务、外汇等监管创新，营造有利于新业态新模式发展的制度环境。"打造贸易强国制度支撑和政策支持体系，强化贸易政策和财税、金融、产业政策协同，建立、健全政策一致性评估体制机制。提升国际分工地位，向全球价值链中高端迈进。营造有利于新业态新模式发展的制度环境，加快内外贸一体

化改革，推进通关、税务、外汇等监管创新，积极应对贸易数字化、绿色化趋势。健全贸易风险防控机制，完善出口管制体系和贸易救济制度，推动形成多主体协同的贸易摩擦应对机制，筑牢贸易领域的安全屏障。

推动货物贸易优化升级。《决定》提出："创新发展数字贸易，推进跨境电商综合试验区建设。建设大宗商品交易中心，建设全球集散分拨中心，支持各类主体有序布局海外流通设施，支持有条件的地区建设国际物流枢纽中心和大宗商品资源配置枢纽。健全贸易风险防控机制，完善出口管制体系和贸易救济制度。"通过降低进口关税和制度性成本，扩大优质消费品、先进技术、重要设备、关键零部件进口，优化进口商品结构。积极拓展中间品贸易、绿色贸易等新的增长点。建设大宗商品交易中心，建设全球集散分拨中心，支持各类主体有序布局海外流通设施，支持有条件的地区建设国际物流枢纽和大宗商品资源配置枢纽。创新对外投资合作方式，高质量建设境外经贸合作区，推动构筑互利共赢的产业链供应链合作体系。通过扩大开放市场，积极参与多边协议，减少对单一市场依赖，提高全球市场的风险应对能力，提高整体货物服务链的韧性。

创新服务贸易发展机制。《决定》提出："创新提升服务贸易，全面实施跨境服务贸易负面清单，推进服务业扩大开放综合试点示范，鼓励专业服务机构提升国际化服务能力。加快推进离岸贸易发展，发展新型离岸国际贸易业务。建立健全跨境金融服务体系，丰富金融产品和服务供给。"创新发展数字贸易，建立健全数字贸易治理体系，加快建立数据资源产权、交易流通、跨境传输、安全保护等基础制度和标准规范。加强数字经济领域国际合作，积极推动加入《数字经济伙伴关系协定》进程。进一步放宽服务业市场准入限制，破除负面清单之外隐性准入壁垒，不断提升服务业开放水平。有效发挥 22 个自由贸易试验区和海南自由贸易港先行先试和引领作用，在服务领域标准、规则等方面探索加大与国际高标准经贸规则对接力度。办好进博会、广交会、服贸会、数贸会等重大展会平台。

3. 深化外商投资和对外投资管理体制改革

扩大外资准入，保障外资国民待遇。《决定》提出："营造市场化、法治化、国际化一流营商环境，依法保护外商投资权益。扩大鼓励外商投资产业目录，合理缩减外资准入负面清单，落实全面取消制造业领域外资准入限制措施，推动电信、互联网、教育、文化、医疗等领域有序扩大开放。深化外商投资促进体制机制改革，保障外资企业在要素获取、资质许可、标准制定、政府采购等方面的国民待遇，支持参与产业链上下游配套协作。"要打造"投资中国"品牌，加大引用外资力度，坚持"引进来"与"走出去"的高水平结合。持续合理缩减外资准入负面清单，落实全面取消制造业领域外资准入限制措施，进一步放宽外商投资准入限制。有序推进电信、互联网、教育、文化、医疗等领域相关业务开放，加大现代服务业领域开放力度。推进高水平教育开放，鼓励国外高水平理工类大学来华合作办学。持续修订《鼓励外商投资产业目录》，为外商投资提供更有吸引力的政策环境，引导外资投向，提振外资信心。完善促进和保障对外投资体制机制，健全对外投资管理服务体系，推动产业链供应链国际合作。

营造一流营商环境，提升外资服务生态体系。《决定》提出："完善境外人员入境居住、医疗、支付等生活便利制度。完善促进和保障对外投资体制机制，健全对外投资管理服务体系，推动产业链供应链国际合作。"要落实好外资企业基本政策，促进公平竞争，营造市场化、法治化、国际化一流营商环境。进一步完善外资企业圆桌会议制度，依法保护外商投资权益。完善境外人员入境居住、医疗、支付等生活便利制度。加大知识产权和外商投资合法权益的保护力度，打破制约创新要素流动的壁垒，加快构建统一大市场，为更大力度吸引外资提供更好的保障。通过持续的创新要素供给和专业化人才队伍建设，提高外资管理和服务水平，增强外资企业的市场竞争力和适应能力。优化区域引资策略，实现整体产业升级。各地依据资源禀赋，差异化制定激励措施，如广东和江苏等沿海省份通过高额奖励吸引跨国公司在当地设立总部及推进服务业开放，中西部如安徽和陕西则侧重推动现代服务业和高端制造业的区域聚集，通过优化外资利用布局，促进产业链和供应链升级。

4. 优化区域开放布局

因地制宜，优化对外开放格局。《决定》提出："巩固东部沿海地区开放先导地位，提高中西部和东北地区开放水平，加快形成陆海内外联动、东西双向互济的全面开放格局。发挥沿海、沿边、沿江和交通干线等优势，优化区域开放功能分工，打造形态多样的开放高地。"要加快形成陆海内外联动、东西双向互济的全面开放格局。发挥沿海、沿边、沿江和交通干线等优势，优化区域开放功能分工，打造形态多样的开放高地。巩固东部沿海地区开放先导地位，探索建立与国际接轨的金融、税收、法律等制度体系，鼓励开展数字贸易、服务贸易等新业态试点，制定相关监管规则。提升中西部地区平台开放能级，加快内陆开放型经济试验区建设，赋予更多改革自主权。扩大内陆沿边开放，建立开发性金融机构。完善中欧班列运营机制，提高通关效率，降低物流成本。深化东北地区对外合作水平，加强与俄罗斯、日本、韩国等周边国家的产业链合作，推动优势产业"走出去"。建设面向东北亚的区域性物流枢纽，完善口岸基础设施。推动中俄自由贸易区建设，探索跨境经济合作区新模式。

实施自由贸易试验区提升战略，推广制度创新成果。《决定》提出："实施自由贸易试验区提升战略，鼓励首创性、集成式探索。加快建设海南自由贸易港。"要实施自由贸易试验区提升战略，鼓励首创性、集成式探索，推动全产业链创新发展，积极复制推广制度创新成果。如上海自贸区在金融服务创新方面探索出电子支付系统国际先进标准、深化金融科技国际合作、拓展数字人民币在贸易领域的应用场景等成果；广东自贸区在多个重点领域开展高水平开放压力测试、支持南沙率先落地服务业扩大开放综合试点措施。加快建设海南自由贸易港，深入推进贸易投资自由化和便利化。

健全香港、澳门在国家对外开放格局中更好发挥作用的机制。《决定》提出："发挥'一国两制'制度优势，巩固提升香港国际金融、航运、贸易中心地位，支持香港、澳门打造国际高端人才集聚高地，健全香港、澳门在国家对外开放中更好发挥作用机制。深化粤港澳大湾区合作，强化规则衔接、机制对接。完善促进两岸经济文化交流合作制度和政策，深化两岸融合发展。”

5. 完善推进高质量共建“一带一路”机制

升级政策沟通体制。《决定》提出：“继续实施‘一带一路’科技创新行动计划，加强绿色发展、数字经济、人工智能、能源、税收、金融、减灾等领域的多边合作平台建设。”要建立更多贸易畅通、投资合作、服务贸易、电子商务等国际合作机制，推动同更多国家商签自由贸易协定、投资保护协定。进一步完善顶层设计，加强政策、规则、标准互认互通，加强与共建国家和相关国际组织发展战略和规划的深度对接，创新对接方式。逐步建立起更加紧密的多渠道、高效率、常态化的政策沟通长效机制，为推动共建“一带一路”寻求合作最大公约数。继续实施“一带一路”科技创新行动计划，加强绿色发展、数字经济、人工智能、能源、税收、金融、减灾等领域的多边合作平台建设。

推进设施联通建设机制完善。《决定》提出：“完善陆海天网一体化布局，构建‘一带一路’立体互联互通网络。统筹推进重大标志性工程和‘小而美’民生项目。”要进一步加强与“一带一路”相关国家开展投融资务实合作，健全多元投融资体系。充分发挥共建“一带一路”专项贷款、亚投行、丝路基金等的作用，创新融资合作框架。不断探索投融资新模式，吸引多边开发机构、发达国家金融机构参与，建立健全“一带一路”金融合作网络。完善“一带一路”风险防控和安全保障体系，守住债务可持续、风险可防控的底线，筑牢资金融通的风险防范屏障。

（七）深化文化体制机制改革，激发全民族文化创新创造活力

党的二十届三中全会《决定》提出：“中国式现代化是物质文明和精神文明相协调的现代化。必须增强文化自信，发展社会主义先进文化，弘扬革命文化，传承中华优秀传统文化，加快适应信息技术迅猛发展新形势，培育形成规模宏大的优秀文化人才队伍，激发全民族文化创新创造活力。”特别强调了要“加快适应信息技术迅猛发展新形势”，点出了文化体制机制改革面临的新形势，从而提出了新要求，即“培育形成规模宏大的优秀文化人才队伍，激发全民族文化创新创造活力”。

1. 完善意识形态工作责任制

完善意识形态工作责任制。《决定》提出：“健全用党的创新理论武装全党、教育人民、指导实践工作体系，完善党委（党组）理论学习中心组学习制度，完善思想政治工作体系。创新马克思主义理论研究和建设工程，实施哲学社会科学创新工程，构建中国哲学社会科学自主知识体系。完善新闻发言人制度。构建适应全媒体生产传播工作机制和评价体系，推进主流媒体系统性变革。完善舆论引导机制和舆情应对协同机制。”要毫不动摇地坚持马克思主义在意识形态领域的指导地位，牢牢掌握意识形态工作的领导权、管理权、话语权，坚持正确的政治方向、舆论导向和价值取向。用党的创新理论武装全党、教育人民、指导实践，加快完善党委（党组）理论学习中心组学习制度，推动思想政治工作体系日益完善，加快提升思想政治工作水平。创新马克思主义理论研究和建设工程，加快构建中国特色哲学社会科学。顺应新一代信息技

术发展趋势，加快推进媒体深度融合发展，实施全媒体传播建设工程，推进主流媒体改革创新。完善新闻发言人制度，发挥及时解疑释惑、正确引导舆情的重大作用。加快提升舆情研判能力，进一步完善舆论引导机制，强化舆情应对能力。

推动理想信念教育常态化制度化。《决定》提出："推动理想信念教育常态化制度化。完善培育和践行社会主义核心价值观制度机制。改进创新文明培育、文明实践、文明创建工作机制。实施文明乡风建设工程。优化英模人物宣传学习机制，创新爱国主义教育和各类群众性主题活动组织机制，推动全社会崇尚英雄、缅怀先烈、争做先锋。构建中华传统美德传承体系，健全社会公德、职业道德、家庭美德、个人品德建设体制机制，健全诚信建设长效机制，教育引导全社会自觉遵守法律、遵循公序良俗，坚决反对拜金主义、享乐主义、极端个人主义和历史虚无主义。形成网上思想道德教育分众化、精准化实施机制。建立健全道德领域突出问题协同治理机制，完善'扫黄打非'长效机制。"要完善培育和践行社会主义核心价值观制度机制，针对学生、干部、全民深入开展社会主义核心价值观宣传教育，把培育和践行社会主义核心价值观融入法治建设、融入社会发展、融入日常生活。改革创新文明创建工作机制，扎实推进群众性精神文明创建，深化拓展新时代文明实践中心建设，弘扬新风正气。深入实施公民道德建设工程，深入贯彻落实《新时代公民道德建设实施纲要》《新时代爱国主义教育实施纲要》，构建中华传统美德传承体系，加强社会公德、职业道德、家庭美德、个人品德建设，健全诚信建设长效机制。强化网上思想道德教育，加快探索形成分众化、精准化实施机制。加强多部门协作，建立健全道德领域突出问题协同治理机制，针对群众反映强烈的道德问题加大整治力度，加快完善"扫黄打非"长效机制。

2. 优化文化服务和文化产品供给机制

统筹推进城乡公共文化服务体系一体建设。《决定》提出："完善公共文化服务体系，建立优质文化资源直达基层机制，健全社会力量参与公共文化服务机制，推进公共文化设施所有权和使用权分置改革。"要统筹城乡公共文化基础设施建设和服务效能提升，推进城乡公共文化服务体系一体建设。建立优质文化资源直达基层机制，努力为人民群众提供更高质量、更有效率、更加公平、更可持续的公共文化服务。加快推进基本公共文化服务标准化均等化，进一步健全城乡公共文化服务标准体系，优化区域和城乡公共文化设施布局。健全社会力量参与公共文化服务机制，积极引入社会力量进入公共文化服务建设领域。推进公共文化设施所有权和使用权分置改革，加快提升公共文化设施使用效益。优化公共文化资源配置，加强各级各类公共文化设施建设，打造新型城乡公共文化空间。持续创新开展文化志愿服务，加快提升公共文化服务效能。

深化文化领域国资国企改革。《决定》提出："深化文化领域国资国企改革。"要深化国有文化企业改革，建立国有文化企业履行文化强国战略使命评价制度，完善国有文化企业社会效益评价考核办法，健全把社会效益放在首位、社会效益和经济效益相统一的评价考核体系。制定完善国有文化企业深化改革政策体系，推动国有文化资本和国有文化企业做强做优做大，增强核心功能，提升核心竞争力，加快培育一批主业突出、核心竞争力强、市场占有率高的综合性文化企业集团。稳妥推进混合所有制改革，推行职业经理人制度，开展多种方式的中长期激励，激发基层改革创新动力。

分类推进文化事业单位深化内部改革。《决定》提出："分类推进文化事业单位深化内部改革，完善文艺院团建设发展机制。"要深化文化事业单位改革，进一步深化文化事业单位人事、收入分配等制度改革。稳步推进公共文化机构法人治理结构改革和内部运行机制创新，探索开展国有博物馆资产所有权、藏品归属权、开放运营权分离改革试点。推进主流媒体系统性变革，建立适应全媒体生产传播的一体化组织架构，构建适应全媒体生产传播工作机制和评价体系。完善文艺院团建设发展机制，以演出为中心环节深化国有文艺院团改革，加强分类指导，加大支持力度，激发院团生机活力。

建立完善高质量文化产品供给体系。《决定》提出："坚持以人民为中心的创作导向，坚持出成果和出人才相结合、抓作品和抓环境相贯通，改进文艺创作生产服务、引导、组织工作机制。"要坚持以人民为中心的创作导向，健全文化创作生产传播工作机制，坚持出成果和出人才相结合、抓作品和抓环境相贯通，改进文艺创作生产服务、规划引导和组织工作机制，引导广大作家、艺术家充分发挥个性与创造力，创造更多优秀文艺作品，不断增强国家的文化认同感和自信心，为文化强国建设提供强大的精神动力和文化支撑。发挥文化领域国家基金和专项资金的激励引导作用，健全文化产品评价体系。

完善文化经济政策。《决定》提出："健全文化产业体系和市场体系，完善文化经济政策。"要聚焦文化政策、文化工程、体制机制等领域做好顶层设计，加快完善以高质量发展为导向的文化经济政策体系，为文化产业繁荣发展提供政策支持和制度保障。加速完善党委统一领导、党政齐抓共管的文化产业发展工作机制，形成多部门分工协作的工作模式，群策群力制定文化产业发展总体战略规划、具体实施办法等政策文件，共同推动文化产业政策落地实施。其中，要聚焦构建与文化数字化建设相适应的市场准入、市场秩序、技术创新、知识产权、安全保障等政策法规体系，制定完善扶持文化数字化建设的产业政策，落实和完善财政支持政策体系，持续推动数字文化产业高质量发展。

探索文化和科技融合的有效机制。《决定》提出："完善文化经济政策。探索文化和科技融合的有效机制，加快发展新型文化业态。"要牢牢把握新一轮科技革命和产业变革深入发展的机遇，面向文化强国建设的迫切需求，把握文化和科技融合发展的大趋势，进一步加快完善推动文化和科技融合的政策支持体系，制定明确的政策和战略规划，指导文化和科技融合发展的方向和重点领域。加快完善以企业为主体、市场为导向、产学研相结合的文化科技创新体系，鼓励各地区基于其经济发展水平、科技和文化资源禀赋、文化产业发展基础，加快构建各具区域特色的文化和科技融合区域创新发展格局，加快发展新型文化业态，进一步完善文化和科技融合价值链，培育发展新模式，提升整体竞争力。加快适应信息技术迅猛发展的新形势，深化人才发展机制改革，加快培育形成规模宏大的优秀文化人才队伍，激发全民族文化创新创造活力。

深化文娱领域综合治理。《决定》提出："深化文化领域行政审批备案制度改革，加强事中事后监管。深化文娱领域综合治理。"要加强明星代言、违法失德艺人规范管理，促进文娱领域健康有序发展。加快完善著作权登记、集体管理制度，不断强化版权全链条保护工作机制，强化数字版权、传统文化、传统知识的版权保护，加大对侵权盗版行为的执法监管和打击力度。

完善文化遗产保护传承体系。《决定》提出："建立文化遗产保护传承工作协调机构，建立文化遗产保护督察制度，推动文化遗产系统性保护和统一监管。构建中华文明标识体系。"要建立文化遗产保护传承工作协调机构，推动形成文化遗产保护传承工作高质量发展合力，共同促进各类文化遗产资源的活化利用。建立文化遗产保护督察制度，强化对各类文化遗产的系统性保护和统一监管，保护好、传承好、利用好珍贵的文化遗产资源。健全文物安全长效机制，严厉打击文物犯罪。推进世界文化遗产申报、保护管理和展示宣传，推进文物合理利用，加快建设国家考古遗址公园、文物保护利用示范区、文化遗产廊道，推介以文物资源为载体的国家文化地标，构建中华文明标识体系。加强非物质文化遗产保护传承，不断健全非遗调查记录体系、代表性项目制度、代表性传承人认定与管理制度。建设国家级文化生态保护区、非遗特色村镇和街区整体性系统性保护体系，强化文物和非遗真实完整保护传承。

健全文化产业体系。《决定》提出："健全文化和旅游深度融合发展体制机制。完善全民健身公共服务体系，改革完善竞技体育管理体制和运行机制。"要加强顶层设计和部门协同，健全文化和旅游深度融合发展体制机制，探索文旅场馆等资源创新利用新模式。以企业为主体、市场为导向，推动建立文化与体育、教育、信息、建筑、制造、新型农业及战略性新兴产业等融合发展机制，培育新型文化业态，延伸文化全产业链条，推动产业高质量发展。加快完善全民健身公共服务体系，更好满足群众多层次健身需求。改革完善竞技体育管理体制和运行机制，提升竞技体育的发展水平。

3. 健全网络综合治理体系

《决定》提出："深化网络管理体制改革，整合网络内容建设和管理职能，推进新闻宣传和网络舆论一体化管理。完善生成式人工智能发展和管理机制。加强网络空间法治建设，健全网络生态治理长效机制，健全未成年人网络保护工作体系。"要深化网络管理体制改革，进一步整合网络内容建设和管理职能，强化对网络平台的分级分类管理，推进新闻宣传和网络舆论一体化管理。加强网络空间法治建设，深入推进网络执法体制机制改革，健全网络生态治理长效机制，推动形成良好网络生态。统筹发展和安全，尽快完善生成式人工智能发展和管理机制，鼓励充分利用生成式人工智能技术赋能文化创新创造和国际传播，同时规范科研机构、企业等以负责任的方式设计、开发和使用生成式人工智能技术，推动这一重要领域的产业发展、技术进步与安全保障。完善互联网管理法律法规，强化新闻信息采编转载管理，规范网站转载行为和网络转载版权秩序。以社会共治推进未成年人的网络保护，充分发挥政府、学校、家庭、企业和社会组织在各自领域中的作用，健全未成年人网络保护工作体系。

4. 构建更有效力的国际传播体系

完善文化对外交流和合作体制，全面提升中华文化影响力。《决定》提出："构建更有效力的国际传播体系。推进国际传播格局重构，深化主流媒体国际传播机制改革创新，加快构建多渠道、立体式对外传播格局。加快构建中国话语和中国叙事体系，全面提升国际传播效能。"推进国际传播格局重构，创新国际传播方式和渠道，充分运用各类传播方式，通过新形式、新手段、新途径讲好中国故事、传播好中国声音，增强中国理论的阐释力和说服力。加快推动大数据、5G、虚拟现实、元宇宙、生成式人工智能等技术在文化传播领域的转化和集成运用，推动国际传播全媒体体系创新发展，加快探索文明交流对话的新路径和新形式。深化主流媒体国际传播机制改革创新，大幅提升主流媒体国际传播能力，进一步打造全媒体矩阵，加快构建多渠道、立体式对外传播格局。用中国理论、中国话语解释中国实践，加快构建中国话语和中国叙事体系，全面提升国际传播效能，全面阐述中国的发展观、文明观、安全观、人权观、生态观、国际秩序观和全球治理观。通过文化传播充分展示我国的国家制度优势、道路优势、文化优势以及重点领域治理成就和贡献，促进国际社会对中国发展道路的客观理解和充分认同，为我国改革发展稳定营造有利的外部舆论环境。

建设全球文明倡议践行机制。《决定》提出："建设全球文明倡议践行机制。"加强系统性设计，推动文明交流双边多边合作机制建设，深入实施中华文明全球传播工程，广泛参与世界文明对话，构建多主体、多机制、多领域、多内容、多形式的全球文明对话合作网络，为推动构建人类命运共同体作出积极贡献。共同推动落实联合国《不同文明对话全球议程》、联合国教科文组织《世界文化多样性宣言》及其行动计划要点，促进不同文明之间真诚对话，加强各国价值理念和方法经验的分享，实现不同文明互学互鉴、共同发展、合作共赢[①]。

探索文化高水平开放新路径新机制。《决定》提出："推动走出去、请进来管理便利化，扩大国际人文交流合作。"推动文化领域有序扩大开放，探索有序放宽文化领域限制性措施，鼓励自由贸易试验区、自由贸易港、服务贸易创新发展试点和服务业扩大开放综合示范区等对外开放高地围绕文化领域开展压力测试，有力应对新形势新挑战下的各类风险。健全文化贸易合作机制，积极参与国际文化贸易规则、标准制定，健全与各国及政府间、国际组织间的文化产业和贸易政策沟通对话机制，为文化企业开展国际合作搭建平台、创造条件。探索文化贸易平台融合发展模式，打造各种形式的文化贸易平台，加强国内国外文化贸易平台合作。鼓励文化领军企业积极开展境外文化领域投资合作，推动中国文化技术标准、装备制造"走出去"，优化资源、品牌和营销渠道。大力发展数字文化贸易，加快提升中国网络文学、网络视听、网络音乐等领域出口竞争优势。推动"走出去""请进来"管理便利化，扩大国际人文交流合作。

---

① 于运全．为中外文明交流互鉴注入新动能［N］．人民日报，2024-06-03（7）．

（八）健全保障和改善民生制度体系，不断满足人民对美好生活的向往

党的二十届三中全会《决定》提出："在发展中保障和改善民生是中国式现代化的重大任务。必须坚持尽力而为、量力而行，完善基本公共服务制度体系，加强普惠性、基础性、兜底性民生建设，解决好人民最关心最直接最现实的利益问题，不断满足人民对美好生活的向往。"

1. 完善收入分配制度

加快建立健全数据要素由市场评价贡献、按贡献决定报酬的收益分配机制。《决定》提出："构建初次分配、再分配、第三次分配协调配套的制度体系。"结合我国数据要素市场发展的阶段性特征，遵循中国特色社会主义分配制度的总体要求，以社会福利最大化和数字经济高质量发展为目标，积极引入更多方式的市场机制，最大限度按照市场化配置规则来处理相关的数据流转利用方式，让尽可能多的数据要素、数据资源投入市场化配置的范围之内，真正让市场在数据流通中发挥主导作用。强化基于数据价值创造和价值实现的激励导向，构建完善数据领域初次分配、再分配、第三次分配协调配套的制度体系，构建公平与效率相统一、激励与规范相结合的数据要素按贡献参与分配机制，着重保护数据要素各参与方的投入产出收益，依法依规维护数据资源资产权益，加快探索个人、企业、公共数据分享价值收益的方式，建立健全更加合理的市场评价机制，促进劳动者贡献与劳动报酬相匹配。其中，在初次分配环节按照"谁投入、谁贡献、谁受益"原则，以大型国有企业和平台企业为突破口，探索数据要素资源化、资产化、资本化的实现路径，理顺数据要素的价值生成路径与分配关系，支持数据交易主体试点推进数据证券化、数据质押融资和数据信托等制度化探索，鼓励相关企业探索按投入和贡献实行利润或项目提成、特殊津贴、一次性奖励、数字技术入股、数字人才持股计划、期股期权制等多样化的分配形式，推动数据要素收益向数据价值和使用价值的创造者合理倾斜，确保开发挖掘数据价值各环节的投入有相应回报，强化基于数据价值创造和价值实现的激励导向。在二次分配、三次分配阶段，则应重点关注公共利益和相对弱势群体，充分发挥财税政策的平衡性调节作用，提高税制的确定性和包容性，防止和依法规制资本在数据领域无序扩张形成市场垄断等各类风险挑战，消除制度性的财税政策对数字经济发展的阻碍。应鼓励各地及企业积极探索数据要素参与收入分配的具体形式和典型模式，可探索分红、提成等多种收益共享方式，从而平衡兼顾数据内容采集、加工、流通、应用等不同环节相关主体之间的利益分配。

提高劳动报酬在初次分配中的比重。《决定》提出："提高居民收入在国民收入分配中的比重，提高劳动报酬在初次分配中的比重。"坚持居民收入增长和经济增长基本同步、劳动报酬提高和劳动生产率提高基本同步，增加劳动者特别是一线劳动者劳动报酬。完善劳动者工资决定、合理增长、支付保障机制，完善企业薪酬调查和信息发布制度，健全最低工资标准调整机制。改革完善事业单位工资、国有企业工资分配等制度。积极推行工资集体协商制度。按照自愿、弹性原则，稳妥有序推进渐进式延

迟法定退休年龄改革。

完善按要素分配政策制度。《决定》提出："完善劳动者工资决定、合理增长、支付保障机制，健全按要素分配政策制度。"实行劳动、资本、土地、技术、管理、知识、数据等生产要素由市场评价贡献、按贡献决定报酬的机制，有利于提高效率效益、推动创新发展和转型升级。要健全各类生产要素由市场决定报酬的机制，拓展和创新收入分配方式。第一，拓宽财产性收入渠道。要从农村土地、金融资产入手，探索通过土地、资本等要素使用权和收益权增加中低收入群众要素收入，多渠道增加城乡居民财产性收入。深化农村土地制度改革，赋予农民更加充分的财产权益。有序推动农村宅基地出租、流转、抵押，探索实现已入市农村集体土地与国有土地同地同权，探索农村集体经济收益分配向当地低收入困难群体倾斜。推动资本市场稳定健康发展，丰富居民可投资金融产品，完善上市公司分红激励机制。促进房地产市场持续健康发展，支持居民合理拥有住房资产。第二，增加技术、管理和知识要素收入。要鼓励符合条件的企业用足用好股权、期权等工具激励科研人员等核心人才。完善职务科技成果转化激励政策，健全科研人员职务发明成果权益分享机制。第三，构建数据要素收益分配机制。要积极培育数据市场并健全数据价值实现机制，科学界定数据要素权属，探索建立合理分配数据要素收益的方法制度，促进数字红利共享。

健全再分配机制，加大税收、社保、转移支付等调节力度，提高调节精准性。《决定》提出："完善税收、社会保障、转移支付等再分配调节机制。"**一是完善税收调节机制。**税收是国家财政的主要来源，也是收入分配的调节利器。第一，优化税制结构。要健全地方税、直接税体系，提高直接税比重，增强税收对收入分配的调节作用。第二，完善个人所得税制度。要健全综合与分类相结合的个人所得税制度，完善专项附加扣除范围和标准，优化个人所得税税率结构。第三，完善消费、财产等方面税收。要加大消费环节税收调节力度，积极稳妥推进房地产税立法和改革，探索建立与数字经济发展相适应的税收制度。第四，完善税收征管。要深化税收征管制度改革，健全自然人税费服务与监管体系，提升税收监管能力。**二是健全社会保障制度。**推进基本养老保险由制度全覆盖到法定人群全覆盖，完善灵活就业人员参加职工社会保险制度。发展企业年金、职业年金，规范发展第三支柱养老保险。完善基本医疗保险制度，健全重特大疾病医疗保险和救助制度，支持商业健康保险发展。**三是加大转移支付力度。**第一，完善财政转移支付制度。要继续增加财政转移支付，缩小区域人均财政支出差距，逐步实现主要按常住人口进行均衡性转移支付，增强基层公共服务保障能力。加大对口支援和帮扶工作力度。第二，优化转移支付结构。要明确中央和地方财政事权与支出责任，稳定提高一般性转移支付比重，提高均衡性转移支付在一般性转移支付中的比重。第三，强化转移支付管理。要提高转移支付项目实施的精准性，提高转移支付资金使用效率，促进转移支付制度化、规范化。

支持有意愿有能力的企业、社会组织和个人积极参与公益慈善事业。《决定》提出："支持发展公益慈善事业。"要进一步调动社会各方发展公益慈善事业的积极性，支持更多人财物投入社会公益领域。企业是我国慈善捐赠的主体，企业捐赠占款物捐赠总量的60%以上。要鼓励企业更好地履行社会责任，积极参与生态治理、民生建设、乡村振兴和区域协调发展，持续增加慈善捐赠。社会组织参与第三次分配具有较好条件。要积极有序发展慈善组织，动员更多社会组织从自身实际出发参与慈善捐赠。个人是参与第三次分配的源头活水。我国个人捐赠占捐赠总量比重不到30%，需要提高。要增强个人公益慈善意识，采取财物捐赠、志愿服务、互助互济等多种方式参与公益慈善活动。

加快建立财富积累机制，规范收入分配秩序。《决定》提出："规范收入分配秩序，规范财富积累机制，多渠道增加城乡居民财产性收入，形成有效增加低收入群体收入、稳步扩大中等收入群体规模、合理调节过高收入的制度体系。深化国有企业工资决定机制改革，合理确定并严格规范国有企业各级负责人薪酬、津贴补贴等。"要保证发展成果由人民共享，管控好两极分化，必须构建公开透明、公正合理的分配秩序，形成促进公平、体现效率的财富积累机制，未来要以健全法律法规为重点，规范收入分配秩序和财富积累机制。一方面，要不断完善收入分配调控的政策体系和法律体系，建立个人收入和财产信息系统，保护合法收入，调节过高收入，清理和规范隐性收入，取缔非法收入。完善工资收入分配制度，规范工资收入分配秩序，围绕更好体现不同职业群体的特点，深化企业事业单位薪酬分配制度改革，有效发挥激励导向作用。另一方面，要构建财富积累的分化管控与鸿沟消弭机制，鼓励实体性、创新性的生产资料和要素的有序积累，下大力气遏制投机性、虚拟性金融资产和资本的无序扩张，积极引导金融服务支持实体经济，保持财富积累的结构均衡。

2. 完善就业优先政策

提升就业质量，增加劳动者劳动收入。《决定》提出："健全高质量充分就业促进机制，完善就业公共服务体系，着力解决结构性就业矛盾。完善高校毕业生、农民工、退役军人等重点群体就业支持体系，健全终身职业技能培训制度。统筹城乡就业政策体系，同步推进户籍、用人、档案等服务改革，优化创业促进就业政策环境，支持和规范发展新就业形态。完善促进机会公平制度机制，畅通社会流动渠道。完善劳动关系协商协调机制，加强劳动者权益保障。"持续实施就业优先战略，坚持经济发展就业导向，扩大就业容量，提升就业质量，促进充分就业。注重缓解结构性就业矛盾，加快提升劳动者技能素质，发展现代职业教育，健全终身职业技能培训制度。加快新一代信息技术与制造业深度融合，挖掘新产业新业态新模式带动就业潜力，创造更多更高质量更高收入的就业岗位。健全就业公共服务体系、劳动关系协调机制，完善重点群体就业支持体系。加快乡村产业振兴，积极促进农民工就业，增加农村居民工资性收入。

3. 健全社会保障体系

巩固提高社会保险统筹层次，增强各项社会保险制度的公平性。《决定》提出："完善基本养老保险全国统筹制度，健全全国统一的社保公共服务平台。健全社保基金保值增值和安全监管体系。"一是要巩固提高社会保险统筹层次和参保覆盖率。完善基本养老保险全国统筹制度，健全全国统一的社保公共服务平台。推进全民参保计划，实现社会保险法定人群全覆盖。稳步推进基本养老保险全国统筹，做实基本医疗保险市级统筹，推动省级统筹。二是推进实现失业保险省级统筹，巩固完善工伤保险省级统筹，实施新就业形态就业人员职业伤害保障办法。逐步放开放宽居民在常住地或就业地参加社会保险的户籍限制。三是加强社会保险、基本医疗保险关系转移接续，完善全国统一的社会保险和医疗保障信息服务平台。加强执法监督，全面落实企业为农民工缴纳职工养老、医疗、工伤、失业、生育等社会保险费用的责任支持，有条件的地区有序推进居住证持有人在常住地申办最低生活保障。

深化基本养老保险制度改革，实现高质量全覆盖。《决定》提出："健全基本养老、基本医疗保险筹资和待遇合理调整机制，逐步提高城乡居民基本养老保险基础养老金。"多层次保障体系中，国家主导的法定保障体系为普惠和兜底型制度，起到基础保障作用。要以全民参保计划为基础，继续推进扩大社保覆盖面，尤其是尽快将大规模的流动人口、灵活就业群体和新就业形态群体纳入保障，实现"应保尽保"。要深入推进社保征收体制改革，促进征缴法治化，增强缴费积极性。在实现人群全覆盖目标基础上，提高覆盖质量，促进长缴多得、多缴多得，实现应收尽收。要加强顶层设计，建立养老金待遇调整机制、便利化社保转移接续，促进社保制度的财务可持续发展。健全基本养老、基本医疗保险筹资和待遇合理调整机制，逐步提高城乡居民基本养老保险基础养老金。

健全社会保障制度。《决定》提出："健全灵活就业人员、农民工、新就业形态人员社保制度，扩大失业、工伤、生育保险覆盖面，全面取消在就业地参保户籍限制，完善社保关系转移接续政策。"推进基本养老保险由制度全覆盖到法定人群全覆盖，完善灵活就业人员参加职工社会保险制度。发展企业年金、职业年金，规范发展第三支柱养老保险。完善基本医疗保险制度，健全重特大疾病医疗保险和救助制度，支持商业健康保险发展。实现企业职工基本养老保险全国统筹，推动基本医疗保险、失业保险省级统筹，巩固完善工伤保险省级统筹。健全社会保障待遇调整机制。完善社会救助制度兜底功能。完善帮扶残疾人、孤儿等社会福利制度。健全退役军人工作体系和保障制度。

深化基本养老保险制度改革，发展多层次、多支柱养老保险体系。《决定》提出："加快发展多层次多支柱养老保险体系，扩大年金制度覆盖范围，推行个人养老金制度。发挥各类商业保险补充保障作用。"**一是打通制度衔接，建立第二、第三支柱统一管理体制。**首先，在税优政策上进行衔接。现阶段，企业（职业）年金覆盖的人群有限，很多单位没有建立年金计划。第二支柱与第三支柱个人享受税收优惠的比例或额度可以打通，即如果职工参加企业（职业）年金个人缴费没有达到税优上限的比例或额度，可将差额部分追加至个人账户的缴费上限。其次，在投资管理上进行衔接。第二、第三支柱均采用委托人投资运营模式，由专业性金融机构进行投资运营，在治理结构、投资政策和待遇发放方式等方面都应实现统一，方便参保者，并建立统一的市场竞争秩序。最后，实现缴费、账户记录和基金转移接续等方面的衔接。以统一的账户管理信息系统为基础，当参保人在不同性质的单位间转换工作及跨地域流动时，能够实现第二、第三支柱养老金账户间的无缝对接。**二是加强立法和税收优惠政策支持，推动第二、第三支柱普惠发展。**增强可持续性，夯实稳健运行的制度基础。按照自愿、弹性原则，稳妥有序推进渐进式延迟法定退休年龄改革。完善企业职工基本养老保险全国统筹制度，强化统一性和规范性。放宽加入年金计划的限制条件：放开年金投资的个人投资选择权，设立标准化养老金投资产品，引入目标日期基金和默认投资工具，为职工提供简化的投资产品选项；进一步拓宽年金投资范围和渠道，丰富年金产品投资选择，提高投资权益类资产的上限。

促进多层次医疗保障有序衔接。《决定》提出："推进基本医疗保险省级统筹，深化医保支付方式改革，完善大病保险和医疗救助制度，加强医保基金监管。"要实现企业职工基本养老保险全国统筹，推动基本医疗保险、失业保险省级统筹，巩固完善工伤保险省级统筹。

深化社会福利制度改革，更好保障弱势群体合法权益。《决定》提出："健全社会救助体系。健全保障妇女儿童合法权益制度。完善残疾人社会保障制度和关爱服务体系。"**一是完善残疾人福利制度。**根据经济社会发展情况，完善残疾人"两项补贴"（困难残疾人生活补贴、重度残疾人护理补贴）动态调整机制，加强残疾人"两项补贴"制度与长期护理保险、老年人福利、社会救助等制度相衔接，完善残疾人关爱服务体系，促进残疾人事业全面发展。**二是保障妇女儿童合法权益。**坚持男女平等基本国策，贯彻落实《中国妇女发展纲要（2021—2030年）》和《中国儿童发展纲要（2021—2030年）》要求，为妇女和儿童发展创造更好环境，更好保障妇女和儿童的合法权益。

全面提升房地产安全保障能力。《决定》提出："加快建立租购并举的住房制度，加快构建房地产发展新模式。加大保障性住房建设和供给，满足工薪群体刚性住房需求。支持城乡居民多样化改善性住房需求。充分赋予各城市政府房地产市场调控自主权，因城施策，允许有关城市取消或调减住房限购政策、取消普通住宅和非普通住宅标准。改革房地产开发融资方式和商品房预售制度。完善房地产税收制度。"健全房地产企业主体监管制度，推进保障性住房建设，加快构建房地产发展新模式，促进房地产市场平稳健康发展。积极稳妥推进房地产税立法和改革。

4. 深化医药卫生体制改革

健全公共卫生体系，夯实高质量发展的健康保障基础。《决定》提出："实施健康优先发展战略，健全公共卫生体系，促进社会共治、医防协同、医防融合，强化监测预警、风险评估、流行病学调查、检验检测、应急处置、医疗救治等能力。"**一是促进社会共治、医防协同、医防融合。**加强应急医药物资生产保供，提升基层传染病防控救治能力。建立各级各类公立医院的公共卫生责任清单并明确考核评价标准，推动二级及以上医疗机构设立疾病预防控制或公共卫生科室，明确工作职能，配备专职人员。研究制定医疗机构疾病预防控制监督员管理办法，实行公共卫生分领域首席专家制度。加强疾控机构对医疗机构疾病预防控制工作的技术指导和监督考核。探索推进疾控机构专业人员参与医疗联合体工作，推动县级疾控机构与县域医共体协同发展。**二是推进疾病预防控制体系改革。**健全完善传染病疫情监测、风险评估和预警制度，研究制定建立健全智慧化多点触发传染病疫情监测预警体系的指导性文件，推动传染病监测预警与应急指挥信息平台建设。制定疾病预防控制体系高质量发展的指导性文件。

系统推动医保、医疗、医药协同发展和治理，更好地保障人民健康福祉。《决定》提出："促进医疗、医保、医药协同发展和治理。促进优质医疗资源扩容下沉和区域均衡布局，加快建设分级诊疗体系，推进紧密型医联体建设，强化基层医疗卫生服务。"在政策协同方面，要加强党对深化医改的全面领导，突出以人民健康为中心，创新"三医"协同发展和治理的跨部门工作机制，提升治理的整体效能。在信息联通方面，要把"三医"数据共享和业务联动放在更加突出的位置，以检查检验结果互认、费用一站式结算、电子健康档案、电子病历规范查询、远程医疗、异地就医等业务应用场景为重点，切实提高协同治理、运行评价等决策和服务能力。在监管联动方面，治理医药领域损害群众健康权益的现象和问题，强化部门联动，全链条加强监管，形成"三医"标准统一、相互衔接、相互配合的监管格局，通过建立健全联合执法、联合惩戒制度，切实维护人民群众的生命安全和健康权益。

深化以公益性为导向的公立医院改革，推动公立医院高质量发展。《决定》提出："深化以公益性为导向的公立医院改革，建立以医疗服务为主导的收费机制，完善薪酬制度，建立编制动态调整机制。引导规范民营医院发展。创新医疗卫生监管手段。"**一是持续完善公立医院补偿机制。**持续深化医疗服务价格改革，逐步调低大型医疗设备检查价格，同步提高体现医务人员劳务价值的医疗服务价格，建立科学合理的医疗服务价格动态调整机制。持续扩大药品耗材集采范围，贯彻落实好集中带量采购药品耗材医保资金结余留用政策。加大政府对公立医院的投入力度，建立稳定的政府卫生投入增长机制，探索实行"以事定费、购买服务、专项补助"财政补助机制。**二是深化公立医院薪酬制度改革。**拓宽公立医院薪酬制度改革经费渠道，增加公立医院薪酬存量和增量所需经费。进一步完善公立医院薪酬水平决定机制、薪酬水平和总量核算方法，提高公立医院医务人员薪酬水平。进一步优化公立医院医务人员薪酬结构，提高固定薪酬占比，逐步建立医务人员收入与医疗收入脱钩机制。

深化药品审评审批制度改革。《决定》提出："健全支持创新药和医疗器械发展机制，完善中医药传承创新发展机制。"健全支持创新药和医疗器械发展机制，加快创新药、罕见病治疗药品、临床急需药品以及创新医疗器械、疫情防控药械等审评审批。制定发布第五批鼓励研发申报儿童药品清单和第四批鼓励仿制药品目录。健全中药审评证据体系，加快古代经典名方中药复方制剂审评审批，完善中医药传承创新发展机制。

5. 健全人口发展支持和服务体系

深化社会福利制度改革，更好保障弱势群体合法权益。《决定》提出："以应对老龄化、少子化为重点完善人口发展战略，健全覆盖全人群、全生命周期的人口服务体系，促进人口高质量发展。完善生育支持政策体系和激励机制，推动建设生育友好型社会。有效降低生育、养育、教育成本，完善生育休假制度，建立生育补贴制度，提高基本生育和儿童医疗公共服务水平，加大个人所得税抵扣力度。加强普惠育幼服务体系建设，支持用人单位办托、社区嵌入式托育、家庭托育点等多种模式发展。把握人口流动客观规律，推动相关公共服务随人走，促进城乡、区域人口合理集聚、有序流动。”“积极应对人口老龄化，完善发展养老事业和养老产业政策机制。发展银发经济，创造适合老年人的多样化、个性化就业岗位。按照自愿、弹性原则，稳妥有序推进渐进式延迟法定退休年龄改革。优化基本养老服务供给，培育社区养老服务机构，健全公办养老机构运营机制，鼓励和引导企业等社会力量积极参与，推进互助性养老服务，促进医养结合。加快补齐农村养老服务短板。改善对孤寡、残障失能等特殊困难老年人的服务，加快建立长期护理保险制度。”**一是提升养老服务水平。**实施积极应对人口老龄化国家战略，发展养老事业和养老产业，优化孤寡老人服务，推动实现全体老年人享有基本养老服务。持续完善居家社区机构相协调、医养康养相结合的养老服务体系，加强基本养老服务，完善兜底性养老服务，健全失能老年人长期照护服务体系，满足多层次多样化的老年人养老、医疗和照护服务需求。**二是提升困境儿童福利保障水平。**完善帮扶孤儿和事实无人抚养儿童福利制度，持续提高孤儿和事实无人抚养儿童在医疗、教育、康复、就业等方面的保障水平，拓展保障范围，为妇女和儿童发展创造更好环境。

（九）深化生态文明体制改革，加快完善落实绿水青山就是金山银山理念的体制机制

党的二十届三中全会《决定》提出：“中国式现代化是人与自然和谐共生的现代化。必须完善生态文明制度体系，协同推进降碳、减污、扩绿、增长，积极应对气候变化，加快完善落实绿水青山就是金山银山理念的体制机制。”

1. 完善生态文明基础体制

进一步完善国土空间规划体系。《决定》提出：“实施分区域、差异化、精准管控的生态环境管理制度，健全生态环境监测和评价制度。建立健全覆盖全域全类型、统一衔接的国土空间用途管制和规划许可制度。”建立健全覆盖全域全类型、统一衔接的国土空间用途管制和规划许可制度。完善规划执行的传导机制，根据领域和层级细化并实施国土空间的开发与保护的区划管制措施。对国土空间详细规划的制定和执行机制进行革新，研究并制定适应不同区域单元和规划深度需求的详细规划编制及管控策略。加快城市群、都市圈等跨行政区域和流域的国土空间专项规划编制工作，更加有效地支撑构建新发展格局。指导地方完善“多规合一”的详细规划体系，更好地引导城市更新行动和乡村建设行动，加快形成“内涵式集约型绿色化的高质量发展”新路。

健全自然资源资产产权制度和管理制度体系。《决定》提出：“健全自然资源资产产权制度和管理制度体系，完善全民所有自然资源资产所有权委托代理机制，建立生态环境保护、自然资源保护利用和资产保值增值等责任考核监督制度。”完善自然资源资产清查统计制度，建立各类全民所有自然资源资产清查价格体系，建立自然资源

资产信息管理平台，明确资产“家底”，助力价值核算。完善自然资源与生态环境调查监测体系，及时跟踪掌握生态产品数量分布、质量等级、功能特点、权益归属、保护和开发利用情况等信息，扎实开展生态产品价值核算工作。完善全民所有自然资源资产所有权委托代理机制，建立生态环境保护、自然资源保护利用和资产保值增值等责任考核监督制度，引导、规范和约束各类开发、利用自然资源的行为。搭建统一的自然资源资产产权市场化交易平台，形成一套能够真实反映自然资源稀缺程度、市场供求状况和环境治理成本的定价机制，明确产权定价方法、交易主客体、交易原则、交易范围，促进产权交易流转顺畅。

构建全过程、多元化监督管理制度。《决定》提出：“完善国家生态安全工作协调机制。编纂生态环境法典。”完善国家生态安全工作协调机制，增强对生态安全风险的分析评估、监测预警、紧急响应和处理能力。深入推进美丽中国建设的绩效评估工作，确立并执行地方党委和政府领导在生态环境保护方面的责任制度，强化政治责任，确保美丽中国建设目标的实现。编纂生态环境法典，统一规划和推进涉及生态环境保护、资源能源利用、气候变化应对等关键领域的法律规章的制定和修订工作，强化美丽中国建设法治保障。加强执法监管，严格执行和加强领导干部自然资源资产离任审计，推进国有自然资源资产统一监管。

2. 健全生态环境治理体系

健全生态环境治理体系，提升生态系统的稳定性和可持续性。《决定》提出：“推进生态环境治理责任体系、监管体系、市场体系、法律法规政策体系建设。完善精准治污、科学治污、依法治污制度机制，落实以排污许可制为核心的固定污染源监管制度，建立新污染物协同治理和环境风险管控体系，推进多污染物协同减排。深化环境信息依法披露制度改革，构建环境信用监管体系。推动重要流域构建上下游贯通一体的生态环境治理体系。全面推进以国家公园为主体的自然保护地体系建设。”**一是完善精准治污、科学治污、依法治污制度机制。**将大气污染、水污染、土壤污染、固体废物污染、噪声污染、放射性污染、化学物质污染等领域的防治体制、制度、机制，按照污染综合防治的要求予以系统集成化。[①] 以更高要求深化蓝天碧水净土保卫战。实施以排污许可制度为核心的固定污染源监管体系，确保实现固定污染源的全面、协调、持续管理。建立新污染物协同治理和环境风险管控体系，积极推动多种污染物的联合减排工作。在全国范围内推动建立排污权有偿使用和交易制度，在国家层面出台规范排污权有偿使用和交易的指导性文件。深化环境信息依法披露制度改革，建立环境信用监管机制，加强企业在生态环境保护中的主体责任。促进重要流域建立统一的上下游生态环境治理体系，实施全面保护、系统性修复和综合治理。**二是健全山水林田湖草沙一体化保护和系统治理机制。**将土地、矿产、森林、草原、湿地、农田、水、海洋、野生动植物等自然资源保护和生态保护的体制、制度、机制，按照山水林田湖

---

① 常纪文．深化生态文明体制改革 促进人与自然和谐共生的现代化［EB/OL］. https：//www. drc. gov. cn/DocView. aspx？chnid＝379&leafid＝1338&docid＝2907820.

草沙海一体化保护和系统治理的要求予以系统集成化。[①] 落实生态保护红线管理制度，加强生态保护红线面积、功能、性质和管理实施情况的监控，开展生态保护红线监测预警。健全山水林田湖草沙一体化保护和修复的技术体系，坚持因地制宜，实施差异化和区域化的科学管理策略。对于过度利用的草原森林河流湖泊湿地农田等生态系统，严格执行禁止放牧、休养生息、限制砍伐、季节性禁渔、休耕和轮作等措施。完善山水林田湖草沙一体化保护生态补偿机制，加强对江河源头、重要水源地、水土流失重点防治区、蓄滞洪区、受损河湖等重点区域的水流生态保护补偿。**三是健全生态产品价值实现机制。**对森林、河流等纯公共性生态产品，强化生态环境分区管控、生态资源产权制度、生态产品财税支持、生态保护补偿等政策支持。对碳排放权和排污权等准公共性生态产品，强化自然资源有偿使用制度、生态产品定价机制、绿色债券等政策支持。对生态农产品、旅游产品等经营性生态产品，强化生态产品认证推广体系、公众参与、绿色消费、绿色信贷等政策支持。完善绿色金融体系建设，支持绿色金融产品创新，拓展权益类、增信类信贷抵押物的范围，创新生态信用贷模式，不断拓宽绿色信贷渠道。统筹政策性金融与商业融资，充分发挥政策性金融工具的引导示范作用，通过构建全方位、针对性强的生态增信及风险分担机制，丰富市场供给，引导更多金融资源投向生态领域重点发展方向。**四是加强生态破坏问题监督和查处力度。**强化中央生态环境保护督察制度，完善生态监督执法制度，扎实推进生态环境保护综合行政执法改革。强化对生态破坏行为和生态保护修复工程实施的监督。持续加强自然保护地监管，实行最严格的自然保护地生态环境保护监管制度，加强自然保护地设立、晋（降）级、调整、整合和退出的监管，建立健全自然保护地生态环境问题台账，督促重点问题依法查处到位、彻底整改到位，开展常态化监控，坚决遏制新增违法违规问题。强化生态保护综合执法与相关执法队伍的协同联动，建立信息共享机制，完善案件移送标准和程序。

积极推进生态保护红线监管。《决定》提出："落实生态保护红线管理制度，健全山水林田湖草沙一体化保护和系统治理机制，建设多元化生态保护修复投入机制。落实水资源刚性约束制度，全面推行水资源费改税。强化生物多样性保护工作协调机制。健全海洋资源开发保护制度。健全生态产品价值实现机制。深化自然资源有偿使用制度改革。推进生态综合补偿，健全横向生态保护补偿机制，统筹推进生态环境损害赔偿。"建立健全生态保护红线调查、监测、评估和考核等监管制度，严格落实生态保护红线管控措施，完善监管指标体系和标准规范。开展生态保护红线生态环境和人类活动本底调查，核定生态保护红线生态功能基线水平。加强生态保护红线面积、功能、性质和管理实施情况的监控，开展生态保护红线监测预警。

3. 健全绿色低碳发展机制

加快建设绿色低碳经济体系。《决定》提出："实施支持绿色低碳发展的财税、金

---

① 常纪文．深化生态文明体制改革 促进人与自然和谐共生的现代化［EB/OL］．https：//www.drc.gov.cn/DocView.aspx？chnid=379&leafid=1338&docid=2907820.

融、投资、价格政策和标准体系，发展绿色低碳产业，健全绿色消费激励机制，促进绿色低碳循环发展经济体系建设。优化政府绿色采购政策，完善绿色税制。”制定并实施支持绿色低碳发展的财税、金融、投资和价格政策，建立相应的标准体系。培育绿色低碳产业，完善绿色消费激励政策。优化政府采购政策，推动绿色税收制度。加快绿色金融制度和标准完善，深化绿色金融改革。探索基于信用的新型环保监管体系。推广绿色供应链管理技术、标准和认证。针对生态环境质量持续改善和环境管理的科技需求，创新生态环境科技体制机制，推进绿色低碳科技自立自强，建立与美丽中国建设相适应的生态环境科技支撑体系。参与国际标准的制定，完善气候投融资战略，推动国内外标准的协同和互认。

健全自然资源资产产权制度。《决定》提出：“完善资源总量管理和全面节约制度，健全废弃物循环利用体系。健全煤炭清洁高效利用机制。”完善资源总量管理和全面节约制度，推广全面节约理念，实施全流程和全链条的节约管理。提高能源和水资源的节约与效率，推动粮食产业链的节约减损，完善土地和矿产资源的节约集约利用制度，提升废弃物的循环利用体系，建立完善的回收基础设施，提高回收行业的专业化和信息化水平，加快绿色低碳技术的创新，培育壮大环保产业。

加快规划建设新型能源体系。《决定》提出：“加快规划建设新型能源体系，完善新能源消纳和调控政策措施。完善适应气候变化工作体系。建立能耗双控向碳排放双控全面转型新机制。”结合我国能源资源特点，加强能源生产、供应、储备和销售体系的建设，推动煤炭清洁高效利用，确保能源安全的同时加速能源的绿色低碳转型。大力发展风能、太阳能等清洁能源，统筹水电开发与生态保护，安全有序发展核能，科学发展氢能等新能源，确保能源供应安全。全面优化新能源的吸纳与调控机制，着力构建现代化、高效能的新型电力体系，打造以清洁能源为主导，多种能源形式相互补充，生产与销售紧密协同的分布式能源系统。积极倡导社会各界广泛参与新能源的供给与吸纳过程，共同推动形成符合我国国情的、科学合理的新能源发展体系。

积极稳妥推进碳达峰碳中和。《决定》提出：“构建碳排放统计核算体系、产品碳标识认证制度、产品碳足迹管理体系，健全碳市场交易制度、温室气体自愿减排交易制度，积极稳妥推进碳达峰碳中和。”全面优化积极应对气候变化的工作体系，建立能耗双控向碳排放双控全面转型新机制，坚持先立后破、有计划分步骤碳达峰行动。构建科学严谨的碳排放统计核算体系，建立健全产品碳足迹管理机制，深化能源活动及工业生产环节的碳排放统计与核算工作。积极探索并建立产品全生命周期碳足迹的标准认证体系，确保碳足迹数据的准确性和可比性。进一步完善碳市场建设，加强碳市场交易及温室气体自愿减排交易制度的规范与监管，推动实施配额有偿分配机制。建立健全自愿碳市场的数据质量监管机制，确保碳市场交易的公正、透明与高效。

（十）推进国家安全体系和能力现代化，切实保障国家长治久安

党的二十届三中全会《决定》提出：“国家安全是中国式现代化行稳致远的重要基础。必须全面贯彻总体国家安全观，完善维护国家安全体制机制，实现高质量发展

和高水平安全良性互动，切实保障国家长治久安。”

1. 健全国家安全体系

强化国家安全工作协调机制。《决定》提出：“强化国家安全工作协调机制，完善国家安全法治体系、战略体系、政策体系、风险监测预警体系，完善重点领域安全保障体系和重要专项协调指挥体系。”落实党委（党组）国家安全责任制，健全重大风险跨部门实时监测、分级预警、快速核查、提示通报等机制，切实掌握各类重大风险的新动向。健全国家安全审查和监管制度、危机管控机制、督促检查和责任追究机制等制度机制，充分发挥国家安全工作协调机制的重大作用，实现国家安全工作协调机制有效运转，形成体系性合力和战斗力。根据国家安全形势面临的新特点、新变化、新风险、新挑战，完善重点领域安全保障体系和重要专项协调指挥体系，切实保障重点领域安全。

构建联动高效的国家安全防护体系。《决定》提出：“构建联动高效的国家安全防护体系，推进国家安全科技赋能。”**一是完善国家安全力量布局。**科学合理推动并逐步完善国家安全力量布局，使之与国家实力、新形势要求相匹配，构建全域联动、立体高效的国家安全防护体系。**二是推进国家安全科技赋能。**全面加强对科技创新的部署，优化重大科技创新组织机制，统筹组织事关国家安全和经济社会发展全局的重大科技任务，加快赶超国际先进水平，为保障国家安全提供有力科技支撑。聚焦国家安全领域的重大技术需求，进一步加强关键和核心技术攻关，全面推进国家安全科技赋能，充分发挥科技创新对国家安全的支撑作用。

2. 完善公共安全治理机制

健全重大突发公共事件处置保障体系。《决定》提出：“健全重大突发公共事件处置保障体系，完善大安全大应急框架下应急指挥机制，强化基层应急基础和力量，提高防灾减灾救灾能力。”**一是加快构建中国特色应急救援力量体系。**持续实施自然灾害防治重点工程，加快打造以国家综合性消防救援队伍为主力、以专业救援队伍为协同、以军队应急力量为突击、以社会力量为辅助的中国特色应急救援力量体系。**二是提高防灾减灾救灾能力。**加快完善大安全大应急框架下应急指挥机制，不断增强应对突发公共事件的人力财力物力等各方面支撑保障，科学调整应急物资储备品类、规模和结构，提高快速调配和紧急运输能力。强化基层应急基础和力量体系建设，不断提升防灾减灾救灾能力。增强全灾种救援能力，加强和完善航空应急救援体系与能力。**三是强化先进技术对应急管理能力建设的支撑。**加大对应急管理关键技术的研发支持，加大先进装备的配备力度，以大数据、云计算等现代科技综合监测、识别、分析多种灾害及其连带的次生灾害和衍生灾害，全面提升对各类风险的预判能力。

完善和落实安全生产责任制。《决定》提出：“完善安全生产风险排查整治和责任倒查机制。完善食品药品安全责任体系。健全生物安全监管预警防控体系。”**一是完善安全生产风险排查整治和责任倒查机制。**加强对煤矿及非煤矿山、石油天然气开采、化工（含石油化工）、医药、危险化学品、烟花爆竹、交通运输（含道路、铁路、民航、水上交通运输、城市轨道交通）、建筑施工（含隧道施工）、民用爆炸物品、燃气、渔业船舶、工贸、电力等重点行业和领域制度化常态化安全监管，推动重点行业领域的生产经营单位建立并实施事故隐患内部报告奖励机制，加大风险隐患排查整治力度，坚决防范遏制重特大事故发生。加强制度化常态化安全监管，加强重点环节安全监管。严格落实安全生产责任制，坚决防范化解重大安全风险。**二是完善食品药品安全责任体系。**全面落实企业、地方政府、有关部门的相关责任，完善食品药品安全监管制度，建立最严格的监管体系，强化全流程、全生命周期安全监管，依法打击危害食品药品安全犯罪，守护人民群众食品药品安全。**三是健全生物安全监管预警防控体系。**完善国家生物安全风险监测预警体系和防控应急预案制度，加快健全重大生物安全事件信息统一发布机制。不断加强动植物疫情和外来入侵物种口岸防控。统筹布局生物安全基础设施，强化生物安全资源监管，全面提高国家生物安全治理能力。**四是加强对新业态的安全监管。**全面掌握新业态新领域重大事故隐患底数，系统梳理新业态新领域的各类安全风险隐患，加快出台并持续完善相关重大事故隐患判定标准和整改验收标准，有力消除监管盲区。严格落实新业态新领域安全监管责任，加强新业态新领域的安全风险评估。

提升网络安全和人工智能治理水平。《决定》提出："加强网络安全体制建设，建立人工智能安全监管制度。"**一是构建完善的网络安全制度体系。**健全数据安全标准体系、网络安全审查评估制度、网络安全事件应急预案，加强关键信息基础设施、产业链供应链、数据流动的安全保护。完善网络空间管理体制，提高动态监测、实时预警能力，防止各类风险联动叠加，全方位筑牢风险防护网。**二是强化数字技术和人工智能攻关和治理，确保关键领域应用安全。**瞄准量子计算、人工智能等重大科技工程问题，健全关键核心技术攻关新型举国体制，加快推动科技创新成果转化。同时，加快完善人工智能治理机制，提升人工智能安全治理水平，保障关键领域应用安全。**三是提升网络安全治理效能。**依法加强网络空间意识形态、数据安全管理和公民信息保护等工作，借助数字化工具提升公共治理效能，保障政治更安全、社会更安定、人民更安宁、网络更安靖。

3. 健全社会治理体系

提升基层治理能力和水平。《决定》提出："坚持和发展新时代'枫桥经验'，健全党组织领导的自治、法治、德治相结合的城乡基层治理体系，完善共建共治共享的社会治理制度。探索建立全国统一的人口管理制度。健全社会工作体制机制，加强党建引领基层治理，加强社会工作者队伍建设，推动志愿服务体系建设。推进信访工作法治化。提高市域社会治理能力，强化市民热线等公共服务平台功能，健全'高效办成一件事'重点事项清单管理机制和常态化推进机制。"**一是提升基层治理能力和水平。**面对新形势新问题，进一步完善人民内部矛盾机制，坚持和发展新时代"枫桥经验"，完善网络化管理、精细化服务、信息化支撑的基层治理平台，健全党组织领导的自治、法治、德治相结合的城乡基层治理体系，完善共建共治共享的社会治理制度，加快提升基层治理能力和水平。推进信访工作法治化，坚决贯彻落实《信访工作条例》，加强和改进人民信访工作，畅通和规范群众诉求表达、利益协调、权益保障通道。探索建立全国统一的人口管理制度，更好保障公民合法权利、便利公民社会生活。加快健全社会工作体制机制，推动完善志愿服务体系，加强社会工作者队伍建设。**二是提高市域社会治理能力。**进一步完善市域社会治理的组织架构和组织方式，进一步强化城乡联动，实现市域社会治理整体性推进。拓宽参与渠道，实现市域社会问题多元共治。强化市民热线等公共服务平台功能。夯实科技支撑，实现市域社会治理智能化。健全“高效办成一件事”重点事项清单管理机制和常态化推进机制。

完善矛盾风险源头防范化解机制。《决定》提出：“健全社会心理服务体系和危机干预机制。健全发挥家庭家教家风建设在基层治理中作用的机制。深化行业协会商会改革，健全社会组织管理制度。”**一是完善社会心理服务体系。**健全社会心理服务体系和危机干预机制，推动社会心态健康平和，从源头上预防极端心理问题导致的风险。**二是充分发挥家风建设在基层治理中的作用。**健全发挥家庭家教家风建设在基层治理中的作用机制，推动建设和谐家庭、和谐社会。**三是推动各类社会组织改革。**深化行业协会商会改革，进一步健全社会组织管理制度，充分发挥行业协会商会和社会组织的积极作用，进一步激发各类社会组织的内生动力和活力。

完善社会治安整体防控体系。《决定》提出：“健全乡镇（街道）职责和权力、资源相匹配制度，加强乡镇（街道）服务管理力量。完善社会治安整体防控体系，健全扫黑除恶常态化机制，依法严惩群众反映强烈的违法犯罪活动。”**一是建立治安打击整治常态长效机制。**强化社会治安整体防控，始终保持严打高压态势，推进扫黑除恶常态化，依法严惩群众反映强烈的涉黑涉恶、电信网络诈骗、跨境赌博、涉枪涉爆、侵害妇女儿童权益和黄赌毒等突出违法犯罪，有力保护人民群众生命财产安全。**二是加强犯罪新机制和心理研究。**深入研究新形势下犯罪活动规律特点，完善打击犯罪新机制。健全社会心理服务体系和危机干预机制，严防发生个人极端暴力事件。**三是加强治安状况日常监测体系建设。**积极探索加强对治安状况的日常监测，分类掌握突出治安问题和治安重点地区，用好挂牌整治措施，推动整改落实。加强重点区域、部位巡防巡控，提升社会治安掌控力。**四是提高社会治安防控能力。**加强乡镇（街道）服务管理力量，严格落实社会面巡防“四项机制”，提高社会治安整体掌控力、快速反应力，建立经常性打击整治机制，形成工作合力。

4. 完善涉外国家安全机制

《决定》提出：“建立健全周边安全工作协调机制。强化海外利益和投资风险预警、防控、保护体制机制，深化安全领域国际执法合作，维护我国公民、法人在海外合法权益。健全反制裁、反干涉、反‘长臂管辖’机制。健全维护海洋权益机制。完善参与全球安全治理机制。”**一是建立健全周边安全工作协调机制。**积极参与周边地区安全机制，开展机制间的对话协调，推进同周边国家的安全合作。建立周边安全风险识别机制，妥善处置周边安全风险，维护周边安全有序。**二是强化海外利益和投资风险预警、防控、保护体制机制。**进一步加强国别安全风险评估工作，建立涉外项目法律风险评估制度，引导中资企业增强海外风险防控意识和能力，指导境外人员和机构因地制宜开展风险防控、落实落细安保措施。深化安全领域国际执法合作，坚决维护我国公民、法人在海外合法权益。**三是健全涉外法治体系。**完善涉外法治工作战略布局，加强涉外安全领域立法，形成系统完备的涉外法律体系，健全反制裁、反干涉、反“长臂管辖”机制，增强涉外执法司法效能，不断提高运用法治手段维护国家安全的能力水平。**四是健全维护海洋权益机制。**完善跨军地、跨部门工作模式，切实形成联动有效的工作模式，有效防范化解涉海重大安全风险，有力保障我国海洋权益。

五、实施进一步全面深化改革的创新方法

事必有法，然后可成。2012 年 12 月，习近平总书记在主持中共十八届中央政治局第二次集体学习时指出，改革开放是前无古人的崭新事业，必须坚持正确的方法论，在不断实践探索中推进。2024 年 5 月，习近平总书记在山东省济南市主持召开的企业和专家座谈会上强调，改革有破有立，得其法则事半功倍，不得法则事倍功半甚至产生负作用。新时代新征程，进一步全面深化改革要把马克思主义基本原理同中国具体实际相结合，把握好新时代中国特色社会主义思想的世界观和方法论，深入理解和掌握改革规律和特点，用好科学的改革方法论，坚持目标导向和问题导向相结合，破立并举、先立后破，加强系统集成、协同高效，坚持重点突破与整体推进有机结合，并注重完善改革落实机制，系统谋划全面深化改革的科学路径和有效方法，全力推动全面深化改革实现新突破。

（一）目标导向和问题导向相结合

坚持目标导向和问题导向相结合，既保证了改革的明确方向，又确保了改革措施能够精准地解决实际问题。2024 年 5 月，习近平总书记在企业和专家座谈会上指出，进一步全面深化改革，要锚定完善和发展中国特色社会主义制度、推进国家治理体系和治理能力现代化这个总目标，紧扣推进中国式现代化，坚持目标导向和问题导向相结合，奔着问题去、盯着问题改，坚决破除妨碍推进中国式现代化的思想观念和体制机制弊端，着力破解深层次体制机制障碍和结构性矛盾，不断为中国式现代化注入强劲动力、提供有力制度保障。

坚持目标导向是确保改革沿着正确方向前进的重要保证。目标导向具有战略性和方向性，亦即以明确的目标作为行动的指南，制定改革策略和措施，以确保各项改革举措都围绕这一核心展开。进一步全面深化改革的总目标是继续完善和发展中国特色社会主义制度，推进国家治理体系和治理能力现代化。新时代新征程，应以实现这一总目标为前提，运用全局观念和系统思维，统筹兼顾、综合施策，通过进一步全面深化改革，把中国特色社会主义制度优势更好转化为促进经济社会现代化的巨大制度效能。

坚持问题导向是确保改革能够精准、有效地解决现实问题的关键。问题导向具有针对性和实效性，亦即从当前存在的问题出发，分析问题的本质和原因，以解决问题为改革的出发点和落脚点，制定针对性的改革措施。针对推进中国式现代化面临的新

形势新问题，新时代新征程应将解决问题作为推动进一步全面深化改革的核心动力，从制约高质量发展的堵点难点、群众关注的焦点热点寻找切入点和突破口，努力在破除各方面体制机制弊端、调整深层次利益格局上攻坚克难。

（二）破立并举、先立后破

破与立是事物发展的两个环节，破即否定旧事物，促使旧事物灭亡，而立则是创造新事物，建立新的观念、制度或现象。破与立是对立统一的关系，相互依存、相互促进，破是立的前提，立是破的结果。破立并举、先立后破是推进改革的重要方略。回顾改革开放以来的实践，我国经济社会是在旧矛盾的解决和新矛盾的出现中向前发展的，是在新政策的制定和旧政策的废除中不断进步的。破立并举、先立后破的方法，统筹兼顾稳和进的关系，避免了政策大开大合、经济大起大落，是多年来我国实现经济快速发展和社会长期稳定的成功经验。

进一步全面深化改革，要坚持破立并举、先立后破的原则，把准改革的战略重点和优先方向，合理安排改革举措的先后顺序、节奏时机；正确处理改革、发展与稳定的关系，把改革同经济社会发展更加紧密结合起来，并一以贯之地贯彻到各领域各方面的改革实践中。立字当头，以增量改革为主，先建立和完善现有的制度框架，然后再逐步淘汰旧的体制和条件。立破相承，从实际出发，通过系统集成和重点突破相结合的方式，有序进退、加减并用，提高全面深化改革决策的科学性。破立并举、先立后破，既要防止“只破不立”或简单“一刀切”的问题，也要避免“一破了之”的做法，从而确保改革始终在“立—破—立”的辩证运动过程中行稳致远，从而引领中国特色社会主义事业迸发出新的生机活力。

（三）加强系统集成、协同高效

2013 年 9 月，习近平总书记在党外人士座谈会上指出，全面深化改革是一项复杂的系统工程，需要加强顶层设计和整体谋划，加强各项改革关联性、系统性、可行性研究。2022 年 10 月，习近平总书记在党的二十届一中全会上指出，要用好改革这个关键一招，坚持社会主义市场经济改革方向，加强改革系统集成、协同高效，巩固和深化解决体制性障碍、机制性梗阻、创新性政策方面的改革成果，在重要领域和关键环节取得新突破。

进一步全面深化改革，要加强顶层设计和整体谋划，以全局观念和系统思维谋划推进各领域改革，通过系统集成，增强改革政策取向一致性，提高制度运行效率，使制度因素在整合资源配置、维系各类经济主体合作关系中发挥特殊积极作用。要深入研究各领域改革的关联性和各项改革举措的耦合性，完善上下协同、条块结合、精准高效的改革落实机制，通过协同高效，使各项改革举措在政策取向上相互配合、在实施过程中相互促进、在实际成效上相得益彰，主动评估对经济社会发展的影响，形成改革和发展的合力，防止和克服各行其是、相互掣肘的现象，并增强整体效能。

（四）坚持重点突破与整体推进有机结合

2018 年 4 月，习近平总书记在深入推动长江经济带发展座谈会上强调，要坚持重点突破，在整体推进的基础上抓主要矛盾和矛盾的主要方面，努力做到全局和局部相配套、治本和治标相结合、渐进和突破相衔接，实现整体推进和重点突破相统一。纵观历史，改革的复杂性及在改革中的特殊困难性，使得我国的改革形成先易后难、由浅入深、循序渐进的渐进式推进，实现了重点突破与整体推进的统一，既使改革保持了必要的力度、速度和连续性，又使改革逐步适应社会承受能力，避免了大的社会动荡的发生。

进一步全面深化改革，要坚持重点突破和整体推进有机结合，要抓住主要矛盾和矛盾的主要方面，聚焦全面建设社会主义现代化国家中的重大问题，从“牵一发而动全身”的重点领域入手，从“落一子而活全局”的关键环节着力，以此来带动全面改革。要做到试点先行，在没有样板、缺少经验的情况下，鼓励探索、大胆实践，敢想敢干、敢闯敢试，多出可复制可推广的经验做法，发挥好全局性改革的突破、示范、带动作用。

（五）注重完善改革落实机制

改革要重谋划，更要重落实。2024 年 5 月，习近平总书记在企业和专家座谈会上强调，要以钉钉子的精神抓改革落实，既要积极主动，更要扎实稳健，明确优先序，把握时度效，尽力而为、量力而行，不能脱离实际。

一方面，改革调查研究是有力举措。调查研究有助于把握快速变动的实际，从根本上增强改革措施的科学性、针对性、实效性。全面深化改革要加强改革调查研究，多到矛盾问题集中的地方和部门去，深入基层、走进群众，体察实情、解剖麻雀，既深入研究具体问题，又善于综合各方面情况，在总体思路和全局工作上多动脑筋、多下功夫。

另一方面，加大改革抓落实力度，破解机制性问题、触碰深层次矛盾。完善上下协同、条块结合、精准高效的改革落实机制，明确改革的定位、内涵，把握逻辑、规律，层层递进、环环相扣，在工作开展时思路清晰、举措有力，推动每一个部署落地生根，每一项工作取得实效，从而建立起更加统筹协调、协同高效的体系，下更大气力抓好改革督察工作，推动改革举措落地见效。要完善科学有效的体制机制，确保改革决策和规划的战略性、科学性、整体性、协调性和有效性，切实推进各项改革决策部署和改革措施落到细处、落到实处。

此外，调动各方面改革积极性是强大动力。证据显示，通过健全改革激励机制和优化改革问责机制，可以切实提高各方面推动改革取得实效的积极性。充分调动地方和基层推动改革的积极性和主动性，支持鼓励地方和基层结合实际大胆闯、大胆试，为改革探索路子。

第二篇

构建高水平社会主义市场经济体制专题

深化所有制改革，充分激发各类经营主体的内生动力和创新活力

习近平总书记强调，要不断完善落实“两个毫不动摇”的体制机制，充分激发各类经营主体的内生动力和创新活力[①]。在新时代推动中部地区崛起座谈会上，习近平总书记进一步强调，坚持“两个毫不动摇”，支持国有企业做强做优做大，进一步优化民营企业发展环境。党的二十届三中全会指出，坚持和落实“两个毫不动摇”。毫不动摇巩固和发展公有制经济，毫不动摇鼓励、支持、引导非公有制经济发展，保证各种所有制经济依法平等使用生产要素、公平参与市场竞争、同等受到法律保护，促进各种所有制经济优势互补、共同发展。改革开放以来，伴随着市场在资源配置中作用的扩大，现代产权制度逐步建立和完善，所有制结构不断演进，所有制改革大体经历了初步破局、纵深推进、完善提升和全面深化 4 个阶段。从总体框架来看，所有制改革的总体框架是实行产权制度改革、国有经济体制改革和支持非公有制经济发展的“三线推进”方略。党的十八大以来，我国把公有制为主体、多种所有制经济共同发展确立为社会主义基本经济制度，毫不动摇巩固和发展公有制经济，推动国有经济布局优化和结构调整，积极稳妥深化混合所有制改革，国有资本和国有企业进一步做强做优做大；毫不动摇鼓励、支持、引导非公有制经济发展，构建亲清政商关系，民营经济发展环境不断优化，所有制改革取得巨大成就。

进入新发展阶段，世界百年未有之大变局带来前所未有的不确定性和复杂性，新一轮科技革命和产业变革深入发展，我国经济转向高质量发展，国内外经济环境发生深刻变化，冲击全球产业链供应链，国内消费结构升级，个性化、多样化需求渐成主流，供给侧与需求侧不匹配问题凸显。国有企业民营企业都要逐步适应客观环境变化带来的长期调整压力，按照新发展理念的要求，加快转型升级，构建国有企业民营企业共同发展新格局。中国式现代化建设要求国有企业民营企业协同发力，建设高水平社会主义市场经济体制，推动构建新发展格局，统筹发展与安全，加快形成新质生产力，实现经济高质量发展。

面对新形势，围绕 2035 年基本实现社会主义现代化、2050 年全面建成社会主义现代化强国等目标要求，未来一段时期内，要深入贯彻落实党中央关于全面深化改革部署要求，坚持和完善社会主义基本经济制度，坚持社会主义市场经济改革方向，以完善产权制度为前提，加强各种所有制经济产权保护和实现产权有效激励，必须继续

---

① 2023 年 12 月召开的中央经济工作会议讲话。

坚持“两个毫不动摇”，进一步巩固和完善国有企业民营企业共同发展体制机制，激发各类经营主体活力，构筑中国式现代化建设坚实的微观基础。

一、所有制改革46年的主要历程、基本经验与伟大成就

改革开放以来，伴随着市场在资源配置中作用的扩大，现代产权制度逐步建立和完善，所有制结构不断演进，有力推动了社会主义市场经济的发展。从纵向来看，所有制改革大体经历了初步破局、纵深推进、完善提升和全面深化的演进过程；从横向来看，所有制改革主要集中在产权改革、国企改革和支持非公有制经济发展三个领域。46年来，所有制改革的基本经验表明产权制度的不断完善是所有制改革的基础，正确认识和处理公有制与非公有制经济发展关系是所有制改革的关键前提，毫不动摇地巩固和发展公有制经济，毫不动摇地鼓励、支持、引导非公有制经济发展贯穿所有制改革全过程。新时代，习近平总书记高度重视各种所有制经济发展，毫不动摇巩固和发展公有制经济，推动国有经济布局优化和结构调整，积极稳妥深化混合所有制改革，国有资本和国有企业进一步做强做优做大；毫不动摇鼓励、支持、引导非公有制经济发展，构建亲清政商关系，民营经济发展环境不断优化，所有制改革取得巨大成就。

（一）所有制改革的主要历程

面对原有的传统僵化的所有制结构，在“解放思想，实事求是”思想路线的指引下，全国的所有制结构改革沿着边际演进的改革路径，逐步从体制外以及体制内比较容易的地方和环节突破。具体来说，“先农村”启动农业经营制度层面的改革，“后城市”推进企业微观主体再造；在微观主体再造方面，“先非公有”在外围发展非公有制经济，“后国企”推进让权分利和“两权分离”。随着社会主义市场经济体制模式的提出，再逐步推进到传统体制内特别是其“内核”部分，国有企业深层的产权制度变革开始被触及，此后，全国范围内不同经济成分并存的所有制结构不断优化完善。

1. 所有制改革初步破局阶段（1978—1992年）

改革开放前，我国生产资料所有制追求“一大二公三纯”，农村实施“政社合一”的人民公社制度；城镇就业集中在公有制部门，几乎不存在其他类型的所有制就业①；国有企业依靠计划调拨，政企不分。这样的制度安排有利于政府集中资源推动建设，在经济起飞初期建立较完备的工业体系和国民经济体系，但缺乏有效激励，也不利于要素优化配置，随着发展阶段演进，其对生产力的束缚越发凸显。纵观这一阶段的所有制改革，明显带有“破”的成分，无论是农村微观经营制度改革，还是城市国有企业放权让利改革，抑或是个体、私营、“三资”经济的萌芽及发展，都程度不同地表

① 1978年城镇就业中公有制经济所占比重高达99.84%，另外有15万个体经济从业人员（参见《中国统计年鉴2001》，按城乡划分的年底从业人员数）。

现出对原有僵化的所有制结构的突破。在“破”的过程中，新的所有制结构在人民群众的实践中逐步显现。

第一，农村实行家庭联产承包责任制，城市土地出让制度初步形成。我国所有制改革率先在农村取得突破。面对人民公社的低效率，为解决吃饭问题，在不触及农村集体所有制的前提下，1978 年安徽凤阳小岗村开始了“包产到户”的大胆探索。经过艰难探索和激烈争论，这一实践最终上升为国家政策①。农村土地所有权和承包经营权的分离与明晰，极大地激发了农民的生产积极性。随着 1988 年《宪法修正案》删去“土地不得出租”的规定，明确“土地的使用权可以依照法律的规定转让”，城市土地所有权和使用权开始分离，为市场配置城市土地要素奠定基础。

第二，国有企业“放权让利”和“两权分离”式改革。1978 年，四川省开始进行国有企业扩权的试点工作②，成为国有企业改革乃至城市经济体制改革起步的标志。紧接着，1979 年，云南、北京、天津等地也在国有企业中开始扩大自主权的改革试点工作。1981 年起国有工业企业中全面推开扩大企业自主权的工作③，各地陆续实行以承包为主要内容的工业经济责任制，转化企业经营机制、增强企业特别是国有大中型企业的活力。1984 年 10 月，党的十二届三中全会通过《中共中央关于经济体制改革的决定》，明确提出“所有权与经营权适当分开”的改革思路。此后，出现了以“两权分离”为重点的多种改革模式，租赁制、承包制、资产经营责任制等新的经营机制开始在各地推行，国有企业股份制改革也着手进行试点④。与此同时，企业之间的联合、兼并陆续展开，企业破产规定开始实施。

第三，非公有制经济成为公有制经济的必要补充。改革开放之初，面对大批返城知青，传统的单纯依靠公有制经济吸纳城市就业的体制安排难以维系，不得不允许自谋职业⑤。在这一背景下，个体经济在党的十二大报告中明确为“必要有益的补充”，并写入“八二宪法”。随着生产组织的自发演进，一些个体经济规模不断扩大，逐渐突破雇佣 8 人的限制，形成私营经济。这引发了是否存在剥削的大争论。经过一段时间的“等一等，看一看”⑥，私营经济在党的十三大报告中明确为必要有益的补充，并在 1988 年写入宪法。与此同时，“三资”经济⑦也出现萌芽。1979 年 7 月，《中华人民共和国中外合资经营企业法》出台，是第一部促进“三资”企业发展的法律。1980

---

① 1980 年，邓小平明确肯定了这一实践；1982—1984 年，连续三年中央“一号文件”对家庭承包责任制进行细化和完善。

② 1978 年 10 月，四川省委选择具有行业代表性的重庆钢铁公司、成都无缝钢管厂、宁江机床厂、四川化工厂、新都县氮肥厂和南充丝绸厂 6 家国有企业率先进行“扩大企业自主权”试点。

③ 1980 年 9 月 2 日，国务院批转《关于扩大企业自主权试点工作情况和今后意见的报告》，决定从 1981 年起，把扩大企业自主权的工作在国有工业企业中全面推开，使企业在人、财、物、产、供、销等方面拥有更大的自主权。

④ 股份制试点从 1984 年就开始推行，但由于认识上的不一致，对股份制性质的争论一直没有中断，导致股份制试点在实践中的进展相对缓慢。到 1993 年上半年，全国股份制企业只有 320 多家，且主要以职工内部持股为主。（王梦奎．中国经济转轨二十年［M］．北京：外文出版社，1999.）

⑤ 1980 年全国劳动就业工作会议提出，实行劳动部门介绍就业、自愿组织就业和自谋职业相结合的方针。

⑥ 面对争论，1982 年中央政治局会议认为雇工问题可以“等一等，看一看”，保护刚刚起步的私营经济。

⑦ “三资”经济主要指由中外合资经营企业、中外合作经营企业、外商独资经营企业三类外商投资企业构成的所有制经济形态。

年，全国第一家中外合资企业成立，开启了中国引进外资和兴办“三资”企业的序幕。伴随着对外开放的区域从沿海向内地推进，“三资”经济发展也由点到面展开。1986年4月、1988年4月先后出台了《外资企业法》和《中外合作经营企业法》，这与之前（1979年7月）出台的《中外合资经营企业法》共同构成了完整的“三资”企业法律体系和制度支撑。

2. 所有制改革纵深推进阶段（1992—2002年）

1992年邓小平南方谈话中关于“计划和市场都是经济手段”的论述及随后举行的中共十四大明确提出把建立社会主义市场经济作为经济体制改革的目标，推动了社会经济运行机制的深刻变化，加速了社会经济主体的变化和微观经济基础的重新塑造，促使其向市场主体的方向发展，所有制经济结构的变革进一步深入。一方面，国有企业改革由“政策调整”转入“制度创新”，逐步摆脱传统的依靠政策调整和利益再分配的模式，而是按照建立社会主义市场经济体制的目标要求，在深层次的产权制度层面寻求突破。国有经济的战略性调整和国有企业的战略性改组进展显著。另一方面，非公经济从“体制外”的形态进入社会主义初级阶段的基本经济制度框架“体制内”，地位的根本性转变促使其发展能量进一步释放。

第一，家庭联产承包责任制得到巩固，城市土地市场快速发展。1993年，家庭联产承包责任制写入宪法，其表述在1999年宪法修正案中得到进一步完善[①]，这标志着该项制度在根本大法层面正式确立。伴随着《城市房地产管理法（1994）》等法律法规的颁布与修订，以及住房分配货币化改革的启动，城市土地使用权大规模流转，有力促进了城市土地资源的有效配置，也为通过土地财政承担城市大规模建设创造了条件。

第二，国有企业建立现代企业制度，实现战略布局调整。在中共十四大确立以建立社会主义市场经济为经济体制改革的目标后，国有企业开始由“政策调整型”改革，转入“制度创新型”，逐步摆脱传统的依靠政策调整和利益再分配的模式，而是按照建立社会主义市场经济体制的目标要求，在深层次的产权制度层面寻求突破[②]。这一阶段国企改革包含两方面：**一是“单个搞活”，通过建立现代企业制度实现“两权分离”，让国有企业真正成为市场竞争主体。**1993年，中共十四届三中全会通过的《中共中央关于建立社会主义市场经济体制若干问题的决定》，提出了国企改革的目标是建立“产权清晰、权责明确、政企分开、管理科学”的现代企业制度，使企业真正成为适应市场的法人实体和竞争主体。这就确立了以产权制度改革和企业制度创新为基础的全新改革思路。依此目标，从1994年开始，国务院开始选择100家不同类型的国有大中型企业进行建立现代企业制度的试点。各地也先后选

---

① 1993年宪法修正案写入“农村中的家庭联产承包为主的责任制和生产、供销、信用、消费等各种形式的合作经济，是社会主义劳动群众集体所有制经济”。1999年宪法修正案将该条款进一步完善为“农村集体经济组织实行家庭承包经营为基础、统分结合的双层经营体制。农村中的生产、供销、信用、消费等各种形式的合作经济，是社会主义劳动群众集体所有制经济”。

② 常修泽．中国国家所有制企业制度改革论稿［J］．南开经济研究，1990（5）．

定了 2500 多家国有企业参与现代企业制度试点。试点的重点是企业公司股份制改革，完善公司法人治理结构。**二是“整体搞活”，通过“抓大放小”调整国有企业战略布局，形成企业优胜劣汰的竞争机制。**中共十五大后，通过重组，一批国有企业竞争力明显提高，同时一批长期亏损、扭亏无望的企业退出市场。这期间，不乏大刀阔斧的改革举措。同时，也付出了相当的代价，例如成千上万的下岗工人就付出了沉重的代价。1995 年 9 月，中共十四届五中全会通过的《中共中央关于制定国民经济和社会发展“九五”计划和 2010 年远景目标的建议》提出，要着眼于搞好整个国有经济，通过存量资产的流动和重组，对国有企业实施战略性改组。在“抓大”方面，国家集中力量抓好重点联系的 1000 户国有大型企业和企业集团充分发挥它们在国有经济中的骨干作用，以资本为纽带，连接和带动一批企业的改组和发展，形成规模经济。充分发挥它们在国有经济中的骨干作用。在“放小”方面，各地采取改组、联合、兼并、股份合作制、租赁、承包经营和出售等多种形式，加快国有小企业改革步伐。

第三，非公有制经济成为社会主义市场经济的重要组成部分。随着市场在资源配置中基础性作用的发挥，非公有制经济快速发展，在国民经济中的比重迅速提高，对经济增长、就业、税收的带动作用也更加凸显。党的十五大报告将非公有制经济明确为“社会主义市场经济的重要组成部分”①，并于 1999 年写入宪法。这明显突破了以往只有公有制才是社会主义的传统思维，把多种所有制与社会主义性质融合在一起，标志着非公有制经济已从社会主义经济制度的“体制外”正式被纳入“体制内”，地位的根本性转变促使其发展能量进一步释放。与此同时，“三资”经济从区域开放到产业开放，投资主体从港、澳、台地区和海外华人扩展到欧、美、日大型跨国公司，逐步实现外商投资的国民待遇体制。

3. 所有制改革完善提升阶段（2002—2012 年）

随着市场经济体制的逐步完善，要素流动的范围和深度进一步拓展。这就要求产权更加明晰，不同经济成分在竞争交融中获得同等待遇。同时，围绕“进”“退”问题，在国有资本、民营资本之间出现“不对称博弈”，所有制格局出现错综复杂的变化，既有正向的主流，也出现负向的支流，甚至出现以改革为名“扭曲改革”的现象。这一时期的所有制结构推进相对平缓，国有经济层面的改革总体进展有限，部署推进的现代产权制度改革、国有资产管理体制改革、垄断行业改革大都缺乏实质性进展，改革攻坚的任务处于一定程度的“胶着”状态。相对而言，针对非公经济发展的政策支持更加系统，非公经济整体制度环境有一定优化，但公平竞争、平等保护的理念尚未完整形成。

第一，部署建立现代产权制度。产权清晰界定是要素流转的前提。2003 年 10 月，中共十六届三中全会通过的《中共中央关于完善社会主义市场经济体制若干问题的决

---

① 江泽民，《高举邓小平理论伟大旗帜，把建设有中国特色社会主义事业全面推向二十一世纪：在中国共产党第十五次全国代表大会上的报告》。

定》，第一次提出“建立健全现代产权制度”以及“产权是所有制的核心和主要内容”的理论思路。2007 年 10 月，中共十七大提出“以现代产权制度为基础，发展混所有制经济”。这是继“产权清晰、权责明确、政企分开、管理科学”的“现代企业制度”被提出之后的又一重大理论创新。在农村，赋予农民承包经营权解决了激励问题，但要实现农村土地要素的优化配置，还必须赋予其流转权，这在农村劳动力大量向城市转移的背景下更加迫切。2003 年实施的《农村土地承包法》首次在法律层面阐释承包经营权流转。2008 年开始的农村土地确权工作，则为明晰土地权属提供了有效途径①。

第二，确立国有资产管理体制框架，首提推进垄断行业改革。2002 年 11 月，中共十六大明确提出要确立国有资产管理体制，并要求“中央政府和省、市（地）两级地方政府设立国有资产管理机构”。2003 年 10 月，中共十六届三中全会进一步提出要“建立国有资本经营预算制度”“建立健全国有金融资产、非经营性资产和自然资源资产等的监管制度”。2007 年 10 月，中共十七大强调“完善各类国有资产管理体制和制度”。依此构想，横向上围绕“国有资产监督和管理系统与行政系统分开”，纵向上围绕“中央与地方权益分开”，着手改革国有资产管理体制。从实际进展情况看，中央和地方国有资产监督管理委员会分别成立，在政府机构设置上实现了公共管理职能和出资人职能的初步分离；同时建立了国有资本经营预算制度，落实了国有资本出资人收益权。但总体来看，国有资产管理体制仍有待进一步完善。同时，这一时期国有企业的改革部署还包含了有关垄断行业改革的内容。中共十六大首次提出“推进垄断行业改革，积极引入竞争机制”。中共十六届三中全会提出“加快推进和完善垄断行业改革”。中共十七大提出“深化垄断行业改革，引入竞争机制，加强政府监管和社会监督”。但从实践情况看，垄断行业改革总体进展缓慢，由于利益固化导致改革阻力重重，又缺乏自上而下的有力推进，除了邮政部门实行政企分开和一些公用事业改革，其他方面基本处于停滞状态。

第三，非公有制经济获同等待遇。同等待遇的核心是市场参与平等。随着不同所有制经济相互竞争、协作和交融，只有给予其同等待遇才能实现要素优化配置。2002 年 11 月，中共十六大报告明确提出“两个毫不动摇”方针，同时强调“各种所有制经济完全可以在市场竞争中发挥各自优势，相互促进，共同发展”，由此体现了公有制经济和非公有制经济融合发展的思想。首次提出“两平”（“公平竞争”“平等使用生产要素”）原则。2004 年，“合法的私有财产不受侵犯”写入《宪法修正案》，从国家大法的角度强化了对非公有制经济的鼓励和支持。2005 年 2 月，国务院发布《关于鼓励支持和引导个体私营等非公有制经济发展的若干意见》（“非公经济发展 36 条”），这是首个促进非公有制经济发展的政府文件。2007 年 3 月颁布的《物权法》又确立了平等保护私人物权的原则，对非公有制经济合法权益的保

---

① 2008 年，《中共中央关于推进农村改革发展若干重大问题的决定》提出要健全严格规范的农村土地管理制度，搞好农村土地确权、登记、颁证工作。

护进一步得到法律的支持。2007 年 10 月，中共十七大报告进一步提出“坚持平等保护物权，形成各种所有制经济平等竞争、相互促进新格局”，这进一步表明，法律上的“平等”保护和经济上的“平等”竞争这“两个平等”成为促进非公有制经济发展的重要着力点。2010 年 5 月，国务院又发布《关于鼓励和引导民间投资健康发展的若干意见》（“非公经济发展 36 条”），进一步拓宽民间投资的领域和范围，明确了为非公有制经济创造公平竞争、平等转入的市场环境。新老“36 条”的先后出台，标志着对非公有制经济从分散的政策支持到形成政策体系框架的转变，对于推动非公有制经济进入新发展阶段具有重要作用。

4. 所有制改革全面深化阶段（2012 年至今）

以中共十八大为标志，所有制改革开启全面深化改革的新阶段。在多种所有制经济共同发展的过程中，非国有资本参与国有资本置换，不同所有制产权之间开放、流转和融合的态势进一步显现，混合所有制经济从“公有制的有效实现形式”提到“基本经济制度的重要实现形式”，推动形成基于混合所有制经济形态的所有制结构再造和微观经济基础重塑①。

第一，完善产权保护制度。2014 年 10 月，《中共中央关于全面推进依法治国若干重大问题的决定》指出，要“健全以公平为核心原则的产权保护制度，加强对各种所有制经济组织和自然人财产权的保护”。2016 年 11 月，中共中央、国务院发布《关于完善产权保护制度依法保护产权的意见》，这是新中国成立以来党中央发出的第一份关于完善产权保护制度、依法保护产权的纲领性文件，要求对各类产权全面界定和有效保护。2016 年 12 月，中共中央、国务院发布《关于稳步推进农村集体产权制度改革的意见》，明确对集体所有的各类资产进行全面清产核资，健全台账管理制度。在此基础上，开展集体经营性资产产权制度改革。进一步明晰农村土地产权，实行农村的土地集体所有权、农户承包权、土地经营权“三权”分置改革，还实行了广义农村土地制度的“三块地”改革，建立产权体系完整、权能明确、收益合理、权利保障的土地产权制度。2019 年 4 月，中共中央、国务院印发《关于统筹推进自然资源资产产权制度改革的指导意见》，要求推动自然资源资产所有权和使用权分离，提升自然资源要素市场化配置程度，并健全自然资源资产监管体系。此外，还进一步强化知识产权创造、保护、运用，促进科技成果转化，支撑创新驱动发展。2024 年 7 月，党的二十届三中全会指出，完善产权制度，依法平等长久保护各种所有制经济产权。

第二，深化国资国企改革。2012 年 11 月，中共十八大指出要“推动国有资本更多投向关系国家安全和国民经济命脉的重要行业和关键领域，不断增强国有经济活力、控制力、影响力”。2013 年 11 月，中共十八届三中全会通过的《中共中央关于全面深化改革若干重大问题的决议》再次强调“发挥国有经济主导作用，不断增强国有经济活力、控制力、影响力”，并提出了进一步深化国有企业改革的方向和任务。混

---

① 常修泽，等. 混合所有制经济新论［M］. 合肥：安徽人民出版社，2017.

合所有、国资运营、国企分类的构想，都为新阶段国有企业改革提供了重要的探索性方向。2015 年 9 月，中共中央、国务院印发《关于深化国有企业改革的指导意见》(中发〔2015〕22 号)，这是新阶段引领国有企业改革的纲领性文件，就分类推进国有企业改革、完善现代企业制度、完善国有资产管理体制、发展混合所有制经济等方面，提出了进一步的实施意见。同时，国务院还专门印发《关于国有企业发展混合所有制经济的意见》，作为国企改革顶层设计的配套文件，提出要分类、分层推进国有企业混合所有制改革，并鼓励各类资本参与国有企业混合所有制改革。2020 年 6 月，中央深改委第十四次会议审议通过了《国企改革三年行动方案（2020—2022 年)》，发出了深化国企改革的动员令，是今后三年国企改革的具体“施工图”。2023 年 6 月，中共中央、国务院印发《国有企业改革深化提升行动方案(2023—2025 年)》，新一轮国企改革深化提升行动正式启动。2024 年 6 月，国务院国资委发布《关于新时代中央企业高标准履行社会责任的指导意见》，对新时代中央企业社会责任工作作出部署。当月，中央全面深化改革委员会第五次会议审议通过《关于完善中国特色现代企业制度的意见》，着眼于发挥中国特色社会主义制度优势，提出加强党的领导，完善公司治理，推动企业建立健全产权清晰、权责明确、政企分开、管理科学的现代企业制度，培育更多世界一流企业。2024 年 7 月，党的二十届三中全会指出，深化国资国企改革，完善管理监督体制机制，增强各有关管理部门战略协同，推进国有经济布局优化和结构调整，推动国有资本和国有企业做强做优做大，增强核心功能，提升核心竞争力。

第三，要求非公有制经济明确同等地位。2012 年 11 月，中共十八大明确提出“毫不动摇鼓励、支持、引导非公有制经济发展，保证各种所有制经济依法平等使用生产要素、公平参与市场竞争、同等受到法律保护。”这就在之前强调“平等”和“公平”之“两平”理念的基础上，又特别强调了“同等”的理念，完整的“两平一同”原则由此形成，并第一次公布。2013 年 11 月，中共十八届三中全会通过的《中共中央关于全面深化改革若干重大问题的决定》从多个层面提出鼓励、支持、引导非公有制经济发展，激发非公有制经济活力和创造力的改革举措。2015 年 9 月，中共中央、国务院发布《关于构建开放型经济新体制的若干意见》，对新阶段利用外资的着力点进行部署。2016 年 12 月，国务院第 159 次常务会议审议通过《国务院关于扩大对外开放积极利用外资若干措施的通知》，专门针对新阶段利用外资提出进一步扩大对外开放、进一步创造公平竞争环境、进一步加强吸引外资工作三方面的新举措。2017 年 4 月，中央全面深化改革领导小组第三十四次会议审议通过《关于进一步激发和保护企业家精神的意见》，这对于鼓励非公有制经济“安心经营、放心投资”具有重大意义。2022 年 11 月，国务院第 190 次常务会议通过的《促进个体工商户发展条例》(国令第 755 号）正式施行，进一步明确了个体工商户的法律地位。2023 年 7 月，中共中央、国务院发布《关于促进民营经济发展壮大的意见》，从持续优化民营经济发展环境，到加大对民营经济政策支持力度，共提出 8 个方面 31 条具体举措。2023 年 9 月，中央编办正式批复在国家发展改革委内部设立民营经济发展局，作为促进民营经济发展壮大的专门工作机构，加强相关领域政策统筹协调，推动各项重大举措早落地、见实效。2024 年 7 月，党的二十届三中全会指出，坚持致力于为非公有制经济发展营造良好环境和提供更多机会的方针政策。

（二）所有制改革的总体框架、基本方向和难点卡点

所有制改革的总体框架是实行产权制度改革、国有经济体制改革和支持非公有制经济发展的“三线推进”方略。在所有制改革过程中，要坚持加快建立现代产权制度、合理把握和确立公有制经济的主体地位、分类推进国有企业混合所有制改革、促进非公有制经济健康成长的基本方向，充分激发各类经营主体的内生动力和创新活力。同时也要看到，所有制改革进程中仍然存在难点卡点，主要体现在产权保护机制存在薄弱环节，国企改革和国有资产管理体制仍存在制约发展的深层次体制机制障碍，民营经济发展的政策落地效果还不理想。

1. 所有制改革的总体框架

回顾所有制改革的历史演进过程可以发现，所有制改革的总体框架是实行产权制度改革、国有经济体制改革和支持非公有制经济发展的“三线推进”方略。其中，产权是所有制的核心和主要内容，贯穿于国有企业改革和支持非公有制经济发展的全过程；国有经济体制改革是我国经济体制改革的中心环节，包括国有企业经营制度改革、国有经济战略性调整、国有资产管理体制改革和垄断性行业改革四大领域；支持非公有制经济高质量发展主要包括支持民营经济发展和外资企业发展。

（1）实行产权制度改革

在所有制改革过程中，产权制度贯穿于国有企业改革和支持非公有制经济发展的全过程，包括国有资产产权管理、全面依法平等保护民营经济产权、深化农村集体产权制度改革、土地承包“三权”分置制度等。

第一，稳步推进农村集体产权制度改革，实行农村“三权”分置与“三块地”改革。根据长期的发展积累，我国农村集体经济组织拥有了大量的资产。这些资产主要包括资源性资产、经营性资产和非经营性资产三类。**一是稳步推进农村集体产权制度改革。**根据部署，在农村改革过程中，对于资源性资产①，改革的重点是推进土地承包经营权确权登记颁证工作，完善“三权”分置办法，保持土地承包关系的长久不变。对于经营性资产②，改革的重点是在清产核资的基础上，将集体经营性资产确权到户，然后发展多种形式的股份合作制。对于非经营性资产③，改革的重点是结合新农村建设，探索建立集体统一运行管护机制，更好地为集体成员和社区居民提供公益性服务。在此基础上，开展集体经营性资产产权制度改革。将农村集体经营性资产以股份或份额形式量化到本集体成员，推进经营性资产股份合作制改革，逐步构建归属

---

① 资源性资产，包括农民集体所有的土地、森林、山岭、草原、荒地、滩涂等。

② 经营性资产，包括用于经营的房屋、建筑物、机器设备、工具器具、农业基础设施、集体投资兴办的企业及其所持有的其他经济组织的资产份额、无形资产等。

③ 非经营性资产，包括用于公共服务的诸如教育、科技、文化、卫生、体育的集体公益设施等。

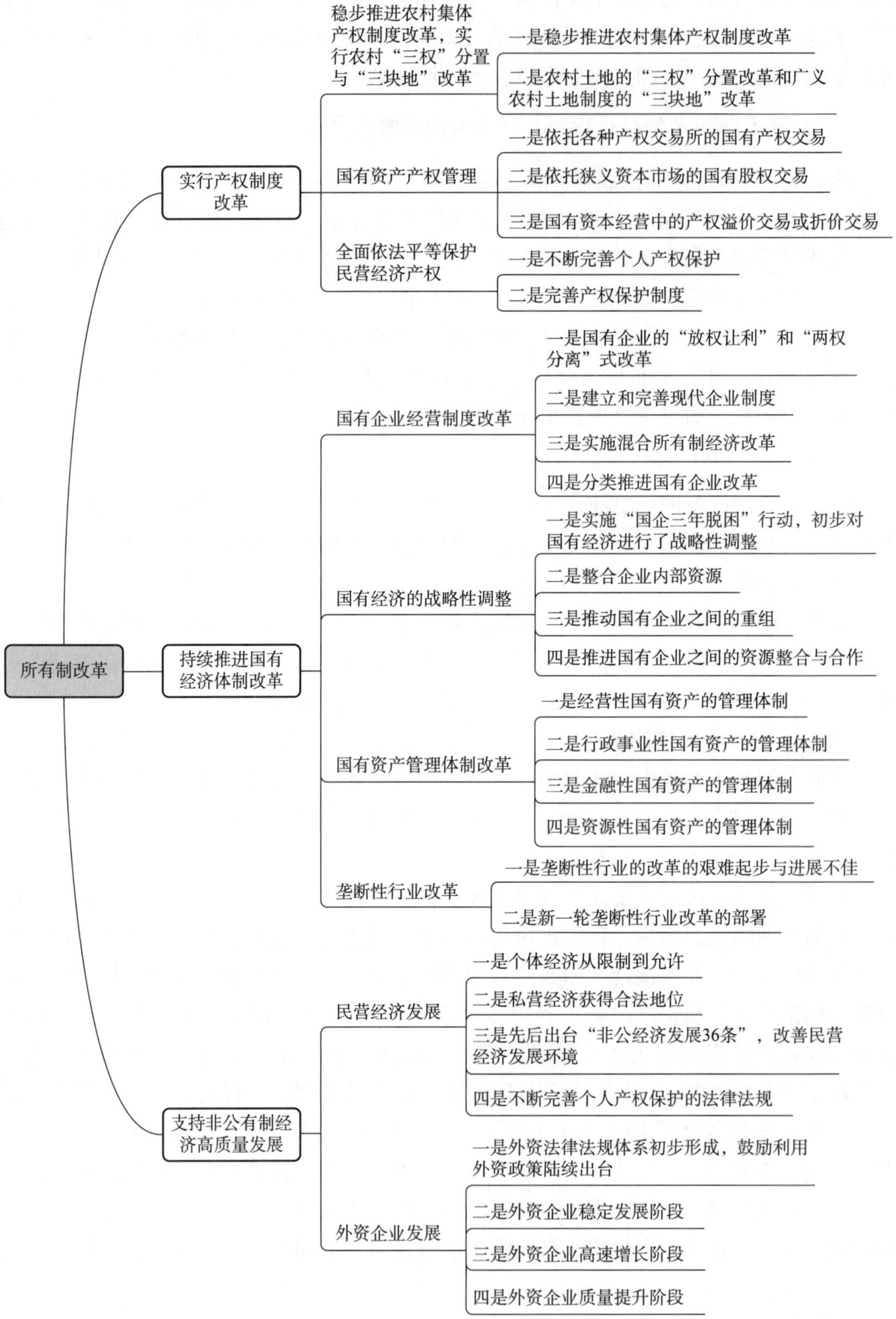

图 2-1　所有制改革的总体框架

清晰、权能完整、流转顺畅、保护严格的农村集体产权制度。以此探索农村集体所有制的有效实现形式和农村集体资产运行的新机制，不断发展壮大集体经济。**二是农村土地的“三权”分置改革和广义农村土地制度的“三块地”改革。**作为农村资产重头的土地资源性资产是新时期农村所有制变革的关键着力点。针对农村微观经营制度改革，最初一直按照“两权分离”的思路加以推进，从实行农村土地集体所有、土地承包经营权属于农户家庭、推行家庭联产承包责任制的改革开始，之后随着社会主义市场经济的不断发展，按照归属清晰、权能完整、流转顺畅、保护严格的产权制度要求，又开展了农村土地集体所有权、农户承包经营权的确权登记颁证，以期稳定农村土地承包关系并保持长久不变。顺应发展现代农业的新趋势和农户保留承包权、愿意流转经营权的需要，又实行农村的土地集体所有权、农户承包权、土地经营权“三权”分置并行。基本思路是，既坚持土地集体所有权，又稳定农户承包权，同时放活土地经营权、赋予新型经营主体更多的土地经营权能，以实现农民集体、承包农户、新型经营主体对土地权利的共享。在按照“三权”分置的思路推进耕地制度改革的同时，还实行了“三块地”改革①，不断夯实农村集体土地产能，建立产权体系完整、权能明确、收益合理、权利保障的土地产权制度，健全土地增值收益在国家与集体之间以及集体经营组织内部的分配机制。

第二，国有资产产权管理。伴随着资本市场特别是证券市场的不断发育，以股权管理为核心的国有资本经营开始依托资本市场，通过资产重组、股权重组、兼并收购等产权交易方式，不断提高资源配置效率并放大资本价值，从而为国有资本经营提供强有力的支撑。**一是依托各种产权交易所的国有产权交易。**伴随着国有企业改革的深化，特别是国有企业产权制度改革的深化，客观上使得国有产权交易有了可能；在经济转型时期，国有经济布局和结构调整所要求的国有资产管理手段升级，又对国有产权交易形成了需求。作为资本市场重要组成部分的产权交易市场，为国有产权交易提供了平台。随着资本市场的发育与成熟，产权交易市场也不断趋于健全和完善，其功能作用也处于变迁过程中，特别是在证券市场繁荣的背景下，产权交易逐渐成为国有企业非股权类资产转让和国有非上市公司股权交易的重要场所。**二是依托狭义资本市场的国有股权交易。**股权是产权的表现形式之一，以股份制改造为主要内容的国有企业产权改革，实现了国有产权交易向国有股权交易的转变，从而进一步推动了国资管理手段升级。作为国有股权交易的平台，资本市场是一个多层次体系，包括产权交易市场与证券市场两个层次。其中，产权交易市场是多层次资本市场的基础层次，它为证券市场的繁荣提供支持与支撑，是非上市公司国有股权交易的重要平台；证券市场是资本市场的高级层次，是上市公司国有产权交易的重要场所，证券市场的发育与成熟也会带动产权交易市场升级。**三是国有资本经营中的产权溢价交易或折价交易。**资本市场的发育与成熟，为国有产权交易提供了平台，有利于国有资本经营质量的提高。

---

① 广义的农村土地制度改革主要包括三部分：第一部分是国家征地制度改革，对象是用于工业化、城镇化建设的农村集体土地；第二部分是农村集体建设用地改革，对象既包括农民的宅基地，也包括集体经营性建设用地；第三部分是农地制度改革，对象是从事农业生产的耕地。

一方面，国有企业通过产权交易不断提高资源配置效率，可以在短期内实现资产价值大幅增值，从而为国有资本经营质量的提高提供有力支撑；另一方面，产权交易也有助于国有资本通过“有进有退”而带动国有经济结构调整和战略布局，强化国有资本经营的宏观调控功能。

第三，全面依法平等保护民营经济产权。一是不断完善个人产权保护。2004 年“合法的私有财产不受侵犯”写入《宪法修正案》，从国家大法的角度强化了对非公有制经济的鼓励和支持。2007 年 3 月颁布的《物权法》又确立了平等保护私人物权的原则，对非公有制经济合法权益的保护进一步得到法律的支持。**二是完善产权保护制度。**2014 年 10 月，《中共中央关于全面推进依法治国若干重大问题的决定》指出，要“健全以公平为核心原则的产权保护制度，加强对各种所有制经济组织和自然人财产权的保护”。2016 年 11 月，中共中央、国务院发布《关于完善产权保护制度依法保护产权的意见》，这是新中国成立以来党中央发出的第一份关于完善产权保护制度、依法保护产权的纲领性文件，要求对各类产权全面界定和有效保护。2019 年 4 月，中共中央、国务院印发《关于统筹推进自然资源资产产权制度改革的指导意见》，要求推动自然资源资产所有权和使用权分离，提升自然资源要素市场化配置程度，并健全自然资源资产监管体系。提出“要依法保护各类产权，健全产权交易规则和监管制度，推动产权有序流转，保障所有市场主体的平等法律地位和发展权利”，进一步强化知识产权创造、保护、运用，促进科技成果转化，支撑创新驱动发展。

（2）持续推进国有经济体制改革

国有经济体制改革是我国经济体制改革的中心环节，包括国有企业经营制度改革、国有经济的战略性调整、国有资产管理体制改革和垄断性行业改革四大领域。

第一，国有企业经营制度改革。一是国有企业的“放权让利”和“两权分离”式改革。改革初期，通过实行利润留成、两步“利改税”和承包制，国有企业逐步扩大了经营自主权，提高了生产积极性，增强了经营意识，但始终解决不了活力不足、行为短期化等问题。**二是建立和完善现代企业制度。**中共十四届三中全会通过的《中共中央关于建立社会主义市场经济体制若干问题的决定》，提出了国有企业改革的目标是建立“产权清晰、权责明确、政企分开、管理科学”的现代企业制度，促使企业真正成为适应市场的法人实体和竞争主体。这就确立了以产权制度改革亦即企业制度创新为基础的全新改革思路。以此为目标，从 1994 年开始，国务院开始选择 100 家不同类型的国有大中型企业进行建立现代企业制度的试点。各地也先后选定了 2500 多家国有企业参与现代企业制度试点。试点的重点是企业公司股份制改革，完善公司法人治理结构。此后，不断完善现代企业制度，特别是在推动公司股份制改革方面，加大集团层面公司股份制改革力度，积极引入各类投资者，实现股权多元化，大力推动国有企业改制上市，创造条件实现集团公司整体上市。**三是实施混合所有制经济改革。**中共十八届三中全会提出“积极发展混合所有制经济”，中共中央、国务院文件提出

"推进国有企业混合所有制改革"①。发展混合所有制经济被视作国有企业改革的重要突破口，成为新阶段国企改革的重点和关键。即打破国有经济封闭的产权结构，允许国内民间资本和外商资本参与国有企业改组改革，参与国有资本置换，使国有资本和各类非国有资本相互渗透和融合。从实践进展来看，七大垄断行业央企试点、地方国企混改试点和混合所有制企业员工持股都在探索推进中。**四是分类推进国有企业改革**。将国有企业分为商业类和公益类。其中，主业处于充分竞争行业和领域的商业类国有企业，原则上都要实行股份制改革，积极引入其他国有资本或各类非国有资本实现股权多元化，国有资本可以绝对控股、相对控股，也可以参股，并着力推进整体上市。同类中，主业处于关系国家安全、国民经济命脉的重要行业和关键领域，主要承担重大专项任务的商业类国有企业，要保持国有资本控股地位，支持非国有资本参股。对于公益类国有企业，可以采取国有独资形式，具备条件的也可以推行投资主体多元化，还可以通过购买服务、特许经营、委托代理等方式，鼓励非国有企业参与经营。

第二，国有经济的战略性调整。一是实施"国企三年脱困"行动，初步对国有经济进行了战略性调整。1997 年，国有经济战略性调整进入党的十五大报告。1998 年，中央设立了"国企三年脱困"的"军令状"，初步对国有经济进行了战略性调整。采取的措施主要包括"抓大放小"、分类指导；鼓励兼并、规范破产；减人增效和实施再就业工程；多渠道筹集改革成本，实行增资减债；通过债转股，减轻企业债务负担等。1999 年 9 月，中共十五届四中全会通过的《中共中央关于国有企业改革和发展若干重大问题的决定》设专节阐释"从战略上调整国有经济布局"的具体内容，这是中央文件第一次明确界定了国有经济需要控制的范围。**二是整合企业内部资源**。从 2004 年起，国家有关部门先后分 7 批对 153 家中央企业进行了确认，引导企业向主业集中，严格控制非主业投资。同时要求企业有计划地剥离与出售不良资产，积极发展优势业务，形成进退有序、调整有节、发展有力的格局。采取的措施主要包括开展专业化整合，提高企业内部业务集中度；清理整顿低效无效投资，压缩管理层级，提高集团管控能力；推进并购重组后的整合，注重发挥协同效应；推进主业资产整体上市，提升企业市场价值等。**三是推动国有企业之间的重组**。有关部门针对国有企业布局分散、规模小、实力不强等问题，根据实际情况，因企制宜，进行了灵活多样的重组。采取的措施主要包括强强联合、并入式重组、先托管后重组、行业性重组或相同业务板块的企业之间的重组等。**四是推进国有企业之间的资源整合与合作**。有关部门高度重视国有企业之间的资源联合、整合与合作，采取多项措施推动国有企业整合资源，加强业务合作，做强做优主业，增强核心竞争力。采取的措施主要包括立足主业优势，优化资源配置，促进协同发展；加强业务合作，提升管理水平，促进企业降低成本、增加效益；联合科研攻关，占领技术制高点，促进产业转型升级；联合"走出去"，拓宽国际市场，提升国际竞争力等。

---

① 2015 年 9 月，《中共中央　国务院关于深化国有企业改革的指导意见》发布，提出发展混合所有制经济进一步的实施意见；2015 年 9 月，国务院专门印发《关于国有企业发展混合所有制经济的意见》。

第三，国有资产管理体制改革。随着做大国有企业规模及国有资产额的高增长，国有资产构成体系逐渐形成且不断完善。到目前为止，已经构建起包括经营性国有资产①、行政事业性国有资产②、金融性国有资产③、资源性国有资产④在内的国有资产构成体系。**一是经营性国有资产的管理体制。**国有资产管理体制首先从完善经营性国有资产管理体制着手，国务院代表国家行使国有资产所有权；建立分层级的国有资产管理体制框架，各级政府在各自范围内履行出资人职责，推进国有企业的改革改制，实现政企分离、政资分离，增强国有企业的活力和竞争力，提高国有经济的控制力和影响力；专门设立国有资产管理机构，1988 年设立的国家国有资产管理局、2003 年设立的国务院国有资产监督管理委员会，对经营性国有资产进行专业管理；这些举措推动了政府从直接管理国有企业向管理国有资产的转变。在此背景下，政府尝试建立行之有效的经营性国有资产运营架构，将经营性国有资产的监督管理、运营和运营主体区分开来，即建立所谓的三层运营管理架构⑤。**二是行政事业性国有资产的管理体制。**我国行政事业性国有资产改革走的是“分—合—分”的发展之路，即先由财政部门统一管理，随后部分管理职能从财政部门分离后成立专门的国有资产管理局负责行政事业性国有资产管理，最后由财政部门实施综合监管。但由于历史和现实的原因，实际上是一种由财政部门、国资部门、机关事业管理部门多头管理的格局，实行的是“国家统一所有，各级政府分别代表国家行使各项权益”的管理体制。为了全面提高行政事业性国有资产的效率和质量，应当考虑建立起行政管理职能与专业管理职能既相互分离又相互配合、行政性国有资产与事业性国有资产分类管理、监督职能与审计职能相互独立的全新行政事业性国有资产管理体制。**三是金融性国有资产的管理体制。**金融性国有资产实行多头管理。财政部是国有金融机构的国有资本出资主体，“一行三会”行使承担国有金融机构的业务监管。**四是资源性国有资产的管理体制。**在 1998 年国土资源部成立之前，资源性国有资产处于部分分割与分散管理阶段，具体表现为土地资源、矿产资源、水资源、海洋资源等几类资源性国有资产都由不同的行政部门管理。随后进入相对集中管理阶段，国土资源部、水利部、国家林业局、农业部等部门分别就相应的资源性国有资产行使管理权⑥。2004 年国家又对资源性国有资产管理进行了重大改革，省级以下的资源性国有资产管理部门实行垂直领导，从而进一步强化了资源性国有资产的集中管理。随着市场经济的发展，资源性国有资产管理部门的功

---

① 经营性国有资产，是指从事产品生产、流通、经营等服务活动，以营利为目的，依法经营和使用的，产权属于国家所有的一切财产。

② 行政事业性国有资产包括行政性国有资产、事业性国有资产及军队国有资产（军队国有资产管理具有相对独立性），主要是保证国家机器及政府机构的运转、公共产品与公共服务的供给，不强调营利性，其管理主要是提高效率。

③ 金融性国有资产是国家及其授权投资主体直接或间接对金融企业和机构出资所形成的资本和应享有的权益。

④ 资源性国有资产指国家拥有的土地、森林、矿藏等资源。

⑤ 在这三层架构中，第一层即各级政府及其授权的国资管理机构，行使出资人代表权利，在宏观层面监督和管理经营性国有资产；第二层即中间层，是从事股权管理和国有资本运营的集团或投资公司等，对上落实国家调控政策，接受国资管理机构的管理和监督，对下保证国有资产的保值增值；第三层是接受经营性国有资产出资，并使用经营性国有资产从事具体生产经营活动的企业或公司。

⑥ 1998 年，九届全国人大一次会议发布的《国务院关于机构设置的通知》。

能也出现变化，现行的条块分割的多部门管理需要进一步优化改进，应着力建立精简统一的资源性国有资产管理体制，并积极转变其管理方式。

第四，垄断性行业改革。一是垄断性行业改革的艰难起步与进展不佳。从 1992 年到 2007 年中共十七大，决策层在提出“打破垄断”问题[①]后逐步提出：由“打破部门垄断”[②] 到“推进垄断行业改革”[③]；由“加快推进和完善垄断行业改革”[④] 到“深化垄断行业改革”[⑤]。从实践情况看，民航、电信、电力、邮政等试行分拆改组之后，在这一时期总体进展缓慢，由于利益固化导致改革阻力重重，又缺乏自上而下的有力推进，除了邮政部门实行政企分开和一些公用事业改革，其他方面基本处于停滞的状态，尤其是一些垄断度极高的部门则更是步履维艰。**二是新一轮垄断性行业改革的部署。**中共十八届三中全会通过的《中共中央关于全面深化改革若干重大问题的决定》，对新一轮垄断性行业改革作了重要部署。强调“从广度和深度上推进市场化改革”，对真正的自然垄断行业或环节，由“国有资本继续控股经营”；即使真正的自然垄断行业也要改革，改革的内容为“政企分开、政资分开、特许经营、政府监管”；具体方式为“网运分开”，“实行一定范围的争夺市场的竞争方式”。从改革进展来看，盐业改革以及电信、电力、交通（铁路、民航）、油气、军工等领域的国企“混改”有提速的迹象。

（3）支持非公有制经济高质量发展

改革开放以来，我国关于非公有制经济的方针政策、法律法规不断调整、完善，为非公有制经济的不断发展壮大提供了政策法律的有力支持。支持非公有制经济高质量发展主要包括支持民营经济和外资企业发展。

第一，支持民营经济高质量发展。个体经济和私营经济合法发展地位的确立，得益于人民群众自下而上的实践和党的高层领导自上而下政策推动的有机结合。**一是个体经济从限制到允许。**改革开放之初，一批个体经营者和私营企业开始冲破阻力，在计划经济体制极狭小的“夹缝”中寻求生存与发展，成为非公经济萌生的先锋者。**二是私营经济获得合法地位。**1988 年 4 月，七届全国人大一次会议通过的《宪法修正案》，从法律上确认了私营经济存在和发展的合法地位。**三是先后出台“非公经济发展 36 条”，改善民营经济发展环境。**2005 年 2 月，国务院发布首个促进非公有制经济发展的《关于鼓励支持和引导个体私营等非公有制经济发展的若干意见》，着眼于创造公平竞争的体制环境，对非公有制经济进入一些重要领域作出了明确规定。2010 年 5 月，国务院发布《关于鼓励和引导民间投资健康发展的若干意见》，进一步拓宽民间投资的领域和范围，明确了为非公有制经济创造公平竞争、平等转入的市场环境。新老“36 条”的先后出台，标志着对非公有制经济从分散的政策支持到形成政策体系框

---

① 1992 年中共十四大首提“打破垄断”问题。

② 中共十五大明确提出“打破部门垄断”。

③ 中共十六大首提“推进垄断行业改革”。

④ 中共十六届三中全会进一步提出“加快推进和完善垄断行业改革”。

⑤ 中共十七大进一步提出“深化垄断行业改革”。

架的转变，对推动非公有制经济发展壮大具有重要作用。**四是不断完善个人产权保护的法律法规。**2004 年 3 月，十届全国人大二次会议通过的《宪法修正案》明确规定："公民的合法的私有财产不受侵犯。"从国家大法的角度强化了对非公有制经济的鼓励和支持。2007 年 3 月颁布的《物权法》又确立了平等保护私人物权的原则，对保护私有财产做了详细规定，由此对非公有制经济合法权益的保护进一步得到法律的支持。

第二，支持外资企业发展。改革开放以来，外资企业从无到有、从小到大，在解决我国经济发展资金缺口、拉动就业、促进经济增长等方面发挥了十分重要的作用。**一是外资法律法规体系初步形成，鼓励利用外资政策陆续出台。**改革开放之初，我国开始实施积极利用外资的政策，鼓励外资企业的设立和运营，将外资企业划分为中外合资经营企业、中外合作经营企业和外商独资企业，并分别制定了相应的法律法规。同时，为进一步引进资金、技术，我国吸收外资战略总体上体现为数量扩展型的特征，突出体现在对外资生产企业提供各种普惠政策和超国民待遇。在一系列积极利用外资政策的有力支持下，外商直接投资规模稳定增长。特区成为吸引外资的热土，重点投向劳动密集型行业。港澳台地区企业成为投资主体，欧美大型跨国公司开始进入中国。**二是外资企业稳定发展阶段。**随着外资法律体系基本完善，我国利用外资政策开始由普遍性的超国民待遇向以产业、技术引进和地区发展为导向的差别性外资优惠政策转变，利用外资的目标也从引进资金和技术转向促进产业结构调整和区域协调发展。外商直接投资逐渐成为我国利用外资的主要形式；长三角、珠三角成为外商投资热点，涉及行业范围大幅度拓宽；大型跨国公司纷纷在华设立分部，加工贸易方式开始兴起。**三是外资企业高速增长阶段。**自 2002 年加入 WTO 之后，我国法律体系逐渐和 WTO 接轨，营商环境持续改善。随着我国资本账户开放步伐的加快，除传统的"绿地"投资、并购等直接投资方式外，证券投资也开始成为外资进入我国市场的重要方式之一。外商直接投资规模稳定增长，在经济增长中的作用大幅提升；外资企业在东部沿海地区"遍地开花"，带动我国全面融入全球价值链；金融、商贸等服务业开始成为新的可用外资热点。**四是外资企业质量提升阶段。**利用外资由规模向效益转变，最为明显的变化体现在初步实现了对外资企业的国民待遇原则上。2008 年，我国实现了"两税合一"，外资企业即便享受税收优惠政策，这种优惠也不是来自其外资的身份，而是来自其独特的技术优势或对西部地区的经济拉动作用。同时，我国积极推行实施国际通行的"准入前国民待遇+负面清单"制度，逐步和国家通行规则接轨。新时期利用外资的政策重点主要体现在三大方面，即放宽外资行业准入限制、促进内外资公平竞争和创新外商投资管理体制。

2. 所有制改革的基本方向

新时期，进一步推进所有制改革过程中，要加快建立现代产权制度，合理把握和确立公有制经济的主体地位，分类推进国有企业改革，促进非公有制经济健康成长。

第一，加快建立现代产权制度。产权是所有制的核心，现代产权制度是现代市场经济的基石，也是社会主义市场经济重要的支撑性制度，它关系到人们创造价值、积累财富、有效配置资源的内在激励，是各类生产要素流动的基本驱动力。要将改革开放以来沉淀下来的一些模糊产权变为清晰、可交易和能够获取合理收益的产权，从而使这些产权所支配的经济资源快速加入国民经济循环之中。要有效保护国有资本及其收益，防止国有资本流失。特别需要提到的是，国有土地和国有自然资源等迅速增值的优质国有资产，迫切需要通过完善国有自然资源产权制度和市场交易规则等加以有效保护和高效利用。此外，还要尽快完善知识产权制度和约束行政权力对产权的侵害。

第二，合理把握和确立公有制经济的主体地位。推进国有企业和国有资本做大做强做优。进一步厘清国有资本的功能定位和国有经济的使命担当，加快优化国有资本布局。国有资本要加快向公共服务、重点前瞻性战略性产业、生态环境保护、科技进步、人民生命安全和国家安全等重要领域集中。深化国有企业混合所有制改革，以此来放大国有资本的功能和影响力。

第三，分类改革是深化国资国企改革的新趋势。新阶段，应实行分类、分层、分区推进方略；在分类基础上，以重要行业和关键领域的商业类为重点，全领域推进"混改"；在分层基础上，以中央企业母公司为重点，母子（孙）公司全系统推进"混改"；在分区基础上，以东北和其他老工业基地为重点，全地域推进"混改"。与此同时，还应鼓励民营企业、外资企业积极发展混合所有制经济，"形成资本所有者和劳动者利益共同体"。

第四，促进非公有制经济健康成长。在理论上深化对非公有制经济的认识，要认识到非公有制经济是现代生产力和现代市场经济的重要组成部分。要构建非公有制经济自由进入机制和各市场主体平等使用生产要素的体制环境，有力有效解决民营企业遇到的市场"冰山"、融资"高山"、转型"火山"，进一步激发和保护企业家精神。要提振民营经济信心，推进民营经济立法出台，强化政府与市场合作机制。此外，要在安全的前提下，进一步发展外资经济。

3. 所有制改革的难点卡点

与此同时还要看到，所有制改革过程中依然存在难点卡点，促进各种所有制经济优势互补共同发展的体制机制仍不健全，有效实现形式仍有待探索完善。如我国产权保护仍然存在一些薄弱环节和问题；公有制经济布局和结构还不够优化，效益效率仍然不高，一些公有制企业主责主业不突出、功能定位不清晰，国企改革和国有资产管理体制仍存在制约发展的深层次体制机制障碍；许多非公有制企业管理水平不高、内部治理规范性不足，非公经济发展的政策落地效果还不理想，企业营商环境需要提升改善。

第一，我国产权保护仍然存在一些薄弱环节和问题。国有产权由于所有者和代理人关系不够清晰，存在内部人控制、关联交易等导致国有资产流失的问题；利用公权力侵害私有产权、违法查封扣押冻结民营企业财产等现象时有发生；农村土地集体确权和保护面临缺少到期后如何续订和继承的问题，历史遗留的存量小产权房等问题尚未妥善解决，农民利益时常被村集体侵犯，且农村集体土地入市尚未做到同地同权同价；知识产权保护不力，侵权易发多发。

第二，国资国企改革仍存在制约发展的深层次体制机制障碍。国有企业增强核心竞争力方面，一些影响国有企业发展活力和内生动力的顽瘴痼疾尚未完全解决，一些企业仍然存在资产收益率不高、创新能力不足、价值创造能力不强等问题。在国有经济优化布局方面，国有企业在行业分布上“大而全”、在企业组织上“小而散”等问题仍未得到很好解决；中央企业改革还主要停留在“子企业”或“孙公司”这一层，中央企业“母公司”改革则寥寥无几；政企不分、政资不分的问题仍然存在。在国资监管方面，出资人职责和政府公共管理职能的分离还不到位，存在较大的交叉重叠；国有自然资源类、金融类、文化类和非经营性国有资产的监管体制和制度还需要进一步探索建立。在自然垄断行业改革方面，一些行业自然垄断环节与竞争性环节尚未有效分离，自然垄断环节总体功能定位不清晰，对自然垄断环节监管不到位；部分行业竞争性环节没有充分放开，有效竞争的市场格局尚未形成。

第三，民营经济发展的政策落地效果还不理想。一是市场准入限制仍然较多，政策执行中的“玻璃门”“弹簧门”“旋转门”“没门”现象仍存，民营经济发展面临“天花板”“旋转门”等障碍。二是融资难、融资贵问题仍然突出。民营企业特别是中小企业、小微企业融资渠道狭窄，民营企业资金链紧张。三是民营企业应有功能的发挥受到制约。

（三）所有制改革的基本经验

回顾改革开放以来所有制改革历程，可以发现，产权制度的不断完善是所有制改革的基础，正确认识和处理公有制与非公有制经济发展关系是所有制改革的关键前提，所有制改革上要毫不动摇地巩固和发展公有制经济，毫不动摇地鼓励、支持、引导非公有制经济发展，探索公有制多种实现形式，支持民营企业改革发展，培育更多充满活力的市场主体。

1. 产权制度的不断完善是所有制改革的基础

产权是所有制的核心和主要内容，产权制度是社会主义市场经济的基石。公有制产权制度的完善，在保障公有制经济主体地位的同时，也是其所有权与承包权、经营权、使用权相互分离和逐步明晰的过程。在这一过程中，一方面，国有资本、城乡土地、自然资源的国家（集体）所有权没有改变，承包权也得到稳固，保障了公有制经济的主体地位；另一方面，上述生产资料的经营权和使用权则由市场优化配置，现代国有企业制度、城乡土地市场逐步建立，自然资源市场化配置水平也得到提升，提高了生产要素配置效率。非公有制产权制度的完善不断提升非公有制经济地位，为其快速发展提供有力保障。此外，不同所有制产权的流转，促进公有制经济和非公有制经济竞合互补，混合所有制经济得到发展。

2. 正确认识和处理公有制与非公有制经济发展关系是所有制改革的关键前提

46 年所有制改革的经验表明，实现社会生产力的发展，在生产关系上必须正确处理好公有制与非公有制经济发展的关系，这是决定社会主义市场经济体制成败的根本制度问题，也是有效激活各类市场主体活力以促进生产力发展的关键前提。在所有制层面，公有制经济与非公有制经济是主从关系，公有制经济要充分发挥其引导作用，共同推动国民经济的有序运行。在市场运行方面，无论是国有企业还是民营企业，都是自主经营、自负盈亏、自担风险、自我约束、自我发展的独立主体，在市场上应当拥有平等的发展机会并公平竞争，实现“竞争中性”。在全面建设社会主义现代化国家新征程上，我们要从坚持和完善社会主义基本经济制度、坚持社会主义市场经济改革方向的战略高度，从扎实推进中国式现代化全局出发，深刻领会“两个毫不动摇”的重要意义，准确把握“两个毫不动摇”之间的逻辑关系，并在实践中完整、准确、全面地予以贯彻落实。“两个毫不动摇”相互依存、不可偏废，任何只强调一个方面、忽视另一个方面，甚至将两者对立起来的言行都是有害的，针对极少数对国有经济和民营经济及其相互关系的模糊认识、曲解误读，以及“国退民进论”“民营经济离场论”等错误言论，必须厘清认识、正本清源，坚决予以回击，从而更好地统一思想、凝聚共识，提振发展信心，形成发展合力。

3. 毫不动摇地巩固和发展公有制经济

始终坚持公有制主体地位贯穿我国所有制改革全过程。46 年所有制改革的经验表明，公有制要积极推行多种有效实现形式，如对国有大中型企业进行产权多元化改革、实行股份制改革、以现代产权制度为基础发展混合所有制经济，充分证明我国公有制特别是国有制找到了一个与市场经济相结合的形式和途径。调整和优化国有经济布局和结构，更好地发挥国有经济的控制力、影响力和带动力，巩固和完善公有制为主体、多种所有制经济共同发展的基本经济制度。建立健全国有资产管理和监督体制，防止国有资产流失，确保国有资产保值增值。

4. 毫不动摇地鼓励、支持、引导非公有制经济发展

非公有制经济发展对我国所有制改革、社会主义市场经济体制的建立和完善具有极其重要的意义。我国 46 年所有制改革的历史是非公有制经济不断从小到大、由弱变强、从内到外的不断发展壮大的历史，非公有制经济发展的历程就是中国特色社会主义市场经济体系不断发展的历程。因此，必须消除体制性障碍，打破一切限制非公有制经济发展的“玻璃门”现象，构建完善的私有财产保护法律制度，完善各种所有制经济平等竞争、相互促进的法律保障体系，促进非公有制经济发展。

（四）党的十八大以来所有制改革取得的新突破

党的十八大以来，习近平总书记高度重视各种所有制经济发展，发表了一系列重要论述，多次强调坚持“两个毫不动摇”，为促进各种所有制经济发展提供了根本遵循。党中央出台一系列支持各种所有制经济发展的政策文件，我国公有制经济和非公有制经济发展取得显著成效。与此同时，公有制经济和非公有制经济在发展过程中，相互取长补短、深化合作，逐步形成产业协作、协同创新的发展格局。

1. 国资国企改革取得突破性进展

党的十八大以来，习近平总书记亲自谋划、亲自部署、亲自推动新时代国资国企改革，国有经济布局化和结构调整取得重要进展，国资国企改革取得重大成就。国资

国企改革在许多领域发生了一系列根本性、转折性、全局性重大变革，对经济社会发展、科技进步、国防建设、民生改善等作出了重大贡献。

第一，党的领导和党的建设全面加强，国有企业管党治党意识和责任显著增强。国资国企系统深入贯彻落实全国国有企业党的建设工作会议精神，以前所未有的鲜明态度和战略定力坚持党的全面领导，以前所未有的决心和意志坚持党要管党、全面从严治党，以前所未有的自觉和力度抓党建、强党建，国有企业党的领导弱化、党的建设缺失、从严治党不力状况明显改观，党的领导、党的建设得到实质性加强。

第二，国企改革顶层设计方案形成，改革的系统性、协调性、协同性显著增强。国企改革顶层设计方案形成了以《关于深化国有企业改革的指导意见》为统领、以35个配套文件为支撑的“1+N”政策体系。这是改革开放以来国企改革领域最系统、最全面、最有针对性的政策体系，有力保证了国企改革有方向、有目标、有遵循。

第三，国资国企体制机制改革实现重大突破，国有企业的活力动力显著增强。公司制改制全面完成，实现了历史性突破。董事会建设迈出重要步伐，82家中央企业建立了外部董事占多数的董事会。市场化经营机制加快建立健全，积极推进经理层成员任期制和契约化管理，扎实推行职业经理人制度，统筹运用多种方式强化中长期激励；混合所有制改革更加积极稳妥，形成层级较为齐全、覆盖各环节的混改配套政策。2020年以来，中央企业累计引入各类社会资本超过9000亿元；截至2022年底，中央企业各级子企业中混合所有制企业户数占比超过70%①。加快从管企业向管资本转变，进一步突出管资本重点职能，构建业务监督、综合监督、责任追究三位一体的监督工作闭环，国资监管体系更加完善。

第四，国有资本布局结构调整取得重大进展，国有资本配置效率和整体功能显著增强。一是不断完善产业布局，进一步向重要行业和关键领域集中。实施产业基础再造工程，加大新一代信息技术、人工智能、新能源、新材料、生物技术、绿色环保等领域投入力度，强化航空航天、轨道交通、海洋工程、智能装备、芯片等高端制造业布局。国务院国资委数据显示，中央企业有70%以上搭建了高水平工业互联网平台，有40%以上设立了人工智能技术研发机构，推动柔性生产、实时制造等先进生产方式正在落地，近3年来中央企业在战略性新兴产业领域年均投资增速超过20%。**二是战略性重组和专业化整合持续深化。**2012年以来完成22组41家中央企业战略性重组，有序推进铁塔、航材、煤炭、海工装备等领域专业化整合，中央企业涉及国家安全和国计民生领域营业收入占总体比重超过70%。全国省属国有企业实施116组347家重组，开展专业化整合2150次。**三是企业瘦身健体成效显著。**中央企业法人户数累计压减44%，管理层级大多数控制在四级（含）以内，从事主业的户数占比达到93%。“僵尸企业”处置和特困企业治理任务基本完成，非主业非优势业务和低效无效资产清退任务加快落地，中央企业主业投资占比和从事主业的子企业数量占比均超过90%。剥离企业办社会职能和解决历史遗留问题取得标志性成果。**四是国有资本配置**

① 国务院国资委研究中心．中央企业高质量发展报告（2023）［M］．北京：中国经济出版社，2024.

和运行效率不断提高。国有企业深入实施创新驱动发展战略，加快产业转型升级步伐，发展质量和效益不断提高，有效发挥了国民经济“顶梁柱”“压舱石”作用。国有企业综合实力达到全球同行业领先水平，国务院国资委数据显示，发电、航运、船舶等行业中央企业主要效率指标达到世界一流水平，46家国务院国资委监管的中央企业进入2023年《财富》世界500强榜单。全国国资系统监管企业资产总额从2012年的71.4万亿元增长到2023年的317.1万亿元，利润总额从2012年的2.0万亿元增长到2023年的4.5万亿元，2012—2023年累计实现增加值146.9万亿元，年均增长8.1%，规模实力和质量效益明显提升。

第五，自然垄断行业改革取得重要进展。党中央高度重视垄断行业改革和健全自然垄断环节监管工作，深入推进能源、铁路、电信、水利、公用事业等重点行业改革，深化以政企分开、政资分开、特许经营、政府监管为主要内容的改革，根据行业特点实行网运分开、主辅分离、放开竞争性业务，取得重要进展。油气行业组建国家石油天然气管网集团有限公司，实现干线管网独立运营；电力行业按照管住中间、放开两头的体制架构，实行厂网分开、主辅分离，加快构建全国统一电力市场体系；电信行业推动实现铁塔站址和卫星网络等通信网络基础设施独立运营；水利行业实现以南水北调工程为代表的干线水网独立建设运营。

2. 民营经济持续健康发展

党的十八大以来，习近平总书记高度重视非公有制经济发展，多次强调要坚持“两个毫不动摇”。党的十九大把“两个毫不动摇”写入新时代坚持和发展中国特色社会主义的基本方略，作为党和国家一项大政方针进一步确定下来。中共中央、国务院先后印发《关于营造更好发展环境支持民营业改革发展的意见》《关于促进民营经济发展壮大的意见》等多个政策文件，使支持非公有制经济发展的政策体系更加系统完备，促进非公有制经济不断发展壮大，成为推动我国经济社会发展不可或缺的重要力量和推进中国式现代化的生力军。

第一，全面彰显了我们党推动民营经济发展的决心、信心和恒心。党中央历来支持和鼓励民营企业发展。党的十八大以来，以习近平同志为核心的党中央坚持“两个毫不动摇”，充分肯定我国民营经济的重要地位和作用，强调公有制经济和非公有制经济都是社会主义市场经济的重要组成部分，都是我国经济社会发展的重要基础；我国民营经济只能壮大、不能弱化，不仅不能“离场”，而且要走向更加广阔的舞台；促进民营经济发展壮大，是长久之策，不是权宜之计。党的十九大把“两个毫不动摇”纳入新时代坚持和发展中国特色社会主义的基本方略，作为党和国家一项大政方针进一步确定下来。2020年9月，中共中央办公厅印发了《关于加强新时代民营经济统战工作的意见》，首次提出“两个始终是”的新论断①。党的二十大把“必须坚持和完善公有制为主体、多种所有制经济共同发展，按劳分配为主体、多种分配方式并存，

---

① 民营经济作为我国经济制度的内在要素，始终是坚持和发展中国特色社会主义的重要经济基础；民营经济人士作为我们自己人，始终是我们党长期执政必须团结和依靠的重要力量。

社会主义市场经济体制”等基本经济制度写入党章，极大地提振和鼓舞了民营经济人士的信心和斗志。2023年7月，中共中央、国务院发布《关于促进民营经济发展壮大的意见》进一步指出，“民营经济是推进中国式现代化的生力军，是高质量发展的重要基础，是推动我国全面建成社会主义现代化强国、实现第二个百年奋斗目标的重要力量”。10年来，党中央出台一系列扶持民营经济发展的改革举措，不断为民营经济发展营造良好环境，我国民营经济规模和实力大幅提升，在推动发展、增加就业、改善民生、促进创新、深化改革、扩大开放等方面发挥了不可替代的重要作用。民营企业数量从2012年的1085.7万户增长到2022年的4700多万户，10年间翻了两番多；在国家级专精特新“小巨人”企业中，民营企业占比超过80%；民营上市公司数量突破3000家；在世界500强企业中，我国民营企业由2012年的5家增加到2022年的28家。

第二，着力建设有利于民营企业发展的法治环境、政策环境和市场环境。一是民营经济法治建设取得历史性成就。党的十八大以来，习近平总书记先后就民营经济法治建设做出重要论述，构成了习近平法治思想的有机组成部分，为民营经济法治建设提供了根本遵循和行动指南。同时，党和国家加快完善涉企法律法规体系，制定平等保护产权、弘扬企业家精神等一系列重大举措，构筑民营经济法治建设的坚固基石。颁布实施中国首部《民法典》，强调保障一切市场主体的平等法律地位和发展权益，强化对民营企业的平等保护。推进营商环境专门立法，国务院颁布《优化营商环境条例》，这是我国优化营商环境的第一部综合性行政法规。强化中小企业、民营企业权益保护，《中小企业促进法》修订，增设“权益保护”专章；国务院公布《保障中小企业款项支付条例》，建立解决拖欠中小企业款项长效机制。健全产权保护法律法规政策体系，加强市场宏观调控与监管审查，清理修订涉民企不平等条文，坚持开门立法民主立法。**二是市场体系建设持续完善。**深入推进“放管服”改革，《优化营商环境条例》出台实施，组织开展6批次中国营商环境评价，行政审批事项大幅减少，社会信用体系建设取得积极进展。构建立法、执法、司法全方位产权保护制度体系，建立公平竞争审查制度，清理废除妨碍统一市场和公平竞争的各种规定和做法，全面实施市场准入负面清单制度，加快完善价格市场决定、流动自主有序、配置高效公平的要素市场制度，形成了强大国内市场。

第三，民营企业高质量发展扎实推进。一是大力弘扬企业家精神。国家“十四五”规划纲要指出：“弘扬企业家精神，实施年轻一代民营企业家健康成长促进计划。”2022年2月，中央全面深化改革委员会第二十四次会议审议通过的《关于加快建设世界一流企业的指导意见》明确提出，“支持引导行业领军企业和掌握关键核心技术的专精特新企业深化改革、强化创新，加大培育力度”。党的二十大报告提出：“完善中国特色现代企业制度，弘扬企业家精神，加快建设世界一流企业。”《中共中央　国务院关于促进民营经济发展壮大的意见》在弘扬企业家精神的基础上进一步提出培育企业家精神，要“引导民营企业家增强爱国情怀、勇于创新、诚信守法、承担社会责任、拓展国际视野，敢闯敢干，不断激发创新活力和创造潜能”。**二是民营企**

业高质量发展扎实推进。截至 2024 年 5 月底，我国实有民营经济主体总量 18045 万户，占全部经营主体总量的比重从 2019 年的 95.5%增长为 96.4%，民营经济在我国经济中的比重稳步提升，已经成为推进中国式现代化的生力军，是高质量发展不可或缺的重要基础。在外贸领域，民营企业进出口额达 9.58 万亿元，占中国外贸总值的 54.7%，成为外贸主力军。如今，在“新三样”产品出口中，民营企业的比重进一步提升，汽车、工程机械、电子消费品等领域的品牌知名度越发响亮。在重大项目建设领域，民营资本控股的杭温高铁一期项目建设即将开始验收；国产大飞机 C919 机身上辅助动力装置门、碳纤维刹车盘预制件，一系列关键零部件来自民营企业。在垄断行业领域，电力、电信、石油、天然气等重点行业和领域放开竞争性业务，市场准入壁垒进一步破除，公平竞争审查制度全面实施，信息获取渠道更加畅通，民营企业参与国家重大战略的实施机制不断完善，2022 年 1 月首条民营企业进入资本控股的杭台高铁（杭绍台铁路）建成通车，发展空间愈加广阔。

3. 外资经济稳步增长

党的十八大以来，在以习近平同志为核心的党中央坚强领导下，着力深化外资管理体制改革，不断放宽外资准入，加快国家级经济技术开发区和边境经济合作区的发展，外资经济取得明显的成效。

第一，外资管理体制发生根本变化。凡不涉及准入特别管理措施的外资企业，设立及变更的事项由审批改为备案管理，改变了实行 30 多年的“逐案审批制”，实现了对外商投资管理理念、管理模式和管理体制的重大变革。

第二，利用外资规模稳定增长。党的十八大以来，我国坚持推进“放管服”改革，积极促进贸易便利化，在落实世贸组织《贸易便利化协定》方面取得了积极进展，海关通关的便利化大幅提升，单一窗口建设、无纸化报关取得重大突破，同时我国高度重视国内营商环境的改善，及时颁布了新的外资法，明确提出了建设市场化、法治化、国际化市场竞争环境的要求，积极落实外资企业的国民待遇。商务部数据显示，2024 年 1—5 月，我国新设立外商投资企业 21764 家，同比增长 17.4%，延续了 2023 年以来新设企业较快增长的态势；实际使用外资规模仍处于历史高位，特别是我国制造业实际使用外资达 1171 亿元，其中高技术制造业引资 504.1 亿元，占全国引资比重较上年同期分别提升了 2.8 个和 2.7 个百分点，显示出我国引资结构持续优化。此外，国家统计局数据显示，2024 年 1—4 月外资规模以上工业企业利润总额增长 16.7%，高于全国平均水平（4.3%），经营状况持续改善。

第三，外商投资法律体系进一步完善。2020 年外商投资法正式实施，以对外开放为主基调，确定了外商投资促进、保护、管理的基本制度，为外商投资权益提供了更全面、更有力的法治保障，体现了高水平对外开放的时代特征。

第四，对外开放水平大幅提升。2017—2021 年，我国连续五年缩减外资准入负面清单，全国和自贸试验区限制措施条目分别缩减至 31 条、27 条，在制造业、采矿业、农业、金融业等领域推出了一系列重大开放措施，吸引更多外资企业来华经营。

第五，外商投资环境明显改善。我国连续三年清理与外商投资法不符的法规、规章和规范性文件，累计推动500多份文件“立改废”，充分保障了外资企业公平竞争待遇。作为全球最大、增长最快的市场之一，我国拥有完善的产业配套体系、丰富的人力资源、良好的创新环境和无可比拟的内需潜力，外资企业始终看好中国经济发展前景，愿意扎根深耕中国市场、与中国经济共成长。

二、进一步全面深化所有制改革面临的新形势新要求

当前，世界百年未有之大变局加速演进，新一轮科技革命和产业变革深入发展，我国经济转向高质量发展，进入战略机遇和风险挑战并存、不确定难预料因素增多的时期，推动高质量发展，推进中国式现代化，对各种所有制经济发展提出新的更高要求。

（一）国际环境的日趋严峻复杂对统筹多种所有制共同发展提出新的要求

当前，世界百年变局全方位、深层次加速演进，世界进入新的动荡变革期，正在经历大调整、大分化、大重组，国际国内形势纷繁复杂，外部环境不确定、不稳定、难预料成为常态，我国发展不平衡不充分问题仍然突出，推进强国建设、民族复兴伟业任务艰巨繁重。企业兴则国家兴，企业强则国家强。国有企业大多分布在关系国家安全、国民经济命脉的重要行业和关键领域，是实现国家战略意图、应对外部环境变化和重大风险挑战的关键变量。要通过深化国资国企改革，切实把提升国有企业战略功能价值放在优先位置，聚焦国之大者、围绕国之所需，更好发挥战略安全、产业引领、国计民生、公共服务等功能作用，以自身的高质量发展应对外部环境的不确定性。与此同时，世界经济形势的低迷，尤其是国内民营企业面临的困难局面，使得经济下行压力增大，使得坚持“两个毫不动摇”更为突出。在新的国际环境下，要继续巩固和支持“两个毫不动摇”，发展壮大民营经济，需要国有经济、国有企业更好发挥主导作用和战略支撑作用，加强和改进国有经济管理，深化国有企业改革，充分利用经济全球化新发展实现我国国有经济布局优化及产业结构调整，持续增强国有经济竞争力、创新力、控制力、影响力、抗风险能力，为中国式现代化提供更为坚实的物质基础。

（二）新一轮科技革命和产业变革深入发展对加快推动国有企业发展新质生产力提出新要求

当前，新一轮科技革命和产业变革深入发展，科技创新深刻重塑生产力基本要素，新质生产力已经在实践中形成并展示出对高质量发展的强劲推动力和支撑力。与传统的土地、资本与劳动力等规模性生产要素不同，现阶段以数字技术、大数据、人工智能为代表的新技术正在加快催生新质生产力，带来一种全新的生产方式与组织方式，深刻改变着生产资料、劳动者与劳动对象之间的关系，进而需要重塑新型生产关系。因此，新型生产关系是在改革创新的探索和挑战中，不断调整并适应新质生产力的要求，最终取代旧的传统的生产关系。**一方面，全球新一轮科技革命的孕育兴起为国有**

企业转型发展提供广阔的舞台。以数字产业化和产业数字化为核心的数字经济、以细胞免疫等技术突破和应用为代表的生物经济、以零碳低碳技术开发和推广等为代表的绿色经济正在重构产业链供应链价值链和创新链，加上不断拓展的深海、虚拟和增强现实等未来产业在不断更新迭代。国有企业可以充分利用全球新一轮科技革命孕育的科技创新广阔平台，优化经济布局和产业结构调整，打造成为国家战略科技力量的主力军，有效解决当前我国产业面临的“卡脖子”问题、提升产业竞争力。**另一方面，逆全球化下原有创新发展模式受阻让国企改革承压变大。**国际金融危机后，全球价值链逐渐呈现收缩态势，经济“逆全球化”特征显现。随着中美摩擦持续演化升级，原先依靠全球化、依靠市场经济进行科技创新的模式逐渐失效。产业链的国际关联被迫切断，新兴战略产业链的基础研究受阻，关键材料、核心元器件、关键零部件面临断供风险，产业链自主安全的需求快速提升。单独依靠“民营企业+PEVC（私募股权和风险投资）”的组合难以有效调动产学研协同与产业链融通，集中力量实现产业攻关，迫切需要新的组织运行机制。在这一背景下，国有企业应发挥“举国体制”的优势，集中资源推动核心技术研发，瞄准世界科技前沿，实现前瞻性基础研究、引领性原创成果重大突破，拓展实施国家重大科技项目，真正成为提升国家自主创新能力和引领经济结构转型升级的生力军。

（三）中国式现代化建设对深化所有制改革提出更高要求

党的二十大报告指出，“从现在起，中国共产党的中心任务就是团结带领全国各族人民全面建成社会主义现代化强国、实现第二个百年奋斗目标，以中国式现代化全面推进中华民族伟大复兴”，并强调新时代新征程必须“毫不动摇巩固和发展公有制经济，毫不动摇鼓励、支持、引导非公有制经济发展”。[①] 以公有制为主体、多种所有制经济共同发展是中国式现代化道路的经济基础。实行公有制为主体、多种所有制经济共同发展，既是中国特色社会主义制度的内在要求，也是完善社会主义市场经济体制的必然要求。中国式现代化建设要求国有企业、民营企业协同发力，激发各类经营主体活力，建设高水平社会主义市场经济体制，推动构建新发展格局，统筹发展与安全，加快形成新质生产力，为推动高质量发展、推进中国式现代化持续注入强劲动力。

1. 构建高水平社会主义市场经济体制要求更好坚持“两个毫不动摇”

公有制经济和非公有制经济都是社会主义市场经济的重要组成部分，都是我国经济社会发展的重要基础。国有企业是中国特色社会主义的重要物质基础和政治基础，是我们党执政兴国的重要支柱和依靠力量，是中国特色社会主义经济的“顶梁柱”。非公有制经济在稳定增长、增加就业、推动创新、出口创汇、改善民生等方面发挥着重要的作用。推进中国式现代化建设，必坚持和完善社会主义基本经济制度，毫不动摇巩固和发展公有制经济，毫不动摇鼓励、支持、引导非公有制经济发展，充分发挥市场在资源配置中的决定性作用，更好发挥政府作用。部分民营企业面临着要素成本

---

① 习近平．高举中国特色社会主义伟大旗帜　为全面建设社会主义现代化国家而团结奋斗——在中国共产党第二十次全国代表大会上的报告［M］．北京：人民出版社，2022：21，29.

增加、生产经营困难、创新意愿和能力不足等诸多挑战，但同时也要看到，这些困难是我国经济发展到一定阶段所遇到的正常现象，不能因此否定公有制经济和非公有制经济的积极作用，更不能说成是“国进民退”，把民营企业出现的困难归咎于国有经济。解决当前的困难，公有制经济和非公有制经济都必须主动适应高质量发展的要求，努力在中国式现代化建设中实现新作为、新提升、新发展。

2. 建设现代化经济体系要求更好坚持“两个毫不动摇”

习近平总书记强调，高质量发展是全面建设社会主义现代化国家的首要任务，发展新质生产力是推动高质量发展的内在要求和重要着力点。现代化产业体系是中国式现代化建设的物质技术基础。长期以来，国企和民企结合各自优势和定位，形成了分工合作、互补发展的产业格局，为我国建成全世界最完整的产业体系作出了重要贡献。随着我国经济由高速增长阶段转向高质量发展阶段，建设现代化经济体系离不开产权制度和企业组织的有力支撑，这就要求必须更好坚持“两个毫不动摇”，在建设现代化产业体系进程中，国企民企能够在错位布局、分工协作中实现优势互补、共赢发展。要通过深化国资国企改革，着力打通束缚新质生产力发展的堵点卡点，不断强化创新策源，加快推动科技创新基础上的产业创新，改造提升传统产业，培育壮大新兴产业，布局建设未来产业，开辟新领域新赛道，塑造新动能新优势，为现代化产业体系建设提供有力支撑。要通过供需对接、项目共建、渠道共用等方式，形成产业链优势互补、创新链合理分工、价值链共建共享的发展格局。要加强国企民企在新领域新赛道的合作，更好引领战略性新兴产业发展，不断塑造高质量发展新动能新优势。

3. 推进高水平对外开放要求更好坚持“两个毫不动摇”

高水平开放是中国式现代化建设的必然要求。开拓国际市场，增强全球资源配置能力，更大程度参与国际竞争，是大势所趋。在改革开放进程中，国企和民企通过积极“走出去”，有力拓展了发展空间，提升了我国经济的全球竞争力。目前，在国际市场上，国企在基础设施、电力电信、工程装备等领域已经形成了强大竞争力，具有明显的产能、技术与经验优势；民企除了在“小而美”的制造领域持续巩固传统优势外，在数字经济、新能源等领域的优势也不断增强，是我国“新三样”出口的绝对主力。当下，应对一些西方国家推行逆全球化带来的新挑战，我们要着眼建设更高水平开放型经济新体制，积极探索“走出去”新模式，要求发挥国企的资源整合优势、资金优势，用好民企的体制机制灵活优势，通过横向组团、纵向共链、资本合作等方式，推动国企民企联合出海，增强海外产业链的完整性和抗风险能力，不断提升我国在全球产业分工中的地位和话语权。

4. 实施科教兴国战略要求更好坚持“两个毫不动摇”

习近平总书记指出，教育、科技、人才是全面建设社会主义现代化国家的基础性、战略性支撑，要强化企业科技创新主体地位，推动产学研深度融合。实现高水平科技自立自强，是新时代国企和民企共同的使命担当。国企资本雄厚、人才富集，资源整合能力强，在基础研究和关键技术攻关方面具有显著优势，发挥着大国重器、强国基石的作用。民企在市场竞争的压力下，经营机制更加灵活，求新求变意识更强，在技术创新和应用方面具备显著优势。未来，国有企业作为我国国民经济的主导力量，必将成为推进中国式现代化建设的关键力量。要求国有企业必须要把建设中国式现代化作为根本使命，以国家重大战略为导向，在发展战略上进行聚焦，优化投资方向，提高投资质量，当好原创技术“策源地”和现代产业链“链长”，在高水平自立自强、提升产业链现代化水平、推进共同富裕、畅通经济循环等重大战略中发挥引领和支撑作用。要求民营企业也要探索新领域、新技术、新市场，在发展新质生产力中发挥作用。

5. 增进人民福祉要求更好坚持“两个毫不动摇”

习近平总书记指出，人民幸福安康是推动高质量发展的最终目的。我们必须坚持发展为了人民、发展依靠人民、发展成果由人民共享，完善分配制度，让人民过上高品质生活。中国式现代化建设就是要更加关注人民对美好生活的新需求，着力使全体人民在共建共享发展中有更多获得感、幸福感、安全感。要完成这一重大任务，必须坚持“两个毫不动摇”，既要充分发挥公有制经济在保障和改善民生、促进公平正义和实现共同富裕中的重大作用，也要充分发挥非公有制经济在满足人民群众多样化需求方面的优势，并为多种所有制经济共同参与市场竞争、平等实现发展提供更好的制度环境和营商环境，激发社会创造活力，让人民共享发展成果。

6. 统筹发展和安全要求更好坚持“两个毫不动摇”

习近平总书记指出，要“统筹高质量发展和高水平安全”。安全是发展的前提，发展是安全的保障。唯有在安全中谋发展，发展才可持续。中国式现代化建设更加关注统筹发展和安全，要求更好坚持“两个毫不动摇”，激发各类经营主体内生动力。**一方面，统筹发展和安全要求各类经营主体在提升效能方面“上水平”。**既要把深化国有企业改革作为加快建设世界一流企业的重要途径，以混合所有制改革为牵引，系统推进国有企业治理结构、市场化薪酬体系、国资监管体制、国有资本投资运营机制等各项改革，加强国企改革的系统集成；又要引导支持民营企业改革发展，聚焦民营经济发展中的难题，坚持探索创新，持续创造可复制可推广的经验做法，建设一批世界一流的民营企业。**另一方面，统筹发展和安全要求坚决守住不发生系统性风险的底线。**激发各类经营主体的内生动力不是进行无原则、无边界的“刺激”，以致出现“无序扩展、野蛮生长”的现象。在经济建设中，要强化系统思维，着眼于经济发展可能存在的波动，通过政策引导、监管干预进一步强化战略性布局，实现发展质量、结构、规模、速度、效益、安全相统一，确保各类经营主体健康运行。同时，也不能以“确保安全”为由违背经济规律，无视不同经营主体的发展需求。政府既要坚持底线思维，也要发挥托底功效，做好风险预测，进一步完善营商环境，让各类经营主体，特别是民营企业卸下历史包袱，培育新质生产力，提升核心竞争力，切实解决生产经营中的短板，为落实“五个必须”增添可持续动力。

三、深入领会进一步全面深化所有制改革的指导思想、基本原则和总目标

在新时代新征程上，所有制改革要坚持以习近平新时代中国特色社会主义思想为科学指引，坚持和完善社会主义基本经济制度，坚持社会主义市场经济改革方向，以完善产权制度为前提，加强各种所有制经济产权保护和实现产权有效激励，完善落实“两个毫不动摇”的体制机制，激发各类经营主体活力，构筑中国式现代化建设坚实的微观基础。

（一）指导思想

以习近平新时代中国特色社会主义思想为指导，全面贯彻落实党的二十大和二十届二中、三中全会精神，坚持稳中求进工作总基调，完整、准确、全面贯彻新发展理念，加快构建新发展格局，因地制宜发展新质生产力，着力推动高质量发展，围绕推进中国式现代化进一步全面深化改革，坚持和完善社会主义基本经济制度，坚持社会主义市场经济改革方向，坚持以解放和发展社会生产力为标准，坚持以人民为中心的发展思想，以完善产权制度为前提，加强各种所有制经济产权保护和实现产权有效激励，完善落实“两个毫不动摇”的体制机制，充分发挥市场在资源配置中的决定性作用，更好发挥政府作用，推动各类所有制企业协同发展，进一步巩固和完善国有企业民营企业共同发展体制机制，充分激发各类经营主体的内生动力和创新活力，推动生产关系同生产力、上层建筑同经济基础相适应，为推动高质量发展、推进中国式现代化持续注入强劲动力。

（二）基本原则

坚持和完善社会主义基本经济制度。坚持和完善公有制为主体、多种所有制经济共同发展，必须毫不动摇巩固和发展公有制经济，毫不动摇鼓励、支持、引导非公有制经济发展，探索公有制多种实现形式，支持民营企业改革发展，培育更多充满活力的市场主体。

坚持社会主义市场经济改革方向。必须着眼于坚持和落实“两个毫不动摇”，更加有利于坚持和完善基本经济制度，进一步解放和发展社会生产力、激发和增强社会活力。国有企业改革要遵循市场经济规律和企业发展规律，坚持政企分开、政资分开、所有权与经营权分离，坚持权利、义务、责任相统一，坚持激励机制和约束机制相结合，促使国有企业真正成为依法自主经营、自负盈亏、自担风险、自我约束、自我发展的独立市场主体。社会主义市场经济条件下的国有企业，要成为自觉履行社会责任的表率。

坚持平等保护。健全以公平为核心原则的产权保护制度，必须着眼于平等使用资源要素，更加有利于推动要素配置依据市场规则、市场价格、市场竞争实现效率最优化和效益最大化。必须着眼于公开公平公正参与市场竞争，更加有利于在准入许可、经营运行、招投标等方面破除各类不合理障碍和隐性壁垒。必须着眼于同等受到法律保护，更

加有利于保障公有制经济财产权不可侵犯、非公有制经济财产权同样不可侵犯。

坚持正确处理政府和市场关系。坚持社会主义市场经济改革方向，更加尊重市场经济一般规律，最大限度减少政府对市场资源的直接配置和对微观经济活动的直接干预，充分发挥市场在资源配置中的决定性作用，更好发挥政府作用，有效弥补市场失灵。

（三）总目标

到2029年，毫不动摇巩固和发展公有制经济，毫不动摇鼓励、支持、引导非公有制经济发展，保证各种所有制经济依法平等使用生产要素、公平参与市场竞争、同等受到法律保护，促进各种所有制经济优势互补、共同发展，形成有利于各种所有制经济优势互补、共同发展的新局面。

推动国有资本和国有企业做强做优做大，在国有企业改革重要领域和关键环节取得决定性成果，形成更加符合我国基本经济制度和社会主义市场经济发展要求的国有资产管理体制、现代企业制度、市场化经营机制，国有资本布局结构更趋合理，造就以产业引领力、科技创新力、安全支撑力、公司治理力、协同发展力为任务，以世界一流企业为目标的国有企业，国有经济活力、控制力、影响力、抗风险能力明显增强，在坚持公有制为主下将国有企业改造成为市场竞争主体。

优化非公经济发展环境，依法保护民营、外资企业产权和企业家权益，全面构建亲清政商关系，使各种所有制经济依法平等使用生产要素、公平参与市场竞争、同等受到法律保护，促进非公经济做大做优做强。

到2035年，破除垄断，国有经济布局进一步优化和调整，国有企业构建中国特色现代企业制度，在更大范围、更深层次推进国有资本优化配置，进一步优化民营企业发展环境，推动各种所有制经济依法平等使用生产要素、公平参与市场竞争、同等受到法律保护，引导民营企业通过自身改革发展、合规经营、转型升级不断提升发展质量，促进民营经济做大做优做强。

到2050年，中国特色现代企业制度和国资监管体制更加成熟定型，经济布局结构优化调整，国有资本整体功能和配置效率显著提升，党的领导和党的建设实现根本性加强，促进资源配置实现效益最大化和效率最优化，构建国企民企协同发展良好生态。

四、进一步全面深化所有制改革的重点任务

新时代新征程上，推动所有制改革要充分发挥市场在资源配置中的决定性作用，更好发挥政府作用，推动各类所有制企业协同发展，充分激发各类经营主体的内生动力和创新活力。全面完善产权制度，健全归属清晰、权责明确、保护严格、流转顺畅的现代产权制度。深化国资国企改革，健全国有经济管理体系，培育一批核心竞争力强的国有企业。支持民营经济和民营企业发展壮大，落实好常态化沟通交流机制，依法保护民营企业产权和企业家权益。弘扬优秀企业家精神，支持企业家专注创新发展。加快建设世界一流企业，支持中小微企业发展。尤其是坚持国有企业分类改革原则，深化国资国企改革，深入推进国有经济布局优化和结构调整，进一步深化分类改革、分类考

核、分类核算，健全国有企业推进原始创新制度安排，完善国资国企管理监督体制机制。

（一）加快完善产权制度

一是健全以公平为原则的产权保护制度。健全归属清晰、权责明确、保护严格、流转顺畅的现代产权制度，依法平等长久保护各种所有制经济产权，坚持权利平等、机会平等、规则平等，废除对非公有制经济各种形式的不合理规定，消除各种隐性壁垒。制定和修订物权、债权、股权等产权法律法规，明晰产权归属，完善产权权能。加强数据知识、环境等领域产权制度建设，加快建立数据产权归属认定、市场交易、权益分配、利益保护制度，提升数据安全治理监管能力，建立高效便利安全的数据跨境流动机制。健全自然资源资产产权制度和法律法规，完善全民所有自然资源资产所有权委托代理机制，建立生态环境保护、自然资源保护利用和资产保值增值等责任考核监督制度。

二是加强产权执法司法保护。完善涉企产权案件诉讼、复核、重审等保护机制，畅通涉政府产权纠纷和处理渠道，防止和纠正利用行政、刑事手段干预经济纠纷。对侵犯各种所有制经济产权和合法利益的行为实行同责同罪同罚。健全依法甄别纠正涉企冤错案件机制，完善惩罚性赔偿制度。

三是建立高效的知识产权综合管理体制。完善和细化知识产权创造、运用、交易、保护制度规则，加强专利、商标、原产地地理标志等集中统一管理，优化知识产权综合执法，提升知识产权综合管理效能。促进知识产权行政执法标准和司法裁判标准统一。健全知识产权侵权惩罚性赔偿制度和侵权纠纷行政裁决制度。加强企业商业秘密保护，完善新领域新业态知识产权保护制度。

四是巩固和完善农村基本经营制度。有序推进第二轮土地承包到期后再延长 30 年试点，保持农村土地承包关系稳定并长久不变，维护农村土地承包经营当事人的合法权益，促进农业、农村经济发展和农村社会和谐稳定。深化承包地所有权、承包权、经营权分置改革，发展农业适度规模经营。完善农业经营体系，完善承包地经营权流转价格形成机制。发展新型农村集体经济，构建产权明晰、分配合理的运行机制，赋予农民更加充分的财产权益。

（二）深化国资国企改革

1. 深入推进国有经济布局优化和结构调整

推进国有经济布局优化和结构调整，要坚持调整存量结构，优化增量投向，推动国有资本合理流动、优化配置，确保国有经济实现质的有效提升和量的合理增长。

一是增强战略核心功能，突出主责主业管理。推动国有资本和国有企业做强做优做大，增强核心功能，提高核心竞争力。完善国有企业主责主业管理，进一步明晰不同类型国有企业功能定位，制定完善国有企业主责主业动态管理办法，厘清国有企业主责功能和主业标准，构建依法履职分类监管、动态调整、灵活授权的管理机制。健全国有企业投资管理制度，完善投资负面清单，建立投资后评价制度，坚决遏制部分国有企业盲目多元、“铺摊子”倾向。

二是推进国有经济布局优化和结构调整。统筹国有经济重大生产力布局，明确国有资本重点投资领域和方向，推动国有资本向关系国家安全、国民经济命脉的重要行业和关键领域集中，向关系国计民生的公共服务、应急能力、公益性领域等集中，向前瞻性战略性新兴产业集中。健全国有资本合理流动机制，统筹推进战略性重组和专业化整合，加快调整存量结构，优化增量投向，加强在关键核心技术攻关和前瞻性战略性产业领域的投入布局，增加医疗卫生、健康养老、防灾减灾、应急保障等民生领域公共服务有效供给，增强重要能源资源托底作用，维护产业链供应链安全。建立国有经济布局优化和结构调整指引制度，动态发布指引目录，明确国有资本重点投资领域和方向，增强指引的适应性和可操作性，适时开展效果评估。

三是深化国有资本投资、运营公司改革，完善授权经营体制。深化国有资本投资、运营公司改革，建立充分竞争领域国有资本市场化流动机制，推进国有企业战略性重组和专业化整合。围绕发挥产业投资、资本运作、国资监管的积极作用，打造国有资本投资布局、整合运作和进退留转的专业化平台，有效发挥投资公司产业投资功能和运营公司资本运作功能，促进存量资产盘活和低效无效资产处置，着力当好长期资本、耐心资本、战略资本。完善国有资本经营预算和绩效计价制度，强化国家重大战略任务和基本民生财力保障。深化国有企业之间以及与中央企业、各地国有企业之间的股权合作、供应链合作和项目合作。央企和各地方可推动更多符合条件试点企业转正，同时推进试点企业进一步拓围，探索通过新组建的国有资本投资、运营公司，支持重大科技创新和战略性新兴产业培育。

2. 进一步深化分类改革、分类考核、分类核算

一是建立国有企业履行战略使命评价制度。强化战略引领，建立科学客观、可量化的国有企业功能价值评价体系，对国有企业履行战略使命情况进行定期评价。

二是完善国有企业分类考核评价体系。根据企业不同功能、股权结构和组织形态深化分类监管，设置更有针对性、个性化的考核指标，探索实行“一业一策、一企一策”考核，充分体现对科技创新的高度重视，充分体现国家战略导向、战略要求，充分体现对共性量化指标与个体差异性的精准把握。研究将市值管理纳入中央企业负责人业绩考核①，制定上市公司市值管理指引②。

三是开展国有经济增加值核算。将国有经济增加值核算纳入考核体系，更加突出国有经济对国家和区域经济的贡献度，夯实国民经济结构调整的决策基础。

3. 健全国有企业推进原始创新制度安排

一是发挥新型举国体制优势。支持国有企业更大范围、更高层次、更深程度融入国家创新体系，积极承担国家重点研发计划、重大科技项目，牵头或参与国家科技攻

---

① 2024 年 1 月 24 日，国务院国资委首次提出“研究将市值管理纳入中央企业负责人业绩考核”，将“市值管理”的概念抛向台前。

② 2024 年 4 月 12 日国务院发布《关于加强监管防范风险推动资本市场高质量发展的若干意见》。

关任务，强化项目、基地、人才、资金一体化配置，促进创新要素向企业集聚，推动国有企业真正成为原创技术创新决策、研发投入、科研组织、成果转化的重要主体。

二是建立多元化资金投入机制。提升原创技术研发投入占比，建立企业研发准备金制度，鼓励开展高风险、高价值基础研究。

三是加强技术创新。加强关键共性技术、前沿引领技术、现代工程技术、颠覆性技术创新，推动科技创新从跟踪型向开创型、引领型转变。

四是推进从基础研究到产业化应用的全链条创新。发挥国有企业市场需求、集成创新、组织平台优势，推进产学研用深度融合，完善产业链上下游、大中小企业协同创新合作机制，打造创新联合体升级版，推进从基础研究到产业化应用的全链条创新，促进科技创新与产业发展的良性循环。

五是优化创新生态。实施更加积极、更加开收、更加有效的人才政策，灵活开展股权分红等多种形式中长期激励，允许更多符合条件的国有企业以创新创造为导向，在科研人员中开展多种形式中长期激励。加强对国有企业实施中长期激励的全过程指导与监督，扩大中长期激励企业覆盖面，支持混合所有制企业稳慎开展骨干员工持股，支持符合条件的创投类企业实施项目跟投。加快推进科技成果赋权改革，加快建设国家战略人才力量，着力培养造就战略科学家、一流科技领军人才和创新团队，着力培养造就卓越工程师、大国工匠、高技能人才，大力弘扬优秀企业家精神和科学家精神，对科技创新活动给予足够包容支持。

4. 完善国资国企管理监督体制机制

一是完善党领导国资国企工作的各项制度。坚持和加强党中央对国有经济的集中统一领导，强化对国有经济重大战略规划、重要方针政策、重大决策部署的顶层设计、统筹协调、整体推进、督促落实。

二是增强各有关管理部门战略协同。加强政策协调和信息共享，最大程度减少行政干预，形成工作合力，更好地跨部门、跨区域进行全局性、整体性规划，在更大范围统筹优化国有经济布局结构。

三是不断健全经营性国有资产出资人制度和集中统一监管制度。打造专责专业的国有资产监管机构，深入推进专业化、体系化、法治化、高效化监管，强化经营性国有资产集中统一监管。推进国资监管机构在履行国有企业出资人职责、国资监管职责和国有企业党的建设等职责基础上，努力成为科技创新、产业控制、安全支撑作用的组织者、推动者。

四是完善中国特色国有企业现代公司治理。健全推进国有企业在完善公司治理中加强党的领导的制度机制，创新混合所有制企业党的建设工作机制，提升董事会建设质量，完善外部董事评价和激励约束机制，深化落实三项制度改革，深入实施经理层成员任期制和契约化管理，推动国有企业真正按市场化机制运营。

五是健全更加精准、规范、高效的收入分配机制。深化国有企业工资决定机制改革，合理确定并严格规范国有企业各级负责人薪酬、津贴补贴等。完善具有市场竞争优势的核心关键人才薪酬制度，加大收入分配向基层关键岗位、作出突出贡献的一线苦脏险累岗位倾斜力度，推动中长期激励政策更大范围、更大力度规范实施，支持国有企业结合实际探索创新更多灵活的激励方式。按有关规定调节不合理过高收入，规范收入分配秩序，促进实现共同富裕。

六是提升国资监管功能。以党内监督为主导，促进出资人监督和纪检监察监督、巡视监督、审计监督、社会监督等各类监督主体贯通协调，健全国有资产监督问责机制，不断提升监督效能，坚决防止国有资产流失。

5. 深化自然垄断环节独立运营和竞争性环节市场化改革

深化自然垄断环节独立运营和竞争性环节市场化改革，坚持该垄断的要监管有效，该竞争的要竞争有序，尊重行业特点和市场规律，区分自然垄断环节与竞争性环节分类改革，科学施策。

对于重点行业自然垄断环节，要统筹推进自然垄断环节独立运营和加强自然垄断环节监管，推动重点行业自然垄断环节在国家监管下独立运营。要推动自然垄断环节业务与竞争性环节业务分离，对于暂不具备条件的，对自然垄断环节业务实行独立核算。要有效规范经营自然垄断环节业务企业的经营范围，建立对经营自然垄断环节业务企业履行使命功能的评价制度。要明确自然垄断环节监管范围和重点，加强与市场监管、行业监管、国资监管的贯通协同。

对于重点行业竞争性环节，要进一步放开，加快实现竞争性环节市场化，稳步推进行政职能与竞争性业务剥离，切实打破行政性垄断，防止市场垄断，激发各类经营主体活力，更好发挥市场机制作用。

（三）着力推动民营经济高质量发展

坚持致力于为非公有制经济发展营造良好环境和提供更多机会的方针政策。

1. 持续优化民营经济发展的政策制度环境

一是健全平等保护的法治环境。加快推动出台民营经济促进法，从法律和制度上把平等对待各种所有制经济的要求落实下来，切实保证各种所有制经济依法平等使用生产要素、公平参与市场竞争、同等受到法律保护，确保“有法可依”和“依法落实”。

二是优化公平竞争的市场环境。进一步放宽市场准入、完善市场准入体系，在要素获取、准入许可、经营运行、政府采购和招投标等方面平等对待各类所有制企业。完善支持非公有制经济进入电力、油气等领域的实施细则和具体办法，大幅放宽服务业领域市场准入，向社会资本释放更大发展空间。深入破除市场准入壁垒，推进基础设施竞争性领域向经营主体公平开放，完善民营企业参与国家重大项目建设长效机制，更大力度支持民营企业参与国家重大项目建设。

三是支持提升科技创新能力。鼓励民营企业根据国家战略需要和行业发展趋势，持续加大研发投入，开展关键核心技术攻关，支持有能力的民营企业牵头承担国家重大技术攻关任务。培育一批关键行业民营科技领军企业、专精特新中小企业和创新能力强的中小企业特色产业集群。加大政府采购创新产品力度，发挥首台（套）保险补偿机制作用，支持民营企业创新产品迭代应用。推动不同所有制企业、大中小企业融通创新，开展共性技术联合攻关。完善高等学校、科研院所管理制度和成果转化机制，调动其支持民营中小微企业创新发展积极性，支持民营企业与科研机构合作建立技术研发中心、产业研究院、中试熟化基地、工程研究中心、制造业创新中心等创新平台。支持民营企业加强基础性、前沿性研究和成果转化，向民营企业进一步开放国家重大科研基础设施，在发展新质生产力中发挥作用。

四是完善社会信用激励约束机制。完善信用信息记录和共享体系，全面推广信用承诺制度，将承诺和履约信息纳入信用记录。发挥信用激励机制作用，提升信用良好企业获得感。完善信用约束机制，依法依规按照失信惩戒措施清单对责任主体实施惩戒。健全失信行为纠正后的信用修复机制，研究出台相关管理办法。完善政府诚信履约机制，建立健全政务失信记录和惩戒制度，将机关、事业单位的违约毁约、拖欠账款、拒不履行司法裁判等失信信息纳入全国信用信息共享平台。

2. 完善民营企业融资支持政策制度

一是完善民营企业融资支持政策制度。引导金融机构对各类所有制企业一视同仁、平等对待，健全银行、保险、担保、券商等多方共同参与的融资风险市场化分担机制。支持符合条件的民营中小微企业在债券市场融资，鼓励符合条件的民营企业发行科技创新公司债券，推动民营企业债券融资专项支持计划扩大覆盖面、提升增信力度。支持符合条件的民营企业上市融资和再融资。

二是完善民营企业融资增信支持体系。加快建立民营企业信用状况综合评价体系，健全中小微企业和个体工商户信用评级和评价体系，加强涉企信用信息归集，推动“信易贷”等服务模式扩大覆盖面、提升增信力度。

三是完善拖欠账款常态化预防和清理机制。健全涉企收费长效监管和拖欠企业账款清偿法律法规体系，严格执行《保障中小企业款项支付条例》，健全防范化解拖欠中小企业账款长效机制，依法依规加大对责任人的问责处罚力度，营造有利于化解民营企业之间债务问题的市场环境。建立拖欠账款定期披露、劝告指导、主动执法制度。强化商业汇票信息披露，完善票据市场信用约束机制。完善拖欠账款投诉处理和信用监督机制，加强对恶意拖欠账款案例的曝光。完善拖欠账款清理与审计、督查、巡视等制度的常态化对接机制。

四是完善支持政策直达快享机制。充分发挥财政资金直达机制作用，推动涉企资金直达快享。加大涉企补贴资金公开力度，接受社会监督。针对民营中小微企业和个体工商户建立“免申即享”机制，推广告知承诺制，有关部门通过公共数据平台能够提取的材料，不再要求重复提供。

3. 支持引导民营企业完善治理结构和管理制度

一是引导民营企业完善治理结构和管理制度。引导民营企业健全公司治理，加强企业合规建设和完善风险管理，强化内部监督和廉洁风险防控，实现治理规范和有效制衡。支持引导民营企业完善法人治理结构、规范股东行为、强化内部监督，实现治理规范、有效制衡、合规经营，鼓励有条件的民营企业建立完善中国特色现代企业制度。依法推动实现企业法人财产与出资人个人或家族财产分离，明晰企业产权结构。研究构建风险评估体系和提示机制，对严重影响企业运营并可能引发社会稳定风险的情形提前预警。支持民营企业加强风险防范管理，引导建立覆盖企业战略、规划、投融资、市场运营等各领域的全面风险管理体系，提升质量管理意识和能力。加强事中事后监管，规范涉民营企业行政检查。

二是持续营造关心促进民营经济发展壮大的社会氛围。引导全社会正确全面认识促进各种所有制经济发展。把公有制经济巩固好、发展好，同鼓励、支持、引导非公有制经济发展不是对立的，而是有机统一的，二者并不是相互排斥、相互抵消，而是相辅相成、相得益彰，在优势互补、互促互进中共同发展壮大。要加大理论研究和宣传，坚决抵制、及时批驳"国进民退""民营经济离场论"等质疑社会主义基本经济制度、否定和弱化非公有制经济的错误言论和做法。

三是统筹做好统计监测、常态化沟通交流等工作。建立健全非公有制经济统计制度体系，健全非公有制经济发展监测指标。在与宏观政策取向一致性评估中对涉民营经济政策开展专项评估审查。完善中国营商环境评价体系，健全政策实施效果第三方评价机制。加强民营经济统计监测评估，必要时可研究编制统一规范的民营经济发展指数。不断创新和发展"晋江经验"，及时总结推广各地好经验好做法，对行之有效的经验做法以适当形式予以固化。持续构建亲清政商关系，完善多层次的沟通交流机制。健全支持各种所有制经济发展的政策举措，完善政策执行方式，加强政策协调性，及时回应企业关切和诉求，持续营造关心促进民营经济发展壮大的社会氛围。

（四）完善中国特色现代企业制度

必须着眼于发挥中国特色社会主义制度优势，加强党的领导，完善公司治理，支持各种所有制企业完善中国特色现代企业制度，推动企业建立健全产权清晰、权责明确、政企分开、管理科学的现代企业制度，培育更多世界一流企业。

1. 完善中国特色现代企业制度，健全法人治理结构

一是要加强党对国有企业的全面领导。完善党领导国有企业的制度机制，把党的领导融入国有企业治理各环节，健全权责法定、权责透明、协调运转、有效制衡的国有企业治理机制。

二是分类建设中国特色现代企业制度。根据企业规模、发展阶段、所有制性质等方面，因企制宜、因企而异，分类完善中国特色现代企业制度，既要考虑独资/全资企业、绝对控股企业、相对控股企业、参股企业等股权结构，也要考虑上市公司、非上市公司等资本市场的要求。

三是推进民企现代企业制度建设。鼓励有条件的民营企业建立现代企业制度，完善法人治理结构、规范股东行为、强化内部监督、健全风险防范机制，注重发挥党建引领作用，提升内部管理水平。

四是弘扬企业家精神。完善中国特色现代企业制度与弘扬企业家精神，两者互为依托、互为补充、辩证统一。完善中国特色现代企业制度是制度保障，弘扬企业家精

神是内在要求。

2. 提升经营管理水平，建设世界一流企业

支持和引导各类企业提高资源要素利用效率和经营管理水平、履行社会责任，加快建设更多世界一流企业。

一是通过专项行动提升管理水平。全面开展寻标、对标、达标、创标工作，深入实施管理提升、价值创造、创建示范、品牌引领行动，积极推进科技、改革、管理、金融、人才等强企计划。

二是加快建设世界一流企业。在注重规模增长的同时，提升发展质量。通过提升品牌价值，鼓励企业练好内功、外塑形象，围绕“产品卓越、品牌卓著、创新领先、治理现代”，加快建设更多世界一流企业。

加快建设全国统一大市场，构建高水平社会主义市场经济体制

习近平总书记指出，构建新发展格局，迫切需要加快建设高效规范、公平竞争、充分开放的全国统一大市场，建立全国统一的市场制度规则，促进商品要素资源在更大范围内畅通流动[①]。加快建设全国统一大市场，是以习近平同志为核心的党中央从全局和战略高度作出的重大决策部署。改革开放以来，全国统一大市场逐步建立起“五统一+一破除”的改革发展框架。特别是党的十八大以来，全国统一大市场建设稳步推进，基础制度规则加速实现全国统一，市场设施加快实现高标准联通、要素和资源市场迈出重要步伐、商品和服务市场高水平统一稳步推进、市场监管公平统一持续推进、不正当竞争和市场干预行为进一步规范，改革正沿着市场化、标准化、规模化、现代化、国际化等方向加速演进。与此同时，建设全国统一大市场，仍需破除要素资源配置市场化配置不充分、市场分割和地方保护主义比较突出、反垄断执法难度更加突出、市场监管规则标准程序不统一以及超大规模市场对技术创新产业升级的作用不够充分等难点卡点。党的二十届三中全会从推动市场基础制度规则统一、市场监管公平统一、市场设施高标准联通等方面着手，对构建全国统一大市场建设提出了新要求新任务。下一步应以规范化、法治化和长期化制度为保障，为构建以国内大循环为主体、国内国际双循环相互促进的新发展格局，建设全国统一大市场创造条件。特别是面向新一轮科技革命和产业变革新趋势新要求，要推动建立健全统一的土地和劳动力市场、资本市场、技术和数据市场、能源市场、生态环境市场，构建与新质生产力发展相适应的高标准市场体系。

一、全国统一大市场建设 46 年的主要历程、基本经验与伟大成就

改革开放以来，全国统一大市场建设历经有计划的商品经济、社会主义市场经济体制初步建立、社会主义市场经济改革深化、社会主义市场经济体制进一步完善等不同阶段，在党中央决策部署下逐步建立起“五个统一+一个破除”的改革发展框架。特别是党的十八大以来，全国统一大市场建设稳步推进，市场规模效应不断显现，基础制度规则加速实现全国统一，市场设施加快实现高标准联通、要素和资源市场迈出

① 新华社．习近平主持召开中央全面深化改革委员会第二十三次会议强调：加快建设全国统一大市场　提高政府监管效能　深入推进世界一流大学和一流学科建设［EB/OL］．https：//www.gov.cn/xinwen/2021-12/17/content_5661684.htm.

重要步伐、商品和服务市场高水平统一稳步推进、市场监管公平统一持续推进、不正当竞争和市场干预行为进一步规范，改革正沿着市场化、标准化、规模化、现代化、国际化等方向加速演进。与此同时，建设全国统一大市场，仍需破除要素资源配置市场化配置不充分、市场分割和地方保护主义比较突出、反垄断执法难度更加突出、市场监管规则标准程序不统一以及超大规模市场对技术创新产业升级的作用不够充分等难点卡点。

（一）全国统一大市场建设的主要历程

全国统一大市场概念的提出和完善，具有丰富的实践支撑，几乎贯穿了中国市场取向改革的整个历史进程①。在我国建立和完善社会主义市场经济体制的过程中，全国统一大市场建设历经有计划的商品经济、社会主义市场经济体制初步建立、社会主义市场经济改革深化、社会主义市场经济体制进一步完善等不同阶段，在不同阶段呈现出不同的鲜明特征。

1. 第一阶段（1978—1992 年）：社会主义市场经济体制探索阶段，统一大市场出现萌芽并逐步发展

改革开放初期，中央开始实施并始终坚持对外开放和对内搞活经济的“全国一盘棋”政策，强化对经济工作的集中领导，坚持统一的国内市场建设，将建立统一市场的目标纳入顶层设计，而且多次强调要打破地区分割和封锁，整顿和规范割裂全国统一市场的地区行为②。这一阶段，在计划经济体制下统一大市场出现萌芽并逐步发展。

战略谋划开局起步并走向深入。改革开放初期，关于建设统一市场的决策部署已经纳入一系列党的重大会议决议中。1978 年党的十一届三中全会以来，我国正式拉开社会主义市场经济体制改革和市场体系建设的大幕，对统一大市场建设提出了新的要求。1984 年，党的十二届三中全会召开，标志着经济体制改革的重点开始由农村转向城市、价格、企业、资本和劳动力等领域，为各类要素市场的发育创造了良好条件。1987 年，党的十三大报告明确提出“社会主义市场体系”的概念和“国家调节市场，市场引导企业”的机制。在中央政策方针的引导和激励下，这一时期我国商品和要素市场开始起步发展，推动了企业经营规范化，直接带动人才、技术和资金相关要素市场的形成。

重点领域改革开始破土而出。土地市场改革率先从农村破局，并在城市展开。1982 年，中共中央批转《全国农村工作会议纪要》，家庭联产承包责任制正式确立，使农村农业生产过程中的市场竞争机制开始萌发并逐步得到强化。以个人、合作、集体出资等多种形式组建的乡镇企业大量涌现。1987 年，深圳市首次采用市场方式完成了第一宗国有土地交易，标志着城市土地使用权在中国第一次作为商品进入市场。**产权制度改革率先走上正规化轨道，**以 1982 年颁布的《商标法》、1984 年的《专利法》、1990 年的《著作权法》等单行法为核心，逐步基本形成了归属清晰、权责明确、保护严格、流转顺畅的现代产权制度和产权保护法律框架，知识产权工作逐步走上正规化

① 刘志彪．全国统一大市场［J］．经济研究，2022（5）．

② 杜丽群．全国统一大市场的理论逻辑、历史演进及新时代发展［J］．人民论坛·学术前沿，2023（12）．

轨道。**公平竞争制度起步开局。**1980 年出台的《国务院关于开展和保护社会主义竞争的暂行规定》，明确提出必须打破地区封锁和部门分割，为公平竞争制度改革奠定了坚实基础。**商事登记制度恢复加强。**1978 年，党的十一届三中全会后，企业登记管理作为工商行政管理的基本职能得以确定，中断了十多年的企业登记管理得到全面恢复和加强，“严把市场准入关”成为其鲜明的历史定位。**信用评估制度集中试点。**信用评级业务最早开始并集中于金融领域。1988 年，上海远东资信评估公司成立，是中国第一家社会化专业资信评估公司。有关单位制定《企业信用评估试行办法》和《企业信用等级评定试行办法》，标志着信用评估制度开始步入规范化轨道。**流通体制改革开始破局。**1982 年，国务院发布《关于疏通城乡商品流通渠道扩大工业品下乡的决定》(国发〔1982〕91 号) 提出，改变过去工业品流通按城乡分工的体制为按商品分工、城乡通开的新体制。**城乡统一的土地市场加快形成。**从始于 20 世纪 70 年代末的农村土地制度改革到始于 20 世纪 80 年代末的城市土地有偿使用制度改革，到 1984 年，我国基本完成农村家庭联产承包责任制改革。1987 年，深圳市首次采用市场方式完成了第一宗国有土地 50 年使用权的交易，标志着土地使用权在中国第一次作为商品进入市场①。**技术要素市场发育形成。**1980 年，国务院颁布的《关于开展和保护社会主义竞争的暂行规定》初步确立了技术的商品属性。1984 年，国常会首次提出“技术市场”这一概念。1986 年，《技术市场管理暂行办法》明确指出：“技术市场是我国商品市场的重要组成部分。”**能源体制改革在部分领域启动。**20 世纪 80 年代初至 90 年代末期，为解决能源短缺问题，党中央部署启动电力行业投资体制改革，探索“放松管制、政企分开”改革，煤炭和电力行业放松准入限制，鼓励各类经济主体投资办煤矿和集资办电，石油行业开始向国外开放海上石油勘探。**排污权交易撬动生态环境体制改革。**“十五”之前，我国排污权交易实践主要以地方性、个别式的尝试为主。如 1987 年上海部分企业率先开展水污染排放指标交易。

机构改革应时而兴、应势而变。20 世纪 80 年代初期，中国开始逐步恢复和建立市场监管体系。这一时期，工商行政管理机构一直带头办市场，彼时的监管工作几乎等同于对集贸市场的管理②。1988 年，第一次明确“机构改革主要着眼于转变职能”，机构改革的重点是同经济体制改革关系极为密切的经济管理部门，特别是其中的专业管理部门和综合部门内的专业机构，把相同或相近业务的部门予以撤销③。按照这次机构改革方案，国务院共撤销 12 个部委，具体撤销了计委、国家经委、国家机械委、电子部、航天部、航空部、石油部、煤炭部、水电部、核工业部、城建部、劳动人事部。新组建 9 个部委，即国家计委、机械电子部、航天航空部、能源部、水利部、建设部、人事部、劳动部、物资部（同时撤销国家物资局）。行业管理部门工作由主管部门承担，为全国统一大市场培育进一步优化了制度环境。

---

① 国土资源部．乘风破浪正当时——新中国 60 年土地市场发展回眸［EB/OL］. https：//www.gov.cn/gzdt/2009-11/02/content_1454412.html.

② 刘亚平．中国市场监管改革 70 年的变迁经验与演进逻辑［J］. 中国行政管理，2019（5）.

③ 黄小勇 .40 年，机构改革的逻辑与动力［J］. 行政管理改革，2018（5）.

总体来看，这一时期市场处于发育之中，多种所有制经济的形成和多种经营方式的改革与试行，为计划经济的退出和市场竞争机制的引入奠定了初步基础。

2. 第二阶段（1992—2000 年）：社会主义市场经济体制建立初期，全国统一大市场持续拓展并形成雏形

社会主义市场经济体制建立初期，市场作为一种中性资源配置方式，在国家宏观调控中更加注重打破不同区域、不同类型企业、不同资源要素之间的藩篱，全国统一市场的范围和程度不断丰富和拓展，全国统一大市场的雏形初步形成。

全国统一大市场正式纳入顶层设计体系。1993 年，党的十四大明确提出建立社会主义市场经济体制，**首次提出“尽快形成全国统一的开放市场体系”**。党的十四届三中全会提出“着重发展生产要素市场”“打破地区、部门的分割和封锁”“规范市场行为”“创造平等竞争的环境”，并**首次提出“形成统一、开放、竞争、有序的大市场”**，这标志着全国统一大市场正式纳入顶层设计体系，开启了围绕全国统一大市场建设的深化改革历史进程。1997 年，党的十五大要求尽快建成统一开放、竞争有序的市场体系，发挥市场在资源配置中的基础性作用。统一市场建设的目标、路径、任务更加明确。1998 年，党的十五届三中全会强调要长期坚持以家庭承包经营为基础、统分结合的经营制度。

重点领域改革逐步走向深入。市场准入制度形成雏形。以 1993 年《公司法》颁布为标志，我国初步建立起与社会主义市场经济相适应的市场准入制度雏形。**产权制度逐步完善。**1995 年制定的《担保法》，较为全面地规定了担保债权实现的各种方式。**公平竞争制度改革走向深入。**1993 年修宪确立“国家实行社会主义市场经济”之后，反垄断立法开始进入学术界和立法机构的关注视野。**财税体制改革强势突围。**以 1994 年分税制改革为标志，我国对各类企业不问经济性质、不看隶属关系、不讲大小和行政级别，一律依法纳税、公平竞争，为建立起点公平的竞争机制奠定了基础，从而推动了全国统一市场的形成。**社会信用制度改革逐步深入。**2000 年，以《国务院办公厅转发国家经贸委关于鼓励和促进中小企业发展若干政策意见的通知》（国办发〔2000〕59 号）为标志，社会信用体系建设进入初步发展阶段，信用评估制度被特别提出。**劳动力市场逐步形成壮大。**1993 年 11 月，党的十四届三中全会通过《中共中央关于建立社会主义市场经济体制若干问题的决定》，首次明确提出劳动力市场的概念。这一时期，人力资源服务机构经营模式呈现多样化，服务领域不断扩大，民营性质的人力资源服务机构取得较快的发展，外资开始进入我国人力资源服务领域。**资本市场划时代改革开启。**1990 年 12 月 19 日，上海证券交易所鸣锣开业，中国资本市场正式启航。沪深交易所先后成立，标志着全国性资本市场正式形成，是改革开放历史进程中具有划时代意义的事件①。1993 年，股票发行试点正式由上海、深圳推广至全国，进一步打开了资本市场发展的空间。**技术要素市场孕育成型。**1993 年，《科学技术进步法》以法律形式规定“国家建立和发展技术市场，推动科学技术成果的商品

---

① 王砚丹．中国资本市场三十年：从零到 70 万亿市值的伟大成就［N］．每日经济新闻，2020-10-15.

化”。同年，我国第一家常设技术市场——上海技术交易所成立。**碳排放权交易市场开局起步。**1997 年我国通过参与《京都议定书》引入碳市场机制，并逐步发展成为我国环境权益交易市场中发展最成熟的市场。

机构改革应时而进。1993 年机构改革明确核心任务是在推进经济体制改革、建立市场经济的同时，建立起有中国特色的、适应社会主义市场经济体制的行政管理体制[①]。这一时期，一批以“监督管理”命名的机构逐渐新建起来，新组建了一批国家局、直属事业单位和特设监督管理机构，新建了国务院部委管理的国家局（如国家技术监督管理局）国务院直属事业单位（如中国证券监督管理委员会），履行市场监管职责，标志着我国市场监管机构改革进入了第二个阶段，市场监管机构由原有的行业主管部门转变为市场监督管理机构[②]。1998 年的改革几乎撤销了所有工业经济专业管理部门，消除了政企不分的组织基础，取消了国家与企业之间的“二道贩子”[③]，同时新组建了国防科学技术工业委员会、信息产业部、劳动和社会保障部、国土资源部，国家发展计划委员会、科学技术部、教育部成为更名后的管理机构，新设置国家药品监督管理局、国家质量技术监督局等市场监管机构并列入直属事业单位，土地、劳动力、信息、技术等要素市场管理进一步完善，为全国统一大市场建设发展进一步优化了环境。

这一时期，全国农村乡镇企业和城镇民营企业蓬勃兴起，极大地扩展了商品和要素市场空间，全国大市场规模和质量持续提升。

3. 第三阶段（2001—2013 年）：社会主义市场经济体制完善阶段，全国统一大市场发展根基日渐夯实

2001 年，伴随着我国正式加入世界贸易组织（WTO），我国出口贸易市场大大扩展，推进了国内市场与国际市场的全面对接，加快了我国市场体系建设运行与国际市场规则标准接轨的步伐，进而促进了国内外市场的扩大与统一发展。这一时期，我国经济全球化进程加速，在引进外资、产业调整、行业竞争、参与国际分工、开拓国际市场和增加产品出口等方面，拥有了更大的市场空间和广阔空间，拉动民营经济和外资企业蓬勃发展，在经济总量、就业、税收等方面起到日益重要的作用，我国市场经济体制改革逐步深化，改革措施扩大了市场覆盖范围，进一步规范了政府、企业、市场的边界。

统一市场顶层设计体系不断完善。2003 年，党的十六届三中全会提出，“强化市场的统一性，是建设现代市场体系的重要任务”，强调完善社会主义市场经济体制，建设“统一、开放、竞争、有序的现代市场体系”。2007 年，党的十七大进一步提出，“加快形成统一开放竞争有序的现代市场体系”。社会主义市场经济体制下，国内外市场逐步联通统一，市场分割程度日益缩小，技术标准和贸易规则更加统一，从而降低了行政区划竞争造成的产业同构化程度，促进了国内外生产要素在国内市场自由高效配置。国有企业全面建立现代企业制度，消除了各种国企退出一般竞争性经营发展的壁垒。2008 年，“区域一体化发展”被写入中央层面实施区域发展战略的指导性文件，

---

① 中国政府网．1993 年国务院机构改革［EB/OL］. https：//www. gov. cn/test/2009-01/16/content_1206993. html.

② 刘亚平．中国市场监管改革 70 年的变迁经验与演进逻辑［J］. 中国行政管理，2019（5）.

③ 中国政府网．1998 年国务院机构改革［EB/OL］. https：//www. gov. cn/test/2009-01/16/content_1207000. html.

如国务院出台的《关于进一步推进长江三角洲地区改革开放和经济社会发展的指导意见》中，“一体化发展”被写入总体要求，主要原则部分指出“统筹区域内基础设施建设，形成统一开放的市场体系，促进生产要素合理流动和优化配置”，表明区域发展的重心已经从提升总体实力转向高质量协同，统一市场建设逐渐成为区域发展的根基。

重点领域改革逐步走向深入，产权保护制度取得突破。2007 年颁布的《物权法》确定了国家、集体、私人和其他权利人的物权平等保护原则，是一部里程碑式的重要法律。新制定的《民法典》确立了知识产权保护的重大法律原则，专利法、商标法、著作权法修改，建立了国际上高标准的侵权惩罚性赔偿制度，为严格知识产权保护提供了有力的法律法规和制度保障。**公平竞争制度不断完善。**2007 年通过的《反垄断法》将竞争政策正式写入条文当中。2008 年，中国颁布了第一部《反垄断法》，国务院反垄断委员会成立，并相继制定配套规章和反垄断指南，标志着中国反垄断监管体系建立不断完善。**社会信用制度加速推进。**2002 年，党的十六大报告正式提出“社会信用体系”概念，并提出要“整顿和规范市场经济秩序，健全现代市场经济的社会信用体系”。2007 年，国务院社会信用体系建设部际联席会议制度建立，标志着我国社会信用体系建设从前期部分地区、部分行业单兵突进阶段进入多部门、多领域整体协调推进加速发展阶段。**流通体制改革走深走实。**2005 年，国务院发布《关于促进流通业发展的若干意见》（国发〔2005〕19 号），提出加强流通基础设施建设等七方面，形成促进流通业发展的重要指导性文件。**城乡土地市场改革取得成效。**2002 年，《农村土地承包法》出台，明确“国家依法保护农村土地承包关系的长期稳定”，土地要素市场化改革立法取得突破。2008 年，党的十七届三中全会提出“现有土地承包关系要保持稳定并长久不变”，以市场竞价为导向的城市土地要素市场化交易制度正式确立逐步完善。**劳动力市场城乡流动机制进一步理顺。**2007 年，国务院印发《关于加快发展服务业的若干意见》（国发〔2007〕7 号），首次将人才服务业作为服务业中的一个重要门类。同年 8 月，《就业促进法》首次在国家法律层面明确提出“人力资源市场”的概念。2008 年，人力资源社会保障部组建后，开始筹划建立统一规范的人力资源市场。**资本市场开启改革新领域。**2001 年，退市制度正式推出。2004 年，深交所专门设置中小型公司聚集板块——中小板，定位是为主业突出、具有成长性的中小企业提供融资渠道和发展平台。2005—2007 年，开展股权分置改革，二级市场价格开始真实反映上市公司价值，并成为各类股东共同的利益基础。2009 年，创业板开市，十年后携注册制正式开板，成为中国构建多层次资本市场的又一里程碑事件。**技术要素市场布局不断优化。**2007 年，发布《国家技术转移示范机构管理办法》，技术转移体系建设工作启动，技术市场服务体系开始全国性布局。**油气体制改革迈出实质性步伐。**我国天然气价格市场化改革在 2005 年开启，实现了天然气出厂价统一实行政府指导价，我国基本构建起天然气长输、短输、配气等垄断环节全产业链价格监管制度框架。**生态环境体制改革多点开花。**2000 年，浙江义乌市和东阳市开展了全国第一宗水权交易。2007 年，浙江嘉兴建成第一个排污权交易中心，标志着排污权交易进一步制度化规范化。2008 年 8 月，北京环境交易所、上海环境能源交易所相继成立。

机构改革应时而兴、应势而变。随着市场在资源配置中发挥的作用日益重要，市场监管的理念随之发生根本性转变，从市场监管机构属性来看，监管逐渐与西方接轨，以一批独立型监管机构依据专业知识针对市场的失灵开展专业化的管理，监管的专业化体现为市场进一步被细分①。2003 年，国务院机构改革②的重点是深化国有资产管理体制改革，完善宏观调控体系，健全金融监管体制，继续推进流通体制改革，加强食品安全和安全生产监管体制建设。这一时期，市场监管机构数量达到了占比最高值，原国家药品监督管理局增加食品安全监管工作后组建国家食品药品监督管理局，原国家质量技术监督局与国家出入境检验检疫局整合为国家质量监督检验检疫总局，另增设国有资产监督管理委员会列入国务院直属特设机构，国家安全生产监督管理总局列入国务院直属机构，中国银行业监督管理委员会、中国保险监督管理委员会、国家电力监管委员会等市场监管机构列入国务院直属事业单位。2008 年的机构改革中，按照探索职能有机统一的大部门体制成为重点，政府职能转变在关注经济调节和市场监管的同时，更加注重社会管理和公共服务，对工业与信息化、综合交通、基础设施、民生与社会保障等领域的大部制改革探索进一步深化③。市场监管机构数量开始减缓增长的幅度，仅增设了国家煤矿安全监察局作为部委管理的国家局，并将原国务院直属机构的国家食药监局划为卫生部管理的国家局。这标志着国家市场监管机构的变迁，转入以综合统筹式“大监管”为特征的第三阶段④。

4. 第四阶段（2013 年至今）：社会主义市场经济体制进一步完善时期，全国统一大市场加速形成

党的十八大以来，我国进入市场体系建设的重要阶段。这一时期，社会主义市场经济体制改革走向深入，市场经济各项制度政策不断完善，竞争性的全国统一大市场大致形成，政府在弥补市场失灵方面起到了更重要的作用，为市场主体规范治理创造了有利条件，也为进一步推动市场深化改革奠定了基础，推动我国市场体系建设取得历史性成就、发生历史性变革。

全国统一大市场顶层设计逐渐走向丰富完善。2013 年，党的十八届三中全会提出，“建设统一开放、竞争有序的市场体系，是使市场在资源配置中起决定性作用的基础”，并要求“加快形成企业自主经营、公平竞争，消费者自由选择、自主消费，商品和要素自由流动、平等交换的现代市场体系，着力清除市场壁垒，提高资源配置效率和公平性”，为全面建设全国统一大市场、加快完善现代市场体系指明了方向。2015 年 8 月 19 日召开国务院常务会议指出，要坚决清除妨碍全国统一大市场建设的各种“路障”。这是中央决策层首次明确使用“统一大市场”这一提法并沿用至今。

---

① 刘亚平．中国市场监管改革 70 年的变迁经验与演进逻辑［J］．中国行政管理，2019（5）．

② 中国政府网．2003 年国务院机构改革［EB/OL］．https：//www.gov.cn/test/2009-01/16/content_1207006.html.

③ 中国政府网．2008 年国务院机构改革［EB/OL］．https：//www.gov.cn/test/2009-01/16/content_1207014.html.

④ 刘亚平．中国市场监管改革 70 年的变迁经验与演进逻辑［J］．中国行政管理，2019（5）．

2017 年党的十九大对市场的作用有了进一步认识，明确提出，要“清理废除妨碍统一市场和公平竞争的各种规定和做法”，这是统一市场相关表述首次写入党代会文件。2019 年，党的十九届四中全会提出，建设高标准市场体系。《中共中央、国务院关于构建更加完善的要素市场化配置体制机制的意见》，提出了新的要素市场成分，要求最大化释放要素市场的潜力，促进建立统一大市场。2020 年，党的十九届五中全会提出，坚持平等准入、公正监管、开放有序、诚信守法，形成高效规范、公平竞争的国内统一市场。2021 年，国家“十四五”规划纲要强调，要形成高效规范、公平竞争的国内统一市场。2022 年，党的二十大报告进一步提出，“构建全国统一大市场，深化要素市场化改革，建设高标准市场体系”，从全局和战略高度对加快建设全国统一大市场作出重要部署。同年，发布《中共中央、国务院关于加快建设全国统一大市场的意见》，从全局和战略高度为今后一个时期建设全国统一大市场提供了行动纲领，全国统一大市场的“四梁八柱”框架体系正式确立。2023 年中央经济工作会议再次强调“加快全国统一大市场建设，着力破除各种形式的地方保护和市场分隔”。2024 年 7 月，党的二十届三中全会将“构建全国统一大市场”作为构建高水平社会主义市场经济体制的重点任务，标志着此项任务正式成为进一步深化改革的重头戏，其核心还是在统一大市场中确保要素的自由流动和充分定价。

重点及新兴领域改革全面深化。党的二十届三中全会将完善市场经济基础制度提升到新的战略高度，就完善产权制度、市场准入制度、公平竞争制度和社会信用制度等基础制度作出统筹性系统性部署，是新时代新征程高标准市场体系建设及其体制改革承前启后的重要里程碑。从这一历史阶段的整体演进来看，市场基础制度的改革呈现以下特点：**①产权制度加快完善。**2016 年 11 月，《中共中央　国务院关于完善产权保护制度依法保护产权的意见》发布，这是新中国成立以来党中央发出的第一份关于完善产权保护制度、依法保护产权的纲领性文件。2018 年，中办、国办发布《关于加强知识产权审判领域改革创新若干问题的意见》，这是中国首个针对特定审判领域改革创新的纲领性文件。2019 年，最高人民法院知识产权法庭成立，专门化审判体系建设取得历史性突破。2024 年，党的二十届三中全会明确要求“完善产权制度，依法平等长久保护各种所有制经济产权，建立高效的知识产权综合管理体制”。为加快完善现代产权制度提供了改革指南。**②负面清单制度全面施行。**党的十八届三中全会首次提出“实行统一的市场准入制度”和“制定负面清单”，党的十九大进一步明确“全面实施市场准入负面清单制度”，党的二十大对完善市场准入制度作出了新的重要部署。2013 年 9 月，上海自由贸易试验区发布了我国第一份针对外商投资的负面清单。2018 年首版市场准入负面清单制度发布，标志我国全面实施市场准入负面清单制度。2024 年，党的二十届三中全会明确要求“完善市场准入制度，优化新业态新领域市场准入环境。”进一步突出了下一步市场准入制度的改革重点。**③公平竞争审查制度全面实施。**2016 年，中央深改领导小组第二十三次会议审议通过了《关于建立公平竞争审查制度的意见》，标志着我国公平竞争审查制度正式启动并实施。党的十九届中央全面深化改革委员会第二十一次会议审议通过《关于强化反垄断深入推进公平竞争政策实施的意见》，第一次形成公平竞争顶层设计政策框架，为统筹推进公平竞争政策实施提供了有力保障。2024 年，《公平竞争审查条例》正式施行，标志着我国已经基本形成了具有中国特色、以反垄断法为核心、内容比较完备、制度比较健全的反垄断法律体系。党的二十届三中全会明确要求“加强公平竞争审查刚性约束，强化反垄断和反不正当竞争，清理和废除妨碍全国统一市场和公平竞争的各种规定和做法”。此举既突出了公平竞争审查制度这一重点，也从反垄断和反不正当竞争这一顽疾入手突出注重实效的改革宗旨。**④社会信用体系制度逐步建立**。2014 年，国务院印发《社会信用体系建设规划纲要（2014—2020 年）》（国发〔2014〕21 号），在国家层面实现了对我国社会信用体系建设的顶层设计，标志着我国社会信用体系建设工作进入全面推进阶段。此后一系列顶层设计文件出炉，推动社会信用体系建设进入高质量发展阶段。党的二十届三中全会强调“健全社会信用体系和监管制度”，为社会信用体系制度建设注入了新的动力。与此同时，党的二十届三中全会将“完善要素市场制度和规则”进行了系统性制度性的重要部署，特别强调要“健全劳动、资本、土地、知识、技术、管理、数据等生产要素由市场评价贡献、按贡献决定报酬的机制”，这是资源和要素市场领域制度改革成就的系统集成与创新发展。从这一历史阶段的整体演进来看，资源和要素市场化配置改革领域呈现以下特点：**①城乡土地市场一体化步入快车道**。2015 年，中央在全国选取 33 个地区作为农村“三块地”改革试点，并选取 15 个地区进行“宅基地制度改革”试点，2019 年修正的《土地管理法》破除了集体建设用地不能与国有建设用地同权同价的障碍，城乡一体化发展步入快车道。2020 年，中共中央、国务院出台《关于构建更加完善的要素市场化配置体制机制的意见》，土地要素被放在各大要素之首，进一步彰显了土地要素市场化改革的特殊地位和重要意义。2024 年，党的二十届三中全会要求“构建城乡统一的建设用地市场”，进一步明确了未来改革的侧重点。**②人力资源服务体系基本建成**。我国先后就在全国范围内对建立统一规范的人力资源市场、加快发展人力资源服务业等作出重大部署，社保经办等领域政策法规体系不断完善，我国统一规范的人力资源服务体系基本建成，形成了多层次多元化的服务体系[①]。2024 年，党的二十届三中全会要求“完善人才有序流动机制，促进人才区域合理布局，深化东中西部人才协作”，进一步明确了未来改革的落脚点。**③技术要素市场培育壮大**。2018 年《关于技术市场发展的若干意见》提出建设枢纽型技术交易市场，打造互联互通的全国技术交易网络。当前，技术要素市场处于全面深化改革阶段，以高质量发展为主题，以创新驱动为主线，正在谱写“中国式现代化”新篇章[②]。2024 年，党的二十届三中全会要求“培育全国一体化技术和数据市场”，进一步明确了未来改革的支撑点。**④数据要素基础制度蓝图成型**。2022 年 12 月，中共中央、国务院正式发布《关于构建数据基础制度更好发挥数据要素作用的意见》，从数据产权、流通交易、收益分配、安全治理四个方面统筹推进数据基础制

---

① 赵恒春．培育人力资源服务新增长点［N］．经济日报，2024-01-03.

② 颜明峰．谱写技术要素市场的“中国式现代化”新篇章［EB/OL］．https：//export. shobs erver. com/baijiahao/html/660143. html.

度体系建设，标志着我国数据要素市场建设正式进入了从顶层设计到机制落地的新阶段。2024 年，党的二十届三中全会要求“加快建立数据产权归属认定、市场交易、权益分配、利益保护制度，提升数据安全治理监管能力，建立高效便利安全的数据跨境流动机制”，不仅正式将数据要素作为基础生产要素纳入国家改革发展大局，也进一步明确了未来改革的整体方位与制度愿景。**⑤公共资源平台建设提质增效。**全国公共资源交易平台于 2017 年正式开通并上线运行，对于提高政府管理水平和效率，防止权力寻租和滋生腐败，促进创业创新与公共资源的便捷有效对接具有重要意义。2024 年，党的二十届三中全会要求“建立健全统一规范、信息共享的招标投标和政府、事业单位、国有企业采购等公共资源交易平台体系，实现项目全流程公开管理”，为进一步全面深化改革、加快公共资源交易平台升级注入了新动能。

机构改革强化统筹。伴随市场机制不断完善，基于对市场监管执法不力的关注，机构改革逐步将重心放在加强执法上，通过整合相关的监管执法部门，执法的规范化得到加强①。2013 年国务院机构改革进一步将原分散于工商、质检等多部门的食品安全职能整合，成立了食品药品监督管理总局，升级并列入国务院直属机构序列。2018 年的国务院机构改革则是综合了原有的工商行政管理总局、国家质量检验检疫总局、国家食品药品监督管理总局、国家发展改革委以及商务部等机构的全部或部分监管和执法职责，成立了国家市场监督管理总局，列入国务院直属机构序列。此时的市场监管机构负责对一亿市场经营主体进行监督管理的职责，体现出新时期市场监管内涵实质是一种综合统筹式监督管理，强调统一的大市场监管。此后，国家反垄断局于 2021 年正式挂牌，我国反垄断执法机构升格为独立挂牌单设的副部级国家局，标志着我国反垄断反不正当竞争执法体制的重大变革。2023 年机构改革的重点是加强科学技术、金融监管、数据管理、乡村振兴、知识产权、老龄工作等重点领域的机构职责优化和调整，转变政府职能，加快建设法治政府②。这一时期，重新组建科学技术部，组建国家金融监督管理总局，将中国证券监督管理委员会调整为国务院直属机构，统筹推进中国人民银行分支机构改革，组建国家数据局，基础资源要素市场化配置的综合统筹部门不断完善，全国统一大市场的制度保障基础进一步夯实。

（二）全国统一大市场建设的总体框架、基本方向、难点卡点

在党中央决策部署下逐步建立起“5 个统一+1 个破除”的改革发展框架，驱动全国统一大市场建设沿着市场化、标准化、规模化、现代化、国际化等方向加速演进。与此同时，建设全国统一大市场，仍需破除要素资源配置市场化配置不充分、市场分割和地方保护主义比较突出、反垄断执法难度更加突出、市场监管规则标准程序不统一以及超大规模市场对技术创新产业升级的作用不够充分等难点卡点。

---

① 刘亚平．中国市场监管改革 70 年的变迁经验与演进逻辑［J］．中国行政管理，2019（5）．

② 肖捷．关于国务院机构改革方案的说明［EB/OL］．https：//www. gov. cn/guowuyuan/2023-03/08/content_5745356. html.

1. 总体框架

《中共中央　国务院关于加快建设全国统一大市场的意见》对加快建设全国统一大市场作出了部署，既是“路线图”，也是“施工图”，进一步明确了全国统一大市场建设“5 统一+1 破除”的总体框架，即通过统一的基础制度规则、统一联通的市场设施、统一的要素资源市场、统一的商品服务市场、统一的市场监管以及破除地方保护，以此推进建设高效规范、公平竞争、充分开放的超大规模市场。

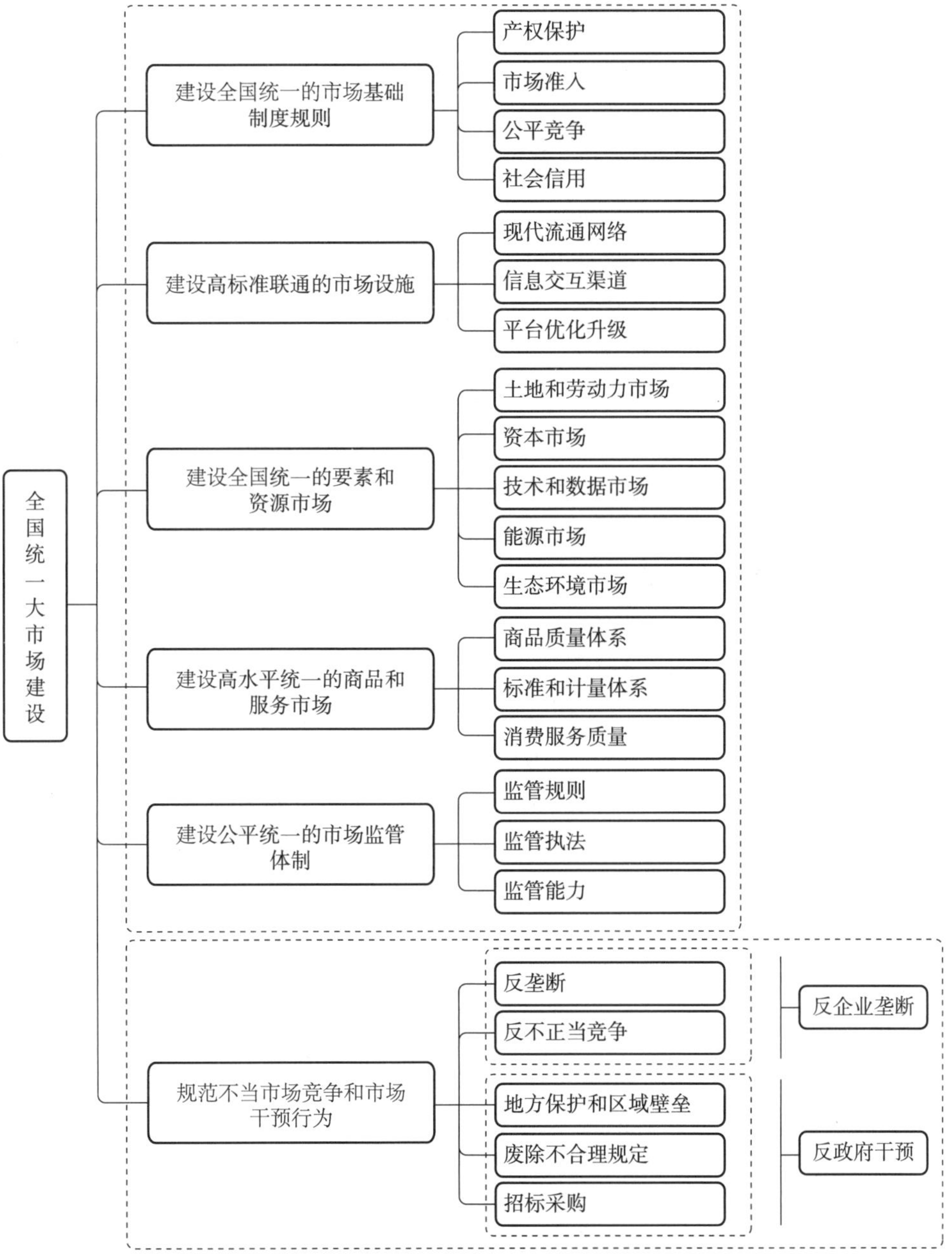

图 2–2　全国统一大市场建设的总体框架

（1）建设全国统一的市场基础制度规则

健全市场体系基础制度是市场体系高效运行的根本①。改革开放以来，我国加快建立起完善统一的产权保护制度、市场准入制度、公平竞争制度、社会信用制度，为全国统一大市场建设提供了坚实的制度基础。

一是完善产权保护制度。产权制度是社会主义市场经济的基石，保护产权是坚持社会主义基本经济制度的必然要求。建设全国统一大市场过程中，我国始终坚持平等保护、全面保护、依法保护各类产权，不断提高制度化法治化水平②。**完善依法平等保护各种所有制经济产权的制度体系。**改革开放以来，我国大力推进产权制度改革，将产权制度贯穿于国有企业改革和支持非公有制经济发展的全过程，包括国有资产产权管理、全面依法平等保护民营经济产权、深化农村集体产权制度改革、土地承包“三权”分置制度等。**完善物权法律制度③。**《物权法》的核心是所有权制度。1986 年制定的民法通则专门有一节规定物权，明确提出公民的个人财产，不仅包括房屋等生活资料，还包括法律允许公民所有的生产资料。1995 年制定的《担保法》，较为全面地规定了担保债权实现的各种方式。2002 年制定的《农村土地承包法》，从法律上赋予农民长期而有保障的土地使用权，进一步稳定和完善了以家庭承包经营为基础、统分结合的双层经营体制。2004 年，“合法的私有财产不受侵犯”写入《宪法修正案》。2007 年颁布的《物权法》确定了国家、集体、私人和其他权利人的物权平等保护原则，是一部里程碑式的重要法律。2016 年 11 月 27 日，《中共中央 国务院关于完善产权保护制度依法保护产权的意见》发布，这是新中国成立以来党中央发出的第一份关于完善产权保护制度、依法保护产权的纲领性文件。**推动知识产权工作逐步走上正规化轨道。**改革开放以来，以商标法、专利法、著作权法等单行法为核心，逐步基本形成了归属清晰、权责明确、保护严格、流转顺畅的现代产权制度和产权保护法律框架④。2008 年，伴随《国家知识产权战略纲要》的出台，我国将知识产权上升为国家战略。近年来，新制定的《民法典》确立了知识产权保护的重大法律原则，专利法、商标法、著作权法修改，建立了国际上高标准的侵权惩罚性赔偿制度，先后出台《保护知识产权专项行动方案》（国办发〔2004〕67 号）、《国家知识产权战略纲要》（国发〔2008〕18 号）、《深入实施国家知识产权战略行动计划（2014—2020 年）》（国办发〔2014〕64 号）、《国务院关于新形势下加快知识产权强国建设的若干意见》（国发〔2015〕71 号）、《知识产权综合管理改革试点总体方案》（国办发〔2016〕106 号）、《关于强化知识产权保护的意见》（2019 年）、《知识产权强国建设纲要（2021—2035 年）》（2021 年）等顶层设计文件，为严格知识产权保护提供了有力的法律法规和制度保障。**推动产权制度积极融入全球治理体系。**1980 年，我国正式加入世界知识

① 国家发展改革委．加快建设全国统一大市场 为构建新发展格局提供坚强支撑［J］．求是，2022（6）．

② 申长雨．走好中国特色知识产权发展之路［J］．求是，2021（3）．

③ 王胜明．我国的物权法律制度［EB/OL］．http：//www.npc.gov.cn/npc/////c12434/c541/201905/t20190523_9735.html．

④ 中共中央 国务院关于完善产权保护制度依法保护产权的意见［EB/OL］．https：//www.audit.gov.cn/n4/n18/c90812/content.html．

产权组织。此后，我国陆续加入了知识产权领域几乎所有主要的国际公约，积极履行国际公约规定的各项责任义务，日益成为知识产权国际规则的坚定维护者、重要参与者和积极建设者，知识产权大国地位牢固确立。截至 2023 年底，国内（不含港澳台）发明专利有效量为 401.5 万件，同比增长 22.4%，中国成为全球首个国内有效发明专利数量突破 400 万件的国家。

二是完善市场准入制度。市场准入制度是市场经济基础制度之一，是推动有效市场和有为政府更好结合的关键[①]。统一的市场准入制度是建设全国统一大市场的前提[②]。改革开放以来，我国不断建立健全市场准入管理制度。**推动建立市场准入制度。**自 20 世纪 80 年代中后期实行企业法人登记，到 1993 年《公司法》颁布，我国初步建立起与社会主义市场经济相适应的市场准入制度雏形[③]。加入 WTO 以后，我国初步建立起“市场引导投资、企业自主决策、银行独立审贷、融资方式多样、中介服务规范、宏观调控有效”的新型投资管理体制，加快建立起与国际标准接轨的市场准入制度。现阶段，统一的市场准入制度体系，包括全国统一的《市场准入负面清单》、重点区域放宽市场准入特别措施、市场准入效能评估、统一市场主体登记管理等密切关联的制度模块。**推动商事登记制度改革走深走实。**1978 年，党的十一届三中全会后，企业登记管理作为工商行政管理的基本职能得以确定，中断了十多年的企业登记管理得到全面恢复和加强，“严把市场准入关”成为其鲜明的历史定位。1980 年，温州姑娘章华妹拿到编号为“10101”的改革开放后全国第一张个体工商户营业执照，不仅标志着个体私营经济重回历史舞台，也加速了企业登记管理步入常态化轨道。1992 年，党的十四大确立了建立社会主义市场经济体制改革目标，建立健全现代企业制度，成为市场准入领域的时代强音[④]。2013 年 2 月，党的十八届二中全会提出“改革工商注册制度”。随后，国务院印发《注册资本登记制度改革方案》，明确了进一步降低市场准入门槛、便利百姓经商兴业的目标，拉开了商事制度改革的序幕。2014—2017 年，工商部门先后出台了注册资本改革、企业住所改革、企业名称改革、全程电子化和电子营业执照改革，有效降低了创业创新的制度性成本。2015 年，在全国范围实施了企业工商营业执照、组织机构代码证和税务登记证“三证合一、一照一码”登记制度改革。2017 年，在全国范围内实施“多证合一”改革。**推动负面清单制度改革取得成效。**党的十八大以来，新一轮市场准入制度改革步入深水区，党的十八届三中全会首次提出“实行统一的市场准入制度”和“制定负面清单”，党的十九大进一步明确“全面实施市场准入负面清单制度”，党的二十大对完善市场准入制度作出了新的重要部署。2013 年 9 月，上海自由贸易试验区发布了我国第一份针对外商投资的负面清单。2018 年首版市场准入负面清单制度发布，标志我国全面实施市场准入负面清单制

---

① 中共中央关于进一步全面深化改革、推进中国式现代化的决定（辅导读本）［M］. 北京：人民出版社，2024.

② 郭丽岩. 统一的市场准入制度是建设全国统一大市场的前提［N］. 学习时报，2022-06-29.

③ 中大咨询集团. 市场准入解读系列（一）丨完善市场准入制度，构建高水平社会主义市场经济体制［EB/OL］. https：//www.mpgroup.cn/article_6441.html.

④ 工商总局. 商事制度改革大事记［EB/OL］. https：//www.gov.cn/xinwen/2017-09/12/content_5224235.html.

度。实施负面清单制度以来，市场准入管理体系不断完善，负面清单事项大幅缩减，市场准入负面清单制度和外商投资准入负面清单制度初步建立，“全国一张清单”管理模式全面确立，市场准入效能评估稳步开展，2024 年 8 月，《关于完善市场准入制度的意见》正式发布，围绕“构建开放透明、规范有序、平等竞争、权责清晰、监管有力的市场准入制度体系”作出重要部署，这是中央层面首次专门就市场准入制度建设出台的政策文件①。

三是完善公平竞争制度。公平竞争是市场经济的核心。强化反垄断、深入推进公平竞争政策实施，是完善社会主义市场经济体制的内在要求②。**完善竞争和反垄断政策体系。**早在 1980 年，我国便出台《国务院关于开展和保护社会主义竞争的暂行规定》，明确提出必须打破地区封锁和部门分割。1993 年修宪确立“国家实行社会主义市场经济”之后，反垄断立法开始进入学术界和立法机构的关注视野，2007 年通过的《反垄断法》将竞争政策正式写入条文当中。③ 党的十八大以来，我国持续推动健全公平竞争制度框架和政策实施机制，建立公平竞争政策与产业政策协调保障机制，优化完善产业政策实施方式。党的十九届中央全面深化改革委员会第二十一次会议审议通过《关于强化反垄断深入推进公平竞争政策实施的意见》，标志着我国形成了公平竞争顶层设计政策框架，为统筹推进公平竞争政策实施提供了有力保障。党的十九届四中全会提出“强化竞争政策基础地位”，新修改的反垄断法进一步将其明确为法律法规。**建立并完善公平竞争审查制度。**2016 年，中央深改领导小组第二十三次会议审议通过了《关于建立公平竞争审查制度的意见》，相继发布《国务院关于在市场体系建设中建立公平竞争审查制度的意见》（国发〔2016〕34 号）明确要建立公平竞争审查制度，标志着我国公平竞争审查制度正式启动并实施。2022 年，修改后的《反垄断法》规定“国家建立健全公平竞争审查制度”。2024 年，《公平竞争审查条例》正式施行，标志着我国已经基本形成了具有中国特色、以《反垄断法》为核心、内容比较完备、制度比较健全的反垄断法律体系④。

四是健全社会信用制度。社会主义市场经济是信用经济和法治经济。社会信用制度作为市场经济基础制度的重要组成部分，是建立全国统一大市场的基础制度，是优化营商环境的根本保障⑤。社会主义市场经济发展过程中，在解决经济信用危机的背景下，个人信用、企业信用等逐步被重视。**推动信用评估制度从局部试点到全面推开。**信用评级业务最早开始并集中于金融领域。1988 年，上海远东资信评估公司成立，是中国第一家社会化专业资信评估公司。有关单位制定了《企业信用评估试行办法》和《企业信用等级评定试行办法》，标志着信用评估制度开始步入规范化轨道。1999 年，

---

① 李春临．国务院政策例行吹风会［EB/OL］. https：//www. ndrc. gov. cn/fzggw/wld/lichunlin/zyhd/202312/t20231226_1362942. html.

② 习近平主持召开中央全面深化改革委员会第二十一次会议［N］. 新华社，2021-08-30.

③ 黄勇．竞争政策视域下公平竞争审查制度的发展历程、实施成效及未来展望［N］. 经济日报，2023-08-02.

④ 钱颜．《公平竞争审查条例》8 月施行［N］. 中国贸易报，2024-06-25.

⑤ 杨柳，石杰，陈晟涌．建设符合高水平社会主义市场经济体制的社会信用体系建设法［EB/OL］. https：//www. ndrc. gov. cn/wsdwhfz/202303/t20230315_1350980. html.

中国人民银行开始建设个人信用信息基础数据库。2000 年，以《国务院办公厅转发国家经贸委关于鼓励和促进中小企业发展若干政策意见的通知》（国办发〔2000〕59 号）为标志，社会信用体系建设进入初步发展阶段，信用评估制度被特别提出。2001 年，十部委联合下发了《关于加强中小企业信用管理工作的若干意见》（国经贸中小企〔2001〕368 号），首次对信用和信用制度的地位做出明确表述。**推动社会信用综合管理机制不断完善**[①]。2002 年，党的十六大报告正式提出“社会信用体系”概念，并提出要“整顿和规范市场经济秩序，健全现代市场经济的社会信用体系”。2007 年，国务院社会信用体系部际联席会议制度建立，标志着我国社会信用体系建设从前期部分地区、部分行业单兵突进阶段进入多部门、多领域整体协调推进加速发展阶段。同年，发布《国务院办公厅关于社会信用体系建设的若干意见》（国办发〔2007〕17 号），这是我国政府第一个关于社会信用体系建设的专门文件。2014 年，国务院印发《社会信用体系建设规划纲要（2014—2020 年）》（国发〔2014〕21 号），在国家层面实现了对我国社会信用体系建设的顶层设计，标志着我国社会信用体系建设工作进入全面推进阶段。此后，我国先后出台《国务院办公厅关于加快推进社会信用体系建设构建以信用为基础的新型监管机制的指导意见》（国办发〔2019〕35 号），中办、国办《关于推进社会信用体系建设高质量发展促进形成新发展格局的意见》（2022 年）等顶层设计文件，推动社会信用体系建设进入高质量发展阶段。**推动信用激励和惩戒制度逐步健全**。2003 年，我国正式启动了以“奖励守信、惩罚失信”为核心的社会信用体系建设，在控制信用风险、促进社会诚信等方面发挥了积极作用[②]。2016 年，《国务院关于建立完善守信联合激励和失信联合惩戒制度加快推进社会诚信建设的指导意见》（国发〔2016〕33 号）为联合惩戒确定基本方向。2017 年以来，《国家发展改革委　人民银行关于加强和规范守信联合激励和失信联合惩戒对象名单管理工作的指导意见》（发改财金规〔2017〕1798 号）、国家发展改革委办公厅出台《关于加强和规范守信联合激励和失信联合惩戒对象名单管理工作的指导意见》（发改办财金〔2018〕87 号）、《关于对失信主体加强信用监管的通知》（发改办财金〔2018〕893 号）相关文件，逐步确立了守信联合激励和失信联合惩戒制度的整体框架。**推动信用立法保障体系逐步完善**。地方信用立法始于 2011 年《陕西省公共信用信息条例》，2017 年，上海市在全国范围内首创《上海市社会信用条例》，实现全国综合性信用立法“从零到有”的突破，为后来全国各地实施信用立法提供法律框架、基本内容、核心条款等有益借鉴，具有很强的现实意义。在国家层面，2022 年 11 月 14 日，国家发展改革委、央行会同社会信用体系建设部际联席会议成员单位和其他有关部门（单位）研究起草了《社会信用体系建设法（向社会公开征求意见稿）》，标志着统一

① 信用中国．改革开放 40 年我国社会信用体系建设的主要特点与经验［EB/OL］．https：//www.cerds.cn/site/content/4939.html.

② 信用中国．我国社会信用体系建设的进展、问题与对策建议［EB/OL］．https：//www.creditcctv.cn/news_detail/25704b6eff03410d8ae882f6627af8fc.

社会信用立法时代已经到来[①]。

(2) 建设高标准联通的市场设施

市场设施顺畅联通是经济循环畅通的基础条件[②]。改革开放以来，我国以完善流通网络、畅通信息交互、丰富平台功能为抓手，持续推进高标准联通的市场设施建设，有效提高了市场的运行效率。

一是完善流通体制。流通一头连着生产，一头连着消费，在国民经济循环中起着重要的基础性作用[③]。改革开放以来，我国流通体制改革经历了由探索到深化再到全面推动的递进过程，改革的重点也从搞活农村市场扩大到推动流通市场化、现代化发展[④]，我国流通业态从起初的粮店、百货店、集贸市场等为主导，不断演变成为以大型超市、大型商品交易市场、购物中心、便利店等多种较为现代化的商业业态共存的流通发展格局[⑤]。1982 年，国务院发布《关于疏通城乡商品流通渠道扩大工业品下乡的决定》(国发〔1982〕91 号)，提出改变过去工业品流通按城乡分工的体制为商品分工、城乡通开的新体制。1984 年，国务院转批三部门《关于进一步做好农村商品流通工作的报告的通知》(国发〔1984〕96 号)，鼓励农民进入流通领域。1990 年，国务院发布《关于打破地区市场封锁进一步搞活商品流通的通知》(国发〔1990〕61 号)，提出确保商品流通畅通无阻等，进一步搞活商品流通。1991 年，国务院发布《关于进一步搞活农产品流通的通知》(国发〔1991〕60 号)，通过完善购销政策，加强储备制度建设，深化流通体制改革，进一步解决农产品流通滞后问题。1998 年，中共十五届三中全会通过《中共中央关于农业和农村工作若干重大问题的决定》指出，深化农产品流通体制改革，尽快形成开放、统一、有序的农产品市场体系，加快粮食、棉花流通体制改革，加强农村商业网点建设。2005 年，国务院发布《关于促进流通业发展的若干意见》(国发〔2005〕19 号)，提出加强流通基础设施建设等七方面促进流通业发展的指导意见。2012 年，国务院发布《关于深化流通体制改革加快流通产业发展的意见》(国发〔2012〕39 号)，制定支持政策和保障措施，加快推进流通产业改革发展。2014 年，国务院办公厅发布《关于促进内贸流通健康发展的若干意见》(国办发〔2014〕51 号)，从推进现代流通方式发展、加强流通基础设施建设、深化流通领域改革创新、着力改善营商环境、加强组织领导等五方面提出改革意见。2015 年，国务院办公厅印发《关于同意在上海等 9 个城市开展国内贸易流通体制改革发展综合试点的复函》(国办函〔2015〕88 号)，同意在上海市、南京市、郑州市、广州市、成都市、厦门市、青岛市、黄石市和义乌市 9 个城市开展国内贸易流通体制改革发展综合试点。2019 年，国务院办公厅印发《关于加快发展流通促进商业消费的意见》(国办发〔2019〕42 号)，提出 20 条政策措施，推动流通创新发展，促进国民

---

① 马琳昆．新时代社会信用制度的治理效能与推进路径［EB/OL］．http：//cecrec. com/newsinfo/6767403. html.

② 国家发展改革委．加快建设全国统一大市场 为构建新发展格局提供坚强支撑［J］．求是，2022（6）．

③ 冯其予．我国首部现代流通体系建设规划公布——畅通经济循环迈出新步伐［N］．经济日报，2022-02-10.

④ 商务部流通产业促进中心．改革开放以来我国流通改革发展阶段及相关政策文件［EB/OL］．http：//ltcjzx. org. cn/article/zxyw/smlttj/hydt/202010/20201003007145. shtml.

⑤ 叶娟娟．改革开放 40 年我国流通业的阶段性发展及启示［J］．哈尔滨师范大学社会科学学报，2020（2）．

经济持续健康发展。2020 年，习近平总书记主持召开中央财经委第八次会议，研究畅通国民经济循环和现代流通体系建设问题，强调构建新发展格局必须把建设现代流通体系作为一项重要战略任务来抓，打通影响国民经济循环的流通堵点。党的十九届五中全会建议和国家“十四五”规划纲要都对健全现代流通体系作出明确部署，强调要强化流通体系支撑作用。2022 年，国家发展改革委会同有关部门出台《“十四五”现代流通体系建设规划》（以下简称《规划》），作为现代流通领域的第一份五年规划，《规划》对现代流通体系建设进行了战略性布局、系统性谋划，提出一系列可操作、可落地的重点任务，对畅通经济循环具有开创性意义。经过改革开放 46 年发展，我国已经成为流通大国，在全球流通格局中占据重要地位。

二是畅通市场信息交互渠道。信息沟通交流是市场最为重要的功能[①]。实现市场信息机制的互联互通，是构建高标准全国统一大市场的重要基础[②]。随着互联网、云计算、人工智能、区块链的飞速发展和市场需求的变化，产权市场将提供平台信息资源的共享模式，通过依法公开市场主体、投资项目、创新资源、产量产能等信息，不断提升各交易机构的服务品质，提高服务效率，分享行业交易信息，同时竭力消除“信息孤岛”，推进信息网络体系的互联与互通。根据部署，有关部门正加快推进建设统一的产权交易信息发布机制，实现全国产权交易市场联通。推进同类型及同目的的信息认证平台统一接口建设，完善接口标准，促进市场信息流动和高效使用。依法公开市场主体、投资项目、产量、产能等信息，引导供需动态平衡。

三是优化升级交易平台。公共资源交易关系国计民生[③]。全国公共资源交易平台是国家公共资源交易平台体系中的核心枢纽系统，承担数据交换、资源共享、信息公开等公共服务功能[④]。经过 20 多年的发展，我国公共资源交易平台建设取得飞速发展，公共资源交易创新突破成果不断涌现，公共资源交易制度化逐渐成熟，中国自主知识体系已经基本形成。2015 年，《国务院办公厅关于印发整合建立统一的公共资源交易平台工作方案的通知》（国办发〔2015〕63 号）正式印发，标志着公共资源交易加速迈向全过程电子化。2017 年，全国公共资源交易平台正式开通并上线运行。2018 年 8 月，中央八部委颁布《公共资源交易平台暂行规定》，公共资源交易平台概念在我国正式形成，并同时出现了三系统（即交易系统、服务系统、监督系统）、平台运行、平台服务、电子监管系统等概念。贵州、河北、海南等地形成了公共资源交易“一张网建设”、交易数据治理、“多盲评审”改革、人工智能“机器人评审”、信用管理创新等一批具体可落地、可复制的行业经验，上海、广东、北京、山东等产权市场已经逐步将各类资源要素纳入产权市场，进行统一规范的市场化交易流转，全要素

---

① 张永军．加快建设全国统一大市场，筑牢新发展格局的基础支撑［N］. 21 世纪经济报道，2022-04-12.

② 上海产权市场特约评论员．产权和要素市场要在全国统一大市场建设中展现新作为［N］. 澎湃新闻，2022-04-11.

③ 中国人民大学国家发展与战略研究院，等．中国公共资源交易发展报告（2023）［R］. 北京：中国人民大学国家发展与战略研究院等，2024.

④ 国家发展改革委．国家发展改革委办公厅关于切实用好全国公共资源交易平台的通知［EB/OL］. https：//ggzyjy. ankang. gov. cn/Content-2372740. html.

市场化“一网交易”持续推进，统一的综合性全要素市场化交易平台方兴未艾，产权和要素市场改革的“局部突破”向系统深化转变，积极推动要素资源平台实体化整合，实现“一网交易”向全要素、全资源市场化配置“一张网”升级①。目前，我国公共资源交易领域在知识体系、制度体系和标准化的规则体系都充满着中国话语、中国方案和中国智慧②。

（3）建设全国统一的要素和资源市场

要素资源自由流动是提高经济循环效率的重要保障，核心是引导各类要素资源协同向先进生产力集聚③。要素市场化改革牵一发而动全身，其重要性不言而喻，它是牵涉整个经济、社会、政治生活当中最基本的制度安排，要素市场化改革成功与否，在一定程度上可能左右着整个中国市场化改革的前途命运④。改革开放以来，我国逐步开启并深入推动土地、劳动力、资本、技术和数据等五大要素市场化配置改革，为全国统一大市场建设奠定了坚实的要素和资源基础。

一是健全城乡统一的土地市场。土地制度改革和土地市场化改革与经济发展密切相关，土地制度是激活经济活力的重要制度力量⑤。从始于20世纪70年代末的农村土地制度改革到始于20世纪80年代末的城市土地有偿使用制度改革，再到党的十八大以来的“三块地”试点改革，中国在用地方式转变中不断全面深化改革，也利用土地创造了一个又一个“中国奇迹”。**推动农村土地市场改革不断破局。**1978年，安徽小岗村“18个红手印”催生的“大包干”，拉开了农村土地承包制度改革的序幕，家庭联产承包责任制以磅礴之势推向全国，这是所有权和使用权在土地上的第一次分离，也是农村人地关系的一次重大转变，更是我国农村集体经济经营体制的一次重要创新⑥。1984年，我国基本完成农村家庭联产承包责任制改革。此后，农村土地承包制度在改革开放进程中不断调整完善。1988年通过的《宪法修正案》，正式破除土地不能出租、买卖的法律限制，开始允许土地的使用权在法律范围内有偿转让，土地使用权的商品属性由此正式确立。这是农村土地要素市场化走向法治化的重要标志，为后续土地要素市场化改革的不断深化奠定了坚实的法律基础⑦。2002年，这一制度终于形成立法——《农村土地承包法》，明确“国家依法保护农村土地承包关系的长期稳定”。2008年，党的十七届三中全会提出“现有土地承包关系要保持稳定并长久不变”。2017年，农村土地承包法迎来首次调整，提出实行农村土地所有权、承包权、

---

① 上海产权市场特约评论员．产权和要素市场要在全国统一大市场建设中展现新作为［N］．澎湃新闻，2022-04-11.

② 中国人民大学国家发展与战略研究院，等．中国公共资源交易发展报告（2023）［R］．北京：中国人民大学国家发展与战略研究院等，2024.

③ 国家发展改革委．加快建设全国统一大市场　为构建新发展格局提供坚强支撑［J］．求是，2022（6）.

④ 鲁利玲．推进要素市场化［EB/OL］．https：//www.aisixiang.com/data/46800.html.

⑤ 浦绍仙，金莲．新中国成立70多年来土地制度改革与土地市场演进分析［EB/OL］．https：//zrzy.hebei.gov.cn/heb/gongk/gkml/kjxx/kjfz/10757244410572730368.html.

⑥ 车娜．近40年来我国土地使用制度改革综述［EB/OL］．http：//house.people.com.cn/n1/2018/1205/c164220-30444762.html.

⑦ 钱文荣，等．中国农村土地要素市场化改革探源［J］．农业经济研究，2021（6）.

经营权“三权”分置。这是继家庭联产承包责任制之后，我国农村改革的又一次重大制度创新。**推动城市土地市场改革走深走实。**1987 年 12 月 1 日，深圳市首次采用市场方式完成了第一宗国有土地 50 年使用权的交易，标志着土地使用权在中国第一次作为商品进入市场，土地使用制度改革由此拉开了序幕，有偿使用和级差地租使土地的价值从沉睡中被唤醒[①]。1988 年修正的《土地管理法》明确规定实行国有土地有偿使用制度，为土地市场的发展提供了法律保障。进入 21 世纪以后，国有土地市场得到快速发展，2005—2013 年，土地市场规模、价格与市场化程度分别提升 113.66%、274.09%和 37.07%。“土地收购—储备—开发—出让”机制逐渐形成，城市土地“招拍挂”出让逐渐活跃起来，以市场竞价为导向的城市土地要素市场化交易制度正式确立[②]。**推动土地要素市场化配置改革。**2012 年，党的十八大提出“推动城乡一体化发展”，此后，“建立统一的城乡建设用地市场”的提出拉开了全面深化改革的序幕，市场配置资源由“基础性”逐步转向“决定性”。2015 年，中央在全国选取 33 个地区作为农村“三块地”改革试点，并选取 15 个地区进行“宅基地制度改革”试点，2019 年修正的《土地管理法》破除了集体建设用地不能与国有建设用地同权同价的障碍，城乡一体化发展步入快车道。2020 年，中共中央、国务院出台《关于构建更加完善的要素市场化配置体制机制的意见》，土地要素被放在各大要素之首，进一步彰显了土地要素市场化改革的特殊地位和重要意义。

二是健全城乡统一的劳动力市场。人力资源市场是重要的要素市场，是社会主义市场经济体系的重要组成部分，是劳动者实现就业和人力资源流动配置的主要渠道，是实施人才强国战略和就业优先战略的重要载体[③]。改革开放 46 年来，我国人力资源市场发展与改革开放进程同步，历经从局部创新到整体性制度安排、从推动人力资源服务发展到促进市场体系形成、从政策引导市场管理到依法监管的过程。[④] **推动劳动力和人力资源市场机制不断健全。**1993 年，党的十四届三中全会通过《中共中央关于建立社会主义市场经济体制若干问题的决定》，首次明确提出劳动力市场的概念。2003 年底，中共中央、国务院下发《关于进一步加强人才工作的决定》，为建立统一规范的人力资源市场定调。2007 年 8 月，《就业促进法》首次在国家法律层面明确提出“人力资源市场”的概念。2008 年，人力资源社会保障部组建后，开始筹划建立统一规范的人力资源市场。2013 年，人力资源社会保障部制定的《关于加快推进人力资源市场整合的意见》（人社部发〔2013〕18 号），首次在全国范围内对建立统一规范的人力资源市场进行正式部署。2023 年 12 月，《社会保险经办条例》正式施行，这是我国社保经办领域首部行政法规，为筑牢我国人才保障体系打下了坚实基础。**推动人力资源服务市场体系不断完善。**20 世纪 70 年代末，劳动人事部门开始创立并组织劳

---

① 国土资源部．乘风破浪正当时——新中国 60 年土地市场发展回眸［EB/OL］. https://www.gov.cn/gzdt/2009-11/02/content_1454412.html.

② 吴宇哲，等．建党百年的土地要素配置：政策回溯与路径展望［J］. 中国土地科学，2021（6）.

③ 人力资源市场建设辉煌 40 年［N］. 中国组织人事报，2019-01-03.

④ 吴要武．70 年来中国的劳动力市场［J］. 中国经济史研究，2020（4）.

动服务公司，解决待业人员就业问题，逐步演进为就业服务机构。1994 年 8 月，中组部、人事部联合下发了《加快培育和发展我国人才市场的意见》（人调发〔1994〕7 号），明确提出发展人才市场的总体目标。劳动保障部、人事部分别于 1995 年和 1996 年出台《职业介绍规定》和《人才市场管理暂行规定》，确立了市场的管理制度。人力资源服务机构经营模式呈现多样化，服务领域不断扩大，民营性质的人力资源服务机构取得较快的发展，外资开始进入我国人力资源服务领域。2007 年 3 月，国务院印发《关于加快发展服务业的若干意见》（国发〔2007〕7 号），首次将人才服务业作为服务业中的一个重要门类。党的十七大、国家"十二五"规划先后作出建立健全统一规范灵活的人力资源市场的重要部署，并首次将人力资源服务业写入国民经济和社会发展规划。2012 年 12 月，《服务业发展"十二五"规划》（国发〔2012〕62 号）首次提出建设人力资源服务体系。2010 年，上海第一个建立国家级人力资源服务产业园。2014 年 12 月，人力资源社会保障部、国家发展改革委、财政部下发《关于加快发展人力资源服务业的意见》（人社部发〔2014〕104 号），首次对加快发展人力资源服务业进行全面部署。2018 年 6 月国务院 700 号令公布《人力资源市场暂行条例》，首次从立法层面明确了政府提高人力资源服务业发展水平的法定职责。当前，我国统一规范的人力资源市场基本建成，形成了多层次多元化的服务体系。

三是加快发展统一的资本市场。建立和发展资本市场是党中央深化改革开放、建立健全社会主义市场经济体制的重大战略决策和实践探索①。以 1990 年 12 月 19 日上交所开业为起点，中国资本市场砥砺前行 30 年，构筑起了丰富的主板、中小板、创业板、科创板、新三板等板块协调发展的市场格局，朝着市场化、法治化、国际化方向迈进，在探索与创新中逐步成长为全球第二大资本市场②。1986 年，邓小平送给时任美国纽约证券交易所董事长约翰·范尔霖一张 50 元面值的上海飞乐音响股份有限公司股票，人们开始认识到，一个社会主义国家要建设股票交易市场。**推动建立多层次资本市场体系。**1990 年 12 月 19 日，上海证券交易所鸣锣开业，中国资本市场正式启航。1991 年，深圳证券交易所正式开业。沪深交易所先后成立，标志着全国性资本市场正式形成，是改革开放历史进程中具有划时代意义的事件③。1993 年，股票发行试点正式由上海、深圳推广至全国，进一步打开了资本市场发展的空间。2004 年，深交所专门设置中小型公司聚集板块——中小板，定位是为主业突出、具有成长性的中小企业提供融资渠道和发展平台。2005 年，由证监会牵头、多部门协同启动针对股权分置问题的改革，并于 2007 年底基本完成改革任务，二级市场价格开始真实反映上市公司价值，并成为各类股东共同的利益基础，成为中国资本市场改革的重要里程碑，它被形容为"自成立以来影响最为深远的改革举措，其意义甚至不亚于创立中国证券市场"。2009 年，创业板开市，10 年后携注册制正式开板，成为中国构建多层次资本市场的又

---

① 彭江．奋斗百年路　启航新征程——资本市场实现历史性突破和跨越式发展［N］．经济日报，2021-06-21.

② 黄凤清．中国资本市场三十年：改革与创新　在市场化、法治化、国际化道路上奋进［EB/OL］．https：//finance. sina. com. cn/stock/marketresearch/2020-12-23/doc-iiznctke8092759. shtml.

③ 每日经济新闻．中国资本市场三十年：从零到 70 万亿市值的伟大成就［N］．每日经济新闻，2020-10-15.

一里程碑事件。2013 年，新三板正式运营，我国加快形成制度多元、功能互补的多层次资本市场体系。2019 年，证监会启动全面深化新三板改革。经过 30 多年的改革发展，我国证券交易所市场由单一板块逐步向多层次拓展，错位发展、功能互补的市场格局基本形成[①]。**推动发行与退市制度市场化深入推进。**在发行制度改革方面，创建初期，中国资本市场采取额度指标管理的股票发行审批制度。2001 年 3 月起，A 股全面实施证券发行主承销商推荐及核准制，从实行新股发行上市主承销商推荐制，逐步过渡到保荐制度，建立了保荐机构和保荐代表人问责机制，实现了发行制度市场化改革目标的第一步。2013 年，党的十八届三中全会提出要“推进股票发行注册制改革”。2019 年，注册制率先在科创板试点。2020 年，证监会正式提出实施创业板注册制改革，并在创业板率先实施注册制，首批 18 家创业板试点注册制企业上市交易，A 股发行制度向着市场化的方向又迈进了一大步。2023 年 2 月，全面实行股票发行注册制改革正式启动，资本市场基础制度进一步完善。在退市制度改革方面，2001 年，退市制度正式推出。2012 年丰富了退市条款，面值退市标准，财务类、交易类、规范类退市指标体系初步形成；2014 年主要推出主动退市制度、明确实施重大违法强制退市制度；2018 年则进一步完善了重大违法强制退市制度。2020 年，新一轮退市制度改革启动，中央深改委第十六次会议审议通过《健全上市公司退市机制实施方案》，2024 年证监会发布《关于严格执行退市制度的意见》，标志着退市制度进一步巩固完善。**推动法律制度体系逐渐完善。**1992 年，国务院证券管理委员会和中国证监会成立，标志着中国资本市场开始逐步纳入全国统一监管框架。1993 年，《股票发行与交易管理暂行条例》正式颁布。1994 年，《公司法》颁布，标志着我国的公司资本制度开始构建。1998 年，国务院证券委撤销，证监会成为全国证券期货市场的监管部门，建立了集中统一的证券期货市场监管体制。1999 年，新中国第一部规范证券发行与交易行为的法律——《证券法》正式实施，标志着证券市场法治化建设步入新阶段。2004 年，《证券投资基金法》正式实施，以法律形式确认了证券投资基金业在资本市场及社会主义市场经济中的地位和作用。截至目前，以《证券法》《公司法》《证券投资基金法》《期货和衍生品法》等法律为核心，以《刑法》《企业破产法》等法律为支撑，以行政法规、司法解释、部门规章、规范性文件为主干，以证券期货交易场所、登记结算公司、行业协会自律规则为配套，我国资本市场法律体系的“四梁八柱”已经建成[②]。**推动资本市场制度型开放稳步推进。**我国资本市场开放是循序渐进的[③]。我国股票市场融资国际化以 B 股、H 股等股权融资作为突破口。B 股、H 股分别于 1992 年、1993 年开始发行。1995 年 5 月，5 家中外机构共同组建了中国国际金融有限公司，成为我国首个中外合资证券公司。2002 年，证监会、央行联合发布《合格境外机构投资者境内证券投资管理暂行办法》，标志着合格境外投资者（QFII）制度正式出台。2003 年，瑞银通过 QFII 机制完成外资购买 A 股股票第一单，资本市场对外开放的大

① 赵展慧 . 全面实行股票发行注册制改革正式启动——访中国证监会有关负责人［N］. 人民日报，2023-02-02.
② 徐明 . 完善资本市场法律体系须处理好四种关系［N］. 上海证券报，2022-11-08.
③ 钟红，陈玉琳 . 资本市场开放的历程与方向［J］. 中国金融，2020（17）.

幕由此拉开。2011 年，人民币合格境外投资者（RQFII）制度进一步推出，允许境外机构在规定额度内直接使用人民币投资国内证券市场。截至 2023 年 5 月底，合格境外机构投资者数量达到 770 家①，包括基金公司、证券公司、保险公司、商业银行等多类金融机构。在中国资本市场与国际市场的互联互通方面，沪港通、深港通、沪伦通相继开通，成为中国 A 股市场国际化的一系列里程碑事件，资本市场高水平制度型对外开放稳步推进。

四是加快培育统一的技术市场。技术市场是重要的生产要素市场，是我国现代市场体系和国家创新体系的重要组成部分，是各类技术交易场所、服务机构和技术商品生产、交换、流通关系的总和②。改革开放以来，我国技术市场从无到有，功能逐步完善，制度环境不断优化，对健全技术创新市场导向机制、促进科技和经济融通发展、完善社会主义市场经济体系等发挥了重要作用。**推动技术要素市场化配置机制持续强化。**1980 年，国务院颁布的《关于开展和保护社会主义竞争的暂行规定》，初步确立了技术的商品属性。1984 年 10 月，国常会讨论审定了《技术转让条例》③，“技术市场”这一概念首次被提出。1986 年，国务院颁布的《技术市场管理暂行办法》明确指出：“技术市场是我国商品市场的重要组成部分。”1993 年，《科学技术进步法》以法律形式规定“国家建立和发展技术市场，推动科学技术成果的商品化”。1996 年，国家科委发布《“九五”全国技术市场发展纲要》（国科发市字〔1996〕470 号），为科研院所转制、加速技术成果商品化和高新技术产业化提供了重要的制度保障和实施路径。2012 年，《服务业发展“十二五”规划》提出推进技术市场交易模式和机制创新，提升技术市场网络化、信息化、国际化水平。2022 年，科技部发布《“十四五”技术要素市场专项规划》，提出“到 2025 年，我国技术要素市场制度体系基本完备”这一基础目标。**推动技术要素市场加快培育。**1993 年，我国第一家常设技术市场——上海技术交易所成立。1996 年，《促进科技成果转化法》颁布，肯定了技术交易场所对促进科技成果转化的作用。2013 年《技术市场“十二五”发展规划》首次提出要建设统一开放的现代技术要素市场。2007 年，发布《国家技术转移示范机构管理办法》，技术转移体系建设工作启动，技术市场服务体系开始全国性布局。2011 年，启动中国创新驿站工作，搭建跨地区、跨行业、跨领域的技术转移服务网络。2016 年，《促进科技成果转移转化行动方案》提出强化科技成果转移转化市场化服务，构建国家技术交易网络平台。2018 年，《关于技术市场发展的若干意见》提出建设枢纽型技术交易市场，打造互联互通的全国技术交易网络。2021 年，《建设高标准市场体系行动方案》支持上海技术交易所等机构加快推进技术交易服务发展。2022 年《加快建设全国统一大市场》明确建立健全全国性技术交易市场，推动各地技术交易市场互联互通。这一系列政策的出台，搭建了技术交易市场统一大平台，提高了交易主体科技成

---

① 吴晓璐 . QFII 入市 20 年机构家数从 2 家增至 770 家［N］. 证券日报，2023-07-08.

② 科技部 . 关于技术市场发展的若干意见（国科发创〔2018〕48 号）［EB/OL］. https：//www. gov. cn/zhengce/zhengceku/2018-12/31/content_5435425. html.

③ 罗晓燕 . 中国技术市场的发展历程［N］. 中国高新技术产业导报，2021-06-28（A8）.

果转化的积极性。**推动法律保障体系持续完善。**1999 年，《合同法》颁布，提升了技术市场的法律地位。我国陆续修订《促进科技成果转化法》、出台实施若干规定、制定《促进科技成果转移转化行动方案》，形成了促进科技成果转移转化“三部曲”。当前，技术要素市场处于全面深化改革阶段，以高质量发展为主题，以创新驱动为主线，正在谱写“中国式现代化”新篇章①。

五是加快培育统一的数据市场。数据作为新兴生产要素，是基础性资源和战略性资源。中国较早地开展了自主性、渐进式的数据要素市场化改革探索。**推动国家信息化事业开局起步并不断完善。**改革开放初期，党中央、国务院敏锐洞察全球科技革命和产业变革趋势，以改革开放为核心议题，较早地开展了国家信息化部署，邓小平同志作出“开发信息资源，服务四化建设”“计算机普及要从娃娃做起”等重要指示，反复强调信息对于国家在世界竞争与发展中的重要作用。1987 年，我国在北京成立第一个互联网接入点，标志着我国融入全球信息社会的开始。**推动商业化机制逐步形成。**此后，以互联网应用为主要特征的网络化带来大规模数字化浪潮，信息、数据呈爆发式增长态势，为数据要素市场的形成与壮大提供了丰厚的土壤。1994 年，互联网接入商业服务出现，为数字社会的发展培育了基础土壤。这一年，我国正式被国际上承认是接入 Internet 的国家，标志着我国正式步入互联网时代。同年，国务院发布《计算机信息系统安全保护条例》，成为我国网络信息安全领域的第一部行政法规。随后，我国相继出台《国家信息化指标构成方案》《“十五”信息化发展重点专项规划》《信息产业“十五”计划纲要》，全国信息化工作形成体系。2000 年，第九届全国人大常委会第十九次会议通过《全国人民代表大会常务委员会关于维护互联网安全的决定》，这是我国第一个维护网络安全的法律决定，标志着我国网络信息相关立法纳入国家顶层设计。2000 年，《电信条例》发布，这是我国第一部管理电信业的综合性法规，标志着中国电信业发展步入法制化轨道。同年底，全国人大常委会通过《关于维护互联网安全的决定》，这是我国最高立法机构首次针对互联网制定的立法文件。2001 年，党中央、国务院重新组建国家信息化领导小组，中央对信息化建设的重视达到新高度。2011 年 5 月，国家互联网信息办公室正式设立，标志着我国互联网信息服务和管理工作进入新阶段。**推动数据要素市场化配置改革拉开大幕。**2015 年，国务院发布《促进大数据发展行动纲要》，首次做出“数据已成为国家基础性战略资源”的论断，明确强调了数据作为基础性战略资源的定位。2019 年，党的十九届四中全会首次将数据增列为生产要素。2020 年，中共中央、国务院印发《关于构建更加完善的要素市场化配置体制机制的意见》，首次提出要加快培育数据要素市场，为进一步发挥数据生产要素的作用指明了方向。是年，党的十九届五中全会提出推进数据要素市场化改革。2021 年，第十三届全国人大常委会第二十九次会议通过《数据安全法》，这是我国数据安全领域的基础性法律。2022 年，党的二十大报告不仅强调深化要素市场化改革，

---

① 颜明峰．谱写技术要素市场的“中国式现代化”新篇章［EB/OL］. https：//export. shobserver. com/baijiahao/html/660143. html.

并将数据纳入国家安全保障体系建设。2022 年 4 月，中共中央、国务院印发《关于加快建设全国统一大市场的意见》，提出加快培育统一的技术和数据市场。**推动数据基础制度框架形成雏形。**2022 年 12 月，中共中央、国务院正式发布《关于构建数据基础制度更好发挥数据要素作用的意见》，从数据产权、流通交易、收益分配、安全治理四个方面统筹推进数据基础制度体系建设，标志着我国数据要素市场建设正式进入了从顶层设计到机制落地的新阶段。2023 年 2 月，中共中央、国务院印发《数字中国建设整体布局规划》，部署畅通数据资源大循环，构建国家数据管理体制机制。2023 年 3 月，新一轮党和国家机构改革组建成国家数据局，这标志着全国一体化的数据要素市场培育正式拉开帷幕。

六是建设全国统一的能源市场。能源是经济社会发展和民生保障的重要物质基础，也是建设现代化国家的基础产业①。构建有效竞争的市场结构和市场体系是能源革命的核心内容②。1978 年以来，我国一直在进行能源体制机制市场化改革的探索，方向坚定，砥砺前行，久久为功，逐步触及深层次利益关系和矛盾③。20 世纪 80 年代初至 90 年代末期，为解决能源短缺问题，党中央部署启动电力行业投资体制改革，探索“放松管制、政企分开”改革，煤炭和电力行业放松准入限制，鼓励各类经济主体投资办煤矿和集资办电，石油行业开始向国外开放海上石油勘探。20 世纪 90 年代末期至 2012 年前后，进入市场化导向的改革推进阶段，煤炭行业取消电煤指导价，电力行业实施厂网分开，石油天然气行业形成跨区域竞争的三大石油公司。党的十八大以来，进入能源体制改革的攻坚期和深水期，大幅取消和下放行政审批事项，煤炭资源税实行从价计征，电力市场建设、交易机构组建、发用电计划放开等加快实施，油气行业竞争环节市场活力不断增强，能源结构由传统能源加速向新能源转变，由煤炭为主加速向多元化转变。能源资源领域价格市场化改革深入推进。有序放开竞争性环节价格，科学核定自然垄断环节价格，出台了输配电、天然气管网等领域价格管理和成本监审办法，建立起约束和激励相结合的垄断行业价格监管制度，主要由市场决定价格的机制已基本确立。**推动油气体制改革迈出实质性步伐。**我国天然气价格市场化改革在 2005 年开启，实现了天然气出厂价统一实行政府指导价，我国基本构建起天然气长输、短输、配气等垄断环节全产业链价格监管制度框架。2013 年发布的《国家发展改革委关于进一步完善成品油价格形成机制的通知》，取消依照国际市场油平均价格波动 4%的调价幅度限制，成品油价格机制逐步接近市场化。全面开放油气勘查探采市场，2012 年，我国首次就页岩气探矿权公开向社会招标，拉开了国内页岩气勘察开发领域向各类投资主体全部开放的序幕，我国已形成以国家石油企业为主体、多种经济成分参与的油气勘查开采市场格局。完善油气进出口管理体制。2015 年，国家发展改革委、商务部分别下发《国家发展改革委关于进口原油使用管理有关问题的通知》

① 韩文科．建设全国统一的能源市场　构建能源发展新格局［J］．中国投资，2022（10）．

② 支彤．我国能源市场体系日臻完善［N］．中国电力报，2017-12-27．

③ 国网能源研究院有限公司．辉煌 40 年再启新征程——改革开放以来我国能源发展之路观察［N］．中国电力报，2018-11-15．

和《关于原油加工企业申请非国营贸易进口资格有关工作的通知》，对进口原油使用权和原油进口权陆续放开，油气改革“破垄断”开始提速。2019 年 3 月，中央全面深化改革委员会第七次会议审议通过《石油天然气管网运营机制改革实施意见》，强调推动石油天然气管网运营机制改革，组建国有资本控股、投资主体多元化的石油天然气管网公司，目前“全国一张网”基本成型。**推动电力市场化改革进入深水区。**伴随着《关于进一步深化电力体制改革的若干意见》等一系列电力体制改革政策文件的面世，电力体制改革取得新进展，发用电计划有序放开、电力市场建设深入推进。目前，我国已初步形成在空间范围上覆盖省间、省内，在时间周期上覆盖多年、年度、月度、月内的中长期交易及日前、日内现货交易，在交易标的上覆盖电能量、辅助服务、合同、可再生能源消纳权重等交易品种的全市场体系结构，基本建立了覆盖跨省跨区输电工程、区域电网、省级电网、地方电网、增量配电网的全环节输配电价格监管制度框架，基本确立以“准许成本+合理收益”为核心的输配电价监管制度框架①。**推动煤炭交易市场机制不断完善。**2012 年，国务院发布《关于深化电煤市场化改革的指导意见》，提出培育和发展全国煤炭交易的市场体系。随后在 2013 年实施电煤价格并轨，煤炭价格全面实现市场化。2014 年，国家发展改革委印发《关于深入推进煤炭交易市场体系建设的指导意见的通知》，公布了全国性煤炭交易市场建设计划，拟逐步培育建成 2~3 个全国性煤炭交易市场，成立全国煤炭交易市场体系建设协调机制。2020 年，首个国家级平台——全国煤炭交易中心在北京正式开业运营。全国煤炭交易中心的建立，是我国解决煤炭和下游行业多年以来突出矛盾的重要举措。国家发展改革委在 2022 年先后印发了《关于进一步完善煤炭市场价格形成机制的通知》和 2022 年 4 号公告，前者提出了煤炭中长期交易价格合理区间，后者实质上明确了煤炭现货价格合理区间，两份文件构建了煤炭价格预期引导和调控监管的闭环机制。**推动以风电和光伏发电为代表的新能源市场机制不断完善。**2006 年国家出台了《可再生能源法》，通过“设立可再生能源发展基金”与“全额保障收购”，促进我国可再生能源的发展，是我国可再生能源改革发展历程中的标志性事件。2009 年、2010 年，我国先后确立了风电和光伏发电两个领域的固定上网电价政策，为行业发展奠定了坚实的制度基础。2018 年以后，我国进一步全面推广电价竞标，确定上网电价不再由政府定价而是由市场竞争来决定，同时引入补贴的价格竞争机制，将发电项目资源配置到经营效率最高的企业。2020 年，可再生能源配额制正式出台，为每个省份制定最低可再生能源消费占比的额度，以此来打破各省份之间的新能源电力交易壁垒②。

七是培育发展全国统一的生态环境市场。培育发展全国统一的生态环境市场，对于加快建设全国统一大市场具有重要意义③。其内涵主要体现在建设全国统一的碳排放权、用水权交易市场，推进排污权、用能权市场化交易以及推动绿色产品认证与标

---

① 王雪辰．全面深化能源体制机制改革——能源发展成就报告之能源体制改革篇［N］．中国电力新闻网，2022-11-14.

② 王敏．我国新能源的发展历程、挑战与改革展望［EB/OL］．http：//nsd. pku. edu. cn/sylm/gd/507297. html.

③ 兰宗敏．培育发展全国统一生态环境市场［N］．经济日报，2022-05-11（12）.

识体系建设。其中，**排污权交易**在我国起步较早，主要包括水污染物和大气污染物排放权交易。“十五”之前，我国排污权交易实践主要以地方性、个别式的尝试为主。如1987年上海部分企业率先开展水污染排放指标交易。2007年，浙江嘉兴建成第一个排污权交易中心，标志着排污权交易进一步制度化规范化。近年来，我国加快推进排污权交易改革，在28个省份开展固定污染源排污许可制度下的政府无偿出让排污权交易试点工作，进一步明确政府在排污权交易工作中的定位，全面停止政府预留和出让排污权，鼓励发展二级市场。截至2024年5月，全国已有28个省份在全省或者选取省内重点区域开展了排污权交易试点①。**用能权交易**是促使企业加强用能管理、控制能耗，推动经济转型升级的重要手段。党的十八大提出积极开展节能量交易试点。2016年，国家发展改革委印发《用能权有偿使用和交易制度试点方案》，明确在浙江、福建、河南、四川开展用能权有偿使用和交易制度试点工作。2021年9月，国家发展改革委发布《完善能源消费强度和总量双控制度方案》，提出加快建设全国用能权交易市场。**用水权交易**是市场经济条件下优化水资源配置、提高水资源利用效率的有效途径。2000年，浙江义乌市和东阳市开展了全国第一宗水权交易。2005年1月，水利部发布《水利部关于水权转让的若干意见》，提出了水权转让的六项基本原则。2014年，水利部在宁夏、江西、湖北、内蒙古、河南、甘肃、广东7个省（区）开展全国水权交易试点，由政府引导开展区域间、行业间、用水农户间水权交易。2016年，水利部印发《水权交易管理暂行办法》(水政发〔2016〕156号)，填补了我国水权交易的制度空白，同年中国水权交易所正式成立，水权交易逐步走向规范化。2022年8月，水利部等部门联合印发《关于推进用水权改革的指导意见》(水资管〔2022〕333号)，作为当前和今后一个时期推进用水权改革的指导性文件。**碳排放权交易市场**是我国环境权益交易市场中发展最成熟的市场。1997年，我国通过参与《京都议定书》引入碳市场机制。2008年8月，北京环境交易所、上海环境能源交易所相继成立。2011年，国家发展改革委决定在北京、天津、上海、重庆、湖北、广东及深圳开展碳排放权交易试点。2017年，以发电行业为突破口，全国碳排放交易体系正式启动，标志着我国碳排放权交易市场建设进入新阶段。2020年底，生态环境部出台《碳排放权交易管理办法（试行)》，印发《2019—2020年全国碳排放权交易配额总量设定与分配实施方案（发电行业)》，正式启动全国碳市场第一个履约周期。2021年，全国碳市场正式开始上线交易，纳入发电行业重点排放单位2162家，成为全球规模最大的碳市场，通过有效发挥市场机制的激励约束作用，推动绿色低碳发展。2024年，《碳排放权交易管理暂行条例》施行，为碳市场的规范运行提供了法律依据。在**绿色金融体系方面**，改革开放以来，我国金融机构对环保领域的支持力度逐步提高，绿色信贷不断推进，但更多的处于试行阶段，未形成完整的制度体系。2012年起，银监会接连印发《绿色信贷指引》《绿色信贷统计制度》《绿色信贷实施情况关键评价指

① 安徽省生态环境厅.《安徽省关于深化排污权交易改革工作的意见》政策解读［EB/OL］. https：//sthjt. ah. gov. cn/public/21691/121835151. html.

标》，我国绿色信贷政策体系逐步建立起来。2016 年，央行等七部委联合发布《关于构建绿色金融体系的指导意见》，标志着我国绿色金融的框架体系逐步形成。2017 年，我国决定在浙江、江西、广东、贵州、新疆 5 省份选择部分地方建设绿色金融改革创新试验区。2020 年下半年以来，随着“双碳”重视程度的提高，作为配套的绿色金融相关政策密集出台，绿色金融政策体系不断完善。**绿色产品认证与标识体系建设方面，**按照国务院办公厅《关于建立统一的绿色产品标准、认证、标识体系的意见》，自 2016 年起，国家市场监督管理总局会同相关部门积极推动绿色产品标准、认证、标识体系建设，研究编制《绿色产品评价通则》，规范各类产品绿色评价标准制定。截至 2022 年 1 月，我国出台 18 项绿色产品评价国家标准，印发 3 批绿色产品评价标准清单及认证产品目录。

（4）建设高水平统一的商品和服务市场

商品和服务市场是人民群众感受最直接的市场，与民生福祉密切相关[①]。以人民群众关心、市场主体关切的领域为重点，我国着力推进商品质量体系、标准和计量体系、消费服务质量建设，为全国统一大市场建设构筑起丰富而规范的商品和服务供给体系。

一是不断健全商品质量体系。质量问题是我国经济社会发展的战略问题，也是与老百姓日常生活息息相关的民生问题[②]。**推动质量管理体制不断健全。**改革开放后开始在国家经委内设质量管理处，1994 年 2 月成立国家技术监督局，成为国家经贸委管理的国家局。这期间，国家技术监督局质量管理司还曾对外加挂国务院生产办公室质量管理局和国家经贸委质量司的牌子。1998 年，国家技术监督局更名为国家质量技术监督局，列为国务院直属机构，管理标准化、计量、质量工作并行使执法监督职能，随之省以下质量技术监督系统实行垂直管理。2001 年，党中央、国务院决定将国家质量技术监督局与国家出入境检验检疫局合并，组建国家市场监督管理总局，标志着中国质量监督和检验检疫执法事业翻开新的历史一页。同年，国家认证认可监督管理委员会正式成立，统一管理、监督和综合协调全国认证认可工作。2002 年，中国质量认证中心成立，这是中央关于改革中国质检体制的一项重要内容，也是国家认监委统一管理认证认可工作的具体体现。**推动质量工作制度不断创新。**1985 年实行产品质量国家监督抽查制度，对质量水平开始进行量化评价。1995 年，新“三包”规定登场，该规定要求销售者必须对商品的质量负责。1996 年 12 月，国务院印发《质量振兴纲要（1996—2010 年）》，第一次对质量发展提出长远规划，推动我国的产品质量、工程质量和服务质量跃上一个新台阶[③]。1993 年，《产品质量法》施行，国家对产品质量的监督检查以抽查为主的制度逐渐形成。2003 年，国家市场监督管理总局正式启动食品质量安全市场准入制度，食品生产加工企业必须具有《食品生产许可证》方可生产并加贴 QS 标志，标志着中国强制性产品认证制度正式实施，同年，《认证认可条例》颁

① 国家发展改革委．加快建设全国统一大市场　为构建新发展格局提供坚强支撑［J］．求是，2022（6）．

② 林丽鹂．加强全面质量管理　加快推进质量强国建设［N］．人民日报，2021-12-20．

③ 冯军．改革开放 40 年我国质量发展历程与变革［J］．中国发展观察，2019（1）．

布，为中国认证认可工作的法治化进程翻开了具有重要历史意义的一页[①]，ISO9001 质量管理体系认证和相关产品质量认证逐步兴起。2006 年，《农产品质量安全法》施行。2009 年，《食品安全法》正式实施，其所确立的一系列法律制度，构筑成食品安全和质量管理的“新防线”。党的十八大以来，“质量强国”写入“十三五”规划纲要，写入党的全国代表大会报告和政府工作报告，国务院建立全国质量工作部际联席会议、国务院标准化协调推进部际联席会议、全国认证认可工作部际联席会议等制度，批准设立“中国品牌日”，先后印发《计量发展规划（2013—2020 年）》《深化标准化工作改革方案》《国家标准化体系建设发展规划（2016—2020 年）》《装备制造业标准化和质量提升规划》《消费品标准和质量提升规划（2016—2020 年）》等一系列文件，对我国高质量发展作出长远设计。**推动群众性质量参与机制不断健全。**1978 年，国家经贸委启动第一个质量月活动，要求每年 9 月在全国开展质量月活动。1992 年，“中国质量万里行”活动开启了新闻监督推进质量工作的常态化价值。全国质量管理部门成立专门执法队伍，建立 12365 投诉举报咨询系统，加强对企业的监管，加大对质量违法行为的处罚力度。

二是持续完善标准和计量体系。计量是实现单位统一、保证量值准确可靠的活动，是关于测量及其应用的科学，也是科技创新、产业发展、国防建设、民生保障的重要基础[②]。1978 年，国务院成立国家计量总局和国家标准总局，标志着中国计量和标准工作逐步进入正常轨道。1984 年，国务院发布《关于在我国统一实行法定计量单位的命令》，正式确定了以国际单位制为基础制定的计量单位为我国的法定计量单位，标志着我国计量语言的真正统一，也意味着我国计量单位与国际单位制接轨有了法律意义上的保障。1985 年，我国加入《国际法制计量组织公约》，成为当时国际法制计量组织 50 个成员国之一。《计量法》的颁布及实施，标志着我国计量实现了法治化，是我国计量史上一个重要的里程碑。1986 年，我国首部《计量法》正式实施，标志着我国计量事业从此由行政管理走上了法治管理的新征程。1988 年，国务院将国家标准局、国家计量局、国家经贸委质量局合并，组建国家技术监督局，并赋予行政执法职能，初步形成了适应我国国情的标准化、计量、质量三位一体的质量行政体制。1989 年，《标准化法》《进出口商品检验法》正式施行。20 世纪 90 年代，我国开展了一系列计量基础研究工作，建立了一批高精度计量标准和实验室。2008 年，我国成功举办了北京奥运会，其间运用高精度的计量技术，确保了赛事的准确计量和顺利进行。党的十八大以来，党中央把计量作为重要战略资源，国务院先后印发《计量发展规划（2013—2020 年）》《计量发展规划（2021—2035 年）》，批准建立全国计量工作部际联席会议制度，不断加强计量体系和能力建设。**标准**是经济活动和社会发展的技术支撑，

---

① 中国质量新闻网．质量建设大事记（1949—2009）［EB/OL］. https：//www. cqn. com. cn/zgzlwlx/content/2009-10/15/content_959274. html.

② 秦宜智．实施《计量发展规划（2021—2035 年）》全面开启加快计量发展新征程［EB/OL］. https：//www. samr. gov. cn/jls/zt/jljc/tywz/art/2023/art_57b53dfd258f4e698b5b6e42f4329a05. html.

是国家基础性制度的重要方面[①]。标准化在推进国家治理体系和治理能力现代化中发挥着基础性、引领性作用。1978 年，我国正式恢复在国际标准化组织（ISO）的成员身份。1999 年，经过中央机构编制委员会办公室批准，中国标准化研究中心成立。2001 年，中国国家标准化管理委员会正式成立，是国务院授权履行行政管理职能、统一管理全国标准化工作的主管机构。1984 年，首次召开全国采用国际标准工作会议。1988 年，《标准化法》正式颁布，标准化进入法制管理轨道。2008 年，我国成为 ISO 常任理事国。党的十八大以来，国务院相继出台了《深化标准化工作改革方案》和《国家标准化体系建设的发展规划》。第十二届全国人大常委会审议通过了新修订的《标准化法》，确立了新型标准体系的法律地位，对促进标准化改革创新发展具有里程碑意义[②]。2015 年，国务院批准建立标准化协调推进部际联席会议制度，标志着标准化工作顶层决策机制进一步理顺。2018 年，成立国家市场监督管理总局（国家标准委），进一步加强了标准体系建设的管理和协调。2023 年，国家标准委发布《基本公共服务标准体系建设工程工作方案》，进一步推动了基本公共服务的标准化和均等化。我国标准化法制体系不断健全，标准数量和质量大幅提升，标准体系日臻完善，标准化管理体制和运行机制更加顺畅。

三是全面提升消费服务质量。1984 年，中国消费者协会成立，标志着中国政府已经把保护消费者权益问题提到了重要议事日程，开创了消费者保护运动的新纪元。1993 年，《消费者权益保护法》颁布实施，为消费者提供了维护自身合法权益的有力武器。2001 年，中国加入世界贸易组织（WTO），推动了国内消费者权益保护法律的完善。改善消费环境，强化消费者权益保护。2004 年，国家质检总局等四部门发布了《缺陷汽车产品召回管理规定》，我国逐步建立起产品召回制度。2014 年，中国实施新修订的《消费者权益保护法》，进一步明确了消费者的权利。2016 年，最高人民法院出台关于审理消费民事公益诉讼案件适用法律若干问题的解释，明确了消费公益诉讼的适用范围等法律问题，助推了消费公益诉讼制度的落地。2021 年，《个人信息保护法》实施，加强对个人信息的保护，特别是在电子商务和网络消费领域。2024 年，《消费者权益保护法实施条例》正式施行。作为《消费者权益保护法》的第一部配套行政法规，在细化经营者义务、网络消费、强化国家保护、完善争议解决等方面作出了一系列规定。

（5）建设公平统一的市场监管体制

提升政府监管效能是维护市场正常秩序的必然要求[③]。改革开放以来，为维护规范的市场秩序，我国不断健全市场监管规则、持续强化统一市场监管执法、全面提升监管能力，为统一大市场建设提供了良好的秩序环境。

一是加快健全市场监管规则。改革开放以来，市场监管机构改革的探索大致分为

---

① 中共中央 国务院．国家标准化发展纲要［EB/OL］．https：//www.gov.cn/zhengce/2021-10/10/content_5641727.html.

② 徐风．历史性的变革 历史性的成就——十八大以来标准化工作综述［N］．中国质量报，2018-01-15.

③ 国家发展改革委．加快建设全国统一大市场 为构建新发展格局提供坚强支撑［J］．求是，2022（6）.

行业主管、独立监管和统筹监管三个阶段，市场监管理念则经历了从最初的限制市场，到有序竞争，再到宽准入严监管的变迁，这一演进的逻辑实际上反映了政府、市场和社会之间角色和定位的转变，反映了中国对市场监管的探索和创新①。20 世纪 80 年代初期，随着改革开放的深入推进，中国开始逐步恢复和建立市场监管体系。1993 年，国务院机构进行了大规模调整，新组建了一批国家局、直属事业单位和特设监督管理机构，履行市场监管职责，市场监管机构由原有的行业主管部门转变为市场监督管理机构。2008 年，国务院机构进行了大幅度的调整，正部级机构减少 4 个，市场监管机构数量开始减缓增长的幅度。2013 年，国务院机构改革进一步将原分散于工商、质检等多部门的食品安全职能整合，成立了食品药品监督管理总局，升级列入国务院直属机构序列。2018 年的国务院机构改革综合了原有的工商行政管理总局、国家质量检验检疫总局、国家食品药品监督管理总局、国家发展和改革委员会以及商务部等机构的全部或部分监管和执法职责，成立了国家市场监督管理总局，列入国务院直属机构序列。此时的市场监管机构负责对市场经营主体进行监督管理，体现出新时期市场监管内涵实质是一种综合统筹式监督管理，强调统一的大市场监管。

二是持续强化统一市场监管执法。自改革开放以来，中国的市场监管执法体系经历了多次重大改革，对市场监管体制改革作出重大决策部署，历史性完善市场监管和执法体制，整合监管职能，加强监管协同，实现了分段、分领域监管向统一、综合监管的转变，逐步完善并形成统一的市场监管制度②。改革开放初期，市场监管部门配合、参与和推动出台了《公司法》《反不正当竞争法》《广告法》《消费者权益保护法》等相关行政法规的制定、修订工作，出台了配套规章确保法律法规的具体实施，在规范市场主体、维护经济秩序、保障安全底线、完善知识产权、规范行政执法等方面的立法立规框架体系初步建立。党的十五大首次明确提出依法治国理念以后，市场监管部门积极参与和推动《立法法》《行政复议法》《行政许可法》《行政强制法》等立法和行政基本法律制度出台，参与研究制定《个人独资企业法》《农民专业合作社法》《反垄断法》《食品安全法》《安全生产法》及其配套法规、规章的制修订工作，进一步完善了关于市场主体、市场秩序、安全底线等方面的法律法规规章。2012 年以来，《电子商务法》《中医药法》《特种设备安全法》等法律相继出台，《公司法》《商标法》等重要法律适应形势发展不断修订，《企业信息公示暂行条例》等行政法规和配套规章出台，标志着行政监管向信用监管的重大转变。2018 年，国家市场监督管理总局（市场监管总局）的成立标志着市场监管体制改革的重要进展。2022 年，国务院发布《“十四五”市场监管现代化规划》，着力实现“大市场、大质量、大监管”一体推进市场监管体系完善和效能提升，建立全方位、多层次、立体化的监管体系。我国已基本形成了以 120 部法律、215 部行政法规、327 部部门规章为主体的，比较健全的市场监督管理法律体系③。以市场监管法律体系为准绳，监管部门积极整合监管职

① 刘亚平．中国市场监管改革 70 年的变迁经验与演进逻辑［J］．中国行政管理，2019（6）．

② 王健，王鹏．新一轮市场监管机构改革的特点、影响、挑战和建议［J］．行政管理改革，2018（7）．

③ 沈国明．改革开放四十周年市场监管法治建设成就、经验及展望［J］．工商行政管理，2018（23）．

能，加强监管协同，实现了分段、分领域监管向统一、综合监管的转变。市场监管机构改革以来，持续推进从物理整合向化学融合转变，综合监管、综合执法的优势逐步凸显①。

三是不断提升市场监管能力。改革开放以来，市场监管部门围绕激发各类市场主体活力，把保市场主体放在突出的位置，深入推进商事制度改革和市场准入制度改革②。我国先后推动注册资本实缴制改为认缴制，改企业年检制为“年报+公示”制，推进住所登记、名称登记等改革，构建宽松便捷的市场准入环境。改革传统监管机制为以“双随机、一公开”监管为基本手段、以重点监管为补充、以信用监管为基础的新型监管机制，在有效监管的同时减少对市场主体的干扰。加强市场准入制度供给，推动出台《市场主体登记管理条例》及其配套政策举措，第一次全面统一各类市场主体登记制度，为市场主体平等准入、自由迁移和便捷退出提供了基础性制度保障。不断推动部门协同集成改革。从“先照后证”到照后减证，从准入改革到准营改革，从多头准入管理向积极推进形成全国统一市场准入负面清单，从企业来回跑、现场办到“一网通办”、推广电子证照，企业开办时间从22.9天压缩到4个工作日以内，逐步实现市场主体准入制度从政府端的管理好用向企业端的办事好用转变。

（6）规范不当市场竞争和市场干预行为

破除各种利益藩篱和市场壁垒是清除全国统一大市场建设“路障”的核心要义③。改革开放以来，我国加快推动反垄断走深走实，健全反不正当竞争机制，破除地方保护和区域壁垒，清理废除妨碍依法平等准入和退出的规定做法，清理招标采购领域违反统一市场建设的规定和做法，为统一大市场建设创造了良好的竞争环境。

一是推动反垄断走深走实。反垄断决定着市场经济的竞争高度④。改革开放以来，我国不断完善反垄断执法体制，加快建立健全垄断行为认定法律规则。**推动完善反垄断法律体系。**2008年，中国颁布了第一部《反垄断法》，标志着中国反垄断法律体系正式建立。国务院先后出台了相关行政法规，反垄断执法机关先后出台了经营者集中审查、反价格垄断、禁止垄断协议行为等部门规章12部、规范性文件3部、办事指南和指导意见10部，大大提高了反垄断法法律规范的可操作性。目前，我国构建起由1部法律、1部行政法规、5部部门规章、8部反垄断指南组成的反垄断法律制度体系，市场竞争规则更加科学完善，为经营主体提供清晰明确的规则指引⑤。**推动优化反垄断执法机构。**2008年，国务院反垄断委员会成立，并相继制定配套规章和反垄断指南。2018年，为完善反垄断监管体制机制改革和执法监管力量，完善国务院反垄断委

---

① 市场监管总局．十年来市场监管主要工作成效和改革成果［EB/OL］. http：//www.china.com.cn/zhibo/content_78228555.html.

② 市场监管总局．十年来市场监管主要工作成效和改革成果［EB/OL］. http：//www.china.com.cn/zhibo/content_78228555.html.

③ 国家发展改革委．加快建设全国统一大市场 为构建新发展格局提供坚强支撑［J］. 求是，2022（6）.

④ 市场监管总局．反不正当竞争法实施三十年以来十大影响力事件（1993—2023）［EB/OL］. https：//www.samr.gov.cn/xw/zj/art/2023/art_3a364603eebb4d0b80549ab0698ba2b8.html.

⑤ 中共国家市场监督管理总局党组．持续优化公平竞争的市场环境［J］. 求是，2024（1）.

员会工作机制，组建国家市场监管总局并加挂“国家反垄断局”牌子，建立中央和省两级负责的反垄断执法体制，形成上下联动、相互配合的执法格局。持续健全经营者集中分类分级反垄断审查制度。2021 年 11 月 18 日，国家反垄断局正式挂牌。国家反垄断局的成立，增强了我国反垄断执法机构的独立性和权威性，是我国反垄断执法权从统一走向独立和权威的关键一步。**不断完善地方反垄断执法体制**。2008 年 8 月 1 日，我国反垄断法实施后，根据相关规定，国家发展改革委对地方执法机构采取了普遍性授权或者概括性授权模式；国家工商行政管理总局采取的是个案授权模式，强调授权机关的主导性；商务部则没有向省级商务部门进行授权[①]。2018 年 12 月，为完善反垄断执法授权制度，国家市场监督管理总局发布了《关于反垄断执法授权的通知》，市场监管总局授权各省、自治区、直辖市人民政府市场监督管理部门负责本行政区域内有关反垄断执法工作，建立中央和省两级负责的反垄断执法体制。2022 年 7 月 8 日，国家市场监督管理总局发布了《关于试点委托开展部分经营者集中案件反垄断审查的公告》，试点委托北京、上海、广东、重庆、陕西等 5 个省（直辖市）市场监督管理部门实施部分经营者集中案件，构建了经营者集中分级分类审查机制，调动地方反垄断执法机构的积极性。

二是推动反不正当竞争。反不正当竞争决定着市场经济竞争的基础水准和整体质量[②]。自改革开放以来，中国反不正当竞争法历经了萌芽与起步、发展与探索、完善与繁荣等多个阶段[③]，竞争政策在我国已经完成了从产生到地位逐步提升再到被确立为基础地位的发展过程。**推动反不正当竞争法治基础不断筑牢**。1993 年，新中国第一部《反不正当竞争法》正式实施，后于 2017 年、2019 年两次连续修订，2022 年，《反不正当竞争法》启动第三次修订，为完善社会主义市场经济体制、推动高质量发展奠定坚实法治基础。[④] **反不正当竞争制度规则不断完善**。1993 年以来先后颁布了《关于禁止仿冒知名商品特有的名称、包装、装潢的不正当竞争行为的若干规定》（1995 年）、《关于禁止侵犯商业秘密行为的若干规定》（1995 年）、《关于禁止商业贿赂行为的暂行规定》（1996 年）、《规范促销行为暂行规定》（2020 年）等，为监管执法提供有力支撑。同时，市场监管总局把握数字经济、网络经济发展趋势，研究制定《网络反不正当竞争行为暂行规定》，着力明确监管规则，对利用技术、算法实施的各类新型网络不正当竞争行为进行规范。**反不正当竞争工作格局已经形成**。2020 年 11 月，经国务院批复同意，组建了由市场监管总局牵头，中央网信办、教育部等 17 个部门和单位组成的反不正当竞争部际联席会议制度，在顶层设计和组织架构上，将反不正当竞争工作提升到新的高度。在反不正当竞争部际联席会议指导下，全国已

---

① 孟雁北．我国反垄断执法体制的历史演进与未来展望［EB/OL］. https：//www. samr. gov. cn/zt/ndzt/2023n/2023jzz/zjgd/art/2023/art_59ed517acd47423fbd48b8b2f44e11c5. html.

② 市场监管总局．反不正当竞争法实施三十年以来十大影响力事件（1993—2023）［EB/OL］. https：//www. samr. gov. cn/xw/zj/art/2023/art_3a364603eebb4d0b80549ab0698ba2b8. html.

③ 周围，文静．中国反不正当竞争法的演进、发展与展望［J］. 知识产权与市场竞争研究，2020（1）.

④ 市场监管总局．反不正当竞争法实施三十年以来十大影响力事件（1993—2023）［EB/OL］. https：//www. samr. gov. cn/xw/zj/art/2023/art_3a364603eebb4d0b80549ab0698ba2b8. html.

有 31 个省份建立反不正当竞争协调机制，横向协同和纵向联动的反不正当竞争工作格局已经形成。[①] **推动反不正当竞争国际合作机制日渐完善。**1996 年 4 月 25 日，国家工商管理部门代表中国政府与俄罗斯政府签订《关于在反不正当竞争与反垄断领域合作交流协定》，这是中外政府及其竞争执法机构之间达成制度性合作的开端。2019 年 10 月 25 日，中国与欧亚经济联盟首次达成的经贸领域重要制度性安排《中国与欧亚经济联盟经贸合作协定》正式生效。其中，不正当竞争行为被明确列为反竞争行为之一，体现出国际社会对我国反不正当竞争的高度关注。

清理招标采购领域违反统一市场建设的规定和做法。政府采购是市场化的产物，是市场经济国家普遍采用的规范公共支出管理的一项重要制度[②]。经过 20 多年的发展，我国政府采购制度框架已基本形成，我国政府采购制度日益健全完善、规范透明，清理招标采购领域违反统一市场建设的规定和做法，有力保障了政府采购范围和规模不断扩大、采购模式与方法体系逐步完善、全链条采购监管体系初步构建、政府采购政策功能逐渐发力[③]。20 世纪 80 年代起，我国开始招标投标试点，以鲁布革水电站为代表的世界银行贷款项目极大推动了招标投标在我国的发展，形成了影响工程建设的"鲁布革模式"。2002 年，《政府采购法》颁布，标志着政府采购制度改革进入法治化、规范化、科学化的轨道。目前，我国已建立起以《政府采购法》为统领，以《政府采购法实施条例》和部门规章为依托的较为完整的政府采购法律制度体系，涵盖了体制机制、执行操作、基础管理及监督处罚等各个方面的内容[④]，构建了"管采分离、机构分设、政事分开、相互制约"的工作机制，形成了以"集中采购为主、分散采购为辅"的采购格局，确立了以公开招标为主要采购方式、多种采购方式灵活应用的交易模式，突出了政府采购信息公开机制下的阳光采购，完善了政府采购行政裁决机制，畅通了供应商救济渠道，不仅有效规范了财政支出管理，而且在营造公平竞争的市场环境、促进反腐倡廉以及完善社会主义市场经济体制等方面也发挥了重要作用。

与此同时，改革开放以来，我国在破除地方保护和区域壁垒、清理废除妨碍依法平等准入和退出的规定做法等方面也探索了一系列制度性成果，为全国统一大市场建设打下了坚实基础。

2. 基本方向

伴随全国统一大市场建设稳步推进，根据中央决策部署和市场经济运行规律，全国统一大市场建设正沿着市场化、标准化、规模化、现代化、国际化等方向加速演进。

---

① 市场监管总局．反不正当竞争法实施三十年以来十大影响力事件（1993—2023）［EB/OL］．https：//www.samr.gov.cn/xw/zj/art/2023/art_3a364603eebb4d0b80549ab0698ba2b8.html.

② 徐舟．推进政府采购法律统一建设全国统一大市场［N］．中国政府采购报，2022-08-03.

③ 姜爱华，马海涛．迈上现代治理新台阶的中国政府采购制度——回顾与展望［J］．中国政府采购，2019（1）.

④ 杨文君．二十年再出发——政府采购法颁布 20 周年我国政府采购发展历程综述［N］．中国政府采购报，2022-06-28.

（1）推动资源和要素配置市场化

全国统一大市场，核心在于“市场”。也就是说，全国统一大市场是构建高水平社会主义市场经济体制的重要任务，其核心目的就是“要通过深化改革，破除地方保护和区域壁垒，促进商品和要素自由流动和市场化配置，激发市场活力潜力，为增强国内大循环内生动力和可靠性、推广高水平对外开放提供高质量的市场环境支撑”①。在推动构建全国统一大市场过程中，必须遵循市场经济的价值规律、竞争规律和供求规律等，充分发挥市场机制作用，切实提高市场配置资源要素的效率。凡是背离市场经济运行规律的论断和做法，都背离了加快建设全国统一大市场的基本方向。

（2）推动市场制度和规则标准化

全国统一大市场，关键在于“统一”。这里的统一，是指建立全国统一的高标准市场规则体系。围绕扎实推进《中共中央　国务院关于加快构建全国统一大市场的意见》明确的目标任务落地见效，坚持目标导向和问题导向相结合，研究当前和今后一个时期加快构建全国统一大市场的制度政策体系框架，并在实践中逐步推动形成一套包括规则、标准、体制机制、法律、政策等在内的紧密配套、协同作用、系统完整、统一规范的制度政策体系，切实为构建高水平社会主义市场经济体制提供有力支撑。

（3）推动统一大市场效应规模化

全国统一大市场，要点在于“大”。当今世界，最稀缺的资源是市场；市场资源是我国的巨大优势，必须充分利用和发挥这个优势，不断巩固和增强这个优势，形成构建新发展格局的雄厚支撑。作为发展中的大国，我国拥有 14 多亿人口，中等收入群体规模全球最大，各类市场主体多，市场业态丰富，城乡区域市场发展差异大，这些都为我国释放内需潜力、加快培育完整内需体系提供了有利条件支撑。加快建设高效规范、公平竞争、充分开放的全国统一大市场，建立全国统一的市场制度规则，促进商品要素资源在更大范围内畅通流动，有利于更充分发挥我国的超大规模市场优势，更有利于可持续释放我国的市场红利。

（4）推动市场设施和服务现代化

全国统一大市场，基础在于效能，这就需要市场设施和服务的现代化水平。因而，构建统一大市场需要统筹兼顾硬条件与软通道建设，形成更高效的市场设施配套，切实提高市场配置资源效率。一方面，全国统一大市场建设要顺应新科技革命、新产业变革和新场景新应用趋势，既要有为全国统一大市场建设提供高速便捷互联互通、畅通大循环的现代流通体系，也要有各类交易平台、支付清算中心等功能性平台设施保障支撑，还要适应市场需求探索更多新技术在市场联通中新的应用场景。另一方面，要加强全国统一大市场建设与要素市场化改革协同增效，切实在全国范围内提高要素协同配置效率，既能够有效激活土地、能源、矿产资源等传统要素甚至局部存在的沉睡资源要素，也更好释放资金、技术、人才、大数据等新要素的流动性。

---

① 习近平经济思想研究中心．深化构建全国统一大市场的逻辑认识与思考［J］．中国市场监管研究，2022（11）．

（5）推动国内国际双循环一体化

构建全国统一大市场，动力来自超大规模国内市场，潜力在于构建有机融合的国内国际双循环市场。作为构建新发展格局的基础支撑，全国统一大市场决不是关起门来封闭运行的国内大市场，而是以畅通国内大循环为基础、有效利用全球要素和市场资源、使国内市场与国际市场更好联通、充分开放的强大国内市场。建设全国统一大市场，不仅要发挥市场促进竞争、深化分工等优势，持续推动国内市场高效畅通和规模拓展，还要更加注重制度型开放，促进内外规则相融，推动我国市场对接国际高标准市场规则，在更大范围、更宽领域、更深层次实施对外开放，有序扩大统一大市场的影响力和辐射力①。

3. 难点卡点

改革开放以来，我国围绕建设统一大市场所推进的各项改革尽管已经取得初步成效，但是，建设全国统一大市场仍需破除要素资源配置市场化配置不充分、市场分割和地方保护主义比较突出、反垄断执法难度更加突出、市场监管规则标准程序不统一以及超大规模市场对技术创新产业升级的作用不够充分等难点卡点，未来仍需进一步深化改革。

（1）要素和资源的市场化配置不够充分

由于各要素供求调节的市场化机制不强，土地、劳动力等要素市场发展相对滞后，影响了商品服务市场配置资源、产业转型升级和经济高质量发展。据计算，我国全要素生产率对我国经济增长的贡献占 1/3 左右，远低于美、欧、日等主要发达国家平均贡献 70%的水平，与韩国、中国台湾、新加坡、印度尼西亚、泰国等经济体水平接近。过去 40 多年，我国经济增长主要靠资本积累和劳动力驱动，人力资本、科技创新、生产要素配置对经济增长的作用并不大②。**从土地要素看，**城乡统一的建设用地市场尚未形成，一些集体建设用地因不能进入市场而无法形成资产，产业用地市场化配置效率偏低，农用地流转的平台和机制不完善，土地市场化配套体制机制不健全。目前土地转让仅在交易环节涉及缴纳的税种便多达 10 余种，导致存量建设用地缺乏市场化盘活机制③。**从劳动力要素看，**我国就业总量压力依然存在，人力资源供需不匹配等结构性就业矛盾进一步凸显，城乡户口制度的限制阻碍了人力资本市场化配置机制的建立，增加了劳动力要素市场的制度运行成本。据世界银行最新统计数据，2022 年，中国农业就业人员占比仍然高达 23%，劳动力重新配置的过程还远远没有结束。④ **从资本要素看，**金融市场并未建立起对于实体经济发展的激励机制，未能对要素市场的发展发挥科学引领作用。**从技术和数据要素看，**生产、所有、占有、使用的各个环节还有很多不清晰之处，技术要素和数据要素参与分配的机制不够健全，技术垄断和数据垄断仍然制约数据产业的科学发展。**从能源市场看，**能源市场存在着市场

① 国家发展改革委．加快建设全国统一大市场　为构建新发展格局提供坚强支撑［J］．求是，2022（11）．

② 张洽棠．要素市场化配置向何处发力［N］．中国发展改革报，2021-12-31．

③ 严金明，李储，夏方舟．深化土地要素市场化改革的战略思考［J］．改革，2020（10）．

④ 蔡昉．劳动力市场改革的逻辑与未来［EB/OL］．https：//www. aisixiang. com/data/107475. html.

准入障碍多、市场竞争不充分、行政性壁垒依然存在等问题，主要依靠市场配置能源资源仍然没有完全实现，与资本、劳动力相比，2000 年以来，我国能源投入增长明显快于 GDP 的增长，能源利用成本上升的问题长期存在①。

（2）市场分割和地方保护主义屡禁不止

一是行政分区形成区域市场分割。由于各地历史传统、原有产业规划和资源禀赋不同，特别是承接自计划经济的行政分区，直接影响了区域市场的竞争环境，增加了地方政府的整体行政成本。**二是市场准入歧视与产权交易壁垒仍然存在。**个别地方出于本位主义，在市场准入、基础设施建设、公共服务供给、税费优惠补贴等领域，变相设置显性或隐性的市场准入歧视，从而建立本地化的竞争优势，客观上导致地方保护、区域封锁、行业壁垒等情形难以根除，“玻璃门”“旋转门”“弹簧门”等现象较为突出，破坏了市场自由竞争环境，妨碍了商品要素资源在全国范围内畅通流动，使得市场配置资源的效率下降。**三是地方保护主义与过度干预现象存在。**一些地方过度追求 GDP 等经济指标，更倾向于投资建设时间短、收益见效快的短期项目，从而导致不正当竞争，造成生产要素与资源配置扭曲的条块分割，阻碍商品要素自由流动，部分地区出现“小而全”式的自我小循环。

（3）反垄断执法的复杂情势进一步凸显

自然垄断行业存在以市场优势限制市场竞争的缺陷，难以形成价格机制，从而无法对市场资源的流动和高效配置起到调节作用。**行政性垄断**由于地方政府干预竞争而形成，则进一步限制了各种资源要素向非行政许可的行业流动，或者是以提高规模经济和范围经济限制相关行业的完全竞争，由此形成市场分割下的资源配置低效率，阻碍市场空间进一步扩展和市场功能进一步增强。**技术性垄断**主要是近年来具有网络、数据、消费、服务多边垄断的平台企业，往往利用市场垄断地位和相关法律的欠缺，实施有损于中小企业和消费者权益的不公平交易，阻碍了虚拟性统一市场的有效建立，同时也极容易对消费者的选择建立垄断性入口限制，加之此类新型市场垄断具有很大的隐蔽性，从而加大了反垄断执法的难度。

（4）市场监管规则、标准和程序不统一

一方面，我国监管规则的规范化、标准化仍有提升空间，不同区域的市场监管规范、规则等尚未完全一致，尤其是跨区域的监管执行与程序体系仍未完善，多部门共同监管造成的监管重合与分割难以协调。另一方面，统一大市场的建设离不开技术交易与信息共享，而新一代信息技术的发展也带来了新的监管难题，“互联网+服务”、在线培训等新兴业态的市场监管仍然存在监管漏洞与技术隐患。

（5）城乡和区域之间联通存在多维堵点

近年来，我国城乡融合和区域协调发展取得巨大成就，但从构建国内大循环的要求看，依然面临着多维堵点，亟待破解其背后的体制机制矛盾，畅通城乡之间和区域之间的大循环。**一方面，区域间产业协调融合不够，**地方保护制约国内大循环。长期

---

① 李继峰，刘明．中国能源发展：改革开放四十年回顾与未来三十年展望［J］．发展研究，2019（3）．

以来，地方政府竞争模式导致地区间产业同质化严重，差异化不足，缺乏合作基础。现阶段，地区间融合发展水平尚未达到城市群融合发展和建立全国统一大市场的要求，区域协调发展的结构性障碍亟待破除。**另一方面，多层面二元结构阻碍要素市场改革，影响了统一大市场建设。**我国仍在社会、城乡、要素所有权等层面存在二元结构现象，导致要素流动不畅、供需结构矛盾突出、资源配置错位。特别是在城镇化进程中，受制于户籍制度，以及相关公共服务与户籍的捆绑机制，农民工难以享受与城市居民同等的公共服务，其自身及后代的就业、教育不平等问题依然突出。

（三）全国统一大市场建设的基本经验——46 年的经验

在改革开放历史进程中，我国着力推动全国市场制度统一、设施联通、监管一致，打破地方保护和市场分割，促进商品要素在更大范围畅通流动，加快建设高效规范、公平竞争、充分开放的全国统一大市场，需要找准关键发力点，并持续深化理论研究，扎实推进各项任务落实落地。

1. 坚持政府“看得见的手”与市场“看不见的手”两手抓

在构建全国统一大市场的过程中，我国始终坚持进一步发挥“看得见的手”的作用，配合“看不见的手”为全国统一大市场提供有效的基础制度、高效的联通设施，打造统一的要素和资源市场、统一的商品和服务市场等。其中，政府行使职能的关键是在“使市场在资源配置中起决定性作用和更好发挥政府作用”的框架下，加强顶层设计和监管体系建设，与市场机制形成一股合力，消除一系列阻碍上述制度、市场形成的因素。改革开放以来，我国政府在不同阶段较好地履行了自身的职能，在转型初期通过务实的渐进双轨制打破“唯计划”的资源分配方式并培育起市场机制，不断扩大由市场配置资源的领域，在市场逐渐完善的同时适时调整自身职能完成角色转换，建立起与经济发展状况相适应的宏观调控机制并向“有为政府”转变①。这一过程中，我国坚持以市场调节为主、政府调控为辅，通过传统财政、货币政策与产业、贸易、土地、就业等各项政策的协调配合，既有效提高了调控的现实性和灵活性，同时也更加有效地实现了供给侧和需求侧的综合结构平衡，凸显国家宏观经济管理的张力。

2. 坚持中央“统筹部署”与地方“创新试点”两手抓

从家庭联产承包责任制，到现代产权制度建立，每一项改革成果背后，都渗透着我国着力处理中央和地方关系的探索。加快建设全国统一大市场，通过把握好全国统一市场和地方竞争发展的关系，既有力维护了国家法治统一、政令统一、市场统一，促进国内大循环畅通无阻；也充分考虑了不同地方市场化程度不一、经济社会发展水平差异大的现状，保持地方政策的灵活性，激发地方发挥市场机制作用的积极性主动性。中央及各有关部门着力厘清全国统一大市场制度政策与地方政府激发市场获利行为的边界，加快清理废除了一批妨碍统一市场建设和公平竞争的地方行政法规、政策等，指导各地区立足自身优势和功能定位，在营商环境打造、高标准市场体系建设上

---

① 杜丽群．全国统一大市场的理论逻辑、历史演进及新时代发展［J］．人民论坛・学术前沿，2023（12）．

探索出一系列新做法新经验，有力引导了市场主体投资经营活动，提升了全国统一大市场建设的效能。

3. 坚持中长期改革“大方向”与当前目标任务“小切口”两手抓

建设全国统一大市场是一项系统性工程，要注重改革的系统性、整体性、协同性。**一方面，我国始终坚持社会主义市场经济体制中长期改革方向**，从制度建设着眼，明确目标要求，压茬推进统一市场建设，在实践中逐步推动形成了一套包括规则、标准、体制机制、法律、政策等在内的紧密配套、协同作用、系统完整、统一规范的制度政策体系，切实为构建高水平社会主义市场经济体制提供了有力支撑。**另一方面，我国始终坚持问题导向，着力解决突出矛盾和问题。**改革在不同阶段也面临着不同的现实问题，实事求是地采取阶段性的改革探索举措，是全国统一大市场克服阶段性矛盾、实现可持续发展的宝贵经验。科学把握好市场规模、结构、组织、空间、环境和机制建设的步骤与进度，坚持放管结合、放管并重，坚持统筹发展和安全，切实从服务加快构建新发展格局、支撑推动高质量发展的全局和战略高度把握加快构建全国统一大市场的科学路径，有效增强了在开放环境中动态维护市场稳定、经济安全的能力。

4. 坚持基础要素“软衔接”与市场设施“硬联通”两手抓

建设统一大市场过程中，各地各有关部门注重统筹兼顾硬条件与软通道建设，加快形成了更高效的市场设施配套，切实提高了市场配置资源的效率。一方面，顺应新科技革命、产业变革和新场景新应用趋势，既要有为全国统一大市场建设提供高速便捷互联互通、畅通大循环的现代流通体系，也要有各类交易平台、支付清算中心等功能性平台设施保障支撑，还要适应市场需求探索更多新技术在市场联通中新的应用场景。另一方面，持续加强全国统一大市场建设与要素市场化改革协同增效，切实在全国范围内提高要素协同配置效率，既能够有效激活土地、能源、矿产资源等传统要素甚至局部存在的沉睡资源要素，也更好释放资金、技术、人才、大数据等新要素的流动性。

5. 坚持区域市场“一体化”与全国市场“大统一”两手抓

不同区域之间资源禀赋和发展程度不同是我国区域发展的基本情况。基于“全国一盘棋”的发展要求和区域发展现状，为进一步深化区域协调发展战略，党中央在区域发展战略的基础上，提出了京津冀协同发展、长江经济带发展、粤港澳大湾区建设、长江三角洲区域一体化发展、黄河流域生态保护和高质量发展、成渝地区双城经济圈建设等重大区域发展战略，在进行顶层设计以及推动相关规划落地实施的过程中，区域市场和统一市场的辩证统一关系得到了充分体现。**一方面，区域市场形成了全国统一大市场的基础。**基于中国多区域市场的发展格局，随着各区域市场一体化程度的逐渐加深和边界的不断扩大，当各市场边界开始接触并不断融合直至联通时，全国性的统一市场从理论上也就得以实现。**另一方面，全国统一大市场从供给端和需求端构成了区域市场的前提。**我国区域发展实践表明，东部地区具备丰富的港口和交通资源优势，背靠国际市场，便于吸收引进国际资金、人才、技术，中西部地区则具备丰富的能源、劳动力等要素优势。东部沿海地区的发展过程，正是中西部地区乃至全国的劳动力、资金、资源等要素向东部沿海地区集聚的过程。地区间的要素禀赋和比较优势能够较好地结合，正是全国市场初步统一的体现。

（四）党的十八大以来全国统一大市场建设取得的新突破和新成效

党的十八大以来，以习近平同志为核心的党中央团结带领全党全国各族人民，全面深化改革开放，加大宏观调控力度，加快推进全国统一大市场建设，取得明显成效，产权保护、市场准入、公平竞争、社会信用等市场经济基础制度加快健全，市场设施互联互通不断加强，要素资源流动更加顺畅，商品服务市场统一迈向更高水平，一批妨碍统一大市场和公平竞争的突出问题得到纠治，市场监管效能持续提升，市场规模效应日益显现，加快建设全国统一大市场这一重大改革部署对稳定发展预期起到了积极的促进作用，对畅通国内大循环、激发市场活力、降低交易成本、释放内需潜力、巩固经济回升向好基础发挥了积极的促进作用。

党的十八届三中全会提出，建设统一开放、竞争有序的市场体系，是使市场在资源配置中起决定性作用的基础。党的十九大提出，清理废除妨碍统一市场和公平竞争的各种规定和做法。党的十九届五中全会提出，健全市场体系基础制度，坚持平等准入、公正监管、开放有序、诚信守法，形成高效规范、公平竞争的国内统一市场。党的二十大强调，建设国内统一大市场是党和国家长期推进的任务，是新时代推进社会主义现代化的重要内容。2023 年中央经济工作会议强调，加快全国统一大市场建设，着力破除各种形式的地方保护和市场分割。党的二十届三中全会将“构建全国统一大市场”作为构建高水平社会主义市场经济体制的重点任务，标志着此项任务正式成为进一步深化改革的重头戏。在各方面共同努力下，全国统一大市场建设工作取得明显成效。

1. 统一大市场规模效应日益显现

随着全国统一大市场建设深入推进，我国逐步形成高效规范、公平竞争、充分开放的超大规模市场，加速建成统一开放、竞争有序、制度完备、治理完善的高标准市场体系。**一是市场主体茁壮成长**，截至 2023 年底，全国登记在册经营主体达 1.81 亿户，登记在册个体工商户达 1.24 亿户，占经营主体总量的 67.4%，支撑了近 3 亿人就业，发展活力竞相迸发。社会消费品零售总额达 44 万亿元，即将成为全球最大的消费市场；全国网络零售额超过 13 万亿元，是全球最大网络零售市场。**二是企业营商环境持续改善**。我国企业平均开办时间压缩到 4 个工作日以内，民营企业数量 10 年翻两番，“十三五”时期新增减税降费累计达 7.6 万亿元。**三是新型基础设施发展优势加快生成**，5G 基站占全球 60%以上，建成全球最大 5G 网络；高速铁路运营里程超过 4 万公里，稳居全球第一；新能源汽车年产销量均突破 350 万辆，位居世界第一。**四是要素市场化配置改革加快赋能**，城乡统一的建设用地市场健全完善，户籍制度改革推动劳动力顺畅流动，科创板、创业板相继试点注册制，科技成果转化所有权、使用权、收益权改革取得突破，数据要素市场基础制度加快探索。

2. 市场经济基础制度加快健全

一是产权保护制度持续完善①。党的十八大以来，我国产权保护制度持续完善，知识产权仲裁案件处理机制、执法办案工作指导机制、专业技术支撑体系、地理标志保护工作机制、商业秘密保护机制、知识产权海外纠纷应对机制、法律服务工作机制、公共服务体系等制度建设迈上新台阶。国家知识产权保护示范区建设高规格推进，首批 10 个建设城市（地区）已于 2023 年全面启动建设。知识产权保护工作检查考核与评价机制不断强化，已连续四年纳入中央督查检查考核计划。知识产权快速协同保护体系不断完善，截至 2023 年底，累计建设国家级知识产权保护中心 70 家、快速维权中心 42 家，全国 2600 余家维权援助机构共办理维权援助申请 13. 30 万余件，提供咨询指导服务 7. 40 万余次，出具侵权判定参考意见 1. 70 万余件，为权利人、社会公众提供优质高效服务。知识产权纠纷调解工作机制不断完善，截至 2023 年底，全国知识产权系统指导管理的调解组织达 1944 家，受理案件达 13. 40 万件。制度改革红利驱动产权市场不断壮大，2012—2023 年，产权市场实现跨越式发展，累计交易额突破 130 万亿元，达到 138. 8 万亿元，年均复合增长率 24. 6%。截至目前，我国产权市场业务范围已由传统的国有资产交易扩展至资产股权类、金融资产类、自然资源类、环境权类和阳光采购类等 5 大类业务。中国产权协会发布的最新数据显示，2023 年，产权市场全年完成交易项目 11726 万余宗，年交易总额达到 25. 38 万亿元②。中国企业国有产权交易机构协会发布的最新数据显示，2022 年我国产权市场 5 大类业务交易额合计达到 22. 5 万亿元，年度交易额再创历史新高。目前，产权市场已经成为我国资本市场的重要组成部分，有效推动了各类要素资源有序流转、优化配置，尤其在助力国资国企改革发展、完善国资监管方面发挥了重要作用。

二是市场准入制度全面施行。2018 年，市场准入负面清单制度全面实施以来，我国全面开展新版市场准入负面清单修订，负面清单从 2018 年版的 151 项缩减至 2022 年版的 117 项，不断缩减清单长度、减少管理措施、优化清单结构，更多领域市场准入门槛大幅降低。如 2019 年版清单放开了“养老机构设立许可”“社会福利机构设置许可”等，2020 年版清单放开了“森林资源资产评估项目核准”“矿业权评估机构资质认定”等。自 2021 年第四季度起，我国建立起违背市场准入负面清单案例归集和通报制度，有关部门累计通报六期 107 个违背市场准入负面清单典型案例。持续优化新业态新领域市场准入环境，指导海南、安徽、深圳等地实施放宽市场准入特别举措，在科技创新、医药健康、现代种业、商业航天和新型能源等领域推出了一批具有较高含金量的政策举措③。自 2021 年起稳步开展市场准入效能评估，云南、福建、宁

① 国家知识产权局 . 2023 年中国知识产权保护状况［R］. 北京：国家知识产权局，2024.

② 中国产权协会 . 2023 年度产权市场产权资源要素配置运行分析报告［R］. 北京：中国产权协会，2024.

③ 李春临 . 加快建设全国统一大市场工作进展情况国务院政策例行吹风会［EB/OL］. https：//www. samr. gov. cn/xw/xwfbt/art/2023/art_7acc226e01344ffeb94261f059ca1cc1. html.

夏等10个试点省份在评估组织和成果运用方面作出大量有益探索，积累了宝贵经验①。

三是公平竞争制度逐步完善。逐步落实新《反垄断法》的要求，起草公平竞争审查条例的草案，修订出台制止滥用行政权力排除、限制竞争的规定等配套规章，发布滥用行政权力、排除限制竞争执法约谈工作指引，还有公平竞争审查第三方评估实施指南等制度规则，强化规范不当市场干预行为的法治保障。公平竞争审查制度不断完善，2016年，国务院印发《关于在市场体系建设中建立公平竞争审查制度的意见》，对于防止出台排除限制竞争的政策措施、推动加快全国统一大市场发挥了积极作用。公平竞争审查制度全面扎实推进，实现中央、省、市、县四级政府全覆盖。制度实施以来，全国累计审查增量文件159万件，清理存量文件447.01万件，废止和修订排除、限制竞争的文件9.08万件，有力规范了政府行为，维护了公平竞争的市场环境②。2023年6月以来，市场监管总局会同有关部门一起在全国范围内组织开展了妨碍统一市场和公平竞争政策措施的集中清理工作。

四是社会信用制度基础不断夯实。党的十八大以来，我国社会信用体系日臻完善，守信激励和失信惩戒制度基本形成，信用观念逐步深入人心，知信、守信、用信意识不断增强，社会信用法治化建设取得突出成效，信用已成为法治建设的重要内容，信用在优化营商环境、促进金融服务实体经济、提升政府治理和社会效能、弘扬社会主义核心价值观等方面发挥了重要功能。据不完全统计，截至2023年1月，已有53部法律、71部行政法规专门写入了信用条款。在民法商法、行政法、经济法、社会法等各类法律中，涵盖诸如建立信用信息管理系统、建立主体信用记录和信用档案、依法依规实施信用奖惩等，或在金融领域中如《外商投资法》《征信业管理条例》等则对征信、信用评价等具体信用产品做出明确规范。信用立法在地方实践中取得突出成果，上海、浙江、广东等36个省份、地级市先后出台地方性法规。加快推进社会信用立法工作已逐步形成普遍的立法共识③。先后编制出台全国公共信用信息基础目录2021年版、2022年版，印发实施《关于规范招标投标领域信用评价应用的通知》，加快完善信用信息标准，建立公共信用信息同金融信息共享整合机制，形成覆盖全部信用主体、所有信用信息类别、全国所有区域的信用信息网络。最新信息④显示，截至目前，中央各部门和各地方政府逐渐建成了多样化的信用信息平台，我国社会信用体系的抓手主要包括人民银行主导的金融基础信用信息和国家发展改革委主导的公共信用信息。初步完成了社会信用体系信用信息基础设施建设，我国建立了组织和个人的统一社会信用代码制度，并建立起包括信用主体标识规范、个人信用调查报告格式规范、基本

---

① 蒲淳．国新办激发经营主体活力、助力经济高质量发展新闻发布会［EB/OL］．https：//www.samr.gov.cn/fldes/jyzjzsbxbz/art/2024/art_b604aa7075a845d5973b1a366686f4cb.html.

② 中共国家市场监督管理总局党组．持续优化公平竞争的市场环境［J］．求是，2024（1）．

③ 杨柳，石杰，陈晟涌．建设符合高水平社会主义市场经济体制的社会信用体系建设［EB/OL］．https：//www.ndrc.gov.cn/wsdwhfz/202303/t20230315_1350980.html.

④ 信用中国．我国社会信用体系建设的进展、问题与对策建议［EB/OL］．https：//www.creditcctv.cn/news_detail/25704b6eff03410d8ae882f6627af8fc.

信息报告、企业信用等级表示方法等数十条社会信用国家标准，涵盖了电子商务、诚信管理、信用中介组织等领域。初步构建了市场化信用服务生态，已经形成了包括个人征信、企业征信、信用评级、信用调查、商业保理、信用保险、基于大数据的新型征信等各类信用服务机构。信用监管体制初步形成，依托于信用的监管成为行政管理从事前向事中、事后管理转型的重要工具。

3. 市场设施互联互通不断加强

一是现代流通网络迈入高质量发展阶段。党的十八大以来，我国流通体制建设成果丰硕，我国商贸流通基础设施布局持续优化，国家骨干交通网络日益健全，以连锁经营、物流配送、电子商务为代表的现代流通方式发展迅速，流通领域新业态新模式不断涌现，全国统一大市场建设步伐加快，商品和要素流通制度环境进一步完善。以商贸流通为例，产业规模不断扩大，2023 年的批发和零售业增加值达 12. 3 万亿元，占国内生产总值的 9. 8%；流通设施不断完善，农产品批发市场超过 4000 家，农贸市场、菜市场和集贸市场近 4 万家；流通新业态加快发展，全国网上零售额达 15. 4 万亿元；农村、农产品网络零售额同比分别增长 12. 9%和 12. 5%；开放融合持续深化，市场准入和货物跨境流动的障碍减少，有 16 家流通企业进入 500 强榜单。多部门组织实施县域商业建设行动，累计改造县域综合商贸服务中心 983 个、乡镇商贸中心 3941 个，支持建设县级物流配送中心 506 个、乡镇快递物流站点 650 个，补齐县域商业短板。扎实推进步行街改造提升，发展智慧商圈，在 80 个城市开展“一刻钟便民生活圈”建设试点，建设 1402 个便民生活圈，服务 3200 多万社区居民①。国家物流枢纽网络建设不断完善，国家发展改革委、交通运输部共确定了两批、45 个国家物流枢纽，覆盖全国 27 个省份，推进“通道+枢纽+网络”的现代物流运作体系建设。统一开放的交通运输市场建设不断加快，以联网补网强链为重点，国家综合立体交通网加快完善，多层次一体化综合交通枢纽建设取得成效，推动交通运输设施跨区域一体化发展。截至 2023 年底，国家综合立体交通网主骨架空间布局已基本完成，路线里程超过 26 万千米，建成率约为 90%，连通全国超过 80%的县（市、区），服务全国 90%左右的经济、人口总量②。全国 95%以上高速公路服务区已配建了充电设施，我国已建成世界上数量最多、服务范围最广、品种类型最全的充电基础设施体系③。

二是市场信息交互渠道进一步畅通。全国知识产权和科技成果产权交易信息联合发布工作机制于 2021 年正式启动，加快实现全国产权交易市场联通，推动全国公共资源交易平台整合共享持续深化。各有关部门持续优化行业公告公示等重要信息发布渠道，推动各领域市场公共信息互通共享。持续完善市场主体信用信息公示系统，上线全国 12315 消费投诉信息公示平台，不断优化市场主体信息公示，推动依法公开市场

---

① 周强．加快建设全国统一大市场工作进展情况国务院政策例行吹风会［EB/OL］. https：//www. samr. gov. cn/xw/xwfbt/art/2023/art_7acc226e01344ffeb94261f059ca1cc1. html.

② 侯振兴．交通运输部例行新闻发布会［EB/OL］. https：//www. mot. gov. cn/2024wangshangzhibo/2024fourth/.

③ 章建华．国务院新闻办公室“推动高质量发展”系列主题新闻发布会［EB/OL］. https：//www. nea. gov. cn/2024-06/20/c_1310779045. html.

主体、投资项目、产量、产能等信息，引导供需动态平衡，便利市场主体信息互联互通[①]。

三是交易平台加速实现优化升级。公共资源交易涉及国民经济各个领域，是建设全国统一大市场的关键环节。当前，全国公共资源交易平台已上线运行，并与各省级平台启动数据实现对接，纵横贯通的公共资源交易“一张网”基本形成，加速构建起标准统一、协同高效、数字赋能、资源共享、公开透明的公共资源交易制度及平台体系。公共资源交易平台覆盖范围正有序扩大到适合以市场化方式配置的各类公共资源，各类公共资源交易纳入统一平台体系的标准和方式逐渐明确，各地公共资源交易平台数字化、全流程电子化取得显著成效，《公共资源交易主体信用评价实施指南》等国家标准化指导性技术文件出炉，公共资源交易平台区域化合作初见成效，正在加快破除公共资源交易领域的区域壁垒。上海、深圳等地率先推进大宗商品期现货市场建设，不断完善交易规则取得阶段性成效。

4. 要素资源流动更加顺畅

党的十八大以来，我国着力推动土地和劳动力、资本、技术和数据、能源、生态环境等要素自主有序流动、高效公平配置。党的十八届三中全会明确提出，使市场在资源配置中起决定性作用和更好发挥政府作用。党的十九大明确，将要素市场化配置作为经济体制改革的两个重点之一。当前，各类生产要素的价格形成机制和市场运行机制探索取得初步成果，在经济社会和生产生活中释放出蓬勃的动能。

一是土地市场稳步盘活存量释放增量。党的十八大以来，农村集体经营性建设用地入市试点工作全面启动并不断深化，农村宅基地制度改革试点稳慎推进。2020 年 9 月，中央农办、农业农村部召开深化农村宅基地制度改革试点电视电话会议，在 104 个县（市、区）和 3 个地级市启动新一轮农村宅基地制度改革试点。新一轮改革试点重点围绕宅基地所有权、资格权、使用权“三权”分置，在完善宅基地集体所有权行使机制、探索农户资格权保障机制、探索使用权流转制度、探索使用权抵押制度、探索自愿有偿退出机制等方面开展改革试点。2014 年底全国 33 个县市开展了农村土地征收、集体经营性建设用地入市、宅基地制度改革三项试点工作。2019 年修订的《土地管理法》吸纳了“三项试点”的经验，首次明确界定了土地征收的公共利益范围，清除了农村集体经营性建设用地入市的法律障碍，允许进城落户的村民自愿有偿退出宅基地。从试点情况来看，农村集体经营性建设用地入市改革已形成相对成熟的规则体系，农村宅基地制度改革在健全宅基地权益保障方式、完善宅基地审批制度、探索宅基地有偿使用和自愿有偿退出机制等方面进行有益探索，农村土地征收制度改革在完善被征地农民多元保障机制等方面取得积极进展。目前，各试点地区均制定了具体实施方案，试点工作正稳步有序推进。全国土地二级市场线上交易服务平台已经正式开通运行。

---

① 李春临．加快建设全国统一大市场工作进展情况国务院政策例行吹风会［EB/OL］. https：//www. samr. gov. cn/xw/xwfbt/art/2023/art_7acc226e01344ffeb94261f059ca1cc1. html.

二是加速实现“人口红利”转向“人才红利”。党的十八大以来，我国坚持把就业作为民生之本，坚持实施就业优先战略，全面提高劳动者素质，持续扩大就业容量和提升就业质量。有力推进稳就业政策，就业政策体系进一步完善。人力资源和社会保障部最新数据显示，从我国适龄劳动力数量的实际情况看，2023 年，16~59 岁的劳动年龄人口有 86481 万人，占全国人口的比重为 61.3%。全国城镇新增就业 1244 万人，高校毕业生等青年就业基本稳定、持续好转。就业援助制度不断完善，2023 年，城镇失业人员再就业 514 万人、帮扶就业困难人员实现就业 172 万人。企业职工基本养老保险全国统筹制度稳妥推进，新就业形态就业人员职业伤害保障试点工作进展顺利，截至 2023 年底，参保人数 731 万人，失业保险、工伤保险省级统筹全面实现。稳妥有序放开放宽城市落户政策，国家发展改革委于 2022 年 7 月发布《“十四五”新型城镇化实施方案》，明确放开放宽除个别超大城市外的落户限制，试行以经常居住地登记户口制度。截至 2023 年底，统一失业保险转移办理流程工作提前完成。人才评价制度改革稳步推进，推行“新八级工”职业技能等级制度，编制技术规程（2023 年版），截至 2023 年底，累计评聘特级技师、首席技师 3000 多人，累计遴选 3.3 万余家用人单位和社会培训评价组织开展职业技能等级认定[①]。高标准人力资源市场体系持续升级，劳动力要素市场化配置改革取得明显成效。

三是资本要素赋能实体经济。现代财政制度框架基本确立，预算管理制度逐步健全，纵深推进中央与地方财政事权和支出责任划分改革，省以下财政体制改革加速，完善财政转移支付体系，推动建立健全权责配置更为合理的省以下财政体制。税收制度改革不断深化。优化税种结构，完善税收制度，综合与分类相结合的个人所得税制度成功建立，企业所得税制度深度优化，增值税制度逐步完善，房地产税纳入立法规划，税务部门深化税收征管改革取得明显成效。金融改革发展稳定各项工作稳步推进。加大对实体经济的有效支持，完善货币供应调控机制，把好货币供给总闸门，建立存款利率市场化调整机制，深化国有商业银行改革，股票发行注册制改革全面落地，统一公司、企业债券发行审核监管职责，银行间债券市场与交易所债券市场硬件系统已经实现互联互通，保障维护国债市场安全平稳运行，实施并完善存款保险制度，监管体系更加完善。在财税体制方面，2023 年 2 月全面实行股票发行注册制改革，部分省份财政体制改革实施方案已印发实施，推动建立健全权责配置更为合理的省以下财政体制。在统计制度方面，深化产业活动单位视同法人统计改革，推动汽车、石油、百货零售等领域外地分支机构在地统计。

四是技术要素赋能现代化市场体系。国家战略科技力量成果显著，国家实验室体系已实现对“十四五”规划纲要提出的重大创新领域实现全覆盖，企业技术创新能力与力度持续加大，全年研究与试验发展（RD）经费支出 33278 亿元，比上年增长 8.1%，与国内生产总值之比为 2.64%，其中基础研究经费 2212 亿元，比上年增长

---

① 人力资源社会保障部 .2023 年人力资源和社会保障工作主要进展情况及下一步安排［EB/OL］. https：//www.gov.cn/lianbo/fabu/202402/content_6932258.html.

9.3%，占 RD 经费支出比重为 6.65%。国家自然科学基金共资助 5.25 万个项目①。20 个国家科学数据中心、31 个国家生物种质和实验材料资源库、167 个国家野外科学观测研究站构成了基础条件平台体系，技术要素加速向生产力转化。广东、浙江等省积极推进技术要素市场化配置改革行动方案。我国加快推动形成互联互通的技术交易网络，技术要素市场活力持续释放，2023 年全年共签订技术合同 95 万项，技术合同成交金额 61476 亿元，比上年增长 28.6%，预计到 2025 年技术合同成交额将突破 5 万亿元。2022 年，通过科技创新带动的新产业、新业态、新商业等"三新"经济增加值为 210084 亿元，相当于 GDP 的比重为 17.36%，科技创新成为经济发展的重要引擎。

五是数据要素大循环加快形成。加快构建统一的数据基础制度体系，中共中央、国务院于 2022 年印发《关于构建数据基础制度更好发挥数据要素作用的意见》，系统性明确了数据基础制度体系的基本框架、前进方向和工作重点。此前宣布全面启动并深入推进"东数西算"工程，在京津冀、长三角、粤港澳大湾区、成渝、内蒙古、贵州、甘肃、宁夏 8 地启动建设国家算力枢纽节点，并规划了 10 个国家数据中心集群。2023 年印发《深入实施"东数西算"工程　加快构建全国一体化算力网的实施意见》，实施数据要素×三年行动计划、算力基础设施高质量发展行动计划，加快培育数据产业经营主体，构建产业发展良好生态。2023 年 8 月 21 日，财政部制定印发《企业数据资源相关会计处理暂行规定》，自 2024 年 1 月 1 日起施行，为企业数据资产入表以及后续的资本化操作开启了一扇大门。

六是能源市场体系加快转型。党的十八大以来，我国能源体制机制改革稳步推进，目前已初步构建以市场化为导向，规范、公平、完善的高效能源政策体系，为能源事业高质量发展提供坚强保障。石油天然气体制、电力体制、铁路行业市场化等改革积极推进，全国统一电力市场体系和碳市场加快推进，绿色低碳循环发展的经济体系加快构建，化石能源清洁高效利用水平不断提升，统计显示，重点耗能工业企业单位电石综合能耗下降 1.6%，单位合成氨综合能耗下降 0.8%，吨钢综合能耗上升 1.7%，单位电解铝综合能耗下降 0.4%，每千瓦时火力发电标准煤耗下降 0.2%②。加快统一的绿色产品认证和标识体系建设，培育全国统一的生态环境市场，目前绿色产品认证已覆盖建材、快递包装、电子电器、纺织品等 90 种产品，累计颁发证书 2 万余张、获证企业 2000 余家，有效降低了绿色产品的市场成本③。加快推进铁路专用线建设，推动大宗货物"公转铁""公转水"，深入开展多式联运，全国高速公路服务区近九成已建设预留充电停车位。

七是生态环境市场质效双升。我国生态系统质量和稳定性持续提升，国土空间规划体系总体形成，国家"三区四带"生态安全屏障格局得到巩固，生态安全屏障进一步筑牢。初步建立新型自然保护地体系，重点领域生态保护补偿机制细化实化，区域

---

① 国家统计局. 2023 年国民经济和社会发展统计公报［R］. 北京：国家统计局，2024.

② 国家统计局. 中华人民共和国 2022 年国民经济和社会发展统计公报［R］. 北京：国家统计局，2023.

③ 国家市场监管总局认证监管司. 服务构建新发展格局　彰显质量认证担当作为［EB/OL］. http://www.ciq.org.cn/xwdt/gnzx1/76463.html.

间生态保护补偿的合作网络织密织牢，初步建成符合国情的生态保护补偿制度体系。蓝天、碧水、净土保卫战成效显著，污染防治攻坚迈上新台阶。排污权交易、用能权交易、用水权交易、碳排放权交易市场、绿色金融试点取得阶段性成果。排污权有偿使用和交易试点工作先后在全国多个省份开展，有效发挥了市场配置环境资源的作用，截至2023年底，浙江省共发生432笔排污权租赁交易①。用能权交易市场探索取得成效，截至2023年底，各试点地区已分别制定了相应的用能权有偿使用和交易管理办法等文件，为开展用能权交易提供政策指导，积累了各具特色的试点经验，其中浙江省的交易信息披露较为全面，所展现出的市场交易最为活跃②。用水权交易市场持续壮大，最新数据显示，2023年，用水权交易总体成交水量为5.39亿立方米，较2022年增加2.89亿立方米，同比增长115.4%；总体成交金额为1.42亿元，较2022年增加5838.70万元，同比增长69.8%；总体成交笔数为5760笔，较2022年增加2253笔，同比增长64.2%③。碳排放权交易市场制度规范日趋完善，碳排放数据质量全面改善，价格发现机制作用日益显现，市场活跃度逐步提升，截至2023年底，全国碳排放权交易市场累计成交量达到4.4亿吨，成交额约249亿元④。

5. 商品和服务市场统一迈向更高水平

一是健全商品质量体系方面，当前，我国多层次、多门类、多形式的商品市场格局已经形成，产品质量分级制度推进完善和产品质量安全追溯制度加快推进，出台《国务院关于加强质量认证体系建设 促进全面质量管理的意见》等政策举措，有力支撑全供应链、全产业链、产品全生命周期管理。强化质量认证体系建设，建立起与国际全面接轨的质量认证体系，认证结果加快实现跨行业、跨区域互通互认。大力开展质量基础设施“一站式”服务，推进线下无理由退货和商品异地、异店退换货。在重点消费品领域及时转化先进适用国际标准，目前主要消费品与国际标准一致性程度持续超过95%，在电子电器产品领域我国已全部加入国际电工委员会（IEC）的4个合格评定互认体系，累计颁发IEC国际认证证书及检测报告5.5万张，惠及2万余家企业⑤。

二是完善标准和计量体系方面，持续优化政府颁布标准与市场自主制定标准结构，对国家标准和行业标准进行整合精简，截至2022年底，我国发布国家标准43027项，强制性标准2117项。共批准设立73类行业标准，备案行业标准共

---

① 范欣宇．2023年我国排污权交易市场进展情况和政策建议［EB/OL］. https：//iigf. cufe. edu. cn/info/1012/8430. html.

② 范欣宇．2023年我国用能权交易市场进展情况和政策建议［EB/OL］. https：//iigf. cufe. edu. cn/info/1012/8463. html.

③ 胡晓玲，刘慧心．2023年我国用水权交易市场进展情况和发展建议［EB/OL］. https：//iigf. cufe. edu. cn/info/1012/8354. html.

④ 潘卓然．截至去年底，全国累计成交量达4.4亿吨——碳排放权交易活跃度逐步提升［N］. 经济日报，2024-02-28.

⑤ 国家市场监管总局认证监管司．服务构建新发展格局 彰显质量认证担当作为［EB/OL］. http：//www. ciq. org. cn/xwdt/gnzx1/76463. html.

78431 项。各地开展国家级标准化试点示范项目共计 7723 个。[①] 持续推动重点领域标准化建设，四部门印发《新产业标准化领航工程实施方案（2023—2035 年）》，聚焦新一代信息技术、新能源、新材料等 8 大新兴产业，以及元宇宙、脑机接口、量子信息等 9 大未来产业，新制定国家标准和行业标准 2000 项以上，培育先进团体标准 300 项以上，以标准指导产业高质量发展的作用更加有力。持续加强标准必要专利国际化建设，2022 年向境外转让或许可过专利的中国企业中，有 37.9%向共建“一带一路”国家或地区许可或转让过专利，中国成为知识产权国际规则的坚定维护者、参与者和建设者。

三是提升消费服务质量方面，持续强化消费者权益保护，畅通消费者投诉举报渠道，上线全国 12315 消费投诉信息公示平台，优化消费纠纷解决流程与反馈机制，探索推进消费者权益保护工作部门间衔接联动机制。建立健全工业产品生产许可目录制度、重点工业品监管目录制度、强制性产品认证制度和监督抽查体系，逐年集中整治一批质量安全突出问题，近年来实施缺陷消费品召回 3804 次、7977 万件[②]，有效推动跨国跨地区经营的市场主体为消费者提供统一便捷的售后服务。

6. 市场监管效能持续提升

一是统一市场监管规则方面，当前我国市场监管法律规章、市场监管标准比较齐全完备，市场监管立法不断完善。对食品药品安全等直接关系群众健康和生命安全的重点领域，落实最严谨标准、最严格监管、最严厉处罚、最严肃问责，制定《食品安全标准与监测评估“十四五”规划》，修改《食品安全法》，印发 200 余项行业标准计划，批准发布 100 余项行业标准，建立包括食品安全管理体系、危害分析与关键控制点（HACCP）体系和有机产品等在内的 10 种国家推行的认证制度，覆盖了食品农产品生产、流通等所有环节。对互联网医疗、线上教育培训、在线娱乐等新业态，线上线下一体化监管有机推进。我国行业协会商会发展迅速，截至 2022 年底，累计达到 11.39 万家，拥有企业会员超过 746 万家，总资产约 3500 亿元，在我国经济建设和社会发展中发挥的作用日益显著，加快形成了政府监管、平台自律、行业自治、社会监督的多元治理新模式。

二是统一市场监管执法方面，市场监管总局深入开展民生领域反垄断执法专项行动聚焦公共事业、招标投标、工程建筑等重点领域，依法查处滥用行政权力排除限制竞争案件 39 起，开展执法约谈 17 次，纠治了一批限定交易、妨碍商品要素自由流通、排除限制外地经营者参加本地经营的行为，有力保护和促进了市场公平竞争。构建跨区域线上案件协查、执法协助、联合执法机制，探索构建全国市场监管执法指挥调度体系，建立健全分层分级精准防控末端发力终端见效工作机制，压实食品安全“两个责任”。

三是提升市场监管能力方面，深化简政放权、放管结合、优化服务改革，完善

---

① 国家市场监管总局．中国标准化发展年度报告（2022 年）[R]．北京：国家市场监管总局，2023.

② 罗文．我国市场监管事业取得历史性成就发生历史性变革 [N]．学习时报，2022-10-10.

“双随机、一公开”监管、信用监管、“互联网+监管”、跨部门协同监管等方式，加强各类监管的衔接配合。充分利用大数据等技术手段，加快推进智慧监管，提升市场监管政务服务、网络交易监管、消费者权益保护、重点产品追溯等方面跨省通办、共享协作的信息化水平。建立健全跨行政区域网络监管协作机制，鼓励行业协会商会、新闻媒体、消费者和公众共同开展监督评议。对新业态新模式坚持监管规范和促进发展并重，及时补齐法规和标准空缺。以公路建设领域为例，截至 2023 年 11 月底，各地共排查公路建设领域问题 439 项，已完成整改 348 项，采取“双随机”方式，对部分省份开展实地检查，发现问题 111 项；截至 2023 年底，被检查省份已按要求开展问题整改。

7. 不当市场竞争和市场干预行为进一步规范

一是反垄断工作步入常态化。2021 年，中央全面深化改革委员会第二十一次会议审议通过《关于强化反垄断深入推进公平竞争政策实施的意见》，我国保护、促进公平竞争的首个系统性、纲领性文件出台。我国首次完成《反垄断法》修改并于 2022 年 8 月 1 日起施行，制定配套规章 7 部和平台经济、知识产权等反垄断指南 8 部，为新时代强化反垄断、深入推进公平竞争政策实施奠定坚实的法治根基。2018 年国务院机构改革组建市场监管总局，实现反垄断统一执法，依法查处垄断案 794 件。2021 年，国家反垄断局挂牌，进一步充实反垄断监管力量。反垄断监管执法形成一批典型案例，充分释放出强监管、促发展的政策信号。同步优化反垄断监管平台，上线经营者集中反垄断审查业务系统，明确简易案件“双二十”内部工作要求，即从企业申报到正式受理原则上不能超过 20 天，从正式受理到审结原则上不能超过 20 天。党的十八大以来，共依法查处垄断协议、滥用市场支配地位案件 333 件，审结经营者集中案件 5249 件，依法查处不正当竞争案件 25.05 万件，有效预防和制止了一批竞争违法行为①。

表 2-1　近年来监管部门查处的重大反垄断典型案件

时间	典型案件	罚没金额
2015 年	高通公司垄断案	60.88 亿元
2016 年	利乐公司垄断案	6.68 亿元
2019 年	长安福特汽车有限公司垄断协议案	1.628 亿元
2020 年	葡萄糖酸钙原料药垄断案	3.255 亿元
2021 年	扬子江药业垄断案	7.64 亿元
2021 年	阿里巴巴集团“二选一”案	182 亿元
2022 年	知网滥用市场支配地位案	8760 万元

资料来源：中经网根据公开资料整理。

二是反不正当竞争开创新局面。党的十八大以来，我国全面落实公平竞争审查制

---

① 中共国家市场监督管理总局党组．持续优化公平竞争的市场环境［J］．求是，2024（1）．

度，先后两次修订《反不正当竞争法》，制定《公平竞争审查制度实施细则》等 9 部规章和 6 部指南，基本建立起覆盖线上线下、日趋系统完备的竞争法律制度体系。将“公平竞争审查制度”写入修订后的《反垄断法》，首次开展国家层面公平竞争审查制度创新试点，组织在天津、吉林、上海等地开展公平竞争审查信息化建设、举报处理、重大政策措施会审、公平竞争指数四项试点，山东、安徽、重庆等多地也纷纷组织开展公平竞争审查第三方评估，海南出台了具体的实施办法。首次开展国家层面第三方评估。2022 年，新修改的《反垄断法》将“强化竞争政策基础地位”上升为法律规定。我国公平竞争政策基础性地位不断得到强化，推动形成统一开放、竞争有序的市场体系，为各类市场主体创造了广阔的发展空间。

三是加力破除地方保护和区域壁垒。国家发展改革委建立不当干预全国统一大市场建设行为问题整改和典型案例约谈通报制度，开展妨碍建设全国统一大市场问题线索核实整改工作，征集了 1100 余条问题线索，其中超过九成有效问题线索已督促地方完成整改。市场监管总局组织各地清理妨碍建设统一市场和公平竞争的规定做法，落实新修改的反垄断法的要求，研究起草了《公平竞争审查条例（草案）》，修订出台《制止滥用行政权力排除限制竞争行为规定》等配套规章，发布滥用行政权力、排除限制竞争执法约谈工作指引，出台公平竞争审查第三方评估实施指南等制度规则，强化规范不当市场干预行为的法治保障①。

四是一批妨碍统一大市场和公平竞争的突出问题得到纠治。党的十八大以来，有关部门全面落实公平竞争审查制度，部署开展制止滥用行政权力排除、限制竞争执法专项行动，严厉查处各类不当市场竞争行为。审查新出台政策措施文件 85.7 万件，纠正违反审查标准的文件 4100 件；清理存量政策措施文件 189 万件，废止和修订妨碍全国统一市场和公平竞争的文件近 3 万件。先后发布五批滥用行政权力排除、限制竞争执法专项行动案件共计 70 起。2022 年以来，共审查增量政策措施 16.37 万件，清理各类存量政策措施 45.2 万件，废止修订、纠正违反 2.04 万件，围绕“激发经营主体活力、畅通国内大循环”开展滥用行政权力排除、限制竞争执法专项行动，聚焦于市场反应较为集中的公用事业、政府采购、招投标等 8 个领域。2022 年以来，办结 78 件行政性垄断案件，及时纠正指定交易、妨碍商品要素自由流通等不当市场干预行为，有效促进国内循环畅通②。

五是招标采购更加注重公平。2023 年以来，各地区各部门共审查增量政策措施 14.8 万件，存量政策措施 61.6 万件，修订废止妨碍统一市场和公平竞争的政策措施 1.76 万件，有力防止出台排除限制竞争的政策措施。2023 年 6 月以来，市场监管总局会同有关部门一起在全国范围内组织开展了妨碍统一市场和公平竞争政策措施的集中清理工作，目前这项工作已经进入了收尾阶段，相关部门正在抓紧推进相关工作。有

---

① 李春临．加快建设全国统一大市场工作进展情况国务院政策例行吹风会［EB/OL］．https://www.samr.gov.cn/xw/xwfbt/art/2023/art_7acc226e01344ffeb94261f059ca1cc1.html.

② 朱剑桥．加快建设全国统一大市场工作进展情况国务院政策例行吹风会［EB/OL］．https：//www.samr.gov.cn/xw/xwfbt/art/2023/art_7acc226e01344ffeb94261f059ca1cc1.html.

关部门陆续启动工程建设和招标投标、政府采购等领域不当市场干预行为的专项整治，切实为经营主体解决了实际困难①。

二、进一步全面深化适应全国统一大市场建设的体制机制改革面临的新形势新要求

当前，世界百年未有之大变局加速演进，要从全局和战略高度认识和推动全国统一大市场建设②。建设全国统一大市场是未来经济发展的必然趋势，也是国家治理体系和治理能力现代化的重要组成部分。构建新发展格局的关键在于经济循环的畅通无阻，必须用足用好超大规模市场优势，畅通国内大循环，形成对全球要素资源的强大吸引力，并以国际循环提升国内大循环效率和水平。着眼新一轮科技革命和产业变革新趋势新方向，立足中国式现代化目标新任务新要求，未来全国统一大市场建设将面临更加复杂的国际国内形势。

（一）加快建设全国统一大市场是积极应对全球未来新形势的前瞻性战略决策

立足全球未来发展新形势，加快建设全国统一大市场，构建高水平社会主义市场经济体制，是应对新一轮科技革命和产业变革、应对未来全球复杂严峻形势、积极融入国际大循环的前瞻性战略。这一重大战略部署立足全局、着眼未来，有利于我国有效抵御因外部不确定性所带来的系统性风险，同时吸引全球优质资源加速向我国汇聚，强化我国在全球治理体系中的影响力和竞争优势③。

1. 应对新一轮科技革命和产业变革的前瞻性长远战略

纵观人类发展历程，每一次科技革命和产业变革都推动了生产力水平的极大提高和社会商品的极大丰富，促进了人类社会生产方式和生活方式的革命性变化④。当前，由信息技术引领的新一轮科技革命和产业变革方兴未艾。**科技创新将率先引发生产要素结构性变革。**按照“新技术诞生—关键生产要素变迁—基础设施、产业、生产组织形式、商业模式、制度框架等适应性改变—社会经济变革”的经济社会一般性耦合周期规律⑤，生产要素结构的深刻变化将成为经济社会大变革的先导领域。从生产要素整体结构和演变趋势看，生产要素正加速从传统以物质资源为主导的要素结构向以知识、技术、信息、数据等非物质资源为主导的要素结构转变⑥。正是基于这一未来趋势，我国创造性地作出加快发展新质生产力这一重要部署。**全要素生产率正成为发展**

---

① 李春临．加快建设全国统一大市场工作进展情况国务院政策例行吹风会［EB/OL］．https：//www.samr.gov.cn/xw/xwfbt/art/2023/art_7acc226e01344ffeb94261f059ca1cc1.html.

② 刘涛．我国超大规模市场优势将更加明显［N］．光明日报，2022-04-12（01）．

③ 刘新宇，葛舒，杨海鹏．从法律视角解读《关于加快建设全国统一大市场的意见》要点规则［EB/OL］．https：//www.zhonglun.com/research/articles/9029.html.

④ 中国宏观经济研究院．加快构建双循环新发展格局的9大着力点［EB/OL］．https：//www.ndrc.gov.cn/xxgk/jd/wsdwhfz/202105/t20210507_1279328_ext.html.

⑤ 于凤霞．发展未来产业培育新质生产力的作用机理和重点任务［J］．中国发展观察，2024（3）．

⑥ 黄群慧．中国产业结构演进的动力与要素［J］．中国经济报告，2018（12）．

质量的“试金石”和衡量指标①。现代化的国际经验表明，全要素生产率的表现，不仅是任何经济体的增长可持续性表征，也是处在特定发展阶段上国家能否跨越中等收入陷阱的关键。根据有关机构最新测算，在接下来的 15 年，全要素生产率年均增速要达到 2.5%以上，中国才有可能在 2035 年实现全要素生产率接近发达国家的水平，从而在跨过刘易斯转折点后真正跨越中等收入陷阱②。**全国统一大市场将为提升全要素生产率提供广阔战略性空间**。提高全要素生产率关键在于科技创新和制度改革。全国统一大市场建设过程中，一方面，超大规模市场需求将得以激活，从而充分释放规模经济、范围效应和网络经济效应，从而引导创新资源有效配置，推动重大科技成果转化应用、提升产业链供应链现代化水平，为相关企业、行业带来效率优势和成本优势。另一方面，超大规模国内市场将为“卡脖子”攻关类新产品技术提供大规模试验空间、应用场景和持续迭代机会，为掌握关键核心技术的高技术企业提供成长空间和竞争机会，形成科技创新及转化应用的战略回旋空间，形成与新质生产力适配性更强的技术经济范式，从而更好地促进创新要素在更大范围内有序流动和合理集聚，将超大规模市场资源优势转变为强大竞争优势，实现高水平自立自强，牢牢把握未来发展主动权。中国银河证券研报认为，未来制造——人形机器人、未来空间——低空经济、未来能源——可控核聚变等从 0 到 1 产业带来的装备投资机遇。

2. 应对外部环境不确定性上升风险的系统性制度安排

在更加开放的国际环境中如何趋利避害加快构建全国统一大市场，是一个需要常态化研究和随时准备回答的时代命题③。展望未来，世界将进入一个充满变革和挑战的新时代，我国经济发展环境的复杂性、严峻性、不确定性上升④。**一是全球化进程将面临更为复杂的逆潮**。贸易保护主义、民粹主义和孤立主义盛行，地缘政治冲突加剧，国家间信任缺失，多边主义受到挑战，全球产业链重构，区域化、本土化趋势明显，跨国合作面临阻碍，世界进入新的动荡变革期，外部发展的复杂性、不确定性明显增加，原有的全球经济供需循环链条受到干扰甚至被阻断的风险加大，加之产业链供应链具有网络化的特点，单点冲击将迅速扩散，对整个生产网络带来放大化的风险。**二是美西方国家对我经济和技术封锁仍将持续升级**。未来一段时期，出于美国对中国在全球产业结构中快速攀升的焦虑、对中国主导部分全球供应链的担忧，美西方国家将进一步加大对我国高科技产业及投资贸易等领域的封锁，⑤ 大国竞争博弈烈度和强度在加大，局部冲突风险和发生重大危机的概率加大，产业链供应链脱钩断链风险将长期存在，这将进一步暴露我国在产业链供应链核心环节和关键技术领域的风险。**三是高标准国际规则倒逼国内市场改革**。随着全球价值链深度分工，高标准国际经贸规

---

① 蔡昉．二十大精神笔谈丨提高全要素生产率，推动高质量发展［J］．金融评论，2022（6）．

② 原子智库．从要素驱动到全要素生产率提升：中国经济增长的底层逻辑变化［EB/OL］．https：//new. qq. com/rain/a/20200218A0BKDT00.

③ 张燕．深化构建全国统一大市场的逻辑认识与思考［J］．中国市场监管研究，2022（11）．

④ 李长安．建设全国统一大市场：背景、深意与挑战［N］．人民论坛，2022-09-20.

⑤ 雷少华．中美经贸关系发展：回顾、现状与趋势（2018—2024）［J］．国际战略研究，2024（161）．

则成为大国博弈的焦点，全球贸易的强制性争端解决机制频繁遭遇挑战，发达国家针对发展中国家的贸易壁垒、准入歧视甚至污名化攻击长期难以化解。最值得关注的是，全球开放的政策措施逐渐由传统的削减关税及非关税壁垒等“边境”措施，拓展延伸至以国内规制融合为主的“边境内”措施[①]。《全面与进步跨太平洋伙伴关系协定》(CPTPP)、《数字经济伙伴关系协定》(DEPA)、《区域全面经济伙伴关系协定》(RCEP)等高标准国际经贸规则，正在倒逼域内国家增强制度体系的融合性和兼容性[②]，强化本国规则、规制、管理、标准的对接和协调。这一背景下，建设全国统一大市场能够加快形成高标准国内市场体系，借助超大规模国内市场将发展动力向国内转移，提升经济发展的韧性和抗击打能力，从而应对外部环境的不确定性。

3. 适应引领国际循环变革调整新趋势的全局性战略决策

未来，随着全球经济一体化的深入发展，国际国内市场紧密联系，加快构建以国内大循环为主体、国内国际双循环相互促进的新发展格局，是对“十四五”和未来更长时期我国经济发展战略、路径作出的重大调整完善，是着眼于我国长远发展和长治久安作出的重大战略部署[③]。**全国统一大市场激活国内大循环，形成应对国际风云变幻的底气。**强大、韧性、可靠的国内大循环是我国发展的根基和命脉，良性互动、相互促进的国内国际双循环对于优化资源配置、提高发展质量具有关键作用[④]。唯有立足自身实际，加快形成强大的全国统一大市场，才能把国内大循环畅通起来，加快补上我国产业链供应链短板弱项，保证产业体系自主可控和安全可靠，才能够不惧国际风云变幻，在激发自身增长动能的同时为世界经济注入新动力[⑤]。事实证明，国内市场由大转强后，抗风险冲击能力也会更强[⑥]。**全国统一大市场引领国际循环变革，形成抢占国际话语权的实力。**加快建设充分开放的全国统一大市场，不仅有利于推动国内市场和国际市场更好联通，促进要素跨境自由有序安全便捷流动，形成对全球先进资源要素的强大引力场，还有利于更好联通国内市场与国际市场，增强国内大循环对全球资源要素的吸引力、集聚力，全方位提升我国高标准市场体系的国际影响力和辐射力，提高国际经济治理中的话语权，在国际竞争和合作中取得新优势。借助全国统一大市场建设，驱动融入国际循环体系，最终将形成“你中有我、我中有你”的稳定格局，为产业转型升级打造坚实“底座”[⑦]。

（二）加快建设全国统一大市场是支撑中国式现代化鲜明特征的全局性战略设计

立足中国式现代化鲜明特征，加快建设全国统一大市场，构建高水平社会主义市

---

① 何秀．稳步扩大制度型开放［N］．经济日报，2023-03-22.

② 贾德忠．中国参与建设国际多边治理平台的成果、挑战和着力点［J］．当代世界，2023（12）.

③ 刘鹤．加快构建以国内大循环为主体、国内国际双循环相互促进的新发展格局［N］．人民日报，2020-11-25.

④ 史育龙．统筹发挥国内大循环主体作用和国内国际双循环相互促进作用［N］．中国城市报，2023-03-27.

⑤ 商务部国际贸易经济合作研究院．加快构建全国统一大市场［N］．人民日报，2023-06-19.

⑥ 胡拥军，赵文景．世界好中国才能好　中国好世界才更好——坚持加快构建新发展格局［J］．新湘评论，2022（11）.

⑦ 魏琪嘉．为什么说要“真正形成全国统一大市场”［N］．经济日报，2023-03-30.

场经济体制，是着眼于将巨大人口规模转化为超大规模市场优势、打破地方保护和区域壁垒实现全体人民共同富裕、加速商品和服务供给满足人民物质和精神文明需要、建设高水平能源与生态市场助力人与自然和谐共生、实施高水平市场开放走和平发展道路的新形势新部署，将为中国式现代化全局提供重要战略支撑。

1. 人口规模巨大的现代化对加快释放超大规模国内市场红利提出更高要求

现代化的本质是人的现代化，中国式现代化是人口规模巨大的现代化。我国 14 多亿人口整体迈进现代化社会，规模超过现有发达国家人口的总和，艰巨性和复杂性前所未有，发展途径和推进方式也必然具有自己的特点。面向中国式现代化目标，就必须解决好如何把人口规模巨大的压力转化为人口规模巨大的优势的重大课题[①]，实现人的全面发展和社会的全面进步。**人口规模巨大的现代化，一是要求加快从人口大国转向人力资源强国[②]**。这就要求加快建设城乡统一的劳动力市场，发展健全统一规范的人力资源市场体系，提高劳动者的技能和素质，完善人才要素流动配置机制，要求打破地域分割和市场壁垒，将人口资源优势转化为现实发展红利。根据党的二十届三中全会部署，深化人才发展体制机制改革成为重点改革任务之一，这将进一步激活劳动力要素市场化配置改革，高技能人才队伍建设将释放更多利好。国务院发展研究中心的一项研究预计，到 2040 年，中国 20~59 岁劳动年龄人口中，超过 1/3 为大学以及上学历水平的人口，其中研究生学历的占比约为 3.4%，这将为更高质量的经济发展奠定较好的基础。[③] **二是要求加快培育完整内需体系形成强大内需市场[④]**。超大规模市场消费潜力大、韧性强、后劲足，锚定促消费的“主引擎”，释放消费潜力、激发消费活力，将为中国经济持续回升向好注入更多新动力[⑤]。这就要求面向规模庞大的消费群体，面向不断升级的消费需求，持续推动国内市场高效畅通和规模拓展，全面提升消费服务质量，推进商品和服务市场高水平统一，借助产业发展、区域发展的差异性，挖掘超大规模市场优势，从而将我国经济“量”的优势，转化为“质”的优势[⑥]。党的二十届三中全会在部署建设全国统一大市场建设任务时特别强调，完善扩大消费长效机制，减少限制性措施，合理增加公共消费，积极推进首发经济。显然，进一步全面深化改革历史进程将为激活内需消费市场注入强大动力。据国家信息中心测算，到 2035 年，我国居民消费率有望稳步提升至 68.1%，最终消费支出将突破 200 万亿元，消费市场总量将超过欧美总量之和，从而成为全球消费的主力、全球消费资源的配置中心和引领全球消费发展的创新高地。[⑦] **三是要求提升全国市场监管一体化程度。**巨大人口规模的现代化，意味着需要更加高效的一体化市场体系，必须深化行政管理

---

① 陈理．深刻理解把握中国式现代化的科学内涵、核心要义、实践要求［J］．党的文献，2023（3）．

② 成德宁．加快从人口大国转向人力资源强国［N］．光明日报，2023-06-06．

③ 孙志燕．中国就业供需变化趋势的基本认识与政策建议［EB/OL］．https：//www.thepaper.cn/newsDetail_forward_23417970．

④ 孙豪，武优勐．发挥好“超大规模市场优势”［N］．大众日报，2024-01-30．

⑤ 王悦阳．“消费马车”跑起来　内需潜力放出来［N］．新华时评，2024-01-18．

⑥ 新华社记者．中国大市场观察［N］．人民日报，2024-03-03．

⑦ 尹伟华，肖宏伟．我国国内市场规模和潜力测算及发展趋势展望［J］．中国物价，2021（7）．

和市场监管体制改革，推进健全统一的市场监管规则、执法和能力体系，促进商品、服务、资本、劳动力等资源和要素的合理流动和高效配置。当前及未来一段时期，随着中国经济的高速发展，人民生活水平的不断提高，中国的消费市场规模不断扩大，将为全球贸易和经济增长注入强劲动力，我国的超大规模市场，将是增长潜力大、供求多元、开放度高、具有全球影响力的统一大市场[①]。

2. 全体人民共同富裕的现代化对建设统一公平高效市场体系提出更新任务

全体人民共同富裕是中国式现代化的本质特征。全体人民共同富裕的现代化是以全体共富取代两极分化的现代化[②]。**全体人民共同富裕的现代化，一是要求打破城乡壁垒和区域隔阂**。区域协调发展是实现共同富裕的必然要求。未来几十年，中国城乡差距和区域发展不平衡不充分等问题仍将长期存在，将有近 4 亿人从农村逐步转入城市，成为市民，让他们尽量便捷地取得市民身份，享受基本公共服务以及一视同仁的待遇，是建设统一大市场的应有之义。[③] 这就要打破地方行政壁垒对市场的分割限制，提高资源要素的跨区域配置效率[④]，促进区域协调发展，形成推动共同富裕的市场化体制机制。例如，党的二十届三中全会提出，健全现代化基础设施建设体制机制，推进铁路体制改革。银河证券认为，铁路体制改革有望改善国铁盈利，长远来看有望提升装备需求[⑤]。**二是要求推进跨区域市场设施高标准联通**。实现共同富裕要求破除城乡二元结构，这要求我们进一步加强要素市场化配置体制机制建设，增强城乡要素有序流动活力，加快建设现代流通网络，高标准建设现代物流体系，完善市场信息跨区域交互渠道，促进要素在城乡间持续顺畅流动[⑥]，逐步改变传统的资源要素流动效率和配置方式，使一些能源资源富集地区、生态地区可以借助外部人才、资金、技术等要素注入，在当地实现价值转化，进而推动产品更快走向全国市场。**三是要求规范市场竞争机制保护市场公平**。构建扎实推动共同富裕的有效机制，要促进经济机会的公平分配，最关键的是建立平等准入、公平竞争、平等交换的统一市场体系[⑦]。从长远来看，通过建立公平竞争的市场规则、推动信息平台互通共享、构建规范透明的营商环境，很可能改变目前的经济地理格局，也必将促进各地区因地制宜走差异化高质量发展的路子[⑧]。

3. 物质文明和精神文明相协调的现代化对高水平市场供给体系提出新挑战

中国式现代化是物质文明和精神文明相协调的现代化。物质文明和精神文明相协

---

① 陈晓东．加快建设全国统一大市场　畅通全国大循环［N］．中国发展改革报社，2022-04-22.

② 秦龙，吉瑞霞．如何理解“全体人民共同富裕的现代化”［N］．光明日报，2022-03-25.

③ 陈晓东．加快建设全国统一大市场　畅通全国大循环［N］．中国发展改革报社，2022-04-22.

④ 邹一南，孙生阳．在建设全国统一大市场进程中推进共同富裕［N］．光明日报，2022-05-13.

⑤ 中国银河证券．三中全会全景：百年局，中国策（行业篇）［EB/OL］．https：//m. hibor. com. cn/wap_detail. aspx？ id＝e037ae3ae653fdb2475b9497b1011da1.

⑥ 成长春．区域协调发展是实现共同富裕的必然要求［N］．光明日报，2023-05-16.

⑦ 潘文轩．构建扎实推动共同富裕的有效机制［N］．学习时报，2020-12-30.

⑧ 张燕．深化构建全国统一大市场的逻辑认识与思考［J］．中国市场监管研究，2022（11）.

调，既要物质富足也要精神富有，是中国式现代化的崇高追求[①]。**物质文明和精神文明相协调的现代化，一是要求形成鼓励高质量商品和服务供给的制度安排。**物质贫困难以支撑社会主义现代化强国建设，精神贫乏也难以适应社会主义现代化强国建设[②]。必须坚持深化供给侧结构性改革这条主线，在物质供给和精神文化供给两方面发力。在物质文明需求方面，要形成有利于形成鼓励高质量商品和服务供给的政策导向，使我国经济朝着更能够满足人民日益增长的美好生活需要的方向发展[③]，这就要健全商品质量体系、完善标准和计量体系、全面提升消费服务质量，实现商品和服务市场的高水平统一。**二是要求形成支持保护知识产权和文化创新的制度安排。**精神文明建设必须创造出更多更好的"精神食粮"，满足人民群众日益增长的精神文化需求。这就要求我们必须加快依托高标准市场体系产出高质量文化产品，健全完善产权保护、社会信用等市场经济基础制度，加强知识产权保护，提升文化创新能力，加快不同文化业态之间的业态间畅通循环，形成走向全国大市场的广泛流通，从而提升文化产品的商品化水平、加快文化市场法制规则与秩序的统一化进程、推动我国文化产业"走出去"[④]。

4. 人与自然和谐共生的现代化对建设高水平能源与生态市场提出更高要求

中国式现代化是人与自然和谐共生的现代化。中国式现代化坚决抛弃轻视自然、支配自然、破坏自然的现代化模式，绝不走西方现代化的老路，而是坚定不移走生态优先、绿色发展之路，建设人与自然和谐共生的现代化[⑤]。**人与自然和谐共生的现代化，一是要求形成降碳节能减排长效机制。**党的十八大以来，生态文明建设从认识到实践都发生了历史性、转折性、全局性的变化，已进入以降碳为重点战略方向、推动减污降碳协同增效、促进经济社会发展全面绿色转型、实现生态环境质量改善由量变到质变的关键时期[⑥]。这就要求加快全国统一大市场建设，加快形成全国统一的能源市场，通过建立区域生态环境保护和节能减排长效合作机制，促进地区层面资源的高效集约利用、产业结构和能源结构的优化调整、"双碳"目标与经济增长的整体协同，最终形成主体功能约束有效、国土开发有序、资源环境可承载的区域协调发展新的格局[⑦]。**二是要求形成人与自然生态和谐共生的正向激励与负向鞭策机制。**人与自然和谐共生的现代化，要求加快全国统一大市场建设，培育发展全国统一的生态环境市场，通过建立统一的环境标准和监管制度，促进各地区环保投入和管理规范化，从而减少重复建设，节约能源和资源，降低环境污染和生态破坏。同时通过优化产业布局和配置，促进传统产业向高附加值、低污染、高效率的方向转型升级，促进科技创新和绿色发展，推动产业结构调整和转型升级，提高环境治理能力和水平。展望未来一段时

---

① 陈理．深刻理解把握中国式现代化的科学内涵、核心要义、实践要求［J］．党的文献，2023（3）．

② 杜强．奋力推进物质文明和精神文明相协调的现代化［N］．光明日报，2023-07-27．

③ 邹一南，孙生阳．在建设全国统一大市场进程中推进共同富裕［N］．光明日报，2022-05-13．

④ 韩晗．从"双循环"到全国统一大市场：我国文化产业高质量发展的前提、原则与路径［J］．东岳论丛，2023（1）．

⑤ 生态环境部党组理论学习中心组．推动经济社会发展全面绿色转型［N］．人民日报，2021-04-23．

⑥ 杨开忠．深刻理解人与自然和谐共生的现代化［N］．经济日报，2023-04-04．

⑦ 徐丹丹．加快构建全国统一大市场　增强中国式现代化内生动力［N］．光明日报，2023-11-29．

期，以光伏、锂电、电网、储能、风电等为代表的新能源，将是确定性极强的方向，有望从财税、金融、投资、价格多方面形成支持行业发展的政策和制度保障体系①。

5. 走和平发展道路的现代化为加快实施高水平市场开放注入更多更新内涵

中国式现代化是走和平发展道路的现代化。与西方国家的工业化过程形成鲜明反差的是，中国始终坚持走和平发展道路②。以中国式现代化全面推进中华民族伟大复兴，其战略支点就是实行更加积极主动的开放战略，形成更大范围、更宽领域、更深层次对外开放格局，建立公平开放、竞争有序的现代市场体系以及与国际高标准贸易和投资规则相适应的管理方式③。**走和平发展道路的现代化，一是要求依托国内大市场形成对全球要素资源的强大引力场。**在逆全球化和保护主义抬头、地缘政治冲突加剧、新冠疫情冲击、世界经济中长期“结构性低迷”的背景下，中国在实施高水平对外开放的同时，必须重视国内统一大市场建设，构建起更为强大的国内经济循环体系和稳固的经济基本盘，形成对全球要素资源的强大吸引力，为我国经济发展提供持久可靠的基础，增强走中国式现代化道路的底气④。以能源市场为例，根据党的二十届三中全会部署，我国将完善推进高质量共建“一带一路”机制，未来将依托国内新能源市场形成的比较优势，积极推进与周边国家电网互联互通，带动特高压输电、数字电网、抽水蓄能、综合能源、电力装备制造等先进技术、装备和标准“走出去”，培育能源转型新增长点⑤。**二是要求推动制度型开放提升在国际经济治理中的话语权。**激发中国式现代化的活力动力，必须完善开放型经济新体制的顶层设计，推动以制度型开放为核心的高水平对外开放⑥。这就要求我们必须加快建设和完善全国统一大市场，持续深化商品和要素流动型开放，推动商品和要素更大规模、更高质量的跨境流动，稳步扩大规则、规制、管理、标准等制度型开放，不断扩大面向世界的高标准自由贸易区网络，增强国内国际两个市场、两种资源的联动效应，增强中国在全球产业链、供应链、创新链的影响力，增强产业链供应链韧性，提高内外循环质量和效率，顺应世界大势、时代要求和各国加快发展的愿望，以中国新发展为世界提供新机遇。

三、深入领会进一步全面深化适应全国统一大市场建设的体制机制改革的指导思想、基本原则和总目标

进入新发展阶段，必须锚定中国式现代化建设总体目标和阶段性任务，把全国统一大市场建设放在全局工作的突出位置，精准把握新形势下全面深化改革的方向、动力与重点，持续推动国内市场高效畅通和规模拓展，加快营造稳定公平透明可预期的

---

① 中国银河证券．三中全会全景：百年局，中国策（行业篇）［EB/OL］．https：//m. hibor. com. cn/wap_detail. aspx？id＝e037ae3ae653fdb2475b9497b1011da1.

② 陈理．深刻理解把握中国式现代化的科学内涵、核心要义、实践要求［J］．党的文献，2023（3）．

③ 盛斌．以高水平对外开放推进中国式现代化进程［J］．经济学动态，2022（11）．

④ 徐丹丹．加快构建全国统一大市场　增强中国式现代化内生动力［N］．光明日报，2023-11-29.

⑤ 中国银河证券．三中全会全景：百年局，中国策（行业篇）［EB/OL］．https：//m. hibor. com. cn/wap_detail. aspx？id＝e037ae3ae653fdb2475b9497b1011da1.

⑥ 顾学明．以高水平对外开放促进高质量发展［J］．求是，2024（4）．

营商环境，进一步降低市场交易成本，促进科技创新和产业升级，培育参与国际竞争合作新优势。

（一）指导思想

以习近平新时代中国特色社会主义思想为指导，深入贯彻落实党的二十大和二十届二中、三中全会精神，坚持稳中求进工作总基调，完整、准确、全面贯彻新发展理念，加快构建新发展格局，全面深化改革开放，坚持创新驱动发展，推动高质量发展，坚持以供给侧结构性改革为主线，以满足人民日益增长的美好生活需要为根本目的，统筹发展和安全，充分发挥法治的引领、规范、保障作用，加快建立全国统一的市场制度规则，打破地方保护和市场分割，打通制约经济循环的关键堵点，促进商品要素资源在更大范围内畅通流动，构建更具稳定性与韧性的风险治理与应对体系，加快建设高效规范、公平竞争、充分开放的全国统一大市场，全面推动我国市场由大到强转变，为建设高标准市场体系、构建高水平社会主义市场经济体制、全面实现中国式现代化建设目标提供有力支撑。

（二）基本原则

坚持和加强党的全面领导[①]。坚定不移地贯彻党的全面领导和党中央的集中统一领导，使其全面贯通于全国统一大市场建设的各个环节、各个方面。切实发挥党作为领导核心的作用，总揽全局，协调各方，确保政策制定、规则设立和执行措施的高度统一性和全面协同性，确保全国统一大市场建设不偏航、不走样，真正实现党中央的战略意图。

发挥好政府和市场“两只手”作用。科学严谨地界定政府与市场之间的界限，促进有效市场与有为政府之间协调融合，确保既能“灵活放开”又能“有效监管”。一方面，持续深化政府职能转变，规范政府行为模式，强化竞争政策作为政策体系基石的地位，坚决防止任何形式的行政不当干预，进一步优化政府的功能定位。另一方面，坚定不移地遵循市场化法治化国际化的基本原则，构建稳定、公平、透明且可预期的营商环境。

调动中央和地方“两个积极性”。中央层面持续强化全国统一大市场的基础制度建设，规范并遏制无序竞争行为，积极推动解决财税体制、统计核算体系及政绩考核机制等深层次矛盾，构建并完善适应全国统一大市场建设需求的长效体制机制。地方层面应科学定位自身在全国统一大市场中的战略与比较优势，坚决避免地方保护主义，反对市场分割与封闭，确保市场资源的自由流动与高效配置，防范形成封闭的小市场与自我循环体系。

推进高水平对外开放。不遗余力推动制度型开放，以更加开放包容的姿态，主动对接并融入国际高标准经贸规则体系，持续深化重要环节和关键领域改革，通过精细化的制度设计和前瞻性的政策安排，力争营商环境达到国际一流水平。同时，进一步

① 张国清．构建全国统一大市场（学习贯彻党的二十届三中全会精神）［N］．人民日报，2024-07-29（6）．

扩大全国统一大市场的影响力和辐射范围，通过加强区域合作、推动产业协同发展、优化资源配置等方式，不断提升国内市场的吸引力和竞争力，从而更好地利用国内和国际两个市场、两种资源，为经济发展注入更加强劲动力。

（三）总目标

到2029年，初步建立全国统一的高标准市场体系的基础制度和规则，初步实现市场设施高标准联通，统一的要素和资源市场体系初见成效，商品和服务市场加快迈向高水平统一，公平统一市场监管规则、执法和能力有效提升，不当市场竞争和市场干预行为治理机制进一步优化，支持各地探索形成一批可复制可推广的试点经验，初步建设高效规范、公平竞争、充分开放的全国统一大市场①，加快形成统一开放、竞争有序、制度完备、治理完善的高标准市场体系②，有力推动构建高水平社会主义市场经济体制，在畅通国内大循环、推动构建新发展格局中的重要作用得以有效释放。

一是基础制度规则显著完善。建立起相对完善的现代产权制度、市场准入制度、公平竞争制度、社会信用制度等市场经济基础制度体系，有力推动生产要素畅通流动、各类资源高效配置、市场潜力充分释放。

二是市场流通机制显著改善。促进现代流通体系建设，降低全社会流通成本。加强和改进反垄断反不正当竞争执法力度，破除妨碍各种生产要素市场化配置和商品服务流通的体制机制障碍，降低制度性交易成本。

三是市场要素效能显著释放。发挥超大规模市场具有丰富应用场景和放大创新收益的优势，进一步健全劳动、资本、土地、知识、技术、管理、数据等生产要素由市场评价贡献、按贡献决定报酬的机制，加快推进水、能源、交通等领域价格改革，全国统一电力市场体系基本建成，通过市场需求引导创新资源有效配置，促进创新要素有序流动和合理配置，完善促进自主创新成果市场化应用的体制机制，支撑科技创新和新兴产业发展。

四是市场规模效益显著提升。充分释放改革红利，进一步打通市场效率提升、劳动生产率提高、居民收入增加、市场主体壮大、供给质量提升、需求优化升级之间的通道，努力形成供需互促、产销并进、畅通高效的国内大循环，扩大市场规模容量，不断培育发展强大国内市场，保持和增强对全球企业、资源的强大吸引力。

五是市场开放机制显著理顺。以国内大循环和统一大市场为支撑，有效利用全球要素和市场资源，使国内市场与国际市场更好联通。推动制度型开放，增强在全球产业链供应链创新链中的影响力，提升在国际经济治理中的话语权。

到2035年，统一的高标准市场体系的基础制度和规则进一步健全，市场设施高标准联通取得新成效，统一的要素和资源市场、商品和服务市场效能有机赋能国民经济

---

① 中共中央　国务院．中共中央　国务院关于加快建设全国统一大市场的意见［EB/OL］．https：//www.gov.cn/gongbao/content/2022/content_5687499.html.

② 中共中央办公厅　国务院办公厅．建设高标准市场体系行动方案［EB/OL］．https：//www.gov.cn/zhengce/2021-01/31/content_5583936.html.

和社会生活，形成较为完善的市场监管机制和不当市场竞争和市场干预行为治理机制，高水平建设高效规范、公平竞争、充分开放的全国统一大市场①，形成统一开放、竞争有序、制度完备、治理完善的高标准市场体系②，全面建成高水平社会主义市场经济体制，建成与基本实现社会主义现代化目标相适应的市场规则。

到 2050 年，统一的高标准市场体系的基础制度和规则高度完善，市场设施实现高标准联通，统一的要素和资源市场、商品和服务市场高度发达，高水平建成统一公平的市场监管机制和不当市场竞争和市场干预行为治理机制，全面建成高效规范、公平竞争、充分开放的全国统一大市场，全面建成统一开放、竞争有序、制度完备、治理完善的高标准市场体系，建成与社会主义现代化强国相适应的强大国内市场。

四、进一步全面深化适应全国统一大市场建设的体制机制改革的重点任务

建设全国统一大市场是一项重大的战略性系统工程，要坚持以党的二十届三中全会精神为指导，突出问题导向、目标导向，围绕 2019 年改革目标和任务安排，坚持标本兼治、长短结合、系统推进、重点突破，加快推进最为迫切、最能显效的重点改革任务，在推动市场基础制度规则统一、市场监管公平统一、市场设施高标准联通等方面不断取得新进展、新成效，促进资源要素顺畅流动，提升市场主体活力，更好发挥市场机制作用，建设真正统一的全国大市场，把有利于统一大市场建设的各种制度规则"立起来"，把不利于统一大市场建设的各种障碍掣肘"破除掉"③，畅通国民经济循环，激发全社会内生动力和创新活力，创造更加公平、更有活力的市场环境，实现资源配置效率最优化和效益最大化，加快构建高水平社会主义市场经济体制。特别是面向新一轮科技革命和产业变革的新趋势新要求，推动建立健全统一的土地和劳动力市场、资本市场、技术和数据市场、能源市场、生态环境市场，构建与新质生产力发展相适应的高标准市场体系。

（一）完善统一的基础制度规则，厚植建设全国统一大市场的"土壤"

统一的市场经济基础制度是经济高效运行的根本，应从产权保护、市场准入、公平竞争、社会信用等基础制度发力，既注重急用先立、突出重点，又重系统设计、分类推进④，切实强化市场基础制度规则统一，更好激发市场主体活力。下一步应以制度建设为主线，加快完善基础市场制度规则，强化全国统一大市场政策落实，制定全国市场建设标准指引，加快推动全国统一大市场进入规范化法治化轨道，明确标准规则统一、规划监管统一、基础设施互联互通等阶段性目标并动态调整，切实引导各地

---

① 中共中央　国务院．中共中央　国务院关于加快建设全国统一大市场的意见［EB/OL］. https：//www. gov. cn/gongbao/content/2022/content_5687499. html.

② 中共中央办公厅　国务院办公厅．建设高标准市场体系行动方案［EB/OL］. https：//www. gov. cn/zhengce/2021-01/31/content_5583936. html.

③ 张国清．构建全国统一大市场（学习贯彻党的二十届三中全会精神）［N］. 人民日报，2024-07-29（6）.

④《中共中央关于进一步全面深化改革、推进中国式现代化的决定》辅导读本［M］. 北京：人民出版社，2024.

树立“算大账”“全国一盘棋”理念①。

1. 完善产权制度

一是健全以公平为原则的产权保护制度。真正让依法平等长久保护各种所有制经济产权落到实处，这就必须加快建立健全归属清晰、权责明确、保护严格、流转顺畅、监管有效的现代产权制度，坚持权利平等、机会平等、规则平等的基本原则，加快废除对非公有制经济各种类型的不合理规定，消除各种隐性壁垒。在国资国企改革方面，应加快完善管理监督体制机制，增强各有关管理部门战略协同，推进国有经济布局优化和结构调整，推动国有资本和国有企业做强做优做大，增强核心功能，提升核心竞争力。在非公经济发展方面，应积极营造公平良好的营商环境，深入破除市场准入壁垒，构建适应多元经济形态发展的支持性政策体制，特别是要加快完善民营企业参与国家重大项目建设长效机制，推进基础设施竞争性领域向经营主体公平开放。**二是建立高效的产权综合管理体制。**在涉及产权保护的立法、执法、司法、守法等各个环节和方面，应充分体现法治理念和原则，确保产权保护的明确性和可操作性。立法环节，应面向具体的物权、债权、股权等不同产权的实际需求，持续推进相关法律法规修订，加快实现明晰产权归属、完善产权权能。加强数据、知识、环境等领域产权制度建设，健全自然资源资产的产权制度和法律法规。在执法环节，应进一步加大市场执法监管力度，完善惩罚性赔偿制度，对侵犯各种所有制经济产权和合法利益的行为实行同责同罪同罚。在司法环节，应持续加强产权执法司法保护，明确行政和刑事手段的适用范围，促进知识产权行政执法标准和司法裁判标准统一，防止和纠正利用行政、刑事手段干预经济纠纷，健全依法甄别纠正涉企冤错案件机制，建立一套行之有效的申诉、监督和纠正机制，避免权力滥用对产权保护造成不利影响。**三是完善市场信息披露制度。**应深入落实以投资者需求为导向的信息披露理念，抓好落实新修订的《企业信息公示暂行条例》，适时修订和完善信息披露的规则，构建清晰的分行业信息披露制度框架，不断完善全面注册制下的信息披露制度，进一步完善上市公司信息披露制度②，进一步提高信息披露质量。加快构建商业秘密保护制度，研究完善信息披露豁免制度，平衡好投资者知情权与保护国家秘密、商业秘密的关系，以进一步规范信息披露豁免行为。

2. 完善市场准入制度

一是深化注册资本认缴登记制度改革。建议完善经营主体登记管理相关的法律制度体系，推动构建开放透明、规范有序、平等竞争、权责清晰、监管有力的市场准入制度新体系，进一步规范经营主体的登记行为，提高登记管理的效率和效果。这一过程中，应进一步强化企业依法按期认缴出资的法律义务，加快实行实缴出资信息强制公示，确保企业注册资本的及时足额到位，同时加大对虚假出资和违反公示义务的法律责任追究，以更好地维护市场秩序和公平竞争。加快研究分类设定注册资本实缴的

---

① 《中共中央关于进一步全面深化改革、推进中国式现代化的决定》辅导读本［M］. 北京：人民出版社，2024.

② 昝秀丽．证监会：适时修订完善信息披露制度规则［N］. 中国证券报，2023-09-18.

范围和期限，在公共安全、金融安全、社会稳定安全风险度较高领域，以风险管控为导向，依法分类设定注册资本实缴的范围、比例和期限。**二是优化新业态新领域市场准入环境**。建议根据标准引领、场景开放、市场推动、产业聚集、体系升级的原则，分领域制定优化市场准入环境的实施方案，以提高市场准入的效率，提高市场准入效率。围绕数字化绿色化转型需求，应加快构建绿色能源等领域准入政策体系，积极扩大数字产品市场准入，鼓励更多企业参与数字化绿色化转型升级，促进数字经济和低碳经济快速发展。围绕战略性新兴产业和未来产业相关的重点产业、重要领域，应以政策法规、技术标准、检测认证、数据体系为抓手，更好推进新技术新产品应用，完善与新质生产力更相适应的公平准入制度体系。**三是完善市场主体退出制度**。建议进一步完善企业破产机制，明确破产程序和规则，加强对破产企业的监管，防止企业通过破产逃避债务，合理保护债权人和债务人的合法权益。建立经营主体强制退出制度，对于长期停业、严重违法等情形的经营主体，依法强制其退出市场。进一步简化企业退出流程，推进企业注销配套改革，减少注销环节和时间，推动代位注销成为一项制度规范，明确代位注销的条件和程序，降低企业退出成本。探索建立个人破产制度，优化制度规则设计，推进征信、公平催收等配套制度协同，完善个人破产程序内部制约和激励机制，激发参与主体诚实、积极地参与破产程序，遵守良好行为期的规定和履行清偿计划，重塑良好的市场经济行为模式。**四是放宽市场准入限制**。建议根据市场发展需求和实际情况，科学确定市场准入规则，实施宽进严管，确保市场准入规则的合理性和可行性。对于充分竞争的领域，建议放开市场准入限制，减少对经营主体的准入限制，以促进市场竞争和创新。还需要建立统一的市场准入标准，进一步加强市场准入制度落实情况监督管理机制，坚决深入破除各类不合理的市场准入壁垒，简化审批程序，提高审批效率，降低市场准入门槛，为各类市场主体提供公平的竞争环境，确保各类市场主体享有平等的权利和机会，促进市场公平竞争。**五是完善市场准入负面清单制度**。建议深入落实《关于完善市场准入制度的意见》，在全国范围内实行统一的负面清单管理模式，适时对市场准入负面清单实行动态调整，同时要加强市场准入制度落实和监督管理，对市场准入效能强化全面动态科学评估，加快实现市场准入效能评估全覆盖，提高市场准入政策的效率和效果。地方政府应结合本地实际，加强对市场准入效能评估结果的科学应用，持续优化地方经济社会发展和市场环境。

3. 维护统一的公平竞争制度

一是健全公平竞争政策实施长效机制。建议加快完善以公平竞争为核心的社会主义市场经济法治体系，使市场竞争有法可依、有法必依、执法必严、违法必究。特别是要完善统一的市场准入负面清单制度，建立健全市场准入负面清单的科学动态调整与公开评估机制，提升市场竞争的公平性和透明度。为营造稳定、公开、透明和可预期的良性竞争环境，应进一步加强和改进监管执法，提升竞争监管执法的前瞻性和预见性。针对违背公平竞争原则的市场垄断行为，应积极推进公平竞争监管机制，建议进一步健全经营者集中分类分级的反垄断审查机制，持续优化审查流程，不断提升审查效能，推动取得审查实效。在数字经济领域，建议进一步健全数字经济公平竞争治理规则，探索建立互联网平台规算法等竞争审查评估制度，以更好适应新业态新模式下的市场竞争新形势。**二是健全公平竞争审查制度。**为确保公平竞争审查的有效性和严肃性，应深入落实好《公平竞争审查条例》，统筹开展“增量”新政策和“存量”政策审查，细化审查规则，统一审查标准，持续强化公平竞争审查制度的刚性约束。为了维护市场竞争秩序，应持续强化反垄断和反不正当竞争监管力度，加快清理和废除妨碍全国统一市场和公平竞争的各种规定和做法，加力破除影响市场公平竞争的障碍和隐性壁垒。为提高公平竞争审查的效率和效果，应加快健全公平竞争审查抽查、督查、举报处理机制，在关键领域加强公平竞争审查督查专项抽查。积极动员社会力量，建立健全第三方审查和评估机制，提高公平竞争审查的客观性和公正性。**三是进一步放开重点行业竞争性环节。**从国民经济命脉的关键环节和重点领域着手，加快推进自然垄断环节独立运营和竞争性环节市场化改革，逐步谋划能源、铁路、电信、水利、公用事业等领域改革举措，推动以市场竞争机制促进行业效率提升。健全重点行业竞争性环节监管体制机制，稳步推进自然垄断环节业务与竞争性环节业务分离，稳步推进行政职能与竞争性业务剥离，推进基础设施竞争性领域向经营主体公平开放，鼓励更多市场主体参与竞争，促进基础设施建设和运营高效发展。

4. 健全社会信用体系和监管制度

一是健全以信用为基础的新型监管机制。建议进一步加快社会信用立法进程，推动社会信用体系法规制度建设，确保信用体系建设的合法性和规范性。加快完善全链条全生命周期信用监管体系，通过监管方式创新促进事前、事中、事后监管效能提升。加快建立以信用风险防控为导向的信用分级分类监管制度，优化配置监管资源，提高监管的针对性和有效性。进一步完善信用承诺制度，探索信用合规机制建设，强化信用主体的责任意识，促进市场主体诚信经营。**二是推动企业信用评价公平统一。**建议建立健全社会信用信息收集、处理和应用机制，确保信息的准确性和及时性。加快建立完善综合性电子信用档案，全面记录和追踪各类经营主体的信用状况，形成全面的信用评价和记录。强化信用信息共享共用，促进信用信息有效流通和利用。加快健全信用评价制度，全面建立企业信用状况综合评价体系，建立守信联合激励和失信联合惩戒机制，提升经营主体的诚信意识和信用合规水平，稳步拓展信用信息在行政管理、社会治理、服务实体经济、民生保障等方面的深层次和多场景应用，提升社会信用体系的整体效能。以促进民营经济发展为导向，加快建立民营企业信用状况综合评价体系，健全民营中小企业增信制度。**三是完善信用修复机制。**针对失信被执行人在履行完相关义务的合法情形，建议加快建立健全权责清晰、运行顺畅的信用修复工作机制，向市场和社会释放包容性和正能量，有效激发市场主体守信意愿。加快构建分级分类管理、梯次退出的信用修复格局，在不同部门、不同领域之间深入推动修复结果协同联动、共享互认。依托社会信用信息共建共享，加快建设完善信用修复系统，为经营主体提供高效便捷的信用修复服务，支持经营主体便捷高效重塑信用。**四是建立健全信用共享机制。**为确保信用信息的准确性和完整性，建议进一步夯实社会信用体系数据基础，为社会信用体系的有效运行提供有力支持。推动信用信息依法合规流通交易，确保信用信息的合法性和规范性，促进信用信息高效利用。特别是在环境领域，建议进一步深化环境信息依法披露制度改革，提升环境保护和资源利用的效率，构建环境信用监管体系。通过教育和宣传等方式，加强全社会的信用意识和诚信水平，提高公众对信用重要性的认识，为经济发展和社会进步提供有力的信用支持。

（二）加快市场设施高标准联通，畅通支撑全国统一大市场的“通路”

流通是经济循环的“血脉”①。党的二十届三中全会从技术支撑、规则标准、物流成本和能源管理等方面作出部署。下一步，应以升级流通网络、畅通信息渠道、丰富平台功能为抓手，着力完善流通体制，不断提高市场运行效率②。

1. 加快完善流通体制

一是优化现代商贸体系。适应新一轮科技革命和产业变革新形势，建议进一步加快物联网、人工智能、6G 等技术与商贸流通业态融合创新，探索和发展适应现代市场需求的流通新业态和新模式。提高物流基础设施智能化水平，推动流通基础设施数字化改造升级，提升货物仓储、周转、配载效率。加快以技术创新驱动管理创新，提升流通体系全过程的敏捷化智能化水平。**二是发展现代物流体系。**建议加快物流产业链优化升级，加强现代物流业与农业制造、商贸等产业协同合作，加快形成内外联通、安全高效的物流网络。优化物流体系管理，降低全社会物流成本，提升物流服务的质量和效率，推动社会物流总费用占国内生产总值比重持续下降，促进物流经济可持续发展。**三是健全一体衔接的流通规则和标准。**建议在商贸物流、电子商务、农产品流通等重点领域加强标准制定和修订工作，以适应市场发展的需求和变化。为促进多式联运的一体化运作，应加快推进“一单制”等规则的协调和互认机制，以解决物流数据不互通、单证不统一等跨区域流通障碍。通过加强数据标准化和共享机制的建设，解决物流数据不互通的问题，提高物流数据的利用效率。**四是加强骨干线网运输能力。**建议进一步深化综合交通运输体系改革，优化运输结构，以提高整体运输效率。针对“公转铁”、内河航运、多式联运、国际物流等关键运输节点，建议加快建立长效化体制机制，打破主要城市间现存的运输能力瓶颈。促进港口群联动协作，提升港口的运输效率和竞争力。构建高等级航道网，推动区域港航协同发展，提升区域经济整体竞争力。着力完善区域交通运输协同监管工作机制，维护交通运输市场的秩序和公平竞争。加快建立健全城乡融合、区域联通、安全高效的电信、能源等基础设施网络。

2. 完善市场信息交互渠道

一是完善产权交易信息发布机制。以提高信息发布的效率和质量为导向，建议加强全国产权交易市场的互联互通，优化行业公告公示等重要信息发布渠道，确保信息的及时性和准确性，促进市场信息快速流通和共享。同时，应积极利用现代信息技术手段，进一步优化市场主体信息公示，确保信息的公开透明，加强信息监管和保护，

---

① 《中共中央关于进一步全面深化改革、推进中国式现代化的决定》辅导读本［M］. 北京：人民出版社，2024.

② 刘志成 . 构建国内统一大市场的方法路径［N］. 经济日报，2021-06-16.

确保信息的安全性和合法性，从而便利市场主体信息互联互通。**二是提升政务信息共享平台建设水平。**建议加快推动同类型及同目的信息认证平台的统一接口建设，进一步完善接口标准，提高数据交换和共享的效率，提升信息认证平台的标准化水平和互操作性。以促进政务信息的共享和利用为导向，加快建设高层次、统一的政务信息共享平台，聚焦实现统一标准、统一接口、统一规则，提高数据和信息互联互通的水平，促进市场信息区域间、部门间流动和高效使用。**三是提升市场信息供需对接水平。**建议进一步健全市场信息公开体制机制，加强信息共享平台建设，依法公开市场主体、投资项目、产量、产能等信息，利用大数据、云计算等现代信息技术，提高市场信息透明度，引导供需动态平衡，减少信息不对称带来的市场扭曲。

3. 推动交易平台优化升级

一是深化公共资源交易平台整合共享。建议加快研究明确各类公共资源交易纳入统一平台体系的标准和方式。建立健全统一规范、信息共享的招标投标和政府、事业单位、国有企业采购等公共资源交易平台体系，实现项目全流程公开管理。坚持应进必进的原则要求，落实和完善“管办分离”制度，将公共资源交易平台覆盖范围扩大到适合以市场化方式配置的各类公共资源，加快推进公共资源交易全流程电子化，积极破除公共资源交易领域的区域壁垒。**二是推动交易平台优化升级。**加快全国性、区域性交易中心建设。加快推动商品市场数字化改造和智能化升级，鼓励打造综合性商品交易平台。**三是不断完善平台交易规则。**加快推进大宗商品期现货市场建设。鼓励交易平台与金融机构、中介机构合作，依法发展涵盖产权界定、价格评估、担保、保险等业务的综合服务体系。

（三）促进要素资源市场化配置，激活建设全国统一大市场的“血液”

要素市场是整个市场体系的基础。统一的要素市场是全国统一大市场的重要组成部分，也是建设全国统一大市场的重点领域。应深入贯彻落实党的二十届三中全会部署要求，加快健全劳动、资本、土地、知识、技术、管理、数据等生产要素由市场评价贡献、按贡献决定报酬的机制，推动生产要素畅通流动、各类资源高效配置、市场潜力充分释放，促进各类先进优质生产要素向发展新质生产力畅通流动集聚。

1. 构建城乡统一的建设用地市场

一是有序推进农村集体经营性建设用地入市改革。以土地产权制度改革为主线，以土地管理制度改革为依托，深入推进土地增值收益与分配体系、城乡统一的建设用地价格测算机制、城市建设用地二级市场体系建设、差异化的土地市场体系与土地金融市场等改革试点①。在符合规划、用途管制和依法取得前提下，稳妥有序推进农村集体经营性建设用地与国有建设用地同等入市、同权同价。完善全国统一的建设用地使用权转让、出租、抵押二级市场。**二是优化土地管理制度，**健全同宏观政策和区域发展高效衔接的土地管理制度，优先保障主导产业、重大项目合理用地，使优势地区

---

① 浦绍仙，金莲．新中国成立70多年来土地制度改革与土地市场演进分析［J］．自然资源情报，2022（2）．

有更大发展空间。完善城乡基准地价、标定地价的制定与发布制度，形成与市场价格挂钩的动态调整机制，探索建立全国性的建设用地指标跨区域交易机制。

2. 建设高水平人才体系

一是完善人才有序流动机制。健全统一规范的人力资源市场体系，促进劳动力、人才跨地区顺畅流动。畅通劳动力社会性流动渠道，促进人才区域合理布局，深化东中西部人才协作。加快建立协调衔接的劳动力、人才流动政策体系和交流合作机制。打通高校、科研院所和企业人才交流通道。开展多层次和网络化的专业化人才市场以及民间人才猎头市场建设。**二是完善海外引进人才支持保障机制。**探索建立高技术人才移民制度，形成具有国际竞争力的人才制度体系。

3. 加快发展统一的资本市场

一是完善促进资本市场规范发展基础制度。全面推进金融市场治理体系改革，放宽金融服务业市场准入，加大直接融资与间接融资市场的对接力度，大力发展直接融资市场，全面推进股票发行注册制，促进金融更好地服务实体经济，降低实体经济融资成本。**二是建设高质量资本市场。**选择运行安全规范、风险管理能力较强的区域性股权市场，开展制度和业务创新试点，加强区域性股权市场和全国性证券市场板块间的合作衔接。推动债券市场基础设施互联互通，实现债券市场要素自由流动。发展供应链金融，提供直达各流通环节经营主体的金融产品。**三是加大对资本市场的监督力度。**健全权责清晰、分工明确、运行顺畅的监管体系，筑牢防范系统性金融风险安全底线。坚持金融服务实体经济，防止脱实向虚。为资本设置“红绿灯”，防止资本无序扩张。

4. 加快培育全国一体化技术市场

一是完善知识产权评估与交易机制。建立健全全国性技术交易市场，进一步建立完善国家知识产权和科技成果产权交易机构，推动区域或行业技术交易机构互联互通。强化技术交易市场供需精准对接，服务各类金融资本、产业资本、风险资本等投资技术要素市场。**二是完善科技资源共享服务体系。**鼓励不同区域之间科技信息交流互动，推动重大科研基础设施和仪器设备开放共享，加大科技领域国际合作力度。**三是促进科技成果转化和知识产权保值增值。**保护并促进专利技术加快转让，推进专利与企业的产业化融合，打造技术、知识产权和科技成果转化的聚合高地。

5. 加快培育全国一体化数据市场

一是推进数据基础制度建设。增强数据要素市场化配置改革的系统性、整体性和协同性，建立数据资源产权、交易流通、跨境传输和安全保护等数据基础制度和标准规范，完善建立能够使数据要素供求双方进行有效交易的动力机制和制度规则。**二是推进数据基础设施建设。**注重发挥基层首创精神，以算力高质量发展赋能经济高质量发展为主线，加快推动全国一体化算力网建设。**三是培育壮大数据产业。**坚持问题导向，破除数据开发利用的瓶颈制约，激发和增强社会活力，做强做大数据产业，打造具有国际竞争力的数字产业集群。

6. 建设全国统一的能源市场

一是深化能源管理体制改革，加快能源市场体系建设，进一步放宽市场准入门槛，根据不同行业特点逐步实行网运分开。建设全国统一电力市场，推动跨省跨区电力市场化交易，完善电力中长期、现货、辅助服务交易有机衔接机制。稳妥推进天然气市场化改革，完善全国统一的煤炭交易市场，优化油气管网运行调度机制，确保油气管网设施的高效运行和市场的公平竞争，向所有市场主体提供公平开放的环境。**二是推进水、能源、交通等领域价格改革**，综合考虑生产成本、社会可承受能力等因素，优化居民阶梯水价、电价、气价制度，完善成品油定价机制，理顺价格关系，增强价格弹性，促进资源节约和高效利用。

7. 培育发展全国统一的生态环境市场

一是加快完善全国统一的碳排放权、用水权交易市场，推进排污权、用能权市场化交易，探索建立初始分配、有偿使用、市场交易、纠纷解决、配套服务等制度体系。**二是健全自然资源资产产权制度和管理制度体系**，完善全民所有自然资源资产所有权委托代理机制，建立生态环境保护、自然资源保护利用和资产保值增值等责任考核监督制度。**三是加快构建绿色制造和服务体系**，完善生态保护补偿制度，建立生态产品价值实现机制，促进绿色生产力发展，形成绿色低碳生产方式和生活方式，建立健全碳达峰碳中和标准计量体系，完善碳定价机制。**四是构建碳排放统计核算体系、产品碳标识认证制度、产品碳足迹管理体系**，健全碳市场交易制度、温室气体自愿减排交易制度，积极稳妥推进碳达峰碳中和。

（四）破除地方保护和区域壁垒，拆除制约全国统一大市场的“藩篱”

清除阻碍是建设全国统一大市场的首要重点，也是创新全国统一大市场新机制的起点和动力源①。从制约全国统一大市场的关键性难点堵点出发，必须指导并鼓励各地综合自身因素，找准自身功能定位，力戒贪大求洋、低层次重复建设和过度同质竞争，不搞“小而全”的自我小循环，更不能以“内循环”的名义搞地区封锁。

1. 加快培育完整内需体系

一是完善促进投资体制机制，统筹用好各类政府性资金，规范实施政府和社会资本合作新机制，建立政府投资支持基础性、公益性、长远性重大项目建设长效机制，健全政府投资有效带动社会投资体制机制，充分释放放大效应；深化投资审批制度改革，持续破除民间投资各类准入壁垒，围绕“高效办成一件事”优化投资项目审批流程、提高审批效率，加强重大项目协调服务和用地、用海等要素保障，完善激发社会资本投资活力和促进投资落地机制，形成市场主导的有效投资内生增长机制。**二是完善扩大消费长效机制**，从增加收入、促进就业、扩大优质供给和改善消费环境等方面综合施策，促进消费持续稳定增长；对住房、汽车等部分领域存在的限制性措施，要

---

① 宋向清．构建全国统一大市场，为中国式现代化提供强大支撑［EB/OL］. https：//t. 10jqka. com. cn/pid_372427089. shtml.

因地制宜优化调整，缺乏合理性的及时清理取消；围绕教育、医疗、养老、育幼等供需矛盾突出的领域，推动扩大普惠性非基本公共服务供给，合理增加公共消费。因地制宜积极推进首发经济，培育壮大新型消费，激活消费新动能。

2. 加快清理和废除地方保护和区域壁垒的政策措施

健全地方招商引资决策和评价机制，严厉惩处突破环境资源限制和政策规定、违规举债招商引资等各类不当招商引资行为。建立涉企优惠政策目录清单并及时向社会公开，及时清理废除各地区含有地方保护、市场分割、指定交易等妨碍统一市场和公平竞争的政策，全面清理歧视外资企业和外地企业、实行地方保护的各类优惠政策，对新出台政策严格开展公平竞争审查，营造稳定公平透明可预期的营商环境。

加强地区间产业转移项目协调合作。一是完善区域一体化发展机制，构建跨行政区合作发展新机制，深化东中西部产业协作。建立基础设施等领域重大问题协调解决机制，推动产业合理布局、分工进一步优化。完善产业在国内梯度有序转移的协作机制，推动转出地和承接地利益共享。**二是聚焦重点环节分领域推进生产性服务业高质量发展**，发展产业互联网平台，破除跨地区经营行政壁垒，推进生产性服务业融合发展。

3. 加快清理招标采购领域违反统一市场建设的规定和做法

一是建立健全高水平良性招商引资新机制，规范地方招商引资法规制度，明确并严格执行财政奖补、税收返还、出让土地等方面优惠政策实施界限，鼓励各地区持续优化营商环境，依法开展招商引资活动，明确严格禁止招商引资不当行为的范围及情形，健全招商引资违法违规和恶性竞争行为监督问责机制，严禁违法违规给予财政、税收、用地等政策优惠行为，推动各地招商引资从比拼优惠政策搞“政策洼地”向比拼营商环境创“改革高地”转变，以优质的制度供给和制度创新吸引更多优质企业投资。**二是规范招投标市场**，完善招投标制度规则，完善政府采购、招标投标等重点领域环节推行专项治理机制，及时废止所有制歧视、行业壁垒、地方保护等不合理限制，建立健全统一规范、信息共享的招投标和政府、事业单位、国有企业采购等公共资源交易平台体系，实施项目全流程公开管理，对各类经营主体一视同仁、平等对待。严厉查处违法限定投标人所在地、所有制形式、组织形式，或者设定其他不合理的条件以排斥、限制经营者参与投标采购活动。

（五）加大反垄断反不正当竞争，净化建设全国统一大市场的“环境”

公平竞争是市场经济的基本原则和建设全国统一大市场的客观要求。党的二十届三中全会强调要清理和废除妨碍全国统一市场和公平竞争的各种规定和做法。这就要求我们必须加强公平竞争审查刚性约束，加快提升市场综合监管能力和水平，推进市场监管公平统一，着力提升监管效能。

1. 健全统一市场监管规则

一是加强市场监管标准化规范化建设。明确市场监管领域基础性、通用性监管规则，强化新经济、新业态监管制度供给；完善市场监管行政处罚等领域裁量基准制度，完善制定主体、职责权限、制发程序、监督管理等规定，推动行政执法标准跨区域衔接，严肃查处和纠正执法不规范、不清廉等行为，统一执法标准和程序，促进公平公正执法；统筹监管力量和执法资源，夯实基层基础，创新监管方式，推进跨部门跨区域协同联动执法，一体推进法治监管、信用监管和智慧监管，增强监管穿透力。增强市场监管制度和政策的稳定性、可预期性。聚焦互联网医疗、线上教育培训、在线娱乐等新业态，推进线上线下一体化监管，避免出现监管漏洞。**二是健全国家标准体系。**面向全国统一大市场建设需求，加快建设服务高质量发展的国家标准体系，积极推动标准提档升级，优化标准供给结构，提升标准质量水平，提高我国标准与国际标准的一致性程度，增强我国标准的国际影响力和话语权，更好发挥标准引领作用。深化地方标准管理制度改革，规范地方标准制定管理，防止利用地方标准实施妨碍商品服务和要素资源自由流通的行为。

2. 强化反垄断监管

一是完善反垄断监管规则，在完善市场垄断和不正当竞争行为认定法律规则的同时，健全预防和制止滥用行政权力排除、限制竞争制度，稳步推进自然垄断行业改革，加强对电网、油气管网等网络型自然垄断环节的监管，逐步降低垄断行业占比，积极稳妥深化混合所有制改革。**二是全面加强竞争执法司法，**健全经营者集中分类分级反垄断审查制度。

3. 强化不正当竞争行为监管

一是加强公平竞争审查刚性约束，清理和废除妨碍全国统一市场和公平竞争的各种规定和做法，加快落实《公平竞争审查条例》，细化审查规则，统一审查标准，统筹开展“增量”新政策和“存量”政策审查，着力纠治限制企业迁移等突出问题，全面清理资质认定等各种显性隐性进入壁垒。**二是加快建立相关的产业竞争规则即进出产业领域的制度。**促使各种资源要素自由流动，公平参与竞争。健全跨部门跨行政区域的反不正当竞争执法信息共享、协作联动机制。**三是加强对平台经济、共享经济等新业态领域不正当竞争行为的规制。**促进平台经济创新发展，健全平台经济常态化监管制度，支持平台企业在引领发展、创造就业、国际竞争中大显身手。持续提升平台经济领域监管法治化水平，强化平台经济领域反垄断和反不正当竞争。提升监管体系的稳定性和可预期性，健全完善平台经济跨部门监管协同机制，加强跨层级监管联动，强化市场准入、公平竞争、网络安全常态化监管工作的协同配合。

（六）推进高水平制度型开放，用活建设全国统一大市场的双“循环”

开放是中国式现代化的鲜明标识。加快建设全国统一大市场应着眼于充分发挥我国超大规模市场优势，充分利用国内国外两个市场两种资源，积极促进内需和外需、进口和出口、引进外资和对外投资协调发展，积极引进全球高端要素和市场资源，加强国内和国际市场的互联互通。

1. 有序推进服务业重点领域高水平开放

一是扩大自主开放，有序扩大我国商品市场、服务市场、资本市场、劳务市场等对外开放，扩大对最不发达国家单边开放。**二是完善外商投资准入前国民待遇加负面清单管理制度**，以医疗、教育、体育、托幼、环保、市政等领域为重点，减少市场准入限制，有序扩大金融服务业市场开放。

2. 加快推动规则等制度型开放

一是主动对接国际高标准经贸规则，促进内外贸法律法规、监管体制、经营资质、质量标准、检验检疫、认证认可等相衔接，在产权保护、产业补贴、环境标准、劳动保护、政府采购、电子商务、金融等领域实现规则、规制、管理、标准相通相容，推动实现同线同标同质，打造透明稳定可预期的制度环境。**二是推进制度型开放**，用好自贸试验区等载体，通过加大国内中西部开放力度促进国内市场开放协调，通过对接国际上各区域或多边的高标准市场规则体系，完善各项对外服务贸易和技术贸易的规则标准对接，推动贸易和投资自由化便利化，加强在全球配置人才、资金、产业等优质要素资源的主动性，在国内国际双循环中形成参与开放、合作以及竞争新优势。

3. 深化外商投资和对外投资管理体制改革

一是依法保护外商投资权益。着眼于外商投资的现实制约因素和隐性制度壁垒，积极营造市场化、法治化、国际化一流营商环境。扩大鼓励外商投资产业目录，合理缩减外资准入负面清单，落实全面取消制造业领域外资准入限制措施，推动电信、互联网、教育、文化、医疗等领域有序扩大开放。**二是深化外商投资促进体制机制改革**。保障外资企业在要素获取、资质许可、标准制定、政府采购等方面的国民待遇，支持参与产业链上下游配套协作。完善境外人员入境居住、医疗、支付等生活便利制度。健全对外投资管理服务体系，推动产业链供应链国际合作。**三是促进国内国际市场高标准规则精准对接**。促进国际国内要素有序自由流动、资源高效配置以及国内国际市场深度融合。

纵深推进价格改革，全面提升资源配置质量和效益

2015年9月，习近平总书记在中央全面深化改革委员会第十六次会议上指出，要完善重点领域价格形成机制，健全政府定价制度，加强市场价格监管和反垄断执法；凡是能由市场形成价格的都交给市场，坚持放管结合，强化事中事后监管，提高监管效率；要统筹兼顾生产者、经营者、消费者利益，协调好经济效率和社会公平、环境保护的关系。

价格机制是市场机制的核心，市场决定价格是市场在资源配置中起决定性作用的关键。改革开放以来，我国持续推进、不断深化价格改革，放开了绝大多数竞争性商品价格，对建立健全社会主义市场经济体制、促进经济社会持续健康发展发挥了重要作用。党的二十大擘画了全面建设社会主义现代化国家的宏伟蓝图，确立了以中国式现代化全面推进强国建设、民族复兴伟业的中心任务。党的二十届三中全会强调，高水平社会主义市场经济体制是中国式现代化的重要保障，必须更好发挥市场机制作用，创造更加公平、更有活力的市场环境，实现资源配置效率最优化和效益最大化。价格机制作为市场机制的核心，是中国式现代化建设中的基础性、全局性关键环节。推进中国式现代化，要求价格机制能够更好发挥市场在资源配置中的决定性作用，为提升经济效率和国际竞争力，为实现更高质量、更有效率、更加公平、更可持续的发展提供坚实支撑。

聚焦2035年基本实现社会主义现代化、2050年全面建成社会主义现代化强国等目标任务，围绕使市场在资源配置中起决定性作用和更好发挥政府作用，应以改革创新为动力，全面深化价格改革，加快完善主要由市场决定价格机制。具体来看，包括不断完善价格监测调控手段，促进创新和技术进步；完善价格引导资源合理流动有效配置机制，促进协调发展；深化能源价格改革，助力推动绿色发展；持续推进公共服务领域价格改革，改善民生福祉。其中，要特别注意强化对能源、矿产、粮食安全等关键领域的价格体制机制改革，为提升经济发展韧性提供基础支撑。

一、价格改革46年的主要历程、基本经验与伟大成就

价格是反映宏观经济形势和运行特征最重要的信号，是国民经济运行最灵敏、最有效的调节器，价格形成机制也是衡量一个领域市场化程度的重要指标。

（一）价格改革的主要历程

价格改革在我国由计划经济向市场经济的转型中发挥了关键作用。改革开放之初，邓小平同志就指出，“理顺物价，改革才能加快步伐”，“价格没有理顺，就谈不上经济改革的真正成功”。党的十二届三中全会指出“价格体系的改革是整个经济体制改革成败的关键”，党的十四大提出“价格改革是市场发育和经济体制改革的关键”。改革开放46年来，我国价格改革从高度集中的计划体制转向市场定价、政府调控，价格改革不断取得突破性进展①。

1. 第一阶段（1978—1992年）：逐步推动商品价格从计划向市场过渡

我国价格改革首先从农业农村开始。1978年12月，党的十一届三中全会做出提高部分农副产品收购价格的决定，标志着我国价格改革正式起步。1984年10月，党的十二届三中全会《关于经济体制改革的决定》指出“价格体系的改革是整个经济体制改革成败的关键”，要求“改革过分集中的价格管理体制，逐步缩小国家统一定价的范围，适当扩大有一定幅度的浮动价格和自由价格的范围”。我国开始初步引入市场价格机制，通过实行“双轨制”保证从计划调节到市场调节的平稳过渡。

第一，农产品购销价格改革是这一阶段价格改革的重点。1978年12月，党的十一届三中全会决定：“为了缩小工农业产品交换的差价，粮食统购价格从1979年夏粮上市起提高20%，超购部分在这个基础上再加价50%。棉花、油料、糖料、畜产品、水产品、林产品等收购价格，也要分别情况，逐步作相应的提高。”1979年3月，我国提高主要农产品收购价格后，出现了购销价格倒挂。同年11月，国务院决定，全国统一提高猪肉、牛肉、羊肉、禽、蛋、水产品、蔬菜、牛奶等八类主要副食品的销售价格。1985年，我国开始实施农产品价格“双轨制”，即在保留原有计划收购体制的同时，允许农产品在计划外按市场价格出售。其中，对于国家需要保证供应的战略性农产品，如粮食、棉花等，继续实行国家定购，价格由政府制定，确保国家储备和供应安全；其他非战略性农产品以及计划内收购后的剩余部分，可以在市场上自由交易，价格由供求关系决定，形成了初步的农产品市场价格体系。

第二，价格改革“以治理整顿为主，适时改革”。1988年，我国启动了“价格闯关”，试图一次性取消“双轨制”，全面放开农产品价格。但由于市场机制不健全、通胀预期等因素，导致物价短期内快速上涨，部分低收入阶层实际生活水平下降，引发了居民对生活必需品的抢购潮。生产资料价格实行“双轨制”，也引发了“官倒”和“私倒”泛滥的问题，社会流通领域出现了十分严重的混乱局面。1988年9月，党的十三届三中全会提出“治理经济环境，整顿市场秩序，全面深化改革”的方针。1989年11月9日，中共十三届五中全会通过《中共中央关于进一步治理整顿和深化改革的决定》，决定“用三年或者更长一些时间基本完成治理整顿任务。”

---

① 国家发展改革委价格司．价格改革的成就与经验［EB/OL］．https：//www. ndrc. gov. cn/fzggw/jgsj/jgs/sjdt/201811/t20181119_1110111 _ ext. html．杨峰云．浅谈我国价格改革的历程、成就和经验［EB/OL］．http：//fgw. nmg. gov. cn/ywgz/tzgg/202101/t20210125_761203. html.

2. 第二阶段（1992—2001 年）：初步建立主要由市场形成价格的机制

1992 年春天，邓小平同志在南方视察时发表重要谈话，明确提出社会主义也可以搞市场经济，为深化经济体制改革指明了方向。当年 10 月，党的十四大提出“建立起以市场形成价格为主的价格机制”。1993 年 11 月，党的十四届三中全会审议通过的《中共中央关于建立社会主义市场经济体制若干问题的决定》进一步提出“建立主要由市场形成价格的机制”。2000 年 10 月，党的十五届五中全会做出了“社会主义市场经济体制初步建立，市场机制在配置资源中日益明显地发挥基础性作用”的重大判断。至此，主要由市场形成价格的机制也初步建立起来。

第一，逐步解决生产资料价格“双轨制”问题。从 1992 年开始，我国逐步开始有计划地放开一般商品价格。1991 年底，国家物价局和国务院有关部门管理的生产资料和交通运输的价格有 737 种，1992 年放开了 648 种。1993 年 3 月，放开钢材价格，除国家铁路专用钢材、军工专用钢材实行国家指导价外，其他都由市场调节，钢铁产品价格双轨制基本结束。1994 年 5 月，国家取消原油计划内外多种价格，实行统一的两种价格，结束了石油行业政策性亏损局面，并开始随国际市场原油价格变化调整。将天然气计划内外、包干内外价格并轨，提高价格水平并在统一中准价上下 10%幅度内自行定价。到 1994 年，我国工业生产资料价格“双轨制”基本取消。1997 年 1 月，《中共中央、国务院关于卫生改革与发展的决定》出台，作为新中国历史上第一个最高规格的医疗卫生制度改革文件，文件中提出医疗服务价格改革的政策，提出完善政府对卫生服务价格的管理，区别卫生服务性质，实行不同的作价原则，适当下放卫生服务价格管理权限。2000 年 1 月 1 日起，我国正式实行药品分类管理制度，根据药品的性质、功能、创新程度等因素，实行分类定价与差别管理。同时，对不同类型的医疗机构（如公立医院、社区卫生服务中心、药店）实行差别化的药品价格管理。1998 年，我国正式取消粮食统购统销制度，改为合同订购和市场收购相结合的方式，标志着农产品价格市场化改革取得重大突破。2000 年，《电信条例》颁布实施，明确提出“电信资费分为市场调节价、政府指导价和政府定价”，政府对电信资费的管制开始由行政化向法治化转变①。同时，我国逐步下放了中央对教育收费、旅游门票价、部分民航运价、铁路运价、进口化肥的定价管理权限。

第二，加快构建价格调控机制。1998 年，《价格法》施行，确定了市场经济条件下的价格管理体制框架、各种价格的形成机制，我国在法律层面对价格监测、价格调节基金、价格听证、主要商品储备、价格干预措施、价格紧急措施等制度做了具体规定，政府价格管理加快步入法治化轨道。1995 年起，中共中央、国务院开始实行“米袋子”省长负责制和“菜篮子”市长负责制，为这一时期应对价格异常波动作出了积极贡献。

---

① 人民邮电报．改革开放 40 年行业述评，提速降费惠民生［EB/OL］．https：//www.sohu.com/a/283237398_354877.

3. 第三阶段（2001—2012 年）：完善主要由市场形成价格的机制

2001 年，我国加入世界贸易组织（WTO），进入深度参与经济全球化、全面提高对外开放水平的新阶段，价格市场也逐渐与国际市场接轨，对国内市场价格稳定带来一定影响。2002 年 11 月，党的十六大提出“完善社会主义市场经济体制是本世纪头二十年经济建设和改革的主要任务之一”。2005 年 10 月，党的十六届五中全会通过的《中共中央关于制定国民经济和社会发展第十一个五年规划的建议》提出“建立反映市场供求状况和资源稀缺程度的价格形成机制，更大程度地发挥市场在资源配置中的基础性作用”。

第一，加入 WTO 后国内价格进一步与国际市场接轨。2001 年，我国加入世界贸易组织。特别是在农业领域，我国做出了较高的开放承诺，这对农产品价格改革提出了新的挑战与机遇。我国承诺逐步降低农产品进口关税，同时对部分敏感农产品实施关税配额管理，以保护国内农业生产者免受过度冲击。随着国内外市场融合加深，国际农产品价格波动对国内市场影响加大，我国农产品价格开始更多地受到国际市场供需、汇率变动等因素的影响。早在 1998 年，我国就开启了成品油价格与国际市场的初步接轨。加入世界贸易组织之后，我国成品油定价机制进一步与国际规则对接。2001 年 11 月，我国对成品油定价机制进行重大改革，扩展挂钩油种范围，放宽调价幅度限制，允许国内成品油价格更灵敏地跟随国际市场变化。2006 年，国家明确国内成品油价格与国际市场原油价格实行有控制地间接接轨。

第二，加快推动重点领域价格改革。在重要民生商品价格改革方面，2004 年 5 月，国务院印发《关于进一步深化粮食流通体制改革的意见》，全面放开粮食收购市场，转换粮食价格形成机制。此后我国出台了一系列政策措施，包括完善最低收购价制度、实施临时收储政策、建立农产品目标价格制度等，以稳定市场价格和保障农民收益。我国医药价格改革也进入深化阶段。2001 年，国家计委、卫生部、国家中医药管理局联合发布《全国医疗服务价格项目规范（2001 年版）》3966 项，首次统一了全国医疗服务价格项目名称和编码，改称为“医疗服务价格项目”，医疗服务价格归口国家计委管理。2001 年 11 月，国务院纠风办、卫生部等七部委在海南召开全国推行药品集中招标采购联席会议，会议期间《医疗机构药品集中采购工作规范（试行）》和《医疗机构药品集中招标采购和集中议价采购文件范本（试行）》两个文件正式颁发，标志着国内药品集中招标采购政策框架、工作规范和评标体系基本形成，药品集中招标采购在全国县级以上公立医疗机构正式全面推开①。2005 年 10 月，“国际及港澳台长途、国内长途、移动漫游费、本地区间通话费”4 项基础电信业务由政府定价改为“上限管制”，我国电信资费管理方式再次改革。**在能源资源价格改革方面，**2003 年，国务院发布《关于印发电力体制改革方案的通知》，电力市场化改革正式启动。2003 年 5 月，制定《厂网价格分离实施办法》，明确从电网分离出来的电厂的定价原则。同年 7 月，国务院办公厅印发《电价改革方案》，确定电价改革的目标、原

---

① 于保荣．医疗服务价格改革的前世今生［EB/OL］. https：//new. qq. com/rain/a/20210901A0DJXG00.

则及主要改革措施。2004 年 3 月，国家对燃煤发电实行“标杆电价”政策，统一制定并颁布各省新投产机组上网电价。2004 年 12 月，国家发展改革委发布《关于建立煤电价格联动机制的意见的通知》（发改价格〔2004〕2909 号），提出煤电价格联动机制措施，建立煤价监测制度。2005 年 12 月，国家发展改革委下发《关于改革天然气出厂价格形成机制及近期适当提高天然气出厂价格的通知》（发改价格〔2005〕2756 号），改革完善天然气出厂价格形成机制。2008 年 12 月，国务院印发《关于实施成品油价格和税费改革的通知》，决定降低成品油价格，并从 2009 年 1 月 1 日起实施成品油税费改革。实施支持水利和公用事业发展的价格政策，按“补偿成本，合理盈利”原则，提高水利工程供水、农业、城市供水价格，推行两部制水价和阶梯式水价，提高污水处理征收标准，促进节约用水和保护水资源。

第三，不断完善价格管理体制。我国出台一系列法律法规，2001 年 1 月颁布《关于商品和服务实行明码标价的规定》，2002 年 1 月出台《价格行政处罚程序的规定》，2003 年 11 月出台《制止价格垄断行为暂行规定》，不断规范市场价格行为，整治市场价格秩序。同时，逐步规范政府制定价格行为，提高政府制定价格的科学性、公正性和透明度。2006 年 5 月，国家颁布了《政府制定价格行为规则》，2006 年 7 月，出台《行政事业性收费标准管理暂行办法》。

4. 第四阶段（2012 年至今）：深入推进价格体制改革

党的十八大以来，我国改革开放事业进入崭新阶段。2013 年 11 月，党的十八届三中全会《中共中央关于全面深化改革若干重大问题的决定》提出：“完善主要由市场决定价格的机制，凡是能由市场形成价格的都交给市场”“政府定价范围主要限定在重要公用事业、公益性服务、网络型自然垄断环节”。2015 年 10 月，中共中央、国务院印发《关于推进价格机制改革的若干意见》（中发〔2015〕28 号），明确了新时期价格改革的路线图、时间表，深入推进价格市场化改革[①]。2024 年 7 月，党的二十届三中全会通过的《中共中央关于进一步全面深化改革　推进中国式现代化的决定》（以下简称《决定》）强调，高水平社会主义市场经济体制是中国式现代化的重要保障，必须更好地发挥市场机制作用，创造更加公平、更有活力的市场环境，实现资源配置效率最优化和效益最大化，对自然垄断环节、水、能源、交通、成品油等重点领域改革作出重要部署。

第一，进一步放开定价机制。2015 年中共中央、国务院《关于推进价格机制改革的若干意见》明确，放开竞争性领域价格，推动绝大多数商品和服务价格由市场决定，减少政府对市场价格形成的不当干预。我国持续推进农产品、电力、石油天然气、交通运输、医药、环保等重点领域的价格改革。在**农产品价格改革方面，**着力推进粮食最低收购价改革。2004 年以来，国家持续对稻谷、小麦在主产区实行最低收购价政策，并根据市场形势变化不断完善，对保障国家粮食安全、增加农民收入、稳定价格

① 国家发展和改革委员会价格司．简政放权创新机制十八大以来价格改革取得新突破［J］．中国经贸导刊，2017（31）：6-10.

总水平、引导结构调整、促进规模经营等发挥了重要作用。在**电价改革方面**，2015 年 3 月，中共中央、国务院发布《关于进一步深化电力体制改革的若干意见》(中发〔2015〕9 号)，开启新一轮电力体制改革。新一轮电力体制改革按照“管住中间、放开两头”的思路，通过有序缩减发用电计划，在发电侧和用电侧引入市场竞争机制，将彻底改变我国供用电模式。2019 年，国家发展改革委、国家能源局印发《输配电定价成本监审办法》(发改价格规〔2019〕897 号)，2020 年 1 月修订《省级电网输配电价定价办法》(发改价格规〔2020〕101 号)，共同构成了对电网企业的成本价格监管制度框架。我国分三个批次有序推进省级电网输配电价改革，全面完成了省级电网输配电价改革。在**石油天然气价格改革方面**，2013 年 3 月，国家发展改革委出台《关于进一步完善成品油价格形成机制的通知》(发改价格〔2013〕624 号)①，进一步完善成品油价格机制，缩短调价周期，将汽、柴油价格调整周期由 22 个工作日缩短至 10 个工作日，取消国际市场油价波动 4%才能调价的幅度限制，成品油价格机制化调整成为常态。2011 年底，我国在广东、广西开展天然气价格形成机制改革试点，实行最高上限价格管理，并将定价方法由“成本加成”改为“市场净回值”，建立起天然气与燃料油、液化石油气等可替代能源价格挂钩的动态调整机制；2013 年 6 月，在全国范围内推广天然气价格形成新机制。在**交通运输价格改革方面**，2014 年 2 月，我国将铁路货运价格由政府定价改为实行政府指导价、上限控制；4 月，对包神铁路货物运价先期试点，首次允许铁路运输企业在上浮不超过 10%、下浮不限的范围内，根据市场供求状况自主确定具体运价水平；随后，又陆续放开了散货快运、包裹运输价格以及社会资本控股新建铁路货物运价等竞争性铁路货运价格。2016 年 1 月和 6 月，分别将高铁动车组一、二等座及普通旅客列车软座、软卧票价交由铁路运输企业依法自主制定，逐步放开满足旅客较高品质出行需求、与其他运输方式形成竞争的客运产品价格。在**医药价格改革方面**，2015 年 6 月 1 日起，我国取消了除麻醉和第一类精神药品外的 2000 多种药品政府定价。从基层医疗卫生机构到县级公立医院、城市公立医院分步推进，渐进式取消药品加成，截至 2017 年 9 月 9 日，已全部取消公立医疗机构药品加成，结束了 60 多年“以药补医”的历史。同时，从 2012 年开始，全面推开公立医疗机构医疗服务价格改革，通过取消药品加成、调整医疗服务价格、改革收付费方式、强化费用控制和落实政府办医责任等综合措施，协同推进改革，并建立了改革联系示范点制度，确定了 7 个试点城市。2014 年 3 月，国家发展改革委、国家卫计委、人力资源社会保障部公布《关于非公立医疗机构医疗服务实行市场调节价有关问题的通知》(发改价格〔2014〕503 号)，全面放开非公立医疗机构医疗服务价格。在电信价格改革方面，2014 年 5 月，工业和信息化部、国家发展改革委联合发布《关于电信业务资费实行市场调节价的通告》(工信部联通〔2014〕182 号)，放开所有电信业务资费，取消电信资费审批，所有电信资费将执行市场化调节，由此我国电信资费在政策

---

① 国家发展改革委. 就完善成品油价格形成机制答记者问［EB/OL］. https：//www.gov.cn/gzdt/2013-03/26/content_2362943.htm.

层面实现了市场化。在**节能环保价格改革方面**，2012年底，国家发展改革委全面推进居民阶梯电价制度，推动居民提升节电意识，改善电力消费习惯，同时也确保低收入群体日常生活用电支出维持在低水平。在钢铁、水泥、电解铝等领域，国家发展改革委也陆续推动实行基于能耗的阶梯式价格政策，通过经济手段促进企业自主加快节能改造。党的二十届三中全会《决定》提出，推进能源、铁路、电信、水利、公用事业等行业自然垄断环节独立运营和竞争性环节市场化改革，健全监管体制机制；推进水、能源、交通等领域价格改革，优化居民阶梯水价、电价、气价制度，完善成品油定价机制。

第二，建立健全政府定价制度。我国持续推动政府定价改革，严格限定政府定价范围，改进定价方法，提高定价科学性和透明度。2015年，我国对2001年发布的《国家计委和国务院有关部门定价目录》进行了全面梳理和修订，形成了2015年版《中央定价目录》，政府定价项目由100项左右减少到20项，约减少80%。2019年底，我国再次对《中央定价目录》进行修订，形成新版《中央定价目录》，并于2020年5月1日正式实施。同时，赋予省级人民政府更多定价自主权，要求地方政府根据当地实际情况，合理确定本地区定价目录，截至2015年底，有31个省区市地方定价目录的修订工作全部完成并对外公布，地方定价具体项目缩减到45项左右，实现权力清单化。2017年，新一轮的地方定价目录修订工作再度启动①。党的二十届三中全会《决定》强调，要完善主要由市场供求关系决定要素价格机制，防止政府对价格形成的不当干预。

第三，建立公平、开放、透明的市场价格监管规则。一是推动形成公开透明的定价规则和作价办法。2017年国家发展改革委修订《政府制定价格行为规则》《政府制定价格成本监审办法》，进一步严格了政府价格决策的程序，在现有程序基础上增加了合法性审查和风险评估程序，强化成本监审、集体审议程序和成本信息公开，强化制定价格后评估和动态调整。同时，强化公众参与决策和社会监督，更广泛汇聚民意，促进价格调整的机制化、透明化、动态化，保障各方面价格权益。**二是强化反垄断执法。**2021年11月，国家反垄断局在京正式挂牌，承担起拟订反垄断制度措施和指南、组织实施反垄断执法、指导企业在国外的反垄断应诉等工作。2022年6月24日，第十三届全国人大常委会第三十五次会议表决通过关于修改反垄断法的决定，自8月1日起施行。《禁止滥用市场支配地位行为暂行规定》《经营者集中审查暂行规定》《关于平台经济领域的反垄断指南》《经营者反垄断合规指南》等一系列部门规章、指南出台，以反垄断法为核心，多部法规、规章和指南构成的日趋完备的反垄断法律规则体系基本形成。

（二）价格改革的总体框架、基本方向和难点卡点

改革开放46年来，我国已逐步建立起主要由市场决定价格的机制，价格信号在引导资源配置中的积极作用得到了更为有效的发挥。目前绝大部分产品市场处于高度的

---

① 万静．修订定价目录实现依法治价［EB/OL］．http：//news. china. com. cn/2020-05/24/content_76082389. htm.

开放竞争状态。1978 年，我国全社会消费品零售总额中政府直接定价的比重高达 97%，自由市场价格比重仅为 3%左右。截至 2022 年，全社会商品和服务价格市场化程度已达 97.5%，100%的农产品、80%的电、50%的天然气、90%的民航旅客运输价格由市场形成；中央定价项目累计缩减约 85%，地方定价项目累计缩减约 70%，政府定价范围主要限定在党的十八届三中全会明确的重要公用事业、公益性服务、网络型自然垄断环节①。对于仍保留政府定价的领域，如成品油、天然气、电力、铁路货运等，我国也探索建立了不同程度参考市场因素的价格形成机制，逐步理顺价格关系，对于促进相关领域资源优化配置发挥了积极作用。

1. 总体框架

价格改革围绕充分发挥市场决定价格作用，聚焦重要民生商品、能源矿产资源、水资源价格、公用事业和公共服务价格等重点领域，积极营造有利于公平竞争的市场环境，构建科学、规范、透明的价格监管制度和反垄断执法体系。不断完善价格监测调控手段，防范价格异常波动，确保重要民生商品保供稳价、保持能源价格稳定。

（1）有力有效做好保供稳价

稳物价是宏观调控的重要目标之一，我国充分发挥中国特色社会主义制度优势，构建中国特色市场保供稳价体制机制，有力有效做好保供稳价，满足人民群众美好生活需要②。**一是建立央地协同机制**。在重要民生商品、能源资源等保供稳价中，国家加强顶层设计，建立粮食安全党政同责、“菜篮子”市长负责制等重要基础性制度；各地按照国家部署，全面加强粮食、蔬菜、能源等产供储销体系建设，健全价格监测预警机制，完善储备调节制度，强化市场监管，形成调控合力。**二是强化跨区域互济互助，建立联保联供机制**。区域间加强重要民生商品、能源等产销衔接。主产区和主销区之间深化产销合作，促进产需平衡。部分区域积极组建联合保供机制，一些省份将省内城市划分为若干片区实行联保联供，许多大中城市主动与主产区签订定向保供合作协议。**三是加强上下游行业协调，形成价格区间调控机制**。在充分发挥市场决定性作用基础上，统筹考虑上下游关系，形成重点品种价格区间调控机制，避免价格大起大落。完善粮食最低收购价政策，发挥“托底”功能，守牢粮食安全底线。合理设置生猪价格调控区间，加强生猪市场价格调控，有效缓解生猪价格周期性波动。对成品油最高零售价设置“天花板价”和“地板价”，更好地应对国际市场价格异常波动。明确煤炭、煤电价格合理区间，确保煤、电价格通过市场化方式有效传导，促进行业上下游协调发展。

（2）完善重要民生商品价格调控机制

2021 年 2 月，《关于完善重要民生商品价格调控机制的意见》经中央全面深化改革委员会第十八次会议审议通过，印发实施。改革措施主要包括：**一是推动粮食收购**

---

① 国家发展改革委．我国全社会商品和服务价格市场化程度达 97.5%［EB/OL］．https：//baijiahao.baidu.com/s? id=1745323245121670448&wfr=spider&for=pc.

② 国家发展改革委价格司．2022 年稳物价盘点之二：发挥制度优势构建中国特色市场保供稳价体制机制［EB/OL］．https：//www.ndrc.gov.cn/fggz/202301/t20230111_1346355_ext.html.

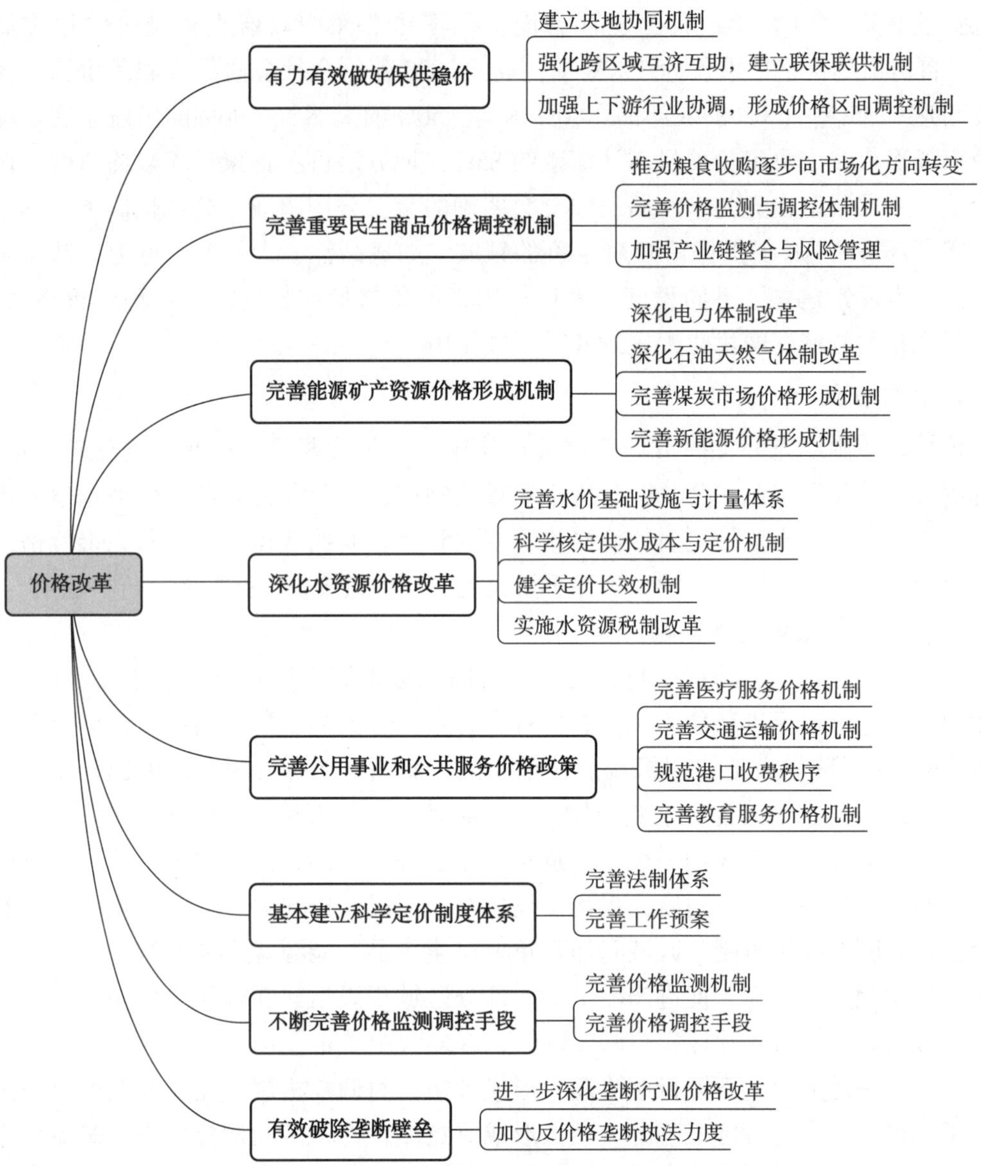

图 2-3 价格改革的总体框架

逐步向市场化方向转变。减少政府对粮食价格的直接干预，让市场在资源配置中起决定性作用。通过调整最低收购价政策，使其更加贴近市场实际，避免扭曲市场价格信号。**二是完善价格监测与调控体制机制**。强化粮食价格监测预警体系，及时掌握国内外粮价动态，预判价格走势，防范价格异常波动。通过储备吞吐、进出口调节、补贴政策等手段，实施灵活有效的价格调控。**三是加强产业链整合与风险管理**。关注粮食产供储加销全链条，优化资源配置，提升产业链协同效率。加强自然灾害、市场风险、突发事件应对能力，构建粮食安全保障体系。

（3）完善能源矿产资源价格形成机制

在电力领域，根据2020年出台的《关于推进电力交易机构独立规范运行的实施意见》、2021年出台的《关于进一步深化燃煤发电上网电价市场化改革的通知》（发改价格〔2021〕1439号），主要措施包括以下几方面：一是推动电力市场化交易。全面放开燃煤发电上网电价，推动工商业用户全部进入电力市场，通过双边协商、集中竞价、挂牌交易等方式确定交易价格。扩大电力市场交易规模，鼓励各类市场主体参与电力交易。二是实施输配电价改革。按照“准许成本+合理收益”原则核定电网企业输配电价，降低输配电环节成本，保障电力市场有效运行。三是建立健全电力辅助服务市场。对调频、调峰、备用等服务进行市场化定价，激励电力系统灵活性资源投资和运营。四是完善风电、光伏等可再生能源发电项目的上网电价政策。推动平价上网，逐步取消补贴，实现可再生能源电力与常规能源电力同台竞争。

在石油和天然气领域，2017年5月，中共中央、国务院印发《关于深化石油天然气体制改革的若干意见》，要求逐步推进天然气门站价格市场化改革，减少政府直接定价，增强价格弹性，引导天然气资源合理配置；加强天然气管道运输价格监管，按照“准许成本+合理收益”原则核定管输费，规范成本监审，确保价格合理透明；完善居民用气价格上下游联动机制，适时调整居民用气价格，兼顾保障民生与市场规律。石油价格改革旨在与国际市场接轨，形成反映国内供需状况和国际市场变化的价格机制。主要措施包括：实施成品油价格与国际市场原油价格挂钩的定价机制，定期调整国内成品油价格，缩小国内外油价差距；加强国家石油储备建设，完善石油储备动用机制，发挥储备在应对国际油价波动、保障国内供应中的作用。

在煤炭领域，2022年出台的《关于进一步完善煤炭市场价格形成机制的通知》（发改价格〔2022〕303号）提出，完善煤炭现货、期货市场体系，培育多元化的煤炭市场主体，提升煤炭价格发现功能；鼓励煤炭供需双方签订中长期合同，稳定煤炭市场预期，防止价格大幅波动；建立煤炭价格合理区间，通过价格监测预警、储备调节、市场监管等手段，保持煤炭价格在合理区间内运行。

在新能源价格领域，2019年，国家发展改革委、国家能源局等部门印发《关于建立健全可再生能源电力消纳保障机制的通知》《关于完善光伏发电上网电价机制有关问题的通知》，推动新能源平价上网，实现与传统能源的公平竞争。主要措施包括：逐步取消风电、光伏等新能源发电项目的补贴，推动新能源发电项目通过市场竞争确定上网电价。建立可再生能源电力消纳保障机制，对各省级行政区域设定可再生能源电力消纳责任权重，通过市场交易等方式完成消纳任务。探索开展绿电交易，为用户提供购买绿色电力的选择，通过市场机制赋予新能源额外价值。

（4）深化水资源价格改革

2012年出台的《国务院关于实行最严格水资源管理制度的意见》（国发〔2012〕3号）明确提出，要“充分发挥市场在资源配置中的决定性作用，更好发挥政府作用，全面深化水价改革”。一是完善水价基础设施与计量体系。2021年出台的《城镇供水价格管理办法》（发改价格规〔2021〕1067号），要求完善计量设施和实施分类计量收费的规定。二是科学核定供水成本与定价机制。2008年《政府制定价格听证办法》（国家发展改革委令第2号）要求，明确水价调整的决策流程、公示制度、听证会机制等，确保公众参与和监督。2016年国务院办公厅《关于推进农业水价综合改革的意见》（国办发〔2016〕2 号）提出，区分居民生活用水、农业灌溉、工业生产、服务业等不同用户类别，实施差异化的水价政策，体现水资源的公平分配与高效利用。三是健全定价长效机制。国家发展改革委《关于创新和完善促进绿色发展价格机制的意见》（发改价格规〔2018〕943 号）提出，建立水价与水资源状况、供水成本、通胀水平等因素挂钩的动态调整机制，确保水价随市场条件和政策目标适时调整。四是实施水资源税制改革。2018 年《国家发展改革委关于创新和完善促进绿色发展价格机制的意见》（发改价格规〔2018〕943 号）提出，加快构建覆盖污水处理和污泥处置成本并合理盈利的价格机制，推进污水处理服务费市场化，逐步实现城镇污水处理费用基本覆盖服务费用。

（5）完善公用事业和公共服务价格政策

在医疗服务价格方面，2016 年，国家发展改革委、国家卫计委、人力资源社会保障部、财政部联合发布《关于印发推进医疗服务价格改革意见的通知》（发改价格〔2016〕1431 号），要求各地逐步取消药品加成，调整医疗服务价格结构，重点提高诊疗、手术、康复、护理、中医等体现医务人员技术劳务价值的项目价格，降低大型医用设备检查治疗和检验等价格。同时，鼓励地方探索建立以成本和收入结构变化为基础的价格动态调整机制。

在交通运输价格方面，一是逐步放开铁路运输竞争性领域价格。2013 年 8 月，国务院《关于改革铁路投融资体制加快推进铁路建设的意见》发布，采纳了替代竞争定价思路，“按照铁路与公路保持合理比价关系的原则制定国铁货运价格”被正式定为制度，铁路货运价格也由政府定价转为实行政府指导价，建立了由铁路运输企业根据市场供求状况依法自主制定、动态调整运价的机制①。2001 年，铁道部正式确定在部分运输能力紧张方向的部分列车、部分时段实行春运票价上浮，标志着“春运”票价浮动机制的确立。2016 年，国家发展改革委发布通知，自 2016 年 1 月 1 日起，高铁动车票价由中国铁路总公司自行定价，标志着高铁票价开始走向完全的市场化调节，成为我国铁路票价改革的重要里程碑。**二是逐步推进民航机票价格市场化改革**。2010 年 4 月，中国民航局、国家发展改革委印发《关于民航国内航线头等舱、公务舱票价有关问题的通知》（民航发〔2010〕69 号），放开数量少、价格不敏感的头等舱和公务舱机票价格，成为我国民航机票价格实施全面市场定价的首次尝试。2013 年 10 月，中国民航局、国家发展改革委印发《关于完善民航国内航空旅客运输价格政策有关问题的通知》（民航发〔2013〕85 号），将经济舱机票价格分为政府指导价和市场调节价两类，采用不同的管理规则。2014 年 11 月，中国民航局、国家发展改革委印发《关于进一步完善民航国内航空运输价格政策有关问题的通知》（民航发〔2014〕107 号），进一步放开票价，政府指导价机票价格取消下浮限制，部分航线开始实行市场调节价②。**三是规范港口收费秩序**。2015 年，我国废止了旧有的《港口收费规则》，

① 蔡若愚．交通运输价格改革机制创新解难题［N］．中国经济导报，2017-08-02（B01）．

② 郭才森．近十年机票价格市场化改革进程分析与展望［EB/OL］．http：//att. caacnews. com. cn/zsfw/202107/t20210713_58470. html.

实施新的《计费办法》，显著减少了收费项目，提高了透明度，港口收费改革取得重大突破。同年，我国取消了历史悠久的船舶港务费，标志着港口收费体系的重大变革，企业成本进一步降低。2017 年，国家发展改革委对港口企业进行了反垄断调查，针对强制使用拖轮等服务收费问题进行了整改，推动形成更公平的竞争环境。2019 年，交通运输部、国家发展改革委修订印发《港口收费计费办法》（交水规〔2019〕2 号），进一步清理规范港口经营服务性收费，进一步降低物流成本、优化口岸营商环境。

在教育服务价格方面，2021 年，教育部等九部门印发《"十四五"学前教育发展提升行动计划》《"十四五"县域普通高中发展提升行动计划》等文件，提出完善学前教育收费政策，规范民办教育收费，以期平衡教育市场的公益性和营利性，确保基础教育阶段的公平可及。设定合理的公办幼儿园收费标准，加强对民办幼儿园收费的监管，以及通过财政补贴、税收优惠等政策支持普惠性学前教育发展。

在水电气暖等公用事业价格方面，2022 年，国家发展改革委、住房和城乡建设部、国家能源局等部门印发《关于开展水电气暖领域涉企违规收费自查自纠工作的通知》（发改价格〔2022〕1116 号），要求针对水电气暖等基本公用事业，聚焦解决人民群众反映较为集中的收费问题，降低居民生活成本，提高公共服务效率。推进阶梯价格制度，鼓励节约使用；规范中间环节收费，降低不合理成本。完善定价机制，提高价格制定的科学性与透明度。

（6）基本建立科学定价制度体系

我国以《价格法》为核心，逐步建立价格法律体系，效力层级涵盖法律、法规、规章，内容涵盖经营者价格行为、政府定价行为、价格总水平调控和价格监督检查等方方面面。**在定价机制方面，**建立平价商店、物价补贴联动机制；对粮食等农产品实行保护价格制度和种粮补贴制度，对生猪饲养等实行保险制度；设立了价格调节基金。推进政府定价项目清单化，将政府定价范围主要限定在网络型自然垄断环节和重要公用事业、公益性服务领域，建立健全以"准许成本+合理收益"为核心、约束与激励相结合的政府定价机制。**在工作预案方面，**对粮食、食用油、生猪、化肥、蔬菜等产品的价格调控，准备较为完善的工作预案。

（7）不断完善价格监测调控手段

在价格监测方面，制定实施价格监测规定，建立市场价格监测体系和覆盖城乡的价格监测网络，增强政府价格调控的预见性和主动性。修订政府制定价格行为规则、成本监审办法、听证办法，修订国家发展改革委成本监审目录，出台输配电、天然气管道运输、铁路普通客运等领域的定价或成本监审办法，标志着政府定价科学化、规范化、机制化水平提升到一个新的高度。提升政府定价的科学性和透明度，改进政府定价办法，逐步引入价格听证、专家评审、成本监审等制度。同时，依托 12358 价格监管平台，探索大数据监测和分析，推动价格监管理念、方法、路径发生根本性、革命性转变。**在价格调控方面，**在价格市场化程度不断提升的同时，建立完善重点商品储备制度、进出口调节机制、粮食最低收购价制度、棉花目标价格制度。

（8）有效破除垄断壁垒

在价格改革中，防垄断是一个重要的组成部分，通过规范价格行为，维护市场秩序，促进资源的有效配置和经济的健康发展。**一是进一步深化垄断行业价格改革。**2017年出台的《国家发展改革委关于进一步加强垄断行业价格监管的意见》（发改价格规〔2017〕1554号）针对输配电、天然气管道运输、铁路运输等基础性行业以及居民供水供气供热等公用事业，提出按照“准确核定成本、科学确定利润、严格进行监管”的思路，以成本监审为基础，以科学定价机制为支柱，建立健全以“准许成本+合理收益”为核心的约束与激励相结合的垄断行业定价制度，实现科学化、精细化、制度化、透明化监管，促进垄断行业健康可持续发展，合理降低垄断行业价格。**二是加大反价格垄断执法力度。**加强对价格行为的监管，对涉嫌垄断的价格行为进行调查，对违法者实施处罚，包括罚款、责令改正、赔偿损失等，维护市场秩序。同时，强化政府对价格异常波动的监控和干预。

2. 基本方向

（1）坚持市场化导向

一是逐步扩大市场定价范围。减少政府直接定价的商品和服务种类，将更多的商品和服务价格交由市场竞争形成，特别是竞争性领域和环节的价格，基本实现市场决定。有序放松价格管制，分批有序放开具备竞争条件的商品和服务价格，尤其是能源、交通、环保、医疗、教育、养老等领域，推动形成由供求关系和成本效益决定的价格机制。**二是推动政府定价规范化。**明确政府定价边界，政府定价主要限定在重要公用事业、公益性服务、网络型自然垄断环节，确保在这些领域政府定价的必要性和合理性。改进定价方法，推行“准许成本+合理收益”为核心的定价制度，确保定价既反映成本又兼顾效率，体现公共利益与企业合理回报的平衡。提高定价透明度，定期修订并公开中央和地方定价目录，明确政府定价的具体项目、定价依据、调整程序等，增强公众监督和社会参与。

（2）坚持放管结合助推价格改革

“放管服”改革已成为我国推进政府职能转变、优化营商环境、激发市场活力的重要举措。以“放管服”推动价格改革，实质上是通过简政放权释放价格形成机制活力，创新监管方式，维护价格秩序稳定，提升政务服务水平，助力价格改革深化，旨在构建适应社会主义市场经济体制的价格管理体系，促进经济社会持续健康发展。

一是简政放权，释放价格形成机制活力。逐步取消或下放审批事项，对于具备市场竞争条件的商品和服务价格，逐步取消政府定价，改为市场自主定价，如部分药品、电信资费、非居民用天然气等。同时，将一些地方性或特定领域的定价权限下放给地方政府，使价格调整更贴近市场需求和地方实际。逐步放宽准入限制，对涉及民生、环保、科技等领域的新业态、新模式，如新能源汽车充电服务、再生资源回收利用、互联网+医疗服务等，降低市场准入门槛，鼓励社会资本参与，通过竞争推动价格合理形成。坚持清理规范涉企收费，全面梳理并取消不合理、不合法的行政事业性收费和政府性基金项目，减轻企业负担，降低交易成本，让市场在资源配置中起决定性作用。

二是创新监管方式，维护价格秩序稳定。坚持完善价格法律法规体系，建立健全适应新时代要求的价格法律法规，明确政府、企业和消费者在价格形成、调整、监督等方面的权责关系，为价格改革提供坚实的法制保障。强化价格监测预警，运用大数据、云计算等现代信息技术手段，实时监测市场价格动态，对重要商品和服务价格进行预测预警，及时发现并应对价格异常波动，防止市场垄断、价格操纵等行为扰乱市场价格秩序。严格反垄断执法，加大对价格垄断协议、滥用市场支配地位、滥用行政权力排除限制竞争等违法行为的查处力度，维护公平竞争的市场环境，保护消费者合法权益。不断健全社会信用体系，将价格违法行为纳入企业信用记录，实行守信激励和失信惩戒，引导市场主体诚信经营，自觉遵守价格法律法规。

三是提升政务服务水平，助力价格改革深化。继续优化价格公共服务，建立健全价格信息发布平台，定期发布各类商品和服务价格指数、成本调查数据等信息，为社会公众、企业提供权威、及时、全面的价格信息服务，提高价格决策的科学性和透明度。完善价格争议调解机制，建立公正、高效的价格争议调解机制，妥善处理消费者、经营者之间的价格纠纷，维护各方合法权益，营造和谐的价格环境。

（3）坚持保障民生商品价格稳定

持续强化民生价格保护，对关系国计民生的重要商品和服务，如基本生活必需品、基本公共服务等，通过补贴、限价、储备调节等手段，保障其价格相对稳定，减小价格上涨对低收入群体生活的影响。完善价格补贴联动机制，建立健全社会救助和保障标准与物价上涨挂钩的联动机制，确保困难群体基本生活水平不因物价上涨而降低。

（4）稳步推进绿色价格改革

加强资源节约与环境保护，通过价格杠杆引导资源合理配置和高效利用，通过实施阶梯电价、水价，推行差别化排污收费，推广碳定价机制等，推动生态文明建设。支持绿色产业发展，通过价格政策鼓励清洁能源、节能环保等绿色产业发展，调整不利于绿色转型的传统价格政策，促进产业结构优化升级。

3. 难点卡点

价格对市场经济条件下资源配置的“指挥棒”作用还没有得到充分发挥，价格还不能灵活地反映市场供求，价格机制没有真正起到引导资源配置的作用，部分领域价格行为还不够规范有序。

（1）政府定价领域改革较为滞后

部分垄断性行业价格管制僵化，网络型自然垄断行业定价改革进展缓慢，如铁路运输、部分管道运输等领域，价格形成机制不透明，与市场脱节，影响资源配置效率。在某些特殊时期或特定领域，出于社会稳定或产业政策考虑，行政性定价干预依然存在，可能存在过度干预市场价格的情况，影响市场信号作用的发挥。

（2）要素市场发育仍不充分

我国要素市场改革仍显滞后，土地、资本、劳动力等要素价格存在扭曲现象，导致价格信号失真，影响资源优化配置，如土地价格非市场化、资本市场准入门槛较高、劳动力市场流动性受限等。随着绿色低碳转型加速，碳排放权等新型要素的定价机制尚处于探索阶段，市场化程度不足，定价机制亟待完善。

（3）价格传导机制仍然不畅

产业链上下游价格协调机制缺失。原材料价格上涨向下游传导受阻，上游原材料价格波动往往难以顺畅传导至下游消费品，影响企业利润空间和市场预期。农业与工业品价格剪刀差问题依然突出，农产品价格波动较大，但工业品价格调整相对滞后，导致工农收入差距扩大，农业发展动力不足。

（4）价格信号对资源配置引导作用仍然有限

我国能源产业整体市场化程度不高，市场价格尚不能很好地引导供求变化，在促进竞争、提高能效、节能减排和应对气候变化方面的作用未能充分发挥①。尽管能源价格逐步市场化，但在实际运行中，价格未能充分反映资源稀缺性与环境成本，对节能降耗和结构调整的引导作用有待加强。环保价格工具效果不明显，部分环保收费项目标准偏低，缺乏动态调整机制，难以有效激励企业减少污染排放。

（5）民生保障与社会公平问题依然突出

一是公共服务价格调整容易引发社会敏感。公用事业价格改革与消费者承受力矛盾依然明显，水、电、气等公用事业价格调整往往引发公众关注，如何平衡企业运营成本与消费者承受能力成为难点。二是医疗、教育等民生领域价格改革复杂。医疗、教育等服务价格改革牵涉面广、影响深远，如何兼顾效率与公平、防止“看病贵”“上学难”问题加剧。三是价格波动对低收入群体冲击较大。物价上涨对弱势群体生活影响显著，食品等生活必需品价格波动对低收入家庭生活成本影响显著，现有价格补贴机制在应对突发性、大规模价格波动时存在响应滞后、覆盖不全等问题。四是区域间、城乡间价格差异加大。部分地区尤其是农村地区，受到市场发育程度、物流成本等因素影响，物价水平可能高于平均水平，加重了当地居民的生活负担。

（三）价格改革的基本经验——46 年的经验

1. 坚持把保障和改善民生放在首位

粮油肉蛋菜等重要民生商品的生产供应和价格水平事关人民群众基本生活，意义重大。在价格改革的过程中，我国明确将保障粮油肉蛋菜等重要民生商品生产供应和价格稳定作为关系人民群众基本生活的重大事项，体现了以人民为中心的发展思想。一是坚持系统治理，着力补短板强弱项，形成重要民生商品保供稳价的长效机制。对重要民生商品实施全方位管理，确保从生产源头到终端消费各环节的平稳运行。持续强化监测预警与调控机制。建立健全价格监测预警体系，及时发现市场价格异常波动。在重要时间节点如春节等，采取应急监测措施，确保资源储备到位，加强价格监管，防止价格大幅波动影响民生。二是在价格改革中注重社会公平，对低收入群体和特殊困难群体给予适当补贴或优惠政策，确保其基本生活水平不受价格波动影响。

① 冯永晟．能源价格改革不是简单调价格［EB/OL］．http：//www.fjrd.gov.cn/ct/3-92977.

2. 坚持渐进式改革保持价格总水平基本稳定

我国通过渐进式推进价格改革，不断完善监测调控体系，有效地稳定经济秩序，保持价格总水平基本稳定，防范大规模通货膨胀的发生。一是价格改革采取了渐进式策略，避免一次性放开所有商品和服务价格可能带来的市场混乱。通过逐步取消价格管制，允许市场力量在价格形成中发挥更大作用，有效减缓了经济秩序的剧烈波动。二是建立了全面的价格监测体系，及时反映市场价格动态，为政府制定价格政策提供科学依据。这有助于提前预警潜在的价格波动风险，及时采取措施稳定物价。三是加强粮食、煤炭等重点商品保供稳价，建立较为健全的重要民生商品、重点大宗商品的产供储销体系，综合采取供需双向调节、加强市场监管、强化预期管理等举措，以国内保供稳价的确定性应对外部环境的不确定性，保障物价基本稳定，防范大规模通货膨胀的发生①。

3. 坚持市场与政府作用相结合

我国价格改革坚持市场与政府作用相结合。一方面，坚持完善在市场经济条件下的灵活、竞争性价格机制，发挥市场在资源配置中的决定性作用，逐步放开竞争性领域和环节的价格管制，赋予市场更充分的价格形成权，如成品油价格的择机放开，以及药品价格改革中取消大部分药品政府定价，转向市场调节。定期更新并公布中央及地方定价目录，大幅削减政府定价项目，将更多商品和服务移出政府定价范围，使竞争性领域价格真正回归市场。另一方面，强化政府对价格的科学监管、法制保障、调控干预以及公众参与，确保价格改革既能激发市场活力，又能兼顾社会公平与公共利益，实现经济效率与社会稳定的双重目标。在价格放开后，加强事中事后监管，防止市场垄断、价格操纵等行为，维护公平竞争的市场秩序。特别是在关乎基本民生的重要商品领域，更好地发挥政府作用，适时进行宏观调控，通过补贴、储备投放、限价、临时干预等手段，维护市场秩序和价格稳定。

4. 坚持妥善处理改革、发展、稳定三者关系

我国价格改革坚持妥善处理改革、发展、稳定三者关系，坚持改革的系统性、协调性和稳定性原则，既推动经济结构的优化升级，又兼顾社会公平与民生保障，为实现经济社会长期稳定发展奠定了坚实基础。一是坚持不断深化价格改革。充分认识到价格改革是推动经济发展和解放社会生产力的关键环节，是深化市场化改革、建立和完善社会主义市场经济体制的核心任务之一。通过逐步放开价格管制，引入市场竞争机制，赋予价格反映市场供求关系和资源稀缺程度的功能，从而激发市场主体活力，提高资源配置效率。二是注重各领域改革协调推进。在推进价格改革过程中，注重与其他领域改革措施，如产权制度改革、企业制度改革、财政金融改革、医疗卫生事业等的协调配合，形成改革合力，共同推动经济结构优化和产业升级。三是确保社会稳定。在改革节奏与力度上，采取渐进式策略，避免价格剧烈波动对民生和社会稳定造

---

① 王晓涛．价格“怎么办”：防输入性通胀，加强重点商品保供稳价［N］．中国经济导报，2022-07-28（001）．

成冲击。对粮食、能源、教育、医疗等涉及民生敏感领域的商品和服务，采取审慎调控方式确保基本生活必需品价格相对稳定，保障低收入群体生活水平不受过大影响。设立并适时调整价格补贴、社会保障等政策工具，对因价格改革可能受损的特定群体进行有效补偿，缓解改革带来的社会压力。

5. 坚持统筹国内外市场价格联动与风险防控

随着全球化的深入发展，国内市场价格与国际市场价格之间的联动影响日益紧密，我国在推进价格改革的过程中，始终注意统筹好内外市场价格联动与风险防控，维护经济稳定、防范外部冲击。一是持续加强价格监测分析。特别是针对原油、粮食、金属等大宗商品，以及对出口导向型产业有重大影响的关键商品，持续监测国内外市场的价格动态。二是在制定国内价格政策时充分考虑国际因素，通过关税调整、出口退税政策、汇率政策等，确保国内价格的合理性和竞争力。三是加强风险管理。不断完善预警系统，预测潜在的价格波动，并采取相应措施减小负面影响，比如建立战略储备、签订长期合同等。同时，建立快速反应机制，对突发性事件导致的价格异常波动，能够快速应对、实施临时价格控制或补贴等措施。

（四）党的十八大以来价格改革取得的新突破和新成效

党的十八大以来，我国价格改革继续向纵深推进，取得一系列突破性进展和明显成效，为构建现代市场体系、推动高质量发展、增进民生福祉奠定了坚实基础。

1. 价格法制“四梁八柱”基本搭建

党的十八大以来，我国加强顶层设计和系统谋划，确立了政府定价制度的“四梁八柱”，为巩固价格改革、强化价格监管提供了强大法制保障。**一是加强顶层设计。**2015 年 10 月出台的《中共中央　国务院关于推进价格机制改革的若干意见》（中发〔2015〕28 号），明确要求健全价格法制，提出“紧密结合价格改革、调控和监管工作实际，加快修订价格法等相关法律法规，完善以价格法、反垄断法为核心的价格法律法规，及时制定或修订政府定价行为规则以及成本监审、价格监测、价格听证、规范市场价格行为等规章制度，全面推进依法治价”。**二是统筹推动“立改废”。**加快建章立制步伐，将改革成果以法律法规的形式巩固下来。在中央层面，完成了对《药品管理法》《烟草专卖法》《铁路法》《邮政法》《民航法》《义务教育法》《公证法》《全国人大常委会关于司法鉴定管理问题的决定》《民办教育促进法》等 9 部法律及 5 部行政法规的修订。修订《价格违法行为行政处罚规定》等行政法规和《中央定价目录》《政府制定价格行为规则》《政府制定价格成本监审办法》等规章，《政府制定价格听证办法》《行政事业性收费标准管理暂行办法》《价格认定复核办法》的修订也取得重大进展。出台《关于进一步加强垄断行业价格监管的意见》，按照“准确核定成本、科学确定利润、严格进行监管”的思路，建立健全以“准许成本+合理收益”为核心的约束与激励相结合的垄断行业定价制度。在地方层面，各地普遍建立健全政府定价程序制度，结合改革进程修订听证目录和成本监审目录，有的省份还将合法性审查、公平竞争审查、政务公开、后评估等程序纳入价格行政行为全过程。**三是全面**

建立目录清单制度。全部完成中央定价目录和31个省（区、市）地方定价目录的修订工作，完成了权责清单、行政审批目录和收费目录的制定修订工作，并对外公布，显著提高了透明度，接受社会监督。**四是全面清理价格规章规范性文件**。深入推进简政放权和放管结合，优化法治环境，先后多次清理1978年以来发布的价格法规规章和规范性文件。

2. 保持物价总体稳定

面对错综复杂的外部环境、不确定性明显增强的风险挑战，我国在宏观调控中始终坚持将稳物价作为重要目标。特别是在新冠疫情期间，全力做好粮油肉蛋奶果蔬、能源资源等保供稳价工作，在国际通胀居高不下的背景下，我国物价保持平稳运行。**一是生活物资保障供应充足，价格平稳**。2020年1月至2023年1月，我国重要民生商品价格总体平稳，涨幅均在合理区间。其中，全国大米、面粉价格平稳运行未出现明显波动，食用油价格稳中小幅上升，猪肉、鸡蛋价格总体呈周期性、季节性波动①。2023年全年，CPI比上年上涨0.2%，物价运行保持总体稳定。**二是不断健全保供稳价工作机制**。聚焦粮食、生猪、煤炭、电力、成品油等重点品种，建立健全“托底”“限高”“价格上下限”等多种形式的价格区间调控机制，引导价格在合理区间运行，对稳物价发挥关键作用。加强政策统筹协调，从产、供、储、销全链条入手推进稳物价，畅通生产、流通、消费等多个环节，推动产业链供应链顺畅运行和市场供需有效对接。**三是完善价格补贴联动机制**。进一步落实好社会救助和保障标准与物价上涨挂钩的联动机制，缓解物价上涨对当地困难群众基本生活的影响。扩大保障范围、降低启动条件，加大对困难群众补贴力度，保障困难群众基本生活。

3. 商品和服务价格市场化程度稳步提升

一是绝大多数商品和服务价格由市场决定。我国持续推进价格市场化改革，大幅缩减政府定价范围，将竞争性领域和环节的价格基本放开，仅保留少数涉及公共利益、公益服务及网络型自然垄断环节的价格由政府管理。截至2022年，我国全社会商品和服务价格市场化程度达到97.5%，100%的农产品、80%的电、50%的天然气、90%的民航旅客运输价格由市场形成②。**二是政府定价制度更加科学化、规范化**。截至2022年，中央定价项目累计缩减约85%，地方定价项目缩减约70%，政府定价范围主要限定在党的十八届三中全会明确的重要公用事业、公益性服务、网络型自然垄断环节。逐步建立垄断行业科学定价机制，出台进一步加强垄断行业价格监管的意见，制定输配电、天然气管道运输、铁路客运等重点领域定价办法和成本监审办法。定期修订并公布《中央定价目录》和地方定价目录，明确政府定价项目，强化目录清单管理，确保定价权力阳光透明。同时，不断创新定价方法，引入成本监审、听证会、专

---

① 国家发展改革委．新冠疫情三年以来我国生活物资保障供应充足价格平稳［EB/OL］. https://baijiahao.baidu.com/s?id=1758971307406748533&wfr=spider&for=pc.

② 国家发展改革委．我国全社会商品和服务价格市场化程度达97.5%［EB/OL］. https://baijiahao.baidu.com/s?id=1745323245121670448&wfr=spider&for=pc.

家论证、社会公示等程序，提高定价决策的科学性和公众参与度。

4. 重点领域价格改革成效显著

一是深化能源价格改革。在电力市场化交易方面，逐步扩大电力市场化交易规模，推进电力现货市场建设，开展输配电价改革，实施峰谷分时电价、可再生能源补贴政策，推动电力行业降本增效与绿色转型。在天然气价格改革方面，理顺居民用气门站价格，建立上下游价格联动机制，推广天然气市场化定价，鼓励多元化供应主体参与市场竞争。在成品油价格机制改革方面，完善成品油价格形成机制，缩短调价周期，取消价格“天花板”，与国际市场油价更紧密接轨。**二是进一步完善重要民生商品价格调控机制。**价格监测预警系统进一步优化升级，建立了覆盖全国、重点突出的民生商品价格监测网络，实时跟踪监测粮、油、肉、蛋、菜、奶等关键商品的价格动态。不断优化储备调节机制，健全和完善了国家重要商品储备制度，通过适时调整储备物资的收储与投放，有效应对季节性供需波动和突发性事件对价格的影响。在粮食市场，通过合理调整最低收购价、临时收储政策，既保护了农民利益，又确保了市场供应和价格稳定。完善农业生产资料价格补贴政策，实施农资综合补贴、目标价格保险等政策，稳定农业生产成本，保护农民利益。针对农业生产资料价格上涨，通过补贴政策降低农户生产成本，间接稳定农产品市场价格。**三是扎实推进医药价格改革。**在药品价格市场化改革方面，取消绝大部分药品政府定价，实行市场调节，通过集中带量采购等手段压低药品价格，减轻患者负担。在医疗服务价格改革方面，调整医疗服务价格结构，提高体现医务人员技术劳务价值的项目价格，降低大型设备检查治疗价格，引导医疗资源合理配置。**四是稳步推进公共服务价格改革。**在水资源费改税方面，实施水资源税改革试点，强化水资源节约与合理利用。在环保收费改革方面，开征环保税，调整污水处理费、垃圾处理费标准，通过价格杠杆促进环境保护与污染治理。在公共交通定价方面，推行公交、地铁等公共交通票价动态调整机制，兼顾效率与公平，鼓励绿色出行。

5. 价格监管与反垄断执法持续强化

一是持续完善价格监管与反垄断法律法规体系。2022 年 8 月 1 日新修订的《中华人民共和国反垄断法》开始施行。该法适应经济社会发展新形势，细化了垄断协议、滥用市场支配地位、经营者集中审查等方面的规则，反垄断执法效能进一步得到提升。**二是不断加大价格违法行为查处力度。**建立健全价格举报投诉处理机制，及时回应社会关切，依法查处哄抬物价、串通涨价、价格欺诈等违法行为。开展反垄断执法行动，对垄断协议、滥用市场支配地位案件进行严厉查处，涉及互联网、医药、汽车、建材等多个行业，维护公平竞争市场环境。**三是完善价格监测预警与信息发布机制。**健全价格监测网络，完善全国价格监测体系，加强对重要商品和服务价格的监测预警，及时发布市场价格信息，引导市场预期。强化大数据应用与信息化建设，利用现代信息技术手段，提升价格监测数据采集、分析和应用能力，为政策制定提供精准数据支持。

6. 价格公共服务与民生保障增强

一是逐步健全价格补贴联动机制。完善低收入群体价格临时补贴，建立并完善社会救助和保障标准与物价上涨挂钩联动机制，当物价涨幅达到一定标准时，向困难群众发放价格临时补贴，保障其基本生活不受影响。**二是不断完善价格信息公开与公众参与制度**。推动政务公开与价格公示，各级政府部门主动公开价格政策、收费标准等信息，企业按规定明码标价，提高价格透明度。完善公众参与定价过程机制，广泛征求社会意见，通过听证会等形式让公众深度参与重要商品和服务价格的制定与调整。

二、进一步全面深化价格改革面临的新形势新要求

党的二十大擘画了全面建设社会主义现代化国家的宏伟蓝图，确立了以中国式现代化全面推进强国建设、民族复兴伟业的中心任务。党的二十届三中全会强调，高水平社会主义市场经济体制是中国式现代化的重要保障，必须更好地发挥市场机制作用，创造更加公平、更有活力的市场环境，实现资源配置效率最优化和效益最大化。价格机制作为市场机制的核心，是中国式现代化建设中的基础性、全局性环节。推进中国式现代化，要求价格机制能够更好发挥市场在资源配置中的决定性作用，为提升经济效率和国际竞争力，为实现更高质量、更有效率、更加公平、更可持续的发展提供更坚实的支撑。

（一）中国式现代化要求价格机制为统筹安全与发展新形势提供更好保障

当前我国经济社会发展面对的内外部发展环境都在发生深刻变化，推进中国式现代化，需要发挥好价格体制机制在保障市场安全、促进资源合理配置和经济发展中的重要作用，统筹推进发展与安全，有效应对外部发展的风险挑战，不断提高经济发展的质量和韧性。

1. 统筹安全与发展的新形势对保供稳价工作提出新要求

当前贸易保护主义抬头、国际经贸关系紧张，国际因素对国内价格影响加大。**在能源、矿产领域**，我国对外部资源的依赖度较高，国际能源、矿产等大宗商品价格波动会直接影响国内相关行业成本，对整体物价产生连锁效应①。例如，随着全球经济的持续发展和新能源、人工智能技术的快速进步，铜作为关键工业金属之一，其市场需求保持稳定增长，铜产品供需持续紧张。我国是全球最大的铜冶炼生产国和铜消费国，但铜精矿对外依存度常年居高不下，使得我国对铜的定价能力较弱。2024 年 3 月初以来，全球范围内出现了不少大型铜矿减产的消息，对铜厂供应产生直接影响，铜价一路高歌猛进，导致我国企业利润受到明显影响。**在农产品领域**，虽然当前我国粮食供应充足，国内粮食市场相对平稳，但外部环境的剧烈波动、国际贸易摩擦与汇率变动，仍会在一定程度上推高粮食种植和进口成本，导致进口商品价格波动，间接影响国内价格水平。这些都要求我们要增强保供稳价工作的前瞻性，牢牢把握主动权，应对大宗商品价格异动，做好粮油肉蛋菜果奶等重要民生商品的价格调控。

---

① 王晓涛．价格“怎么办”：防输入性通胀，加强重点商品保供稳价［N］．中国经济导报，2022-07-28（001）．

2. 统筹安全与发展对网络型自然垄断环节价格改革提出新要求

电力、油气、铁路等行业的网络环节具有自然垄断属性，掌控着足以影响经济安全甚至国家安全的重要资源与平台，其发展水平对保障经济安全与国家安全至关重要，这些都需要进一步完善相关领域价格体制机制，以适应统筹发展与安全的新形势新要求。**一是优化资源配置。**推动处于自然垄断环节的企业加强投入，强化电网、石油天然气管网、江河主干水网、信息通信网等领域投入，加强新一代移动通信、人工智能、算力网络、卫星互联网、工业互联网等新型基础设施建设，确保关键领域的投资和运营效率，更好维护国家骨干网络安全。支持自然垄断行业技术创新，鼓励采用先进技术和管理手段，加快数字化转型，提升骨干网络安全可靠性。**二是健全对网络型自然垄断环节监管。**更好地发挥自然垄断领域对国民经济包括国民福利的积极作用，提高自然垄断环节企业特别是国有企业的活力及抗风险能力。

（二）中国式现代化要求价格机制对全国统一大市场建设形成更好支撑

加快推进全国统一大市场建设，进一步完善经济高质量发展的市场基础，畅通国内大循环，增强经济发展内生动力，是中国式现代化建设的重要任务。但也要看到，目前统一大市场建设仍面临地区间要素资源流动不畅、地方保护和区域壁垒等问题，需要进一步深化价格改革，发挥好价格在市场经济条件下促进资源有效配置的核心作用，维护公平竞争的市场秩序、释放市场活力和内生动力。**一是推动要素资源有效配置。**通过价格改革，推动土地、资本、劳动力、技术、数据等生产要素按照市场原则定价和流动，发挥市场配置资源的决定性作用，促进资源跨区域、跨行业优化配置，推动商品和要素资源在更大范围顺畅流动。**二是营造有利于公平竞争的市场环境。**统一大市场建设，营造一个更加透明和可预测的市场环境，减少因行政干预或垄断导致的价格扭曲。促进各类市场主体基于自身竞争力参与市场竞争，推动技术创新和产业升级。通过强化反垄断执法等手段，有效打破地方保护和区域壁垒，减少地方保护主义，促进区域间经济的一体化，推动资源向更有效率的地区和产业流动，实现均衡发展。

（三）中国式现代化要求价格调控政策能够更好助力推动创新驱动发展

中国式现代化的关键在于加快推动创新驱动发展战略，形成更多科技含量高的新技术新产品新业态，这对完善相关领域价格机制、激发企业活力、促进资源高效利用提出更高要求。

1. 新兴技术发展要求加强价格政策支持力度

发展新型技术，要求不断创新和完善价格政策，充分调动各方投资和技术创新的积极性。**一是价格政策需要更好地激励技术创新与规模化应用。**新兴技术发展初期往往伴随着高昂的研发和生产成本，合理的价格机制能够确保技术创新者回收成本并获得利润，从而激励更多的创新投资和研发活动。通过新型技术研发补贴、税收优惠政策，降低初期研发和产业化成本，鼓励企业投入创新。通过市场准入与采购支持等政策，为新技术新产品创造稳定的市场需求，保证市场份额，推动技术快速迭代和成本下降。**二是价格政策需要更好地适应市场动态与技术进步**。随着新技术成熟度的提高和成本下降，价格政策需适时调整补贴水平或退出机制，避免过度补贴导致市场扭曲，同时确保补贴退坡过程平稳，不影响产业稳定发展。针对一些产品技术更新快、成本变化大等特点，价格调整机制需要具备一定的灵活性，随着技术进步和成本变动进行定期或适时调整。

2. 平台经济等新型业态对价格监管能力提出新要求

当前互联网平台经济快速发展，新型定价模式层出不穷，这就要求价格监管手段和技术手段同步升级，有效识别和打击潜在的不公平定价行为。**一是**价格监管需要适应数字化与网络化特征，具备对海量线上交易数据的实时监测和深度分析能力，以便及时发现价格异常、价格垄断、价格歧视等行为，特别是在大数据环境下识别隐蔽的价格操纵模式。**二是**在线上线下融合发展的趋势下，传统的线下市场价格监管规则也需要更好适应线上场景，确保线上线下公平竞争。**三是**面对平台企业采用的动态定价、个性化推荐、算法驱动等新型定价策略，监管政策需要具有一定的灵活性和前瞻性，使之既能适应市场创新，又能防止滥用技术导致消费者权益受损。**四是**平台经济拥有大量的数据资产，累积巨量用户，易形成垄断，对反垄断执法力量与效率也提出更高要求。现行反垄断法规可能存在滞后或模糊之处，需要适时修订和完善。反垄断执法机构也面临案件数量增多、案情复杂度提高的现实压力，需要进一步充实执法力量，提升专业素质和办案效率。

（四）中国式现代化要求更好发挥价格机制调节功能

推动区域、城乡协调发展，可以优化资源配置，促进劳动力、资本和技术等要素流动，优化区域产业布局，形成区域间的互补优势，提升国家整体经济效率，对于中国式现代化建设具有极其重要的意义。

1. 城乡区域协调发展对资源价格改革提出新要求

我国自然资源短缺问题突出，人均水资源量仅为世界平均水平的28%，人多水少、水资源时空分布极不均衡；油气、铁、铜等大宗矿产人均储量远低于世界平均水平，对外依存度高；人均森林面积仅为世界平均水平的1/5，自然资源是影响我国地区间协调发展，以及人口、资源、环境协调发展的关键因素。当前我国区域协调发展持续向纵深推进，未来增强区域发展协调性、平衡性，推动各地区比较优势的充分发挥，需要进一步创新完善资源价格形成机制，全面提升资源集约节约利用能力和优化配置能力。**一是通过完善资源价格形成机制，体现资源稀缺性与价值**。根据不同地区资源禀赋、供应成本等因素，实施差异化政策，体现资源的稀缺价值，引导用户节约利用资源，优化资源配置。**二是完善区域生态补偿机制**。在跨区域、跨流域等资源调节利用过程中，通过价格政策建立生态补偿机制，确保资源型地区、调出地区的利益得到合理补偿，鼓励资源的可持续利用。**三是促进资源合理流动**。建立和完善区域间资源交易市场，通过市场机制调节资源价格，满足不同地区需求，实现资源优化配置。

完善资源有偿使用机制，明确权利归属，赋予资源持有者转让、租赁等权利，通过资源价格市场化交易，引导资源向高效率、高效益领域转移。**四是保障农村与贫困地区资源安全。**针对农村地区和贫困地区的特殊性，通过财政补贴、价格优惠等方式，降低其使用成本，助力脱贫攻坚和乡村振兴。推进城乡价格一体化进程，统一城乡价格标准，消除城乡价格差距，实现城乡服务均等化。

2. 促进区域互联互通与均衡发展需要进一步完善铁路、公路等道路运输价格体制

基础设施通达程度比较均衡是区域协调发展的重要标志之一。高效的道路运输系统是实现区域间互联互通的关键基础，推动区域互联互通与均衡发展，需要进一步深化道路运输价格改革，不断健全主要由市场决定的道路运输价格形成机制，提高运输效率和服务质量。**一是优化全国范围内的运输资源配置。**合理的道路运输价格能够反映不同地区间运输成本的差异，包括运营成本、管理费用、财务费用以及因地理距离、路况、交通拥堵等因素导致的成本变化。通过价格信号引导运输资源向需求旺盛或效益较高的区域流动，实现区域间的供需平衡。**二是更好助力区域经济一体化。**有效的运输价格机制能够促进商品和服务在不同地区间的自由流通，降低交易成本，加强区域间经济联系。当运输价格合理反映运输成本和市场需求时，有助于消除地域壁垒，推动区域间贸易活动，进而增强区域经济一体化进程，促进各地产业协同发展。**三是促进基础设施投资与建设。**通过设立合理的运输价格，为投资者提供稳定的收益预期，鼓励社会资本参与跨区域交通基础设施的投资与建设。进一步强化区域间物理连接，缩短时空距离，提升物流速度，促进区域经济的深度融合。**四是进一步强化部分领域公益服务保障。**铁路、公路运输服务具有保障基本民生、促进区域均衡发展等显著公共属性，特别是在通勤、城乡公交、扶贫线路等领域，价格政策应确保其公益性质，采取适当补贴政策，保障低收入群体和偏远地区居民的基本出行需求。对经济欠发达、地理条件恶劣的贫困地区、边远地区，通过价格优惠政策、财政补贴等方式，降低其铁路、公路运输成本，改善其对外交通条件，缩小区域发展差距。

（五）中国式现代化要求进一步完善价格机制对绿色发展的支撑作用

推动绿色发展、促进人与自然和谐共生是实现中国式现代化的内在要求，这需要进一步创新和完善相关价格机制，强化对绿色发展的支持和方向引导。

1. 能源转型要求强化能源价格机制的支撑作用

一是支持能源转型基础设施建设。储能用人工智能技术正在成为能源管理的关键技术。在储能与智能电网定价方面，需要建立有利于储能设施和智能电网发展的价格政策，如储能服务费、需求侧响应补偿等，以促进电力系统的灵活性和稳定性提升。**二是激励清洁能源发展。**为实现碳中和，我国需要大幅提高风能、太阳能、核能、生物质能等清洁能源在能源结构中的比重。需要完善的能源价格机制给予清洁能源足够的经济激励，如通过补贴、税收优惠、固定电价收购等方式降低其初期投资成本和运营风险，使其与传统化石能源相比更具竞争力，从而吸引投资并推动清洁能源产能的快速扩张。**三是抑制高碳能源消费。**能源价格机制应能有效抑制煤炭、石油、天然气等高碳能源的过度消费。这可能涉及取消对化石能源的隐性补贴，提高其市场价格，或者通过碳排放配额交易市场的价格信号，使化石能源使用者承担更高的碳排放成本，从而促使他们在技术和行为上寻求减排措施。**四是促进能源效率提升。**能源价格机制还需要做好对终端用户提高能源使用效率的鼓励支持。通过阶梯定价、需求侧管理费率、能效标准与标识等手段，让能源价格随用量增加而递增，刺激消费者和企业采取节能措施，减少不必要的能源消耗。

2. 与国际碳市场接轨需要进一步强化定价对接机制

未来我国需要不断强化与国际碳市场的有效对接，争取国际碳定价规则的话语权。**一是需要充分考量产业竞争力与公平性。**我国需要在保证经济竞争力的前提下，逐步提升国内碳价、与国际主流碳市场形成合理联动，避免因碳价差距过大导致的市场扭曲和不公平竞争。在对接国际碳定价的过程中，需要平衡环境保护与产业发展之间的关系，特别是在保护某些关键行业竞争力的同时，确保不同行业间减排责任的公平分配。**二是需要积极应对碳边境调节税等措施。**欧盟碳边境调节机制（Carbon Border Adjustment Mechanism，CBAM），是欧盟为实现2050年“碳中和”目标而采取的关键气候措施，指对进口到欧盟的商品中隐含的碳排放征收额外关税。欧盟已明确表示，计划在2030年前将所有受欧盟碳排放交易体系（EUETS）约束的产品类别纳入CBAM管理，CBAM的法案最终文本已于2023年5月16日在欧盟公报上正式发布，根据规定，2023年10月1日至2025年12月31日为CBAM的过渡期，自2026年1月起将全面实施。CBAM通常针对高碳排放、高能耗的商品，如钢铁、水泥、铝、化工产品等①，这些都是我国重要的出口商品。一旦欧盟等国家和地区开始实施碳边境税，可能对我国出口商品构成额外成本，我国需要积极研究应对策略，积极参与国际谈判，加快建立健全国内碳定价机制。

（六）中国式现代化要求价格机制能够更好保障和改善民生

实现人民对美好生活的向往是现代化建设的出发点和落脚点。其中，医疗服务价格是广大人民群众最关心最直接最现实的利益问题。人口老龄化已成为今后一段时期我国的基本国情，老年人口上升比例较快，总和生育率下降，出生人口数量走低。同时，随着我国经济的快速增长、人民教育水平的提高和生活方式的改变，我国疾病谱正在发生重大变化，高血压、脑卒中、冠心病、糖尿病、慢阻肺、癌症等慢性非传染疾病已成为我国居民的主要健康问题。人口老龄化与疾病谱变化等影响因素日益复杂化，我国医保筹资和支出将面临多重挑战，需要更好发挥价格杠杆功能，提高医疗资源使用效率，保障群众获得高质量、有效率、能负担的医疗服务。同时，医疗服务价格也关系着公立医疗机构和医疗事业的高质量发展。随着公立医院的发展方式将从规模扩张转向提质增效，对加强公立医院精细化管理、优化医疗收入结构、提高效率和节约费用等提出了更高的要求。

---

① 龙志刚．CBAM对我国相关领域低碳发展的影响与应对策略［EB/OL］．https：//baijiahao.baidu.com/s？id＝1772648233411781728&wfr＝spider&for＝pc.

三、深入领会进一步全面深化价格改革的指导思想、基本原则和总目标

价格是引导资源配置的指示器、信号灯，是市场无形之手的“指挥棒”。党的二十届三中全会《决定》指出，要“构建高水平社会主义市场经济体制”，“完善主要由市场供求关系决定要素价格机制，防止政府对价格形成的不当干预”。当前，构建高水平社会主义市场经济体制、加快形成更加成熟定型的市场经济体系，对全面深化价格改革提出了一系列新要求，必须牢牢抓住价格这一市场经济条件下资源配置效率的“牛鼻子”，聚焦重点领域关键环节，加快破解制约资源要素自由流动的价格机制障碍。

（一）指导思想

以习近平新时代中国特色社会主义思想为指导，全面贯彻落实党的二十大和二十届二中、三中全会精神，立足新发展阶段，贯彻新发展理念，坚持稳中求进工作总基调，以改革创新为根本动力，以满足人民日益增长的美好生活需要为根本目的，统筹发展和安全，坚持市场化方向，完善主要由市场供求关系决定要素价格机制，让市场在资源配置中起决定性作用，防止政府对价格形成的不当干预，完善价格调控机制，提升价格治理能力，确保价格总水平在合理区间运行，促进资源节约和环境保护，提升公共服务供给质量，更好保障和改善民生。

（二）基本原则

我国价格改革的基本原则，应确保价格改革既能顺应市场经济规律，又能服务国家经济社会发展战略，兼顾效率与公平，实现经济健康发展与社会和谐稳定。

一是坚持市场化改革方向。确立市场在资源配置中的决定性作用，推动价格形成机制由政府主导转向主要由市场供求关系决定，减少行政干预，增强价格信号对资源配置的引导和调节功能。

二是坚持保障民生和社会稳定。在推进价格改革过程中，充分考虑社会承受能力，尤其关注低收入群体和困难群体的生活保障，确保改革成果惠及全体人民，防止因价格波动引发社会不稳定。

三是强化创新驱动。通过价格改革激发各类市场主体创新活力，推动科技创新、管理创新、商业模式创新，培育新增长点，形成新动能，助力经济转型升级。

四是坚持依法治价。完善价格法律法规体系，强化价格执法监督，维护市场价格秩序，保障各类市场主体合法权益，确保价格改革在法治轨道上有序进行。提升价格政策透明度，强化价格信息发布，建立健全价格听证制度，广泛听取社会各界意见，确保价格决策科学、民主、公开。

五是统筹监测与监管。建立健全价格调控机制，运用经济、法律和必要的行政手段，保持价格总水平基本稳定。同时，加强价格监测预警和应急处置，防范和化解价格风险。

六是坚持统筹国际国内。积极参与全球价格治理，学习借鉴国际先进经验，推动

我国价格改革与国际规则接轨，提升我国在全球价格事务中的影响力和话语权。

（三）总目标

全面建成社会主义现代化强国，总的战略安排是分两步走：从 2020 年到 2035 年基本实现社会主义现代化；从 2035 年到 21 世纪中叶把我国建成富强民主文明和谐美丽的社会主义现代化强国。围绕完成 2035 年远景目标、全面建成社会主义现代化强国等目标要求，价格改革的中长期目标如下。

到 2029 年，竞争性领域和环节价格主要由市场决定，网络型自然垄断环节独立运营和竞争性环节市场化改革任务基本完成，监管体制机制进一步健全，国家骨干网络安全可靠性进一步增强。建立更为完善的民生商品价格稳定机制，确保价格波动对低收入群体的影响最小化。进一步优化公共服务价格政策，确保公共服务的普及性和可负担性。

到 2035 年，与基本实现现代化相适应的价格体制机制基本建成。竞争性领域和环节的价格完全由市场机制决定，对网络型自然垄断行业的价格形成机制进行持续优化。建立更为完善的民生商品价格稳定机制，保障基本生活必需品的供应和价格稳定。公共服务价格政策实现精细化管理，确保公共服务的质量和效率。国际价格体系协调与合作进一步加强，国内价格政策的国际竞争力和影响力进一步提升。

到 2050 年，与基本实现现代化相适应的价格体制机制成熟定型。所有竞争性领域和环节的价格完全由市场供求关系决定，政府监管者和市场秩序维护者的角色得到充分发挥。价格调控机制确保民生商品和服务价格稳定，公共服务价格政策进一步优化，满足不同地区、不同群体服务的普及性、可及性和质量需求。我国在全球价格体系中的领导力和影响力进一步增强，推动建立公平合理的国际价格秩序。

四、进一步全面深化价格改革的重点任务

聚焦 2035 年基本实现社会主义现代化、2050 年全面建成社会主义现代化强国等目标任务，围绕使市场在资源配置中起决定性作用和更好发挥政府作用，应以改革创新为动力，全面深化价格改革，加快完善主要由市场决定的价格机制。具体来看，包括不断完善价格监测调控手段，促进创新和技术进步；完善价格引导资源合理流动有效配置机制，促进协调发展；深化能源价格改革，助力推动绿色发展；持续推进公共服务领域价格改革，改善民生福祉。其中，要特别注意强化对能源、矿产、粮食安全等关键领域的价格体制机制改革，为提升经济发展韧性提供基础支撑。

（一）进一步完善粮食、能源、矿产安全等关键领域的价格体制机制

1. 不断完善维护粮食市场稳定的价格体制机制

一是持续完善农产品价格形成机制。持续完善农业补贴制度，针对小农户和关键粮食作物实施精准补贴，不断完善粮食最低收购价政策，健全种粮农民收益保障机制，推动粮食等重要农产品价格保持在合理水平，保障农民收入。**二是加强农产品价格监**

测预警。及时收集和分析国内外粮食市场数据，加强价格监测与数据采集，建立全面、准确、及时的价格数据库。完善价格预测模型和预警指标体系，利用大数据、人工智能等技术手段，精准分析市场变化，提高对价格走势的预见性和快速反应能力，为政策制定提供依据。同时，强化市场预期管理，通过公开透明的信息发布、政策解读等方式，引导市场主体形成理性预期，减少市场恐慌和过度投机行为。**三是提升储备调节效能**。建立健全政府储备与社会储备、常规储备与临时储备、实物储备与能力储备相结合的多元储备体系。定期评估储备规模、结构和布局，适时调整储备策略，确保储备在关键时刻能发挥平抑市场价格的作用。

2. 针对能源、矿产安全完善价格体制机制

一是完善资源储备与价格平抑机制。构建能够根据供需变化、技术进步和环境政策调整的价格机制，以适应不断变化的国内外市场条件，促进重要能源、矿产品安全供应和价格基本稳定。通过补贴、税收优惠或配额制度等激励措施，支持可再生能源的开发和使用，以及提高能源效率的技术创新。**二是强化长期规划与风险管理**。各级政府及相关企业应制定长期能源战略，考虑价格波动和供应中断的风险，建立储备和多元化供应来源，减少对外部市场的依赖。**三是加强国际合作**。在全球范围内推动能源价格机制的协调和一致性，特别是在跨国能源交易中，促进国际能源市场的稳定和可持续性。

（二）持续推进网络型自然垄断环节价格改革

1. 推进重点行业自然垄断环节独立运营和竞争性环节市场化改革

推进能源、铁路、电信、水利、公用事业等行业自然垄断环节独立运营和竞争性环节市场化改革。统筹推进自然垄断环节独立运营和加强自然垄断环节监管，推动重点行业自然垄断环节在国家监管下独立运营。推动自然垄断环节业务与竞争性环节业务分离，对于暂不具备条件的自然垄断环节业务实行独立核算。有效规范经营自然垄断环节业务企业的经营范围，建立对经营自然垄断环节业务企业履行使命功能的评价制度①。**在电力价格方面**，加快建设全国统一电力市场体系，推动市场规则统一、监管公平公正、多层次市场协同运作，各类经营主体通过全国统一电力市场实现灵活自由竞争，促进电力资源在更大范围优化配置。深化省内中长期市场连续运营，推动中长期市场分时段形成价格并开展结算。有序扩大现货市场建设范围、加快区域电力市场建设，持续优化省间交易机制，优化储能、虚拟电厂等新兴市场主体参与电力现货交易程序，推动更多新能源参与现货市场结算。完善辅助服务市场机制，增加体现系统灵活调节价值的备用、爬坡等辅助服务交易品种。**在石油天然气价格方面**，持续完善石油天然气市场化定价机制，放开非居民用气门站价格，逐步实现由市场主导定价，反映供求关系和资源稀缺性。对居民用气实施阶梯价格制度，兼顾民生保障和价格激励作用。完善管道运输价格形成机制，规范成本监审，设定合理的收益率上限。强化

① 党的二十届三中全会《决定》学习辅导百问［M］. 学习出版社，党建读物出版社，2024.

市场竞争，放开上游勘探开发和进口环节，引入多元化市场主体，增加供应来源，促进市场竞争。鼓励下游分销市场的公平竞争，打破垄断，允许更多民营企业进入。加快完善推进价格联动机制，完善与国际市场价格挂钩的动态调整机制，使国内价格更好地反映国际市场变化。**在铁路、公路等道路运输价格方面**，推动运价由政府定价逐步转向政府指导价，甚至完全市场定价，赋予运输企业更大的定价自主权，使其能够根据市场需求、运营成本、市场竞争状况等因素灵活调整运价。建立铁路与公路运价的合理比价关系，确保两种运输方式间保持竞争力，避免因运价差异过大导致市场失衡。考虑运输距离、货物种类、服务质量等因素，实施差异化定价策略，对不同运输距离、货物类型、服务等级设定不同的运价，体现运输服务的价值差异。鼓励价格竞争与公平，通过改革打破垄断，引入竞争机制，允许不同运输主体在一定范围内自由定价，通过市场竞争形成合理运价。**在电信价格方面**，推动可以独立运营的单元从整个行业体系中分离出来，在开放性竞争业务准入方面引入市场化竞争机制，允许更多的市场主体与电信业龙头企业公平竞争，激发电信行业企业活力，提升服务质量和运行效率。**在水利价格方面**，推进用水权市场化交易改革，加快用水权初始分配，推进用水权市场化交易，健全完善交易平台，加强用水权交易监管。

2. 健全自然垄断环节价格监管体制机制

对自然垄断环节开展垄断性业务和竞争性业务的范围进行监管，防止利用垄断优势向上下游竞争性环节延伸。明确自然垄断环节监管范围和重点，加强与市场监管、行业监管、国资监管的贯通协同。进一步健全监管制度体系，加强监管能力建设，加强对网络型自然垄断环节的国企落实国家重大战略和规划任务、履行国家安全责任、履行社会责任、经营范围和经营行为等方面的监管。密切关注自然垄断领域市场竞争状况，统筹推进自然垄断领域竞争监管执法，促进行业规范健康发展。系统研究水、电、气、热等自然垄断领域竞争特点，强化重点行业市场竞争状况评估，加强实践调查和理论研究，不断提升反垄断监管执法能力水平。

（三）不断完善价格监测调控手段，促进创新和技术进步

1. 完善创新导向的价格激励机制

一是提高创新产品市场准入与定价自主权。对于具有自主知识产权的创新产品，简化市场准入流程，允许企业在一定时期内享有自主定价权，以覆盖研发成本并获取合理回报。加大对高新技术企业、研发机构及科研人员的税收优惠力度，实施研发费用税前加计扣除政策，降低创新成本，调动研发投入的积极性。**二是优化科技资源配置的价格机制**。改革科研项目经费管理方式，提高经费使用的灵活性和效率，推动大型科研仪器、实验设施等资源的开放共享，通过合理的价格机制促进资源的高效利用，降低科研成本。通过政府补贴、税收优惠等方式，鼓励企业、高校和科研机构之间的合作研发，对合作项目给予价格上的倾斜和支持。

2. 推动反垄断法规的更新与制度建设

与时俱进细化完善确保法律法规，适时修订《反垄断法》等相关法律法规，创新

监管方式与手段，完善针对新经济新业态特性的价格监管条款，填补法律空白，为有效监管提供坚实的法制基础。强化个性化、动态化定价应对措施，采用具有一定灵活性和前瞻性的监管政策，适应市场创新。通过发布行业合规指南，提供合规指引与行政指导，引导企业自我规范价格行为，预防价格违法风险。加强社会共治与信用监管，利用社会力量参与监管，如消费者评价、第三方评估等，结合信用体系建设，对企业实行守信激励和失信惩戒，形成多元化的监管合力。

（四）完善价格引导资源合理流动的有效配置机制，促进城乡区域协调发展

1. 推进水资源价格改革

一是优化居民阶梯水价制度。推行阶梯水价与超定额累进加价制度，对超出定额部分实行累进加价，激励用户节约用水，抑制不合理用水需求。同时，对再生水、雨水等非常规水源给予价格优惠，鼓励水资源循环利用。推进节水设备与技术补贴，通过价格政策引导和支持节水设备与技术的研发、推广和应用，如给予节水设备购置补贴、节水改造项目贷款贴息等，降低节水成本，提高全社会节水意识。**二是加强水资源管理与保护。**积极推进将水环境治理成本纳入水价，将污水处理、水源地保护、地下水超采治理等成本纳入水价构成，通过价格机制筹集资金，支持水环境治理和水资源保护工作。加快完善水生态补偿价格机制，在生态脆弱地区和重要生态功能区，通过水价政策实施水生态补偿，如设立生态用水专用基金，用于水源涵养、湿地保护、生态修复等项目，维护区域水生态安全。**三是加强水价成本监审。**确保水价制定基于真实、合理成本，提高水价决策的科学性和透明度，接受社会监督。不断完善价格听证与公众参与机制，广泛开展水价听证会，听取社会各界意见，确保水价政策反映各方利益诉求，提高水价政策的社会接受度。

2. 完善部分公益领域服务保障机制

继续加强对公益领域服务的成本核算，包括直接成本、间接成本以及机会成本，根据市场供需变化和成本变动，定期调整价格，确保价格合理且能覆盖真实成本。对于涉及民生，特别是公益性质的道路运输服务，如公共交通、特殊群体优惠服务、通勤、城乡公交、农村客运、扶贫线路等，需要着力保持价格基本稳定，确保其可负担性和普遍可达性。

（五）深化能源价格改革，助力推动绿色发展

1. 持续深化新能源输配电价改革

合理确定输配电价，确保电网企业在承担新能源并网、消纳等任务时获得合理收益，同时避免向消费者转嫁过多成本，实现新能源基础设施投资的社会公平负担。加快完善分布式能源定价，针对分布式新能源，如屋顶光伏、微电网等，设计适应其特性的上网电价、售电价格和交易规则，鼓励分布式能源的分散式、就近消纳。加快完善促进电网接纳与消纳相关机制。制定合理的辅助服务价格政策，对新能源发电提供的调峰、调频、备用等服务给予经济补偿，激励其参与电力系统运行优化，解决新能源大规

模接入带来的电网稳定性问题。建立储能设施的成本回收机制，通过容量电价、峰谷电价差、储能服务费等方式，引导储能投资，提高电网对新能源电力的接纳和消纳能力。

2. 加快完善碳定价机制

加快引入碳税、碳交易机制，将碳排放成本纳入能源价格体系，使新能源相对于传统化石能源更具竞争优势，引导能源消费结构向清洁、低碳方向转变。通过绿色认证体系，为新能源产品赋予环境价值，允许其在市场中享有“绿色溢价”，体现其在减少环境污染、应对气候变化方面的贡献。积极参与全球碳定价体系，在国际碳定价合作框架下，推动国内价格政策与国际碳市场接轨，充分利用国际碳金融工具，吸引外资参与国内新能源项目投资。

（六）持续推进公共服务领域价格改革，改善民生福祉

1. 加快推进医疗卫生服务价格改革

适应老龄化社会对复杂慢性病管理和高质量医疗服务的需求，调整医疗服务价格体系，引导医疗资源向老年群体特殊需求倾斜。针对老年人群的特殊医疗服务，如长期照护、康复治疗、居家医疗等，研究制定针对性的价格政策，考虑其服务成本较高、需求刚性强的特点，适当提高相关服务项目的定价，同时通过医保报销政策、长期护理保险等途径减轻老年人经济负担。将医疗服务价格改革与医保支付方式改革紧密结合，如推行按病种付费、DRGs 付费（按疾病诊断相关分组付费）、门诊共济等支付方式，以医保支付标准引导和约束医疗服务价格，控制医疗费用不合理增长，同时保障老年患者得到适宜且经济有效的医疗服务。针对基本公共卫生服务、老年慢性病管理等公共服务领域，加大财政投入，确保基层医疗机构有能力提供低价或免费的基础医疗服务。对经济困难的老年人，通过医疗救助、政府补贴等形式，减轻其在医疗服务价格改革中的经济压力。积极鼓励社会力量参与，丰富供给模式。通过价格政策引导和支持社会力量兴办各类养老服务机构和医疗机构，提供多样化的老年健康服务。对于非公立机构，实行市场调节价为主，同时强化行业自律和市场监管，确保价格合理、透明，形成竞争有序的市场环境。

2. 不断健全价格补贴联动机制兜住民生底线

把握好改革的时机、力度，充分研究论证社会承受能力，做好风险评估，完善配套民生保障措施。逐步扩大保障对象范围，在继续保障低保对象、特困供养人员等群体的基础上，逐步将更多困难群体纳入价格补贴保障范围。完善补贴标准，根据价格涨幅和困难群体实际生活水平，合理确定补贴标准，确保补贴能够切实缓解物价上涨对困难群众基本生活的影响。提高补贴发放速度和效率，优化补贴发放流程，提高发放效率，不断优化完善社会救助和保障标准与物价上涨挂钩联动机制，确保在价格涨幅超过一定阈值时，及时将补贴发放到困难群众手中。

第三篇

健全推动经济高质量发展体制机制专题

全面深化数据要素市场化配置改革，支撑培育发展新质生产力

习近平总书记强调，发展新质生产力，必须进一步全面深化改革，形成与之相适应的新型生产关系[①]。数据是由新一轮科技革命和产业变革浪潮催生的重要新兴生产要素。我国是全球第一个将数据确立为生产要素的国家。改革开放以来，我国已开展了自主性、渐进式的数据要素市场化改革探索。特别是党的十八大以来，我国加快完善数据要素市场化改革的政策保障、法律法规、标准规范等保障体系，建立起数据要素基础制度体系的“四梁八柱”，推动数据要素市场生态不断丰富完善，初步积累了数据要素市场改革的一些经验和做法。进一步全面深化改革进程中，世界百年未有之大变局加速演进，数据成为中国式现代化外部环境中最为关键的决定性要素，成为中国式现代化本体结构中最具前瞻性的基础要素，数据要素市场化改革面临着国际国内新形势和新要求，亟待解决体制机制不健全、供给侧结构性矛盾突出、生态体系不完善、治理能力有待提升、发展基础有待优化等问题。党的二十届三中全会要求，建设和运营国家数据基础设施，促进数据共享。加快建立数据产权归属认定、市场交易、权益分配、利益保护制度，提升数据安全治理监管能力，建立高效便利安全的数据跨境流动机制。这对我们加快数据要素市场化配置改革提出了新要求、新任务。围绕完成2035年远景目标、全面建成社会主义现代化强国等目标要求，未来一段时期内，要以习近平新时代中国特色社会主义思想为指导，准确把握进一步全面深化改革的基本原则和总体目标，深入贯彻落实党中央关于全面深化改革部署要求，坚持以制度建设为主线，加快探索完善数据产权制度、数据流通规则、市场化配置机制和安全治理机制，为全面建设数字中国、网络强国奠定坚实基础，为全面实现中华民族伟大复兴中国梦提供强大助力。特别是要加快构建数据安全合规有序跨境流通机制，探索建立跨境数据分类分级管理机制，探索数据跨境双向有序流动机制。

一、数据要素市场化配置改革46年的主要历程、基本经验与伟大成就

生产要素是不断演变的历史范畴。农业经济时代，土地和劳动力是最重要的生产要素。在工业经济时代，资本、技术、管理等成为关键生产要素。随着数字经济时代的到来，数据成为新的生产要素，是基础性资源和战略性资源，也是重要的生产力要素。在数据要素市场发展和改革探索中，我国率先探索建立起数据要素市场改革基础

---

① 金观平．深化改革形成新型生产关系［N］．经济日报，2024-02-12.

制度体系的“四梁八柱”，改革的基本方向进一步明晰，但也暴露出诸多现实性难点卡点。党的十八大以来，我国数据要素市场化配置改革在制度环境、市场和产业生态、关键核心技术等领域取得了积极进展，初步积累了数据要素市场改革的一些经验和做法。

（一）数据要素市场化配置改革的主要历程

数据作为新兴生产要素，中国较早地开展了自主性、渐进式的数据要素市场化改革探索。然而，数据要素市场作为一种新生事物，在国内尚处于探索初期，仅有少量学者进行了理论研究。以数据在国民经济中的战略意义为基础，依据数据在经济社会发展的渗透程度，梳理不同时期政策决策方向和市场发展状况，结合信息化和数字经济发展阶段，可以大致将数据要素市场发展和改革的历史进程分为以下三个阶段。

1. 第一阶段（20 世纪 80 年代初至 1992 年），国家信息化事业开局起步，信息、技术、数据等要素对经济社会的重要作用开始显现

改革开放初期，党中央、国务院敏锐洞察全球科技革命和产业变革趋势，以改革开放为核心议题，较早地开展了国家信息化部署。这一时期，电子信息技术的应用已经广泛地渗透到国民经济和军事应用的各个方面，信息已经成为现代经济的一种资源，数据要素的价值蕴藏于信息、技术等新兴要素市场的土壤之中。

一是国家信息化事业实现开局起步。1978 年 12 月，党的十一届三中全会胜利召开，开启了改革开放的伟大征程，也为我国电子和信息事业发展注入了新的活力。此后，邓小平同志作出“开发信息资源，服务四化建设”“计算机普及要从娃娃做起”等重要指示，反复强调信息对于国家在世界竞争与发展中的重要作用，这标志着国家信息化事业开局起步已经具备了重要的战略基础。

二是信息化布局纳入经济体制改革重点。1979 年，国务院专门成立了国家电子计算机工业总局，后于 1982 年并入新组建的电子工业部，履行对电子信息产业的主管部门职责，同时由邮电部作为全国通信行业的行政管理部门，初步构建起国家信息化建设的行业管理格局。1984 年，党的十二届三中全会召开后，国务院决定将电子和信息产业的服务重点转向发展国民经济、为整个社会生活服务、加快电子信息技术普及与改造传统行业相结合。同年，国务院成立电子振兴领导小组，国家计委成立了信息管理办公室，标志着我国信息化建设步入“快车道”。1986 年，我国制定以信息化自动化技术等为重点的高新技术研究发展“863”计划，信息技术被列为最重要的战略性技术之首，这成为我国信息网络技术发展的第一项重大战略指导性规划。

三是我国正式融入全球信息社会。1987 年，我国在北京成立第一个互联网接入点，标志着我国融入全球信息社会的开始。9 月 20 日，钱天白教授发出中国第一封 E-mail 邮件“Across the Great Wall we can reach every corner in the world.”（意为：越过长城，走向世界），由此揭开了中国人使用 Internet 的序幕。

不过，这一时期信息技术创新和应用局限于局部性、机构性的推广，通过影响组织的生产或服务效率影响社会，还未对经济社会发展和人民生产生活产生直接广泛

影响。

2. 第二阶段（1993—2012 年），互联网商业服务大爆发，数据作为重要生产要素的勃兴期

从 20 世纪 90 年代开始，互联网开始了大规模商用进程，以互联网为特征的网络和信息技术深度融入国民经济和社会发展进程。伴随人类社会的数字化进程明显加快，渗透和应用于各领域的数字技术快速迭代，世界主要大国已经进入数字社会飞速发展的初期或中期阶段。这一时期，以互联网应用为主要特征的网络化带来大规模数字化浪潮，信息、数据呈爆发式增长态势，为数据要素市场的形成与壮大提供了丰厚的土壤。

一是互联网时代驱动信息化产业变革。1993 年，国务院信息化工作领导小组拟定《国家信息化“九五”计划和 2010 年远景目标（纲要）》，提出了下一步国家信息化建设的基本目标、主要任务、重点工程和保障措施。此后，我国电子工业和信息技术步入产业化发展跃升阶段，信息、技术、数据等要素开始快速向生产生活方方面面广泛渗透。1994 年，互联网接入商业服务出现，为数字社会的发展培育了基础土壤。这一年，我国正式被国际上承认是接入 Internet 的国家，标志着我国正式步入互联网时代，即将开启“大爆发”的黄金机遇期。“十五”时期，我国相继出台《国家信息化指标构成方案》《“十五”信息化发展重点专项规划》《信息产业“十五”计划纲要》，全国信息化工作形成体系。2003 年，中国下一代互联网示范工程启动，我国成为世界下一代互联网研究与建设的重要参与者。2005 年，国务院发布《国家中长期科学和技术发展规划纲要（2006—2020 年）》，标志着数字化和智能化改造纳入国家顶层设计。

二是国家信息化催化机构改革步伐。20 世纪 90 年代中后期是我国计算机应用高速普及的时期，信息和数据在国民经济和社会发展中的重要意义进一步凸显。针对发展进程中的问题，以机构改革为标志的各项改革工作纵深推进。1993 年底，国家经济信息化联席会议成立，并正式启动国民经济信息化的起步工程——“三金工程”，即金桥工程、金关工程和金卡工程。1996 年，国务院成立国务院信息化工作领导小组。1998 年，国务院成立信息产业部，统筹管理信息制造业、通信业和软件业。1999 年，国务院成立国家信息化工作领导小组，并相继改组成立了中国网通、中国电信、中国联通公司，信息产业国家队入场，首次将竞争机制引入我国电信市场。2001 年，党中央、国务院重新组建国家信息化领导小组，中央对信息化建设的重视达到新高度。2006 年，中央人民政府门户网站开通，政务数字化迈上新台阶。2008 年大部制改革中整合相关部门职能，组建工业和信息化部，并启动深化电信体制改革，我国工业和信息化领域管理机构职能进一步理顺。2011 年 5 月，国家互联网信息办公室正式设立，标志着我国互联网信息服务和管理工作进入新阶段。

三是优化立法管理护航数字化进路。随着互联网商业服务催生数据量呈指数级快速膨胀，利用数据集进行信息分析和知识挖掘的需求不断增长，围绕网络信息立法管理走向深化。1994 年，国务院发布《计算机信息系统安全保护条例》，成为我国网络信息安全领域的第一部行政法规。2000 年，第九届全国人大常委会第十九次会议通过

《全国人民代表大会常务委员会关于维护互联网安全的决定》，这是我国第一个维护网络安全的法律决定，标志着我国网络信息相关立法纳入国家顶层设计。2000 年，《电信条例》发布，这是我国第一部管理电信业的综合性法规，标志着中国电信业发展步入法制化轨道。同年底，全国人大常委会通过《关于维护互联网安全的决定》，这是我国最高立法机构首次针对互联网制定的立法文件。2004 年，《电子签名法》颁布，标志着我国信息化立法体系进一步完善。

这一时期，互联网创业浪潮崛起，大型互联网企业迅速崛起，商业服务更加多元化、个性化、品质化，网络、信息、数据作为生产要素，在国民经济和社会生活中的地位和作用显著地凸显出来。

3. 第三阶段（2012 年至今），从顶层设计到落地实践，数据要素市场化改革的集中推进期

党的十八大以来，以习近平同志为核心的党中央高度重视数据要素发展，推动数据要素市场化改革正式纳入国家顶层设计和重大战略布局，指导各地围绕数据要素市场改革开展了一系列卓有成效的改革探索，数据要素市场从无到有、从有到优并持续发展壮大，带动经济社会发展迈入高质量发展轨道。

一是数据成为国家基础性战略资源。2012 年 3 月，国家发展改革委等七部门制定《关于下一代互联网“十二五”发展建设的意见》，提出“十二五”期间，互联网普及率达到 45%以上，IPv6 宽带接入用户数超过 2500 万的目标。这一年，移动互联网用户首次超过 PC 用户，中国网络购物规模直逼美国，成为全球互联网第二大市场。2014 年 2 月，中央网络安全和信息化领导小组成立，成为我国从网络大国迈向网络强国的重要标志。2015 年，国务院发布《促进大数据发展行动纲要》，首次做出“数据已成为国家基础性战略资源”的论断，明确强调了数据作为基础性战略资源的定位。同年发布的《中共中央关于制定国民经济和社会发展第十三个五年规划的建议》提出，“拓展网络经济空间，推进数据资源开放共享，实施国家大数据战略，超前布局下一代互联网”。这是我国第一次将大数据上升为国家战略。这一时期，以互联网、大数据、云计算等新一代信息技术大规模普及为驱动，数字经济和大数据产业高速发展，全球数据总量飞速增长，数据成为生产要素的基础条件已经具备。此后，中共中央政治局就实施国家大数据战略进行了两次集体学习。截至 2018 年底，中国各地已经实施了 100 多项大数据相关的政策文件，有 30 多个地方成立了专门的大数据管理机构，10 多个省市设立了大数据产业专项发展基金。2017 年 12 月，习近平总书记在中共中央政治局第二次集体学习时强调，要构建以数据为关键要素的数字经济。2018 年深化改革方案中，设立中央网络安全和信息化委员会。

二是数据要素市场化改革拉开大幕。党中央、国务院多次在政策文件中围绕数据要素市场培育与数据要素价值发挥作出战略部署。2019 年，党的十九届四中全会首次将数据增列为生产要素。2020 年，中共中央、国务院印发《关于构建更加完善的要素市场化配置体制机制的意见》，首次提出要加快培育数据要素市场，为进一步发挥数据生产要素的作用指明了方向。是年，党的十九届五中全会提出推进数据要素市场化改革。2021 年，第十三届全国人大常委会第二十九次会议通过《数据安全法》，这是我国数据安全领域的基础性法律，建立数据分级分类管理制度、重要数据境内存储与出境评估制度、风险监测预警和应急处置、数据安全审查等重要制度，构成了新形势下加快数据要素市场化配置、维护数字要素主权的法制屏障。2022 年，党的二十大报告不仅强调深化要素市场化改革，还将数据纳入国家安全保障体系建设。2022 年 4 月，中共中央、国务院印发《关于加快建设全国统一大市场的意见》，提出加快培育统一的技术和数据市场。

三是数据基础制度从顶层设计到落地成型。2022 年 12 月，中共中央、国务院正式发布《关于构建数据基础制度更好发挥数据要素作用的意见》（“数据二十条”），从数据产权、流通交易、收益分配、安全治理四个方面统筹推进数据基础制度体系建设，具有里程碑式的重要意义，标志着我国数据要素市场建设正式进入了从顶层设计到机制落地的新阶段。2023 年 2 月，中共中央、国务院印发《数字中国建设整体布局规划》，部署畅通数据资源大循环，构建国家数据管理体制机制，推动公共数据汇聚利用，释放商业数据价值潜能，加快建立数据产权制度，开展数据资产计价研究，建立数据要素按价值贡献参与分配机制。2023 年 3 月，新一轮党和国家机构改革组建国家数据局，这标志着全国一体化的数据要素市场培育正式拉开帷幕。2024 年 7 月，党的二十届三中全会提出，健全数据等生产要素由市场评价贡献、按贡献决定报酬的机制。加快建立数据产权归属认定、市场交易、权益分配、利益保护制度，提升数据安全治理监管能力，建立高效便利安全的数据跨境流动机制。这也标志着数据作为关键性的基础生产要素，已纳入国家中长期改革发展大局。

（二）数据要素市场化配置改革的总体框架、基本方向、难点卡点

数据要素市场化配置改革的核心落点在于建立完善基础数据制度，不断完善数据产权制度、流通交易制度、收益分配制度和安全治理制度，从而打通数据要素大循环，推动数字中国建设和数字经济发展。目前，我国逐步建立起数据基础制度体系的“四梁 N 柱”，新一轮中长期数据要素市场化改革正朝着数据资源要素化、要素配置市场化、基础制度系统化、配置效率最优化、流通治理全球化等基本方向前行，同时也面临着体制机制不健全、供给侧结构性矛盾突出、生态体系不完善、治理能力有待提升、发展基础有待优化等问题亟待解决。

1. 总体框架

新一轮中长期数据要素市场化配置改革的关键着力点，是加快建立完善基础数据制度，围绕数据产权、流通交易、收益分配、安全治理等方面，加快构建更加系统完备、更加科学规范、更加运行有效、更具竞争优势的数据基础制度，从而为数据要素市场化配置和数字经济高质量发展创造更加良好的制度环境。

（1）建立完善数据产权制度，让数据资源变产权

一是探索数据产权结构性分置制度。第一，建立公共数据、企业数据、个人数据的分类分级确权授权制度。数据分级分类是实现数据管理精准化的客观要求。目前，

北京、上海、浙江、福建、广东等地已出台专门政策措施，加快形成了各类市场主体充分参与的“三元分类”、“三权”分置、“三级风险”等数据管理制度。如上海按照支持类、限制类、禁止类三个风险等级实施分级分类管理，在临港新片区探索制定低风险跨境流动数据目录，探索“一行业一清单”的正面清单模式。**第二，建立数据资源持有权、数据加工使用权、数据产品经营权等分置的产权运行机制。**这是我国在国际上率先提出的中国特色“三权”分置数据产权制度框架。**第三，推进数据产权登记新方式。**截至 2022 年底，国家知识产权局已确定在北京、上海、江苏、浙江、福建、山东、广东、深圳等 8 地，开展数据知识产权工作试点，作为改革“先遣队”从推动制度构建、开展登记实践等方面开展数据知识产权地方试点工作。

二是推进实施公共数据确权授权机制。第一，推动政府数据互联互通、开放共享。近年来，我国不断推进数字中国和数字政府建设，加强政府内部跨部门、跨地区政务数据的互联互通和资源整合，政务数据共享和公共数据开放政策体系和数据共享框架日趋完善。多年来，国家有关部门针对数据壁垒、信息孤岛等突出问题，持续推进将 6000 余项部门数据纳入政务数据共享范围。现阶段，我国已经形成了以“国家电子政务网站”为平台，促进各部委、省市政务数据共享的内部共享体系和以部委、地方政府为主体，对社会进行数据开放的外部数据开放体系。截至 2022 年底，我国已经有 208 个省级和城市的地方政府上线政府数据开放平台①。2023 年，全国一体化政务数据共享枢纽接入 53 个国家部门、31 个省（区、市）和新疆生产建设兵团数据，“一网通办”事项不断增加②。**第二，探索公共数据有条件有偿使用。**截至 2023 年底，已有 4 个国家部门、15 个省级数据管理部门探索公共数据授权运营。2023 年，我国公共数据开放量同比增长超 16%，授权运营初步探索，18.6%的平台企业和 51%的中央企业在数据开发利用过程中应用到政府开放数据，公共数据成为引领数据开发利用的催化剂。③ 各地推进探索各具特色的授权运营机制，逐步形成了几类不同的发展模式，如以浙江、安徽、贵州、成都、青岛等地为代表的“集中 1 对 1”模式，以北京市的金融公共数据专区为代表的“分行业的 1 对 N”模式，以广东、上海、武汉等地为代表的“分散的 1 对 N”模式④。

三是建立企业数据确权授权机制。第一，探索数据资产入表新模式。财政部发布《企业数据资源相关会计处理暂行规定（征求意见稿）》明确，企业可将符合会计准则要求的内部使用的数据资源确认为无形资产，日常活动中持有、最终目的用于出售的数据资源确认为存货。中国资产评估协会制定的《数据资产评估指导意见》已于 2023 年 10 月 1 日起正式实施，明确了数据资产评估的基本遵循、评估对象、操作要求、评估方法、披露要求。北京市已率先开展了数据资产登记评估入表试点，多家中小企业已经依据自己的数据资产获得了千万量级的贷款。**第二，推动数据产品标准化。**

---

① 国家网信办. 数字中国发展报告（2022）［R］. 北京：国家网信办，2023.

② 全国数据资源调查工作组. 全国数据资源调查报告（2023 年）［R］. 北京：全国数据资源调查工作组，2024.

③ 全国数据资源调查工作组. 全国数据资源调查报告（2023 年）［R］. 北京：全国数据资源调查工作组，2024.

④ 中国信通院. 数据要素白皮书（2023 年）［R］. 北京：中国信通院，2023.

有关部门和单位从数据产品、交易服务、交易保障、监管与治理等层面着手，积极构建数据产品交易标准体系，对于加强我国数据产品交易市场的标准化顶层设计将发挥重要作用。如天津市互联网金融协会组织编制《数据资产登记、存证、确权业务标准》团体标准，明确了数据资产登记、存证、确权业务的基本原则和要求。截至2023年底，我国96%的行业重点企业已实现数据场景化应用①。

四是建立健全个人信息数据确权授权机制。第一，规范对个人信息数据的处理活动。“数据二十条”明确，对承载个人信息的数据，推动数据处理者按照个人授权范围依法依规采集、持有、托管和使用数据，规范对个人信息的处理活动，不得采取“一揽子授权”、强制同意等方式过度收集个人信息，促进个人信息合理利用。**第二，探索由受托者代表个人利益，监督市场主体对个人信息数据进行采集、加工、使用的机制。第三，加大个人信息保护力度。**目前施行的《数据安全法》《网络安全法》《个人信息保护法》等相关法律法规，为数据安全和个人信息保护提供了坚实的法律保障。

五是建立健全数据要素各参与方合法权益保护制度。第一，充分保护数据来源者合法权益。各地积极推动基于知情同意或存在法定事由的数据流通使用模式，保障数据来源者享有获取或复制转移由其促成产生数据的权益。**第二，合理保护数据处理者的合法权益。**“数据二十条”明确提出，承认和保护依照法律规定或合同约定获取的数据加工使用权，尊重数据采集、加工等数据处理者的劳动和其他要素贡献。保护经加工、分析等形成数据或数据衍生产品的经营权，依法依规规范数据处理者许可他人使用数据或数据衍生产品的权利。有关部门正加快建立健全基于法律规定或合同约定流转数据相关财产性权益的机制。

（2）建立完善数据流通和交易制度，释放数据要素生产力

一是完善数据全流程合规与监管规则体系。第一，建立数据流通准入标准规则和质量体系。各地各有关部门加快建立数据分类分级授权使用规范，探索开展数据质量标准化体系建设，加快推进数据采集和接口标准化，促进数据整合互通和互操作。2024年5月，国家数据局推动24家数据交易机构发布《数据交易机构互认互通倡议》，数据交易机构将在未来一段时间内推进数据产品“一地上架，全国互认”；数据需求“一地提出，全国响应”；数据交易“一套标准，全国共通”；参与主体“一地注册，全国互信”，推动构建统一开放、活跃高效的数据要素市场。**第二，支持数据处理者依法依规在场内和场外采取开放、共享、交换、交易等方式流通数据。**目前，场外交易仍是数据交易的主要形式，场外点对点数据交易始终活跃，综合查询服务、金融、征信、广告、人工智能等各行业的场外数据交易情况，2022年场外数据交易规模约为1000亿元，是场内交易规模的50倍。各数据交易机构从不同角度发力，场内数据交易多元化探索不断取得突破，数商生态不断完善，2022年全年我国数据交易所交

① 中国信通院．数据要素白皮书（2023年）［R］．北京：中国信通院，2023.

易规模约在40亿元左右，其中活跃的数据交易机构已上架数据产品超12000种[①]。**第三，支持探索多样化、符合数据要素特性的定价模式和价格形成机制。**各地加快推动用于数字化发展的公共数据按政府指导定价有偿使用，企业与个人信息数据市场自主定价，分类探索资源化定价、资产化定价、资本化定价。目前，在定价方法上，我国已经探索形成平台预定价、固定定价、实时定价、协议定价和拍卖定价等方法。

二是统筹构建规范高效的数据交易场所。第一，统筹优化数据交易场所的规划布局。根据“数据二十条”部署，我国将统筹优化数据交易场所的规划布局，严控交易场所数量。**第二，出台数据交易场所管理办法。**建立健全数据交易规则，制定全国统一的数据交易、安全等标准体系，降低交易成本。目前，《上海市数据交易场所管理实施暂行办法》《深圳市数据交易管理暂行办法》《长春市数据交易管理办法》等政策法规的出台已为制定全国统一的数据交易规则奠定了坚实基础。**第三，引导多种类型的数据交易场所共同发展。**全国各地开启新一轮数据交易市场建设热潮。截至2023年底，全国已有19个省市建立了数据交易机构[②]。国家企业信用信息公示系统数据显示，截至目前，全国注册登记的各类数据交易机构有52家。第四，推进数据交易场所与数据商功能分离。通过技术和组织，各地积极完善数据流通交易的基础设施，为场内集中交易和场外分散交易提供低成本、高效率、可信赖的流通环境。

三是培育数据要素流通和交易服务生态。第一，培育一批数据商。我国加快在智能制造、节能降碳、绿色建造、新能源、智慧城市等重点领域，大力培育贴近业务需求的行业性、产业化数据商。目前，综合型、服务型、应用型、技术型等不同类别的数商企业，正成为积极对接高标准国际经贸规则的先行市场主体。截至2023年12月，我国数商企业超200万家，近十年的年均复合增长率超30%[③]。**第二，培育一批第三方专业服务机构。**我国正加快培育数据经纪人、数据商等。有序培育数据集成、数据经纪、合规认证、安全审计、数据公证、数据保险、数据托管、资产评估、争议仲裁、风险评估、人才培训等第三方专业服务机构。

四是构建数据安全合规有序跨境流通机制。第一，推进跨境数字贸易基础设施。我国加快打造数字贸易的基础设施，通过发展跨境物流、跨境支付、电子发票等来促进跨境电子商务发展，以通信基站、数据中心、光通信网络、海缆设备、跨境支付清算设施等为代表的数字新基建将成海外布局优先选项[④]。**第二，积极参与国际规则和数字技术标准制定。**我国积极利用联合国、WTO等现有多边机制，以及G20会议、“一带一路”国际合作倡议、金砖国家数字经济合作等平台，积极参与数据流动、数据安全、认证评估、数字货币等国际规则和数字技术标准制定。伴随数据跨境流动规模不断扩张，中美欧等90个世贸组织成员关于数字贸易规则谈判更趋深入，我国在数

---

① 中国信通院．数据要素白皮书（2023年）[R]．北京：中国信通院，2023.

② 全国数据资源调查工作组．全国数据资源调查报告（2023年）[R]．北京：全国数据资源调查工作组，2024.

③ 上海数据交易所．2023全国数商产业发展报告[R]．上海：上海数据交易所，2023.

④ 徐策，左登基．数字贸易：带动数字经济发展的关键抓手[N]．上海证券报，2024-05-08.

据跨境流动、数字贸易规则等领域谈判取得新突破[①]。**第三，探索建立跨境数据分类分级管理机制**。根据部署，我国将对影响或者可能影响国家安全的数据处理、数据跨境传输、外资并购等活动依法依规进行国家安全审查。按照对等原则，对维护国家安全和利益、履行国际义务相关的属于管制物项的数据依法依规实施出口管制，保障数据用于合法用途，防范数据出境安全风险。如北京正分步骤研究制定智能网联汽车、信息技术等重点领域的数据分级分类标准和重要数据目录。**第四，探索构建多渠道、便利化的数据跨境流动监管机制**。各地积极探索建立体系化的跨境数据流动制度规则和监管流程。如北京研究制定了个人信息出境安全评估内部工作指引、申报指南等文件。上海探索建立一套包括数据跨境流动申请、审核、传输、安全评估、监督检查、违规责任等在内的完整的监管流程。粤港澳大湾区开展珠澳信息安全和数据安全管理相关标准、规范的编制工作。

（3）建立完善数据要素收益分配制度，实现收益分配高效公平

一是健全数据要素由市场评价贡献、按贡献决定报酬机制。第一，构建公平、高效、激励与规范相结合的数据价值分配机制。“数据二十条”明确，我国将按照“谁投入、谁贡献、谁受益”原则，着重保护数据要素各参与方的投入产出收益，依法依规维护数据资源资产权益，探索个人、企业、公共数据分享价值收益的方式，建立健全更加合理的市场评价机制，促进劳动者贡献和劳动报酬相匹配。根据要求，有关部门和地方已开展数据资产计价研究，加快建立数据要素按价值贡献参与分配机制。**第二，实现不同环节相关主体之间的利益分配**。我国率先提出数据要素流通过程中的利益分配机制，即根据初次分配注重依托数据要素价值生成链，二次分配注重健全监管与激励机制相融合，三次分配注重激励社会主体参与建立长效运行机制。

二是更好发挥政府在数据要素收益分配中的引导调节作用。第一，逐步建立保障公平的数据要素收益分配体制机制。根据“数据二十条”部署，我国将更加关注公共利益和相对弱势群体。不断健全数据要素市场体系和制度规则，防止和依法依规限制资本在数据领域无序扩张形成市场垄断等问题。**第二，加大政府引导调节力度**。目前，我国正探索建立公共数据资源开放收益合理分享机制，允许并鼓励各类企业依法依规依托公共数据提供公益服务。推动大型数据企业积极承担社会责任，强化对弱势群体的保障帮扶，有力有效应对数字化转型过程中的各类风险挑战。**第三，提高社会整体数字素养**。有关部门积极统筹使用多渠道资金资源，开展数据知识普及和教育培训，着力消除不同区域间、人群间数字鸿沟，增进社会公平、保障民生福祉、促进共同富裕。

（4）建立完善数据要素市场治理制度，守好数据要素安全底线

一是创新政府数据治理机制。第一，持续完善数据安全治理架构。我国有关数据安全领域的相关立法加快推进，政府、企业、其他社会力量加快迈向协同治理。**第二，建立数据联管联治机制**。国家数据局于2024年10月25日揭牌运行，承担起统筹数字化发展和数据行业管理的职责使命。各地因地制宜推进改革，截至2024年4月，全国

① 朱岩，李晓东．2024年中国数字经济发展的十个趋势［N］．经济观察报，2024-01-16.

31 个省份和新疆兵团均完成机构组建，其中，独立设置机构的有 26 个，加挂牌子的有 6 个。各地数据工作机构职能进一步强化，北京等 21 个省份还将数字政府建设纳入数据工作范围，机构职能延伸到公共数据的生产和采集环节。大部分省份配套设立数据发展促进中心，组建数据集团，进一步加强组织保障，理顺数据管理、资源整合和开发利用的关系。总体来看，上下联动、横向协同的数据工作体系基本形成。**第三，建立健全数据流通监管制度。**目前，国家网信办 2023 年 9 月公布的《规范和促进数据跨境流动规定（征求意见稿）》已明确自由贸易试验区可自行制定本自贸区需要的数据清单负面清单，负面清单外数据出境，可以不申报数据出境安全评估、订立个人信息出境标准合同、通过个人信息保护认证。根据部署，我国将加快制定数据流通和交易负面清单，明确不能交易或严格限制交易的数据项。**第四，强化反垄断和反不正当竞争。**根据部署，我国将加强重点领域执法司法，依法依规加强经营者集中审查，依法依规查处垄断协议、滥用市场支配地位和违法实施经营者集中行为，营造公平竞争、规范有序的市场环境。

二是压实企业的数据治理责任。第一，鼓励企业积极参与数据要素市场建设。围绕数据来源、数据产权、数据质量、数据使用等，我国加快推行面向数据商及第三方专业服务机构的数据流通交易声明和承诺制。不同企业在各自领域加快探索数据交互机制，平台企业平均数据交互量为行业重点企业的 249 倍，各行业数据正逐渐向平台聚拢，成为行业领域的数据枢纽。中央企业平均数据交互量为行业重点企业的 42 倍，链主企业正在通过产业链协同赋能上下游企业，成为产业链数据枢纽①。**第二，推动企业合规发展。**有关部门严格落实相关法律规定，在数据采集汇聚、加工处理、流通交易、共享利用等各环节，推动企业依法依规承担相应责任。“数据二十条”明确要求，企业应严格遵守反垄断法等相关法律规定，不得利用数据、算法等优势和技术手段排除、限制竞争，实施不正当竞争。规范企业参与政府信息化建设中的政务数据安全管理，确保有规可循、有序发展、安全可控。**第三，建立健全数据要素登记及披露机制。**根据 2024 年第一季度财报数据，首批至少有 22 家 A 股上市公司在资产负债表中披露了“数据资源”数据，累计金额 14.77 亿元，涉及总金额达 7.61 亿元。首批数据资产“入表”上市公司中，有 13 家将数据资产计入“无形资产”，有 5 家计入“存货”，有 6 家计入“开发支出”。

三是充分发挥社会力量多方参与的协同治理作用。第一，建立数据要素市场信用体系。按照“数据二十条”部署，我国将逐步完善数据交易失信行为认定、守信激励、失信惩戒、信用修复、异议处理等机制。**第二，完善元数据管理、数据脱敏、数据质量、价值评估等标准体系。**2023 年 6 月，由中国经济体制改革研究会、中国经济改革研究基金会、中国电子信息产业集团有限公司共同组建的数据要素市场化配置综合改革研究院牵头研究编制的《数据要素市场化配置综合改革成效（数据要素活力指数）评估体系》标准发布，并于同年 7 月 1 日实施。

---

① 全国数据资源调查工作组．全国数据资源调查报告（2023 年）［R］．北京：全国数据资源调查工作组，2024.

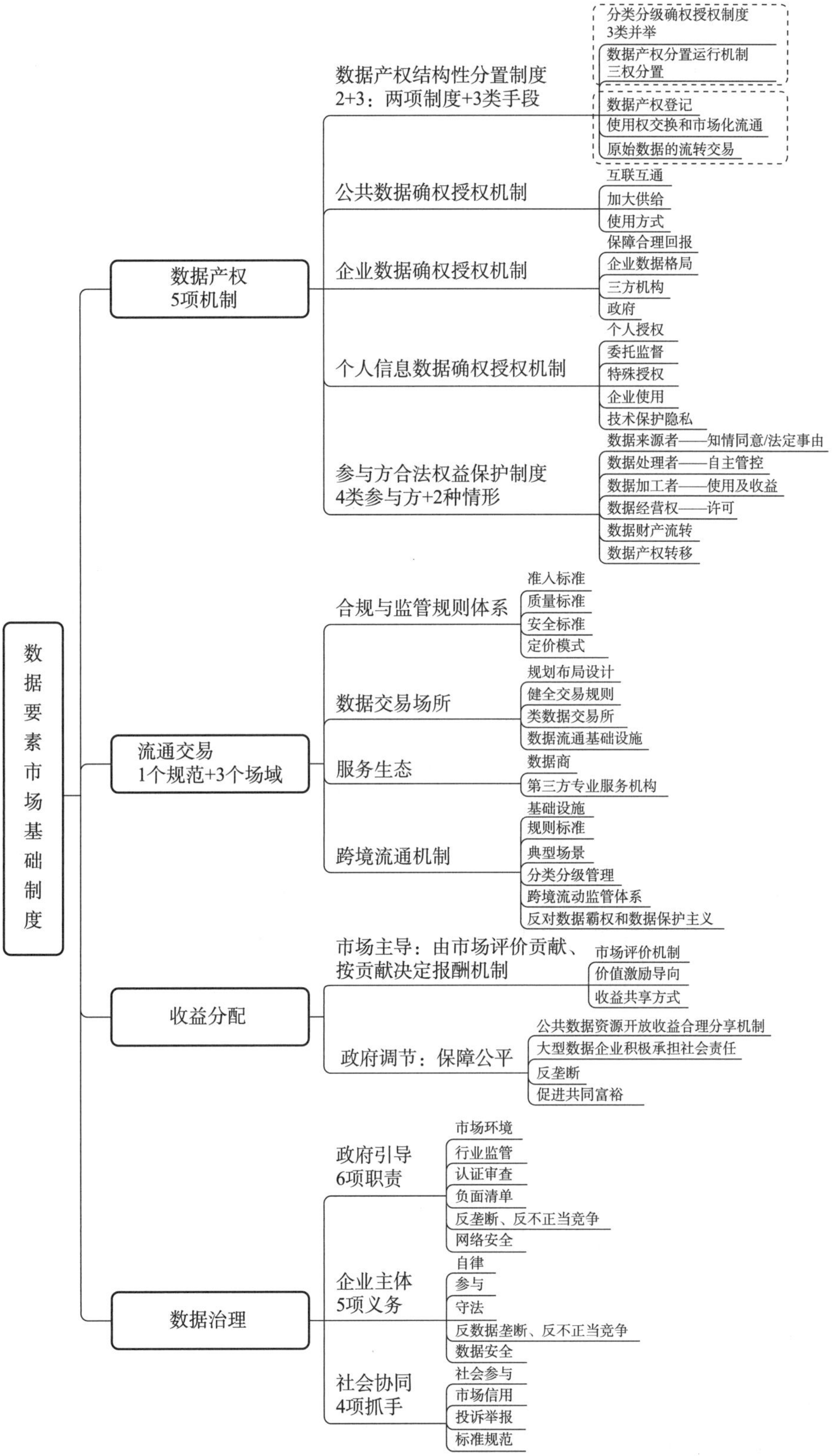

图 3-1　数据要素市场基础制度体系

2. 基本方向

立足数据要素市场化配置改革顶层设计和实践基础，我国新一轮中长期数据要素市场化改革正朝着数据资源要素化、要素配置市场化、基础制度系统化、配置效率最优化、流通治理全球化等基本方向前行。

（1）数据资源要素化

数据是国家基础性战略资源和关键生产要素，是发展新质生产力的重要基础。数据要素化，就是要推动数据资源通过市场化配置，实现数据作为生产要素在全社会范围内的广泛流通，使其全面进入社会化大生产过程①。全面深化数据资源要素化配置改革，关键着眼点就在于加快打通从原始数据到数据资源，再到数据要素的转化机制，形成与土地、劳动、资本等传统要素良性互动，全面发挥数据要素的倍增效应、乘数效应，高效赋能生产、分配、流通、消费和社会服务等各个环节，有效降低交易成本，形成规模经济和范围经济，提升配置效率和激励效率，从而大幅度提升全要素生产率②，进一步释放在经济、社会、文化、生态、治理、国际交往等各个领域的基础性要素功能，促进经济社会全方位数字化转型，推动新兴产业、未来产业发展，推动动力变革、效率变革、质量变革，发展新质生产力，实现高质量发展。

（2）要素配置市场化

全面深化数据要素市场化配置改革，就是要充分发挥市场在资源配置中的决定性作用，不断健全数据要素市场化运行机制，打通数据确权、数据定价、数据安全、数据运营等关键环节，贯通数据要素、数据资产、数据资本之间的转化路径，探索完善数据要素价格市场化改革，加快培育数据采集、清洗、标注、分析、存储、加工、流通、应用、安全等细分领域和关键环节，构建高水平数据交易平台和数商生态体系，建立起主体合规、规则清晰、功能完备、反应灵敏、运行高效的数据要素市场体系，引导培育大数据交易市场，让参与数据要素价值创造各环节的市场主体获得制度性激励，推动数据要素配置依据市场规则、市场价格、市场竞争实现效益最大化和效率最优化。

（3）基础制度系统化

坚持系统思维、战略思维，加快构建具有中国特色的数据产权制度体系，是我国未来数据要素市场化配置改革的整体方向。着眼数据要素市场长远发展的战略远景，立足制约数据要素市场化配置改革的难点堵点，加快建立“归属清晰、合规使用、保障权益”的数据产权制度，以促进数据合规高效流通使用、赋能实体经济为主线，以数据产权、流通交易、收益分配、安全治理为重点，深入参与国际高标准数字规则制定，加快形成政府监管与市场自律、法治与行业自治协同、国内与国际统筹的数据要素治理结构，构建适应数据特征、符合数字经济发展规律、保障国家数据安全、彰显创新引领的数据基础制度，充分实现数据要素价值、促进全体人民共享数字经济发展红

① 清华大学金融科技研究院．数据要素化 100 问［M］．北京：人民日报出版社，2023.

② 李涛，欧阳日辉．数据是形成新质生产力的优质生产要素［N］．光明日报，2024-04-24.

利，从而推动我国数字经济高质量发展，加快建设数字中国，助力实现中国式现代化。

（4）配置效率最优化

生产要素的高效率配置是实现生产力跃迁、形成新质生产力的必要条件。数据要素市场化配置改革，就是要突出重点和精准施策，通过系统构建基础数据体系，加快破解数据交易确权难、定价难、互信难、入场难、监管难等关键共性难题，提升对数据要素的挖掘分析和利用水平，使得生产主体能够从海量数据中挖掘有用有效的数据信息，为企业、行业、产业在传统要素资源约束下寻找“最优解”提供新路径，同时借助于以数据为纽带的人才、技术、资本、管理等创新要素的价值链联动，实现业务流程优化、服务水平提高、生产率水平提升，驱动生产要素从低生产率部门向高生产率部门转移，让生产要素不断流向效率更高、效益更好的环节，推动创新要素流向高生产效率、高边际产出的企业和行业，打通“信息孤岛”和“数据壁垒”，从而实现要素高效配置、最优配置。

（5）流通治理全球化

数据跨境流通、全球数字治理，是数字经济时代显著的时代特征。全面深化数据要素市场化配置改革，就是要持续建立完善国内与国际统筹的数据要素治理结构，打造具有国际竞争力的数字产业集群，积极发挥在数字贸易、数据流动、数据安全、数字税收、数字鸿沟等方面的全球数字经济治理规则引领力和主动作用，同时积极参与数据跨境流动国际规则制定，探索加入 DEPA 等多边国际数据跨境流动制度安排，推动与相关国家和经济体建立完善数据跨境流动双边多边协商机制，推进建立互利互惠的规则等制度安排，鼓励探索数据跨境流动与合作的新途径新模式。

3. 难点卡点

“任何一场改革都无先例可循”。① 对于处于起步探索期的数据要素市场化配置改革而言，更是如此，不仅国内是“前无古人”，即使放眼全球也绝无仅有。因而，改革的制度环境仍有待优化、供给侧结构性矛盾有待解决、数据要素产业生态有待培育、现代化治理能力有待提升、关联要素支撑能力有待优化等基础性问题率先浮出水面。

（1）改革的制度环境仍有待优化

一是数据基础制度有待落实完善。目前，我国数据产权、流通交易、收益分配、安全和监管等基础性法规制度尚不完善，数据的相关权利义务在法律性质、权利内容、权利归属等方面存在着诸多空白。数据资源的管理、定价、分配模式在法律层面尚无明确规定。**二是数据要素标准体系尚不完善。**围绕数据的基础支撑、数据标准、技术平台、数据管理、业务应用等方面的数据制度标准体系尚不完善。跨区域、跨部门、跨层级的协调机制和统一规范的数据流通规则尚未建立。**三是数据互联互通体系尚不健全。**“专网林立”“信息孤岛”“数据烟囱”等现象仍然存在，导致数据分散在各个部门无法打通，缺少统一平台，使得数据应用价值的发挥受到限制。

---

① 吴晓波．激荡三十年——中国企业 1978—2008［M］．北京：中信出版社，2008.

(2) 供给侧结构性矛盾有待解决

一是数据要素有效供给和优质供给相对不足。我国面临着数据产权不明、定价机制不清、流通机制不畅、公共数据开放应用水平较低等问题，公共数据开放缺乏市场激励机制，导致确权难、定价难、互信难、入场难、监管难等问题，制约市场功能的有效发挥。主要是政府数据开放不足，开放数据集规模仅为美国的1/9。同时，我国大部分企业尚未参与到数据交易流通，2022年参与交易流通的企业中，约87.67%的企业购买数据，33.32%的企业出售数据，数据供不应求①。**二是数据要素的供需结构不匹配。**经济社会发展对高质量、高价值数据要素的迫切需要与不平衡不充分的数据要素供给之间的矛盾日益突出，这主要表现在数据质量差、数据不规范、数据违规采集和使用、数据安全等方面，影响了供给质量和供给效率。2023年，各类数据交易所需求方是供给方的1.75倍，数据产品成交率为17.9%，数据场内交易供需匹配率低。**三是数据价值挖掘相对不足。**调查发现，数据生产存储、流通交易、开发利用过程中的数据量降幅较大，能支撑人工智能训练的数据资源较少，数据价值仍需进一步挖掘。2023年，全国数据产存转化率为2.9%，海量数据源头即弃。企业一年未使用的数据占比为38.93%，大量数据被存储后不再被读取和复用。开展数字化转型的大企业中，实现数据复用增值的仅有8.3%，数据价值挖掘任重道远。开展产业链协同应用的企业占比不足20%，通过产业链数据实现风险预测的应用占比约为10%。② 中国信通院对我国部分企业样本的测算结果显示，2022年农业数据贡献度仅为0.32%、工业为0.65%、服务业为1.69%，数据价值化发展存在诸多难题③。

(3) 数据要素产业生态有待培育

当前，我国数据要素市场生态体系仍处于起步发展期，各方普遍认为，数据要素市场还处于“做大蛋糕”阶段，数据流通交易的规模、效率、规则均有待提升④，面临诸多亟待解决的实际问题。**一是数据要素交易平台发展机制有待优化。**据监测，全国现有的数据要素交易平台中，约2/3的平台没有正常运营，其中部分处于停运状态，部分处于拟建设状态，还有部分尚未向市场开放交易信息⑤。国内主要数据交易平台实际运营情况均不理想，部分交易平台年实际发生交易量低于50笔⑥。同时，交易机构在标准、规则方面尚未达成共识，严重制约场内交易的规模和效益。**二是场内场外交易不均衡格局有待化解。**调查发现，2022年，我国场内数据交易规模仅占到整个数据交易规模的5%左右，场内数据产品有效供给不足。同时，交易机构数据产品成交率不高。27家交易所上架数据产品中仅有

---

① 余晓晖．充分释放数据要素价值　推动数字经济健康发展［EB/OL］．https：//www.ndrc.gov.cn/xwdt/ztzl/szjj/zjgd/202406/t20240607_1386753.html.

② 全国数据资源调查工作组．全国数据资源调查报告（2023年）［R］．北京：全国数据资源调查工作组，2024.

③ 余晓晖．充分释放数据要素价值　推动数字经济健康发展［EB/OL］．https：//www.ndrc.gov.cn/xwdt/ztzl/szjj/zjgd/202406/t20240607_1386753.html.

④ 栾婕．国新办“推动高质量发展”系列主题新闻发布会［EB/OL］．https：//www.ndrc.gov.cn/xwdt/ztzl/szjj/zcjd/202407/t20240724_1391921.html.

⑤ 李三希．数据要素市场建设：现状、问题和建议［J/OL］．人大国发院·政策简报，2024，13（174）.

⑥ 王建冬，于施洋，黄倩倩．数据要素基础理论与制度体系总体设计探究［J］．电子政务，2022（2）.

17.9%实现交易，数据场内交易活跃度较低。**三是流通交易的市场失灵问题亟待关注。**数据要素交易过程中，信息不对称、负外部性、数据垄断、协调失灵等问题开始出现。**四是专业第三方服务生态体系亟待培育。**如数据登记、合规公证、数据经纪、安全审计、资产评估、争议仲裁等专业服务，需培育完善专业的数商企业，以保障数据要素市场迈入高质量发展的轨道。

（4）现代化治理能力有待提升

一是数据管理组织体系有待完善。数据统筹协调、风险防控、市场监管和综合保障能力有待提高。国家数据局刚刚组建，部门数据职能体系亟待明确和细化，数据管理能力及数据质量的考核机制有待健全，各地数据要素统筹协调机制有待完善，数据管理机构改革任重道远。企业数据管理体制机制也面临市场空白，2023年，尚未建设数据管理系统的大企业比例为21.9%，实现规划管理的数据资源仍然较少。**二是公共数据开放共享有待推进。**受数据中心物理链接不充分、数据流通机制不健全、数据流通意愿不强烈等客观因素的影响，我国各行各业数据壁垒问题普遍，数据要素大多处于小范围共享、局部开放、少量被开发应用的境况，使得数据要素市场难以有效形成。数据流通受限，使得大量的数据“深藏闺中”，潜藏价值无法释放。无论是政府还是企业，对于数据无障碍流通都有一段较远的路要走。

（5）关联要素支撑能力有待优化

一是数据要素人才供给相对不足。相关数据显示，当前，数据要素人才总体缺口约在2500万~3000万，且缺口仍在持续放大，人才紧缺的情况预计会持续3~5年。据中国商业联合会数据分析专业委员会统计，未来5年中国基础性数据分析行业人才缺口将达到1400万①。**二是数据要素市场改革基础理论体系亟待完善。**数据作为生产要素参与分配研究是一个全新提法，亟待完善数据要素基础理论与制度体系总体设计，研究和探讨数据要素市场的运行机制和规律，以便为市场改革提供理论支持。**三是科技伦理和数字素养问题值得关注。**数据要素市场培育发展面临的伦理问题，主要体现在共享伦理的缺位、数据主义的激进以及个人数据权利与机构数据权力的失衡等方面②。数字素养问题主要体现在城乡居民数字素养差距较大、部分弱势群体数字素养有待提升等方面，有关调查显示，不同职业群体数字素养得分呈现巨大差异，企业管理者数字素养得分最高，达到63分，而农民数字素养得分最低，仅为18.6分。同时，老年人仍面临智能设备困难，调查显示，老年人应用使用与功能操作障碍占比达46.7%，系统设置与维护障碍占比41.2%③。**四是基础创新和关键技术有待突破。**尽管近年来国内关于数据技术的基础创新能力快速提升，但大多是基于国外开源产品的二次开发，原始创新能力尚待增强，必须抓住重点领域和关键环节，找准着力点和突破

---

① 中国商业联合会数据分析专业委员会．中国数据分析行业人才指数报告（2023年）［R］．北京：中国商业联合会数据分析专业委员会，2023.

② 刘云雷，刘磊．数据要素市场培育发展的伦理问题及其规制［J］．伦理学研究，2022（3）.

③ 国家工业信息安全发展研究中心．全面数字素养与技能发展研究报告（2022年）［R］．北京：国家工业信息安全发展研究中心，2022.

口，形成自主可控的大数据技术架构，并提高数据关键核心技术自主研发能力，为数据要素市场的安全运行拧紧“保险阀”。

（三）数据要素市场化配置改革的基本经验——46年的经验

数据要素市场化配置改革，历经国家信息化的孕育期、商业化服务的勃兴期和系统性改革的探索期，在解决顶层设计与基层创新、市场主导与政府引导、数据应用与数据安全、先行探索与协调发展等矛盾问题中，逐步探索出一条适合中国国情、富有中国特色、适应时代要求的改革发展之路。

1. 坚持顶层设计与基层创新同步推进

数据要素市场化配置改革以中央决策部署和战略安排为主导，同时也注重基层创新的推进，实现顶层设计与基层创新的有效结合，形成了一个富有活力且有序发展的市场环境。**在顶层设计方面**，中央及有关部门关于数据要素市场改革和发展的政策措施不断出台，注重制度建设、法治规范、政策保障和审慎监管，注重“立规矩”“建制度”“定方向”。**在基层创新方面**，数据要素市场化配置改革从开展改革试点，积累经验，再逐步推广，形成了从创新到应用的转化路径，瞄准“突破口”“创新点”“突破点”，形成了一批可复制可推广的经验模式。中国经济体制改革研究会等发布的《数据要素市场化配置综合改革白皮书（2023年）》显示，整体而言，北京、广东、浙江、上海等省市作为“头雁”已处于数据要素市场化配置综合改革全面深化期，同时涌现出德阳、温州、徐州、大理、郑州等改革先锋城市。浙江、上海、江苏、山东等多地出台数据相关条例，对数据赋能产业、数据安全保护等内容进行规制。这种顶层设计与基层创新的同步推进，为数据要素市场化改革提供了强大的动力。

2. 坚持市场主导与政府引导同步推进

数据要素市场化改革以市场发展为驱动，逐渐形成了“市场在资源配置中起决定性作用，政府积极发挥宏观调控作用”的发展格局。**在政府引导方面**，我国已形成以《数据安全法》《网络安全法》《个人隐私保护法》等为核心的法律法规体系，以及《数字中国建设整体布局规划》《“十四五”数字经济发展规划》《“十四五”大数据产业发展规划》等规划保障体系。**在市场主导方面**，鼓励企业、其他社会力量积极参与数据要素市场改革进程，发挥市场决定性作用和企业市场主体作用。根据工业信息安全发展研究中心的测算，2022年数据要素市场规模已突破900亿元，预计到2025年将达到近1750亿元。我国已成立53家数据交易所，各地数据交易所主要采取“国有资本+民营资本”共同持股的股权架构，运营方式为“国资入股、政府指导、市场化运营”。这种市场主导与政府引导同步推进的模式，既充分发挥了市场在资源配置中的决定性作用，又充分利用了政府在宏观调控中的作用。这种模式不仅有利于推动数据要素市场的快速发展，也有利于保护数据安全，防止数据滥用，为形成规范运营而富有活力的数据要素市场提供了有力保障。

3. 坚持数据应用与数据安全同步推进

一方面，注重加大数据应用方面，数据要素深入国民经济各个领域、产业链各个环节，中国还将加快构建全国一体化大数据中心体系，推进国家工业互联网大数据中心建设，数据要素深度赋能工业、服务业和农业生产，加速互联网、政府、金融和电信领域已经引领了大数据融合产业的高质量发展。**另一方面，注重守住数据安全底线**，出台实施《数据安全法》，这是中国在数据安全领域的上位法，为数据安全提供了基础法律依据。制定《关于促进数据安全产业发展的指导意见》等政策措施，以推动数据安全产业的高质量发展。并建立了数据分类分级保护制度，根据数据在经济社会发展中的重要程度以及一旦遭到篡改、破坏、泄露或者非法获取、非法利用，对国家安全、公共利益或者公民、组织合法权益造成的危害程度，对数据实行分类分级保护，建立了集中统一、高效权威的数据安全风险评估、报告、信息共享、监测预警机制和数据安全应急处置机制。两方面的推进，既展开了数据要素的覆盖广度和深度，又咬紧了数据安全的底线和红线，为数据应用与数据安全提供了有力的保障，也为数字中国建设和数字经济发展奠定了坚实的基础。

4. 坚持先行探索与协调发展同步推进

数据要素市场化配置改革，是一项系统全面的重大改革设计，既要注重守正，确保改革大方向不偏差，也要注重创新，确保改革真正有所突破。改革过程中，我国坚持一手抓先行探索，鼓励数据要素市场化配置改革基础较好的省市先行先试，试行大刀阔斧的改革措施，一手抓协调发展，支持不同地区、不同场景、不同方面根据自身条件纵深推进，确保改革大局整体向前、稳中有进。**一方面**，数据要素市场化配置改革中，北京、广东、浙江、上海、深圳等经济较发达的省市，充分利用市场、产业和资源优势，积极开展先行探索，已处于数据要素市场化配置综合改革全面深化期，东部地区和中部地区已成为数据要素市场化改革的“头雁”，长三角、珠三角、山东半岛城市群的改革步伐总体靠前，正加快带动全国形成一体化发展的良好态势。在数据基础制度建设、数据要素市场培育、数据要素安全治理等关键领域，涌现出德阳、温州、徐州、大理、郑州等一批改革先锋城市，创新成效显著。**另一方面**，针对数据资源“东边挤破头，西边利用低”和算力资源“东部不足、西部过剩”这一突出的东西分布结构性失衡局面，我国创新性地实施“东数西算”重大国家级算力资源跨域调配战略工程，统筹布局建设全国一体化算力网络国家枢纽节点，引导中西部利用能源优势建设算力基础设施，“数据向西，算力向东”，服务东部沿海等算力紧缺区域，解决我国东西部算力资源供需不均衡的现状。从监测结果来看，2023 年，西部地区新增数据中心的建设规模超 60 万机架，新开工数据中心项目投资增长 6 倍①，贵州、甘肃、宁夏、内蒙古等四个西部地区国家算力枢纽节点发展成效显著，部分省份数据要素市场活力正在快速提升，如贵州 2023 年数字经济占比提高了 13.4 个百分点。

---

① 赵欣．“东数西算”催生产业巨变［N］. 人民邮电报，2023-02-03.

（四）党的十八大以来数据要素市场化配置改革取得的伟大成就

党的十八大以来，我国数据要素市场化配置改革步入系统谋划并开局起步的关键历史时期。我国一手抓“以改革促发展”，探索形成数据要素市场化配置的制度环境，在改革中培育壮大数据要素市场的规模、价值和效率；一手抓“以发展促改革”，持续优化数据要素市场化配置改革的市场格局，在发展中破除制约改革的难点堵点、优化改革的政策方向。

1. 数据要素市场化配置改革的制度环境持续优化

着眼于数据要素市场化配置改革的制度环境，中央及地方协同发力、精准施策、大胆探索、勇于创新，有效推动数据要素市场化配置改革的政策环境体系、立法保障体系、标准规范体系、区域改革进度不断优化。

（1）数据要素市场化配置改革的政策环境体系不断完善

近年来，中央及有关部门关于数据要素市场化配置改革的相关政策措施不断出台，有力推动数据要素基础制度不断完善，数据资源持有权、数据加工使用权、数据产品经营权等分置的产权运行机制加快建立，数据要素资产化进入落地阶段，数据要素市场化配置改革的政策环境体系不断完善。

表 3-1 关于数据要素市场化配置改革的重要政策部署

发布日期	发布单位	政策名称	重点内容
2019 年 11 月 5 日	党的十九届四中全会	《中共中央关于坚持和完善中国特色社会主义制度 推进国家治理体系和治理能力现代化若干重大问题的决定》	首次将“数据”列为生产要素，提出了“健全劳动、资本、土地、知识、技术、管理、数据等生产要素由市场评价贡献、按贡献决定报酬的机制”
2020 年 4 月 9 日	中共中央、国务院	《关于构建更加完善的要素市场化配置体制机制的意见》	将数据作为与土地、劳动力、资本、技术等传统要素并列的第五大生产要素，并明确提出“引导培育大数据交易市场，依法合规开展数据交易”
2020 年 5 月 11 日	中共中央、国务院	《关于新时代加快完善社会主义市场经济体制机制的意见》	进一步加快培育发展数据要素市场，建立数据资源清单管理机制，完善数据权属界定、开放共享、交易流通等标准和措施，发挥社会数据资源价值，推进数字政府建设，加强数据有序共享，依法保护个人信息
2021 年 1 月 31 日	中共中央办公厅、国务院办公厅	《建设高标准市场体系行动方案》	建立数据资源产权、交易流通、跨境传输和安全等基础制度和标准规范，积极参与数字领域国际规则和标准制定
2021 年 10 月 10 日	中共中央、国务院	《国家标准化发展纲要》	建立数据资源产权、交易流通、跨境传输和安全保护等标准规范
2021 年 11 月 15 日	工业和信息化部	《“十四五”大数据产业发展规划》	要建立数据价值体系，提升要素配置作用，加快数据要素化，培育数据驱动的产融合作、协同创新等新模式，推动要素数据化，促进数据驱动的传统生产要素合理配置

续表

发布日期	发布单位	政策名称	重点内容
2022 年 1 月 6 日	国务院办公厅	《要素市场化配置综合改革试点总体方案》	要求探索建立数据要素流通规则。完善公共数据开放共享机制。建立健全高效的公共数据共享协调机制。支持打造公共数据基础支撑平台，推进公共数据归集整合、有序流通和共享。建立健全数据流通交易规则。探索"原始数据不出域、数据可用不可见"的交易范式，在保护个人隐私和确保数据安全的前提下，分级分类、分步有序推动部分领域数据流通应用
2022 年 1 月 12 日	国务院	《"十四五"数字经济发展规划》	要充分发挥数据要素作用，强化高质量数据要素供给，加快数据要素市场化流通，创新数据要素开发利用机制；加快构建数据要素市场规划，培育市场主体、完善治理体制，到 2025 年初步建立数据要素市场体系
2022 年 4 月 10 日	国务院	《关于加快建设全国统一大市场的意见》	加快培育统一的技术和数据市场，建立健全全国性技术交易市场，完善知识产权评估与交易机制，推动各地技术交易市场互联互通。将加快培育数据要素市场，建立健全数据安全、权利保护、跨境传输管理、交易流通、开放共享，安全认证等基础制度和标准规范
2022 年 6 月 22 日	中央全面深化改革委员会第二十六次会议	《关于构建数据基础制度更好发挥数据要素作用的意见》	要建立数据产权制度，推进公共数据、企业数据、个人数据分类分级确权授权使用，建立数据资源持有权、数据加工使用权、数据产品经营权等分置的产权运行机制，健全数据要素权益保护机制。要建立合规高效的数据要素流通和交易制度，完善数据全流程合规和监管规划体系，建设规范的数据交易市场。要完善数据要素市场化配置机制，更好发挥政府在数据要素收益分配中的引导调节作用，建立体现效率、促进公平的数据要素收益分配制度
2022 年 12 月 9 日	财政部	《企业数据资源相关会计处理暂行规定（征求意见稿）》	企业内部使用的数据资源，符合无形资产准则规定的定义和确认条件的，应当确认为无形资产；企业日常活动中持有、最终目的用于出售的数据资源，符合存货准则规定的定义和确认条件的，应当确认为存货
2022 年 12 月 19 日	中共中央、国务院	《关于构建数据基础制度更好发挥数据要素作用的意见》	提出构建四个制度：建立保障权益、合规使用的数据产权制度，建立合规高效、场内外结合的数据要素流通和交易制度，建立体现效率、促进公平的数据要素收益分配制度，建立安全可控、弹性包容的数据要素治理制度
2023 年 10 月 1 日	中国资产评估协会	《数据资产评估指导意见》	明确了数据资产评估的基本遵循、评估对象、操作要求、评估方法、披露要求
2023 年 12 月 23 日	国家发展改革委、国家数据局	《数字经济促进共同富裕实施方案》	着力发挥数字经济在助力实现共同富裕中的重要作用，不断缩小区域之间、城乡之间、群体之间、基本公共服务等方面差距，持续弥合"数字鸿沟"，推动数字红利惠及全民，着力促进全体人民共同富裕
2023 年 12 月 31 日	财政部	《关于加强数据资产管理的指导意见》	提出构建"市场主导、政府引导、多方共建"的数据资产治理模式，逐步建立完善数据资产管理制度，不断拓展应用场景，不断提升和丰富数据资产经济价值和社会价值，推进数据资产全过程管理以及合规化、标准化、增值化

续表

发布日期	发布单位	政策名称	重点内容
2023 年 12 月	国家数据局等 17 部门	《“数据要素×”三年行动计划（2024—2026 年）》	行动计划选取工业制造、现代农业、商贸流通、交通运输、金融服务、科技创新、文化旅游、医疗健康、应急管理、气象服务、城市治理、绿色低碳 12 个行业和领域，推动发挥数据要素乘数效应，释放数据要素价值
2024 年 5 月	国家发展改革委、国家数据局、财政部、自然资源部四部门	关于深化智慧城市发展 推进城市全域数字化转型的指导意见	全面提升城市全域数字化转型的整体性、系统性、协同性，不断满足人民日益增长的美好生活需要，为全面建设社会主义现代化国家提供强大动力

资料来源：中国经济信息网。

（2）数据要素市场化配置改革的立法保障体系不断优化

近年来，面向数字化时代发展新形势，我国制定出台网络领域立法 150 余部①，基本形成了以宪法为根本，以法律法规为依托，以传统立法为基础，以网络专门立法为主干的网络法律体系，搭建了我国网络法治的“四梁八柱”，为网络强国、数字中国建设提供了坚实的制度保障。国家层面建立数字经济部际联席会议等跨部门协调机制。各地纷纷开启数据相关立法工作，河南、福建、重庆、江西、江苏、河北、黑龙江、辽宁、北京、陕西、四川、广东、上海、山西、广西、内蒙古、吉林等 17 个省份数据相关立法陆续生效，杭州、深圳、厦门、广州等多个重点城市也出台了数据领域的专项立法，以促进当地数字经济高质量发展。

表 3-2 各地围绕数据要素市场相关领域的立法情况

文件	施行日期	文件	施行日期
《四川省数据条例》	2023 年 1 月 1 日	《福建省大数据发展条例》	2022 年 2 月 1 日
《浙江省公共数据条例》	2022 年 3 月 1 日	《重庆市数据条例》	2022 年 7 月 1 日
《杭州市数字贸易促进条例》	2024 年 6 月 1 日	《湖南省数字经济促进条例》	2024 年 7 月 1 日
《深圳经济特区数据条例》	2022 年 1 月 1 日	《黑龙江省促进大数据发展应用条例》	2022 年 7 月 1 日
《厦门经济特区数据条例》	2023 年 3 月 1 日	《广州市数字经济促进条例》	2022 年 6 月 1 日
《上海市数据条例》	2022 年 1 月 1 日	《辽宁省大数据发展条例》	2022 年 8 月 1 日
《江苏省数字经济促进条例》	2022 年 8 月 1 日	《吉林省促进大数据发展应用条例》	2021 年 1 月 1 日
《广东省数字经济促进条例》	2021 年 9 月 1 日	《天津市促进大数据发展应用条例》	2019 年 1 月 1 日
《河北省数字经济促进条例》	2022 年 7 月 1 日	《海南省大数据开发应用条例》	2019 年 11 月 1 日
《江西省数据应用条例》	2024 年 3 月 1 日	《山西省大数据发展应用促进条例》	2020 年 7 月 1 日
《山东省大数据发展促进条例》	2022 年 1 月 1 日	《陕西省大数据条例》	2023 年 1 月 1 日

① 王崧．国务院新闻办公室新闻发布会［EB/OL］．https：//www.miit.gov.cn/gzcy/zbft/art/2024/art_d033adb635bf4c9d8757e22be8b79d09.html.

续表

文件	施行日期	文件	施行日期
《安徽省大数据发展条例》	2021 年 5 月 1 日	《广西壮族自治区大数据发展条例》	2023 年 1 月 1 日
《内蒙古自治区数字经济促进条例》	2024 年 7 月 1 日	《吉林省大数据条例》	2024 年 1 月 1 日
《北京市数字经济促进条例》	2023 年 1 月 1 日	《贵州省大数据安全保障条例》 《贵州省大数据发展应用促进条例》 《贵州省政府数据共享开放条例》	2019 年 10 月 1 日 2016 年 1 月 15 日 2020 年 12 月 1 日

资料来源：中国经济信息网。

（3）数据要素市场化配置改革的标准规范体系不断健全

近年来，各地方、各有关部门围绕数据要素市场化配置改革重点领域和重点任务，不断健全以数据为基础的标准规范体系，保障数据要素市场化配置改革迈向规范化、标准化、现代化轨道。据全国标准信息公共服务平台检索数据，截至 2024 年 1 月 29 日，以“数据”为关键词的国家标准共计 1464 项，其中现行有效的共计 1114 项，即将实施的共计 57 项。在以“数据”为关键词的已备案行业标准中，机械、农业、化工、轻工、通信、石油天然气、能源等领域已率先形成相对完整的标准规范体系。

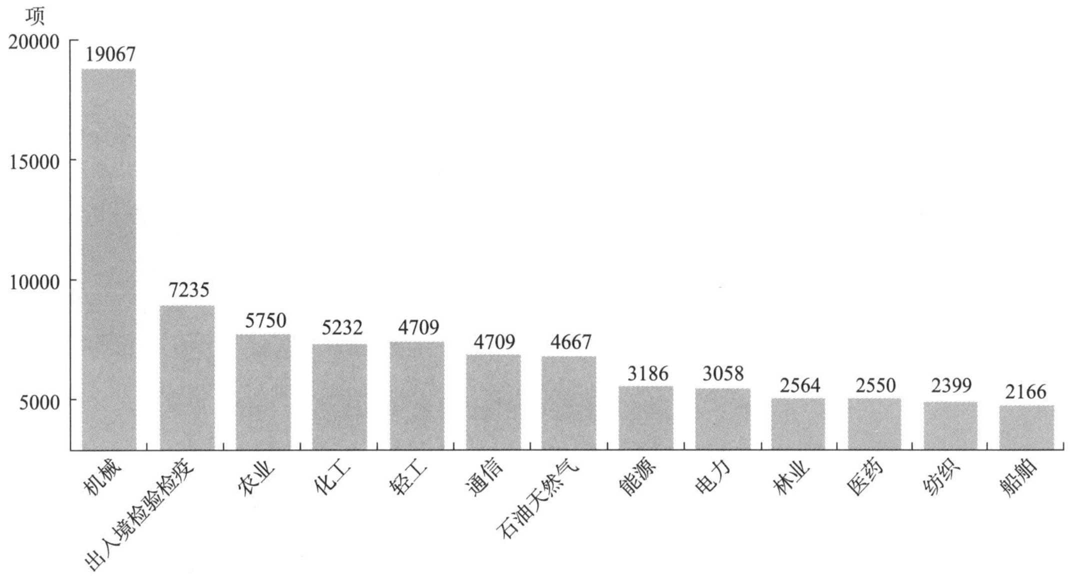

图 3-2　以“数据”为关键词的已备案行业标准情况

资料来源：中国经济信息网。

（4）数据要素市场化配置改革的区域进程不断提质

当前，从数据要素市场化配置综合改革的进展看，区域、城乡协调发展格局不断完善，不同区域改革与发展体制机制不断推进，为加快形成高效规范的数据要素全国统一大市场奠定了坚实的基础。

总体上，目前省级行政区梯队分布较为均衡，市级行政区改革进展呈现明显的长尾分布。北京、广东、浙江、上海、深圳等省市作为“头雁”已处于数据要素市场化配置综合改革全面深化期；在数据基础制度建设、数据要素市场培育、数据要素安全治理等关键领域，涌现出德阳、温州、徐州、大理、郑州等一批改革先锋城市，创新成效显著。

分区域来看，东部、中部地区集聚超80%数商企业，成为数据要素市场发展主阵地[①]。其中，东部地区数据要素市场化配置改革进展较为靠前，数据要素活力整体较高，分别有70%的省和11%的市评级高于A级。中部地区正处于数据要素市场化配置改革提速期，有83%的省评分达到B级以上，数据要素活力正加速释放[②]。西部地区正处于数据要素市场化配置改革的加速追赶期，有25%的评分达到A级，伴随“东数西算”国家重大工程推进，西部地区数据要素活力将快速提升。东北地区数据要素市场化配置改革未来潜力较大。

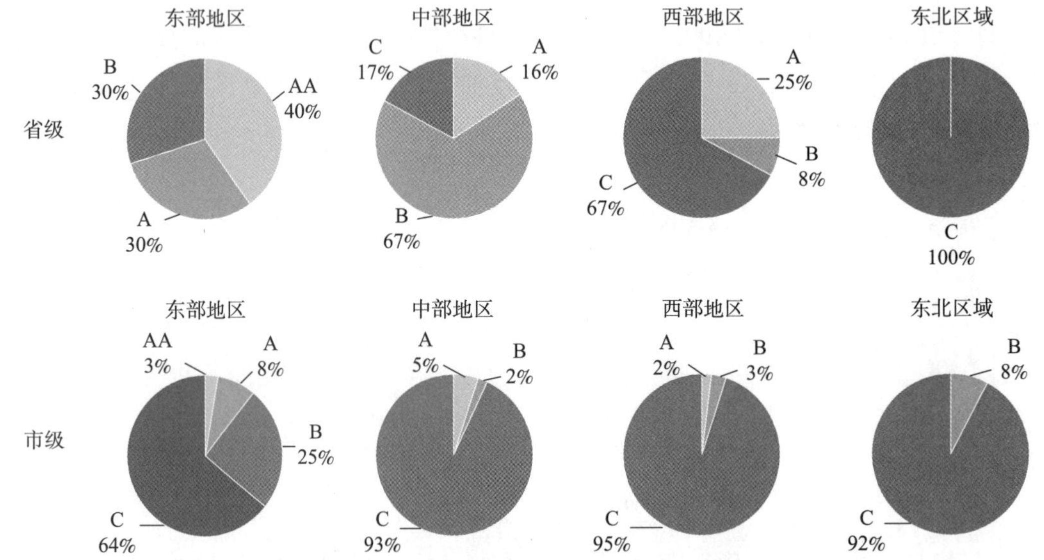

图 3-3 各区域数据要素活力指数分布情况

资料来源：数据要素市场化配置综合改革研究院。

分城市群来看，“十四五”规划纲要中重点推进建设的19个城市群中，长三角、珠三角、山东半岛城市群的数据要素市场化配置改革步伐靠前，数据要素活力相对处于高位，城市群内评分高于A级的城市占比较高[③]。

---

① 工信部网络安全产业发展中心．数据要素市场生态体系研究报告（2023年）[R]．北京：工业和信息化部网络安全产业发展中心，2023.

② 数据要素市场化配置综合改革研究院．数据要素市场化配置综合改革白皮书（2023年）[R]．北京：数据要素市场化配置综合改革研究院，2023.

③ 数据要素市场化配置综合改革研究院．数据要素市场化配置综合改革白皮书（2023年）[R]．北京：数据要素市场化配置综合改革研究院，2023.

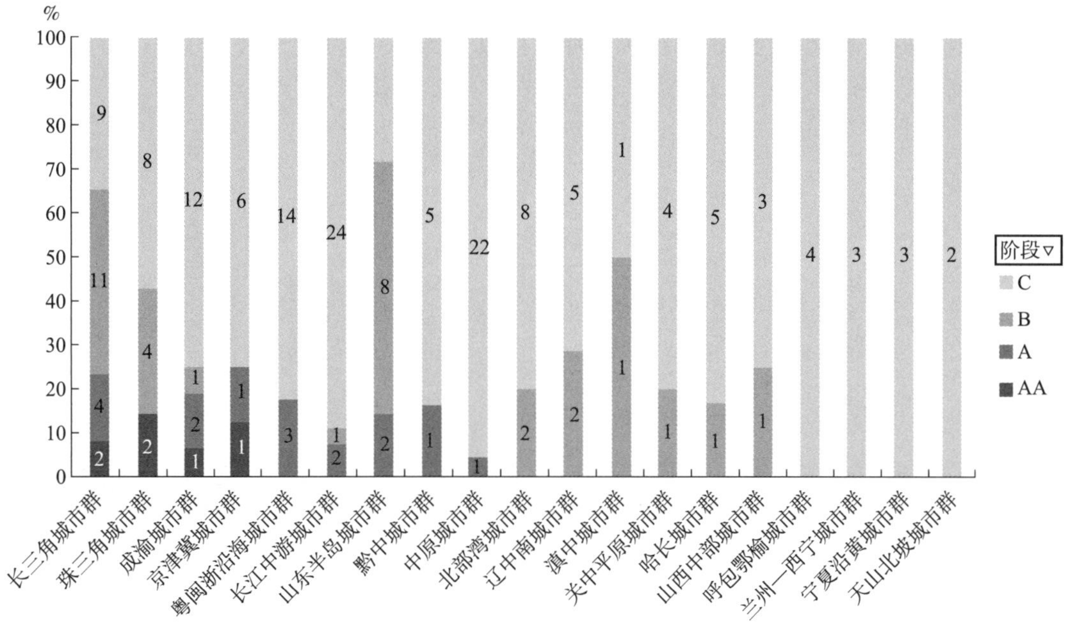

图 3-4　各城市群数据要素活力指数评分情况

资料来源：数据要素市场化配置综合改革研究院。

2. 数据要素市场化配置改革的市场格局持续优化

着眼于不断优化数据要素市场化配置改革的市场格局，以数据要素市场发展为切入点，我国逐步在统计测算制度、流通交易生态、产业链条布局、市场主体培育等方面初见成效。

（1）数据市场统计测算机制逐步完善

伴随数据要素市场化改革起步并步入新阶段，我国亟须构建一套新的调查方法和指标体系，全面监测我国数据资源发展情况，为数据要素市场化配置改革“摸清家底”。

2024 年 2 月，国家数据局联合中央网信办、工业和信息化部、公安部组织开展全国数据资源调查，此次调查通过全量测算和抽样调查等方式，调查全国关键数据资源情况，作为我国第一次大规模的数据资源调查，为我国加快建立完善数据统计调查制度奠定了坚实基础。调查显示，2023 年，数据生产总量达 32.85 泽字节（ZB），同比增长 22.44%。全国数据存储总量为 21.73 泽字节（ZB），新增数据存储量为 30.95 泽字节（ZB）①。其中，中信证券研究显示，公共数据占全国数据资源的比重超过四分之三，标准化程度也相对较高，将成为未来流通重点②。

伴随数据要素市场规模加速扩大，数据要素市场价值加速释放。有关部门和行业机构探索开展了数据要素市场发展的数据统计监测等领域的相关研究。研究显示，2022 年，我国数据要素市场规模超 1000 亿元，同比增长 27%，2017—2022 年的年均

① 全国数据资源调查工作组．全国数据资源调查报告（2023 年）［R］．北京：全国数据资源调查工作组，2024.

② 中信证券．预计数据要素市场规模有望在 2025 年迈向 2000 亿新台阶，在 2030 年突破万亿［EB/OL］．https：//www.sohu.com/a/709314320_114984.

复合增长率超25%，预计2025年突破2000亿元①。中信证券预测，我国数据要素市场规模有望在2025年迈向2000亿元新台阶，在2030年突破万亿元②。

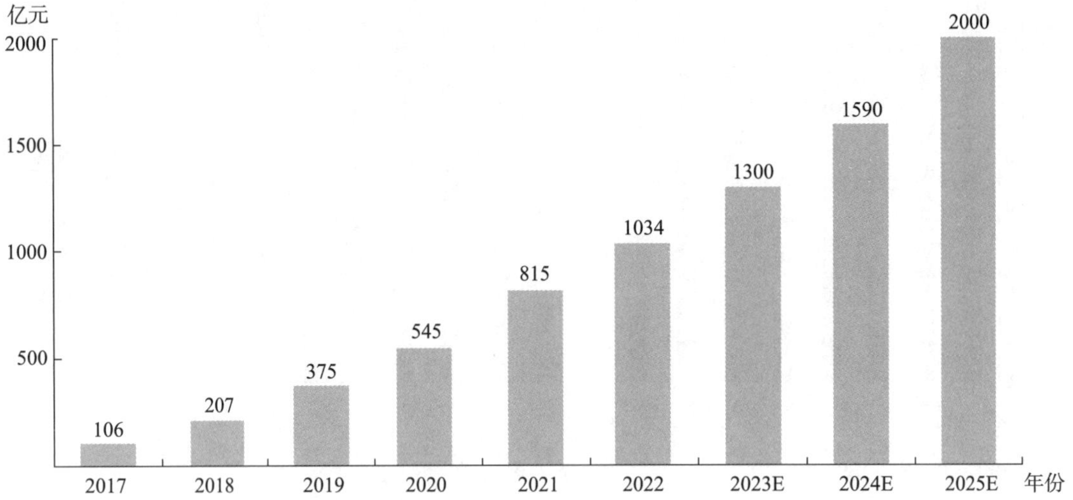

图3-5 中国数据要素市场规模变化情况

资料来源：国家工业信息安全发展研究中心等③。

伴随数据要素市场的培育壮大，如何衡量其对于数字经济和实体经济增长的助推作用，是事关改革全局的重要部署。为此，在有关部门指导下，统计测算的部分前期研究工作已具备一定基础。国家工业信息安全发展研究中心等发布的数据显示，**从对宏观经济增长的贡献来看**，数据要素对当年GDP增长的贡献率呈现持续上升状态，数据要素正发挥越来越大的促进作用。最新数据显示，数据要素对GDP增长的贡献率和贡献度分别为14.7%和0.83个百分点；**从对行业发展的贡献来看**，数据要素对各个行业的产值影响具有较大差异，其中，信息传输、软件和信息技术服务业产出对数据要素最为敏感；**从对企业绩效的贡献来看**，数据要素显著提升企业总资产净利润率，数字化转型对于制造业企业的影响最大。据国家发展改革委价格监测中心研究数据，据初步测算，全国企业数据要素支出规模约为3.3万亿元。如果考虑数据资产评估、质押、融资等衍生市场，整体规模可能超过30万亿元④。通过对5000多个项目信息分析表明，数据要素使得工业企业业务增长平均增长41.18%，生产效率平均增长42.8%，产品研发周期平均缩短15.33%，能源利用率平均增长10.19%。

（2）数据要素市场生态体系培育壮大

伴随数据要素市场化配置改革深入推进，我国加速构建起以数据交易场所（中

---

① 工信部网络安全产业发展中心．数据要素市场生态体系研究报告（2023年）[R]．北京：工业和信息化部网络安全产业发展中心，2023.

② 中信证券．预计数据要素市场规模有望在2025年迈向2000亿新台阶，在2030年突破万亿[EB/OL]. https：//www.sohu.com/a/709314320_114984.

③ 国家工业信息安全发展研究中心，等．中国数据要素市场发展报告（2020—2021）[R]．北京：国家工业信息安全发展研究中心，2022.

④ 卢延纯．夯实数据要素驱动基础 培育数据资产价格链[J]．价格理论与实践，2023（3）.

心）为核心、辐射带动和服务全国各地数商主体的数据要素市场生态体系。

场内交易持续发力，交易平台改革探索初见成效。2015 年 4 月，贵州省政府批准成立全国第一家大数据交易所——贵阳大数据交易所。北京市率先建成支持“可用不可见”交易模式的国际大数据交易所。据工业和信息化部最新数据，全国注册登记的各类数据交易机构有 55 家，涵盖数据登记、确权发证（持有权、使用权、经营权）、价值评估、数据安全体系建设等方面在内的数据交易制度、规则持续完善，有效支撑数据合规高效流通使用。在场内交易机构培育发展过程中，相对完善规范的市场运行机制正在形成。中信证券预测，场内数据交易有望实现“0 到 1”的突破，在 2025 年达到 306 亿元交易额，3 年复合增长率 CAGR 为 173%。预计到 2025 年，公共数据产品将迅速上量，各类数据交易所的公共数据产品挂牌量将发展至接近万个[①]。从股权模式看，各地交易所基本采取“国有资本+民营资本”共同持股的股权架构。从运营模式看，目前主要存在数据所有权交易定价和数据使用权交易定价两大类，又可细分为第三方平台预定价、协议定价、拍卖定价、按次计价（VIP 会员制）及实时定价等 5 种大数据交易定价机制。从盈利模式看，目前，我国数据交易分配机构的盈利模式主要有佣金收取、会员制、增值式交易服务等多种盈利模式。

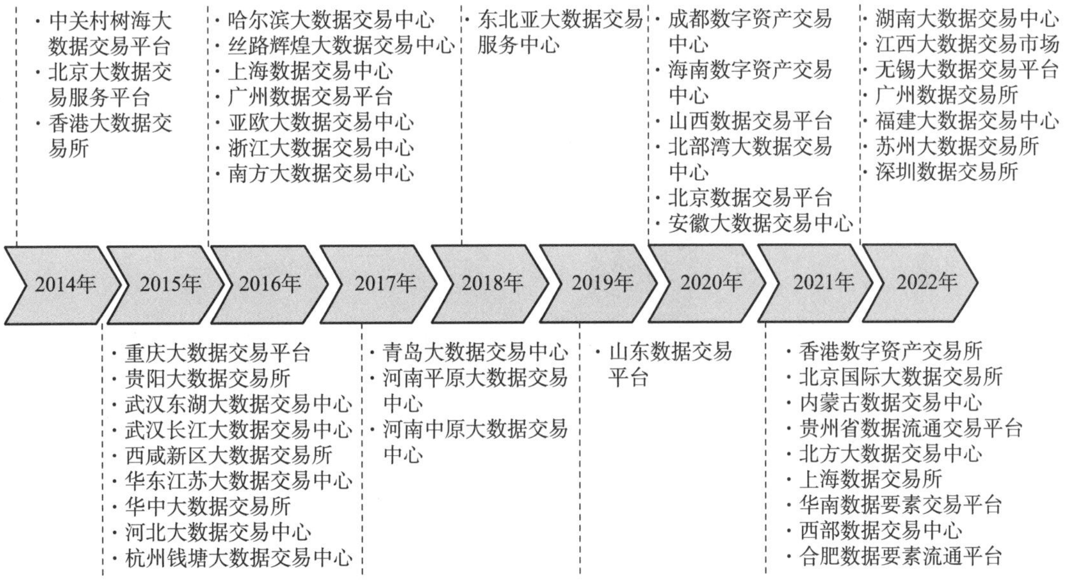

图 3-6　全国各地数据交易市场建设情况

资料来源：科学网、开源证券研究所。

场外交易生态持续完善，数据交易规模持续扩大。数据供应者、数据需求方、数据交易所（中心）、数据交易技术支撑方、第三方专业服务机构、监管方等数据要素多元市场主体涌现。截至 2023 年 12 月，中国数据产品供应商超 150 万家、占

① 中信证券．预计数据要素市场规模有望在 2025 年迈向 2000 亿新台阶，在 2030 年突破万亿［EB/OL］. https：//www.sohu.com/a/709314320_114984.

比超七成，数据安全、数据合规评估等类数商企业增速较快，推动以场外交易为主的数据要素市场交易规模持续扩大，我国场外数据交易规模占到了整个数据交易规模的 95%左右。

（3）数据要素产业链条布局逐步优化

数据要素市场化配置改革进程中，我国数据要素产业链条逐渐形成并不断优化，从驱动市场生态体系变革的主要环节出发，可归结为数据要素市场涵盖数据生产（数据采集、数据存储、数据加工）、数据流通（数据交易）、数据应用（数据分析、数据服务）及生态保障四大环节，覆盖数据要素从产生到发生要素作用的全过程。从目前发展情况看，各环节市场规模分布较均衡。

其中，**数据生产环节**是数据要素市场中最重要的环节，2022 年，数据采集、数据加工、数据储存等数据生产环节市场规模达 488 亿元、占比高达 47%、稳居第一。**数据流通环节**是数据要素市场建设的关键，2022 年数据流通环节市场规模超 150 亿元、占比 15%。**数据应用环节**是发挥数据价值、赋能实体经济加速转型升级的重要环节，2022 年，数据分析、数据服务等数据应用环节市场规模超 300 亿元、占比近三成。**生态保障**为数据要素市场提供数据登记、数据资产评估、争议调解以及跨境流动监管等服务，有效支撑数据要素市场健康、可持续发展。2022 年生态保障环节市场规模达 63 亿元，占比为 6%[①]。

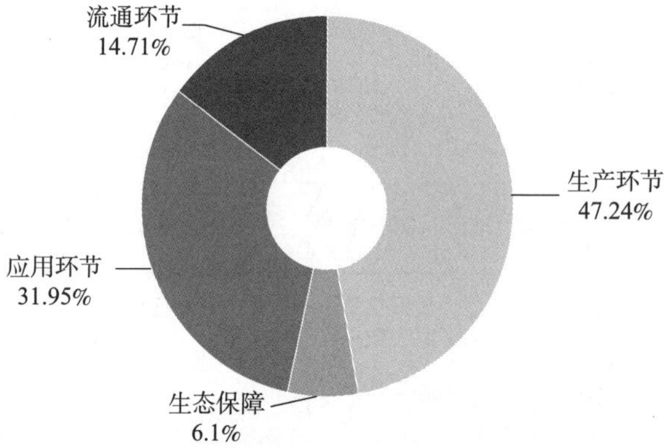

图 3-7　数据要素市场主要环节市场占比情况

资料来源：中国经济信息网。

（4）数据要素应用驱动改革提质增效

数据要素市场化改革是与数据要素应用场景落地同步的。目前，伴随数据流通大循环逐步打开，数据多场景应用走深走实，加速赋能千行百业、惠及千家万户，成为推动数实融合、加快构建现代化产业体系的重要支点。**一方面，公共数据与企业数据加深融合应用。**工商、气象、交通、地理等公共数据广泛应用于数据开发利用，形成公共服务、社会管理、经济调节、环境保护、市场监管等多元场景，成为释放数据价

---

① 工信部网络安全产业发展中心．数据要素市场生态体系研究报告（2023 年）[R]．北京：工业和信息化部网络安全产业发展中心，2023.

值的催化剂。**另一方面，企业获取数据的能力显著提升。**企业积极开展数据应用，海量数据加速融入生产运营各类场景。调查显示，2023年，我国96%的行业重点企业已实现数据场景化应用，其中超八成行业重点企业已经运用数据辅助运营管理优化，半数企业在生产环节实现数据驱动，有数字化投入的行业重点企业占比超八成①。

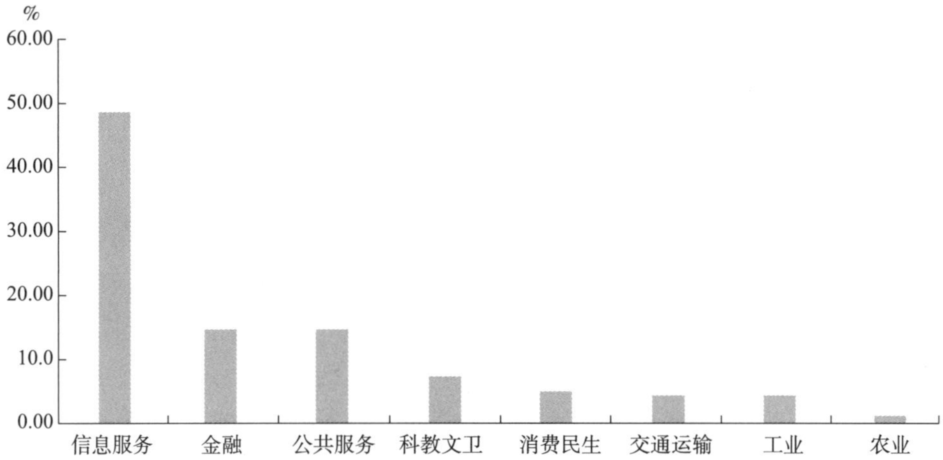

图3-8 重点行业场内数据交易额占比分布情况

资料来源：2023年全国数据资源调查。

（5）数据要素市场主体培育发展壮大

近年来，在我国数据要素市场上，一些头部企业已经崭露头角，支撑起数据要素市场化配置改革的“市场领头羊”。截至2023年12月，中国数商企业超200万家，近十年的年均复合增长率超30%。一方面，一批互联网巨头如百度、腾讯、阿里巴巴、美团、京东等，及国内领军企业如华为、浪潮、中兴、小米等，由于占据庞大规模的海量数据资源，并成为这些数据最为活跃的数据处理平台，具备明显竞争优势。另一方面，在细分领域形成了一批头部企业生态圈，正在形成一个包含数据交易主体、数据交易手段、数据交易中介、数据交易监管的“四位一体”发展格局。最新数据显示，中小企业数量增长（注册资本110万~100万元）增速近45%，成为推动数商企业规模加速壮大的主力军②。

二、进一步全面深化数据要素市场化配置改革面临的新形势新要求

当前及未来一段时期，各地数据要素市场尚处于培育探索期，数据要素法规制度、供需关系、市场治理能力等方面亟须破题，数据要素市场改革也面临更加复杂的国际国内发展环境。从国际来看，数据是全球经济增长、战略安全、规则竞争、国家竞争的关键，数据成为中国式现代化外部环境中最为关键的决定性要素。从国内来看，数

① 全国数据资源调查工作组．全国数据资源调查报告（2023年）［R］．北京：全国数据资源调查工作组，2024.

② 工信部网络安全产业发展中心．数据要素市场生态体系研究报告（2023年）［R］．北京：工业和信息化部网络安全产业发展中心，2023.

据要素市场化配置关乎创新、经济、社会、政府治理、文化、生态等多位一体发展格局，数据成为中国式现代化本体结构中最具前瞻性的基础要素。可以说，加快数据要素市场化配置改革，构建全国统一数据市场，未来将是一场立足当下、面向未来、关乎全局的重大改革举措。

（一）从国际看，数据成为中国式现代化外部环境中最为关键的决定性要素

全球新一轮科技革命和产业变革大潮中，随着信息技术和人类生产生活交汇融合，各类数据迅猛增长、海量聚集，对经济发展、社会治理、人民生活正在产生广泛而深刻的影响，数据正成为人类数字文明时代的“第一要素”、国家创新优势的重要增长点、全球治理规则竞争的“制高点”，数据安全则将成为国家总体安全的“核心基石”。

1. 数据将是开启人类数字文明时代的“第一要素”

当前及未来一段时期，我们加快迈向人类文明的更高阶段——数字文明，而数据则将是开启数字文明时代的“第一要素”①。**首先，数据将成为生产力第一要素。**作为数字经济的关键性生产要素，数据克服了传统生产要素所受的资源禀赋约束和边际生产力递减限制。在假定技术不变的前提下，数字文明发展受土地、劳动力、资本数量的影响较小，受数据数量和质量的影响较大，特别是由于数据不同于传统生产要素，它具有非排他性、无限增长性、支撑融合性、规模经济性多维属性特征，已经成为数字经济时代的“石油”。数据作为新型生产要素，既直接创造社会价值，又通过与其他生产要素的融合，有效降低交易成本，形成规模经济和范围经济，提升配置效率和激励效率，能够大幅度提升全要素生产率②。数据要素因其显著的乘数效应和创新引擎作用，将成为新质生产力的核心生产要素③。**其次，数据将驱动全球经济格局深度变革。**全球新一轮科技革命和产业变革大潮中，随着信息技术和人类生产生活交汇融合，各类数据迅猛增长、海量聚集，对经济发展、社会治理、人民生活都产生了重大而深刻的影响。在当前全球经济增长乏力背景下，数字经济成为撬动经济增长的新杠杆。IDC 预测数据显示，预计 2025 年全球数据总量将达到 334ZB。美国布鲁金斯学会的相关研究显示，数据跨境流动对全球经济增长的价值贡献预计 2025 年有望突破 11 万亿美元。根据世界贸易组织（WTO）的相关报告，2030 年世界贸易将因数字技术的高度运用而增长 34%④。据研究预测，数据跨境交易将保持高速增长态势，2030 年全球数据交易市场规模有望达到 3011 亿美元⑤。届时，数字经济的快速成长，正在

---

① 戎珂，黄成．掌握数字文明时代第一要素　迈向社会主义现代化强国［EB/OL］. https://www.ndrc.gov.cn/xxgk/jd/jd/202303/t20230317_1351340.html.

② 李涛，欧阳日辉．数据是形成新质生产力的优质生产要素［N］. 光明日报，2024-04-23.

③ 欧阳日辉．发挥数据要素乘数效应和创新引擎作用　助力发展新质生产力［N］. 21 世纪经济报道，2024-07-24.

④ 刘典．全球数字贸易的格局演进、发展趋势与中国应对——基于跨境数据流动规制的视角［J］. 学术论坛，2021（1）.

⑤ 弗诺斯特沙利文（北京）咨询有限公司等．2023 年中国数据交易市场研究分析报告［R］. 北京：弗诺斯特沙利文（北京）咨询有限公司等，2023.

进一步发挥新一轮科技革命和产业变革对新兴经济体的推波助澜作用，新兴经济体和发展中国家板块整体崛起。据预测，到 2035 年，原来意义上的新兴经济体和发展中国家会成为世界经济增长的主导力量，其 GDP 将占到全球经济总量的 70%左右。**最后，数据将成为全球生产关系变革新动力**。这一背景下，各国都在构建以数据为关键要素的数字经济，主要经济体从构筑未来核心竞争力出发，纷纷把数据要素上升为国家战略，积极调整适配数字时代生产力变革的生产关系和上层建筑，从而使数据在全球经济运转中的价值日益凸显，抢夺数字经济制高点的国际竞争日趋激烈。美国“工业互联网”、德国“工业 4.0”计划、英国、欧盟、日本、韩国等积极抢占数字领域国际规则话语权，形成了数据跨境流动的不同监管模式和机制。对于全球力量格局转换中的大国来说，数据等新型生产要素既意味着赢得战略竞争新优势的机遇，又可能成为被对手拉开差距的挑战，因而是极其重要的基础性、战略性资源。

2. 数据要素将激活创新“非对称优势”增长点

当前及未来一段时期，新一轮科技革命的一个重要特征，就是数据要素与核心领域技术创新呈现交叉融合趋势①。数据要素对于创新驱动战略的支撑作用，未来将主要体现在三个方面：**一是数据要素深度赋能技术科研创新各个环节**。数据分析、智慧建模、智能算法等方式，能够帮助新规律发现、新理论构想、新知识检验、新技术研发。由此，在海量数据驱动下，科学研究范式将由传统的假设驱动向基于科学数据进行探索的数据密集型范式转变，科学发现的基本方式正在经历从理论分析，到计算模拟，再到数据探索的转变。比如，基于海量、多元生物数据构建起的人工智能算法模型，在几天甚至几分钟内就能预测出以前要花费数十年才能得到的、具有高置信度的蛋白质结构，颠覆了生命科学领域的研究范式②。**二是数据要素深度赋能科技创新要素配置效率**。通过对数据要素的挖掘、分析和利用，降低科技创新过程中的信息交互偏差和要素交易成本，破解创新要素供给不足、供需错配等问题，推动科学数据有序开放共享、最优配置、高效利用，以科学数据助力前沿研究、支撑技术创新，推进跨学科、跨领域协同创新，从而进一步推动创新要素流向高生产效率、高边际产出的企业和行业③。**三是数据要素深度赋能产业创新产业链条**。数据高效流通可以更好地赋能科技创新产业的市场调研、生产设计、组织管理、市场营销等全流程，提升协同创新水平，催生一批以创新要素为核心的科创新产业、新业态、新模式，培育一批以人工智能、隐私计算、图联邦技术等新兴技术为驱动的数字化产业，带动新一代信息技术、量子计算、类脑智能等一批战略性新兴产业和未来产业，创造更多高质量的社会需求与就业岗位，从而形成创新经济的新型增长链条。然而，目前我国科技创新领域的数据资源汇聚共享进展缓慢，与发达国家相比差距较为明显，许多高价值科学数据并未在国内得到充分共享和使用。未来，数据成为我国寻求全球科技竞争非对称优势

---

① 于施洋，王建冬，郭巧敏．我国构建数据新型要素市场体系面临的挑战与对策［J］．电子政务，2020（3）．

② 李涛，欧阳日辉．数据是形成新质生产力的优质生产要素［N］．光明日报，2024-04-23．

③ 孙辰朔．发挥数据的创新引擎作用［N］．经济日报，2023-01-12．

的突破口，我们应加快建立数据要素市场化配置体制机制，有序推动国家科学数据的归集、共享与流通，加快推动数据要素在科技研发、要素配置、产业管理等创新环节的应用，全力推动以大数据为纽带的产学研协同创新，在新一轮全球科技竞争中培育新的非对称优势增长点。

3. 数据治理规则竞争将成为全球博弈“制高点”

随着数字化时代的到来，国与国之间的竞争焦点逐步从能源、土地、市场等传统资源的争夺，转向以信息、数据、科技等为主体的“数字主权”的竞争，世界主要国家和地区基于数字经济与贸易发展水平、治理模式、文化理念，甚至意识形态的差异，提出一系列彼此冲突的治理方案，背后反映出数据、算法、技术等新型生产要素日趋重要的战略价值，却也导致全球数字贸易规则内在困境越发凸显，特别是主要大国围绕数字产业链的稳定性、数字技术的掌控、数字主权的维护、数据安全与跨境流动、个人隐私保护等领域的交锋日趋激烈，“治理赤字”呈现加剧趋势，全球竞争加速由技术之争向规则之争纵深发展。如**美国**强调数据自由流动，提出“谁拥有数据谁就拥有数据控制权”的原则，通过《开放政府数据法案》，规定所有政府部门都要向公众开放“非敏感”政府数据，同时立法赋予美国执法机构“长臂管辖权”，即可以调取美国企业在境外服务器上存储的用户数据，这极大增强了美国对跨境数据的控制权。**欧盟**更强调统一市场建设，颁布《一般通用数据保护条例》等高标准法律法规，寻求对数字活动强化监管，通过个人数据隐私保护、征收数字税等方式，强调人权保护优先，加快在网络空间“战略自主”布局，相继提出“技术主权”和“数据主权”等观念。**日本**力图推动与美欧数字治理模式的对接，形成兼容型的数字治理模式，推动“基于信任的跨境数据流动（DFFT）”，力图打造美欧日“数字流通圈”。与此同时，全球单边主义、保护主义、霸权主义、强权政治对世界和平与发展威胁急剧上升，数据跨境流动、数字主权与数字安全等全球治理新问题愈加突出，网络基础资源与数字服务等成为网络空间博弈的重要战场。局部地区的地缘冲突正在推动全球数字化发展的思路格局发生深刻变化，国际竞争越来越体现为理念、制度、规则之争，各国对数字领域国际规则的关注日益提升。

4. 数据安全将成为国家总体安全的“核心基石”

数据是重要的国家战略资源，数据安全具有“牵一发而动全身”的特点，已处于国与国对抗斗争的前沿阵地，成为事关国家安全与经济社会发展的重大问题。当前，各国围绕数据控制与反控制的斗争十分激烈。美西方国家实施“棱镜”等大规模监听、监控计划；大力发展网络战部队，以瘫痪关键信息基础设施、窃取重要数据为攻击目标；在企业的产品中安装“后门”，非法获取用户数据、控制或操纵用户系统和设备。特别是在中美经贸竞争背景下，以美国为首的西方国家将地缘政治作为数据跨境流动的重要考量因素，采取包括限制关键技术数据出口、对涉数据交易开展国家安全审查、禁止敏感数据向竞争对手流入等措施，加快对中国等战略竞争对手的数据封锁，数据安全已上升为西方国家遏制中国的核心议题，是“中国威胁论”的最新翻版。例如，为了限制中国的5G技术，部分西方国家联合提出了“布拉格提案”，专门对源自中国的5G技术进行“抹黑”，其炮制的四项安全准则中，有三项与数据安全直接相关。2020年全球数据泄露超过去15年总和。其中，政务、医疗及生物识别信息等高价值特殊敏感数据泄露风险加剧，云、端等数据安全威胁居高不下，数据交易黑色地下产业链活动猖獗。IBM数据显示，2023年全球数据泄露的平均成本达到445万美元，创下历史新高，三年内增长了15%。在这一背景下，数据安全工作已经纳入国家重大战略规划和顶层设计的重点。

（二）从国内看，数据成为中国式现代化本体结构中最具前瞻性的基础要素

着眼于中国式现代化经济建设、政治建设、社会建设、文化建设、生态文明建设“五位一体”总体布局，从驱动现代化发展全局动力要素出发可以预测，数据将成为书写中国式现代化伟大篇章中最具前瞻性的第一资源、第一要素、第一动力。

1. 数字红利成“后人口红利”时代经济新引擎

当前及未来一段时期，我国正进入人口红利的关键转变期。基于联合国最新预测数据，结合中国现行法定退休年龄，测算中国未来的劳动年龄人口规模变化发现①，到2035年，符合法定劳动年龄的人口预计减少0.78亿人；到2050年，符合法定劳动年龄的人口预计减少1.66亿人。伴随劳动年龄人口数量和比重下行，人口老龄化加速，总人口抚养比预计将在2035年超过50，理论上“人口红利”的机会窗口届时将整体关闭，我国将步入“后人口红利”时代。与之形成鲜明对比的是，我国正加速步入“数字红利”时代。**从国际经验看**，数据对国民经济各部门具有广泛辐射带动效应，有助于提升全要素生产率，以美国为例，过去十余年劳动生产率增长中数字化的贡献度超过40%②。**从我国实际看**，数据将成为继土地、劳动力、资本、技术之后最重要的基础生产要素，近十年数字经济年复合增长率高达17.06%，远高于GDP的年均增长速度，截至2023年数字经济核心产业增加值占GDP的比重已达10%，正占据国民经济的半壁江山，预计到2035年，我国数字化发展水平将进入世界前列③，“数字红利”将全面赋能千行百业、惠及千家万户。**从理论测算看**，数据作为信息时代的产物，数据要素具有超越时空的独特属性，具备推动经济高质量发展的三个基本条件④，正在对经济地理产生颠覆性影响：一是成本较低且相对成本迅速下降；二是供应能力具有长期无限性；三是在市场经济发展中具有广泛的应用前景，具有高流动性、高初始固定成本、零边际成本和累积溢出效应等特点。由此可见，未来几十年，“数字红利”将成为“后人口红利”时代中国经济发展的新引擎，数字化将成为代表时代先进生产力的主要动能，加快构建数据要素市场将是抢抓全球竞争新赛道优先权

---

① 金牛，原新．我国正在进入人口红利的关键转变期［N］. 北京日报，2023-09-12.

② 于施洋，王建冬，郭巧敏．我国构建数据新型要素市场体系面临的挑战与对策［J］. 电子政务，2020（3）.

③ 中共中央，国务院．数字中国建设整体布局规划［EB/OL］. https：//www. gov. cn/zhengce/2023-02/27/content_5743484. html.

④ 刘烈宏．激活数据要素价值［EB/OL］. https：//www. gsm. pku. edu. cn/guanghuaforum2024/info/1022/1145. html.

的前瞻性、全局性重大战略。

2. 数据驱动将是国家治理体系现代化的新范本

国家治理现代化本质上是不断降低实现国家治理目标的成本，获得更高国家现代化收益的过程①。区别于传统治理方式，依托数据要素打造数据时代政府治理新模式，将成为国家治理现代化的崭新范本。**一方面，数据要素将有效降低社会治理成本。**以数据要素为驱动，通过对重点领域、重点需求、重点人群进行智能分析、科学诊断、精准研判，同时降低不同部门、不同层级、不同地区之间的公共数据开放成本，可以增强社会风险预警能力、降低公共危机发生的不确定性，科学制定最优化的国家和社会治理方案，推动国家治理结构的扁平化和国家治理程序的简约化，实现人流、物流、信息流等治理资源高效配置，提升国家治理的科学化精准化水平，增强治理信息反馈和纠偏，降低公共决策偏差概率，从而降低决策治理成本。**另一方面，数据要素将有力提升社会治理效能。**大数据具有容量大、增速快、种类多、价值高的特征和描述、规定、预测的功能②，通过强化政务、业务、个人、社会、自然等领域数据要素的有效供给及其融合应用，加强数据要素向国家治理体系中科技、经济、教育、医疗、交通、司法、环境等领域的深度渗透，有利于实现政府的科学决策、精细管理、精准服务、精确监管和高效协同，从而转变理念思维、优化运作流程、提升质量效能，全面促进国家治理更加科学化、精细化、智能化和高效化③。

3. “数字福祉”催生人民美好生活需要新愿景

满足人民美好生活需要，是新发展阶段中国式现代化的新要求。当前及未来一段时期，广大人民群众的需求体系结构将发生重大变化，主要表现在：一是范围的扩展，即除了物质文化生活之外，人们在民主、法治、公平、正义、安全、环境等方面的需求日益增长，对健康、教育等更加关注。二是层次的提升，即更加关注产品和服务的质量，美好生活需要呈现多样性、个性化特征。近十年来，联合国教科文组织围绕由新兴技术驱动的数字福祉所展开的系列探寻，旨在抓住数字化转型的机遇，尽可能规避技术风险，降低技术负面效应，助推技术赋能，提高人民生活品质。在我国基于技术发展“构筑美好数字生活新图景”的进程中，也将增进民生福祉作为数字中国建设的出发点和落脚点④。总体来看，以数据为基础的新型经济社会组织结构，将从物质和精神两个维度构筑人民对美好生活的新愿景：**一是物质维度，**将加速推动智慧城市、数字乡村、在线会议、数字医疗、智慧教育、电子支付等人类生存环境的数字化，带动老年人、残疾人、边远地区群众等不同群体融入数字化的生活环境。如在城市方面，到 2030 年，全国城市全域数字化转型将取得全面突破，人民群众的获得感、幸福感、

---

① 胡鞍钢，唐啸，杨竺松，等．中国国家治理现代化［M］．北京：中国人民大学出版社，2014.
② 陈潭．大数据驱动国家治理的未来图景［N］．光明日报，2018-04-09.
③ 陈凯华，等．加强数据要素治理在国家治理现代化中的基础作用［J］．中国科学院院刊，2022，37（12）.
④ 闫宏秀．通向美好生活的数字福祉［N］．光明日报，2023-08-21.

安全感全面提升，涌现一批数字文明时代具有全球竞争力的中国式现代化城市[①]。二**是精神维度**，将加速推动数字思维、数字技能、数据智能、数据记忆、隐私数据等人类思维及知识的数字化。如在数字技能方面，到2035年，我国将基本建成数字人才强国，全民数字素养与技能等能力达到更高水平，高端数字人才引领作用凸显，数字创新创业繁荣活跃，为建成网络强国、数字中国、智慧社会提供有力支撑[②]。数据要素将催生社会生活服务供给“量的扩围”与“质的提升”，不断丰富人们的美好生活，塑造人民美好生活新空间。

4. 数据将是构筑中华文化软实力的“源动力”

我国是文化资源大国，也是数据资源大国。文化数据资源体系是依托生产、采集、存储、加工、分析过程建立的文化数据系统集合，是推动文化创造性转化和创新性发展的源头活水。这主要表现在：**第一，数据将是数字文明时代的核心文化资源**。数字文明时代，生产方式主要以开发利用数据为主，而文化全要素生产率的提升，也率先依托于数据要素的挖掘利用。这就要求我们必须加快全面、细致地进行中华文化资源的梳理和摸排工作，彻底查清我国文化资源“家底”的情况，并与文物遗迹、文旅演艺、图书出版、电影电视、网络文化文艺等各个不同文化领域，文字、声音、图像、视频等形态和载体各异的文化资源数据建立联系链条，打通零散分布的文化资产，关联形成中华文化数据库，实现文化数据全生命周期管理。**第二，数据将是数字文明时代的关键文化要素**。通过加快打通文化数据采集、加工处理、统计分析等环节，把凝聚着文化工作者的创造劳动、文化产业的生产和需求动向的关联数据转化为能够实现量化、交易、溯源的资产，实现高效资源调配和供需精准对接，从而扩大文化生产供应链，持续提升中华文化创造力、影响力、软实力、竞争力。据专业统计，全球网站内容目前56%是英文，只有1.5%是中文[③]，与西方国家存在较大差距，也与我国体量规模并不相称。数字文明时代，加快中华文化资源数字化生产、数字化呈现、数字化传播已刻不容缓。**第三，数据将是数字文明时代的主要文化动力**。数据要素不仅可以依靠自身的数量增加和质量提高来提升生产力，还可以通过大数据的运算来优化和升级数据模型，推动数字技术进步，进而赋能其他生产要素。借助国家文化数字化战略，深度推进国家级文化数据要素流通，从而实现各文化主管部门、公共文化事业、文化产业的“大文化”领域整合，实现各类文化机构的数据中心贯通，让文化建设成为具有覆盖广泛性、要素全面性、主体多元性、国家意志集中统一的过程，推动生产方式的革命性变革，促进生产要素的高效率配置，提升全要素生产率，并创造新形态的数字化生产力。

---

① 国家发展改革委等四部门．关于深化智慧城市发展　推进城市全域数字化转型的指导意见［EB/OL］. https：//www. ndrc. gov. cn/xxgk/zcfb/tz/202405/t20240520_1386326. html.

② 中央网信委．提升全民数字素养与技能行动纲要［EB/OL］. https：//www. cac. gov. cn/2021-11/05/c_1637708867754305. html.

③ 昝胜锋．文化数据资源体系如何赋能产业空间及业态构建［EB/OL］. http：//www. cslab. sdu. edu. cn/info/1078/2600. html.

5. 数据要素将成绿色全要素生产率“助推器”

随着数字化技术的不断突破，数据作为一种新的生产要素，正成为绿色经济发展的“助推器”。研究显示，数字经济对绿色全要素生产率的作用呈现正向影响效应和空间溢出效应，数据要素对绿色生态效率的提升效应明显，工具变量两阶段最小二乘法（IV-2SLS）、系统 GMM 方法和多种稳健性检验结果依然显著①，将显著提升绿色全要素生产率②。这一作用机制将主要体现在三个方面：**一是数据要素促进绿色产业结构升级**。通过大数据分析研判，激活能源数据价值，有利于实现产业结构与能源结构、市场结构与能源结构之间精准匹配，形成绿色金融、绿色技术、绿色科技等新兴投资领域，赋能能源、交通、金融、工业等产业的数字化智能化绿色化低碳化发展，从而显著降低能耗与污染排放。**二是数据要素扩大绿色经济信息化应用**。通过数据要素应用，能够打通关键产品全生产周期的物料、辅料、能源等碳排放数据以及行业碳足迹数据，开展产品碳足迹测算与评价，引导企业节能降碳。如通过收集和分析固体废物和危险废物的数据，可以更有效地管理主要绿色资源的信息化监测与生命周期管理，从而提高资源的再利用率，减少对新资源的需求，减少碳排放。**三是数据要素推动绿色低碳技术进步**。通过对各种互联网技术与绿色相关技术的相互融合，不断进行生产设备的升级，降低高能耗生产设备的使用频率进而减轻产品生产过程对环境的污染。如借助数据分析，可以揭示废物中潜在的价值和利用途径，促进新技术和方法的开发，进一步推动绿色低碳技术的进步。

三、深入领会进一步全面深化数据要素市场化配置改革的指导思想、基本原则和总目标

全面深化改革是有方向、有立场、有原则的。加快推进新一轮中长期全面深化改革，必须着眼国际国内未来发展新形势、新要求，立足数据要素市场化配置改革的历史规律、基本经验、现实基础及难点卡点，对标中国式现代化建设长远目标，廓清全面深化改革的前进道路和价值取向，牢牢把握改革的指导思想、基本原则与总体目标，牢牢把握改革的正确方向，确保各项改革措施经得住人民的考验、历史的考验、时代的考验。

（一）指导思想

以习近平新时代中国特色社会主义思想为指导，深入贯彻党的二十大和二十届二中、三中全会精神，深入学习贯彻习近平总书记关于全面深化改革的一系列新思想、新观点、新论断，完整、准确、全面贯彻新发展理念，加快构建新发展格局，坚持改革创新、系统谋划，以维护国家数据安全、保护个人信息和商业秘密为前提，以促进数据合规高效流通使用、赋能实体经济为主线，以数据产权、流通交易、收益分配、

① 刘培. 数据要素影响绿色生态效率的机制与效应研究［J］. 经济经纬，2023（6）.

② 李言，朱棋娜. 大数据技术如何影响绿色全要素生产率？［J］. 环境经济研究，2023（3）.

安全治理为重点，深入参与国际高标准数字规则制定，构建适应数据特征、符合数字经济发展规律、保障国家数据安全、彰显创新引领的数据基础制度，加快构建促进数字经济发展体制机制，完善促进数字产业化和产业数字化政策体系，健全促进实体经济和数字经济深度融合制度，充分实现数据要素价值、促进全体人民共享数字经济发展红利，为深化创新驱动、推动高质量发展、实现中国式现代化建设目标提供有力的要素支撑和动力保障。

（二）基本原则

坚持先立后破，聚焦制度创新[①]。充分认识和把握数据产权、流通、交易、使用、分配、治理、安全等基本规律，探索有利于数据安全保护、有效利用、合规流通的产权制度和市场体系，加快构建适应数据要素特征、符合市场规律、契合发展需要的基础制度[②]，推动数据要素畅通流动、各类资源高效配置、市场潜力充分释放，促进形成与数字生产力相适应的新型生产关系。

坚持问题导向，加强顶层设计。加强顶层设计、总体谋划，破解数据要素市场化配置改革的痛点难点问题，深入研究、问计基层，鼓励地方首创和试点探索，为数据供给、流通、使用提供制度保障，增强数据要素共享性、普惠性，激励创新创业创造，强化反垄断和反不正当竞争，形成依法规范、共同参与、各取所需、共享红利的发展模式。

坚持市场导向，促进合规流通。顺应经济社会数字化转型发展趋势，推动数据要素供给调整优化，提高数据要素供给数量和质量。建立数据可信流通体系，增强数据的可用、可信、可流通、可追溯水平。实现数据流通全过程动态管理，在合规流通使用中激活数据价值。

坚持守好底线，保障安全发展。统筹发展和安全，贯彻总体国家安全观，强化数据安全保障体系建设，把安全贯穿数据供给、流通、使用全过程和全生命周期，划定监管底线和红线。加强数据分类分级管理，把该管的管住、该放的放开，积极有效防范和化解各种数据风险，形成政府监管与市场自律、法治与行业自治协同、国内与国际统筹的数据要素治理结构。

坚持开放共享，实现互利共赢。务实开展互惠互利的数字经济合作，推进对接高标准国际数字经贸规则，积极参与数据跨境流动国际规则制定。推动数据跨境流动双边多边协商，推进建立互利互惠的规则等制度安排。鼓励探索数据跨境流动与合作的新途径新模式。

（三）总目标

到 2029 年，初步构建起机制完善、配置高效、保障有力的数据基础制度体系，基

---

① 新华社．中共中央　国务院关于构建数据基础制度更好发挥数据要素作用的意见［EB/OL］．https：//www. gov. cn/zhengce/2022-12/19/content_5732695. html.

② 刘烈宏．国新办举行“推动高质量发展”系列主题新闻发布会［EB/OL］．http：//www. scio. gov. cn/live/2024/34328/index_m. html.

本建立起数据产权归属认定、市场交易、权益分配、利益保护等基础制度，基本建立起高效便利安全的数据跨境流动机制[①]，基本建立起适应数据要素特征、符合市场经济规律、契合发展需要的数据基础制度体系，探索形成一批新的数据制度创新试点成果，数据要素市场制度建设、科技创新和产业发展取得新的突破，全国一体化数据市场持续壮大，将数据要素市场培育成为数字经济的关键核心动能产业，建设成为支撑国民经济和社会发展的主要引擎。

到 2035 年，全面完成建设体制机制高度完善、要素效能充分释放、产业效益高度发达的数据制度体系，数字化发展水平进入世界前列，助力数字中国建设取得重大成就，经济、政治、文化、社会、生态文明建设各领域数字化发展更加协调充分[②]，数据要素全面支撑并引领国民经济和社会发展。

到 2050 年，数据要素市场化配置实现高效管理、全面赋能，全面打通数据要素市场化配置到全要素生产率提升之间的转化通道，数据要素成为支撑引领中国式现代化的强大引擎。

四、进一步全面深化数据要素市场化配置改革的重点任务

当前和今后一个时期是以中国式现代化全面推进强国建设、民族复兴伟业的关键时期。党的二十届三中全会要求，加快建立数据产权归属认定、市场交易、权益分配、利益保护制度，提升数据安全治理监管能力，建立高效便利安全的数据跨境流动机制。这对我们加快数据要素市场化配置改革提出了新要求、新任务。未来一段时期，要准确把握进一步全面深化改革的基本原则和总体目标，深入贯彻落实党中央关于全面深化改革的部署要求，以数据要素市场化配置改革为主线，围绕数据“供得出、流得动、用得好、保安全”，加强顶层设计、系统谋划，加大政策供给与制度创新，充分发挥国家数据局统筹协调作用，注重发挥基层首创精神和地方试点成果，全面调动各方面积极性，建设和运营国家数据基础设施，促进数据共享[③]，加快探索完善数据产权制度、数据流通规则、市场化配置机制和安全治理机制，提升数据安全治理监管能力，建立高效便利安全的数据跨境流动机制，加快培育全国一体化数据市场，加快构建促进数字经济发展体制机制，健全促进实体经济和数字经济深度融合制度，健全因地制宜发展新质生产力体制机制，着力将我国海量数据优势转化为国家竞争新优势，为全面建设数字中国、网络强国奠定坚实基础，为培育发展新质生产力、建设现代化产业体系提供要素支撑，为全面实现中华民族伟大复兴中国梦提供强大助力。

---

① 新华社．中共中央关于进一步全面深化改革　推进中国式现代化的决定［EB/OL］. https://www.gov.cn/zhengce/202407/content_6963770.html.

② 新华社．数字中国建设整体布局规划［EB/OL］. https：//www.gov.cn/zhengce/2023-02/27/content_5743484.html.

③ 新华社．中共中央关于进一步全面深化改革　推进中国式现代化的决定［EB/OL］. https://www.gov.cn/zhengce/202407/content_6963770.html.

（一）探索完善数据产权制度，推动数据产权结构性分置和有序流通，确保数据要素市场“蛋糕做大”

数据产权制度是数据基础制度“基础中的基础”，但也是最为复杂的世界性难题。探索完善数据产权制度，必须坚持“稳中求进”总基调，一方面坚持“进字当先”，鼓励各地各部门加快制度创新，积极探索数据“三元分类”、“三权”分置、“三级风险”等数据产权制度体系，强化高质量数据要素供给。另一方面坚持“稳字当头”，避免冒进，将保护个人隐私和确保公共安全作为一切工作的总前提，防止数据要素市场化配置改革领域发生重大系统性风险。

一是加快完善数据产权结构性分置制度。从打破制约数据要素权益归属僵局的角度出发，加快完善公共数据、企业数据、个人数据的分类分级确权授权制度。从强化高质量数据要素供给的改革落脚点出发，建立健全数据共享和开发利用的激励约束机制，促进数据共享，推进公共数据、企业数据、个人数据开发利用。根据数据来源和数据生成特征，综合考量数据属性类别、重要程度、风险等级等因素，分门别类界定好数据生产、流通、使用过程中各参与方享有的合法权利，建立数据资源持有权、数据加工使用权、数据产品经营权等“三权”分置的产权运行机制。推进非公共数据按市场化方式“共同使用、共享收益”的新模式，为激活数据要素价值创造和价值实现提供基础性制度保障。探索推广“三级风险”等数据管理制度，根据数据信息的风险程度，完善支持类、限制类、禁止类三个风险等级，实施分级分类管理。在保障安全的前提下，研究数据产权登记新方式，探索和构建与数据要素和数据流通特点相符合的数据登记制度，完善健全引导支持具体明确、操作性强的产权配置方案。持续深入开展数据知识产权试点，建立健全数据知识产权登记管理体系，不断完善数据知识产权保护规则。细化各方主体的权利边界和数据利用底线，让合法的数据持有主体“能用、敢用、会用、可用”。

二是加快完善实施公共数据确权授权机制。加快推动公共数据目录整合优化，建立健全国家公共数据资源体系，探索设立公共数据基础制度先行示范区，推动公共数据资源安全有序开放。加快完善建设和运营国家数据基础设施的指引性政策制度，加强公共数据汇聚共享和开放开发，推动公共数据资产登记评估，强化统筹授权使用和管理，制定公共数据开放与利用激励机制，支持公共数据标注等创新工程落地，推进互联互通，打破“数据孤岛”。鼓励公共数据在保护个人隐私和确保公共安全的前提下，按照“原始数据不出域、数据可用不可见”的要求，以模型、核验等产品和服务的形式向社会提供。遵循“三分数据、七分加工、十二分体验”原则，研发形成适应市场需求的数据产品，推动用于公共治理、公益事业的公共数据有条件无偿使用，探索用于产业发展、行业发展的公共数据有条件有偿使用。同时，应依法依规予以保密的公共数据不予开放，严格管控未依法依规公开的原始公共数据直接进入市场，保障公共数据供给使用的公共利益。

三是加快推动建立企业数据确权授权机制。针对当前数据供应与使用场景，有关部门应精确识别并解决企业数据确权授权的合规顾虑，积极鼓励各地及相关企业持续探索公共数据、企业数据开发利用新路径，挖掘和释放数据要素价值。在企业数据管理方面，政策层面应强化制度设计的价值均衡与合理引导，持续完善企业数据资源开发利用相关政策，鼓励探索企业数据授权使用新模式，支持国有企业在事关国民经济命脉的重要领域和关键行业积极发挥示范引领作用，引导行业龙头企业、互联网平台企业积极发挥创新生态带动作用，促进大型企业与中小微企业共同探索双向公平的数据授权机制，共同实现数据的合理使用与价值流转，赋能中小微企业数字化转型。同时，应积极发挥第三方机构、中介服务组织等社会力量作用，加强数据质量评估等领域标准制定，推动数据产品标准化，发展数据标注、数据分析、数据服务等产业。

四是持续建立健全个人信息数据确权授权机制。加大个人信息保护力度，推动重点行业建立完善“数据链长制”等长效保护机制，强化企业主体责任，规范企业采集使用个人信息行为。探索由受托者代表个人利益，监督市场主体对个人信息数据进行采集、加工、使用的机制。规范对个人信息的处理活动，严防地方及企业采取“一揽子授权”、强制同意等方式过度收集个人信息，促进个人信息合理利用，严格个人信息数据使用违法惩戒机制，建立事后追责机制，构建个人信息数据“使用者责任”指标，加强个人信息数据使用过程的动态风险控制。创新区块链、联邦学习、隐私计算等新技术新手段，保障使用个人信息数据时的信息安全和个人隐私。

五是健全数据要素各参与方合法权益保护和义务约束制度。加快数据产权领域相关立法进度，尽快完善数据产权制度的法律基础。确保依法依规前提下，通过合同、协议等方式，数据持有者有权利授权数据处理者进行加工、开发、使用，促进“专业的人做专业的事”，形成数据产品和服务，为经济社会发展做贡献。建立与“三权”分置制度相适应的不同市场主体权益保护制度，合理保障数据来源者、处理者、使用者的合法权益，充分保障数据持有权、加工使用权和经营权。同时，应进一步明确数据财产权利人的社会责任，如满足社会大众在日常生产生活中的合理利用需求，不得滥用数据财产权利损害市场竞争秩序，满足社会公共管理机构依法提出的数据利用要求等。

（二）规范数据流通交易规则，构建场内场外相结合的交易制度体系，确保数据要素市场“循环畅通”

围绕数据要素市场确权、登记、定价、运营、场所、合规等主要产业链条环节，提升交易规则的科学性和精细度，提高数据要素市场供给质量，推动数据使用权交换和市场化流通，建立合规高效的数据要素流通和交易制度，建设规范数据交易市场，加快培育全国一体化数据市场。

一是加快完善数据全流程合规与监管规则体系。充分发挥国家数据局统筹作用，促进不同区域、不同行业、不同领域、不同部门之间的数据开放共享、协同治理，推进建立数据要素领域全国统一大市场，从源头确保实现数据要素市场统一规范。完善数据流通准入标准规则，结合数据流通范围、影响程度、潜在风险，区分使用场景和用途用量，建立数据分类分级授权使用规范，探索开展数据质量标准化体系建设，加快推进数据采集和接口标准化，促进数据整合互通和互操作。支持探索多样化、符合数据要素特性的定价模式和价格形成机制，推动用于数字化发展的公共数据按政府指导定价有偿使用，企业与个人信息数据市场自主定价。加快建立实施数据安全管理认证制度，引导企业通过认证提升数据安全管理水平，鼓励推行面向数据商及第三方专业服务机构的数据流通交易声明和承诺制。

二是强化统筹构建规范高效的数据交易场所。统筹数据交易场所的规划和管理，加快出台数据交易场所管理办法，在严控数据交易所数量、防止重复低效建设的同时，更注重探索完善提升数据交易所建设质量的改革措施。加快建立完善国家级数据交易所，突出国家级数据交易场所合规监管和基础服务功能，强化其公共属性和公益定位，引领形成统一的数据交易规范规则，制定全国统一的数据交易、安全等标准体系。构建多层次市场交易体系，规范各地区各部门设立的区域性数据交易场所和行业性数据交易平台相互促进、协调发展，推动区域性、行业性数据流通使用，建立和完善全国一体化的数据要素市场。推进数据交易场所与数据商功能分离，鼓励各类数据商进场交易。加快建设适应数据要素特征、促进数据流通利用、发挥数据价值效用的数据基础设施，推动数据汇聚、处理、流通、应用、交易等功能有效运转，促进数据发掘共享。构建全国一体化大数据中心体系，深入实施“东数西算”工程，推动构建全国一体化算力网，推动智能计算中心有序发展，加快建设若干国家枢纽节点和大数据中心集群①，为场内集中交易和场外分散交易提供低成本、高效率、可信赖的流通环境。

三是加快培育数据要素流通和交易服务生态。充分考虑数据交易中的供需匹配环节，围绕促进数据要素合规高效、安全有序流通和交易需要，打通数据“采、存、算、管、用”全流程全生命周期，着眼于发展数据空间、隐私计算、区块链、数据脱敏等关键核心技术，有效提升数据流通环节安全可靠水平，培育一批数据商和第三方专业服务机构。通过数据商，为数据交易双方提供数据产品开发、发布、承销和数据资产的合规化、标准化、增值化服务，促进提高数据交易效率。持续深入实施“数据要素×”三年行动计划，优先选择数据资源丰富、数字化转型需求迫切的行业作为突破口，在工业制造、现代农业、商贸流通、交通运输、金融服务、科技创新、文化旅游、医疗健康、应急管理、气象服务、城市治理、绿色低碳等重点行业和领域，积极探索促进数据合规高效流通使用，推进传统基础设施数字化改造，建立数据利用的多应用场景和模式，大力培育贴近业务需求的行业性、产业化数据商，鼓励多种所有制数据商共同发展、平等竞争。有序培育第三方专业服务机构，构建覆盖数据集成、数据经纪、合规认证、安全审计、数据公证、数据保险、数据托管、资产评估、争议仲裁、风险评估、人才培训等数据流通和交易全流程的服务生态体系，支持专业服务机构之间的合作与协同，构建完善的数据服务产业链，为数据流通和交易提供全方位的支持。加快发展技术型、应用型和服务型等数据商，根据不同数据商类型及其营业范围，分门别类制定相应细化的监管规则，确保数据流通的安全合规、数据承销的规范

---

① 《中共中央关于进一步全面深化改革　推进中国式现代化的决定》辅导读本［M］. 北京：人民出版社，2024.

高效、数据经纪的可信有序。持续健全壮大数据标注产业发展的政策举措，有序开展数据标注基地试点。以数据要素市场化配置改革为突破口，以数字技术创新应用赋能为驱动，引导加快新一代信息技术全方位全链条普及应用，发展工业互联网，打造具有国际竞争力的数字产业集群。完善促进数字产业化和产业数字化政策体系，推动数据要素加速赋能生产、分配、流通、消费和社会服务管理等各环节，加快推动技术革命性突破、生产要素创新性配置、产业深度转型升级，推动劳动者、劳动资料、劳动对象优化组合和更新跃升，催生新产业、新模式、新动能，对其他生产要素、服务效能和经济总量释放放大、叠加、倍增效应，从而加快形成以高技术、高效能、高质量为特征的新质生产力。健全相关规则和政策，加快形成同新质生产力相适应的生产关系，促进各类先进生产要素向发展新质生产力集聚，大幅提升全要素生产率①。

四是加快建立高效便利安全的数据跨境流动机制。统筹兼顾数据开发利用和安全保护两个方向，探索建立符合中国实际、紧贴市场需求、引领国际标准的中国特色跨境数据分类分级管理机制。探索数据跨境双向有序流动机制，稳妥有序推进全国数据跨境流通示范区规划建设，逐步探索建立并完善“数据海关”和跨境数据保荐人等创新制度模式，加快建立依据对等原则的“白名单”认证机制。创新发展数字贸易，积极支持数字产品贸易、服务贸易、技术贸易、数据贸易持续优化，加快贸易全链条数字化赋能，逐步形成较为成熟的数据贸易新模式。针对跨境电商、跨境支付、供应链管理、服务外包等典型场景，有序推动离岸数据服务外包和离岸数据交易定价中心建设，加快打造全球最大的数据流动圈和数据交易定价中心，探索安全规范便捷的数据跨境流动方式。放宽数字领域市场准入，提高外资企业在境内投资运营便利化水平。健全数据出境安全管理制度，对影响或者可能影响国家安全的跨境数据活动依法依规实施国家安全审查和出口管制等针对性监管措施，探索构建多渠道、便利化、智能化的数据跨境流动监管机制，健全多部门协调配合统筹协调与综合监管体系。以贯彻落实《全球数据安全倡议》为基础，积极参与世界贸易组织、二十国集团、亚太经合组织等多双边和区域数字贸易相关规则谈判，积极融入 RCEP、DEPA、联合国《数字契约》等高水平国际经贸合作机制，主动参与数据流动、数据安全、认证评估、数字货币等国际规则和数字技术标准制定。

（三）完善数据收益分配制度，扩大数据要素市场化配置范围和分配渠道，确保数据要素市场“分好蛋糕”

收入分配制度是经济社会发展中带有根本性、基础性的制度安排②。在数据要素市场化配置过程中，数据要素收益分配是事关改革成败的关键性制度设计，必须坚持“两个毫不动摇”，在构建高水平社会主义市场经济体制框架下，以处理好政府和市场关系为抓手，科学做好数据收益分配领域的重大制度设计，充分发挥市场在资源配置

① 新华社．中共中央关于进一步全面深化改革 推进中国式现代化的决定［EB/OL］．https://www.gov.cn/zhengce/202407/content_6963770.html.

② 覃毅．中国收入分配七十年：改革实践与理论演进［J］．产业经济评论，2020（5）．

中的决定性作用，更好发挥政府在数据要素收益分配中的引导调节作用，健全由市场评价贡献、按贡献决定报酬的收益分配机制，确保全国一体化数据市场“分好蛋糕”。

一是加快建立健全数据要素由市场评价贡献、按贡献决定报酬的收益分配机制。结合我国数据要素市场发展的阶段性特征，遵循中国特色社会主义分配制度的总体要求，以社会福利最大化和数字经济高质量发展为目标[①]，积极引入更多方式的市场机制，最大限度按照市场化配置规则来处理相关的数据流转利用方式，让尽可能多的数据要素、数据资源投入市场化配置的范围之内，真正让市场在数据流通中发挥主导作用。强化基于数据价值创造和价值实现的激励导向，构建完善数据领域初次分配、再分配、第三次分配协调配套的制度体系，构建公平与效率相统一、激励与规范相结合的数据要素按贡献参与分配机制，着重保护数据要素各参与方的投入产出收益，依法依规维护数据资源资产权益，加快探索个人、企业、公共数据分享价值收益的方式，建立健全更加合理的市场评价机制，促进劳动者贡献和劳动报酬相匹配。其中，在初次分配环节按照“谁投入、谁贡献、谁受益”原则，以大型国有企业和平台企业为突破口，探索数据要素资源化、资产化、资本化的实现路径，理顺数据要素的价值生成路径与分配关系，支持数据交易主体试点推进数据证券化、数据质押融资和数据信托等制度化探索[②]，鼓励相关企业探索按投入和贡献实行利润或项目提成、特殊津贴、一次性奖励、数字技术入股、数字人才持股计划、期股期权制等多样化的分配形式，推动数据要素收益向数据价值和使用价值的创造者合理倾斜，确保在开发挖掘数据价值各环节的投入有相应回报，强化基于数据价值创造和价值实现的激励导向。而在二次分配、三次分配阶段，则应重点关注公共利益和相对弱势群体，充分发挥财税政策的平衡性调节作用，提高税制的确定性和包容性，防止和依法规制资本在数据领域无序扩张形成市场垄断等各类风险挑战，消除制度性的财税政策对数字经济发展的阻碍[③]。应鼓励各地及企业积极探索数据要素参与收入分配的具体形式和典型模式，可探索分红、提成等多种收益共享方式，从而平衡兼顾数据内容采集、加工、流通、应用等不同环节相关主体之间的利益分配。

二是更好发挥政府在数据要素收益分配中的引导调节作用。政府部门应完善财政税收、社会保险、转移支付等配套制度，更加关注公共利益和相对弱势群体，逐步建立更加公平的数据要素收益分配体制机制。加大政府引导调节力度，完善按数字劳动贡献分配的数字财政税收、数字人才津贴、数字创新奖励等政策体系，试点探索面向数据要素市场建设和发展的公共服务支出机制[④]，探索建立公共数据资源开放收益合理分享机制，激励多方主体积极参与数据要素市场建设，允许并鼓励各类企业依法依规依托公共数据提供公益服务。推动大型数据企业积极承担社会责任，审慎探索建立

---

① 杨飞虎，占佳．构建数据要素参与收入分配的长效机制［N］．中国社会科学报，2022-06-22.

② 杨铭鑫，王建冬，窦悦．数字经济背景下数据要素参与收入分配的制度进路研究［J］．电子政务，2022（2）.

③ 邢丽．健全数据要素收益分配制度［N］．经济日报，2023-05-13.

④ 杨铭鑫，王建冬，窦悦．数字经济背景下数据要素参与收入分配的制度进路研究［J］．电子政务，2022（2）.

面向数字经济大型平台企业的数字服务税制①，强化对弱势群体的保障帮扶，有力有效应对数字化转型过程中的各类风险挑战。不断健全数据要素市场体系和制度规则，审慎探索设立面向数据要素相关企业的税收项目和监管罚没收入等非税收项目，以及设立公共部门数据授权运营专项制度，防止和依法依规限制资本在数据领域无序扩张形成市场垄断等问题。同时更要消除不同区域间、人群间数字鸿沟，统筹使用多渠道资金资源，通过数字化手段不断缩小区域、城乡、群体、基本公共服务等方面差距，推进全体人民共享数字时代发展红利，助力在高质量发展中实现共同富裕。

（四）把安全贯穿数据治理全过程，构建多方协同的数据治理模式，守住数据要素市场“安全红线”

合规与安全是数据交易的红线。应加强研判数据跨境流通与数字经济成长的内在互动关系和外在环境要求，以数据交易安全合规制度为重点，提升数据安全治理监管能力，健全行业数据安全管理制度，构建以政策法规、技术标准、商业惯例、代码架构、社会规范、国家规则等为核心的数据善治模式，加快构建政府、企业、行业组织等力量多方协同的现代化数据治理体系。

一是不断创新政府数据治理机制。充分发挥国家数据局统筹作用，充分发挥政府有序引导和规范发展的作用，守住安全底线，明确监管红线，促进不同区域、不同行业、不同领域、不同部门的协同治理，规避“九龙治水”现象，打造安全可信、包容创新、公平开放、监管有效的数据要素市场环境。推动制定数据要素相关领域法律法规，明确并规范数据安全主体责任，确保数据流通使用安全。强化分行业监管和跨行业协同监管，建立数据联管联治机制，建立健全鼓励创新、包容创新的容错纠错机制。建立数据要素生产流通使用全过程的合规公正、安全审查、算法审查、监测预警等制度，完善标准规范，构建重要数据识别、目录备案、风险评估等常态化监管机制，指导各方履行数据要素流通安全责任和义务。建立健全数据流通监管制度，制定数据流通和交易负面清单，明确不能交易或严格限制交易的数据项。构建算法安全治理体系，完善算法备案、分类分级管理、安全评估等监管制度。强化反垄断和反不正当竞争机制，加强重点领域执法司法，依法依规加强经营者集中审查，依法依规查处垄断协议、滥用市场支配地位和违法实施经营者集中行为，营造公平竞争、规范有序的市场环境。在落实网络安全等级保护制度的基础上全面加强数据安全保护工作，健全网络和数据安全保护体系，提升纵深防护与综合防御能力。加快建立完善人工智能安全监管制度，共同促进全球人工智能有序安全发展，促进各方加强数据共享、技术共享、设施共建，不断为保障人工智能健康发展提供“中国方案”。

二是切实压实企业的数据治理责任。充分发挥企业市场主体作用，鼓励企业积极参与数据要素市场建设，围绕数据来源、数据产权、数据质量、数据使用等，落实面向数据商及第三方专业服务机构的数据流通交易声明和承诺制等相关政策和要求。同

---

① 杨铭鑫，王建冬，窦悦．数字经济背景下数据要素参与收入分配的制度进路研究［J］．电子政务，2022（2）．

时，压实企业主体责任，坚持“宽进严管”原则，引导树立企业责任意识和自律意识，引导企业建立健全内部管控机制，严格落实相关法律规定，在数据采集汇聚、加工处理、流通交易、共享利用等各环节，推动企业依法依规承担相应责任。建立健全数据要素登记及披露机制，增强企业社会责任，打破“数据垄断”，促进公平竞争。促进平台经济创新发展，科学合理为资本设立“红绿灯”，健全平台经济常态化监管制度，完善平台经济健康持续发展的规则制度体系。

三是充分发挥社会力量多方参与的协同治理作用。完善激励手段和机制，更多发挥行业组织、社会组织、基层社区、志愿机构等多元社会力量协调联动作用，最大限度地维护和增进公共利益。鼓励行业协会等社会力量积极参与数据要素市场建设，支持开展数据流通相关安全技术研发和服务，完善适用于技术研发者、使用者、监管者等不同主体的激励机制，促进不同场景下数据要素安全可信流通。强化数据要素专业人才智力支撑，支持高等学校设置数据要素相关学科，深化校企、政企合作，支持企业加强专业人才培训。逐步完善数据交易失信行为认定、守信激励、失信惩戒、信用修复、异议处理等机制，通过失信惩罚和守信奖励等机制，打造数据要素市场社会信用体系。畅通举报投诉和争议仲裁渠道，维护数据要素市场良好秩序。结合数据生命周期管理各个阶段的特征，加快推进数据管理能力成熟度国家标准及数据要素管理规范，推动各部门各行业完善数据相关标准体系，加快建设具有中国特色的数据监管和治理体系。

| 第四篇 |

构建支持全面创新体制机制专题

深化教育体制改革，以教育现代化助推中国式现代化

习近平总书记指出，建设教育强国，是全面建成社会主义现代化强国的战略先导，是实现高水平科技自立自强的重要支撑，是促进全体人民共同富裕的有效途径，是以中国式现代化全面推进中华民族伟大复兴的基础工程。教育是全面建设社会主义现代化国家的基础性、战略性支撑，必须从国家利益的大政治上看教育，从教育科技人才一体推进的大战略上办教育，从经济社会发展的大民生上抓教育。深化教育领域综合改革是推进教育强国建设的根本动力。我国不断推进教育体制改革，从恢复高考，整顿、恢复和重建阶段教育体系开始，确立和普及九年制义务教育，改革教育管理体制，扩大高校自主办学，推进市场化改革，促进教育公平，不断推进教育现代化。当前，国家的发展方向对教育提出了新的要求，以人工智能为代表的新技术革命到来，迫切需要改变教育模式，中国式现代化建设需要教育系统培育更多高素质人才，促进实现人的现代化，国际竞争和高水平对外开放对教育提出新的方向，老龄化和少子化的发展趋势需要教育结构尽快调整。必须贯彻落实党的二十届三中全会精神，深入实施人才强国战略，统筹推进教育科技人才体制机制一体改革，加快建设高质量教育体系，统筹推进育人方式、办学模式、管理体制、保障机制改革，完善立德树人机制，优化高等教育布局，强化科技教育和人文教育协同，加快构建职普融通、产教融合的职业教育体系，推进高水平教育开放，优化区域教育资源配置，健全学前教育和特殊教育、专门教育保障机制，推进教育数字化，建立与中国式现代化发展要求相适应的教育体制。

一、教育体制改革 46 年的主要历程、基本经验与伟大成就

46 年来，教育体制经历了多次重大改革，分为“文革”后整顿、恢复和重建；确立普及九年制义务教育任务，开启教育体制全面改革；改革办学体制，加快教育立法，深入推进市场化改革；落实科学发展观和深化教育体制改革，从重视效率转向关注公平；深化教育领域综合改革，推进教育现代化五个阶段。教育体制改革主要包括学前教育、基础教育、高等教育、职业教育、特殊教育五个方面，不断优化教育体制中政府与市场的关系，促进教育向优质且公平方向发展，扩大教育对外开放水平。教育改革必须坚持提高民族素质的根本目的，兼顾教育投入的效率与公平，服务国家战略和经济社会发展，坚持公益性原则，持续面向国际。党的十八大以来，以习近平同志为核心的党中央高度重视教育体制改革工作，我国教育公平取得历史性进展，服务国家

战略和经济社会发展能力显著增强，人才选拔评价机制不断优化，政府与市场边界进一步理清，社会主义核心价值观教育显著加强。

（一）教育体制改革的主要历程

从时间维度看，46 年的教育体制改革过程可以分为五个战略阶段：一是以高考制度的恢复为标志，整顿、恢复和重建我国教育体系，探索教育改革；二是以 1985 年《中共中央关于教育体制改革的决定》为标志，开启教育体制全面改革，形成“地方负责、分级管理”的基础教育管理体制，发展职业技术教育，完善高考及高校招生制度；三是以 1993 年《中国教育改革和发展纲要》（中发〔1993〕3 号）为标志，改革办学体制，加快教育立法，深入推进市场化改革，探索发展素质教育；四是 2002 年党的十六大之后，开始落实科学发展观和深化教育体制改革，从重视效率转向关注公平；五是 2012 年党的十八大之后，我国进一步深化教育领域综合改革，推进教育现代化，促进城乡间教育均衡发展，提升教育质量，改革人才选拔及评价机制。

1. 第一阶段（1977—1985 年）：整顿、恢复和重建阶段

以高考制度的恢复为标志，尊重知识、尊重人才的现代化理念被纳入制度化的轨道并为全社会所接受。党的十一届三中全会提出教育要“三个面向”和培育“四有新人”，为教育改革与发展指明方向。

一是恢复高考。1977 年 9 月，教育部召开全国高等学校招生工作会议，决定恢复全国高等院校招生考试，以统一考试、择优录取的方式选拔人才上大学。1977 年 10 月，国务院批转教育部《关于 1977 年高等学校招生工作的意见》（国发〔1977〕112 号），正式确定恢复全国统一高考和招生制度。恢复高考成为恢复与重建教育制度，使中国教育走向新秩序、走向现代化的新开端。1983 年开始在高考中加入外语科目，并在部分中央部委所属行业院校中实施“定向招生，定向分配”的办法。

二是对教育工作进行拨乱反正。1978 年中共中央决定撤销 1971 年转发的《全国教育工作会议纪要》，批判了“两个估计”，打破困扰广大教师、知识分子的精神枷锁，为教育拨乱反正扫清障碍。

三是恢复和重建教育秩序。1978 年，教育部重新颁发了《全日制小学暂行工作条例（试行草案）》和《全日制中学暂行工作条例（试行草案）》，恢复了“统一领导、分级管理”的教育管理体制。同年，恢复重建中央教育科学研究所，开展教育科学研究。

四是恢复重点学校制度。党中央、国务院原则同意教育部《关于恢复和办好全国重点高等学校的报告》，开始恢复重点学校制度。“办教育要两条腿走路，既注意普及，又注意提高，要办重点小学、重点中学、重点大学”，通过抓紧恢复和办好一批全国重点高等学校，满足了国家和社会对高素质人才的需求。恢复高考及重点学校制度客观上将义务教育纳入升学教育、精英教育的轨道，加剧了义务教育阶段所不应具有的竞争性，扭曲了基础教育的价值和功能，使我国基础教育在这一时期逐渐趋向“应试教育”。

五是探索高等教育改革。1978 年，国务院批转了教育部《关于高等学校恢复和提升职务问题的请示报告》，恢复了高校职称制度。在恢复本科及研究生招生的同时，学位制度体系建设有序展开。同年，我国恢复了留学生制度，派遣“文革”后第一批赴美留学的中青年学者。1980 年，我国颁布《学位条例》（国发〔1981〕89 号），规定了我国学位层次结构、各级机构及其职能、学位授予方式等内容。1981 年，国务院及国务院学位委员会先后制定了一系列有关学位工作的规章制度，使我国学位制度进入规范化运转。1979 年，上海交通大学率先实行了人员流动、岗位责任制和内部工资改革。1983 年，教育部同意上海交通大学扩大管理权限，增强学校办学活力。高校开始探索管理、人事、分配制度改革，推动“扩大高校办学自主权”。

2. 第二阶段（1985—1993 年）：确立普及九年制义务教育任务，开启教育体制全面改革

1985 年，党中央主持召开全国教育工作会议，出台《中共中央关于教育体制改革的决定》，提出教育体制改革的根本目的是提高民族素质，多出人才、出好人才，确立普及九年义务教育为我国基础教育事业发展的重要任务，开启了我国教育体制全面改革的进程。1985 年，我国撤销教育部，成立国家教育委员会，加强了国务院对教育体制改革的全面领导。1989 年的政治风波一定程度上中断了教育体制改革的进程，使 100 余所试行校长负责制的高等学校陆续恢复了原有体制。20 世纪 90 年代初，采取对大学生实行军训、减少高校招生、调整留学生派遣方针、开展反和平演变教育等收缩政策。

一是形成“地方负责、分级管理”的基础教育管理体制。1985 年以前，教育事业领导权重心主要集中在教育部，地方政府主要掌握的是学校设置与发展权。1985 年《中共中央关于教育体制改革的决定》指出基础教育管理权属于地方。基础教育管理权的配置开始由中央向地方转移，把发展基础教育的责任交给地方。1986 年颁布的《义务教育法》，进一步强化和提升了“地方负责，分级管理”这一基础教育管理体制的法律地位。在此基础上，我国开始有步骤地实行九年制义务教育。

二是调整中等教育结构，大力发展职业技术教育。《关于教育体制改革决定》提出逐步建立起一个从初级到高级、行业配套、结构合理又能与普通教育相互沟通的职业技术教育体系。职业教育从中学阶段开始分流，将发展重点放在中等职业技术教育。1986 年，第一次全国职业技术教育工作会议召开，会上提出了职业技术教育应逐步形成既便于地方管理，又能调动各业务部门的积极性，使学校拥有较大自主权的管理体制。同年建立职业技术教育委员会，并在 1987 年明确提出“职业技能训练必须严格要求，坚决克服和防止重理论轻实践的偏向”。各地试点将普高改为职高或在普高里办职高班。

三是完善高考及高校招生制度。《关于教育体制改革决定》规定了“改革高等学校的招生计划和毕业生分配制度，扩大高等学校办学自主权”，开始实行国家计划招生、用人单位委托招生、招收少数自费生等三种招生办法，把“双轨制”下的计划招生和缴费入学纳入了高考体制。1985 年，第二届高考科研讨论会在广州召开，会议决定在上海实行高中毕业会考试点，之后在多省开始实行高中会考制度。广东高考开始实行标准化，通过采用选择题机器评卷等手段控制考试误差。同年，国家教委决定试点保送生制度。1987 年，教育部决定成立考试中心，进一步促进考试的科学性和公平性。

3. 第三阶段（1993—2002 年）：改革办学体制，加快教育立法，深入推进市场化改革

1993 年，中共中央、国务院发布的《中国教育改革和发展纲要》（中发〔1993〕3 号）提出，发展教育事业、提高全民族的素质、把沉重的人口负担转化为人力资源优势，这是我国实现社会主义现代化的一条必由之路，确定到 20 世纪末，我国要实现基本普及九年义务教育、基本扫除青壮年文盲。在深化教育体制改革方面，要采取综合配套、分步推进的方针，初步建立起与社会主义市场经济体制、政治体制和科技体制改革相适应的教育新体制。1994 年，《国务院关于〈中国教育改革和发展纲要〉的实施意见》（国发〔1994〕39 号）出炉，确定了到 2000 年我国教育发展的目标和任务，并要求加快办学体制改革，进一步改变政府包揽办学的状况，形成政府办学为主与社会各界参与办学相结合的新体制。到 2001 年，我国实现了基本普及九年义务教育和基本扫除青壮年文盲的战略目标。

一是改革办学体制。这一时期改变了政府包揽办学的格局，逐步建立以政府办学为主体、社会各界共同办学的体制。政府从对学校直接进行行政管理转变为宏观管理，逐步建立以国家财政拨款为主，多种渠道筹措教育经费的体制。1999 年的《中共中央、国务院关于深化教育改革全面推进素质教育的决定》进一步简政放权，加大省级人民政府发展和管理本地区教育的权力以及统筹力度。2000 年的农村"税费改革"取消了农村教育费附加和农村捐集资，使农村教育经费成为无源之水，农村义务教育情况急剧恶化。2001 年，国务院《关于基础教育改革与发展的决定》（国发〔2001〕21 号）将基础教育管理权限上升至县级，"人民教育人民办"开始转入"人民教育政府办"的轨道，以保障农村基础教育的基本需要，但对于很多财力薄弱的县而言，农村义务教育投入依然是难点。

二是开启教育产业化。1992 年《关于加快发展第三产业的决定》将教育定义为第三产业，教育定义从"上层建筑"转变为"社会生产力"的一部分，改革办学体制促进了教育产业化发展。《国务院关于〈中国教育改革和发展纲要〉的实施意见》（国发〔1994〕39 号）提出："基础教育主要由政府办学，同时鼓励企事业单位和其他社会力量按国家的法律和政策多渠道、多形式办学。有条件的地方，也可以实行'民办公助''公办民助'等形式。"1996 年，《全国教育事业"九五"计划和 2010 年发展规划》（教计〔1996〕45 号）进一步允许公办学校可酌情转为"公办民助"学校或"民办公助"学校。以北京大学"破墙开店"为象征，在全民经商的氛围中，教育被迅速"激活"了。借助市场机制，教育产业化发展对特定历史时期在拓宽教育经费来源、扩大教育规模、增加教育机会上发挥了积极作用，但也客观上造成了乱收费、高收费等损害教育品质、破坏教育公平的乱象，使教育成为严重的问题领域。

三是进一步推进高等教育改革。《中国教育改革和发展纲要》提出"建立起与社会主义市场经济体制和政治体制、科技体制改革相适应的教育体制”，将放权列为教育体制改革的主要目标。1995 年，国家教委《关于深化高等教育体制改革的若干意见》（国办发〔1995〕43 号）提出进行以“共建、划转、合并、合作办学和协作办学”为主的管理体制改革。1998 年，全国高等教育管理体制改革经验交流会上提出“共建、调整、合作、合并”的八字方针。上述改革逐步将高等教育从中央政府的管理职能中分离出去，下放到地方政府，推进中央与地方共同办学，鼓励企业、科学研究机构参与办学。中国高等教育基本形成“中央和省级政府两级管理、以省级政府管理为主”的管理体制，部门办学体制基本结束。同时，我国高等教育也经历了从免费到收费的变革，逐步推行高校收费并轨，实行大学生收费上学制度。改革高等学校招生和毕业生就业制度，实行少数毕业生由国家安排就业、多数由学生“自主择业”的就业制度，形成高校毕业生“双向选择，自主择业”的就业制度。1998 年，教育部推行了“3+X”科目设置改革、考试内容改革、高考形式改革、录取手段改革四项改革，以更好地体现高校办学自主权、增加高校选择权。

四是推进教育立法。1993 年出台《教师法》，把国家尊师重教的方针上升为法律，对保障教师权利、提升教师素质、促进教育事业发展具有重要作用。1995 年出台《教育法》，正式确立了学校的法人地位，使高等学校真正具有自主办学的实体地位，也使市场机制开始进入高等教育领域。1996 年出台《职业教育法》，标志着我国职业教育改革工作正式进入依法治教的轨道。1998 年出台的《高等教育法》，基本确立了我国高等教育的性质、地位和管理制度。

五是开启素质教育改革。《中国教育改革和发展纲要》（中发〔1993〕3 号）明确提出中小学要由“应试教育”转向全面提高国民素质的轨道，面向全体学生，全面提高学生的思想道德、文化科学、劳动技能和身体心理素质，促进学生生动活泼的发展。这是中共中央文件首次对实施素质教育提出要求。1994 年，第二次全国教育工作会议提出基础教育必须从“应试教育”转到素质教育的轨道上来。1999 年，颁布《中共中央、国务院关于深化教育改革全面推进素质教育的决定》（中发〔1999〕9 号），对进一步深化教育改革、全面推进素质教育进行了战略部署。2001 年，发布《基础教育课程改革纲要（试行）》（教基〔2001〕17 号），改革基础教育的课程，使之符合素质教育要求。2002 年，出台《关于积极推进中小学评价与考试制度改革的通知》（教基〔2002〕26 号），推进中小学考试制度与素质教育改革相适应。

4. 第四阶段（2002—2012 年）：落实科学发展观和深化教育体制改革，从重视效率转向关注公平

2002 年，党的十六大报告明确提出教育是发展科学技术和培养人才的基础，在现代化建设中具有先导性、全局性作用，必须摆在优先发展的战略地位。2003 年下半年起，教育部开始高调批评“产业化”思路，围绕解决农村义务教育问题，对农村教育、义务教育、教育公平的关注逐渐取代了此前以数量、规模、速度为主的追求，促进教育公平逐渐成为教育公共政策的基本价值。2006 年发布的《中共中央关于构建社会主义和谐社会若干重大问题的决定》（中发〔2006〕19 号）提出“坚持教育优先发

展，促进教育公平”的方针。宏观政策的改变主要表现在三个方面，即实施农村义务教育免费的政策、促进义务教育均衡发展、整顿改制学校的政策，以及控制高等教育发展规模，重在提高质量的政策。2010年，《国家中长期教育改革和发展规划纲要》提出“到2020年基本实现教育现代化”的战略目标和一系列改革措施，明确“均衡发展”是“义务教育的战略性任务”。

一是出台法律规章规范民办教育。2003年出台《民办教育促进法》，进一步确定了发展民办教育和教育产业的合法性。之后又陆续推出《关于规范并加强普通高校以新的机制和模式试办独立学院管理的若干意见》（教发〔2003〕8号）、《民办教育收费管理暂行办法》（发改价格〔2005〕309号）、《民办高等教育办学管理若干规定》（教育部令第25号）、《独立学院设置与管理办法》（教育部令第26号）等政策法规，规范民办教育行为，引导民办教育健康发展。2005年起，国家通过《教育部关于进一步推进义务教育均衡发展的若干意见》（教基〔2005〕9号）、《关于做好清理整顿改制学校收费准备工作的通知》（发改价格〔2005〕2827号）等文件叫停各地审批新的改制学校，对大规模改变公办学校的公益性、以教育牟利的“改制学校”“名校办民校”进行清理整顿，依法规范办学行为。

二是改革职业教育体系。2002年出台《国务院关于大力推进职业教育改革与发展的决定》（国发〔2002〕16号），推进管理体制和办学体制改革，建立并逐步完善在国务院领导下，分级管理、地方为主、政府统筹、社会参与的职业教育管理体制。促进职业教育与经济建设、社会发展紧密结合，形成政府主导、依靠企业、充分发挥行业作用、社会力量积极参与的多元办学格局。逐步形成了集学历教育、培训、就业、社会福利于一体的高等职业教育体系。

三是进一步保障义务教育。2003年出台《关于进一步加强农村教育工作的决定》（国发〔2003〕19号），就新时期农村教育工作发展作出了全面部署，明确把农村教育作为教育工作的重中之重。2005年，《国务院关于深化农村义务教育经费保障机制改革的通知》（国发〔2005〕43号）提出建立中央和地方分项目、按比例分担的农村义务教育经费保障机制，农村义务教育全面纳入公共财政保障范围。《关于进一步推进义务教育均衡发展的若干意见》（教基〔2005〕9号）正视和着手解决择校热、“上学难、上学贵”的问题，要求贯彻落实“巩固、深化、提高、发展”的方针。2006年，全国人大常委会通过新修改的《义务教育法》，确立了各级政府分担义务教育经费的机制，以及促进义务教育均衡发展的方针，对“应试教育”和“教育产业化”政策的清理进入了法治轨道。国务院决定从2006年开始全部免除西部地区农村义务教育阶段学生学杂费，2007年扩大到中部和东部地区，对贫困家庭学生免费提供教科书并补助寄宿生生活费，2008年进一步扩大到免除城市义务教育阶段学生学杂费。

四是促进教育均衡发展。为减少因地区间高等教育发展不平衡带来的高等教育问题，2002年国务院出台《关于深化改革加快发展民族教育的决定》（国发〔2002〕14号），加强民族教育工作，推进民族教育与全国教育协调发展。之后陆续出台《2004—2010年西部地区教育事业发展规划》（教基厅〔2004〕12号）、“省部共建计划”、《关于进一步深入开展对口支援西部地区高等学校工作的意见》(教高〔2006〕12号)、“支援中西部地区招生协作计划”、“对口支援西部地区高等学校计划”、“面向贫困地区定向招生专项计划”、“中西部高等教育振兴计划”等一系列政策，推动中西部地区教育发展。

5. 第五阶段（2012年至今）：深化教育领域综合改革，推进教育现代化

党的十八大报告中提出要“努力办好人民满意的教育”，并对大力促进教育公平提出更高要求。党的十八届三中全会通过的《中共中央关于全面深化改革若干重大问题的决定》进一步明确提出要深化教育领域综合改革，并就全面贯彻党的教育方针、大力促进教育公平、统筹城乡义务教育资源均衡配置、加快现代职业教育体系建设、创新高校人才培养机制、推进考试招生制度改革、推行初高中学业水平考试和综合素质评价、加快推进职业院校分类招考或注册入学、逐步推行综合评价多元录取机制、深入推进管办评分离等作出决策部署。2019年，中共中央、国务院印发《中国教育现代化2035》，提出了推进教育现代化的八大基本理念，确立推进教育现代化的总体目标，为2035年教育现代化建设进程作出全面系统的规划。党的二十大报告再次强调坚持以人民为中心发展教育，加快建设高质量教育体系，突出对教育优质均衡发展和城乡一体化、统筹职业教育、高等教育与继续教育协同创新、加强学科建设、加强师德师风建设与教育数字化建设的重视。党的二十届三中全会提出要统筹推进教育科技人才体制机制一体改革，加快建设高质量教育体系，统筹推进育人方式、办学模式、管理体制、保障机制改革，并在完善立德树人机制、优化高等教育布局、完善高校科技创新机制、优化区域教育资源配置、教育对外开放等方面提出诸多改革措施。

一是推进城乡间教育均衡发展。出台小升初免试就近入学工作实施意见，遏制小升初阶段择校难问题，培养学生的多元化能力。进城务工人员随迁子女义务教育开始纳入各级政府教育发展规划和财政保障范畴，减轻贫困家庭和农村地区学生的负担。出台《教育脱贫攻坚“十三五”规划》(教发〔2016〕18号)、《乡村教师支持计划(2015—2020年)》(国办发〔2015〕43号)、《关于进一步完善城乡义务教育经费保障机制的通知》(国发〔2015〕67号)、《关于统筹推进县域内城乡义务教育一体化改革发展的若干意见》(国发〔2016〕40号)，加快缩小城乡教育差距、促进教育公平。再次修订《义务教育法》时，明确提出义务教育均衡发展。按照“一体化”思路加快推进县域内城乡义务教育的学校建设标准、教师编制标准、生均公用经费基准定额、基本装备配置标准“四统一”。多方面助力义务教育学校内涵提升，全方位缩小区域、城乡、校际差距，在更高程度上满足人民群众对“好学校”的渴望。《关于深化教育体制机制改革的意见》提出了完善义务教育均衡优质发展的体制机制。目前，我国已经建立起世界规模最大的教育体系，教育普及程度总体稳居全球中上收入国家行列，其中学前教育、义务教育已经达到高收入国家平均水平。同时，着重治理了校外培训。2018年，教育部办公厅等四部门发布了《关于切实减轻中小学生课外负担开展校外培训机构专项治理行动的通知》(教基厅〔2018〕3号)，开展了针对校外培训机构的专项治理。2021年，发布《关于进一步减轻义务教育阶段学生作业负担和校外培训负担的意见》，规范学科类培训，遏制了野蛮生长的在线教育。2023 年，颁布了《校外培训行政处罚暂行办法》（教育部令第 53 号），进一步规范了学科类和非学科类培训，列出了相应的违规行为，出台了具体的惩罚制度。党的二十届三中全会提出建立同人口变化相协调的基本公共教育服务供给机制，完善义务教育优质均衡推进机制，探索逐步扩大免费教育范围，健全学前教育和特殊教育、专门教育保障机制，进一步引导教育资源配置向落后地区、薄弱环节倾斜。

二是着力提升教育质量。在基础教育方面，出台《中共中央、国务院关于深化教育教学改革全面提高义务教育质量的意见》，明确立德树人，坚持“五育”并举，全面发展素质教育，强化课堂主阵地作用，建设高素质专业化教师队伍。在高等教育方面，提倡“四个全面、四个服务、四个回归”，围绕“一流本科、一流专业、一流课程、一流教师、一流质保、一流人才”，全面实施“六卓越一拔尖”计划 2.0，大力发展新工科、新医科、新农科、新文科，全面提升高等教育的根本质量、整体质量、服务质量、成熟质量。在职业教育方面，出台《制造业人才发展规划指南》（教职成〔2016〕9 号）等专项规划，实施《关于深化产教融合的若干意见》（国办发〔2017〕95 号）、《建设产教融合型企业实施办法（试行）》（发改社会〔2019〕590 号）、《职业学校校企合作促进办法》（教职成〔2018〕1 号）等一系列政策，开展现代学徒制、产教融合型城市等一系列试点，建立健全政府主导、行业指导、企业参与的办学机制。发布《深化新时代职业教育“双师型”教师队伍建设改革实施方案》（人社部发〔2021〕102 号），明确“双师型”教师团队建设方向。印发《关于实施职业院校教师素质提高计划（2021—2025 年）的通知》（教师函〔2021〕6 号），提出要突出“双师型”教师培养与团队建设相结合，将“三教”改革作为“十四五”时期改革的重点内容。党的二十届三中全会围绕提升教育质量，提出健全德智体美劳全面培养体系，提升教师教书育人能力，健全师德师风建设长效机制，加快建设中国特色、世界一流的大学和优势学科，加强基础学科、新兴学科、交叉学科建设和拔尖人才培养，着力加强创新能力培养，完善学生实习实践制度等改革措施。

三是改革人才选拔和评价机制。高考招生进行试点改革。颁布《关于深化考试招生制度改革的实施意见》（国发〔2014〕35 号），实施考试招生制度改革，并出台有关高中学业水平考试、综合素质评价、高考加分和高校自主招生的四个配套文件。全国 31 个省（区、市）均已形成高考改革实施方案，“两依据一参考”招生录取模式在上海、浙江取得突破，高中学业水平考试和综合素质评价制度在各地陆续建立；实施“支援中西部地区招生协作计划”，近百万中西部孩子圆了大学梦。高考加分项目得到有效清理规范。出台《国家职业教育改革实施方案》（国发〔2019〕4 号）明确职业教育地位，加快建设“学分银行”，助推职业教育资历框架建设，明确高等职业教育教学方法变革的方向。批准了 22 所学校开展本科层次职业教育试点，打破了职业教育止步于专科层次的“天花板”。新修订的《职业教育法》支持一批优质专科高职学校独立升格为职业本科学校，推动建立“职教高考”制度，深化“文化素质+职业技能”考试招生制度的改革，通过扩大职业本科、应用型本科在“职教高考”中的招生计划，使职业学校的学生在升学方面与普通学校的学生享有平等的机会。实施强基计划，聚焦关键领域和国家人才紧缺领域选拔培养学生。党的二十届三中全会提出深化教育评价改革，加快构建职普融通、产教融合的职业教育体系，完善青年创新人才发现、选拔、培养机制，进一步破除“唯分数、唯升学、唯文凭、唯论文、唯帽子”，更加科学地培育、选拔创新型人才。

四是进一步理清政府与市场边界。扩大省级政府教育统筹权，深化“放管服”改革，向学校放权，减少不必要的行政审批和干预，同时加强督导体系建设，全面强化督政、督学、评估监测三大功能。颁布《教育法》《高等教育法》，完善以章程为统领的高校内部治理体系。出台《统筹推进世界一流大学和一流学科建设实施办法》（教研〔2017〕2 号），明确加强过程管理，实施动态监测，建立动态开放竞争、以绩效评价为杠杆的开放竞争机制，有进有出，打破高校建设固化身份。出台《关于引导部分地方普通本科高校向应用型转变的指导意见》（教发〔2015〕7 号），加大对应用型本科高校的支持，使人才培养服务于地方经济结构调整。修订《民办教育促进法》，理顺了民办教育发展过程中的顶层设计问题，构建符合民办学校特点的民办教育体系，以规范管理促进民办教育健康发展。出台《关于加快发展现代职业教育的决定》（国发〔2014〕19 号），确立现代职业教育体系框架。党的二十届三中全会提出，分类推进高校改革，建立科技发展、国家战略需求牵引的学科设置调整机制和人才培养模式，引导规范民办教育发展等措施，再向学校放权，促进高校与国家战略相匹配。

五是强化德育教育。出台《关于全面深化课程改革落实立德树人根本任务的意见》（教基二〔2014〕4 号）、《中小学德育工作指南》（教基〔2017〕8 号）、《深化新时代教育评价改革总体方案》，坚持以德为先的高校德育评价改革，厚植爱国主义情怀，加强品德修养，培养奋斗精神，增强综合素质。推进习近平新时代中国特色社会主义思想进教材、进课堂、进头脑，编制进课程教材指南，编写使用大中小学读本，高校全面开设“习近平新时代中国特色社会主义思想概论”课。深化新时代学校思政课改革创新，推进课程思政建设，讲好“大思政课”，深化“三全”育人综合改革试点。根据学生不同阶段的身心特点，科学设计各级各类教育德育目标要求，引导学生养成良好思想道德、心理素质和行为习惯，传承红色基因。党的二十届三中全会提出，完善立德树人机制，推进大中小学思政课一体化改革创新，进一步强化德育教育。

（二）教育体制改革的总体框架、基本方向、难点卡点

46 年来，教育及科创领域经历了多次重大改革，发生了根本性的变化。我国在学前教育、基础教育、高等教育、职业教育、特殊教育等方面均做出了深刻的改革，推进基础教育从“应试教育”向“素质教育”改革，不断建立公平且优质的教育体系，提高教育资源配置的市场化水平，推动教育体制去行政化，持续扩大教育对外开放。但是，在目前教育体制中，基础教育功利化和短视化情况依然普遍，城乡、地域、校际教育差距仍然明显，拔尖创新人才发现及培养机制体系仍是短板。

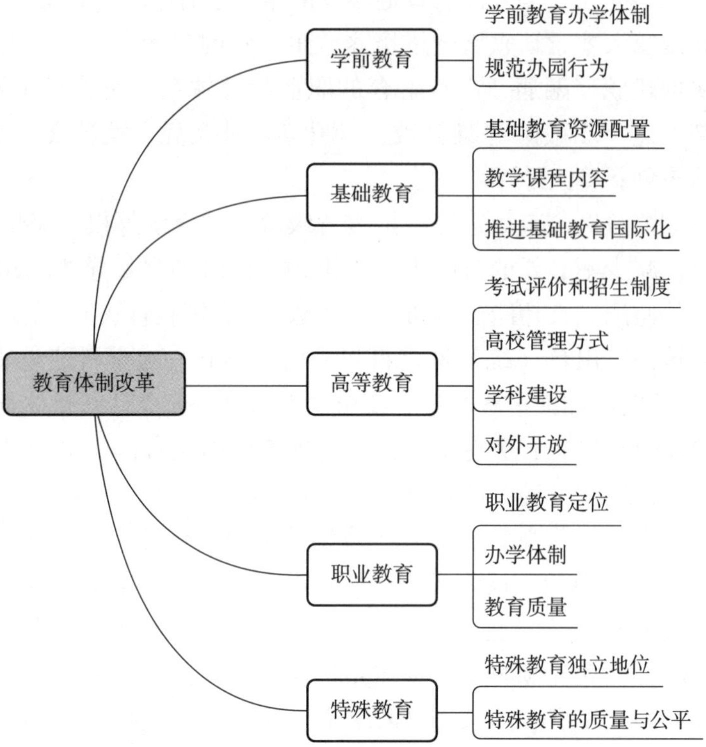

图 4-1 教育体制改革的总体框架

1. 总体框架

（1）建立学前教育公共服务体系，完善教育基础

一是改革学前教育办学体制，从“公共福利”走向“公益普惠”。改革开放 40 年来，我国的学前教育办学体制几经周折，在曲折发展中建立了新的格局。改革开放前十几年，学前教育是公共福利性质与公办为主的办园体制。1979 年，由国务院设立“托幼工作领导小组”，首次确立了由政府牵头、各部门共同管理的学前教育管理体制。1983 年，教育部发布《关于发展农村幼儿教育的几点意见》，提出要恢复和发展农村幼儿园。1989 年，国务院批准《幼儿园管理条例》，实行幼儿园登记注册制度。1997 年，国家教委印发《全国幼儿教育事业“九五”发展目标实施意见》（教基〔1997〕12 号），提出“坚持国家、集体和公民个人一起办的方针”。1999 年《关于深化教育改革全面推进素质教育的决定》（中发〔1999〕9 号）中提出积极发展以社区为依托的、公办与民办相结合的幼儿教育，后续又出台《民办教育促进法》、《关于幼儿教育改革与发展的指导意见》（国办发〔2003〕13 号），自此民办幼儿园加速发展，幼儿园办园体制格局发生重大变化，学前教育的福利性质逐渐消失。2010 年《国家中长期教育改革和发展规划纲要（2010—2020 年）》再次将学前教育重回“国策”层面，提出“建立学前教育公共服务体系”。2017 年教育部发布《关于实施第三期学前教育行动计划的意见》（教基〔2017〕3 号），提出要重点扩大普惠性资源，到 2020 年，基本建成广覆盖、保基本、有质量的学前教育公共服务体系。2018 年发布《中共

中央、国务院关于学前教育深化改革规范发展的若干意见》，进一步规范幼儿园办学行为。通过上述改革，覆盖城乡的学前教育公共服务体系初步建立。

二是规范办园行为，提升学前教育质量。在规范幼儿园办园行为方面，出台《关于规范幼儿园保育教育工作防止和纠正“小学化”现象的通知》（教基二〔2011〕8号）、《幼儿园工作规程》（教育部令第39号）、《幼儿园办园行为督导评估办法》（教督〔2023〕5号）；在引领保教质量提升方面，出台《托儿所幼儿园卫生保健管理办法》（教育部令第76号）、《3-6岁儿童学习与发展指南》（国发〔2010〕41号）；在促进教师队伍素质提高方面，出台《教师教育课程标准》（教师〔2011〕6号）、《幼儿园教师专业标准》（教师〔2012〕1号）、《幼儿园教师国家级培训计划》（教师〔2011〕5号）、《幼儿园园长专业标准》（教师〔2015〕2号）。2021年，教育部印发《关于大力推进幼儿园与小学科学衔接的指导意见》（教基〔2021〕4号），全面推进幼儿园和小学实施入学准备和入学适应教育，减缓衔接坡度，帮助儿童顺利实现从幼儿园到小学的过渡。

（2）优化基础教育体系，提升全民素质

改革开放以来，我国高度重视基础教育领域，在基础教育领域不断进行改革，保障民族素质的提升。

一是改革基础教育资源配置，不断追求公平而有质量的教育。改革初期的现实条件只允许我国将最优秀的人才集中在重点中学和大学，如此才能够实现早出人才、早出成果。这一时期的教育着重于培育个别专家、行业领袖人才，使绝大多数国民难以获得升学机会。从普及九年义务教育、扫除青壮年文盲、对农村基础教育管理体制作出改革、实现义务教育“全免费”、高校扩招，到积极推进义务教育阶段学校均衡发展、逐步取消“重点校、重点班”、加快统筹城乡义务教育资源配置、打击校外补习，我国不断推进教育公平，提高整体教育质量，让教育机会惠及更多国民。

二是改革基础教育教学课程内容，从“应试教育”向素质教育转变。恢复高考为高校招生提供了公平的人才选拔通道，但同时由于高等教育资源稀缺，学校和家长在基础教育领域追求升学，使“应试教育”大行其道，忽视了教育的根本目的是提高民族素质。1994年，《中共中央关于进一步加强和改进学校德育工作的若干意见》中第一次在国家层面的正式文件中使用“素质教育”一词，并在之后的“九五”计划中明确基础教育应由“应试教育”向全面素质教育转变。之后接连出台《深化教育改革全面推进素质教育的决定》（中发〔1999〕9号）、《国务院关于基础教育改革与发展的决定》（国发〔2001〕21号）、《关于进一步减轻义务教育阶段学生作业负担和校外培训负担的意见》、《关于深化教育教学改革全面提高义务教育质量的意见》，发展素质教育，越来越成为教育改革的明确目标。

三是推进基础教育国际化，促进国际化人才培育。改革开放后，美、英、澳、加、新五国大使馆共同正式成立了北京顺义国际学校，成为我国第一所完全采用国外教学体系和管理体系的国际学校。1993年《中国教育改革和发展纲要》（中发〔1993〕3号）颁布，在开启民办教育的同时，也使国际化学校逐渐兴起。1995年教育部颁发了《关于开办外籍人员子女学校的暂行管理办法》（教外综〔1995〕130 号），对海外机构在华办校给予优惠政策。2003 年中外合作办学条例发布，我国公立学校国际部开始蓬勃发展，国内民办国际化教育品牌和海外教育品牌也呈现“多元绽放”的局面。2010 年发布的《国家中长期教育改革和发展规划纲要（2010—2020 年）》中，以政策导向推动了公立学校国际部的发展。2013 年，教育部出台《高中阶段国际项目暂行管理办法》草案，对高中“国际部”和“国际班”进行规范。2016 年，《民办教育促进法》的修订进一步促进了国际化学校的蓬勃发展。2019 年印发的《加快推进教育现代化实施方案》明确指出提高中外合作办学质量，完善中外合作办学准入和退出机制。2020 年教育部等八部门出台《关于加快和扩大新时代教育对外开放的意见》印发，提出在基础教育领域，加强中小学国际教育，帮助学生树立人类命运共同体意识，培养德智体美劳全面发展且具有国际视野的新时代青少年，进一步完善了基础教育国际化的定位。

（3）全面改革高等教育，提升高等教育质效

一是改革高等教育考试评价和招生制度，提高招生的公平和科学性。改革开放前“两个估计”思想盛行，主张让知识分子到工农兵中接受再教育，以群众推荐方式选拔大学生，缩短大学学制，使得学生知识水平降低，科研人才出现断档，难以适应世界科技发展趋势对人才的需求。通过恢复高考、改革高校招生制度，使我国高校的招生回归正轨。近年来“应试教育”、“加分乱象”、基础教育“内卷”情况泛滥，我国又推动了招生计划分配方式、考试内容、规范高考加分等方面改革，促进区域城乡入学机会更加公平。《国务院关于深化考试招生制度改革的实施意见》（国发〔2014〕35 号）出台后，进行了自 1977 年恢复高考以来力度最大的一轮高考改革，分类考试、综合评价、多元录取，破除“一考定终身”“唯分数论”。

二是改革高校管理方式，理清政府与市场边界。对教育进行简政放权、扩大学校的办学自主权，建立与社会主义市场经济体制相适应的教育管理体制。1985 年，中共中央出台了《关于教育体制改革的决定》，首次明确表态要落实大学办学自主权。高等教育在完善党委领导下的校长负责制、加强教授治学、民主管理、扩大高等学校办学自主权、筹资体制等方面进行改革，将高校管理权下放。1995 年国家教委下发《关于深化高等教育体制改革的若干意见》（国办发〔1995〕43 号），推动以“共建、划转、合并、合作办学和协作办学”为主要途径的管理体制改革。进入 21 世纪，国家出台了《关于规范并加强普通高校以新的机制和模式试办独立学院管理的若干意见》（教发〔2003〕8 号）、《民办高等教育办学管理若干规定》（教育部令第 25 号）、《独立学院设置与管理办法》（教育部令第 38 号）等法律法规，鼓励社会各界参与高等教育办学。新时期，中央发布《国家中长期人才发展规划纲要（2010—2020）》和《国家中长期教育改革和发展规划纲要（2010—2020）》，再次明确提出高校“去行政化”方向。

三是改革高校学科建设，使教学更加面向市场需求。2015 年，国务院印发《统筹推进世界一流大学和一流学科建设总体方案》（国发〔2015〕64 号）。2017 年，《统筹推进世界一流大学和一流学科建设实施办法（暂行）》（教研〔2017〕2 号）发布，以面向国家重大战略需求、面向经济社会主战场、面向世界科技发展前沿为指导方向，以学科为基础，推动一批高水平大学和学科进入世界一流行列或前列。2018 年，教育部召开改革开放 40 年来首次全国高等学校本科教育工作会议，印发《关于加快建设高水平本科教育全面提高人才培养能力的意见》（教高〔2018〕2 号），确立了未来 5 年建设高水平本科教育的阶段性目标和到 2035 年的总体目标，并推出了“六卓越一拔尖”计划 2.0 版本。在基础研究领域，《高等学校基础研究珠峰计划》（教技〔2018〕9 号）出炉，布局建设脑科学、量子信息等 7 个前沿科学中心，以大团队、大平台、大科学计划，推动我国高校基础研究向高峰挺进。教育部提出新工科、新医科、新农科、新文科“四新”建设，是新时代全面振兴本科教育、打造高等教育“质量中国”的重要内容，形成覆盖全部学科门类的中国特色、世界水平的一流本科专业集群。2023 年，教育部出台《普通高等教育学科专业设置调整优化改革方案》（教高〔2023〕1 号），进一步加快调整优化学科专业结构。

四是扩大高等教育对外开放，紧跟国际学术前沿。公派留学生制度及服务体系逐渐完善。1978 年，教育部印发《关于增选出国留学生的通知》，开始增派公派留学，1986 年，国务院批准《关于出国留学人员工作的若干暂行规定》（国发〔1986〕107 号），明确提出“按需派遣，保证质量，学用一致”的方针，为我国培养了大批具有国际化经历的科教管理人才。1994 年，国务院《关于中国教育改革和发展纲要实施意见》（国发〔1994〕39 号）提出建立国家留学基金委员会，使出国与来华留学的招生、选拔和管理工作走上法制化轨道。2007 年，国务院批准设立国家建设高水平公派研究生项目。2009 年，教育部办公厅印发《国家建设高水平公派研究生项目学费资助办法（试行）》（教财厅〔2009〕4 号），进一步完善了公派留学生制度。2010 年《国家中长期教育改革和发展规划纲要（2010—2020 年）》发布，强调要继续扩大教育对外开放，提出要引进优质教育资源、提高交流合作水平等要求。2016 年，《关于做好新时期教育对外开放工作的若干意见》提出，到 2020 年，我国出国留学服务体系基本健全，来华留学质量显著提高，涉外办学效益明显提升，双边多边教育合作广度和深度有效拓展等。**来华留学机制逐渐健全，**先后出台《外国留学生工作试行条例》、《关于外国留学生入中国高等院校学习的规定》、《外国留学生管理办法》、《关于普通高等学校授予来华留学生我国学位试行办法》、《关于招收自费来华留学生的有关规定》、《高等学校接受外国留学生管理规定》（教育部、外交部、公安部令第 9 号）、《2003—2007 年教育振兴行动计划》（国发〔2004〕5 号）、《留学中国计划》（教外来〔2010〕68 号），不断完善外国人来华留学政策体系，扩大来华留学规模。**中外合作办学机制不断完善，**通过出台《关于境外机构和个人来华合作办学问题的通知》、《中外合作办学暂行规定》（教外综〔1995〕31 号）、《关于加强中外合作办学活动中学位授予管理的通知》（学位办〔1996〕3 号）、《中中外合作办学条例》（国务院令第 372 号）、《中外合作办学条例实施办法》（教育部令第 20 号）、《关于做好中外合作办学机构和项目复核工作的通知》（教外综〔2004〕37 号）、《关于当前中外合作办学若干问题的意见》（教外综〔2006〕5号）、《关于进一步规范中外合作办学秩序的通知》（教外综〔2007〕14号）等政策，鼓励和规范中外合作办学，提高办学质量。

（4）大力发展职业教育，紧贴产业发展需求

职业教育以服务为宗旨、以就业为导向，经历了“从停滞中恢复”“在调整中发展”和“在创新中跨越”三个重要阶段，取得了长足发展。

一是改革职业教育定位，加大技术技能型人才培育力度。1978年在全国教育会议上提出发展职业教育之后，1980年《关于中等教育结构改革的报告》（国发〔1980〕252号）正式提出“要使各类职业学校的在校学生数在整个高级中等教育中的比重大大增长”，1985年出台《中共中央关于教育体制改革的决定》，1991年出台《国务院关于大力发展职业技术教育的决定》（国发〔2005〕35号），不断增强发展职业教育的力度。后续又颁布《面向21世纪教育振兴行动计划》、《关于进一步加强职业教育工作的若干意见》（教基〔2002〕16号）、《国家中长期教育改革和发展规划纲要（2010—2020年）》，不断调整中等教育结构，扩大职业教育招生规模。2014年《国务院关于深化考试招生制度改革的实施意见》（国发〔2014〕35号）印发后，高职分类考试规模逐年扩大，加强职业教育与普通教育融通。2022年新修订的《职业教育法》以立法方式明确职业教育是与普通教育具有同等重要地位的教育类型，为推动职业教育从“层次”到“类型”转变提供了法律保障。

二是改革职业教育办学体制，激发社会办学活力。改革开放初期，我国采取了多种措施以促进职业教育事业的发展，例如调整中等教育结构、兴办职业高中、恢复与发展技工教育和职业培训等，但中等专业学校由国务院各业务部门举办，技工学校由劳动部门举办，职业高中则由各地政府部门举办，职业教育由政府包办，办学主体单一。1985年《关于教育体制改革的决定》开启职业教育办学体制改革，鼓励社会力量举办职业教育。20世纪90年代，为促进民办教育发展，我国相继出台《社会力量办学条例》（国务院令第226号）、《民办教育促进法》、《民办教育促进法实施条例》（国务院令第399号）等法律法规，通过国有民办、民办公助、公办民助等多种办学形式，优化了职业教育的资源配置，极大地增强了职业教育的办学活力。

三是提高职业教育质量，提升与产业对接能力。2014年，国务院召开全国职业教育工作会议，出台《关于加快发展现代职业教育的决定》（国发〔2014〕19号）；教育部印发《现代职业教育体系建设规划（2014—2020年）》（教发〔2014〕6号），提出推动职业教育从规模扩张向内涵发展。我国陆续出台并实施《关于深化产教融合的若干意见》（国办发〔2017〕95号）、《建设产教融合型企业实施办法（试行）》（发改社会〔2019〕590号）、《职业学校校企合作促进办法》（教职成〔2018〕1号）等一系列政策，开展现代学徒制、产教融合型城市等一系列试点，促进职业教育与产业、企业、岗位对接。出台《职业技能提升行动方案（2019—2021年）》（国办发〔2019〕24号）、《职业院校全面开展职业培训促进就业创业行动计划》，启动“1+X”证书制度试点，使学历教育与培训并举并重的职业教育办学格局基本形成，进而服务全民终身学习。

（5）创设与补偿特殊教育，保障残障人士受教育权利

一是确立特殊教育在教育中的独立地位。1983 年《教育部关于普及初等教育基本要求的暂行规定》中明确提出："要加强在盲、聋、哑和智障儿童中的普及教育工作。"1985 年《中共中央关于教育体制改革的决定》颁布，特殊教育首次作为独立的教育类型出现在国家层面的政策中，即"在实行九年制义务教育的同时，还要努力发展幼儿教育，发展盲、聋、哑、残人和智障儿童的特殊教育"。国家教委与中国残疾人联合会等七部委于 1989 年联合下发《关于发展特殊教育的若干意见》（国办发〔1989〕21 号），这是国家对特殊教育事业发展首次作出的系统化设计与全面部署，对于我国特殊教育的发展具有重要的历史影响。2010 年党中央、国务院在《国家中长期教育改革和发展规划纲要（2010—2020 年）》中，首次将特殊教育作为独立篇章进行了系统发展规划。此后党的十七大、党的十八大以及党的十九大，也都将特殊教育作为独立内容单独加以强调。

二是建设有质量且公平的特殊教育。出台《特殊教育提升计划（2014—2016 年）》和《第二期特殊教育提升计划（2017—2020 年）》。其中，"一期计划"在"全面推进全纳教育"总体目标方向下，提出了"基本普及残疾儿童少年义务教育"的目标，并明确支持特殊教育学校建设，改善特殊教育学校办学条件，加强特殊教育的财政支持力度；"二期计划"在特殊教育的发展目标上坚持稳步提升，进一步强调了特殊教育的质量建设与公平问题，即在"全面改善特殊教育办学条件"的发展目标下，又具体加强了课程教学改革与教师资格证制度建设等。

2. 基本方向

（1）改革教育管理体制，正确处理政府、学校、社会之间的关系

改革开放前，我国教育工作主要采用"统一领导、分级管理"的管理体制，但在"文化大革命"期间遭到了破坏，使教育行政部门一度失去了对教育的管理权。"文化大革命"结束后，我国首先重建了"统一领导、分级管理"的教育管理体制，保障与促进教育事业发展回归正规，之后着手进行教育管理体制改革，逐步释放教育活力。**一是逐步下放教育管理权。**建立和完善"地方负责、分级管理、以县为主"的教育管理体制，实现政事分开、权责明确、统筹协调、规范有序。**二是推进建构管办评分离教育治理体系。**对管理权、办学权、评价权做出明确区分与合理定位，建立以政府为主导、学校为主体、社会参与的现代化教育治理体系，建立健全社会参与学校管理和教育评价监管机制。**三是建立和完善民办教育体系。**对民办学校实施分类管理，逐步完善民办教育的设置审批、质量保障、规范办学、风险防控等制度。

（2）不断提升教育质量，着眼国家战略需求培养高素质人才

《中共中央关于教育体制改革的决定》强调在整个教育体制改革的过程中，必须牢牢记住改革的根本目的是"提高民族素质，多出人才、出好人才"。不断提升教育质量是教育体制改革的基本方向之一。**一是从"应试教育"转为素质教育。**自 1993 年《中国教育改革和发展纲要》（中发〔1993〕3 号）指出中小学要从"应试教育"转向全面提高国民素质的轨道开始，教育体制通过不断改革考试制度、优化课程设置、提升教师素质、治理规范校外培训等手段，推动基础教育转向素质教育。**二是持续优化高考及高校招生制度，从“考知识”向“考能力素养”转变。**恢复高考之后不久，我国便开始着手完善高考及高校招生制度，包括扩大高校自主招生权、实行标准化考试。近年来高考进一步取消文理分科，实施选科模式和等级赋分，采用更开放灵活的试题，注重考查考生解决问题的能力，从而引导学生全面发展。**三是持续推进大学学科建设。**在不断扩大高校办学自主权的同时，实施“211 工程”“985 工程”“双一流”等战略，进行“新工科、新医科、新农科和新文科”建设，推进高等教育现代化，实现高等教育内涵式发展。

（3）着力促进教育公平，促进教育发展成果惠及全体人民

进入 21 世纪，我国逐渐从追求效率转为重视教育公平。2006 年，《中共中央关于构建社会主义和谐社会若干重大问题的决定》提出“坚持教育优先发展，促进教育公平”，党的十八大报告进一步提出要“努力办好人民满意的教育”，进一步提升对促进教育公平的重视程度。**一是加大对西部、农村、民族等薄弱领域的教育投入保障力度，促进城乡均衡发展。**从提出“普及九年制义务教育，基本扫除青壮年文盲”目标，到实施农村义务教育免费、农村义务教育全面纳入公共财政保障范围等政策，再到推进城乡教育一体化，不断缩小城乡教育差距，扩大优质教育资源覆盖面，服务农村边远地区提高教育质量。**二是有序扩大高中招生规模，推进高校扩招，让更多人有机会接受高等教育。**自 1999 年《面向 21 世纪教育振兴行动计划》启动高校扩招，到 2012 年《全面提高高等教育质量的若干意见》（教高〔2012〕4 号）提出本科招生规模将保持相对稳定，我国高等教育毛入学率持续提升。部分地区推进扩大普通高中招生人数，普高录取率持续提升。虽然本科高校扩招在一定程度上产生了教学质量下滑、毕业生就业难等问题，但也培育出充足的高素质劳动力，有力支持了我国的产业升级。

（4）扩大教育对外开放，提高人才国际化水平

1983 年邓小平同志提出“教育要面向世界”，构成教育对外开放的重要思想基础，是推动我国教育改革的重要动力源。**一是重建、扩大和完善留学生制度。**自“文革”后恢复大规模派遣留学生，我国出国留学服务体系日益健全，产生了大量公派及自费留学生。**二是加强对外语教学的重视程度。**1983 年起高考开始引入英语考试，1986 年起英语四级、六级考试开始向全国高校推广。近年来的中高考改革试点也在不断提升对学生外语能力的要求，加大对国际化人才的培育力度。**三是持续扩大国外智力引进。**1983 年，中共中央、国务院发布《关于引进国外智力以利四化建设的决定》，持续加大引进外籍教师，助力国际化人才培养。**四是加强合作办学。**1993 年，《中国教育改革和发展纲要》（中发〔1993〕3 号）开始鼓励兴办国际化学校，后续一系列政策持续规范和扩大国际学校在我国的发展。

3. 难点卡点

我国教育体制改革的难点卡点：一是基础教育功利化和短视化情况依然普遍；二是城乡、地域、校际教育差距仍然明显；三是拔尖创新人才发现及培养机制体系仍是短板。

（1）基础教育功利化和短视化情况依然普遍

虽然我国已经进行了长期的素质教育改革，但基础教育中“应试教育”情况依然普遍。**一是基础教育仍存在升学政绩观。**一些学校和教育部门，依然采用升学政绩观，片面追求升学率，默许违规掐尖招生，边缘化、弱化、虚化德育、体育、美育、劳动教育等与升学考试没有直接关联的课程，对学生的人格教育造成严重负面影响。**二是双减政策执行落地仍有障碍。**学生家长追求分数和升学的教育观念仍未发生改变，对全面发展的重视程度有限，在学校实施“双减”政策时自行进行校外培训补习。

（2）城乡、地域、校际教育差距仍然明显

虽然我国着力推进教育公平，促进城乡教育一体化发展，但城乡、地域、校际教育差距仍然明显。**一是地区间教育资源差异较大。**教育资源分配受经济发展水平差异影响，在东部地区和中西部地区之间存在巨大不平衡性。虽然改革缩小了学校教育资源的差异，而家庭、社会环境带来的教育资源差异却难以缩小，中西部地区学生在信息获取方面的劣势尤为明显。**二是教育资源仍向重点学校集中。**虽然教育部门已经取消了重点、非重点学校之分，但是由于老牌重点学校已经积累了相当的优势，依然能够集中优质学生、教师方面的资源。

（3）拔尖创新人才发现及培养机制体系仍是短板

拔尖创新人才发现及培养是我国教育体系的主要短板。**一是较早的中考分流限制了拔尖创新人才发展。**我国中考分流是 20 世纪 80 年代经济保障教育发展能力不足情况下诞生的制度，随着社会经济发展对人才需求层次的提高，中考分流在剥夺学生的多元发展机会、过早埋下心理负担、限制学生的职业选择方面的弊端越发明显。中考分流在学生禀赋未充分发掘的情况下就对其发展方向进行区分，一定程度上扼杀了部分潜在的拔尖创新人才。**二是缺乏对特殊禀赋人才的发现机制。**长期以来，我国中高考等学生评价方法缺乏对特殊禀赋人才的发现和评价机制，在通过考试的方式要求学生全面发展的同时，也使得学生难以在自己擅长的学科取得更好成绩，从而限制了学生自由发展的空间，埋没偏科型人才。虽然近年来高校开展了“强基计划”以及各类贯通式人才培养的“英才计划”、数学“英才班”、少年班等项目，但总体上覆盖面较窄。

（三）教育体制改革的基本经验——46 年的经验

在实施教育体制改革的过程中，我国始终坚持教育体制改革的根本目的是提高民族素质，多出人才、出好人才；兼顾教育投入的效率与公平；坚持教育改革服务国家战略和经济社会发展；坚持教育的公益性原则；坚持教育面向国际。经过不懈探索和实践，教育体制改革不断向办好人民满意的教育方向前进。

1. 必须坚持教育体制改革的根本目的是提高民族素质，多出人才、出好人才

只有坚持衡量教育工作的根本标准是培养人才的数量和质量，教育改革才不会迷失方向。培养什么人、怎样培养人、为谁培养人是教育的根本问题，也是建设教育强国的核心课题。建设教育强国的目的，就是培养一代又一代德智体美劳全面发展的社会主义建设者和接班人，培养一代又一代在社会主义现代化建设中可堪大用、能担重任的栋梁之才，确保党的事业和社会主义现代化强国建设后继有人。教育改革必须面向每一个学生，面向学生的每一个方面，激发学生潜能的全面发挥。

2. 必须兼顾教育投入的效率与公平

改革开放初期，由于我国教育经费紧张，高等教育资源稀缺，故提出通过高考选拔人才，着重培养专家、行业领袖等社会精英人才，在有限的教育资源下实现“早出人才、早出成果”，因此无法照顾到更多学生的升学需要。同时随着城市的发展，城乡教育差距逐渐拉大。随着我国经济发展和对人才需求量的增加，教育需要培养更多人才，特别是创新型人才。我国持续加大教育资源投入力度，实施了从基本普及九年义务教育和基本扫除青壮年文盲，到统筹城乡教育一体化均衡发展，再到推进基本公共教育服务均等化，实施基础教育“双减”政策，我国不断完善基础教育制度，确保教育公平和质量。

3. 必须坚持教育改革服务国家战略和经济社会发展

教育培育出的人才最终要立足于国家战略，成为社会的有用之才，否则大力培育的人才与国家、社会、经济的需求无法衔接，就造成了人力资本的浪费，也是对国家教育资源的浪费。因此教育必须面向世界科技前沿、面向经济主战场、面向国家重大需求、面向人民生命健康，在统筹和全面加强各方面人才培养的基础上，优化人才培养结构，着力培养社会发展急需、高水平科技自立自强需要、关乎国家发展和民族复兴的各方面战略人才等。改革高等教育学科建设，提升职业教育质量，目的是将人才与产业发展需求紧密结合，从而更好推动经济高质量发展和中国式现代化建设。

4. 必须坚持教育的公益性原则

坚持教育公益性原则是我国教育事业社会主义性质的生动体现，是坚持社会主义办学方向，坚持以人民为中心发展教育事业的必然要求。教育不是为了实现特定行为人、机构或社会系统的自身利益，而是为了实现整个社会的利益。在教育改革的过程中，我国经历了“教育产业化”时期，虽然激发了社会各界兴办教育的动力，但也造成教学质量下降、学生素质参差不齐、学费快速上涨及校外培训无序扩张，不利于我国建设公平且高质量的教育，也不符合建设共同富裕社会的需要。

5. 必须坚持教育面向国际

教育的改革和发展要顺应世界发展潮流，积极借鉴世界各国教育改革和发展的有益经验，为我所用。随着信息技术的快速发展、经济全球化和一体化进程的加快，我国需要不断适应国际分工的大环境，对国际化人才的需求也日益提高。特别是实施“一带一路”倡议，我国需要高素质、国际化的复合型人才投身“一带一路”沿线国家建设，这就要求我国不断加大教育对外开放力度，提升教育国际化水平，既要让我国人才“走出去”获得国际化的视野，也要把外国人才“引进来”，促进经济、文化交流。

（四）党的十八大以来教育体制改革取得的新突破

党的十八大以来，以习近平同志为核心的党中央高度重视教育体制改革工作，做出一系列重大决策部署，推出一系列重大政策举措，取得一系列重大突破。具体表现在：推进城乡间教育均衡发展，在教育公平上取得历史性进展；提升教育质量，服务国家战略和经济社会发展能力显著增强；改革人才选拔和评价机制，适应经济社会发展对多样化高素质人才的需要；改革教育行政管理，进一步理清政府与市场边界；强化德育教育，塑造学生社会主义核心价值观。

1. 努力扩大高质量教育供给，教育普及水平显著提升

党的十八大报告提出，要大力促进教育公平，合理配置教育资源，重点向农村、边远、贫困、民族地区倾斜。党的十八届三中全会提出要健全家庭经济困难学生资助体系，构建利用信息化手段扩大优质教育资源覆盖面的有效机制，逐步缩小区域、城乡、校际差距。《关于深化教育体制机制改革的意见》进一步明确要完善义务教育均衡优质发展的体制机制，健全教育投入机制。党的十八大以来，我国全面提升各级各类教育普及水平，切实保障全体人民平等受教育的权利，人民群众教育获得感显著提升，各级教育普及程度达到或超过中高收入国家平均水平。**一是学前教育实现了基本普及。**2014 年，教育部启动第二期学前教育三年行动计划，提出通过以区县为单位制定幼儿园总体布局规划，推动各地新建、改扩建公办园，扶持普惠性民办园发展。截至 2023 年，我国学前教育毛入园率为 91. 1%，较 2012 年的 64. 5%提升 26. 6 个百分点。**二是九年义务教育进一步巩固。**推进教育领域财政事权和支出责任划分改革，将义务教育总体确定为中央与地方共同财政事权，建立健全城乡统一、重在农村的义务教育经费保障机制。2012—2022 年，中央财政共安排城乡义务教育经费保障机制资金 12385 亿元。九年义务教育巩固率为 95. 7%，脱贫家庭辍学学生实现动态清零。**三是高等教育普及率显著提高。**2023 年高中阶段毛入学率已达 91. 8%，较 2012 年的 85. 0%提升 6. 8 个百分点；高等教育毛入学率为 60. 2%，较 2012 年的 30. 0%提升 30. 2 个百分点，一半以上的适龄青年可以接受高等教育，我国高等教育已然迈入普及化发展阶段。**四是不断扩大特殊教育供给。**2023 年全国特殊教育学校达到 2345 所，较 2012 年的 1853 所增加 492 所，全国共招收各种形式的特殊教育学生 15. 5 万人，较 2012 年增加 8. 93 万人。30 万以上人口县均设有特殊教育学校，适龄残疾儿童义务教育入学率达 95%以上。第七次全国人口普查结果显示，15 岁及以上人口的平均受教育年限由第六次人口普查的 9. 08 年提高至 9. 91 年，文盲率由 4. 08%下降为 2. 67%。

2. 推进基本公共教育服务均等化，教育公平取得新成效

党的十八大以来，我国对教育公平问题格外关注，不断促进教育发展成果更多更公平惠及全体人民，以教育公平促进社会公平正义。**一是推进城乡教育一体化发展。**2016 年国务院出台《关于统筹推进县域内城乡义务教育一体化改革发展的若干意见》，实施城乡统一的学校建设、教师编制、生均公用经费基准定额标准，“两免一补”（免除学杂费、免费提供教科书，为家庭经济困难学生发放生活补助）实现城乡学生全覆

盖。义务教育基本办学条件得到显著改善，中西部农村地区学校办学条件实现质的飞跃。**二是强化乡村教师团队建设。**2015 年，国务院出台《乡村教师支持计划（2015—2020 年）》，从多方面加强乡村教师团队建设，提高乡村教师待遇，解决乡村教育薄弱问题。中央财政教育转移支付支持地方实施好“特岗计划”、“国培计划”、“三区”人才计划教师专项计划、银龄讲学计划等，引导支持农村学校多渠道补充优秀师资，优化教师队伍结构，提升教师教学能力水平。**三是推动缩小义务教育区域、城乡、校际差距。**2013 年，国家启动义务教育发展基本均衡县（市、区）督导评估工作，到 2021 年底，全国所有县区均通过国家义务教育基本均衡发展督导评估认定，我国义务教育实现了基本均衡。2023 年全国共有 56 个县（市、区）被评为义务教育优质均衡发展县。多地推进集团化办学、多校划片入学等改革，打破学校界限，缓解学区房问题。**四是改进招生计划分配方式。**持续实施支援中西部地区招生协作计划，增加面向中西部地区和考生大省招生名额，实施招收农村和贫困地区学生专项计划，形成保障农村和贫困地区学生上重点高校的长效机制。

3. 现代教育治理改革取得突破，现代教育体系更加完善

党的十八大以来，我国以推进教育治理体系和治理能力现代化为总目标，深化教育领域综合改革。**一是高考改革持续深化。**高考命题探索形成具有中国特色的考试评价理论和实践体系，高考实现由考试评价工具到全面育人载体的转变，从“解题”转为“解决问题”，由“以纲定考”转为“考教衔接”，全国 29 个省份分五批启动高考综合改革，其中第四批改革省份已进行高考首考。**二是高等教育实力显著增强。**一批大学和一大批学科已经跻身世界先进水平，中国高等教育整体水平进入世界第一方阵。在 2024 年 QS 世界大学排名中，我国内地有 71 所高校上榜，较 2012 年的上榜 19 所有显著增加。深化新工科、新医科、新农科、新文科建设，推进学科专业交叉融合，新设一批适应新技术、新产业、新业态、新模式的学科专业，服务国家能力显著提升。**三是现代职业教育体系日益完善。**不断推进普职融通，“职教高考”制度日益完善，打破职业教育学历“天花板”。深化产教融合、校企合作，实施中国特色高水平高职学校和专业建设计划，面向战略性新兴产业、先进制造业等立项建设高水平专业群，有力支撑了国家现代化经济体系和区域经济社会发展。**四是民办教育走上健康创新发展道路。**党的十八大以来，我国对民办教育坚持规范与支持并举的基本方针。修订《民办教育促进法》、颁布《民办教育促进法实施条例》等法律政策，确立民办教育发展的制度环境，民办教育规范化程度显著提高。民办教育规模不断发展壮大，2023 年民办学校有 16.72 万所，占全国学校总数的 33.54%，在解决进城务工人员子女就学难、为乡村留守儿童提供全天候托管教育、满足一定人群的多样化教育机会、巩固义务教育、普及高等教育等方面作出重大贡献。

4. 教育开放呈现新格局，我国教育正在走向世界中心

党的十八大以来，我国教育在国家对外开放的大局中，形成了全方位、多层次、宽领域的对外开放新局面。2016 年，中共中央、国务院《关于做好新时期教育对外开放工作的若干意见》中明确了教育对外开放的重要责任和特殊使命是坚持扩大开放，做强中国教育，推进人文交流，不断提升教育质量、国家软实力和国际影响力。**一是双向留学与人才引进规模迅速增长。**我国是全球最大的留学生来源国，2021 年在海外高等教育机构留学的学生为 102.1 万人，比第二名的印度多一倍多。2020 年留学回国发展人数首次超过出国留学人数，2021 年留学回国人员超过 100 万，成为我国现代化建设的重要智力和知识资本。来自 205 个国家和地区的来华留学生突破 44 万，“一带一路”沿线国家学生数量增长明显，成为传播中国声音、讲述中国故事的主力军。**二是中外合作办学规模日益扩大。**中外合作办学蓬勃开展，审批、管理、评估、退出机制不断完善。2023 年认证国际学校数量达到 970 所。教育部承认中外合作办学项目不断增多，其中 2023 年新增 60 个中外合作本科教育项目/机构参与高考招生。我国基础教育向海外发展的步伐加快，民办教育机构开办海外校区，进行品牌拓展，同时通过收购海外学校进行战略布局。**三是开放总体布局不断优化。**截至 2023 年末，我国在全球 154 个国家建立了 563 所孔子学院（课堂），与 58 个国家和地区签署了学历学位互认协议。深入实施共建“一带一路”教育行动，加强同共建国家教育领域互联互通，建设了 27 个鲁班工坊，启动了海外中国学校建设试点。成立“中国—东盟职业教育联合会”，设立中国上海合作组织经贸学院，启动“未来非洲—中非职业教育合作计划”，深化中国—中东欧教育交流合作等一系列区域教育合作。

二、进一步全面深化教育体制改革面临的新形势新要求

当前，世界百年未有之大变局加速演进，国际局势风云变幻，科技发展日新月异，国内经济和社会形势有了新的变化，我国社会主义教育建设面临着一系列新形势新要求。具体表现在：随着以人工智能为代表的新技术革命的到来，教育模式迫切需要改变，经济高质量发展和共同富裕的发展方向对教育提出了新的要求，国际竞争和高水平对外开放对教育提出新的方向，老龄化和少子化的发展趋势需要教育体制尽快适应。

（一）以人工智能为代表的新一轮产业技术革命来临，教育模式迫切需要改变

当前，科技革命向纵深发展、产业变革加速演进、社会治理迭代升级，对重塑教育的内涵和形态提出了迫切需求，也为教育变革与教育高质量发展提供了平台和动力引擎。人工智能的出现和应用将在未来改变整个社会对人才能力的需求。在人工智能等一系列新技术的支持下，人类将从繁重的生产性工作、事务性劳动中解放出来，转而从事创造性工作。新一轮产业技术革命涉及的技术领域更加广泛，科技创新呈现多元深度融合特征，颠覆性创新呈现几何级渗透扩散，对创新型人才的需求超过以往任何时期。这意味着工业时代为大规模培育标准化人才的普鲁士教育体系已经过时。学生在基础教育阶段积累的应试技巧及死记硬背知识不利于激发学生对知识的好奇心、培育发散性和辩证性思维，也就扼杀了大多数学生的创造能力，使学生难以符合新时期新岗位的能力需求。人才作为打造国家产业竞争力的关键要素，已成为衡量一个国家综合国力的重要指标。在人工智能时代即将到来之际，各国教育都注重在培养学生

逻辑思维、创新能力和实用技能方面改革，着重培育创新型人才。因此，我国教育也需要面向全体学生，培育其创新创造创业能力，为拔尖创新人才提供成长的土壤。

（二）建设中国式现代化要求教育体系培育现代化产业体系所需要的人才

我国建设中国式现代化，实现经济高质量发展，需要以科技创新引领现代化产业体系建设，加快培育新质生产力。人才是现代化产业体系建设的核心要素。建设现代化产业体系既需要能够从事基础研究、推动原始创新的尖端理论人才，也需要能够促进成果转化、实现技术创新经济价值的高技能人才。教育体系需要根据学生不同的人才禀赋进行发掘，因材施教，培育出满足更加复杂社会分工的高质量人才，全面提升国民的人力资本，推动形成“人人皆可成才、人人尽展其才”的良好局面。这就需要教育体系着力解决基础教育阶段“重选拔，轻培养”的问题，同时办好高等教育、职业教育和终身教育，努力培养造就更多大师、战略科学家、一流科技领军人才、青年科技人才、卓越工程师、大国工匠、高技能人才，夯实现代化产业体系建设的人才基础。

（三）实现中国式现代化需要教育推进人的现代化建设

中国式现代化的本质是实现人的现代化。人的现代化既是现代化的前提，也是现代化的目的。人的现代化是指人的思想观念、思维方式、行为方式、生活方式实现从传统向现代的转变，实现人的自由全面发展。教育对实现人的现代化不仅起到普及知识、提高人口素质的作用，还要使公民树立正确的价值取向，培育公民现代化精神，这就需要教育制度和教育内容与现代化的理念相适应。如果教育制度过分强调分数、竞争、升学，束缚学生的全面发展，使学生缺乏自由和快乐，压抑学生的天性，背离教育的宗旨和价值，则会培育学生功利主义的价值观，无助于塑造现代公民精神，阻碍人的现代化的实现，也难以发掘人的真正禀赋。因此教育现代化必须以人为核心，以保障人的自由而充分的发展为出发点，充分释放人的发展潜能，这些都对我国教育体制提出了新的要求。

（四）国际竞争和高水平对外开放对教育体制改革提出新的方向

在百年未有之大变局的背景下，教育竞争在国家间竞争中起到至关重要的作用。中美经贸斗争持续升温成为当前我国教育改革必须面对的国际背景。科技竞争日益激烈，科技创新对经济的支撑作用更加凸显。我国需要大批科技“卡脖子”领域的高精尖人才、适应我国与各国产业合作发展需要的高层次职业技术人才、深入实施对外开放战略急需的国际化人才，也要吸收国外先进科技、高精尖人才和先进教育方法，还要让世界深入了解和认识我国。面对美国等西方国家的科技封锁，我国比历史上任何时期都更需要对外开放和科技合作，需要在院校、学科建设上与国际接轨，达到国际先进标准水平。“一带一路”倡议的实施更需要我国培育大量有思想、有能力、国际化的高素质人才来服务我国与“一带一路”沿线国家的经济文化交流。因此，我国必须以开放的心态推动教育体制改革，以全球视野建立教育体系，在教育领域加快推进

“走出去”和“引进来”，特别是吸收国外先进教育理念、教育方法，引进优秀教育人才，促进教育现代化建设。

（五）老龄化和少子化的发展趋势需要教育结构尽快调整

随着社会人口结构的变化以及人均预期寿命延长、退休年龄逐步提高，加之科学技术快速发展，劳动者在一生当中需要不断调整、改变和提升自身劳动技能及人力资本，这就需要教育系统能够给劳动者提供高质量的职业教育、再教育和终身教育。同时，构建生育友好型的普惠托幼服务供给体系是“十四五”期间亟待解决的重大民生议题，少子化的人口趋势以及养育成本的提升，需要教育系统优化幼儿教育和基础教育。

三、深入领会进一步全面深化教育体制改革的指导思想、基本原则和总目标

党的十八大以来，我国在教育事业发展上取得了诸多成就，教育普及水平实现历史性跨越，教育服务能力稳步提升，教育改革开放持续深化。但也需要看到，我国教育体制改革仍存在诸多难点卡点，发展不平衡、供需错位等问题仍然存在。为应对新形势新要求，必须进一步深化教育体制改革，加快推进教育现代化，建设教育强国，办好人民满意的教育。

（一）指导思想

要全面贯彻落实党的二十大和二十届二中、三中全会精神，坚持稳中求进工作总基调，完整、准确、全面贯彻新发展理念，加快构建新发展格局，因地制宜发展新质生产力，着力推动高质量发展，围绕推进中国式现代化进一步全面深化改革。紧密围绕“培养什么人、怎样培养人、为谁培养人”这一教育的根本问题，把教育事业放在优先位置，深入实施科教兴国战略、人才强国战略、创新驱动发展战略，统筹推进教育科技人才体制机制一体改革。以坚持党对教育事业的全面领导为根本保证，以立德树人为根本任务，以为党育人、为国育才为根本目标，以服务中华民族伟大复兴为重要使命，以教育理念、体系、制度、内容、方法、治理现代化为基本路径，以支撑引领中国式现代化为核心功能，办好人民满意的教育。加快推进教育现代化，建设高质量教育体系，以教育之力厚植人民幸福之本，以教育之强夯实国家富强之基，统筹推进育人方式、办学模式、管理体制、保障机制改革，优化区域教育资源配置，为全面推进中华民族伟大复兴提供有力支撑。

（二）基本原则

加快推进教育现代化、建设教育强国、办好人民满意的教育，要立足全面建设社会主义现代化国家新征程，对标新时代教育事业新目标、新任务和新要求，探索教育高质量发展的中国方案，其基本要义是：坚持党的全面领导，坚持以人民为中心发展教育，坚持立德树人，坚持“五育”并举，坚持对外开放。

1. 坚持党的全面领导

我们要建设的教育强国，是中国特色社会主义教育强国，必须以坚持党对教育事业的全面领导为根本保证。坚持党的全面领导是引领新时代中国特色社会主义教育事业的“定海神针”，只有全面贯彻党的教育方针，教育体制改革才不会跑偏。

2. 坚持以人民为中心发展教育

以人民为中心，是新时代中国特色社会主义教育事业的根本出发点，办人民满意的教育，是新时代中国特色社会主义教育事业的最终目的。社会主义教育的发展是为了人民，必须依靠人民，实现教育发展成果由人民共享，满足人民群众对更加公平、更高质量教育的期待。

3. 坚持立德树人

着力培养担当民族复兴大任的时代新人。教育事业的目的是培养社会主义建设者和接班人。育人的根本在于立德，要将培育和践行社会主义核心价值观融入教书育人全过程，加强爱国主义、集体主义、社会主义教育，不断提高学生思想水平、政治觉悟、道德品质、文化素养，引导学生听党话、跟党走。

4. 坚持“五育”并举

教育体制改革的根本目的是提高民族素质，必须坚持德育、智育、体育、美育、劳动教育“五育”并举，全面发展素质教育，使学生成长为全面发展的社会主义劳动者。

5. 坚持对外开放

教育必须面向世界，与各国共同发展，坚持教育对外开放不动摇，不断加强同世界各国和联合国教科文组织等国际组织的交流与合作，主动搭建中外教育文化、友好交往的合作平台，为我国培养具备世界竞争力的人才。

（三）总目标

全面建成社会主义现代化强国，总的战略安排是分两步走：从 2020 年到 2035 年基本实现社会主义现代化；从 2035 年到 21 世纪中叶把我国建成富强民主文明和谐美丽的社会主义现代化强国。围绕完成 2035 年远景目标、全面建成社会主义现代化强国等目标要求，教育改革的中长期目标如下。

到 2029 年，应初步实现教育满足中国式现代化建设对人才的需求，建设高质量教育体系。完善立德树人机制，推进大中小学思政课一体化改革创新，健全德智体美劳全面培养体系，提升教师教书育人能力，健全师德师风建设长效机制。高等教育初步实现分类发展，完善高校科技创新机制。加快构建职普融通、产教融合的职业教育体系。引导规范民办教育发展。推进高水平教育开放。健全学前教育和特殊教育、专门教育保障机制。在基础教育领域完善促进城乡、区域教育协调发展的保障机制，建立同人口变化相协调的基本公共教育服务供给机制。完善义务教育优质均衡推进机制，探索逐步扩大免费教育范围。推进教育数字化，赋能学习型社会建设，加强终身教育保障。

到 2035 年，应建立起充分满足中国式现代化建设对人才的需求、服务全民终身学习的现代教育体系，基本实现教育强国。基础教育实现普及十二年义务教育，使全民具备基本科学素养。高等教育完成分类发展改革，能够满足经济高质量发展对不同人才需求的培育目标。初步建立覆盖城乡的学前教育社会化抚养体系，实现生育无忧。完成职业本科教育建设，构建现代职业教育体系以及职业技能等级制度。建设高水平的教师培育、评价体系。实现数字技术全面赋能教育，使“大规模的标准化教育”转向“大规模的个性化学习”。

到 2050 年，应建立能够充分培育和实现人才价值、满足中国式现代化建设目标、充分实现人的现代化、使每个人都能够实现全面自由发展的教育体系。基础教育实现高水平优质均等的十二年义务教育，使全民都能够获得充分的基础教育。高等教育实现高水平分类发展，满足全民普及高等教育目标。完成教育范式的改革，实现规模化教育与个性化培养的有机结合，真正做到“有教无类，因材施教”。

四、进一步全面深化教育体制改革的重点任务

深入实施科教兴国战略、人才强国战略、创新驱动发展战略，统筹推进教育科技人才体制机制一体改革，是推进教育现代化、建设教育强国、办好人民满意的教育的重要途径。在未来一段时期，必须贯彻落实党的二十届三中全会精神，加快建设高质量教育体系，统筹推进育人方式、办学模式、管理体制、保障机制改革，特别是完善立德树人机制、深化教育评价改革，优化高等教育布局，分类推进高校改革，完善高校科技创新机制，强化科技教育和人文教育协同，加快构建职普融通、产教融合的职业教育体系，完善学生实习实践制度，引导规范民办教育发展。推进高水平教育开放，优化区域教育资源配置，完善义务教育优质均衡推进机制，健全学前教育和特殊教育、专门教育保障机制，推进教育数字化，赋能学习型社会建设，加强终身教育保障。

（一）加快建设国家战略人才力量，提高各类人才素质

一是着力培养造就战略科学家、一流科技领军人才和创新团队，构建完善拔尖创新人才自主培养体系，强化人才早期选育机制，健全多样化人才选拔制度，创设人才培养新范式，建设引领性顶尖师资队伍，改进学业评价方式。

二是着力培养造就卓越工程师、大国工匠、高技能人才，加强顶层设计、优化制度环境，完善关心关爱劳模工匠和高技能人才的常态化机制，健全工匠学院建设体系，建设结构合理的技能人才梯队。突出企业主体作用，积极探索企业新型学徒制。

三是建设一流产业技术工人队伍，加强职业教育院校学科建设，提高产业工人的科学文化素质，鼓励其到科研攻关一线锻炼。拓宽产业工人职业发展通道，终身素养技能形成体系，完善专业技术人才和技能人才的人才评价体系，推进职称制度与职业资格、职业技能等级制度有效衔接，探索建立人才职称互认机制，加强产业工人的权

益维护保障，加强和规范企业民主管理水平，保护工人的劳动经济权益和民主政治权利，加强技能型人才政策体系建设。提高工人的地位和职业荣誉感，在全社会营造尊重劳动、崇尚技能、鼓励创造的氛围。

（二）完善立德树人机制，促进人的全面自由发展

一是推进大中小学思政课一体化改革创新，守正创新推动思政课建设内涵式发展，加快构建以习近平新时代中国特色社会主义思想为核心内容的课程教材体系，开好讲好习近平新时代中国特色社会主义思想概论课。系统完善中小学思政课课程标准，整体优化设计高校思政课课程方案，完善大中小学集体备课制度，健全与思政课一体化相适应的管理体制、课程定位、教材编写、评价标准，实现循序渐进、螺旋上升、不断巩固的育人效果。构建横向打通板块、纵向贯通学段的思政课程体系，用学术讲政治，促进思政课教学质量不断提升。以中国特色社会主义取得的举世瞩目成就为内容支撑，以中华优秀传统文化、革命文化和社会主义先进文化为力量根基，把道理讲深讲透讲活，引导学生感悟党的创新理论的实践伟力。

二是健全德智体美劳全面培养体系，强化教育各环节整体协同，将课程育人、制度建设、活动育人、文化育人等各种途径相结合，将德智体美劳教育融入教育全过程、教育教学各个环节。持续推进学生心理健康促进行动，健全健康教育、监测预警、咨询服务、干预处置工作体系，全面培育积极心理品质，让广大学生更加健康阳光。教育与生产劳动和社会实践相结合，学生实习实践制度，将实习实践教育有机纳入各级各类教育，实施劳动习惯养成计划，培养学生劳动意识，强化对知识的现实运用、对创新的切身感知。

三是提升教师教书育人能力，健全师德师风建设长效机制，教师评价要坚决破除“五唯”痼疾，大力弘扬教育家精神，推动教育家精神融入教师培养培训全过程，贯穿教书育人各环节，引导确立科学的育人目标和教育方向。对育人能力、师德师风、学生关怀、家校共育、社会服务建立完善的评价指标体系，引导广大教师坚定理想信念、陶冶道德情操、涵养扎实学识、勤修仁爱之心，对教师准入标准和教师发展标准进行不断探索、修正，以保障教师队伍不断提高素质，保持育人初心。把师德师风作为评价教师队伍素质的第一标准，健全师德师风建设长效机制，对师德违规问题“零容忍”。健全教师教育体系，推动高水平大学开展教师教育，扩大实施“国优计划”，提升师范教育办学质量，完善教师培训制度，以数字化赋能教师发展。切实保障教师地位待遇，减轻教师非教育教学任务负担，坚决维护教师的合法权益，让教师潜心教书、静心育人，全心爱护教师、全力支持教师发展，巩固提高教师政治地位、社会地位、职业地位，全面激发教师的积极性、主动性、创造性。

四是深化教育评价改革。建立新型教育评价体系，摒弃“唯分数论，唯升学论”的教育评价导向，构建多元主体参与、符合我国实际、具有世界水平、充分发掘学生禀赋的教育评价体系。

（三）优化高等教育布局，加快建设中国特色、世界一流的大学和优势学科

一是分类推进高校改革，实施高等教育分类管理，明确各类高校发展定位，构建更加多元的高等教育体系。转变高校发展观念，重构科学的高校分类评价体系，引导不同类型高校向研究型、应用型、技能型等多方向发展，多元化培育人才。实施一流学科培优行动，着眼学校办学核心能力提升，加强核心课程、教材、实践项目、教师团队建设，改善学科的教学课程、硬件设施和教学设备，面向国家战略需要，在重大任务完成中提升学科建设能力。

二是建立科技发展、国家战略需求牵引的学科设置调整机制和人才培养模式，聚焦国家重大战略需求与科技发展态势，动态调整高校学科设置，优化人才培养模式，超常布局急需学科专业。深入实施国家基础学科拔尖人才培养战略行动，深化新工科、新医科、新农科、新文科建设，打造一流核心课程、教材、实践项目和师资团队，强化科技教育与人文教育协同，以学生人文底蕴的提升促进科技创新思维的提高，全面提高学生综合素养，构建高质量拔尖创新人才自主培养体系。

三是完善高校科技创新机制，提高成果转化效能。完善高校科技创新机制，推进校企协同创新，提高成果转化效能。实施更加积极、更加开放、更加有效的人才政策，完善人才自主培养机制。实施基础学科与交叉学科突破计划，提升基础研究的组织化程度，把重大任务作为科教融汇的“发动机”，引领学科交叉融合，推动产出更多原创性、颠覆性科技创新成果。加强青年科技人才培养，通过长周期稳定支持、长周期评价，引导支持一批具有家国情怀、创新能力突出的高校青年教师，开展高水平自由探索，挑战科学“无人区”。教育部将提高高校科技成果转化效能，打造高校区域技术转移转化中心，加快布局建设高等研究院，推动高校和企业“双向奔赴”，促进高校科研成果高水平创造、高效率转化。加快建立与有组织科研模式相适应的评价考核机制，特别是以贡献和质量为核心的标志性成果评价机制，营造良好创新生态。

四是推进高水平教育开放，鼓励国外高水平理工类大学来华合作办学。立足国家重大战略需求和高等教育需求，融合世界先进教育理念，引入全球优质资源，同世界一流资源开展高水平合作办学，完善制度建设，健全引进和有效利用优质教育资源长效机制，推进与国外合作高校开展校际课程互选、学分互认及学位互授联授，提升教师国际化水平，建立高级别常态化学术交流机制。

（四）加快构建职普融通、产教融合的职业教育体系

一是加快构建职普融通的教育体系。打破教育内部壁垒，实现两类教育资源共享、教育模式同携、教育成果互认。强化不同层次职业教育之间的纵向贯通。建立不同层次职业教育之间的衔接机制，优化层次结构。优化中等职业教育办学定位，提升职业教育质量要求，努力让学生成长成才通道更加宽阔，举办“少而精”的中等职业教育，提升高等职业教育发展的核心办学能力，完善职教高考制度，打通中职、高职、本科和硕士纵向贯通体系，破除职业教育天花板。完善学分银行法律法规体系及相关制度保障体系、“1+X”证书制度，加快在职普教育之间建立起多层次对应、标准融通

的转换机制。扩大职业培训范围，建立覆盖全生命周期的职业培训机制。推动职业教育与区域发展相协调、与产业布局相衔接，深化省域现代职业教育体系建设改革，推进市域产教联合体、行业产教融合共同体试点，实现人才培养质量与经济社会发展双提升。

二是强化产教融合，完善学生实习实践制度。深化教育与企业合作，创新项目化课程体系，构建教育与职业实践并行的双元制职业教育，对专业核心课程和实践课程进行项目化改革，构建“学训赛创”融合的应用型实践育人体系，引导学生在一线实践中加强磨炼、增长本领。推进区域技术转移转化中心建设，建立“枢纽+节点”的国家大学科技园网络体系，引导高校和企业“双向奔赴”，促进高校科研成果高水平创造、高效率转化。面向中西部、东北等地区布局建设高等研究院，构建集人才培养、科学研究和技术转移于一体的新平台，服务地方支柱产业发展。把实习实践教育有机纳入各级各类教育，健全企事业单位接纳学生实习的激励机制，将实习岗位与专业课程相衔接，从实践中全面提升教育质量。加强高校实习环节的资源投入，规范实习教学组织与管理，面向所有学生提供公平的就业实习机会。做好高校毕业生就业工作，坚持就业优先导向，拓宽市场化社会化就业渠道，完善就业与招生、培养联动机制，教育引导学生以择业新观念打开就业新天地。

（五）引导规范民办教育发展，提升办学质量

一是促进民办教育合理布局。深化民办教育非营利性和营利性分类，完善鼓励和大力支持社会力量举办非营利性民办学校制度政策，扩大民办教育准入。禁止滥用市场支配地位，排除、限制竞争行为。

二是规范民办教育办学行为，严格非营利性民办学校管理，规范民办高校教师资格及待遇，提升民办教育质量要求，完善评价机制，引导民办教育特色发展、良性发展。

（六）进一步推进基本公共教育服务均等化，扩大高质量教育供给

一是优化区域教育资源配置，建立同人口变化相协调的基本公共教育服务供给机制。加大优质教育资源供给，针对学龄人口峰谷变化做好前瞻性布局，优化区域教育资源配置。完善中央财政教育转移支付制度，补齐欠发达地区教育短板。完善教育的东西部协作和对口支援机制，推动优质教育资源向欠发达地区供给和输入。优化城乡学校布局，推进师资配备均衡化，加快城乡教育一体化。加大对农村留守儿童、困境儿童等群体的教育保障力度，健全农业转移人口随迁子女入学保障政策，将随迁子女纳入流入地义务教育保障范围。

二是完善义务教育优质均衡推进机制，构建促进优质均衡发展的配套政策体系，加强义务教育经费保障。着力扩大优质教育资源覆盖面，加快集团化办学和城乡学校共同体建设，通过教育数字化提升薄弱学校、农村学校教学能力，做大优质教育资源“蛋糕”，加强县域普通高中建设。

三是探索逐步扩大免费教育范围。加大学生资助资金投入力度，综合考虑各地经

济发展水平、财政支付能力，逐步扩大学生资助范围。

四是健全学前教育和特殊教育、专门教育保障机制。进一步优化学前教育和特殊教育、专门教育资源配置，加强专门学校建设和专门教育工作，完善财政经费支持保障机制，提高办学质量。推动学前教育法出台，全面普及学前教育，推进学前教育普及普惠安全优质发展，依法保障学前教育健康发展。

（七）推进教育数字化，赋能学习型社会建设，加强终身教育保障。

一是以教育数字化赋能学习型社会建设，加快推进教育数字化，实施国家教育数字化战略，把全流程数字技术融入从基础教育到高等教育、从普通教育到职业教育的国民教育全过程。坚持应用导向，推动集成化、智能化、国际化，不断丰富国家智慧教育平台和数据中心，运用数字技术优化教育资源配置，扩大国家智慧教育平台应用范围，推动东西部高校共享优质课程，推动数字技术与传统教育融合发展，丰富教育应用场景，持续扩大优质资源覆盖面。

二是以教育数字化加强终身教育保障，构建覆盖各类人群、方式灵活的终身学习服务体系，搭建职业教育与普通教育、学历教育与非学历教育、职前教育与职后教育相互沟通衔接的机制。拓展数字媒体资源的广度和深度，让学习者可以持续进行更有价值的深度学习，为以高质量的教育数字化发展促进学习型社会、学习型大国建设提供保障。构建起网络化、数字化、个性化、终身化的教育体系，依托国家老年大学搭建全国老年教育公共服务平台，建立老年教育资源库和师资库。

深化科技体制改革，全面推进高水平科技自立自强

习近平总书记指出，科技自立自强是国家强盛之基、安全之要。加快实现高水平科技自立自强，是推动高质量发展的必由之路。只有把科技的命脉掌握在自己手中，才能真正掌握竞争和发展的主动权，形成国际竞争新优势。如果把科技创新比作我国发展的新引擎，那么改革就是点燃这个新引擎必不可少的点火系。改革46年来，我国不断推进科技体制改革，从恢复确定知识分子的政治地位到实施科教兴国战略，从建设和完善国家创新体系到构建面向创新驱动的新型科技体制和推进科技创新治理能力现代化，从而使我国成为世界第二大研发投入国，正式迈入创新型国家行列。中国式现代化关键在科技现代化，实现高质量发展，实现全体人民共同富裕，促进人与自然和谐共生等都离不开科技创新的支持。同时，当今世界科学发展进入大科学时代，新一轮科技革命和产业变革突飞猛进，科技创新是世界主要国家竞争角逐的重要舞台。美国和西方国家对我国实施科技封锁，意图使我国科技及经济水平再次与西方国家拉开差距。因此，必须贯彻落实党的二十届三中全会精神，深入实施科教兴国战略、人才强国战略、创新驱动发展战略，坚持面向世界科技前沿、面向经济主战场、面向国家重大需求、面向人民生命健康，优化重大科技创新组织机制，统筹强化关键核心技术攻关，推动科技创新力量、要素配置、人才队伍的体系化、建制化、协同化，在国家战略科技力量建设、科技计划管理、强化企业科技创新主体地位、中央财政科技经费分配和管理使用机制、科技成果转化机制改革、科技成果转化收益分配、科技金融、人才管理等方面深化科技体制改革，健全新型举国体制，提升国家创新体系整体效能。

一、科技体制改革46年的主要历程、基本经验与伟大成就

科技领域是最需要不断改革的领域。46年来，科技体制经历了多次重大改革，分为恢复和重建科技体制；调整和创新科技体制，推动科技服务经济建设；实施科教兴国战略和构建国家创新体系；落实科学发展观和深化科技体制改革，建设和完善国家创新体系；构建面向创新驱动的新型科技体制和推进科技创新治理能力现代化五个不同的战略阶段。我国在改革科技创新统筹协调机制、健全科技创新环境、完善科技对外开放制度等方面进行了多方位的改革，不断转变政府职能，健全市场导向和政府引导机制，深化评价体系，推进对外开放，得到了多方面基本经验。党的十八大以来，以习近平同志为核心的党中央把科技创新摆在国家发展全局的核心位置，进一步深化科技体制改革，使我国科技创新能力持续提升，领域创新成果不断涌现。

（一）科技体制改革的主要历程

改革开放之前，我国实行适应计划经济体制的集中型科技体制，包括以中央和地方各级科委为主管部门的政府科技管理体系，由中国科学院、高等院校和各产业部门的国立科研机构主导的科研组织体系，以及以科技计划为核心开展国家主导的科研活动的科技计划体系。

从时间维度看，46 年的科技体制改革以五个重要事件为标志，分为五个战略阶段：一是以 1978 年全国科学大会为标志，恢复和重建了科技体制，并开始探索科研管理体制改革；二是以 1985 年中共中央发布的《关于科学技术体制改革的决定》为标志，我国正式启动了科技体制改革，推动科技工作重心向经济建设转移；三是以 1995 年颁布的《中共中央、国务院关于加速科学技术进步的决定》为标志，正式提出实施“科教兴国”战略，开始构建国家创新体系；四是以 2006 年发布的《关于实施科技规划纲要增强自主创新能力的决定》为标志，落实科学发展观和深化科技体制改革，建设和完善国家创新体系；五是以 2012 年党的十八大为标志，我国正式实施创新驱动发展战略，构建面向创新驱动的新型科技体制和推进科技创新治理能力现代化的新阶段。

1. 第一阶段（1978—1985 年）：恢复和重建科技体制

1978 年 3 月，中共中央、国务院召开了全国科学大会。邓小平明确指出“现代化的关键是科学技术现代化”，澄清了长期束缚科学技术发展的重大理论是非问题，开启了“科学的春天”，是我国科技体制改革的重要起点。

一是开始探索科研管理体制改革。全国科学大会通过了《1978—1985 年全国科学技术发展规划纲要》，确定了 8 个发展领域和 108 个重点研究项目，是我国发展科学技术的第三个长远规划，也是改革开放后第一个科技发展规划。这一阶段还恢复和重建了国家科学技术委员会、中国科学技术协会以及各研究所学术委员会，建立了科学院研究所党委领导下的所长分工负责制等，探索转变政府科技管理职能，对科研机构的管理由直接控制为主转变为间接管理。

二是初步建立激励科技创新的政策体系。首先是恢复确定了知识分子的政治地位，明确科技人员在内的广大知识分子是工人阶级的一部分。之后又接连颁布《发明奖励条例》，恢复了国家发明奖，颁布《自然科学奖励条例》，设立了国家自然科学奖，设立中国科学院科学基金、科技攻关计划，激起全国投入科技创新的热情。

三是确立科技服务经济建设的发展方向。党的十一届三中全会确定将工作重心转移到社会主义现代化建设上来，我国的科学技术工作的方针和政策开始向经济建设调整，开始探索建立适应市场经济体制的科技体制。

四是扩大对国外技术的引进。党的十一届三中全会提出要在自力更生的基础上积极发展同世界各国平等互利的经济合作，努力采用世界先进技术和先进设备。这一阶段，我国大力实施“两头在外”加“三来一补”等方式来引进国外技术，进口西方国家的成套设备或直接引进各国的领先技术，弥补了改革开放初期的“技术缺口”。

2. 第二阶段（1985—1995 年）：调整和创新科技体制，推动科技服务经济建设

1985 年，党中央发布了《中共中央关于科学技术体制改革的决定》，提出了“经

济建设必须依靠科学技术、科学技术工作必须面向经济建设”的战略方针和“尊重科学技术发展规律，从我国的实际出发，对科学技术体制进行坚决的有步骤的改革”的主要内容，正式启动了我国科技体制改革。

一是推动科技工作重心向经济建设转移。党中央明确提出“经济建设必须依靠科学技术、科学技术工作必须面向经济建设”的战略方针。此后《国务院关于进一步推进科技体制改革的若干决定》《国务院关于深化科技体制改革若干问题的决定》等文件相继出台，深化了科研道路的探索方向。设立国家自然科学基金，引入竞争机制。启动“863”计划，选择了信息技术、生物技术、自动化技术、航天技术、激光技术、新能源、新材料等 7 个领域作为重点，带动我国高技术及其产业的发展。1994 年，国家科委和国家体改委联合制定了《适应社会主义市场经济发展　深化科技体制改革实施要点》，探索在科技体制中更多地引入市场机制。

二是初步建立推进科技工作的法律法规体系。1993 年，全国人大通过并颁布了《科学技术进步法》，为我国科技法治建设奠定了重要基础。这一时期，《专利法》《著作权法》《计算机软件保护条例》《反不正当竞争法》等一系列法律法规的实施，成为推动技术进步和经济发展的有力杠杆。

三是进一步加大技术引进力度。1985 年 11 月，对外经贸部、国家经委、国家计委向国务院递交了《关于加强吸收外商投资工作的报告》，提出要“落实以市场换技术、以产顶进”，以引进海外先进技术为目的，对外资开放中国市场。政府引导国内企业通过“逆向工程”进行复制性模仿，采取引进先发国家的创新产品进行拆解、破译、迭代并改造、完善、升级的渐进性创新赶超策略，实现了基本工艺、成套技术方面的快速积累。

3. 第三阶段（1995—2006 年）：实施科教兴国战略和构建国家创新体系

1995 年颁布的《中共中央、国务院关于加速科学技术进步的决定》，首次正式提出实施“科教兴国”战略。党的十五大进一步将科教兴国战略和可持续发展战略确立为跨世纪的国家发展战略，提出要充分估量未来科学技术特别是高新技术发展对综合国力、社会经济结构和人民生活的巨大影响，把加速科技进步放在经济社会发展的关键地位。1999 年全国技术创新大会提出全面优化科技力量布局和科技资源配置，形成有利于技术创新和科技成果转化的体制机制。实施“科教兴国”战略和构建国家创新体系成为新时期科技体制改革的指导思想。

一是推动企业成为科技创新的主体。《中共中央、国务院关于加速科学技术进步的决定》提出“建立以企业为主体，产学研相结合的技术开发体系和以科研机构、高等学校为主的科学研究体系，以及社会化的科技服务体系”。1996 年 1 月，国家科委制定《技术创新工程纲要》，进一步推进企业成为技术创新的主体。

二是改革科研机构体系。1996 年，国务院发布《关于“九五”期间深化科技体制改革的决定》，提出“大多数研究开发机构直接进入市场，加速科技成果转化”。1998 年，国务院发布《关于加强技术创新　发展高科技　实现产业化的决定》；1998 年，发布《关于中国科学院开展（知识创新工程）试点的汇报提纲》，科技体制改革进入推进以企业为主体的国家创新体系建设阶段。1999 年，出台《关于国家经贸委管理的

10个国家局所属科研机构管理体制改革的实施意见》，将242家科研院所转制为企业，使得市场上出现了一批科技型企业。

三是引入市场机制促进科技成果转化。1996年，全国人大通过《促进科技成果转化法》，以法律形式确定市场机制在科技资源配置和科技运行方式中的基础性作用。1999年，科技部联合七部委制定《关于建立风险投资机制的若干意见》，开始系统性推进风险投资事业，创业投资协会以及各级政府风险投资基金纷纷成立，以金融手段促进科技成果转化。

4. 第四阶段（2006—2012年）：落实科学发展观和深化科技体制改革，建设和完善国家创新体系

2006年，中共中央、国务院召开全国科学技术大会，做出了《关于实施科技规划纲要增强自主创新能力的决定》，发布了《国家中长期科学和技术发展规划纲要（2006—2020年）》，确定了“自主创新，重点跨越，支撑发展，引领未来”的发展方略，提出建设创新型国家的战略目标，把建设和完善国家创新体系作为科技体制改革的目标。

一是进一步改革科研院所管理体系。《关于实施科技规划纲要增强自主创新能力的决定》中明确了对高校、科研机构的定位，提出进一步深化应用开发类科研机构企业化转制改革，继续推进社会公益类科研机构分类改革，稳定支持从事基础研究、前沿高技术研究和社会公益研究的科研机构，建立健全现代科研院所制度等改革措施。2006年，《关于改进和加强中央财政科技经费管理的若干意见》提出对从事基础研究、前沿技术研究和社会公益研究的科研机构，国家财政给予相对稳定支持。若干措施持续推进了科研机构改革，进一步完善了国家创新体系。

二是进一步完善知识产权保护体系。我国通过了《国家知识产权战略纲要》，修订了《科学技术进步法》《专利法》《商标法》《著作权法》，完善了相关领域的法律政策体系，为增强自主创新能力、建设创新型国家，提供了重要的法律保障。

5. 第五阶段（2012年至今）：构建面向创新驱动的新型科技体制和推进科技创新治理能力现代化

党的十八大明确提出科技创新是提高社会生产力和综合国力的战略支撑，必须摆在国家发展全局的核心位置，强调要坚持走中国特色自主创新道路、实施创新驱动发展战略。党的十八届三中全会进一步深化科技体制改革，明确要建立健全鼓励原始创新、集成创新、引进消化吸收再创新的体制机制，并提出健全技术创新市场导向机制，建立产学研协同创新机制，强化企业在技术创新中的主体地位，加强知识产权运用和保护，发展技术市场，整合科技规划和资源，改革院士遴选和管理体制等一系列改革举措。党的二十大提出坚持创新在我国现代化建设全局中的核心地位，加快实现高水平科技自立自强，加快建设科技强国，并对完善科技创新体系、加快实施创新驱动发展战略等作出专门部署。我国进入深入实施创新驱动发展战略，构建面向创新驱动的新型科技体制和推进科技创新治理能力现代化的新阶段。党的二十届三中全会进一步提出，统筹推进教育科技人才体制机制一体改革，健全新型举国体制，提升国家创新体系整体效能，并在加强国家战略科技力量建设、改进科技计划管理、强化企业科技创新主体地位、构建同科技创新相适应的科技金融体制等方面提出改革举措。

一是构建与创新驱动发展战略实施相适应的体制机制。实施《关于深化中央财政科技计划（专项、基金等）管理改革的方案》（国发〔2014〕64号），将近百项科技计划优化整合成为新五类科技计划体系。2015年，出台《深化科技体制改革实施方案》，系统部署了到2020年要完成的10方面143项改革任务，为建设世界科技强国构建长远制度基础。2016年，中共中央、国务院印发了《国家创新驱动发展战略纲要》，在战略背景、战略要求、战略部署、战略任务四个方面对实施创新驱动发展战略进行了全面系统布局。2018年，国务院成立国家科技领导小组。2021年，中央经济工作会议首次将科技政策作为七大政策之一，凸显了科技创新在党和国家发展全局中的地位和作用。2023年3月，中共中央、国务院印发了《党和国家机构改革方案》，明确提出组建中央科技委员会和重新组建科学技术部的战略部署。党的二十届三中全会提出优化重大科技创新组织机制，统筹强化关键核心技术攻关，推动科技创新力量、要素配置、人才队伍体系化、建制化、协同化，在加强国家战略科技力量建设、改进科技计划管理、完善中央财政科技经费分配和管理使用机制等方面提出诸多改革措施。

二是完善技术要素市场。2012年，《服务业发展“十二五”规划》（国发〔2012〕62号）提出推进技术市场交易模式和机制创新，提升技术市场网络化、信息化、国际化水平。2013年，科技部发布的《技术市场“十二五”发展规划》（国科发高〔2013〕110号）首次提出要建设统一开放的现代技术要素市场。2016年，《促进科技成果转移转化行动方案》（国办发〔2016〕28号）提出强化科技成果转移转化市场化服务，构建国家技术交易网络平台。2018年，《关于技术市场发展的若干意见》（国科发创〔2018〕48号）提出建设枢纽型技术交易市场，打造互联互通的全国技术交易网络。2021年，《建设高标准市场体系行动方案》支持上海技术交易所等机构加快推进技术交易服务发展。2022年，《中共中央、国务院关于加快建设全国统一大市场的意见》发布，明确建立健全全国性技术交易市场，推动各地技术交易市场互联互通。这一系列政策的出台，搭建了技术交易市场统一大平台，提高了交易主体科技成果转化的积极性。党的二十届三中全会提出加强国家技术转移体系建设，鼓励和引导高校、科研院所按照先使用后付费方式把科技成果许可给中小微企业使用等，允许科技人员在科技成果转化收益分配上有更大自主权，进一步推动科技成果转化。

三是进一步完善人才激励制度。修订《促进科技成果转化法》、出台《实施〈中华人民共和国促进科技成果转化法〉若干规定》（国发〔2016〕16号）、制定《促进科技成果转移转化行动方案》（国办发〔2016〕28号），促进科技成果转移转化的这三部曲，让科研人员可以凭成果致富。《关于实行以增加知识价值为导向分配政策的若干意见》，构建了科研人员“三元”薪酬结构，让科研人员可以依法依规兼职兼薪。印发《关于深化人才发展体制机制改革的意见》，突出流程再造、分类评价和绩效导向，推行中长期目标考核，不仅优化了人才评价的“指挥棒”作用，还健全了人才顺畅流动机制。出台《关于深化科技奖励制度改革的方案》（国办函〔2017〕55号）、《关于深化院士制度改革的若干意见》，重新修订《国家科学技术奖励条例》（国务院令第782号）、《国家科学技术奖励条例》（国务院令第731号），健全评审制度，增强公开透明，健全科技奖励诚信制度、强化奖励的荣誉性，通过调整“指挥棒”，进一步激励自主创新、激发人才活力、营造良好创新环境，同时避免过度的功利导向，引导科技工作者回归科研初心。印发《关于深化高等教育领域简政放权放管结合优化服务改革的若干意见》（教政法〔2017〕7 号），扩大了高校和科研院所自主权，赋予创新领军人才更大的人财物支配权和技术路线决策权。党的二十届三中全会提出完善青年创新人才发现、选拔、培养机制，更好保障青年科技人员待遇，赋予科学家更大技术路线决定权、更大经费支配权、更大资源调度权，建立以创新能力、质量、实效、贡献为导向的人才评价体系，强化对科研人员的激励，为人才松绑。

四是加大对基础科学研究的支持力度。印发《关于全面加强基础科学研究的若干意见》（国发〔2018〕4 号），明确了中国基础科学研究三步走的发展目标，在战略布局、硬件、人才、机制环境、对外开放五方面提出任务。出台《加强“从 0 到 1”基础研究工作方案》（国科发基〔2020〕46 号），制定基础研究十年规划。党的二十大报告也再次强调要加强基础研究，突出原创，鼓励自由探索。2023 年重组科技部后，更加强化了基础研究导向。党的二十届三中全会提出强化基础研究领域、交叉前沿领域、重点领域前瞻性、引领性布局，加强有组织的基础研究，支持基础研究选题多样化，鼓励开展高风险、高价值基础研究，建立专家实名推荐的非共识项目筛选机制，大幅加强了对基础研究的支持力度，标志着基础科研受到前所未有的重视。

五是健全维护国家科技安全的体制机制。全面贯彻落实《国家安全法》，严格执行人类遗传资源管理、实验室生物安全管理等法规。国家科技保密制度更加完善，强化了事关国家安全和重大利益的敏感领域、重大项目、重点机构保密管理。建立实施国家技术安全清单制度，严格执行国家禁止出口、限制出口技术审查。出台《关于加强科技伦理治理的意见》，在人工智能研发应用、生物医学研究等领域，全面推行伦理审查制度。党的二十届三中全会提出构建科技安全风险监测预警和应对体系，加强科技基础条件自主保障，以应对外部环境变化和新科技革命带来的不确定性。

（二）科技体制改革的总体框架、基本方向和难点卡点

46 年来，科技体制经历了多次重大改革，发生了根本性的变化。改革科技创新统筹协调机制、健全科技创新环境、完善科技对外开放制度，立足于改革开放各个阶段的国情，着眼于当下主要问题及未来一段时期发展趋势，我国在科技领域推进了多方位的改革。我国不断转变政府职能，健全市场导向和政府引导机制，深化评价体系、奖励体系、青年人才培育体系改革，推进科技创新领域制度型开放。与此同时也应该看到，我国科技体制仍然存在原创性基础研究保障机制薄弱、青年人才政策落实不充分、行政干预不当、企业参与科技创新面临若干瓶颈等难点卡点。

1. 总体框架

科技体制改革的核心在于：一是改革我国组织科技创新的统筹协调机制，其中包括科技资源配置机制、科研机构管理机制和战略科技力量管理机制；二是营造良好的科技创新环境，激发全社会科技创新活力，其中包括企业科技创新环境、科技成果转

化机制和科技人才发展生态；三是完善科技对外开放制度，其中包括国际科技交流合作机制、科技人才引进机制和科技安全维护机制。

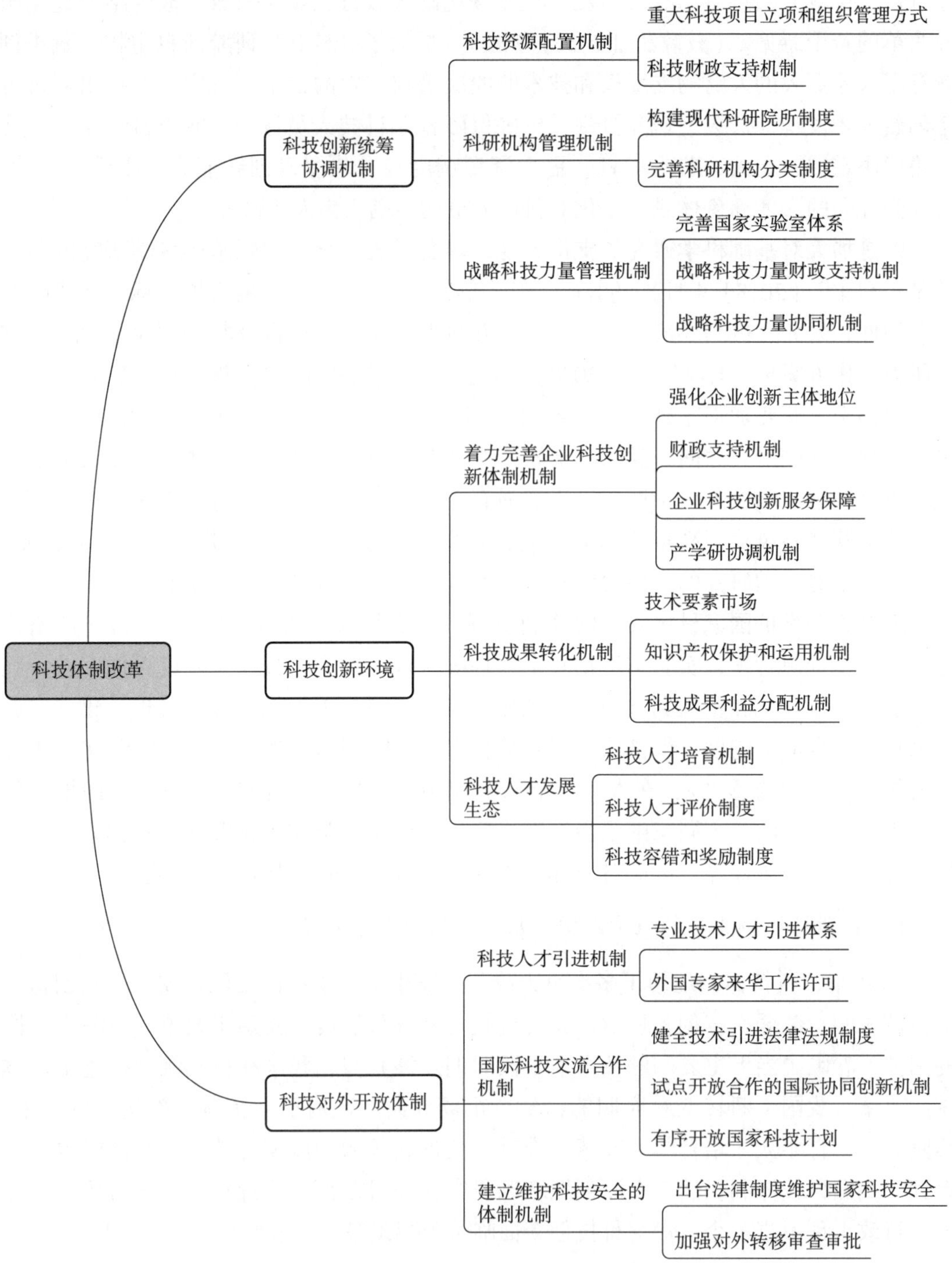

图 4-2 科技体制改革的总体框架

(1) 改革科技创新统筹协调机制，系统性提升国家科技组织能力

一是改革科技资源配置机制。第一，改革重大科技计划管理方式。不断推进国家科技计划管理的科学化、制度化、现代化。党的十八大以来，将近百项科技计划优化整合成为新五类科技计划体系。出台《国家重点研发计划管理暂行办法》（国科发资〔2024〕28 号），进一步规范国家重点研发计划管理。**第二，改革重大科技项目组织管理方式。**不断探索重大科技项目组织模式，从用行政命令对全国资源进行调配到引入和应用项目管理机制，再到引入"揭榜挂帅""赛马"等模式，构建新型举国体制，不断提升科技力量和创新资源的配置效率。**第三，完善科技项目财政支持制度。**党中央、国务院出台了《关于进一步完善中央财政科研项目资金管理等政策的若干意见》《关于优化科研管理提升科研绩效若干措施的通知》（国发〔2018〕25 号）等一系列优化科研经费管理的政策文件和改革措施，持续加强财政资金和政策对科技创新的支持保障力度，优化财政专项保障重点科研领域的财政投入，精准管理科研经费，发挥财政资金引导作用。

二是改革科研机构管理机制。第一，构建现代科研院所制度。厘清政府与科研机构的关系，解决科研机构作为事业单位的政事分开和管办分离问题，形成职责明确、评价科学、开放有序、管理规范的科研机构管理制度。《中共中央关于全面深化改革若干重大问题的决定》明确提出，要推动公办事业单位与主管部门理顺关系和去行政化，逐步取消科研院所等单位的行政级别。《深化科技体制改革实施方案》中进一步强调，加快科研院所分类改革，建立健全现代科研院所制度。**第二，深化科研机构分类改革。**根据科研院所的不同职责功能，明确科研院所的定位，不断优化科研机构的分类标准、资源配置、考核评价等管理方式。

三是改革战略科技力量管理机制。一是完善国家实验室体系。不断探索建设定位准确、目标清晰、布局合理、引领发展的国家实验室体系，持续优化国家实验室体系的管理体制、运行机制和评价激励制度。**二是完善大科学装置管理制度。**持续优化大科学装置的规划、布局、立项流程，建立符合大科学工程特点的建设程序、管理规范、预验收和试运行制度，保障大科学装置的建设和后续投入，促进大科学装置的开放和共享。**三是完善战略科技力量协同机制。**构建战略科技力量多主体协作机制，构建一体化科技成果转移转化体系，推动科技资源共享共用，促进科技创新人才流动交流。

（2）营造良好科技创新环境，激发全社会科技创新活力

一是着力优化企业科技创新环境。第一，强化企业科技创新主体地位。《关于加速科学技术进步的决定》提出"建立以企业为主体，产学研相结合的技术开发体系和以科研机构、高等学校为主的科学研究体系，以及社会化的科技服务体系"。在《关于深化科技体制改革加快国家创新体系建设的意见》（中发〔2012〕6 号）中，进一步明确提出确立企业在技术创新中的主体地位，党的十九大报告提出"建立以企业为主体、市场为导向、产学研深度融合的技术创新体系"，并在党的二十大报告中进一步强调企业是科技创新主体。在《中共中央、国务院关于促进民营经济发展壮大的意见》中又提出支持民营企业参与重大科技攻关。**第二，改革企业科技创新财政支持机制。**持续优化税收优惠、政府采购、企业研发分类奖补等政策，引导企业加大研发投入，鼓励企业承担重大技术与关键产品攻关、创建创新平台、转化高价值发明专利技术。**第**

三，**完善企业科技创新服务保障**。设立“科技专员”等科技人才对接企业技术需求的制度，完善知识产权质押、风险投资、上市融资等保障金融服务科技创新的制度，建立科技资源开放共享的市场化机制。健全科技企业梯度培育体系。**第四，构建产学研协同机制**。建立以企业为主体、市场为导向的科技成果转化“舟桥”机制，制定和完善利益分配、产权归属等方面的措施，建立科学完善的风险共担机制，为产学研协同创新提供基础支撑。

二是着力完善科技成果转化机制。第一，建设和完善技术要素市场。建立现代化技术要素市场体系和运行制度，建设统一开放、竞争有序、制度完备、治理完善的高标准技术要素市场，形成层次多元、特色鲜明、功能完备的技术要素交易网络。**第二，完善知识产权保护和运用机制**。完善保护政策制度、保护标准规范、知识产权执法司法体系。改革国有知识产权归属和权益分配机制。健全知识产权融资模式、版权交易服务机制、知识产权统计监测和评价制度。推进知识产权制度型开放，推动建设国家级海外知识产权纠纷应对指导。**第三，制定和完善科技成果利益分配机制**。推动形成体现增加知识价值的收入分配机制，扩大科研机构、高校收入分配自主权，建立健全科技成果转化内部管理与奖励制度，完善科技成果转化股权奖励管理制度，允许科研人员和教师依法依规适度兼职兼薪。

三是优化科技人才发展生态。第一，完善科技人才培育机制。实施《科教结合协同育人行动计划》（科发人教字〔2012〕120 号），开展科教协同育人改革，培育学生科研素养和科学思维。《关于进一步加强青年科技人才培养和使用的若干措施》专门针对青年科技人才培养和使用做出系统性规划，为科技人才提供成长环境。《关于扩大高校和科研院所科研相关自主权的若干意见》（国科发政〔2019〕260 号）赋予创新领军人才更大人财物支配权和技术路线决策权。**第二，优化科技人才评价制度**。分类推进人才评价机制改革，建立健全以科研诚信为基础，以创新能力、质量、贡献、绩效为导向的科技人才评价体系，树立正确的人才评价使用导向，形成科学化、社会化、市场化人才评价机制。**第三，减轻科技人员负担**。《关于完善科技激励机制的意见》（中办发〔2022〕51 号）要求科研院所、高等学校和国有企业等清理不合理的制度、建立新的规章和完善内部评价等管理机制，解决科研人员兼职多、会议多等问题，保证专职科研人员有不少于 4/5 的工作时间用于科研。**第四，完善容错和正面激励机制**。在《科学技术进步法》《国务院关于全面加强基础科学研究的若干意见》（国发〔2018〕4 号）中，针对科学技术研究、技术创新或高风险性成果转化等科技创新活动建立容错免责和纠错机制。《关于进一步加强科研诚信建设的实施意见》（厅字〔2018〕23 号）健全了科技奖励评审标准，规范了评审程序，加强了诚信体系建设。

（3）完善科技对外开放制度，形成具有全球竞争力的开放创新生态

一是完善国际科技交流合作机制。第一，健全技术引进法律法规制度。出台和调整《技术进出口管理条例》《技术进出口管理条例实施细则》《中国禁止进口限制进口技术目录》，指导企业保护自身合法利益，优化技术引进内容。**第二，试点开放合作的国际协同创新机制**。在浦东新区、深圳河套深港科技创新合作区、北京中关村国家自主创新示范区试点国际系统创新，在制度规则上与国际接轨，支持国际科技组织、外资研发机构等创新资源在华落地。**第三，有序开放国家科技计划。**制定《国家国际科技合作专项管理办法》（国科发外〔2011〕376号），鼓励在华的外资研发中心参与承担国家科技计划项目。在基础研究和重大全球性问题研究领域，研究发起国际大科学计划和工程，积极参与大型国际科技合作计划。允许国际知名科研机构来华联合组建国际科技中心。鼓励和支持中国科学家在国际科技组织任职。**第四，完善科技“走出去”相关机制。**制定《国家技术转移体系建设方案》（国发〔2017〕44号），加强国内外技术转移机构对接，创新合作机制，形成技术双向转移通道，鼓励企业开展国际技术转移。试点上海临港国际法务区，为科技企业“走出去”发展提供全方位保障。

二是优化科技人才引进机制。第一，建设专业技术人才引进体系。成立国务院外国专家局，制定《引进国外人才工作的暂行规定》（国发〔1983〕152号）、《引进海外高层次人才暂行办法》（中组发〔2008〕28号）、《国家海外高层次人才引进计划管理办法》，实施中组部、人社部“万人计划”等人才计划，吸引和利用海外高层次人才回国或来华创新创业。**第二，建设便利外国人来华工作管理服务体系。**整合外国人来华工作许可，出台《关于全面实施外国人来华工作许可制度的通知》（外专发〔2017〕40号）、《外国人来华工作许可服务指南（暂行）》、《外国人才签证制度实施办法》、《关于进一步做好青年国际实习交流计划人员办理外国人来华工作许可的通知》等一系列政策，便利外国技术专家来华工作。

三是建立科技安全维护机制。第一，出台法律制度维护国家科技安全。《国家安全法》中将加强自主创新能力建设提升到法律高度，并提出加快发展自主可控的战略高新技术和重要领域核心关键技术，加强知识产权的运用、保护和科技保密能力建设，保障重大技术和工程的安全。**第二，加强对外转移审查审批。**“十四五”规划纲要提出健全国家技术安全清单管理，对关系到国计民生和国家安全的重要技术实施清单化系统化管理，形成技术出口管理、外商投资安全审查、知识产权对外转让的重要依据。**第三，建立科技伦理治理制度。**出台《关于加强科技伦理治理的意见》《科技伦理审查办法（试行）》，完善科技伦理监管规则，促进科技向善。同时在《浦东新区综合改革试点实施方案（2023—2027年）》中提出，探索制定人工智能、生物医药等全球重大前沿科技领域伦理规则，建立协同审查机制，构建伦理审查快速通道。

2. 基本方向

我国科技体制改革的基本方向：一是转变政府职能，理顺政府、科研单位和企业三者之间的关系；二是健全市场导向和政府引导机制，建设有效市场和有为政府；三是深化评价体系、奖励体系、青年人才培育体系改革，激发科研人员积极性创造性；四是推进科技创新领域制度型开放，打造开放创新生态。

（1）转变政府职能，理顺政府、科研单位和企业三者之间的关系

改革开放前，我国科技工作主要由中央及地方科委管理，由中国科学院、高等院校和各产业部门的国立科研机构主导，是计划经济时代政府主导的集中型科技体制。党的十一届三中全会后，我国开始探索转变政府职能。**一是对科研机构的管理由直接**

控制为主转变为间接管理。推动科研机构去行政化，扩大高校和科研机构自主权，加快科研院所分类改革，推进建设现代科研院所制度。**二是确立企业技术创新主体地位。**将一批应用型科研院所从事业单位向企业转制，使我国出现了第一批科技型企业，实现了科研与市场的对接。在财税支持、营商环境建设、科技平台建设、人才政策等方面不断塑造创新环境，鼓励企业参与科技创新。

（2）健全市场导向和政府引导机制，建设有效市场和有为政府

改革开放前，科技工作重心主要围绕国防建设等涉及国家安全的领域。党的十一届三中全会后，我国开始推动科学技术工作的方针和政策向经济建设调整，推动科技工作重心从国防转向经济。**一是持续优化重大科技创新布局。**863 计划、国家自然科学基金成立后，我国科技计划逐步形成面向基础研究、高技术产业及为国民经济服务 3 个层次，紧密围绕国家需求，把有限的资源聚焦到最重要、最急需的科技任务上。未来，国家科技计划既要立足当前，从国家亟须解决的问题出发，围绕保障粮食、能源和重要产业链供应链安全，加快攻克"卡脖子"难题，也要着眼长远，在事关未来发展的战略性领域，以抢占科技制高点为目标，前瞻部署更多颠覆性变革性技术，开辟发展新领域新赛道。**二是健全新型举国体制。**依靠有为政府的定力，加强党中央集中统一领导，坚持国家战略目标导向，明确主攻方向和核心技术突破口。在资源配置和协同攻关中，发挥有效市场活力，强化企业技术创新主体地位，高效配置科技力量和创新资源，强化跨领域跨学科协同攻关。**三是推进科技要素市场化配置改革。**健全职务科技成果产权制度，支持赋予科研人员职务科技成果所有权或长期使用权。完善技术要素交易与监管体系。完善科技创新资源配置方式，探索对重大战略项目、重点产业链和创新链实施创新资源协同配置，改革科技项目征集、立项、管理和评价机制。推进技术和资本要素融合发展。加强科技金融体系建设，完善创业投资监管体制和发展政策，完善知识产权融资机制。

（3）深化评价体系、奖励体系、青年人才培育体系改革，激发科研人员积极性创造性

科技体制改革的重要起点是 1978 年的全国科学大会。这次会议恢复确定了知识分子的政治地位，明确科技人员在内的广大知识分子是工人阶级的一部分，极大激励了当时的科技工作者。新时期，深化评价体系、奖励体系、人才培育体系，对于进一步激励科技人才，提升科研质量效率至关重要。**一是深化项目评审、人才评价、机构评估改革。**加强监督评估和科研诚信体系建设，破除体制机制障碍，更加注重质量、贡献、绩效，树立正确评价导向，提高科技评价活动的公开性和开放性，保证评价工作的独立性和公正性，确保评价结果的科学性和客观性。**二是优化科技奖励体系。**健全科技奖励诚信制度、强化奖励的荣誉性，通过调整"指挥棒"，进一步激励自主创新、激发人才活力、营造良好创新环境，同时避免过度的功利导向，引导科技工作者回归科研初心。强化科技成果转化激励，赋予成果完成团队更大的自主权、决策权和收益权。**三是完善青年科技人才培育体系。**加强青年科技人才培养和使用，为青年科技人才"松绑解忧""架台搭梯"。

（4）推进科技创新领域制度型开放，打造开放创新生态

科学技术是世界性的、时代性的，发展科学技术必须具有全球视野。改革开放以来，我国高度重视科技对外开放工作，主动布局和积极利用国际创新资源，努力构建合作共赢的伙伴关系。**一是不断提高开放主导权。**改革开放初期，我国鼓励以市场换技术，推动企业对国外先进技术的消化吸收，通过全球化快速提升科技发展水平。当前我国科技对外开放逐步化被动为主动，在科技对外开放中发挥引领作用。以全球视野谋划和推动科技创新，积极主动融入全球科技创新网络，提高国家科技计划对外开放水平，积极参与和主导国际大科学计划和工程，鼓励我国科学家发起和组织国际科技合作计划。**二是增强开放能力。**坚持科技的对外开放要在一个公平合理的国际秩序之下进行，为“科技无国界”创造良好环境。我国持续加大在知识产权保护、数据隐私、数据流动等方面的监管力度和对违反国际科技规则行为的惩戒力度，推动构建更加公正合理的国际科技规则。

3. 难点卡点

我国科技体制改革的难点卡点：一是原创性基础研究保障机制仍然薄弱；二是青年人才政策落实仍然不充分；三是科研中的不当行政干预现象仍然存在；四是企业参与科技创新仍面临若干瓶颈。

（1）原创性基础研究保障机制仍然薄弱

同世界科技强国相比，我国基础研究仍然是主要短板，保障原创性基础研究的体制机制仍不健全。**一是在科研资源分配机制上对基础研究支持力度较小。**2023年末，我国基础研究经费占研发经费支出的6.65%，与发达国家15%的投入占比仍有较大差距。**二是基础研究人才保障方式面临挑战。**缺乏能让研究人员甘坐“冷板凳”、有效激励科研人员投入基础研究的机制，特别是基础研究科研岗位收入偏低。**三是基础科研评价机制有待完善。**缺乏符合基础研究规律的评价指标体系，同行评议制度仍然不健全，团队科研贡献难以体现，跨学科的学术评价体系尚未形成。**四是鼓励自由探索的资助机制不充分。**我国自由探索的研究工作主要依靠国家自然科学基金支持，支持渠道较为单一，支持力度较弱。

（2）青年人才政策落实仍然不充分

我国在科研人才的评价、激励和管理政策上做出多次调整和优化，但从基层实践反映情况显示，写“材料”、争“帽子”仍在困扰青年科研人员。**一是基层科研“唯帽子”倾向仍未破除。**拥有学术“帽子”意味着在科研评价和资源分配上具有优势，使得科研人员、科研单位热衷于追求“帽子”。学术称号、人才项目的年龄门槛不符合正常科研节奏，一定程度上扭曲科研生态。**二是人才评价机制缺乏对原创性研究的支持。**人才评价体系更倾向于短期内容易出成果的研究，对于风险高、出成果慢的原创性研究缺乏有效引导。**三是科研项目管理流程有待进一步简化。**科技报告、财务审计检查等管理科研的事务性工作仍然占用科研人员大量时间。**四是创新失败容错机制不够充分。**地方政府在实践中对创新失败容错机制建设缺乏具体措施，“探索性强、风险高”项目的探索环境还不够宽松。**五是青年科技人才薪资待遇较低。**我国顶尖科研人员收入水平基本与国际接轨，但青年科技人才薪资待遇远远低于欧美发达国家，使得留美博士归国率常年低于10%。

(3) 科研中的不当行政干预现象仍然存在

地方政府在管理科技创新上仍存在“政绩思维”，出现盲目追热点、重复建设等问题。**一是将争办国家实验室作为政绩体现和促进地方经济发展的手段**。部分地区忽视地方经济条件和学科基础等条件，盲目建设实验室，争相邀请院士“挂帅”，实际上未能将有限的资源发挥出最佳的效果。**二是科研经费受行政干预情况较为普遍**。行政主导资源科研配置，使科研方向也受政府规划的影响，服务于政绩目标，容易使科研资源聚焦到热点领域，而忽视需要长期投入的科研项目。

(4) 企业参与科技创新仍面临若干瓶颈

一是企业在新型举国体制中作用发挥的机制有待进一步清晰。企业如何在新型举国体制中发挥作用还有待深入探索，特别是企业既缺乏在科技创新决策部分的话语权，也缺乏承担重大创新任务的机遇。**二是企业参与科技创新环境有待进一步优化**。重大科技平台对民企开放程度仍然不够，民企、央企、科研院所协同创新机制仍需完善，金融服务企业科技创新的精准性、匹配性有待提升。**三是企业参与重大科技创新回报尚不明确**。重大创新成果转化盈利周期长，在成果转化环节支持企业创新的差异化政策仍然不到位，使企业难以从重大创新中获得直接利益。

(三) 科技体制改革的基本经验

46年来在科技领域改革具有四方面基本经验：一是必须坚持科技国际创新合作与更高水平的自立自强相结合；二是必须坚持将市场在创新资源配置中的决定性作用和政府在关键核心领域的导向性作用相结合；三是必须坚持突破制约创新瓶颈的问题导向与坚持“四个面向”的需求导向相结合；四是必须将激发科技人才活力的正向激励与营造诚实守信、崇尚创新的科研生态相结合。

1. 必须坚持科技国际创新合作与更高水平的自立自强相结合

改革开放之初，国家认识到当时我国科技管理水平和技术水平相对落后，需要对内恢复科研体系、对外实行技术引进。邓小平提出将吸收外国先进技术作为实现四个现代化的起点。“引进、消化吸收、再创新”成为很长时期内我国科技战略和政策的主基调，国外技术成为启动和推动我国经济发展和工业化的重要技术源泉。但随着我国经济不断增长和科技实力的增强，美国等西方国家对我国高新科技实施技术封锁，使我国无法用市场换来真正先进的技术。我国需要加强科技自主创新能力，来确保经济发展和国家安全不会被美国等西方国家锁死。同时，我国也需要加大科技对外开放力度，主动参与重大国际科技合作项目，推动民间科技交流，只有这样才能紧跟世界科技前沿。

2. 必须坚持将市场在创新资源配置中的决定性作用和政府在关键核心领域的导向性作用相结合

我国科技体制改革最早是以破除计划经济体制对生产力的束缚为起点，从恢复元气到适应市场经济发展需要，将科研院所推向市场，促进科研成果与市场紧密结合，建立以企业为主体、市场为导向、产学研深度融合的技术创新体系。在此过程中，政府与市场在配置资源方面都不是万能的。市场在科技创新中具有基础性作用。市场竞争是创新的重要动力，能够激发各类创新主体的活力。但在重大前瞻性战略科技创新领域、基础科学领域和重大科技攻关上，需要政府相关资源的配置和规划引导。因此必须坚持举国体制和市场机制相结合，使有为政府与有效市场形成合力。

3. 必须坚持突破制约创新瓶颈的问题导向与坚持“四个面向”的需求导向相结合

在科技体制改革历程中，坚持问题导向，聚焦关键环节和突出问题，着力突破影响创新发展的瓶颈制约，是通过改革为科技创新打破束缚、扫清障碍、释放潜能、注入动力的重要经验。同时，坚持需求导向，坚持面向世界科技前沿、面向经济主战场、面向国家重大需求、面向人民生命健康是新时期我国推动科技创新的基本方向。科技创新既要与经济相结合，也要与国家和人民的需求相符合。问题导向和需求导向相结合，才能更加有利于把准科技发展方向，抓住科技革命和产业变革机遇，解决经济社会发展中的关键问题。

4. 必须将激发科技人才活力的正向激励与营造诚实守信、崇尚创新的科研生态相结合

科技体制改革一直围绕人才这个根本要素持续发力。改革开放以来，我国通过改革科技人才管理制度和待遇机制，鼓励科研人员以兼职等方式走出科研机构，鼓励科研机构直接从事成果产业化，出台和完善专利成果保护法律和组织机构建设，建立创新失败容错机制，构建以创新价值为导向的收入分配机制等措施，不断激发科技人才积极性。同时，我国也在持续推进科研诚信监督体系建设，加强学风建设、规范学术不端，崇尚学术民主，反对科研领域“圈子”文化，营造风清气正的科研生态。将正面激励与监督管理相结合，共同为科研人员营造尊重知识、崇尚创新的成长环境。

（四）党的十八大以来科技体制改革取得的新突破和新成效

党的十八大以来，以习近平同志为核心的党中央把科技创新摆在国家发展全局的核心位置，强化创新驱动顶层设计、前瞻谋划和系统部署，取得诸多新突破和新成效：科技体制改革不断深入，科技创新体系日益完善；国家实验室体系建设有力推进，国家战略科技力量显著增强；科技创新能力达到较高水平，前沿领域创新成果不断涌现；企业创新主体地位不断强化，创新市场深入发展；国家科技创新开放水平持续提高，国际影响力显著增强。

1. 科技体制改革不断深入，科技创新体系日益完善

党的十八大、十八届三中全会和党的二十大均提出一系列科技体制改革措施，改革政策密度之高、力度之大前所未有。科技计划管理条块分割、科研项目重复申报、资源配置碎片化等问题得到明显改善，百余项中央财政科技计划整合成五大类。仅2016年就立项实施了1300个科研项目，与改革前相比，项目数量减少了约50%，平均资助强度增加约54%。实施“揭榜挂帅”“赛马”制等新型项目组织方式，激发科研人员和创新主体创新活力。赋予科研人员职务科技成果所有权或长期使用权，加快科技成果转化，使科研人员收入与实际贡献相匹配。赋予科研人员技术路线决策权和项目经费使用权，实行“包干制”的科研项目，为科研人员松绑减负。组建中央科技委员会，加强党中央对科技工作的集中统一领导，显著增强国家对科技创新的统筹布局能力。重组科技部，强化管大事、管基础研究的导向。

2. 国家实验室体系建设有力推进，国家战略科技力量显著增强

党的十八大以来，战略科技力量开始在国家科技规划和政府文件中频繁出现，逐渐上升为党和国家的意志，战略高度不断升级。我国相继出台《“十三五”国家科技创新规划》、《国家重大科技基础设施建设中长期规划（2012—2030年)》、“十四五”规划纲要、《关于加强国家重点实验室建设发展的若干意见》、《国家技术创新中心建设运行管理办法（暂行)》等一系列政策及规划，以国家实验室建设和国家重点实验室优化重组为抓手，促进国家战略科技力量建设，显著提升我国国家战略科技力量。“十四五”期间，实现国家实验室组建运行，全国重点实验室基本重组完成，新型研发机构数量超过2400家。北京、上海、粤港澳大湾区国际科技创新中心建设成效显著，综合性国家科学中心建设进展顺利。77个已布局国家重大科技基础设施建成投运35个。

3. 科技创新能力达到较高水平，前沿领域创新成果不断涌现

2023年，全国全年研发经费投入超过3.3万亿元，占GDP比重超过2.6%，较2012年的1.03万亿元提升近两倍。基础研究投入达到2212亿元，在研发经费中占比超过6.7%，较2012年的4.8%提升接近2个百分点。全球创新指数排名中，我国从2012年的第34位上升到2023年的第12位。2022年，我国正式进入创新型国家行列。2023年度“全球高被引科学家”名单中，我国共有1275人次入选，占比17.9%，位列第二。关键核心技术攻关成果丰硕，航空发动机、燃气轮机、第四代核电机组等高端装备研制取得长足进展，人工智能、量子技术等前沿领域创新成果不断涌现。

4. 企业创新主体地位不断强化，创新市场深入发展

截至2023年末，我国已累计培育专精特新“小巨人”企业1.2万家、专精特新中小企业10.3万家，此外，还有创新型中小企业21.5万家。研发投入前1000家的民营企业研发费用总额达1.24万亿元，同比增长14.37%。有60.1%的企业具备高技术、高成长、高价值属性，其中，高新技术企业594家、瞪羚企业91家、独角兽企业8家。2023年科创板公司累计实施50单再融资，融资金额逾560亿元，8家公司通过“小额快速”机制高效解决资金需求。2023年中国专利商标质押融资登记金额超过8500亿元、知识产权保险累计超过1400亿元风险保障、累计发行知识产权证券化产品超过286亿元。2023年新签订的技术合同达95万项，总成交额达6.15万亿元，为2012年技术合同总成交额的近10倍。授权发明专利达到92.1万件，比2012年增长超过3倍。

5. 国家科技创新开放水平持续提高，国际影响力显著增强

党的十八大以来，我国积极推动政府间科技合作，已与160多个国家和地区建立了科技合作关系，签订了114个政府间科技合作协定。深度参与全球创新治理，参与国际热核聚变实验堆、平方公里射电望远镜等近60个国际大科学计划和大科学工程。深入实施“一带一路”科技创新行动计划，基本形成“一带一路”技术转移网络。我国提出《国际科技合作倡议》，探索互利共赢的全球科技创新合作。我国研究设立面向全球的科学研究基金，促进全球知识共享。积极支持外籍专家牵头或参与我国科技计划。新冠疫情期间，我国积极组织实施“科技抗疫国际合作行动”，与美国、英国及联合国教科文组织等举办几十场双多边新冠疫情专家研讨会，与多国开展联合研究，支持我国企业、科研机构“走出去”，建设3家传染病防治“一带一路”联合实验室，启动金砖国家疫苗研发中心建设。

二、进一步全面深化科技体制改革面临的新形势新要求

当前，世界百年未有之大变局加速演进，科技竞争在大国博弈中的作用与日俱增，我国科技创新事业面临着一系列新形势新要求。具体包括中国式现代化对更高水平的科技自立自强提出新要求；美国等西方国家对我国实施科技封锁，意图使我国科技及经济水平再次与西方国家拉开差距，其中以人工智能及相关支撑算力为主要抓手；新一轮科技革命和产业变革突飞猛进，颠覆性技术的出现带给我国前所未有的机遇和挑战。

（一）中国式现代化对更高水平的科技自立自强提出新要求

1. 建设中国式现代化的关键在于科技现代化

近代以来，追求科技现代化，实现国家从落后到先进的转变，是几代中国人奋斗的目标。第三届全国人大政府工作报告第一次提出“四个现代化”的战略目标中就包括科技现代化。习近平总书记指出，我国能不能如期全面建成社会主义现代化强国，关键看科技自立自强。只有坚持科技是第一生产力，坚持创新在我国现代化全局中的核心地位，依靠科技创新赋能全要素生产率提高，才能实现以要素驱动的发展为主向以创新驱动的发展转变。只有坚持立足高水平科技自立自强，才能在现代化进程中不断开辟发展新领域新赛道、不断塑造发展新动能新优势。实践证明，关键核心技术是买不来的。只有把关键核心技术掌握在自己手中，才能从根本上保障国家经济安全、国防安全和其他安全。面对当今世界日趋激烈的科技竞争，唯有走高水平科技自立自强之路才能行稳致远。

2. 建设中国式现代化必须依靠创新驱动发展

要实现人口规模巨大的现代化，必须摆脱产业对自然要素的高度依赖，依靠科技创新实现高质量发展；要实现全体人民共同富裕的现代化，必须提高全要素生产率，增加全体人民收入；要实现物质文明和精神文明相协调的现代化，必须依靠科技创新

繁荣发展文化事业和文化产业；要实现人与自然和谐共生的现代化，必须狠抓绿色低碳技术攻关，以科技促“双碳”实现；要实现走和平发展道路的现代化，必须通过科技创新探寻人类发展的新方向，以革命性的技术破解当前人类社会发展的瓶颈，推动构建人类命运共同体，创造人类文明新形态。

3. 必须实现与中国式现代化相适应的科技体制

深化科技体制改革是发展新质生产力、实现高质量发展的必然选择。要实现科技自立自强，必须从战略高度谋划科技创新的顶层设计，深化科技体制改革，形成与新质生产力相适应的新型生产关系，能够有效打通堵点卡点，提高要素配置效率，让各类先进优质生产要素向发展新质生产力顺畅流动。要实现经济高质量发展，科技创新就要面向世界科技前沿、面向经济主战场、面向国家重大需求、面向人民生命健康。深入实施创新驱动发展，就需要重塑科技创新的路径机制，为发展新质生产力营造良好制度环境，确立企业创新主体地位，强化国家战略科技力量。要扩大国际科技交流合作，在全社会营造尊重科学、崇尚创新的浓厚氛围，在激烈的国际竞争中赢得战略主动。

（二）美国等西方国家对我国实施科技封锁，意图使我国科技及经济水平再次与西方国家拉开差距

深化科技体制改革是提升国家竞争力、应对外部风险挑战的必然选择。美国不断通过立法加大对科技的管制力度，阻碍我国获取先进技术。限制高端芯片进入我国及境外资本对我国科技企业的投资。通过列入出口管制“实体清单”、禁售关键芯片、封锁科研软件等方式，阻碍我国人工智能、高端芯片、云计算等领域的发展和基础学科的研究，锁死我国原始创新能力。其中重点限制可用于人工智能大模型开发的芯片，寄希望于通过算力优势在人工智能领域与我国拉开差距。施压日本、韩国等盟友国家及台湾地区共同封锁我国科技，不遗余力阻碍我国科技领域对外合作和算力获得。

同时，美国正加紧巩固其在人工智能领域的优势地位。美国利用其在算力方面的领先地位，连续取得 Stable Diffusion、ChatGPT 以及 Sora 等一系列人工智能领域的重大突破，并借由加息带来的美元回流和资本市场火热开启人工智能投资浪潮，以资本促进科技快速发展，争取先一步在通用人工智能（AGI）上突破奇点，并希望通过利用人工智能大幅提升其在基础科学研究、制造业生产等方面的能力，从而再次显著领先于我国。

（三）新一轮科技革命和产业变革突飞猛进，带来前所未有的机遇和挑战

深化科技体制改革是顺应新一轮科技革命和产业变革、加快建设科技强国的必然选择。科学发展进入大科学时代，新技术层出不穷，对基础研究的需求与日俱增。科技竞争在各主要国家竞争中的重要性明显提升，国际科技竞争也向基础前沿前移。当前，在科创方面的政策失误所造成的不利影响将远大于先前任何时期、任何领域的失

误。世界主要国家都在前瞻部署未来科技与未来产业，试图抢占新领域新赛道的发展先机。一批颠覆性技术即将突破，将对全人类社会经济发展产生重大冲击，也将深刻地影响大国竞争力量，给国家安全带来新的挑战。

颠覆性技术的出现也是我国扭转与西方国家在重点科技领域竞争劣势的重大机遇。新一轮科技革命和产业变革深入发展，科技创新深刻重塑生产力基本要素，催生新产业新业态，推动生产力向更高级、更先进的质态发展。当前，随着硅基半导体接近理论性能极限，摩尔定律即将失效，发展人工智能所依赖的算力提升在欧美国家优势的硅基芯片领域将遭遇瓶颈。碳基芯片和量子计算将是下一步算力提升的重点方向，并且是我国相对能够追平的领域。先进算力对能源的需求量也将成倍增加，需要可控核聚变等一系列新能源的支持。因此，美国等西方国家在量子计算、可控核聚变、脑机接口、常温超导等颠覆性技术可能出现的领域加大投入，以确保其优势地位不动摇。美、英、德、韩等国均提出在量子科学领域加大投资力度，争夺“量子霸权”，美国也在2024年白宫新关键计划中将可控核聚变列成未来重要能源之一。

三、深入领会进一步全面深化科技体制改革的指导思想、基本原则和总目标

党的十八大以来，我国在科技创新领域取得了诸多成就，实施创新驱动发展战略成效显著，科技自强蹄疾步稳。但也需要看到，我国科技体制改革仍存在诸多难点卡点，制约了我国核心技术攻关能力进一步提升。必须进一步深化改革，持续推进科技创新治理体系与治理能力现代化进程，为创新驱动战略实施提供制度保障。

（一）指导思想

要全面贯彻落实党的二十大和二十届二中、三中全会精神，坚持稳中求进工作总基调，完整、准确、全面贯彻新发展理念，加快构建新发展格局，因地制宜发展新质生产力，着力推动高质量发展，围绕推进中国式现代化进一步全面深化改革。深入实施科教兴国战略、人才强国战略、创新驱动发展战略，统筹推进教育科技人才体制机制一体改革，健全新型举国体制，提升国家创新体系整体效能。坚持面向世界科技前沿、面向经济主战场、面向国家重大需求、面向人民生命健康，优化重大科技创新组织机制，统筹强化关键核心技术攻关，推动科技创新力量、要素配置、人才队伍体系化、建制化、协同化。

（二）基本原则

实施科教兴国战略、人才强国战略、创新驱动发展战略，必须坚持走中国特色自主创新道路。其基本要义是：坚持和加强党对科技事业的全面领导，坚持以人民为中心，坚持创新驱动，坚持科技创新服务国家重大战略，坚持系统观念，坚持对外开放，坚持科技向善理念，坚持以人为本。

1. 坚持和加强党对科技事业的全面领导

中国共产党领导是中国特色科技创新事业不断前进的根本政治保证。在革命、建

设、改革各个历史时期，我们党都高度重视科技事业。必须坚持党对科技事业的全面领导，健全党对科技工作的领导体制，发挥党的领导政治优势，深化对创新发展规律、科技管理规律、人才成长规律的认识，为我国科技事业发展提供坚强政治保证。

2. 坚持以人民为中心

为中国人民谋幸福、为中华民族谋复兴，是中国共产党人的初心使命，也是全面深化改革的初心使命。推动改革发展成果更多更公平惠及全体人民是我们的奋斗目标，充分发挥人民群众的首创精神和主观能动性是推进改革的力量源泉。展望新征程，只有坚持人民至上，站稳人民立场、把握人民愿望、尊重人民创造、集中人民智慧，才能提出并实施正确的改革方案，才能从人民群众的实践创造和拥护支持中获得进一步全面深化改革的强大动力。

3. 坚持创新驱动

把促进科技创新与经济社会发展深度融合作为深化科技体制改革的根本目的，以创新制度机制为战略支撑，破除体制机制障碍，探索符合科学发展规律、符合国家发展需求的科技创新体制机制，为开展有组织科研提供强有力的制度保障，使科技成果更多转化为现实生产力。

4. 坚持科技创新服务国家重大战略

科技是现代经济发展的引擎和国家安全的保障，是事关国家全局和长远发展的系统工程。科技体制必须服务于国家战略、服务于现代化建设，从国家急迫需要和长远需求出发，在“立足中国实际，解决中国问题”中发现和解决新的科学问题，如此才能在激烈的全球竞争中有所作为，支撑起我国的高水平科技自立自强。

5. 坚持系统观念

必须围绕构建高效、协同、开放的国家创新体系，全局性谋划、整体性推进科技体制改革，加强科技创新与经济社会各领域改革发展的良性互动。

6. 坚持对外开放

科技创新需要面向国际，必须坚持对外开放不动摇，加强同世界各国的互容、互鉴、互通，推动科技以更加开放自信主动的姿态走向世界舞台。要把扩大开放合作作为深化科技体制改革的重要推动力，充分利用国际国内科技资源，积极融入全球创新网络，不断提高科技发展国际化水平。

7. 坚持科技向善理念

科技伦理是科技活动必须遵守的价值准则，要坚持增进人类福祉、尊重生命权利、公平公正、合理控制风险、保持公开透明的原则，健全多方参与、协同共治的治理体制机制，塑造科技向善的文化理念和保障机制。

8. 坚持以人为本

必须以激发各类创新主体和科技人员积极性创造性为出发点和落脚点，营造鼓励创新、宽容失败的制度环境，激发人才第一资源活力动力。

（三）总目标

全面建成社会主义现代化强国，总的战略安排是分两步走：从 2020 年到 2035 年基本实现社会主义现代化；从 2035 年到 21 世纪中叶把我国建成富强民主文明和谐美丽的社会主义现代化强国。围绕完成 2035 年远景目标、全面建成社会主义现代化强国等目标要求，科技体制改革的中长期目标如下。

到 2029 年，应初步满足中国式现代化建设对科技创新的需求，健全新型举国体制，提升国家创新体系整体效能。加强国家战略科技力量建设，构建科技安全风险监测预警和应对体系。健全科技社团管理制度。改进科技计划管理，加强有组织的基础研究，深化科技评价体系改革。强化企业科技创新主体地位，建立培育壮大科技领军企业机制。完善中央财政科技经费分配和管理使用机制，健全中央财政科技计划执行和专业机构管理体制。深化科技成果转化机制改革，允许科技人员在科技成果转化收益分配上有更大自主权。构建同科技创新相适应的科技金融体制。健全重大技术攻关风险分散机制。扩大国际科技交流合作。深化人才发展体制机制改革，建设国家战略人才力量。

到 2035 年，应充分满足中国式现代化建设对科技创新要求，着力培育原创性自主创新能力。建立起完善的战略科技力量及战略科技计划体系，能够支撑前沿基础科学研究及发起国际大科学计划。建立能够充分支持基础科学探索、前沿技术研究的人才支持保障体系。完善全社会对国家战略科技力量和基础科研的投资支持机制。国家科研机构、高水平研究型大学、科技领军企业应分类承担起不同类型的研究任务，实现产、学、研高度融合。充分建立支持科技创新的科技金融体系。实现前沿科技研究、知识产权保护、人才发展等多方面的高水平对外开放。

到 2050 年，应充分满足中国式现代化建设目标，引领全球科技创新。进一步整合强化国家战略科技力量，有效支撑国际基础研究及科技前沿领域的探索。实现科技创新高水平对外开放，打造全球科技创新高地，以科技创新引领人类命运共同体建设。

四、进一步全面深化科技体制改革的重点任务

科技体制是科技进步的根本保障，需要充分根据当前的创新模式进行调整。进一步深化科技体制改革，是促进科技进步、加快实施创新驱动战略的重要途径。必须深入贯彻落实党的二十届三中全会《决定》中关于深化科技体制改革的重要部署，聚焦科创领域的体制机制障碍、难点堵点问题，全面推进改革，服务以科技创新引领现代化产业体系建设，其中特别要在国家战略科技力量建设、科技计划管理、强化企业科技创新主体地位、中央财政科技经费分配和管理使用机制、科技成果转化机制改革、科技成果转化收益分配、科技金融、人才管理等方面深化科技体制改革。

（一）优化重大科技创新组织机制，增强国家创新体系一体化能力

1. 完善国家实验室体系，优化国家科研机构、高水平研究型大学、科技领军企业定位和布局

明确各机构职能定位和任务分工，科学合理布局科技创新，形成体系化、层次化建设，有效覆盖基础研究、高技术产业及为国民经济服务三方面研究。

2. 推进科技创新央地协同，统筹各类科创平台建设，鼓励和规范发展新型研发机构

推动全国科技力量“一盘棋”，推动科技政策从各管一段向构建高效协同的政策体系转变，针对新型举国体制、战略博弈必争领域强化精准政策支持。对国家实验室、国家技术创新中心、创新联合体建设等国家战略科技力量进行统筹布局，及时加强已有机构优化重组和新型研究机构建设，提高战略科技力量布局的精准性、针对性和全面性，做到错位而不缺位、交叉而不重叠，避免各地方重复建设和对稀缺资源的争抢。提高对各部门各领域战略科技力量的协调动员能力，聚焦重大攻关目标，主动打破组织、学科、地域、技术和信息“五大壁垒”，健全科创平台管理机制，构建高效协同的网络体系。

3. 发挥我国超大规模市场引领作用，加强创新资源统筹和力量组织，推动科技创新和产业创新融合发展

通过全国统一大市场建设，促进科创资源和要素合理化配置，扩大国内需求，为科技创新提供内生动力。

4. 构建科技安全风险监测预警和应对体系，加强科技基础条件自主保障

完善面向科技安全的科技情报收集体系，建立高水平科技智库，增强科技情报收集、预测、识别和判断能力，建立跨学科、跨部门、跨组织的多元化专家咨询团队，对关键技术进行相应的风险评估及预警，为新型举国体制精准配置资源等提供参考。

5. 健全科技社团管理制度

发挥科技社团在人才纽带、跨界研发、共性技术研究、技术标准制定、技术转移等方面的平台作用。

（二）改进科技计划管理，强化基础研究领域、交叉前沿领域、重点领域前瞻性、引领性布局

1. 加强有组织的基础研究，提高科技支出用于基础研究比重，完善竞争性支持和稳定支持相结合的基础研究投入机制

国家战略性科学计划将更加聚焦于基础研究，并为基础研究提供更多财政资金保障，建立符合科研规律的投入机制。有组织推进各类基础研究，实施差异化分类管理，发挥国家实验室、国家科研机构、高水平研究型大学及科技领军企业在不同研究领域的优势及作用。

2. 鼓励有条件的地方、企业、社会组织、个人支持基础研究

完善基础研究的多元投入机制，完善企业、社会力量投入基础研究激励体系，通过建设新型研发机构、联合资助、慈善捐赠等措施，激发全社会力量投入基础研究的热情。

3. 支持基础研究选题多样化，鼓励开展高风险、高价值基础研究

坚持目标导向和自由探索“两条腿走路”。在凝练基础研究关键科学问题时，既要重视从重大应用研究中抽象出的理论问题，也要允许自由探索遵循科学发展规律提出的前沿问题。建立对非共识的基础研究领域或原创性想法的投入机制，为从事基础研究、前沿探索，需要长期坐冷板凳的科研人员提供适当的保障和激励，使科研人员在基础研究方面进行更大胆、更超前的创新。

4. 深化科技评价体系改革，加强科技伦理治理，严肃整治学术不端行为

建立健全职责明确、高效协同的科研诚信管理体系，制定项目质量负面清单，明确处罚措施，对科研不端行为零容忍。强化科研质量管控，实行科研项目全流程内控管理，建立高水平、有理想的科研监管评价专家团队。“破四唯、立新标”，提升科技成果评价质量。

（三）强化企业科技创新主体地位，建立培育壮大科技领军企业机制

1. 加强企业主导的产学研深度融合，建立企业研发准备金制度，支持企业主动牵头或参与国家科技攻关任务

完善企业参与科技创新的机制，建立产业协同创新机制，鼓励企业与科研院所、高校的协同配合，常态化参与重大科技项目，参与重大科技创新决策，承担国家科技攻关任务、前沿技术研究、科技安全风险预警预测研究等。健全发展新质生产力体制机制，加强关键共性技术、前沿引领技术、现代工程技术、颠覆性技术创新，加强新领域新赛道技术供给。

2. 构建促进专精特新中小企业发展壮大机制

鼓励科技型中小企业加大研发投入，提高研发费用加计扣除比例。营造有利于科技型中小微企业成长的良好环境，完善科技型中小企业成长支持机制。优化中小企业研发补贴财政支持政策，落实落细各项优惠政策，完善财政间接引导政策体系，加大中小企业研发投入后补助，加强财政科技资金支持科技成果转移转化力度。

3. 鼓励和引导高校、科研院所按照先使用后付费方式，把科技成果许可给中小微企业使用

进一步完善产、学、研对接机制，为市场主体取得知识产权提供便利，加快科技成果转化。

（四）完善中央财政科技经费分配和管理使用机制，健全中央财政科技计划执行和专业机构管理体制

1. 扩大财政科研项目经费“包干制”范围，赋予科学家更大技术路线决定权、更大经费支配权、更大资源调度权

进一步完善扩大科学家自主支配权的相关制度，将科技资源分配权力下放，引入财政科技资金使用市场化管理手段，释放科技领军人才的创新活力。

2. 建立专家实名推荐的非共识项目筛选机制

为支持基础研究选题多样化，鼓励开展高风险、高价值基础研究，提供科技经费分配和管理使用机制配套，建立对基础科研、前沿技术研究的财政资金支持决策机制。

3. 允许科研类事业单位实行比一般事业单位更灵活的管理制度，探索实行企业化管理

进一步下放政府对科研单位的管理权限，扩大高校和科研机构自主权，推动科研机构去行政化，完善现代科研院所制度，激发科研单位活力。

（五）深化科技成果转化机制改革，提升科技成果转化效能

1. 加强国家技术转移体系建设

加强科技成果供需对接和科技成果评估体系建设。搭建科技成果转化和推广应用平台，完善产业链对接科技成果转化创新应用场景以及科技金融等配套体系。落实科研人员激励政策，加强科技成果转化的考核评价，建立成果转化容错纠错机制。

2. 加快布局建设一批概念验证、中试验证平台，完善首台（套）、首批次、首版次应用政策，加大政府采购自主创新产品力度

扩大中试验证平台覆盖的行业范围，通过促进设备更新政策，加快科技成果转化运用产品的市场价值实现。

3. 加强技术经理人队伍建设

健全完善各项基础性法规制度，持续强化技术转移人才专业化教育培养，健全完善评价激励机制，加快建设转化服务平台。

（六）深化科技成果转化机制改革，允许科技人员在科技成果转化收益分配上有更大自主权

1. 建立职务科技成果资产单列管理制度，深化职务科技成果赋权改革

进一步完善松“绑”职务科技成果转化的相关制度，推广职务科技成果转化前非资产化，将科技成果使用权、处置权、收益权下放。

2. 深化高校、科研院所收入分配改革

允许更多符合条件的国有企业以创新创造为导向，在科研人员中开展多种形式的中长期激励。在高校、科研院所、国企构建从基础研究到成果转化全链条的多元激励体系，充分实现成果转化奖励，让具有真贡献的科研人员实现价值。同时，也需要充

分考虑基础研究、应用研究等不同研究类项的特性，建立分类、分级、量化的考核指标体系和相应的长期激励机制，让各类科研人员找准发展位置和方向

（七）构建同科技创新相适应的科技金融体制，提升要素配置效率

1. 加强对国家重大科技任务和科技型中小企业的金融支持，完善资本投早、投小、投长期、投硬科技的支持政策

加强科技金融建设，完善资本投早、投小、投长期、投硬科技的支持政策，建立有利于培育耐心资本、长期资本、战略资本的市场制度，鼓励发展创业投资、股权投资和天使投资基金，满足处于不同生命周期科技企业的资金需求，在更多市场化的领域中发挥国资催化剂的作用，健全银行机构针对高新技术企业的投贷联动机制。构建多元化、多层次金融服务体系，健全创业投资退出机制，形成“募投管退”良性循环。

2. 健全重大技术攻关风险分散机制，建立科技保险政策体系

推进关键技术攻关多元化支持机制建设，建立金融业支持早期高新技术创业及科技成果转化项目财政资金保障及保险承保补偿机制，推动金融机构“敢投敢贷”。

（八）推进科技高水平对外开放，建立国际科创高地

1. 扩大国际科技交流合作，鼓励在华设立国际科技组织，优化高校、科研院所、科技社团对外专业交流合作管理机制

构建并完善全球科技合作网络。除涉及国防及战略核心利益的领域，建立对外开放实验室、重大科研基础设施等国家战略科技力量的机制，吸引海外人才、科研团队、科研机构来华研究。加大高校、科研院所、科技社团对外专业交流合作的自主权限，加强适应国际合作需求的知识产权保护机制，营造制度型开放合作环境，全面完善知识产权保护法律体系，推动建立健康、可持续的国际科技合作交流机制，完善国际科技合作成果归属权确认机制。

2. 提高外资在华开展股权投资、风险投资便利性

完善优化外资准入负面清单，减少不必要的行政干预，确保外资创投基金能享受与国内基金同等待遇。深入实施合格境外有限合伙人（QFLP）境内投资试点，建立健全 QFLP 外汇管理便利化制度，支持以所募的境外人民币直接开展境内相关投资。

（九）深化人才发展体制机制改革，加快建设国家战略人才力量

1. 完善青年创新人才发现、选拔、培养机制，更好保障青年科技人员待遇

健全保障科研人员专心科研制度。拓展青年科技人才发展空间，给予青年科技人才宽松包容的成长环境，全链条助推青年科技人才成长。向青年科技人才倾斜更多创新资源供给，针对不同类型的科研项目给予针对性的支持，给予基础研究更多的资源保障和试错机会，提供应用研究青年人才项目支持、试验条件、成果转化的平台。加大对职业早期青年科技人才稳定支持力度，提高青年科技人员收入，减轻青年科研人

员非科研负担。打通高校、科研院所和企业人才交流通道。

2. 强化人才激励机制，坚持向用人主体授权、为人才松绑

建立以创新能力、质量、实效、贡献为导向的人才评价体系。健全要素参与收入分配机制，更好体现知识、技术、人才的市场价值，营造鼓励创新、宽容失败的良好氛围，为各类人才搭建干事创业的广阔舞台。加大对科研院所、科技人才的权力下放，对科技人才评价进行细化分类，形成立体化交叉型科技人才评价方式，进一步破除“四唯”评价，激励科技人才在一线建功立业，体现和突出价值、贡献导向，引入国际评价和企业评价机制。

3. 完善海外引进人才支持保障机制，形成具有国际竞争力的人才制度体系

探索建立高技术人才移民制度。改革人才引进政策，放宽外国科技人才来华科研签证标准，完善技术移民法律法规制度体系建设，为技术移民提供制度保障，允许海外科技人才参与国内人才计划。搭建海外科技人才创新创业平台，完善海外科研团队、高校院所、科技企业共建联合实验室的支持保障机制。完善海外科技人才来华的发现、招聘、引进、安保体系，畅通科技人才来华通道。

第五篇

健全宏观经济治理体系专题

推动政府职能改革，
助力政府治理体系和治理能力现代化

政府职能改革是全面深化改革、推进国家治理体系和治理能力现代化的重要举措。改革开放以来，政府职能改革持续推进，政府职能定位、职能方式、职能关系都得到了很大转变。党的十八大以来，通过改革，党和国家机构履职更加顺畅高效，中国特色社会主义制度更加成熟更加定型，国家治理体系和治理能力现代化水平明显提升。当前，我国发展面临新的战略机遇、新的战略任务、新的战略阶段、新的战略要求、新的战略环境，对转变政府职能、优化政府职责体系和组织结构提出了新的更高要求。党的二十届三中全会通过的《决定》中明确，科学的宏观调控、有效的政府治理是发挥社会主义市场经济体制优势的内在要求，必须完善宏观调控制度体系。为推动党对社会主义现代化建设的领导在机构设置上更加科学、在职能配置上更加优化、在体制机制上更加完善、在运行管理上更加高效，致力于构建系统完备、科学规范、运行高效的党和国家机构职能体系，下阶段，应持续优化政府职能以提升服务效能，优化"有为政府"职能以助力"有效市场"高水平发展，推动服务型政府建设以提高政府服务效能，加快法治政府建设以提高政府依法行政水平，加强数字政府建设以提升政府履职能力。

一、政府职能改革 46 年的主要历程、基本经验与伟大成就

改革开放以来，我国分别在 1982 年、1988 年、1993 年、1998 年、2003 年、2008 年、2013 年、2018 年、2023 年进行了九次规模较大的政府机构改革，精简了政府机构，降低了行政成本，提高了政府行政效率，适应了社会主义市场经济体制建设的需要，取得了非凡的成就。政府职能转变正是伴随着政府机构改革不断推进，相应地呈现出阶段性、渐进性特征。

（一）政府职能改革的主要历程

党的十九届三中全会提出，深化党和国家机构改革是推进国家治理体系和治理能力现代化的一场深刻变革。改革开放以来，党和国家机构改革可划分为围绕转变政府经济职能进行初步探索阶段、政府职能定位逐渐明晰下的调整和加强经济职能阶段、政府更加注重社会管理和公共服务职能阶段、构建科学的政府职能体系阶段四个阶段，其在改革方式、重心、目标等方面呈现一以贯之的历史逻辑，内容涉及机构调整、职能转变、编制配备、制度建设等方面，这些改革使得政府职能定位、职能方式、职

能关系都得到了很大转变。

1. 围绕转变政府经济职能进行初步探索阶段（1978—1993 年）

为了提高社会经济发展水平，1978 年，党的十一届三中全会作出决定，将工作重心转向经济建设。1980 年，中央政治局召开扩大会议，邓小平在会上作《党和国家领导制度的改革》的讲话，为政府职能改革明确了基本的指导思想。在这一决策的指导下，政府坚持以经济建设为中心，实现了政府职能重心的根本转变。该阶段涵盖 1982 年、1988 年两次政府机构改革，改革主要目标和特征是改变由于权力收放导致的政府机构数量增长和膨胀，精简机构和人员。此次改革同时调整了政府职能配置，特别是弱化了经济管理部门对企业生产经营活动的直接干预，从而打破了原本高度集中的计划经济体制，革除了体制弊端、激发了经济活力。

2. 政府职能定位逐渐明晰下的调整和加强经济职能阶段（1993—2002 年）

按照党的十四大“下决心进行行政管理体制和机构改革，切实做到转变职能、理顺关系、精兵简政、提高效率”的战略部署，政府机构改革逐步深化行政管理体制改革。该阶段涵盖 1993 年、1998 年两次政府机构改革，改革的主要目标和特征是改革工业经济管理部门、推进政府职能转变。此外，改革还明确了党的工作部门、办事机构、派出机构、议事性委员会或领导小组以及事业单位等几类机构，且这些机构大多延续下来。其中，1993 年政府机构改革就紧紧围绕着适应社会主义市场经济发展要求来推进政府职能转变，这也是首次将“适应建设社会主义市场经济体制的需要”作为机构改革的目的。1998 年机构改革消除了长期存在的政企不分的组织架构。

3. 政府更加注重社会管理和公共服务职能阶段（2002—2012 年）

2002 年党的十六大报告提出，完善政府的经济调节、市场监管、社会管理和公共服务的职能，减少和规范行政审批。政府职能内涵得到扩展，即在注重政府经济职能的同时，也开始强调政府在社会管理和公共服务方面的职能。该阶段涵盖 2003 年、2008 年两次政府机构改革。这个阶段我国政府职能转变的力度加大，基本确定了建立服务型政府的目标模式，并取得了实质性的进展。

4. 全面重塑政府职能，构建科学的政府职能体系阶段（2012 年至今）

党的十八大的召开标志着中国特色社会主义进入新时代。这一阶段党的全面领导和党中央集中统一领导不断加强夯实，可以以更大力度统筹推进改革，因此党和国家机构得到了整体性变革和系统性重塑。2013 年，党的十八届二中全会和十二届全国人大一次会议审议通过的《国务院机构改革和职能转变方案》，第一次在党和国家的重要文件中将职能转变与机构改革相并列，直接表明了转变政府职能的重要地位。2013 年 11 月，党的十八届三中全会通过的《中共中央关于全面深化改革若干重大问题的决定》中明确，必须切实转变政府职能，深化行政体制改革，创新行政管理方式，增强政府公信力和执行力，建设法治政府和服务型政府。2024 年 7 月，党的二十届三中全会《决定》明确了科学的宏观调控、有效的政府治理是发挥社会主义市场经济体制优势的内在要求，必须完善宏观调控制度体系。该阶段涵盖 2013 年、2018 年、

2023 年三次政府机构改革，改革的目标和特征是以工业经济管理部门为改革对象，力图改变计划经济时代管理模式，以机构改革推进政府职能转变。其中，2023 年改革重点是加强科学技术、金融监管、数据管理、乡村振兴、知识产权、老龄工作等重点领域的机构职责优化和调整，转变政府职能，加快建设法治政府。

（二）政府职能改革的总体框架、基本方向和难点卡点

经过改革开放 46 年的努力探索，我国政府职能改革取得举世瞩目的成就。政府职能定位、职能方式、职能关系都得到了很大转变，政府越来越做到了把市场和社会的权力分出去，管好、管住自己应该管的事情，将职能更多地向加强社会管理和提供公共服务方面转变。

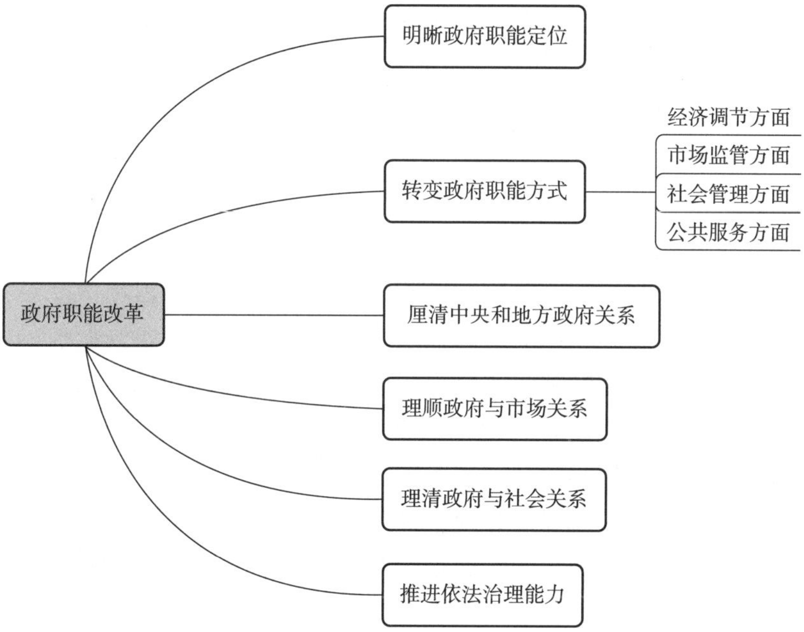

图 5-1　政府职能改革的总体框架

1. 总体框架

政府职能改革围绕明晰政府职能定位、转变政府职能方式、厘清中央和地方政府关系、理顺政府与市场关系、理清政府与社会关系、推进依法治理能力框架展开，政府逐步实现从传统的直接管理向更加注重服务和治理的方向转变。

一是明晰政府职能定位。政府职能重心由以政治职能为重心，逐渐向以经济职能、社会事务治理职能、科技文化职能为重心转移。2002 年党的十六大报告提出，完善政府的经济调节、市场监管、社会管理和公共服务的职能。经过改革开放 46 年的努力探索，政府职能范围从全能政府到有限政府、职能重心从政治职能到经济职能和社会职能、职能履行方式从管制型政府到监管型政府和服务型政府。随着政府基本职能定位的明晰和拓展，政府经济调节、市场监管、社会管理、公共服务、生态环境保护等职

能不断完善，政府机构改革也从聚焦经济领域走向其他领域，有效地促进了政府履行基本职能，支撑了“全面推进经济建设、政治建设、文化建设、社会建设、生态文明建设”“五位一体”建设。

二是转变政府职能方式。政府职能方式由单一的行政方式，转变为行政的、经济的、法律的、市场的和社会的等多种方式的结合。**在经济调节方面，**2020 年 5 月，《中共中央、国务院关于新时代加快完善社会主义市场经济体制的意见》提出“宏观经济治理”概念，指出要“完善宏观经济治理体制”“进一步提高宏观经济治理能力”。2019 年 10 月，党的十九届四中全会通过的《中共中央关于坚持和完善中国特色社会主义制度 推进国家治理体系和治理能力现代化若干重大问题的决定》明确，要健全以国家发展规划为战略导向，以财政政策和货币政策为主要手段，就业、产业、投资、消费、区域等政策协同发力的宏观调控制度体系。完善国家重大发展战略和中长期经济社会发展规划制度。《国民经济和社会发展第十四个五年规划和 2035 年远景目标纲要》赋予“宏观调控”更加丰富的内涵，首次提出“目标优化、分工合理、高效协同的宏观经济治理体系”，并提出“健全宏观经济政策评估评价制度”。2023 年中央经济工作会议进一步强调，“加强财政、货币、就业、产业、区域、科技、环保等政策协调配合，把非经济性政策纳入宏观政策取向一致性评估”。政府加快健全宏观调控体系，重点搞好宏观规划、政策制定和指导协调，进一步退出微观经济领域，更多地运用经济手段和法律手段调节经济活动，实现微观管理向宏观调控的转变。**在市场监管方面，**政府着力解决管理职能分割和监管力度不够的问题，加大违法违规行为的经济和社会成本，使违法违规行为的预期成本高于预期收益，形成自我约束机制。**在社会管理方面，**政府加快制定和完善管理规则，丰富管理手段，创造有利于社会主体参与和竞争的环境，平等地保护各社会群体的合法权益，维护社会公正和社会秩序。**在公共服务方面，**政府随着经济的发展相应地增加对公共教育、医疗卫生、社会保障、劳动就业、群众文化、人口计生、公用事业等基本公共服务的投入，切实解决好城乡和地区发展不平衡、贫富差距持续扩大、低收入阶层看不起病上不起学买不起房、农民工权益得不到切实保障等突出问题，促进基本公共服务均等化。

三是厘清中央和地方政府关系。中央和地方政府关系由高度集权职能规范化，转变为适度分权转移的规范化和制度化管理。1982 年，新宪法和地方人大与政府组织法以列举的方式，规定了中央与省级政府之间、地方各级政府之间的职权范围。自 1994 年 1 月 1 日起，我国开始实施分税制财政管理体制，在维持中央与地方事权和支出责任划分大体不变的前提下，对财政收入进行了重新划分。2013 年党的十八届三中全会提出“发挥中央和地方两个积极性，适度加强中央事权和支出责任，中央和地方按照事权划分相应承担和分担支出责任”。2014 年 6 月 30 日，中央政治局会议审议通过了《深化财税体制改革总体方案》，新一轮财税体制改革的序幕拉开，其中调整中央和地方政府间财政关系是此次改革中难度最大的一项，改革重点是中央和地方的事权和支出责任的划分及转移支付制度改革。2017 年党的十九大报告明确提出，“加快建立现代财政制度，建立权责清晰、财力协调、区域均衡的中央和地方财政关系”。

这为构建新型中央与地方财政关系指明了方向。正确处理中央和地方政府关系，根据责任与权力相统一、财权与事权相一致的原则，依法规范中央和各级地方政府经济社会管理的职能和权限，厘清中央和地方政府的职责和分工，形成合理的政府层级体系。完善垂直管理体制，包括中央垂直管理部门和省以下垂直管理部门。在确保中央统一领导、政令畅通的前提下，充分发挥地方政府的积极性、主动性和创造性，强化地方政府的管理责任，防止出现“上面管到看不到、下面看到管不到”的现象。完善省以下财政体制，有条件的地方可探索实行省直管县的体制。加强和优化基层行政资源，增强基层政府提供公共服务的能力。

四是理顺政府与市场关系。政府与市场的关系由计划经济，转变为充分发挥市场在资源配置中的决定性作用。在过去46年的时间里，政府和市场的关系一直伴随着我国政府职能转变的过程，从改革开放前实行的指令性计划经济、完全排斥市场机制的作用，到现在发挥市场在资源配置中的决定性作用。党的十一届三中全会提出，应该坚决实行按经济规律办事，重视价值规律的作用；党的十二大报告提出了“计划经济为主、市场调节为辅”的原则，这可以说是重视市场作用的开端。1992年，党的十四大明确提出建立社会主义市场经济体制的目标要求，强调发挥市场在资源配置中的基础性作用，市场的作用真正被重视。在以后的多次党和国家重要文件中，都强调政府职能转变要围绕着适应社会主义市场经济体制来进行。2013年，党的十八届三中全会进一步提出，要使市场在资源配置中起决定性作用和更好发挥政府作用，进一步明确了市场在资源配置中的主导地位。从“基础性”到“决定性”的转变，意味着更加强化市场的作用，这是我们党对政府与市场关系的最新认识。政府在转变职能的过程中逐步理顺与市场、企业之间的关系，由对微观经济的直接干预变为宏观管理为主，通过减少对资源的直接配置和对微观经济活动的干预，转而进行宏观调控和治理，极大地提高了配置资源的效率和效益。

五是理清政府与社会关系。我国政府由“大政府，小社会”逐步向“小政府，大社会”转变。在社会主义市场经济体制下，伴随行政审批制度改革和政府职能转变步伐的加快，我国政府把社会事务大部分还给社会，实行政社分开，行政削权放权的力度越来越大，而社会组织承接的职能和权力则越来越多。党的十三大提出，要按照经济体制改革和政企分开的要求，合并裁减专业管理部门和综合部门内部的专业机构，使政府对企业由直接管理为主转变到间接管理为主。这一时期，服务型政府建设处于起步阶段。党的十四大明确提出建立社会主义市场经济体制的改革目标，与其相适应的政府职能转变加速推进，服务型政府建设进入发展阶段。党的十六届六中全会提出了“建设服务型政府，强化社会管理和公共服务职能”的任务，将服务型政府建设作为建设和谐社会的重要举措，厘清了服务型政府建设的内涵、重点及基本内容，服务型政府建设在理论上更加充实。党的十八大提出“建设职能科学、结构优化、廉洁高效、人民满意的服务型政府”，进一步将服务型政府建设的内容具体化，服务型政府建设进入全面深化的崭新阶段。

六是推进依法治理能力。经过46年的努力，政府依法行政逐步规范。党的十一届三中全会提出，“宪法规定的公民权利，必须坚决保障，任何人不得侵犯。为了保障人民民主，必须加强社会主义法治，使民主制度化、法律化”，这就把加强社会主义法治建设作为党的一项方针确定了下来。党的十八大开启了全面推进依法治国新征程，我们党全面推进依法治国，进一步提出坚持依法治国、依法执政、依法行政共同推进，坚持法治国家、法治政府、法治社会一体建设，法治政府建设的蓝图更为清晰、成效更为显著。行政执法体制逐步健全，执法中存在的诸如多头执法、多层执法、执法扰民等突出问题逐步解决，不断开创法治政府建设新局面。完善政府立法工作机制，加强重要领域立法，统筹推进相关法律法规规章的立改废释纂工作，全面落实行政规范性文件合法性审核机制和备案审查制度。健全突发事件应对体系，增强应急处置的针对性实效性。建立健全担当作为的激励和保护机制，切实调动各级政府特别是基层政府工作人员的积极性。加强数字政府建设，将数字技术广泛应用于政府管理和服务，加快推进政务数据有序共享，优化创新政府治理流程和方式，促进政府高效履职。进一步加强政务诚信建设，健全政府守信践诺机制，加大失信惩戒力度，不断提升诚信行政水平，以政务诚信引领社会诚信。

2. 基本方向

政府职能改革的基本方向是推动政府职能向创造良好发展环境、提供优质公共服务、维护社会公平和秩序转变。一是不断深入推进简政放权，清理废除妨碍统一市场和公平竞争的各种规定和做法，全面实施市场准入负面清单制度，全力营造平稳健康的经济环境；二是明确中央与地方政府之间的事权、财权范围，使政府的服务能力和水平与不断变化的公共需求相匹配，提高公共服务的质量和效率；三是逐步完善社会管理政策和法律、法规，健全严格执法体制机制，依法管理和规范社会组织、社会事务，妥善处理社会矛盾，维护社会秩序和社会稳定，向公民和社会提供优质高效的公共服务，促进社会公正和秩序。

3. 难点卡点

政府职能改革的难点卡点在于政府职能的越位、错位、缺位问题仍不同程度存在。政府职能越位问题表现在政府职能与市场功能不分、政府组织与企业组织不分、政府组织与社会中介组织不分、政府与事业组织不分问题，该问题相当程度上影响了市场机制对于社会经济活动的调节作用。政府职能错位问题表现在政府职能的分工定位上存在交叉和混淆的情况，不同政府部门之间的职责边界不清晰，各级政府和同级不同部门之间缺乏明确的权限划分和责任界定，该问题影响了政府行政效能。政府职能缺位问题表现在本来应当由政府生产和提供的公共产品和服务，政府却没有充分尽职尽责，甚至在某些公共领域出现了“真空”，该问题影响了社会公平正义。

（三）46 年来政府职能改革的基本经验

改革开放 46 年来，我国始终坚持紧紧围绕建立和完善社会主义市场经济体制，围绕推进国家治理体系和治理能力现代化，着眼于满足人民群众的公共需求，深入推进依法行政，与全面改革配套、渐进性转变政府职能。

1. 紧紧围绕建立和完善社会主义市场经济体制

转变政府职能，从根本上说，是通过规范政府行为、充分发挥市场在资源配置中的作用，更好发挥政府作用，推动有效市场和有为政府更好结合。随着我国经济体制从计划经济体制向社会主义市场经济体制转变，政府与市场的关系不断调整完善，市场在资源配置中的决定性作用不断增强，政府职能的错位问题逐步解决。一方面，政府由直接对市场经济活动进行干预和管理，逐步转变为间接对市场经济活动进行调控，做有为政府和健全宏观调控体系的有效政府；另一方面，市场“无形的手”的作用日益凸显，市场在资源配置中起决定性作用。

2. 围绕推进国家治理体系和治理能力现代化

推进国家治理体系和治理能力现代化，必须优化政府组织结构，使政府机构设置更加科学、职能更加优化、权责更加协同。历次党和国家机构改革，政府机构数量得到精简优化，党和政府机构人员日趋精简；同时，政府机构改革围绕政府职能转变而深入推进，职责交叉、权责脱节的矛盾得到缓解，行政效能有效提升，按照一类事项原则上由一个部门统筹、一件事情原则上由一个部门负责，重点对自然资源确权登记、国土空间规划、城乡污染排放监管、农业投资项目管理、反垄断执法、城乡医疗保障、退役军人服务保障、应急管理、援外工作协调、自然保护区监管、国家物资储备等职责作了调整优化。

3. 着眼于满足人民群众的公共需求

为人民服务是我们党的根本宗旨，也是各级政府的根本宗旨。历次党和国家机构改革，政府职能转变坚持以人民为中心的发展思想，以人民美好生活需要为导向完善公共服务体系，全面正确履行政府经济调节、市场监管、社会管理、公共服务、生态环境保护职能，不断强化政府公共服务和解决民生问题，抓住人民最关心最直接最现实的利益问题，努力提供满足人民群众需求的基本公共产品，使人民的合理需求得以满足。

4. 深入推进依法行政

各级政府作为国家权力机关的执行机关，承担着实施法律法规的重要职责。历次党和国家机构改革，不断推进机构、职能、权限、程序、责任法定化，推进各级政府事权规范化、法律化，强化对行政权力的制约和监督，进一步提高政府工作人员依法行政能力。

5. 与全面改革配套，渐进性转变政府职能

习近平总书记在十八届二中全会上明确指出，转变政府职能是深化行政体制改革的核心，实质上要解决的是政府应该做什么、不应该做什么，重点是政府、市场、社会间的关系，即哪些事该由市场、社会、政府各自分担，哪些事应该由三者共同承担。在改革过程中，政府能否实现有效限权、放权，是能否有效推进全面深化改革、完成国家治理能力现代化的关键环节。历次党和国家机构改革，科学界定政府职能，深化行政体制改革，创新行政管理方式，为各种所有制经济依法平等使用生产资料、公平参与市场竞争、同等受到法律保护创造了环境，为全面深化提供了制度基础和强大动力。

（四）党的十八大以来政府职能改革取得的新突破

党的十八大以来，以习近平同志为核心的党中央从全局出发，把转变政府职能作为深化行政体制改革的核心，把简政放权等改革作为供给侧结构性改革的重要内容，多次作出重要部署，提出明确要求。通过改革，加强党的全面领导得到有效落实，维护党的集中统一领导的机构职能体系更加健全，党和国家机构履职更加顺畅高效，中国特色社会主义制度更加成熟更加定型，国家治理体系和治理能力现代化水平明显提高，为党和国家事业取得历史性成就、发生历史性变革提供了有力保障，也为继续深化党和国家机构改革积累了宝贵经验。

1. 在法治轨道上推进国家治理体系和治理能力现代化

2013年11月，党的十八届三中全会通过的《中共中央关于全面深化改革若干重大问题的决定》提出把“完善和发展中国特色社会主义制度，推进国家治理体系和治理能力现代化”作为全面深化改革的总目标。中共中央、国务院印发的《法治政府建设实施纲要（2021—2025年）》，确立了当前五年内我国法治政府建设的总体目标，明确到2025年，政府行为要全面纳入法治轨道。党的二十大强调，转变政府职能，优化政府职责体系和组织结构，推进机构、职能、权限、程序、责任法定化。党的十八大以来，建设法治政府逐渐成为全面深化改革的重要任务，依法行政进入“快车道”，通过宪法修正案，制定民法典、外商投资法、国家安全法等法律，加强重点领域、新兴领域、涉外领域立法，以宪法为核心的中国特色社会主义法律体系更加完善，为国家的法治建设和国际竞争力提供了坚实的法律保障。

2. 推动有效市场和有为政府更好结合

党的十八大提出“更大程度更广范围发挥市场在资源配置中的基础性作用”，党的十八届三中全会把市场在资源配置中的“基础性作用”修改为“决定性作用”，党的十九大再次强调“使市场在资源配置中起决定性作用”。党的十九届五中全会对市场与政府关系作了进一步阐述，指出“坚持和完善社会主义基本经济制度，充分发挥市场在资源配置中的决定性作用，更好发挥政府作用，推动有效市场和有为政府更好结合”。党的十八大以来，党中央出台一系列保护支持企业发展的政策措施，通过优化营商环境、优化制度供给，有效市场和有为政府的结合得到进一步加强。

3. “放管服”改革不断向纵深推进

党的十八大以来，我国“放管服”改革不断向纵深推进，推出了一系列改革创新举措，取得了突破性进展。党的十八届三中全会首次从国家层面明确提出了“权力清单制度”，明确各部门甚至各岗位的职能边界，使他们在各自明确的范围内履行职责，并有序公开政府权力以及运作流程，提高开放性。同时，在推进权力清单制度、保证行政审批制度改革得以落实的过程中，还特别重视加强相关配套制度的建设，比如，在全国范围内进行工商登记制度改革，重点在于减少前置审批事项。此外，我国从2001 年起开始进行行政审批制度改革，并为此专门设立了行政审批制度改革办公室。此后，贯彻落实中央部署，各级政府不断减少和下放审批事项。简政放权、放管结合、优化服务改革持续向纵深推进，有力激发和释放了市场主体活力。减少行政审批事项，2020 年 9 月 29 日，国务院办公厅政府职能转变办公室主任、国务院审改办协调局局长迪晶表示，党的十八大以来，国务院已经分 16 批取消下放 1094 项行政许可事项，其中，国务院部门实施的行政许可事项清单压减比例达到 47%。改革商事制度，工商登记由“先证后照”改为“先照后证”，注册资本由“实缴制”改为“认缴制”，推行“多证合一、一照一码”改革。削减职业资格，分批取消国务院部门设置的职业资格许可和认定事项。清理审批中介，分批清理国务院部门行政审批中介服务事项。实行减税降费，取消、停征、减免多项中央和省级政府行政事业性收费，推动降低用能、物流、电信等成本。放开政府定价机制。2022 年 9 月 29 日，国家发展改革委举行介绍深化改革开放有关工作情况专题新闻发布会，国家发展改革委价格司副司长牛育斌在会上表示，截至目前，全社会商品和服务价格市场化程度已达 97. 5%，全部的农产品、80%的电、50%的天然气、90%的民航旅客运输价格由市场形成；中央定价项目累计缩减约 85%，地方定价项目缩减约 70%，政府定价范围主要限定在党的十八届三中全会明确的重要公用事业、公益性服务、网络型自然垄断环节。

4. 宏观经济调控向宏观经济治理转变

在全面总结宏观调控实践经验的基础上，2020 年 5 月，《中共中央　国务院关于新时代加快完善社会主义市场经济体制的意见》提出“宏观经济治理”概念，指出要“完善宏观经济治理体制”“进一步提高宏观经济治理能力”。《中共中央关于制定国民经济和社会发展第十四个五年规划和二〇三五年远景目标的建议》首次将“完善宏观经济治理”作为“提升政府经济治理能力”的首要内容，提出“健全以国家发展规划为战略导向，以财政政策和货币政策为主要手段，就业、产业、投资、消费、环保、区域等政策紧密配合，目标优化、分工合理、高效协同的宏观经济治理体系。完善宏观经济政策制定和执行机制，重视预期管理，提高调控的科学性。加强国际宏观经济政策协调，搞好跨周期政策设计，提高逆周期调节能力，促进经济总量平衡、结构优化、内外均衡。加强宏观经济治理数据库等建设，提升大数据等现代技术手段辅助治理能力。推进统计现代化改革”。

党的十八大以来，党中央、国务院保持战略定力，坚持稳中求进工作总基调，坚持宏观政策要稳、微观政策要活、社会政策要托底的总体思路，不断创新宏观调控思路和方式，保持宏观政策连续性和稳定性，先后创新实施区间调控、定向调控、相机调控，适时适度预调微调，有效稳定了市场信心和社会预期，有力促进了经济稳定运行和结构优化升级。我国连续实施积极的财政政策，认真谋划出台了一系列力度合适、组合得当、发力精准的政策举措，并适时适度预调微调，不断增强政策连续性、稳定性和可持续性。持续推进减税降费，激发市场主体活力；保持较高支出强度，促进经济运行在合理区间；支持实施国家重大战略，推动经济实现高质量发展；切实保障和改善民生，增强人民群众获得感幸福感；深化财税体制改革，持续提高政策效能；统筹稳增长与防风险，不断增强财政可持续性。

二、进一步全面深化政府职能改革面临的新形势新要求

当前，世界百年未有之大变局加速演进，新一轮科技革命和产业变革深入发展，我国发展面临新的战略机遇、新的战略任务、新的战略阶段、新的战略要求、新的战略环境，对转变政府职能、优化政府职责体系和组织结构提出了新的更高要求。

（一）全面建设社会主义现代化国家、全面推进中华民族伟大复兴对于党和国家机构设置和职能配置提出了更高要求

党的二十大提出了中国共产党“团结带领全国各族人民全面建成社会主义现代化强国、实现第二个百年奋斗目标，以中国式现代化全面推进中华民族伟大复兴”的中心任务。当前，我国的科学技术管理机构存在着科技宏观管理与决策相对分散、着力应用科技领域过多、参与具体科研项目评审过细等问题，一定程度上妨碍了科学技术战略规划、资源统筹、综合协调与核心技术研发等职能履行。需通过重点领域的机构职责优化和调整，进一步提高国家机构的管理职能、管理效率，更好适应质量变革、效率变革、动力变革，将带动深层次改革，更好推动经济社会发展。

（二）实现国家治理体系和治理能力现代化对于党和国家机构设置和职能配置提出了更高要求

推进国家治理体系和治理能力现代化，是立足新时代党治国理政的新任务新特征新要求。它的提出，意味着中国改革从渐进性、局部性、探索性改革，迈入了系统性、整体性、协同性改革的新境界。国家治理现代化包含着两个基本义项，即国家治理体系现代化和治理能力现代化。国家治理体系包含制度体系与治理机制体系，国家治理能力则强调对治理体系变革的内在呼应，包含制度设计能力、制度执行能力和制度发展能力。立足国家治理的构成要素及其运行规律，建构治理主体、治理制度、治理策略的有效协同机制与实践规范，并将坚持党的全面领导贯穿于国家治理现代化的全过程和各方面，是新发展阶段进一步把我国制度优势转化为国家治理效能的根本要求。

（三）构建高水平社会主义市场经济体制对于党和国家机构设置和职能配置提出了更高要求

当前美国、欧洲等国部分银行遭遇“挤兑”“暴雷”“暴跌”而引发的金融风险传导效应不容低估，需要我国做好有效应对外部金融风险的体制机制准备。当前，我国金融监管体制存在地方金融机构既负责金融发展又负责金融监管的情况，存在金融消费保护职责分散、监管协调困难等状况，造成了金融监管漏洞，导致相继出现了互联网金融、地方小贷风险、2022 年河南村镇银行事件等国内金融风险，这就要求我们对现有金融管理与监管机构进行系统性改革与职责重构。

（四）新发展格局对于党和国家机构设置和职能配置提出了更高要求

2020年，中共中央首次提出“构建以国内大循环为主体、国内国际双循环相互促进的新发展格局”。《中共中央关于制定国民经济和社会发展第十四个五年规划和二〇三五年远景目标的建议》提出，要加快构建以国内大循环为主体、国内国际双循环相互促进的新发展格局。当前，我国区域开放布局不均衡、产业开放不平衡问题比较突出，贸易和投资自由化便利化仍有较大提升空间，对国际资本、人才等要素的吸引力有待提高。政府在经济治理方面越位和缺位的问题仍不同程度存在，对如何有效发挥市场配置资源的决定性作用和更好发挥政府作用还把握不准、方法不多，政策设计和机制建设仍相对滞后。我国参与国际经贸规则调整、构建全球区域合作格局的能力总体不足，用好国际大循环面临挑战。开拓国内市场需要政府更有力的支持和引导，政府要为市场打通堵点、补齐短板，促进国内大循环。

（五）“五位一体”总体布局、“四个全面”战略布局对于党和国家机构设置和职能配置提出了更高要求

“五位一体”总体布局、“四个全面”战略布局是以习近平同志为核心的党中央治国理政的大战略，对于实现现代化强国的目标具有决定性意义。“五位一体”总体布局是全面推进经济建设、政治建设、文化建设、社会建设、生态文明建设，实现以人为本、全面协调可持续的科学发展战略。“四个全面”战略布局，即全面建成小康社会、全面深化改革、全面依法治国、全面从严治党。这是党的十八大以来，以习近平同志为核心的党中央立足我国发展的现实需要，回应人民群众对美好生活的热切期待，根据共产党执政规律、社会主义建设规律、人类社会发展规律，擘画执政兴国的宏伟蓝图，形成并提出的重大战略布局。国家治理体系和治理能力现代化是党的十八届三中全会提出的深化改革的总目标。这些都对党和国家机构设置和职能配置提出了前所未有的更高标准的要求。必须对党和国家机构设置与职能配置进行更加深入的调整和改革，撤销一些不适应的部门和机构，合并职能重复的部门和机构，更加科学合理配置职能完善、机构合理的部门和机构，改革那些对实现国家治理现代化具有阻碍作用的机构和职能。以协同高效为着力点，按照“科学、便捷、便民”原则设置一些满足国家治理现代化要求的新部门和新机构，大胆探索，锐意创新。

（六）统筹发展与安全对于党和国家机构设置和职能配置提出了更高要求

统筹发展与安全对于党和国家机构设置和职能配置提出了更高要求。这既是对现有机构设置和职能配置的挑战，也是对其优化和完善的重要方向。现阶段，优化营商环境一些改革举措需要持续推进。覆盖生产、分配、流通、消费各个环节的全过程、全链条监管体系有待进一步完善。平台经济、互联网金融等领域新业态、新模式不断涌现，开展非公平竞争的方式手段不断翻新，而相应的管理制度、监管手段还难以跟上。大数据使用深度和广度还不充分，部门间数据共享还不够通畅，运用区块链、人工智能等实施智慧监管的水平亟待提升。国内农业基础还不稳固，耕地保护面临挑战，一些现代农业发展所需的重要核心种源仍主要依赖进口，粮食安全仍然存在隐患。我国石油、天然气等能源稳定进口的潜在风险依然存在。同时，经济领域风险挑战不容忽视，稳就业压力仍然较大，基层“三保”支出和地方政府债务还本付息压力较大，财政困难和金融风险仍存，重大突发事件等“黑天鹅”现象需要高度警惕。

三、深入领会进一步全面深化政府职能改革的指导思想、基本原则和总目标

党和国家机构职能体系是中国特色社会主义制度的重要构成，是国家治理体系和治理能力的关键支撑。推进党和国家机构改革，是全面深化改革、完善党和国家制度、推进国家治理体系和治理能力现代化的重要举措。党的二十大报告明确，转变政府职能，优化政府职责体系和组织结构，推进机构、职能、权限、程序、责任法定化，提高行政效率和公信力。《国民经济和社会发展第十四个五年规划和 2035 年远景目标纲要》提出，加快转变政府职能，建设职责明确、依法行政的政府治理体系，创新和完善宏观调控，提高政府治理效能。党的二十届三中全会《决定》明确，要继续完善和发展中国特色社会主义制度，推进国家治理体系和治理能力现代化。机构改革是一个过程，不会一蹴而就，也不会一劳永逸，需要不断进行调整。

（一）指导思想

进一步推动政府职能改革，要以习近平新时代中国特色社会主义思想为指导，全面贯彻落实党的二十大和二十届二中、三中全会精神，坚持稳中求进工作总基调，完整、准确、全面贯彻新发展理念，加快构建新发展格局，因地制宜发展新质生产力，着力推动高质量发展，围绕推进中国式现代化进一步全面深化改革，以加强党中央集中统一领导为统领，以推进国家治理体系和治理能力现代化为导向，坚持稳中求进工作总基调，坚持问题导向，坚持优化协同高效，坚持全面依法治国，坚持精兵简政，以推动有效市场和有为政府更好结合为核心，以深化“放管服”改革为抓手，重点推动党对社会主义现代化建设的领导在机构设置上更加科学、在职能配置上更加优化、在体制机制上更加完善、在运行管理上更加高效，最终实现政府治理体系和治理能力现代化。

（二）基本原则

一是坚持党的全面领导。党的全面领导是深化党和国家机构改革的根本保证。必须坚持中国特色社会主义方向，增强政治意识、大局意识、核心意识、看齐意识，坚定中国特色社会主义道路自信、理论自信、制度自信、文化自信，坚决维护以习近平同志为核心的党中央权威和集中统一领导，自觉在思想上政治上行动上同党中央保持高度一致，把加强党对一切工作的领导贯穿改革各方面和全过程，完善保证党的全面领导的制度安排，改进党的领导方式和执政方式，提高党对于把方向、谋大局、定政策、促改革的能力和定力。

二是坚持以人民为中心。全心全意为人民服务是党的根本宗旨，实现好、维护好、

发展好最广大人民根本利益是党的一切工作的出发点和落脚点。必须坚持人民主体地位，坚持立党为公、执政为民，贯彻党的群众路线，健全人民当家作主制度体系，完善为民谋利、为民办事、为民解忧、保障人民权益、倾听人民心声、接受人民监督的体制机制，为人民依法管理国家事务、管理经济文化事业、管理社会事务提供更有力的保障。

三是坚持稳中求进。坚持稳中求进推进政府职能转变，既要保持宏观政策的稳定性和连续性，保持定力，主动作为，又要积极进取，不搞“强刺激”，而要“强改革”，大力调结构、惠民生，通过优化政府职责体系、简政放权、放管结合、优化服务等具体措施，让市场、政府起到“双引擎”的作用。

四是坚持问题导向。问题导向是马克思主义世界观和方法论的重要体现，是全面深化改革的必然选择和基本遵循。在当前社会、经济、科技高速发展的新时代，个别党政机构设置与市场经济发展需求存在一定差距，甚至有些地方出现脱节，出现条块分割、部门利益、冗员繁多、相互推责、妨碍公平等问题，另外，还有一些政府机构在职能划分上不够科学，出现职责缺位、效能不高等问题。面对新时代新任务提出的新要求，党和国家机构设置和职能配置出现两个“还不完全适应”，这些障碍和弊端，必须通过机构改革来破除。改革要坚持问题导向，力争在重点领域的关键环节上取得突破。拿出实招、挤干水分，以点上的突破来带动面上的改革。

五是坚持优化协同高效。优化就是要科学合理、权责一致，协同就是要有统有分、有主有次，高效就是要履职到位、流程通畅。必须坚持问题导向，聚焦发展所需、基层所盼、民心所向，优化党和国家机构设置与职能配置，坚持一类事项原则上由一个部门统筹、一件事情原则上由一个部门负责，加强相关机构配合联动，避免政出多门、责任不明、推诿扯皮，下决心破除制约改革发展的体制机制弊端，使党和国家机构设置更加科学、职能更加优化、权责更加协同、监督监管更加有力、运行更加高效。

六是坚持全面依法治国。依法治国是党领导人民治理国家的基本方式。必须坚持改革和法治相统一、相促进，坚持依法治国、依法执政、依法行政共同推进，坚持法治国家、法治政府、法治社会一体建设，依法依规完善党和国家机构职能，依法履行职责，依法管理机构和编制，既发挥法治规范和保障改革的作用，在法治下推进改革，做到重大改革于法有据，又通过改革加强法治工作，做到在改革中完善和强化法治。

七是坚持精兵简政。任何机构改革，都会致力于精兵简政，通过编制精简、机构优化、职能配置等措施，以精兵简政为政府运行增效赋能。精兵简政是一项长期化、系统化的改革攻坚工程，需要通过持续的努力和不断的调整与完善来实现。

（三）总目标

深化党和国家机构改革，目标是构建系统完备、科学规范、运行高效的党和国家机构职能体系，形成总揽全局、协调各方的党的领导体系，职责明确、依法行政的政府治理体系，中国特色、世界一流的武装力量体系，联系广泛、服务群众的群团工作体系，推动人大、政府、政协、监察机关、审判机关、检察机关、人民团体、企事业单位、社会组织等在党的统一领导下协调行动、增强合力，全面提高国家治理能力和治理水平。

到2029年，政府行为全面纳入法治轨道，职责明确、依法行政的政府治理体系日益健全；构建与政府治理能力现代化相适应的数字政府顶层设计；中央国家机关各部门人员编制统一按照比例进行精减；政府保障基本、社会多元参与、全民共建共享的公共服务供给格局基本形成；地方层面的改革任务力争完成。

到2035年，基本建成人民满意的法治政府、创新政府和服务型政府；与国家治理体系和治理能力现代化相适应的数字政府体系框架更加成熟完备；政府职责体系、组织结构更加优化，实现更多领域更大范围的“高效办成一件事”；人员素质不断提高，服务行政效能更加高效。

到2050年，全面实现国家治理体系和治理能力现代化，国家制度体系更加完备、更加成熟、更加定型；国家机关制度、司法制度、监察制度等国家治理体系更加完备。

四、进一步全面深化政府职能改革的重点任务

党的二十届三中全会《决定》提出，科学的宏观调控、有效的政府治理是发挥社会主义市场经济体制优势的内在要求。必须完善宏观调控制度体系，统筹推进财税、金融等重点领域改革，增强宏观政策取向一致性。为推动党对社会主义现代化建设的领导在机构设置上更加科学、在职能配置上更加优化、在体制机制上更加完善、在运行管理上更加高效，致力于构建系统完备、科学规范、运行高效的党和国家机构职能体系，下阶段，应持续优化政府职能、精简部门机构、提升服务效能，进一步理顺政府和市场的关系，优化“有为政府”职能以助力“有效市场”高水平发展，推动服务型政府建设以提高政府服务效能，加快法治政府建设以提高政府依法行政水平，加强数字政府建设以提升政府履职能力。

（一）持续优化政府职能，提升服务效能

一是优化政府组织结构。按照深化党和国家机构改革的精神，坚持优化政府组织结构与促进政府职能转变、理顺部门职责关系统筹结合，完善各地区各部门权责清单制度，推进机构、职能、权限、程序、责任法定化，使机构设置更加科学、职能更加优化、权责更加协同。通过科学配置权力，结合不同行政区域和层级的政府在公共事务中的角色和职责，合理划分中央和地方事权，更好发挥中央和地方两个积极性。完善相关法律法规，依法依规设置机构、配置职能、明确权限和责任、规范程序，推动改革成果制度化法定化。

二是完善国家战略规划体系和政策统筹协调机制。完善宏观管理部门职责和权限，构建国家战略制定和实施机制，健全跨部门协调机制，加强国家重大战略深度融合，增强国家战略宏观引导、统筹协调功能。健全定位准确、边界清晰、功能互补、统一衔接的国家经济社会发展规划制度体系，完善规划管理制度，加强规划实施监测评估，强化规划衔接落实机制，合理配置公共资源，引导调控社会资源，发挥国家发

展规划战略导向作用。强化国土空间规划基础作用，建立国土空间规划体系并监督实施，确保其与国家发展规划及其他专项规划、区域规划有效衔接。增强专项规划和区域规划实施支撑作用，并确保各级各类规划在总体要求上指向一致、空间配置上相互协调、时序安排上科学有序，加强各规划与其他专项规划的衔接协调。加强对专家队伍的政治引领，完善专家参与公共决策的政策保障和激励措施，健全专家参与公共决策制度。

（二）优化“有为政府”职能，助力“有效市场”高水平发展

一是推进有为政府建设。围绕实施国家发展规划、重大战略，通过深化财税体制改革及推进金融体制改革等措施，促进财政、货币、产业、价格、就业等政策协同发力，强化政策统筹。通过市场化改革，优化各类增量资源配置和存量结构调整，以实现存量资源的有效利用。探索实行国家宏观资产负债表管理，健全支撑高质量发展的统计指标核算体系，编制全国和地方资产负债表，不断健全各专业统计调查制度方法，加强新经济新领域纳统覆盖。把经济政策和非经济性政策都纳入宏观政策取向一致性评估机制，健全完善评估机制，明确评估范围，完善评估流程，从严从细把关各项政策对经济总量和结构、供给和需求、行业和区域、就业和预期等的影响。健全预期管理机制，增强引导与调节预期的能力，加强与公众的信息沟通，引导公众预期向政策目标靠拢。加强产业活动单位统计基础建设，优化总部和分支机构统计办法，确保数据的一致性和准确性，建立健全基层统计网络，推进统计信息化建设，逐步推广经营主体活动发生地统计。健全国际宏观政策协调机制。

二是更好发挥市场机制作用。要全面完善产权制度，健全以公平为核心的市场环境，使市场能够自由流动、价格反应灵活、竞争公平有序。进一步继续深化“放管服”改革，还权于民、还权于企、还权于社会，赋能人民、赋能企业、赋能社会、赋能基层。继续推进实施《重大行政决策程序暂行条例》，健全重大政策事前评估和事后评价制度，畅通参与政策制定的渠道，提高决策科学化、民主化、法治化水平。进一步健全社会主义民主法治和社会公平正义法治保障，需通过制定和完善相关法律法规，确保其行为有法可依、有法必依。深化政务公开，通过创新监管方式和增强政府公信力与执行力，大幅提高政府信息公开透明程度，加强和创新社会治理。发挥群团组织和社会组织在社会治理中的作用，畅通和规范市场主体、新社会阶层、社会工作者和志愿者等参与社会治理的途径。

（三）推动服务型政府建设，提高政府服务效能

一是增强基本公共服务均衡性、可及性。“均衡性”就是充分考虑到地区之间、城乡之间的差异，通过创新政府公共服务供给方式，以“政策+经济”的综合手段，分类分级分层提供基本公共服务，提高城乡基本公共服务管理效率和质量，促进城乡基本公共服务均等化。“可及性”就是使相关政策能够落地落实。高度关注弱势人群的状态，坚持普惠性、基础性、兜底性原则，完善基本公共服务供需精准对接和配套清单制度，促进优质公共服务资源向农村等经济薄弱地区延伸、下沉，有效回应民众个性化、差异化的基本公共服务需求。

二是织密"一老一小"社会保障安全网。"一老一小"关系到千家万户的急难愁盼，要统筹"一老一小"社会保障，采取整体性的解决方案。完善"硬设施"，完善公共服务支持体系，将城乡社区作为养老和托育的主要场域，严格落实养老、幼托等公建配套设施与新建住宅同步规划、建设、使用。营造"软环境"，尽快构建生育友好型和老年友好型社会，促进托育、养老各项服务管理标准的制定和评估。

（四）加快法治政府建设，提高政府依法行政水平

要健全依法行政制度体系和行政决策制度体系，强化制度和政策执行，全面提升行政效率。要完善政府立法工作机制，加强重要领域立法，统筹推进相关法律法规规章的立改废释纂工作，全面落实行政规范性文件合法性审核机制和备案审查制度，以良法促进发展、保障善治。坚持科学决策、民主决策、依法决策，严格落实重大行政决策程序，涉及社会公众切身利益的重要规划、重大公共政策和措施、重大公共建设项目等，应认真听取和反映利益相关群体的意见建议，不断提高行政决策质量和效率。健全突发事件应对体系，增强应急处置的针对性实效性。建立健全担当作为的激励和保护机制，切实调动各级特别是基层政府工作人员的积极性。加强数字政府建设，将数字技术广泛应用于政府管理和服务，加快推进政务数据有序共享，优化创新政府治理流程和方式，促进政府高效履职。进一步加强政务诚信建设，健全政府守信践诺机制，加大失信惩戒力度，不断提升诚信行政水平，以政务诚信引领社会诚信。

（五）加强数字政府建设，提升政府履职能力

一是重塑政务信息化管理架构、业务架构、技术架构。充分利用新一代信息技术，通过电脑端、移动端、窗口端、自助端、电视端等多渠道并行，加快建设"互联网+政务服务"平台，创新服务模式，提供"24小时不打烊"的在线政务服务。

二是构建统一规范的线上线下融合体系。运用大数据工具与智能化服务，探索资源优化配置的对策，构建统一规范的线上线下有效融合体系，让居民和企业多跑网路、少跑马路。

三是实现信息资源的充分整合和优化配置。建立全国统一的标准规范和指南示范，构建对接跨层级跨地区跨部门的权力运行平台，将企业或政府部门各部门的数据进行整合，实现信息资源的充分整合和优化配置，并建立统一的评价体系，以加强对政务信息系统整合共享成效的监督检查。

推动财税体制改革，建立健全中国式现代财政制度

习近平总书记强调，财税体制改革不是解一时之弊，而是着眼长远机制的系统性重构①。财政是国家治理的基础和重要支柱，财税体制在治国安邦中始终发挥着基础性、制度性、保障性作用，财税体制改革更是发力推进新一轮全面改革、打开新局面的先行军和突破口②。党的二十届三中全会指出，深化财税体制改革。改革开放46年来，我国财税体制以中央与地方的财政关系、税收制度、财政支出及预算管理三个方面为总体框架，逐步构建起了与经济社会发展状况相适应、与强化国家治理能力相衔接的现代财税制度框架。但同时，我国财税体制仍存在中央与地方事权和支出责任划分不清、预算分配管理还存在诸多薄弱环节、税制结构仍待优化、转移支付法治化程度不足、省以下财政体制有待进一步深化、防范化解地方债务体制机制不够完善等难点卡点。纵观46年开放历程，财税体制改革始终是整体改革的一个重要组成部分，要持续优化财税体制，加强税收监管，加强财税体制改革的顶层设计是重要的改革经验。党的十八大以来，我国财税体制改革取得新突破，体现在预算更加规范透明、税收改革惠企利民、财政体制日益健全、税收服务水平不断提升四个方面。展望未来，百年未有之大变局加速演进，我国财税体系中长期改革压力越发突出，体现在财政收支紧平衡或为中长期常态，地方债风险、新经济新业态发展迅速、中国式现代化的鲜明特征对财税体制提出更高要求。在新时代新征程上，继续深化财税体制改革要以习近平新时代中国特色社会主义思想为指导，以健全现代预算制度、优化税制结构、完善财政转移支付体系为主线任务，建立强化与国家治理能力相衔接的现代财税制度框架，以实现建立权责清晰、财力协调、区域均衡的中央和地方财政关系的目标。在新时代新征程上，一是健全预算制度，加强财政资源统筹；二是健全税收制度，提升国家宏观调控效能；三是完善财政体制，进一步理顺央地关系；四是健全政府债务管理体系，推动地方债务风险化解。

一、财税体制改革46年的主要历程、基本经验与伟大成就

财政是国家治理的基础和重要支柱，财税体制在治国安邦中始终发挥着基础性、

① 习近平．改革要聚焦聚神聚力抓好落实　着力提高改革针对性和实效性［EB/OL］. https：//china. huanqiu. com/article/9CaKrnJF2jd.

② 贾康．关于7月会议与新一轮财税改革命［EB/OL］. https：//mp. weixin. qq. com/s/WoeIuz2f94-DVia534RZ8g.

制度性、保障性作用。改革开放46年来，我国财税体制以中央与地方的财政关系、税收制度、财政支出及预算管理三个方面为总体框架，逐步构建起了与经济社会发展状况相适应、与强化国家治理能力相衔接的现代财税制度框架，为优化资源配置、维护市场统一、促进社会公平、实现国家长治久安提供坚实支撑。但同时，我国财税体制仍存在中央与地方事权和支出责任划分不清、预算分配管理还存在诸多薄弱环节、税制结构仍待优化、转移支付法治化程度不足、省以下财政体制有待进一步深化、防范化解地方债务体制机制不够完善等难点卡点。纵观46年开放历程，财税体制改革始终是整体改革的一个重要组成部分，要持续优化财税体制，加强税收监管，加强财税体制改革的顶层设计是重要的改革经验。党的十八大以来，我国财税体制改革取得新突破，体现在现代预算制度基本建立、现代税制体系初步建立、政府间财政关系进一步理顺等方面。

（一）财税体制改革的主要历程

新中国成立以来，由于特殊的历史因素，我国财税体制在不同的历史时期承担不同的历史任务。1949—1952年，新中国财税体制处于奠基阶段，主要承担起筹集支付军政费用以及整顿生产生活秩序促进国民经济恢复的重要作用；1953—1957年，新中国财税体制负起为工业化筹集资金和促进社会主义改造的双重任务；1958—1965年，新中国财税体制围绕计划经济体制进行探索适应，积累宝贵历史经验；1966—1977年，新中国财税体制处于频繁变动期，在财政压力不断加大的背景下勉力支撑国家经济生产生活运行。

改革开放之后，我国财税体制改革进入全新局面，整体分为三个阶段：1978—1994年，我国财税领域实行“放权让利”，打破或改变“财权集中过度，分配统收统支，税种过于单一”的传统体制格局，财税体制逐步完善。但“放权让利”导致财政收支逐渐失衡，财政收入占GDP的比重从1978年的31.1%下滑至1993年的12.3%，财政赤字也逐渐加大至978.58亿元。财政压力下，我国恢复内债、外债举措。1993年，中央财政依存度①已经高达59.63%，这意味着当年中央财政本级支出中的一半以上需要依赖举债或借款收入来解决②。1994—2012年，财税体制的改革由利益格局的调整转向新型体制的建立。一方面，着重进行财税体制及其运行机制的转换，初步搭建起适应社会主义市场经济体制的财税体制及其运行机制的基本框架。另一方面，公共财政体制框架开始建立并逐步完善。2012年至今，财税体制改革进入以建立现代财政制度为目标，为推进国家治理体系和治理能力现代化发挥基础性和支撑性作用阶段。回顾46年的财税体制改革，中央与地方财政关系、税收制度、财政支出及预算管理三大方向是改革主线。

---

① 中央财政债务依存度=债务收入/（中央财政本级支出+中央财政债务支出）。

② 财政部综合计划司．中国财政统计（1950—1991）[M]．北京：科学出版社，1994；中国财政年鉴编辑委员会．中国财政年鉴（2007）[M]．北京：中国财政杂志社，2007.

1. 财税体制逐步完善时期（1978—1994 年）

1978 年后，我国财税体制进入快速改革期。党的十一届三中全会所制定的路线方针和政策、第五届全国人大第五次会议通过的《宪法》、党的十二届三中全会通过的《中共中央关于经济体制改革的决定》为税制改革提供充分的法律以及政策依据，中国财税体制开启市场化改革大潮。这一时期，我国央地财政关系向合理划分央地财政事权转变，税收制度改革以涉外税收体系建立及利改税为核心，预算管理制度恢复与更新。

（1）央地财政关系向合理划分央地财政事权转变

一是 1978—1984 年中央和地方的关系施行划分收支、分级包干的财政制度。1978—1979 年党和政府在江苏和四川进行财政体制改革试点。1980 年 2 月 1 日，国务院颁布《关于实行“划分收支、分级包干”财政管理体制的暂行规定》，明确各级财政的权利和责任，规定了央地财政收支的划分及地方财政包干基数，以 1979 年财政收支预计执行数为基础，适当调整后五年不变，地方多收可以多支出。这一规定有效扩大了地方财权、增强地方财政自主能力、激励地方财政增收，有力推动了计划经济管理体制的全面改革。但同时，这一举措强化了地方“本位主义”倾向，削弱了中央财政对地方财政的制约力。1982 年 12 月 4 日，国务院发布《关于改进“划分收支、分级包干”财政管理体制的通知》，进一步处理好央地财政关系。1983 年、1984 年，中共中央、国务院又在国营工业、交通、商业等企业分两步推进“利改税”，开始以税收作为调整央地财政关系的主要手段。

二是 1985—1987 年中央和地方进一步划分税种、核定收支，深化分级包干制度。1985 年 3 月 21 日，国务院发布《关于实行“划分税种、核定收支、分级包干”财政管理体制的规定》，决定实行“划分税种、核定收支、分级包干”（简称“分税包干”）的财政管理体制。这一规定初步建立了以税种划分央地收入的雏形，促使央地财政由“分成”向“分税”转变，由利税并重转向以税为主①。“分税包干”实施后，我国财政收入迅速增长，1985 年增幅高达 24.7%。

三是 1988—1993 年全国多种包干办法并行。中央在“包盈包亏、自行负责”的总体思路指导下，施行多种包干办法并行的地方财政制度。1988—1993 年，全国各地分别实行收入递增包干、总额分成包干、总额分成加增长分成、上解额递增包干、定额上解与定额补助六种形式的包干办法，进一步强化了地方经济发展与财政收入的联系。但同时，这一举措削弱了经济横向联系，阻碍了全国统一市场的建立。

（2）税收制度改革以涉外税收体系建立及利改税为核心

一是涉外税收体系开始建立。20 世纪 80 年代，为尽快适应改革开放新形势，在引进外资的同时维护国家税收权益，我国采取了涉外税法与国内税法分离模式，坚持“税负从轻、优惠从宽、手续从简”的基本原则构建涉外税收法制体系。1980—

① 刘晓泉，刘方玮 . 1978—1993 年中央和地方财政关系考察［J］. 当代中国史研究，2023，30（6）：49-63，157-158.

1982 年，《中外合资经营企业所得税法》《个人所得税法》《外国企业所得税法》审议通过，相关部门发布配套实施细则及规定。三部涉外所得税法实施后，对吸引外资起到了重要作用。

二是以利改税改革为核心的税收法治建设加速。利改税是将国营企业原来向国家上缴利润的大部分改为征收所得税，这一改革主要分为两步走。1983 年 4 月 24 日，国务院颁布《关于国营企业利改税办法》，推行第一步利改税措施：凡有盈利的国营大中型企业，按 55%的税率缴纳所得税，税后利润以 1982 年为基数，采取递增包干上缴、定额上交等办法上缴一部分给国家；国营小型企业按 8 级超额累进税率缴纳所得税。1984 年 9 月 18 日，国务院颁布《国营企业第二步利改税试行办法》，并相继颁布适用于各种经济成分的内资企业的税费条例（草案）和征收办法，适当调整某些税种和税目税率，扩大税收渠道，逐步改变了对国营企业单一税制的格局。此外，国务院还进行了全面的工商税制改革，将原来征收的工商税按性质分为增值税、营业税、产品税、盐税。开征了资源税，恢复了房产税、土地使用税、车船使用牌照税和城市维护建设税四个地方性税种。此次税制改革意义重大，推动我国税制从封闭性转向开放型，重新确立了国家与企业的税利分配关系，首次建立了我国多税种、多环节、多层次的复合税制，有效促进了我国经济建设的发展。

三是个人所得税整合统一。20 世纪 80 年代以来，随着国民经济迅速发展，个体经济逐步恢复，跨国人才流入增多，我国居民收入稳步提升，高收入群体逐渐形成，居民收入差距日益扩大。为了满足通过税收调节居民收入分配的需要，我国于 1980 年发布《个人所得税法》，于 1986 年发布《个人收入调节税暂行条例》和《城乡个体工商业户所得税暂行条例》，覆盖居民个人、外籍个人、个体工商户，构建起三税并行的个人所得税制度体系。三税并行的个税制度顺应了我国由计划经济向社会主义市场经济过渡的特殊时期的要求，推动“按劳分配为主体，多种分配方式并存”的分配制度进一步完善。

四是国内企业所得税制度体系初步确立。我国先后建立了针对国内不同所有制企业的所得税体系。1984 年制定了《国营企业所得税条例》和新的《集体企业所得税条例》，1988 年针对改革开放后大量新出现的私营企业制定了《私营企业所得税条例》。这一系列企业所得税领域的法律法规填补了此前对部分所有制类型企业征收所得税的空白，确立了相对完备的企业所得税制度体系。

（3）预算管理制度恢复与更新

一是恢复预算报告与批准制度。1979 年改革开放后，我国正式恢复编制并向全国人民代表大会提交国家预算报告的做法。这一做法在全国人大五届二次会议和三次会议上，由时任财政部部长分别做关于国家决算和预算草案的报告后，正式恢复。1983 年，全国人大财政经济委员会及中华人民共和国审计署设立，以适应预算审查以及审计监督的需求。

二是预算管理制度更新。1992 年 1 月 1 日，国务院发布《国家预算管理条例》（以下简称《条例》），对国家预算管理做了全面规定。按《条例》规定，国家预算实行统一领导、分级管理、权责结合的原则；国家预算应当做到收支平衡；国家设立中央、省（自治区、直辖市）、设区的市（自治州）、县（自治县、不设区的市、市辖区、旗）、乡（民族乡、镇）五级预算，且区分了中央预算和地方预算①。

三是预算更加注重综合平衡。这一时期，我国政府高度重视预算平衡和赤字控制，在一定程度上防止了财政赤字的过度膨胀，也减少了货币的财政性发行。《条例》也对此政策取向有所体现，如经常性预算不列赤字；中央建设性预算的部分资金，可通过举借国内和国外债务的方式筹措等。同时，这一阶段债务管理制度逐步形成。债务管理制度下，国债年度发行额得到控制，发行规模由当年财政赤字和以前年度发行的到期国债本金组成。

四是预算外资金从总量调节到制度规范。1979 年之后的财税改革以放权让利为特征，直接导致预算外资金规模的扩大，尤其是国有企业和主管部门的收入增加显著。大量预算外资金被用于基本建设，影响了财政信贷资金的综合平衡，直接影响计划式宏观调控。1983 年，财政部发布《预算外资金管理试行办法》，要求加强预算外资金管理。为了控制预算外资金规模，国家开始征收基金，以转化部分预算外资金为国家预算收入。1986 年，国务院发布《关于加强预算外资金管理的通知》，要求切实加强预算外资金管理。1993 年，随着《企业财务通则》和《企业会计准则》的推行，国有企业和主管部门收入事实上不再作为预算外资金管理，标志着预算外资金管理从总量调节到制度规范的转变。

2. 财税体制全面革新时期（1994—2012 年）

1992 年 10 月，中共中央正式确立了社会主义市场经济体制的改革目标；1993 年 11 月召开的中共十四届三中全会通过《中共中央关于建立社会主义市场经济体制若干问题的决定》。基于上述背景，中国财税体制改革踏上了制度创新之路，初步搭建起适应社会主义市场经济体制的财税体制基本框架。这一时期，我国央地财政关系在分税制改革下重塑，税收制度改革为分税制改革提供基础，预算体系持续完善。

（1）分税制改革重塑央地财政关系

一是 1994 年分税制改革重塑央地财政关系。1993 年 12 月 15 日，国务院出台《国务院关于实行分税制财政管理体制的决定》，确定从 1994 年 1 月 1 日起在全国实行分税制财政管理体制。分税制改革以“统一税法，公平税负，简化税制，合理分权，理顺分配关系，保障财政收入，建立符合社会主义市场经济要求的税制体系”为指导思想，通过划分中央和地方的事权和支出范围、划分中央和地方的收入、建立转移支付制度处理中央财政和地方财政收入支出不协调问题的方式改变了财政承包制形成的中央与地方的财政分配格局，实现了中央与地方财政关系的规范化、法治化。这轮改革奠定了我国当前中央财政与地方财政关系的基本框架，推动了我国市场经济的发展和不断完善。

整体上看，分税制改革主要成效有三点：①央地财政关系重塑。分税制改革使中

---

① 杨志勇．我国预算管理制度的演进轨迹：1979—2014 年［J］．改革，2014（10）：5-19.

央和地方之间由行政性分权迈入了经济性分权阶段，中央与地方之间财政事权与支出责任进一步制度化、规范化与程序化。②提高中央财权财力。分税制改革下，中央财政收入占全国财政收入的比重明显提高，中央政府基于全国发展战略的宏观调控能力进一步增强。1994 年，中央政府在全国财政总收入中所占份额为 56%，较 1993 年迅速上升 34 个百分点。③全国范围内财力均等化提升。中央在各地区间再分配的能力得到提高，地区间财力均等化程度明显上升。

二是 2002 年所得税分享改革再次强化中央政府财力。2002 年，国务院对企业所得税和个人所得税收入实施改革，将按企业隶属关系划分中央和地方所得税收入的方式更改为按照两大税种的收入按比例分享方式，中央与地方各分享 50%。2003 年，这一比例调整为中央分享 60%，地方分享 40%，进一步强化中央政府财力。

三是 2003—2012 年公共财政体制逐步健全。2003 年 10 月，党的十六届三中全会通过《中共中央关于完善社会主义市场经济体制若干问题的决定》，提出健全公共财政体制、明确各级政府的财政支出责任。围绕这一目标，党和政府将改革部署着眼于基本民生事项的建设，财政支出相应向困难地区、普通群众和基层加大倾斜力度。如财政支出向以教育、就业、医疗、社会保障和住房为代表的基本民生事项倾斜；加大财政转移支付力度并相应调整转移支付制度体系以推进地区间基本公共服务均等化等。

（2）税收制度改革为分税制改革提供基础

一是 1994 年进行的税收制度改革是分税制改革推行的重要基础。在分税制改革措施落地的同期，1994 年 1 月 1 日，多部重要税收法律法规生效实施，对我国税收制度进行全面变革。首先，《增值税暂行条例》《营业税暂行条例》正式实施，以增值税替代产品税，并在此基础上开征消费税，正式建立以增值税和营业税为主的流转税制度。其次，《企业所得税暂行条例》正式实施，将过去对国营企业、集体企业和私营企业分别征收的多种所得税合并为统一的内资企业所得税，标志着中国的所得税制度改革向着法治化、科学化和规范化的方向迈出了重要的步伐。最后，修订后的《个人所得税法》正式实施，合并内外两套个人所得征税制度，将过去对外国人征收的个人所得税、对中国人征收的个人收入调节税和个体工商业户所得税合并为统一的个人所得税。此外，我国大幅度调整、撤并和开征其他税种，如开征土地增值税，扩大资源税征收范围，取消了盐税、烧油特别税、集市交易税等 12 个税种，并将屠宰税、筵席税的管理权下放到省级地方政府，增设了遗产税、证券交易税。

二是税制改革进一步深化。1994 年的分税制改革规定出口退税由中央财政负担，造成中央财政压力。2004 年 1 月 1 日起，我国正式施行新的出口退税政策，建立中央和地方共同负担的新机制，由中央和地方按 75∶25 的比例共同负担；2008 年 1 月 1 日，《企业所得税法》正式实施，统一各类企业税收，内资企业所得税率从 33%降至 25%，享受与外资企业同等税率，内外资企业税负不统一的格局得以打破；2004 年，我国开启了增值税由生产型转向消费型的改革实验。2008 年，财政部印发《关于全国实施增值税转型改革若干问题的通知》，正式决定在全国范围进行增值税转型改革，这一举措大大降低了企业设备投资的税收负担，对扶持中小企业发展、激发企业经济活力具有重要意义；2004—2012 年，个人所得税法进行多次修订，持续减轻广大纳税人尤其是低收入群体的税负，促进消费和经济增长。

（3）预算体系持续完善

一是预算体系初步建立。1995 年 1 月 1 日，《预算法》正式实施。这是我国首部预算法，目的在于规范政府收支行为，强化预算约束，加强对预算的管理和监督，建立健全全面规范、公开透明的预算制度。《预算法》将复式预算分为政府公共预算、国有资产经营预算、社会保障预算和其他预算，初步建立我国预算制度。1996 年，国务院发布《国务院关于加强预算外资金管理的决定》，财政部据此制定《预算外资金管理实施办法》等配套性文件，重新界定预算外资金的范围、完善财政预算分配制度、建立预算外资金收支预决算制度，为后续政府性基金预算制度建立奠定基础。

二是预算体系的持续完善。2007 年 9 月国务院发布《关于试行国有资本经营预算的意见》，正式建立国有资本经营预算制度；2010 年国务院发布《关于试行社会保险基金预算的意见》，开始编制社保基金预算。此外，2010 年财政部发布《关于将按预算外资金管理的收入纳入预算管理的通知》，要求 2011 年开始将预算外资金管理的收入全部纳入预算管理，正式终结预算外资金时代。

3. 现代财税体制建立时期（2012 年至今）

2012 年，“营改增”成为深化财税体制改革的起点，引领着我国的间接税制改革，也是我国 1994 年分税制改革以来最为重要的税制改革。2013 年 11 月，中共十八届三中全会通过了《关于全面深化改革若干重大问题的决定》，提出以建立现代财政制度为目标，展开新一轮财税体制改革。这一时期，我国央地财政关系改革持续深化，税收制度改革侧重于消费税、资源税改革深化，预算体系正式建立。

（1）央地财政关系改革持续深化

一是央地财政关系改革支出侧进一步深化。2013 年，党的十八届三中全会提出“深化财税体制改革”目标。2014 年 6 月，政治局会议审议通过的《深化财税体制改革总体方案》等提出“明确事权”，合理调整并明确中央和地方的事权与支出责任。2016 年 8 月，国务院印发《关于推进中央与地方财政事权和支出责任划分改革的指导意见》，明确财政事权和支出责任划分改革的重要内容，具体包括适度加强中央财政事权、减少并规范中央与地方共同财权事权、明确地方事权、建立财权事权划分动态调整机制等内容。2016 年后，事权和支出划分开始在各领域细化落实。

二是再度重塑央地财政格局。2024 年 7 月《中共中央关于进一步全面深化改革、推进中国式现代化的决定》指出，明确中央与地方财政事权与支出责任、优化中央和地方收入划分、完善财政转移支付体系等内容，进一步建立权责清晰、财力协调、区域均衡的中央和地方财政关系。

（2）税收制度改革侧重于消费税、资源税改革深化

一是扩容调整消费税。2013年，党的十八届三中全会提出：“调整消费税征收范围、环节、税率，把高耗能、高污染产品及部分高档消费品纳入征收范围。”此后，消费税开启豪华小轿车、高档化妆品、电池、涂料等品类的征收扩容调整。此外，2019年9月发布的《国务院关于印发实施更大规模减税降费后调整中央与地方收入划分改革推进方案的通知》提出，后移消费税征收环节并稳步下划地方。

二是资源税改革正式实施。2016年7月1日，依据《关于全面推进资源税改革的通知》规定，资源税改革开始全面推进。此次改革主要包括扩大资源税征收范围、推进从价计征改革、全面清理矿产资源收费基金、赋予省级政府部分税收管理权等内容。

三是持续优化税制结构。2024年7月《中共中央关于进一步全面深化改革、推进中国式现代化的决定》指出，规范税收优惠政策、健全直接税体系、健全地方税体系、完善绿色税制等具体内容，进一步健全有利于高质量发展、社会公平、市场统一的税收制度，优化税制结构。

（3）预算体系正式建立

一是预算体系正式建立。2013年，财政部首次编制全国社会保险基金预算。至此，我国现行的预算体系“四本账”全部成型。2014年修正的《预算法》第五条明确规定：“预算包括一般公共预算、政府性基金预算、国有资本经营预算、社会保险基金预算。”正式建立起了四本预算组成的政府预算体系。

二是建立健全地方政府债务管理制度。2014年修正的《预算法》允许地方政府举借债务，但对举债主体、举债规模、举债方式、债务资金用途、列入预算、控制债务风险等六个方面做出限制性规定。

三是进一步健全预算制度。2024年7月《中共中央关于进一步全面深化改革、推进中国式现代化的决定》指出，健全预算制度需要加强财政资源和预算统筹，强化对预算编制和财政政策的宏观指导，统一预算分配权，深化预算绩效管理改革，完善预算公开和监督制度，完善权责发生制政府综合财务报告制度等内容。

（二）财税体制改革的总体框架、基本方向和难点卡点

改革开放46年来，我国财税体制以中央与地方的财政关系、税收制度、财政支出及预算管理三个方面为总体框架，逐步构建起了与经济社会发展状况相适应、与强化国家治理能力相衔接的现代财税制度框架，为优化资源配置、维护市场统一、促进社会公平、实现国家长治久安提供坚实支撑。但同时，我国财税体制仍存在中央与地方事权和支出责任划分不清、预算分配管理还存在诸多薄弱环节、税制结构仍待优化、转移支付法治化程度不足、省以下财政体制有待进一步深化、防范化解地方债务体制机制不够完善等难点卡点。

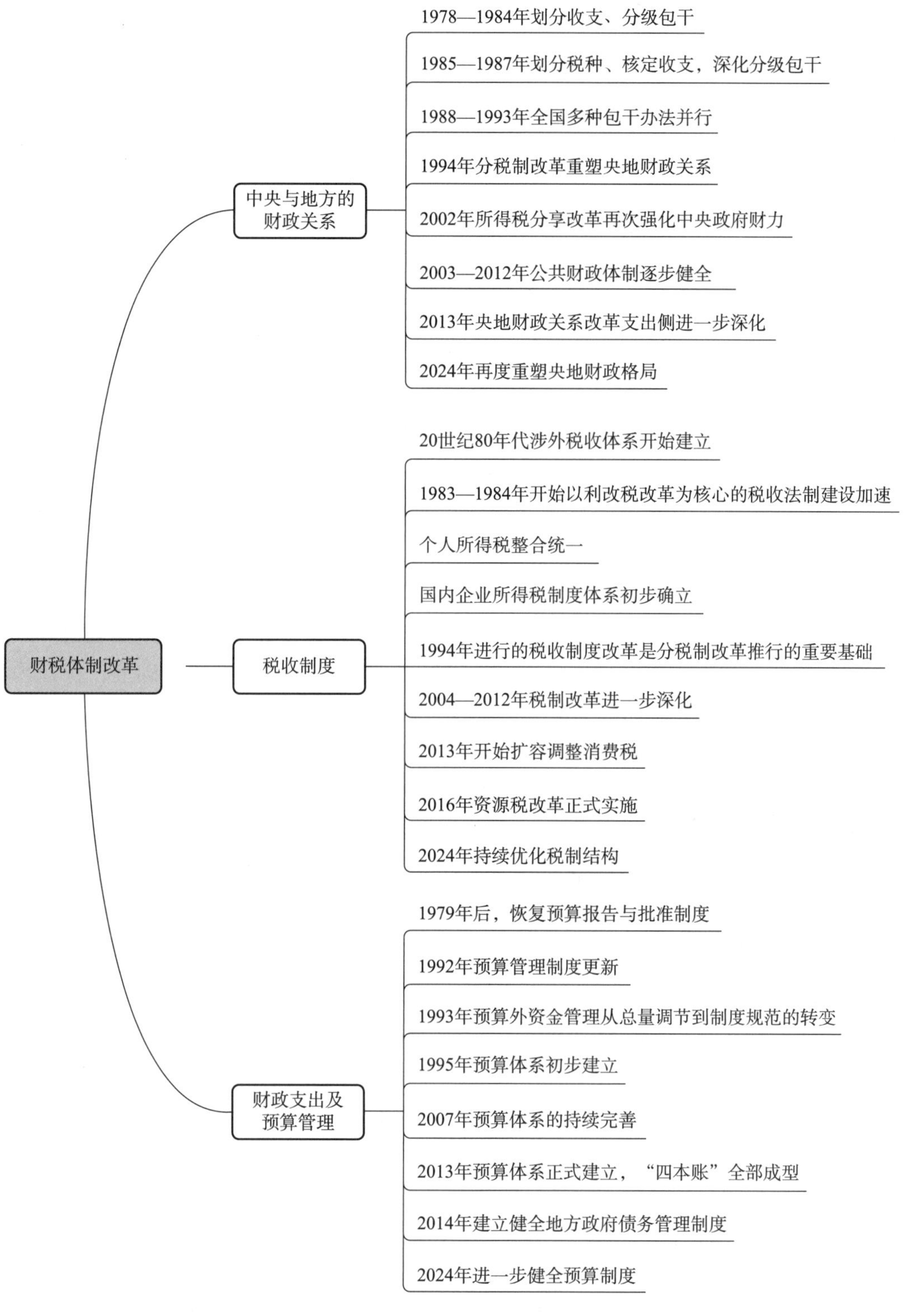

图 5-2　财税体制改革的总体框架

1. 总体框架

纵观改革开放 46 年来，中国财税体制改革以中央与地方的财政关系、税收制度、财政支出及预算管理三大主要内容为脉络进行了全方面、系统性的改革，为建立现代财政制度打下坚实基础。

在中央与地方的财政关系方面，先后通过实行“分灶吃饭”、建立分税制财政管理体制基本框架、建立中央与地方财政事权和支出责任划分框架等举措理清中央与地方收入与支出划分，规范各级政府间财政关系，对促进国家治理体系与治理能力现代化、实现国家长治久安具有重要意义。

在税收制度方面，先后通过复税制体系建立、新型税收体制搭建、税费改革、建立现代税收制度等举措，降低税收成本并增加税收收入，有效增强了国家财政实力，规范政府与市场主体分配关系，促进经济发展。

在财政支出及预算管理方面，先后通过改革财政支出结构、推行规范预算编制和分类方法、建立“四本账”制度、健全地方债务管理制度等强化了预算监督管理等举措，有效规范财政支出并确立现代预算管理制度。

2. 基本方向

一是中央与地方的财政关系方式分配逐渐清晰。首先，1980 年起实行“分灶吃饭”。先后推出了“划分收支、分级包干”“划分税种、核定收支、分级包干”以及“收入递增包干、总额分成、总额分成加增长分成、上解递增包干、定额包干、定额补助”等多种不同的体制模式。**其次，初步建立分税制财政管理体制基本框架。**1994 年开始，在根据中央和地方事权合理确定各级财政支出范围的基础上，按照税种统一划分中央税、地方税和中央地方共享税，建立中央税收和地方税收体系，分设中央税务机构和地方税务机构，实行中央对地方税收返还和转移支付制度。**最后，中央与地方财政事权和支出责任划分框架形成。**2016 年 4 月底，公布《全面推开营改增试点后调整中央与地方增值税收入划分过渡方案》。作为未来 2～3 年的过渡方案，以 2014 年为基数，采取增值税增量五五分成的方式重新划分中央和地方收入。2016 年 8 月，国家发布《国务院关于推进中央与地方财政事权和支出责任划分改革的指导意见》，根据这一指导意见，到 2020 年应基本完成主要领域改革，并逐步规范化、法律化，形成中央与地方财政事权和支出责任划分的清晰框架。

二是逐步建立起规范的税收制度，以适应经济发展需求，降低税收成本并增加税收收入。首先，复税制体系建立。从 1980 年起，通过建立涉外税制、建立内资企业所得税体系、全面调整工商税制、建立个人所得税制、恢复和改进关税制度、完善农业税等方面的改革，改变了相对单一化的税制格局，建立起了一套以流转税、所得税为主体，其他税种相互配合的多税种、多环节、多层次征收的复税制体系。其次，**搭建新型税收体制。**1994 年后，按照“统一税法、公平税负、简化税制、合理分权”的原则，通过建立以增值税为主体、消费税和营业税为补充的流转税制，统一内资企业所得税，建立统一的个人所得税制，扩大资源税的征收范围，开征土地增值税以及确立适应社会主义市场经济体制需要的税收基本规范等一系列的行动，全面改革税收制度，搭建了一个新型的税收制度体系。**再次，税费改革规范政府收入，初步建立起以税收为主，少量的、必要的政府收费为辅的政府收入体系。**1998 年后我国启动全国性的“税费改革”，将非规范性的政府收入纳入规范化轨道。**最后，建立现代税收制度**

持续推进。2003 年后，出口退税制度的改革、上调工薪所得减除额标准和实行高收入者自行申报、取消农业税、增值税由生产型转为消费型改革、内外资两个企业所得税法合并等先后启动。2012 年后，新一轮税收制度改革在“稳定税负”的前提下，通过“逐步增加直接税比重”优化税收收入结构，建立现代税收制度。如深化税收制度改革，完善地方税体系，逐步提高直接税比重。推进增值税改革，适当简化税率。调整消费税征收范围、环节、税率，把高耗能、高污染产品及部分高档消费品纳入征收范围。逐步建立综合与分类相结合的个人所得税制。加快房地产税立法并适时推进改革，加快资源税改革，推动环境保护费改税。

三是预算管理体制改革逐步深化。首先，预算报告与批准制度逐步恢复。1979 年后，我国恢复预算报告与批准制度；1992 年，国务院发布《国家预算管理条例》，对国家预算管理作了全面规定。**其次，预算体系持续完善**。1995 年，《预算法》正式实施标志着我国预算制度初步建立。2007—2012 年，预算体系持续完善。**最后，预算体系正式建立**。2014 年修正的《预算法》对“四本账”做出明确规定。并且，相关部门围绕新《预算法》颁布了一系列旨在规范政府收支行为的制度。以此为基础，现代预算管理制度的若干基本理念得以确立，以四本预算构建的全口径政府预算体系得以建立，预决算公开透明也取得一定成效。同时，《预算法》允许地方政府举借债务，标志着我国地方政府债务管理制度建立健全。

3. 难点卡点

一是中央与地方事权和支出责任划分不清。我国地方政府承担过多的事权和支出责任，中央支出占比远低于国际平均水平。当前在共同事权、支出责任以及专项转移支付方面，仍存在较多模糊地带，如国防安全、大江大河治理、收入分配等领域，仍存在着部分事权和支出责任下移的情况；部分省份如北京地域范围内的政务服务、国际交往等，中央地方事权支出责任划分还不够清晰合理。

二是预算分配管理还存在诸多薄弱环节。整体上看，我国预算管理制度的改革在预算制度的系统性、整体性和协调性方面仍显不足。第一，预算资源统筹、分配能力偏弱。优化财政资源配置是保障政府宏观调控能力的重要途径，但我国当前在财政资源的分配上存在谋划不够充分、分配不够精准、协同发力效果弱等问题。第二，预算约束机制不够完善。当前我国仍未形成针对性的项目支出专用标准，项目支出标准体系并不完善，如财政通用定额标准体系进展缓慢、部门间缺乏统一规范的财政项目实施标准、标准的应用机制和动态调整机制不够健全等问题仍然存在。第三，预算管理体系薄弱。体现在绩效目标设置不合理、绩效评价结果及运用质量不高、财政管理信息化水平仍显不足等方面。

三是税制结构仍待优化。一方面，直接税①占比仍然偏低。2023 年，我国直接税占全国税收收入的比例为 41.4%，明显低于美国的 81.8%、日本的 58.4%以及德国的 50.4%。直接税属于价外税，直接向纳税人收取，公平性较强，有助于调节收入分配。

① 直接税是指税负不能转嫁，而由纳税人直接负担的税收。如人头税、所得税、土地使用税、房产税等。

间接税[①]属于价内税，在流通环节征收。当前我国税收体系仍以间接税为主，其中占据主导地位的增值税现行税率结构、抵扣机制以及纳税人分类标准已逐渐与当前众多新兴产业的发展特征不匹配，对产业健康发展造成一定阻碍。另一方面，地方税体系不够健全。当前传统“土地财政”模式难以为继，地方的财政收入更多依赖税收。从地方税税基看，现有地方税的特点主要是流动性税基，纳税人主要为企业纳税人，这或激发地方政府间的“逐底竞争”，不利于经济高质量发展，不利于建设统一大市场，不利于地方政府职能转变。从地方税的主体税种看，目前以共享税为主的制度下，地方缺乏对当地财力具有决定性影响且长期稳定的地方税主体税种。地方税呈现收入有限、覆盖面窄等特点，难以成为地方财政的主体来源，导致部分地方长期依赖上级转移支付。同时，税收管理权限主要集中在中央进一步影响地方政府调整配置资源的能力。地方税源亟待培育。

四是转移支付法治化程度不足。当前地方财政对中央转移支付的总体依赖度仍处于较高水平，缺乏一套能够充分调动中央和地方积极性的转移支付体制。当前财政转移支付制度并没有专门的法律，相关制度主要为财政部的部门规章，这在一定程度上阻碍了转移资金的定向精准使用管理，阻碍对地方的引导激励、提高资金效能。

五是省以下财政体制有待进一步深化。省以下财政体制仍呈现差异性极大且不规范的特征。2022 年 6 月出台的《国务院办公厅关于进一步推进省以下财政体制改革工作的指导意见》，要求完善省以下财权与事权和支出责任划分，进一步推进构建权责清晰、财力协调、区域均衡的省以下财政体制，但如何实现统一规范与因地制宜，仍是下一阶段财税改革需要深入的重点方向。

六是防范化解地方债务体制机制不够完善。当前，我国地方债务风险产生的机制原因仍待化解。1994 年分税制改革以来地方政府财权与支出责任不匹配问题仍然存在，2002 年出台的《所得税收入分享改革方案》进一步缩减了地方政府的直接税源，导致地方财政缺口扩大、压力增加，成为阻碍防范化解地方债务风险的体制因素。同时，我国防范化解地方债务体制机制仍有欠缺，体现在政府债务管理体制机制不完善、地方政府隐性债务风险监测体系仍未建立健全、地方政府专项债券管理有待加强、地方融资平台改革转型尚不完全等方面。

（三）财税体制改革的基本经验——46 年的经验

纵观 46 年开放历程，可以发现，财税体制改革始终是整体改革的一个重要组成部分，要持续优化财税体制，加强税收监管，加强财税体制改革的顶层设计，上述内容形成我国财税体制改革的重要经验。

1. 财税体制改革始终是整体改革的一个重要组成部分，服从、服务于整体改革的需要

财税体制改革要求财政和税收制度与市场经济体制相适应，促进市场资源的有效

① 间接税是指纳税人能将税负转嫁给他人负担的税收。如消费税、增值税、关税等。

配置和市场主体的自主发展。改革开放46年以来，财税体制改革本质是伴随着经济体制改革走向全面深化改革而不断地对财税体制及其运行机制进行适应性变革：以“财政公共化”匹配“经济市场化”，以“财政现代化”匹配“国家治理现代化”，以“公共财政体制”匹配“社会主义市场经济体制”，以“现代财政制度”匹配“现代国家治理体系和治理能力”。在这方面，我国财税体制改革取得了显著成效。我国相关法律法规的制定和不断完善，促进了市场经济体制的建立和健全。特别是在财政分权改革、税收优惠政策、税制改革等方面的探索和实践，有效地促进了市场经济发展，加快了经济结构的调整和转型升级。

2. 持续优化财税体制，实现资源的合理配置和市场的公平竞争

我国财税体制改革在这一方面取得了一些重要的经验。首先，通过深化财政分权改革，逐步建立起中央和地方财政的良性互动机制，实现了权责清晰和资源平衡。其次，通过税制改革，进一步优化税收结构，减轻了企业和个人的税收负担，提高了市场主体的活力和竞争力。特别是近年来实施的增值税改革和营改增试点，以及个人所得税改革，进一步优化了税制，促进了经济的发展。

3. 加强税收征管，建立健全税收征缴制度

我国财税体制改革通过加强税收征管能力建设，提高了税务部门的执行力和效率，减少了税收违法和逃税行为。特别是近年来推行的“互联网+税务”，实现了税务征管的智能化和信息化，提高了税收征缴的效率和质量。

4. 加强财税体制改革的顶层设计，形成系统性的政策措施和制度安排

首先，要强化财税体制改革的顶层设计，加强政策协调和统筹规划，推动各项改革相互配合、相互促进。其次，要注重改革的实施和执行，建立健全改革的持续性机制和推动机制。特别是要加强改革的监督和评估，实现改革的科学性和有效性。

（四）党的十八大以来财税体制改革取得的新突破——新思想下的新突破

党的十八大以来，我国财税体制改革全面发力、向纵深推进，不断取得新突破，体现在现代预算制度基本建立，现代税制体系初步建立，政府间财政关系进一步理顺等方面，基本确立了现代财税制度框架。

1. 现代预算制度基本建立，预算管理更加规范透明

一是健全预算制度体系。首先，实行全口径预算管理。2014年、2018年两次修订《预算法》，明确要求“政府的全部收入和支出都应当纳入预算”。2020年全面修订《预算法实施条例》，进一步细化四本预算的收支范围。其次，健全四本预算的统筹协调机制。2015年，国务院印发《推进财政资金统筹使用方案》进一步明确四本预算间的衔接机制，同时强调了预算编制和预算执行的统筹协调。最后，加大预算公开力度。明确预算的公开范围、责任主体、公开时限，政府债务、机关运行经费、政府采购、财政专户资金等情况依法公开。

二是健全跨期预算平衡机制。2015年，国务院印发《关于实行中期财政规划管理的意见》，对中期财政规划的主要内容和编制程序做出详细说明，形成中期财政规划框架。

三是实行全面预算绩效管理。实行预算项目的全生命周期管理，搭建财政预算资金的项目管理库，实现从预算编制、项目开展到项目终止的全流程追踪；健全预算绩效评价标准体系，确立定量与定性相结合的绩效指标框架，纳入经济效益、社会效益、生态效益等指标丰富评价维度；建立全方位预算绩效评估机制，完善预算绩效管理评估流程，建立专家咨询机制，引入第三方机构参与预算绩效评估工作。

2. 现代税制体系初步建立，税制改革持续深化

一是推进税收征管体制改革。一方面，加快推进税收法治化进程。2015 年审议通过的《贯彻落实税收法定原则的实施意见》明确，开征新税需由全国人大及其常委会立法通过，并对税收条例修改上升为法律或者废止的时间作出了安排。截至 2024 年 7 月，现行 18 个税种中已有 13 个完成立法①。2021 年，先后修订、出台《重大税务案件审理办法》《税务规范性文件制定管理办法》《税务稽查案件办理程序规定》《重大税收违法失信主体信息公布管理办法》等文件，税收法律制度体系进一步完善。另一方面，深化税收征管体制改革。修改完善《税收征收管理法》与《税收征收管理法实施细则》；完成国地税机构合并、社会保险费和非税收入征管职责划转改革；票据电子化改革稳步实施，税收大数据共享领域逐步拓宽，为实现税收征管现代化提供关键支撑。

二是推进税收结构优化。全面推行“营改增”，简并增值税税率档次，降低增值税税率，稳步实施留抵退税制度，降低以增值税为主体的间接税税负。

三是初步建立绿色税制。形成以资源税、环保税等为核心的“多税共治”局面；实施增值税、企业所得税等“多策组合”的系列税收优惠政策，推行税收优惠正向激励和税收限制反向约束的“双向驱动”税收模式，助推绿色产业发展。

3. 政府间财政关系进一步理顺，财政体制改革推进

一是建成清晰的权责划分模式。一方面，中央与地方财政事权和支出责任划分逐渐清晰。2018—2020 年，我国陆续出台多份涉及基本公共服务领域及教育等分领域改革方案，基本完成主要领域改革，明确中央政府与地方政府提供财力保障的具体内容。另一方面，中央与地方财政收入划分进一步理顺。增值税调整为“五五分享”比例，调整完善增值税留抵退税分担机制，后移消费税征收环节并稳步下划地方。

二是完善中央对地方的转移支付制度。优化转移支付结构，对一般性转移支付进行清理整合，逐步改变专项转移支付以收定支的管理办法；新增财政资金直达机制并实行常态化管理；加强转移支付预算管理，2020 年修订的《预算法实施条例》对加快转移支付预算资金下达作出明确规定。

三是加快理顺省以下政府间财政关系。2022 年 6 月，国务院印发《关于进一步推

---

① 我国 18 个税种中，已立法的为 13 个，分别是企业所得税、车船税、环境保护税、船舶吨税、烟叶税、个人所得税、车辆购置税、耕地占用税、资源税、契税、城市维护建设税、印花税、关税，未立法的有 5 个，分别是房产税、城镇土地使用税、土地增值税、消费税、增值税。

进省以下财政体制改革工作的指导意见》，一方面，规范省以下财政体制框架，明确各级财政收入的归属与范围，结合省内差距统筹财政支出和转移支付。另一方面，适度强化省级调控责任，结合经济发展水平差异化落实各级政府责任。

二、进一步全面深化财税体制改革面临的新形势新要求

展望未来，百年未有之大变局加速演进，我国财税体系中长期改革压力越发突出。首先，财政收支紧平衡或为中长期常态。财政收入端面临经济增长压力以及跨越中等收入陷阱压力，支出端在社会需求收缩以及实现中国式现代化要求下支出刚性较强。其次，地方债务风险压力突出，将对地方经济乃至国民经济发展造成阻碍。再次，新经济、新业态从业者偷漏税现象频繁发生，影响收入分配秩序和分配公平，相关税收体系亟待完善。最后，中国式现代化的鲜明特征，要求我国财税体制聚焦民生福祉、充分发挥收入分配调节作用、助力解决生态环境问题、助力推动高水平对外开放、统筹助力经济发展与精神文明发展。

（一）经济增长压力下财政收入压力突出，现行财税体制效能受限

2023 年，我国 GDP 同比增长 5.2%，增速维持较高水平。虽然国民经济顶住了来自国外的风险挑战和国内多重因素交织叠加带来的下行压力呈现整体向好态势，但在全球经济下行压力以及地缘政治危机激化大背景下，我国中长期内经济增长压力仍存，施压财政收入。IMF 公布数据显示，预计我国未来 5 年间 GDP 同比增速将有所回落，2024—2028 年 GDP 同比增速预测分别为 4.16%、4.12%、4.07%、3.66%、3.38%。经济增长承压叠加减降税费力度不减的背景下，**预计财政收入将持续承压。此外，经济结构转型的大背景下，地产相关税收走弱持续施压财政收入，削弱财税体制效能。**

（二）财政硬性支出刚性较强，财税体系改革迫切性增强

中长期看，我国经济形势压力仍然存在，导致财政可用资金减少，积极财政政策空间有限。但同时，我国政府在民生建设领域、环境建设领域、生态领域、现代产业体系等领域仍需保持一定财政支持力度，财政硬性支出刚性较强。此外，为实现中国式现代化，财政支出压力突出。党的二十大报告将“实现全体人民共同富裕”作为中国式现代化的本质要求之一，实现共同富裕的充分条件是国家通过社会合力保障所有人获得基本能力，这一条件对财政形塑国家治理结构的基础性作用提出更高要求。如何调整中央与地方在“权”“钱”“责”上的关系，缩小城乡区域之间的发展差距，推进基本公共服务均等化等问题亟待破解。这一过程中，保持硬性的财政支出，让财政支出有重点、有逻辑显得尤为重要。财政体系维持紧平衡状态下，改革空间受限，一定程度上对财税体系改革造成阻碍。

（三）地方债务风险突出，对财税体制改革提出更高要求

在财政收支紧平衡状态下，我国地方政府债务快速攀升，一些地方政府偿债压力

逐年上升。国际上通常将政府债务率（政府债务余额和政府综合财力之比）的警戒线定在 100%~120%，当前我国多省市债务压力突出。Wind 数据显示，截至 2022 年末，在只考虑显性债务即一般债和专项债的情况下，全国 31 个省（自治区、直辖市）中，债务率超过 120%的有 21 个，其中，有 8 个省份超过 200%，最高的黑龙江接近 500%。若加上城投有息负债，仅有上海一地政府债务率低于 100%，有 23 个省份超过 200%，最高的是天津，债务率达 685%。从根源看，地方隐性债务的形成源头是中央与地方事权与财权的不匹配，中央财权过大，地方财权过小、事权过大，财政预算与限额管理的显性债务无法满足地方政府的需求，由此催生隐性债务弥补缺口。因此，根治隐性债务，彻底化解地方债务风险对财税体制提出更高要求，需要财税体制适应宏观财政的新形势，积极主动深化改革。

（四）新经济、新业态发展迅速，对税收体系提出新要求

当前我国经济发展迅速，经济总量保持不断增长，经济成分日益复杂，网络直播、直播带货、外卖骑手等新经济、新业态如雨后春笋般涌现。国家统计局数据显示，2022 年全年电子商务交易额为 438299 亿元，按可比口径计算，比上年增长 3.5%。全年网上零售额为 137853 亿元，按可比口径计算，比上年增长 4.0%。全年新登记市场主体有 2908 万户，日均新登记企业有 2.4 万户，年末市场主体总数近 1.7 亿户。与此同时，由于部分经济新业态在法律层面尚无法定性，因此也在税收方面产生了一系列新难题、新挑战。尤其是新兴业态从业者偷漏税现象频繁发生，直接影响收入分配秩序和分配公平。以平台经济为例，当前税务机关对区块链技术的运用还不够广泛，难以及时准确地掌握与平台经济市场主体相关的涉税信息数据，难以对平台经济实现深度监管。首先，平台经济本身具有的交易隐蔽性强、交易过程难追踪等特点为税收征管带来了极大挑战。其次，平台经济目前鱼龙混杂、难辨真伪的发展现状也加大了税务机关的监管难度。最后，平台经济的相关税收法规和政策的制定滞后，现行税收法律法规和政策文件，对平台经济税收征管问题的规定存在较大空白。

（五）中国式现代化特征鲜明，对财税体系提出新要求

一是人口规模巨大的现代化要求我国财税体制聚焦民生福祉。优化支出结构，重点保障基本民生，健全社会保障体系，不仅是财税体制改革的内在要求，也是实现中国式现代化的必要条件。这需要我国财税体制持续加大对基本公共服务领域的投入力度，在支出结构上优先考虑满足人民群众基本需求和利益最大化的项目，注重财政支出的公平性和效率性，并加强对社会弱势群体的扶持和帮助。加大财税政策支持实体经济发展的力度，着力推进助企纾困。加快健全覆盖全民、统筹城乡、公平统一、可持续的多层次社会保障体系。

二是全体人民共同富裕的现代化要求我国财税体制充分发挥收入分配调节作用。完善收入分配制度、规范财富积累机制、优化转移支付制度、协调城乡区域发展是中国式现代化对新一轮财税体制改革提出的新要求。要求我国财税体制维持税负在各行业各地区间相对公平，在教育、医疗、社会保障等仅依靠市场无法实现资源有效配置的领域，发挥财政资金引导作用，通过收入分配制度及转移支付制度，缓解中低收入人群支出压力，促进城乡协同发展及区域均衡发展，扎实推动共同富裕。

三是物质文明和精神文明相协调的现代化要求我国财税体制统筹助力经济发展与精神文明发展。这就要求财税体制改革必须牢牢把握当前我国社会主要矛盾，聚焦关键领域和实体经济，助力经济高质量发展。同时，要保障公共文化教育资源供给，不断丰富人民精神文化生活。全面贯彻党的教育方针，全面提升公共文化服务水平，推进基础教育由全面普及向优质均衡跨越，为经济社会高质量发展储备人才。

四是人与自然和谐共生的现代化要求我国财税体制助力解决生态环境问题。要求在新一轮财税体制改革中，在税收优惠、转移支付和资金介入等方面不断优化财政政策，积极探索绿色发展新路径。不断优化绿色税收体系，深化资源税改革，完善环境保护税政策，扩大消费税绿色化调控范围，落实环境保护、节能减排、新能源和清洁能源等方面的税收优惠。改进重要生态功能区域的转移支付补偿机制，提高转移支付规模，扩大政策覆盖范围。完善政府绿色采购政策，加大对高效节能产品的政府采购支持力度，发挥生态保护财政资金的引导作用，撬动更多社会资本进入绿色低碳领域。

五是和平发展的现代化要求我国财税体制助力推动高水平对外开放。财税政策要服务于国际税收治理，加强国际税收协调，加强国内税法与国际规则衔接，深入参与国际税收规则制定，提升我国在全球重大议题上的话语权和影响力。以“一带一路”国际合作、亚投行和丝路基金为基础，构建符合和平发展道路的现代化财税体制，推动构建人类命运共同体。

三、深入领会进一步全面深化财税体制改革的指导思想、基本原则和总目标

在新时代新征程上，继续深化财税体制改革要以习近平新时代中国特色社会主义思想为指导，以健全现代预算制度，优化税制结构，完善财政转移支付体系为主线任务，坚持党的全面领导，处理好政府与市场、中央与地方、总量与结构关系，统筹发展与安全，加强改革协同，建立强化国家治理能力相衔接的现代财税制度框架，以实现建立权责清晰、财力协调、区域均衡的中央和地方财政关系的目标。

（一）指导思想

以习近平新时代中国特色社会主义思想为指导，全面贯彻落实党的二十大和二十届二中、三中全会精神，坚持稳中求进工作总基调，立足新发展阶段，完整、准确、全面贯彻新发展理念，以健全现代预算制度、优化税制结构、完善财政转移支付体系为主线任务，以改革创新为根本动力，坚持系统观念，推动纵向和横向收入划分进一步优化调整，建立强化国家治理能力相衔接的现代财税制度框架，为优化资源配置、维护市场统一、促进社会公平、实现国家长治久安提供坚实支撑。

（二）基本原则

1. 坚持党的全面领导

党的二十届三中全会指出，进一步全面深化改革要坚持党的全面领导，坚定维护党中央权威和集中统一领导，发挥党总揽全局、协调各方的领导核心作用，把党的领导贯穿改革各方面全过程，确保改革始终沿着正确政治方向前进。财税体制改革应自觉贯彻党总揽全局、协调各方的根本要求，以习近平新时代中国特色社会主义思想为指导，加强对财税体制改革的顶层设计和整体规划，坚持以政领财、以财辅政，确保财税体制改革始终沿着正确的政治方向前进。充分发挥财税政策对经济的引导作用，为经济社会的稳定运行提供强有力支持，为党和国家事业高质量发展持续注入动力。

2. 正确处理政府与市场的关系

处理好政府、市场和社会的关系，是解决公共财政领域与经济社会领域的边界不清，造成财政兜底责任不断扩张问题的根本逻辑。要通过新一轮财税体制改革处理好政府与市场的关系，明晰政府作用边界，克服错位、越位、缺位现象，提升财政治理能力，解决经济社会风险财政化问题，避免陷入财政治理危机。

3. 正确处理中央与地方的关系

中央和地方财政关系是政府间权责划分的基本组成部分，处理好中央与地方关系，调动两个积极性，也是财税体制改革的重中之重。要从国家整体利益出发，统筹兼顾中央调控力以及地方经济活力，合理划分不同政府之间的事权，然后在此基础上根据不同情况将财政资源与事权相匹配。要结合不同地区的实际情况，扎扎实实地尽可能划分清基层各级政府的事权，并在此基础上逐步调整财政资源的配置，使其相互对应。同时，适当放权地方，鼓励各地因地制宜发展经济和社会事业。

4. 正确处理效率与公平的关系

财税体制直接参与到国民财富的分配中，影响效率与公平目标的权衡和实现。深化财税体制改革应完善体制机制和调节政策，发挥市场机制作用，激发各方积极性，实现资源配置效率最优化和效益最大化。同时，财税体制改革应促进规则公平、机会公平、结果公平，规范财富积累机制，让广大人民群众更好地共享改革发展成果。

5. 正确处理全局与局部的关系

财税体制改革涉及面广，必然会触及局部利益。深化财税体制改革要注重系统集成，坚持以全局观念和系统思维谋划推进，加强各项改革举措的协调配套，推动各领域各方面改革举措同向发力、形成合力，增强整体效能，防止和克服各行其是、相互掣肘的现象。要坚决防止无序举债搞建设的做法，规范招商引资，反对地方保护主义，确保党中央令行禁止。同时，财税体制改革不仅要解决当前财税部门所遇到的重大问题，而且要处理好财政金融关系，以及财政部门与政府其他部门之间的关系，形成国家财政治理的协同发力，推动其他领域改革深化。

6. 正确处理长远与当前的关系

财税体制改革要统筹短期与长期。深化财税体制改革既要立足当前，推动各项改革措施落地，解决财政运行、经济复苏中的堵点卡点问题，又要着眼长远，谋划推动长远机制建设。要合理考量改革举措在当下宏观环境的影响，强化改革举措的事前研判及实施过程中的社会预期管理，强化与国家政策取向的一致性评估，尽量避免在经济下行周期落地紧缩性改革政策。要统筹改革的结构发力方向与总量发力方向，在发挥宏观调控职能的同时，引导重要产业高质量发展，促进经济平稳转型。

7. 统筹发展和安全

财税安全是产业链安全、能源安全、金融安全等所有安全的基础和支柱，是最后防线。要坚持“底线思维”原则，把困难、风险、挑战估计得更全面、更充分，强化风险意识，将财税安全放在更加突出的位置，以财税安全为新发展格局的构建系上一根“安全绳”，以维系财税安全支撑和推动经济安全，促进经济发展。

（三）总目标

到 2029 年，财税体制改革进一步深化。预算制度进一步健全，国有资本经营预算和绩效评价制度完善，对预算编制和财政政策的宏观指导强化，公共服务绩效管理加强，零基预算改革进一步深化，预算公开和监督制度进一步完善，权责发生制政府综合财务报告制度进一步完善。税制结构进一步优化，研究与新业态相适应的税收制度，全面实施税收法定原则，规范税收优惠政策，税收征管改革深化。央地财政关系达到权责清晰、财力协调、区域均衡标准，地方税源拓展，财政转移支付体系完善，消费税征收环节后移并稳步下划地方，地方政府专项债券支持范围扩大，政府债务管理制度进一步完善，非税收入管理规范。

到 2035 年，要建立现代财税金融体制。建立权责清晰、财力协调、区域均衡的中央和地方财政关系。健全现代预算制度，市场机制在资源配置中的决定性作用得以充分发挥，成为宏观经济治理的有力工具。优化税制结构，建立科技创新友好型、消费激励友好型、绿色发展友好型、代际分配友好型、地方可持续友好型、数字发展友好型税制。财政转移支付体系得以完善，一般性转移支付、专项转移支付、财政直达机制等联动改革深化，财政治理过程中财政事权、财权、财力和支出责任联动匹配程度、精细化水平更高。

到 2050 年，要全面建立健全现代财政制度，助力实现国家治理体系和治理能力现代化。建立健全支撑现代化产业高质量发展、符合现代市场规则、服务现代国家治理的财税体制。

四、进一步全面深化财税体制改革的重点任务

党的二十届三中全会指出，高质量发展是全面建设社会主义现代化国家的首要任务。财税体制改革作为全面深化改革的“突破口”和“先行军”，是推动高质量发展

的迫切需要，是推进国家治理体系和治理能力现代化的应有之义，是推进中国式现代化的客观要求。展望新一轮的财税体制改革，总量上要提高税收制度效能，促进经济发展、激发民营经济活力，调节收入分配；结构上要顺应政策导向，促进科技发展、促进绿色经济发展。同时，百年未有之大变局加速演进背景下，推进新一轮的财税体制改革不应盲目强化征管能力，应综合考量社会影响及预期，以服务经济高质量发展为根本前提，促进消费需求以及社会主体信心复苏。在新时代新征程上，一是健全预算制度，加强财政资源统筹。二是健全税收制度，提升国家宏观调控效能。三是完善财政体制，进一步理顺央地关系。四是健全政府债务管理体系，推动地方债务风险化解。

（一）健全预算制度，加强财政资源统筹

预算体现国家的战略和政策，反映政府的活动范围和方向，是推进国家治理体系和治理能力现代化的重要支撑，是宏观调控的重要手段。持续深化预算管理制度改革、健全现代预算制度是确保国家战略实施和政府政策落实的重要保障。

一是加强财政资源和预算统筹。把依托行政权力、政府信用、国有资源资产获取的收入全部纳入政府预算管理，增强预算对落实党和国家重大政策的保障能力。完善国有资本经营预算和绩效评价制度，强化国家重大战略任务和基本民生财力保障。

二是强化对预算编制和财政政策的宏观指导。预算编制应服从服务于党和国家发展大局，按照经济社会发展目标和宏观调控总体要求，强化对预算编制和财政政策的宏观指导。推进财政支出标准化，建立完善动态调整机制，更好发挥标准在预算管理中的基础性作用。深化零基预算改革，打破支出固化僵化格局，合理确定支出预算规模。加强财政政策逆周期和跨周期调节，熨平经济周期波动。

三是统一预算分配权。统一预算分配权，提高预算管理统一性、规范性，完善预算公开和监督制度。提高年初预算到位率，推进预算安排与存量资金的有机结合，加大财政资金统筹力度与支出结构调整力度，规范支出管理。

四是深化预算绩效管理改革。深化绩效管理改革，将绩效理念和方法融入预算编制、执行和监督全过程，强化事前评估、强化评价结果运用，推进预算和绩效管理一体化，健全预算安排与绩效结果挂钩的激励约束机制。坚决落实党政机关过紧日子的要求，杜绝大手大脚花钱等现象存在。

五是完善预算公开和监督制度。严格执行人大批准的预算，强化预算对执行的控制。进一步加大预算公开力度，提高财政透明度，强化对权力运行的制约监督，提高预算公开工作质量。

六是完善权责发生制政府综合财务报告制度。强化数据分析应用，提升财政管理效能。完善财会监督体系，严肃财经纪律。

（二）健全税收制度，提升国家宏观调控效能

税收是国家实施宏观调控、调节收入分配的重要工具。健全税收制度，优化税制结构，有助于更好地筹集财政收入、调控经济运行、调节收入分配。

一是规范税收优惠政策，提升宏观调控效能。研究同新业态相适应的税收制度，促进新业态健康发展。全面落实税收法定原则，规范税收优惠政策，完善对重点领域和关键环节支持机制。合理降低制造业综合成本和税费负担。

二是健全税收体系，完善分配制度。逐步提高直接税比重。完善综合和分类相结合的个人所得税制度，规范经营所得、资本所得、财产所得税收政策，实行劳动性所得统一征税。适时推进个人所得税改革修法，合理扩大纳入综合征税的所得范围，完善专项附加扣除项目，完善吸引境外高端人才政策体系。构建初次分配、再分配、第三次分配协调配套的制度体系，提高居民收入在国民收入、劳动报酬在初次分配中的比重。完善相关保障机制，健全按要素分配政策制度。完善税收、社会保障、转移支付等再分配调节机制。

三是健全地方税体系，培育地方税源。完善地方税税制，培育地方主体税种，合理配置地方税权，理顺税费关系。按照《实施更大规模减税降费后调整中央与地方收入划分改革推进方案》安排，后移消费税征收环节并稳步下划地方，结合消费税立法统筹研究推进改革。如金银首饰、烟草和汽车等条目已在零售环节征收或部分在批发零售环节征收，已具备征收环节下划到地方的条件。完善增值税留抵退税政策和抵扣链条，优化共享税分享比例。研究把城市维护建设税、教育费附加、地方教育附加合并为地方附加税，授权地方在一定幅度内确定具体适用税率，扩大地方税收规模。稳妥推动房地产税、资源税落地，扩大地方税源体系。

四是完善绿色税制，提升绿色税收治理能力。全面推行水资源费改税，改革环境保护税。完善增值税、消费税、企业所得税等税种绿色发展体系，推动绿色低碳发展。

五是深化税收征管改革，提高征管效率。秉承依法治税原则，提升政府在税收和非税收入方面的规范性、协同性和法治性。构建权责明确、统一规范的征收管理体系。应用新技术，持续推进统一的新一代智能化电子税务局建设，推进标准统一、数据集中的全国税收征管信息库建设，推进全国涉税信息共享平台建设，促进各部门信息共享。

（三）完善财政体制，进一步理顺央地关系

中央与地方财政事权和支出责任划分改革是建立科学规范央地政府关系的核心内容，是完善国家治理结构的一项基础性、系统性工程。进一步理顺中央和地方财政关系，加快形成稳定的各级政府事权、支出责任与财力相适应的制度。

一是明确中央与地方财政事权与支出责任。适当上移并强化中央财政事权和支出责任。减少委托地方代行的中央财政事权，原则上通过中央本级安排中央财政事权的支出。确实需要委托地方行使事权的，需通过专项转移支付安排资金。

二是优化中央和地方收入划分。拓展地方税源，适当扩大地方税收管理权限，增加地方税收规模以及自主财力。推进税制改革，优化共享税分享比例。完善产业在国内梯度有序转移的协作机制，推动转出地与承接地利益共享。规范非税收入管理，适当下沉部分非税收入管理权限，由地方结合实际差别化管理。

三是完善财政转移支付体系。清理规范专项转移支付，增加一般性转移支付，提

升市县财力同事权相匹配程度。建立促进高质量发展转移支付激励约束机制。

四是推进省以下财政体制改革。优化省以下财力分配，切实加强基层财力保障。推进省级以下财政事权和支出责任划分改革，适度加强省级在维护本地经济社会协调发展、防范化解债务风险等方面的责任。督促省级政府切实担负起保基本民生、保工资、保运转“三保”主体责任，加快完善省以下转移支付制度，推动财力向困难地区和基层倾斜，逐步建立基层“三保”长效保障机制。

（四）健全政府债务管理体系，推动地方债务风险化解

政府债务是国家应对经济波动的重要工具，是国家信用扩张和国家治理能力的重要体现。同时，政府债务扩张所导致的债务风险积累也是经济持续健康发展的重大隐患。健全政府债务管理体系，推动地方债务风险化解，是增强财政可持续性，推动政府债务与经济发展的良性循环的关键一环。

一是完善政府债务管理体制机制。合理确定政府债务规模，加快建立同高质量发展相适应的政府债务管理机制。完善政府债务分类和功能定位，优化债务结构。完善地方政府债务限额确定机制，一般债务限额与税收等一般公共预算收入相匹配，专项债务限额与政府性基金预算收入及项目收益相匹配。加强债务信息公开，建立全国统一的债务信息平台，促进债务显性化，提高债务透明度。

二是防范化解地方政府隐性债务风险。建立全口径地方债务监测监管体系和防范化解隐性债务风险长效机制。完善以债务率为主的地方政府债务风险评估指标体系，健全地方政府偿债能力评估机制。加强风险评估预警结果应用，有效前移风险防控关口。在合理规范的制度框架内进行数字赋能，将数字分析和数字监管应用于投资监督管理、财政预算管理、动态风险监测等方面。加强源头治理，坚决遏制新增隐性债务，有序化解存量隐性债务。健全市场化、法治化的债务违约处置机制，坚决防止风险累积形成系统性风险。加强督查审计问责，严格落实政府举债终身问责制和债务问题倒查机制。

三是加强地方政府专项债券管理。合理扩大地方政府专项债券支持范围，适当扩大用作资本金的领域、规模、比例。完善债务限额分配机制，加强专项债券资金借用管还全生命周期管理。健全政府债务信息公开机制，促进形成市场化、法治化融资自律约束机制。积极开展地方债务风险化解机制探索，以地方政府为主体探索债券展期、置换等化债途径，化解短期的债务违约风险。创新中央对地方政府的监管和绩效考核机制，规范地方政府举债行为。

四是加快地方融资平台改革转型。加强对融资平台公司的综合治理，持续规范融资管理，剥离其政府融资职能。禁止地方融资平台各种变相举债行为，推动形成政府和企业界限清晰、责任明确、风险可控的科学管理机制。

深化金融体制改革，以金融高质量发展服务中国式现代化

习近平总书记指出，金融是“国之大者”，关系中国式现代化建设全局。金融是国民经济的血脉，是国家核心竞争力的重要组成部分，事关经济兴衰和国家安危，事关人民群众安居乐业。在世界主要强国的竞争中，金融既是各国竞争的主要舞台，也是金融强国的重要武器。改革46年来，我国首先恢复金融秩序，将金融从财政体系中剥离，探索建立适应改革开放市场化目标的金融体系，建立起多种金融机构并存的现代金融机构体系、多层资本市场体系以及较为完善的货币市场和外汇市场，形成监管集中统一和全覆盖金融监管体系，金融市场化程度和国际化程度显著提高。但是，我国金融体系与适应现代化产业体系的要求仍有较大差距，在服务实体经济、助力创新型国家、应对国际资本冲击及金融战等方面的能力均有待提高。因此，必须贯彻落实党的二十届三中全会精神，深化金融体制改革，加快完善中央银行制度，积极发展科技金融、绿色金融、普惠金融、养老金融、数字金融，完善金融机构定位和治理，发展多元股权融资，优化国有金融资本管理体制，健全投资和融资相协调的资本市场功能，防风险、强监管，促进资本市场健康稳定发展，完善金融监管体系，建设安全高效的金融基础设施，健全金融消费者保护和打击非法金融活动机制，推动金融高水平开放，推进自主可控的跨境支付体系建设，强化开放条件下金融安全机制，积极参与国际金融治理，实现以金融高质量发展全面推进金融强国建设，以金融强国服务中国式现代化。

一、金融体制改革46年的主要历程、基本经验与伟大成就

改革46年来，我国金融体系改革经历五个阶段，分别为：恢复金融秩序，探索建立适应改革开放市场化目标的金融体系；建立人民银行为核心、国有专业银行为主体的金融体系，探索建立证券市场；金融体系加速对外开放及商业化改革，基本建立分业监管格局；金融体系市场化改革加速，分业监管体系不断完善；构建现代金融体系，向高质量发展迈进。改革的具体框架包括建立现代金融机构体系和多层资本市场，建立适应经济发展需要的金融监管体系，建立完善的货币市场及外汇市场以及扎实稳健推进金融对外开放，使我国金融体系市场化、国际化水平不断提升，监管能力及服务实体经济能力持续增强。但是，我国金融体系在服务实体经济，做好科技金融、绿色金融、普惠金融、养老金融、数字金融五方面还存在一定差距，金融监管和治理能力仍然不足。

（一）金融体制改革的主要历程

从时间维度看，46 年的金融体制改革过程可以分为五个战略阶段：一是以 1977 年全国银行工作会议为标志，恢复金融秩序，探索建立适应改革开放市场化目标的金融体系；二是以 1983 年国务院颁布《关于中国人民银行专门行使中央银行职能的决定》为标志，确立央行、国有专业银行体系，并开始探索建立股份制银行和证券市场；三是以 1993 年国务院《关于金融体制改革的决定》为标志，加速金融体系对外开放及商业化、市场化改革，基本建立分业监管格局；四是以 2004 年国有银行股份制改革和股权分置改革为标志，加强金融监管，进一步推进市场化和国际化改革，完善新股发行体制，开始建立多层次金融机构体系；五是党的十八大之后，构建现代金融体系，扩大银行业准入和市场化水平，调整完善金融监管框架，完善多层次资本市场体系，稳步扩大金融业高水平制度型开放。

1. 第一阶段（1977—1983 年）：恢复金融秩序，探索建立适应改革开放市场化目标的金融体系

1977 年 12 月，国务院召开了全国银行工作会议，决定恢复银行独立的组织系统，强调要发挥银行的作用，改革“大一统”的银行体制。

初步建立中央银行体系。1978 年的五届人大一次会议决定，中国人民银行从财政部独立出来，既行使中央银行的发钞职能，又受理居民和企业的储蓄业务，标志着现代中国金融体系建设的开始。

开始建立国有银行体系。1979 年，农业银行重新成立，中国银行从中国人民银行中分离出去。国务院批准将中国人民建设银行由办理基本建设投资拨款监督工作的专业银行升格为国务院直属单位，由国家建委、财政部代管，以财政部为主。1981 年财政部委托中国人民建设银行组建中国投资银行，开始办理涉外金融业务。

探索建立多种金融机构。1979 年，中国国际信托投资公司成立，揭开了信托业发展的序幕。同年，中央下发《关于恢复国内保险业务和加强保险机构的通知》（〔79〕银保字第 16 号），重新组建了中国人民保险公司，各地相继组建了信托投资公司和城市信用合作社，出现了金融机构多元化和业务多样化的局面。

初步建立外汇管理机构。1979 年，中国银行为国家指定的外汇专业银行，统一经营和集中管理全国的外汇业务。国家外汇管理局和中国银行实施对外两块牌子，内部一个机构。1982 年，外汇管理局从中国银行分离出来，划归人民银行管理，中国银行转为专司外汇经营业务。

2. 第二阶段（1983—1993 年）：建立人民银行为核心、国有专业银行为主体的金融体系，探索建立证券市场

确立央行、国有专业银行体系，探索银行业多元化发展。1983 年，国务院颁布《关于中国人民银行专门行使中央银行职能的决定》，我国中央银行体制开始建立。1984 年，工商银行从中国人民银行中分离，由工、农、中、建组成的国有专业银行体系开始形成，银行业开始探索多元化发展。1985 年，我国开始实行“统一计划，划分

资金，实贷实存，相互融通”的信贷资金管理体制。招商、兴业、广发、光大、华夏、浦发等股份制银行及城市信用社相继组建。1985 年国务院颁布《经济特区外资银行、中外合资银行管理条例》，外资银行从经济特区向沿海地区扩展。1986 年，国务院发布《银行管理暂行条例》，使中国银行业监管向法治化方向迈出了重要的一步。同年，中国人民银行颁布《城市信用合作社管理暂行规定》，城市信用社的发展步入正轨。

探索建立股份制企业和证券市场。1984 年，改革开放后第一家向社会公开发行股票的股份制企业成立。1986 年，交通银行组建，标志着我国股份制商业银行的诞生。沈阳信托投资公司和工商银行上海分行信托投资公司静安证券业务部先后办理股票的柜台交易，开始形成证券正规化交易市场。1987 年，深圳经济特区证券公司作为新中国第一家证券公司正式成立。上海证券交易所和深圳证券交易所分别在 1990 年和 1991 年成立。1992 年央行成立证券管理办公室，同年又成立中国证券监督管理委员会（简称证监会），确立了对证券市场的集中统一管理制度。

保险业打破独家垄断经营格局。1985 年，国务院颁布了《保险企业管理暂行条例》（国发〔1985〕33 号），允许设立保险机构。1986 年，新疆生产建设兵团农牧业保险公司成立。1987 年，交通银行成立保险部，1988 年平安保险成立，成为我国第一家股份制保险公司。1991 年，太平洋保险成立，中国人民保险公司、太平洋保险公司和平安保险公司三足鼎立的局面开始形成。1992 年，外国保险公司开始重新进入我国，美国友邦成立上海分公司，成为保险市场恢复后进入我国保险市场的第一家外国公司。友邦保险将个人代理制引入我国，保险代理机构也开始出现。

3. 第三阶段（1993—2004 年）：金融体系加速对外开放及商业化改革，基本建立分业监管格局

银行体系向商业化改革。1993 年，国务院发布了《关于金融体制改革的决定》（国发〔1993〕91 号），以治理整顿金融秩序为主题，提出了新一轮金融体制改革的目标和措施。1994 年，成立三大政策性银行。随着政策性金融和商业性金融的分离，国家专业银行开始向国有商业银行转变。同时要求各地将城信社进行合并、重组，转制为城市合作银行。1995 年，《中国人民银行法》《商业银行法》颁布，中国银行业发展正式纳入法治轨道。国务院正式下发《关于组建城市合作银行的通知》（国发〔1995〕25 号）。1996 年，我国第一家主要由民营企业投资的全国性股份制商业银行中国民生银行成立。1997 年，深圳市城市商业银行作为我国第一家城商行正式成立。同年，中国人民银行发布了《中国人民银行货币政策委员会条例》（国务院令第 215 号）、《票据管理实施办法》（中国人民银行令〔1997〕第 2 号）和《支付结算办法》（银发〔1997〕393 号），我国中央银行制度的市场化特征日趋完善。招商银行率先推出网上银行“一网通”，电子银行业务开始建立。1998 年，中国人民银行、国家工商行政管理局联合发布《关于城市合作银行变更名称有关问题的通知》（银发〔1998〕94 号），将城市合作银行统一更名为城市商业银行。同年，中国银行率先开通了网上银行服务。1999 年成立信达、华融、长城和东方四家资产管理公司，逐步建立了银行不良资产化解体系。2000 年中国银行业协会成立，形成银行自律组织。2001 年中国人民银行发布《关于全面推行贷款质量五级分类管理的通知》（银发〔2001〕416 号），在我国各类银行全面推行贷款风险分类管理。2002 年，中国银联在上海正式成立，形成跨行交易清算系统。2003 年成立中国银行业监督管理委员会（简称银监会），强化了金融监管体系建设。

探索金融体系对外开放。1994 年，我国颁布《外资金融机构管理条例》（国务院令第 148 号），规定了外资银行在华经营的市场准入条件和监管标准，后接连出台《上海浦东外资金融机构经营人民币业务试点暂行管理方法》、《关于批准外资银行加入全国同业拆借有关问题的通知》（银发〔1998〕114 号）、《关于扩大上海、深圳外资银行人民币业务范围的通知》，以放宽外资银行的人民币业务准入。2001 年，我国加入 WTO，取消外资银行办理外汇业务的地域和客户限制，在上海、深圳、天津和大连四个城市向外资银行开放人民币业务；同年，颁布《外资金融机构管理条例（修订）》。2003 年，我国在上海、深圳、广州、青岛、珠海、南京、武汉、济南、福州、成都和重庆等多个城市向外资银行开放人民币业务，《境外金融机构投资入股中资金融机构管理办法》颁布。

证券发行由行政控制向市场化方向改革。1993 年全国统一的股票发行审核制度建立，开始了行政主导的审批制。1993—1995 年，实施发行股票总额度管理制度；1996—2000 年，实施“总量控制、限报家数”的指标管理制度。1996 年开始实行 10%涨跌幅限制。1997 年颁布《证券投资基金管理暂行办法》，开始建立现代公募基金。1998 年深沪交易所开始实施 ST 制度，1999 年发布《上市公司股票暂停上市处理规则》，加强对上市公司的监管。同年出台《证券法》，明确了核准制的法律地位，确立以强制性信息披露为核心、强化中介机构责任、减少行政干预的改革方向。2001 年，证监会宣布取消股票发行审批制，正式实施股票发行核准制下的“通道制”。

建立保险法制体系和监管体系。1994 年，天安保险成为我国首家由企业出资组建的股份制商业保险公司。1995 年出台《保险法》，要求财产保险和人身保险分业经营，使中国保险业进入分业经营发展阶段。1998 年成立中国保险监督管理委员会（简称保监会），标志着保险业进入规范化发展阶段。1999 年首次公布通过“中国精算师”资格考试名单，建立起保险业专业人才队伍。

4. 第四阶段（2004—2012 年）：金融体系市场化改革加速，分业监管体系不断完善

银行业监管加强，市场化和国际化改革加速。2004 年，国务院启动国有银行股份制改革，推进建立现代金融企业制度，采取了包括国家注资、财务重组等措施，彻底消化历史包袱。按照《公司法》《商业银行法》对国有银行进行股份制改革，通过引入境内外合格机构投资者，实现“引智”和“引制”，完善公司治理与内控管理，并在境内外资本市场发行上市，接受市场监督。2004 年，银监会出台《城市商业银行监管与发展纲要》（银监办发〔2004〕291 号）、《关于在城市信用社基础上改制设立城市商业银行有关问题的通知》（银监办通〔2004〕281 号），将城商行纳入商业银行的

统一监管。2006 年，国务院颁布了《外资银行管理条例》（国务院令第 478 号），允许外资银行以独立法人的形式存在，并可享受“国民待遇”。2008 年，银监会批准设立第一家非银行金融机构境外子公司中油财务有限责任公司香港子公司，同年招商银行和中国工商银行分别开设纽约分行。2009 年，银监会正式成为巴塞尔银行监管委员会和金融稳定理事会成员，中资银行开启国际化进程。2012 年，《商业银行资本管理办法（试行）》（银监会令 2012 年第 1 号）亮相，标志着中国银行业经营管理，尤其是资本和风险管理与国际标准的全面对接。

实施分置改革，完善新股发行体制。2004 年，国务院在《关于推进资本市场改革开放和稳定发展的若干意见》（国发〔2004〕3 号）中提出“积极稳妥解决股权分置问题”，开始实施股权分置改革。同年，新修正的《证券法》删除了新股发行价格须经监管部门核准的规定。证监会依据法律调整对股票发行方式进行了重大改革，于 2005 年初推出了询价制度，采用发达市场通行的向机构投资者累计投标询价方式确定新股发行价格。2009 年证监会发布《关于进一步改革和完善新股发行体制的指导意见》（中国证监会公告〔2009〕13 号），启动了新一轮新股发行体制改革。

构建多种金融机构市场体系。2007—2008 年，银监会批准工银租赁、建银租赁、交银租赁、民生租赁和招银租赁五大租赁公司相继成立。2009 年，银监会印发《消费金融公司试点管理办法》（银监会令 2013 年第 2 号），我国消费金融公司试点工作正式启动。2010 年，我国首家消费金融公司北银消费金融有限公司正式成立。同年，银监会批准中国信达资产管理公司改制，资产管理公司转型改革试点正式实施。

5. 第五阶段（2012 年至今）：构建现代金融体系，向高质量发展迈进

党的十八大报告指出，要深化金融体制改革，健全促进宏观经济稳定、支持实体经济发展的现代金融体系，加快发展多层次资本市场，稳步推进利率和汇率市场化改革，逐步实现人民币资本项目可兑换。加快发展民营金融机构。完善金融监管，推进金融创新，提高银行、证券、保险等行业竞争力，维护金融稳定。党的十八届三中全会审议通过的《中共中央关于全面深化改革若干重大问题的决定》，进一步明确提出完善金融市场体系，扩大金融业对内对外开放，推进政策性金融机构改革，健全多层次资本市场体系，完善保险经济补偿机制，发展普惠金融，鼓励金融创新，完善人民币汇率市场化形成机制，推动资本市场双向开放，落实金融监管改革措施和稳健标准，建立存款保险制度，加强金融基础设施建设，保障金融市场安全高效运行和整体稳定等一系列改革举措。2017 年第五次全国金融工作会议指出，要紧紧围绕服务实体经济、防控金融风险、深化金融改革三项任务，创新和完善金融调控，健全现代金融企业制度，完善金融市场体系，推进构建现代金融监管框架，加快转变金融发展方式，健全金融法治，保障国家金融安全，促进经济和金融良性循环、健康发展。2023 年中央金融工作会议则进一步指出，金融要为经济社会发展提供高质量服务，做好科技金融、绿色金融、普惠金融、养老金融、数字金融“五篇大文章”，要全面加强金融监管，有效防范化解金融风险，加强党中央对金融工作的集中统一领导。党的二十届三中全会围绕因地制宜发展新质生产力，构建同科技创新相适应的科技金融体制，统筹

推进金融改革，在中央银行制度、金融机构体系、资本市场体系、金融监管体系、金融对外开放等领域提出多项改革。

推进金融创新和扩大市场准入。2012年召开证券公司创新发展研讨会，国家鼓励金融创新，希望以此解决实体企业“融资难、融资贵”的问题。2013年“余额宝”横空出世，开启了中国互联网金融的元年。2014年《政府工作报告》提出“促进互联网金融健康发展，完善金融监管协调机制”，同年央行下发《关于规范银行业金融机构开立个人人民币电子账户的通知》（讨论稿）。2014年的国务院常务会议上，提出“要建立资本市场小额再融资快速机制，开展股权众筹融资试点”。一系列鼓励互联网金融的提法使P2P、第三方支付、众筹、消费金融等各类互联网金融业态蓬勃发展。2014年，银监会宣布开展民营银行试点工作，金城、微众、网商等首批民营银行在2014—2015年先后开业。2015年，存款保险制度被推出，银行体系进一步完善。同年，国务院通过《中华人民共和国商业银行法修正案（草案）》，商业银行存贷比法定监管指标取消，将存贷比由法定监管指标转为流动性监测指标。党的二十届三中全会提出积极发展科技金融、绿色金融、普惠金融、养老金融、数字金融，完善金融机构定位和治理，推动金融体系支持重大战略、薄弱领域、实体经济等领域。完善准入前国民待遇加负面清单管理模式，支持符合条件的外资机构参与金融业务试点，进一步扩大外资金融机构准入。

推进利率市场化和汇率市场化。2012年，央行将存款利率浮动区间的上限调整为基准利率的1.1倍，贷款利率浮动区间的下限调整为基准利率的0.7倍。2013年，金融机构贷款利率管制全面放开，金融机构贷款利率的下限取消，金融机构可自主确定贷款利率水平，贷款利率完全实现了市场化。2013年，中国人民银行宣布建立LPR集中报价和发布机制。2014年，为加速推进利率市场化改革，存款利率浮动区间的上限调整至基准利率的1.2倍，并对基准利率期限档次做了适当合并。2015年，存款利率上限又先后缓步提升至1.3倍、1.5倍，之后又决定不再设置存款利率浮动上限，中国利率市场化进程在形式上基本完成。同年，中国人民银行宣布调整人民币对美元汇率中间价报价机制，做市商参考上日银行间外汇市场收盘汇率，向中国外汇交易中心提供中间价报价。汇率改革逐步增强了人民币汇率弹性，助力人民币加入SDR。2016年，明确“收盘价+一篮子货币汇率变化”的人民币对美元汇率中间价形成机制，本外币一体化的全口径跨境融资宏观审慎管理开始实施，动态调节外汇存款准备金率，优化金融机构外汇资金运用。2017年央行在中间价定价机制中引入“逆周期因子”，人民币对美元汇率中间价由“双目标定价机制”转变为“三目标定价机制”。2019年，央行改革完善LPR报价形成机制，LPR成为金融机构贷款利率定价的参考基准。党的二十届三中全会提出稳慎扎实推进人民币国际化，发展人民币离岸市场，将发展更加市场化、国际化的汇率形成机制。

防范化解系统性风险，调整完善金融监管框架。2012年银监会出台《关于加强2012年地方政府融资平台贷款风险监管的指导意见》（银监发〔2012〕12号），开始制止地方政府及其融资平台违法违规融资行为，防范债务风险。2013年银监会出台《关于规范商业银行理财业务投资运作有关问题的通知》（银监发〔2013〕8号），开始打击非标准化债权融资。2014 年“一行三会”加外汇局五部门联合发布《关于规范金融机构同业业务的通知》（银发〔2014〕127 号），限制了银行表内资金对于非标资产的持有，对同业负债占比进行约束。2013 年出台《关于加强影子银行监管有关问题的通知》（国办发〔2013〕107 号）、2015 年出台《非银行支付机构网络支付业务管理办法》（中国人民银行公告〔2015〕第 43 号）、2014 年出台《中国人民银行支付结算司关于暂停支付宝公司线下条码（二维码）支付等业务意见的函》等政策，加强对金融创新、互联网金融的监管力度。2015 年出台《关于促进互联网金融健康发展的指导意见》（银发〔2015〕221 号）、《关于清理整顿违法从事证券业务活动的意见》（中国证监会公告〔2015〕19 号）、《互联网保险业务监管暂行办法》（保监发〔2015〕69 号）等政策，对互联网金融行为进行规范。2016 年发布《互联网金融风险专项整治工作实施方案》（国办发〔2016〕21 号）、《P2P 网络借贷风险专项整治工作实施方案》（银监发〔2016〕11 号）、《通过互联网开展资产管理及跨界从事金融业务风险专项整治工作实施方案》（银发〔2016〕113 号）、《关于进一步加强校园网贷整治工作的通知》（银监发〔2016〕47 号）、《网络借贷信息中介机构备案管理登记指引》（银监办发〔2016〕160 号），针对互联网金融的监管政策全面落地推进，互联网金融监管整治工作正式进入规范化。同年年底的中央经济工作会议强调，要把防范金融风险放到更加重要的位置。2017 年，国务院成立金融稳定发展委员会，表明中国分业监管体制发生方向性的转变。2018 年《关于规范债券市场参与者债券交易业务的通知》（银发〔2017〕302 号）及其配套文件、《商业银行大额风险暴露管理办法（征求意见稿）》、《商业银行委托贷款管理办法》（银监发〔2018〕2 号）、《关于规范金融机构资产管理业务的指导意见》（银发〔2018〕106 号）等监管政策接连下发，规范债券市场级商业银行行为，启动银行理财回归资产管理本源改革。同年《深化党和国家机构改革方案》将银监会与保监会合并成银保监会，我国金融监管框架由“一行三会”转变成“一委一行两会”。出台《商业银行理财业务监督管理办法》（银保监会令 2018 年第 6 号），加速银行理财改革。2023 年 3 月，在银保监会基础上组建国家金融监督管理总局，进一步厘清金融监管框架，形成“一委一行一局一会”新格局。党的二十届三中全会提出制定金融法，完善金融监管体系，强化监管责任和问责制度，加强中央和地方监管协同，建立风险早期纠正硬约束制度，筑牢有效防控系统性风险的金融稳定保障体系，健全金融消费者保护和打击非法金融活动机制等改革措施，进一步完善金融监管框架。

多层次资本市场体系日益完善。党的十八届三中全会通过的《中共中央关于全面深化改革若干重大问题的决定》提出，“推进股票发行注册制改革”和“发展并规范债券市场”。“十三五”规划纲要指出，“创造条件实施股票发行注册制，发展多层次股权融资市场，深化创业板、新三板改革，规范发展区域性股权市场，建立健全转板机制和退出机制”和“完善债券发行注册制和债券市场基础设施，加快债券市场互联互通”。第五次全国金融工作会议进一步指出，“要把发展直接融资放在重要位置，形成融资功能完备、基础制度扎实、市场监管有效、投资者合法权益得到有效保护的多层次资本市场体系”。**完善证券交易市场**，我国先后在2013年设立新三板、2019年设立科创板、2021年设立北京证券交易所，合并深圳证券交易所主板和中小板，设立广州期货交易所。**完善上市发行制度**，党的十八届三中全会明确提出推进股票发行注册制改革。2018年，习近平总书记宣布在上海证券交易所设立科创板并试点注册制。2019年，上海证券交易所科创板试点注册制正式落地。2020年，深圳证券交易所实施创业板改革并试点注册制。2021年，北京证券交易所揭牌开市并同步试点注册制。2023年，证监会发布全面实行股票发行注册制相关制度规则。**完善退市制度**，2012年，深圳证券交易所发布《创业板股票上市规则》，首次引入面值退市标准。通过2018年《上市公司重大违法强制退市实施办法》、2020年《健全上市公司退市机制实施方案》以及2024年沪深两市进一步修改的《股票上市规则》，我国退市制度逐步完善，退市标准不断严格。**完善债券市场建设**，2015年出台《公司债券发行与交易管理办法》，扩大发行主体范围，丰富债券品种，增加交易场所，简化发行流程，并提高了监管力度。2016年交易商协会发布了《投资者保护条款范例》，将投资者保护条款制度化和规范化。2017年，证监会出台《关于开展创新创业公司债券试点的指导意见》，为双创债的发展指明了方向；同年，国债期货市场普及DVP交割机制。2018年，沪深交易所发布实施新修订的《公司债券上市规则》和《非公开发行公司债券挂牌转让规则》，加强一线监管。同年，交易所债券市场推出民营企业债券融资支持工具，以市场化方式支持民营企业债券融资。2020年，中国人民银行等三部门联合发布《公司信用类债券信息披露管理办法》，规范和统一公司信用类债券信息披露标准。2021年，五部委联合发布《关于推动公司信用类债券市场改革开放高质量发展的指导意见》，明确建设全国集中统一的登记结算制度体系，坚持一级托管为主的基本制度框架，构建“中债绿色债券环境效益信息披露指标体系”。沪深交易所启动科技创新公司债券试点工作，在创新创业公司债券框架下，引导优质企业发行科创用途公司债券。2022年，发布《中国绿色债券原则》，建立初步统一、与国际接轨的绿色债券标准。2023年，公司债、企业债完成发行标准统一，债券注册制改革全面落地。**强化投资者保护制度**，2014年成立中证中小投资者服务中心，2020年成立中证资本市场法律服务中心，逐步完善投资者保护的组织体系和工作机制。党的二十届三中全会提出健全投资和融资相协调的资本市场功能，强化上市公司监管和退市制度，建立增强资本市场内在稳定性长效机制，完善大股东、实际控制人行为规范约束机制，健全投资者保护机制等一系列措施，进一步完善资本市场机制，促进资本市场健康稳定发展。

稳步扩大金融业高水平制度型开放。在金融业外资准入方面，2014年，国务院修改《外资银行管理条例》，放宽了外资银行准入条件和经营人民币业务的限制。银监会发布多项通知，进一步拓宽了外资银行在中国境内的业务范围；2018年后，一行两会集中宣布了50多条金融业对外开放措施，完全取消银行、证券、基金管理、期货、人身险领域的外资持股比例限制；在企业征信、评级、支付等领域给予外资机构国民待遇，放宽对外资机构在资产规模、经营年限等股东资质方面的要求，大幅扩大外资机构业务范围。**在放宽外汇管制方面**，我国在2015年取消了大部分外汇管制措施，并放宽了个人和企业的外汇交易额度，鼓励资本流入国内市场。**在推动金融市场双向开放方面，**形成涵盖股票、债券、衍生品及外汇市场的多渠道、多层次开放格局。2014 年沪港通试点启动，2016 年深港通顺利推出，2017 年债券通先行开通北向通，2018 年开通沪伦通，2021 年债券通“南向通”上线，推动资本市场双向对外开放不断拓展。党的二十届三中全会提出稳慎拓展金融市场互联互通、优化合格境外投资者制度、推进自主可控的跨境支付体系建设等措施，在保障金融安全的情况下推动金融高水平开放。

（二）金融体制改革的总体框架、基本方向和难点卡点

46 年来，我国的金融机构体系、资本市场体系、金融监管经过多次改革，不断适应社会主义市场经济体制。金融市场化、国际化程度不断提升，监管体系不断完善。但是，金融体系还不适应经济高质量发展的要求，金融监管体系建设及监管水平仍不充分。

1. 总体框架

我国金融改革的总体框架：一是建立和健全以中央银行为核心，政策性银行与商业性银行相结合，国有商业银行为主体，股份制商业银行、村镇银行、证券公司、保险公司、资产管理公司等多种金融机构并存的现代金融机构体系；二是建立具备股权市场、产权市场、债券市场、期货市场和其他金融衍生品市场的多层资本市场体系；三是形成由“一委一行一局一会”组成的金融监管体系；四是建立和完善货币市场及外汇市场；五是扎实稳步推进金融对外开放制度建设。

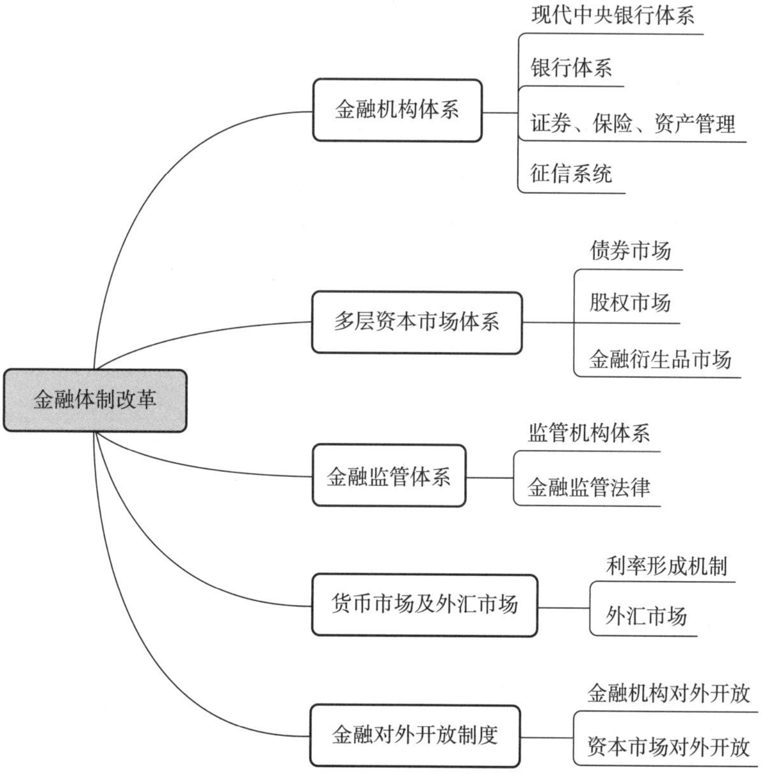

图 5-3　金融体制改革的总体框架

（1）建立分工协作的现代金融机构体系

改革开放以来，我国金融机构体系不断适应市场经济体制，建立起以中央银行为核心，政策性银行与商业性银行相结合，国有商业银行为主体，股份制商业银行、村镇银行、证券公司、保险公司、资产管理公司等多种金融机构并存的现代金融机构体系，形成了严格分工、相互协作的分业经营格局，同时也建立了覆盖全社会的征信体系。

一是建立现代中央银行体系。1978 年，中国人民银行首先从财政体系独立，次年，中国银行从中国人民银行中剥离，与同时成立的国家外汇管理局一个机构两块牌子。1982 年，外汇管理局从中国银行分离出来，划归中国人民银行管理。1983 年，国务院颁布《关于中国人民银行专门行使中央银行职能的决定》，确立我国中央银行制度。1984 年，中国人民银行开始专门行使中央银行的职能，集中力量研究和实施全国金融的宏观决策，加强信贷总量的控制和金融机构的资金调节，以保持货币稳定，并将工商信贷和储蓄等商业银行业务剥离至中国工商银行。1993 年，按照国务院《关于金融体制改革的决定》（国发〔1993〕91 号），中国人民银行进一步强化金融调控、金融监管和金融服务职责，划转政策性业务和商业银行业务。1995 年，《中国人民银行法》颁布，首次以国家立法的形式确立央行地位。1998 年，按照中央金融工作会议的部署，改革中国人民银行管理体制，撤销省级分行，设立跨省区分行。2003 年，剥离央行监管职能，成立银监会，使央行专注于货币政策。2023 年机构改革，中国人民银行对金融控股公司的日常监管职责、有关金融消费者保护职责划入国家金融监管总局，更加注重于货币政策制定与宏观审慎管理。

二是构建多层次、广覆盖、有差异的银行体系。四大国有银行建立完成。1979 年恢复中国农业银行，打破了改革前大一统的金融体制格局。同年，中国银行、中国建设银行相继独立。1984 年，中国工商银行成立并承接原属于中国人民银行的工商业贷款和储蓄业务。**设立全国性股份制商业银行。**1986 年，交通银行成为新中国成立后第一家股份制商业银行，之后中信实业银行、招商银行、深圳发展银行相继成立。1996 年，中国民生银行成为我国首家主要由民营企业投资的全国性股份制商业银行。**成立政策性银行。**1994 年开始，陆续成立国家开发银行、中国进出口银行和中国农业发展银行三大政策性银行。**城市商业银行成为重要组成部分。**1985 年成立第一家城市信用社。1993 年城市信用社开始合并转制为城市合作银行。1997 年开始成立城市商业银行，并在 1998 年将城市合作银行统一更名为城市商业银行。2004 年，银监会出台《城市商业银行监管与发展纲要》（银监办发〔2004〕291 号）、《关于在城市信用社基础上改制设立城市商业银行有关问题的通知》（银监办通〔2004〕281 号），将城市商业银行纳入商业银行的统一监管，大部分城市商业银行顺利完成股份制改革，扎根当地、服务小微。**建设村镇银行服务农村基层。**2003 年，国务院正式下发《深化农村信用社改革试点方案》（国发〔2003〕15 号）的通知，开启了农信社市场化改革的新阶段。2006 年，银监会出台《关于调整放宽农村地区银行业金融机构准入政策　更好支持社会主义新农村建设的若干意见》（银监发〔2006〕90 号），设立村镇银行试点，并在次年将试点从 6 个地区扩大到 31 个地区。

三是设立分工协作、各司其职的多种金融机构。建立并规范证券公司体系。1987 年，深圳特区证券公司成为新中国首家专业性证券公司。1991 年，证券业自律性组织中国证券业协会成立。1997 年《证券投资基金管理暂行办法》颁布，1998 年《证券法》正式颁布，证券业进入法治化阶段；2005 年，国务院办公厅转发证监会《证券公司综合治理工作方案》，进一步规范证券公司行为。**恢复和完善保险业**。1979 年，国务院批准《中国人民银行分行行长会议纪要》，作出“逐步恢复国内保险业务”的重大决策。中国人民银行立即颁布《关于恢复国内保险业务和加强保险机构的通知》（〔79〕银保字第 16 号），对恢复国内保险业务和设置保险机构作出了具体部署。1980 年，经国务院批准，中国人民保险公司开始恢复停办了 20 年的国内保险业务。1986 年，平安、太平洋等股份制保险公司陆续成立，保险经营主体趋向多元化；1995 年，《保险法》颁布实施，保险业开始实施产险、寿险分业经营。探索保险市场对外开放试点，并将试点范围逐步扩大。1998 年，保监会成立，开始逐步探索建立符合我国金融保险业发展实际的现代保险监管体系。2006 年，国务院下发《关于保险业改革发展的若干意见》（国发〔2006〕23 号），2014 年，国务院出台《国务院关于加快发展现代保险服务业的若干意见》（国发〔2014〕29 号），不断优化完善保险业。**重新建立和规范资产管理行业**。1979 年，中国国际信托投资公司成立，标志着信托业重新建立。1991 年，珠海国际信托投资公司发起成立珠信基金，是国内最早设立的基金，带动一批投资基金纷纷成立。1997 年，《证券投资基金管理暂行办法》颁布，规范基金行业，带动一批公募基金在次年诞生。1999 年，四大资产管理公司成立。《信托法》和《基金法》分别在 2001 年和 2003 年正式颁布，资管行业开始有法可依，进入大发展时期。2018 年，《关于规范金融机构资产管理业务的指导意见》（银发〔2018〕106 号）出台，对国内资管行业进一步进行规范重塑。

四是建立健全覆盖全社会的征信体系。1997 年，中国人民银行开始筹建银行信贷登记咨询系统。2005 年，建立起全国集中统一的企业和个人征信系统，并出台《个人信用信息基础数据库管理暂行办法》（银发〔2005〕393 号），在部门规章层面建立了我国第一个征信制度规范，对个人信用信息的采集、查询、信息保护等提出规范要求，为征信制度建设的发展奠定了基础。2012 年，全国人大常委会出台《关于加强网络信息保护的决定》，完善征信管理的相关制度。2013 年，国务院出台《征信业管理条例》（国务院令第 631 号），之后中国人民银行也相继出台《征信机构管理办法》（中国人民银行令〔2013〕第 1 号）、《信用评级业务管理暂行办法》（人民银行　国家发展改革委　财政部　证监会令〔2019〕第 5 号）、《企业征信机构备案管理办法》、《征信业务管理办法》（中国人民银行令〔2021〕第 4 号）、《征信投诉办理规程》（银办发〔2014〕73 号）、《中国人民银行关于加强征信合规管理工作的通知》（银发〔2016〕300 号）一系列部门规章和规范性文件，为征信业务的合规开展和监督管理提供了依据。国家也相继出台《民法典》《网络安全法》《数据安全法》和《个人信息保护法》等涉及征信的法律，从民事权利义务、网络安全、数据安全、个人权益保护等领域为征信制度建设搭建起坚固的体系框架。

(2) 建立完备的多层资本市场体系

经过不断建设，我国已经形成由上海证券交易所、深圳证券交易所、北京证券交易所、广州期货交易所等组成的具备股权市场、产权市场、债券市场、期货市场和其他金融衍生品市场的多层资本市场体系。

一是建立和完善债券市场。恢复和完善国债市场。1981 年，国务院决定通过恢复发行国库券来弥补预算赤字。1982 年开始，国债分销采取了面向个人的形式。1988 年开始，银行等各类金融机构逐步成为国债的购买主体。1990 年，财政部允许对个人发行的国库券上市转让，同年发出《关于打击国债非法交易活动的通知》(〔90〕财国债字第 29 号)，维护国债市场的正常秩序和交易活动。1990 年上海证券交易所成立后，开始接受实物债券的托管并进行记账式债券交易，开启了中国债券场内交易市场。交易所债券市场的出现，标志着我国形成了场内和场外交易并存的市场格局。1996 年，经国务院批准，财政部和中国人民银行在中国证券交易系统有限公司基础上改组设立中央国债登记结算有限责任公司，标志着我国向建立统一、安全、高效的国债登记结算系统迈出重要一步。1998 年，我国开始实行积极的财政政策，从使用国债被动弥补财政赤字转为主动使用国债去拉动内需，国债的宏观调控功能开始得到显现。同年，增开国债流通转让试点，建立国债流通市场，中国人民银行恢复公开市场业务，促进银行间债券市场发展。同年，为应对亚洲金融危机，补充四大行资本金，我国首次发行 30 年期的超长期特别国债。1999 年，保险公司、证券投资基金和部分证券公司陆续获准进入银行间债券市场，参与国债承销和承购。2000 年，颁布实施《全国银行间债券市场债券交易管理办法》，扩大了全国银行间债券市场参与者的范围。银行间债券市场国债承销团制度得以建立，并在 2002 年实现了全年所有国债通过承销团发行，确立了以国债承销团制度为基础的发行制度。2002 年，将银行间债券的准入制度由审批制改为备案制，商业银行柜台记账式国债交易开始试点，将个人投资者纳入银行间市场，银行间债券市场也向非金融机构开放。2007 年，我国发行 1.55 万亿元特别国债，用于成立国家外汇投资公司。2010 年，允许上市的商业银行参与交易所市场现券竞价交易。2019 年，除农商行、农信社、村镇银行等银行均获准参与交易所市场。2020 年，为抗击新冠疫情，我国发行 1 万亿元特别国债。2024 年，我国首次发行 50 年期超长期特别国债。**构建和发展企业债券市场。**1985 年，沈阳房地产开发公司向社会公开发行改革开放后有记载的第一只企业债券。1987 年，企业短期融资券在上海出现，并于 1988 年在江苏、浙江、重庆等地进行试点。1993 年，国务院在《企业债券管理暂行条例》的基础上出台了《企业债券管理条例》(国务院令第 121 号)。证监会于 2004 年和 2007 年先后颁布《证券公司债券管理暂行办法》(证监会令第 15 号)、《公司债券发行试点办法》(证监会令第 49 号)。2005 年，中国人民银行推出《全国银行间债券市场金融债券发行管理办法》(中国人民银行令〔2005〕第 1 号)、《短期融资券管理办法》(中国人民银行令〔2005〕第 2 号)，国家发展改革委、中国人民银行和证监会先后推出了各自的信用类债券品种，形成了“三足鼎立”格局。2020 年新

《证券法》实施后，企业债和公司债全面进行了注册制改革。2023 年《党和国家机构改革方案》实施后，企业债券发行审核职责从国家发展改革委划入证监会，由证监会统一负责企业债券和公司债券的发行审批工作，强化债券市场统一监管。

二是构建符合社会主义市场经济体制的股权市场。探索建立股票市场。1984 年，北京天桥股份有限公司和上海飞乐音响股份有限公司经中国人民银行批准向社会公开发行股票。同年，党的十二届三中全会通过了《中共中央关于经济体制改革的决定》，股份制由此进入了正式试点阶段。1986 年，静安证券业务部成为新中国首个证券交易柜台，并开始挂牌买卖上海飞乐音响股份有限公司股票，标志着我国重新出现股票交易市场。1990 年，深圳证券交易所和上海证券交易所相继成立。2013 年，股权代办转让系统发展为全国中小企业股权转让系统，被称为“新三板”。2018 年，上海证券交易所设立科创板，次年，首批科创板公司上市交易。**规范股票市场管理。**1992 年，《股份公司规范意见》及 13 个配套文件出台，明确规定国家股、法人股、公众股、外资股四种股权形式并存。同年，出台《国务院关于进一步加强证券市场宏观管理的通知》（国发〔1992〕68 号），开始规范证券发行上市程序，加强证券市场管理，并成立证监会。1996 年，国务院下发《关于进一步加强证券市场监督管理工作的通知》，进一步规范市场行为，建立涨跌停板制度和市场禁入制度。1998 年下发《关于清理整顿场外非法股票交易方案的通知》（国办发〔1998〕10 号），清理和纠正各类证券交易中心和报价系统非法进行的股票、基金等上市交易活动。2004 年，国务院发布《关于推进资本市场改革开放和稳定发展的若干意见》（国发〔2004〕3 号），将发展中国资本市场提升到国家战略任务的高度。2013 年，国务院发布了《关于进一步加强资本市场中小投资者合法权益保护工作的意见》（国办发〔2013〕110 号），健全中小投资者保护机制。**试点及实施证券发行注册制。**1993 年，证券市场建立了全国统一的证券发行审核制度。2001 年，证监会开始实施证券发行上市核准制，资本市场开始从行政审批转向市场竞争。2019 年在科创板试点注册制，2020 年实施创业板注册制改革，同时常态化退市机制加快形成。2023 年，证监会正式启动、全面实行股票发行注册制改革。

三是探索建立金融衍生品市场。探索发展期货市场。1990 年，郑州粮食批发市场开业，以现货远期合同交易起步，逐步引入期货交易。1992 年，广东万通期货经纪公司作为新中国第一家期货经纪公司成立，年底中国国际期货经纪公司成立。2006 年，期货保证金监控中心及中国金融期货交易所成立。2010 年，沪深 300 股指期货合约上市，成为我国首个金融期货。2012 年，资产管理业务、风险管理业务、境外期货经纪业务开始试点。2015 年，上海证券交易所推出上证 50ETF 期权交易。2021 年，广州期货交易所挂牌成立。**整顿和规范期货交易市场。**1993 年，国务院发出《关于制止期货市场盲目发展的通知》（国发〔1993〕77 号），要求坚决制止期货市场盲目发展。1994 年，国务院转发证券委员会《关于坚决制止期货市场盲目发展若干意见请示的通知》（国办发〔1994〕69 号），对期货业进行第一次大清理，整顿期货交易所。1998 年，国务院发布《关于进一步整顿和规范期货市场的通知》（国发〔1998〕27 号），对期货市场进行进一步规范。1999 年《期货交易管理暂行条例》（国务院令第 267 号）正式实施。2000 年，中国期货业协会正式成立。2004 年，《国务院关于推进资本市场改革开放和稳定发展的若干意见》（国发〔2004〕3 号）将期货经纪公司从服务行业改为金融机构，进一步规范期货市场。

（3）建立适应经济发展需要的金融监管体系

改革开放以来，我国金融监管由行政主导、高度集中的中国人民银行“大一统”管理体制逐渐向“一行三会”分业监管体系改革，后又进一步调整为“一委一行一局一会”的新监管体系，并出台相应的金融监管法律，筑牢现代金融监管的法治根基。

一是建立覆盖各项金融业务的监管体系。建立银行、证券、保险相关监管职能部门。1986 年，国务院颁布《银行管理暂行条例》，明确了中国人民银行作为金融监管者的法律地位。中国人民银行不仅履行中央银行职能，同时肩负着对银行业、保险业、证券业和信托业等各项金融活动的监管职能，形成了以中国人民银行为唯一监管者的统一监管体系。1992 年，国务院证券委员会和证监会成立，中国人民银行将证券期货市场的监管权移交，标志着金融监管体系开始由统一走向分业。1993 年，颁布《国务院关于金融体制改革的决定》（国发〔1993〕91 号），决定将保险业、证券业、信托业和银行业实行分业经营，要求相关职能部门抓紧拟订金融监管法律草案。1998 年，国务院证券委员会和证监会合并，统一监管全国证券和期货经营机构，同年成立保监会，统一监管保险经营机构。2003 年，银监会成立。金融监管体系由统一监管走向分业监管，形成以中国人民银行、银监会、证监会、保监会“一行三会”为主导的监管格局。**形成和完善集中统一的综合监管体系。**2017 年，成立金融稳定和发展委员会，作为国务院统筹协调金融稳定和改革发展重大问题的议事协调机构，拉开新时代金融体系改革的大幕。2018 年，《深化党和国家机构改革方案》将银监会和保监会合并，组建银保监会。2023 年，《党和国家机构改革方案》在银保监会的基础上组建国家金融监督管理总局，中国人民银行对金融控股公司的日常监管职责、有关金融消费者保护职责、证监会的投资者保护职责划入国家金融监管总局，进一步形成集中统一的监管体系。

二是完善金融监管法律法规。填补金融立法空白。1983 年，国务院发布《关于中国人民银行专门行使中央银行职能的决定》，正式确立中央银行制度。1985 年，出台《保险企业管理暂行条例》；1986 年，出台《银行管理暂行条例》；1987 年，出台《企业债券管理条例》；1990 年，出台《证券公司管理暂行办法》；1993 年，出台《股票发行与交易管理暂行条例》，基本建立了银行、保险、证券的相关法规、部门规章。这一时期，国务院还相继制定了《外汇管理暂行条例》、《金银管理条例》、《现金管理暂行条例》（国务院令第 12 号）、《储蓄管理条例》（国务院令第 107 号）等法规，为相关金融活动的管理与运营确立了基本规则。此外，《经济特区外资银行、中外合资银行管理条例》（国发〔1985〕48 号）、《境外金融机构管理办法》（中国人民银行令第 1 号）、《外资金融机构管理条例》（国务院令第 340 号）等行政法规陆续颁布，建立金融对外开放和涉外业务开展的基本规则。**不断完善金融法律框架。**1995—2001 年陆续出台《中国人民银行法》、《商业银行法》、《保险法》、《票据法》、《担保法》、《外汇管理条例》（国务院令第 193 号）、《证券法》、《期货交易管理暂行条例》（国务院令 267 号）、《人民币管理条例》（国务院令第 280 号）、《信托法》、《外资保险公司管理条例》（国务院令第 336 号）等一系列法律规章，进一步完善我国金融法律制度框架。2003 年修订《中国人民银行法》《商业银行法》，并通过《银行业监督管理法》《证券投资基金法》。2006 年通过《反洗钱法》，确立了我国反洗钱监管体制。2004—2009 年，《保险法》、《票据法》、《证券法》、《外汇管理条例》（国务院令第 532 号）、《外资银行管理条例》（国务院令第 478 号）、《期货交易管理条例》（国务院令第 489 号）等法律法规相继出台或修改，形成较为完善的金融法规体系。党的十八大之后，陆续出台《农业保险条例》（国务院令第 629 号）、《征信业管理条例》（国务院令第 631 号）、《存款保险条例》（国务院令第 660 号）等法规，进一步完善金融业相关法规制度。**防范化解金融风险，打击金融犯罪。**1995 年出台《关于惩治破坏金融秩序犯罪的决定》，1998 年出台《关于惩治骗购外汇、逃汇和非法买卖外汇犯罪的决定》，1997 年《刑法》修订时对金融犯罪予以专节规定并且此后多次补充完善；《非法金融机构和非法金融业务活动取缔办法》（国务院令第 247 号）、《金融违法行为处罚办法》（国务院令第 260 号）、《金融机构撤销条例》（国务院令第 324 号）、《证券公司风险处置条例》（国务院令第 523 号）等法律法规先后出台，对防范化解金融风险、维护金融秩序、保护市场各方合法权益、打击金融领域违法犯罪，发挥了重要作用。

（4）建立较为完善的货币市场及外汇市场

改革开放以来，我国不断完善货币市场利率形成机制，建立中央银行利率体系，形成调节经济的货币政策手段，推进利率市场化改革。不断推进外汇市场改革，形成较为完善的人民币汇率形成机制。

一是不断推进货币市场利率形成机制建设。建立中央银行利率体系，形成调节经济的货币政策手段。1984 年中国人民银行专门行使中央银行职能之后，颁布了《信贷资金管理试行办法》，对中国人民银行与专业银行的资金关系做了明确的界定，我国中央银行利率体系初步形成，为间接宏观调控做好了准备。1985 年沿袭“联行利率”制定新的资金管理办法，规定专业银行在中国人民银行存贷款利率。1986 年，中国人民银行下发了《关于调整中国人民银行对专业银行存贷款利率的通知》（银发〔1986〕231 号）以及《关于调整中国人民银行对专业银行存贷款利率的补充通知》（银发〔1986〕249 号），理顺中央银行利率体系。1987 年，再次对专业银行的贷款期限和利率做出重大调整。1990 年出台《利率管理暂行规定》（银发〔1990〕328 号），规范金融机构的利率行为。1993 年，中国人民银行下发《中国人民银行对金融机构贷款管理暂行办法》（银发〔1993〕42 号），形成比较系统全面规范中国人民银行贷款行为的政策性法规。1990—1995 年由于转型期的经济情况复杂多变，中国人民银行开始利用利率来间接调控国民经济。1996 年建立了全国银行间同业拆借市场，将同业拆借交易纳入全国统一的同业拆借网络进行监督管理。1996—2003 年中国人民银行更为主动地利用利率政策对经济进行微调，利率政策成为央行的主要间接宏观调控工具。1999 年出台的《人民币利率管理规定》（银发〔1999〕77 号），以法律法规形式规定了利率政策的权力和归属。2006 年，中国人民银行在货币市场试运行了上海银行间同业拆借利率报价工作，为中国金融调控从数量型向价格型调控创造条件。2014 年央行创设中期借贷便利（MLF），成为调节市场的重要货币政策工具。2015 年中国人民银行启动汇率改革，经过多次调整后，最终确定了“前日收盘价+前日篮子货币变动+逆周期因子”的中间价定价机制，汇率市场化程度显著提高。

探索建立利率市场化形成机制。1980 年，在温州苍南县金乡镇信用合作社率先进行农村信用合作社利率试点。1986 年试点范围逐步扩大，利率改革在城乡全面推开，初步形成了以国家基准利率为主，浮动利率为辅的双轨利率体制。1987 年，制定了《温州市利率改革试行方案》，之后又出台了《修改和完善温州市利率改革方案》，从而形成了以基准利率为主体、浮动利率和市场利率为辅、多种利率并存的多层次利率体系。党的十四届三中全会上，我国正式确立了利率市场化的改革目标。1996 年放开银行间同业拆借利率，1997 年放开银行间债券回购利率，1998 年国家开发银行在银行间债券市场首次进行市场化发债，逐步实现银行间市场利率、国债和政策性金融债发行利率的市场化。1999 年，央行批准中资商业银行法人对中资保险公司法人试办由双方协商确定利率的大额定期存款。2002 年，央行选取了 8 个县（市）的农信社开展试点，允许试点农信社存款利率上浮 30%，贷款利率上浮 70%。2004 年，完全放开金融机构人民币贷款利率上限。2005 年，金融机构同业存款利率全面放开。从 2012 年起，央行开始逐步放开存贷款利率浮动区间，并在 2013 年建立 LPR 集中报价和发布机制。2015 年开始，不再设置存款利率浮动上限。2019 年，央行进一步完善 LPR 机制，基本完成利率市场化改革。

二是建立和完善外汇市场。1979 年，我国改革外汇分配制度，实行外汇留成管理，客观上产生了调剂外汇额度余缺的需要。1985 年，深圳首先设立外汇交易所，作为专门办理外汇调剂业务的中介机构，并放宽了对外汇调剂价格的限制。1988 年，北京设立全国外汇调剂中心，各地设立地方外汇调剂中心，并扩大了调剂范围，放开了外汇调剂价格，由市场供求决定价格。同年，在上海创办全国首家外汇调剂公开市场，把特定的外汇供求集中于特定的场外，实行公开报价、竞价成交、集中清算，提高了外汇调剂交易的透明度。截至 1993 年底，全国共建立了 108 家外汇调剂中心，形成了外汇调剂市场体系。1993 年党的十四届三中全会《关于建立社会主义市场经济体制若干问题的决定》提出，要“改革外汇管理体制，建立以市场供求为基础的有管理的浮动汇率制度和统一规范的外汇市场，逐步使人民币成为可兑换的货币”。1994 年起，我国开始实行银行结售汇制度，同年中国外汇交易中心成立，全国形成统一的银行间外汇市场。2005 年我国重启汇率市场化改革，开始实行以市场供求为基础、参考一篮子货币进行调节、有管理的浮动汇率制度，人民币汇率不再单一钉住美元。2010 年继续汇率改革，提高人民币汇率弹性。2011 年，允许获批境内企业采用人民币进行境外直接投资，人民币对外汇期权交易正式推出，跨境贸易人民币结算试点年内扩至全国，继续开展资本项下跨境人民币业务试点。

（5）建立扎实稳健的金融对外开放制度

改革开放以来，我国稳步推进金融对外开放，引入外资推进金融机构改革，不断扩大外资金融机构准入，扎实推进资本市场双向对外开放。

一是稳步推进金融机构对外开放。1979 年我国批准日本输出入银行设立北京代表处，拉开了我国金融机构对外开放的序幕。1981 年准许外资银行试点在 5 个经济特区设立营业性机构，为外资企业与境外居民提供外汇业务服务。1983 年，颁布实施《中国人民银行关于侨资、外资金融机构在中国设立常驻代表机构的管理办法》，允许符合条件的外资银行在中国设立代表处。1985 年，国务院颁布《经济特区外资银行、中外合资银行管理条例》（国发〔1985〕48 号），对外资银行在华经营机构的设立、业务范围及经营管理进行规范。1990 年，中国人民银行出台《上海外资金融机构管理办法》，批准香港东亚银行、英国渣打银行、汇丰银行、新加坡华侨银行重新登记并扩大营业范围。1992 年，国务院将外资银行设立营业性机构的地域范围由经济特区扩展至大连、天津、青岛、南京、宁波、福州和广州 7 个沿海城市。同年，上海试点保险市场对外资开放。2001 年，国务院出台《外资金融机构管理条例》（国务院令第 340 号），首次以法规的形式对外资金融机构在中国设立外资银行及相关机构设定了准入条件和监管条例。1995 年，广州试点保险市场对外资开放。1996 年，中国人民银行颁布《在华外资银行设立分支机构暂行管理规定》（银发〔1996〕6 号），为外资银行在开放城市设立分支行提供法律依据。1996 年，光大银行股改中开始引入亚洲开发银行等境外战略投资者。1999 年，取消对外资银行设立经营性机构的地域限制，允许在所有中心城市设立分支机构。2000 年前后，四大国有银行纷纷引入境外战略投资者，帮助其实现改革和上市。2005 年，渤海银行成为首家发起即引入境外投资者的全国性股份制商业银行。2006—2014 年，两次修改《外资银行管理条例》（国务院令第 478 号、国务院令第 657 号），进一步放宽外资银行准入条件。2018 年，证监会发布《外商投资证券公司管理办法》（证监会令第 140 号），允许成立外资控股的合资证券公司。2019 年，国务院金融稳定发展委员会办公室公布“新 11 条”，实现更大范围、更高层次金融业双向开放。

二是渐进式实现资本市场对外开放。1992 年我国开始试点发行外资股（B 股），第一只 B 股上海电真空在上海证券交易所上市。采取 A 股市场与 B 股市场完全分割的政策，保证了一定程度的资本市场对外开放，也规避了外资流动对当时不成熟的 A 股市场可能产生的不必要影响。2002 年，证监会和中国人民银行颁布了《合格境外机构投资者境内证券投资管理暂行办法》（证监会、中国人民银行令第 12 号），建立合格境外机构投资者（QFII）制度，允许境外机构投资者可以在外汇管理局批准的额度下直接投资中国证券市场。2006 年，国家外汇管理局出台《关于基金管理公司境外证券投资外汇管理有关问题的通知》（汇发〔2006〕46 号），实施合格境内机构投资者（QDII）制度，使得国内资本在可控的范围内能够配置境外资产，提高了境内投资者的投资标的可选择性。2011 年，证监会、中国人民银行和国家外汇管理局联合发布《基金管理公司、证券公司人民币合格境外机构投资者境内证券投资试点办法》（证监会、中国人民银行、外汇局令第76号)，人民币合格境外机构投资者（RQFII）制度正式实施，进一步允许境外机构投资者在规定额度内直接使用人民币投资境内证券市场。2014年沪港通正式启动，为上海交易所市场与香港交易所市场建立了方便的连接通道，第一次实现了中国资本市场的双向开放。2016年的深港通与2018年的沪伦通进一步推进双向开放，相继实现了深圳交易所市场与香港交易所市场、上海交易所市场与伦敦交易所市场的互联互通。在沪伦通的制度下，符合条件的上海证券交易所上市公司可以通过发行全球存托凭证（GDR）的形式在伦敦证券交易所上市，而符合条件的伦交所上市公司可以通过发行中国存托凭证（CDR）的方式在上海证券交易所上市，标志着我国资本市场开放又前进一步。2017年债券通“北向通”开通，境内外投资者通过“北向通”可实现在香港买卖内地债券。2021年“南向通”上线，粤港澳大湾区内地投资者在港澳销售银行开立个人投资账户，通过闭环式资金管道汇出资金购买港澳销售银行销售的投资产品。2018年，中国人民银行和国家外汇管理局发布《合格境外机构投资者境内证券投资外汇管理规定》（外汇局公告2018年第1号）和《关于人民币合格境外机构投资者境内证券投资管理有关问题的通知》（银发〔2016〕227号)，进一步取消了QFII限制和QFII与RQFII本金锁定期要求。

2. 基本方向

我国金融体制改革的基本方向：一是稳步推进金融市场化改革，不断提高金融机构、资本市场、货币市场市场化水平；二是推进金融高水平对外开放，在金融机构、资本市场不断扩大双向开放，稳步推进人民币国际化；三是建立完备有效的金融监管体系，不断适应社会主义市场经济发展需求；四是增强服务实体经济能力。

（1）稳步推进金融市场化改革

一是金融机构体系市场化程度不断提高。首先是金融与财政体系分离，推动“拨改贷”改革，中国人民银行从财政体系中独立，而后陆续建立四大国有银行，将中央银行与商业银行的职能分离，金融体系逐渐从计划经济时期的体系转向适应社会主义市场经济发展需求。金融从财政分离后，逐步推动金融机构商业化改革，建立股份制商业银行，推动国有银行商业化改革，使金融机构实现独立自负盈亏、自担风险、自我发展。通过剥离不良资产，引入境外战略投资，引进国际化的金融技术、业务模式和管理理念，提升国有银行经营管理效率和市场化水平。证券、保险、资产管理、基金等业务，也分别从银行体系中剥离建立独立公司。财务顾问、会计事务、律师事务和资产评估、金融评级等市场中介机构蓬勃发展。金融机构体系市场化程度持续提升，不断适应社会主义市场经济发展需求。

二是资本市场市场化程度不断提高。建立证券集中交易市场。1984年，通过少数企业进行股份制试点，部分城市集体企业和国营小企业实现了放开搞活。1986年，伴随着静安营业部的出现，沈阳、上海、深圳等地出现股票和债券柜台交易，标志着证券二级市场雏形的形成。1987年，深圳发展银行成为第一只向社会公众公开发行并上市的金融股票。1990年，深沪交易所成立，证券市场从分散柜台交易转为交易所集中交易。**提高证券发行制度市场化水平。**1993年，证券市场建立了全国统一的股票发行审核制度。2001 年，证监会宣布取消审批制，我国资本市场正式进入核准制时代。2004 年，《证券发行上市保荐制度暂行办法》（证监会令第 18 号）施行，保荐制正式实施。2006 年，发审制度法规《中国证券监督管理委员会发行审核委员会办法》开始实施。2019 年，随着科创板设立并试点注册制，中国资本市场开始进入了注册制和核准制并行的双轨时代。2023 年，证监会启动全面实行股票发行注册制改革。我国证券发行制度先后经历了从行政主导的审批制变为市场化方向的核准制，再到注册制的探索与改革，市场化程度逐步提高。

三是不断推动利率和汇率市场化。人民币利率市场化程度不断提升。改革前我国实行央行统一管理的管制利率制度，央行基准利率为我国货币市场的主要交易价格。我国先是以国债利率招标为起点实现债券利率市场化，放开银行间同业拆借市场，推动完成资金批发利率市场化和外币利率市场化。从 2004 年开始，贷款上浮取消封顶，并逐步放开贷款下浮利率限制，2012 年开始允许银行有限上浮存款利率，2015 年后取消了存款利率浮动上限的设定。2019 年我国央行完善了贷款市场报价利率（LPR）形成机制。LPR 已经成为银行贷款利率的定价基准，金融机构绝大部分贷款已参考 LPR 定价。LPR 由银行报价形成，可更为充分地反映市场供求变化，市场化程度更高。**人民币汇率市场化程度稳步推进。**1979 年改革开放以来，人民币汇率一直在“双轨制”运行。到“双轨制”运行的后期，“市场汇率”已经控制了全国 80%的外汇交易，而“官方汇率”基本属于“名存实亡”的状态。1994 年，我国正式实施汇率改革，通过汇率并轨、强制结售汇、经常项目下人民币可有条件兑换、建立银行间外汇市场等措施，建立实行“以市场供求为基础的、单一的、有管理的浮动汇率制度”。2005 年央行发布《关于完善人民币汇率形成机制改革的公告》（中国人民银行公告〔2005〕第 16 号），宣布即日起开始实行“以市场供需为基础、参考一篮子货币进行调节、有管理的浮动汇率制度”，结束了固定汇率制度，重启汇率的“市场化改革”。2015 年汇率报价机制纳入更多货币以维持汇率的灵活稳定。

（2）推进金融高水平对外开放

一是金融机构体系对外开放程度显著提升。在稳步推进银行业对外开放方针的指导下，我国银行业扩大了对外开放地域，逐步从经济特区扩展到沿海城市和中心城市。通过立法不断完善外资银行在华经营的市场准入条件和监管标准，提升法治化、规范化水平，逐步放松对外资银行在华经营的限制。入市之后，调整外资金融机构参资入股中资银行比例，允许合格的境外战略投资者按照自愿和商业原则投资入股中资银行，参与我国银行业改革。目前我国已经完全取消银行、证券、基金管理、期货、人身险领域的外资持股比例限制，并积极推动金融市场双向开放。

二是资本市场稳步推进对外开放。首先是通过 B 股发行制度发行外资股，初步引入国际资本投资国内上市公司。之后通过引入合格境外投资者（QFII）制度、合格境内投资者（QDII）制度、人民币合格境外投资者（RQFII）制度，基本实现国内资本市场的单向对外开放。党的十八大之后，我国陆续启动沪港通、深港通、债券通和沪伦通，稳步推进资本市场双向对外开放。

三是稳慎扎实推进人民币国际化。2009 年，中国人民银行等多个部委联合启动了跨境贸易人民币结算的试点。2012 年跨境贸易人民币结算业务全面铺开，并拓展至全部经常项目。2015 年，人民币跨境支付系统（CIPS）正式上线运行，同年国际货币基金组织（IMF）将人民币纳入特别提款权（SDR）篮子，人民币成为第一个被纳入 SDR 篮子的新兴市场国家货币。2016 年后，宏观审慎监管从试点向全国铺开，对外资机构负面清单管理趋向常态化。2018 年，CIPS 二期系统也上线运行，运行时间基本覆盖全球各时区的工作时间，支持全球的支付与金融市场业务，满足全球用户的人民币业务需求。

（3）建立完备有效的金融监管体系

我国金融监管体系的建立大致可以分为确立监管、分业监管、监管协调、监管整合四个阶段。改革之初，中国人民银行是国务院领导下统一管理全国金融的国家机关，负责金融业的各项监管工作。1992—2003 年，证监会、保监会、银监会相继成立，分业监管格局逐步形成，我国金融监管体系逐步由中国人民银行统一监管转变为“一行三会”分业监管体系。随着金融业进一步发展，金融业呈现混业经营趋势，为避免监管套利和加强监管统筹，我国在 2003—2017 年不断探索完善“一行三会”间的监管协调机制。2018 年银监会和保监会合并重组为银保监会，标志着金融监管体制向综合监管转变。2023 年《党和国家机构改革方案》正式发布后，组建中央金融委员会和中央金融工作委员会，并在银保监会基础上组建国家金融监管总局，对证监会和中国人民银行进行机构改革，调整国家发展改革委在金融领域的相关职能，进一步强化监管集中统一和全覆盖。

（4）增强服务实体经济能力

服务实体经济是金融的天职和宗旨。实体经济是金融的根基，脱离实体经济的支撑，金融就会成为无源之水、无本之木。改革开放初期，我国金融业发展无法满足市场取向的经济体制改革要求，金融供给不足，成为制约我国经济社会发展的明显短板。党中央、国务院准确聚焦这一问题，推进国有银行改革，建立证券、保险、信托等多种金融机构组成的现代金融机构体系，支持我国经济的快速增长。党的十八大以来，我国金融系统围绕满足人民群众和实体经济多样化的金融需求，调整和优化资金供给结构，使资金供给向重点领域和薄弱环节倾斜，促进资金使用效率有效提高，持续提升金融服务供给质量。第五次全国金融工作会议进一步强调金融服务实体经济的重要性和必要性，指出金融要把为实体经济服务作为出发点和落脚点，全面提升服务效率和水平。近年来，我国金融监管坚决打击伪金融创新、“影子银行”，遏制金融资本无序扩张，扭转金融资产脱实向虚势头。服务实体经济、服务人民已经成为当前金融改革的基本方向。

3. 难点卡点

我国金融体制改革的难点卡点是：金融体系建设还没有很好地服务实体经济、适应经济高质量发展的要求，距离做好科技金融、绿色金融、普惠金融、养老金融、数字金融“五篇大文章”还存在一定差距；金融监管和治理能力建设仍不充分，与金融业的迅速发展不相适应。

（1）尚未形成有效支持创新型国家建设的科技金融体系

通过金融手段支持科技创新和产业化发展，以促进科技进步和经济增长是我国金融体制的重要短板。具体体现在：一是以银行为主的金融体系缺乏支持科技创新的多元化融资方式，无法提供给企业全链条、全生命周期的金融服务，尤其是难以满足科技企业在早期发展阶段的融资需求；二是科技金融在支持科技创新过程中需要遵循风险投资原则，需要容忍一定比例的失败，而我国金融体系缺乏完善的尽职免责机制，导致要么无法有效支持科技企业，要么被滥用成为金融腐败和金融风险的温床；三是缺乏健全的激励约束机制，金融机构缺乏提供科技金融产品和服务的动力，也没有建立合理的机会识别、决策和风险控制机制。

（2）缺乏具有完善配套支持的绿色金融体系

我国通过金融手段促进环境保护和可持续发展的主要难点卡点在于缺乏配套支持体系。虽然国家环保总局、中国人民银行、银监会三部门为了遏制高耗能高污染产业的盲目扩张，在 2007 年推出绿色信贷要求并制定考核指标，但在实践中，中小金融机构缺乏绿色项目准入分析能力、专业化风控体系，也没有能力判断绿色活动的风险特征，对绿色项目标准难以界定，难以准确计量和验证减排量，存在资金使用监管难、项目信息不透明等问题，制约了绿色金融发展的有效性。

（3）普惠金融的覆盖面和商业可持续性不足

使金融更好地服务人民群众，实现金融服务的普及和公平是金融业的世界性难题，也是我国金融业高质量发展的重要挑战。我国金融体系出于成本及效益方面的考量，对农村地区的覆盖面较低，为三农提供的金融服务方式较为有限，更缺乏对农民的金融知识普及。同时，金融体系也缺乏在金融服务供给层面对小微企业融资的有效支持，金融机构难以获取中小企业底层资产信息，银行对普惠型小微企业贷款的不良率容忍度也较为保守，使得完成政策要求指标的运动式普惠金融供给并不能形成商业可持续性。

（4）养老金融还不能适应老龄化社会发展趋势

随着我国进入老龄化社会，金融体系在适老化改造、满足老年人需求方面的不足也日益凸显。互助养老金融服务在国内发展相对缓慢，社会整体接纳度不高，反向按揭、养老信托、商业养老保险等方面的金融创新仍不充分。个人养老金产品供应不均衡、选购渠道不畅、民众参保意愿不强。银发经济盈利周期长、见效慢，使得传统的金融服务方式难以有效支持养老机构发展。缺乏针对老年人的金融知识普及和教育，老年人的金融素养不足，也制约了养老金融的普及。

（5）数字金融相关基础制度亟待完善

数字金融是数字经济发展的重要支撑，或将重构金融运行方式、服务模式乃至整个生态系统。目前我国的数据要素平台、数据基础制度、司法制度数字化转型等数字金融基础设施体系建设尚不充分。金融体系在数字资产管理、数字保险、智能投顾等金融科技应用以及数字科技与业务场景有效结合方面的金融创新尚处探索阶段。监管体系面对未来数字技术高度融合应用的“去中心化”的金融生态系统也缺乏准备，需要重新审视传统监管范式。

（6）金融监管和治理能力与金融业迅速发展不相适应

我国金融监管体系建设仍不充分，难以适应快速发展的金融业。具体体现在：一**是国内资本市场的监管体系尚不健全**，对上市公司的质量管控、信息披露、问题发现、违法违规处理、退市等相关机制仍不健全，使国内上市公司造假违规问题层出不穷。**二是应对金融创新的监管能力不足**，金融监管仍存在一定空白和盲区，缺乏一体化的法律体系，监管机构整合度不高，使一些以逃脱金融监管为目的的伪创新仍然存在，导致金融体系难以将货币供应传导至实体经济，出现市场失灵、金融空转等情况，金融优化资源配置作用受到阻碍。**三是缺乏应对外来金融风险的准备。**针对美国等西方国家在金融领域的极限施压、市场做空等手段，我国金融监管应对的工具箱仍然不足。

（三）金融体制改革的基本经验

改革46年来，我国金融改革经历曲折道路，形成宝贵经验，在党的领导下不断抵御来自国内外的金融风险的冲击，通过共同推进金融市场化改革和金融监管水平提升，处理好对外开放与金融安全的关系，我国金融市场整体发展稳健，成为近几十年来世界上唯一没有出现金融危机的发展中国家。

1. 金融改革必须服务于实体经济

以人民为中心是中国特色现代金融体系的根本价值取向。我国金融发展的根本在于坚持以人民为中心而不是以资本为中心，坚持发展为了人民、发展依靠人民、发展成果由人民共享。发展金融是为了更好地服务实体经济的发展和人民的交易需要，为人民“做大蛋糕”并且“分好蛋糕”。西方国家以资本为中心的金融体系，为追求更高的利润，脱离为实体经济服务的根本宗旨，造成资金在金融市场空转，引发金融风险，导致经济停滞和社会震荡。因此金融改革必须以服务实体经济为根本宗旨，才能服务好社会主义市场经济体制。

2. 必须推进金融市场化改革和金融监管协同发展

金融市场化改革和金融监管应当相互促进、相互协调，而不是矛盾对立的关系。金融市场化改革需要合理、有效的监管，才能真正实现市场化运作的效果。金融市场化改革最重要的就是打破原有的体制障碍，增强市场对资源的配置作用，让市场更好地发挥效应。但是，过度放任市场化，原有监管体系的漏洞不断涌现，也会引发市场波动风险，给整个金融体系带来风险。这就需要完善风险预警机制，建立更好的监管体系，推动监管与市场改革协同发展。

3. 必须处理好对外开放与金融安全的关系

构建新发展格局、实现高质量发展，需要坚定不移地推进金融开放。金融开放要求资本自由流动、银行国际经营、基础设施互联互通、遵守国际规则，客观上会增加金融对外依赖性和风险感染性，特别是当前巴塞尔协议、SWIFT系统等金融标准、规则和基础设施的制定权、话语权主要掌握在美国和西方国家手中。因此在推进金融开放的进程中，我国必须把金融安全放在首位，平衡好金融开放与金融安全的关系，做好制度性战略备份。

（四）党的十八大以来金融体制改革取得的新突破

党的十八大以来，在以习近平同志为核心的党中央集中统一领导下，金融体系稳步推进利率和汇率市场化改革，促进多层次资本市场健康发展，组织进行金融监管体制改革，推动发展普惠金融，扩大金融高水平双向开放，稳步推进人民币国际化，有力支撑经济社会发展大局，坚决打好防范化解重大风险攻坚战，为如期全面建成小康社会、实现第一个百年奋斗目标作出了重要贡献。

1. 基本实现利率市场化，建立浮动汇率制度

2013 年全面放开贷款利率管制，在全国范围内实施服务贸易外汇管理改革。2015 年不再设置存款利率浮动上限，存贷款利率管制终于基本放开。利率市场化改革的重点正在从“放得开”向“形得成”，尤其是“调得了”转变，银行间市场拆借利率、国债收益率曲线、央行基准利率、货币政策操作利率等多种利率各司其职，利率走廊正在形成。汇率方面取消了大部分外汇管制措施，形成以市场供求为基础、参考一篮子货币进行调节、有管理的浮动汇率制度。

2. 基本建立多层次资本市场的框架

党的十八大报告指出要加快发展多层次资本市场。党的十九大报告指出要深化金融体制改革，增强金融服务实体经济能力，提高直接融资比重，促进多层次资本市场健康发展。党的十八大以来，国内多层次资本市场建设日益完善，先后设立新三板、科创板、北京证券交易所。目前，资本市场已形成涵盖沪深主板、科创板、创业板、北交所、新三板、区域性股权市场、私募股权基金在内的多层次股权市场。股票市场推出优先股，债券产品新增地方政府债、政策性金融债、资产证券化等品种，试点发行创新创业债、绿色债、扶贫债、可续期债，开展境内基础设施领域公募 REITs 试点。基金市场推出债券、跨市场和跨境、商品期货等 ETF 基金，多层次资本市场产品体系不断丰富。股票上市发行全面实施注册制改革，上市公司退市制度不断完善。债券市场规范力度进一步加大，债券发行主体范围、交易场所得到拓展，公司债、企业债实施注册制改革，并由证监会统一负责公司（企业）债券发行审核工作。我国于 2024 年发行超长期特别国债，最长期限达到 50 年，同年央行首次拟借入国债，扩充调控宏观经济的政策工具箱。

3. 形成适应新发展形势的监管体系

以推进国家治理体系和治理能力现代化为导向，以加强党中央集中统一领导为统领，推进建设中央金融委和金融工委行使集中统一领导权，中国人民银行、国家金融监督管理总局、证监会、国家外汇管理局负责具体落实的全新中国特色金融监管体系，突出体现了党对金融工作集中统一领导的强化和金融监管机构的协调统一，以应对当

前金融混业经营深化、金融科技快速发展、国际局势日益复杂化带来的新风险和新挑战。金融杠杆率明显下降，遏制金融资产盲目扩张、脱实向虚、影子银行风险，实质性扭转房地产金融化、泡沫化势头。有序推进地方政府隐性债务风险处置。金融违法违规行为受到严厉惩治。银行业不良资产认定和处置大步推进，部分大中型企业债务风险平稳化解。外部风险冲击应对未雨绸缪，货币供应量和社会融资规模与名义经济增速基本匹配，国内金融市场保持平稳运行，在全球高通胀背景下保持了物价总水平基本稳定。

4. 初步建立普惠金融体系

2013 年，党的十八届三中全会正式提出“发展普惠金融”。2015 年，国务院印发《推进普惠金融发展规划（2016—2020 年）》（国发〔2015〕74 号）。通过指导大中型银行设立普惠金融事业部，建立普惠金融机制，引入科技手段，建设中小微企业信用信息、农村信用信息等体系和政府性融资担保体系以及优化对金融机构发展普惠金融的优惠、补贴、监管评价政策，推动普惠金融服务不断增量扩面提质。2023 年，国务院颁布《推进普惠金融高质量发展的实施意见》（国发〔2023〕15 号），指出要健全多层次普惠金融机构组织体系，提升资本市场服务普惠金融效能，提升普惠金融法治水平，加强政策引导和治理协同以及优化普惠金融发展环境。中央金融工作会议进一步提出要把更多金融资源用于中小微企业，做好普惠金融。

5. 构建并试点使用数字人民币

2014 年，中国人民银行成立专门团队，开始对数字货币发行进行专项研究。2017 年末，数字人民币基本完成了顶层设计、标准制定、功能研发、联调测试等工作。2020 年，数字人民币开始进行内部封闭试点测试，初步形成“10+1”试点格局，其中线上平台场景增加了美团和京东等多家头部企业。2022 年，数字人民币 App 在各大安卓应用商店和苹果 App Store 上架，微信支持数字人民币。截至 2024 年初，数字人民币试点范围已扩展至 17 个省市的 26 个试点地区。2023 年，中国石油国际事业有限公司完成中国首单国际原油跨境数字人民币结算，2024 年山东高速集团有限公司首次实现以数字人民币形式归集债券募集资金。目前我国正采用“双边合作”和“货币桥”两种模式探索数字人民币跨境使用，其中“货币桥”已经进入最小可行化产品阶段。数字人民币是我国货币发行和支付体系的一次重大变革，对经济数字化转型、人民币国际化、提升金融监管能力均具有重大意义。

6. 金融双向开放水平显著提高，人民币国际化稳步推进

2013 年，国务院提出人民币资本项目可兑换操作方案的设想后，“资本项下”放开搞活、有序管理成为趋势，人民币国际化步伐实质性加快。中国（上海）自由贸易试验区正式挂牌成立，先行先试人民币资本项目可兑换，加速金融开放改革。“十三五”期间，深港通、债券通、沪伦通等项目相继实施，“十四五”期间推进南向通、北向通项目，我国持续推动债券市场、股票市场对外开放，扩大跨境投融资的渠道，完善相关制度安排。2015 年，人民币跨境支付系统（CIPS）正式启动。2016 年，国际货币基金组织将人民币正式纳入特别提款权（SDR）货币篮子，我国不断加强与周边和东盟国家本币结算（LCS）合作，人民币国际化进程稳步前行。

二、进一步全面深化金融体制改革面临的新形势新要求

进一步全面深化改革，金融体系需要面对诸多新形势新趋势。中美竞争持续升级，新一轮科技革命，建设中国式现代化和金融强国以及金融混业发展等一系列新形势新趋势对我国金融体系高质量发展提出了诸多新要求。我国金融体系需要进一步深化改革，提升科技含量，从“金融大国”走向“金融强国”，不断提升适应性、竞争力和普惠性，以应对未来金融战、全球资产定价、国际金融巨兽入侵等新挑战，为中国式现代化及国家安全提供支持保障。

（一）世界百年未有之大变局加速演进，对我国维护金融稳定、提高金融博弈能力提出更高要求

中美经贸战持续升级，中美之间战略博弈面临常态化和长期化趋势，全球治理格局不断发生变化。新发展阶段我国经济面临的外部金融冲击风险持续增加，给我国金融体系带来了新的挑战和不确定性，对我国金融秩序和经济稳定构成威胁。一是全球通货膨胀和债务水平总体上升，美联储持续加息制造“美元潮汐”，收割新兴市场国家发展成果，同时也引导外资流出我国。二是我国还没有在全球具有影响力的金融资讯机构，在金融信息和舆论上缺乏主导权和话语权。美国等西方国家在我国处于疫后经济复苏阶段，国内房地产、城投债务问题严峻，经济处于转型期时制造舆论压力，在多个领域全面做空我国，试图打击我国的经济发展和人民币的国际化进程。三是俄乌冲突显示了金融体系正在被用作国际政治博弈的工具，而我国跨境支付仍严重受制于人，或将被西方国家利用 SWIFT 系统等金融基础设施进行制裁。同时，我国庞大的境外资产也存在极端情况下被冻结、征用甚至没收的隐患。四是我国金融机构中后台信息系统在软硬件方面仍对国外厂商具有一定依赖，容易引发“卡脖子”和信息安全风险。西方国家通过金融手段将我国排斥在世界金融体系之外，扰乱我国金融秩序的威胁持续增加，对我国维护国内金融稳定、形成制度性战略备份提出了更高要求。

（二）新一轮科技革命加速金融业进化升级，推动创新的同时也带来风险隐患

近年来，互联网、区块链、人工智能等技术不断被应用到金融领域，推动金融业不断出现工具和模式创新，显著提高金融业运行效率，也给金融安全带来了新的挑战。一是数字技术的应用使得金融业对“三农”、小微和民营企业等普惠金融支持的风险控制手段持续升级，放贷速度显著加快，但同时针对金融系统的网络攻击、人工智能破解人脸识别等案件时有发生，网络安全风险危害金融安全的可能性持续增加。二是区块链技术为数字货币提供了去中心化、安全和可信的交易环境，为跨境支付与结算和跨境金融带来革命性的改变，数字金融生态正在形成，同时也带来跨境洗钱、逃避外汇监管等诸多监管难题。三是融媒体平台等新型传播工具依托移动互联网快速发

展，成为人民群众主流的信息获取渠道，但同时可能被用于快速生成并传播大量虚假信息，加速引发恐慌、挤兑等情况，威胁国家整体金融稳定。

（三）建设中国式现代化需要金融体系高质量发展

推进中国式现代化必须走高质量发展之路，而现代金融体系是现代化经济体系的核心，金融业也需要以高质量发展服务中国式现代化，贯彻落实“创新、协调、绿色、开放、共享”的新发展理念。与过去的发展相比，经济高质量发展所需要的金融支持力度、广度、深度都发生了很大的变化，产业升级、经济转型、动能转换、效率提升需要更大力度的金融支持，重大战略、重要主体、重点领域需要更具宽广度的金融支持，基础设施、规则融合、制度开放需要更大深度的金融支持。目前，我国金融大而不强的问题没有得到真正解决，金融体系仍存在服务实体经济的质效不高、多层次资本市场尚不健全、金融乱象和腐败问题屡禁不止、金融监管和治理能力薄弱等方面问题，与高质量发展所需要的具有高度适应性、竞争力、普惠性的现代金融体系仍有差距。

（四）国内潜在的金融风险需要金融体系具有更高韧性

防控金融风险是金融工作的永恒主题。当前，金融领域各种矛盾和问题相互交织、相互影响，经济金融风险隐患仍然较多。房地产风险、地方政府债务风险与地方中小金融机构风险等相互交织。当前房地产行业持续不景气，公众对房地产市场预期尚未发生根本性扭转，同时土地市场降温，部分地方政府过度依赖土地政策、财政结构不合理、地方政府债务规模较大，中小银行则在发展经营过程中聚集了较多风险，资本充足率较低，资产质量下降，违约风险集中爆发。未来随着金融向高水平开放迈进，我国资产也将迎来全球资产定价的挑战。面对复杂严峻的经济金融形势，需要金融体系牢牢守住不发生系统性风险的底线，有效吸收负面冲击和风险损失，确保金融体系的基本功能，阻止风险向实体经济蔓延。

（五）金融业不断向纵深发展，对金融监管水平要求日益提高

随着金融市场化改革不断深化以及金融对外开放程度提高，我国虽然没有明确金融混业经营的法律地位，但以中信、光大、招商为首的金融控股集团已经初具雏形，混业经营的趋势已经形成。国际上发达国家均已经完成了从分业经营向混业经营的改革，我国进行金融业高水平制度性对外开放需要与国际规则接轨。同时，分业经营框架下单一业务的金融机构也难以与混业经营框架下的金融集团相抗衡，探索混业经营框架下金融集团的发展模式，也是增强我国金融体系国际竞争力的必然方向。随着互联网、人工智能等新技术的运用，金融混业经营在技术手段和监管工具上也具有可行性。

三、深入领会进一步全面深化金融体制改革的指导思想、基本原则和总目标

党的十八大以来，我国在金融体制改革上取得了诸多成就，金融供给侧结构性改

革深入推进，现代化金融体系加速构建。但也需要看到，我国金融体制改革仍存在诸多难点卡点，在服务实体经济、防范重大金融风险、支持科技创新等方面仍有不足。必须进一步深化金融体制改革，防范化解金融风险，推动金融高质量发展，加快建设金融强国，构建同科技创新相适应的科技金融体制，更好地服务实体经济。

（一）指导思想

要全面贯彻落实党的二十大和二十届二中、三中全会精神，坚持稳中求进工作总基调，完整、准确、全面贯彻新发展理念，加快构建新发展格局，因地制宜发展新质生产力，着力推动高质量发展，围绕推进中国式现代化进一步全面深化改革。深刻把握金融工作的政治性、人民性，以加快建设金融强国为目标，以推进金融高质量发展为主题，以深化金融供给侧结构性改革为主线，以金融队伍的纯洁性、专业性、战斗力为重要支撑，以全面加强监管、防范化解风险为重点，坚持稳中求进工作总基调，统筹发展和安全，牢牢守住不发生系统性金融风险的底线，坚定不移走中国特色金融发展之路，加快建设中国特色现代金融体系，不断满足经济社会发展和人民群众日益增长的金融需求，不断开创新时代金融工作新局面。加强党中央对金融工作的集中统一领导，为经济社会发展提供高质量服务，做好科技金融、绿色金融、普惠金融、养老金融、数字金融“五篇大文章”，着力打造现代金融机构和市场体系，完善金融宏观调控，加强金融监管，有效防范化解金融风险，完善中国特色现代金融企业制度，坚持“引进来”和“走出去”并重，扩大金融高水平开放。

（二）基本原则

实现金融高质量发展，必须坚持中国特色金融发展之路，既要遵循现代金融发展的客观规律，更要具有适合自身国情的鲜明特色。其基本要义是：坚持党中央对金融工作的集中统一领导，坚持以人民为中心的价值取向，坚持把金融服务实体经济作为根本宗旨，坚持把防控风险作为金融工作的永恒主题，坚持在市场化法治化轨道上推进金融创新发展，坚持深化金融供给侧结构性改革，坚持统筹金融开放和安全，坚持稳中求进工作总基调①。

1. 坚持党中央对金融工作的集中统一领导

坚持党中央对金融工作的集中统一领导是中国特色金融发展之路的最本质特征和根本要求，是中国金融发展的最大制度优势所在。党的十八大以来，特别是第五次全国金融工作会议以来，服务实体经济、防控金融风险、深化金融改革等金融工作取得新的重大成就，根本在于以习近平同志为核心的党中央的坚强领导、正确决策和周密部署。走中国特色金融发展之路，必须毫不动摇坚持党中央对金融工作的集中统一领导，坚持和加强党对金融工作的全面领导，确保金融工作沿着正确道路和方向前进。

---

① 中央金融委员会办公室，中央金融工作委员会．坚定不移走中国特色金融发展之路［EB/OL］．http：//www.qstheory.cn/dukan/qs/2023-12/01/c_1129998578.htm.

2. 坚持以人民为中心的价值取向

全心全意为人民服务是我们党的根本宗旨，党领导的金融事业起于人民、兴于人民，根本上是人民的事业。走中国特色金融发展之路，必须始终把实现人民对美好生活的向往作为一切金融工作的出发点和落脚点，更加注重金融发展的普惠性，让广大人民群众共享金融发展成果。这是中国特色金融发展之路与西方金融发展道路的显著区别，是金融工作人民性的充分体现。

3. 坚持把金融服务实体经济作为根本宗旨

实体经济是金融的根基，金融是实体经济的血脉，两者共生共荣。金融活，经济活；金融稳，经济稳；经济兴，金融兴；经济强，金融强。金融脱离实体经济就是无源之水、无本之木，没有强健的实体经济支撑，金融繁荣只会是“虚胖”。走中国特色金融发展之路，必须坚守服务实体经济的天职，切实提升服务理念、能力和质效，在支持实体经济做实做强做优中实现金融自身高质量发展，以金融业高质量发展促进经济社会高质量发展。

4. 坚持把防控风险作为金融工作的永恒主题

党的十八大以来，我国金融业没有发生系统性危机，并不是我们没有遇到风险，而是以习近平同志为核心的党中央高瞻远瞩、未雨绸缪，时刻把防控风险摆在更加突出的位置，防范化解重大金融风险攻坚战取得积极成效，有力维护了国家经济金融稳定和人民财产安全。走中国特色金融发展之路，必须高度重视金融风险的传染性、隐蔽性和破坏性，增强忧患意识，树牢底线思维、极限思维，以“时时放心不下”的责任意识做好风险防控工作，牢牢守住不发生系统性金融风险的底线。

5. 坚持在市场化法治化轨道上推进金融创新发展

金融的活力在市场，金融的秩序在法治。金融是创新活跃的行业，必须深刻把握金融发展规律，做到创新方向明确、支持重点突出。不切实际的乱创新、伪创新，只会酿成巨大风险和损失。金融创新发展必须充分发挥市场配置资源的决定性作用，更好发挥政府作用，增强金融发展的动力，激发金融发展的活力，加快健全金融法治，坚持守正创新，确保金融创新发展沿着正确方向前进。

6. 坚持深化金融供给侧结构性改革

党的十八大以来，以习近平同志为核心的党中央以巨大的政治勇气和智慧，不失时机深化金融改革，坚决破除一切妨碍高质量发展的思想观念和体制机制弊端，推动金融业不断发展壮大。走中国特色金融发展之路，必须坚持目标导向和问题导向，增强系统观念，把握好短期与长期、整体与局部的关系，持续深化金融供给侧结构性改革，加快建设中国特色现代金融体系。

7. 坚持统筹金融开放和安全

当前，世界百年未有之大变局加速演进，外部环境不稳定、不确定、难预料成为常态，世界进入变革期。党的十八大以来，以习近平同志为核心的党中央统筹中华民族伟大复兴战略全局和世界百年未有之大变局，统筹发展和安全，不断扩大高水平对外开放，实现开放与安全的动态平衡。中国特色金融发展之路是一条开放之路，要在守住安全底线的前提下，稳步扩大金融领域制度型开放，提升跨境投融资便利化水平，加大对共建“一带一路”的金融支持，稳慎推进人民币国际化，更好服务加快构建更高水平开放型经济新体制。

8. 坚持稳中求进工作总基调

稳中求进工作总基调是我们党治国理政的重要原则，是做好经济工作的方法论。走中国特色金融发展之路，必须把握好稳和进的关系。坚持稳字当头，稳是主基调，以稳求进、以进固稳，在保持大局稳定的前提下谋进。该稳的要稳住，金融政策要稳健、金融监管要稳慎、风险处置要稳妥、市场预期要稳定、金融运行要平稳。但稳不是不作为，该进的要进取，进的重点是促发展、调结构、补短板，为经济社会发展提供高质量金融服务，在稳的基础上，把各项改革发展任务部署落实到位。

（三）总目标

全面建成社会主义现代化强国，总的战略安排是分两步走：从 2020 年到 2035 年基本实现社会主义现代化；从 2035 年到 21 世纪中叶把我国建成富强民主文明和谐美丽的社会主义现代化强国。围绕完成 2035 年远景目标、全面建成社会主义现代化强国等目标要求，金融改革的中长期目标如下。

到 2029 年，基本形成能够支持中国式现代化建设的金融体制。基本形成中国特色的金融体系框架，包括建立现代中央银行制度。建立较为完善、分工合作、服务实体经济、有利于创新驱动发展的金融机构体系，做好金融“五篇大文章”。发展多元股权融资，加快多层次债券市场发展。健全投资和融资相协调的资本市场功能，促进资本市场健康稳定发展。制定金融法，建立起纳入一切金融活动、能够做到及时有效识别和化解风险、整治金融乱象的金融监管体系，强化金融稳定保障体系，大幅压降当前存在的金融风险。建设更加完备的金融基础设施制度性战略备份；稳慎扎实推进人民币国际化，发展人民币离岸市场，推进高水平制度型对外开放；优化外资金融机构和境外投资者管理机制，稳慎拓展金融市场互联互通。推进自主可控的跨境支付体系建设，建立统一的全口径外债监管体系，积极参与国际金融治理。

到 2035 年，基本建成符合中国式现代化发展要求的金融体制，具备实现金融强国目标的软实力和硬实力。建立服务于实体经济企业的金融体系，为企业提供符合生命周期的融资，实现金融资源与科技资源的有效对接。建立具有高度适应性、竞争力、普惠性的资本市场，让投资者合法权益得到更加有效的保护。构建适应数字金融生态的监管体系，行业机构治理水平全面提高。形成具备国际竞争力与市场引领力的投资银行和投资机构。建立高度双向开放的金融市场。

到 2050 年，建立与社会主义现代化强国目标高度匹配的金融体制。建立高度综合化、智慧化，能够为企业和个人提供个性化、定制化、全方位金融服务的银行系统。资本市场治理体系和治理能力现代化水平进一步提高，建成与金融强国相匹配的高质量资本市场。形成综合实力和国际影响力全球领先的现代化证券基金行业，为中国式现代化和金融强国建设提供有力支撑。人民币高度国际化，金融市场高度开放，能够以世界上最包容的规则和规范来推动国际合作。金融监管能力全面提升，能够驾驭世界上最大、最开放的金融市场。

四、进一步全面深化金融体制改革的重点任务

在进一步全面深化改革中，我国需要解决金融系统大而不强的问题，坚定不移走中国特色金融发展之路，推进金融高质量发展，解决“经济金融风险隐患仍然较多”“金融服务实体经济的质效不高”“金融监管和治理能力薄弱”等一系列问题，全面加强监管、防范化解风险，建设金融强国。必须贯彻落实党的二十届三中全会精神，深化金融体制改革，特别是加快完善中央银行制度，积极发展科技金融、绿色金融、普惠金融、养老金融、数字金融，完善金融机构定位和治理，发展多元股权融资，优化国有金融资本管理体制，健全投资和融资相协调的资本市场功能，防风险、强监管，促进资本市场健康稳定发展，完善金融监管体系，建设安全高效的金融基础设施，健全金融消费者保护和打击非法金融活动机制，推动金融高水平开放，推进自主可控的跨境支付体系建设，强化开放条件下金融安全机制，积极参与国际金融治理。

（一）营造良好的货币金融环境，为高质量发展提供高质量的金融供给

1. 加快完善中央银行制度，畅通货币政策传导机制

完善基础货币投放和货币供应调控机制，健全货币政策和宏观审慎政策双支柱调控框架，综合运用多种货币政策工具，保持流动性合理充裕。促进社会融资规模、货币供应量与名义经济增速基本匹配。建立覆盖全面的宏观审慎管理体系，做好跨周期和逆周期调节。发挥好货币政策工具总量和结构双重功能，畅通货币政策传导机制，充实货币政策工具箱，持续深化利率市场化改革，在央行公开市场操作中逐步增加国债买卖。保持人民币汇率在合理均衡水平上基本稳定。

2. 加强对重大战略、重点领域、薄弱环节的优质金融服务

为科技型企业提供全链条、全生命周期金融服务。完善金融政策、标准和产品体系，加大对中小微企业和民营企业、乡村振兴、绿色产业、健康产业、养老产业、银发经济的金融支持。聚焦国家重大科技项目、中小科技企业等重点领域和薄弱环节，发挥科技创新和技术改造再贷款作用，会同相关部门培育支持科技创新的金融市场生态，为科技型企业提供全链条、全生命周期金融服务。完善绿色金融政策、标准和产品体系，大力支持清洁能源的研发、投资、推广运用。持续完善金融支持中小微企业和民营企业的政策体系，进一步缓解融资难、融资贵等问题。加大对乡村振兴的金融投入，支持牢牢端稳粮食饭碗、服务乡村产业发展、促进农民增收致富。加大对健康产业、养老产业、银发经济的财税金融政策支持，有针对性地丰富养老金融产品供给，积极发展第三支柱养老保险。加快金融机构数字化转型，保留必要的现金等传统金融

服务方式。提升金融监管科技水平，加快金融机构数字化转型，提高数字化监管和金融消费者保护能力。健全完善金融“五篇大文章”等重点领域的统计口径和考核评价制度，发挥好考核评价“指挥棒”作用，引导金融更好服务实体经济。

3. 完善金融机构定位和治理，健全服务实体经济的激励约束机制

着力打造现代金融机构和市场体系，疏通资金进入实体经济的渠道。完善金融机构定位，坚持回归本源、专注主业。做优做强国有大型金融机构，提升综合服务水平，当好服务实体经济的主力军和维护金融稳定的压舱石。严格中小金融机构准入标准和监管要求，推动兼并重组、实现减量提质，推动中小金融机构立足当地开展特色化经营，防止无序扩张。强化政策性金融机构职能定位，聚焦服务国家战略，主要做商业性金融机构干不了、干不好的业务。发挥保险业的经济减震器和社会稳定器功能，健全国家巨灾保险保障体系。在防风险、强监管的基础上，促进信托、金融资产管理公司、企业集团财务公司、金融租赁公司、消费金融公司等其他各类金融机构高质量发展。完善金融企业党建与公司治理机制有机融合，加强对股东及管理人员履职行为的监督。健全服务实体经济的尽职免责、引导和激励机制，建立敢贷愿贷能贷会贷的长效机制。持续推动货币、外汇市场改革发展，稳慎有序发展期货和衍生品市场。坚持以市场需求为导向，开发个性化、差异化、定制化金融产品，让兼具安全性、收益性、流动性的金融产品更多走进寻常百姓家。建设安全高效的金融基础设施，统一金融市场登记托管、结算清算规则制度。

4. 发展多元股权融资，加快多层次债券市场发展，提高直接融资比重

深化北交所、“新三板”以及私募股权和风险投资等领域改革创新，充分发挥其对中小型科技企业的融资支持功能和作用。健全债券发行、交易和管理制度，提升多层次债券市场的直接融资功能。提高直接融资比重，优化股权融资和债券融资的比例关系。完善创业投资“募资、投资、管理、退出”机制，引导金融资本投早、投小、投长期、投硬科技，持续提升金融支持科技创新的能力、强度和水平。

5. 优化国有金融资本管理体制

完善国有金融资本布局，合理调整国有金融资本在金融行业的比重。改革政策性银行，推动其聚焦主责主业、严控商业性业务，加强对国家重大战略、重点领域和薄弱环节的支持。推动中央和地方国有金融企业差异化发展。

（二）健全投资和融资相协调的资本市场功能，促进资本市场健康稳定发展

1. 提高上市公司质量，强化上市公司监管和退市制度

进一步完善发行上市制度，严把发行上市准入关，强化发行上市全链条责任。健全上市公司监管制度体系，加强全链条监管、穿透式监管，全面完善减持规则体系。深化退市制度改革，加快形成应退尽退、及时出清的常态化格局，加大规范退市实施力度，畅通多元退市渠道。严格退市执行，严厉打击财务造假、操纵市场等恶意规避退市的违法行为。健全退市过程中的投资者赔偿救济机制，依法追责对重大违法退市

负有责任的公司股东、管理层及实际控制人。加强交易监管，严肃查处操纵市场、恶意做空等违法违规行为。

2. 建立增强资本市场内在稳定性长效机制

落实“建制度、不干预、零容忍”九字方针，完善资本市场制度供给端建设，提升资产供给质量。有机协调融资端改革和投资端改革，引导资本市场由“融资市场”向“投资市场”转型，突出“以投资者为本”的监管导向，塑造“尊重、服务、回报”投资者的市场文化。

3. 支持长期资金入市

加快投资端改革，加强中长期资金入市的顶层设计，研究优化保险公司偿付能力指标，推动建立长期考核机制，提高养老金权益投资比例。

4. 完善大股东、实际控制人行为规范约束机制

加大对大股东、实际控制人等关键少数的监管力度，严厉打击财务造假，强化对资金侵占、违规担保等典型问题的监管力度，引导大股东、实际控制人专注公司发展和经营，关注投资者回报水平，减少减持套利空间，强化市场信息质量责任，增强公司治理的规范性，形成多层次惩治体系，从严打击违规减持、绕道减持、违规关联交易、侵占公司资产等行为。

5. 完善上市公司分红激励约束机制

加强投资者权益保护。加强制度约束督促分红，优化分红方式和节奏，给予分红好的公司更多激励，加大对超出能力分红公司的约束力度。树立上市公司回报股东的意识，合理平衡公司自身发展和回报股东，重视提高现金分红水平。

6. 健全投资者保护机制

提高市场的透明度和公正性。畅通投资者维权救济渠道，加强投资者教育，促使普通投资者维权意识和能力提升，推动中小投资者服务中心行使民事权利。

7. 推动区域性股权市场规则对接、标准统一

完善多元化股权融资，制定统一的区域性股权市场业务及监管规则，加强地方监管能力及对区域性股权市场规范运作情况的监督检查能力，加强区域性股权市场信息系统建设。

（三）完善金融监管体制，夯实建设金融强国的安全基础

1. 制定金融法

建立金融领域基本法，与其他金融法律法规共同构成比较完备的金融法律体系，明确界定金融活动范围，将各类金融业态、金融产品、金融服务予以规范，统一监管标准，填补现有法律空白，确保依法将所有金融活动纳入监管，适应金融科技的快速发展。

2. 完善金融监管体系

不断适应金融发展实践需要，及时推进金融重点领域和新兴领域立法，建立定期

修法制度。加大金融执法力度，对各类违法违规行为零容忍。健全维护国家金融安全的法律工具箱。坚持既管合法更管非法、管行业必须管风险，健全监管兜底机制。全面强化机构监管、行为监管、功能监管、穿透式监管、持续监管，做到“长牙带刺”、有棱有角。明确金融监管部门和行业主管部门责任，加强中央和地方监督协同，健全权责一致、激励相容的风险处置责任机制。严格规范金融机构的经营活动及交易行为，加强地方政府风险防范处置职责，履行辖区内金融风险防范、化解和处置责任。建立健全问责制度，以责任追究倒逼责任落实。

3. 建设安全高效的金融基础设施

建设安全高效的金融基础设施，统一金融市场登记托管、结算清算规则制度。推进金融的数字化转型。提高金融监管部门之间的统筹和协调配合，完善监管框架，统一监管标准，明确监管层次。持续提升自主掌控和安全保障能力，解决关键核心技术受制于人的“卡脖子”问题。建立风险早期纠正硬约束制度，加强从宏观视角对金融稳定总体形势的分析，健全风险监测评估、认定、提示和早期预警体系，完善风险处置机制，强化金融稳定保障体系，筑牢有效防控系统性风险的金融稳定保障体系。建立风险早期纠正硬约束制度，设定清晰的整改期限及具体整改要求。

4. 健全金融消费者保护和打击非法金融活动机制，构建产业资本和金融资本“防火墙”

健全信息披露制度，构建各类金融产品和服务的适当性操作标准，分级分类高效处理投诉，建设多元化纠纷调处体系，建立健全消费者保护长效机制。强化线上监测预警，常态化开展线下监测，完善非法金融活动风险监测预警技术模型和激励机制。持续健全法人治理结构，优化中小银行保险机构股权结构，加强股东管理，规范金融机构行为，健全公司治理监管体系。防止产业资本在金融领域无序扩张，避免产业和企业本末倒置、脱实向虚，确保产业资本与金融资本在监管框架内合作，避免利益输送和内部交易。

5. 推动金融高水平开放，稳慎扎实推进人民币国际化，发展人民币离岸市场

完善人民币国际化使用政策支持体系，推动人民币跨境投融资业务创新，优化“跨境理财通”试点规则。稳健扩大金融市场开放和准入程度，提高人民币金融资产的流动性，丰富风险对冲工具，提高外汇交易操作便利性。支持更多境外央行、国际开发机构、跨国企业集团等在境内发行熊猫债。夯实人民币国际化基础设施，推进央行间双边本币互换和本币结算合作。加强与周边和东盟国家本币结算（LCS）合作。完善离岸市场人民币流动性供给机制，丰富离岸人民币风险管理工具。强化香港离岸人民币业务枢纽功能。

6. 稳妥推进数字人民币的研发和应用

建立完善数字人民币综合监管框架，维护其法定地位。积极参与数字金融全球治理，拓展多应用场景覆盖，深化数字人民币跨境试点，拓展多功能应用。加强保护用户数据和隐私安全。

7. 加快建设上海国际金融中心

发挥国际货币基金组织上海区域中心作用，增强亚太区域国家间宏观经济政策交流和协调。发挥改革试验田作用，探索更高层次的制度型开放，全面对接国际高标准经贸规则，率先开展压力测试。逐步推动资本项目可兑换，探索“本币跨境支付”资本项目兑换模式，推动贸易结算便利化安排，加大离岸市场和跨境业务创新。有序将上海的高水平开放政策复制推广至长三角乃至全国范围。

（四）统筹金融开放和安全，着力推进金融高水平对外开放

1. 完善准入前国民待遇加负面清单管理模式，支持符合条件的外资机构参与金融业务试点

以制度型开放为重点推进金融高水平对外开放，完善外资金融机构准入前国民待遇加负面清单的管理模式，对标国际高标准经贸协议中金融相关规则，精简限制性措施，在标准统一、体系优化、规则完善等方面加大与国际的统筹对接，进一步完善在金融各领域、各区域的建章立制，形成系统性、制度性的开放局面，优化营商环境，提升跨境投融资便利化水平。支持符合条件的外资机构参与金融业务试点，提升跨境投融资便利化水平。

2. 稳慎拓展金融市场互联互通，优化合格境外投资者制度

规范境外投融资行为，加大对共建“一带一路”的金融支持。在沪港通、深港通的基础上探索更高水平的金融互联互通，支持投资者跨境均衡配置，将公募 REITs、交易所债券产品纳入深港通投资标的范围。进一步简化和完善合格境外机构投资（QFII/RQFII）资金管理，支持壮大耐心资本，完善本外币一体化资金池政策，支持跨国公司在沪设立全球或区域资金管理中心，依托跨境贸易投资高水平开放试点、银行外汇展业改革与尽职免责等政策，探索“越诚信、越便利”的外汇管理模式。

3. 推进自主可控的跨境支付体系建设，强化开放条件下的金融安全机制

加强本外币协同，完善人民币跨境使用基础性制度安排，健全相关规则，增强金融市场透明度、规则性和可预期性。推动境外人民币市场建设，稳步扩大人民币跨境支付系统（CIPS）服务区域，优化人民币清算行布局，发挥好货币互换机制作用。加强跨境人民币业务监管，完善跨境资金流动评估预警体系，健全本外币一体化的跨境资金流动宏观审慎管理框架，构建适应高水平开放的金融监管和风险防控体系。

4. 建立统一的全口径外债监管体系

坚持外债总量控制，保持外债合理水平，优化外债结构，构建协调统一的外债管理体系，完善全口径外债统计监测制度，健全外债数据信息共享机制，强化事中事后监管。

5. 积极参与国际金融治理

加强国际宏观经济政策对话与协调，坚定推进全球金融治理改革，构建公正高效的全球金融治理格局，维护多边贸易体系的权威性和有效性，加强绿色金融领域的交流合作，提升我国在重大国际金融规则、标准制定中的话语权和影响力。

深化区域协调发展体制机制改革，优化区域经济布局和国土空间体系

区域协调发展是推动高质量发展的关键支撑，是实现共同富裕的内在要求，是推进中国式现代化的重要内容。[①] 党的二十届三中全会强调，完善实施区域协调发展战略机制。构建优势互补的区域经济布局和国土空间体系[②]。改革开放 46 年来，我国区域协调发展体制机制改革先后经历了三个阶段：一是实施“沿海地区优先发展”的区域非均衡发展战略；二是提出以四大板块为载体的区域协调发展战略、四类主体功能定位为载体的主体功能区战略，突出强调均衡化发展；三是新时代区域协调的新理念应运而生，要求建立更加有效的区域协调发展机制。经过多年发展，我国加快形成统筹有力、竞争有序、绿色协调、共享共赢的区域发展新机制。进入新时代，中国式现代化为推动新时代我国区域协调发展明确了前进方向，提出了更高要求，区域协调发展体制机制要更好地保障国家战略安全、有力支撑构建新发展格局、为实现共同富裕创造良好条件、进一步促进人与自然和谐共生、助力优化对外开放空间布局。下一步，必须全面贯彻落实党的二十届三中全会精神，重点关注体制创新，特别是在建立全国统一大市场的背景下，强调进一步促进区域间要素流动；在国家战略腹地建设的背景下，强调加快构建多点支撑的产业空间布局体系；在“双碳”背景下，强调进一步优化区域间的生态补偿机制和利益补偿制度；在高水平对外开放引领下，强调深化国际区域合作，支撑区域协调发展形成良好格局，以高水平区域协调发展推进中国式现代化建设。

一、区域协调发展体制机制改革 46 年的主要历程、基本经验与伟大成就

我国幅员辽阔、人口众多，各地发展条件差异显著，区域发展不平衡是基本国情。改革开放以来，党中央高度重视区域协调发展问题，不断丰富和完善区域发展的理念、战略和政策体系，促进区域协调发展发生历史性变化、取得历史性成就。

（一）区域协调发展体制机制改革的主要历程

新中国成立之初，我国生产力水平十分低下，工业基础十分薄弱，地区分布也极

---

① 国家发展和改革委员会．国务院关于区域协调发展情况的报告——2023 年 6 月 26 日在第十四届全国人民代表大会常务委员会第三次会议上［EB/OL］．http：//www. npc. gov. cn/c2/c30834/202306/t20230628_430333. html.

② 中共中央关于进一步全面深化改革　推进中国式现代化的决定［EB/OL］．http：//www. news. cn/politics/20240721/cec09ea2bde840dfb99331c48ab5523a/c. html.

不平衡。从 20 世纪 50 年代初到 70 年代末，我国区域发展的主线或基调是均衡发展战略，即以内地为投资和建设的重点，以缩小沿海与内地之间的差距实现生产力的均衡布局为基本目标，追求地区经济的同步发展和自成体系。改革开放以后，在总结过去生产力布局经验教训的基础上，党中央对区域经济发展战略进行了重大调整。总体来看，我国区域协调发展体制机制改革可分为三个阶段：第一阶段（1978—1999 年）改革开放初期实施“沿海地区优先发展”的区域非均衡发展战略；第二阶段（1999—2012 年）提出以四大板块为载体的区域协调发展战略、四类主体功能定位为载体的主体功能区战略，突出强调均衡化发展；第三阶段（2012 年至今）新时代区域协调发展的新理念应运而生，要求建立更加有效的区域协调发展机制。

1. 第一阶段（1978—1999 年）：实施“沿海地区优先发展”的区域非均衡发展战略

1978 年，党的十一届三中全会开启了改革开放的新历程。在区域协调发展方面，理论界对新中国成立以来牺牲效率的绝对平衡观进行了反思，开始将效率原则和效益目标放在优先地位。与此同时，国际盛行的梯度推移理论被引入我国生产力布局与区域经济研究中，逐步形成非均衡发展理念。20 世纪 80 年代，邓小平同志提出了“有条件先富、先富帮后富，最终达到共同富裕”的“两个大局”战略构想，党中央开始实施“沿海地区优先发展”的区域非均衡发展战略。

从政策部署看，**“六五”计划（1981—1985 年）**明确指出要积极利用沿海地区的现有基础，充分发挥它们的优势，带动内地经济进一步发展。**“七五”计划（1986—1990 年）首次明确了效率优先、非均衡发展的战略要求，首次提出了东中西区域划分的战略构想，**明确要加速东部沿海地带的发展，同时根据资源禀赋差异，把能源、原材料建设的重点放到中部地区，并积极做好进一步开发西部地区的准备。1988 年 2 月，中共中央政治局会议讨论通过了组织实施我国沿海地区发展战略的决定，把沿海经济开放发展作为一项重大战略加以部署。这段时期，**向东部沿海地区倾斜的战略取得了巨大的成功，但东部地带与中西部地带的经济差距不断拉大。**对此，**“八五”计划（1991—1995 年）提出，**区域经济发展和生产力布局遵循的指导原则是“统筹规划，合理分工，优势互补，协调发展，利益兼顾，共同富裕”，体现国家对过分东倾的区域发展战略的调整。

从地方实践看，一是兴办沿海经济特区。1979 年 7 月 15 日，中央批准广东省先在与澳门和香港毗邻的珠海和宝安（现深圳）两地试办出口特区；1980 年设立了深圳、珠海、汕头、厦门经济特区。**二是兴建经济技术开发区和沿海开放港口城市。**1984 年，我国开放了大连、秦皇岛、天津、烟台、青岛、连云港、南通、上海、宁波、温州、福州、广州、湛江、北海 14 个沿海港口城市。**三是沿江、沿边及内陆城市的对外开放。**1991 年，开放了沿边的满洲里、丹东、绥芬河、珲春 4 个口岸城市；1992 年，先后开放重庆、岳阳、武汉、九江、芜湖 5 个沿江城市，以及哈尔滨、长春、呼和浩特、石家庄、太原、合肥、南昌等内陆地区省会城市。我国逐渐形成了从东到西、由南到北、**“沿特区—沿海—沿江—沿边”**的全方位对外开放格局和区域的差异化发展。

2. 第二阶段（1999—2012 年）：提出以四大板块为载体的区域协调发展战略、四类主体功能定位为载体的主体功能区战略，突出强调均衡化发展

为改变区域差异日益扩大的趋势，我国区域发展进入了战略统筹构建期。2003 年，党的十六届三中全会明确提出了“科学发展观”，强调要按照“五个统筹”的要求，树立全面、协调、可持续的发展观。2005 年，党的十六届五中全会明确提出了以四大板块为主体的区域经济发展总体战略。2007 年，党的十七大明确提出：“要继续实施区域发展总体战略，深入推进西部大开发，全面振兴东北等老工业基地，大力促进中部地区崛起，积极支持东部地区率先发展，加大对革命老区、民族地区、边疆地区、贫困地区发展扶持力度。加强国土规划，按照形成优化开发、重点开发、限制开发、禁止开发等主体功能区的要求，完善区域政策，调整经济布局。”这一阶段，我国区域协调发展取得如下进展：

一是 1999 年提出西部大开发战略，旨在完善中西部基础设施和加快经济发展。由于受到自然、历史、社会、经济等诸多因素的制约，西部地区在我国经济发展格局中处于比较落后的状态。为了逐步缩小地区之间发展的差距，1999 年，党中央审时度势作出了西部大开发的战略决策。中共十五届四中全会决定将西部大开发作为 21 世纪我国经济发展的重大战略之一，并在“十五”计划（2001—2005 年）中作了部署。

二是 2003 年启动东北地区等老工业基地振兴战略，助力资源型城市摆脱困境。随着改革开放的深化，东北地区资源型城市和老工业基地的体制性、结构性矛盾日益显现，一些资源型城市也面临资源枯竭、产业衰退等问题。党的十六大报告明确提出，要推动东北地区等老工业基地加快调整和改造，支持以资源开采为主的城市和地区发展接续产业。2003 年 10 月，中共中央、国务院发布了《关于实施东北地区等老工业基地振兴战略的若干意见》，对振兴东北老工业基地作出战略部署。

三是 2004 年提出促进中部地区崛起战略，发挥承东启西的优势。改革开放以来，由于种种原因，中部地区经济发展速度相对缓慢，经济总量和一些重要经济指标在全国的占比持续下降，甚至低于西部，这种现象被学界称为“中部塌陷”。2004 年政府工作报告明确提出促进中部崛起战略，并纳入“十一五”规划，2006 年，党中央和国务院发布了《关于促进中部地区崛起的若干意见》，提出将中部地区建成全国重要的粮食生产基地、能源原材料基地、现代装备制造及高技术产业基地和综合交通枢纽。随后发布了一系列的具体实施政策，明确中部 6 省 26 个城市比照实施振兴东北老工业基地的政策，243 个县（市、区）比照实施西部大开发的政策。2012 年 8 月，国务院出台了《国务院关于大力实施促进中部地区崛起战略的若干意见》，为发挥承东启西的优势提供政策支撑。

四是 2006 年提出鼓励东部地区率先发展战略。国家层面未曾专门出台过以促进东部地区发展为主题的政策文件，出于对区域政策和战略的整体考虑，2006 年 10 月，《中共中央关于构建社会主义和谐社会若干重大问题的决定》明确“鼓励东部地区率先发展”。“十一五”规划纲要提出，东部地区要努力提高自主创新能力，加快实现结构优化升级和增长方式转变，提高外向型经济水平，增强国际竞争力和可持续发展能力。

五是2007年提出主体功能区战略，推动形成合理的空间开发结构。国家发展改革委通过对荷兰、德国等国土空间规划制度的考察和思考，在研究制定国家“十一五”规划基本思路时，首次提出了国土空间主体功能划分的概念，并在国家“十一五”规划纲要中明确“将国土空间划分为优化开发、重点开发、限制开发和禁止开发四类主体功能区”。2011年6月，颁布了我国第一部覆盖陆地国土空间的全国主体功能区规划，明确推进形成主体功能区要着力构建我国国土空间的“三大战略格局”——构建“两横三纵”为主体的城市化战略格局、构建“七区二十三带”为主体的农业战略格局、构建“两屏三带”为主体的生态安全战略格局。此后，各省在此基础上也相继完成了各省的主体功能区规划，对推动形成合理的国土空间开发结构具有重要意义。

3. 第三阶段（2012年至今）：新时代区域协调的新理念应运而生，要求建立更加有效的区域协调发展机制

党的十八大以来，以习近平同志为核心的党中央基于对改革开放和发展稳定大势的深入思考与系统谋划，就区域协调发展做出一系列新的重大判断、新的理论概括、新的战略安排。习近平总书记在《推动形成优势互补高质量发展的区域经济布局》一文中指出，不能简单要求各地区在经济发展上达到同一水平，而是要根据各地区的条件，走合理分工、优化发展的路子……**不平衡是普遍的，要在发展中促进相对平衡，这是区域协调发展的辩证法。**从政策层面看，2012年，党的十八大报告将基本建成促进区域协调发展的体制机制作为全面建成小康社会的重要目标。2013年，党的十八届三中全会通过的**《中共中央关于全面深化改革若干重大问题的决定》**强调，坚定不移实施主体功能区制度，建立国土空间开发保护制度，严格按照主体功能区定位推动发展，建立国家公园体制。2016年，国家“十三五”规划纲要明确了推动区域协调发展的重要任务。2017年，**党的十九大报告将“区域协调发展战略”上升为国家七大战略之一，**并写入党章。2018年，中共中央、国务院正式印发**《关于建立更加有效的区域协调发展新机制的意见》，**明确提出了区域协调发展三个基本目标为：基本公共服务均等化、基础设施通达程度比较均衡和人民基本生活保障水平大体相当，并提出建立健全区域合作机制、区域互助机制、区际利益补偿机制等，促进区域协调发展向更高水平和更高质量迈进。2021年10月，党的十九届六中全会审议通过《中共中央关于党的百年奋斗重大成就和历史经验的决议》，充分肯定了区域协调发展在改革开放和社会主义现代化建设新时期、中国特色社会主义新时代所发挥的巨大作用。2022年，党的二十大报告进一步提出要深入实施区域协调发展战略、区域重大战略、主体功能区战略、新型城镇化战略，优化重大生产力布局，构建优势互补、高质量发展的区域经济布局和国土空间体系。特别是2023年以来，习近平总书记先后主持召开高标准高质量推进雄安新区建设座谈会、深入推进京津冀协同发展座谈会、新时代推动东北全面振兴座谈会、进一步推动长江经济带高质量发展座谈会、深入推进长三角一体化发展座谈会、新时代推动中部地区崛起座谈会、新时代推动西部大开发座谈会，为各区域更好地发挥比较优势、实现优势互补，增强区域发展的平衡性和协调性指明了方向。2024 年 7 月，党的二十届三中全会通过的《决定》强调，要完善实施区域协调发展战略机制，构建优势互补的区域经济布局和国土空间体系，为新时代区域协调发展赋予了新使命、提出了新要求。这一时期的改革进展主要体现在以下方面：

一是坚持统筹协调与分类指导相结合，对各大战略和四大板块的重点任务进行了调整和优化。党的十八大以来，国家在全面实施区域发展总体战略基础上，相继提出了京津冀协同发展、长江经济带、粤港澳大湾区建设、长三角一体化发展及黄河流域生态保护和高质量发展等区域重大发展战略。这种“4+6”的板块与轴带相结合的区域战略布局，有利于促进我国东、中、西和东北四大板块之间的合纵连横，形成了以沿江沿海沿河沿线经济带为主的纵向横向经济轴带，开创了区域协调发展新格局。新时代提出的区域协调发展战略，更加注重统筹协调，重点突出重大区域战略的引领带动作用。同时，对各大战略和四大板块的重点任务也进行了调整和优化，例如党的二十届三中全会《决定》提出，推动京津冀、长三角、粤港澳大湾区等地区更好发挥高质量发展动力源作用，优化长江经济带发展、黄河流域生态保护和高质量发展机制。健全推动西部大开发形成新格局、东北全面振兴取得新突破、中部地区加快崛起、东部地区加快推进现代化的制度和政策体系。针对各区域发展实际，提出新的目标和要求，做到分类指导、精准施策。

二是坚持重点突破与整体推进相结合，着力培育区域协调发展的新引擎。一方面，加快城市群建设，通过推进新型城镇化来促进区域协调发展。党的十九大提出要以城市群为主体构建大中小城市和小城镇协调发展的城镇格局，进一步明确了城市群在推进我国新型城镇化建设和促进区域协调发展中的重要地位。城市群是新型城镇化的主体，也是区域经济发展的重要引擎，可以充分发挥城市群的辐射带动作用，通过培育区域发展新增长极，促进区域协调发展。另一方面，加大对特殊类型区域的扶持力度。党的十九大报告明确提出，要“加大力度支持革命老区、民族地区、边疆地区、贫困地区加快发展”“支持资源型地区经济转型发展”“坚持精准扶贫、精准脱贫”“坚决打赢脱贫攻坚战”。抓好这两类重点区域，是促进区域协调发展的有效途径。

三是坚持补齐短板与建立长效机制相结合，健全区域协调发展机制。一方面，补短板，着力解决当前面临的突出问题。区域差距过大，生态退化、环境污染等问题依然是区域协调发展中存在的突出问题。一要将推进区域基本公共服务均等化作为缩小区域差距的根本任务。党的十九大提出，要“在发展中提高和保障民生”“推进基本公共服务均等化”。二要将生态文明的理念引入区域协调发展战略中，加快完善主体功能区政策体系。党的十九大提出，要“坚持人与自然和谐共生，建设美丽中国”“构建国土空间开发制度，完善主体功能区配套政策”。党的二十届三中全会《决定》提出，要“健全主体功能区制度体系，强化国土空间优化发展保障机制”。另一方面，构建促进协调发展的长效机制。坚持深化改革，通过完善体制机制以形成制度保障，逐步形成长效机制。

（二）区域协调发展体制机制改革的总体框架、基本方向、难点卡点

改革开放46年来，各地区各部门围绕促进区域协调发展与正确处理政府和市场关系，在建立健全区域合作机制、区域互助机制、区际利益补偿机制等方面进行积极探索并取得一定成效，加快形成统筹有力、竞争有序、绿色协调、共享共赢的区域发展新机制。但也要看到，改革过程中仍面临一些难点卡点：一是要素流动的体制性、结构性矛盾依然突出；二是基本公共服务的不均衡问题日益加剧；三是特殊类型地区发展内生动力依然不足；四是国土空间开发秩序不尽合理，难以适应新时代实施区域协调发展战略需要，制约了区域协调发展向更高水平和更高质量迈进。

1. 总体框架

早在2007年，中央就提出要加快健全有利于促进区域协调的市场机制、合作机制、互助机制、扶持机制。2018年11月，中共中央、国务院发布《关于建立更加有效的区域协调发展新机制的意见》，将加快形成统筹有力、竞争有序、绿色协调、共享共赢的区域协调发展新机制作为目标任务，并提出了8个方面的具体机制，包括区域战略统筹机制、市场一体化发展机制、区域合作机制、区域互助机制、区际利益补偿机制、基本公共服务均等化机制、区域政策调控机制和区域发展保障机制。近年来，这些机制均在实践中积极推进并不断完善。目前，我国已经初步形成了一个多领域、多层次、多途径的区域协调发展机制体系。区域协调发展机制和政策的逐步完善，有力促进了区域协调发展。

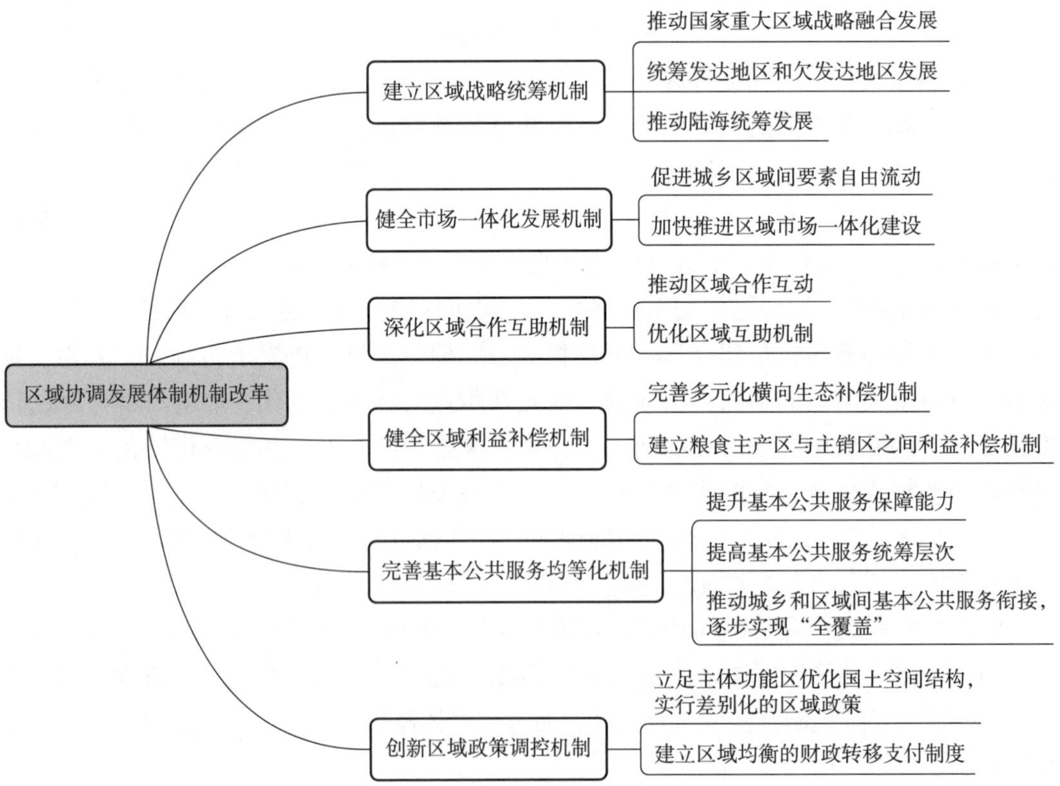

图5-4　区域协调发展体制机制改革的总体框架

（1）建立区域战略统筹机制

一是推动国家重大区域战略融合发展。党的十八大以来，国家在全面实施区域发展总体战略基础上，相继提出了京津冀协同发展、长江经济带、粤港澳大湾区建设、长三角一体化发展及黄河流域生态保护和高质量发展等区域重大发展战略。2015 年，《京津冀协同发展规划纲要》正式印发；2016 年，《长江经济带发展规划纲要》正式印发；2019 年，《粤港澳大湾区发展规划纲要》《长江三角洲区域一体化发展规划纲要》正式印发；2021 年，《成渝地区双城经济圈建设规划纲要》《黄河流域生态保护和高质量发展规划纲要》正式印发。新时代提出的区域协调发展战略，更加注重统筹协调，重点突出重大区域战略的引领带动作用。同时，对各大战略和四大板块的重点任务也进行了调整和优化，针对各区域发展实际，提出新的目标和要求，做到分类指导、精准施策。

二是统筹发达地区和欠发达地区发展。推动东部沿海等发达地区改革创新、新旧动能转换和区域一体化发展，支持中西部条件较好地区加快发展。2016 年，《中共中央　国务院关于全面振兴东北地区等老工业基地的若干意见》、《国务院关于深入推进实施新一轮东北振兴战略　加快推动东北地区经济企稳向好若干重要举措的意见》（国发〔2016〕62 号）陆续印发；2020 年，《中共中央　国务院关于新时代推进西部大开发形成新格局的指导意见》印发；2021 年，《中共中央　国务院关于新时代推动中部地区高质量发展的意见》印发，以西部、东北、中部、东部四大板块为基础，促进区域间相互融通补充。

三是推动陆海统筹发展。自党的十九大作出“坚持陆海统筹，加快建设海洋强国”的部署以来，陆海统筹在体制机制建设、产业、资源、环境和区域协同发展等领域取得重要进展。2019 年 5 月，《中共中央　国务院关于建立国土空间规划体系并监督实施的若干意见》正式提出“坚持陆海统筹”。2023 年 10 月 24 日，十四届全国人大常委会第六次会议表决通过新修订的《海洋环境保护法》，提出了“陆海统筹、综合治理”的基本原则，进一步强化了陆海统筹、区域联动，构建陆海统筹的生态环境治理体系。

（2）健全市场一体化发展机制

在推进区域协调发展的进程中，我国逐步重视发挥市场在资源配置中的决定性作用。“十一五”规划纲要首次将以经济区发展为内容的区域规划放在了重要的位置，其目的就是破除行政壁垒，促使行政区经济走向真正意义上的区域经济。2014 年，习近平总书记在党的十八届三中全会上进一步明确提出要使市场在资源配置中起决定性作用和更好地发挥政府作用，这为区域的高度联通发展提供了理论支撑。2020 年，《中共中央　国务院关于构建更加完善的要素市场化配置体制机制的意见》明确指出，要深化要素市场化配置改革，促进要素自主有序流动，提高要素配置效率。2022 年，《中共中央　国务院关于加快建设全国统一大市场的意见》明确了统一大市场是区域一体化的最高发展目标。

一方面，促进城乡区域间要素自由流动。打破城乡二元结构，才能实现各类要素在城乡之间双向流动，推动城乡融合、区域协调发展取得新的更大成果。2013 年，《中共中央关于全面深化改革若干重大问题的决定》提出了“以工促农，以城带乡，工农互惠，城乡一体”的新型工农城乡关系，为城乡“二元结构”的破解明确了方向。2019 年发布的《中共中央　国务院关于建立健全城乡融合发展体制机制和政策体系的意见》提出城乡融合发展体制机制到 2022 年初步建立、到 2035 年更加完善、到 21 世纪中叶成熟定型的主要目标。党的二十大报告指出，坚持农业农村优先发展，坚持城乡融合发展，畅通城乡要素流动。

另一方面，加快推进区域市场一体化建设。按照建设统一、开放、竞争、有序的市场体系要求，推动京津冀、长江经济带、粤港澳等区域市场建设，加快探索建立规划制度统一、发展模式共推、治理方式一致、区域市场联动的区域市场一体化发展新机制，促进形成全国统一大市场。例如，2019 年 1 月 3 日，上海、江苏、浙江和安徽三省一市于上海签署《长三角区域市场体系一体化建设合作备忘录》，三省一市建立起跨区域市场监管合作机制，联合探索新业态包容审慎监管，共同营造良好的营商环境，促进区域市场融合发展。

（3）深化区域合作互助机制

区域协调发展势必要求区域之间的合作发展，我国已经探索出多种不同类型的区域合作发展机制。

一是推动区域合作互动。例如，长三角、珠三角和京津冀三大经济圈的许多省市也都明确提出加快本经济圈区域经济一体化发展的协作领域和具体措施，并且在交通、能源、金融、环保、科技等领域通过合作取得了多项成果。长江沿岸中心城市市长联席会、泛珠三角区域经济合作机制、环渤海地区经济市长联席会、武汉经济协作区、中原经济区、淮海经济合作区等各种合作组织不断壮大，在区域合作中日益发挥重要作用。

二是优化区域互助机制。为了更好地促进困难地区加快发展，我国形成了包括对口协作、对口支援、对口合作等在内的区域间互助机制，为促进落后地区加快发展和发挥区域比较优势、缩小区域发展差距起到积极作用。其中，东西部扶贫协作和对口支援是主要合作发展机制之一。例如，2017 年颁布的《东北地区与东部地区部分省市对口合作工作方案》就明确要求辽宁省与江苏省、吉林省与浙江省、黑龙江省与广东省、沈阳市与北京市、大连市与上海市、长春市与天津市、哈尔滨市与深圳市之间建立对口合作机制。

（4）健全区域利益补偿机制

一是完善多元化横向生态补偿机制。贯彻绿水青山就是金山银山的重要理念和山水林田湖草是生命共同体的系统思想，按照区际公平、权责对等、试点先行、分步推进的原则，不断完善横向生态补偿机制。2007 年印发的《关于开展生态补偿试点工作的指导意见》指出在全国展开多领域的生态保护补偿工作。2016 年 5 月，国务院印发《关于健全生态保护补偿机制的意见》，明确了森林、草原、湿地、荒漠、海洋、水流、耕地等重点领域开展生态保护补偿的思路。《关于加快建立流域上下游横向生态保护补偿机制的指导意见》《支持引导黄河全流域建立横向生态补偿机制试点实施方案》《支持长江全流域建立横向生态保护补偿机制的实施方案》等文件出台，跨区域生态保护补偿机制不断丰富。2021 年 9 月，中办、国办印发《关于深化生态保护补偿制度改革的意见》，围绕政府和市场如何发挥合力、分类补偿与综合补偿如何统筹、纵向补偿与横向补偿如何协调、强化激励与硬化约束如何协同等难题，提出深化改革的思路和方向。

二是建立粮食主产区与主销区之间利益补偿机制。2008 年 11 月，国家发展改革委印发的《国家粮食安全中长期规划纲要（2008—2020 年）》提出，加强对粮食产销衔接的支持，建立健全粮食主销区对主产区利益补偿机制，支持主产区发展粮食生产。2018 年 11 月，中共中央、国务院印发的《关于建立更加有效的区域协调发展新机制的意见》提到，建立粮食主产区与主销区之间利益补偿机制。党的二十大报告进一步明确把健全主产区利益补偿机制作为全方位夯实粮食安全根基的重要方针；2022 年中央农村工作会议强调，健全种粮农民收益保障机制，健全主产区利益补偿机制；2023 年中央一号文件提出，健全主产区利益补偿机制，增加产粮大县奖励资金规模。当前，对于粮食主产区进行利益补偿大多是国家以财政转移支付为主的纵向补偿机制，通过加大对主产区财政转移支付力度，增加产粮大县奖励资金规模等方式来提升主产区的种粮积极性，保障粮食安全。

（5）完善基本公共服务均等化机制

一是提升基本公共服务保障能力。在打赢脱贫攻坚战的要求下，中央不断加大对老少边穷地区的支持力度，通过转移支付、税收减免和区域互助等机制，帮助其培育潜在比较优势，系统推进贫困地区水、电、通信、网络等生产生活基础设施的建设，同步提升教育、医疗、养老等基本公共服务水平，提升当地人力资本和生活水平。通过“三支一扶”等引导政策，鼓励青年大学生向边远贫困地区、边疆民族地区、革命老区和基层一线流动，推动当地理念与技术的变革。此外，税收减免是扶持贫困地区产业发展的主要方式之一。在发展较为困难的地区，中央减免增值税、所得税、农业特产税等多项税种，鼓励当地企业提升竞争优势。

二是提高基本公共服务统筹层次。主要体现为养老保险统筹层次逐步提高。从 1986 年，我国缴费型养老保险制度雏形正式诞生，到 2022 年实施养老保险全国统筹，提高统筹层次的改革经历了从各地分散试点到全国制度统一，从县市统筹到省级统筹，再到全国统筹的漫长和曲折的渐进过程。1998 年，《国务院关于实行企业职工基本养老保险省级统筹和行业统筹移交地方管理有关问题的通知》首次提出实施省级统筹并设定基金调度使用、费率费基、计发办法“三统一”标准。1999 年，劳动保障部和财政部印发《关于建立基本养老保险省级统筹制度有关问题的通知》，对落实省级统筹提出具体要求。2007 年，劳动保障部和财政部印发《关于推进企业职工基本养老保险省级统筹有关问题的通知》，将 10 年前的“三统一”扩充为“六统一”（制度和政策、费率和费基、计发办法和统筹项目、基金调度、预算管理、经办业务流程统一）。2018 年，国务院《关于建立企业职工基本养老保险基金中央调剂制度的通知》

决定建立中央调剂制度，适度均衡了省际养老保险基金负担，迈出了全国统筹的第一步。经过多年发展，各省推进“七统一”顺利，2020 年底和 2021 年分批予以验收通过，省级统筹全面实现，同时，中央调剂制度进展良好。2021 年 12 月，《企业职工基本养老保险全国统筹制度实施方案》正式发布，决定 2022 年 1 月 1 日起实施养老保险全国统筹，在全国范围内对地区间养老保险基金当期余缺进行调剂，建立中央和地方政府的支出责任分担机制，确保中央财政对养老保险的补助力度不会减小，保持稳定性和连续性。

三是推动城乡和区域间基本公共服务衔接，逐步实现“全覆盖”。改革开放以来，我国持续推进城乡基本公共服务均等化，实现城乡、区域协调发展，使广大农民平等参与现代化进程、共享改革发展成果。2013 年 11 月，党的十八届三中全会通过了《中共中央关于全面深化改革若干重大问题的决定》，明确“稳步推进城镇基本公共服务常住人口全覆盖”，“统筹城乡基础设施建设和社区建设，推进城乡基本公共服务均等化”。2018 年 12 月，中办、国办印发了《关于建立健全基本公共服务标准体系的指导意见》，强调各地要“建立统一的城乡基本公共服务制度”。经过多年发展，城乡区域基本公共服务均等化水平不断提高，基本公共服务制度体系更加健全，建立了基本公共服务清单制度，基本公共服务资源持续向基层、农村、边远地区和困难群众倾斜，城乡区域人群间基本公共服务差距不断缩小。中西部地区公共服务设施条件明显改善，部分指标逐步追平东部地区。城乡之间制度性差异明显缩小，实现了“新农合”与城镇居民医保制度并轨运行，全面建立统一的城乡居民医保制度，统筹城乡的居民基本养老保险制度逐步健全。2022 年，《“十四五”公共服务规划》明确，推动区域基本公共服务缩小差距。加大财政转移支付向特殊类型地区的倾斜力度，推进基本公共服务体系建设，完善地方基本公共服务支出保障机制，不断提高特殊类型地区基本公共服务供给水平。完善基本公共服务区域合作机制。鼓励具备条件的城市群、毗邻地区加强基本公共服务标准统筹，搭建区域内基本公共服务便利共享的制度安排。

（6）创新区域政策调控机制

一是立足主体功能区优化国土空间结构，实行差别化的区域政策。依据开发方式的不同，我国把国土空间划分为优化开发、重点开发、限制开发和禁止开发四类。优化开发区指发展条件较好、发展程度较高的地区，主要强调转变发展模式，优化产业结构，提升产业能级；重点开发区是指发展条件较好但开发程度不足的地区，主要强调推进新型工业化和城镇化建设，承接产业转移，促进人口集聚；限制开发区重点强调保护粮食安全和生态安全，限制大规模的人口和经济集聚；禁止开发区包括自然保护区、森林公园和重要水源等，着重强调生态保护和生态修复，为国家和人民提供生态产品。主体功能区战略以宏大的视角为我国国土空间开发规划了蓝图，是国家永续发展的千年大计，在新时代我国协调区域发展的实践中具有提纲挈领的作用，其他区域发展战略的提出和落实都应以主体功能区战略为基础展开。

二是建立区域均衡的财政转移支付制度。根据地区间财力差异状况，调整完善中央对地方一般性转移支付办法，加大均衡性转移支付力度。中央从 2002 年开始将过渡期转移支付改称一般性转移支付，而后随着其他一般性转移支付的设立，从 2009 年开始又进一步将其改称均衡性转移支付。2012 年以来，随着我国步入中国特色社会主义的新时代征程，为更好地贯彻落实建立现代财政制度的要求，加快推进地区间基本公共服务均等化目标的实现，中央进一步深化改革了一般性转移支付制度，包括一般性转移支付的清理整合和稳定增长机制的建立，有力地支持了中西部欠发达地区的经济社会发展，为更好地实现地区基本公共服务均等化、促进地区均衡发展提供了良好的财力保障。

2. 基本方向

在改革过程中，围绕努力实现基本公共服务均等化、基础设施通达程度比较均衡、人民基本生活保障水平大体相当的目标，深化区域协调发展体制机制改革，坚决破除地区之间的利益藩篱和政策壁垒，加快形成统筹有力、竞争有序、绿色协调、共享共赢的区域发展新机制①。

（1）有序衔接区域协调发展战略和区域重大战略，实现“统筹有力”

“统筹有力”是推动区域治理体系与治理能力现代化的根本保障，也是区域协调发展新机制的重要内容之一。统筹区域协调发展是一项长期复杂的工作。自 21 世纪以来，我国相继推出西部大开发、东北振兴、中部崛起、东部率先发展的四大板块战略，从“面”的角度奠定了我国协调区域发展的总体方略；进入新时代之后，结合新的发展需要，进一步提出了京津冀协同发展、长三角一体化、粤港澳大湾区建设、长江经济带共抓大保护、黄河流域生态保护和高质量发展、成渝地区双城经济圈建设等区域战略，各级政府还制定了众多区域发展的规划，更侧重“点”“线”层面的谋划，是对四大板块战略的深化和细化。这些区域发展战略在空间上有所重叠，但是各有侧重、相互补充，互为表里和映照。未来应该在中央区域协调发展领导小组的基础上，进一步明晰职能，形成权责清晰的区域政策部门或区域管理委员会，统筹国家区域战略、规划、政策等的制定完善和区域管理。

（2）重视发挥市场在资源配置中的作用，实现“竞争有序”

在推进区域协调发展的进程中，我国逐步重视发挥市场在资源配置中的决定性作用。党的十九大报告指出，要让市场在资源配置中起决定性作用，打造要素流动自由、价格机制有效、竞争有序公平、企业优胜劣汰的市场环境。表现在空间上，就是要着力打破行政壁垒和市场分割。为此，在推动区域协调发展过程中，我国推出了一系列发挥市场作用的举措：促进城乡区域间要素自由流动，放宽城市落户条件，推动建立城乡统一的建设用地市场，建立自然资源资产有偿使用制度，开展建设区域性排污权、碳排放权等交易试点，水权、电力市场化交易，探索实施横向利益补偿政策等。未来，要坚持不断深化改革，不断完善社会主义市场机制的建设，坚决打击地方保护主义，坚决破除阻碍区域一体化发展的行政壁垒，逐步建立统一规范的制度体系，推动形成

---

① 新华社．中共中央　国务院关于建立更加有效的区域协调发展新机制的意见［EB/OL］. https://www.gov.cn/zhengce/2018-11/29/content_5344537.html.

商品和要素自由流动的统一开放市场。

（3）强化主体功能定位，推动区域高质量发展，实现“绿色协调”

绿色协调强调的是建立在人与自然和谐共生基础上的区域协调发展，是区域协调发展新机制的应有之义。在改革过程中，主体功能区制度和区域产业发展负面清单是确保区域绿色协调发展的两大主要手段。主体功能区规划于2005年首次提出，后演变为“主体功能区战略”（2010年）和“主体功能区制度”（2013年）。从这种演变可以看出，主体功能区规划及其作用越来越受到重视。主体功能区规划只是一个基本的制度和区域划分框架，要借此实现人与自然和谐共生的目标，还需要在主体功能区划分的基础上制定标准区域及问题区域划分体系，进而制定实施区域规划与区域合作政策。设立区域产业发展负面清单的主要目的是禁止违反生态文明要求的产业在特定区域布局，从源头上减少对自然的破坏和对环境的污染，对于促进“绿色协调”具有重要意义，这也是目前我国区域管理制度的创新。未来，要兼顾“绿水青山”和地方经济社会发展，也要明确执行与监督机构的职责，增强区域协调发展的绿色底色。

（4）建立健全欠发达地区长效帮扶机制，实现“共享共赢”

共享共赢既契合了新发展理念，也直接体现了区域协调发展战略的目标。在改革过程中，我国利用区域扶持政策、对口支援、对口合作、转移制度等政策制度，促进区域发展共享共赢。我国部分地区自然环境恶劣、道路交通不便、自然资源匮乏、基础设施薄弱、科教文卫等公共服务水平偏低，财政收入不足，在区域发展中比较优势不显著，缺乏自我发展能力。改革开放进程中，中央不断加大对老少边穷地区的支持力度，通过转移支付、税收减免和区域互助等机制，帮助培育潜在比较优势，实现经济内生增长。此外，中央政府和省级政府通过转移支付，系统推进贫困地区水、电、通信、网络等生产生活基础设施的建设，同步提升教育、医疗、养老等基本公共服务水平，提升当地人力资本和生活水平。人才匮乏同样是贫困地区发展迟缓的重要原因之一，我国通过“三支一扶”等引导政策，鼓励青年大学生向边远贫困地区、边疆民族地区、革命老区和基层一线流动，推动当地理念与技术的变革。

3. 难点卡点

我国在建立健全区域合作机制、区域互助机制、区际利益补偿机制等方面进行积极探索并取得一定成效。但也要看到，改革过程中仍面临一些难点卡点：一是要素流动的体制性、结构性矛盾依然突出；二是基本公共服务的不均衡问题日益加剧；三是特殊类型地区发展内生动力依然不足；四是国土空间开发秩序不尽合理，难以适应新时代实施区域协调发展战略需要。

（1）要素流动的体制性、结构性矛盾依然突出

当前，我国要素市场与高质量发展的要求仍有差距，阻碍要素流动、制约生产力发展的体制机制性障碍还不同程度存在，市场在资源配置中的决定性作用面临束缚，要素保障机制成为阻碍区域协调发展的障碍。一方面，资本、土地、劳动力、数据等要素市场仍不成熟，要素供给尚不充分；另一方面，有利于要素合理流动的公平性市场环境尚未真正形成，行政性垄断时有发生，生产要素跨城乡、跨行业、跨区域、跨所有制的流动机会不充分，流动渠道不畅通，流动空间受限制，导致资源要素配置效率低，阻碍区域发展潜力释放。

（2）基本公共服务的不均衡问题日益加剧

面对改革开放带来的巨大成就，相伴而来的也有一系列问题，尤其是城乡居民收入差距扩大，城乡、地区之间二元结构的存在以及政府提供的公共服务水平不一，造成社会公平、公正失衡，由基本公共服务供给不均衡导致的社会问题和经济问题层出不穷，社会矛盾加剧。例如，随着城市外来人口增加，过去按照行政层级和户籍人口来规划配置教育、医疗等公共服务资源的做法越来越捉襟见肘，供需矛盾日益突出。政府资源配置失效，社会矛盾加剧，或成为推进区域协调发展的制约因素。

（3）特殊类型地区发展内生动力依然不足

虽然中央和地方对特殊类型地区振兴发展采取了一系列支持力度较大的政策，有些地区探索出了转型发展的路径，但还是有相当多的特殊类型地区至今仍然没有走出发展困境，缺少内生发展动力，地方主导产业发展萎靡不振，优势资源转化为产业优势受阻，人口和资金外流比较严重。我国很多特殊类型地区现阶段本应该采取减量发展的政策，但因对自身发展状况缺少应有认识，还继续采取增量发展的政策，以至于大量要素资源投入并没有真正转化为有效的发展动能。

（4）国土空间开发秩序不尽合理

从全国层面看，我国国土空间开发长期停留于纵横分明的点轴开发模式，这种大尺度的开发模式都是基于增量式发展思维，极易导致低密度开发和空间无序蔓延，无益于国土空间效率整体提升。从区域层面看，随着我国高速铁路和高速公路网络建成，以城市群、都市圈为主体的城市化地区已成为经济活动的空间载体，但各自为政、松散协作的基本状况导致了城市群或都市圈一体化发展水平不高，群体效应、集聚效应或扩散效应不强，与社会各界预期的还有不小差距。从微观层面看，人口居住空间和产业发展空间大规模扩张，住房空置率较高和园区开发强度较低都表明空间开发效率不高，同时，经济活动空间大面积扩张挤压了生态空间和农业生产空间，加剧了生产、生活与生态空间的矛盾。

（三）区域协调发展体制机制改革的基本经验

改革开放以来，我国始终坚持“全国一盘棋”的区域发展总体布局，在改革过程中把握好政府与市场的关系、兼顾效率与公平，正确把握中央与地方的关系，各地区立足各自的比较优势，逐渐形成了动态均衡、良性联动、有序竞争、开放合作的区际关系，各地区经济发展的融合性、互动性和协调性持续增强。

1. 把握好政府与市场的关系

我国不同时期区域发展战略的调整实际上是不断确立政府和市场各自发挥作用的范围和条件的过程。改革开放以来，我国区域差距趋向于扩大，虽然在很大程度上是由于市场力所导致的结果，但也说明了政府在缩小区域经济差距方面还缺乏有效的调控手段。因此，完善区域经济调控体系是区域经济协调发展的一个关键。政府发挥对区域经济发展的宏观调控作用，必须以尊重市场经济客观规律为前提，充分发挥市场在资源配置中的决定性作用，形成既各具特色又有机统一的区域政策体系，促进各经济区域间的合理分工与协调发展。

2. 兼顾效率和公平的关系

改革开放以来，我国实行以“效率优先”为发展目标的非均衡发展模式。这种发展模式虽然带来了国民经济的高速增长，但也引发了区域差距的持续扩大，不利于国民经济持续发展和社会稳定。区域经济运行总体效率不断提高与区域差异日益扩大的现象，表明了效率的提高和公平的增长并不同步。我国现阶段实施区域协调发展战略，立足发挥各地区比较优势和缩小区域发展差距，努力实现基本公共服务均等化、基础设施通达程度比较均衡、人民生活水平大体相当的区域协调发展目标，正是体现了效率与公平的有机统一。

3. 正确把握中央与地方的关系

集权与分权是新中国区域发展始终面临的问题。区域战略的阶段性调整都伴随着中央与地方关系的变动。1978 年以前，中央政府与地方政府之间的管理权限大体上经历了两个半“收—放”循环。两次地方分权，结果都导致宏观经济的失控，使国民经济陷入了“一放就乱、一乱就收、一收就死”的恶性循环。1994 年的分税制改革在很大程度上重塑了中央与地方的关系，对区域经济发展产生了重要影响。从实践中看，适度分权有利于调动地方的积极性，而合理集权则有利于维护中央的权威，保证国家的整体利益和区域平衡协调发展，只有这样，才能保护中央与地方积极性的充分发挥。

（四）党的十八大以来区域协调发展体制机制改革取得的新突破

党的十八大以来，习近平总书记不断丰富完善区域协调发展的新理念新思想新战略，亲自谋划、亲自部署、亲自推动了京津冀协同发展、长江经济带发展、粤港澳大湾区建设、长江三角洲区域一体化发展、黄河流域生态保护和高质量发展等区域重大战略，确立了基本公共服务均等化、基础设施通达程度比较均衡、人民基本生活保障水平大体相当的区域协调发展目标，建立健全区域协调发展体制机制，推动形成优势互补高质量发展的区域经济布局。

1. 动力源地区引擎带动作用得到加强，区域板块发展平衡性显著增强

三大动力源规模经济效益、创新要素集聚、人才高地建设、对外开放开发等走在前列，成为我国高质量发展的强大引擎。2023 年，**京津冀、长三角、粤港澳大湾区（内地九市）的地区生产总值合计达到 52 万亿元，超过全国 40%**①。其中，**京津冀**地区生产总值为 10.4 万亿元，按现价计算，是 2013 年的 1.9 倍，十年来经济总量连跨 5 个万亿元台阶，三地经济总量分别为 43760.7 亿元、16737.3 亿元和 43944.1 亿元，分别是 2013 年的 2.1 倍、1.7 倍和 1.8 倍，区域整体实力持续提升，现代化首都都市

---

① 北京青年报．经济回升向好　三大区域挑大梁［EB/OL］. https：//jingji. cctv. com/2024/03/03/ARTItnPlpzYD5Z8n3hRNohtt240303. shtml.

圈生机勃勃，向世界级城市群迈进。**长三角**地区生产总值 305045 亿元，同比增长 5.7%[①]。作为我国经济发展最活跃、开放程度最高、创新能力最强的区域之一，自 2018 年长三角一体化发展上升为国家战略以来，该地区生产总值占全国的比重始终保持在24%左右，三省一市以4%的国土面积，创造了全国近 1/4 的经济总量，上海持续释放对外开放活力，江苏发达的市域经济为高质量发展打下重要基础，浙江民营经济展现出独特的韧性与活力，安徽的科技创新正在成为金字招牌。**粤港澳**大湾区经济总量突破 14 万亿元，以不到全国 0.6%的国土面积，创造了全国 1/9 的经济总量，综合实力再上台阶。[②] 内地九市地区生产总值的总额超过 11.02 万亿元，地区生产总值最高的深圳已接近 3.5 万亿元，广州的地区生产总值也首次突破 3 万亿元。从 GDP 增长率来看，对比 2023 年广东地区生产总值 4.8% 的增长率，深圳（6.0%）、佛山（5.0%）、惠州（5.6%）、中山（5.6%）、江门（5.5%）五座城市“跑赢”广东全省。以珠三角为主阵地，粤港澳大湾区正在成为新发展格局的战略支点、高质量发展的示范地、中国式现代化的引领地。[③] 从区域板块看，2023 年，东部地区生产总值为 652084 亿元，同比增长 5.4%；中部地区生产总值为 269898 亿元，同比增长 4.9%；西部地区生产总值为 269325 亿元，同比增长 5.5%；东北地区生产总值为 59624 亿元，同比增长 4.8%。[④] 特别要注意的是，中部和西部地区生产总值占全国的比重由 2012 年的 21.3%、19.6%分别提高到 2022 年的 22.1%、21.4%。东部与中部、西部地区人均地区生产总值之比分别从 2012 年的 1.69、1.87 缩小至 2022 年的 1.50、1.64。[⑤]

2. 重要功能区关键作用更加明显，特殊类型地区加快实现振兴发展

我国区域发展的整体部署由区域统筹进一步提升拓展为区域协调发展，除以往的东部、中部、西部和东北地区发展外，功能区、老少边穷地区、资源型地区等的发展涵盖到了我国区域发展战略中。

一方面，重要功能区关键作用进一步发挥。长江经济带区域生态环境发生显著变化，黄河流域生态保护和高质量发展规划纲要深入落实，黄河流域植被覆盖度提升，2023 年 1—12 月，长江、黄河、珠江、松花江、淮河、海河、辽河七大流域及西北诸河、西南诸河和浙闽片河流水质优良（Ⅰ～Ⅲ类）断面比例为 91.7%,[⑥] 长江干流、

---

① 国家统计局．中华人民共和国 2023 年国民经济和社会发展统计公报［EB/OL］. https：//www. gov. cn/lianbo/bumen/202402/content_6934935. html.

② 新华社．粤港澳大湾区经济总量突破 14 万亿元　综合实力再上台阶［EB/OL］. https：//www. gov. cn/lianbo/difang/202404/content_6942938. html.

③ 北京青年报．经济回升向好　三大区域挑大梁［EB/OL］. https：//jingji. cctv. com/2024/03/03/ARTItnPlpzYD5Z8n3hRNohtt240303. shtml.

④ 国家统计局．中华人民共和国 2023 年国民经济和社会发展统计公报［EB/OL］. https：//www. gov. cn/lianbo/bumen/202402/content_6934935. html.

⑤ 国家发展和改革委员会．国务院关于区域协调发展情况的报告——2023 年 6 月 26 日在第十四届全国人民代表大会常务委员会第三次会议上［EB/OL］. http：//www. npc. gov. cn/c2/c30834/202306/t20230628_430333. html.

⑥ 生态环境部．生态环境部公布 2023 年第四季度和 1—12 月全国地表水环境质量状况［EB/OL］. https：//www. mee. gov. cn/ywdt/xwfb/202401/t20240125_1064785. shtml.

黄河干流全线达到Ⅱ类水质，青藏高原、黄土高原等生态功能区保护治理成效逐步显现，生态环境质量显著提升。黑龙江、河南、山东、安徽、吉林5个粮食主产区2022年粮食产量超过全国40%，有效维护了国家粮食安全。山西、内蒙古、陕西、新疆等能源富集地区建成一批能源资源综合开发利用基地，能源开发运输格局进一步优化，国内能源安全保障水平有效提高。

另一方面，特殊类型地区发展水平明显提升。中央财政持续加大对革命老区、边疆地区等转移支付力度，有力促进这些地区经济发展和民生改善。革命老区加快振兴发展，20个重点城市人均生产总值超过6万元。边境地区开发开放深入推进，140个边境县城镇居民人均可支配收入平均超过3.6万元。资源型地区加快转型发展，资源型城市资源产出率累计提高超过36%，接续替代产业不断培育壮大。①

3. 基本公共服务均等化、基础设施通达程度和人民基本生活保障水平进一步提高

一是基本公共服务均等化水平不断提高。东、中、西部和东北地区义务教育生师比基本持平，生均用房面积差距明显缩小，中西部地区大班额比例显著下降。东北地区每千人口医疗卫生机构床位数居全国前列，中西部地区超过东部地区。全国社会保险制度改革稳步推进，基本养老保险覆盖10.5亿人，基本医疗保险参保率达到95%。**二是基础设施通达程度更加均衡。**中西部地区铁路营业总里程达到9万公里，占全国比重近60%；东北地区铁路营业总里程达1.9万公里，路网密度超过全国平均水平。西部地区高速公路、国省干线公路连线成网，多个省份已实现县县通高速。航空运输服务已覆盖全国92%的地级行政单元、88%的人口，中西部地区机场容量大幅增加。区域电网结构持续优化，特高压工程建设加快推进，跨区域输电能力有效提升。此外，中西部地区信息网络、水利工程等建设成效也十分显著。**三是区域间基本生活保障水平逐步接近。**东部、东北、中部同西部地区居民人均可支配收入比持续缩小，中西部地区人均社会消费品零售总额增速快于东部地区，中部、西部地区农村低保标准显著提升。中西部地区积极承接东部产业转移，带动就近就业机会不断增加，外出农民工数量占比持续下降。现行标准下近1亿农村贫困人口全部脱贫，全国832个贫困县全部摘帽，贫困人口和贫困地区同全国一道进入全面小康社会，历史性地解决了绝对贫困问题。②

二、进一步全面深化区域协调发展体制机制改革面临的新形势新要求

习近平总书记在党的二十大报告中擘画了以中国式现代化全面推进中华民族伟大复兴的宏伟蓝图，并对区域协调发展作出了更加长远、更加系统的战略部署和总体安排。值得注意的是，中国式现代化为推动新时代我国区域协调发展明确了前进方向，提出了更高要求。今后及未来一段时期，区域协调发展体制机制要更好地保障国家战

---

① 国家发展和改革委员会．国务院关于区域协调发展情况的报告——2023年6月26日在第十四届全国人民代表大会常务委员会第三次会议上［EB/OL］．http：//www.npc.gov.cn/c2/c30834/202306/t20230628_430333.html.

② 国家发展和改革委员会．国务院关于区域协调发展情况的报告——2023年6月26日在第十四届全国人民代表大会常务委员会第三次会议上［EB/OL］．http：//www.npc.gov.cn/c2/c30834/202306/t20230628_430333.html.

略安全、有力支撑构建新发展格局、为实现共同富裕创造良好条件、进一步促进人与自然和谐共生、助力优化对外开放空间布局。

（一）中国式现代化要求区域协调发展更好地保障国家战略安全

党的二十大报告指出，“必须坚定不移贯彻总体国家安全观”，并用专章对推进国家安全体系和能力现代化，坚决维护国家安全和社会稳定进行了全面部署。当前经济运行的外部环境面临高度不确定性，国际力量对比深刻调整，单边主义、贸易保护主义抬头，地缘政治风险上升，给中国式现代化带来多重挑战。从外部看，全球发展深层次矛盾突出，霸权主义、强权政治依然存在，单边主义抬头，大国博弈加剧，地缘政治冲突风险升级，经济安全、信息安全、生态安全、科技安全、难民危机、恐怖主义、粮食危机、能源危机等非传统安全威胁持续蔓延。从内部看，我国面临内需不足、重点领域风险等问题。在此背景下，区域协调发展体制机制要更好地助力优化重大生产力布局，加强国家战略腹地建设，推动各个战略目标、战略功能实现完美耦合和无缝衔接，促进区域协调发展战略、区域重大发展战略、主体功能区战略、新型城镇化战略等战略优势互补，基础设施建设与要素资源保障等功能系统整合，构建完备的战略发展前线和安全功能防线。

（二）中国式现代化要求区域协调发展有力支撑全国统一大市场建设

2022 年 3 月，《中共中央　国务院关于加快建设全国统一大市场的意见》指出，建设全国统一大市场是构建新发展格局的基础支撑和内在要求。加快推进全国统一大市场建设，有利于增强实现中国式现代化的内生动力，是走好中国式现代化道路面临的重要任务。从区域协调领域看，部分地区以行政壁垒为典型代表的各种有形无形的区域壁垒、市场壁垒仍然存在，制约生产要素跨区域流动的体制机制障碍仍然存在，导致以区域市场一体化为方向的区域合作制度难以有效落地。在此背景下，必须加快建立健全与新发展格局相适应的区域协调发展体制机制，进一步完善产权保护、市场准入、公平竞争、社会信用等市场经济基础制度，深入推进要素市场化配置改革，畅通各类资源要素在城乡区域间流动的渠道，助力全国统一大市场建设，不断增强我国超大规模市场优势，有效吸引全球高端要素和市场资源，更好联通国内与国际市场，为构建新发展格局提供强大支撑。

（三）中国式现代化要求区域协调发展为实现共同富裕创造良好条件

中国式现代化是全体人民共同富裕的现代化。共同富裕是中国特色社会主义的本质要求，也是一个长期的历史过程。[①] 目前，实现共同富裕仍存在诸多需要解决的问题，例如，区域间经济社会发展差距过大问题仍然存在，地区之间发展不平衡问题仍然存在，区域协调发展机制还不够完善，利益分配机制不健全严重制约发展成果共享。在共同富裕的视角下，区域协调发展的对象是农村和城市、东部与西部、沿海和内地、

---

① 习近平. 习近平：高举中国特色社会主义伟大旗帜　为全面建设社会主义现代化国家而团结奋斗——在中国共产党第二十次全国代表大会上的报告［EB/OL］. https：//www. gov. cn/xinwen/2022-10/25/content_5721685. html.

发达地区与欠发达地区、汉族与少数民族、生态脆弱性地区与主体功能区等不同区域、不同群体，在改革的过程中着力加快农业转移人口市民化，健全城乡融合发展体制机制，切实保障农业转移人口合法权益等；在政策措施完善方面，着力促进基本公共服务均等化，加大普惠性人力资本投入，完善养老和医疗保障体系，完善政策兜底救助体系等。通过这些举措促进资源的优化配置、推动区域间的协同与合作，缩小地区间的发展差距，提高发展的平衡性、协调性、包容性，最终达到共同富裕。

（四）中国式现代化要求区域协调发展进一步促进人与自然和谐共生

中国式现代化是人与自然和谐共生的现代化。在推进中国式现代化进程中，如何有效拓宽将绿水青山转化为金山银山的路径，实现在发展中保护、在保护中发展，是需要面对的重大问题，区域协调发展必须厚植高质量发展的绿色底色。当前我国在生态保护、绿色转型等生态文明建设方面取得了重大突破，但资源环境约束趋紧、环境污染等问题依然突出。这就要求在推进区域协调发展的过程中，把主体功能区战略落实到区域经济布局中。深入实施主体功能区战略，按照主体功能定位进一步优化生产力布局，坚持宜水则水、宜山则山，宜粮则粮、宜农则农，宜工则工、宜商则商，推动各地区在新型城镇化、农产品供给与保障、生态产品供给、生态安全等领域承担与其区情相一致的主体功能，形成优势互补、高质量发展的区域经济布局和国土空间体系，应有利于各地立足环境承载能力，有序开发当地自然资源，优化区域经济布局和国土空间开发保护格局，加快形成绿色低碳的生产方式和生活方式，为我国经济高质量发展提供源源不断的动力。

（五）中国式现代化要求区域协调发展助力优化对外开放空间布局

党的二十大报告从全面建设社会主义现代化国家、全面推进中华民族伟大复兴的战略全局出发，明确提出要推进高水平对外开放，优化区域开放布局，巩固东部沿海地区开放先导地位，提高中西部和东北地区开放水平的战略部署，为谱写区域开放发展新篇章、加快构建新发展格局、推动高质量发展，指明了前进方向、提供了根本遵循。但也要看到，从外部看，部分国家推行单边主义、保护主义，推升贸易成本和贸易风险，对全球产业链供应链造成干扰，直接威胁到我国对外开放通道的畅通；从内部看，我国对外开放空间布局还不均衡，沿海地区开放型经济体制比较成熟，内陆地区相对滞后，制约了高水平对外开放。这就要求区域协调发展体制机制强化区域间开放联动，构建陆海内外联动、东西双向互济的开放格局。巩固东部沿海地区开放先导地位，加强政策、规则、标准联通，提高中西部和东北地区开放水平，促进东中西互动协同开放，助力推动区域协调发展，扭转陆海经济发展不平衡。同时，加大西部和沿边地区开放力度，在内陆地区增设国家一类口岸，助推内陆地区成为开放前沿，提升边境（跨境）经济合作区、沿边重点开发开放试验区发展水平，打造国际陆海贸易新通道，畅通我国对外开放新通道。

三、深入领会进一步全面深化区域协调发展体制机制改革的指导思想、基本原则和总目标

促进区域协调发展是推进中国式现代化建设的应有之义，是解决我国发展不平衡不充分问题的现实需要。党的二十大报告把促进区域协调发展作为加快构建新发展格局、着力推动高质量发展的五大重点任务之一。必须深刻理解区域协调发展的时代内涵，立足新形势处理好发展与安全、当前与长远、整体与局部等关系，建立更加有效的区域协调发展新机制，促进区域协调发展向更高水平和更高质量迈进。

（一）指导思想

以习近平新时代中国特色社会主义思想为指导，要全面贯彻落实党的二十大和二十届二中、三中全会精神，坚持稳中求进工作总基调，完整、准确、全面贯彻新发展理念，加快构建新发展格局，围绕推进中国式现代化进一步全面深化改革，立足发挥各地区比较优势和缩小区域发展差距，围绕努力实现基本公共服务均等化、基础设施通达程度比较均衡、人民基本生活保障水平大体相当的目标，深化改革开放，坚决破除地区之间利益藩篱和政策壁垒，加快形成统筹有力、竞争有序、绿色协调、共享共赢的区域协调发展新机制，促进区域协调发展。

（二）基本原则

坚持市场主导与政府引导相结合。充分发挥市场在区域协调发展新机制建设中的主导作用，更好发挥政府在区域协调发展方面的引导作用，促进区域协调发展新机制有效有序运行。

坚持中央统筹与地方负责相结合。加强中央对区域协调发展新机制的顶层设计，明确地方政府的实施主体责任，充分调动地方按照区域协调发展新机制推动本地区协调发展的主动性和积极性。

坚持区别对待与公平竞争相结合。进一步细化区域政策尺度，针对不同地区实际制定差别化政策，同时更加注重区域一体化发展，维护全国统一市场的公平竞争，防止出现制造政策洼地、地方保护主义等问题。

坚持继承完善与改革创新相结合。坚持和完善促进区域协调发展行之有效的机制，同时根据新情况新要求不断改革创新，建立更加科学、更加有效的区域协调发展新机制。

坚持目标导向与问题导向相结合。瞄准实施区域协调发展战略的目标要求，破解区域协调发展机制中存在的突出问题，增强区域发展的协同性、联动性、整体性。

（三）总目标

全面建成社会主义现代化强国，总的战略安排是分两步走：从 2020 年到 2035 年基本实现社会主义现代化；从 2035 年到 21 世纪中叶把我国建成富强民主文明和谐美丽的社会主义现代化强国。围绕完成 2035 年远景目标、全面建成社会主义现代化强国等目标要求，区域协调发展体制机制改革的中长期目标如下。

到 2029 年，进一步完善实施区域协调发展战略机制，构建优势互补的区域经济布局和国土空间体系。在以国内大循环为主体的新发展格局下，区域协调发展体制机制更加健全完善，区域战略统筹机制、基本公共服务均等化机制、区域政策调控机制、区域发展保障机制改革取得突破，在完善市场一体化发展机制、深化区域合作机制、优化区域互助机制、健全区际利益补偿机制等方面取得新进展，区域协调发展新机制在有效遏制区域分化、规范区域开发秩序、推动区域一体化发展中发挥积极作用，推动构建优势互补、高质量发展的区域经济布局和国土空间体系，为推进新质生产力发展、绿色低碳发展提供坚实支撑。

到 2035 年，在全面建成高水平社会主义市场经济体制、基本实现国家治理体系和治理能力现代化的基础上，建成与基本实现现代化相适应的区域协调发展新机制，最终实现区域政策与财政、货币等政策有效协调配合，区域协调发展新机制在显著缩小区域发展差距和实现基本公共服务均等化、基础设施通达程度比较均衡、人民基本生活保障水平大体相当中发挥重要作用，为建设现代化经济体系和满足人民日益增长的美好生活需要提供重要支撑。

到 2050 年，顺利建成与全面建成社会主义现代化强国相适应的区域协调发展新机制，区域协调发展新机制在完善区域治理体系、提升区域治理能力、实现全体人民共同富裕等方面更加有效，为把我国建成社会主义现代化强国提供有力保障。

四、进一步全面深化区域协调发展体制机制改革的重点任务

区域协调发展是推动高质量发展的关键支撑，是实现共同富裕的内在要求，是推进中国式现代化的重要内容。我国疆域辽阔、地域类型多样，不同地区资源承载力、环境容量、市场条件、人口状况、产业基础等差异显著，决定了区域发展不平衡不充分的短板弱项将长期存在，区域协调发展体制机制改革仍有很长一段路要走。下一步，要全面贯彻落实党的二十届三中全会精神，坚定不移推进区域协调发展体制机制改革：一是完善国家战略规划体系和政策统筹协调机制，加强国家重大战略深度融合；二是优化区域间要素市场化配置体制机制，增强区域发展活力；三是健全基本公共服务均等化机制，助力实现共同富裕；四是深化区域合作机制，促进区域间优势互补和互利共赢；五是完善区域互助机制，增强欠发达地区发展的内生动力；六是健全区际利益补偿机制，统筹好国土空间开发与保护。特别是在建立全国统一大市场的背景下，强调进一步促进区域间要素流动；在国家战略腹地建设的背景下，强调加快构建多点支撑的产业空间布局体系；在“双碳”背景下，强调进一步优化区域间的生态补偿机制和利益补偿制度；在高水平对外开放引领下，强调深化国际区域合作，支撑区域协调发展形成良好格局，以高水平区域协调发展推进中国式现代化建设。

（一）完善国家战略规划体系和政策统筹协调机制，加强国家重大战略深度融合

我国国土空间十分广阔，区域间具有很强的异质性，促进区域协调发展并不是区

域间“一样化”发展或者“均质化”发展，也不是不同区域在发展上实现“齐步走”，不能简单要求各地区在经济发展上达到同一水平，而是要发挥比较优势，各扬所长，在加强合作和协同融合中促进区域协调发展，加强战略融合协同，促进不同区域和板块主体功能区之间无缝衔接和功能协调。

1. 推动构建国家战略制定和实施机制

党的二十大报告提出，深入实施区域协调发展战略、区域重大战略、主体功能区战略、新型城镇化战略，优化重大生产力布局，构建优势互补、高质量发展的区域经济布局和国土空间体系。在此基础上，必须加快构建国家战略制定和实施机制，以区域重大战略为引领促进区域间协同融通。促进相关战略的协同融通，不断提高区域战略取向一致性，使相关战略在促进区域协调发展上“同频共振”，协同发力。充分发挥区域重大战略的引领带动作用，形成以区域重大战略引领辐射周边，促进区域协同融通发展的局面。

2. 强化规划衔接落实机制

一方面，要加强不同区域战略之间的有序衔接。坚持统筹兼顾，更好发挥各地区积极性，固根基、扬优势、补短板、强弱项，促进区域战略对接衔接，推动区域协同、握指成拳，统筹考虑短期应对和中长期发展，更加积极有效应对不稳定不确定因素，有效推进区域间融合互动、融通补充。另一方面，要加强区域政策与财政、货币、投资等政策的协调配合，优化政策工具组合，推动宏观调控政策精准落地。财政、货币、投资政策要服务于国家重大区域战略，围绕区域规划及区域政策导向，采取完善财政政策、金融依法合规支持、协同制定引导性和约束性产业政策等措施，加大对跨区域交通、水利、生态环境保护、民生等重大工程项目的支持力度。

（二）优化区域间要素市场化配置体制机制，增强区域发展活力

全国统一大市场框架下，区域协同协调发展政策体系加快构建。在区域政策安排上，处理好政策统一性与区域性的关系，结合区域重大战略和区域协调发展战略实施，健全区域合作机制，深化推进区域协作，以区域一体化推动全国统一大市场建设，深化区域对内对外开放发展格局，打破地方保护和市场分割，助力区域“小循环”全面服务和融入国内国际双循环。

1. 完善资源要素价格形成机制

价格是引导要素配置的“信号”，市场化价格形成机制有利于反映要素稀缺程度，也有利于引导要素优化配置。需继续完善要素价格的市场化形成机制，发挥市场对资源配置的决定性作用，深入推进矿产资源、水、电、气等要素价格形成机制改革，让市场能较好调节要素价格，降低要素配置成本，提高要素资源的配置效率。

2. 积极探索产业布局的市场化机制

产业园区已成为我国产业布局的主要空间载体。从产业园区入手推动产业布局方面的市场化探索，既符合时代发展趋势，又适应地方发展实践的需要。要从市场化途径探索产业布局方面的机制创新，促进各类形式的跨区域产业合作，有效遏制产业低水平重复建设。要强化园区整合，有效推动不同园区实现政策、空间、利益共享，逐渐改变不同园区重复布局、恶性竞争的状况，进而形成错位竞争、良性互动的发展局面。要深化园区合作，可考虑共同出资设立平台型园区运营企业，进而推动产业园区共建共享，通过市场化机制确保共建园区风险共担、收益共享。

3. 构建多点支撑的产业空间布局体系

从全国生产力总体布局看，依托横向经济带和城市群、都市圈等重点区域，推进以扩大内需为导向的跨区域产业联动发展，是优化重大生产力布局的关键举措。要着力构建纵横结合、多点支撑的制造业布局体系，推动制造业面向国内需求和实现更多国内配套，形成更有韧性、更为安全的产业体系；着力解决产业不合理分布，推动区域协调发展。既要规划建设纵深拓展、产业梯度转移、横向多层次合作的经济带，使我国经济发展具有更大回旋余地；又要构建以城市群和都市圈为依托的开放型区域产业体系，打破行政分割，深化产业对接协作，促进城市群和都市圈内各城市相对封闭的产业体系加速融合。

（三）健全基本公共服务均等化机制，助力实现共同富裕

推进基本公共服务均等化是促进区域协调发展的重要支撑。各地区应建立基本公共服务财政事权保障机制，探索加大对市、县（区）均衡性转移支付的补助力度，促进基本公共服务投入向相对贫困地区、薄弱环节、重点人群倾斜，缩小城乡间、发达地区与欠发达地区间的基本公共服务差距。探索基本公共服务跨区域流转衔接制度，以合作共建、资质互认等制度设计，推进基层教育、医疗卫生、劳动就业等领域要素跨城乡、跨区域流动时的统筹衔接，真正提高基本公共服务均等化水平。

1. 深入推进基本公共服务标准化

因地制宜制定与经济社会发展水平相适应，服务区域协调发展新要求的基本公共服务实施标准。将基本公共服务标准作为各级政府权责清单的重要组成部分，运用标准化形式向社会公开基本公共服务的清单项目、服务对象、服务内容、服务标准、支出责任和牵头负责单位等。建立依托于基本公共服务标准的绩效考核机制，以标准化机制推进基本公共服务均等化。

2. 完善基本公共服务供给和参与机制

创新基本公共服务供给机制，积极引入社会力量，形成政府主导、多元供给新格局；扩大公众在基本公共服务均等化过程中的话语权，拓宽公众参与基本公共服务均等化的途径，对于涉及人民群众切身利益的重大事项，应履行听证和公开等公众参与程序，相关机构应根据公众的需求，提供更加有效、更加优质的基本公共服务。

3. 探索城乡区域协调共建机制

加快推进城乡和区域基本公共服务制度对接和标准统一，实现基本公共服务供给

体制一体化。统筹规划城乡基本公共服务，按照统一的建设标准，规划建设基本公共服务机构和设施，通过城乡间资源共享、制度对接、待遇互认，全面实现城乡基本公共服务均等化；建立区域间公共事务协作管理机制和利益协调机制，推动相邻区域基本公共服务设施共建共享。以服务半径和服务人口为基本依据，统筹空间布局，在省、市范围内统一布局基本公共服务重大基础设施，避免重复建设与资源浪费。实现基本公共服务信息、资源、技术、设备等要素共享和相互开放，逐步消除基本公共服务资源共享的行政壁垒与制度障碍。

（四）深化区域合作机制，促进区域间优势互补和互利共赢

深化区域合作机制，是为了充分发挥不同地区比较优势，促进生产要素合理流动，深化区域合作，推进区域良性互动发展，逐步缩小区域发展差距。要在已有区域合作机制的基础上，进一步促进重点流域经济带上下游合作发展，加强省际交界地区合作，积极推进以“一带一路”建设为引领的国际区域合作，通过各地区合作联动，实现“1+1>2”的效果。

1. 优化与合作区域发展相适应的区域合作机制

总结长三角以及珠三角、京津唐和不少省市区域合作的实践经验可以看出，在城市化过程中促进政府为主导的合作区域发展，管理体制和运行机制的创新重点在以下几点推进：一是在跨区域的交通、能源、环境保护等基础性建设与运营的体制机制创新方面，发挥政府的主体作用，构建基础性的区域合作机制。合作各方政府要打破行政区限制，从合作区域的整体利益和长远利益出发推进管理体制和运行机制的创新，推行合作区域一体化的管理体制和运行机制，形成政府间的利益共同体。二是在要素流动、资源配置和区域市场发展等机制创新方面，发挥政府的引导作用，构建市场性的区域合作机制。各方政府要努力消除对要素流动、资源配置和区域市场的行政区障碍，运用行政或法律手段，自觉维护市场的公正性、透明度，保障市场主体的正当利益，创造优良的区域市场环境，形成由政府引导和保护的区域共同市场。三是在产业发展、资源开发、土地利用等体制机制的创新方面，发挥政府的指导作用，构建引领性的区域合作机制。比如，根据区域的资源承载能力、经济开发潜力和产业发展方向，可以制定产业政策，以表明政府的产业选择意向，并配之以价格和税收杠杆等经济手段，对市场主体加以引导。

2. 构建互利共赢的国际区域合作新机制

以“一带一路”建设为重点，实行更加积极主动的开放战略，推动构建互利共赢的国际区域合作新机制。充分发挥“一带一路”国际合作高峰论坛、《区域全面经济伙伴关系协定》（RCEP）、上海合作组织、中非合作论坛、中俄东北—远东合作、长江—伏尔加河合作、中国—东盟合作、东盟与中日韩合作、中日韩合作、澜沧江—湄公河合作、图们江地区开发合作等国际区域合作机制作用，加强区域、次区域合作，实现更深层次的发展战略对接。推进重点开发开放试验区建设，支持边境经济合作区

发展，更好发挥境外产能合作园区、经贸合作区的带动作用。加快建立以基础设施投资合作、金融支持为主体的投资合作机制，建立以自贸区、跨境自贸区为主体的贸易合作机制，深挖包括以外经贸园区、工程总承包、第三方合作等在内的产能合作潜力。

（五）完善区域互助机制，增强欠发达地区发展的内生动力

为了更好促进困难地区加快发展，我国形成了包括对口协作、对口支援、对口合作等在内的区域间互助机制，为促进落后地区加快发展和发挥区域比较优势、缩小区域发展差距起到积极作用。要增强欠发达地区发展的内生动力，必须通过区域间的互助机制，推进产业的合理分工与合作，这是在现代化建设新征程中行之有效的区域互助机制。

1. 深化东西扶贫协作内容

要根据我国现代化建设的新需求，延续和进一步完善我国既有的东西扶贫协作机制。同时，不断优化协作内容，确保西部相对贫困地区能够在现代化建设中不掉队。要着眼于任务的适当平衡，完善省际结对关系。在保持东西原有体制不变、对口帮扶原有结对关系不变、东西部对口支援原有管理体系不变的基础上，对西部贫困程度深的省份适当增加帮扶力量，对东部经济下行压力较大，自身帮扶任务较重的省份适当调减任务。经过调整完善，进一步增强对贫困地区的帮扶力度。促进东西扶贫协作中的产业链和创新链对接合作，进一步拓展东部地区的发展新空间，进一步巩固和提升中西部地区的脱贫成果。

2. 进一步完善对口支援机制

进一步完善对口支援结对关系，加大对落后地区的帮扶力度。着力推动县与县精准对接，探索推进乡镇、行政村之间结对帮扶。动员东部地区各级党政机关、人民团体、企事业单位、社会组织、各界人士等积极参与脱贫攻坚工作。加大通过支援产业发展带动扶贫工作的力度，着力增强贫困地区自我发展能力。推进东部产业向西部梯度转移，把握好供需关系，发挥支援方和受援方的比较优势，实现互利双赢、共同发展。把产业合作作为深入推进对口支援工作供给侧结构性改革的重要内容，大胆探索“飞地经济”“产业飞地”等新模式。加强科技创新合作，探索技术成果转化和产业化合作新模式。深化精准对口支援，推动新疆、西藏和青海、四川、云南、甘肃四省藏区经济社会持续健康发展，促进民族交往交流交融，筑牢社会稳定和长治久安基础。

3. 创新对口协作（合作）机制

按照“政府搭台、企业唱戏、区域受益”的模式，创新开展对口协作与合作。面向经济转型升级困难的特殊类型地区，组织开展对口协作（合作），构建政府、企业和相关研究机构等社会力量广泛参与的对口协作（合作）体系，集中力量推进特殊类型地区高质量转型发展。深入开展南水北调中线工程水源区对口协作，积极探索生态产品价值实现机制试点，通过完善市场化多元化的生态补偿机制，推动水源区绿色发

展。继续开展对口支援三峡库区，支持库区提升基本公共服务供给能力，加快库区移民安稳致富，促进库区社会和谐稳定。进一步深化东部发达省市与东北地区对口合作，不断完善东北地区的营商环境和城市功能，形成“投资必过山海关”的氛围，推动老工业基地和资源枯竭型城市转型发展，促进东北地区“工业锈带”向“生活秀带”转变。

（六）健全区际利益补偿机制，统筹好国土空间开发与保护

根据当前国土空间划分，不同的区域有着不同的主体功能定位，不同的主体功能定位意味着有不同的发展权。比如生态功能区主要承担提供生态产品的功能，农产品主产区主要承担提供农产品的功能，城市化地区主要承担聚人聚产促进经济高质量发展的功能。不同的发展权导致区域之间实际收益有较大差异，同时由于我国生态产品价值实现机制和资源价格形成机制尚不十分健全，资源开发地区和资源消费地区也有较大的收益差异，要健全区际利益补偿机制，促进产业链和价值链深度融合，协调好不同区域之间的利益差异。

1. 完善多元化横向生态补偿机制

贯彻绿水青山就是金山银山的重要理念和山水林田湖草生命共同体的系统思想，复制推广浙江省和安徽省新安江流域生态环境补偿的成功经验，按照区际公平、权责对等、试点先行、分步推进的原则，不断完善市场化多元化横向生态补偿机制。遵循“保护责任共担、流域环境共治、生态效益共享”的原则，探索建立具有示范意义的全流域横向生态补偿模式，强化联防联控、流域共治和保护协作，搭建起“全面覆盖、权责对等、共建共享”的合作平台，加快实现高水平保护，推动流域高质量发展。在长江、黄河、京津冀水源涵养区、广西广东九洲江、福建广东汀江韩江、江西广东东江、广西广东西江等流域深入开展跨地区生态保护补偿试点。

2. 完善粮食主产区与主销区之间利益补偿机制

充分考虑我国粮食主产区整体效益偏低的发展实际，加快完善强农富农的政策措施，有效协调粮食主产区和主销区之间的利益关系。按照宜农则农、宜粮则粮的要求，发挥粮食主产区优势，完善粮食主产区利益补偿机制，健全产粮大县奖补政策，压实主销区和产销平衡区稳定粮食生产责任，确保国家粮食安全。鼓励粮食主销区通过在主产区建设加工园区、建立优质商品粮基地和建立产销区储备合作机制以及提供资金、人才、技术服务支持等方式开展产销协作，构建产销利益共同体。加大对粮食主产区的支持力度，促进主产区提高粮食综合生产能力，国家支持大型农产品精深加工项目优先向粮食主产区布局，通过政策扶持，促进一批市场前景好、科技含量高、产业链条长、带动能力强、节能环保的农产品精深加工项目落户粮食主产区，充分调动主产区地方政府抓粮食生产和农民种粮的积极性，共同维护国家粮食安全。

3. 健全资源输出地与输入地之间利益补偿机制

不断完善资源价格形成机制，使资源开发更多惠及资源开发地区。完善接续替代

产业培育扶持机制，推进资源型地区“未衰先转”，积极化解“矿竭城衰”后面临的突出问题，加强资源输出地与资源输入地之间的合作，共同推动资源输出地区持续高质量发展。坚持市场导向和政府调控相结合，逐步理顺主要资源的产供销储之间的价格关系，加快完善有利于资源集约节约利用和可持续发展的资源价格形成机制，确保资源价格能够涵盖开采成本以及生态修复和环境治理等成本。促进资源型地区加快转型升级，支持接续替代产业加快发展，促进持续高质量发展。鼓励资源输入地通过共建园区、产业合作、飞地经济、科技合作、人才援助等形式支持输出地发展接续产业和替代产业，加快建立支持资源型地区经济转型发展的长效机制。

第六篇

完善城乡融合发展体制机制专题

完善城乡融合发展体制机制，实现城乡共同繁荣

习近平总书记指出，在现代化进程中，如何处理好工农关系、城乡关系，在一定程度上决定着中国式现代化的成败①。长期以来，在城乡二元体制下，我国城乡分割矛盾，城乡发展不平衡、农村发展不充分等问题十分突出。随着经济体制改革的深入推进，城乡要素流动扩大，城乡发展的协同性显著增强。在此过程中，我国城乡融合发展体制改革也在逐步地走向深入，从早期的城乡分割的体制，逐步过渡到“城乡统筹”“城乡发展一体化”，随后进入新时代城乡融合发展新阶段。党的十八大以来，立足于重塑新型城乡关系、破除城乡二元结构，以改革创新为根本动力，城乡融合发展重点转向从产业、要素、社会、生态等方面进行探索，取得了诸多成效。新时代新征程，我国城乡融合发展体制改革面临以下新形势新要求：一是全体人民共同富裕的现代化要求坚决防止城乡“两极分化”。二是全国统一大市场建设要求彻底破除城乡之间要素流动壁垒。三是以人为核心的新型城镇化要求实现更高水平的农业转移人口市民化。围绕完成2035年、2050年远景目标，未来一段时间内，要持续深化城乡融合发展体制改革创新和探索实践，建立城乡统一的规划体系，优化城乡空间结构，健全城乡要素合理配置机制，促进要素合理流动和平等交换，完善多层级政策支持体系，促进城乡基本公共服务均等化，构建城乡产业协同发展机制，推进城乡产业联动发展。特别是要通盘考虑城乡发展规划编制，健全城乡一体的管理制度、财政支出体制，优化城乡产业发展、基础设施、公共服务设施等布局，推进城乡协调发展。

一、城乡融合发展体制机制改革46年的主要历程、基本经验与伟大成就

城市与乡村作为经济社会发展两大基本构成，是互为条件、不可分割的有机整体。改革开放以来，我国城乡面貌发生了根本且深刻的变化，经历了从二元对立、城乡统筹、城乡一体化到城乡融合的过程。城乡关系的调整成为推动我国社会经济发展的重要力量。

（一）城乡融合发展体制机制改革的主要历程

从新中国成立初期到改革开放前，围绕快速实现工业化的发展目标，我国集中资源推进工业化，实施了工农业产品不等价交换政策、农业生产集中制度、粮食统购统销制度及劳动力等生产要素流动控制政策，逐步建立起了城乡分割的二元体制。但以

---

① 习近平．习近平主持中共中央政治局第八次集体学习并讲话［EB/OL］. https：//www. gov. cn/xinwen/2018-09/22/content_5324654. htm.

粮食统购统销、户籍制度为代表的政策机制阻碍了农村发展，城乡要素难以自由流动，工农业比例关系遭到破坏。1978 年，党的十一届三中全会后，我国农村实行的家庭联产承包责任制是打破城乡二元“禁锢”的开始。2002 年，党的十六大提出“统筹城乡经济社会发展”，党的十六届三中全会将“统筹城乡发展”放在“五个统筹”首位，首次把农村与城市作为一个整体系统进行考虑，开始注重城乡之间的交流与互动。2007 年，党的十七大提出“建立以工促农、以城带乡长效机制，形成城乡经济社会发展一体化新格局”，明确了统筹城乡发展的战略目标。2012 年，党的十八大提出，推动城乡发展一体化。党的十八届三中全会对健全城乡发展一体化体制机制作出明确部署。2017 年，党的十九大首次提出城乡融合发展，强调要建立健全城乡融合发展体制机制和政策体系，标志着我国城乡关系开始步入城乡融合发展的新阶段。2022 年，党的二十大强调，坚持城乡融合发展，畅通城乡要素流动。2024 年，党的二十届三中全会对完善城乡融合发展体制机制作出重要部署，强调提出必须统筹新型工业化、新型城镇化和乡村全面振兴，全面提高城乡规划、建设、治理融合水平，促进城乡要素平等交换、双向流动，缩小城乡差别，促进城乡共同繁荣发展。

1. 第一阶段（1978—2002 年）农村率先开展经济体制改革，城乡二元壁垒松动

1978 年，党的十一届三中全会开幕，邓小平主张进行生产关系改革，并提出“先农村，后城市”的思路。一系列改革措施促使城乡二元体制逐步松动，包括实行农村家庭联产承包制，放宽城乡之间的户籍壁垒，赋予农村劳动力在城镇就业和居住的权利等，推动人口从农村向城市的大规模迁移，提升了城镇化进程。

一是国家逐渐放开农村市场、发展多种经营。党的十一届三中全会确立了以包产到户、包干到户为主要形式的农村家庭联产承包责任制，使农民有了自主经营农业生产的权利，极大调动了农民的生产积极性。1987 年，党的十三大报告强调，必须继续合理调整城乡经济布局和农村产业结构，积极发展多种经营和乡镇企业。《中共中央、国务院转发农牧渔业部和部党组〈关于积极发展农村多种经营的报告〉》《中共中央、国务院转发国家农委〈关于开创社队企业新局面的报告〉》等文件先后颁布，突破了“以粮为纲”的单一产业政策和不准农村办工业的禁令，鼓励发展多种经营、乡镇企业和个体工商业。与此同时，国家基本恢复了基层供销社的合作商业性质和管理上的民主性、灵活性，放开了对吸收农民股金的限制。鼓励农村剩余劳动力从事商业、饮食、修理、运输业等。

二是粮食统购统销制度瓦解。1984 年，党的十二届三中全会指出，当前我国价格体系不合理的主要表现之一是主要农副产品的购销价格倒挂，销价低于国家购价，必须进行价格体系改革。1985 年，中央一号文件《中共中央、国务院关于进一步活跃农村经济的十项政策》规定，“除个别品种外，国家不再向农民下达农产品统购派购任务，实行合同定购和市场收购”，标志着实行 30 多年的粮食统购统销制度瓦解，市场交易替代计划供应成了粮食流通的主渠道。1992 年底，全国 844 个县（市）放开了粮食价格，粮食市场形成。1993 年 4 月 1 日起，我国在全国范围内取消粮票和油票，实行粮油商品敞开供应，统购统销制度正式退出历史舞台。农产品流通体制改革改善了

小农户与大市场的对接，拓宽了农民的收入渠道。

三是政社合一的人民公社制度取缔。市场化变革倒逼农村经济组织架构做出适应性调整，政社合一的人民公社制度由政社分开的乡政村治体制取代。1981 年，四川省率先进行政社分开的改革试点。1982 年底《宪法》修订，规定乡镇是中国农村最基层的行政区域。1983 年，政社分开在全国推广，人民公社不再承担农村基层政权的职能，由新成立的乡政府来代为执行。

四是城乡间劳动力流动限制放宽。1984 年，《国务院关于农村个体工商业的若干规定》（国发〔1984〕26 号）和《国务院关于农民进入集镇落户问题的通知》（国发〔1984〕141 号）相继出台，放松了户籍壁垒的限制，允许农民外出经营和务工，解决了大批农村剩余劳动力的出路，大量农民流入城镇，并成为城镇化发展最主要的劳动力资源，城镇化进程也随之加快。1985 年 9 月，作为人口管理现代化基础的居民身份证制度宣布实施。1994 年，国家取消了户口按商品粮为标准划分为农业户和非农业户，改为以居住地和职业进行划分，并建立常住户口、暂住户口、寄住户口三种户口登记制度。1997 年 6 月、1998 年 7 月、2001 年 3 月，国务院先后批转了公安部《小城镇户籍管理制度改革试点方案和关于完善农村户籍管理制度的意见》《关于解决当前户口管理工作中几个突出问题的意见》和《关于推进小城镇户籍管理制度改革的意见》。此后，很多小城镇和中等城市基本放开了户籍制度，不少大城市也放松了外地人口落户的限制。人口迁移变得相对自由，城镇化快速发展，常住人口城镇化率由 1978 年的 17.92%提高到 2002 年的 39.09%。

这一时期，在市场化改革引领下，长期被压抑的农业生产潜力得到释放，农村商品生产和商品经济逐渐恢复。1949—1983 年，城乡居民收入差距不断缩小。随着改革的重心从农村转移到城市，工业进入快速发展阶段，农业发展相对滞后，城乡发展差距逐步扩大，以“三提五统”① 和“两工”② 为主的农民负担持续加重，农业转移人口在身份地位、教育水平、就业机会等方面与城市居民相距甚远。

2. 第二阶段（2002—2012 年）统筹城乡经济社会发展，强农惠农政策体系不断强化

进入 21 世纪，我国国力日渐强大，2002 年我国人均国民总收入首次超过 1000 美元，整体进入工业化中期阶段，初步具备了工业反哺农业的条件。面对前一阶段城乡关系出现的严重问题和失衡态势，有赖于不断增长的综合国力，党中央开始提出一系列关于城乡关系变化的新认识和新判断。2002 年，**党的十六大报告首次提出“统筹城乡”**，将“工农差别、城乡差别和地区差别扩大的趋势逐步扭转”作为全面建设小康社会的目标，明确“统筹城乡经济社会发展，建设现代农业，发展农村经济，增加农民收入”是全面建设小康社会的重大任务。2003 年，**党的十六届三中全会将“统筹城**

---

① “三提”，是指农户上交给村级行政单位的三种提留杂资，包括公积金、公益金及行管费；“五统”是指农民上交给乡镇一级政府的五项统筹，具体为教育附加费、计划生育费、民兵训练费、乡村道路建设费和优抚费。

② “两工”指的是农村义务工和劳动积累工。

乡”发展列为国家“五大统筹”①**发展战略之首**。同年，胡锦涛在中央农村工作会议上首次提出“三农问题是全党工作的重中之重”。2004年初，时隔十八年**中央再次把“三农”问题列为一号文件**，此后不曾中断。2004年9月，党的十六届四中全会提出“两个趋向”②，**标志着我国城乡关系的发展进入了“城镇‘反哺’农村、城乡统筹发展”的新时期**。2007年，党的十七大报告提出“建立以工促农、以城带乡的长效机制，形成城乡经济社会发展一体化新格局”。2008年，党的十七届三中全会指出要加快建立**城乡经济社会发展一体化体制机制**。这一时期，党中央围绕构建城乡经济社会一体化新格局的战略目标，实行工业反哺农业、城市支持农村和“多予少取放活”的方针，统筹城乡发展措施不断出台，两个反哺逐步落实，新农村建设在全国范围内展开，此后城乡差距在到达峰值后开始下降，统筹城乡发展成果初步显现。

一是深化农村税费改革，全面取消农业税。自“十五”起，我国开始了以减轻农民负担为中心，取消“三提五统”等税外收费、改革农业税收为主要内容的农村税费改革。2003年3月，国务院发布《关于全面推进农村税费改革试点工作的意见》（国发〔2003〕12号），进一步完善了农村税费改革的相关制度、配套措施。随着我国综合国力的提升和国民经济结构的优化，农业税在税收总额中的占比不断下降，全面取消农业税的条件已经成熟。2005年12月，十届全国人大常委会第十九次会议通过决定，自2006年1月1日起废止《农业税条例》，取消除烟叶以外的农业特产税、全部免征牧业税。农业税的取消，实实在在减轻了农民负担，进一步解放了农村生产力。

二是推进土地制度改革，巩固完善家庭联产承包责任制。2002年8月通过《农村土地承包法》确立家庭承包和其他方式承包的两种承包方式以及土地承包经营权流转法律制度，使土地承包经营权从债权保护变为物权保护。2004年10月，国务院出台《国务院关于深化改革严格土地管理的决定》（国发〔2004〕28号），对完善征地补偿安置制度做出许多新规定，尤其是在失地农民就业安置和社会保障方面有较大改进。2007年3月通过的《物权法》明确土地承包经营权的用益物权性质。党的十七届三中全会通过《中共中央关于推进农村改革发展若干重大问题的决定》明确“现有土地承包关系要保持稳定并长久不变”。这些政策和法律，使家庭联产承包责任制管理体制逐渐完善，调动了农民生产积极性、主动性。

三是统筹城乡基础设施建设和公共服务，加大财政支农力度。长期以来，我国实行的是城乡财政分治的财政政策，公共产品和服务在城市主要由政府负责，在农村则主要依靠向农民筹集，致使农村基础设施严重不足，文化、教育、卫生等社会事业发展滞后。2003年，财政部做出“公共财政覆盖农村”的重大战略调整，中央财政新增教育、卫生、文化等事业经费主要用于农村。2005年，党的十六届五中全会通过《中

---

① “五大统筹”指统筹城乡发展、统筹区域发展、统筹经济社会发展、统筹人与自然和谐发展、统筹国内发展和对外开放。

② 胡锦涛同志在2004年9月召开的党的十六届四中全会的讲话中指出，纵观一些工业化国家发展的历程，在工业化初始阶段，农业支持工业，为工业提供积累是带有普遍性的趋向；但在工业化达到相当程度以后，工业反哺农业、城市支持农村，实现工业与农业，城市与农村协调发展，也是带有普遍的趋向。

共中央关于制定国民经济和社会发展第十一个五年规划的建议》，提出了建设社会主义新农村的重大历史任务。同年底，中共中央、国务院印发《关于推进社会主义新农村建设的若干意见》（中发〔2006〕1号）提出加快建立以工促农、以城带乡的长效机制，国家财政支出、预算内固定资产投资和信贷投放要按照存量适度调整、增量重点倾斜的原则，不断增加对农业和农村的投入，实行城乡劳动者平等就业的制度，建立健全与经济发展水平相适应的多种形式的农村社会保障制度，充分发挥市场配置资源的基础性作用，推进征地、户籍等制度改革，逐步形成城乡统一的要素市场，增强农村经济发展活力。2006年10月，党的十六届六中全会提出要逐步实现城乡基本公共服务均等化。2010年，党的十七届五中全会提出着力保障和改善民生，必须逐步完善符合国情、比较完整、覆盖城乡、可持续的基本公共服务体系，提高政府保障能力，推进基本公共服务均等化。

3. 第三阶段（2012年至今）重塑新型城乡关系，走城乡融合发展之路，城乡融合发展体制机制建设全面推进

党的十八大以来，以习近平同志为核心的党中央在城乡关系方面提出了一系列新理论、新思想、新战略。2013年，党的十八届三中全会指出，城乡二元结构是制约城乡发展一体化的主要障碍，必须健全体制机制，形成"以工促农、以城带乡、工农互惠、城乡一体"的新型工农城乡关系。2014年，国务院政府工作报告提出实现"三个1亿人"①的目标，旨在解决城乡二元结构问题、城市二元结构问题和区域发展不平衡问题。2020年，党的十九届五中全会指出要推动形成**"工农互促、城乡互补、协调发展、共同繁荣"的新型工农关系**，对工农关系提出了更高的要求。2022年，**党的二十大**报告强调"全面建设社会主义现代化国家，最艰巨最繁重的任务仍然在农村"，要**"坚持城乡融合发展，畅通城乡要素流动"**，为重塑新型城乡关系指明了前进方向。2024年，党的二十届三中全会对完善城乡融合发展体制机制作出进一步部署。党的十八大之后，城乡融合发展制度建设深入推进。

一是完善城乡融合发展顶层设计。2017年，党的十九大作出建立健全城乡融合发展体制机制和政策体系的重大部署。2019年5月，中共中央、国务院正式印发《关于建立健全城乡融合发展体制机制和政策体系的意见》，对推进城乡融合发展作出顶层设计，提出城乡融合发展体制机制到2022年初步建立、到2035年更加完善、到21世纪中叶成熟定型的主要目标。习近平总书记在2020年中央农村工作会议上指出"今后15年是破除城乡二元结构、健全城乡融合发展体制机制的窗口期""要把县域作为城乡融合发展的重要切入点"，在2022年中央农村工作会议上要求"率先在县域内破除城乡二元结构"。2022年5月，中共中央、国务院印发《关于推进以县城为重要载体的城镇化建设的意见》，为率先在县域内破除城乡二元结构、推进城乡融合发展提供了方向指引和行动指南。党的二十届三中全会进一步提出，城乡融合发展是中国式现代化的必然

① "三个1亿人"即促进约1亿农业转移人口落户城镇，改造约1亿人居住的城镇棚户区和城中村，引导约1亿人在中西部地区就近城镇化。

要求，必须统筹新型工业化、新型城镇化和乡村全面振兴，全面提高城乡规划、建设、治理融合水平，促进城乡要素平等交换、双向流动，缩小城乡差别，促进城乡共同繁荣发展。

二是深化要素配置改革，推进双向流动制度建设。在土地要素方面，一方面，**探索“三权”分置改革，引导土地经营权有序流转。**农户的小规模经营使国内大多数农产品缺乏国际竞争力，为引导承包地经营权有序流转、发展农业适度规模经营，2014年12月，中共中央办公厅、国务院办公厅印发《关于引导农村土地经营权有序流转发展农业适度规模经营的意见》明确了“三权”分置的改革方向。2016年10月，中共中央办公厅、国务院办公厅印发《关于完善农村土地所有权承包权经营权分置办法的意见》进一步对“三权”分置进行了深入的阐述，提出“要坚持农村土地集体所有权，稳定农户承包权，放活土地经营权”。此后，“三权”分置改革稳步推进，极大促进了农业经济效率的提高，为农业农村现代化打下了坚实基础。党的二十届三中全会明确，保障进城落户农民合法土地权益，依法维护进城落户农民的土地承包权、宅基地使用权、集体收益分配权，探索建立自愿有偿退出的办法。另一方面。**开展“三块地”改革试点，盘活农村土地资源。**2015年1月，中办、国办印发《关于农村土地征收、集体经营性建设用地入市、宅基地制度改革试点工作的意见》，在全国33个县（市、区）部署农村土地三项制度改革试点工作，标志着我国农村土地制度改革进入试点阶段。自2015年以来，33个试点地区大胆探索，勇于实践，农村土地制度改革取得了明显成效。2019年新修正的《土地管理法》充分吸收农村土地制度改革三项试点中的成熟做法，在农村土地管理方面做出了多项创新性的规定。党的二十届三中全会指出，允许农户合法拥有的住房通过出租、入股、合作等方式盘活利用，有序推进农村集体经营性建设用地入市改革，健全土地增值收益分配机制。**在劳动力要素方面，加快健全劳动力要素合理畅通有序流动机制。**2014年，国务院出台《关于进一步推进户籍制度改革的意见》，提出建立城乡统一的户口登记制度。此后进一步深化户籍制度改革，试行以经常居住地登记户口制度。强调以提高农业转移人口市民化质量为核心，健全常住地提供基本公共服务制度。加强农村人才制度供给，《中共中央、国务院关于做好2023年全面推进乡村振兴重点工作的意见》提出加强乡村人才队伍建设的政策措施，破解乡村振兴人才瓶颈制约，畅通智力、技术、管理下乡通道，建立城乡人才合作交流机制、城市人才入乡激励机制。党的二十届三中全会强调，推行由常住地登记户口提供基本公共服务制度，推动符合条件的农业转移人口在社会保险、住房保障、随迁子女义务教育等方面享有同迁入地户籍人口同等权利，加快农业转移人口市民化。

三是加快建设统筹城乡的民生保障制度，推进公共资源均衡配置。党的十八大指出，城乡区域发展差距和居民收入分配差距依然较大，教育、就业、社会保障、医疗、住房等关系群众切身利益的问题较多，要加大统筹城乡发展力度，增强农村发展活力，逐步缩小城乡差距，促进城乡共同繁荣。党的十八届三中全会进一步提出，建立城乡统一的建设用地市场，统筹城乡基础设施建设和社区建设，推进城乡基本公共服务均等化，统筹城乡义务教育资源均衡配置，完善城乡均等的公共就业创业服务体系，健全网络化城乡基层医疗卫生服务运行机制。针对补齐城乡民生领域短板，党的十九大提出加强和创新社会治理，推动城乡义务教育一体化发展，高度重视农村义务教育，全面建成覆盖全民、城乡统筹、权责清晰、保障适度、可持续的多层次社会保障体系。党的二十大进一步提出，加快义务教育优质均衡发展和城乡一体化，优化区域教育资源配置，统筹城乡就业政策体系，破除妨碍劳动力、人才流动的体制和政策弊端。党的二十届三中全会进一步要求，坚持人民城市人民建、人民城市为人民，健全城市规划体系，引导大中小城市和小城镇协调发展、集约紧凑布局，建立都市圈同城化发展体制机制。

（二）城乡融合发展体制机制改革的总体框架、基本方向、难点卡点

城乡融合发展体制改革的重点是建立健全有利于城乡要素合理配置、城乡基本公共服务普惠共享、城乡基础设施一体化发展、乡村经济多元化发展、农民收入持续增长的体制机制。

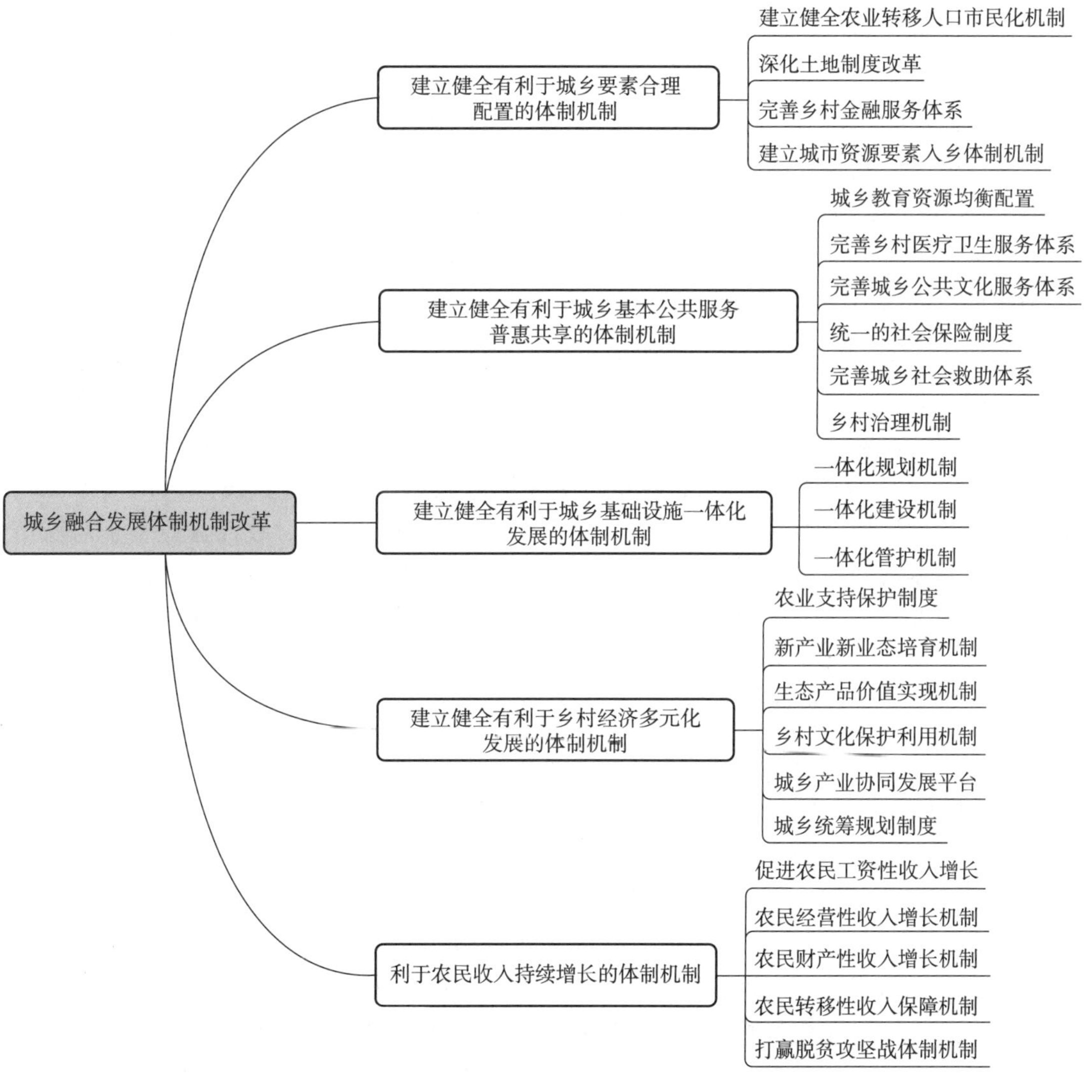

图 6-1　城乡融合发展体制机制改革的总体框架

1. 总体框架

（1）建立健全有利于城乡要素合理配置的体制机制

在城乡二元经济结构的影响下，城市资源难以顺畅地流向农村，造成城乡之间在人才、土地和资源方面的循环不畅。为了破解这一困境，我国通过建立农业转移人口市民化机制、深化土地制度改革、完善乡村金融服务体系、建立城市人才、工商资本、科技成果入乡机制等手段，促进城乡之间要素自由流动，激励更多资源流向农村。

一是建立健全农业转移人口市民化机制。第一，深化户籍制度改革，推进城镇基本公共服务常住人口全覆盖。改革开放后，我国认识到户籍制度阻碍了城乡间要素的流动，制约了市场经济发展和城镇化建设，通过出台“自理口粮户口”、暂住证制度、“蓝印户口”等多项户籍制度改革措施，逐渐放开对人口迁移的限制。进入21世纪后，户籍制度改革目标从单纯的就业向就业、居住、基本公共服务、社会融入等综合目标转变。户籍制度的改革载体经历了从户口—暂住证—居住证—积分入户等形式的变迁。2014年，国务院印发《关于进一步推进户籍制度改革的意见》（国发〔2014〕25号），提出进一步调整户口迁移政策，统一城乡户口登记制度，全面实施居住证制度。《居住证暂行条例》于2015年正式出台，全国逐步建立起了以居住证为载体的基本公共服务供给机制。2016年，《关于深入推进新型城镇化建设的若干意见》（国发〔2016〕8号）和《推动1亿非户籍人口在城市落户方案》（国办发〔2016〕72号）印发，要求城区常住人口300万以下的城市不得实行积分落户政策，进一步放松了中小城市的落户限制。2022年7月，国家发展改革委印发《“十四五”新型城镇化实施方案》（发改规划〔2022〕960号），提出全面取消城区常住人口300万以下的城市落户限制、全面放宽城区常住人口300万~500万的Ⅰ型大城市落户条件、完善城区常住人口500万以上的超大特大城市积分落户政策、鼓励取消年度落户名额限制。**第二，建立“三挂钩一维护”配套政策。**实施财政转移支付同农业转移人口市民化挂钩、城镇建设用地增加规模同吸纳农业转移人口落户数挂钩、财政性建设资金对城市基础设施补贴数额与城市吸纳农业转移人口落户数挂钩的政策，鼓励地方政府吸收农业转移人口落户。维护进城落户农民土地承包权、宅基地使用权、集体收益分配权，支持引导其依法自愿有偿转让上述权益。中央财政设立农业转移人口市民化奖励资金，用于增强各地区落实农业转移人口市民化政策的财政保障能力，推动各地区为农业转移人口提供与当地户籍人口同等的基本公共服务，促进基本公共服务均等化。《中央财政农业转移人口市民化奖励资金管理办法》（财预〔2022〕60号）于2022年4月13日正式实施，强调奖励资金按照突出重点、促进均等、体现差异的原则分配。2024年7月31日，国务院印发《深入实施以人为本的新型城镇化战略五年行动计划》（国发〔2024〕17号），提出实施新一轮农业转移人民市民化行动，完善农业转移人口市民化激励政策，健全进城落户农民农村权益维护政策。

二是深化土地制度改革。第一，改革完善农村承包地制度。改革开放后，我国农村集体土地利用方式经历了从“集体所有、集体经营”到“两权分离”的“集体所有、农户（家庭）经营”再到“三权”分置的“集体所有、家庭承包、多元经营”

的变革。“三权”分置是农村土地产权制度的重大创新，顺应了农民既想保留承包权，又想流转经营权的意愿，通过土地经营权的流转，实现小块变大块、连片经营，提高了土地产出率、劳动生产率和资源利用率。2016 年 10 月，中办、国办印发《关于完善农村土地所有权承包权经营权分置办法的意见》（中办发〔2016〕67 号），对坚持土地集体所有权根本地位、严格保护农户承包权、加快放活土地经营权、完善“三权”关系作出了具体规定。自实行家庭承包经营以来，我国坚持稳定农村土地承包关系的方针政策，先后两次延长承包期限，不断健全相关制度体系，依法维护农民承包土地的各项权利。党的十九大提出，保持土地承包关系稳定并长久不变，第二轮土地承包到期后再延长三十年。**第二，改革完善农村宅基地制度。**改革开放初期，农村出现建房高潮，乱占耕地现象突出。党中央、国务院相继发文强化了对宅基地的管理，农村宅基地制度经历了“农户所有”、“两权分离”、“三权”分置三个阶段。党的十八届三中全会明确了农民住房财产权抵押、担保和转让的制度演进方向。2018 年中央一号文件《中共中央、国务院关于实施乡村振兴战略的意见》提出实施乡村振兴战略，进一步明确了宅基地制度改革的顶层设计架构，探索宅基地所有权、资格权、使用权“三权”分置。2019 年第三次修正的《土地管理法》明确了一户一宅、户有所宅的宅基地分配制度，合理统筹安排宅基地的村庄规划制度，形成了规范管理制度。**第三，建立集体经营性建设用地入市制度。**长期以来，农村建设用地要先被征用为国有土地才能入市交易出让，低廉的补偿使农民作出了巨大的牺牲和贡献。在此背景下，党的十八届三中全会提出，建立城乡统一的建设用地市场，在符合规划和用途管制前提下，允许农村集体经营性建设用地出让、租赁、入股，实行与国有土地同等入市、同权同价。2015—2019 年，我国在 33 个县（市、区）开展农村集体经营性建设用地入市试点，试点取得的制度性成果写入了 2019 年修正的《土地管理法》，破除了集体经营性建设用地进入市场的法律障碍，明确了农村集体经营性建设用地入市的基本制度。2022 年 11 月，中办、国办印发《关于深化农村集体经营性建设用地入市试点工作的意见》（厅字〔2022〕34 号），开启深化农村集体经营性建设用地入市改革新征程。

三是完善乡村金融服务体系。改革开放后，为了更好地促进农村经济发展和提高农村资金的使用效率，我国开始了以增量改革为特征的农村金融改革，强化农村发展资金保障，释放农村市场活力。1993 年，国务院出台《关于金融体制改革的决定》（国发〔1993〕91 号），政策性金融与商业性金融开始分离。1994 年，中国农业发展银行成立，承担农业政策性金融业务，代理财政支农资金的拨付，为农业和农村经济发展服务。1996 年国务院出台《关于农村金融体制改革的决定》，提出改革农村信用社管理体制、建立农村合作银行、办好农业银行、增设中国农业发展银行分支机构、完善各类农业保险机构等改革任务。同年，农村信用社从中国农业银行独立出来，我国初步形成了政策性、商业性、合作性金融相结合的农村金融服务体系。2003 年，国务院发布《深化农村信用社改革试点方案》（国发〔2003〕15 号），启动了新一轮信用社改革，重点改革信用社的产权制度和管理体制。2006 年之后，小额贷款公司、村镇银行、农村资金互助社等新型农村金融机构开始建立和发展。党的十八大后，我国加强了金融对“三农”发展的支持力度。2019年，国务院印发《关于促进乡村产业振兴的指导意见》（国发〔2019〕12号），提出有序引导工商资本下乡，坚持互惠互利，优化营商环境，引导工商资本到乡村投资兴办农民参与度高、受益面广的乡村产业。2021年，国务院印发《“十四五”推进农业农村现代化规划》（国发〔2021〕25号），提出健全农村金融服务体系，完善金融支农激励机制，鼓励银行业金融机构建立服务乡村振兴的内设机构，扩大农村资产抵押担保融资范围，提高农业信贷担保规模，引导金融机构将新增可贷资金优先支持县域发展。

四是建立城市资源要素入乡体制机制。第一，建立城市人才入乡激励机制。城市人才入乡政策由最初的鼓励和支持干部返乡，到市民下乡、能人回乡、企业兴乡的激励机制和政策体系，逐步形成多元化的人才入乡模式。制定财政、金融、社会保障等激励政策，吸引各类人才返乡入乡创业。鼓励高校毕业生、外出农民工及经商人员回乡创业，推进大学生“村官”与选调生工作衔接。建立城乡人才合作交流机制，通过岗编适度分离等方式，推进城市教科文卫体等工作人员定期服务乡村。推动职称评定、工资待遇等向乡村教师、医生倾斜，优化乡村教师、医生中高级岗位结构比例。引导规划、建筑、园林等设计人员入乡，并允许农村集体经济组织探索人才加入机制。**第二，建立工商资本入乡促进机制。**深化“放管服”改革，打造法治化便利化基层营商环境，引导工商资本为城乡融合发展提供资金、产业、技术等支持。完善融资贷款和配套设施建设补助等政策，鼓励工商资本投资适合产业化规模化集约化经营的农业领域。支持城市搭建城中村改造合作平台，探索工商资本与村集体合作共赢模式。建立工商资本租赁农地监管和风险防范机制，严守耕地保护红线。**第三，建立科技成果入乡转化机制。**健全涉农技术创新市场导向机制和产学研用合作机制，鼓励创建技术转移机构和技术服务网络。建立科研人员到乡村兼职和离岗创业制度，探索技术入股、兼职兼薪机制。建立健全农业科研成果产权制度，赋予科研人员科技成果所有权。建立有利于涉农科研成果转化推广的激励机制与利益分享机制。

（2）建立健全有利于城乡基本公共服务普惠共享的体制机制

改革开放至20世纪末，政府对农村基本公共服务关注较少，政策倾斜和财政支出方面明显不足。2003年，中央农村工作会议提出对“三农”实行“多予、少取、放活”的方针，财政部同年做出“公共财政覆盖农村”的重大战略调整，正式把农村纳入到我国公共财政服务范围当中。此后，强化公共财政对农村公共服务供给的政策陆续出台。2006年10月，党的十六届六中全会首次从国家层面对“基本公共服务均等化”进行了制度性建构。此后，党中央出台了一揽子纲领性文件完善基本公共服务供给的顶层设计，逐步探索城乡基本公共服务供给一体化的实践机制。“十二五”和“十三五”时期，我国先后制定并实施了两部国家级基本公共服务规划，即《国务院关于国家基本公共服务体系“十二五”规划》（国发〔2012〕29号）和《国务院关于“十三五”推进基本公共服务均等化规划》（国发〔2017〕9号）。覆盖全民的基本公共服务制度基本建成，但仍存在发展不平衡不充分、质量参差不齐、服务水平与经济社会发展不适应等问题。针对上述问题，2018 年，中办、国办印发《关于建立健全基本公共服务标准体系的指导意见》，明确要从国家、行业、地方、基层 4 个层面构建基本公共服务标准体系，推进城乡区域基本公共服务制度统一。党的十九届五中全会对推进基本公共服务均等化工作作出了新的部署，明确到“十四五”末基本公共服务均等化水平要明显提高，到 2035 年基本公共服务要实现均等化。2021 年，国家发展改革委等 20 个部门联合印发《国家基本公共服务标准（2021 年版）》（发改社会〔2021〕443 号）和《“十四五”公共服务规划》（发改社会〔2021〕1946 号），完善了城乡基本公共服务的框架结构，为全国各地提供大致相当的基本公共服务划定了底线、明确了责任。

（3）建立健全有利于城乡基础设施一体化发展的体制机制

基础设施一体化是统筹城乡发展的重要条件，也是打破城市和农村界限、实现基本公共服务均等化的重要手段。城乡基础设施一体化发展体制机制包括规划机制、建设机制和管护机制等。我国通过坚持先建机制、后建工程，加快推动乡村基础设施提档升级，推进城乡基础设施统一规划、统一建设、统一管护。2019 年 7 月，习近平总书记主持召开中央全面深化改革委员会第九次会议时强调，要以推进城乡公共基础设施一体化管护为方向，坚持政府主导、市场运作，鼓励社会各类主体参与农村公共基础设施管护，按产权归属落实管护责任，科学制定管护标准和规范，合理选择管护模式。2021 年，中央一号文件《中共中央、国务院关于全面推进乡村振兴加快农业农村现代化的意见》再次提出要加强农村基础设施建设，并着重强调了农村基础设施建设所发挥的巩固脱贫攻坚成果和推进乡村振兴战略实施的“双重”功能。随着城乡一体化进程加快，城乡基础设施建设逐步从单一的交通、能源、通信等基础设施建设向综合服务功能转变，更加注重为居民提供便捷、高效的生活和工作环境。2022 年 3 月，国家发展改革委印发《2022 年新型城镇化和城乡融合发展重点任务》（发改规划〔2022〕371 号），要求推进城镇基础设施向乡村延伸，推动县乡村（户）道路联通，促进城乡道路客运一体化，建设联结城乡的冷链物流、电商平台、农贸市场网络，建设重要农产品仓储设施和城乡冷链物流设施，推动城乡基础设施管护一体化。2022 年 7 月，国家发展改革委印发《“十四五”新型城镇化实施方案》（发改规划〔2022〕960 号），强调推进县乡村功能衔接互补，促进县城基础设施和公共服务向乡村延伸覆盖，增强县城对乡村的辐射带动能力。2024 年 7 月 31 日，国务院印发《深入实施以人为本的新型城镇化战略五年行动计划》（国发〔2024〕17 号）进一步强调，以县域为基本单元推进城乡融合发展，推动城镇基础设施和公共服务向乡村延伸覆盖，促进县乡村功能衔接互补。

（4）建立健全有利于乡村经济多元化发展的体制机制

改革开放后，我国开始重视农业农村的发展，农产品统派购制度取消，乡镇企业异军突起，乡村产业开始蓬勃发展。党的十四届五中全会提出，要大力发展贸工农一体化经营，将农产品生产、加工、销售等环节紧密联系起来，有效衔接生产和流通，实现农产品的多层次加工增值。1997 年，党的十五大报告提出，积极发展农业产业化经营，形成生产、加工、销售有机结合和相互促进的机制，推进农业向商品化、专业化、现代化转变。2013 年，党的十八届三中全会提出，允许农民以土地承包经营权入股发展农业产业化经营，对深度融合农业产业链上各参与主体、优化组合各类生产要素具有重大意义。2015 年 2 月，中共中央、国务院印发《关于加大改革创新力度加快农业现代化建设的若干意见》，首次提出了推进农村一二三产业融合发展的重大政策导向，同年 12 月，国务院办公厅印发《关于推进农村一二三产业融合发展的指导意见》（国办发〔2015〕93 号），部署农村产业融合发展的主要政策框架。2016 年，农业部发布《全国农产品加工业与农村一二三产业融合发展规划（2016—2020 年）》，对农产品加工业和农村产业融合的具体发展目标做了明确规定，根据各地资源禀赋和区域布局，因地制宜制定了规划布局和重大工程部署。为做好农村产业融合发展的用地保障，2017 年，国土资源部、国家发展改革委联合发布《关于深入推进农业供给侧结构性改革做好农村产业融合发展用地保障的通知》，优先安排农村基础设施和公共服务用地，乡（镇）土地利用总体规划可以预留少量（不超过 5%）规划建设用地指标。引导农村二三产业向县城、重点乡镇及产业园区等集中集聚。为进一步加快发展乡村产业，2020 年，农业农村部印发《全国乡村产业发展规划（2020—2025 年）》（农产发〔2020〕4 号），从提升农产品加工、拓展乡村特色产业、优化乡村休闲旅游业、推进农业产业化和农村产业融合发展等多角度促进乡村产业发展。

（5）建立健全有利于农民收入持续增长的体制机制

改革开放以来，我国积极创新制度供给，不断拓宽农民增收渠道，促进农民收入持续增长。一方面，**家庭联产承包责任制、税费改革和再分配制度改革为农民增收致富提供了有效制度供给。**改革开放初期，以家庭联产承包责任制为核心的农村制度变革，重新赋予农民对于土地的使用权和剩余索取权，理顺了国家与农民的分配关系，使人民公社体制下长期被束缚的农村生产力得到解放；国家提高农副产品收购价格，使得在农业产出增长的同时，农民收入也随之得到增长。进入 21 世纪后，农村税费改革和相关配套制度改革的推进，以及一系列强农富农政策的实施，同时支持政策覆盖的范围和深度不断提高，推动农民家庭经营性收入和转移性收入的较快增长。党的十八大以来，国家对“三农”领域的投入不断增加，农村社会保障网织得更牢更密。通过一系列重大改革，我国农民收入增速连续多年超过城镇居民。另一方面，**通过市场化改革不断促进农村的商品和生产要素在更大范围参与交换和收益分配，带动农民市场化收入的增长。**改革开放 46 年来，农村市场化改革从城乡商品流通一体化到土地、劳动力等要素市场的发育，成为促进农民收入增长的重要因素。20 世纪 90 年代以来，随着市场经营和农产品价格逐步放开，农产品由国家统购统销、统购包销转为进入市场，农产品流通体制、农产品市场调控机制不断健全，市场运行效率不断提高，带动了农民家庭经营性收入的增长。同时，国家开始逐步放松对农民进城的限制，大量劳动力从农业生产中分离出来，劳动力的转移促进了农业规模化发展和农民增收。此后，国家开始探索建立农民增收长效机制。2019 年 4 月，《中共中央、国务院关于建立健全城乡融合发展体制机制和政策体系的意见》提出，建立健全有利于农民收入持续增长的体制机制，拓宽农民增收渠道，促进农民收入持续增长，持续缩小城乡居民生活水平差距，并分别从工资性收入、经营性收入、财产性收入、转移性收入等方面建立增长机制。2024年，中央一号文件《中共中央、国务院关于学习运用“千村示范、万村整治”工程经验有力有效推进乡村全面振兴的意见》提出强化农民增收举措。在就业方面，促进农村劳动力多渠道就业，健全跨区域信息共享和有组织劳务输出机制，培育壮大劳务品牌。开展农民工服务保障专项行动，加强农民工就业动态监测。加强拖欠农民工工资源头预防和风险预警，完善根治欠薪长效机制。在生产经营方面，强化产业发展联农带农，健全新型农业经营主体和涉农企业扶持政策与带动农户增收挂钩机制。在财产方面，在重点工程项目和农业农村基础设施建设领域积极推广以工代赈，继续扩大劳务报酬规模。鼓励以出租、合作开发、入股经营等方式盘活利用农村资源资产，增加农民财产性收入。

2. 基本方向

(1) 构建更加平等的城乡关系

中国式现代化国家建设内在要求建立更加平等的城乡关系，“城强乡弱”“城先乡后”等都不符合社会主义现代化强国建设的发展方向。因此，要持续深化体制机制改革创新，逐步消除那些导致城乡发展不平等的思想障碍、制度壁垒和市场制约。着力打造一个公平的城乡发展环境，包括要素市场、财政体系和公共资源的分配机制，确保城乡之间在资源流动、公共资源分配和财政支持等方面实现真正的平等。同时，要努力缩小城乡之间的发展差异，推动基本公共服务向乡村地区扩展，社会事业向乡村地区覆盖，完善提供均等化公共产品和公共服务的制度框架。

(2) 构建更加通畅的城乡关系

我国城乡之间存在的“二元分治”现象，是导致发展不均衡的关键因素，与构建新型城乡关系的目标相悖。为形成适应现代化需求的城乡关系，需要加快消除阻碍城乡要素流动的障碍。一方面，统筹城乡规划，完善水、电、路、气、网等城乡基础设施“硬联通”体系。另一方面，建立健全公共服务、法规标准和信息资源共享的“软联通”体系，促进城乡发展的循环体系更加顺畅。重点要强化普惠性、基础性、保障性民生建设，健全城乡教育、就业、社会保障、医疗卫生等领域的一体化体制机制。

(3) 构建互促共荣的城乡关系

过往以城市为主的发展策略无可避免地造成了城乡发展的差距。面向新时代新征程，城市的角色正在转变，不再仅仅是资源的集中者，而是成为推动乡村进步的关键力量。同时，乡村也不再处于发展的边缘，而是城市发展的坚实后盾。为了实现这一目标，要着力打造一个能够满足城乡双方需求、促进双方发展的高质量供给体系，实现城市带动乡村、乡村支持城市的良性互动和协调共进。

3. 难点卡点

(1) 户籍人口城镇化率滞后

2023年，我国常住人口城镇化率和户籍人口城镇化率分别为66.16%、48.3%，两者之间仍然存在近18个百分点的差别。因此，提高落户意愿仍然是促进农业转移人口市民化的重点和难点，政策供给不足是当前农民工落户意愿不高的主要原因，主要担心失去农村土地和集体收益、工作和收入不够稳定、落户城镇后不能完全享有城镇公共服务等。同时，农业转移人口大多无法平等享受当地城市基本公共服务，支持农业转移人口享受城市公共服务的投入保障机制还不完善。

（2）城乡基本公共服务水平不平衡

城乡之间不平衡最突出的表现在于基本公共服务发展水平的不平衡，表现在资源布局、能力提供和服务质量上，公共服务仍然是乡村发展的明显短板。一是农村基本公共服务供给数量不足、质量不高，导致农村基本公共服务供给水平与城市相比明显滞后。比如，农村教育基础设施水平、师资水平、教学质量、升学率等严重落后于城市，农村优质医疗供给严重不足，农村网络基础设施有待完善，农村基本公共服务现代化基础设施建设仍旧滞后。二是农村基本公共服务供给主体单一，主要依赖政府力量，市场在基本公共服务供给方面动力不足。三是农村基本公共服务供给保障不到位，造成整体供给不足。地方政府在发展过程中更注重经济效益，倾向于把更多的物力财力投入经济发展领域，压缩农村基本公共服务支出，导致供给不足、质量不高。

（3）城乡土地权能不平等

我国现行土地管理制度存在土地权利不平等、收益分配机制不健全、土地要素利用效率较低下等问题，不利于实现城乡融合发展目标。城乡土地“两套制度”特征依然突出。城市土地全民所有、农村土地集体所有，一些地方城市建设用地趋严趋紧，而农村宅基地闲置、土地低效种植等问题突出。农村土地无法通过市场实现充分流转。土地增值收益在城乡之间分配严重不公，不仅导致农村土地价值受到抑制和剥夺，也造成农村集体建设用地大量空置闲置和隐性流转。

（4）城乡金融资源配置不合理

我国城乡之间金融制度安排存在明显差异，农村金融服务供给严重不足，贷款难、贷款贵的资金脱农现象明显，农业经营主体信贷可获得性较差。城乡抵押权利不平等，城镇居民住房产权、大部分国有土地使用权、企业设备等都可以用于抵押，农村的宅基地使用权、生产周期长的经济作物、养殖的猪羊、企业投资的设备厂房，不能作为抵押的标的物。城乡资金价格不平等，农村居民或企业融资要比城市居民付出更高的成本。农村征信体系缺失，导致信息不对称、贷款审核难度大。城乡金融机构向农村覆盖延伸不足，城乡网点占有率和覆盖率差距较大。

（5）城乡产业融合发展体制机制不健全

长期以来，城乡产业结构二元分割明显，城市以工业品生产和服务提供为主，乡村以农产品生产为主，农业与工业、服务业融合发展进程缓慢，城乡产业融合发展体制机制建设存在一些阻碍。一是城乡产业之间缺乏有效的协同发展机制，导致产业链条不完善，产业融合度不高。二是要素流动不畅，城乡之间存在一定的要素流动壁垒，资金、技术、人才等要素向乡村流动仍然存在障碍。三是农村市场体系尚不完善，影响了农产品的流通和价值实现，限制了农业产业的升级和产业链的延伸。四是基础设施建设差距，农村地区基础设施建设相对滞后，与城市相比存在较大差距，限制了城乡产业的融合发展。

（三）城乡融合发展体制机制改革的基本经验——46 年的经验

改革开放以来，我国在破除城乡二元结构、推进城乡融合发展过程中形成了一些基本经验，包括农业发展与农民利益优先，推进农村综合全面发展；更好统筹效率与公平，构建城乡融合发展环境；发挥政府与市场作用，增强城乡融合发展组织保障。

1. 农业发展与农民利益优先，推进农村综合全面发展

发达国家对农村建设与农民利益格外关注，多措并举缩小城乡收入与生活质量差距。从根本上破除城乡失衡问题，应坚持农业农村优化发展战略方针，强化支农政策和助农增收举措。一是遵循城乡共建、共治、共享发展理念，积极推进科技、教育、医疗、社会保障、养老等基本公共资源与服务优先向农村延伸，加快城乡基本公共服务制度并轨和标准统一，实施污水—垃圾处理、基本道路网络、村居环境整治以及市政公共设施等公共基础设施在农村全覆盖。二是坚持以人为本，以农民利益为出发点，依托农业专业合作社等新型经营主体，推进三次产业深度融合，发展农产品精加工产业，提高农产品附加值，培育乡村旅游、休闲农业等新业态，促进农村产业多元化发展，增加非农就业机会，提高农民农业收入水平。进一步深化农村产权制度改革，完善集体经营性建设用地入市制度，盘活闲置宅基地，增加农民集体性经营收益和财产性收入。

2. 更好统筹效率与公平，构建城乡融合发展环境

城乡融合发展既要注重以高质量发展为基础的经济效率，也要从制度安排上增进城乡资源要素配置的公平性，打造城乡和谐的发展环境。一方面，经济效率是城乡融合的基础。要尊重市场经济规律，深入推进城乡市场化改革，让市场在城乡资源要素配置中起决定性作用。同时，尊重城乡差异，厘清农村发展重点，促进资本、人口、土地等要素在城乡之间顺畅流动，以农村发展效率的提升促进城乡发展差距缩小。另一方面，公平正义是城乡融合的重点。在户籍制度、收入分配、就业机会、教育资源、医疗条件等方面，更加注重城乡资源要素公平配置，加快城乡融合发展体制革新与制度创新，完善城乡主体协作帮扶机制，努力实现更高水平的公平正义。

3. 发挥政府与市场作用，增强城乡融合发展组织保障

充分发挥政府与市场的作用是促进城乡融合发展的根本保障。一方面，充分发挥政府主导作用，强化政府主体责任，有利于更好履行政府职责，为城乡融合发展提供重要的制度支撑和组织保障。通过落实发展规划编制、基础设施与公共服务建设、社会治理实施等措施，优化城乡结构配置及其功能，协调城乡利益及其利益再分配，加大全国统一的大市场建设，从根本上打破城乡资源要素流动壁垒，让农民分享改革的外溢成果。另一方面，顺应经济发展规律，尊重市场机制对城乡融合发展的作用，以“有效市场”为城乡融合发展提供基础。健全与完善城乡市场体系是城乡之间双

向而非单向的互动过程，城乡融合发展需更好地发挥市场在引导城乡要素流动方面的作用。

（四）党的十八大以来城乡融合发展体制机制改革取得的新突破和新成效

党的十八大以来，我国持续深入推进城乡融合发展，城乡领域体制机制改革创新取得重大突破，贯彻了正确处理工农、城乡关系的发展思想，农业转移人口市民化制度基本建立，城乡基本公共服务均等化水平提升，城乡统一的建设用地市场加快建立，城市反哺农村的资金支持机制不断健全，县城综合承载能力和乡镇综合服务功能不断完善。

1. 树立科学的城乡关系发展理念

党的十八大以来，以习近平同志为核心的党中央在马克思主义城乡发展理论基础上，结合中国特色社会主义城乡建设的实践，立足于中国国情实际，提出一系列关于城乡发展的新理念新思路新举措，不断开辟我国城乡发展工作新局面。习近平总书记指出，“在现代化进程中，城的比重上升，乡的比重下降，是客观规律，但在我国拥有 14 亿人口的国情下，不管工业化、城镇化进展到哪一步，农业都要发展，乡村都不会消亡，城乡将长期共生并存，这也是客观规律”①。“两个客观规律”体现了对我国城乡关系演变内在规律和根本趋向的深刻洞察，为准确认识城乡关系提供了根本遵循，并指引我国在深化体制改革的基础上稳步推进城乡融合发展。

2. 农业转移人口市民化制度基本建立

农业转移人口市民化举措扎实推进，相关领域配套改革取得突破性进展。**一是农业转移人口进城落户的门槛不断降低、通道逐步拓宽。**随着户口迁移政策普遍放开放宽，农民进城落户的门槛不断降低，城区常住人口 300 万以下城市的落户限制基本取消，实行积分落户政策的城市大多数实现社保缴纳年限和居住年限分数占主要比例。公安部数据显示，2014 年以来，全国有 1.3 亿农业转移人口成为城镇居民②，1 亿非户籍人口在城市落户的目标顺利完成。常住人口城镇化率由 2012 年的 53.10%增长到 2023 年的 66.16%③，全国户籍人口城镇化率由 2012 年的 35.33%增长到 2023 年的 48.3%，城镇化发展迅速。**二是市民化配套政策有序实施。**国家出台意见大力支持农业转移人口市民化，出台了一系列配套优惠政策。2016—2021 年，财政部向地方下拨农业转移人口市民化奖励资金由累积增长了 250%，随着农业转移人口数量不断增加，城市建设用地面积累积增长了 36.44%，农业转移人口呈现出市民化人数与配套政策

---

① “两个客观规律”指引中国城乡融合发展［EB/OL］. https://baijiahao.baidu.com/s?id=1735568030192560030&wfr=spider&for=pc

② 公安部副部长刘钊：2014 年以来全国有 1.3 亿农业转移人口成为城镇居民［EB/OL］. https://www.sohu.com/a/540136229_362042.

③ 中华人民共和国 2023 年国民经济和社会发展统计公报［EB/OL］. https://www.gov.cn/lianbo/bumen/202402/content_6934935.html.

持续优化的发展趋势①。

3. 城乡基本公共服务均等化水平提升

我国不断加强基本公共服务政策法规制度建设，优化公共服务机构设置和职能配置，创新公共服务供给方式，城乡一体的基本公共服务提供机制向制度接轨、质量均衡、水平均等的方向迈进。一方面，城乡统一、重在农村的义务教育经费保障机制初步建立，统一的城乡居民基本养老保险、基本医疗保险、大病保险制度逐步建立。城乡学校共同体建设持续发力，义务教育教师“县管校聘”改革逐步深化，县域内义务教育学校校长教师交流轮岗逐步推开。全国 800 多个县市区成功试点建设“紧密型县域医共体”，乡村两级医疗机构和人员“空白点”基本消除，优质医疗资源逐步向乡村下沉。覆盖全民的社会保障体系不断完善，国家医保局数据显示，截至 2023 年底，我国基本医疗保险参保人数达 133386. 9 万人，参保覆盖面稳定在 95%以上②。另一方面，城乡一体的基础设施建设取得显著成效，向联通化、一体化的方向迈进，乡村水、电、路、网等基础设施水平全面提升，农民生产生活条件得到极大改善。具备条件的乡镇和建制村全部通硬化路、通客车，农村电网供电可靠水平进一步提高，行政村通宽带全面实现，农村自来水普及率达到 90%③。

4. 城乡统一的建设用地市场加快建立

我国开展了农村土地产权制度、承包经营制度、征地制度等一系列制度改革，推动农村土地制度改革取得重大进展。**一是农村土地产权制度不断完善。**我国坚守土地公有性质不改变，通过建立农地“三权”分置制度，推进各项农村土地制度改革。农村土地制度改革推动了资源流向有效的利用主体，闲置的宅基地重新被利用起来，有效提升了土地资源的利用效率。农村承包地确权登记颁证基本完成。全国 2838 个县（市、区）、3. 4 万个乡镇、55 万多个行政村已基本完成承包地确权登记颁证工作，将 15 亿亩承包地确权给 2 亿农户，并颁发土地承包经营权证书④。**二是农村集体经营性建设用地入市制度基本建立。**《中共中央、国务院关于建立健全城乡融合发展体制机制和政策体系的意见》提出了入市方向和思路，修订后的《土地管理法》明确了农村集体经营性建设用地入市等规定和改革措施。农村土地制度改革有力地促进了农地要素自主有序流转，要素流转的总体规模不断扩大，家庭承包耕地流转总面积累计增长

---

① 杨骞，金华丽. 新时代十年中国的城乡融合发展之路［EB/OL］. https：//mp. weixin. qq. com/s？__biz=MzA3NzYxMTEyMQ==&mid=2652737643&idx=1&sn=2aaf1e735bc5ba0aa576ccf3d1894b0d&chksm=84a65975b3d1d063c59c400a9da3c78047f4375fafc30fff577c630a65c1ada7050a05fe97bb&scene=27.

② 国家医保局. 2023 年医疗保障事业发展统计快报［EB/OL］. https：//www. gov. cn/lianbo/bumen/202404/content_6944653. html.

③ 刘诗平. 我国农村自来水普及率达到 90%［EB/OL］. https：//www. gov. cn/lianbo/bumen/202401/content_6925449. html.

④ 乔金亮. 农村承包地确权登记颁证工作基本完成［EB/OL］. https：//www. gov. cn/xinwen/2020-11/03/content_5556878. html.

了102.84%，家庭承包经营耕地面积累计增长了19.17%①。

5. 城市反哺农村的资金支持机制不断健全

全国财政资金投至农林水领域的规模持续较快增长，“十三五”时期年均投入超过2万亿元②。金融机构持续增加涉农信贷投放，农村抵质押物范围逐步拓宽，农村承包土地抵押贷款全面推开，农村集体资产股权、农民住房财产权（含宅基地使用权）等抵押融资稳步探索。金融监管总局数据显示，截至2024年一季度末，全国涉农贷款余额为60.19万亿元，同比增长13.5%。其中，农田基本建设贷款余额同比增长29.8%，粮食重点领域贷款余额同比增长21.46%，农林牧渔业贷款余额同比增长14.7%，均明显高于各项贷款增速。大力支持乡村产业集聚发展，截至2023年末，农业农村部等部门累计支持建设300个国家农村产业融合发展示范园，建成60个产值超100亿元的产业园。平均每个产业园撬动金融信贷投入16亿元、社会资本投入20多亿元③。农业产业链价值链持续延伸，2023年农产品加工转化率达到74%④，中央厨房、农商直供、农村电商等新业态新模式不断涌现。新型农业经营主体发展壮大，截至2023年10月底，全国农民合作社221.6万家，家庭农场近400万个，组建联合社1.5万家，全国超过107万个组织开展农业社会化服务，服务面积超过19.7亿亩次，服务小农户9100多万户⑤。农民收入水平大幅提高，国家统计局数据显示，2023年农村居民人均可支配收入为21691元，是2012年的2.59倍，城乡居民收入之比由2012年的3.10∶1下降到2023年的2.39∶1。

6. 县城综合承载能力和乡镇综合服务功能不断完善

县城补短板强弱项“1+N+X”系列文件体系初步形成，目标任务、项目范畴和建设标准得到明确。中央预算内投资、企业债券、政策性信贷等各类资金统筹支持力度加大，县城公共服务、环境卫生、市政公用、产业培育等设施加快提档升级，带动乡村基础设施和公共服务持续完善，对县域经济的辐射作用不断增强，对提振农民消费的支撑作用更加彰显。120个县城建设示范地区积极谋划启动示范性项目，初步形成一批行之有效的先进经验和可行模式。县城综合承载能力不断加强，对农民就近城镇化和城乡要素跨界融合的支撑作用不断凸显。县城市政设施短板加快补齐，老旧小区改造稳步实施，燃气管道等老化更新改造和市政管网建设加快推进，基本实现充电站

---

① 杨骞，金华丽．新时代十年中国的城乡融合发展之路［EB/OL］．https：//mp. weixin. qq. com/s? __biz=MzA3NzYxMTEyMQ==&mid=2652737643&idx=1&sn=2aaf1e735bc5ba0aa576ccf3d1894b0d&chksm=84a65975b3d1d063c59c400a9da3c78047f4375fafc30fff577c630a65c1ada7050a05fe97bb&scene=27.

② 国家发展改革委．“十四五”规划《纲要》解读文章之17丨健全城乡融合发展体制机制［EB/OL］．https：//www. ndrc. gov. cn/fggz/fzzlgh/gjfzgh/202112/t20211225_ 1309705. html.

③ 农业农村部．高质量建设现代农业产业园赋能乡村产业振兴［EB/OL］．http：//www. moa. gov. cn/ztzl/zyncg-zh2023/pd2023/202312/t20231223_6443374. htm.

④ 杨曦．土特产的“含金量”越来越高（大数据观察）［EB/OL］．http：//hb. people. com. cn/n2/2024/0313/c194063-40773317. html.

⑤ 人民日报海外版．新型农业经营主体保持良好发展势头［EB/OL］．http：//nyncw. cq. gov. cn/zwxx_161/ywxx/202312/t20231222_12736818. html.

"县县全覆盖"，实现"县县通 5G"。公共服务供给不断强化，县级医院提标扩能、县中发展提升行动计划稳步推进，普惠性幼儿园建设力度不断加大。环境治理效能稳步提升，污水处理设施建设扩容提标，生活垃圾分类处理有序推进。特色优势产业积极培育，GDP 过千亿元的县超过 50 个，县域商业体系建设行动深入推进。

二、进一步全面深化城乡融合发展体制机制改革面临的新形势新要求

我国城乡关系正在发生新的变化，城乡之间人口对流互动明显增多，城乡之间的分工与互联互通增强，城乡融合的大趋势正在逐步显现。新时代新征程，我国城乡融合发展体制改革面临以下新形势新要求。全体人民共同富裕的现代化要求坚决防止城乡"两极分化"。全国统一大市场建设要求彻底破除城乡之间要素流动壁垒。以人为核心的新型城镇化要求实现更高水平的农业转移人口市民化。

（一）全体人民共同富裕的现代化要求坚决防止城乡"两极分化"

党的二十大报告指出，共同富裕是中国特色社会主义的本质要求，也是一个长期的历史过程。坚持把实现人民对美好生活的向往作为现代化建设的出发点和落脚点，着力维护和促进社会公平正义，着力促进全体人民共同富裕，坚决防止两极分化。**一是推进共同富裕，要求缩小城乡居民收入差距。**近年来，我国城乡居民收入比持续下降，但城乡居民收入绝对差距仍在扩大，2023 年达到 30130 元[①]。农民增收长效机制建设面临农村生产要素配置不畅、"统分结合"制度优势尚未充分转化为农民增收潜能、农民收入市场化形成机制不健全、农村居民家庭非经营性支出增长过快、外部冲击加大等障碍和挑战[②]。面向共同富裕的宏伟蓝图，促进农民群体的收入持续快速提升，是实现全社会共同富裕目标的关键，要加快建立健全有利于农民收入持续增长的体制机制。**二是乡村基础设施和公共服务供给短板弱项需加快补齐。**公共服务面临人口老龄化与城镇化新阶段双重挑战。当前村庄空心化、农户空巢化、农民老龄化不断加剧，根据第七次全国人口普查数据，2020 年，农村 60 岁以及以上老年人的比重为 23.81%，比城镇高出 7.99 个百分点，乡村内生活力不足，整体发展水平亟待提升。农村地区地域面积广、人口居住较为分散，公共基础设施建设往村覆盖、向户延伸时面临建设资金、人员投入、维护管理等成本过高。现阶段以行政村为单位而非人口规模来配置公共服务资源的模式，容易造成公共服务资源错配、闲置和短缺等多重问题。未来要加强改革创新，破除资源分配不均困境，提升公共设施供给和人口规模匹配度，构建城乡教育、医疗资源的共建共享机制，让分散的人口更集中享受公共服务，提高利用效率和供给质量。

---

① 国家统计局．中华人民共和国 2023 年国民经济和社会发展统计公报［EB/OL］. https：//www.gov.cn/lianbo/bumen/202402/content_6934935.html.

② 涂圣伟．涂圣伟：面向共同富裕的农民增收长效机制构建［EB/OL］. https：//www.zgxcfx.com/sannonglunjian/122323.html.

（二）全国统一大市场建设要求彻底破除城乡之间要素流动壁垒

党的二十大报告提出，构建全国统一大市场，深化要素市场化改革，建设高标准市场体系，要着力提高全要素生产率，推动高质量发展。2022 年 4 月，《中共中央、国务院关于加强全国统一大市场的意见》明确，打破地方保护和市场分割，打通制约经济循环的关键堵点，促进商品要素资源在更大范围内畅通流动，加快建设高效规范、公平竞争、充分开放的全国统一大市场。城乡融合涉及人口、土地、资金、技术、数据等各类要素流动，牵扯的利益群体多，城乡融合改革是统一大市场改革重要的组成部分和有力抓手①。**一是全国统一大市场建设要求破除地方保护和区域壁垒**。各地区要找准自身功能定位，避免低层次重复建设和过度同质竞争，不搞"小而全"的自我小循环，不能以"内循环"的名义搞地区封锁，及时清理废除各地区含有地方保护、市场分割、指定交易等妨碍统一市场和公平竞争的政策。**二是全国统一大市场建设要求打造统一的要素和资源市场**。全国统一大市场要求健全城乡统一的土地和劳动力市场，发展统一的资本市场，培育统一的技术和数据市场。在土地市场方面，要在充分考虑农民意愿和权益保障的基础上，重视农村土地的合理流转，推动土地的高效利用，使土地带来的收益成为农民增加收入的重要来源。在劳动力市场方面，我国面临劳动力大量流动与城乡居民收入差距持续扩大并存的复杂局面，要加快健全统一规范的人力资源市场，加强劳动者终身职业技能培训，缩小城乡劳动力人力资本差距。在资本市场方面，要加大对农村企业和农民的金融支持力度，提高农村金融服务水平，促进农村经济的发展和壮大，进而缩小城乡经济发展差距。在技术和数据市场方面，要推动各地技术交易市场互联互通，加强技术的创新和应用，建立健全信息化基础设施，推动数据开放和共享。这就要求在今后改革过程中，要着力消除制度性障碍，构建城乡要素合理配置的体制机制。

（三）以人为核心的新型城镇化要求实现更高水平的农业转移人口市民化

党的二十大报告提出，推进以人为核心的新型城镇化，加快农业转移人口市民化。党的十八大以来，我国新型城镇化建设取得重大进展，2023 年常住人口城镇化率达到 66.16%，与发达经济体 80%左右的水平相比还有很大提升空间，各地城镇化率水平不均衡，尤其是中西部地区新型城镇化建设还有很大潜力。国家统计局调查显示，目前仍有 1.7 亿进城农民工和随迁家属尚未在城镇落户，有序推进这部分人群市民化是城镇化的首要任务②。**一是更好推进农业转移人口市民化要加快推动城镇公共服务向常住人口覆盖**。受户籍制度影响，农业转移人口在就业安居、子女教育、医疗卫生、社会保障等方面难以享受与城镇居民同等的待遇和权利。需要加快完善城镇基本公共服

---

① 冯奎．对城乡融合发展定位和改革趋势的理解［EB/OL］．https：//mp. weixin. qq. com/s？__biz=MzIxOTU3NjE1OQ==&mid=2247504943&idx=2&sn=cc55d90a61596701b717fd6957eed6fb&chksm=9629f0305dcd029bc1e7e0b311a5fb74df9ef0d6afb3f931fef94a5dd61f3013bebd8e7fd6c6&scene=27&poc_token=HNZTj2ajNdZMOmY3Y60NQC8toRgQO5W1uyy19Mgl.

② 郑栅洁．郑栅洁主任在十四届全国人大二次会议经济主题记者会上答记者问［EB/OL］．https：//www. ndrc. gov. cn/fzggw/wld/zsj/zyhd/202403/t20240306_1364426_ext. html.

务提供机制，建立健全基本公共服务同常住人口挂钩、由常住地供给的机制。**二是更好推进农业转移人口市民化要保护进城农民在农村的合法权益。**农民进城是一个较长的过程，在城市还没有扎下根之前，不能着急断了他们回乡村的后路。未来需要在城镇化背景下统筹考虑土地制度改革相关问题，保护进城农民在土地承包经营权、宅基地使用权和集体收益分配权等方面的合法权益。**三是更好推进农业转移人口市民化要加快县域城乡融合发展。**县域城镇化保持较快发展，农民到县城就业居住、向县城集聚更加普遍。大部分县域，特别是中西部传统农区，由于经济发展水平较低，产业基础薄弱，城乡融合支撑能力、人口承载能力不足等原因，县城人口规模普遍较小。县城建设面临公共设施短板弱项较多、发展用地需求难满足、建设资金供给不足、项目谋划设计不足等困难问题。未来需进一步提升县城综合承载能力和治理能力，促进县乡村功能衔接互补、资源要素优化配置。

三、深入领会进一步全面深化城乡融合发展体制机制改革的指导思想、基本原则和总目标

党中央把坚持城乡融合发展、畅通城乡要素流动作为推进中国式现代化的重要任务，强调到 2035 年之前的这段时间，是破除城乡二元结构、健全城乡融合发展体制机制的窗口期①。面向全面建设社会主义现代化的新征程，必须加快构建有利于促进城乡融合发展的体制机制和政策体系，逐步缩小城乡发展差距，促进城乡共同繁荣。

（一）指导思想

以习近平新时代中国特色社会主义思想为指导，全面贯彻落实党的二十大和二十届二中、三中全会精神，坚持稳中求进工作总基调，完整、准确、全面贯彻新发展理念，以缩小城乡发展差距和居民生活水平差距为目标，以打破要素在城乡间自由高效流动的制度壁垒为关键，紧抓城乡要素有效配置、基本公共服务普惠共享、基础设施互联互通、农民持续稳步增收等重点内容，加快破除户籍、土地、公共服务等方面的体制机制弊端，加大以工促农力度，积极创新以城带乡举措，促进各类要素双向流动，加快形成工农互促、城乡互补、协调发展、共同繁荣的新型工农城乡关系，使中国式现代化建设成果更多更公平地惠及城乡全体居民。

（二）基本原则

坚持以人为本、共享发展。完善城乡融合发展体制机制，出发点和落脚点是让人民生活越过越好。要尊重群众意愿，维护群众权益，着力解决群众最关心最直接最现实的利益问题，不断提升人民群众特别是广大农民的获得感、幸福感、安全感。要从群众殷切期盼中找准切入点和突破口，全心全意补齐民生短板、办好民生实事。要充分发挥农民主体作用和首创精神，调动亿万农民积极性、主动性、创造性，让广大农

---

① 习近平．坚持把解决好“三农”问题作为全党工作重中之重举全党全社会之力推动乡村振兴［EB/OL］. https：//www. gov. cn/xinwen/2022-03/31/content_ 5682705. html.

民共建共享城乡融合发展成果。

坚持农业农村优先发展，强化以工补农、以城带乡。切实把农业农村发展摆上优先位置，统筹新型工业化、新型城镇化和乡村全面振兴，增强改革的系统性、整体性、协同性，着力破除现有体制机制弊端，为城乡融合发展提供全方位制度供给，通过更有力的政策手段引导人才、资金、技术、信息等关键要素流向农业农村，加快形成工农互促、城乡互补、协调发展、共同繁荣的新型工农城乡关系，推动城乡融合发展和现代化进程的新篇章。

坚持以县城为重要切入点，率先破除城乡二元结构。注重发挥县城连接城市、服务乡村的作用，提升县城综合承载能力，发挥县城对人口和产业的吸纳集聚能力、对县域经济发展的辐射带动作用①。坚持将县域、乡镇和农村视为一个整体，进行统一规划和设计，推动城乡在规划、产业发展、公共服务和环境保护等方面的深度融合，实现区域功能的互补和资源的高效利用。

坚持因地制宜、循序渐进。基于我国实际情况，科学把握发展阶段特点和地区的独特性，全方位考虑不同乡村自然环境、地理位置、资源禀赋、文化传统等方面的差异性，稳妥把握改革时序、节奏和步骤，尊重基层首创精神，充分发挥地方积极性，分类施策、梯次推进，试点先行、久久为功，顺应自然规律、经济规律、社会发展规律，探索符合实际、各具特色的改革路径和城乡融合发展模式。

（三）总目标

到2029年，城乡融合发展体制机制建设取得明显成效，城乡经济循环更加畅通，要素流动体制机制障碍进一步破除，城市人才入乡机制初步建立，城乡统一建设用地市场、普惠金融服务体系基本建成，农业转移人口市民化质量显著提升，依据常住人口规模配置公共资源的机制基本建立，城乡公共服务更加优质，基本公共服务均衡性和可及性大幅提升，县城综合承载能力明显增强。

到2035年，城乡融合发展体制机制更加完善②。城乡有序流动的人口迁徙制度基本建立，具有人口流动意愿和能力的人实现自由迁移，农村转移人口“市民化同权”逐步实现。城乡基本公共服务均等化基本实现。城乡统一建设用地市场全面形成，农村集体经营性建设用地实现城乡土地同权同价，农村限制建设用地资源有效盘活。城乡普惠金融服务体系全面建成，以财政资金、工商资本为代表的金融支持乡村发展体系不断健全，支持乡村“造血”能力增强。城乡协同治理手段更加丰富，形成城乡治理一体化格局。农民在土地、财产、社会保障等方面的合法权益得到有效维护，城乡区域发展差距和居民收入差距显著缩小，全体人民共同富裕的现代化建设成效显著。

---

① 刘国中．完善城乡融合发展体制机制［EB/OL］. https：//www. gov. cn/yaowen/liebiao/202408/content_6965651. html.

② 中共中央 国务院关于建立健全城乡融合发展体制机制和政策体系的意见［EB/OL］. https：//www. gov. cn/gongbao/content/2019/content_5392288. html.

到2050年，城乡融合发展体制机制成熟定型①，劳动力、资本、技术等要素在城乡间实现自由流动、高效配置，基本公共服务均等化全面建成，城乡居民在教育、医疗、文化、社会保障等领域享受到公平、高质量的公共服务，城乡基础设施建设达到同等水平，交通、能源、信息通信等基础设施实现互联互通，金融服务更加普及和便捷，金融服务均等化水平显著提升，农村信息化水平大幅提升，城乡数字鸿沟明显缩小，城乡全面融合，乡村全面振兴，全体人民共同富裕基本实现。

四、进一步全面深化城乡融合发展体制机制改革的重点任务

新时期，破解城乡二元结构，推进城乡融合发展，要在城乡规划布局、要素配置、基础设施、公共服务、产业发展等方面有所作为，破除城乡分割的体制弊端，构建有利于促进城乡融合的政策体系，特别是要通盘考虑城乡发展规划编制，健全城乡一体的管理制度、财政支出体制，优化城乡产业发展、基础设施、公共服务设施等布局，推进城乡协调发展。

（一）建立城乡统一规划体系，优化城乡空间结构

规划在城乡发展中起着重要引领作用，在研究编制发展规划、空间规划、专项规划和区域规划过程中，切实把城乡发展空间作为一个统一有机整体，统筹城乡国土空间开发格局，一体化推进优化生产生活生态空间布局，特别是在产业发展、现代化基础设施体系构建、基本公共服务供给保障、生态环境保护、城市要素市场建设等方面加强城乡统筹规划、统筹布局、统筹项目建设②。

一是强化城乡一体规划，从顶层设计上拓展优化城乡生产、生活、生态空间。出台国家级的城乡规划标准，确保各地规划的统一性和协调性。统筹城乡发展目标，明确城乡发展的战略定位和目标，确保城乡规划与国家经济社会发展规划相衔接。通过区域规划，促进城乡之间以及不同城市之间的资源共享、优势互补和功能整合。完善城乡规划相关法律法规，确保规划的权威性和执行力。建立规划动态评估和调整机制，定期对城乡规划实施情况进行评估，根据经济社会发展和居民需求进行调整优化。

二是科学编制县域发展规划。构建县域城乡一盘棋的规划管理和实施体制。根据人口结构变化趋势，加大县乡村公共服务资源投入和统筹配置力度，优化县域产业、基础设施、公共服务、基本农田、生态保护、城镇开发、村落分布等空间布局，提高乡村基础设施完备度、公共服务便利度、人居环境舒适度，建设宜居宜业和美乡村，让县城更具承载力和包容性，让农村基本具备现代生活条件，推动城乡在工作条件、收入水平、居住环境、社会待遇等方面等值化。

（二）健全城乡要素合理配置机制，促进要素合理流动和平等交换

加快破除城乡二元结构，实现城乡融合发展，必须在畅通城乡要素流动上率先取

---

① 中共中央　国务院关于建立健全城乡融合发展体制机制和政策体系的意见［EB/OL］. https：//www. gov. cn/gongbao/content/2019/content_ 5392288. html.

② 张燕. 新型城乡关系新在何处［EB/OL］. https：//www. ndrc. gov. cn/wsdwhfz/202304/t20230411_1353479. html.

得突破。以全国统一大市场建设为契机，深入推进城乡要素市场化改革进程，建立健全土地、劳动力、资本、技术等城乡统一的要素市场体系，构建与高质量发展相匹配的城乡经济要素配置能力和水平。

一是完善城乡有序流动的人口迁徙制度。针对城市下乡返乡，创新干部返乡、市民下乡、能人回乡、企业兴乡的激励机制和政策体系，健全人才入乡激励机制和城乡人才合作交流机制，保障其合法权益，让下乡返乡人才“留得住、有保障、干得好”，能够参与乡村社会治理，顺利融入乡村社会。针对农业转移人口，依法维护进城落户农民的土地承包权、宅基地使用权、集体权益分配权，探索建立自愿有偿退出的办法，让人口流动与土地权益流转匹配起来，化解“户口放开而不愿落户”问题；推行由常住地登记户口提供基本公共服务制度，推动符合条件的农业转移人口在社会保险、住房保障、随迁子女义务教育等方面享有同迁入地户籍人口同等权利，推进城镇基本公共服务均等化，让农业转移人口平等享受合法权益，顺利融入城市。

二是健全城乡统一的土地管理制度。完善土地产权制度，建立适应乡村振兴的农村土地产权制度，推进土地流转。从全局统筹规划使用土地，平衡好经济与生态发展关系，提高土地利用效率。创新土地增值收益分配，将农民权益保护贯穿在农村土地增值收益分配的全过程，建立合理、规范、多元的保障机制和公平的土地增值收益分配制度。在人口迁徙过程中，保障农民的土地承包权、宅基地使用权等权益，防止因迁徙而损失土地权益。统筹增量建设用地与存量建设用地，实行统一规划，强化统一管理，完善城乡建设用地增减挂钩节余指标、补充耕地指标跨区域交易机制。健全城乡统一的土地市场，推动农村集体经营性建设用地入市，实现与国有土地同等入市、同权同价，激发土地要素市场活力。建立健全城乡土地要素市场监管体系，防止市场垄断和不公平竞争，维护市场秩序。

三是健全城乡融合金融服务体系。建立现代数字金融体系，推进互联网金融和移动金融服务，打通城乡金融网络通道。围绕增强农村金融服务的可得性、便利性和有效性，进一步完善县域银行业金融机构服务“三农”的激励约束机制。完善社会资本投资农业农村指引目录制度，改善乡村营商环境，更多利用市场化手段，引导社会资本投向农业农村。健全城乡金融监管体系，针对城乡资金要素流动中可能出现的风险，建立预警和应对机制，保障金融市场稳健有效运行，为实现城乡经济融合提供资金服务支持。

（三）完善多层级政策支持体系，促进城乡基本公共服务均等化

坚持城乡发展“一盘棋”，因地制宜推进城镇基础设施和公共服务向乡村覆盖和延伸，进一步加大以城带乡力度，不断提高乡村基础设施完备度、公共服务便利度、人居环境舒适度，让农村居民在中国式现代化新征程中能够就地过上现代化高品质生活。

一是制定明确的公共服务均等化战略。根据我国经济社会发展总体状况，开展新时代城乡公共服务均等化的顶层设计，制定均等化发展战略。完善基本公共服务均衡

化法律体系，确保将公共服务的供给作为政府法定的职责。加快社会保障制度的改革和创新，建立城乡一体化的制度保障。明确中央、省、市、县各级政府间公共服务均衡化的责权分工。

二是有效转变政府职能，建设公共服务型政府。推进政府积极转变职能，突出组织和提供公共服务的功能，建立一套针对地方政府的基本公共服务均等化的考核制度。创新公共服务供给模式，以城乡居民美好生活需要为导向，创新供给模式，采用政府购买、管理合同外包、特许经营、优惠政策等方式，鼓励、支持和引导社会力量参与基本公共服务供给，形成政府主导、市场引导和社会充分参与的城乡基本公共服务供给体系。

三是建立向农村倾斜的公共服务保障制度。在养老保险方面，加快完善城镇职工基本养老保险和城乡居民基本养老保险制度，尽快实现养老保险全国统筹。在医疗保险方面，加快完善统一的城乡居民基本医疗保险制度和大病保险制度，完善失业、工伤保险制度，建立全国统一的社会保险公共服务平台。在社会救助方面，加快统筹城乡社会救助体系，完善最低生活保障制度。在关爱农村弱势群体方面，加快健全农村留守儿童和妇女、老年人关爱服务体系。

四是促进地方政府财政能力均等化。城乡公共服务均等化以政府为主导推进，改善各级政府财政能力，尤其是经济欠发达地区的地方政府的财政能力是实现城乡公共服务均等化的重要前提。定期评估各地区的财力，通过制度设计调整和完善政府间的转移支付，在城乡间形成合理的财政资源配置格局。通过调整财税分配体制来保障各级政府，特别是乡镇政府的资金来源，保障公共服务的财政资金投入。

（四）构建城乡产业协同发展机制，推进城乡产业联动发展

产业是要素流动的载体，城乡产业融合发展是实现新型城乡关系的基础支撑，要建立健全联农带农机制，发挥城市在科技创新领先、产业引领和消费市场带动等方面的优势，积极引导企业和工商资本下乡，着力培育壮大农业生产经营主体，推动农业农村资源深度开发和产业链延伸拓展，促进农村一二三产业深度融合发展。

一是优化城乡产业功能布局，统筹城乡产业发展。健全“以工促农，工农互补”发展机制，以城乡产业间的延伸融合、城乡产业内部的融合以及高技术与农业的融合为重点，加快产业融合发展。调整农业结构，以绿色创新发展为导向，调减种植的比例，适当增加渔业及林业的比重，发展经济作物。提倡种植业与养殖业相结合的经营方式，提高资源利用率，形成一种生态循环性农业。以市场的需求为导向，通过引进先进的技术来增加农产品的附加值，将农产品加工业作为农业现代化的重要组成部分。大力推进农村土地流转，发展多种形式的农业经营模式。完善土地经营权的相关法律法规，加强对农村土地流转的监督机制，营造良好的农业合理化规模经营的制度环境。

二是健全支持新兴产业发展机制，培育乡村新产业新业态。加强政府引导，完善公共服务部门，为农业生产者建立连接市场的桥梁。针对不同地区的经济特点与资源

优势，合理布局乡村产业，改变传统的农业发展模式，将高科技、优质服务与农业相结合，壮大县域富民产业，提高农村的整体经济水平。发挥市场机制对农产品生产要素的配置作用，提高农业的现代化水平。建立健全农业市场机制，将有效的信息资源进行共享，使农民及时作出生产调整计划以适应市场的变化。

三是完善乡村振兴投入机制，加强政府对农业的支持保护力度。加大政府对农村公共服务和基础设施方面的投入力度，改善农村生活环境和农业生产条件，为吸引人才下乡创造良好的环境。创新财政资金的使用方式，推动社会资金与金融资金流入农村，允许社会资金以参股的方式加入农业生产，扩宽农产品的交易规模，降低农业生产者的成本。加快改革农村金融服务体系，创新农村金融服务的体制机制，加强与金融和保险公司的合作，为农村农业的发展提供支持和保障，丰富农村金融服务的内容。优化农业补贴制度，促进农业保险的多样化发展，完善包括政策性保险和商业性保险在内的农业保险产品体系。通过扩大保险覆盖范围、增加保险种类和提高保险标准，更有效地满足不同农业经营者的多样化保险需求。

全面深化农村改革，加快推进农业农村现代化

2023 年 3 月，习近平总书记在《求是》杂志发表的《加快建设农业强国　推进农业农村现代化》文章中指出，没有农业强国就没有整个现代化强国；没有农业农村现代化，社会主义现代化就是不全面的。必须把加快建设农业强国摆上建设社会主义现代化强国的重要位置；建设农业强国，基本要求是实现农业现代化。他强调，要依靠科技和改革双轮驱动加快建设农业强国；建设农业强国，利器在科技，关键靠改革；必须协同推进科技创新和制度创新，开辟新领域新赛道，塑造新动能新优势，加快实现量的突破和质的跃升。

中国的改革发端于农村。改革开放 46 年以来，我们党立足国情农情，尊重基层实践创造，领导亿万农民谱写了农村改革发展的壮丽篇章。党的二十大擘画了全面建设社会主义现代化国家、以中国式现代化全面推进中华民族伟大复兴的宏伟蓝图，而农业农村现代化是中国式现代化的重要组成部分。党的十八大以来，以习近平同志为核心的党中央坚持把解决好“三农”问题作为全党工作重中之重，持续加大强农惠农富农政策力度，全面深化农村改革，建立健全农村基本经营制度，积极推进农村承包地“三权”分置改革，扎实推进乡村振兴战略。同时，持续深化对城乡关系演变规律的认识，深入推动城乡一体化和融合发展。

但要看到，当前百年未有之大变局加速演进，世界政治、经济、安全格局发生深刻变化，国际经济环境进入不稳定和波动时期，我国粮食安全面临的外部风险挑战明显增多。国内短期需求不足与中长期结构性问题相互交织、内生增长动力不足，现阶段“三农”问题仍然是建成社会主义现代化强国的短板、难点和重点。

党的二十届三中全会通过的《决定》强调，要统筹新型工业化、新型城镇化和乡村全面振兴。围绕到 2035 年基本实现农业现代化，到 21 世纪中叶建成农业强国的目标要求，未来一段时期，要坚持守住保障国家粮食安全、不发生规模性返贫两条底线，推动乡村产业高质量发展、乡村建设和乡村治理，全面贯彻党的二十届三中全会精神，巩固和完善农村基本经营制度，完善强农惠农富农支持制度，深化土地制度改革，完善农村社会治理体系，完善城乡融合发展体制机制，进一步明确深化农村改革的重点方向和有效路径，加快推动重要领域和关键环节改革攻坚突破。

一、农村改革 46 年的主要历程、基本经验与伟大成就

我国是农业大国，农村人口占全国人口的绝大多数，而且农村人口的生活条件相

比城市更为艰苦。农村既是多种矛盾的集中焦点，又是计划经济体制最薄弱的环节。改革从反对者最少而支持者最多的农村开始，容易形成突破口，极大地减少了改革的阻力，从而带动城市的经济体制改革。

（一）农村改革的主要历程

改革开放以来，我国农村改革演进的基本脉络是以家庭承包经营为基础，以保障广大农民的权益和主体地位为核心，由点及面、从试点探索到全面推广的渐进式市场化改革。随着改革开放的不断深入，农村改革从早期的以转变农业经营制度、引入市场机制为主要内容的经济体制改革，逐步向乡村建设、乡村治理、城乡融合发展等各领域全方位改革推进。总的来看，我国农村改革可以分为四个不同战略阶段[①]。

1. 第一阶段（1978—1992 年）：确立农业农村发展基础制度安排

1978 年，安徽省凤阳县小岗村“大包干”拉开了我国农村改革的序幕。同年 12 月 18 日召开的党的十一届三中全会通过《中共中央关于加快农业发展若干问题的决定（草案）》，做出了把党和国家工作重心转移到经济建设上来、实行改革开放的历史性决策，自此，我国进入改革开放和社会主义现代化建设历史新时期。以小岗村“大包干”为标志，我国在前期自下而上积极探索的基础上，逐步把农民群众的自发展改革探索成果上升到制度层面，确立了一系列对我国农业农村发展具有重大影响的制度安排。

第一，建立以家庭联产承包责任制为主要形式的农业生产方式。1978 年，安徽省凤阳县小岗村的村民签订的“大包干”合同，揭开了我国农村经济体制改革的序幕。1979 年，《关于农村工作问题座谈会纪要》允许包产到户在边远地区单门独户的地方实行，为后期包产到户的全面实施打开一道小口子。1980 年，《关于进一步加强和完善农业生产责任制的几个问题》提出建立多种形式的生产责任制，对安徽凤阳农业农村改革给予肯定，包产到户在小范围内得到允许。1982 年，改革开放后第一个关于“三农”工作的中央一号文件《全国农村工作会议纪要》正式出台，明确指出“目前实行的各种责任制，包括小段包工定额计酬，专业承包联产计酬，联产到劳，包产到户、到组，包干到户、到组，等等，都是社会主义集体经济的生产责任制”，家庭联产承包责任制度得到正式肯定。1983 年，家庭联产承包责任制推广到我国大部分地区。数据显示，1980 年全国实行“双包”到户的生产队只占总数的 20%，1981 年底发展到 50%，到 1983 年发展到占 95%以上[②]。我国基本实现了以家庭承包经营为基

---

① 陈锡文．农村改革四十年［EB/OL］．https：//cunguan. youth. cn/cgxw/201812/t20181207_11807478. html；
陈锡文．农村改革与制度创新［EB/OL］．https：//mp. weixin. qq. com/s/V2M4nwvAKBZjed6__NwHlQ；
魏后凯，刘长全．中国农村改革的基本脉络、经验与展望［J］．中国农村经济，2019（02）：2-18；
黄少安．改革开放 40 年中国农村发展战略的阶段性演变及其理论总结［EB/OL］．https：//www. 163. com/dy/article/E5E6O0K40519D9DS. html；
胡鞍钢．走中国特色农业现代化道路（1949—2012 年）［EB/OL］．http：//theory. people. com. cn/n/2014/0803/c83867-25392268. html；

② 家庭联产承包责任制：中国农业的改革历程和伟大成就［EB/OL］．https：//baijiahao. baidu. com/s? id = 1706973760629750571.

础、统分结合的双层经营体制，开启公有制为主体、多种所有制经济共同发展的新格局。

第二，随着家庭承包经营制度的确立，当时统购统销的农产品计划资源配置方式弊端日益显现，农产品流通领域的改革也开始逐步展开。1984 年，党的十二届三中全会通过《中共中央关于经济体制改革的决定》，提出"建立自觉运用价值规律的计划体制，发展社会主义商品经济"，指出当前我国价格体系不合理的主要表现之一，是主要农副产品的购销价格倒挂，销价低于国家购价，为此，必须进行价格体系改革。1985 年 1 月，党中央、国务院发布《关于进一步活跃农村经济的十项政策》，即第 4 个一号文件，明确取消了实施 32 年之久的农产品统购统销政策。为保障城市居民的粮食等农产品的供给，国家对粮食实行国家定购和市场购销的"双轨制"，对棉花等农产品实行统一收购经营制度，农产品流通体制的市场化改革进程大大加快。1990 年，国务院批准在郑州成立中国郑州粮食批发市场，拉开了我国现代粮食市场体系建设的序幕，此后各省份的粮食批发市场也逐步建立。1991 年 10 月，国务院发布《关于进一步搞活农产品流通的通知》（国发〔1991〕60 号），自此，除棉花、烟草、蚕茧、四种名贵中药材、部分林产品、边销茶等小部分农副产品外，大部分农副产品基本实现自由购销，全国农副产品收购总额中由市场调节价格的比例达 81.8%。改革打破了计划经济体制对农产品流通的限制，农产品流通市场得到了恢复和发展。

第三，加快推进乡村建设。从 1982 年起，中央连续 5 年出台指导农村工作的一号文件，不仅关注农业发展，也要求广辟资金来源加快农村建设，鼓励农民投资建设农村基础设施和兴办社会事业，建设具有高度精神文明和高度物质文明的新农村。1980 年 2 月，全国第一个村民自治组织——村民委员会在广西宜州成立。1982 年《宪法》明确规定村民委员会是农村基层群众性自治组织，1988 年试行《村民委员会组织法》，1983 年中央发布《关于实行政社分开、建立乡政府的通知》（中发〔1983〕35 号），"乡政村治"的乡村治理框架逐步形成。

2. 第二阶段（1992—2001 年）：农村体制机制开始从计划向市场过渡

1992 年，邓小平同志发表南方谈话，把改革开放和现代化建设推向新阶段。同年，党的十四大明确了建立和完善社会主义市场经济体制的改革方向。在此背景下，我国农村改革的重点也开始转向建立社会主义市场经济体制，由传统计划经济体制向市场经济体制过渡。

第一，进一步巩固农村基本经营制度。1993 年，党中央、国务院《关于当前农业和农村经济发展的若干政策措施》（中发〔1993〕11 号）指出，以家庭联产承包为主的责任制和统分结合的双层经营体制，是我国农村经济的一项基本制度，要长期稳定，并不断完善。文件明确，第一轮土地承包到期后再延长 30 年不变，稳定土地承包关系，给农民吃下"定心丸"。同年，《农业法》颁布实施，成为规范农业农村经济社会发展的基础性法律，农业在国民经济中的基础地位得到进一步巩固和加强。1993 年，乡镇企业股份合作制改革全面推开。1997 年 3 月，党中央、国务院发文提出"采取多种形式，积极支持和正确引导乡镇企业深化改革，明晰产权关系"。同年《乡镇企业法》开始施行，标志着我国乡镇企业进入了法治化、规范化的轨道。此后，我国不断加强扶持和引导乡镇企业持续健康发展，保护乡镇企业的合法权益，农村经济得到进一步繁荣。

第二，推进农村税费改革。农村税费改革是继实行家庭承包经营以来的又一重大改革。由于当时农村乱收费、乱摊派、乱罚款问题严重，为探索减轻农民负担的治本之策，中央决定将工作重心由治乱减负转向农村税费改革①。2000 年 3 月，《中共中央、国务院关于进行农村税费改革试点工作的通知》（中发〔2000〕7 号）印发，决定率先在安徽全省开展农村税费改革试点。2001 年在江苏全省开展试点，2002 年进一步扩大到河北、内蒙古等 20 个省份。我国开始逐步建立规范的农村税费制度，探索从根本上减轻农民负担的有效办法。

第三，加快推动粮食流通体制改革。1992 年全国粮食工作会议提出放开粮食销售价格和销售市场，至此，1953 年起开始实行的粮食统购统销制度正式终结，国家宏观调控制度前提下的市场化流通体制加快构建。1993 年 2 月，国务院颁发《关于加快粮食流通体制改革的通知》（国发〔1993〕9 号），要求农产品形成以市场购销为主，合同定购为辅的格局，粮食购销走出“双轨制”，进入全面市场化的阶段。1994 年，全国各地基本取消粮票，第二货币时代终结。但国家放开粮食购销体制后，以市场化为目标的流通体制改革却未能顺利实施，导致粮食供需缺口扩大，引发粮价大幅上涨，因此，1994—1997 年，我国粮食流通又回到“双轨制”模式。1998 年之后，国务院先后下发《关于印发当前推进粮食流通体制改革意见的通知》（国发〔1998〕35 号）、《关于进一步完善粮食流通体制改革政策措施的通知》（国发〔1999〕11 号）、《关于进一步深化粮食流通体制改革的意见》（国发〔2001〕28 号）等文件，粮食流通体制进入全面改革时期②。

第四，推进具有中国特色社会主义农村建设。1998 年，十五届三中全会通过《中共中央关于农业和农村工作若干重大问题的决定》，提出到 2010 年建设具有中国特色社会主义新农村的奋斗目标，对我国农村经济、政治、文化建设作出了全面部署，制定了推进农业农村工作的政策措施。同年，新修订的《村民委员会组织法》颁布实施，标志着我国基层治理的“乡政村治”格局正式形成。此后，村民代表会议制度、村务公开制度、村民自治章程等村民自治试验在全国各地蓬勃发展。2012 年党的十五大报告，将村民自治概括为民主选举、民主决策、民主管理和民主监督“四个民主”并写入报告，我国村民自治制度日趋完善。

第五，逐步健全农业科技、金融等支撑体系。在农业科技创新方面，1992 年初，邓小平同志在视察南方时的谈话中强调，“科学技术是第一生产力”，在这一思想指导

① 谢旭人．功在当代利在千秋——纪念农村税费改革十周年［EB/OL］．https：//www.gov.cn/jrzg/2011-02/16/content_1804181.html.

② 曾欣龙，圣海忠，姜元，等．中国农产品流通体制改革六十年回顾与展望［J］．江西农业大学学报（社会科学版），2011，10（1）：127-132. DOI：10.16195/j.cnki.cn36-1328/f.2011.01.014；

改革开放以来农村流通体制改革回顾与前瞻［EB/OL］．http：//www.reformdata.org/2013/1211/21032.shtml.

下，国家高度重视科技对提升生产力、生产效率的重要作用，在农业领域，我国也开始以市场化为导向，加快推动农业科技创新体制改革与创新实践。1996 年，国务院出台《关于“九五”期间深化科学技术体制改革的决定》（国发〔1996〕39 号），确定了国家创新体系的基本框架。在农业科技创新领域，我国开始逐步形成政府主导，农业科研院所（包括三级农业科研院所及中科院涉农的科学研究所）、农林院校、涉农企业及农技推广服务组织等多元主体共同参与、创新环境不断优化的符合中国特色的农业科技创新体系总体架构①。**在农业资金要素方面**，1996 年 8 月，国务院下发《关于农村金融体制改革的决定》（国发〔1996〕33 号），要求建立和完善以合作金融为基础，商业性金融、政策性金融分工协作的农村金融体系，把农村信用社逐步改为由“农民自愿入股、社员民主管理、主要为入股社员服务”的合作金融组织。1994 年，中国农业发展银行成立，承担农业政策性贷款任务，服务农业农村发展。1997 年 6 月，国务院办公厅转发《中国人民银行关于进一步做好农村信用社管理体制改革工作意见》（国办发〔1997〕20 号），要求坚定不移把农村信用社办成合作金融组织，按合作制原则改革农村信用社管理体制。1999 年开始在江苏等地进行了农村信用社改革试点②。我国农村金融改革的探索不断加快。

第六，推动人口城乡流动制度改革。农村家庭联产承包责任制极大地解放和发展了农业生产力，释放了农村过剩劳动力，在计划经济向市场经济转型、城镇化工业化高速发展、开放型经济发展等改革开放大背景推动下，我国城乡之间出现了大规模的劳动力流动现象，我国开始逐步放松人口在城乡之间的流动限制。1993 年，党的十四届三中全会提出“逐步改革小城镇的户籍管理制度，允许农民进入小城镇务工经商，发展农村第三产业，促进农村剩余劳动力的转移”，小城镇户籍制度改革开始启动。

3. 第三阶段（2001—2012 年）：农村改革向纵深推进

在这一阶段，我国农村改革继续向纵深推进，农业政策以保护农业生产、促进农业发展、支持农民增收、减轻农民负担为主要特征。同时，随着 2001 年我国加入世界贸易组织（WTO），我国农业改革也进入对外开放新起点新阶段。

第一，深入推进农村集体土地经营制度改革。2002 年第九届全国人民代表大会常务委员会第二十九次会议通过的《农村土地承包法》规定，“通过家庭承包取得的土地承包经营权可以依法采取转包、出租、互换、转让或者其他方式流转”。2003 年 3 月 1 日《农村土地承包法》实施，以法律形式明确耕地承包期 30 年不变。2007 年实施的《物权法》将农村土地承包经营权界定为用益物权，赋予承包人享有包括流转在内的各项权益。2008 年，党的十七届三中全会通过《中共中央关于推进农村改革发展若干重大问题的决定》，强调“赋予农民更加充分而有保障的土地承包经营权，现有

---

① 毛世平，林青宁，王晓君．我国农业科技创新体系的演变、成效及完善路径［EB/OL］. https：//kepu. gmw. cn/2022-11/18/content_36170282. html；

② 戴相龙．农村金融体制改革二十五年［EB/OL］. https：//finance. sina. com. cn/money/bank/bank_hydt/2021-12-09/doc-ikyakumx3064834. shtml；李德．中国农村金融改革与发展［EB/OL］. https：//bank. jrj. com. cn/2021/09/23174433505485. shtml.

土地承包关系要保持稳定并长久不变”，并指出“建立健全土地承包经营权流转市场”。通过推动土地有序流转，我国农业经营模式逐步向规模化、集约化、现代化发展。

第二，农村税费改革圆满完成阶段性历史任务。2003 年，农村税费改革在全国推广，主要包括取消乡统筹费、农村教育集资等专门面向农民征收的行政事业性收费和政府性基金、集资，取消屠宰税，逐步取消统一规定的劳动积累工和义务工；调整农业税和农业特产税政策；改革村提留征收使用办法等。2004 年，中央进一步做出“五年内取消农业税”的重大决定，率先在黑龙江、吉林进行试点，并在全国全面取消除烟叶外的农业特产税。2005 年，对 592 个国家扶贫开发工作重点县免征农业税，进一步降低其他地区农业税税率，鼓励地方根据财力自主扩大农业税免征范围，当年全国免征农业税的省份达到 28 个，同时全面取消牧业税。2005 年 12 月 29 日，第十届全国人大常委会第十九次会议决定，2006 年 1 月 1 日起废止农业税条例，标志着已有 2600 多年历史的农业税正式退出历史舞台。至此，我国农村税费改革圆满完成阶段性历史任务，转入农村综合改革新阶段。

第三，持续推动粮食流通体制改革。针对 1998 年粮改政策的缺陷，2001 年，我国提出“放开销区，保护产区”的改革思路，在全国各省市相继进行粮食购销市场化改革的探索。2004 年，我国全面放开粮食收购市场和收购价格，粮食价格由市场形成。随着市场机制的成熟，我国逐步推进国有粮食流通企业改革。国营商业公司和供销合作社逐渐退出零售终端，农贸市场开始兴起并成为我国居民采购生鲜产品的主要渠道。我国逐渐形成较稳定的市场化流通秩序。

第四，完善农业支持保护制度。为保护农民利益和种粮积极性，2001—2006 年，国家先后推出种粮农民直接补贴、农作物良种补贴、农机具购置补贴和农资综合补贴等“四项补贴”政策[①]。2004 年，中央财政开始对农业保险试点给予支持，减少农业风险给农民带来的损失。2005—2007 年，国家先后启动稻谷和小麦最低收购价执行预案、玉米临时收储制度，消除粮食价格波动风险，稳定农民粮食生产的收入预期。我国逐步建立起包括农业补贴制度、最低收购价制度和临时收储制度等在内的农业支持保护政策体系。

第五，全面推进社会主义新农村建设。进入 21 世纪后，“三农”问题仍然是我国经济社会发展中的薄弱环节，引起了中央的高度重视。2004 年，中央一号文件《关于促进农民增加收入若干政策的意见》要求“深化农村改革，增加农业投入，强化对农业支持保护，力争实现农民收入较快增长”。2005 年 10 月，党的十六届五中全会通过“十一五”规划建议，强调要坚持把解决好“三农”问题作为全党工作的重中之重，并提出了“生产发展、生活宽裕、乡风文明、村容整洁、管理民主”的社会主义新农村建设总要求。2006 年，中央一号文件《关于推进社会主义新农村建设的若干意见》

---

① 张天佐，郭永田，杨洁梅．我国农业支持保护政策改革 40 年回顾与展望（上）［J］．农村工作通讯，2018（20）：16-23+2；张天佐，郭永田，杨洁梅．我国农业支持保护政策改革 40 年回顾与展望（下）［J］．农村工作通讯，2018（21）：24-30.

强调要完善建设社会主义新农村的乡村治理机制。2007 年，党的十七大进一步提出，要“实现政府行政管理与基层群众自治有效衔接和良性互动”“扩大基层群众自治范围，完善民主管理制度，把城乡社区建设成为管理有序、服务完善、文明祥和的社会生活共同体”。这些改革举措加快推进了农村体制机制创新，有力地促进了农民增收、农业发展和农村繁荣，稳定了农村的社会环境。

第六，统筹城乡发展、缩小城乡差距。改革开放以来，城乡差距成为我国区域差距的主要特征。2002 年，城乡收入比从 1985 年的 1.86 上升到 3.11，突破国际警戒线，受到国家高度重视。2002 年，党的十六大首次提出“统筹城乡经济社会发展”的施政方略。2003 年，党的十六届三中全会明确提出统筹城乡发展，位于“五个统筹”之首，核心是要解决城乡收入差距加大、城乡之间发展不平衡、城乡居民享受公共服务不均等问题。2004 年，党的十六届四中全会做出我国总体上已进入以工促农、以城带乡发展阶段的重大判断。2008 年，党的十七届三中全会做出《中共中央关于推进农村改革发展若干重大问题的决定》，提出建立促进城乡一体化制度，并对此进行了部署。同时，党中央密集出台并实施了一系列惠农政策，逐步推进城乡基本公共服务均等化，如 2007 年起全部免除农村义务教育阶段学生学杂费，全面实现农村免费义务教育；2007 年 7 月，在全国农村建立农村最低生活保障制度；2009 年 9 月，建立个人缴费、集体补助、政府补贴相结合的新型农村社会养老保险制度。此后，城乡差距在到达峰值后开始下降，统筹城乡发展成果初步显现。

第七，推动农业全面对外开放。2001 年，我国加入世界贸易组织（WTO），进入深度参与经济全球化、全面提高对外开放水平的新阶段，我国在农业方面做出了较高的开放承诺，履行“入世”承诺成为新时期我国推动农业对外开放、推进农业外资外贸体制改革的重要形式①。根据承诺，我国农产品平均关税由 2001 年的 21%削减至 2004 年的 15.8%，2010 年再次下调至 15.2%，仅为世界平均水平的 1/4。取消农产品进口许可和数量限制等措施，对小麦、玉米、棉花、食糖等农产品实施关税配额管理，除食糖外（15%），其他产品配额内税率仅为 1%。在农业补贴方面，对特定产品和非特定产品的“黄箱”微量支持限定在相应产值的 8.5%，并率先承诺取消农产品出口补贴。深化农业领域外商投资管理体制改革，如期开放了农药、农膜、化肥的外方独资批发、零售经营权，开放了粮食、植物油、食糖、烟草、棉花的外方合资经营权。在开放进程中，农业作为总体上缺乏竞争优势的产业部门，经受住了考验，农业转型升级稳步推进。

4. 第四阶段（2012 年至今）：迈向建设农业强国新征程

党的十八大以来，以习近平同志为核心的党中央始终把解决好“三农”问题作为全党工作重中之重，连年出台中央一号文件，聚焦发展现代农业和深化农村改革，制定出台一系列重大举措。2013 年，党的十八届三中全会通过的《中共中央关于全面深化改革若干重大问题的决定》在农村改革方面作出了多项重要部署，明确了加快构建

---

① 李新兴，蔡海龙．中国农产品贸易角色变迁：1949—2019［J］．中国农业资源与区划，2021，42（1）：160-167.

新型农业经营体系、赋予农民更多财产权利、完善农产品价格形成机制等重点任务，强调城乡二元结构是制约城乡发展一体化的主要障碍，提出建立城乡统一的建设用地市场、推进城乡要素平等交换和公共资源均衡配置、完善城镇化健康发展体制机制、推进农业转移人口市民化、逐步把符合条件的农业转移人口转为城镇居民等重点任务。党的二十大提出“建设供给保障强、科技装备强、经营体系强、产业韧性强、竞争能力强的农业强国”，为新时代新征程农业现代化发展指明了方向和目标①。同时，在百年未有之大变局加速演变、国际经济政治环境日益严峻复杂的背景下，党中央始终高度重视国家粮食安全，2022 年 3 月，习近平总书记在看望参加全国政协十三届五次会议的农业界、社会福利和社会保障界委员并参加联组会时，强调了“始终坚持以我为主、立足国内、确保产能、适度进口、科技支撑”的战略思想，为当前和今后一个时期的“三农”工作、切实保障国家粮食安全提供了根本遵循和行动指南。2024 年 7 月，党的二十届三中全会通过的《决定》专章对完善城乡融合发展体制机制作出系统部署，首次提出“统筹新型工业化、新型城镇化和乡村全面振兴”，明确了农村改革的重点任务，为新征程上推进农村改革提供了重要遵循和依据。

第一，牢牢守住粮食安全根基底线。一是实行最严格的耕地保护制度，牢牢守住 18 亿亩耕地红线。2013 年 12 月召开的中央农村工作会议强调，“耕地红线要严防死守，18 亿亩耕地红线仍然必须坚守，同时现有耕地面积必须保持基本稳定”。党的二十大报告提出，“要严守耕地红线，稳定粮食播种面积，加强高标准农田建设，切实保障粮食和重要农产品稳定安全供给”。2022 年中央一号文件要求“实行耕地保护党政同责，确保 18 亿亩耕地实至名归”，2023 年起我国全面实施耕地保护党政同责，压实各级地方党委和政府耕地保护责任。2022 年，中共中央、国务院印发《全国国土空间规划纲要（2021—2035 年）》，明确 18.65 亿亩耕地和 15.46 亿亩永久基本农田保护目标任务。同时，2022 年中央一号文件提出，把永久基本农田全部建成高标准农田，2023 年起我国启动已建高标准农田改造提升工作，全国每年平均将改造提升 3500 万亩高标准农田。党的二十届三中全会的《决定》要求，完善高标准农田建设、验收、管护机制。**二是强化种子、农机装备等关键领域科技支撑。**2021 年以来，我国启动实施种业振兴行动，按照“一年开好头、三年打基础、五年见成效、十年实现重大突破”总体安排，加快推动种业科技自立自强、种源自主可控，保证国家粮食安全。2018 年，《国务院关于加快推进农业机械化和农机装备产业转型升级的指导意见》（国发〔2018〕42 号）出台，2021 年，《“十四五”全国农业机械化发展规划》（农机发〔2021〕2 号）印发，我国加快推进农业机械化和农机装备产业转型升级。**三是不断优化完善农业支持保护制度。**推动健全农民种粮收益保障机制，连续多年提高稻谷、小麦最低收购价，稳定玉米、大豆生产者补贴和稻谷补贴政策。自 2007 年起，中央财政实施农业保险保费补贴政策，2021 年 6 月，国务院常务会议审议通过在 13 个粮食主产省份扩大三大粮食作物完全成本保险和种植收入保险实施范围。2024 年中央经济工

---

① 陈锡文．农村改革与制度创新［EB/OL］．https：//mp. weixin. qq. com/s/V2M4nwvAKBZjed6__NwHlQ.

作会议、中央农村工作会议强调，探索建立粮食产销区省际横向利益补偿机制，充分调动主产区重农抓粮的积极性，更好地保障粮食安全。党的二十届三中全会的《决定》要求，加快健全种粮农民收益保障机制，推动粮食等重要农产品价格保持在合理水平；统筹建立粮食产销区省际横向利益补偿机制，在主产区利益补偿上迈出实质步伐。**四是树立“大食物观”，进一步完善我国多元化食物供给体系。**在2017年中央农村工作会议上，习近平总书记指出，“老百姓的食物需求更加多样化了，这就要求我们转变观念，树立大农业观、大食物观，向耕地草原森林海洋、向植物动物微生物要热量、要蛋白，全方位多途径开发食物资源”。“大食物观”顺应了我国居民食物消费结构变化趋势，拓展了传统的粮食边界，进一步强调了对农业资源利用的可持续性，我国开始从更广的维度把握粮食安全问题。**五是稳步实施粮食适度进口战略。**2011年，签署东盟与中日韩10+3大米紧急储备机制。2016年，中国担任亚洲合作对话ACD“粮食、水与能源安全相互关系”支柱领域牵头国。2021年以来，先后发起或主办亚太经合组织农业和粮食安全部长会议、二十国集团农业部长会议、金砖国家农业部长会议、中国—拉丁美洲和加勒比农业部长论坛、中国—太平洋岛国农业部长会议、世界农业展望大会等重要国际会议，推动各国在粮食安全治理方面形成共识①。

第二，巩固和完善农村基本经营制度。一是开启新一轮农村土地制度改革。2014年，中办、国办印发《关于引导农村土地经营权有序流转发展农业适度规模经营的实施意见》（中办发〔2014〕61号），对土地经营权有序流转发展农业适度规模经营进行引导规范。农村土地征收、集体经营性建设用地入市、宅基地制度改革、“三块地”改革试点稳步推进。2016年，国务院颁布《关于完善农村土地所有权承包权经营权分置办法的意见》（中办发〔2016〕67号），将农村土地产权中的土地承包经营权进一步划分为承包权和经营权，实行所有权、承包权、经营权“三权”分置并行，这是继家庭联产承包责任制后，农村改革又一重大制度创新②。2017年，党的十九大报告提出“巩固和完善农村基本经营制度，深化农村土地制度改革，完善承包地‘三权’分置制度。保持土地承包关系稳定并长久不变，第二轮土地承包到期后再延长三十年”。2019年，《中共中央、国务院关于保持土地承包关系稳定并长久不变的意见》发布，进一步巩固和完善家庭承包经营制度的基本方向。党的二十届三中全会通过的《决定》强调，要有序推进第二轮土地承包到期后再延长30年试点，深化承包地所有权、承包权、经营权分置改革，发展农业适度规模经营。**二是在坚持家庭承包经营制度的基础上，加快培育规模化服务主体和市场化经营环境。**2017年5月，中办、国办印发了《关于加快构建政策体系培育新型农业经营主体的意见》，全方位加强政策扶持，指导新型农业经营主体发展。党的二十大报告中指出，要“发展新型农业经营主体和社会化服务，发展农业适度规模经营”。我国加快构建以农户家庭经营为

① 中华人民共和国国务院新闻办公室．中国的粮食安全［EB/OL］．https：//www. gov. cn/zhengce/2019-10/14/content_5439410. html；郑栅洁．国务院关于确保国家粮食安全工作情况的报告［EB/OL］．http：//www. npc. gov. cn/npc/c2/c30834/202309/t20230905_431547. html；

② 韩长赋．再谈“三权”分置［EB/OL］．https：//www. moa. gov. cn/xw/bmdt/201711/t20171117_5911623. html.

基础、合作与联合为纽带、社会化服务为支撑的立体式复合型现代农业经营体系，各类从事农业生产和服务的新型农业经营主体蓬勃兴起。**三是加快推动农村集体产权制度改革**。2016 年 12 月，中共中央、国务院印发《关于稳步推进农村集体产权制度改革的意见》（中发〔2016〕37 号），提出科学确认农村集体经济组织成员身份，明晰集体所有产权关系，发展新型农村集体经济，明确了农村集体产权制度改革的主要方向。2024 年 6 月，十四届全国人大常委会第十次会议表决通过《农村集体经济组织法》，将于 2025 年 5 月 1 日起施行，作为我国第一部规范农村集体经济组织的法律，为巩固农村集体产权制度改革成果，促进新型农村集体经济高质量发展奠定了良好法治基础。

第三，实施乡村振兴战略。2017 年，党的十九大首次提出实施乡村振兴战略，并将其作为七大战略之一写入党章，强调要按照“产业兴旺、生态宜居、乡风文明、治理有效、生活富裕”总要求，加快推进农业农村现代化。2018 年 6 月，中共中央、国务院印发《乡村振兴战略规划（2018—2022 年）》，作为实施乡村振兴战略的顶层设计文件，明确了乡村振兴战略的阶段性目标和重点任务。2020 年，我国全面建成小康社会取得伟大历史性成就，决战脱贫攻坚取得决定性胜利。2020 年 12 月，中央农村工作会议决定在脱贫攻坚取得全面胜利后全面推进乡村振兴，将巩固拓展脱贫攻坚成果与乡村振兴有效衔接，强调举全党全社会之力推动乡村振兴，“三农”工作重心实现历史性转移。党的二十大报告指出，“加快建设农业强国，扎实推动乡村产业、人才、文化、生态、组织振兴”。习近平总书记在 2022 年中央农村工作会议上进一步指出，“全面推进乡村振兴是新时代建设农业强国的重要任务”。党中央对全面建成小康社会之后的“三农”工作做出了系统的顶层设计，构建起明确的目标指引、战略部署和实施路径。

第四，推动城乡融合发展。党的十八大以来，我国逐步进入城乡融合发展阶段。党的十九大报告提出“城乡融合”的新方向，明确提出“建立健全城乡融合发展体制机制和政策体系，加快推进农业农村现代化”。2019 年，《中共中央　国务院关于建立健全城乡融合发展体制机制和政策体系的意见》印发实施，各项改革任务加快推进。**一是持续深入推进户籍制度改革**。2023 年，户口迁移政策全面放开放宽，城区常住人口 300 万以下城市基本取消落户限制，城区常住人口 300 万以上城市有序放宽落户条件。党的二十届三中全会《决定》首次提出“推行由常住地登记户口提供基本公共服务制度”，要求推动符合条件的农业转移人口的社会保险、住房保障、随迁子女义务教育等享有同迁入地户籍人口同等权利，加快农业转移人口市民化。**二是推进以县城为重要载体的城镇化建设**。2022 年，中办、国办印发《关于推进以县城为重要载体的城镇化建设的意见》，全面系统地提出县城建设的指导思想、工作要求、发展目标、建设任务、政策保障和组织实施方式。2024 年 8 月，国务院印发《深入实施以人为本的新型城镇化战略五年行动计划》，对未来五年推进新型城镇化建设作出部署，把农业转移人口市民化作为新型城镇化首要任务，实施新一轮农业转移人口市民化行动，将进一步推动我国城镇化质量和水平稳步提高，充分释放新型城镇化蕴藏的巨大内需潜力。

（二）农村改革的总体框架、基本方向和难点卡点

农村改革是党领导下的我国农民的伟大创造。农村改革的全面深化，为农业农村发展提供了不竭的强大动力，推动中国特色社会主义伟大事业不断开创新局面。

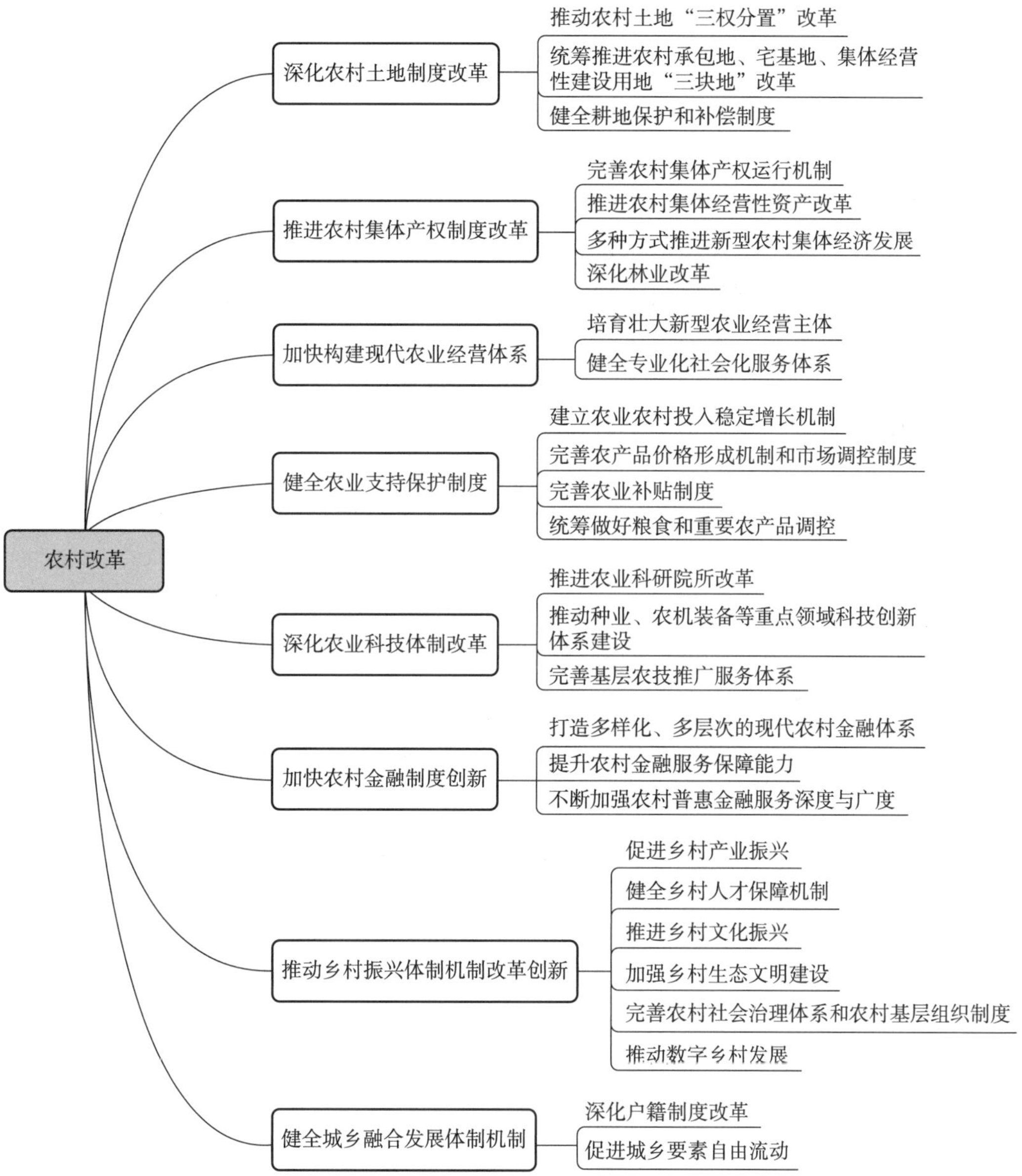

图 6-2 农村改革的总体框架

1. 总体框架

（1）深化农村土地制度改革

土地关系是农村最基本的生产关系，以土地制度为核心的基本经营制度是党在农村的政策基石。深化农村土地制度改革包括以下几个重要方面：

一是推动农村土地“三权分置”改革。2016年，中办、国办印发《关于完善农村土地所有权承包权经营权分置办法的意见》（以下简称《意见》）（中办发〔2016〕67号），明确了农村土地集体所有权、农户承包权、土地经营权“三权”分置并行的基本框架，围绕正确处理农民和土地关系的主线，不断健全农村土地产权制度。《意见》要求，不断探索农村土地集体所有制的有效实现形式，落实集体所有权，稳定农户承包权，放活土地经营权，发挥各自功能和整体效用。**首先，坚持农村土地集体所有权的根本地位。**充分维护农民集体对承包地发包、调整、监督、收回等各项权能，发挥土地集体所有的优势和作用，切实保障集体成员的知情权、决策权、监督权，确保农民集体有效行使集体土地所有权。**其次，严格保护农户承包权。**农村集体土地由作为本集体经济组织成员的农民家庭承包。充分维护承包农户使用、流转、抵押、退出承包地等各项权能。不得违法调整农户承包地，不得以退出土地承包权作为农民进城落户的条件。**最后，加快放活土地经营权。**平等保护经营主体依流转合同取得的土地经营权。依法维护经营主体从事农业生产所需的各项权利，鼓励采用土地股份合作、土地托管、代耕代种等多种经营方式，探索更多放活土地经营权的有效途径。

二是统筹推进农村承包地、宅基地、集体经营性建设用地“三块地”改革。在承包地方面，《中共中央、国务院关于保持土地承包关系稳定并长久不变的意见》（国务院公报，2019年第34号）明确了保持土地承包关系长期稳定的基本原则，第二轮土地承包到期后再延长30年，不得将承包地打乱重分，确保绝大多数农户原有承包地继续保持稳定。我国稳步推进第二轮土地承包到期后再延长30年试点，主要在先期到期的县开展第二轮土地承包到期后的延包试点，通过试点摸索经验，逐步扩大试点范围，坚持大稳定小调整，确保大多数农户原有承包权保持稳定、顺利延包，有条件的地方可在农民自愿的前提下，结合农田集中连片整理探索解决细碎化的问题。**在宅基地方面，**2023年中央一号文件《关于做好2023年全面推进乡村振兴重点工作的意见》提出，“稳慎推进农村宅基地制度改革试点”。工作重点是聚焦保障居住、管住乱建、盘活闲置，切实摸清底数，加快房地一体宅基地确权登记颁证，在此基础上加强规范管理，妥善化解历史遗留问题，探索完善集体所有权、农户资格权、宅基地使用权等权利内容及其配置的实现形式。**在集体经营性建设用地方面，**2022年9月，中央全面深化改革委员会第二十七次会议审议通过《关于深化农村集体经营性建设用地入市试点工作的指导意见》。农村集体经营性建设用地入市重点是坚持同地同权同责，在符合规划、用途管制和依法取得前提下，推进农村集体经营性建设用地出让、租赁、入股，实行与国有土地同等入市、同权同价，建立城乡统一的建设用地市场。

三是健全耕地保护和补偿制度。首先，严守18亿亩耕地红线。2017年1月，《中共中央、国务院关于加强耕地保护和改进占补平衡的意见》出台，要求改进耕地占补平衡管理，严格落实耕地占补平衡责任，以县域自行平衡为主、省域内调剂为辅、国家适度统筹为补充落实补充耕地任务。各省级政府要拓展补充耕地途径，落实补充耕地任务，并规范省域内补充耕地指标调剂管理，完善价格形成机制。健全耕地保护补偿机制，加强对耕地保护主体的补偿激励，实行跨地区补充耕地的利益调节。在生态条件允许的前提下，支持耕地后备资源丰富的国家重点扶贫地区，将补充耕地指标对口向省域内经济发达地区调剂。**其次，加强永久基本农田保护工作。**2019 年 1 月，自然资源部、农业农村部下发《关于加强和改进永久基本农田保护工作的通知》（自然资规〔2019〕1 号），进一步提出加强和改进永久基本农田特殊保护工作，巩固永久基本农田划定成果，严控建设占用永久基本农田，统筹生态建设和永久基本农田保护，加强永久基本农田建设，健全永久基本农田保护监管机制和保障措施。同时，2021 年国务院批复实施《全国高标准农田建设规划（2021—2030 年）》，明确到 2025 年建成 10.75 亿亩、到 2030 年建成 12 亿亩高标准农田。2022 年中央一号文件提出，永久基本农田重点用于粮食生产，高标准农田原则上全部用于粮食生产，把永久基本农田全部建成高标准农田。**再次，切实加强黑土耕地保护。**2022 年 8 月 1 日，《黑土地保护法》正式开始施行。该法明确，国家实行科学、有效的黑土地保护政策。强化了对黑土耕地的保护财政投入保障制度和黑土地跨区域投入保护机制，建立考核监督制度，对破坏黑土地资源的违法行为加大处罚力度。**最后，抓好盐碱地综合改造利用。**2023 年 7 月，习近平总书记主持召开二十届中央财经委员会第二次会议，研究加强耕地保护和盐碱地综合改造利用等问题。会议提出，盐碱地综合改造利用是耕地保护和改良的重要方面，开展盐碱地综合改造利用意义重大，要充分挖掘盐碱地开发利用潜力，加强现有盐碱耕地改造提升，有效遏制耕地盐碱化趋势，稳步拓展农业生产空间，提高农业综合生产能力。

（2）推进农村集体产权制度改革

不断深化农村集体产权制度改革，探索农村集体所有制有效实现形式，对于完善农村基本经营制度，增强集体经济发展活力，维护农民合法权益、增加农民财产性收入具有重要意义。

一是完善农村集体产权运行机制。2016 年 12 月，中共中央、国务院印发《关于稳步推进农村集体产权制度改革的意见》（中发〔2016〕37 号），要求逐步构建归属清晰、权能完整、流转顺畅、保护严格的中国特色社会主义农村集体产权制度，建立符合市场经济要求的农村集体经济运行新机制，形成有效维护农村集体经济组织成员权利的治理体系①。一方面，我国要适应健全社会主义市场经济体制的新要求，通过深化改革盘活农村集体资产，为农村发展增添新活力。另一方面，要适应城乡一体化发展新趋势，推进改革，防止农村集体资产流失，切实维护农民合法权益。

二是推进农村集体经营性资产改革。中共中央、国务院《关于稳步推进农村集体产权制度改革的意见》提出，重点推进用于集体统一经营的经营性资产改革。开展清产核资、确认成员身份、搞好折股量化，在此基础上，将集体经营性资产确权到户，发展多种形式的股份合作制，构建集体资产运行新机制和收益分配制度。完善股份权能，赋予农民对集体资产股份占有、收益、有偿退出以及抵押、担保和继承的权利。

---

① 农业农村部．介绍农村集体产权制度改革进展情况［EB/OL］．https：//www.gov.cn/xinwen/2018-06/19/content_5299654.html.

同时，对农村集体经营性资产实行严格保护，防止外来资本的侵占，现阶段开展的农村集体资产股份合作制改革严格限制在集体经济组织内部，农民所持有的集体资产股份流转要封闭运行。在集体经营性资产股份合作制改革中，保护农民民主权利，尊重农民的意愿，发挥农民主体作用，涉及成员权利的重大事项都要实行民主决策，保障农民的知情权、参与权、表达权和监督权。

三是多种方式推进新型农村集体经济发展。中共中央、国务院《关于稳步推进农村集体产权制度改革的意见》也提出，从实际出发探索发展集体经济有效途径。充分挖掘“四荒地”（未承包到户的荒山、荒沟、荒丘、荒滩）、“四边地”（田边、沟塘边、路边、地边）等“沉睡”资产功能价值，发展现代农业项目。利用生态环境和人文历史等资源，发展休闲农业和乡村旅游。探索利用闲置的各类房产设施、集体建设用地等，发展相应农业产业。培育新型农业经营主体或提供农业生产托管服务，增加集体收入。

四是深化林业改革。2015 年 11 月，中办、国办印发《深化农村改革综合性实施方案》，提出实行最严格的林地用途管制制度。完善集体林权制度，放活经营权、落实处置权、保障收益权，深化配套改革。实行森林分类经营管理，完善林木采伐权，管好公益林、放活商品林，调动林农和社会力量发展林业的积极性。

（3）加快构建现代化农业经营体系

习近平总书记指出，大国小农是我们的基本国情农情，要加快构建以农户家庭经营为基础、合作与联合为纽带、社会化服务为支撑的立体式复合型现代农业经营体系，实现小农户和现代农业有机衔接。

一是培育壮大新型农业经营主体。2017 年 5 月，中办、国办印发《关于加快构建政策体系培育新型农业经营主体的意见》，要求加快培育新型农业经营主体，综合运用多种政策工具，与农业产业政策结合、与脱贫攻坚政策结合，形成比较完备的政策扶持体系，引导新型农业经营主体提升规模经营水平、完善利益分享机制，更好发挥带动农民进入市场、增加收入的作用。其中，**在财政税收政策方面，**综合采用直接补贴、政府购买服务、定向委托、以奖代补等方式，增强补贴政策的针对性实效性。在基础设施建设方面，要求各级财政支持的各类小型项目，优先安排农村集体经济组织、农民合作组织等作为建设管护主体。**在用地方面，**提出在年度建设用地指标中优先安排新型农业经营主体建设配套辅助设施，并按规定减免相关税费。**在金融信贷服务方面，**要求综合运用税收、奖补等政策，鼓励金融机构创新产品和服务，加大对新型农业经营主体、农村产业融合发展的信贷支持。《“十四五”推进农业农村现代化规划》进一步提出，利用保底分红、股份合作、利润返还等方式，推动新型农业经营主体与小农户建立利益联结机制。

二是健全专业化社会化服务体系。2021 年 7 月发布的《农业农村部关于加快发展农业社会化服务的指导意见》（农经发〔2021〕2 号）提出，发展多元化、多层次、多类型的农业社会化服务，促进小农户和现代农业有机衔接。推动以提供农业社会化服务为主的各类专业公司、农民合作社、供销合作社、农村集体经济组织、服务专业户等主体各尽其能、共同发展。鼓励各类服务主体以资金、技术、服务等要素为纽带，加强合作，促进融合发展。推动服务主体与银行、保险、邮政等机构深度合作，实现优势互补、互利共赢。鼓励服务主体积极创新服务模式和组织形式，大力发展多层次、多类型的专业化服务。大力推广行之有效的“服务主体+农村集体经济组织+农户”“服务主体+各类新型经营主体+农户”等组织形式，促进各主体紧密联结，形成利益共享、风险共担的利益共同体。

（4）健全农业支持保护制度

农业天然是弱质产业，又具有公共性、公益性特征，需要特殊的支持保护。确保国家粮食安全，提升我国农业质量效益和综合竞争力，必须进一步加强对农业的支持保护。

一是建立农业农村投入稳定增长机制。2015 年 11 月发布的《深化农村改革综合性实施方案》提出，要坚持“多予少取放活”的基本方针，提高农业支持保护的效能，加快形成覆盖全面、指向明确、重点突出、措施配套、操作简便的农业支持保护制度体系。把农业农村作为财政支出的优先保障领域，确保农业农村投入只增不减。健全政府投入保障机制，将农业农村作为一般公共预算优先保障领域，积极拓宽“三农”投入渠道，推动建立“三农”财政投入稳定增长机制。同时，合理划分中央与地方支农事权和责任。整合涉农转移支付资金，加大中央财政转移支付支持农业农村力度，完善农业资金使用绩效评价工作。健全政府投资与金融、社会投入联动机制，通过政府与社会资本合作、政府购买服务、担保贴息、以奖代补、民办公助、风险补偿等措施，带动金融和社会资本投向农业农村，发挥好财政资金的引导和杠杆作用。

二是完善农产品价格形成机制和市场调控制度。根据 2015 年出台的《深化农村改革综合性实施方案》，农产品价格改革采取“分品种施策、渐进式推进”的方式，补贴资金向新型农业经营主体倾斜，不让种粮农民和主产区吃亏。保持农产品价格的合理水平，发挥好市场机制在粮食流通资源配置中的决定性作用。改进农产品市场调控方式，避免政府过度干预，搞活市场流通，增强市场活力。

三是完善农业补贴制度。首先，在确保国家粮食安全和农民收入稳定增长前提下，稳妥推进、渐进调整相关农业补贴政策。2016 年 12 月，财政部、农业部联合印发《建立以绿色生态为导向的农业补贴制度改革方案》，将农业“三项补贴”合并为农业支持保护补贴，政策目标调整为支持耕地地力保护和粮食适度规模经营。支持对象重点向种粮大户、家庭农场、农民合作社和农业社会化服务组织等新型经营主体倾斜。将补贴与耕地保护挂钩，调动农民保护耕地、提高地力的积极性。同时，根据 2015 年《深化农村改革综合性实施方案》，我国将改进并继续执行稻谷、小麦最低收购价政策。按照“价补分离”的思路，继续实施棉花和大豆目标价格改革试点，完善补贴发放办法。逐步调整改进“黄箱”① 支持政策，逐步扩大“绿箱”支持政策实施规模和范围，提高农业补贴政策效能。**其次，建立主产区利益补偿机制。**主产区利益补偿包括中央财政对主产区的纵向补偿和主销区对主产区的横向补偿。在纵向补偿方面，我国已经构建起中央对主产区和产粮大县的财政转移支付机制，中央财政向主产区倾斜，并不断扩大财政转移支付规模，增加主产区和产粮大县财政收入；加大对主产区的项目投资，加大对产粮大县的奖补力度，提高主产区的经济增长潜力。2024 年中央一号文件《关于学习运用“千村示范、万村整治”工程经验有力有效推进乡村全面振兴的意见》提出，探索建立粮食产销区省际横向利益补偿机制。深化多渠道产销协作，统筹考虑主产区和主销区粮食生产、流通、消费等相关因素，由主销区给予主产区一定的资金支持，推动横向利益补偿见到实际效果。进一步拓展产业、人才、技术服务等协作方式。2024 年 6 月 11 日召开的中央全面深化改革委员会第五次会议强调，健全种粮农民收益保障机制和粮食主产区利益补偿机制，要把提高农业综合生产能力放在更加突出位置，完善价格、补贴、保险等政策体系，创新粮食经营增效方式，健全粮食主产区奖补激励制度，探索产销区多渠道利益补偿办法，健全粮食生产支持保护体系。要在建立省际横向利益补偿机制上迈出实质性步伐，推动粮食主产区、主销区、产销平衡区落实好保障粮食安全的共同责任。

四是统筹做好粮食和重要农产品调控。首先，强化储备和购销领域监管。2015 年出台的《深化农村改革综合性实施方案》提出，完善农产品收储政策，坚持按贴近市场和保障农民合理收益的原则确定收储价格，降低储备成本，提高储备效率。加强粮食现代仓储物流设施建设，积极鼓励引导流通、加工等各类企业主体参与粮食仓容建设和农产品收储，规范收储行为，培育多元化市场主体。2023 年中央一号文件《中共中央 国务院关于做好 2023 年全面推进乡村振兴重点工作的意见》要求，稳妥推进中央战略储备增储和调节储备充实，压实地方储备责任。强化粮食应急保障能力建设，建立健全涵盖储运、加工、配送、供应等全链条粮食应急保障体系。强化储备和购销领域监管，守住管好“大国粮仓”。**其次，做好农产品稳产保供。**严格“菜篮子”市长负责制考核，落实地方政府特别是市级政府辖区内蔬菜、肉蛋奶、水产品等供应负责制度。做好生猪、棉花、甘蔗、橡胶等重要农产品的保供稳价工作。加强化肥等农资生产、储运、进出口调控，确保农资稳定供应。

（5）深化农业科技体制改革

依靠科技驱动农业发展，是实现农业现代化、建成农业强国的关键。我国农业生产基础条件薄弱，农业现代化进程仍然相对缓慢，必须通过加快农业科技创新不断提

① WTO 农业协定将所有国内支持措施按照对生产和贸易影响的不同划分成不同类别，以“绿箱”政策、“黄箱”政策和“蓝箱”政策作为区分，并做出了不同的规定。其中，“绿箱”政策是指那些对生产和贸易不造成扭曲影响或者影响非常微弱的政策；“黄箱”政策是指对生产和贸易有直接扭曲作用的政策，既包括提供给某个特定农产品的支持，也包括不区分具体产品的支持；“蓝箱”政策是指在实行价格支持措施的同时，还限制生产面积、牲畜头数和产品产量的措施。由于“黄箱”政策对生产和贸易作用最直接，扭曲性影响最明显，因此更受各国政府高度关注。“黄箱”政策主要包括以下政策措施：与产量、面积或价格挂钩的对生产者的直接支付（如差额补贴、种子化肥等投入品补贴）、能够引起市场价格扭曲的收入转移（如市场价格支持）、对投资的补贴（如利率补贴）等。

升农业生产力，为农业现代化增添活力动力。

一是推进农业科研院所改革。2015 年出台的《深化农村改革综合性实施方案》提出，打破部门条块分割，有效整合科技资源，建立协同创新机制，促进产学研、农科教紧密结合。完善科研立项和成果转化评价机制，强化对科技人员的激励机制，促进农业科研成果转化。

二是推动种业、农机装备等重点领域科技创新体系建设。在种业方面，2011 年 11 月出台的《国务院关于加快推进现代农作物种业发展的意见》（国发〔2011〕8 号）要求以科学发展观为指导，推进种业体制改革和机制创新。促进种业科技创新能力提升，明确种业科研的分工，其中，国家级和省部级科研院所及高等院校要重点开展种业基础性、公益性研究，逐步建立以企业为主体的商业化育种新机制。促进企业竞争能力提升，推进企业兼并重组，加大对种子企业育种的投入，做强一批“育繁推一体化”的大型骨干种子企业。加强种子生产基地建设，促进供种保障能力提升，建立国家级和省级两级储备制度，加强西北、西南、海南等优势种子繁育基地的规划建设与用地保护。完善种子储备调控制度，严格品种审定和保护，强化市场监督管理，加强农作物种业国际合作交流。**在农机方面，**2018 年 12 月出台的《国务院关于加快推进农业机械化和农机装备产业转型升级的指导意见》（国发〔2018〕42 号）提出，推动农机装备产业向高质量发展转型，推动农业机械化向全程全面高质高效升级。完善农机装备创新体系，推进农机装备全产业链协同发展，优化农机装备产业结构布局，加强农机装备质量可靠性建设。补齐全程机械化生产短板，协同构建高效机械化生产体系，着力推进主要农作物生产全程机械化。加强绿色高效新机具新技术示范推广，推动智慧农业示范应用，提高农业机械化技术推广能力，大力推广先进适用农机装备与机械化技术。同时，农业农村部、财政部《2021—2023 年农机购置补贴实施指导意见》指出，新一轮补贴政策要做到“有升有降”，重点支持粮食生产薄弱环节所需机具，丘陵山区特色农业发展急需机具，以及高端、复式、智能农机产品，引导农民购置使用先进适用的农业机械，推动农业机械化向全程全面高质高效转型升级，加快提升农业机械化产业链现代化水平。

三是完善基层农技推广服务体系。《农业农村部办公厅关于做好 2023 年基层农技推广体系改革与建设任务实施工作的通知》（农办科〔2023〕14 号）提出，推进基层农业技术推广机构改革，促进农业技术社会化服务组织发展，探索公益性农技推广服务的多种实现形式。

（6）加快农村金融制度创新

金融信贷一直是农村资金来源的重要渠道，我国农业现代化建设离不开金融创新的支持，通过深化农村金融服务体系改革，建立现代农村金融制度，加快提升农村金融的供给能力和服务水平。

一是打造多样化、多层次的现代农村金融体系。2015 年出台的《深化农村改革综合性实施方案》提出，坚持商业性金融、合作性金融、政策性金融相结合，健全政策支持、公平准入和差异化监管制度，扩大农村金融服务规模和覆盖面，加快建立多层次、广覆盖、可持续、竞争适度、风险可控的现代农村金融体系。2019 年 2 月，中国人民银行等五部门联合出台《关于金融服务乡村振兴的指导意见》（银发〔2019〕11 号）也提出，要健全适合乡村振兴发展的金融服务组织体系。**首先，鼓励开发性、政策性金融机构在业务范围内为乡村振兴提供中长期信贷支持。**国家开发银行要按照开发性金融机构的定位，充分利用服务国家战略、市场运作、保本微利的优势，加大对乡村振兴的支持力度，培育农村经济增长动力。农业发展银行要坚持农业政策性银行职能定位，提高政治站位，在粮食安全、脱贫攻坚等重点领域和关键薄弱环节发挥主力和骨干作用。**其次，加大商业银行对乡村振兴支持力度。**中国农业银行要强化面向“三农”、服务城乡的战略定位，进一步改革完善“三农”金融事业部体制机制。中国邮政储蓄银行要坚持零售商业银行的战略定位，以小额贷款、零售金融服务为抓手，突出做好乡村振兴领域中农户、新型经营主体、中小企业、建档立卡贫困户等小微普惠领域的金融服务，加大对县域地区的信贷投放。股份制商业银行和城市商业银行要结合自身职能定位和业务优势，突出重点支持领域，积极创新金融产品和服务方式，打造综合化特色化乡村振兴金融服务体系。**最后，强化农村中小金融机构支农主力军作用。**农村信用社、农村商业银行、农村合作银行要坚持服务县域、支农支小的市场定位，保持县域农村金融机构法人地位和数量总体稳定。积极探索农村信用社省联社改革路径，突出专业化服务功能。村镇银行要强化支农支小战略定力，县域法人金融机构资金投放使用应以涉农业务为主。积极发挥小额贷款公司等其他机构服务乡村振兴的有益补充作用，探索新型农村合作金融发展的有效途径，稳妥开展农民合作社内部信用合作试点。

二是提升农村金融服务保障能力。《关于金融服务乡村振兴的指导意见》提出，明确金融重点支持领域，加大金融资源向乡村振兴重点领域和薄弱环节的倾斜力度。**首先，做好国家粮食安全金融服务。**以国家确定的粮食生产功能区、重要农产品生产保护区和特色农产品优势区为重点，创新投融资模式，加大对高标准农田建设和农村土地整治的信贷支持力度，推进农业科技与资本有效对接。支持农业发展银行做好政策性粮食收储工作，探索支持多元市场主体进行市场化粮食收购的有效模式。**其次，推动农村一二三产业融合发展。**积极满足农田水利、农业科技研发、高端农机装备制造、农产品加工业、智慧农业产品技术研发推广、农产品冷链仓储物流及烘干等现代农业重点领域的合理融资需求，促进发展节水农业、高效农业、智慧农业、绿色农业。支持农业产业化龙头企业及联合体发展。支持探索农业与旅游、养老、健康等产业融合发展的有效模式。加大对现代农业产业园、农业产业强镇等的金融支持力度。**最后，重点做好新型农业经营主体和小农户的金融服务。**针对不同主体的特点，建立分层分类的农业经营主体金融支持体系。鼓励家庭农场、农民合作社、农业社会化服务组织、龙头企业等新型农业经营主体通过土地流转、土地入股、生产性托管服务等多种形式实现规模经营，探索完善对各类新型农业经营主体的风险管理模式。

三是不断加强农村普惠金融服务深度与广度。2016 年 1 月，国务院印发《推进普惠金融发展规划（2016—2020 年）》（以下简称《规划》），确立了推进普惠金融发展的指导思想、基本原则和发展目标。其中，在农业农村领域，《规划》提出了系列支持政策措施。**首先，提高金融服务可得性。**大幅改善对城镇低收入人群、困难人群以及农村贫困人口、创业农民、创业大中专学生、残疾劳动者等初始创业者的金融支持，提高小微企业和农户贷款覆盖率；积极探索新型农村合作金融发展的有效途径。**其次，支持农产品期货市场发展。**丰富农产品期货品种，拓展农产品期货及期权市场服务范围。完善期货交易机制，为规避农产品价格波动风险提供有效手段。**最后，扩大农业保险覆盖面。**发展农作物保险、主要畜产品保险、重要“菜篮子”品种保险和森林保险，推广农房、农机具、设施农业、渔业、制种保险等业务。

（7）推动乡村振兴体制机制改革创新

党的二十大报告提出全面推进乡村振兴，强调要“加快建设农业强国，扎实推动乡村产业、人才、文化、生态、组织振兴”。当前，数字化正在潜移默化地改变着乡村治理模式和农民生产生活方式，数字乡村也成为乡村振兴的战略方向之一。

一是促进乡村产业振兴。2019 年 6 月，国务院印发《关于促进乡村产业振兴的指导意见》（国发〔2019〕12 号），提出以农业供给侧结构性改革为主线，围绕农村一二三产业融合发展，加快构建现代农业产业体系、生产体系和经营体系。**首先，深入推进农业供给侧结构性改革。**2017 年中央一号文件《深入推进农业供给侧结构性改革 加快培育农业农村发展新动能的若干意见》提出，推进农业供给侧结构性改革，主要目标是增加农民收入、保障有效供给，主攻方向是提高农业供给质量，以市场为导向，不仅满足人们对优质农产品的需求，还要满足对农业观光休闲等体验性服务性需求，满足对绿水青山的生态化绿色化需求，拓展农业多种功能，不断提高农业综合效益和竞争力。**其次，完善农村一二三产业融合发展机制。**2019 年出台的《关于促进乡村产业振兴的指导意见》明确，促进乡村产业融合发展，培育多元融合主体，支持农业产业化龙头企业发展，鼓励发展农业产业化龙头企业带动、农民合作社和家庭农场跟进、小农户参与的农业产业化联合体。构建利益联结机制，引导农业企业与小农户建立契约型、分红型、股权型等合作方式，把利益分配重点向产业链上游倾斜，促进农民持续增收，完善农业股份合作制企业利润分配机制。

二是健全乡村人才保障机制。2021 年，中办、国办印发了《关于加快推进乡村人才振兴的意见》，同年，农业农村部出台《“十四五”农业农村人才队伍建设发展规划》（农人发〔2021〕9 号），为加快推进乡村人才振兴提供了制度保障。**首先，完善乡村人才培养与引进机制。**培育乡村产业振兴带头人，通过实施带头人培育“头雁”项目、乡村人才培育工程等，加强对农村实用人才、新型职业农民、返乡创业人员等的培训，同时吸引高校毕业生、退伍军人等人才回乡创业，加大对返乡入乡人才住房、子女教育等保障力度。**其次，完善乡村人才激励机制。**建立健全乡村人才评价、激励和服务体系，提供创业资金支持，制定税收优惠、土地流转便利等政策。对长期服务基层和艰苦边远地区的人才在工资待遇、职务职称晋升、职业资格评价和职业技能等级认定等方面实行倾斜政策。**最后，推动专业人才下沉服务。**推动教育、医疗、科技等领域专业人才定期到乡村服务，提升农村公共服务水平。

三是推进乡村文化振兴。农业农村现代化是物质文明和精神文明相协调的现代化。**首先，做好优质精神文化产品的供给。**2024年中央一号文件《中共中央 国务院关于学习运用“千村示范、万村整治”工程经验有力有效推进乡村全面振兴的意见》提出，推动新时代文明实践向村庄、集市等末梢延伸，促进城市优质文化资源下沉；加强乡村优秀传统文化保护传承和创新发展；强化农业文化遗产、农村非物质文化遗产挖掘整理和保护利用。**其次，以文化产业赋能乡村振兴。**2022年，文旅部等六部门联合印发《关于推动文化产业赋能乡村振兴的意见》，围绕文化产业重点领域，制定企业、人才、项目、用地等方面政策举措，引导文化产业机构和工作者深入乡村对接帮扶及投资兴业，充分发挥文化产业多重功能价值和综合带动作用，助力乡村经济社会发展。**最后，加强农村精神文明建设。**加大农村思想道德建设力度，有针对性地开展社会主义核心价值观教育，提高农民综合素质，提升农村社会文明水平。支持社会各类文化组织和机构参与农村公共文化服务。广泛开展具有乡土特色的文化活动，推动文化与特色农业有机结合，提升农产品文化附加值。

四是加强乡村生态文明建设。首先，推动农业绿色发展。2017年，中办、国办印发《关于创新体制机制推进农业绿色发展的意见》，引领农业绿色发展加快步伐。推进农业绿色生产方式转型，推广生态农业、循环农业，减少化肥农药使用，发展有机农业和绿色食品，保护和恢复生态系统。完善农业生态补贴制度，建立与耕地地力提升和责任落实相挂钩的耕地地力保护补贴机制，对因保护生态而限制开发的地区给予适当补偿，鼓励农民参与生态保护。**其次，大力改善农村人居环境。**2021年，中办、国办印发《农村人居环境整治提升五年行动方案（2021—2025年）》，要求以农村厕所革命、生活污水垃圾治理、村容村貌提升为重点，全面提升农村人居环境质量。建立健全长效管护机制，完善以质量实效为导向、以农民满意为标准的工作推进机制，构建系统化、规范化、长效化的政策制度，提升农村人居环境治理水平。更加突出农民主体作用，强调要进一步调动农民积极性，尊重农民意愿，激发自觉改善农村人居环境的内生动力。

五是完善农村社会治理体系和农村基层组织制度。首先，加强农村基层党组织建设。2015年出台的《深化农村改革综合性实施方案》提出，要坚持农村基层党组织领导核心地位不动摇，深入整顿软弱涣散村党组织，不断夯实党在农村基层执政的组织基础。创新完善农村基层党组织设置和活动方式，扩大组织覆盖和工作覆盖。加强乡村两级党组织班子建设。**其次，健全农村基层民主管理制度。**健全村党组织领导的充满活力的村民自治机制，探索村民自治的有效实现形式。创新村民议事形式，完善议事决策主体和程序，落实群众知情权和决策权。建立务实管用的村务监督机制，切实发挥村务监督机构作用，落实群众监督权。

同时，我国也注重以数字技术助力建设宜居宜业和美乡村，充分发挥信息化对乡村振兴的驱动引领作用，整体带动和提升农业农村现代化发展。2019年5月出台的《数字乡村发展战略纲要》（以下简称《纲要》）对数字乡村发展作出具体部署安排。《纲要》要求着力发挥信息技术创新的扩散效应、信息和知识的溢出效应、数字技术释放的普惠效应，加快推进农业农村现代化。发挥信息化在推进乡村治理体系和治理能力现代化中的基础支撑作用，繁荣发展乡村网络文化，构建乡村数字治理新体系。弥合城乡“数字鸿沟”，培育信息时代新农民，走中国特色社会主义乡村振兴道路。2023 年 12 月出台的《数字中国建设整体布局规划》对全面推进数字中国建设作出整体部署要求。其中，数字乡村建设也是数字中国建设的重要组成部分，提出要深入实施数字乡村发展行动，以数字化赋能乡村产业发展、乡村建设和乡村治理。

（8）健全城乡融合发展体制机制

党的二十大报告提出，要“着力推进城乡融合和区域协调发展”。城乡融合发展是破除城乡二元结构、拓展高质量发展空间、实现全体人民共同富裕的关键抓手，是推进中国式现代化的题中应有之义。当前，我国深入推进城乡融合发展仍面临不少现实障碍，需要聚焦重点加以突破。

一是深化户籍制度改革。2024 年 8 月，国务院印发《深入实施以人为本的新型城镇化战略五年行动计划》（以下简称《计划》），要求把农业转移人口市民化作为新型城镇化首要任务，实施新一轮农业转移人口市民化行动。《计划》明确，经过 5 年的努力，农业转移人口落户城市渠道进一步畅通，常住地提供基本公共服务制度进一步健全。各地在坚持合法稳定就业或合法稳定住所（含租赁）基本条件的基础上，因地制宜、因城施策，进一步放开放宽迁移政策，推行以经常居住地登记户口制度，更好促进农业转移人口进城落户。以进城农民工及其随迁家属为重点、兼顾城市间流动人口，统筹推进深化户籍制度改革和健全常住地提供基本公共服务制度，着力解决好农业转移人口最关心的稳定就业、子女教育、住房保障、社会保险等问题，完善农业转移人口市民化激励政策。同时，健全进城落户农民农村权益维护政策。注意保障进城落户农民合法土地权益。维护进城落户农民土地承包权、宅基地使用权、集体收益分配权，支持引导其依法自愿有偿转让上述权益。

二是促进城乡要素自由流动。围绕土地、劳动力、资本等关键要素，打通城乡要素自由流动的制度性通道，促进资源在城乡间的优化配置。**首先，推动建立城乡统一的建设用地市场。**党的十八届三中全会通过的《中共中央关于全面深化改革若干重大问题的决定》提出，要建立城乡统一的建设用地市场，明确在符合规划和用途管制前提下，允许农村集体经营性建设用地出让、租赁、入股，实行与国有土地同等入市、同权同价，提出完善土地租赁、转让、抵押二级市场。2022 年，国务院办公厅印发《要素市场化配置综合改革试点总体方案》（国办发〔2021〕51 号），在土地要素方面，提出要进一步提高配置效率；以推进土地集约高效利用和建立健全城乡统一的建设用地市场为重点，探索赋予试点地区更大土地配置自主权，支持产业用地实行“标准地”出让、不同产业用地类型合理转换，支持探索深化农村宅基地和集体建设用地改革。**其次，完善城乡劳动者平等就业制度。**2015 年 11 月发布的《深化农村改革综合性实施方案》提出，保障城乡劳动者平等就业的权利，加强覆盖城乡的公共就业创业服务体系建设，完善就业失业登记管理制度，落实鼓励农村劳动力创业政策，落实农民工与城镇职工同工同酬原则，扩大农民工参加城镇社会保障覆盖面，把进城落户的农业转移人口完全纳入城镇社会保障体系。**最后，完善社会资本投资农业农村机制**。2018年9月中共中央、国务院印发的《乡村振兴战略规划（2018—2022年）》明确提出，优化乡村营商环境，加大农村基础设施和公用事业领域开放力度，吸引社会资本参与乡村振兴；继续深化“放管服”改革，鼓励工商资本投入农业农村，为乡村振兴提供综合性解决方案。2020年7月，中央农办、农业农村部等7部门联合印发《关于扩大农业农村有效投资　加快补上“三农”领域突出短板的意见》，针对农业农村重点领域重大工程项目建设，要求积极引导鼓励社会资本投资农业农村，多种渠道加大农业农村投资力度。要求充分发挥政府投资基金作用，加快实施一批PPP项目，支持发行公司信用债券，加大农业企业在公开市场股票发行支持力度。同时，2020—2022年，农业农村部连续出台《社会资本投资农业农村指引》，梳理农业农村现代化建设的重点产业和领域，明确鼓励支持社会资本投入的财政政策、产业政策，积极引导鼓励社会资本投资农业农村。

2. 基本方向

在农村改革过程中，要坚持农业农村优先发展，不断巩固和完善中国特色社会主义农村基本经济制度；坚持农村多种所有制经济共同发展，加快农业发展方式转变，不断激活农村发展潜力；扎实推动乡村产业、人才、文化、生态、组织振兴，全面推进乡村振兴战略；坚持城乡融合发展，着力破除体制机制障碍和结构性矛盾，畅通城乡要素流动。

（1）实施“三权”分置，优化土地资源配置，创新农业经营组织方式

把住处理好农民和土地关系这条主线，把握好土地集体所有制和家庭承包经营的关系。坚持家庭经营在农业中的基础性地位，现有农村土地承包关系保持稳定并长久不变，落实集体所有权，稳定农户承包权，放活土地经营权，实行“三权”分置。通过实行“三权”分置促进土地资源优化配置，土地作为要素要流动起来，培育新型经营主体发展适度的规模经营。创新农业经营组织方式，推进家庭经营、集体经营、合作经营、企业经营等共同发展，为发展现代农业、增加农民收入提供新的路径和制度保证。

（2）创新农村集体经济运行机制，促进多种经济共同发展

在坚持土地公有制性质基础上，加强对农村各种所有制经济组织和农民家庭合法财产权益的保护，赋予农村各种所有制经济组织同等的市场主体地位，保证其依法公平参与市场竞争、同等受到法律保护，促进农村集体经济、农户家庭经济、农民合作经济、各种私人和股份制经济、供销合作社经济以及国有农场林场等国有经济共同发展。

（3）产业人才文化生态组织并进，全面推进乡村振兴

推动乡村振兴健康有序进行，全面推动乡村产业振兴、人才振兴、文化振兴、生态振兴、组织振兴。其中，推动乡村产业振兴，应坚持质量兴农、绿色兴农，大力发展现代种养业，推进农产品就地加工转化增值，大力发展乡村现代服务业，促进农村一二三产业深度融合，加快构建现代农业产业体系、生产体系、经营体系，持续拓宽

乡村就业机会和拓宽农民增收渠道。推动乡村人才振兴，培养造就一支强大的人才队伍，切实解决农村缺人手、少人才、留不住人等问题。推动乡村文化振兴，加强农村思想道德建设，传承保护弘扬优秀传统农耕文化，不断赋予其新的时代内涵。推动乡村生态振兴，大力推进农业绿色发展，治理农村环境突出问题，不断增加农业生态产品和服务供给。推进乡村治理体系和治理能力现代化，夯实乡村振兴基层基础。发挥好农村基层党组织的领导核心作用，建立健全党委领导、政府负责、社会协同、公众参与、法治保障的现代乡村社会治理体制，确保乡村社会充满活力、安定有序。

（4）破解城乡发展不平衡问题，构建融合发展新格局

着力破解城乡发展不平衡、农村发展不充分矛盾，缩小城乡发展差距。促进城乡产业双向借力、联合互动，构建分工明确、布局合理、平等互利、融合发展的城乡产业新布局。打破制约城乡要素自由流动的体制机制障碍和壁垒，促进人才、资本、技术、信息等要素在城乡之间高效配置，增强城乡经济联系，加快补齐乡村要素短板，更好协调和平衡城乡供需关系，实现国民经济活动的各环节在城乡之间有机衔接和循环畅通。适应农村经济社会结构的深刻变化，建立现代化的乡村治理机制，维护农民合法权益，有效促进社会公平正义。

3. 难点卡点

当前，随着农村经济社会发生深刻变革，农村改革综合性强，涉及的利益关系更加复杂、目标更加多元、影响因素更加多样，在推进农村改革过程中，一些难点卡点问题也逐渐显现。

（1）“三块地”改革仍需着力破解“硬骨头”问题

一是“三块地”改革在实际推进过程中仍面临一些现实问题。在农村土地征收制度方面，目前国内现行法律法规对于农村集体土地征收的有关规定仍较为原始，现行立法还没有严格界定“集体”的含义，在获取土地补偿费用方面，没有明确指明由谁来作为农民集体的代表①。土地征收过程对农民权益保护不足，部分规定明显滞后，补偿标准和范围的确定与计算方式不合理，征收与补偿程序制度不完善，监督和审查机制不健全，导致被征地农民的知情权、参与权、表达权和监督权未能得到充分尊重。**在农村集体经营性建设用地入市方面，**目前土地增值收益分配机制仍不健全，兼顾国家、集体、个人之间利益不够，对地方政府计提的土地增值收益调节金的统筹管理制度有待完善，对于集体经济组织获得的土地增值收益部分的内部分配关系也需要进一步规范。**在农村宅基地制度改革方面，**随着我国社会经济发展和城镇化进程的推进，城乡二元分割体制逐步破除，宅基地制度运行的社会经济基础发生重大变化，现行制度安排已不适应发展要求。农业农村部抽样调查数据显示，2019 年全国农村宅基地闲置率达到 18.1%，尤其是人口流失严重地区，出现大量闲置宅基地，宅基地和农房的

① 孙宪忠．以集体成员权为基础推进农村集体经济组织立法［EB/OL］. http：//www. npc. gov. cn/npc//c2/c30834/202203/t20220329_317265. html.

闲置浪费成为许多乡村面临的共同难题①。目前我国缺乏相应的制度安排来保障农民宅基地和农房财产权的实现，宅基地取得、使用和退出制度不完整。大量农村人口转移就业，但由于宅基地退出机制不畅，宅基地权能不完善，农民未能充分行使其土地和宅基地的权利，农民土地财产价值无法得到有效释放，造成宅基地大量闲置，利用粗放。而一些地区土地资源紧张，新增人口宅基地取得困难，用地供需矛盾尖锐。

二是土地流转市场机制尚不完善。首先，土地流转价格形成机制有待进一步健全。近年来，受国家各项惠农政策支持、土地增值等因素影响，农村土地流转价格呈现稳步上升趋势。但流转价格上涨过高，增加了土地受让方的成本，降低了种粮收益。当前国际形势的不稳定性不确定性明显增加，国内经济内生动力不足，农业生产经营主体面临的市场波动、自然灾害等风险进一步加大，微观经营主体生产经营困难较大。如果土地经营方出现经营性亏损，可能会出现经营者“跑路”现象，造成土地重新招标，导致种植茬口延迟、粮食减产、农民土地流转收入减少等问题，严重影响我国粮食安全、农村稳定及农民增收。**其次，土地流转政策精准性仍显不足。**受地区经济发展水平、劳动力转移程度、农业生产条件等因素影响，当前地区间农业规模经营差异化发展趋势明显。比如，一些地区经济发展水平较高、农村劳动力缺乏，土地经营权流转比例较高，流入土地的农业经营主体具备较强实力；一些地区劳动力转移比例较高，但土地经营权流转比例不高，农民兼顾农业生产和外出务工，把承包地的生产作业环节转移出去，由农民合作社、专业化服务机构等主体承接；而东北地区农民通过生产托管的方式，将农业生产全部环节外包给专业的托管服务主体，实现农业服务型规模经营。目前的政策在制定和实施的过程中，对各地发展阶段、资源禀赋、生产条件的针对性不足。

（2）农村集体产权制度改革面临诸多难点痛点

一是基层农村集体资产管理仍存在一系列问题。总体来看，目前我国大多数村级集体经济基础差、底子薄，农村集体资产质量不高，大部分以资源性资产为主，经营性资产相对较少。农民对农村集体产权改革的参与度普遍不高，对集体经济组织的建立、清产核资、集体经济组织成员身份确认界定标准等知晓度不高。集体经济公司分红机制不健全，相关制度对股份的继承、转让、赠予等流转原则和办理程序规定不明确，能够获取集体经济组织分红的村还不多，村民的获得感不高。党支部、村委会与集体经济组织的关系有待理顺。农村大量劳动力外出务工或居住，导致农村集体经济发展的人才匮乏。农村经营管理体系不健全，不能很好地履行所承担的工作职责。

二是集体经济对农民增收致富的带动作用仍显不足。目前农村集体产权制度改革仍是现阶段我国农村改革的难点，存在地方改革不平衡不充分、有关法律制度不健全、集体资产经营管理水平不高、监管配套不足等问题。集体经济对农民增收致富的带动作用仍显不足，目前全国农民财产性收入占总收入的比例仅为 2%~3%，还有很大的

---

① 陆铭．闲置率超 18%，宅基地怎么改［EB/OL］．https：//baijiahao. baidu. com/s？ id=1760333201387597310&wfr=spider&for=pc.

增长潜力和空间。

三是新型农业经营主体承载能力不足。近年来，随着新型工业化、信息化、城镇化进程加快，农村2亿多承包农户就业和经营状态不断发生变化，专业大户、家庭农场、农民合作社、农业企业等各类新型经营主体快速发展，在破解谁来种地难题、提升农业生产经营效率等方面发挥着越来越重要的作用。但总体来看，我国新型农业经营主体发展迟缓，综合实力还不是很强，难以满足乡村振兴和农业农村现代化的要求。**从经营主体自身发展水平看，**目前各类主体基础设施配套落后、经营规模偏小、集约化水平不高、产业链条不完整、经营理念不够先进等问题依然存在。家庭农场仍处于起步发展阶段，部分农民合作社运行不够规范。面向小农户的社会化服务体系建设滞后，服务能力不足、服务领域拓展不够。**从组织形式看，**经营主体间的利益联系仍然较为松散，合作形式也比较单一。大部分新型农业经营主体与小农户之间融合不充分，大部分只停留在松散合作或者口头合作上，并未形成紧密的利益联结机制。**从经营环境看，**我国对新型经营主体的保障支持力度仍显不足。新型主体在农田、配套设施等方面需求都比较大，现在仅靠经营主体自身投入面临不少难点。在当前经济下行、压力加大、地方财力不足的背景下，各类新型农业经营主体和服务主体融资难、融资贵、风险高等问题仍然突出，财税、金融、用地等扶持政策不够具体，倾斜力度不够，各地农业农村部门指导服务能力亟待提升。

（3）粮食流通市场发育严重滞后

近年来，我国政策性储粮库存持续保持在高位，不仅给财政、保管带来巨大压力，更降低了粮食流通的效率。大规模的托市收储和临储，虽然促进了粮食产量逐年增长，但是扰乱了市场的定价之锚，使得粮食市场定价失灵。国内粮食价格尤其是玉米、大豆等粮食价格形成机制失灵，无法真实反映市场的供需情况，国内价格长期高于国际市场价格。相关的农产品加工、销售流通等产业链企业长期低迷，经常出现“稻强米弱”“豆挺油衰”等现象，整个粮食产业链“大而不强”。作为粮食流通的关键环节，加工经营企业缺乏利润沉淀、投入研发、持续创新的动力和条件，销售企业缺少流通产业链和供应链条优化空间，使得整个中下游流通产业链持续承压，导致我国很难孕育出具有国际竞争力和话语权的粮食巨头①。

（4）城乡二元结构特征依然明显

一是城乡要素自由流动和平等交换仍面临体制机制壁垒。由于农业的产业特性、农村的地域特性，目前我国农业农村在推进市场经济建设、吸引要素不断集聚方面面临的挑战更大、任务更重。由于城乡要素流动仍存在制度性障碍，目前我国土地、人才、资金等要素仍然更多呈现为向城市“单向”流动，人才、资金要素不投向农村，农村土地资源得不到充分开发利用，造成城乡要素出现结构性错配。城乡要素权利不对等、收益分配不公平，城乡居民在基础设施、基础教育、医疗卫生和社会保障等方

---

① 曹海军，马斌．粮食流通体制：粮食安全战略的关键环节［EB/OL］．https：//www.gmw.cn/xueshu/2023-02/23/content_36386951.htm.

面存在明显差距，导致农业农村发展活力和后劲不足，乡村内在潜力难以得到充分挖掘。

二是县域经济综合承载能力仍显不足。县域既是连接城乡经济社会的纽带，也是连接新型工业化、信息化、城镇化与农业现代化的关键点，率先在县域内破除城乡二元结构，是推进城乡融合的有效突破口。近年来，农民工就地就业趋势明显，部分农村富余劳动力选择就地转移，一些外出农民工也开始返乡创业，在县城安家。但目前县城综合发展水平与地级及以上城市城区相比还存在很大差距。多数县城产业基础相对薄弱，服务业发展滞后，产业大多处于中低端，创新能力和竞争力不足，县城人才结构不合理，特别是新兴产业、创新创业人才尤为缺乏。县城在基础教育、公共卫生、市政设施、人居环境等方面还存在不少短板弱项，高质量公共服务供给能力也较弱。

（三）46 年来农村改革的基本经验

在推进农业农村改革发展的过程中，党中央立足国情农情，始终坚持处理好农民与土地关系这条主线，坚持市场化改革方向，从土地制度改革入手，不断巩固和完善农村基本经营制度，稳定土地承包关系，坚守改革底线，掌握农村改革、发展、稳定主动权。始终坚持农民主体地位，尊重基层和群众的首创精神，调动农民积极性、创造性、历史主动性，不断提升农民群众的获得感、幸福感、安全感。始终坚持统筹城乡经济社会发展，建立健全城乡融合发展体制机制和政策体系，打通城乡要素双向流动通道，推动城乡间要素平等交换，不断深化的改革让农村生产力得到极大解放，让农业现代化实现跨越式发展，让农村社会保持了和谐稳定发展的好势头。

1. 坚持处理好农民与土地关系这条主线

千百年来，土地是农民安身立命之本。处理好农民与土地的关系，始终是农村改革的主线①。家庭联产承包责任制的实行，实现了土地所有权和承包经营权分离，既发挥了集体经济的优越性，又调动了农民家庭经营的积极性，符合我国国情农情，解放和发展了农村生产力，加快农业农村发展和国民经济全面繁荣，并产生了深远影响和极大推动作用。我国始终坚持土地集体所有和家庭承包经营，完善承包地“三权”分置制度，第二轮土地承包到期后再延长 30 年，保持土地承包关系稳定并长久不变，现阶段不得以退出土地承包权作为农户进城落户的条件。上述措施既有利于增强农民发展生产的信心，给他们吃下“定心丸”，又有利于促进农村土地流转，发展适度规模经营，还有利于保障农村长治久安。

2. 坚持把维护广大农民的利益和民主权利放在首位

推进农村改革，要把尊重农民首创精神、调动农民积极性、发展农业生产力作为出发点和落脚点，确保农民是农村改革与发展的受益主体。改革开放 46 年来，我国通过不断巩固和完善以家庭承包经营为基础、统分结合的双层经营体制，保障农民的最

---

① 赵鲲. 牢记初心使命处理好农民与土地的关系——中国共产党农村土地政策百年回顾与启示［EB/OL］. https：//baijiahao. baidu. com/s？ id=1714375145142810936&wfr=spider&for=pc.

基本经济权利。以农业投入、价格支持、农业补贴、金融服务等为重点，建立完善农业支持保护制度，保障农民经济利益和收入增长。推动农村劳动力流动制度改革，赋予了农民自由迁徙、自由择业的发展权利。推进农村集体经济组织运行机制和产权制度改革，明确集体产权的权属和边界，赋予集体经济组织和农民个人对集体产权的各项权能，提升了农民在集体经济发展中的主体地位，在坚持集体所有制的基础上赋予了农民更多的财产权利和更完整的财产权能。通过乡村治理体制改革，强化农村基层民主，改善了农村社会管理，使农民能够享有对农村社会经济事务的知情权、参与权、决策权和监督权。实践表明，上述措施确保了农民是农村改革与发展的参与者和受益者，促进了农村经济社会的协调同步发展，为农村改革与发展的持续推进奠定了坚实的社会基础。

3. 坚持以工补农、工农互促融合发展

工业和农业是不可分割的整体，工业是农业发展的“助推器”，农业是工业发展的“稳定器”，两者互为支撑、互为补充。我国在推进农村改革的过程中，始终重视处理好工业和农业之间的关系。坚持工农互补理念，强化以工补农，聚集更多工业和城市资源，精准投向农业农村，加快乡村补短板强弱项建设。推动形成工农互促、融合发展，把实施乡村振兴战略与城市化工业化发展结合起来，相互促进、共同提高。

4. 坚持以城带乡、城市反哺农村

改革开放以来，我国破除城乡二元结构是从局部到全面渐次展开的。户籍制度与劳动力流动制度改革保障了农民最基本的平等发展权利；自 2000 年农村税费改革开始，取消农业税及建立农业补贴制度等重大改革标志着国家与农民之间的关系从“多取少予”向“多予少取”转变；农村最低生活保障制度、新型农村合作医疗制度、新型农村社会养老保险制度等的建立以及随后的城乡并轨，推动了城乡社会保障一体化的进程；农村土地征收、集体经营性建设用地入市和宅基地制度改革，扩大了农民的财产权利，促进了农民分享工业化、城镇化的红利。这一系列改革的相继推进，促使城乡关系从分割到统筹，再到一体化和融合发展的方向转变。全方位破除城乡二元结构，构建城乡融合发展的体制机制，将为实现农业农村现代化和乡村全面振兴提供制度保障。

（四）党的十八大以来农村改革取得的新突破和新成效

党的十八大以来，以习近平同志为核心的党中央坚持把解决好“三农”问题作为全党工作重中之重，持续加大强农惠农富农政策力度，全面深化农村改革，建立健全农村基本经营制度，积极推进农村承包地“三权”分置改革，推进农村管理体制和农产品流通体制改革，扎实推进乡村振兴战略。同时，持续深化对城乡关系演变规律的认识，深入推动城乡一体化和融合发展。

1. 农村基本经营制度进一步巩固完善

一是农村土地制度改革稳步推进。首先，农村承包地确权登记颁证工作取得显著

成效。通过"确实权、颁铁证"，让农民吃上"定心丸"。截至2020年底，全国2838个县（市、区）、3.4万个乡镇、55万多个行政村已基本完成承包地确权登记颁证工作。全国农村承包地确权登记颁证超过96%，2亿农户领到了土地承包经营权证，我国农村承包地确权登记颁证工作基本完成[①]。**其次，第二轮土地承包到期后再延长30年试点、农村宅基地制度改革试点稳步推进**。我国分别于2020年、2023年开展两轮土地承包到期后再延长30年整县试点，2024年在安徽、湖南、广西三省区启动二轮延包整省试点[②]，逐步扩大试点范围，坚持大稳定小调整，确保大多数农户原有承包权保持稳定、顺利延包，有条件的地方可在农民自愿的前提下，结合农田集中连片整理探索解决细碎化的问题。稳慎推进农村宅基地制度改革试点，切实摸清底数，加快房地一体宅基地确权登记颁证，加强规范管理，妥善化解历史遗留问题，探索宅基地"三权"分置有效实现形式。**最后，土地经营权流转市场不断健全**。农户依法采取出租、转包、互换、入股等多种流转方式，实现农业生产规模化。截至2021年6月底，全国已有1239个县（市、区）、18731个乡镇建立农村土地经营权流转市场或服务中心，全国家庭承包耕地流转面积超过5.55亿亩，超过确权承包地的三成[③]。

二是全国农村集体产权制度改革阶段性任务基本完成。目前，全国农村集体账面资产总额达到9万多亿元，登记赋码的农村集体经济组织90多万个，农村集体经济组织成员9亿多人[④]。2024年6月，十四届全国人大常委会第十次会议表决通过《农村集体经济组织法》，将于2025年5月1日起施行，明确了农村集体经济组织法律地位、职能职责、成员定义及其确认和退出规则、财产经营管理和收益分配、成员救济途径等重要内容，特别是明晰农村集体经济组织成员的权利义务，农村集体经济组织实现有法可依，为巩固农村集体产权制度改革成果，促进新型农村集体经济高质量发展，奠定了良好法治基础[⑤]。

三是新型农业经营主体发展质量效益稳步提升。以家庭农场、农民专业合作社、农业企业为代表的新型农业经营主体规模日益扩大，产业链不断延长，联农带农作用逐渐增强，为发展土地适度规模经营、推动农业现代化打下了坚实的经营体系基础。截至2023年9月底，全国农民合作社超过221万家、家庭农场近400万个，新型农业经营主体数量达620万家。超过107万个组织开展社会化服务，服务带动小农户9100多万户，覆盖超19.7亿亩次。

---

① 孙喜保．全国农村承包地确权登记颁证基本完成［EB/OL］．https：//baijiahao.baidu.com/s? id=1682295115274647860&wfr=spider&for=pc；

② 农业农村部．"推动高质量发展"系列主题新闻发布会［EB/OL］．https：//mp.weixin.qq.com/s/YKFnQ_967XIaEZlWbXoNVw；

③ 巩固完善农村基本经营制度深入推进农村产权制度改革［EB/OL］．https：//m.gmw.cn/baijia/2022-12/30/36268602.html；

④ 保障9亿多人的集体经济权益［EB/OL］．https：//baijiahao.baidu.com/s? id=1804053733812123142&wfr=spider&for=pc；

⑤ 为"特别法人"立法农村集体经济组织实现有法可依［EB/OL］．https：//www.thepaper.cn/newsDetail_forward_28098160.

2. 粮食安全根基进一步夯实

一是粮食生产实现连年丰收。2023 年，我国粮食产量达到 13908.2 亿斤，连续 9 年稳定在 1.3 万亿斤以上，比上年增产 177.6 亿斤，再创历史新高；人均粮食占有量达到 493 公斤，比上年增加 7 公斤，继续高于国际公认的 400 公斤粮食安全线。重要农产品供给保障有力。大豆油料扩种成效明显，2023 年大豆种植面积达到 1.57 亿亩，产量 416.8 亿斤，创历史新高。油料作物种植面积迈上 2 亿亩台阶。生猪产能保持稳定，全年猪肉产量 5794 万吨，比上年增长 4.6%。牛羊禽肉、牛奶、水产品全面增产，蔬菜水果供应充足。

二是"藏粮于地"战略深入推进。首先，严守 18 亿亩耕地红线。采取"长牙齿"的硬措施，坚持实行最严格的耕地保护制度，落实耕地保护党政同责，压紧压实地方各级党委和政府的主体责任，2023 年全国耕地总量实现连续第三年净增加。**其次，不断加大高标准农田建设力度，取得积极进展。**到 2023 年底，全国累计建成面积超过 10 亿亩，建成各类田间灌排渠道 1000 多万千米、小型农田水利设施 2700 多万处，农田抗灾减灾能力明显提升，实现了大灾少减产、小灾能稳产、无灾多增产，为全国粮食产量连续 9 年稳定在 1.3 万亿斤以上提供了重要支撑。

三是不断优化完善农业科技体制，农业科技发展取得长足进步[①]。**首先，发挥新型举国体制优势，集中力量推动优化农业科技创新体系。**切实发挥好国家实验室的作用，进一步明确中央级、省级、地市级各层级的农业科研院所，以及科研机构、涉农大学、农业科技型企业的定位和作用，通过政策引导、机制创新和考核评价，撬动推动各级各类创新主体立足定位、优势互补、同向发力，提升整体效能。2023 年，农业科技进步贡献率达到 63.2%，农业科技创新整体水平已经迈入世界第一方阵。**其次，种子、农机装备等关键核心技术攻关加快推进。**种业振兴行动实施三年，取得阶段性成效，截至 2023 年底，国家级制种大县和区域性良种繁育基地供种保障能力提高到 75%，全国农作物良种覆盖率在 96%以上，自主选育品种面积占比超过 95%，保障了中国粮主要用中国种。农机装备补短板取得突破，320 马力无级变速拖拉机、电驱式精量播种机成功量产应用，再生稻收获机、油菜移栽机等产品基本成熟。2022 年，农作物耕种收综合机械化率达到 73%，装有北斗定位作业终端的农机装备达 180 万台（套）。**最后，加快完善农业科技转化机制。**努力打通科学研究、实验开发、推广应用全链条。改革提升农技推广体系，发挥好国家农业高新技术产业示范区带动引领作用，完善科技特派员、科技小院、专家大院等服务模式，支持新型农业经营主体、科技服务企业等开展科技服务，加速科技成果转化为现实的生产力。

3. 农业供给侧结构性改革扎实推进

一是农业供给结构不断优化。2022 年，全国农业及相关产业增加值达到 19.57 万亿元，占国内生产总值的比重为 16.24%，比上年提高 0.19 个百分点。其中，农林牧

---

① 农业农村部．"推动高质量发展"系列主题新闻发布会［EB/OL］. https://mp.weixin.qq.com/s/YKFnQ_967XIaEZlWbXoNVw.

渔业、食用农林牧渔产品加工与制造、农林牧渔业及相关产品流通服务增加值规模居全国前三，占农业及相关产业增加值的比重分别为47.3%、20.7%、14.1%。大豆油料种植面积稳中有进，优质食味稻、强筋弱筋小麦等优质专用农产品日益丰富，菜果茶、猪肉、羊肉、禽蛋、水产品产量均居世界首位。

二是农业产业链加快升级。2022年，我国农产品加工转化率达到72%，规模以上农产品加工企业营业收入超过19.14万亿元，农产品加工业产值与农业总产值比达到2.52∶1。休闲农业营业收入超过7000亿元，农产品网络零售额超过5300亿元，直播带货等新业态不断涌现。

三是农业生产经营方式、资源利用方式发生深刻变化。2022年，全国农作物耕种收综合机械化率达到73%，小麦、水稻、玉米三大粮食作物化肥利用率达到41.3%，绿色防控覆盖率达到52%，农业绿色发展理念深入人心，农业质量和综合效益显著提高。

4. 乡村振兴战略取得明显成效

2022年，《乡村振兴战略规划（2018—2022年）》圆满收官，各项阶段性目标完成情况符合预期，乡村振兴取得明显成效。

一是乡村产业发展势头良好。2023年，全国规模以上农产品加工业企业超过9万家。新建50个国家现代农业产业园、40个优势特色产业集群、200个农业产业强镇，创建100个农业现代化示范区。农村居民人均可支配收入达到21691元，比上年实际增长7.6%，高于城镇居民4.8%的增速水平，农民就业增收渠道拓宽。

二是农村生产生活条件明显改善。农村人居环境整治提升稳步推进，全国农村卫生厕所普及率超过73%，消除2200余个较大面积农村黑臭水体，农村生活污水治理（管控）率达到40%以上，生活垃圾得到收运处理的行政村比例保持在90%以上，农村自来水普及率达87%，具备条件的乡镇和建制村全部通硬化路。

三是乡村治理效能稳步提升。2023年，第一、第二批全国乡村治理示范村镇完成复核，新认定第三批100个全国乡村治理示范乡镇、1001个全国乡村治理示范村，清单制、积分制等治理方式覆盖面不断扩大。推动农村精神文明建设高质量发展。创新开展乡村文化体育活动，2023年，超5亿人次直播观看全国“村BA”决赛，全网曝光量超400亿次。

四是脱贫攻坚战取得全面胜利，持续用力巩固拓展脱贫攻坚成果。2021年2月，我国宣布脱贫攻坚战取得了全面胜利，现行标准下9899万农村贫困人口全部脱贫。近年来，面对疫情、自然灾害、严重疾病等风险隐患，我国设立5年过渡期，防止返贫动态监测和帮扶机制不断健全，牢牢守住了不发生规模性返贫的底线。推广使用大数据分析手段，及时识别存在返贫致贫风险的农户，将其纳入监测对象。2023年，超六成的监测对象消除返贫风险，其余均已落实帮扶措施。全年脱贫劳动力务工总规模达到3396.9万人，超过年度任务目标377.7万人。

5. 城乡融合发展加快推进

一是农业转移人口市民化加快推动。2022年，我国常住人口城镇化率达到

65.22%。目前，我国农业转移人口市民化制度基本建立，户籍制度改革取得历史性突破，城市落户门槛大幅降低，城区常住人口 300 万以下城市基本取消落户限制，城区常住人口 300 万以上城市有序放宽落户条件。2014 年以来，全国有 1.3 亿农业转移人口成为城镇居民。城镇基本公共服务覆盖范围扩大，农民工参加城镇职工基本医疗和养老保险的比例提高，随迁子女在常住地接受义务教育的要求落实，2021 年，90.9%的义务教育阶段随迁子女在流入地公办学校就读或享受政府购买学位服务。

二是城乡融合发展体制机制和政策体系不断建立健全。2019 年，《中共中央　国务院关于建立健全城乡融合发展体制机制和政策体系的意见》印发实施，城乡一体的基本公共服务提供机制逐步建立，11 个国家城乡融合发展试验区全部制定下发实施方案，各项改革试验任务加快推进。城乡居民收入差距持续缩小，2023 年，城乡居民人均可支配收入比值为 2.39，比上年缩小 0.06。

二、进一步全面深化农村改革面临的新形势新要求

党的二十大擘画了全面建设社会主义现代化国家、以中国式现代化全面推进中华民族伟大复兴的宏伟蓝图，首次提出加快建设农业强国，把加快建设农业强国摆在建设社会主义现代化强国的重要位置。党的二十届三中全会《决定》首次提出“统筹新型工业化、新型城镇化和乡村全面振兴”，要求促进城乡共同繁荣发展，巩固和完善农村基本经营制度，完善强农惠农富农支持制度，深化土地制度改革。当前，百年未有之大变局加速演进，世界政治、经济、安全格局发生深刻变化，国际经济环境进入不稳定和波动时期，我国粮食安全面临的外部风险挑战明显增多。国内短期需求不足与中长期结构性问题相互交织、内生增长动力不足，现阶段“三农”问题仍然是建成社会主义现代化强国的短板、难点和重点。以中国式现代化全面推进强国建设、民族复兴伟业，必须在统筹发展与安全中，不断深化农业农村重点领域和关键环节改革，加快农业农村现代化步伐，统筹推进城乡融合发展，不断释放农业强国动力和乡村振兴活力，夯实中国式现代化的农业农村基础。

（一）粮食安全基础仍不稳固、外部风险挑战增多

1. 国际粮食供应链风险加大

当前世界百年未有之大变局加速演进，国际力量对比深刻调整，大国博弈更趋激烈，地缘政治冲突加剧，在高通胀、高债务、高利率制约下，世界经济增长动能趋弱，风险挑战增多，外部环境对我国发展的不利影响加大。我国是粮食进口大国。海关总署数据显示，2023 年，我国累计进口粮食 1.62 亿吨，同比增长 11.7%，占到全国粮食总产量（6.95 亿吨）的 23%，仍处于历史高位。从粮食结构看，小麦、水稻作为口粮做到绝对安全没有悬念，但部分农产品对外依赖程度仍然较高。比如，大豆对外依存度高达 85%左右，食糖、菜籽油分别为 35%、37%左右，玉米也达到 10%左右。近几年，气候变化导致极端天气事件日渐频发，且前几年新冠疫情冲击导致全球供应链不稳定，俄乌冲突、红海危机等地缘政治风险事件进一步扰乱全球粮食贸易秩序，国

际粮食安全形势复杂严峻。联合国粮农组织2023年7月发布的《2023年世界粮食安全和营养报告》显示，2022年，全世界有6.91亿~7.83亿人面临饥饿，中位数高达7.35亿，较新冠疫情暴发前的2019年增加了1.22亿饥饿人口。报告指出，到2030年实现可持续发展目标中关于“零饥饿”的具体目标，仍是一项艰巨挑战。我国要未雨绸缪，始终绷紧粮食安全这根弦，确保中国人的饭碗牢牢端在自己手中。

2. 耕地提质保量任务依然艰巨

截至2023年，我国粮食产量已经连续9年稳定在1.3万亿斤以上，今后继续保持粮食稳产增产，对稳住耕地面积、主攻单产、力争多增产都提出更高要求。**从耕地基础看**，我国耕地质量水平总体偏低，水土资源匹配不协调，耕地退化形势依然严峻，一些地方水土流失、土壤退化、农业面源污染加重。耕地“非粮化”“非农化”问题依然突出，守住耕地红线的基础尚不稳固。我国仍处在城镇化快速发展期，而城乡建设外延扩张的态势尚未扭转，工业用地、交通用地、城市扩张用地等需求仍然强劲，多数地区仍是粗放型经济发展模式、土地利用效率偏低，城市化推进与耕地保护之间的矛盾依然突出。部分地方政府主观上对耕地和永久基本农田重视程度仍不够，缺乏系统耕地保护和占补平衡意识，耕地保护红线主体责任不够强，保障发展中突破“用地常规”，放松对产业供地和节约集约利用的约束，对违法违规占用耕地监管不到位。**从耕地质量提升看**，近年来，高标准农田建设在改善我国农业生产条件、提升抗灾减灾能力方面发挥着重要作用。但我国高标准农田建设依然存在薄弱环节，存在设计、施工、验收等监管不力的现象，后期管护工作未得到足够重视。高标准农田建设投资需求较大，在经济下行压力加大、外部环境发生深刻变化的复杂形势下，地方政府和企业在项目实施中可能会出现财政资金不足、融资困难等情况。黑土地是保障国家粮食安全的重要“压舱石”。近年来，党中央、国务院通过制定保护规划和实施行动方案等措施保护黑土地，但是仍存在政策协同性不足、稳定投入机制未建立、责任主体不够明确等问题。盐碱地综合改造利用是拓展农业生产空间、保障国家粮食安全的重要抓手。但目前我国推进盐碱地综合利用的长效机制仍不健全，盐碱地治理周期长、投资大、维护成本高且是可逆的，盐碱地治理在资金投入、投融资机制、后期治理维护等方面存在诸多瓶颈。

3. 确保粮食安全、推动产能提升对完善农民种粮和地方抓粮激励机制提出更高要求

我国粮食面积已处于历史高位，耕地和水资源约束越来越紧，依靠扩大面积增加产量的空间有限，未来保证粮食安全、推动产能提升的关键在于增单产。**一是调动农民种粮和地方抓粮两个积极性，需要加快完善粮食产销区省际横向利益补偿机制。**我国有13个主产区、7个主销区和11个产销平衡区。由于粮食生产产值低，产后加工业多属于利润率相对较低的行业，种粮农民的亩均收益低，地方政府税收较少，导致我国粮食生产长期呈现“粮食大县、财政穷县”格局。产粮大省多数是财政“穷省”，而多数经济大省是主销省，是粮食净调入地区。地区间粮食消费与生产差距较大，粮食调入省对粮食调出省进行利益补偿的制度性安排不足，粮食主产区发展粮食产业、调动农民种粮积极性面临压力，也不利于缩小地区差距，推动区域协调发展。**二是未来实现粮食产能提质增效，需要进一步完善农民种粮积极性鼓励机制。**尽管目前国家实施了免征农业税、发放种粮补贴等政策，但不足以解决种植粮食与经济作物或其他养殖业之间的效益“剪刀差”，粮食价格的浮动总体偏低，种粮效益低。近年来，种子、化肥、农药等农资价格抬升，土地租金、人工成本不断上涨，逐步抵消了农民得到的国家粮食直补和综合直补。与此同时，随着城镇化进程的快速推进，农户通过进城务工收入提高，也进一步影响了种粮农民的积极性①。未来需要进一步健全农民收益保障机制，确保粮食生产的比较效益稳定在较高水平，激发农民生产粮食的积极性。

4. 实现高水平农业科技自立自强对完善农业科技体制机制提出更高要求

首先，当前我国实现高水平农业科技自立自强的重要性和迫切性日益提升。从世界农业科技发展趋势看，当前全球农业科技新革命正在蓬勃兴起。以基因工程为核心的农业生物技术已成为发展最为迅速、应用最为广泛的生物技术。同时，以数据为中心的“农业4.0”正在重塑农业产业，传感器、物联网、云计算、区块链、人工智能、机器人及大数据等数字技术和智能技术迅速向农业生产、生态各环节渗透，深刻改变了农业生产方式。目前主要发达国家正在掀起新一轮全球科技和产业竞赛，抢占下一轮经济增长的战略制高点。同时，在技术领域，目前以美国为首的西方国家对我国实施全方位的遏制、围堵、打压。例如，美国视生物经济为关系到经济繁荣和国家安全的重要议题，将生物技术纳入出口管制清单并试图遏制我国生物技术快速崛起。这就要求我们必须通过农业科技自立自强，力争在世界农业科技前沿领域占有重要位置，增强应对外部重大风险挑战能力，确保农业供给保障安全可靠。

其次，国内农业科技体制机制还不能对高水平农业科技自立自强形成有力支撑。2022年，我国农业科技进步贡献率达到62.4%，我国农业科技创新整体水平已经迈入世界第一方阵，但与世界农业强国80%左右的水平相比还有不小的差距。**一是农业科技投入强度、结构、资源配置等短板明显，还难以满足高水平农业科技自立自强的要求。**我国农业科技投入占农业GDP的比重只有0.71%左右，远低于发达国家2%~3%的投入水平。农业科技基础研究经费比例较低，不利于我国农业原创性科学研究和产业核心关键技术创新。相关研究测算表明，我国农业科技成果转化率仅为40%左右，同发达国家相比存在较大差距。科研院所和高等院校受资助模式、评估体制和科技生态影响，转化科技成果的动力与意愿不强，研发活动与生产实际和市场需求脱节。**二是对企业创新主体的鼓励支持机制也明显不足。**农业企业习惯于依靠土地扩张、资本扩容、劳动力集聚来实现外延式发展，对新技术、新成果的依赖性和重视程度不高。企业总体研发能力不足，还远未成为技术创新和成果产出与转化的主体。农业企业核心技术研发知识产权保护不到位，新品种培育、销售、推广等各环节保护水平低、范围窄、力度弱，影响了企业原始创新活力。同时，农业科研院所、大专院校、农业企业等创新主体职责不清、分工不明，同质化竞争严重，科技资源配置缺乏效率，科研

① 激发农民种粮积极性迫在眉睫［EB/OL］. http：//www.moa.gov.cn/xw/qg/202102/t20210223_6362065.html.

经费分配碎片化、分散化，也不利于长周期、持续性科研任务的有效开展。

（二）全面推进乡村振兴战略面临新形势新要求

1. 全面推进乡村振兴对强化乡村产业支撑带动能力提出更高要求

一是推进乡村全面振兴要求进一步激发乡村产业发展动力。推动乡村产业振兴，要求围绕发展现代农业，深入推动农村一二三产业融合发展，构建乡村产业体系。农业农村部数据显示，2022年，我国农产品加工业与农业总产值比为2.52：1，远低于发达国家3.5：1的水平；农产品加工转化率为72%，比发达国家低近14个百分点。农业仍处于为其他产业提供要素和产品阶段，产业间互动融合程度较低，产业链条延伸不足、产品转化能力不足、附加值低。

二是乡村产业振兴发展需要进一步强化各项要素保障。目前我国农业人才、资金、技术等要素供给缺口依然明显。在人才方面，农村优秀人才和青壮年劳动力流失严重，乡村从业人员年龄老化，新型职业农民力量不足，新理念、新技术、新模式推广运用受限，制约了乡村产业高质量发展。有机构预测，到2025年，我国农业在生产经营、专项技术操作、农业信息化机械化、高级农业经理人、大型农场技术负责人、植保营养技术等方面的人口总缺口超过千万。在资金方面，目前农村金融供求缺口仍然明显。现有涉农资金主要以财政、政策性金融资金为主，资金规模相对有限，无法满足农村经营主体日益增长的资金需求。同时，现阶段农业农村投资仍面临一些挑战，如投资回报周期长、风险相对较高等，社会资本参与农业农村建设仍存在一些现实困难，影响投资预期和信心。在技术方面，乡村产业科技贡献率较低，普遍面临先进技术、科学知识、管理知识、高质量信息等创新要素缺乏难题。

三是数字乡村等新技术新业态新模式发展为农业现代化提供新动能。大数据、人工智能、移动互联网等新兴数字技术正在深刻地改变着农业生产方式，成为新的生产要素、核心技术和竞争力的来源。农业农村部信息中心《中国数字乡村发展报告（2022年）》显示，当前我国智慧农业建设快速起步，全国大田种植信息化率达到21.8%，一些地方实现了耕种管收全过程信息感知、定量决策、智能作业；生猪和家禽养殖信息化率分别达到36.9%、36.4%，数字技术集成应用日益成为规模养殖场的标配。“数商兴农”等工程扎实推进，有力促进了农产品产销对接和农村电商发展；截至2021年底，有36.3%的市级以上重点农业龙头企业通过电商开展销售，利用电商销售的农产品加工企业营业收入比上年增长10.8%。农业生产、加工、销售、物流等产业链各环节正在加速向数字化、智能化转型升级，推动传统农业加快向现代农业转型升级。但总的来看，我国数字乡村仍处于起步阶段，城乡“信息鸿沟”仍然存在，城乡数字基础设施差异仍然显著，数据要素积累差距较大，农村人口的数字素养普遍不高，未来推进数字乡村建设仍有很大的改进空间。

2. 全面推进乡村振兴亟须弥补农村基础设施短板

我国农村人居环境条件、公共服务设施建设还有很大改善空间。我国农村生活条件虽已得到了显著改善，但很多地区的农村生活条件仍相对较差，距离现代生活条件还有不小的差距。基础设施往村覆盖、往户延伸还存在明显薄弱环节，仍有超过 1/3 的自然村（组）未通硬化路，约 1/5 的行政村未通快递，约 15%的农户没用上自来水，超过 4 成农户没用上互联网，农村厕所、垃圾污水处理、村容村貌等人居环境条件还需持续改善。我国农村教育、医疗、养老、社保等公共服务体系逐步完善，“有没有”的问题已基本解决，但“好不好”的问题还比较突出，城乡差距仍较大，亟须提高农村居民享受公共服务的可及性、便利性。

目前农业基础设施建设在投融资方面仍面临一些困难和挑战。一是投融资渠道较为狭窄，与社会资金匹配度仍然不高。农村基础设施建设仍然基本靠国家补助、地方财政资金，随着小城镇、农村各项事业的快速发展，建设资金短缺压力日益加大。同时，农村基础设施建设大部分是公益性事业，不产生直接的经济效益，难以得到信贷的支持。部分乡镇、村因历史原因负债重，无力筹措农村基础设施建设资金。农业农村基础设施建设项目具有周期长、成本高的特点，与社会资金的匹配度不高，建设项目运作的市场化程度不足，导致对商业资金、社会资金的吸引力不够。**二是对资金使用过程缺乏有效监督。**受行政体制改革滞后、信息不对称、预算不完整等因素影响，农村基础设施资金使用缺乏监督，资金管理混乱，挪用滥用现象层出不穷，暗箱操作突出。**三是农村基础设施管护机制仍不健全。**长期以来，在农村基础设施建设过程中存在重建设轻管理、管护机制不健全、资金使用过程缺乏有效监督等因素，农村基础设施长期运行和效益发挥缺乏足够保障，工程长期效益尚未得到很好发挥。

3. 乡村公共服务面临人口老龄化与城镇化新阶段双重挑战

无论是经济发展水平、养老基础设施，还是社会治理能力和公共服务水平，农村都严重滞后于城镇。当前我国农村地区老龄化程度和发展速度已超过城镇地区。根据第七次全国人口普查数据，2020 年，我国农村 60 岁及以上老年人口达 1.21 亿，占农村总人口的比重为 23.81%，比城镇地区高出 7.99 个百分点。同时，人口城乡流动进一步加剧了农村人口老龄化问题。由于非农就业劳动力主要是青壮年劳动力，随着城镇化、工业化的推进，大量农村青壮劳动力迁徙至城镇；在农村从事农业生产的劳动力则以老年人为主，农村留守老人居多，空巢问题突出。目前我国仍主要以行政村为基本单位配置公共服务资源，随着乡村地区日益“空心化、碎片化”，一些乡村地区人口数量持续减少、分布过于分散，将导致公共服务机构建设资金、人员投入、维护管理等成本过高，但能获得的收益却很少，投入与回报不匹配，进一步加剧了农村地区公共服务兜底保障的难度。

4. 农村社会结构变化对创新基层治理方式提出新要求

首先，当前我国乡村人口总量和结构、生产生活方式、农村社会价值观念、传统乡土秩序等方面都在发生深刻变化。随着家庭农场、专业合作社、社会化服务组织等新型农业经营主体逐步成为乡村经营的骨干力量，乡村利益结构、利益主体和利益诉求更加多元化。这些都对推进乡村治理现代化、不断改进和创新乡村治理工作思路及方法、激发农村内生动力提出更高要求。**其次，随着农村物质生活条件的大幅改善，**

农民群众的精神文化需求也在不断提升。目前各地政府对农村地区的文化设施硬件投入力度较大，但在农村文化道德等软环境建设方面仍有待改进完善，农民喜闻乐见、愿意参与体验的文化活动较少，学习科学文化知识、提升道德情操水平的途径也相对匮乏。

（三）“以人为核心”的新型城镇化站在新起点提出新要求

1. “以人为核心”的新型城镇化需要把农业转移人口市民化摆在突出位置

党的二十大报告指出：“推进以人为核心的新型城镇化。”坚持以人为核心的新型城镇化，就是要合理引导人口流动，有序推进农业转移人口市民化，稳步推进城镇基本公共服务常住人口全覆盖，不断提高人口素质，在城镇化过程中促进人的全面发展和社会公平正义，使全体居民共享现代化建设成果。2023 年，我国城镇化率为 66.16%，与发达经济体 80%左右的水平相比，还有提升空间。随着生活水平的提高，城市农业转移人口的诉求已不仅仅是个体进城谋生，而是要求在工作收入稳定性、住房租赁、随迁子女上学、养老、医疗和休闲娱乐等方面公平地获得城镇基本公共服务和发展机会，这对有序推进农业转移人口市民化、加快完善相关配套政策提出更高要求。当前我国有 2.8 亿名农民工，其中 1.7 亿人跨乡镇进城打工，还有 1 亿多人在本乡镇就业。但在部分人口流入地区，由于落户限制，外来人口无法享受与当地居民同等的城市资源和公共服务。同时，由于外来人口缺乏在务工城市定居的预期，降低了农民工本人和用工企业对职业技能进行长期投资的内在动力，抑制了城市化的扩内需效应。同时，对于进城农民，由于放弃了承包地和宅基地进城，而又得不到城镇相应的社会保障，将直接影响农民对土地的配置行为，不利于农地制度改革与资源的有效利用，未来也需要在城镇化背景下统筹考虑农地制度改革相关问题，保障进城农民在土地承包权、宅基地使用权、集体收益分配权等方面的合法权益。

2. 县域成为统筹新型城镇化和乡村全面振兴重要切入点

近几年，越来越多的农民选择离土不离乡，农业人口就近城镇化趋势明显。农业农村部数据显示，2012 年至 2022 年底，我国返乡入乡创业人员累计达 1220 万人，带动乡村就业超过 3400 万人。县域经济转型升级潜力也在逐步释放，据工信部数据，2022 年，我国县域经济总量达 46.5 万亿元，以县域为单元的农村重点领域改革深入推进，大批园区、基地、集群等产业项目纷纷落地，大数据服务、直播电商等数字经济形态在各区县不断涌现。随着地区承接专业转移，中西部地区的县城也开始崛起、吸纳大量农业转移人口。选择在小城市或县城就业安家的农业人口，对加快完善县城产业、配套公用设施需求巨大，对县域资源环境承载能力、产业发展、配套基础设施和公共服务都提出新的要求。未来我们需要顺应县城人口流动变化趋势，进一步完善户籍制度、省以下财政转移支付与农业转移人口市民化挂钩、财政转移支付等机制，推动更多公共资源向县城集中，加快完善农业转移人口市民化配套措施。

（四）守牢不发生规模性返贫底线任务依然繁重

当前国内经济面临需求不足和信心不足的突出矛盾和问题，在经济面临严峻挑战下，部分脱贫地区内生发展动力不足、发展能力薄弱的问题将进一步凸显。我国贫困人口主要集中在西部地区，大多地方自然条件恶劣、生态环境脆弱，交通便利度较低，受经济下行、市场需求不足影响，巩固脱贫攻坚成果、守牢不发生规模性返贫底线面临越来越复杂的风险考验。**一是部分地区脱贫产业实际可持续发展能力有待增强。**我国脱贫地区脱贫产业起步较晚，产业基础薄弱。各地区普遍存在脱贫产业结构单一、特色产业匮乏、同质化现象突出的问题。多数地区脱贫产业以传统种植业为主，农产品加工停留在初级产品阶段，深加工能力不足，产业链条短，产品附加值较少。相关产品产销渠道单一匮乏，在一定程度上依赖脱贫政策资源，产销信息闭塞，应对外部冲击的能力较弱。在国内经济下行、压力加大、地方财力不足的背景下，未来脱贫产业可持续发展仍面临考验。**二是脱贫群众自身发展基础还不稳固，防止返贫任务仍然很重。**一些脱贫人口发展基础和自我发展能力仍然不强，遇到自然灾害、疾病、意外事故等情况出现返贫致贫的可能性仍然存在。相当一部分脱贫户基本生活有了保障，但收入水平仍然不高。有的脱贫户政策性收入占比较高，自我发展能力还有不足，发展基础相对薄弱，一旦扶贫政策断档就可能返贫。

三、深入领会进一步全面深化农村改革的指导思想、基本原则和总目标

实现农业农村现代化是全面建设社会主义现代化国家的重大任务。习近平总书记强调“推进中国式现代化，必须坚持不懈夯实农业基础，推进乡村全面振兴”，要求“坚持农业农村优先发展，坚持城乡融合发展，把责任扛在肩上、抓在手上，结合实际创造性开展工作，有力有效推进乡村全面振兴，以加快农业农村现代化更好推进中国式现代化建设”。面对新阶段“三农”工作的新形势新任务，我国需要在总结发扬改革开放以来特别是党的十八大以来我国农村改革取得的成效及经验的基础上，进一步解放思想，不断拓展农村改革的广度和深度，为加快推进中国特色农业农村现代化提供制度保障。

（一）指导思想

以习近平新时代中国特色社会主义思想为指导，全面贯彻落实党的二十大和二十届二中、三中全会精神，坚持农业农村优先发展，锚定建设农业强国目标，全面深化农村改革，激发乡村发展活力。牢牢守住保障国家粮食安全和不发生规模性返贫两条底线，统筹新型工业化、新型城镇化和乡村全面振兴，全面推进乡村产业、人才、文化、生态、组织振兴，推动城乡高质量融合发展，促进农业高质高效、乡村宜居宜业、农民富裕富足，为全面建设社会主义现代化国家提供有力支撑。

（二）基本原则

一是统筹新型工业化、新型城镇化和乡村全面振兴。把握和处理好新时代工农关系、城乡关系，强化以工补农、以城带乡、城乡互促，加快建立健全城乡融合发展体制机制和政策体系。坚持以人为本缩小城乡、区域及收入差距，不断增强城乡发展的

平衡性、协调性和包容性。持续完善体制机制改革，积极用好财税、金融、产业等方面的政策举措，促进城乡要素资源双向流动、新型城镇化与乡村振兴双向赋能。

二是坚持巩固和完善农村基本经营制度。坚持农村土地集体所有制，坚持家庭经营的基础性地位，坚持稳定土地承包关系。有序推进第二轮土地承包到期后再延长30年试点，深化承包地所有权、承包权、经营权“三权”分置改革，守住土地公有制性质不改变、耕地红线不突破、农民利益不受损底线，有序推进土地适度规模经营。土地流转必须坚持依法自愿有偿的原则，不得违背农民的意愿，不得损害农民的利益，不得改变土地的用途。

三是坚持农业农村优先发展。坚持把解决好“三农”问题作为全党工作重中之重不动摇，进一步统一思想、坚定信心、落实工作，巩固“三农”压舱石作用。不断强化制度性供给和政策安排，在资金投入、要素配置、基本公共服务、人才配备等方面优先保障农业农村发展，加快补上农业农村短板。

四是坚持保障农民的合法权益。在全面推进农村各项改革的过程中，以保障农民权益为根本遵循，将维护农民主体地位、尊重农民意愿、保障农民各项权益摆在突出位置、贯穿始终。通过相关政策措施的严格实施，将农民的经济、政治、社会、文化等各类权利落到实处，让改革发展成果惠及广大农民。同时，充分调动农民的积极性、主动性、创造性，在农村改革关键问题上，必须尊重群众意愿，充分听取群众的意见，保障农村集体成员的知情权、参与权、监督权，听取群众的呼声，发挥群众的智慧。

五是坚持实事求是、因地制宜、试点探索和经验推广的改革路径。要在继承发扬目前农村改革各项成果和客观状况的基础上谋划下一步发展的思路。针对我国农村发展实际，积极开展实践探索，按照“局部试点—经验总结—试点推广”，由点及面、稳妥有序推进农村改革，坚持试点先行、先易后难，不搞齐步走、不搞一刀切。

六是坚持发挥有为政府和有效市场的双重作用。处理好政府和市场的关系，有效区分政府和市场的作用边界。更好地发挥政府引导和保障作用，一方面，用制度建设和方向引导的方式支持农业农村发展，着力破除城乡要素自由流动的障碍，通过深化改革，引导和撬动各类社会资本投向农业农村，实现要素在城乡之间的双向合理流动。另一方面，推动城乡医疗、教育、养老等公共服务均等化。对于市场配置资源更有优势的领域，应更加注重发挥市场在资源配置中的作用，提高农村地区资源配置效率，以市场需求为导向推动农业结构性改革，激发农村发展潜力。

（三）总目标

党的二十大报告提出加快建设农业强国的目标。未来5年，我国“三农”工作要全面推进乡村振兴，到2035年基本实现农业现代化，到21世纪中叶建成农业强国。

到2029年，农村基本经营制度进一步巩固和完善。农村各类所有制经济尤其是农村集体资产所有权、农户土地承包经营权和农民财产权的保护制度更加完善，新型农业经营体系、农业支持保护体系、农业社会化服务体系、农业科技创新体系、适合农业农村特点的农村金融体系更加健全。统筹建立粮食产销区省际横向利益补偿机制，在主产区利益补偿上迈出实质步伐。乡村振兴战略全面推进，城乡融合发展体制机制进一步健全，农村社会治理体系和农村基层组织制度更加完善，农业现代化水平和农民生活水平进一步提升，农村经济社会发展更具活力。

到 2035 年，力争基本实现农业农村现代化。农村集体产权制度、农业经营制度、农业支持保护制度、城乡发展一体化体制机制和农村社会治理制度等全面建成，乡村全面振兴取得决定性进展，城乡实现深入融合发展，农民农村共同富裕稳步推进，为实现 21 世纪中叶社会主义现代化强国、建成农业强国的目标奠定基础。

到 2050 年，中国特色社会主义农村基本经济制度成熟稳定，为建成供给保障强、科技装备强、经营体系强、产业韧性强、竞争能力强、具有中国特色的农业强国提供有力支撑。

四、进一步全面深化农村改革的重点任务

围绕到 2035 年基本实现农业现代化，到 2050 年建成农业强国的目标要求，未来一段时期，要围绕守住保障国家粮食安全、不发生规模性返贫两条底线，推动乡村产业高质量发展、乡村建设和乡村治理，全面贯彻党的二十届三中全会精神，巩固和完善农村基本经营制度，完善强农惠农富农支持制度，深化土地制度改革，完善农村社会治理体系，完善城乡融合发展体制机制，进一步明确深化农村改革的重点方向和有效路径，加快推动重要领域和关键环节改革攻坚突破。

（一）巩固和完善农村基本经营制度

农村基本经营制度是中国农村政策的基石。坚持巩固和完善农村基本经营制度，需要从农村土地承包经营制度、农业经营体系、农村集体经济制度等多个维度入手，形成合力，进一步保障农民权益、激活农村经济、促进乡村全面振兴。

1. 稳定农村土地承包经营制度

有序推进第二轮土地承包到期后再延长 30 年试点。落实农村土地承包关系稳定并长久不变政策，确保农民长期而有保障的土地使用权，稳定土地承包关系，延长土地承包期限，为农民提供长期稳定的经营预期。依法引导土地经营权有序流转，鼓励和支持农民依法自愿流转土地经营权，发展多种形式的适度规模经营，提高农业生产效率和竞争力。

2. 加快完善农业经营体系

一是完善承包地经营权流转机制[①]。完善承包地经营权流转价格形成机制，遵循市场规律，做到有效市场和有为政府更好地结合。在坚持承包地经营权流转价格由市场形成的基础上，明确价格合理区间、强化区间调控，引导流转价格在合理区间运行。健全承包地经营权交易平台体系，因地制宜探索农村产权规范化流转交易机制，发挥

---

① 刘玉俏．确保承包地经营权流转市场合法合理公平［EB/OL］. https：//baijiahao. baidu. com/s？ id=1805775770881814459&wfr=spider&for=pc.

农村产权流转交易市场在土地流转中的主平台作用，完善规划、投资、金融、税收、审计等相关服务和监管制度。推动平台实现相关数据的互联互通和信息共享，加强承包地经营权流转市场价格引导，促进土地流转信息在更大范围发布。可以通过区域土地流转平台发布指导价、发布市场价格指数、开展价格预警、颁布流转竞价管理办法等方式，避免竞价者盲目抬价，做到流转市场良性发展。

二是促进农民合作经营。以小农户为基础、新型农业经营主体为重点、社会化服务为支撑，加快打造适应现代农业发展的高素质生产经营队伍。提升家庭农场和农民合作社生产经营水平，增强服务带动小农户能力。顺应新型农业经营主体和社会化服务组织发展新特点新形势，加快实施新型农业经营主体提升行动，支持有条件的小农户成长为家庭农场，引导以家庭农场为主要成员组建农民合作社。不断完善利益联结机制，推动新型农业经营主体扶持政策同带动农户增收挂钩，建立健全契约型、分红型、股权型等利益分享机制，进一步发挥新型农业经营主体联农带农作用。健全便捷高效的农业社会化服务体系，加强农业社会化服务平台和标准体系建设，聚焦农业生产关键薄弱环节和小农户，拓展服务领域和模式。

3. 发展新型农村集体经济

加快构建产权明晰、分配合理的新型农村集体经济运行机制，赋予农民更加充分的财产权益。**一是明晰集体资产产权。**依法界定集体经济组织的资产所有权，明确集体资产的边界和范围，为集体资产的经营管理提供法律依据。**二是推进集体资产股份合作制改革。**将集体资产量化为股份，实行股份合作制，让农民成为集体经济的股东，享有资产收益权。建立健全农村集体经济组织的法人治理结构，明确组织机构和管理职责，提高决策效率和透明度。完善农村财务管理制度，加强财务公开和审计监督，防止集体资产流失。

（二）完善强农惠农富农支持制度

坚持农业农村优先发展，必须不断加大强农惠农富农政策力度，确保人才、资金、技术、数据等要素投入保障与乡村振兴目标任务相适应。健全保障粮食安全的体制机制，完善覆盖农村人口的常态化防止返贫致贫机制，健全县域富民产业发展促进机制，完善农村基本公共服务保障机制，健全乡村振兴要素投入保障机制，强化农民增收举措，更好服务保障国家粮食安全、推进乡村全面振兴、建设农业强国等重大战略需要。

1. 健全保障粮食安全的体制机制

一是统筹建立粮食产销区省际横向利益补偿机制，调动地方政府重农抓粮的积极性。通过财政转移支付、税收优惠等措施，对产销区之间的利益差异进行补偿，增强农民的种植积极性和稳定性，进而保障国家粮食安全。推动销区对产区的资金、人员、技术、装备、医疗、文化等各方面的补偿，推动缩小区域发展差距，促进区域协调发展。

二是强化农业补贴、保险等政策举措，调动农民务农种粮的积极性。首先，优化农业补贴政策体系。在保持农业补贴政策连续性和稳定性的同时，进一步优化补贴方式，提升农业补贴和激励效能。保障种粮农民合理收益，继续对实际种粮农民发放一次性农资补贴，稳定农民收入，调动农民种粮积极性。开展农机购置与应用补贴试点，开展常态化作业信息化监测，优化补贴兑付方式。优化实施玉米和大豆生产者补贴、稻谷补贴及产粮大县奖励等政策，保障国家粮食安全。**其次，发展多层次农业保险。**健全政策性保险、商业性保险等农业保险产品体系，推动农业保险扩面、增品、提标，更好满足各类农业经营主体多元化保险需求。

三是健全粮食和食物节约长效机制。首先，推进节粮减损。从收获、仓储、运输、加工、分销、零售等全流程、全链条用力，减少各环节不合理损失，全面推广节粮减损新设施、新技术、新装备，合理控制加工精度，实现粮食生产储备运输体系精准化、高效化管理。**其次，引导健康消费、减少餐桌浪费。**持续深化食物节约各项行动，推动全社会形成勤俭节约的良好风尚，让节约粮食在全社会蔚然成风。加强执法，强化监管，采取有效措施，建立长效机制，坚决制止餐饮浪费行为。进一步加强宣传教育，切实培养节约习惯，在全社会营造浪费可耻、节约为荣的氛围。

2. 完善覆盖农村人口的常态化防止返贫致贫机制

一是推动防止返贫帮扶政策与农村低收入人口常态化帮扶政策衔接并轨。建立农村低收入人口和欠发达地区分层分类帮扶制度①。依托“互联网+”、大数据平台等技术手段，进一步提高低收入人群监测识别的效率。鼓励有劳动能力的农村低保对象参与就业，用好劳务协作、帮扶车间、公益性岗位等渠道，千方百计拓展脱贫人口劳动力的就业渠道，增加就业机会。完善兜底社会保障机制，针对完全或部分丧失劳动能力、无法依靠产业就业帮扶措施实现稳定增收的困难群体，完善低保、特困供养、社会救助等保障措施，进一步强化慈善帮扶。加强涉农资金项目监管，健全脱贫攻坚国家投入形成资产的长效管理机制。

二是建立以提升发展能力为导向的欠发达地区帮扶机制，促进跨区域经济合作和融合发展。首先，提升脱贫产业项目抵御风险和可持续发展能力。立足当地特色资源，选好产业项目，做好“土特产”文章，培育壮大特色产业发展。通过“产业升级+消费帮扶+电商营销”“龙头企业+合作社+农户”等模式，提升产品经营能力，完善以销促产的帮扶链条。**其次，持续提升脱贫人口就业能力。**深化东西部劳务协作，组建区域间劳务协作联盟，鼓励区域协同推进项目立项、招工组织、用工保障和劳务报酬发放。完善转移就业培训机制，推动劳务输出地和输入地对接合作，组织转岗和失业农民工开展定向定岗培训，提升技能培训的实用性，注重围绕市场急需紧缺职业，大力开展建筑、机械、维修、家政、养老、餐饮、保安、物流等适合农民工就业的技能培训，加强快递员、网约配送员、电商直播销售员、汽车代驾员等新职业新业态培训。

---

① 农业农村部．抓紧研究覆盖农村人口的常态化防止返贫致贫机制［EB/OL］．https：//baijiahao.baidu.com/s?id=1805430586805238809&wfr=spider&for=pc；

建构更加成熟完善的农村低收入人口常态化帮扶机制［EB/OL］．http：//journal.crnews.net/ncgztxcs/2024/djq/snlt/963106_20240509091619.html.

3. 健全县域富民产业发展促进机制

一是做好“土特产”文章，因地制宜开发农业农村特色资源。树立大农业观、大食物观，加快构建粮经饲统筹、农林牧渔并举、产加销贯通、农文旅融合的现代乡村产业体系，把农业建成现代化大产业。坚持产业兴农、质量兴农、绿色兴农，持续推进农业生产“三品一标”提升行动，推进品种培优、品质提升、品牌打造和标准化生产，引领农业绿色发展，提升农业质量效益和竞争力。推动乡村产业全链条升级，增强竞争力和可持续发展能力。

二是加快培育乡村新产业新业态。加快破解阻碍农村一二三产业融合发展的体制机制障碍，充分挖掘农业经济、生态保护、乡村文化、旅游观光等方面的多种功能、多元价值，支持持续拓展农业功能，推动农业产业链延伸。把握数字经济发展新机遇，扎实推动以5G、大数据、人工智能（AI）、物联网等为代表的新一代信息技术与乡村产业深度融合，培育农产品直播、智慧农业、精准农业、数字大棚农业、认养农业、AI农业、现代精品民宿、乡村智慧旅游等乡村新产业新业态。

4. 完善农村基本公共服务保障机制

把握人口流动客观规律，推动相关公共服务随人走，促进城乡、区域人口合理集聚、有序流动。聚焦普惠性基础性兜底性民生建设，回应农民群众关切。**在教育方面，**加强寄宿制学校建设，办好必要的乡村小规模学校，提高农村教育质量。**在医疗卫生方面，**持续推进农村基本公共卫生服务均等化，强化医疗资源向乡村倾斜的导向，进一步改善乡村医疗卫生服务基础设施条件，提升乡村公共卫生服务能力，改革完善乡村医疗卫生体系运行机制，加快建立常态化管理和应急管理动态衔接的基层公共卫生治理机制。**在养老方面，**健全农村养老服务体系，健全城乡居民基本养老保险“多缴多得、长缴多得”激励机制，消除后顾之忧。

5. 健全乡村振兴要素投入保障机制

一是完善乡村振兴人才要素保障机制。首先，不断完善乡村地区基础设施条件。同步改善适宜人才居住的配套环境，持续提升乡村产业承接能力和创业环境。制定专项政策，为乡村创业者提供税收减免、创业启动资金、贷款贴息等优惠政策。设立乡村创业基金，重点支持农业科技创新、乡村旅游、农产品深加工等领域的创业项目。**其次，完善人才评价激励机制和保障措施。**强化农业科技人才和农村高技能人才培养使用，确保人才下乡“接得住”“留得住”。实施乡村振兴人才支持计划，加大乡村本土人才培养，有序引导城市各类专业技术人才下乡服务，全面提高农民综合素质。

二是健全农业农村资金投入机制。首先，完善乡村振兴多元化投入机制。坚持将农业农村作为一般公共预算优先保障领域，创新乡村振兴投融资机制，确保投入与乡村振兴目标任务相适应。不断改善农业农村投资环境，推动形成政府、企业、社会资本共同参与农业农村发展的多元化投资格局。鼓励社会资本投资农业农村，围绕现代种养业、现代种业、乡村富民产业、农产品加工流通业、乡村新型服务业、农业农村基础设施建设、数字乡村和智慧农业建设等重点产业和领域，引导和鼓励更多社会资本进入农业农村领域。鼓励引导各地结合地方实际情况，制定出台更多激励措施，如税收减免、财政补贴等，吸引更多投资。**其次，加强对农业农村投资项目的管理和监督。**强化项目规划科学性，通过科学论证确保项目符合农业农村实际需要，避免盲目投资和重复建设。建立健全项目管理机制，建立严格的资金管理制度，加强资金监管和审计。逐步完善鼓励社会资本下乡方面体制机制和法律法规体系，加强对投资者权益的保护，有效防范和纠正投资经营中的不当行为。

三是加快推动农业科技体制创新，完善农业农村技术要素投入保障机制。首先，加快构建多层级、多元化农业科技创新体系。在基础研究及前瞻布局方面，准确把握新时代农业现代化发展的要求，紧盯世界农业科技发展新趋势和前沿领域，大力提升我国农业科技水平，加快实现高水平农业科技自立自强。加大基础研究投入及基础研究设施建设，引导高校、科研院所加强对农业基础研究领域的前瞻性和引领性研究。打造国家农业科技战略力量，支持农业领域重大创新平台建设，实现更多的原始创新。**在农业产业科技创新方面，**建立健全以农业产业需求为导向的科研选题、立项机制，不断完善以创新价值、科研能力、产业发展贡献为导向的人员评价机制，落实有利于调动科研人员积极性的“放权”“松绑”和激励措施，切实激发科研人员创新创业活力。**其次，强化企业科技创新主体地位。**聚焦产业关键核心技术，引导资源、技术、人才、资本等要素向重点优势企业集聚，资助科技创新团队围绕产业需求开展重点攻关、持续研究。加强对企业新品种、新技术的知识产权保护。加快完善农机购置与应用补贴政策。**最后，加强农技推广体系建设。**稳定基层农技人员队伍，创新服务机制，充实专业人才，建设职能明确、运行高效、服务到位的新型农技推广体系，打造技术精湛、作风优良、业绩突出的新时代农技推广队伍，强化公益性服务功能。

四是不断完善数字乡村建设要素投入机制。首先，加快布局乡村5G、互联网、云计算等数字基础设施。加大财政投入与吸引社会资本，增加对乡村数字基础设施建设的政府直接投资，同时，通过政府和社会资本合作（PPP）、政府引导基金等形式，吸引社会资本参与乡村宽带网络、数据中心、智能物联网等基础设施建设。编制乡村数字基础设施建设专项规划，出台配套政策，为乡村数字基础设施建设提供财政补贴、税收优惠、土地使用等支持。**其次，加快发展智慧农业。**鼓励有条件的省份统筹建设区域性大数据平台，加强农业生产经营、农村社会管理等涉农信息协同共享。推动“互联网+”向乡村进一步延伸覆盖，加快拓展智慧农业、智慧旅游等乡村数字化应用场景，提高乡村信息服务水平。

6. 强化农民增收举措

一是挖掘产业经营增收潜力。实施农民增收促进行动，支持农民发展特色种养、手工作坊、林下经济等家庭经营项目。积极应对市场波动、气候灾害等不确定性因素影响，健全农业全产业链监测预警机制，强化多品种联动调控。健全新型农业经营主体和涉农企业扶持政策与带动农户增收挂钩机制，加快培育新型农业经营主体和农业社会化服务组织，更好地带动农民参与产业发展、分享增值收益。

二是稳定农民外出务工收入。促进农村劳动力多渠道就业，健全跨区域信息共享和有组织的劳务输出机制，培育壮大劳务品牌。在重点工程项目和农业农村基础设施建设领域积极推广以工代赈，继续扩大劳务报酬规模。开展农民工服务保障专项行动，加强农民工就业动态监测，加强农民工职业技能培训，推广订单、定向、定岗培训模式，做好大龄农民工就业扶持。

三是拓展转移性收入。加大强农惠农富农政策力度，逐步提高农村社会保障水平，筑牢社会安全底网。加强涉农资金项目监管，严厉查处套取、骗取资金等违法违规行为，把给农民的各项补助补贴补到位，让农民真正得到实惠。

四是赋予农民更加充分的财产权益。在农村闲置宅基地、闲置房屋方面，继续积极稳妥开展农村闲置宅基地和闲置住宅盘活利用工作，一方面，逐步盘活农村闲置的宅基地、住宅资源，深入推动农村闲置宅基地的清理整治，合理使用闲置宅基地，保障使用效率，杜绝宅基地闲置浪费等行为；另一方面，坚守底线，保障农民的合法权益，允许农村居民通过流转、出租、入股等方式，依法自愿有偿退出宅基地，增加农民财产性收入。在“四荒地”（荒山、荒沟、荒丘、荒滩等未利用的土地）方面，加快制定出台鼓励政策，推进“四荒地”使用权的承包、租赁和拍卖，切实保障开发者的合法权益，加强生态环境建设，进一步做好对农村“四荒”资源的开发和治理。

（三）深化土地制度改革

土地是发展的重要资源，人多地少是我国的基本国情。新一轮深化农村改革，必须毫不动摇坚持最严格的耕地保护制度和节约集约用地制度，优化土地利用结构，提高土地利用效率。

1. 健全耕地数量、质量、生态“三位一体”保护制度体系

严格落实耕地保护制度，用“长牙齿”的硬措施守住耕地红线。改革完善耕地占补平衡制度，各类耕地占用纳入统一管理，完善补充耕地质量验收机制，确保达到平衡标准，坚持“以补定占”，将省域内稳定利用耕地净增加量作为下年度非农建设允许占用耕地规模上限。对乱占、破坏耕地的违法行为，坚持零容忍，坚决整治、严厉打击。针对耕地“非粮化”问题，要统筹考虑粮食生产与重要农产品保障、农民增收的关系，细化明确整改范围，合理安排恢复时序，分类稳妥开展违规占用耕地整改复耕。

2. 完善高标准农田建设、验收、管护机制

一是加强高标准农田全流程建设管理。合理确定不同区域、不同类型高标准农田建设标准，鼓励指导各地进一步优化布局，明确建设优先序，扎实做好项目设计等前期工作，严格落实工程质量管理属地责任，严把选项、招标、建材、施工、验收等各环节质量关。**二是创新高标准农田建设投入机制。**强化财政资金保障，推动高标准农田建设模式和融资机制创新，构建政府投入、金融支持、社会参与的多元投入模式，以中央财政投入为引导，推行政府投资与金融信贷投贷联动，指导地方用足用好土地出让收益、新增耕地指标调剂收益、专项债券等，引导金融、社会资本投入。**三是进一步完善建后管护制度。**推动各地在高标准农田建设项目规划等前期阶段，同步谋划

管护主体、管护机制和保障措施，明确管护责任和标准，真正把建后管护措施落实下来，避免建后管护悬空甚至落空，扭转一些地方重建轻管的倾向，切实做到建得好、管得也要好。可以探索引入保险机制、购买第三方服务、委托专业化机构等市场化方式，因地制宜地建立管用有效的管护机制。

3. 完善农民闲置宅基地和闲置农房政策

落实宅基地集体所有权，保障宅基地农户资格权和农民房屋财产权，适度放活宅基地和农民房屋使用权。依法界定宅基地的集体所有权和农民使用权，确保农民的居住权益得到法律保护。完善宅基地审批程序，实行“一户一宅”政策，合理控制宅基地面积和建设规模，防止滥用和浪费土地资源。探索建立宅基地有偿使用制度，允许农民依法自愿流转宅基地使用权，提高土地利用效率。建立健全宅基地管理服务体系，提供信息咨询、权属登记等服务，规范宅基地使用和管理行为。制定合理的宅基地退出政策，鼓励闲置或超占宅基地的农户自愿退出，盘活存量土地资源。加强农村住房建设规划，引导农民按照规划要求进行住房建设，提升农村住房建设和环境质量。完善相关农村社会保障制度，结合宅基地制度改革，完善农村社会保障体系，为失去宅基地的农民提供必要的社会救助和保障。

4. 有序推进农村集体经营性建设用地入市改革

要坚持守住农村改革的底线，严守土地公有制性质不改变、耕地红线不突破、农民利益不受损这三条底线。同时，要符合国土空间规划的有关要求，落实永久基本农田、生态保护红线、城镇开发边界等三条红线。在审慎稳妥推进的前提下，进一步健全配套制度，提升改革的系统性规范性。强化农村集体经营性建设用地入市改革与产权改革、宅基地改革、乡村产业发展、农村社会治理等改革的协同配套。建立健全集体经营性建设用地市场交易机制，包括土地估价、交易规则、价格形成机制等，保障交易的公开、公平、公正。制定合理的土地收益分配政策，确保农民和集体经济组织能够从土地增值中获得合理收益，同时兼顾国家和社会利益。加强监督管理。建立健全监督管理体系，加强对入市土地的监管，防止违法违规行为发生，保障农民和投资者权益。加快完善相关法律法规体系，为集体经营性建设用地入市提供法律依据和保障。

（四）完善农村社会治理体系

社会治理体系是乡村振兴的基础。新一轮深化农村改革，要持续加强农村基层党组织建设，不断完善党组织领导下的自治、德治、法治相结合的乡村治理体系，加快形成务实管用的乡村治理方式，增强村民之间的凝聚力和社会稳定性，为乡村营造和谐的生活环境。

1. 持续推进抓党建促乡村振兴

建好建强农村基层党组织，不断优化驻村第一书记和工作队选派管理。充分发挥驻村第一书记和工作队作用，深入一线强化治理，激发农村基层党组织内生动力。进一步完善乡镇领导包片、干部驻村工作制度，制定切实可行的整顿方案。持续推进基层减负，优化各类涉农督查检查考核，明确工作制度、工作纪律、考核目标、奖惩条件，将农村基层党组织打造成为坚强有力的战斗堡垒，为乡村全面振兴提供坚实的组织保障。

2. 加强农村精神文明建设

从“疏堵结合、标本兼治”“两手抓、两手硬”的原则出发，对加强农村精神文明建设、推进物质文明和精神文明相协调的农业农村现代化作出具体部署。首先是加强农村优质精神文化产品供给。改进创新农村精神文明建设，依托乡村文化新业态、新场景发展趋势，推动新时代文明实践向村庄、集市等末梢延伸，促进城市优质文化资源下沉，增加有效服务供给，加强乡村优秀传统文化保护传承和创新发展。其次是把深入推进移风易俗作为乡村振兴的重要内容。针对高额彩礼、大操大办等突出问题，扎实推进移风易俗，为农民群众提供更便利的社会服务，发挥村民自治作用，强化村规民约的激励约束功能，革除陋习，培育农村文明新风尚。

（五）完善城乡融合发展体制机制

完善城乡融合发展体制机制，需要逐步打通城乡要素自由流动制度性通道，构建城乡融合发展新格局，缩小城乡差距，实现城乡经济、社会、生态的全面协调可持续发展。

1. 加快完善农业转移人口市民化制度

一是加快农业转移人口市民化。继续深化户籍制度改革，放开放宽除个别超大城市外的落户限制。推行由常住地登记户口提供基本公共服务制度，促进农业转移人口全面融入城市，提高市民化质量。推动符合条件的农业转移人口社会保险、住房保障、随迁子女义务教育等享有同迁入地户籍人口同等权利。保障进城落户农民合法土地权益，依法维护进城落户农民的土地承包权、宅基地使用权、集体收益分配权，探索建立自愿有偿退出的办法。完善农村产权流转市场体系，健全农户“三权”市场化退出机制和配套政策。**二是制定和完善支持城乡融合发展的财政、税收、金融等政策。**建立城乡融合发展激励机制，完善财政转移支付与农业转移人口市民化挂钩相关政策。实施差别化税收优惠政策，对参与城乡融合发展的企业，特别是涉农企业、小微企业和高新技术企业，提供税收减免或延期缴税等优惠政策，激励企业投资乡村。完善农村金融服务体系，鼓励商业银行设立乡村支行，扩大农村信用社、小额贷款公司等金融机构的服务范围，提供适合农村特点的信贷产品和服务，创新农业保险、涉农信贷、农村供应链融资等金融产品和服务，利用金融科技手段降低金融服务成本，提高风险控制能力。

2. 加快提升县域综合承载力和治理能力

加快构建以县城为枢纽、以小城镇为节点的县域经济体系，优化县域产业结构和空间布局，把县域经济功能和空间布局有效结合起来，加快提升县城综合承载能力和治理能力。**一是完善县城基础设施建设。**加大力度推进县域交通、能源、水利、通信等基础设施和服务能力建设。因地制宜设置分布式能源、生活垃圾和污水处理等设施。积极探索新型基础设施建设，实施公共基础设施数字化改造，提升数字化、网络化、智能化基础设施水平，发展智慧县城。**二是加快提升县城产业承载能力。**支持县域立足优势因地制宜发展特色产业，改造提升传统产业，培育发展新兴产业，着力打造更高水平的县域特色产业集群。持续优化县域营商环境，简化审批程序，降低创业成本，提供优惠政策和税收支持，吸引更多的企业和投资者到县城发展特色产业。**三是加强县城公共服务设施建设。**赋予县级政府更多资源整合使用的自主权，强化县城综合服务能力，增强乡镇公共服务功能，把乡镇建设成为服务农民的区域中心。加强和优化县域医疗卫生、教育资源、养老育幼、文化体育、社会福利等公共服务的供给，推动公共服务资源在县域内实现优化配置和普惠共享，探索县域基础设施和公共服务多元化运营模式。**四是完善县域投融资机制。**对公益性项目，加强地方财政资金投入，对符合条件项目加强中央预算内投资和地方政府专项债券支持。提升县级政府在规划建设、资金使用等方面的管理水平，提高项目建设资金使用效率，强化项目建设监督约束机制。规范引导并加大社会资本投入，努力实现政府投资和社会资本共赢。

深化土地要素市场化改革，增强土地要素对高质量发展的保障能力

深化土地要素市场化改革，不仅是推动高质量发展和中国式现代化建设的关键动力，也是加快完善社会主义市场经济体制的内在要求。改革开放46年来，我国积极探索适应生产力发展要求的土地制度改革，土地要素市场从无到有、从小到大，取得了显著成效。特别是党的十八大以来，我国建立农村土地“三权”分置制度，建立健全城乡统一的建设用地市场，盘活存量建设用地，划定国土空间“三条红线”，统筹发展与安全，促进土地资源合理配置和节约集约利用。

当前，世界百年未有之大变局加速演进，全球发展不稳定性不确定性因素明显增加，国内经济由高速增长转向高质量发展的关键阶段，均对土地要素市场化配置改革提出了紧迫要求，包括现代化产业体系构建对土地资源配置提出新要求，城乡融合发展要求优化土地要素配置，粮食安全形势对耕地保护提出更高要求，生态文明建设要求转变土地利用方式及国家安全需要对国土空间布局提出更高要求，亟须探索土地要素内涵式、集约型、绿色化高质量发展的新路径。

围绕完成2035年远景目标、全面建成社会主义现代化强国等目标要求，未来一段时期内，要深入贯彻落实党的二十届三中全会《决定》部署要求，加快推进土地要素市场化配置改革，着力加强用地管控、构建统一市场、优化供地方式、盘活存量用地、提升用地效益，形成与高质量发展相适应的土地要素市场化配置的体制机制。具体来说，一是深化土地管理制度改革，建立土地资源高效利用与高水平保护协调机制。二是建立健全城乡统一建设用地市场，促进城乡用地结构优化和空间重塑。三是深化产业用地市场化配置改革，建立高效的产业用地供给制度体系。四是以市场化方式盘活利用存量建设用地，激活提升土地资源资产价值。五是完善土地价格体系和市场运行机制，确保土地要素市场的平稳健康运行。

一、土地要素市场化改革46年的主要历程、基本经验与伟大成就

土地要素市场化改革牵一发而动全身，是我国社会主义市场经济体制改革的基础任务和关键所在。改革开放46年来，我国始终遵循生产力发展客观规律，坚持实事求是原则，积极探索适应生产力发展要求的土地制度改革实践，创新并形成农村土地“三权”分置制度和城市国有土地有偿使用制度的“双轨制”，促进了土地资源合理配置和节约集约利用，为推进我国经济社会高质量发展提供了坚实有力的用地保障。

（一）土地要素市场化改革的主要历程

要素市场化改革的核心是处理好市场与政府的关系，市场和政府的关系是社会主义市场经济体制改革的基础性问题。改革开放以来，随着我国社会主义市场经济体制的建立完善，土地要素市场化改革大致可分为三个阶段，即土地要素市场化探索期、土地要素市场化建立期和土地要素市场化完善期。

1. 1978—1992 年：土地要素市场化经济探索期[①]

1978 年，党的十一届三中全会召开，拉开了我国改革开放的序幕，打开了我国经济体制转轨的闸门，土地要素市场化开启。1978 年 11 月，安徽省凤阳县小岗村的家庭联产承包责任制改革，使得土地所有权与承包经营权发生分离，拉开了土地市场经济体制探索的序幕，逐步形成了以家庭承包经营为基础的农用地市场雏形。1984 年中央一号文件提出承包地可以转包后，地方纷纷开始探索和允许承包地转让和转包，实践中在部分区域也出现了流转。1988 年《宪法修正案》规定土地使用权可以依照法律规定进行转让，这意味着土地作为一种特殊的"商品"可以进入市场交易，标志着土地市场走向法律化。随后修订的《土地管理法》指出，"集体所有的土地的使用权可以依法转让"，进一步明确了农用地承包经营权流转的合法性。

以各种形式的有偿使用制度为标志，城市土地要素市场化的道路也逐渐得以开辟。1979 年颁布的《中外合资经营企业法》规定："中国合营者的投资可包括为合营企业经营期间提供的场地使用权。如果场地使用权未作为中国合营者投资的一部分，合营企业应向中国政府交纳使用费。"1987 年 12 月，深圳公开拍卖我国第一块国有土地使用权，实现国有土地所有权和使用权的"两权分离"，探索形成了以市场化手段配置土地资源的新制度，并直接推动了 1988 年《宪法》的修订，促进了全国土地使用权市场的形成[②]。1988 年 9 月国务院发布《城镇土地使用税暂行条例》，开始对城镇土地按不同等级征收土地使用税。1988 年修正后的《土地管理法》规定，"国家依法实行国有土地有偿使用制度"。自此，我国城市土地正式步入有偿、有限期、允许在合法范围内流转使用的轨道。

2. 1992—2012 年：土地要素市场化经济建立期

1992 年，党的十四大正式确立我国经济体制改革的目标是建立社会主义市场经济体制。1993 年，中共中央通过了《关于建立社会主义市场经济体制若干问题的决定》，进一步指出我国建立社会主义市场经济体制的目标，就是要发挥市场在资源配置中的基础性作用[③]。此后，土地要素市场化进程逐渐加速。农村土地市场化改革范围由最

---

① 严金明，李储，夏方舟．深化土地要素市场化改革的战略思考［EB/OL］. https：//mp. weixin. qq. com/s/MPe7No8gfZrgiTns2_UGVw.

② 简青．聚焦重点　对标先进——深化成都土地要素市场化配置改革［EB/OL］. https：//mp. weixin. qq. com/s/1PwrbUGIZ8KTqthFZaC0Sg.

③ 钱文荣，朱嘉晔，钱龙，郑淋议．中国农村土地要素市场化改革探源［EB/OL］. https：//mp. weixin. qq. com/s/Bo4cT2dfQRifrmVDIHUjNA.

初的承包地逐渐拓展到集体经营性建设用地与宅基地，改革力度持续加大。比如，2003 年《中共中央关于完善社会主义市场经济体制若干问题的决定》承认了农户承包期内土地承包经营权流转的合法性；2004 年中央一号文件提出要努力探索集体非农建设用地入市的可能途径和操作方法；2008 年宅基地改革被提上议程，但改革的范围仅限于宅基地整理和复垦，其市场化流转仍受严格限制。

同一时期，我国城镇土地使用管理制度体系基本成型。在土地供应方面，1996 年上海成立了我国第一家土地储备机构“上海土地发展中心”，随后各地纷纷成立城市土地储备机构。2002 年我国叫停协议出让方式，增设挂牌出让方式，探索形成覆盖全国的土地收购储备制度。**在土地利用计划方面，**《建设项目用地预审管理办法》等多项管理办法颁布，更加严格地规范农转用审批和建设项目用地预审。**在土地征收方面，**2004 年首次提出的“统一年产值标准和征地区片综合地价”，使试点向全国推行。**在土地税费方面，**取消仅对外资企业征收的场地使用费和房地产税，并于 2006 年明确将城镇土地使用税的征管范围扩大到中外所有土地使用者，实现中外企业土地税费管理的“并轨”。**在监管体制方面，**2004 年明确国土资源垂直管理体制；2006 年推出国家土地总督察制度等。同时，针对地价和房价持续攀升问题，我国在实践中形成了总量、结构、价格、布局和节奏等调控城镇房地产市场的工具手段。

3. 2012 年至今：土地要素市场化经济完善期

2012 年党的十八大提出“更大程度更广范围发挥市场在资源配置中的基础性作用”。2013 年党的十八届三中全会拉开了全面深化改革的序幕，正式做出“市场在资源配置中起决定性作用”的重要论断，并提出“建立城乡统一的建设用地市场”“推进城乡要素平等交换和公共资源均衡配置”等改革举措。2017 年党的十九大报告进一步明确了经济体制改革的重点，强调要注重完善产权制度和促进要素市场化配置，构建自由公正的市场竞争秩序。2019 年，中共中央、国务院发布《关于建立健全城乡融合发展体制机制和政策体系的意见》，提出了农村土地制度改革的若干举措，包括农村集体经营性建设用地入市的制度、改革完善农村承包地制度、稳慎改革农村宅基地制度。2020 年以来，《关于构建更加完善的要素市场化配置体制机制的意见》《关于新时代加快完善社会主义市场经济体制的意见》《要素市场化配置综合改革试点总体方案》（国办发〔2021〕51 号）等重磅文件接连出台，土地要素被放在各大要素之首，凸显了土地要素市场配置改革的重要性和迫切性。2024 年党的二十届三中全会提出“完善城乡融合发展体制机制”，并对“深化土地制度改革”作出具体部署①。

农村承包地、宅基地、集体经营性建设用地市场化改革取得积极进展。2014 年中办、国办印发的《关于引导农村土地经营权有序流转发展农业适度规模经营的意见》正式提出承包地的“三权”分置，确立了土地权利清晰界定、流转顺畅和平等保护的产权格局，农户的土地承包经营权权能进一步完善。2014 年中办、国办印发《关于农

① 新华网．受权发布丨中国共产党第二十届中央委员会第三次全体会议公报［EB/OL］. http://www.news.cn/politics/leaders/20240718/a41ada3016874e358d5064bba05eba98/c.html.

村土地征收、集体经营性建设用地入市、宅基地制度改革试点工作的意见》（中办发〔2014〕71 号）。“三块地”改革的试点打开了宅基地流转的口子，针对进城落户农民，允许他们在村域范围内进行宅基地的退出或流转。2017 年中央一号文件在宅基地退出的基础上，进一步适度放活宅基地使用权，强调农村集体经济组织可以通过出租、合作经营等方式盘活利用闲置农房及宅基地。2019 年修订的《土地管理法》正式承认集体经营性建设用地入市的法律可行性。集体经营性建设用地可以通过出让、出租等流转方式交由第三方使用，同时，土地使用者在取得使用权后还可以进行转让、互换与抵押，这打破了政府长期垄断土地一级供应市场、集体建设用地只能通过征用入市的法律限制，为 2021 年《要素市场化配置综合改革试点总体方案》（国办发〔2021〕51 号）提出要“建立健全城乡统一的建设用地市场”奠定了法律基础。2024 年党的二十届三中全会审议通过的《决定》提出，有序推进农村集体经营性建设用地入市改革，健全土地增值收益分配机制。

同一时期，聚焦破解新兴产业用地空间不足、城乡二元“双轨”问题和支撑生态文明建设，不断优化升级城市土地市场各项制度。**一是优化土地要素供应结构**，及时供给产业用地政策，调整供地结构，创新供地方式，提高供地质量和效率。在土地用途管理上，建立了新产业新业态用途管理制度，创新了旅游业用地分类管理制度；在供地方式上，探索先租后让、租让结合、弹性年期出让、配套建设等新方式，推进和扩展了土地租赁和作价出资（入股）供应方式的应用；在盘活利用存量土地上，创立了过渡期政策，推广了设立地役权政策；在政策实施和土地利用监管上，建立和完善了部门协商协同监管机制①。**二是推动城乡统一建设用地市场建设。一方面，扩大国有土地有偿使用范围迈出实质性步伐**，包括推行经营性基础设施用地有偿使用、制定公共服务项目用地基准地价、推进国有农用地使用制度改革、创新工业用地管理、支持国有企事业单位改革等。**另一方面，土地二级市场改革稳步推进**。随着 2019 年首个专门规范土地二级市场建设的国务院文件的印发，我国土地二级市场全面启动。2022 年 3 月，中共中央、国务院印发《关于加快建设全国统一大市场的意见》，要求完善全国统一的建设用地使用权转让、出租、抵押二级市场。2024 年党的二十届三中全会审议通过的《决定》要求，加快发展建设用地二级市场②。**三是落实国土空间规划制度，推动土地资源保护和可持续利用**。2019 年以来，《关于建立国土空间规划体系并监督实施的若干意见》（中发〔2019〕18 号）、《关于在国土空间规划中统筹划定落实三条控制线的指导意见》（厅字〔2019〕48 号）等重要文件相继印发，对国土空间规划体系建设和规划编制作出明确部署。2019 年修订的《土地管理法》首次明确了国土空间规划的法律地位，并对国土空间规划与土地利用总体规划、城乡规划之间的衔接作出规定。2021 年修订的《土地管理法实施条例》，进一步细化了国土空间规划

---

① 李倩．党的十八大以来土地利用管理工作成果［EB/OL］. https：//www.mnr.gov.cn/zt/dj/jgdj/ztjy/dlfj/201812/t20181203_2371658.html.

② 新华网．受权发布丨中共中央关于进一步全面深化改革　推进中国式现代化的决定［EB/OL］. http：//www.news.cn/politics/20240721/cec09ea2bde840dfb99331c48ab5523a/c.html.

中土地管理方面的底线约束、控制性指标，指明了土地开发、保护、建设活动必须遵循的基本目标，促进土地资源高效配置、节约集约利用。

（二）土地要素市场化改革的总体框架、基本方向和难点卡点

改革开放46年来，我国城乡土地实行“双轨制”管理，农村稳步推进承包地、宅基地“三权”分置改革，同时积极探索集体经营性建设用地入市，而国有土地则按照所有权与使用权分离的原则，实行国有土地使用权出让、转让制度。在土地要素市场化改革过程中，我国始终坚持城乡发展一体化、土地供应多元化、存量土地高效化的基本方向，促进了城乡土地要素顺畅流动、合理配置。但也要看到，当前土地要素市场化改革仍然存在难点卡点，主要体现为城乡二元分割的土地市场弊端仍存，产业用地市场化配置面临诸多瓶颈，存量建设用地缺乏市场化盘活机制，未来土地要素市场化改革之路仍然任重而道远。

1. 总体框架

我国对城乡土地实行“双轨制”管理，采用不同的配置方式。其中，农村土地制度从“两权分离”到“三权”分置，坚持了土地集体所有权，稳定了农户承包权，放活了土地经营权，促进了农村资源要素合理配置，推动了多种形式的规模经营发展，进一步解放和发展了农村社会生产力。城市土地属于国家所有，经历了“有偿租用”“无偿划拨”“有偿出让”等阶段。特别是改革开放后，土地行政划拨导致效率低、土地浪费严重等弊端逐渐显现，国家开始实行土地有偿使用制度改革，最终形成了现在的城市国有土地有偿使用制度。

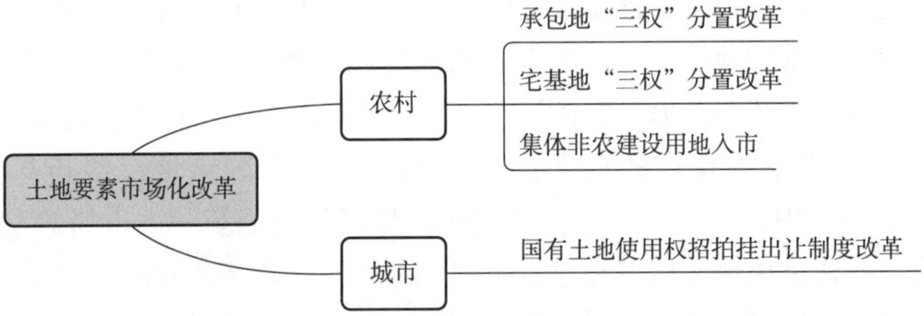

图6-3 土地要素市场化改革的总体框架

（1）农村承包地、宅基地“三权”分置改革

我国紧紧围绕正确处理农民和土地关系的主线，稳步推进农村承包地、宅基地“三权”分置改革，不断健全农村土地产权制度。2003年《中共中央关于完善社会主义市场经济体制若干问题的决定》承认了农户承包期内土地承包经营权流转的合法性。2005年《农村土地承包经营权流转管理办法》细化了农地市场化流转的实现方式，规范了农户间农地市场化流转的合约行为。2014年《关于引导农村土地经营权有序流转发展农业适度规模经营的意见》正式提出承包地的“三权”分置，确立了土地权利清晰界定、流转顺畅和平等保护的产权格局。农村承包地实现“三权”分置后，2018年中央一号文件又提出探索宅基地所有权、资格权、使用权“三权”分置改革的

新议题。随后，山东禹城、浙江义乌和德清、四川泸县等试点地区开始探索宅基地“三权”分置模式。2023 年中央一号文件指出，稳慎推进农村宅基地制度改革试点，切实摸清底数，加快房地一体宅基地确权登记颁证，加强规范管理，妥善化解历史遗留问题，探索宅基地“三权”分置有效实现形式。

（2）农村集体经营性建设用地入市改革

近年来，我国通过自上而下与自下而上相结合的方式，推动农村集体经营性建设用地入市改革破题起势。2004 年中央一号文件提出努力探索集体非农建设用地入市的可能途径和操作方法。2008 年 10 月，基于城乡土地平权的重要性考虑，《关于推进农村改革发展若干重大问题的决定》启动了集体经营性建设用地与国有土地“同地同权”的新议程。2013 年党的十八届三中全会提出建立城乡统一的建设用地市场，在符合规划和用途管制前提下，允许农村集体经营性建设用地出让、租赁、入股，实行与国有土地同等入市、同权同价。2014 年“三块地”改革意见实施以来，经过长达 5 年的实践探索，修订的《土地管理法》正式承认集体经营性建设用地入市的法律可行性。2021 年 12 月，国务院办公厅印发《要素市场化配置综合改革试点总体方案》，提出建立健全城乡统一的建设用地市场，在依法自愿有偿的前提下，允许将存量集体建设用地依据规划改变用途入市交易；在企业上市合规性审核标准中，对集体经营性建设用地与国有建设用地给予同权对待。2022 年 9 月，中央全面深化改革委员会第二十七次会议审议通过《关于深化农村集体经营性建设用地入市试点工作的指导意见》，为农村集体经营性建设用地入市改革指明了方向。

（3）国有土地使用权招拍挂出让制度改革

1987 年 9 月，深圳率先有偿出让了一宗国有土地使用权，当年 12 月又公开拍卖了一宗国有土地使用权。同年，国家批准上海、天津、广州和海南等地试行土地使用权的有偿出让和转让，拉开了城镇土地使用制度改革和招标拍卖挂牌出让国有土地使用权的序幕。1988 年《宪法修正案》规定“土地的使用权可以依照法律的规定转让”，为土地使用权转让提供了法律依据，同年 12 月《土地管理法》修改。2001 年国务院印发《关于加强国有土地资产管理的通知》（国发〔2001〕15 号）要求“严格实行国有土地有偿使用制度”“大力推行国有土地使用权招标、拍卖”。2002 年，国土资源部颁布《招标拍卖挂牌出让国有建设用地使用权规定》（国土资源部令第 39 号），国土资源部监察部出台《关于严格实行经营性土地使用权招标拍卖挂牌出让的通知》（国土资发〔2002〕265 号），均明确了土地招拍挂制度的根本地位，并在既有的基础上进行不同程度和不同侧面的补充，成为土地招拍挂发展的重要历史节点。2003 年，国务院组织开展土地市场秩序治理整顿，随后明令 2004 年 8 月 31 日以后所有经营性用地出让全部实行招拍挂制度。由此，招拍挂出让制度基本确立，实现经营性土地出让制度的全覆盖。

2008 年以来，国家对房地产市场调控的力度越来越大，国土资源部及时推进商品住房用地供应由单一的市场定价向“完善市场、保证民生、促进利用”等综合目标主导的转变，创新城市住房用地出让政策。同时，多地结合实际，探索了“限地价，竞配建租赁房面积”“限房价，竞地价”“招标筛资格，拍卖竞地价”“定销商品房”及“商品房用地配建政策性住房”等新的招拍挂出让具体方式。这些方式在坚持招拍挂出让制度的同时，融入了政府规划要求、住房政策、产业政策等宏观调控目标，保障了民生用地，引导了房地产结构调整，促进了房地产健康平稳发展。此外，国土资源部坚持工业用地招拍挂出让，积极推行预申请制度，探索工业用地网上挂牌出让、弹性年期制及退出机制等，在有效控制土地供应总量、遏制工业用地低价恶性竞争等方面取得明显成效。

2. 基本方向

一是城乡发展一体化。按照“坚持和完善社会主义市场经济体制”的要求推进城乡建设用地市场化改革，着力构建城乡统一的建设用地市场化配置体制，充分让市场机制在土地要素配置过程中发挥决定性作用。**二是土地供应多元化。**按照适应新经济、新产业、新业态、新模式发展要求，进一步完善土地配置方式，对接产业项目多样化需求，提高土地供应质量，有力支撑经济高质量发展。**三是存量土地高效化。**瞄准国有企事业单位存量用地、城镇低效用地等重点领域，建立并运用市场机制，推动城镇低效用地腾退出清，进一步盘活存量用地，提升土地资源供给质效。

3. 难点卡点

一是城乡二元分割的土地市场弊端仍存。我国城乡建设用地配置体制由于城乡制度分割而存在二元性，使得大量转移到城市的农民工户籍仍在农村，留在农村老家的土地和宅基地被闲置浪费，由此引发城市建设用地短缺紧张与农村建设用地浪费闲置并存的问题。如何破除城乡二元结构，健全城乡融合发展体制机制是土地市场化改革的重中之重。**二是产业用地市场化配置面临诸多瓶颈。**当前，我国产业用地要素市场化配置工作正在推进，并取得良好成效，但在产业用地规划、交易市场、配置政策、价格体系、监管盘活等方面还存在需要破解的瓶颈[①]。**三是存量建设用地缺乏市场化盘活机制。**企业生命周期结束后建设用地退出机制不健全，续期费用、逾期处置、增值收益分配机制等问题不明朗，没有相应较为容易操作的政策规定，导致低效、闲置的土地难以流通。

（三）土地要素市场化改革的基本经验——46 年的经验

从计划经济到社会主义市场经济，从农村土地制度改革到城市土地有偿使用制度改革，我国土地改革始终与改革开放一路同行，市场在土地资源配置中的作用日益凸显。在此过程中，党中央自觉遵循生产力发展客观规律，坚持实事求是的原理和工作方法，积极探索适应生产力发展要求的土地制度改革实践，充分激发全体人民的积极性、主动性和创造性，推动我国土地要素市场化配置体制不断巩固和完善。

1. 坚持土地公有制性质是土地制度改革的核心

坚持土地公有制是中国特色社会主义性质的根本要求，是消灭剥削、实现生产力

---

① 方国安．产业用地市场化配置的影响要素、瓶颈和策略［EB/OL］．https：//zrzy.hebei.gov.cn/heb/gongk/gkml/kjxx/kjfz/1076493412326l685760.html.

全面发展的关键前提和制度保障。改革开放以来，我国不仅没有因土地紧缺而放慢现代化步伐，反而创造了令世人瞩目的经济增长奇迹，其重要因素是守住土地公有制性质不改变。这不仅充分保证了工业化、城镇化所需的建设用地，而且由于实行国有土地有偿使用制度，各级政府获得的土地出让金有力推动了城市基础设施建设和民生改善。土地是农民最基本的生产要素，是农民安身立命的根本。土地公有制也为我国经济发展创造了稳定的社会环境。

2. 坚持以产权制度为重点推动土地要素市场化改革

产权制度是社会主义市场经济的基石。改革开放以来，我国土地制度是以市场化改革为导向，以农村土地和城市土地的“两权分离”为依托，建立了长期、稳定且可靠的土地使用权制度，将土地使用权制度与市场经济有机结合，建立社会主义生产资料公有制和市场经济有机融合的多层次土地产权制度，有力地支撑经济社会的发展。同时，通过出台、修订《土地管理法》等一系列法律与政策，推动土地产权交易行为合法化、规范化，以维护市场秩序和保障各方权益。

3. 坚持以人民为中心，切实保护农民利益

始终坚持以人民为中心，一直是我们党的初心和使命。纵观46年农村土地制度变革，是以习近平新时代中国特色社会主义思想为指导，从农民利益出发，坚守农民利益不受损，充分尊重农民主体地位，发挥农民群众的首创精神。在改革过程中，要避免命令主义和“一刀切”形式，不能替代农民做出选择，不能强行流转农民的承包地，不得强迫农民退出宅基地等。同时，赋予农民更多的土地权利，最大限度地保障农民的土地要素财产权益，满足人民日益增长的美好生活需要，贯彻“改革依靠农民、改革为了农民”的核心理念。

4. 在严守“三条红线”基础上，稳妥推进土地市场化改革

土地制度改革是综合性制度安排，涉及农用地（尤其是耕地）、建设用地、生态用地等不同土地类型之间的转换，必然会对耕地和生态用地的数量和质量产生影响。在土地要素市场化改革过程中，我国坚持以习近平生态文明思想为指导，落实最严格的生态环境保护制度、耕地保护制度和节约用地制度，严守生态保护红线、永久基本农田、城镇开发边界三条控制线，强化对农用地和建设用地的用途管制，稳妥推进土地市场化改革，促进土地资源的集约高效利用。

5. 坚持以土地制度改革促进城乡一体化融合发展

土地是最根本的自然要素，在城乡发展中承载人口、资本等要素，对要素配置起系统性引领作用。改革开放以来，我国围绕乡村全面振兴和社会主义现代化国家建设目标，着力破除城乡二元结构、构建对称的城乡互惠关系，在考虑粮食安全保障、坚持农村土地集体所有制的前提下，相继开展“三块地”改革试点，制定农村承包地和宅基地“三权”分置、集体经营性建设用地入市等改革，盘活农村沉睡的资源要素，释放农村改革红利，健全了城乡融合发展的体制和政策体系。

6. 坚持试点先行、逐步推广的渐进性改革方式

土地制度改革涉及主体众多，包含的利益关系十分复杂，牵一发而动全身。我国土地制度改革始终坚持稳中求进总基调，由点及面、审慎稳妥推进，这是符合我国国情的工作方法，也是确保农村改革行稳致远的重要法宝。比如，设立农村改革试验区，开展土地承包经营权流转和退出、承包地确权登记颁证、承包土地经营权和农民住房财产权抵押贷款、农村集体资产股份权能改革以及土地征收、集体经营性建设用地入市、宅基地制度改革等试点，及时总结基层实践经验，起到了“摸着石头过河”的作用，蹚出了有效的改革路径。

（四）党的十八大以来土地要素市场化改革取得的新突破和新成效

党的十八大以来，以习近平同志为核心的党中央推行了一系列土地制度改革，包括建立农村土地“三权”分置制度，促进多种形式适度规模经营和新型农业经营体系的构建；开展农村土地承包经营权确权登记颁证工作，维护广大农民财产权益；推进集体经营性建设用地入市，推动了城乡统一的建设用地市场建设；划定国土空间“三条红线”，在保障经济发展的同时，坚守生态和粮食安全底线；运用市场机制盘活利用存量建设用地，促进了土地资源集约高效利用。

1. 建立农村土地“三权”分置制度①

随着工业化、城镇化深入推进，大量农业人口转移到城镇，农村土地流转规模不断扩大，新型农业经营主体蓬勃发展，土地承包权主体同经营权主体分离的现象越来越普遍。2013 年中央农村工作会议指出，顺应农民保留土地承包权、流转土地经营权的意愿，把农民土地承包经营权分为承包权和经营权，实现承包权和经营权分置并行，这是我国农村改革的又一次重大创新。2016 年，中办、国办印发《关于完善农村土地所有权承包权经营权分置办法的意见》，对“三权”分置做出系统全面的制度安排。实行“三权”分置，坚持集体所有权，稳定农户承包权，放活土地经营权，实现了农民集体、承包农户、新型农业经营主体对土地权利的共享，为促进农村资源要素合理配置、引导土地经营权流转、发展多种形式适度规模经营奠定了制度基础。

2. 开展农村土地承包经营权确权登记颁证工作

长期以来，农村地区存在承包地权属不清晰、面积不准确、界址不明确、登记簿（册）不健全等现实问题。2013 年中央一号文件指出，要全面开展农村土地的确权登记与颁证工作，健全农村土地承包经营权的登记制度，加强对农村耕地、林地等各类土地承包经营权的物权保护，并明确用 5 年时间基本完成农村土地承包经营权确权的登记颁证工作，妥善解决农户承包地块面积不准、四至不清等现实问题②。2015 年中

① 韩长赋．中国农村土地制度改革［EB/OL］．http：//www.moa.gov.cn/ztzl/xczx/rsgt/201812/t20181228_6165784.html.

② 严金明．党的十八大以来农村土地制度改革的进展、成效与展望［EB/OL］．https：//mp.weixin.qq.com/s/dFKsx_vLS-W7FAhhOJ0_jg.

央一号文件强调抓紧抓实土地承包经营权确权登记颁证工作，扩大整省推进试点范围，总体上要确地到户，从严掌握确权确股不确地的范围。从 2014 年起，全国农村承包地确权登记颁证工作开始整省试点并逐步全面推开，历时 5 年在全国 2838 个县（市、区）、3.4 万个乡镇、55 万多个行政村基本完成承包地确权登记颁证工作。2019 年，中央农村工作领导小组办公室、农业农村部组织开展“回头看”进一步巩固成果，将 15 亿亩承包地确权给 2 亿农户，并颁发土地承包经营权证书，取得显著成效①。

3. 建立健全城乡统一的建设用地市场

党的十八届三中全会对农村土地征收、集体经营性建设用地入市、宅基地制度改革作出重要部署，其中允许农村集体经营性建设用地出让、租赁、入股，实行与国有土地同等入市、同权同价。2014 年，中办、国办印发《关于农村土地征收、集体经营性建设用地入市、宅基地制度改革试点工作的意见》。2014 年底，全国 33 个县市开展了农村土地征收、集体经营性建设用地入市、宅基地制度改革三项试点工作。2019 年修订的《土地管理法》吸纳了三项试点的成功经验，明确界定了土地征收的公共利益范围，清除了农村集体经营性建设用地入市的法律障碍，允许进城落户的村民自愿有偿退出宅基地。从试点情况来看，农村集体经营性建设用地入市改革已形成相对成熟的规则体系，农村宅基地制度改革在健全宅基地权益保障方式、完善宅基地审批制度、探索宅基地有偿使用和自愿有偿退出机制等方面进行有益探索，农村土地征收制度改革在完善被征地农民多元保障机制等方面取得积极进展。

4. 运用市场机制盘活利用存量建设用地

以往盘活存量建设用地主要采取无偿收回闲置两年以上的土地、加强闲置和低效用地执法督察、实行建设用地总量和强度“双控”、建立用地评价和奖惩制度等方式。但由于缺乏内在的经济激励和约束机制，建设用地粗放扩张的态势并未得到根本扭转。在此背景下，2019 年，自然资源部办公厅印发的《产业用地政策实施工作指引（2019 年版）》（自然资办发〔2019〕31 号）提出国有企事业单位改革改制土地资产处置的协议、作价出资（入股）等办法，国务院办公厅《关于完善建设用地使用权转让、出租、抵押二级市场的指导意见》（国办发〔2019〕34 号）对存量划拨土地盘活利用的转让、出租、抵押等要求进行规定，均是对市场化方式盘活存量用地的有益探索。在中央文件指导下，各地正不断深化产业用地市场化配置改革和健全建设用地“增存挂钩”机制，加大闲置土地处置力度。2023 年 7 月，国务院常务会议审议通过《关于在超大特大城市积极稳步推进城中村改造的指导意见》，自然资源部发布《关于开展低效用地再开发试点工作的通知》（自然资发〔2023〕171 号）等，对城中村等老旧用地利用粗放问题开展盘活利用工作，以提高土地节约集约利用水平，推动城乡发展从增量依赖转向存量挖潜。

---

① 朱敏．中央农办、农业农村部：已将 15 亿亩承包地确权给 2 亿农户［EB/OL］．https：//baijiahao．baidu．com/ s?id=1682249719462076480&wfr=spider&for=pc．

5. 划定国土空间“三条红线”

2013年，中共十八届三中全会提出划定生产、生活、生态空间开发管制界限。2017年党的十九大报告要求完成生态保护红线、永久基本农田、城镇开发边界三条控制线划定工作。2019年，中办、国办印发《关于在国土空间规划中统筹划定落实三条控制线的指导意见》（厅字〔2019〕48号）。2022年，我国完成全国耕地和永久基本农田保护红线、生态保护红线、城镇开发边界三条控制线划定，印发首部“多规合一”全国国土空间规划纲要。在国土空间规划改革和三条控制线划定的重大决策部署下，各地加快推进省市县国土空间总体规划编制审批，强化土地利用计划管理，严格实施土地用途管制，切实保护耕地，节约集约用地，依据国土空间规划实行建设用地总量控制，在保障经济发展的同时，坚决守住生态和粮食安全底线。2024年2月，首部流域性国家级国土空间专项规划《长江经济带—长江流域国土空间规划（2021—2035年）》经国务院批准实施①。截至2024年5月，29个省级国土空间规划已经国务院批准实施。

二、进一步全面深化土地要素市场化改革面临的新形势新要求

改革开放46年来，我国土地要素市场化改革取得积极成效，但改革步伐仍需加快。当前，世界百年未有之大变局加速演进，全球发展不稳定性不确定性因素明显增加，国内经济由高速增长阶段转向高质量发展的关键阶段，对土地要素市场化配置改革提出了紧迫要求。深化土地要素市场化改革，健全土地管理制度，提升土地要素配置效率，增强土地要素对中国式现代化建设的安全保障能力，以满足高质量、高效率、公平性和可持续的发展要求，确保中国式现代化行稳致远。

（一）现代化产业体系构建对土地资源配置提出新要求

党的二十大报告强调“高质量发展是全面建设社会主义现代化国家的首要任务”，并对“建设现代化产业体系”作出重要部署。构建现代化产业体系是以实体经济为基石，以科技创新为引领，以土地、资金、人才等关键要素为保障，打造自主可控、安全可靠、竞争力强的现代产业体系，实现全要素生产率和经济效益持续提升。但在推进现代化产业体系建设过程中，传统产业用地供应方式难以适应产业转型升级的要求。从城市产业建设用地看，部分地区产业新业态新模式用地普遍呈现业态融合、功能综合的特点，单一用途土地供应方式难以满足产业混合兼容需求。从乡村产业发展用地来看，农村一二三产业融合发展，推动了农村产业融合、产业链条延伸以及农业多功能的挖掘，对产业用地提出新的要求。因此，面向新时代新阶段，亟须探索建立与转型发展相适应的、精细化的土地供应管理制度，带动资本、人才、技术等要素投入，为构建现代化产业体系提供关键性支撑。

---

① 朱隽．《长江经济带—长江流域国土空间规划（2021—2035年）》获批复［EB/OL］．https：//baijiahao.baidu.com/s?id=1791922636504730077&wfr=spider&for=pc.

（二）城乡融合发展要求优化土地要素配置

党的二十大报告提出“坚持城乡融合发展，畅通城乡要素流动”。这是在全面建设社会主义现代化国家的新征程上，党中央对构建新型城乡关系提出的明确要求。这要求我们要把以新型城镇化带动城乡融合摆在更加重要的位置，以改革办法打通城乡土地等要素流动障碍，推动城乡功能衔接互补、资源均衡配置，以激活城市高质量发展、乡村振兴内生动力。在城乡融合发展要求下，亟须进一步深化土地要素市场化改革，打破城乡二元结构和缓解资源要素错配，构建以权属为主转向利益平衡的城乡土地制度和以行政为主转向以市场为主的城乡统一的土地配置体系，全面盘活利用农村存量建设用地，促进土地资源在城乡之间的合理配置。

（三）粮食安全形势对耕地保护提出更高要求

确保14亿多人口的粮食安全是中国式现代化进程中治国理政的头等大事，是全面建设社会主义现代化国家的基本盘。当前，世界百年未有之大变局加速演进，全球农产品产业链、供应链不稳定不确定性明显增加，我国粮食安全全面临一系列风险挑战。**一是农业生产受自然灾害影响较大。**近年来，我国极端气候事件有所增多，农业灾害风险加大。**二是国际形势变化对我国粮食供给产生复杂影响。**近年来，世界经济增速趋缓、经济全球化遭遇逆流、地缘政治风险上升，一些传统产粮大国出于各种原因开始收紧粮食出口政策。同时，我国农业竞争力不强，农业产业链面临被挤压和控制的风险。**三是资源环境约束持续偏紧。**我国农业资源禀赋欠佳，人均耕地占有量和人均水资源量远低于世界平均水平，给全国粮食供应安全带来挑战。为更好地应对粮食安全领域面临的风险与挑战，加快建设农业强国，亟须通过耕地资源的严格保护、高效利用，全方位夯实粮食安全的物质根基。

（四）生态文明建设要求转变土地利用方式

习近平总书记指出，建设美丽中国是全面建设社会主义现代化国家的重要目标。党的二十大报告提出推动绿色发展，促进人与自然和谐共生。土地资源高效利用是建设人与自然和谐共生的现代化的重要内容，是统筹高水平保护与高质量发展的内在要求。改革开放以来，各地政府积极出台一系列政策措施，推进土地节约集约利用，但部分地区贯彻落实仍有较大差距，土地粗放、低效利用问题依然突出。在全面推进美丽中国建设要求下，亟须统筹好保护与开发的关系，处理好当前和长远的关系，推动土地利用方式由粗放利用向节约集约利用转变，包括加速推进高标准农田建设、做好盐碱地等耕地后备资源综合开发利用、破解土地细碎化难题等，通过系统性的深化改革，提高土地节约集约利用程度，探索出经济发展与资源节约、环境保护相协调的可持续发展道路。

（五）国家安全需要对国土空间布局提出更高要求

推进国家安全体系和能力现代化，是战胜各种风险挑战、顺利推进中国式现代化的必然要求。当前，地缘政治博弈升级，地区性冲突风险加大。同时，气候危机、粮食能源危机、公共卫生安全等全球性挑战加大，人类面临各种复杂而严峻的自然灾害和事故威胁的形势日益凸显。在国际环境日趋复杂、不稳定性不确定性明显增强的背景下，如何保障“平急两用”建设用地，补齐城市应急能力建设短板；如何动态调整优化生产力布局，促进工业用地合理布局和规模集聚，提高抵御风险能力；如何盘活用好军用土地资源，兼顾国防建设与经济发展需要，均成为优化国土空间布局、深化土地要素改革需要关注的问题。

三、深入领会进一步全面深化土地要素市场化改革的指导思想、基本原则和总目标

在新时代新征程上，土地要素市场化改革要坚持以习近平新时代中国特色社会主义思想为科学指引，坚持以推动高质量发展为主题，着力加强用地管控、构建统一市场、优化供地方式、盘活存量用地、提升用地效益，形成与高质量发展相适应的土地要素市场化配置的体制机制。

（一）指导思想

以习近平新时代中国特色社会主义思想为指导，要全面贯彻落实党的二十大和二十届二中、三中全会精神，坚持稳中求进工作总基调，全面贯彻新发展理念，加快构建新发展格局，坚持以推动高质量发展为主题，以统筹扩大内需和深化供给侧结构性改革为主线，以盘活土地资源要素、激活土地市场价值、提高土地节约集约利用水平、提升土地治理现代化水平为根本目的，加快推进土地要素市场化配置改革，着力破除制约土地要素自由流动的体制机制障碍，着力加强用地管控、构建统一市场、优化供地方式、盘活存量用地、提升用地效益，形成与高质量发展相适应的土地要素市场化配置的体制机制，为中国式现代化建设提供高效的、可持续的国土空间资源的保障机制。

（二）基本原则

坚持依法依规、严守底线。在法治轨道和政策范围内推进土地要素市场化改革，按照国土空间规划及相关规划，坚守生态保护红线、永久基本农田、城镇开发边界三条控制线，以及土地公有制性质不改变、耕地红线和生态红线不突破、农民利益不受损三条底线，推动土地资源合法合规利用。

坚持市场配置、政府监管。坚持社会主义市场经济改革方向，充分发挥市场在土地要素配置中的决定性作用、更好发挥政府作用，坚持放开放活和管好用好有机结合，实现互补共通，更好发挥各自功能，激发市场活力和发展动力。

坚持系统推进、因地制宜。树立系统观念，服务高质量发展和乡村振兴大局，统筹各类土地资源，兼顾各方合法权益，因地制宜、精准施策，推动各项改革举措高效联动。

坚持实事求是、安全稳慎。坚持按客观规律办事，充分认识我国的发展阶段、资源禀赋和历史传统等客观现实，科学把握改革时序、节奏和步骤，分类分步、稳妥有序推进土地要素市场化改革试点任务实施，切实防范各类风险。

（三）总目标

到2029年底，土地管理制度逐步完善，城乡统一建设用地市场初步形成，产业用地保障体系基本完备，存量建设用地实现高效利用，土地要素价格更加合理，土地要素配置效率得到明显提升，激发经济发展内生动力和市场主体活力。

到2035年底，土地要素市场化配置格局基本形成，实现土地要素价格合理形成、流动自主有序、配置高效公平，促进土地资源高效、安全和可持续利用，推动高质量发展和资源环境承载力的动态平衡，不断提高土地利用质量和效率。

到2050年，基本建立城乡统筹、有序流动、配置高效、集约利用的现代化土地市场体系和治理体系，形成国土资源整体保护格局与合理开发模式，土地供给保障能力更加稳定，土地资源节约集约利用水平大幅提高，为建设高标准市场体系、推动高质量发展、建设现代化产业体系提供坚实的资源支撑。

四、进一步全面深化土地要素市场化改革的重点任务

新时代新征程上，推进土地要素市场化配置改革，要深化土地管理制度改革，建立健全同宏观政策、区域发展更加高效衔接的土地管理制度。要瞄准重点领域，健全城乡统一的建设用地市场、建立高效的产业用地供给制度体系、运用市场机制盘活利用存量建设用地，持续提高土地要素配置水平，更好地服务城乡融合发展和现代化产业体系建设。要完善土地市场化定价机制，确保土地要素市场的平稳健康运行。

（一）深化土地管理制度改革

深化土地管理制度改革重点是在坚守土地公有制性质不改变、严守“三条控制线”的前提下解锁土地权能，破除现有产权结构的封闭性，为土地流转打好制度基础。**一是深化农村土地“三权”分置改革。**有序推进第二轮土地承包到期后再延长30年试点，深化承包地所有权、承包权、经营权分置改革，健全承包地集体所有权行使机制，完善承包地经营权流转价格形成机制。保障进城落户农民合法土地权益，依法维护进城落户农民的土地承包权、宅基地使用权、集体收益分配权，探索建立自愿有偿退出的办法。**二是建立土地资源高效利用与高水平保护协调机制。**改革完善耕地占补平衡制度，各类耕地占用纳入统一管理，完善补充耕地质量验收机制，确保达到平衡标准。完善高标准农田建设、验收、管护机制。健全保障耕地用于种植基本农作物管理体系。探索国家集中垦造耕地定向用于特定项目和地区落实占补平衡机制。健全同宏观政策和区域发展高效衔接的土地管理制度，优先保障主导产业、重大项目合理用地，使优势地区有更大发展空间。完善国土空间用途管制与土地发展权配置管理，深入推进全域土地综合整治，鼓励土地混合使用和空间功能转换，促进空间资源高效利用。**三是合理划分土地管理事权。**在严格保护耕地、节约集约用地的前提下，深化“放管服”改革，赋予省级人民政府更大的土地配置自主权，允许符合条件的地区探索城乡建

设用地增减挂钩节余指标跨省域调剂使用机制①，探索跨区域土地资源溢价共享与收益分配机制。

（二）健全城乡统一的建设用地市场

构建城乡统一的建设用地市场、促进城乡用地结构优化和空间重塑是土地制度改革的重中之重。**一是有序推进农村集体经营性建设用地入市改革，健全土地增值收益分配机制。**明确入市方案的交易方式、权属登记等流程，规范工作程序、耕地保护、收益分配、权益保障、风险评估等内容②。特别是，积极研究出台全国统一的土地收益分配指导性意见，明确国家、农村集体和农民在土地增值收益分配上的比例范围，兼顾政府、集体和村民三方长远经济利益。同时，在符合规划、用途管制和依法取得前提下，明确入市参与各方的法律地位与权利，稳妥有序推进农村集体经营性建设用地与国有建设用地同等入市、同权同价。**二是深入推进宅基地“三权”分置改革。**着力深化宅基地权利保障、有偿退出、有偿使用试点探索，有序推进宅基地所有权、资格权、使用权“三权”分置改革③。探索货币、地票、房票等多元化补偿方式，稳慎推进农村宅基地有偿退出。探索建立农村宅基地有偿选位、超标宅基地有偿使用机制等。**三是优化城乡建设用地增减挂钩机制。**通过统筹增量建设用地与存量建设用地，健全城乡建设用地增减挂钩节余和补充耕地指标跨区域交易机制④。土地利用集约高效、有重大项目引进的地区给予更多增减挂钩指标奖励。建立新增城镇建设用地指标配置同常住人口增加协调机制，健全由政府、企业、个人共同参与的农业转移人口市民化成本分担机制。

（三）深化产业用地市场化配置改革

深化产业用地市场化配置改革的重点是建立高效的产业用地供给制度体系，促进不同产业用地类型合理转换。**一是优化产业用地规划和空间布局。**在国土空间规划体系下，基于区域发展和产业发展目标定位、国土空间利用现状、资源环境生态约束等，科学编制产业空间规划，开展各类产业园区用地专项治理。按照发挥比较优势、合理分工协作的原则，引导特色优势产业集聚发展，促进布局集中、用地集约、产业集聚。**二是优化产业用地供应方式。**根据产业业态分类和不同建设主体用地需求，建立健全长期租赁、先租后让、弹性年期供应等产业用地市场供应体系。持续深化工业用地“标准地”改革，拓展“标准地”用地类型和适用区域。增加混合产业用地供给，鼓励产业用地综合利用和立体开发，探索形成混合用地规范化出让指引，制定工商业用地使用权延期和到期后续期政策。**三是强化产业用地监管和效能评价。**完善产业用地

---

① 华地行生态修复研究院．如何推动土地要素市场化改革［EB/OL］．https：//mp. weixin. qq. com/s/XD_CgwJmEEIKxowaBaaAHA.

② 青县自然资源和规划局．深化土地要素市场化改革［EB/OL］．https：//mp. weixin. qq. com/s/6RLQ2e4jW9707qe0XJeoJA.

③ 董祚继．全方位多层次建设全国统一土地市场丨求解大市场［EB/OL］．https：//m. thepaper. cn/baijiahao_18186396.

④ 姚毓春．建设全国统一大市场　促进城乡融合发展［EB/OL］．https：//baijiahao. baidu. com/s？id=1769171573233244144&wfr=spider&for=pc.

市场化配置法律法规体系，围绕用途管制和资源利用组织建立产业用地综合监管体系，促进产业用地规范利用。因地制宜设置市场化供应率、产业用地储供比、重点行业支持度、土地金融化程度、土地市场发育度、地均利润率、地均能耗、合同违约率、低效用地处置率等评价指标，综合评价市场化配置效能，完善产业用地市场化配置管理机制。

（四）以市场化方式盘活利用存量建设用地

存量建设用地是城镇空间拓展的重要潜力资源。盘活利用存量建设用地的重点在于建立并运用市场机制，推动批而未供土地、闲置土地和低效用地高效利用，以激活提升土地资源资产价值。**一是深入实施“增存挂钩”机制。**强化建设用地计划指标管控，以消化存量建设用地规模作为配置新增计划指标的依据，统筹安排新增和存量建设用地。按照国土空间规划和产业布局要求，及时发布存量建设用地“招商地图”，引导招商引资企业优先使用存量土地。**二是统筹推进城市更新和存量用地再利用。**建立健全以城市人居环境品质提升和城市新旧动能转化为导向的存量建设用地再利用制度。编制城市更新年度实施计划，并将存量建设用地的投放与重要更新功能区域挂钩，制定相配套的土地保障举措。推动土地混合开发利用、用途合理转换，盘活存量土地和低效用地。**三是完善引导市场参与的激励机制。**允许农户合法拥有的住房通过出租、入股、合作等方式盘活利用闲置土地资源。在扩大权能、地价补交、收益分配、税费征收等方面出台优惠政策，降低存量建设用地改造开发的交易门槛和交易成本，提升市场主体参与的积极性。探索政府和社会资本合作新机制，支持社会资本参与存量土地用于文旅、养老等领域。

（五）完善土地价格体系和市场运行机制

土地市场化定价是推进土地要素市场化配置的重要一环。在推进土地要素市场化改革过程中，亟须引入竞争、价格、供需调节等市场机制来完善土地出让、转让、租赁等市场交易规则，建立起由市场供求关系自发形成的土地市场化定价机制，提高土地资源配置的效率。**一是完善城乡建设用地价格体系。**完善城乡基准地价、标定地价的制定与发布制度，逐步形成与市场价格挂钩的动态调整机制，使城乡建设用地价格能够客观反映区位条件、市场供需状况和资源稀缺程度。支持地方探索制定地下空间、不同产业类型用地、划拨国有建设用地使用权的公示地价。**二是加强建设用地二级市场建设和监管。**优化城市工商业土地利用，完善建设用地使用权转让、出租、抵押二级市场交易规则，加快发展建设用地二级市场。强化土地交易管控，通过明晰交易规则和负面清单，建立首次转让、分割转让审核和受让人准入制度，持续加强二级市场交易监管。加强土地批、征、供、用、管、查全生命周期监管，健全多部门协同监管机制。**三是构建土地要素市场交易数字平台。**支持各地采用数字化、智能化手段，建立农村承包地经营权、宅基地使用权和农房财产权、城乡建设用地流转和抵押信息应用平台，实现政府、企业、城乡居民之间土地交易信息的互联互通，降低土地交易的信息搜寻成本和信息不对称，营造公开、公平和公正的土地交易市场环境。

第七篇

完善高水平对外开放体制机制专题

建设更高水平开放型经济新体制，推进高水平对外开放

习近平总书记提出，开放是人类文明进步的重要动力，是世界繁荣发展的必由之路①。以开放促改革、促发展是我国现代化建设不断取得新成就的重要法宝②。党的二十届三中全会指出，必须坚持对外开放基本国策，坚持以开放促改革，依托我国超大规模市场优势，在扩大国际合作中提升开放能力，建设更高水平开放型经济新体制。党的十八大以来，我国对外开放布局不断深入，对外开放领域不断拓宽，对外开放制度不断完善。展望后期，世界百年未有之大变局加速演进，国际局势纷繁复杂，世纪疫情影响深远，我国深化对外开放面临新形势新要求。在新时代新征程上，继续深化对外开放要以习近平新时代中国特色社会主义思想为指导，坚持对外开放基本国策地位不动摇，统筹国内循环和国际循环，统筹发展与安全，力争实现更高水平对外开放。对外开放是我国的基本国策，是国家繁荣发展的必由之路，是中国式现代化的重要内容。在新时代新征程上，要稳步扩大制度型开放，深化外贸体制改革，深化外商投资和对外投资管理体制改革，优化区域开放布局，完善推进高质量共建“一带一路”机制，完善多元稳定国际经济格局和经贸关系维护机制，深化涉外金融体制改革以推动人民币国际化。

一、对外开放 46 年的主要历程、基本经验与伟大成就

开放是最大的改革③，也是中国特色社会主义制度的重要特征和基本属性。改革开放 46 年来，我国以开放布局、开放领域、开放体制、全球治理四方面为总体框架对我国对外开放领域进行了全方面、系统性的深化，最终形成了全方位、宽领域、多层次的对外开放格局。但同时，我国对外开放仍存在多角度不足。纵观 46 年开放历程，始终坚持对外开放的基本国策不动摇是对外开放的首要前提。对外开放要不断提高开放水平，大胆参与国际竞争，充分发挥比较优势，坚持制度创新，同时应稳妥推进开放进程，切实维护国家经济安全。党的十八大以来，我国对外开放布局不断深入，对外开放领域不断拓宽，对外开放制度不断完善，体现在高水平开放型经济新体制加快构建、自贸区自贸港充分发挥先行先试作用、营商环境不断优化。同时，我国践行多

---

① 习近平．共创开放繁荣的美好未来［EB/OL］. https：//www. 12371. cn/2022/11/05/ARTI1667629674253997. shtml.

② 习近平．积极参与世界贸易组织改革 提高驾驭高水平对外开放能力［EB/OL］. https：//www. jl. gov. cn/szfzt/tzcj/tzdt/202309/t20230928_2667018. html.

③ 迟福林．开放是最大的改革［EB/OL］. https：//baijiahao. baidu. com/s? id＝1644434411482944199&wfr＝spider&for＝pc.

边经贸规则，推动共建“一带一路”多点开花，对外开放持续取得新突破。

（一）对外开放的历史演进

改革开放46年来，我国坚持对外开放的基本国策不动摇，在政策引导下逐步经历了渐进式开放格局形成阶段，地区间竞争开放格局的形成阶段，全方位、宽领域、多层次开放格局形成阶段，对外开放方针持续深化四个阶段，开放格局逐渐完善，开放认知逐渐深化，最终形成了全方位、宽领域、多层次的对外开放格局。46年来，开放成为我国参与大国博弈的重要手段，对内促进经济高速增长，对外深度参与全球治理，促进我国国际地位以及影响力显著提升。

1. 政策引导下的渐进式开放阶段（1978—1992年）

随着1978年底召开的中共十一届三中全会提出放弃“以阶级斗争为纲”转而“以经济建设为中心”的政治路线，我国对外开放浪潮正式兴起。这一阶段，我国实行的是从沿海到内地、从东向西、由局部到全面，逐步推进的渐进式开放战略。

一是对外开放区域格局由外到内、由点及面逐步推进。首先，试办经济特区。1979年7月，党中央、国务院同意在深圳、汕头、厦门市试办出口特区[①]（经济特区）；1988年4月，设立海南经济特区。经济特区实行特殊经济政策，发挥了对外开放窗口以及实验基地的作用。其次，进一步开放沿海城市。1984年5月，党中央、国务院进一步开放大连、秦皇岛、天津、烟台等14个沿海港口城市，扩大地方权限并给予外商投资者优惠，以推动相关城市开展对外经济技术合作，积极吸引外资，消化吸收先进技术和管理方法，优化经济结构，带动腹地经济发展。最后，进一步开辟沿海经济开放区。1985年2月，党中央、国务院决定把长江三角洲、珠江三角洲和闽南厦门、漳州、泉州三角地区开辟为沿海经济开放区；1988年3月，国务院进一步扩大长江、珠江三角洲和闽南三角洲地区经济开放区的范围，并把辽东半岛、山东半岛、环渤海地区的一些市、县和沿海开放城市的所辖县列为沿海经济开放区；1991年，开放满洲里、丹东、绥芬河、珲春4个北部口岸。上述经济开放区的形成促进当地经济的发展并对内地形成了带动效应，使沿海与内地形成优势互补、相得益彰的局面。至此，我国对外开放初步形成“经济特区—沿海开放城市—沿海经济开放区—内地”的推进格局。

二是鼓励性引资政策初步建立。一方面，引进外资法规体系初步建立。1979年7月，《中外合资经营企业法》颁布实施，标志着我国打开大门引进外资、实行对外开放。1986年和1988年，全国人民代表大会先后制定了《外资企业法》和《中外合作经营企业法》，“外资三法”的建立标志着我国外商投资基本法律框架成型。此后，《合资法实施条例》、《外资法实施细则》、《中外合资经营企业法》（修订版）、《指导外商投资方向暂行规定》、《外商投资企业和外国企业所得税法》、《外商投资企业和外国企业所得税法实施细则》等42部与外商投资直接相关的法律、规定和条例，初步形

① 1980年5月，中共中央和国务院决定将深圳、珠海、汕头和厦门这四个出口特区改称为经济特区。

成了我国吸引外资的法规体系。另一方面，外商入华进入快速发展期。1979—1985年，我国共批准中外合资、合作经营、外商独资经营企业 6319 个，总计协议外资金额 163 亿美元，约有 5400 个企业登记注册①。

三是对外开放领域由“三来一补”的加工贸易起步。1978 年 7 月，国务院发布《开展对外加工装配业务试行办法》，先在广东、福建、上海等地试行进货贸易特殊政策，允许加工装配所需原材料、零部件、设备的进口，一律免征关税、工商税。1979 年 9 月，国务院发布《发展对外加工装配和中小型补偿贸易办法》，提出“积极利用国外原材料和技术，发挥国内生产能力，大力发展以进养出业务，把出口贸易做大做活，增加外汇收入，增强国家的外汇支付能力”。这一系列政策打破了计划经济时期的经济管理和外贸管制的体制障碍，对加工贸易实行了特殊的海关监管政策，促进了加工贸易的迅猛发展。同年，国务院还发布了《以进养出试行办法》，鼓励国有外贸公司专门用于进口料件加工装配以后扩大出口。1980 年，《关于“广东、福建两省会议纪要”的批示》（中发〔1980〕41 号文）中对海关的管理和关税的减免做了一系列规定。

2. 区域开放格局形成阶段（1992—2001 年）

1992 年邓小平同志南方谈话以及中共十四大后，经济体制改革的目标被明确为建立社会主义市场经济体制，国内的市场化改革加速推进，此阶段通过全面配套改革实现了向社会主义市场经济基本制度的过渡，基于市场推动的对外开放体制轮廓也逐渐清晰。十四大报告也明确提出，要“进一步扩大对外开放，更多更好地利用国外资金、资源、技术和管理经验”，强调“对外开放的地域要扩大，形成多层次、多渠道、全方位的对外开放格局”，“利用外资的领域要拓宽”。

一是对外开放区域格局进一步深化。1992 年后，党中央、国务院先后批准开放了 13 个沿边城市、6 个长江沿岸城市、18 个内陆省会城市、32 个国家级的经济技术开发区、52 个高新技术开发区、13 个保税区，开放了 34 个口岸。2000 年，伴随着西部大开发战略的实施，对外开放进一步扩大到广大西部地区。至此，基本形成了沿海、沿江、沿边和内陆地区多层次、全方位的开放新格局。

二是引进外资体系进一步完善。首先，引进外资法律体系完善。1994 年 7 月 1 日，为适应外经贸领域市场化改革的需要，《对外贸易法》正式颁布实施，自此我国对外贸易经营管理步入法治化阶段；1995 年，对外经济贸易合作部发布了《中外合作企业法实施细则》，1996 年 10 月，发布《关于执行〈中华人民共和国中外合作经营企业法实施细则〉若干条款的说明》的通知，标志着外商投资的三项基本法律得到了完善与充实。其次，外商投资领域扩容。1995 年 6 月，国务院发布《外商投资产业指导目录》，首次以法规形式对外公布鼓励、限制和禁止外商在华投资的产业领域，增加和提高产业政策的透明度。同年，制定了《指导外商投资方向暂行规定》，重新划分

---

① 中国产业海外发展协会．关于我国外商投资政策的发展与参考［EB/OL］．http：//www.ciodpa.org.cn/index.php？c=index&a=show&catid=64&id=2607.

了对外商投资实施鼓励、限制和禁止政策的产业范围。1997 年重新修订了《外商投资产业指导目录》。最后，外资并购国企浪潮兴起。1993 年 12 月 29 日，《公司法》颁布，1994 年开始实施，为国有企业改革吹响了号角，也为外资并购国有企业打下了基础。1999 年 8 月，国家经贸委颁布了《外商收购国有企业的暂行规定》，明确了外商可以参与并购国有企业。在一系列政策推动下，各地掀起了引进外资的热潮。20 世纪 90 年代中期以后，外商投资企业已发展成我国经济中的一支重要力量。外商投资企业的出口占我国总出口的比重不断上升，到 2001 年达 50%以上①。

三是对外开放的重点转向产业开放，并扩大服务贸易领域开放。1994 年我国制定了《90 年代国家产业政策纲要》，是我国出台的首个产业政策，推动各地积极引导外商投资于基础设施、基础工业、高新技术产业、出口创汇型产业。自 1997 年起，我国逐步扩大服务贸易领域的对外开放。2000 年前后，我国进一步放宽对外商投资的限制，允许外商在商贸、运输、教育、金融、电信、中介机构等服务领域的投资，简化审批手续。

3. 全方位、宽领域、多层次开放格局形成阶段（2001—2012 年）

以 2001 年我国加入世贸组织为标志，国内经济与世界经济的互动明显增强，对外开放由有限范围、地域、领域内的开放，转变为全方位、多层次、宽领域的开放；由以试点为特征的政策性开放，转变为在法律框架下的制度性开放；由单方面为主的自我开放市场，转变为我国与世贸组织成员之间的双向开放市场；由被动地接受国际经贸规则的开放，转变为主动参与制定国际经贸规则的开放；由只能依靠双边磋商机制协调经贸关系的开放，转变为双边、多边机制相互结合和相互促进的开放。

一是引进外资体系进一步完善。2001 年后，为适应加入世界贸易组织的需要，全国人大及其常委会对“外资三法”作出部分修改，删除了法律中要求外商投资企业在境内优先采购、实现外汇收支平衡、出口实绩等规定。2007 年，全国人民代表大会通过《企业所得税法》，实现了内外资企业所得税制统一。

二是加速融入国际贸易体系。这一期间，我国按照 WTO 规则全面调整国内经济体制和政策，服务业开放水平明显提高，对外贸易和利用外资迈上新台阶，“走出去”取得初步成效，积极参与多哈回合谈判和区域经济合作，提出并实施互利共赢开放战略。2001—2007 年，为兑现“入世”承诺，我国共集中清理了 2300 多部法律法规和部门规章。仅 2001 年，相关部门废止法律、行政法规等 993 件，其中对外经贸部废止部门规章 356 件，废止内部文件 178 件；审计、发布和批准的法律法规约 124 件。这一时期，我国逐步形成稳定、透明的涉外经济管理体制，建立与世界通行贸易规则全面接轨的管理型自由贸易制度。截至 2012 年，在按 WTO 规则分类的 160 多个服务贸易部门中，我国已经开放 110 个。

---

① 商务部 . 2001 年 1-12 月外商投资企业进出口情况表［EB/OL］. http：//m. mofcom. gov. cn/article/bi/200306/20030600098394. shtml.

4. 对外开放全面深化阶段（2012 年至今）

一是对外开放格局进一步深化。国内角度，自贸区、自贸港先后建立。2013 年上海自由贸易区建立以来，党中央先后分 6 批部署设立了 21 个自贸试验区，覆盖东西南北中，统筹沿海、内陆、沿边的自由贸易试验体系成型。自由贸易试验区的设立，不仅为努力实现贸易自由化、推行贸易便利化作出贡献，同时，推进法无禁止即可入的负面清单模式，不断推进“放管服”，开启以深化改革为重点的金融试点改革，并取得一定成果。2018 年 4 月，中央决定支持海南全岛建设自由贸易试验区，支持海南逐步探索、稳步推进中国特色自由贸易港建设，分步骤、分阶段建立自由贸易港政策和制度体系。**国外角度，**一带一路成果璀璨。2023 年以来，“一带一路”倡议在全球范围内多点开花，在五通架构下与共建国家持续扩宽合作的广度与深度，体现为政策沟通持续深化、设施联通稳步推进、经贸往来日益紧密、资金融通成果丰硕、民心相通不断巩固，为我国与共建国塑造了宝贵的共同财富。截至 2023 年 6 月末，我国已与 152 个国家、32 个国际组织签署 200 余份合作文件，涵盖投资、贸易、金融、科技、社会、人文、民生等领域。

二是对外开放方针不断深化。2015 年，对外开放由制造业深化至服务业。2015 年以来，国务院分 3 批次将服务业扩大开放综合试点增至 11 个，主动从制造业领域开放向服务业领域开放拓展，加大服务业特别是现代服务业的开放力度。2017 年，党的十九大报告明确提出“要推动形成全面开放新格局”，统筹国内国际两个大局，坚持对外开放的基本国策，实行积极主动的开放政策，形成全方位、多层次、宽领域的全面开放新格局。2018 年 4 月，李克强总理在《政府工作报告》中提出，全面放开一般制造业，扩大电信、医疗、教育、养老、新能源汽车等领域开放。有序开放银行卡清算等市场，放开外资保险经纪公司经营范围限制，放宽或取消银行、证券、基金管理、期货、金融资产管理公司等外资股比限制，统一中外资银行市场准入标准。2022 年，中共二十大报告提出“推进高水平对外开放”，对外开放方针不断深化。高水平对外开放是指由散点式开放转向以统一大市场为动力的整体式开放，由“看得见”的货物贸易开放转向“看不见”的服务和制度开放，由个体开放转向以朋友圈建设为基础的共同体开放。2024 年 2 月，国务院办公厅印发《扎实推进高水平对外开放更大力度吸引和利用外资行动方案》，明确合理缩减外商投资准入负面清单，全面取消制造业领域外资准入限制措施，放宽电信、医疗等服务业市场准入。2024 年 7 月，党在二十届三中全会上强调要扩大对最不发达国家单边开放，扩大自主开放，有序扩大商品市场、服务市场、资本市场、劳务市场等对外开放，完善境外人员入境居住、医疗、支付等生活便利制度，统筹推进重大标志性工程和“小而美”民生项目，高质量共建“一带一路”，让中国大市场成为世界大机遇。

三是外商投资管理体制实现历史性变革。2013 年 11 月，党的十八届三中全会提出了探索对外商投资实行准入前国民待遇加负面清单的管理模式、统一内外资法律法规、加快商签投资协定、改革涉外投资审批体制、放宽投资准入、建设上海自贸试验区、扩大内陆沿边开放等改革任务，明确了新时期利用外资的顶层设计。2015 年 5

月，党中央、国务院发布了《关于构建开放型经济新体制的若干意见》，对创新外商投资管理体制作出了全面部署。这一阶段，我国外商投资管理体制实现历史性变革，将实行了30多年的全链条审批制度改为有限范围内审批和告知性备案管理制度，营商环境持续改善。

四是深入参与全球治理。首先，积极推动加入高标准经贸协定取得进展。《全面与进步跨太平洋伙伴关系协定》（CPTPP）方面已正式提出加入申请，就协定案文规则进行了充分、全面和深入的研究评估，并与成员国进行了不同层级的、广泛的接触和交流；《数字经济伙伴关系协定》（DEPA）方面，DEPA协定的成员成立中国加入的工作组，DEPA的三个成员方与中国举行四方部长级会议并召开首席谈判代表启动会。其次，建设性参与亚太经合组织（APEC）、金砖国家等机制治理合作。在APEC框架内支持推动工作计划，推动亚太自贸区向前迈出更多步伐；深入推进全球发展倡议，加强与联合国、二十国集团（G20）、亚太经合组织（APEC）、金砖国家、东盟与中日韩（10+3）领导人会议、上海合作组织等多边机制合作。最后，中国方案助力全球和平，中国国际形象明显改善。2023年以来，在中国斡旋下，沙特、伊朗同意恢复外交关系，开展各领域合作，三国联合发布《中华人民共和国、沙特阿拉伯王国、伊朗伊斯兰共和国三方联合声明》，中国方案有效促进全球稳定和平；2023年全国两会闭幕后，西班牙、马来西亚、新加坡、法国、欧盟、巴西、加蓬等多国领导人及国际组织负责人纷纷访华，我国国际形象、外交关系步入新局面。2024年7月，我国推动巴勒斯坦14个派别在北京签署《关于结束分裂加强巴勒斯坦民族团结的北京宣言》，为巴勒斯坦各派团结、和解确定了框架与方向。

（二）对外开放的总体框架、基本方向和难点卡点

纵观改革开放46年来，我国坚持逐步深化开放布局、逐步扩大开放领域、不断完善外资管理体制、积极参与全球治理的基本方向，以开放布局、开放领域、开放体制、全球治理四方面为总体框架对我国对外开放领域进行了全方面、系统性的深化，已经基本形成当前全方位、多层次、宽领域的对外开放格局。但我国对外开放领域当前仍然存在部分领域开放程度不足、开放体系的法治化程度及监管水平仍显不足、体制不完善限制人民币国际化程度加深、区域开放体制机制尚不完善、推进"一带一路"持续高质量发展仍然存在制度阻碍、国际规则制度的利用程度以及能力不足等难点卡点。

1. 总体框架

回顾对外开放的历史演进，我国以开放布局、开放领域、开放体制、全球治理四方面为总体框架对我国对外开放领域进行了全方面、系统性的深化。

（1）开放布局呈现渐进探索、由外到内、由点及面、全面覆盖的特点

1979—1988年，党中央、国务院设立首批经济特区，区域内实行特殊经济政策，创造对外开放窗口以及试验基地。1984年，进一步开放沿海城市，积极吸引外资，优化经济结构。1985—1988年，进一步开辟沿海经济开放区。我国对外开放初步形成

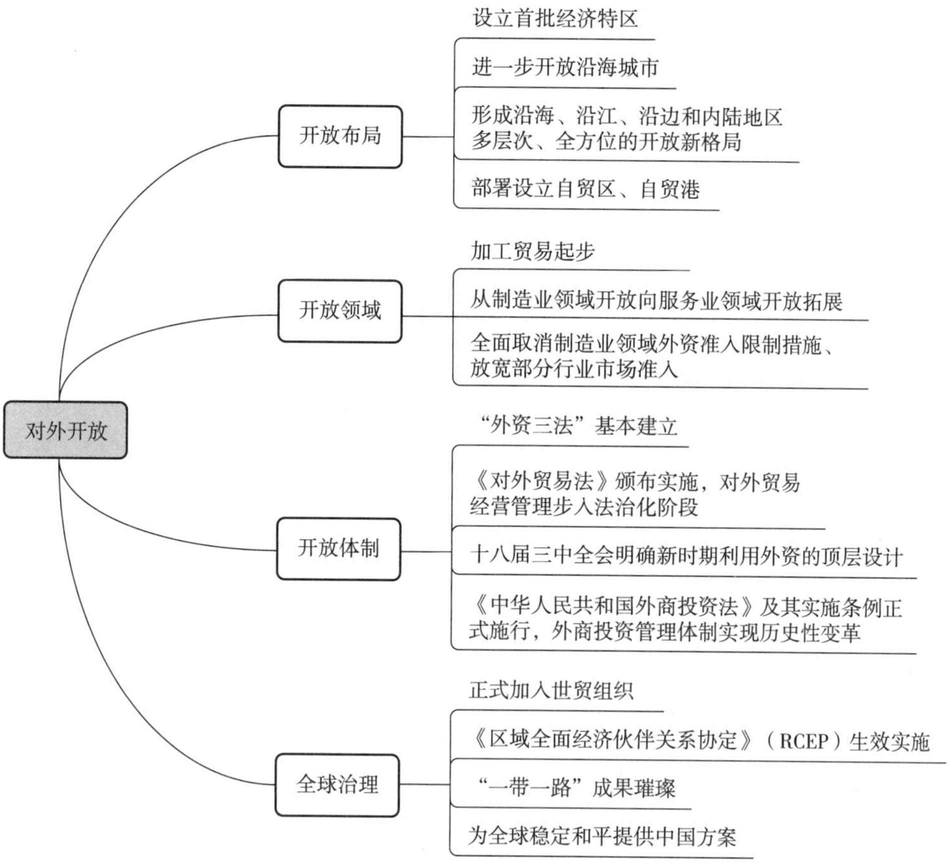

图 7–1　对外开放的总体框架

“经济特区—沿海开放城市—沿海经济开放区—内地”的推进格局。1992 年后，党中央、国务院进一步扩大开放布局，先后批准开放多个沿边城市、沿岸城市、内陆省会城市、经济技术开发区、高新技术开发区、保税区、开放口岸等，形成沿海、沿江、沿边和内陆地区多层次、全方位的开放新格局。2013 年，上海自由贸易试验区建立。此后，党中央先后部署设立 20 个自贸区，并于 2018 年设立海南自由贸易港，形成覆盖东西南北中，统筹沿海、内陆、沿边的自由贸易试验体系。

（2）开放领域由低端向高端、由制造业向服务业不断拓宽

1978—1979 年，国务院先后发布《开展对外加工装配业务试行办法》《发展对外加工装配和中小型补偿贸易办法》，对外开放领域由“三来一补”的加工贸易起步。2015 年，国务院分 3 批次将服务业扩大开放综合试点增至 11 个，主动从制造业领域开放向服务业领域开放拓展。2018 年《政府工作报告》提出，全面放开一般制造业，扩大电信、医疗、教育、养老、新能源汽车等领域开放。2024 年 2 月，国务院办公厅印发《扎实推进高水平对外开放更大力度吸引和利用外资行动方案》，明确合理缩减外商投资准入负面清单，全面取消制造业领域外资准入限制措施，放宽电信、医疗等服务业市场准入。

（3）开放体制法律基础不断完善，外商投资管理体制实现历史性变革

1979—1988年，《中外合资经营企业法》《外资企业法》《中外合作经营企业法》先后发布，“外资三法”的建立标志着我国外商投资基本法律框架成型。1993年，《公司法》颁布，为国有企业改革吹响了号角，也为外资并购国有企业打下了基础。1994年，《对外贸易法》正式颁布实施，我国对外贸易经营管理步入法治化阶段。2001年后，全国人大及其常委会对“外资三法”做出部分修改，适应加入世贸组织新阶段。2013年，党的十八届三中全会提出探索对外商投资实行准入前国民待遇加负面清单的管理模式、统一内外资法律法规、加快商签投资协定、改革涉外投资审批体制、放宽投资准入、建设上海自贸试验区、扩大内陆沿边开放等改革任务，明确了新时期利用外资的顶层设计。2015年，《关于构建开放型经济新体制的若干意见》发布，对创新外商投资管理体制作出了全面部署。2020年1月1日，《外商投资法》及其实施条例正式施行，在创新和完善我国外商投资管理体制方面实现了历史性突破。

（4）积极参与全球治理，参与度与话语权取得长足进步

2001年，我国正式加入世贸组织，参与全球治理进入新阶段。此后，我国全面积极兑现“入世”承诺，大幅降低、削减商品进口的关税和非关税壁垒，我国关税总水平由2001年的15.3%下调至7.4%，远低于大部分发展中国家，接近发达国家水平。2010年，完成货物贸易关税减让承诺。2021年，我国正式提出申请加入《全面与进步跨太平洋伙伴关系协定》（CPTPP），就协定案文规则进行了充分、全面和深入的研究评估，并与成员国进行了不同层级的、广泛的接触和交流。2022年，《区域全面经济伙伴关系协定》（RCEP）生效实施，为我国全球经贸格局打开了“新窗口”。《数字经济伙伴关系协定》（DEPA）方面，DEPA协定的成员成立中国加入的工作组；DEPA的三个成员方与中国举行四方部长级会议并召开首席谈判代表启动会。2023年，在中国斡旋下沙特、伊朗恢复外交关系，推动巴勒斯坦14个派别团结、和解，为全球稳定和平提供中国方案。

2. 基本方向

一是逐步深化开放布局。46年来，我国设立经济特区、开放沿海城市、开辟经济开放区、开放内陆城市、设立自贸区自贸港等，开放布局由外到内、由点及面、全面覆盖，最终形成多层次、全方位的开放格局，整体呈现开放布局逐步深化的基本方向。

二是逐步扩大开放领域。46年来，我国开放领域从最初的加工贸易起步，向高端制造业发展，再从制造业扩展至服务业，在一般制造业全面放开的背景下，加大服务业开放，减少制度限制、加大引进外资力度，整体呈现开放领域逐渐扩大的基本方向。

三是不断完善外资管理体制。46年来，我国外资管理体制由“外资三法”全面成型起步，历经《对外贸易法》颁布实施、加入世贸组织、十八届三中全会、《关于构建开放型经济新体制的若干意见》、《外商投资法》及其实施条例正式施行等重要节点，整体呈现体制改革不断深化、制度障碍逐步清除、管理体制不断完善的基本方向。

四是积极参与全球治理。46年来，我国持续扩大对外开放，自加入世贸组织后，我国参与全球治理进入新阶段。积极兑现“入世”承诺、积极加入国际组织、主动参与国际组织改革、为全球稳定贡献中国方案，整体呈现对外开放持续扩大，不断深入参与全球治理的基本方向。

3. 难点卡点

一是部分领域开放程度不足。一方面，我国服务贸易领域限制仍然较多。OECD公布的服务贸易限制指数（STRI）显示，2022年中国STRI为0.275①，高于经合组织平均水平，在50个样本国家中排第42位，服务贸易对外开放限制程度仍然较高。此外，当前在教育、文化、医疗、商务、数字技术和数字内容服务等领域仍存在8类22项准入限制②，阻碍相关行业提高对外开放水平。另一方面，现有服务贸易规则与国际高标准经贸规则对接不够。如数字贸易领域中，以CPTPP、《数字经济伙伴关系协定》（DEPA）等为代表的国际高标准经贸规则，都涵盖了在线消费者保护、个人信息保护等数字贸易中的重点议题。但我国更多聚焦在跨境数据流动等部分数字贸易议题，与国际高标准经贸规则对接的精准性不高。

二是开放体系的法治化程度、监管水平仍显不足。体现在以《外商投资法》为基础的法律和配套制度还不完善。全国人大常委会执法检查组对《外商投资法》落地情况进行调查后指出，目前法案执行仍然存在衔接协调不够影响执法司法、信息获取渠道不畅影响法律实施效果、高水平国际投资规则需要国内法律制度更好衔接等问题。此外，监管水平仍显不足同样是部分领域开放程度受限的重要原因。

三是体制不完善限制人民币国际化程度加深。首先，我国金融体系完善程度不足。体现在金融市场的广度、深度以及弹性的发展上依然不足。金融市场的交易规模、金融工具和交易品种的种类，二级市场的发展程度以及价格调节机制与欧美发达国家的金融体系相比仍有差距。如国内银行系统国际化和管理水平有限，离岸与在岸之间人民币的双向流通机制尚不完善等。其次，国内资本项目自由流动和兑换受阻。当前人民币资本项目流动多方面仍受管制，如对证券、资本和短期资本流动等方面的管制。根据我国央行在2012年构建的资本项目可兑换指数，已宣布可兑换的六十个国家平均得到85.6分，新兴市场国家平均达到81.6分，而我国仅得到53.8分。最后，我国汇率机制仍不完善。体现在汇率浮动区间经过多次扩宽，仍然较为不足，汇率灵活性不够。

四是区域开放体制机制尚不完善。首先，区域间改善开放水平不平衡的机制缺失。多年来，我国区域开放“东强西弱、海强边弱”的格局仍未改变，相关机制缺失是阻碍开放水平全面提高的重要堵点。2022年我国中、西部地区实际使用外资金额分别为137.8亿美元、109亿美元，占比全国分别为7.3%、5.8%，远低于东部地区86.9%的占比。其次，区域间开放规划统筹协调机制薄弱。国家层面区域发展战略缺乏统筹协调导致各地相关战略的顶层设计较为趋同，存在同质化竞争问题。如多省市在建设面

---

① STRI根据各国针对最惠国标准的各项措施进行计算，其数值介于0到1之间，1代表限制性最高，0代表限制性最低。

② 国家发展改革委．外商投资准入特别管理措施（负面清单）（2021年版）[EB/OL]. https://www.gov.cn/zhengce/2022-11/28/content_5713317.html.

向“一带一路”沿线国家的经贸合作平台和展会平台上定位雷同、差异性不强，彼此缺乏分工合作。最后，强化平台和通道建设体制机制有待完善。平台通道的支撑能力不强制约区域扩大对外开放，我国当前在开放平台的综合效应发挥、国际化大通道建设方面仍存在不少堵点，相关体制机制亟待完善。

五是推进“一带一路”持续高质量发展仍然存在制度阻碍。首先，促进产能合作的体制机制和支持服务体系不健全。长期以来，我国对企业进行海外投资采取比较谨慎的限制体制，行政审批体制过于复杂，缺乏效率和透明度，在投资审批、外汇管理等方面存在诸多制约。其次，与国外制度环境和技术标准不兼容。境内外产能合作技术标准不对接也成为我国企业进入目的国的阻碍之一。主要是因为欧美工业技术标准大行其道，特别是在电力、石油炼化、交通运输及其他基础设施建设领域，我国企业提供的优质产品和服务难以进入市场。一些国家电力项目甚至明确规定不能使用中国标准，而是采用日韩或欧美标准。最后，信息服务平台等服务体系欠缺。“一带一路”建设涉及的国家政府、行业组织、企业等项目参与方众多，各种资源未能有效整合。这一欠缺导致我国企业在进行国际合作时难以获得高质量、精准性强的服务和信息，对企业海外经营发展形成阻碍。

六是国际规则制度的利用程度、能力不足。我国参与全球治理的深度、广度与全球第二大经济体的地位极不匹配。我国对全球治理的参与程度不深，话语权有限。长期以来，我国在既定的治理体系框架内是“被动参与者”，缺少规则制定权和议程决定权。如我国在加入 WTO 后提升了全球化水平，但仍然连续 23 年成为反倾销调查的最大受害国（截至 2017 年），饱受双重标准、贸易保护主义的困扰。再如欧美发达国家享有行业、技术标准的制定和相关行业法规制定的先发优势，从而基于此形成了规则庇护下的贸易保护。尽管我国已经成为三大国际标准化组织（ISO、IEC、ITU）的常任成员，但由于历史原因，中国标准在国际上的影响力还很弱，认可度和应用程度还很低，中国人主导制定的 ISO 和 IEC 国际标准仅占 ISO 和 IEC 国际标准总量的 2%。此外，在 AI 等最新领域内，我国在国际层面治理规则的制定方面参与程度、参与能力仍显不足。

（三）46 年来对外开放的基本经验

回顾改革开放以来对外开放历程，可以发现，始终坚持对外开放的基本国策不动摇是对外开放的首要前提。对外开放要不断提高开放水平，大胆参与国际竞争，坚持制度创新，同时应稳妥推进开放进程，切实维护国家经济安全。

1. 坚持对外开放基本国策不动摇

对外开放是我国的基本国策，是国家繁荣发展的必由之路，是推动我国经济社会发展的重要动力。46 年来，我国始终毫不动摇地坚持对外开放的基本国策，充分利用国际国内两个市场、两种资源，打开国门搞建设，实现了从封闭半封闭到全方位开放的伟大历史转折，经济发展取得了举世瞩目的伟大成就。

2. 不断提高开放水平，促进开放深化

改革和开放密不可分，相互促进，共同构成了中国特色社会主义的宏伟实践。46 年来，通过对外开放，我国积极融入全球经济体系，将国内经济活动与国际市场以及高效的经济管理体制和运作规范相融合，以此促进改革的深入发展。同时，通过改革创新体制和机制，我国不断为对外开放创造有利的条件和环境，拓宽和深化对外开放的广度与深度。必须坚持内外开放的相互促进，实现引进来与走出去的有机结合，推动规则、规制、管理、标准等制度型开放。

3. 大胆参与国际竞争，坚持在开放中求发展

主动推动贸易自由化和市场的开放，积极参与国际竞争，推动我国走出在开放中竞争、在竞争中发展的新路子。46 年来，勇于面对、积极参与国际竞争的道路上，我国由贸易大国向贸易强国转变，有效拓展了国内企业发展的国际空间，推动了他国市场的开放。同时，我国利用丰富的劳动力资源和广阔的国内市场，积极吸引外资，承接国际产业转移，促进国内经济的整体进步。

4. 坚持制度创新，不断完善涉外经济体制

不断完善涉外经济体制，建立健全与对外开放相适应的运行机制，是深化对外开放的重中之重。46 年来，我国在经营体制、管理体制、对外贸易政策上不断优化创新。经营体制的专业外贸公司体制逐步被登记制所取代，管理体制的政府直接管理体制被间接管理和宏观调控体制所取代，对外贸易政策的保护贸易政策被有管理的自由贸易政策所取代，不断完善的涉外经济体制为深化对外开放保驾护航。

5. 稳妥推进开放进程，切实维护国家经济安全

改革开放是繁荣发展的必由之路，国家安全是安邦定国的重要基石，统筹开放与安全是深化对外开放的重要经验之一。46 年来，我国将国内产业的承受力作为重要考量，稳妥推进市场开放。通过设立经济特区、经济开发区和保税区发挥示范作用。通过以利用外商直接投资为主，同时对国际商业信贷进行严格管理，并谨慎地开放国内资本市场，有效地规避了国际金融风险。区域布局上我国采取分阶段的推进策略，确保了对外开放的稳定和有序发展。

（四）党的十八大以来对外开放取得的新突破——新思想下的新突破

党的十八大以来，我国对外开放布局不断深入，对外开放领域不断拓宽，对外开放制度不断完善。体现在高水平开放型经济新体制加快构建、自贸区自贸港充分发挥先行先试作用、营商环境不断优化。同时，我国践行多边经贸规则，推动共建“一带一路”多点开花。制度改革催发经济活力，我国外贸领域屡创佳绩，对外开放持续取得新突破。

1. 外资准入持续优化，高水平开放型经济新体制加快构建

一是外商投资准入前国民待遇加负面清单管理制度不断健全。2020 年，我国实施了新的《外商投资法》，首次以法律形式确立了国家在“投资促进”“投资保护”和

“投资管理”三个层面的基础性制度保障，开启新的外商投资管理体制。

二是全跨境服务贸易负面清单管理制度建立健全。商务部印发《海南自由贸易港跨境服务贸易特别管理措施（负面清单）（2021年版）》，标志着我国在跨境服务贸易领域的第一张负面清单诞生。该负面清单包括11类70项特别管理措施。

三是金融领域开放推进。截至目前，我国取消了银行、证券、基金、期货、人身险等业务领域的外资股比限制，有序推进跨境、证券市场的互联互通，推动沪深港通、沪伦通、债券通不断完善合格投资者制度。2024年2月，国务院办公厅印发《扎实推进高水平对外开放更大力度吸引和利用外资行动方案》明确，合理缩减外商投资准入负面清单，全面取消制造业领域外资准入限制措施，放宽电信、医疗等服务业市场准入。

2. 自贸区、自贸港建设加速，充分发挥先行先试作用

党的十八大以来，自贸区、自贸港建设加速。2013年，党中央、国务院决定设立中国（上海）自由贸易试验区。截至目前，自由贸易试验区已增至21个，形成了覆盖东西南北中的格局，向全国复制推广了278项制度创新成果。其中，浙江自贸试验区开展中资非五星旗船沿海捎带业务，巩固了舟山港世界港口货物吞吐量第一的地位；四川自贸试验区深化“铁路+”多式联运一单制改革，推进内陆与沿海沿边沿江协同开放；海南自贸港积极推动跨部门、跨领域、跨区域的制度集成创新，累计推出128项制度创新案例，其中120项完成省内复制推广，8项制度创新成果被全国复制推广。2022年，我国自贸试验区实现总额7.5万亿元，同比增长14.5%，占全国的17.8%，实际使用外资超过2200亿元，占全国的18.1%。

3. 营商领域改革深化，营商环境不断优化

党的十八大以来，我国不断深化营商环境领域改革，推动内外贸一体化深入，推动外商投资体制健全，营商环境全球排名从第96位跃升至第31位。

一是内外贸一体化发展持续推进。2021年，《国务院办公厅关于促进内外贸一体化发展的意见》印发，为企业内外贸一体化经营提供便利。进博会、广交会、服贸会等会展平台作用持续生效，帮助企业拓展内外销市场。2022年12月30日，《对外贸易法》修订完善，进一步推进贸易自由化便利化，优化营商环境，释放外贸增长潜力。

二是外商投资体制不断健全。2019年3月15日，《外商投资法》通过，我国保护外商投资合法权益，规范外商投资管理水平进一步提升，推动我国形成全面开放新格局。2021年，商务部发布《中国外商投资指引（2021版）》，整合中国投资环境、相关法律制度、投资办事流程等内容，为外资企业和外国投资者研究制定投资中国战略、开展投资经营活动提供便利。

4. 践行多边经贸规则，展现大国治理智慧

自2001年加入世界贸易组织（WTO）以来，我国全面履行“入世”承诺，关税总水平由15.3%降至7.4%，低于9.8%的“入世”承诺。党的十八大以来，我国对外

签署的自贸协定数由10个增加到19个，2022年我国与自贸伙伴的贸易额占我国贸易总额的比重由2012年的17%提升至2022年的34%。自贸协定内容日益丰富，多领域开放水平也不断提升，2022年《区域全面经济伙伴关系协定》（RCEP）生效实施，区域内90%以上的产品逐步实现零关税。除此之外，我国积极推进加入《全面与进步跨太平洋伙伴关系协定》（CPTPP）和《数字经济伙伴关系协定》（DEPA），努力向高标准自贸协定的目标迈进。我国为全球贡献大国治理智慧。2014年，习近平总书记在北京主持召开了亚太经合组织领导人非正式会议，这一会议上21个成员达成了《亚太经合组织推动实现亚太自贸区北京路线图》，为亚太地区建设高水平自贸区描绘了蓝图。2016年，在G20峰会上，我国推动达成了《G20全球投资指导原则》，为2017年世贸组织发起投资便利化倡议奠定了基础。我国还积极参与世贸组织改革，坚定维护多边贸易体制。

5. 共建“一带一路”多点开花，取得累累硕果

党的十八大以来，“一带一路”倡议在全球多区域、多领域、多角度取得累累硕果，为人类创造宝贵的共同财富。

从全球角度看，共建“一带一路”在全球经济增长、共建国家建设、金融要素流通、减贫事业、绿色发展、人类文化基因、全球治理等多领域为世界发展作出重要贡献。截至2023年，我国已与152个国家、32个国际组织签署200余份合作文件，涵盖投资、贸易、金融、科技、社会、人文、民生等领域。

从国内角度看，共建“一带一路”在稳外贸稳外资、全面开放新格局、区域协调发展、金融业对外开放、经济社会安全、开放型经济新体制等多领域服务我国经济社会发展全局。

从合作机制看，“一带一路”不断创新合作机制，各种制度性合作形式不断完善，机制化进程渐次加速、水平稳步提升。其中，与全球或区域国际组织、共建国家的双边战略对接是“一带一路”机制化的基础，在环保、教育、投资、科学研究、金融等社会性议题领域的小多边功能性合作联盟是“一带一路”机制化的重要支柱，“一带一路”国际合作高峰论坛这种全球性多边论坛则是“一带一路”机制化建设的龙头。从制度功能看，双边战略对接、小多边合作与全球性国际论坛各有侧重，相辅相成，共同推动“一带一路”走向开放、包容和共享，也为完善现有多边治理机制注入强劲动力。

6. 对外贸易总额飞速增长，双向投资稳居世界前列

一系列制度改革下，我国经济迸发出蓬勃活力，推动外贸领域屡创佳绩，对外开放持续取得新突破。

2023年，我国货物贸易进出口总值41.76万亿元，在2022年高基数的基础上同比增长0.2%，规模再创历史新高，连续7年保持世界第一货物贸易大国地位。与2012年相比，我国外贸进出口总值增长70.64%，党的十八大以来年均增速5.52%。同时，我国双向投资稳居世界前列。引进来角度，2023年我国吸收外资维持稳定，全年实际使用外资1.1万亿元，同比下降8%，仍处历史高位，较2012年涨幅超70%。

2023 年，全国新设立外商投资企业 53766 家，同比增长 39.7%。走出去角度，截至 2022 年底，我国境外中资企业数量已经达到 4.6 万家，分布在全球 190 个国家和地区，较 2012 年末的近 2.2 万家增长超 109%；境外投资存量从 2012 年末的 0.5 万亿美元增长到超过 2.8 万亿美元，促进我国与东道国互惠互利。十八大以来，我国对外投资流量稳居全球前三位，对外投资大国地位稳固。

二、进一步全面深化对外开放面临的新形势新要求

展望后期，世界百年未有之大变局加速演进，国际局势纷繁复杂。当下，全球规则竞争日益激烈化、全球经济增长压力与逆全球化交织、中国式现代化持续推进等新形势对我国完善高水平对外开放体制机制，推进高水平对外开放提出更高要求。

（一）全球规则竞争日益激烈，阻碍我国制度型开放推进

完善高水平对外开放体制机制要求我国稳步推进制度型开放，主动对接国际高标准经贸规则。经过多年快速发展，商品和要素流动型开放带来的发展红利已经得到较为充分的释放，必然要转向制度型开放。与此同时，一些西方发达国家正试图通过制定高标准经贸规则提高贸易投资壁垒，抱团形成区域联盟，推行逆全球化的单边主义、孤立主义和贸易保护主义，全球竞争逐步从经济竞争演变为规则之争，并进一步渗透至 AI 等新兴科技行业，加大了我国推进制度型开放的难度。

（二）全球经济增长压力与逆全球化交织，加剧稳外贸稳外资难度

对外贸易是我国开放型经济的重要组成部分，是推动经济增长的“三驾马车”之一。完善高水平对外开放体制机制要求我国拥有稳定的外贸环境，更好平衡外贸规模增长与深化外贸体制改革之间的关系。但当前我国稳外贸面临的挑战明显增多。一方面，全球经济增长承压或影响我国出口端复苏。国际货币基金组织（IMF）发布的《世界经济展望报告》显示，预计 2024 年全球经济增速为 3. 2%，2025 年为 3. 3%，均明显低于 2000 年至 2020 年间全球 GDP 年均增速均值 3. 8%。全球宏观经济形势前景不佳进一步施压全球货物贸易复苏。世界贸易组织（WTO）发布的《全球贸易展望与统计》预测显示，2024 年全球货物贸易量将增长 2. 6%，明显低于疫情前 5 年（2015 年至 2019 年）年度增速均值 3. 48%。另一方面，在制造业回流与贸易保护主义共同作用之下，不断增加的出口管制及限制措施在一定程度上影响我国外需复苏。整体上看，在全球宏观经济形势承压与贸易限制举措增多的背景下，我国稳外贸难度加大，如何在进一步深化外贸体制改革的同时，既保证外贸规模稳定扩张，又不削弱经济增长的传统动能，成为当前亟须研究面对的新形势。

外资对我国经济发展意义重大，在推动资源合理配置、促进市场化改革方面发挥了积极作用。进一步完善高水平对外开放体制机制要求我国进一步深化外商投资管理和对外投资管理体制改革，拥有稳定的外商投资及对外投资环境是深化改革的重要前提。当前，在逆全球化浪潮下，全球产业链呈现本土化收缩、投资保护主义不断抬头

的迹象，这使我国稳外资的形势日趋严峻。

一方面，全球产业链本土化收缩趋势明显。近年来，欧盟、美国等发达经济体力图重振本国制造业，鼓励本国制造业企业回流。2022 年 2 月，欧盟委员会正式公布《欧洲芯片法案》，拟投资超过 430 亿欧元，提振欧洲芯片产业，提高欧盟制造半导体芯片的能力。2022 年 8 月，美国总统拜登签署《2022 芯片与科学法案》《通胀削减法案》，试图通过提供大量补贴吸引制造业尤其是芯片和汽车产业回迁。

另一方面，全球投资保护主义不断抬头，阻碍国际资本流动，影响我国对外投资布局。联合国贸发会议（UNCTD）发布的《2024 年世界投资报告》显示，2023 年全球范围内的外国直接投资规模为 1. 3 万亿美元，同比下降 2%，呈现收缩态势。近年来，发达经济体持续收紧投资监管，投资保护主义风险不断增加。联合国贸发会议数据显示，2021 年全球 53 个经济体总共推出了 109 项影响外国投资的政策措施，其中限制性措施占投资政策措施总额的比重达到历史最高，为 36. 7%，便利化措施的数量达到历史最低，几乎全部发达国家都强化外资安全审查制度。

（三）中国式现代化对深化对外开放提出更高要求

开放是中国式现代化的鲜明特征。现代化与全球化的发展进程相互交织、同频共振，中国式现代化势必是建立在高水平的全球化基础之上，在不断融入世界市场和主动参与全球管理中吸收可资利用的经验、资金、技术等资源，实现自身经济水平的提高，更加有效地解决中国与世界的关系。因此，推动中国式现代化对高水平开放提出更高要求。

一是人口规模巨大的现代化要求我国对外开放水平持续提高。我国受限于人口众多、资源不足的要素禀赋和资本、人才等可持续发展动能供给不足的现状，通过高水平对外开放对接、参与全球市场推动我国现代化建设。

二是全体人民共同富裕的现代化要求我国更有效率地促进两个市场两种资源联动发展。全体人民共同富裕的现代化对我国经济持续高质量发展，对我国国民收入提出更高要求。高水平开放可以在开放的广度和深度上更为充分利用两个市场两种资源，形成国内国际双循环相互促进的联动效应，这样既可以发挥超大规模市场具有丰富应用场景和放大创新收益的优势，进而通过市场需求引导创新资源有效配置，促进创新要素有序流动和合理配置，也可以极大增强在全球产业链、供应链、创新链中的影响力，提升在国际经济治理中的话语权。因此，全体人民共同富裕的现代化要求我国更有效率地统筹国内循环和国际循环，夯实国内大循环的主体和基础地位，提高国际循环的质量和水平。

三是物质文明和精神文明相协调的现代化要求我国深化经贸合作以及文化沟通交流。物质文明建设要求我国深化对外开放，加快构建以国内大循环为主体、国内国际双循环相互促进的新发展格局，深化全球经贸合作，夯实人民幸福生活的物质条件。精神文明建设要求我国加大国际文化沟通交流，对“一带一路”的民心相通，对国际人才合作、文化桥梁搭建提出更高要求。

四是人与自然和谐共生的现代化要求我国积极参与全球生态问题治理。工业革命后，西方的现代化是以环境破坏和污染为代价的。中国式现代化是生态文明下的现代化，是人与自然和谐共生的现代化。这要求我国持续深化对外开放，与国际社会强化生态治理合作，引领、推动全球经济体向绿色、低碳发展模式转变。

五是和平发展的现代化要求我国深度参与全球治理。当前国际秩序经济发展被安全困境裹挟。全球经济发展与地缘政治冲突并行，和平与发展的趋势不断受到冲击。新发展阶段要求中国以更新的方式融入世界，将世界的需求与中国的要素禀赋相结合，坚持多边主义，依托联合国、WTO 和其他区域经贸合作协议等多边框架实现惠及各方的高质量发展，拓展中国式现代化的发展空间。

六是中国式现代化的总体目标要求我国持续深化高水平对外开放。除五个鲜明特征外，中国式现代化的具体内涵也对我国高水平对外开放提出更高要求。如经济实力、科技实力、综合国力的大幅跃升要求我国统筹国内外大循环、深化国内外科技合作，为国力提升奠定基础；实现国家治理体系和治理能力现代化要求我国早期全球范围内践行多边规则，深度参与全球治理，实现中国文化“出海”，营造更贴合中华文明内涵的国际环境。

三、深入领会进一步全面深化对外开放的指导思想、基本原则和总目标

在新时代新征程中，继续深化对外开放要以习近平新时代中国特色社会主义思想为指导，坚持对外开放基本国策地位不动摇，统筹国内循环和国际循环，统筹发展与安全，力争在 2035 年实现更高水平开放型经济新体制初步建成，共建“一带一路”高质量发展持续推动，参与全球治理体系改革和建设程度较深等目标。

（一）指导思想

以习近平新时代中国特色社会主义思想为指导，全面贯彻落实党的二十大和二十届二中、三中全会精神，坚持稳中求进工作总基调，立足新发展阶段，完整、准确、全面贯彻新发展理念，加快构建新发展格局，在更高起点上推进对外开放。突出问题导向，着力解决构建开放型经济新体制的卡点难点堵点问题，稳步扩大规则、规制、管理、标准等制度型开放，推动货物贸易、服务贸易、数字贸易发展体制升级，营造市场化、法治化、国际化一流营商环境，推动共建“一带一路”高质量发展，维护多元稳定的国际经济格局和经贸关系，进一步扩大高水平对外开放，以制度型开放推动制度性变革，以开放促改革，推动改革全面深化，为推动高质量发展、推进中国式现代化持续注入强劲动力。

（二）基本原则

1. 坚持对外开放基本国策地位不动摇

推进高水平的对外开放是中国在新发展阶段进行的重要举措，而坚持对外开放基本国策地位不动摇是扩大高水平对外开放的首要前提。习近平总书记指出，“对外开

放是我国的基本国策，任何时候都不能动摇”。当前世界百年未有之大变局背景下，我国发展的外部环境日趋复杂严峻、不确定性明显增加，只有坚持对外开放基本国策，坚持以开放促改革，依托我国超大规模市场优势，抢抓开放机遇，在开放中提升能力，才能有效应对各种风险挑战，推动经济高质量发展，建设更高水平开放型经济新体制。

2. 统筹国内国际双循环

统筹国内国际双循环，依托国内大循环增强内生动力和可靠性，通过国际循环提升发展质量和水平，是推进高水平对外开放的重要手段。习近平总书记强调，“我们构建新发展格局，绝不是封闭的国内单循环，而是开放的、相互促进的国内国际双循环”。从国际经验看，大国经济的重要特征之一即为内需主导、内部循环通畅。国内大循环是基础，夯实和提升国内经济发展基础有利于刺激国际循环畅通。国际循环是整体循环的重要组成部分，积极参与国际循环、进一步开拓国际市场、吸引全球要素，也是激发国内大循环效率与活力的关键一环。

3. 统筹发展和安全

强化风险意识，坚持底线思维是推进高水平对外开放的重中之重。加速实现科技自主与创新的高水平突破，是实现高质量发展的必经途径，同时也是防范和应对国际经济与贸易风险的核心策略。必须深化内部能力建设，集中力量攻克关键核心技术，突破制约发展的技术瓶颈和产业链薄弱环节，在激烈的国际竞争中开拓新的发展空间，塑造新的增长动力和竞争优势。同时，要完善开放型经济的安全保障体系，持续优化外商投资安全审查机制，不断完善贸易、投资、金融等领域对外合作的监管体系和政策工具，加快构建海外利益保护机制和风险预警防范体系，坚定维护国家的主权、安全和发展利益。

（三）总目标

按照全面建设社会主义现代化国家的战略安排如下。

到 2029 年，高水平对外开放体制机制进一步完善。制度型开放稳步扩大，主动对接国际高标准经贸规则，扩大自主开放，深化援外体制机制改革，积极参与全球经济治理体系改革。外贸体制改革进一步深化，强化贸易政策和财税、金融、产业政策协同，创新发展数字贸易，建设大宗商品交易中心、全球集散分拨中心，健全贸易风险防控机制，创新提升服务贸易。外商投资和对外投资管理体制改革进一步深化，营造市场化、法治化、国际化一流营商环境，深化外商投资促进体制机制改革，完善境外人员入境居住、医疗、支付等生活便利制度，完善促进和保障对外投资体制机制。区域开放布局进一步优化，健全香港、澳门在国家对外开放中更好发挥作用机制。推进高质量共建“一带一路”机制进一步完善。

到 2035 年，全面建成高水平社会主义市场经济体制，形成对外开放新格局，基本建成经贸强国。到 2035 年，我国将基本实现社会主义现代化，参与国际经济合作和竞争新优势明显增强。制造业、服务业开放全面深化、制度型开放成效明显。共建“一带一路”迈入高技术质量、高管理与治理质量和高产能的新阶段。参与全球治理进入新阶段，参与国际经济合作和竞争新优势明显增强。贸易结构更加优化，进出口更趋平衡，创新能力大幅提升，绿色低碳转型取得积极进展，安全保障能力显著提高。贸易自由化便利化达到全球先进水平，维护全球贸易合法合规，对全球经济发展和治理体系改革贡献更加突出。

到 2050 年，全面建成社会主义现代化强国，开放型经济新体制全面建成，全面建成经贸强国。制度型开放全面落地，高水平对外开放全面达标，贸易强国全面建成，深度参与全球治理。我国的经济结构更加国际化，在全球供应链和价值链中的地位将进一步巩固和提升。同时，贸易和投资的自由化便利化水平将大幅提高，我国将成为全球投资和贸易的重要枢纽。作为全球经济总量和市场规模的领先者，我国将在国际贸易和投资领域扮演更加积极的角色，通过自由贸易协定、多边贸易体系等渠道增强其国际经济影响力，推动构建人类命运共同体。

四、进一步全面深化对外开放的重点任务

对外开放是我国的基本国策，是国家繁荣发展的必由之路，是中国式现代化的重要内容。在新时代新征程上，要稳步扩大制度型开放，深化外贸体制改革，深化外商投资和对外投资管理体制改革，优化区域开放布局，完善推进高质量共建“一带一路”机制，完善多元稳定国际经济格局和经贸关系维护机制，深化涉外金融体制改革以推动人民币国际化。

（一）稳步扩大制度型开放

“制度型开放”不仅应包含与国际通行规则的对接，还应包括规制、管理、标准的开放。这标志着我国对外开放将进入更高阶段。深入推进高水平制度型开放，是新时代新征程我国增创国际合作和竞争新优势的重要路径。

一是主动对接高标准国际经贸规则，提升高水平开放程度。在产权保护、产业补贴、环境标准、劳动保护、政府采购、电子商务、金融等领域实现规则、规制、管理、标准相通相容，打造透明稳定可预期的制度环境。通过推动《区域全面经济伙伴关系协定》（RCEP）实施，深度对接《全面与进步跨太平洋伙伴关系协定》（CPTPP）、《数字经济伙伴关系协定》（DEPA）等高标准国际经贸规则，主动构建有利于我国的多边和双边规则体系，加快形成与国际高标准规则相衔接的制度体系和监管模式。

二是扩大自主开放，扩展开放领域。有序扩大我国商品市场、服务市场、资本市场、劳务市场等对外开放，扩大对最不发达国家单边开放，推动开放领域的不断扩展，推进国内相适应的改革举措不断深入。同时，深化援外体制机制改革，实现全链条管理。

三是维护多边贸易体制，积极参与全球治理体系改革。维护以世贸组织为核心的多边贸易体制，深入参与世贸组织改革，推动恢复争端解决机制全面运行、增强世贸组织审议监督作用、重振世贸组织谈判功能，力争达成首套多边数字贸易规则。积极参与全球经济治理体系改革，提供更多全球公共产品。扩大面向全球的高标准自由贸

易区网络，提升我国自由贸易协定开放水平，纳入数字、绿色、标准等规则。提升我国建立同国际通行规则衔接的合规机制，优化开放合作环境。推进海事仲裁制度规则创新。

（二）深化外贸体制改革

加快建设贸易强国、推动货物贸易优化升级、创新服务贸易发展机制，是促进产业优化升级、经济高质量发展以及对外开放水平提升必由之路。

一是加快建设贸易强国。打造贸易强国制度支撑和政策支持体系，强化贸易政策和财税、金融、产业政策协同，建立、健全政策一致性评估体制机制。提升国际分工地位，向全球价值链中高端迈进。营造有利于新业态新模式发展的制度环境，加快内外贸一体化改革，推进通关、税务、外汇等监管创新，积极应对贸易数字化、绿色化趋势。健全贸易风险防控机制，完善出口管制体系和贸易救济制度，推动形成多主体协同的贸易摩擦应对机制，筑牢贸易领域的安全屏障。

二是推动货物贸易优化升级。通过降低进口关税和制度性成本，扩大优质消费品、先进技术、重要设备、关键零部件进口，优化进口商品结构。积极拓展中间品贸易、绿色贸易等新的增长点。建设大宗商品交易中心，建设全球集散分拨中心，支持各类主体有序布局海外流通设施，支持有条件的地区建设国际物流枢纽中心和大宗商品资源配置枢纽。创新对外投资合作方式，高质量建设境外经贸合作区，推动构筑互利共赢的产业链供应链合作体系。通过扩大开放市场，积极参与多边协议，减少对单一市场依赖，提高全球市场的风险应对能力，提高整体货物服务链的韧性。

三是创新服务贸易发展机制。全面实施跨境服务贸易负面清单，推进服务业扩大开放综合试点示范，鼓励专业服务机构提升国际化服务能力。加快推进离岸贸易发展，发展新型离岸国际贸易业务。建立健全跨境金融服务体系，丰富金融产品和服务供给。创新发展数字贸易，建立健全数字贸易治理体系，加快建立数据资源产权、交易流通、跨境传输、安全保护等基础制度和标准规范。加强数字经济领域国际合作，积极推动加入《数字经济伙伴关系协定》进程。进一步放宽服务业市场准入限制，破除负面清单之外隐性准入壁垒，不断提升服务业开放水平。有效发挥22个自由贸易试验区和海南自由贸易港先行先试和引领作用，在服务领域标准、规则等方面探索加大与国际高标准经贸规则对接力度。办好进博会、广交会、服贸会、数贸会等重大展会平台。

（三）深化外商投资和对外投资管理体制改革

深化外商投资和对外投资管理体制改革，打造一流营商环境是推动高水平开放的客观要求，是推进全面依法治国的题中之义，要持续完善现代市场体系，打造公平高效的市场化营商环境。

一是扩大外资准入，保障外资国民待遇。打造“投资中国”品牌，加大引用外资力度，坚持“引进来”与“走出去”的高水平结合。持续合理缩减外资准入负面清单，落实全面取消制造业领域外资准入限制措施，进一步放宽外商投资准入限制。有序推进电信、互联网、教育、文化、医疗等领域相关业务开放，加大现代服务业领域开放力度。推进高水平教育开放，鼓励国外高水平理工类大学来华合作办学。深化外商投资促进体制机制改革，保障外资企业在要素获取、资质许可、标准制定、政府采购等方面的国民待遇，支持参与产业链上下游配套协作。持续修订《鼓励外商投资产业目录》，为外商投资提供更有吸引力的政策环境，引导外资投向，提振外资信心。完善促进和保障对外投资体制机制，健全对外投资管理服务体系，推动产业链供应链国际合作。

二是营造一流营商环境，完善外资服务生态体系。落实好外资企业基本政策，促进公平竞争，营造市场化、法治化、国际化一流营商环境。进一步完善外资企业圆桌会议制度，依法保护外商投资权益。完善境外人员入境居住、医疗、支付等生活便利制度。加大知识产权和外商投资合法权益的保护力度，打破制约创新要素流动的壁垒，加快构建统一大市场，为更大力度吸引外资提供更好的保障。通过持续的创新要素供给和专业化人才队伍建设，提高外资管理和服务水平，增强外资企业的市场竞争力和适应能力。优化区域引资策略，实现整体产业升级。各地依据资源禀赋，差异化制定激励措施，如广东和江苏等沿海省份通过高额奖励吸引跨国公司设立总部及推进服务业开放，中西部如安徽和陕西则侧重推动现代服务业和高端制造业的区域聚集，通过优化外资利用布局，促进产业链和供应链升级。

（四）优化区域开放布局

优化区域开放布局，实施自由贸易试验区提升战略，健全香港、澳门在国家对外开放格局中更好发挥作用机制是加快形成全面开放新格局的重要内容。

一是因地制宜，优化对外开放格局。加快形成陆海内外联动、东西双向互济的全面开放格局。发挥沿海、沿边、沿江和交通干线等优势，优化区域开放功能分工，打造形态多样的开放高地。巩固东部沿海地区开放先导地位，探索建立与国际接轨的金融、税收、法律等制度体系，鼓励开展数字贸易、服务贸易等新业态试点，制定相关监管规则。提升中西部地区平台开放能级，加快内陆开放型经济试验区建设，赋予更多改革自主权。扩大内陆沿边开放，即建立开发性金融机构。完善中欧班列运营机制，提高通关效率，降低物流成本。深化东北地区对外合作水平，加强与俄罗斯、日本、韩国等周边国家的产业链合作，推动优势产业走出去。建设面向东北亚的区域性物流枢纽，完善口岸基础设施。推动中俄自由贸易区建设，探索跨境经济合作区新模式。

二是实施自由贸易试验区提升战略，推广制度创新成果。实施自由贸易试验区提升战略，鼓励首创性、集成式探索，推动全产业链创新发展，积极复制推广制度创新成果。如上海自贸区在金融服务创新方面探索出电子支付系统国际先进标准、深化金融科技国际合作、拓展数字人民币在贸易领域的应用场景等成果；广东自贸区在多个重点领域开展高水平开放压力测试、支持南沙率先落地服务业扩大开放综合试点措施。加快建设海南自由贸易港，深入推进贸易投资自由化和便利化。

三是健全香港、澳门在国家对外开放格局中更好发挥作用机制。发挥“一国两制”制度优势，巩固提升香港国际金融、航运、贸易中心地位，支持香港、澳门打造国际高端人才集聚高地，健全香港、澳门在国家对外开放中更好发挥作用机制。深化粤港澳大湾区合作，强化规则衔接、机制对接。完善促进两岸经济文化交流合作制度和政策，深化两岸融合发展。

（五）完善推进高质量共建“一带一路”机制

高质量共建“一带一路”是扩大高水平对外开放的有效举措，是我国全力推进制度型开放的重要平台。完善推进高质量共建“一带一路”机制，有利于我国加强与“一带一路”国家在规则、制度和标准上的对接与协调，增加“一带一路”国家的认可与参与。

一是升级政策沟通体制。建立更多贸易畅通、投资合作、服务贸易、电子商务等国际合作机制，推动同更多国家商签自由贸易协定、投资保护协定。进一步完善顶层设计，加强政策、规则、标准互认互通，加强与共建国家和相关国际组织发展战略和规划的深度对接，创新对接方式。逐步建立起更加紧密的多渠道、高效率、常态化的政策沟通长效机制，为推动共建“一带一路”寻求合作最大公约数。继续实施“一带一路”科技创新行动计划，加强绿色发展、数字经济、人工智能、能源、税收、金融、减灾等领域的多边合作平台建设。

二是推进设施联通建设机制完善。进一步完善陆海天网一体化布局，构建“一带一路”立体互联互通网络。统筹推进重大标志性工程和“小而美”民生项目。

三是优化贸易畅通机制。积极搭建贸易促进平台，深化和拓展贸易和投资领域多边合作，提高贸易和投资自由化便利化水平，推动贸易投资合作优化升级。不断推动贸易新业态创新，积极探索数字领域合作新模式，发展“丝路电商”，构建数字合作新格局。继续扩大三方或多方市场合作，推动形成“一带一路”自由贸易区网络体系，促进共建“一带一路”国家贸易均衡共赢发展。

四是畅通资金融通传导机制。进一步加强与“一带一路”相关国家开展投融资务实合作，健全多元投融资体系。充分发挥共建“一带一路”专项贷款、亚投行、丝路基金等的作用，创新融资合作框架。不断探索投融资新模式，吸引多边开发机构、发达国家金融机构参与，建立健全“一带一路”金融合作网络。完善“一带一路”风险防控和安全保障体系，守住债务可持续、风险可防控的底线，筑牢资金融通的风险防范屏障。

五是完善民心相通连接机制。加强与共建国家在教育、文化、科技、数字、绿色和健康等重点领域的人文交流与合作，构建常态化机制，形成多元互动的人文交流大格局。推动建设文化丝绸之路、数字丝绸之路、创新丝绸之路、绿色丝绸之路和健康丝绸之路，为推动共建“一带一路”文明交流互鉴破解信任赤字，为消减文明隔阂夯实深厚人文基础。

（六）完善多元稳定国际经济格局和经贸关系维护机制

面对日益纷繁复杂的国际形势，维护多元稳定的经济格局和经贸关系是我国推进高水平对外开放的重要组成部分。

一是完善多元稳定国际经济格局和经贸关系维护机制，推进建设开放型世界经济。坚定维护和发展多边主义，推进高水平开放，对冲单边主义、保护主义和“逆全球化”抬头态势。完善宏观经济政策协调机制，通过对话重建信任、协调立场、深化合作，推动建设开放型世界经济。坚定维护多边贸易体制，充分利用好联合国、世界贸易组织、二十国集团、亚太经合组织、上海合作组织等机制平台，营造自由、开放、公平、非歧视、透明和可预测的贸易投资环境。推动完善全球经济治理，支持落实全球发展倡议和联合国 2030 年可持续发展议程，推动经济全球化健康发展。

二是加强国际产业分工协作，畅通全球产业链供应链。坚定推进贸易和投资自由化便利化，大力消除贸易壁垒和投资障碍，推动建立国际产业合作、协调机制，推动《区域全面经济伙伴关系协定》（RCEP）等国际贸易协定实施。

（七）深化涉外金融体制改革以推动人民币国际化

一是推进汇率市场化改革，提升人民币计价功能。加快人民币汇率形成机制改革，促使人民币汇率更大程度上由市场供求决定。大力发展人民币作为国际计价货币的功能，进一步发展人民币计价的国际性大宗商品市场，完善人民币定价机制，加强人民币汇率弹性，保持人民币汇率在合理均衡水平上的基本稳定。

二是构建更加友好的投融资环境，完善人民币国际化机制。完善人民币国际使用政策支持体系，推动人民币跨境投融资业务创新，优化“跨境理财通”试点规则。稳健扩大金融市场开放和准入程度，提高人民币金融资产的流动性，丰富风险对冲工具，提高外汇交易操作便利性。支持更多境外主权类机构、跨国企业等在境内发行熊猫债，多措并举提升人民币融资货币功能。夯实人民币国际化基础设施，推进央行间双边本币互换和本币结算合作。加强与周边和东盟国家本币结算（LCS）合作。完善离岸市场人民币流动性供给机制，丰富离岸人民币风险管理工具，促进人民币在岸离岸市场的良性循环。

第八篇

深化文化体制机制改革专题

深化文化体制机制改革，全面建成文化强国

习近平总书记2023年12月在上海考察时强调，要贯彻新时代中国特色社会主义文化思想，深化文化体制改革，激发文化创新创造活力，大力提升文化软实力。改革开放40多年来，我国文化体制改革从文化企事业单位所有制的单轨制向双轨制转变，此后改革不断深入，给文化发展带来前所未有的生机与活力。党的十八大以来，中共中央提出进一步深化文化体制改革，推动文化大繁荣大发展，文化体制改革取得了一系列重大突破，我国走出了一条中国特色社会主义文化的发展之路。当前，进一步全面深化文化体制机制改革面临着一系列新形势新要求：全球意识形态斗争更加尖锐复杂，美国等西方国家“文化霸权”行径日益嚣张；新一代信息技术改变全球文化竞争格局，我国迎来“弯道超车”重大机遇；中国式现代化要求建设文化强国，必须以文化体制改革加速文化强国建设进程。围绕2035年基本实现社会主义现代化、2050年全面建成社会主义现代化强国等目标要求，全面贯彻党的二十届三中全会精神，未来一段时期内，应聚焦文化领域高质量发展的体制机制障碍、难点堵点问题持续深化改革，加快推动文化强国建设。具体来看，应聚焦完善文化管理体制、深化文化事业单位和国有文化企业改革、完善现代文化产业体系、健全文化市场体系、健全现代公共文化服务体系、强化优秀传统文化保护体系、完善文化对外交流和合作体制、健全文化政策法规体系等八大领域持续发力。其中，要特别注意加快探索文化和科技融合的有效机制，以大数据、5G、虚拟现实、元宇宙、生成式人工智能等前沿技术赋能文化创新创造和国际传播，加快探索文化建设的新思路、新机制、新形式，加快发展新型文化业态。同时，要注意完善生成式人工智能发展和管理机制。此外，进一步深化文化市场改革，建立适应文化新业态发展特点的监管机制，加快探索构建并及时总结适应文化新质生产力发展的新型生产关系，加快培育文化新质生产力。

一、文化体制机制改革46年的主要历程、基本经验与伟大成就

改革开放开启了我国社会主义制度自我完善更新的历程，文化体制改革是我国制度改革创新的重要组成部分。改革开放40多年来，我国文化体制改革从文化企事业单位所有制的单轨制向双轨制转变，此后改革不断深入，文化体制发生历史性的深刻变化，给文化发展带来前所未有的生机与活力。党的十七大、十八大以来，中共中央提出进一步深化文化体制改革，推动文化大繁荣大发展，极大地促进了文化的发展，我国走出了一条中国特色社会主义文化的发展之路。

（一）文化体制改革的主要历程

改革开放以来，文化体制改革主要划分为下列四个阶段：一是1980年召开的全国文化局长会议明确提出“坚决地有步骤地改革文化事业体制，改革经营管理制度”的要求，文化事业体制改革率先开展探索并取得积极成果。二是1996年十四届六中全会强调文化体制改革要发挥市场机制的积极作用，文化市场改革逐步深入。三是党的十七届六中全会第一次就文化体制改革专门做出决定，明确提出建设社会主义文化强国的目标，此后文化体制改革步伐明显加快。四是党的十八届三中全会通过的《中共中央关于全面深化改革若干重大问题的决定》专章论述“推进文化体制机制创新”，随后《深化文化体制改革实施方案》和配套文件先后出台，文化体制改革全面展开。

1. 第一阶段（1978—1992年）：“双轨制”改革正式提出，文化市场地位得到承认

在经历了“文革”后，文化体制改革的重要性日益凸显。整体来看，这一阶段的改革主要强调开展文化事业体制改革，“双轨制”改革正式提出，文化经营管理制度逐步开展探索，文化市场地位得到承认。

一是针对一系列弊端，坚决地有步骤地改革文化事业体制。1980年2月召开的全国文化局长会议明确提出了**“坚决地有步骤地改革文化事业体制，改革经营管理制度”**的要求，这主要是针对当时专业文艺团体高度依附政府行政机关，重复设置、机构臃肿、冗员过多、平均主义等一系列与新时期社会经济发展不相适应的弊端提出的[①]。1983年全国政府工作报告提出，**文艺体制需要有领导、有步骤地进行改革。**改革是为了促进社会主义文艺的繁荣，提高作家、艺术家的思想艺术素质，提高作品的思想艺术质量。

二是正式提出“双轨制”改革，文化市场地位得到承认。1985年4月，国务院办公厅转发文化部《关于艺术表演团体的改革意见》后，**以承包经营责任制为主要形式的体制改革试验遍地开花。**这些试验冲击了统包统管的旧体制，为建立和发展充满活力的新体制提供了有益的经验。1988年国务院批转的《文化部关于加快和深化艺术表演团体体制改革的意见》、1989年中共中央发布的《关于进一步繁荣文艺的若干意见》等两个文件**提出了实行“双轨制”的具体改革意见：**一轨为国家扶持的少数全民所有制院团，另一轨为多种所有制的艺术团体。在这些改革实践中，文化市场机制逐渐形成，文化产业的观念也开始出现。1987年，文化部、公安部、国家工商行政管理局发布了《关于改进舞会管理的通知》，正式认可营业性舞会等文化娱乐经营性活动。1988年，文化部、国家工商行政管理局发布《关于加强文化市场管理工作的通知》，**正式提出文化市场的概念，**同时明确了文化市场的管理范围、任务、原则和方针。**这标志着我国“文化市场”的地位正式得到承认。**1989年，国务院批准在文化部**设置文化市场管理局，全国文化市场管理体系开始建立**[②]。

---

① 田国强，陈旭东．中国改革：历史、逻辑和未来［M］．北京：中信出版社，2014.

② 韩永进．我国文化体制改革历程的回顾与启示［EB/OL］．http：//www.chinareform.net/plus/view.php？aid=18837.

2. 第二阶段（1992—2002 年）：文化产业概念首次出现，文化体制改革逐渐深入到体制内层面

1992 年邓小平同志南方谈话的发表和党的十四大的召开，标志着我国改革开放和现代化建设进入了一个新阶段，文化体制改革也相应在探索中发生了转向。在这一时期，文化体制改革强调要遵循文化发展的内在规律，发挥市场机制的积极作用，文化立法工作也不断加快。

一是加快培育社会主义文化市场，文化产业概念首次出现。1996 年十四届六中全会通过了《中共中央关于加强社会主义精神文明建设若干重要问题的决议》，**决议提出了文化体制改革的任务和一系列方针，强调“改革文化体制是文化事业繁荣和发展的根本出路”**，改革要“**遵循文化发展的内在规律，发挥市场机制的积极作用**”。市场机制在文化体制改革中的作用被赋予了应有的重视。2000 年 10 月的十五届五中全会通过的《中共中央关于制定国民经济和社会发展第十个五年计划的建议》**要求完善文化产业政策，加强文化市场建设和管理，推动有关文化产业发展。文化产业这一概念首次在中共中央的文件中出现，**对推进文化产业领域的体制改革尤为关键。这进一步体现了文化体制改革由起初的以适应市场经济环境为特征的体制外改革，逐渐深入到体制内层面。2001 年，中宣部等多部门发布《关于深化新闻出版广播影视业改革的若干意见》（中办发〔2001〕17 号），提出文化体制改革要以发展为主题，以结构调整为主线，以集团化建设为重点和突破口，着重在宏观管理体制、微观运行机制、政策法律体系、市场环境、开放格局等 5 个方面积极进行探索创新，以进一步壮大实力、增强活力、提高竞争力。这标志着加快建设文化市场成为这一时期文化体制改革的重要工作。

二是重视文化法治建设，积极推进依法管理。据统计，这一时期由全国人民代表大会常委会、国务院和中央文化管理部门陆续制定和颁发了 200 多部法律法规、政策性文件或部门规章，涵盖了舞台艺术、新闻出版、广播影视、互联网、文化经济等诸多领域，如《著作权法》《广播电视管理条例》《电影管理条例》《出版管理条例》《音像制品管理条例》《印刷管理条例》等。

3. 第三阶段（2002—2012 年）：首次将文化分成文化事业和文化产业，文化体制改革步伐明显加快

2002 年召开的党的十六大**第一次将文化分成文化事业和文化产业，强调要积极发展文化事业和文化产业。**2011 年党的十七届六中全会通过《关于深化文化体制改革　推动社会主义文化大发展大繁荣若干重大问题的决定》，是中央全会第一次就文化体制改革专门做出决定，明确提出建设社会主义文化强国的目标。此后，文化体制改革步伐明显加快。

一是逐步明确文化体制改革路线，重点领域和关键环节改革取得进展。2003 年，党的十六届三中全会通过的《完善社会主义市场经济体制若干问题的决定》进一步明确和深化了文化体制改革的目标。2007 年召开的中共十七大提出兴起社会主义文化建设新高潮、推动社会主义文化大发展大繁荣的任务，推动文化体制改革加快步伐。2008 年 4 月，中共中央召开全国文化体制改革工作会议，要求加大力度、加快进度、推动文化体制改革取得实质性进展。在这一阶段，全国先后有108个地区和近千家文化单位进入了新一轮的改革试点，文化体制改革在重点领域和关键环节取得新进展。2009年8月，全国文化体制改革经验交流会在南京召开，要求全面完成出版、发行、电影、文化市场管理等领域的改革，全力推进文艺院团、新闻媒体等领域的改革，同时进一步明确了改革的目标任务、时间进度和责任主体。2011年10月，十七届六中全会通过《关于深化文化体制改革　推动社会主义文化大发展大繁荣若干重大问题的决定》，提出“建立健全党委领导、政府管理、行业自律、社会监督、企事业单位依法运营的文化管理体制和富有活力的文化产品生产经营机制，发挥市场在文化资源配置中的积极作用，创新文化走出去模式，为文化繁荣发展提供强大动力”。

二是稳步推进文化事业单位改革，转企改制成为改革重点。党的十六大把文化事业单位明确划分为“公益性”和“经营性”两类，明确了要把经营性事业单位转企改制、培育合格的市场主体作为改革文化体制的重点任务，进而划定文化事业单位的公共文化服务职能，在政策体系制定中也开始分类指导、区别对待。以出版社转企改制为例，2009年4月，中办、国办印发《中央各部门各单位出版社体制改革的意见》，要求中央、各部门各单位经营性出版社全部要在2010年完成转制改革任务。截至2012年，全国承担改革任务的580家出版社、3000家新华书店、850家电影制作发行放映单位、57家广电系统所属电视剧制作机构、38家党报党刊发行单位已全部完成转企改制；全国2102家承担改革任务的文化系统国有文艺院团（不含保留事业体制院团）已有2092家完成和基本完成转企改制、撤销或划转任务，占总数的99.5%[①]。

三是强调深化改革、完善文化产业政策体系，解放和发展文化生产力。2004年，党的十六届四中全会通过的《中共中央关于加强党的执政能力建设的决定》提出：**“深化文化体制改革，解放和发展文化生产力。**根据社会主义精神文明建设的特点和规律，适应社会主义市场经济的要求，**进一步革除制约文化发展的体制性障碍。”**“坚持把社会效益放在首位，实现社会效益和经济效益的统一，把文化发展的着力点放在满足人民群众精神文化需求和促进人的全面发展上。”其间，在全球金融、经济危机冲击的背景下，我国第一部文化产业专业规划《文化产业振兴计划》于2009年由国务院常务会议审议通过，**文化产业被上升到国家战略性产业。**从地方层面来看，各地政府不断出台制度政策促进文化体制改革。此外，部分省市认识到文化作为“软实力”在经济社会发展中的重要地位，明确提出“文化立省”“文化立市”战略，纷纷出台发展规划、扶持政策，大力推进文化产业发展。

4. 第四阶段（2012年至今）：“四梁八柱”主体框架基本确立，新时代文化体制改革全面展开

2012年11月，以党的十八大召开为起点，标志着中国特色社会主义进入了新时代，这是我国发展新的历史方位。党的十八大报告提出“必须深化文化体制改革”。

---

① 周远方．改革开放四十年文化体制核心问题研究［EB/OL］．http：//zkhn.hnr.cn/zkllzx/article/1/1255676990837624832.

2013 年 11 月，党的十八届三中全会通过的《中共中央关于全面深化改革若干重大问题的决定》专章论述“推进文化体制机制创新”，为下一步文化体制改革明确了方向。此后，随着顶层设计正式出台，我国文化体制改革全面展开。2024 年 7 月，党的二十届三中全会召开并通过《决定》，立足强国建设、民族复兴的战略高度，着眼续中华文华文脉、推动文化繁荣的重大使命，聚焦建设社会主义文化强国，提出深化文化体制机制改革重大任务，明确改革路径和具体举措，为新时代新征程文化改革发展提供了根本遵循、指明了前进方向①。

一是顶层设计文件正式出台，文化体制改革的“四梁八柱”基本形成。2012 年，党的十八大报告提出，建设社会主义文化强国，必须深化文化体制改革，解放和发展文化生产力，增强文化整体实力和竞争力，让一切文化创造源泉充分涌流，增强全民族文化的创造活力。2013 年 11 月，党的十八届三中全会通过的《中共中央关于全面深化改革若干重大问题的决定》提出：“坚持以人民为中心的工作导向，坚持把社会效益放在首位、社会效益和经济效益相统一，以激发全民族文化创造活力为中心环节，进一步深化文化体制改革。”2014 年 3 月，**《深化文化体制改革实施方案》正式出台，这是中央全面深化改革委员会审议通过的第一个专项小组改革方案**，明确了改革的指导思想、目标思路、主要任务和政策保障。随后，“两个效益”相统一、媒体融合发展、特殊管理股试点、新闻单位采编播管人事管理制度改革、采编和经营两分开、文艺评奖改革、构建现代公共文化服务体系、实施中华优秀传统文化传承发展工程、国际传播能力建设等 40 多个改革文件先后出台，具有“四梁八柱”性质的文化发展主体框架基本确立，文化体制改革全面展开。

二是文化体制改革全面推进，重点领域多点开花。在这一时期，文化体制改革全面展开。**在完善国有文化资产管理体制方面，**2015 年 9 月，中央印发《关于推动国有文化企业把社会效益放在首位、实现社会效益和经济效益相统一的指导意见》，提出“探索建立党委和政府监管有机结合、宣传部门有效主导”的国有文化资产管理体制等重大举措。推动建立国有文化资产管理体制取得积极成效，有文化特色的现代企业制度加快建立。**在推动公共文化服务体系建设方面，**2014 年 12 月，中央深化改革领导小组第七次会议审议通过了《关于加快构建现代公共文化服务体系的意见》。随后《公共文化服务保障法》（中华人民共和国主席令第六十号）出台，首次以法律形式规范和界定了各级政府及有关部门在公共文化服务中的责任和义务，将公共文化建设纳入法治化、规范化轨道。**在文化市场管理方面，**文化市场法规体系逐步健全，“放管服”改革纵深推进，综合执法改革进一步深化，文化市场信用监管制度建立实施。2019 年召开的党的十九届四中全会进一步强调，从制度建设层面整体推进文化体制改革，从根本制度、核心价值观引领、人民文化权益保障、舆论引导、创作生产等维度系统推进制度与体制机制改革。新时代这一系列的改革理念和举措都为中国特色社会

---

① 李书磊．《中共中央关于进一步全面深化改革、推进中国式现代化的决定》辅导读本［M］. 北京：人民出版社，2024.

主义文化体制的系统性、整体性、协同性发展作出了贡献，使文化制度体系更加成熟、定型，进一步推进了国家文化治理体系和治理能力现代化。**在文化立法方面，**《网络安全法》（中华人民共和国主席令第五十三号）、《电影产业促进法》（中华人民共和国主席令第五十四号）、《公共图书馆法》（中华人民共和国主席令第七十九号）等先后出台，2019 年，司法部发布了《文化产业促进法（草案征求意见稿）》，对社会公开征求意见，此后文化产业相关工作持续推进，为文化产业和文化事业发展做好法治保障。

三是加快探索文化和科技、数字经济融合发展的体制机制。近年来，国家聚焦文化科技融合发展和文化数字融合发展两大领域，加大支持力度，统筹政府和市场，推动探索文化和科技、文化和数字经济融合发展的体制机制。**在文化和科技融合方面，**2011 年，《国家“十二五”时期文化改革发展规划纲要》提出，发挥文化和科技相互促进的作用，深入实施科技带动战略，增强自主创新能力。2019 年，科技部等 6 部门印发《关于促进文化和科技深度融合的指导意见》（国科发高〔2019〕280 号），提出统筹政府和市场作用，引领文化和科技深度融合；构建以企业为主体、市场为导向、产学研相结合的文化科技创新体系。2024 年 3 月，习近平总书记在湖南考察时强调，**探索文化和科技融合的有效机制，加快发展新型文化业态，形成更多新的文化产业增长点。**当前，文化和科技融合逐步深入，相关体制机制探索加快展开。2024 年 7 月，党的二十届三中全会通过的《决定》指出，探索文化和科技融合的有效机制，加快发展新型文化业态。这为加快推进文化和科技深度融合提供了方向指引。**在文化和数字经济融合方面，**文化和旅游部颁布《关于推动数字文化产业高质量发展的意见》（文旅产业发〔2020〕78 号），明确了数字文化产业的发展目标，即供给质量不断提升，市场秩序更加有序，治理能力不断提升，文化产业和数字经济融合发展迈向新阶段。随着该文件逐步落地实施，数字文化市场发展活力逐步释放。2022 年 5 月，中办、国办印发《关于推进实施国家文化数字化战略的意见》，**标志着文化数字化从专项工程上升为国家战略。**文件提出构建与文化数字化建设相适应的市场准入、市场秩序、技术创新、知识产权、安全保障等政策法规体系。完善文化市场综合执法体制，强化文化数据要素市场交易监管。2024 年 5 月，习近平总书记在山东考察时强调，要繁荣发展文化事业和文化产业，创新实施文化惠民工程，大力推进文化数字化，让社会主义先进文化为经济发展增动能增效益、为旅游休闲增内涵增魅力、为城乡社会增正气增活力。目前，全国已有 26 个省区市制定了贯彻落实国家文化数字化战略的相关政策，文化数字化在全国范围内蓬勃兴起①。

（二）文化体制改革的总体框架、基本方向、难点卡点

改革开放以来，文化体制改革的“四梁八柱”主体框架基本确立，重点领域改革深入推进。随着文化体制的加速完善，文化生产力的活力得到极大释放，文化事业和

---

① 高书生．高书生解读三中全会：文化体制改革“三个阶段及特征”［EB/OL］．https：//mp. weixin. qq. com/s？__biz = MjM5ODc1NDI4MA%3D%3D&mid = 2651427120&idx = 1&sn = b5aff1d9493f107edb1872a91d10efc2&scene = 45#wechat_redirect.

文化产业繁荣发展。不过，在文化体制改革进程中，也出现了一系列难点卡点，未来亟待破解。

1. 总体框架

近年来，我国文化体制改革总的思路和布局是①，紧紧围绕一个核心目标，着力抓住两个关键环节，加快构建六个体系。“一个核心目标”，即培育和弘扬社会主义核心价值观、建设社会主义文化强国；“两个关键环节”，即完善文化管理体制、深化国有文化单位改革；“六个体系”，即构建现代公共文化服务体系、现代文化产业体系、现代文化市场体系、优秀传统文化传承体系、对外文化传播和对外话语体系、文化政策法规体系。

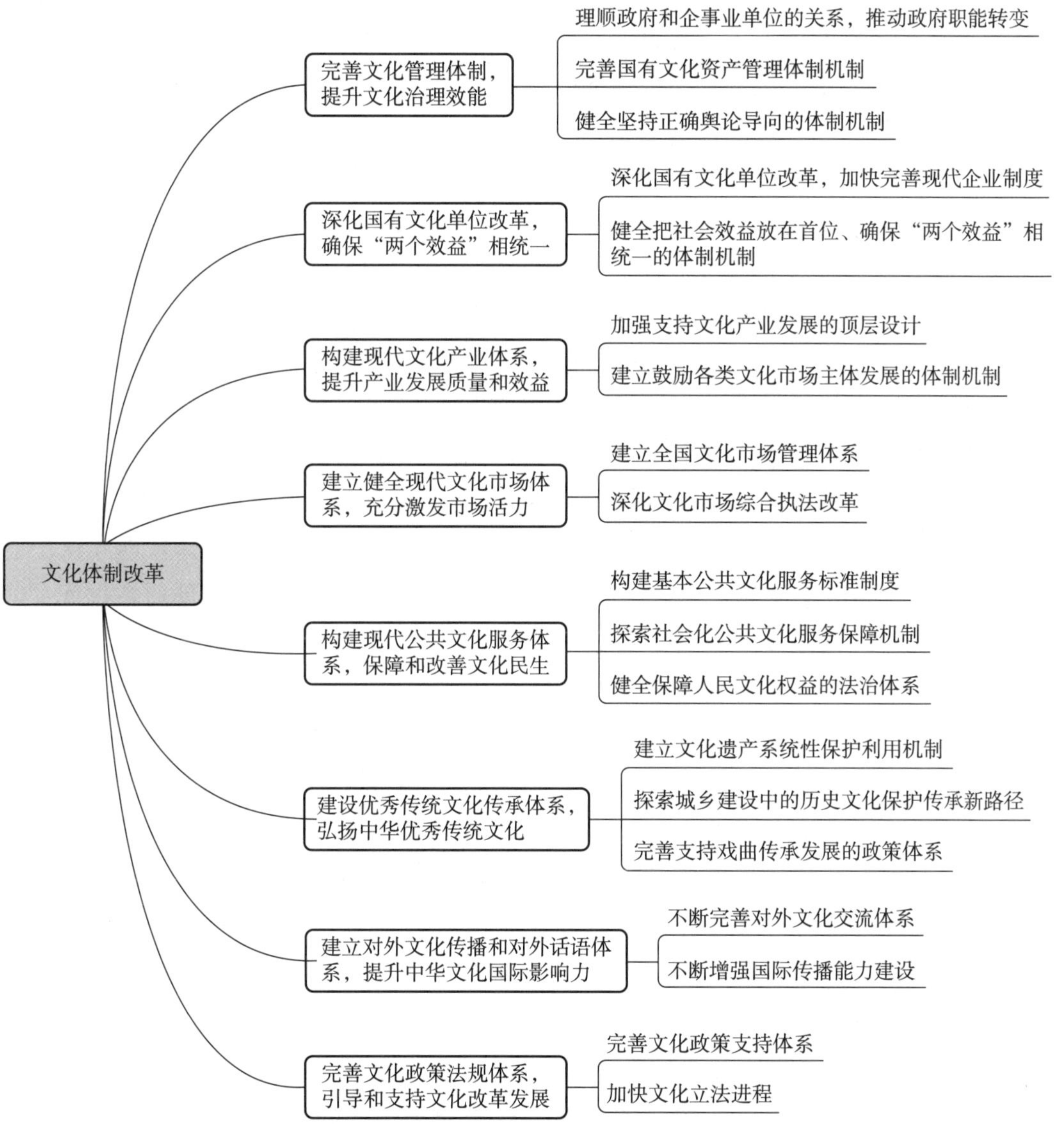

图 8-1 文化体制改革的总体框架

① 十八大以来文化体制改革述评［N］. 人民日报，2016-5-11（1）.

（1）完善文化管理体制，提升文化治理效能

加快完善有利于激发文化创新创造活力的文化管理体制，推动政府部门由“办文化”向“管文化”转变，由单一行政管理向依靠法律、科技、经济等综合管理转变，进一步提升文化治理效能。

一是理顺政府和企事业单位的关系，推动政府职能转变。首先，推动文化管理机构和职能改革。改革开放以来，文化管理部门加快推动自身的改革，特别是《行政许可法》的公布施行，对于推进依法行政工作、促进文化行政管理方式的改革和行政管理水平的提高产生全面而深刻的影响①。同时，党的十六大以来②，中央层面推动新闻出版、广播电视管理整合，推动“三网融合”实质性深入，在融合发展趋势变革中以机构整合展现管理改革实绩。地方层面推动文化、新闻出版、广播电视管理部门整合，力度更大。有的省份把旅游、体育等部门整合到大文化部门，新一轮文化管理大部制改革改变了长期分业管理的分割局面，在新的融合跨界改革中提高文化管理的实效和水平。近年来，文化领域政府和企事业单位的关系逐步理顺，国家新闻出版署、国家电影局统一揭牌，文化和旅游部、国家广播电视总局、中央广播电视总台等新机构挂牌组建。**其次，推动文化领域行政审批制度改革。**自 2002 年中央行政审批制度改革工作全面开展以来，截至 2015 年底③，文化部陆续取消行政审批项目 28 项，下放 11 项，划转 5 项，仅保留 4 项行政许可类审批项目。2015 年 7 月，文化部出台《关于落实“先照后证”改进文化市场行政审批工作的通知》（文市函〔2015〕627 号）。随后，文化市场 14 类主体设立审批全部实施“先照后证”④ 管理。2022 年 1 月，国务院办公厅印发《关于全面实行行政许可事项清单管理的通知》（国办发〔2022〕2 号）。同年 2 月，国务院办公厅印发《关于加快推进电子证照扩大应用领域和全国互通互认的意见》（国办发〔2022〕3 号），将“建设全国文化和旅游市场统一电子证照数据库，实现目录数据上报和数据共享应用，并开展应用试点，推动电子证照社会化应用”列为重点任务之一。此后，文化和旅游部全面实行行政许可事项清单管理，持续推进“一网通办”。2023 年 1 月，文化和旅游部办公厅印发《关于推行应用文化和旅游市场电子证照的通知》（办市场发〔2023〕14 号），在全国范围内推广应用文化和旅游市场电子证照。目前，文化和旅游市场电子证照管理系统已经建成，电子证照试点正在展开。

二是完善国有文化资产管理体制机制。2004 年 3 月，国务院下发文件（国函〔2024〕22 号），批复中国出版集团转制为中国出版集团公司，授权中国出版集团公司行使出资人权利，管理集团成员单位的国有资产。2013 年 11 月，中共十八届三中全

---

① 韩永进 . 我国文化体制改革历程的回顾与启示［EB/OL］. http：//www. chinareform. net/plus/view. php? aid = 18837.

② 高宏存 . 改革开放 40 年文化体制改革的主要成就与趋势展望［EB/OL］. http：//views. ce. cn/view/ent/201812/25/t20181225_31109741. shtml.

③ 文化部 . 文化部：文化系统行政审批制度改革再上新台阶［EB/OL］. https：//www. gov. cn/xinwen/2016-02/17/content_5042077. html.

④ “先照后证”登记制度是指对依法需要取得前置行政许可的经营项目，除涉及国家安全、公民生命财产安全外，不再实行先主管部门审批或许可、再工商登记的登记制度，是“先证后照”制度的颠覆性改革举措。

会发布的《中共中央关于全面深化改革若干重大问题的决定》提出，建立党和政府监管国有文化资产的管理机构，实行管人管事管资产管导向相统一。随后，按照这一方针，各地积极探索经营性文化单位转企改制后的文化资产管理问题，实践中形成了在财政部门成立文化资产办公室、在宣传部门设立文化资产管理部门、单独设立文化资产管理部门、归口国资委管理等各种不同的模式[①]。2015 年发布的《关于推动国有文化企业把社会效益放在首位、实现社会效益和经济效益相统一的指导意见》明确提出建立党委和政府监管国有文化资产的管理机构，按照依法规范的要求，探索建立党委和政府监管有机结合、宣传部门有效主导的管理模式，推动实现管人管事管资产管导向相统一。各地结合实际继续对本地国有文化资产监管模式进行改革探索，完善宣传部门有效监管的管理体制和工作机制。2022 年，江西分户处置一批省直国有文化企业，在全国省级层面率先完成经营性国有文化资产脱钩移交集中统一监管工作。

三是健全坚持正确舆论导向的体制机制。首先，严格落实意识形态工作责任制。2015 年，党中央出台《党委（党组）意识形态工作责任制实施办法》，第一次以党内法规形式，对党委（党组）意识形态工作责任制做了总体安排与制度规定，划清了意识形态工作的底线、红线，明确了各个层次各个方面的责任要求。同时，制定实施《党委（党组）网络意识形态工作责任制实施细则》《党委（党组）网络安全工作责任制实施办法》，把党管互联网落到实处。**其次，深化媒体改革创新和融合发展。**2014 年 9 月，中办、国办印发《关于推动传统媒体和新兴媒体融合发展的指导意见》，提出切实推动媒体融合在重点工作、重要领域和重大项目上顺利布局，推动传统媒体与新媒体融合发展，主动借助新媒体传播优势，完善运用新媒体的体制机制，着力打造全媒体形态的新型主流媒体。2020 年，中办、国办印发《关于加快推进媒体深度融合发展的意见》，要求推动传统媒体和新兴媒体在体制机制、政策措施、流程管理、人才技术等方面加快融合步伐，尽快建成一批具有强大影响力和竞争力的新型主流媒体，逐步构建网上网下一体、内宣外宣联动的主流舆论格局，建立以内容建设为根本、先进技术为支撑、创新管理为保障的全媒体传播体系。自此，媒体融合上升到国家战略层面，融合成效逐步显现。伴随着印刷媒介、电子媒介、数字媒介、智能媒介的技术变革，我国媒体融合的实践进入全媒体时代。**第三，完善网络安全治理机制。**《网络安全法》（中华人民共和国主席令第五十三号）、《关于加强网络信息保护的决定》、《关于促进移动互联网健康有序发展的意见》等法规或文件先后出台，强化“两微一端”管理，加大网络空间治理力度。2022 年，国家网信办组织开展 13 项“清朗”专项行动，清理违法和不良信息 5430 余万条，处置账号 680 余万个，下架 APP、小程序 2890 余款，解散关闭群组、贴吧 26 万个，关闭网站 7300 多家，有力维护网民合法权益[②]。此后，“清朗”专项行动按年度展开。

---

① 曹光章．中共十六大以来的文化体制改革历程［EB/OL］．http：//www.hprc.org.cn/gsyj/yjjg/zggsyjxh_1/gsnhlw_1/d14jgsxsnh/201512/t20151229_4132793.html.

② 国家网信办．国务院新闻办就 2023 年“清朗”系列专项行动有关情况举行发布会［EB/OL］．https：//www.gov.cn/xinwen/2023-03/28/content_5748872.html.

(2) 深化国有文化单位改革，确保“两个效益”相统一

推动国有文艺院团转企改制，推动国有文化企业形成符合现代企业制度要求、体现文化特点的资产组织形式和经营管理模式，推动文化事业单位形成责任明确、行为规范、富有效率、服务优良的运行机制，确保“两个效益”相统一。

一是深化国有文化单位改革，加快完善现代企业制度。1978 年的文化领域改革先从文艺院团入手，在内部运营机制上借鉴引入经济领域的“承包责任制”，破除了统包统管的僵化机制，激发传统艺术院团的活力。此后，国有文艺院团改革不断深化。党的十六大以后[①]，统筹分类推进公益性质与经营性质，大部分文艺院团转企改制、成立演艺集团，最终完成在上述领域市场主体重塑过程。新闻出版领域市场主体重塑也在随后展开，国有艺术院团、非时政类报刊、重点新闻网站等不同市场化主体重塑一直延续到党的十八大以后，继续完善国有经营性文化单位转企改制的市场化改革进程，改革中实现了“可核查，不可逆”的目标设定。2014 年，国务院批准了中宣部、科技部、财政部等有关部门拟定的《文化体制改革中经营性文化事业单位转制为企业的规定》和《进一步支持文化企业发展的规定》，两项政策修订完善了一系列推动文化体制改革的政策，成为新一轮文化体制改革推进的有力支撑。随后，全国 2100 多家国有文艺院团相继完成转企改制，改革深入推进，各省（区、市）基本完成具体实施方案。现代企业制度加快完善，国有演艺企业的创新能力、营销能力、资本运作能力和知识产权经营能力显著增强。

二是健全把社会效益放在首位、确保“两个效益”相统一的体制机制。2004 年，党的十六届四中全会通过的《中共中央关于加强党的执政能力建设的决定》提出“坚持把社会效益放在首位，实现社会效益和经济效益的统一”。2013 年 8 月，习近平总书记在全国宣传思想工作会议上强调，要把握好意识形态属性和产业属性、社会效益和经济效益的关系，始终坚持社会主义先进文化前进方向，始终把社会效益放在首位。这为新形势下深化文化体制改革指明了前进方向、提供了根本遵循。2015 年，中办、国办印发《关于推动国有文化企业把社会效益放在首位、实现社会效益和经济效益相统一的指导意见》，明确提出“社会效益指标考核权重应占 50%以上”，将“两个效益”相统一的原则要求转化为具体制度设计。为探索有效办法，文化体制改革专项小组印发《图书出版单位社会效益评价考核试点办法》《国有演艺企业社会效益评价考核试点办法》和《国有影视企业社会效益评价考核试点办法》[②]，确定在北京、上海、安徽、福建、湖北、云南、陕西等 7 个省市和部分在京出版社分领域开展社会效益评价考核试点工作。实施过程中，各地按照细化量化考核指标的要求，围绕“考核谁、谁来考核、考核什么、考核结果怎么使用”进行了深入探索。2019 年 1 月，中宣部、文化和旅游部、财政部、人力资源社会保障部联合发布关于印发《国有文艺院团社会

---

① 高宏存．改革开放 40 年文化体制改革的主要成就与趋势展望［EB/OL］. http：//views. ce. cn/view/ent/201812/25/t20181225_31109741. shtml.

② 刘阳，郑海鸥．砥砺奋进的五年　十八大以来文化体制改革成效显著［EB/OL］. https：//news. cctv. com/2017/07/24/ARTIShAlgkyoboVOcFuYjtCQ170724. shtml.

效益评价考核试行办法》（文旅政法发〔2019〕13 号）的通知，决定把事业性院团和企业性院团纳入考核，选择天津、江苏、湖南、江西、四川、云南 6 个省市作为 2019 年试点地区，在全省（市）范围内开展国有文艺院团社会效益评价考核工作。2020 年，国有文艺院团社会效益评价考核在全国范围内全面推开。

（3）构建现代文化产业体系，提升产业发展质量和效益

按照全面协调可持续的要求，深化文化产业管理体制机制改革，推动文化产业跨越式发展，使之成为新的经济增长点、经济结构战略性调整的重要支点、转变经济发展方式的重要着力点。

一是加强支持文化产业发展的顶层设计。2000 年，党的十五届五中全会第一次提出“完善文化产业政策”，此后文化产业的地位不断提升。2002 年 11 月，党的十六大报告提出了发展文化事业和文化产业的战略部署。2006 年，中办、国办印发《国家“十一五”时期文化发展规划纲要》，这是新中国成立后国家发布的第一个文化发展五年规划纲要，首次提出要抓好文化产业体系建设，从市场主体、产业结构、产业门类、市场要素等方面阐述了文化产业体系建设的主要任务。2009 年，我国第一部文化产业规划《文化产业振兴计划》由国务院常务会议审议通过，文化产业上升为国家战略性产业。党的十七届五中全会首次提出“推动文化产业成为国民经济支柱产业”，进一步明确了文化产业在国家经济发展中的地位和作用。2011 年 10 月，党的十七届六中全会通过《关于深化文化体制改革　推动社会主义文化大发展大繁荣若干重大问题的决定》，明确提出建设社会主义文化强国。此后，在国家层面进行了经营机制市场化改革、承包经营责任制改革、“双轨制”改革等文化体制改革，文化产业得到长足发展。

二是建立鼓励各类文化市场主体发展的体制机制。首先，完善市场准入机制。1999 年，《娱乐场所管理条例》颁布，除禁止“外商独资”外，其他资本和形式都可设立娱乐场所。2000 年颁布的《电信条例》《互联网信息服务管理办法》等文件规定，互联网经营及其他网络增值服务等均可允许私营企业进入。2004 年，国家放宽影视广播市场准入限制，鼓励、吸引民营资本等投资影视广播产业。《国务院关于非公有资本进入文化产业的若干决定》（国发〔2005〕10 号）划定了民营资本等非公有资本进入文化产业的范围。在动漫领域，市场进入的资本类型限制被清除，提高了民营资本投资动漫市场的积极性；演艺领域鼓励以个体、独资、合伙、股份等多种形式兴办民营演出团体。2014 年发布的《进一步支持文化企业发展的规定》提出，不断规范管理、降低准入门槛，积极培育社会性文化机构。此后，民营文化企业蓬勃发展，互联网文化突飞猛进，形成以抖音、B 站等一批具有国际竞争优势的高科技网络文化航母。**其次，深化文化投资融资体制改革。**长期以来，我国文化投融资过分依赖政府，投资主体单一，民间资本与外资投资渠道不畅，影响社会资本进入文化产业①。十六

① 韩永进．我国文化体制改革历程的回顾与启示［EB/OL］. http：//www. chinareform. net/plus/view. php? aid = 18837.

大以后，文化部门陆续出台多项政策措施，取消限制，鼓励民营企业投资文化领域。目前民营企业已经成为许多文化领域投资的主要力量。以影视产业为例，近年来，由民营电影公司主控、参与出品创作的《长津湖》《长津湖之水门桥》等影片获业界和观众认可。**最后，扩大文化市场对外开放，推动要素国际化配置。**2017 年，国务院印发《关于促进外资增长若干措施的通知》（国发〔2017〕39 号），提出要进一步扩大市场准入对外开放范围，持续推进互联网上网服务营业场所和演出经纪对外开放。2021 年，商务部印发《"十四五"利用外资发展规划》，提出有序推进电信、互联网、教育、文化、医疗等领域相关业务开放。当前，中国已参照国际惯用的高标准投资规则实施"准入前国民待遇+负面清单"监管模式。

（4）建立健全现代文化市场体系，充分激发市场活力

进一步发挥市场在文化资源配置中的积极作用，构建现代文化市场体系，鼓励各类市场主体公平竞争、优胜劣汰，充分激发市场活力。

一是建立全国文化市场管理体系。1987 年，文化部、公安部、国家工商行政管理局发布《关于改进舞会管理的通知》，正式认可营业性舞会等文化娱乐经营性活动。1988 年，文化部、国家工商行政管理局发布《关于加强文化市场管理工作的通知》，正式提出"文化市场"的概念，同时明确了文化市场的管理范围、任务、原则和方针。1989 年，国务院批准文化部设立文化市场管理局，全国文化市场管理体系开始建立。1998 年 8 月，国务院批准文化部设立文化产业司，这是政府部门第一次设立文化产业专门管理机构。《文化市场综合行政执法管理办法》《文化市场经营单位信誉考核办法（试行）》《文化市场黑名单管理办法（试行）》《文化市场不良行为记录管理办法》《关于进一步完善文化市场综合执法体制建设的意见》等一系列文件相继落地，明确了文化市场管理体系的具体规定和要求，为文化市场的健康有序发展提供了政策保障。

二是深化文化市场综合执法改革。2004 年 8 月，中办、国办转发了中宣部、中央编制办等部门的《关于在文化体制改革综合试点地区建立文化市场综合执法机构的意见》，把以上部门各自设立的执法机构和"扫黄""打非"队伍调整归并，组建属地管辖、统一高效的文化市场综合执法机构。这一举措在综合试点地区逐步建立起文化市场综合执法机构和综合文化行政责任主体①。2009 年 9 月，中宣部、中央编办等五部门下发的《关于加快推进文化市场综合执法改革工作的意见》明确要求"加快组建统一的文化市场综合执法机构"。截至 2012 年 8 月，全国列入改革范围的 403 个地级市及 2594 个县（区）全部组建综合执法机构，有效解决了文化市场管理职能交叉、多头执法问题，执法体制逐渐理顺。2016 年 3 月，中办、国办印发《关于进一步深化文化市场综合执法改革的意见》（中办发〔2016〕20 号）。随后文化部下发专门通知，建立改革任务台账，督促各地科学设置文化市场综合执法机构，落实相关任务。"十

---

① 曹光章．中共十六大以来的文化体制改革历程［EB/OL］．http：//www.hprc.org.cn/gsyj/yjjg/zggsyjxh_1/gsnhlw_1/d14jgsxsnh/201512/t20151229_4132793.html.

四五”以来，执法队伍整合任务全面完成，截至 2023 年 2 月[①]，100% 的省（区、市）和市（州、盟）、接近 100%的县（市、区）完成综合执法队伍整合；制度建设任务扎实推进，《文化市场综合行政执法事项指导目录（2021 年版）》印发；机制建设任务有效落实，召开了全国文化市场管理工作联席会议全体会议和联络员会议，建立了简报制度。

（5）构建现代公共文化服务体系，保障和改善文化民生

以标准化、均等化为主攻方向，构建覆盖城乡、实用高效、保基本、促公平的现代公共文化服务体系，保障人民群众看电视、听广播、读书看报、进行公共文化鉴赏、参与公共文化活动等基本文化权益。

一是构建基本公共文化服务标准制度。推进基本公共文化服务标准化均等化，是构建现代公共文化服务体系的首要任务。2015 年 1 月，中办、国办印发《关于加快构建现代公共文化服务体系的意见》，首次把标准化、均等化作为重要制度设计和工作抓手[②]，作为附件印发的《国家基本公共文化服务指导标准（2015—2020 年）》为我国首次发布，提出三大类 14 项 22 条基本公共文化服务国家标准。2021 年，我国发布包括基本公共文化服务在内的《国家基本公共服务标准（2021 年版）》（发改社会〔2021〕443 号），进一步明确了目前阶段我国基本公共文化服务覆盖的主要方面，以及相应的服务对象、服务内容、服务标准和支出责任。地方各级政府以国家标准为依据，结合地方实际，陆续出台具有地方特色的基本公共文化服务实施标准，构建起覆盖全国、上下衔接，既有基本共性又有特色个性的基本公共文化服务标准指标体系，形成了中国创造的基本公共文化服务标准制度，走出了一条以公共文化服务标准化促进均等化的发展道路。

二是探索社会化公共文化服务保障机制。党的十八大以来，我国公共文化服务体系建设在保持制度优势、强化政府责任的同时，积极探索社会化发展新路径。以引入竞争机制、吸引社会力量广泛参与为特色的政府购买公共文化服务普遍开展起来。2015 年 5 月，国办转发《关于做好政府向社会力量购买公共文化服务工作的意见》（国办发〔2015〕37 号）。文化部制定部本级适用的《文化部向社会力量购买公共文化服务管理暂行办法》，并公布向社会力量购买公共文化服务的具体目录。从各地来看[③]，北京通过政府购买服务方式开展票价补贴试点；河北、云南、浙江等地将演出、展会承办等公共文化服务面向社会公开招标；陕西省通过“奖励引导”“以奖代补”推动市县政府购买公共演出服务。截至 2019 年底，全国各级政府使用公共财政资金购买公共文化服务的总支出近 50 亿元。

三是健全保障人民文化权益的法治体系。2015 年，中办、国办部署加快构建现代

---

① 李志刚．凝心聚力助复苏　直击难点提效能——2023 年全国文化市场综合执法工作会议综述［EB/OL］. https：//baijiahao. baidu. com/s？ id＝1758344036624484844&wfr＝spider&for＝pc.

② 刘阳，郑海鸥．砥砺奋进的五年　十八大以来文化体制改革成效显著［EB/OL］. https：//news. cctv. com/2017/07/24/ARTIShAlgkyoboVOcFuYjtCQ170724. shtml.

③ 周玮．文化体制改革十项重点任务全面发力　取得重要进展和阶段性成效［EB/OL］. https：//www. gov. cn/xinwen/2016-07/31/content_5096233. htm.

公共文化服务体系，提出建立健全公共文化服务法律体系的任务。2016 年 12 月，全国人大常委会审议通过《公共文化服务保障法》(中华人民共和国主席令第六十号)，这是我国文化领域第一部具有基础性、全局性、综合性的法律，构筑起了我国公共文化服务法律保障制度的“四梁八柱”，奠定了维护和保障人民文化权益的法律基石。2017 年 11 月，全国人大常委会审议通过《公共图书馆法》(中华人民共和国主席令第七十九号)，这是我国第一部针对具体公共文化服务机构的国家专门立法，为公共图书馆充分发挥传承文明、传播知识的社会功能，充分发挥推动、引导和服务全民阅读的重要作用提供了法律依据和保障。地方性公共文化法律制度建设与国家立法协同推进，成果斐然。截至 2022 年 10 月底[①]，全国已有 17 个省、自治区、直辖市出台了地方性公共文化服务保障立法，13 个省、自治区、直辖市出台了地方性公共图书馆立法或政府规章，建立健全公共文化服务法律体系迈出了坚实步伐。

(6) 建设优秀传统文化传承体系，弘扬中华优秀传统文化

优秀传统文化凝聚着中华民族自强不息的精神追求和历久弥新的精神财富，是发展社会主义先进文化的深厚基础。坚守中华文化立场，坚持创造性转化、创新性发展，建设中华民族共有精神家园，凝聚中华儿女团结奋进的精神力量。

一是建立文化遗产系统性保护利用机制。党的十八大以来，习近平总书记亲自指导、亲自推动，就我国考古最新发现及其意义、深化中华文明探源工程等主题主持中央政治局集体学习，就文物工作、革命文物工作、非物质文化遗产保护工作做出重要指示，向仰韶文化发现和中国现代考古学诞生 100 周年、第 44 届世界遗产大会致贺信。《关于实施中华优秀传统文化传承发展工程的意见》的颁布，是第一次以中央文件形式推动延续中华文脉、传承中华文化基因，创新中国成立以来之先河。随后，《关于加强文物保护利用改革的若干意见》(文物政发〔2018〕19 号)、《关于进一步加强非物质文化遗产保护工作的意见》、《关于推进新时代古籍工作的意见》等文件先后印发，文化遗产资源家底逐步摸清，中华文明探源工程、中华古籍保护计划、中国传统工艺振兴计划等深入实施，文化遗产进一步“活起来”，“考古热”“博物馆热”“非遗热”蔚然成风，文化遗产系统性保护利用机制加快形成。

二是探索城乡建设中的历史文化保护传承新路径。首先，强化城乡建设中文物保护，不断完善制度设计。国家文物局推动《文物保护法》修订工作，增加未定级不可移动文物认定公布、原址保护、区域评估相关要求，推动不可移动文物保护管理空间管控，全面纳入国土空间规划，强化文物等历史文化遗产保护制度刚性，坚决杜绝城乡建设中“大拆大建”“拆真建假”现象[②]。**其次，推动文物保护利用，探索新时代下盘活用好文物资源新路径。**国家文物局用好中央财政文物保护专项经费，支持、指导

---

① 李国新，李斯．现代公共文化服务体系实现跨越式发展丨非凡十年［EB/OL］．https：//baijiahao. baidu. com/s? id=1746533684879720615&wfr=spider&for=pc.

② 国家文物局．国新办举行“权威部门话开局”系列主题新闻发布会介绍“加强文物保护 传承中华文明”有关情况（图文实录）［EB/OL］．http：//www. scio. gov. cn/xwfb/gwyxwbgsxwfbh/wqfbh_2284/49421/50283/wz50285/202308/t20230802_748999. html? flag=1.

正定、承德、平遥、曲阜等一大批历史文化名城实施整体保护，加强重点文物保护单位、历史文化街区保护修缮与环境整治，阐释文物价值，赓续城市文脉。国家文物局联合文化和旅游部、国家发展改革委印发了《关于开展中国文物主题游径建设工作的通知》（文物保发〔2023〕10号），探索在新时代盘活用好文物资源新路径①。国家文物局出台促进文物合理利用指导意见，文物建筑开放导则及案例指南等，鼓励引导北京、上海、广州、苏州等地探索文物建筑开放与活化利用政策创新。**最后，完善乡村文物保护体系。**国家文物局联合住房城乡建设部等部门公布第六批中国传统村落名录，和农业农村部开展渔文化保护，指导各地实施一批乡村中古民居、祠堂、戏台等文物保护修缮项目，持续开展"拯救老屋行动"，在浙江松阳等地探索民居类文物建筑适应性修缮，指导四川省开展乡村石窟文化公园试点建设，探索石窟保护与民生改善协同路径。

三是完善支持戏曲传承发展的政策体系。2015年7月，国办出台《关于支持戏曲传承发展的若干政策》（国办发〔2015〕52号），对戏曲的保护、传承、剧本创作、演出、人才培养等方面都做出了详细的规定和要求，为戏曲的传承发展提供了政策支持。将戏曲振兴工程列入"十三五"时期经济社会发展规划纲要，将"送地方戏"列入《国家基本公共文化服务指导标准（2015—2020）》"基本服务项目"。中国京剧"像音像"集萃工程、"名家传戏"工程、剧本扶持工程、"戏曲剧本孵化计划"、经典京剧电影工程、"高雅艺术进校园"等启动，以项目为抓手推动各项政策落地见效。2017年，《关于戏曲进乡村的实施方案》（文公共发〔2017〕11号）、《关于新形势下加强戏曲教育工作的意见》（文科技发〔2017〕13号）、《关于戏曲进校园的实施意见》（中宣发〔2017〕26号）等政策文件先后出台，支持戏曲传承发展的政策体系加速完善，为充分发挥戏曲在传承中华优秀传统文化、丰富群众精神文化生活、提升基层公共文化服务水平中的积极作用提供强有力的政策保障。

（7）建立对外文化传播和对外话语体系，提升中华文化国际影响力

坚持政府主导、企业主体、市场运作、社会参与，扩大对外文化交流，扩大文化贸易，加强国际传播能力和对外话语体系建设，推动中华文化走向世界，展示我国良好国际形象。

一是不断完善对外文化交流体系。首先，完善对外文化交流的顶层设计。2016年11月，中央深改组审议通过《关于进一步加强和改进中华文化走出去工作的指导意见》，明确提出要拓展渠道平台、创新方法手段，向世界阐释推介更多具有中国特色、体现中国精神、蕴藏中国智慧的优秀文化，提高国家文化软实力。2017年7月印发的《关于加强和改进中外人文交流工作的若干意见》指出，要丰富和拓展人文交流的内涵和领域，打造人文交流国际知名品牌。同期，《关于加快发展对外文化贸易的意见》（国发〔2014〕13号）、《"一带一路"文化发展行动计划（2016—2020年）》（文外发〔2016〕40号）、《关于加强"一带一路"软力量建设的指导意见》等文件先后印发，

---

① 国家文物局．国新办举行"权威部门话开局"系列主题新闻发布会介绍"加强文物保护　传承中华文明"有关情况（图文实录）［EB/OL］．http：//www.scio.gov.cn/xwfb/gwyxwbgsxwfbh/wqfbh_2284/49421/50283/wz50285/202308/t20230802_748999.html？flag=1.

统筹对外文化交流、文化传播和文化贸易，为加快推动中华文化走出去提供强有力的政策支撑。**其次，推动建立全方位、多层次、宽领域的对外文化和旅游交流合作格局。**配合元首外交和“一带一路”国际合作高峰论坛、亚洲文明对话大会等主场外交，国家成功举办一系列重大文化活动。同时，加快推进海外中国文化中心建设，取得明显进展。

二是不断增强国际传播能力建设。《中共中央关于深化文化体制改革推动社会主义文化大发展大繁荣若干重大问题的决定》要求，加强国际传播能力建设，打造国际一流媒体，提高新闻信息原创率、首发率、落地率。《中共中央关于全面深化改革若干重大问题的决定》提出，坚持政府主导、企业主体、市场运作、社会参与，扩大对外文化交流，加强国际传播能力和对外话语体系建设，推动中华文化走向世界。随后，《深化文化体制改革实施方案》再次强调，加强国际传播能力和对外话语体系建设，配套的国际传播能力建设相关改革文件也随之出台。此后，我国国际传播能力有了显著提升。我国打造外宣旗舰媒体，中国国际电视台（中国环球电视网）成功启播。2022 年，人民日报 39 个海外分社向国外主流媒体推送覆盖 13 个语种的 3000 余件优质新闻产品，在 1000 多家外媒落地 3.5 万次。

(8) 完善文化政策法规体系，引导和支持文化改革发展

加快文化立法步伐，完善文化经济政策，推进文化领域宏观调控目标和政策手段的机制化建设，引导和支持文化改革发展。

一是完善文化政策支持体系。首先，制定文化改革整体方案和配套文件。2014 年①，国家层面制定《深化文化体制改革实施方案》，编制《国家“十三五”时期文化发展改革规划纲要》，出台“两个效益”相统一、媒体融合发展、特殊管理股试点、新闻单位采编播管岗位人事管理制度改革、采编和经营两分开、文艺评奖改革、构建现代公共文化服务体系、实施中华优秀传统文化传承发展工程、国际传播能力建设等 40 多个改革文件，细化了改革的路线图、时间表、任务书，搭建起文化制度体系的“梁”和“柱”。**其次，构建系统的文化发展政策支持体系。**2006 年 9 月，《国家“十一五”时期文化发展规划纲要》颁布，这是首个国家级文化建设中长期专项规划，是指导“十一五”以及以后较长时期文化发展的纲领性文献。国家级文化规划的持续出台保证了国家文化发展战略与专项战略、整体规划与具体任务的统一，也创造了一种独具特色的文化制度设计。2014 年以来②，一批重大政策文件相继印发实施，相关措施中充分考虑文化特殊属性和功能定位，涉及经营性文化事业单位转制为企业和进一步支持文化企业发展、推进文化创意和设计服务与相关产业融合发展、加快发展对外文化贸易、支持戏曲传承发展、支持电影发展、推动特色文化产业发展等方面。

二是加快文化立法进程。以法律制度的力量保障人民文化权益，是治理体系和治理能力现代化的根本要求。2011 年，党的十七届六中全会率先提出加快文化立法、提高文化建设法制化水平的要求。党的十八届四中全会之前，国家文化法律层面专门法

---

① 刘阳，郑海鸥. 砥砺奋进的五年　十八大以来文化体制改革成效显著［EB/OL］. https：//news. cctv. com/2017/07/24/ARTIShAlgkyoboVOcFuYjtCQ170724. shtml.

② 十八大以来文化体制改革述评［N］. 人民日报，2016-05-11（1）.

有 1982 年制定、2002 年修改后重新颁布的《文物保护法》和《著作权法》，以及《公共文化体育设施管理条例》《音像制品管理条例》《互联网上网服务营业场所管理条例》等文物保护和文化市场管理方面的行政法规。党的十八届四中全会以后①，文化立法节奏明显加快，《电影产业促进法》（中华人民共和国主席令第五十四号）、《公共文化服务保障法》（中华人民共和国主席令第六十号）、《公共图书馆法》（中华人民共和国主席令第七十九号）颁布实施，成为文化领域“六法两决定”八部法律的重要组成部分，确保文化健康发展的法律环境不断优化。地方性公共文化法律制度建设与国家立法协同推进。目前，我国文化立法的基本框架已经形成，为文化体制改革创造了良好的外部环境。

2. 基本方向

文化体制改革过程中，要始终坚持中国特色社会主义先进文化的方向，始终把社会效益放在首位；始终坚持市场化导向，充分释放文化产业发展潜力；加快完善文化管理体制和生产经营机制，推进文化治理现代化；加快完善文化法律体系，以法治作为文化体制改革的保障。

（1）始终坚持中国特色社会主义先进文化的方向，始终把社会效益放在首位

文化体制改革应把握好意识形态属性和产业属性、社会效益和经济效益的关系，始终坚持中国特色社会主义先进文化的方向，始终把社会效益放在首位。要培育和践行社会主义核心价值观，巩固马克思主义在意识形态领域的指导地位，巩固全党全国各族人民团结奋斗的共同思想基础。同时，要传承和弘扬中华优秀传统文化，坚持以科学理论引路指向，以正确舆论凝心聚力，以先进文化塑造灵魂，以优秀作品鼓舞斗志。

（2）始终坚持市场化导向，充分释放文化产业发展潜力

文化体制改革应始终坚持市场化导向，加快落实统一的市场准入负面清单制度，清理破除文化市场准入隐性壁垒。充分激活市场与社会的活力，提供充足、丰富的文化产品供给体系。加快健全文化要素市场运行机制，促进劳动力、资本、技术、数据等合理流动。疏通金融资本、社会资本、文化资源相结合的渠道，引导和鼓励多元主体参与到完善的现代文化市场体制内，充分释放文化企业发展潜力，激发文化企业创新创造活力，推动我国文化产业实现高质量发展。

（3）加快完善文化管理体制和生产经营机制，推进文化治理现代化

深化文化体制改革，应加快完善遵循社会主义先进文化发展规律、体现社会主义市场经济要求、有利于激发文化创新创造活力的文化管理体制和生产经营机制，坚持和完善繁荣发展社会主义先进文化的制度，不断提升文化治理效能。综合利用数字技术等多种现代化手段，加快推进文化治理现代化。积极推进全球文化治理体系变革，构建和重塑平等交流、互学互鉴的新型世界文化格局。

---

① 高宏存．改革开放 40 年文化体制改革的主要成就与趋势展望［EB/OL］．http：//views. ce. cn/view/ent/201812/25/t20181225_31109741. shtml.

(4) 加快完善文化法律体系，以法治作为文化体制改革的保障

深化文化体制改革，应当加快立法进程，以法律形式规范和界定各级政府及有关部门在文化管理、文化产业、文化市场、公共文化服务、传统文化传承等领域中的责任和义务，将文化体制改革全面纳入法治化、规范化轨道。借鉴先进发达国家立法经验，推动中国文化法治体系与世界接轨，帮助中国文化企业规避法律风险，为其合法利益保驾护航。

3. 难点卡点

文化体制改革过程中，统筹不同维度的发展与安全面临一系列难点和卡点，主要表现在：文化数字化改革带来网络空间治理新难题，维护网络意识形态安全工作复杂而敏感；文化外资市场准入有待进一步开放，更好统筹文化对外开放与安全成为一大难点；文化市场化改革后新问题逐渐显现，推动文化市场高质量发展面临挑战；文化保护机制尚未完全建立，经济稳增长和文化保护之间的关系仍需理顺。

(1) 文化数字化改革带来网络空间治理新难题，维护网络意识形态安全工作复杂而敏感

当前，随着以人工智能、大数据、云计算、元宇宙等为代表的数字技术加速发展，文化数字化改革逐步深入且成效凸显，数字文化产品加速涌现，数字文化市场蓬勃发展。与此同时，数字化变革使得网络空间和现实空间相互嵌入、相互影响越来越深刻。中国互联网络信息中心发布的第 54 次《中国互联网络发展状况统计报告》显示，截至 2024 年 6 月，我国网民规模近 11 亿人（10.9967 亿人），互联网普及率达 78.0%。无人不网、无时不网、无处不网的特征愈加鲜明。网络意识形态工作重要性日益凸显，成为意识形态工作的重中之重。与传统的意识形态工作相比，网络意识形态无论是在作用方式上，还是在作用效果上，都更加具有隐蔽性和复杂性。建立既能实现“百家争鸣，百花齐放”，又能有效维护网络意识形态安全的有效的工作机制，成为当前网络意识形态安全工作的难点。

(2) 文化外资市场准入有待进一步开放，更好统筹文化对外开放与安全成为一大难点

《“十四五”利用外资发展规划》显示，“十四五”期间，我国将有序推进互联网、文化等领域相关业务开放。2021 年 12 月，国家发展改革委发布的《外商投资准入特别管理措施（负面清单）(2021 年版)》显示，仍有 7 条文化外资准入负面清单，包括禁止投资新闻机构等。2023 年 3 月，国家发展改革委表示，将落实“十四五”规划纲要部署，有序推进电信、互联网、教育、文化、医疗等领域开放；继续清理外资准入负面清单之外的限制，保障外资企业平等适用各项政策①。从目前的情况来看，文化领域对外开放主要聚焦在对外文化产品贸易领域，文化领域的外资市场准入仍存在一定限制。如何更好统筹文化对外开放与安全的问题，仍是当前和未来文化对外

① 国家发展改革委．国家发展改革委：有序推进电信、互联网、教育、文化、医疗等领域开放［EB/OL］. https://baijiahao.baidu.com/s?id=1759591073832536987&wfr=spider&for=pc.

开放体制改革的一大难点。

表 8-1 文化外资准入负面清单

十二、文化、体育和娱乐业	
25	禁止投资新闻机构（包括但不限于通讯社）
26	禁止投资图书、报纸、期刊、音像制品和电子出版物的编辑、出版、制作业务
27	禁止投资各级广播电台（站）、电视台（站）、广播电视频道（率）、广播电视传输覆盖网（发射台、转播台、广播电视卫星、卫星上行站、卫星收转站、微波站、监测台及有线广播电视传输覆盖网等），禁止从事广播电视视频点播业务和卫星电视广播地面接收设施安装服务
28	禁止投资广播电视节目制作经营（含引进业务）公司
29	禁止投资电影制作公司、发行公司、院线公司以及电影引进业务
30	禁止投资文物拍卖的拍卖公司、文物商店和国有文物博物馆
31	禁止投资文艺表演团体

（3）文化市场化改革后新问题逐渐显现，推动文化市场高质量发展面临挑战

近年来，我国文化市场逐步放开，文化市场领域新形势新情况新问题逐渐显现，文化市场出现恶行竞争等乱象，严重危害文化市场健康发展。以文娱市场为例①，我国文娱领域包容开放的市场环境形成资本“虹吸效应”，各路资本的涌入促使文娱市场迅猛发展，但相关监管立法的滞后又助长了资本的盲目扩张，娱乐明星开始以批量化、标准化、数据化模式快速孵化，“偶像+流量+粉丝”的变现渠道日渐泛滥，市场恶性竞争，行业内畸形审美、天价片酬、阴阳合同、偷税漏税等乱象丛生。文化市场监管立法的滞后、文娱法治“防火墙”的年久失修，导致文娱监管在应对这些新情况、新问题时疲软无力。整体来看，在文化市场化改革中，推动文化市场高质量发展面临挑战，处理好文化市场化改革与文化市场稳定安全发展的关系较为迫切。

（4）文化保护机制尚未完全建立，经济稳增长和文化保护之间的关系仍需理顺

进入高质量发展阶段之后，我国国内经济下行压力加大，各地经济稳增长较为迫切。一方面，工业化、城镇化背景下，如何在加快工业化和城镇化进程的同时做好历史文化遗产保护工作仍是一个重大命题。当前，各地大拆大建、拆真建假，随意破坏传统风貌等问题仍时有发生，地方在历史文化保护中缺乏主动性和积极性。另一方面，如何充分挖掘文化遗产中蕴含的中华优秀传统文化价值，促进其与经济发展更加紧密融合，更好服务乡村振兴和共同富裕，也是当前文化保护和利用中的一大难点。

（三）文化体制改革的基本经验——46 年的经验

在开展文化体制改革的过程中，党中央始终把牢前进方向，始终坚持马克思主义在意识形态领域中的主导地位，坚持以社会主义核心价值观引领文化建设，坚持大力发展中华优秀传统文化，坚持文化与政治、经济、社会体制改革相互衔接，坚持统筹推进文化事业和文化产业、更好满足人民需求。经过不懈探索和实践，文化体制改革积极稳妥推进，有力地促进了文化生产力的解放和发展，巩固了全党全国各族人民团

① 蔡武进，张津期．新时代我国文化市场监管现代化的必要性、困境及路径［J］．决策与信息，2024（1）．

结奋斗的共同思想基础。

1. 坚持马克思主义在意识形态领域中的主导地位

文化因为其本身的意识形态特性，使得文化体制改革与政治体制改革紧密相连，具有政治性、敏感性。一方面我们要以人民群众为中心，人民群众是文化的创造者，其对文化需求的差异性形成了社会文化的多样性。因此进行文化体制改革要不断满足人民多样化的需求，大力发展文化事业与文化产业，处理好文化“二重性”，兼顾文化体制改革的社会效益与经济效益。另一方面，我们要坚持党在文化意识形态的一元化领导，坚持社会主义先进的文化方向，弘扬主旋律，保证马克思主义在意识形态的主导地位既不能忽视文化多样性的发展，也不能过度夸大文化多元化。

2. 坚持以社会主义核心价值观引领文化建设

核心价值观是文化最深层的内核，决定着文化的性质和方向，体现着一个国家、一个民族的文化理想和精神高度。习近平总书记在中央政治局第十三次集体学习时强调，核心价值观是文化软实力的灵魂、文化软实力建设的重点，培育和弘扬核心价值观，是国家治理体系和治理能力的重要方面，关系社会和谐稳定，关系国家长治久安。这一重要论述，深刻阐明了核心价值观在文化建设中的统领作用，具有重要指导意义①。正是社会主义核心价值观深厚的民族性、鲜明的时代性、内在的先进性、广泛的包容性，决定了其在我国文化建设中居于主导和引领地位。在推进文化改革发展中，必须突出社会主义核心价值体系建设，通过强化教育引导、创新方式方法、健全制度保障等措施，积极培育和践行以“三个倡导”为基本内容的社会主义核心价值观，不断增强文化自信和价值观自信②。

3. 坚持大力发展中华优秀传统文化

中华优秀传统文化是中华民族生生不息、长盛不衰的文化基因，是我们在世界文化激荡中站稳脚跟的坚实根基。习近平总书记在文化传承发展座谈会上指出：“要秉持开放包容，坚持马克思主义中国化时代化，传承发展中华优秀传统文化，促进外来文化本土化，不断培育和创造新时代中国特色社会主义文化。”传承好发展好中华优秀传统文化，对推进中国特色社会主义文化建设、满足人民日益增长的文化需求、不断提升国家文化软实力和中华文化影响力具有重要作用。

4. 坚持文化与政治、经济、社会体制改革相互衔接

根据马克思主义相关理论，文化是一定经济和政治的反映，经济与政治发展是文化发展的前提与基础。因此，大力进行文化体制改革要遵守客观规律，时刻与经济政治相统一，相互衔接。同时，文化体制改革是我国“五位一体”全方位改革的重要内容。在改革过程中，注重与其他各领域改革的统筹协同，比如与经济体制改革衔接要

---

① 中央文化体制改革和发展工作领导小组办公室 .2014 年将启动 80 多项文化体制改革［EB/OL］. https：//www. gov. cn/zhuanti/2014-03/12/content_2664139. html.

② 中央文化体制改革和发展工作领导小组办公室 .2014 年将启动 80 多项文化体制改革［EB/OL］. https：//www. gov. cn/zhuanti/2014-03/12/content_2664139. html.

加强文化市场体系建设，与行政管理体制改革衔接要完善文化管理体制，与社会体制改革衔接要推进公益性文化事业发展，等等。

5. 坚持统筹推进文化事业和文化产业、更好满足人民需求

党始终坚持文化产业和文化事业发展分类指导，以更好满足人民精神文化需求。一方面，坚持市场主导、企业主体，大力发展文化产业，发挥文化产业在国民经济中的支柱作用，推进私营文化产业与国有文化产业的相结合，发挥文化产业对其他行业的带动作用，面向市场，遵循市场运行机制，不断深化公司制与股份制改造，形成一大批真正意义上的文化企业，不断满足受众的需求并创造受众的需求。另一方面，坚持政府主导、财政支持，大力发展公益性文化事业，增加社会的投入，不断优化服务，加大公共文化服务的力度与广度，形成一大批文化事业主体，发挥公益性文化事业的作用，有效保障人民基本文化权益。

（四）党的十八大以来文化体制改革取得的新突破和新成效

党的十八大以来，以习近平同志为核心的党中央高度重视文化体制改革工作，作出一系列重大决策部署，推出一系列重大政策举措，取得一系列重大突破。具体表现在：文化发展理念思路实现重大创新，文化法治建设取得重大成果，文化产品市场蓬勃兴起，现代公共文化服务体系加速改善，数字文化建设硕果累累，中国文化走出去工作取得显著进展。总体来看，中国特色社会主义文化制度不断完善，中国特色社会主义文化繁荣发展，国家文化治理能力和水平不断提高。

1. 习近平文化思想正式提出

党的十八大以来，文化发展理念思路实现重大创新。2023 年 6 月，习近平总书记在文化传承发展座谈会上指出，“第二个结合”是我们党对马克思主义中国化、时代化历史经验的深刻总结，是对中华文明发展规律的深刻把握。在新的起点上继续推动文化繁荣、建设文化强国、建设中华民族现代文明，是我们在新时代新的文化使命。要坚定文化自信、担当使命、奋发有为，共同努力创造属于我们这个时代的新文化，建设中华民族现代文明。2023 年 10 月的全国宣传思想文化工作会议首次提出习近平文化思想。习近平文化思想既有文化理论观点上的创新和突破，又有文化工作布局上的部署要求，明体达用、体用贯通，明确了新时代文化建设的路线图和任务书，标志着党对中国特色社会主义文化建设规律的认识达到了新高度，表明党的历史自信、文化自信达到了新高度，并在我国社会主义文化建设中展现出了强大伟力，为做好新时代新征程宣传思想文化工作、担负起新的文化使命提供了强大思想武器和科学行动指南①。

2. 文化法治建设取得重大成果

党的十八大以前，国家层面的文化法律文件相对较少，难以为文化体制改革提供

---

① 习近平．习近平对宣传思想文化工作作出重要指示［EB/OL］．https：//www.gov.cn/yaowen/liebiao/202310/content_6907766.html.

有力的法律支撑。党的十八大以来，文化法治建设迈出坚实步伐。全国人大常委会先后审议通过了《网络安全法》（中华人民共和国主席令第五十三号）、《电影产业促进法》（中华人民共和国主席令第五十四号）、《公共文化服务保障法》（中华人民共和国主席令第六十号）、《公共图书馆法》（中华人民共和国主席令第七十九号）、《博物馆条例》（中华人民共和国国务院令第659号）、《国歌法》（主席令第七十五号）、《关于加强网络信息保护的决定》等法律、决定。2019年，司法部发布了《文化产业促进法（草案征求意见稿）》，对社会公开征求意见，此后文化产业促进法立法工作持续推进。与此同时，国家出台和修订了一大批文化行政法规和部门规章，力度大、数量多、效果好。其中，《公共文化服务保障法》是我国文化领域第一部具有基础性、全局性、综合性的法律，构筑起了我国公共文化服务法律保障制度的“四梁八柱”，奠定了维护和保障人民文化权益的法律基石。截至2023年11月[①]，全国已有17个省、自治区、直辖市出台了地方性公共文化服务保障立法，有13个省、自治区、直辖市出台了地方性公共图书馆立法或政府规章，建立健全公共文化服务法律体系迈出了坚实步伐。

3. 文化产品市场蓬勃兴起

党的十八大以来，文化市场活力充分释放，文化产品日益丰富。**一是演出市场规模快速扩张。**各类演出数量呈井喷态势，丰富的演出供给满足着不同消费群体的文化需求，互联网领域的高度发展对整个行业起到决定性助力。中国演出行业协会发布的《2023年全国演出市场发展简报》显示，2023年全国演出市场总体经济规模达739.94亿元，较2019年增长29.30%，达到历史新高。小剧场和演艺新空间整体呈现蓬勃发展态势，2023年演出场次达18.69万场，较2019年增长471.07%；票房收入为48.03亿元，较2019年增长463.13%。**二是数字文化产品市场快速发展。**随着数字文化产品和服务日益丰富以及网络支付的便捷性，数字文化产品市场蓬勃发展。以网络游戏和网络音乐为例，中国音像与数字出版协会发布的《2023年中国游戏产业报告》显示，2023年国内游戏市场实际销售收入达3029.64亿元，同比增长13.95%，首次突破3000亿关口；用户规模达6.68亿人，同比增长0.61%，为历史新高点。**三是非物质文化遗产消费市场加速崛起。**中国旅游报社文旅产业指数实验室等机构发布的《非物质文化遗产电商消费报告（2023）》显示，近年来，非遗消费正呈现总体增长趋势，非遗消费圈正在形成，非遗品牌和非遗产业带持续发展，传统节日期间非遗消费稳步增长。淘宝天猫平台数据显示，2023年，非遗相关产品的年成交额首次突破千亿大关，达1073.2亿元，同比增长37.7%。

4. 现代公共文化服务体系加速改善

党的十八大以来，我国的公共文化服务以改革创新为动力，呈现持续快速发展、品质全面提升、城乡共同繁荣、人民群众文化获得感和幸福感显著增强的新局面。**一是从**

---

① 法治助力铸就中华文化新辉煌［J］. 中国人大，2023（20）.

国家到村（社区）的六级公共文化服务网络加快构建。截至2023年底①，全国共有公共图书馆3309个，总流通112668万人次；文化馆有3508个。截至2022年6月②，全国94%的县（市、区）建成文化馆总分馆制、93%的县（市、区）建成图书馆总分馆制。全国所有公共图书馆、文化馆（站）、美术馆和91%的博物馆实行免费开放。**二是文化惠民工程创新开展**。“戏曲进乡村”等惠民项目深入实施，“村晚”等品牌文化活动广泛开展，群众文化生活更加丰富多彩。智慧图书馆体系和公共文化云建设加快推进，新型公共文化空间不断涌现，从“云端”到“指尖”，公共文化服务更加便捷、更加“对味”。

5. 数字文化建设硕果累累

党的十八大以来，各地各部门深入贯彻落实习近平总书记关于数字文化建设的重要论述精神，新时代数字文化建设充满生机活力、结出丰硕成果。**一是数字文化产业繁荣发展**。国家统计局数据显示，2023年，文化新业态特征较为明显的16个行业小类实现营业收入52395亿元，比上年增长15.3%，快于全部规模以上文化企业7.1个百分点。云音乐会、云展览、云旅游、云观影等线上文化消费不断丰富，数字文化产业集群化发展态势显著，网络游戏、音乐、文学、视频、直播等新业态不断涌现。总体看，我国数字文化产业规模持续壮大，产业结构不断优化，内容供给质量不断提升。**二是数字文化精品创作活力涌现**。中国社会科学院发布的《2023中国网络文学发展研究报告》显示，截至2023年底，中国网络文学市场规模达404.3亿，同比增长3.8%；网络文学融入非遗、国风元素，拥抱中华优秀传统文化；AIGC开创“内容生产自动化”新模式，大幅提升生产效率并降低翻译成本，同时为粉丝提供了新的阅读体验。以网络视听节目《红色文物100》、网络剧《在希望的田野上》、网络纪录片《追光者：脱贫攻坚人物志》等为代表的一大批优秀作品在网络空间汇聚起积极向上的精神力量。同时，深入推进国家公共文化云平台、智慧广电、智慧图书馆、智慧博物馆等建设，更好满足人民精神文化需求。

6. 中华文化走出去工作取得显著进展

党的十八大以来，随着中国国家实力和国际影响力持续增强、文化传播理念进一步创新，中国文化走出去的步伐迈得更加稳健。**一是全方位、多层次、宽领域的对外文化和旅游交流合作格局逐步建立**。截至2023年6月底③，中国已与144个“一带一路”共建国家签署文化和旅游领域合作文件。中国与共建国家共同创建合作平台，成立了丝绸之路国际剧院联盟、博物馆联盟、艺术节联盟、图书馆联盟和美术馆联盟，成员单位达562家，其中包括72个共建国家的326个文化机构。中国不断深化对外文化交流，启动实施“文化丝路”计划，广泛开展“欢乐春节”“你好！中国”“艺汇

---

① 国家统计局．中华人民共和国2023年国民经济和社会发展统计公报［EB/OL］．https：//www.gov.cn/lianbo/bumen/202402/content_6934935.html．

② 推进文化自信自强（人民要论）［N］．人民日报，2022-12-02（9）．

③ 中华人民共和国国务院新闻办公室．《共建“一带一路”：构建人类命运共同体的重大实践》白皮书［EB/OL］．http：//www.scio.gov.cn/zfbps/zfbps_2279/202310/t20231010_773682.html．

丝路”等重点品牌活动。中国在44个国家设立46家海外中国文化中心，其中共建国家32家；在18个国家设立20家旅游办事处，其中共建国家8家。**二是国际传播能力不断增强**。2022年，人民日报39个海外分社向国外主流媒体推送覆盖13个语种的3000余件优质新闻产品，在1000多家外媒落地3.5万次。扬帆远航的网络文学成为向世界展示中国文化软实力的重要力量，网络文学、游戏、影视已成为“文化出海”的“三驾马车”。《2023中国网络文学发展研究报告》显示，网络文学出海市场规模超过40亿元，海外网络作家约有41万名，海外原创作品约有62万部，海外访问用户约有2.3亿，覆盖200多个国家和地区。2023年10月起，入选中国作协网络文学国际传播项目的4部网络文学小说通过4个语种向全球进行推介，海外用户订阅量持续高速增长①。**三是中文和孔子学院在全球“开花”②**。中文成为世界旅游组织官方语言。截至2023年6月底③，中国院校在132个共建国家办有313所孔子学院、315所孔子课堂；“汉语桥”夏令营项目累计邀请100余个共建国家近5万名青少年来华访学，支持143个共建国家10万名中文爱好者线上学习中文、体验中国文化。

二、进一步全面深化文化体制机制改革面临的新形势新要求

党的十八大以来，以习近平同志为核心的党中央高度重视文化体制改革工作，作出一系列重大决策部署，推出一系列重大政策举措，中国特色社会主义文化制度不断完善，中国特色社会主义文化繁荣发展，社会主义文化强国建设迈出坚实步伐。同时应看到，当前，世界百年未有之大变局加速演进，世界之变、时代之变、历史之变的特征更加明显，进一步全面深化文化体制机制改革面临着一系列新形势新要求，具体表现在：全球意识形态斗争更加尖锐复杂，美西方国家“文化霸权”行径日益嚣张；新一代信息技术改变全球文化竞争格局，我国迎来“弯道超车”重大机遇；中国式现代化要求建设文化强国，必须以文化体制改革加速文化强国建设进程。

（一）全球意识形态斗争更加尖锐复杂，美西方国家“文化霸权”行径日益嚣张

近年来，我国在世界经济和政治格局中迅速崛起，中西方之间的力量对比出现重大变动，中国的快速发展被美国视为威胁其世界霸主地位的“最大挑战”，美国欲通过对华遏制与围堵来维护其世界霸权和既得利益。从文化领域来看，西方敌对势力对我国民族地区的渗透和破坏活动时而有之，尤其是对我国的网络渗透力度不断加大。同时，美国文化霸权行径日益恶劣，严重危害世界和平稳定和各国民生福祉。这就要求我们进一步深化改革，完善国际传播制机制，构建具有鲜明中国特色的战略传播体系，不断提升国家文化软实力和中华文化影响力，以真正在国际文化激荡中站稳

① 网络文学，彰显蓬勃的文化生产力（新语）[N]. 人民日报，2024-02-28（14）.

② 用创新增添文明发展动力、激活文明进步的源头活水 [N]. 人民日报，2023-04-03（1）.

③ 中华人民共和国国务院新闻办公室.《共建“一带一路”：构建人类命运共同体的重大实践》白皮书 [EB/OL]. http://www.scio.gov.cn/zfbps/zfbps_2279/202310/t20231010_773682.html.

脚跟[①]。

1. 全球意识形态斗争更加尖锐复杂，敌对势力对我国的网络渗透力度不断加大

长期以来，敌对势力颠覆中国共产党领导和我国社会主义制度的图谋现实存在。尤其是随着世界进入新的动荡变革期，世界范围的意识形态斗争也更加尖锐复杂。各种思想文化交流、交融、交锋更加频繁，西方敌对势力对我国民族地区的渗透和破坏活动时而有之，一些媒体利用民族、宗教等问题，散播极端分裂思想，挑拨民族关系，企图破坏我国安定团结的大好局面[②]。其中，随着互联网等新型传播技术的快速发展，一些敌对势力对我国的网络渗透力度不断加大。国内外一些别有用心的个人或团体等出于某些特殊目的或非理性诉求，正在不断利用各种手段和方式加紧影响网络话语空间，着力把网络空间变为非理性诉求表达和非主流价值观念渗透的重要场所[③]。相关势力利用网络将其自身的价值观念进行包装，使其融入经济、文化及社会生活之中，竭力制造思想混乱、挑起网络负面情绪。

2. 美西方国家“文化霸权”行径日益嚣张，严重危害世界和平稳定

美西方国家凭借其强大的资本力量在文化输出和渗透方面占据强大优势，其文化霸权行为愈演愈烈。其中，美国长期打着民主、自由、人权、维护“基于规则的国际秩序”的幌子实施文化霸权，行径日益恶劣，严重危害世界和平稳定和各国民生福祉。2023 年 2 月，外交部发布的报告《美国的霸权霸道霸凌及其危害》指出，美国惯用文化来加强和维护其在世界上的霸权地位，具体表现在：美国在电影等商品中植入美国价值观；美国文化霸权从“直接介入”走向“媒介渗透”和“世界喇叭”，在干涉他国内政时，更加依靠美国主导的西方媒体，煽动全球舆论；美国奉行双重新闻自由标准，粗暴打压他国媒体；美国滥用文化霸权对社会主义国家“和平演变”。此外，美国将虚假信息作为攻击他国的工具，已形成“黑金、黑论、黑嘴”舆论产业链条。为一些团体和个人源源不断提供“黑金”，支持其炮制“黑论”，以此影响国际舆论。

（二）新一代信息技术改变全球文化竞争格局，我国迎来“弯道超车”重大机遇

当前，在数字技术驱动下，新一轮科技革命和产业变革深入发展，正在加速改变全球文化竞争格局，不断推动文化产业生态的变革。数字信息技术已成为大国文化博弈的核心和关键。目前来看，美国在数字信息技术领域优势明显，在全球文化传播和竞争中仍占据主要地位。不过，我国背靠庞大的国内消费市场，互联网科技企业及其文化产品的全球影响力正与日俱增，大模型等前沿技术研发正加速赶超国际一流水平，我国正迎来提升自己在全球文化格局中的竞争力和影响力的重大机遇。

---

① 李书磊.《中共中央关于进一步全面深化改革、推进中国式现代化的决定》辅导读本［M］. 北京：人民出版社，2024.

② 王志. 全媒体视域下铸牢中华民族共同体意识的传播实践［J］. 中央民族大学学报（哲学社会科学版），2024（3）.

③ 方增泉. 锁定主战场，打赢网络意识形态斗争［N］. 广州日报，2024-04-22（A9）.

1. 数字信息技术加速迭代升级，成为大国文化博弈的核心和关键

持续领先的信息传播技术既是美国维护文化霸权的工具，也是美国文化产业流行并实现全球文化霸权的重要原因①。当前，数字信息技术迅猛发展且不断迭代升级。美国人工智能企业先后发布 ChatGPT、Sora 等大模型，分别聚焦智能聊天、视频生成等领域，引发全球重点关注。例如，Sora 的出现给游戏、广告、视频、影视等行业带来巨大冲击，开辟全新的文化表现形式，推动了文化产业生态的变革②。基于用户的喜好和行为数据，人工智能可以帮助企业做出更为精准的决策，进行个性化和定制化的小说、音乐推荐等，提升用户体验和感受。人工智能大模型能够快速翻译和传播文化内容，使得不同文化之间的交流变得更加顺畅。当前，美国正积极利用数字信息技术对原有文化产品和服务进行升级换代，并致力推动新兴文化业态发展。同时，英、法、日、韩等发达国家也在借助新一轮的技术革命和自身技术优势，抓住数字经济发展机遇培育新的文化产业增长点和文化业态。数字信息技术已成为大国文化竞争与博弈的核心与关键。目前来看，美国在数字信息技术领域仍优势明显。

2. 兼具市场、生产力、技术等诸多优势，我国迎来全球文化竞争“弯道超车”重大机遇

随着数字时代的到来，大数据、区块链、人工智能等前沿数字技术支撑的数字文化成为全球文化竞争的新赛道，我国迎来“弯道超车”重大机遇。与此同时，信息技术迅猛发展也推动国际传播格局和国际话语场深刻调整，为我们占据国际传播制高点、构筑国际话语新优势提供了契机③。背靠庞大的国内消费市场，我国有望借助数字技术与媒介在新的文化业态和文化形式上集中发力，提升自己在全球文化格局中的竞争力和影响力④。**一是我国坐拥全球最大数字文化消费市场。**中国互联网络信息中心发布的第 54 次《中国互联网络发展状况统计报告》显示，截至 2024 年 6 月，我国网民规模近 11 亿人（10.9967 亿人），互联网普及率达 78.0%。我国具有全球超大规模数字文化市场，年轻化消费群体的消费需求不断增强，智能手机普及率加速提升，对数字文化产品的需求持续升高。**二是我国数字文化产品生产力、全球影响力正与日俱增。**我国互联网科技企业加快推动文化与数字技术有机融合，不断催生出新型文化业态和文化产品，以网络文学、视频、游戏为代表的中国数字文化产品在国际市场上异军突起。中国社会科学院文学研究所发布的《2023 中国网络文学发展研究报告》显示，网络文学出海市场规模超过 40 亿元，覆盖 200 多个国家和地区。与此同时，互联网科技企业及其文化产品的全球影响力正与日俱增。其中，抖音海外版、快手海外版在国际市场上的占有率及影响力日益提升，成为中华文化走出去的重要平台。**三是我**

① 张春霞．世界文化格局重塑中的中国机遇与应对［J］．马克思主义研究，2023（7）．

② 黄隽．新质生产力加速文化产业提质增效［EB/OL］．https：//www.financialnews.com.cn/2024-05/24/content_401041.html.

③ 李书磊．《中共中央关于进一步全面深化改革、推进中国式现代化的决定》辅导读本［M］．北京：人民出版社，2024.

④ 张春霞．世界文化格局重塑中的中国机遇与应对［J］．马克思主义研究，2023（7）．

国大模型研发不断取得新突破。2024年4月27日，在2024中关村论坛年会未来人工智能先锋论坛上，生数科技联合清华大学发布中国首个长时长、高一致性、高动态性视频大模型——Vidu。Vidu不仅能够模拟真实物理世界，还拥有丰富想象力，具备多镜头生成、时空一致性高等特点，这也是自Sora发布之后全球率先取得重大突破的视频大模型，性能全面对标国际顶尖水平，并在加速迭代提升中①。根据各地网信办发布的公告，截至2024年7月30日，全国范围内已有197个生成式人工智能服务通过网信办备案。大模型备案主要集中在北京，数量达85款，占全国总数的40%以上。上海、广东、浙江、江苏则分别备案43款、26款、13款和6款。

（三）中国式现代化要求建设文化强国，必须以文化体制改革加速文化强国建设进程

习近平总书记在党的二十大报告中指出，以中国式现代化全面推进中华民族伟大复兴，同时还明确到2035年要“建成文化强国”。在《在文化传承发展座谈会上的讲话》一文中，习近平总书记指出，在新的起点上继续推动文化繁荣、建设文化强国、建设中华民族现代文明，是我们在新时代新的文化使命。中国式现代化是物质文明和精神文明相协调的现代化，既要通过经济体制改革，解放和发展社会生产力，实现物质富裕，也要通过文化体制改革，激发文化生命力、创造力，实现精神富足②。在中国式现代化建设过程中，统筹推进“五位一体”总体布局、协调推进“四个全面”战略布局，文化是重要内容；推动高质量发展，文化是重要支点；满足人民日益增长的美好生活需要，文化是重要因素；战胜前进道路上各种风险挑战，文化是重要力量源泉③。

1. 中国式现代化要求实现高质量发展，必须加快发展文化新质生产力、为中国式现代化赋能

习近平总书记在党的二十大报告中将“实现高质量发展”作为中国式现代化的本质要求之一。高质量发展是全面建设社会主义现代化强国的首要任务，是侧重经济建设暨物质技术基础方面的要求。习近平总书记指出，发展新质生产力是推动高质量发展的内在要求和重要着力点④。新质生产力是创新起主导作用，摆脱传统经济增长方式、生产力发展路径，具有高科技、高效能、高质量特征，符合新发展理念的先进生产力质态⑤。文化新质生产力是新质生产力在文化领域内呈现出的新质态、新形式，是新质生产力所代表的高质量发展逻辑在新时代文化生产、消费、交换等领域内具体延展的结果呈现⑥。加快培育和发展文化领域新质生产力，是实现高质量发展、推进

---

① 北京日报客户端．突破！中国首个Sora级视频大模型发布［EB/OL］．https：//baijiahao. baidu. com/s? id=1797459461935816157&wfr=spider&for=pc.

② 李书磊．《中共中央关于进一步全面深化改革、推进中国式现代化的决定》辅导读本［M］．北京：人民出版社，2024.

③ 中央文化体制改革和发展工作领导小组办公室．中央文化体制改革和发展工作领导小组办公室负责人就《“十四五”文化发展规划》答记者问［EB/OL］．https：//www. gov. cn/zhengce/2022-08/17/content_5705624. htm.

④ 习近平．发展新质生产力是推动高质量发展的内在要求和重要着力点［J］．求是，2024（11）.

⑤ 习近平．发展新质生产力是推动高质量发展的内在要求和重要着力点［J］．求是，2024（11）.

⑥ “加快发展文化新质生产力”学术研讨会在深举行［N］．深圳特区报，2024-04-23（A07）.

中国式现代化的需要。通过发展文化新质生产力，有利于创造新的经济业态，增加优秀文化产品和服务供给，实现社会效益和经济效益有机统一。2023 年，我国文化新业态实现营业收入超过 5.2 万亿元，对全部规模以上文化企业营业收入增长的贡献率达到 70.9%[①]。因此，推进中国式现代化，必须深化文化体制改革，进一步把数字等先进技术融入文化生产、流通、消费等领域，推动形成文化产业新业态，加快形成文化新质生产力，为中国式现代化赋能。

2. 中国式现代化要求丰富人民精神世界，必须构建高质量文化产品供给体系和公共文化服务体系

推进强国建设、民族复兴伟业，既需要强大的物质力量，也需要强大的精神力量。习近平总书记在党的二十大报告中将“丰富人民精神世界”作为中国式现代化的本质要求之一，并提出中国式现代化是物质文明和精神文明相协调的现代化。中国式现代化是亿万人民自己的事业，人民是中国式现代化的主体。中国特色社会主义进入新时代，人民群众多样化、多层次、多方面的精神文化需求日益增长，文化供给的主要矛盾已由“够不够”转向“好不好”。这就要求我们进一步深化改革，加快建立有利于优质文化产品服务不断涌现的体制机制，更好丰富人民精神世界、增强人民精神力量[②]。当前，我国文化产品供给体系、公共文化服务体系仍有诸多不足，未来仍需加速推动文化领域供给侧结构性改革，以改革促发展，进一步完善文化供给体系。其中，随着数字技术的创新应用，人民群众对数字文化消费的需要也更加多样，对推进数字文化建设也提出了新的更高要求。未来，推进中国式现代化，必须深化文化体制改革，构建高质量文化产品供给体系、公共文化服务体系，不断满足人民精神需求、丰富人民精神世界、增强人民精神力量。

3. 中国式现代化要求坚决确保文化安全，必须有效化解危害文化安全的风险挑战

坚持以新安全格局保障新发展格局，实现两个新格局相互协调、相互促进，是实现中国式现代化的战略要求。其中，文化安全是国家安全的重要组成部分，中国式现代化要求坚决确保文化安全。文化安全的关键和核心是意识形态安全[③]。意识形态关乎旗帜、关乎道路、关乎国家政治安全。习近平总书记在党的二十大报告中指出，意识形态工作是为国家立心、为民族立魂的工作。党的十八大以来，我国意识形态领域形势发生全局性、根本性转变，但在维护意识形态安全方面仍面临较大挑战，除了西方敌对势力加大了对我国的网络渗透力度外，随着经济科技快速发展和社会格局深刻调整，国内拜金主义、享乐主义、极端个人主义和历史虚无主义等错误思潮时有出现，网络舆论乱象丛生，严重影响人们思想和社会舆论环境[④]。因此，在中国式现代化建设过程中，必须加快完善党领导文化发展的体制机制，推进工作理念、内容、形式、

---

① 李宜航．加快培育发展文化领域新质生产力［N］．南方日报，2024-05-23（A11）．

② 李书磊．《中共中央关于进一步全面深化改革、推进中国式现代化的决定》辅导读本［M］．北京：人民出版社，2024.

③ 法治助力铸就中华文化新辉煌［J］．中国人大，2023（20）．

④ 法治助力铸就中华文化新辉煌［J］．中国人大，2023（20）．

方法、手段全方位创新，打好数字时代宣传思想文化工作主动仗，坚决确保文化安全和意识形态安全，有效化解危害文化安全的风险挑战。

三、深入领会进一步全面深化文化体制机制改革的指导思想、基本原则和总目标

进入新发展阶段，统筹推进“五位一体”总体布局、协调推进“四个全面”战略布局，文化是重要内容，必须把文化建设放在全局工作的突出位置，更加自觉地用文化引领风尚、教育人民、服务社会、推动发展。当前，我国文化建设面临着一系列新形势新要求，与这些新形势新要求相比，推动社会主义文化繁荣发展仍存在不少体制机制障碍。必须通过改革进一步破解深层次体制机制障碍，激发文化创新创造活力，为推动文化繁荣、建设文化强国提供强大动力和制度保障①。

（一）指导思想

坚持以习近平新时代中国特色社会主义思想特别是习近平文化思想为指导，全面贯彻落实党的二十大和二十届二中、三中全会精神，坚持把马克思主义基本原理同中国具体实际相结合、同中华优秀传统文化相结合，围绕新时代中国特色社会主义事业总体布局和战略布局，围绕立足新发展阶段、贯彻新发展理念、构建新发展格局，聚焦举旗帜、聚民心、育新人、兴文化、展形象的使命任务，强化风险意识和底线思维，以社会主义核心价值观为引领，以推动文化高质量发展为主题，以深化文化领域供给侧结构性改革为主线，以文化改革创新为根本动力，以满足人民文化需求、增强人民精神力量为着力点，坚持稳中求进、守正创新，着力坚持和完善繁荣发展社会主义先进文化的制度，着力建设具有强大凝聚力和引领力的社会主义意识形态、具有强大生命力和创造力的社会主义精神文明、具有强大感召力和影响力的中华文化软实力，为建设社会主义文化强国、铸就社会主义文化新辉煌、实现中国式现代化而团结奋斗。

（二）基本原则

1. 坚持马克思主义在意识形态领域的指导地位

习近平总书记在党的二十大报告中指出，意识形态工作是为国家立心、为民族立魂的工作。新征程上，要毫不动摇地坚持马克思主义在意识形态领域的指导地位，牢牢掌握意识形态工作的领导权、管理权、话语权，坚持正确政治方向、舆论导向和价值取向，不断巩固壮大主流思想舆论②。只有坚持马克思主义在意识形态领域的指导地位，才能保证中国特色社会主义先进文化的性质与方向，保证人民群众成为文化体制改革的主体和文化建设的服务对象。

---

① 李书磊．《中共中央关于进一步全面深化改革、推进中国式现代化的决定》辅导读本［M］．北京：人民出版社，2024.

② 黄茂兴，叶琪．【理响中国】在守正创新中建设文化强国［EB/OL］．http：//www.qstheory.cn/2024-06/13/c_1130162296.html.

2. 坚持社会主义先进文化前进方向

坚持为人民服务、为社会主义服务，坚持百花齐放、百家争鸣，坚持继承和创新相统一，弘扬主旋律、提倡多样化，以科学的理论武装人，以正确的舆论引导人，以高尚的精神塑造人，以优秀的作品鼓舞人，在全社会形成积极向上的精神追求和健康文明的生活方式。

3. 坚持改革以人民为中心

人民是文化发展的推动者，也是文化发展最深厚的力量源泉。新征程上，要牢牢植根于人民，充分尊重人民在文化创造中的主体地位和首创精神，鼓励人民依法参与国家文化治理，构建人民广泛参与的文化创作、生产、传播、评价机制①。以满足人民多样化、多层次、多方面的精神文化需求为出发点和落脚点，完善公共文化设施网络，补齐公共文化服务短板，广泛开展群众性文化活动，让人民享有更加充实、更为丰富、更高质量的精神文化生活。

4. 坚持文化建设中把社会效益放在首位、社会效益和经济效益相统一

把握社会主义市场经济条件下文化建设的特点和规律，正确处理文化的意识形态属性和产业属性、社会效益和经济效益之间的关系，推动有效市场和有为政府更好结合，彰显和壮大主流价值、主流舆论、主流文化。

5. 坚持统筹兼顾、全面推进文化体制改革

牢固树立系统观念，统筹发展和安全，统筹理论与舆论、文化与文明、内宣与外宣、网上与网下，统筹国内与国际、事业与产业、国有与民营、阵地与市场，促进系统集成、协同高效，全面推进文化体制改革，实现文化发展质量、结构、规模、速度、效益、安全相统一。

（三）总目标

全面建成社会主义现代化强国，总的战略安排是分两步走：从 2020 年到 2035 年基本实现社会主义现代化；从 2035 年到 21 世纪中叶把我国建成富强民主文明和谐美丽的社会主义现代化强国。

基于上述战略安排，文化体制机制改革要聚焦建设社会主义文化强国，坚持马克思主义在意识形态领域指导地位的根本制度，健全文化事业、文化产业发展体制机制，推动文化繁荣，丰富人民精神文化生活，提升国家文化软实力和中华文化影响力②。**到 2029 年，**我国社会主义文化强国建设取得更大进展，人民精神文化生活日益丰富，社会主义核心价值体系建设成效明显，意识形态风险得到有效化解。

国家文化治理能力和治理体系现代化水平显著提升，文化事业、文化产业和旅游

---

① 黄茂兴，叶琪．【理响中国】在守正创新中建设文化强国［EB/OL］. http：//www.qstheory.cn/2024-06/13/c_1130162296.htm.

② 《中共中央关于进一步全面深化改革　推进中国式现代化的决定》（2024 年 7 月 18 日中国共产党第二十届中央委员会第三次全体会议通过）［EB/OL］. https：//www.gov.cn/zhengce/202407/content_6963770.htm.

业高质量发展的体制机制更加完善，治理效能显著提升。文化事业单位和国有文化企业改革全面推进，文化新质生产力加速形成。高标准文化市场体系更加成熟，高质量文化产品供给体系加快构建，文艺事业繁荣发展。

现代公共文化服务体系更加健全，基本公共文化服务标准化均等化水平显著提高，服务效能进一步提升。国家文化数字化战略成效明显，线上线下融合互动、立体覆盖的文化服务供给体系更加成熟，公共文化服务数字化水平加速提升。

多层级多要素的城乡历史文化保护传承体系初步构建，中华优秀传统文化传播体系快速发展，中华文化影响力进一步提升，国家文化软实力显著增强，中华民族凝聚力进一步增强。**到 2035 年，**我国全面建成文化强国①，社会主义核心价值体系建设成果卓著，具有强大凝聚力和引领力的社会主义意识形态全面形成，意识形态风险得到有效化解。

国家文化治理能力和治理体系基本实现现代化，文化管理体制和文化产品生产经营机制成熟稳定，文化事业单位和国有文化企业改革基本完成，文化新质生产力基本形成，文化产业活力全面迸发。高标准文化市场体系成熟稳定，高质量文化产品供给体系基本形成，文艺事业成果卓著。

现代公共文化服务体系基本健全，城乡公共文化服务体系一体化基本实现，人民基本文化权益得到有效保障。国家文化数字化战略成效卓著，物理分布、逻辑关联、快速链接、高效搜索、全面共享、重点集成的国家文化大数据体系全面建成②，中华文化数字化成果全民共享，公共文化服务数字化水平全面提升。

系统完整的城乡历史文化保护传承体系全面建成③，中华优秀传统文化传播体系全面创新发展，中华文化走向世界的文化开放格局基本完善，国家文化软实力显著增强④。

到 2050 年，我国成为领先全球的文化强国，社会主义意识形态牢不可破。具有强大感召力和影响力的中华文化软实力全面提升，以实现人的现代化为核心的文化发展格局全面形成。

国家文化治理能力和治理体系成熟稳定，文化事业、文化产业发展体制机制健全完备，文艺创作引领全球，文化市场空前繁荣，文化生产力活力充分释放，文化产业竞争力持续增强。文化服务和文化产品供给机制成熟稳定，高质量文化产品供给体系更加成熟。

现代公共文化服务体系健全完备，居民公共文化服务水平全面提升。国家文化数

---

① 习近平．高举中国特色社会主义伟大旗帜　为全面建设社会主义现代化国家而团结奋斗——在中国共产党第二十次全国代表大会上的报告［EB/OL］. https：//www. 12371. cn/2022/10/25/ARTI1666705047474465. shtml.

② 中共中央办公厅　国务院办公厅印发《关于推进实施国家文化数字化战略的意见》［EB/OL］. https：//www. gov. cn/zhengce/2022-05/22/content_5691759. htm.

③ 中共中央办公厅　国务院办公厅印发《关于在城乡建设中加强历史文化保护传承的意见》［EB/OL］. https：//www. gov. cn/zhengce/2021-09/03/content_5635308. htm.

④ 习近平．高举中国特色社会主义伟大旗帜　为全面建设社会主义现代化国家而团结奋斗——在中国共产党第二十次全国代表大会上的报告［EB/OL］. https：//www. 12371. cn/2022/10/25/ARTI1666705047474465. shtml.

字化转型基本完成，文化数字化成果丰硕，公共文化服务数字化水平领先全球。

城乡历史文化保护传承体系持续优化，中华优秀传统文化传播体系健全完备，国际传播体系成熟完备，中华文化影响力持续提升，国家文化软实力领先全球。

四、进一步全面深化中长期文化体制机制改革的重点任务

深化文化体制机制改革是解放和发展文化新质生产力、推进文化领域治理体系和治理能力现代化的重要途径。围绕2035年基本实现社会主义现代化、2050年全面建成社会主义现代化强国等目标要求，全面贯彻党的二十届三中全会精神，针对目前文化体制改革面临的新形势，未来要聚焦文化领域高质量发展的体制机制障碍、难点堵点问题，全面推进改革、持续深化改革。具体来看，包括下列八大方向：持续完善文化管理体制，全面提升文化治理效能；深化文化事业单位和国有文化企业改革，充分激发国有文化单位活力；完善现代文化产业体系，加快形成文化新质生产力；健全文化市场体系，构建统一开放、高效规范、竞争有序的文化市场；健全现代公共文化服务体系，全面提升公共文化服务水平；强化优秀传统文化保护体系，凝聚中华儿女团结奋进的精神力量；完善文化对外交流和合作体制，全面提升中华文化影响力；健全文化政策法规体系，为文化改革发展提供坚强保障。在此过程中，要特别注意探索文化和科技融合的有效机制，以大数据、5G、虚拟现实、元宇宙、生成式人工智能等前沿技术赋能文化创新创造和国际传播，加快探索文化建设的新思路、新机制、新形式，加快发展新型文化业态。同时，要注意完善生成式人工智能发展和管理机制。此外，进一步深化文化市场改革，建立适应文化新业态发展特点的监管机制，加快探索构建并及时总结适应文化新质生产力发展的新型生产关系，加快培育文化新质生产力。

（一）持续完善文化管理体制，全面提升文化治理效能

深化文化领域行政体制改革，坚持和加强党对宣传思想文化工作的全面领导，完善意识形态工作责任制，创新宣传思想文化工作机制，推动理想信念教育常态化制度化，全面提升文化治理效能。

1. 深化文化领域行政体制改革

持续推进“放管服”改革，为各类文化企业提供全生命周期服务，激发各类文化市场主体活力。持续提升“互联网+政务”服务效能，为广大人民群众提供菜单式、套餐式、一站式的公共文化服务，加快提升互联网应用普适化、无障碍水平。深化文化领域行政审批备案制度改革，聚焦推动文化传媒、网络游戏、动漫、创意设计等领域发展，开展优化审批流程改革试点，扩大网络游戏审核试点，创新事中事后监管方式。加快探索设立市场化运作的文物鉴定机构，鼓励社会力量参与博物馆展览、教育和文创开发。

2. 完善意识形态工作责任制

毫不动摇地坚持马克思主义在意识形态领域的指导地位，牢牢掌握意识形态工作

的领导权、管理权、话语权，坚持正确政治方向、舆论导向和价值取向。用党的创新理论武装全党、教育人民、指导实践，加快完善党委（党组）理论学习中心组学习制度，推动思想政治工作体系日益完善，加快提升思想政治工作水平。创新马克思主义理论研究和建设工程，加快构建中国特色哲学社会科学。顺应新一代信息技术发展趋势，加快推进媒体深度融合发展，实施全媒体传播建设工程，推进主流媒体改革创新。完善新闻发言人制度，发挥及时解疑释惑、正确引导舆情的重大作用。加快提升舆情研判能力，进一步完善舆论引导机制，强化舆情应对能力。

3. 推动理想信念教育常态化制度化

完善培育和践行社会主义核心价值观制度机制，针对学生、干部、全民深入开展社会主义核心价值观宣传教育，把培育和践行社会主义核心价值观融入法治建设、融入社会发展、融入日常生活。改革创新文明创建工作机制，扎实推进群众性精神文明创建，深化拓展新时代文明实践中心建设，弘扬新风正气。深入实施公民道德建设工程，深入贯彻落实《新时代公民道德建设实施纲要》《新时代爱国主义教育实施纲要》，构建中华传统美德传承体系，加强社会公德、职业道德、家庭美德、个人品德建设，健全诚信建设长效机制。强化网上思想道德教育，加快探索形成分众化、精准化实施机制。加强多部门协作，建立健全道德领域突出问题协同治理机制，针对群众反映强烈的道德问题加大整治力度，加快完善“扫黄打非”长效机制。

4. 健全网络综合治理体系

深化网络管理体制改革，进一步整合网络内容建设和管理职能，强化对网络平台的分级分类管理，推进新闻宣传和网络舆论一体化管理。加强网络空间法治建设，深入推进网络执法体制机制改革，健全网络生态治理长效机制，推动形成良好网络生态。统筹发展和安全，尽快完善生成式人工智能发展和管理机制，鼓励充分利用生成式人工智能技术赋能文化创新创造和国际传播，同时规范科研机构、企业等以负责任的方式设计、开发和使用生成式人工智能技术，推动这一重要领域的产业发展、技术进步与安全保障。完善互联网管理法律法规，强化新闻信息采编转载管理，规范网站转载行为和网络转载版权秩序。以社会共治推进未成年人的网络保护，充分发挥政府、学校、家庭、企业和社会组织在各自领域中的作用，健全未成年人网络保护工作体系。

（二）深化文化事业单位和国有文化企业改革，充分激发国有文化单位活力

全面深化文化事业单位和国有文化企业改革，坚持把社会效益放在首位、社会效益和经济效益相统一，大力推进改革创新，充分激发国有文化单位活力，解放和发展文化生产力。

1. 分类推进文化事业单位深化内部改革

深化文化事业单位改革，进一步深化文化事业单位人事、收入分配等制度改革。稳步推进公共文化机构法人治理结构改革和内部运行机制创新，探索开展国有博物馆资产所有权、藏品归属权、开放运营权分离改革试点。推进主流媒体系统性变革，建

立适应全媒体生产传播的一体化组织架构，构建适应全媒体生产传播工作机制和评价体系。完善文艺院团建设发展机制，以演出为中心环节深化国有文艺院团改革，加强分类指导，加大支持力度，激发院团生机活力。

2. 深化文化领域国资国企改革

深化国有文化企业改革，建立国有文化企业履行文化强国战略使命评价制度，完善国有文化企业社会效益评价考核办法，健全把社会效益放在首位、社会效益和经济效益相统一的评价考核体系。制定完善国有文化企业深化改革政策体系，推动国有文化资本和国有文化企业做强做优做大，增强核心功能，提升核心竞争力，加快培育一批主业突出、核心竞争力强、市场占有率高的综合性文化企业集团。稳妥推进混合所有制改革，推行职业经理人制度，开展多种方式的中长期激励，激发基层改革创新动力。

（三）完善现代文化产业体系，加快形成文化新质生产力

深化文化供给侧结构性改革，完善文化产业体系，强化创新驱动，探索文化和科技融合的有效机制，实施数字化战略，加快培育新兴文化业态，促进文化产业持续健康发展，加快形成文化新质生产力。

1. 健全文化产业体系

加强顶层设计和部门协同，健全文化和旅游深度融合发展体制机制，探索文旅场馆等资源创新利用新模式。以企业为主体、市场为导向，推动建立文化与体育、教育、信息、建筑、制造、新型农业及战略性新兴产业等融合发展机制，培育新型文化业态，延伸文化全产业链条，推动产业高质量发展。推进国有文化企业加速转型升级，打造知名文化企业集团，打造具有鲜明特色和深刻内涵的文化品牌。鼓励、支持、引导非公资本依法进入文化产业，鼓励中小微文化企业走专精特新发展路子。

2. 强化文化产业数字化布局

加快推动数字赋能文化场景建设行动，围绕产业链部署创新链、围绕创新链布局产业链，促进产业链和创新链精准对接，推进文化产业“上云用数赋智”。加快推动国家文化大数据体系建设，以物理分布、逻辑关联、快速链接、高效搜索、全面共享、重点集成为目标聚集文化数字资源，推动文化企事业单位基于文化大数据不断推出新产品新服务，提升文化产品和服务的质量水平。加快培育一批新型数字文化企业，引领文化产业数字化建设方向。

3. 探索文化和科技融合的有效机制

牢牢把握新一轮科技革命和产业变革深入发展的机遇，面向文化强国建设的迫切需求，把握文化和科技融合发展的大趋势，进一步加快完善推动文化和科技融合的政策支持体系，制定明确的政策和战略规划，指导文化和科技融合发展的方向和重点领域。加快完善以企业为主体、市场为导向、产学研相结合的文化科技创新体系，鼓励各地区基于其经济发展水平、科技和文化资源禀赋和文化产业发展基础，加快构建各具区域特色的文化和科技融合区域创新发展格局，加快发展新型文化业态，进一步完

善文化和科技融合价值链，培育发展新模式，提升整体竞争力。加快适应信息技术迅猛发展的新形势，深化人才发展机制改革，加快培育形成规模宏大的优秀文化人才队伍，激发全民族文化创新创造活力。

（四）健全文化市场体系，构建统一开放、高效规范、竞争有序的文化市场

建设高标准文化市场体系，加快构建统一开放、高效规范、竞争有序的文化市场。优化文化服务和文化产品供给机制，建立完善高质量文化产品供给体系，为人民群众提供更好的文化产品。

1. 建设高标准文化市场体系

加快构建统一开放、高效规范、竞争有序的文化市场。落实统一的文化市场准入负面清单制度，清理破除文化市场准入隐性壁垒。促进劳动力、资本、技术、数据等合理流动，有序发展文旅产权、版权、人才等要素市场。整合财政资金和社会资本，推动各地设立文化产业发展投资基金，积极保护和利用文化遗产，推动文化产业高质量发展。加强文化市场信用体系建设，构建以信用为基础的文旅市场新型监管机制，强化文化市场管理和综合执法。进一步深化文化市场“放管服”改革，建立适应文化新业态发展特点的监管机制，加快探索构建并及时总结适应文化新质生产力发展的新型生产关系，加快培育文化新质生产力。

2. 建立完善高质量文化产品供给体系

坚持以人民为中心的创作导向，健全文化创作生产传播工作机制，坚持出成果和出人才相结合、抓作品和抓环境相贯通，改进文艺创作生产服务、规划引导和组织工作机制，引导广大作家、艺术家充分发挥个性与创造力，创造出更多优秀文艺作品，不断增强国家的文化认同感和自信心，为文化强国建设提供强大的精神动力和文化支撑。发挥文化领域国家基金和专项资金的激励引导作用，健全文化产品评价体系。深化文娱领域综合治理，加强明星代言、违法失德艺人规范管理，促进文娱领域健康有序发展。加快完善著作权登记、集体管理制度，不断强化版权全链条保护工作机制，强化数字版权、传统文化、传统知识的版权保护，加大对侵权盗版行为的执法监管和打击力度。

（五）健全现代公共文化服务体系，全面提升公共文化服务水平

完善公共文化服务体系，优化公共文化服务供给机制，统筹推进城乡公共文化服务体系一体建设。实施国家文化数字化战略，提升公共文化服务数字化水平。

1. 统筹推进城乡公共文化服务体系一体建设

统筹城乡公共文化基础设施建设和服务效能提升，推进城乡公共文化服务体系一体建设。建立优质文化资源直达基层机制，努力为人民群众提供更高质量、更有效率、更加公平、更可持续的公共文化服务。加快推进基本公共文化服务标准化均等化，进一步健全城乡公共文化服务标准体系，优化区域和城乡公共文化设施布局。健全社会力量参与公共文化服务机制，积极引入社会力量进入公共文化服务建设领域。推进公共文化设施所有权和使用权分置改革，加快提升公共文化设施使用效益。优化公共文化资源配置，

加强各级各类公共文化设施建设，打造新型城乡公共文化空间。持续创新开展文化志愿服务，加快提升公共文化服务效能。加快完善全民健身公共服务体系，更好满足群众多层次健身需求。改革完善竞技体育管理体制和运行机制，提升竞技体育的发展水平。

2. 加速提升公共文化服务数字化水平

加快建设国家文化大数据体系，整合国家公共文化服务大数据资源，统筹推进公共文化机构数字资源建设，打造面向大众、面向未来的数字影院、智慧图书馆、智慧美术馆、智慧文化馆等基础设施。搭建文化大数据库，创新公共文化服务数字应用场景。坚持落实公共文化资源开放共享原则，依托公共文化资源共建共享数据库，搭建文化大数据平台、公共文化服务云平台、公共文化数字化融合服务平台等公共数字服务管理平台。持续完善数字服务和治理规则，健全全域共享、互联互通的公共文化数字化服务体系，使人民共享更多公共文化数字化服务成果。

（六）强化优秀传统文化保护体系，凝聚中华儿女团结奋进的精神力量

深入开展中华优秀传统文化和革命文化的研究阐释工作，完善文物保护和非物质文化遗产保护传承体，创新优秀传统文化生产传播方式，凝聚中华儿女团结奋进的精神力量。

1. 深入开展中华优秀传统文化和革命文化的研究阐释工作

深入研究中华文明、中华文化的起源和特质，加快构建完整的中国文化基因理念体系。深入研究阐释马克思主义魂脉和中华优秀传统文化根脉的关系，深入研究阐释建设中华民族现代文明的新的文化使命，加快构建具有中华文化底蕴、中国鲜明特色的思想体系、学术体系和话语体系。深入实施中华优秀传统文化传承发展工程，加强中华文明探源和考古研究成果、中华文化典籍等全媒体传播，提升中华文化影响力。深入开展革命历史总体研究和专题研究，加大革命史料和文物调查征集研究力度，充分运用革命文物资源铸牢中华民族共同体意识。扶持民族民间文化整理研究，持续弘扬中国民族民间优秀传统文化。挖掘、传承和弘扬中医药文化，加强中医药文化交流推广。

2. 完善文化遗产保护传承体系

建立文化遗产保护传承工作协调机构，推动形成文化遗产保护传承工作高质量发展合力，共同促进各类文化遗产资源的活化利用。建立文化遗产保护督察制度，强化对各类文化遗产的系统性保护和统一监管，保护好、传承好、利用好珍贵的文化遗产资源。健全文物安全长效机制，严厉打击文物犯罪。推进世界文化遗产申报、保护管理和展示宣传，推进文物合理利用，加快建设国家考古遗址公园、文物保护利用示范区、文化遗产廊道，推介以文物资源为载体的国家文化地标，构建中华文明标识体系。加强非物质文化遗产保护传承，不断健全非遗调查记录体系、代表性项目制度、代表性传承人认定与管理制度。建设国家级文化生态保护区、非遗特色村镇和街区整体性系统性保护体系，强化文物和非遗真实完整保护传承。

3. 创新优秀传统文化生产传播方式

将中华优秀传统文化全方位、多角度融入国民教育，加快完善中华优秀传统文化

课程和教材体系，使中华优秀传统文化深入人心。运用现代科技手段加强古籍典藏的保护修复和综合利用，推动传统文化资源数字化转化。积极创新中华优秀传统文化传播方式，运用新兴数字技术赋能中华优秀传统文化传播工作，有力推动中华优秀传统文化创造性转化和创新性发展。打造具有时代特征、民族特色、世界影响的文化精品，推动中华文化更好走向世界。引入虚拟现实等前沿技术，创新文化遗产展示方式，加快完善数字化文化产品创作模式，创新开发国潮数字文创产品，加快提升数字文化产品的供给质量水平。

（七）完善文化对外交流和合作体制，全面提升中华文化影响力

统筹推进对外宣传、对外文化交流和文化贸易投资，增强国际传播影响力、中华文化感召力、中国形象亲和力、中国话语说服力、国际舆论引导力，全面提升中华文化影响力。

1. 构建更有效力的国际传播体系

推进国际传播格局重构，创新国际传播方式和渠道，充分运用各类传播方式，通过新形式、新手段、新途径讲好中国故事、传播好中国声音，增强中国理论的阐释力和说服力。加快推动大数据、5G、虚拟现实、元宇宙、生成式人工智能等技术在文化传播领域的转化和集成运用，推动国际传播全媒体体系创新发展，加快探索文明交流对话的新路径和新形式。深化主流媒体国际传播机制改革创新，大幅提升主流媒体国际传播能力，进一步打造全媒体矩阵，加快构建多渠道、立体式对外传播格局。用中国理论、中国话语解释中国实践，加快构建中国话语和中国叙事体系，全面提升国际传播效能，全面阐述中国的发展观、文明观、安全观、人权观、生态观、国际秩序观和全球治理观。通过文化传播充分展示我国的国家制度优势、道路优势、文化优势以及重点领域治理成就和贡献，促进国际社会对中国发展道路的客观理解和充分认同，为我国改革发展稳定营造有利的外部舆论环境。

2. 探索文化高水平开放新路径新机制

推动文化领域有序扩大开放，探索有序放宽文化领域限制性措施，鼓励自由贸易试验区、自由贸易港、服务贸易创新发展试点和服务业扩大开放综合示范区等对外开放高地围绕文化领域开放开展压力测试，有力应对新形势新挑战下的各类风险。健全文化贸易合作机制，积极参与国际文化贸易规则、标准制定，拓展文化贸易发展空间，健全与各国及政府间国际组织间的文化产业和贸易政策沟通对话机制，为文化企业开展国际合作搭建平台、创造条件。探索文化贸易平台融合发展模式，打造各种形式的文化贸易平台，加强国内国外文化贸易平台合作。鼓励文化领军企业积极开展境外文化领域投资合作，推动中国文化技术标准、装备制造走出去，优化资源、品牌和营销渠道。大力发展数字文化贸易，加快提升中国网络文学、网络视听、网络音乐等领域出口竞争优势。推动走出去、请进来管理便利化，扩大国际人文交流合作。

3. 建设全球文明倡议践行机制

加强系统性设计，推动文明交流双边多边合作机制建设，深入实施中华文明全球传播工程，广泛参与世界文明对话，构建多主体、多机制、多领域、多内容、多形式的全球文明对话合作网络，为推动构建人类命运共同体作出积极贡献。共同推动落实联合国《不同文明对话全球议程》、联合国教科文组织《世界文化多样性宣言》及其行动计划要点，促进不同文明之间真诚对话，加强各国价值理念和方法经验的分享，实现不同文明互学互鉴、共同发展、合作共赢①。

（八）健全文化政策法规体系，为文化改革发展提供坚强保障

加快推进文化立法进程，不断健全文化法律法规体系，加快完善文化经济政策体系，为文化改革创新发展“保驾护航”。

1. 健全文化法律法规体系

以社会主义核心价值观为引领，以推进文化治理体系和治理能力现代化为目标，加快构建覆盖面广、结构合理、科学规范、务实有效的文化法律法规体系。宣传领域党内法规制度建设方面，研究制定《中国共产党思想道德准则》，制定《中国共产党宣传工作条例》配套法规制度等。文化领域法律法规方面，加快制定文化产业促进法，修订完善文物保护法，推动广播电视立法，制定文化市场综合执法管理条例，修订互联网信息服务管理办法，完善著作权法配套行政法规。研究修订旅游法、出版管理条例、长城保护条例。研究长征文物保护、大运河遗产保护、古籍保护、国家文化公园建设保护、信息网络传播视听节目管理等方面法律制度。

2. 完善文化经济政策

聚焦文化政策、文化工程、体制机制等领域做好顶层设计，加快完善以高质量发展为导向的文化经济政策体系，为文化产业繁荣发展提供政策支持和制度保障。加速完善党委统一领导、党政齐抓共管的文化产业发展工作机制，形成多部门分工协作的工作模式，群策群力制定文化产业发展总体战略规划、具体实施办法等政策文件，共同推动文化产业政策落地实施②。其中，要聚焦构建与文化数字化建设相适应的市场准入、市场秩序、技术创新、知识产权、安全保障等政策法规体系，制定完善扶持文化数字化建设的产业政策整体，落实和完善财政支持政策体系，持续推动数字文化产业高质量发展。

---

① 于运全．为中外文明交流互鉴注入新动能［N］．人民日报，2024-06-03（7）．

② 吴田，胡乐明．担负新的文化使命　着力推动文化产业繁荣发展［N］．光明日报，2023-10-23（6）．

第九篇

健全保障和改善民生制度体系专题

深化收入分配制度改革，推进全体人民共同富裕

习近平总书记在党的二十大报告中指出，实现全体人民共同富裕是中国式现代化的本质要求。党的二十届三中全会指出，要完善收入分配制度。① 在扎实推进共同富裕的过程中，完善收入分配制度、优化收入分配格局，是实现共同富裕目标的重要路径。改革开放以来，我国成功打破收入分配领域长期存在的“平均主义”，建立起与基本国情、发展阶段相适应的收入分配制度。特别是党的十八大以来，居民收入水平实现较快增长，脱贫攻坚取得全面胜利，健全再分配和第三次分配制度取得阶段性成效，为实现共同富裕奠定了基础。需要注意的是，当前和今后一个时期是以中国式现代化全面推进强国建设、民族复兴伟业的关键时期，收入分配制度改革面临一系列新挑战。一是在经济增长动力不足条件下，收入“蛋糕”难做大，分配更困难；二是扩大中等收入群体难度加大，收入分配的“扩中提低”功能有待加强；三是群体性返贫风险仍存在，或收入差距进一步扩大；四是在新一轮科技浪潮下，失业和财富不平等问题或进一步凸显；五是中国式现代化要求收入分配制度更好地支撑新动能培育和经济增长。未来，在全面建设社会主义现代化国家、向第二个百年奋斗目标进军的新征程上，要全面贯彻落实党的二十届三中全会精神，全面深化分配制度改革，构建完善初次分配、再分配、第三次分配协调配套的制度体系，推进“提低扩中控高”，加快建立财富积累机制。更重要的是，要加强收入分配改革对新质生产力和经济增长的支撑作用，让现代化建设成果更多、更公平地惠及全体人民。

一、收入分配制度改革 46 年的主要历程、基本经验与伟大成就

收入分配是民生之源，是改善民生、实现发展成果由人民共享最重要且最直接的方式。新中国成立以来，我们党始终重视收入分配问题，始终从实现人民共同富裕的高度思考和处理收入分配问题，最终形成按劳分配为主体、多种分配方式并存的分配制度和相应的收入分配政策。国民经济持续健康发展、人民生活水平显著提高，全体人民不断向共同富裕目标迈进。

（一）收入分配制度改革的主要历程

新中国成立之初，国民经济整体凋敝萧条，在收入分配领域，多种收入分配方式

---

① 新华社．中共中央关于进一步全面深化改革　推进中国式现代化的决定［EB/OL］．http：//www.news.cn/politics/20240721/cec09ea2bde840dfb99331c48ab5523a/c.html.

并存，两极分化鸿沟巨大，基尼系数高达0.558。[①] 直到1956年，我国才基本建立起包括“按劳分配”在内的社会主义经济制度。[②] 随后，囿于国家发展战略的要求以及对社会主义建设规律认识不足的局限，计划经济体制下城乡居民的收入来源由政府直接调控，我国在收入分配领域逐渐出现严重的平均主义倾向，最终演变为“大锅饭”模式。这种“平均主义”“大锅饭”模式一直延续至改革开放前夕，严重弱化和扭曲了激励机制，极大地挫伤了人民生产积极性，致使经济运行效率下挫，人民生活水平改善受限。改革开放之后，为建立起与社会主义市场经济体制相适应的收入分配制度，我国收入分配制度改革先后经历了三个阶段：1978—1992年，成功打破了收入分配领域长期存在的“平均主义”，释放了社会经济增长潜力，城乡居民收入均有所提升；1992—2012年，伴随着市场化改革的推进，我国确立了“按劳分配为主体、多种分配方式并存”的社会主义基本分配制度，并提出“兼顾效率与公平”的分配原则；2012年至今，中国特色社会主义进入新时代，公平被放在更重要的位置。随着一系列改革举措实施落地，我国收入分配制度不断完善，为实现共同富裕提供坚实支撑。

1. 第一阶段（1978—1992年）：以提升效率为目标，打破“平均主义”

面对收入分配领域严重的平均主义倾向，早在1975年，邓小平就提出坚持按劳分配原则，反对平均主义。[③] 但直到1978年党的十一届三中全会上，才明确要求“必须认真执行按劳分配的社会主义原则，**按照劳动的数量和质量计算报酬，克服平均主义，**在生产迅速发展基础上显著改善城乡人民生活”。随后，党中央在农村推行家庭联产承包责任制，让广大农民的收入与劳动贡献直接挂钩。农村地区政策的调整和农村经济的快速发展发挥了良好的示范效应，1984年党的十二届三中全会通过的《中共中央关于经济体制改革的决定》要求，在城市地区推行以承包为主的经济责任制，赋予企业决定职工工资和奖金的自主权。1987年，党的十三大强调：“当前分配中的主要倾向，仍然是吃大锅饭，搞平均主义。”为了进一步优化激励机制和提升经济效率，**此次会议首次提出实行“以按劳分配为主体，其他分配方式为补充”的分配制度，**对债券利息、股份分红、经营风险补偿金等非劳动收入的合法性予以肯定。经历多年实践探索，我国消除了收入分配领域长期存在的平均主义弊端，形成了当前收入分配制度“主体—并存”模式的雏形，消解了长期存在的效率抑制效应。据统计，1978—1991年，国民生产总值由3678.7亿元攀升至22050.3亿元，城镇与农村居民人均纯收入均增加4倍左右，恩格尔系数分别下降6.4%与14.9%[④]，从农村到城市居民收入均有所提升，人民生活状况得到改善。

---

① 胡鞍钢，王洪川．中国人类发展奇迹（1950—2030）［J］．北京：清华大学学报（哲学社会科学版），2017（2）：148-157.

② 新华社．中共中央关于党的百年奋斗重大成就和历史经验的决议［EB/OL］．https：//www.gov.cn/zhengce/202203/content_3635521.html.

③ 1975年5月5日，《人民日报》发表经邓小平审阅过的《贯彻执行按劳分配的社会主义原则》，明确提出反对分配上的平均主义。

④ GDP数据来源于《中国统计年鉴》（2019），中国统计出版社2019年版，第56页；恩格尔系数数据来源于《新中国六十年统计资料汇编》，中国统计出版社2010年版，第25页。

2. 第二阶段（1992—2012年）：确立了“按劳分配为主体、多种分配方式并存”的社会主义基本分配制度，兼顾效率与公平

这一阶段，我国经济体制改革处于关键时期，1992年的邓小平南方谈话坚定了市场化改革方向，明确了经济体制改革的目标模式，要求收入分配制度进一步与市场经济体制相适应。同年，党的十四大报告明确“在分配制度上，以按劳分配为主体，其他分配方式为补充，兼顾效率与公平”。1993年，党的十四届三中全会**首次确立了“按劳分配为主体、多种分配方式并存”的社会主义基本分配制度**，突破了以往“主体—补充”框架，转向“主体—并存”模式，参与分配的要素逐渐多元化，**资本、技术、管理**等除劳动以外的生产要素按贡献参与分配的制度不断健全。在我国市场经济发展突飞猛进的同时，我国收入分配不均衡的问题逐渐显露。世界银行报告显示，截至21世纪初，我国收入不平等程度在全球120个国家与地区中居第36位。[①] 面对居民收入差距，继党的十四大报告提出“兼顾效率与公平”之后，党的十六大提出初次分配注重效率、再分配注重公平，党的十七大进一步将公平问题延伸至初次分配领域，提出**“初次分配和再分配都要处理好效率和公平的关系，再分配更加注重公平”**，实现了效率与公平的有机结合。另外，为了有效遏制收入分配差距持续扩大的趋势，社会保障制度等再分配政策相继出台并完善。

这一阶段我国收入分配制度改革取得显著成果。**一方面，我国确立了收入分配制度“主体—并存”模式**，在坚持按劳分配为主体的基础上，逐步确立并强化了非劳动要素按贡献参与收益分配的合法地位，促进居民收入来源多样化，各种生产要素的活力迸发。**另一方面，逐步实现由更加关注效率到更加关注公平的转变**，初次分配和再分配的公平性都得到强调，收入分配格局持续优化。从经济与社会发展成果看，收入分配制度改革促使市场经济体制的激励效应充分显现。1992—2011年，我国经济进入高速增长通道，增长率有一半时期处于10%以上的高位；城乡居民人均可支配收入年均实际增长也分别达到8.2%和6.2%。但也要看到，这一时期的改革发展红利并未充分惠及全体人民，收入分配不均衡状况不断积累并逐渐凸显，我国基尼系数于1994年冲破国际警戒线之后一直居高不下。另外，劳资分配也呈现逐渐失衡的态势，劳动报酬占比总体呈缓慢下滑之势，如何遏制收入分配不均衡问题成为难点。

3. 第三阶段（2012年至今）：发展不平衡问题凸显，更加突出强调公平

以2012年党的十八大为标志，我国进入发展成果由人民共享的中国特色社会主义新时代。从实际情况看，尽管我国通过一系列政策初步遏制了收入分配差距扩大的趋势，但收入分配差距依然较大。2013年，**党的十八届三中全会**指出，形成合理有序的收入分配格局。规范收入分配秩序，努力缩小城乡、区域、行业收入分配差距，逐步形成橄榄型分配格局。2017年，**党的十九大**指出“我国社会主要矛盾已经转化为人民日益增长的美好生活需要和不平衡不充分的发展之间的矛盾”，其中“不平衡”就包

---

① World Bank. World Development Report 2005：A Better Investment Climate for Everyone［M］. New York：World Bank and Osford University Press，2004：258，259.

含了收入差距过大的问题。2022 年，**党的二十大**报告明确“构建初次分配、再分配、第三次分配协调配套的制度体系”，通过合理的制度安排，把“蛋糕”切好分好，扎实推动共同富裕。2024 年 7 月，党的二十届三中全会《**决定**》明确，完善收入分配制度。构建初次分配、再分配、第三次分配协调配套的制度体系，提高居民收入在国民收入分配中的比重，提高劳动报酬在初次分配中的比重。完善劳动者工资决定、合理增长、支付保障机制，健全按要素分配政策制度。完善税收、社会保障、转移支付等再分配调节机制。支持发展公益慈善事业。该《决定》旨在通过构建公平正义的分配制度，推进社会发展。

在制度方面，收入分配制度的社会主义基本经济制度地位进一步确立。2019 年，党的十九届四中全会明确将按劳分配为主体、多种分配方式并存的收入分配制度上升为社会主义基本经济制度①，并且首次将“数据”增列为参与分配的生产要素，进一步激发经济行为主体参与生产经营活动的主动性与积极性。2024 年 1 月 31 日，习近平总书记在二十届中央政治局第十一次集体学习时强调，要健全要素参与收入分配机制，激发劳动、知识、技术、管理、资本和数据等生产要素活力，更好体现知识、技术、人才的市场价值，营造鼓励创新、宽容失败的良好氛围。

在政策方面，一是聚焦于千方百计提升居民收入。2012 年，党的十八大报告提出了**“两个同步”“两个提高”**的目标，即“努力实现居民收入增长和经济发展同步、劳动报酬增长和劳动生产率提高同步，提高居民收入在国民收入分配中的比重，提高劳动报酬在初次分配中的比重”。**二是促进收入分配公平。**党的十八大报告提出“规范收入分配秩序，保护合法收入，增加低收入者收入，调节过高收入，取缔非法收入”“加快健全以税收、社会保障、转移支付为主要手段的再分配调节机制”。2013 年，国务院批转的《关于深化收入分配制度改革的若干意见》（国发〔2013〕6 号）从多个方面规划了收入分配政策具体实现路径。2019 年，党的十九届四中全会首次将第三次分配规定为“坚持按劳分配为主体、多种分配方式并存”的重要方式，收入分配制度进一步完备。

随着一系列促进发展成果全民共享的收入分配政策的实施，社会公平进一步加强，人民福祉进一步增进，全国居民人均收入增速基本实现与经济增长同步。2020 年全面建成小康社会，2021 年脱贫攻坚战取得了全面胜利，近一亿农村贫困人口实现脱贫，共同富裕这一中国特色社会主义根本原则充分彰显。

（二）收入分配制度改革的总体框架、基本方向和难点卡点

改革开放 46 年来，我国坚持以经济建设为中心，在发展中调整收入分配结构，建立起与基本国情、发展阶段相适应的收入分配制度。在改革过程中，我国坚持缩小区域和城乡差距，突出“扩中”“提低”，努力提高劳动报酬占比，确保收入分配公平公

---

① 党的十九届四中全会审议通过的《中共中央关于坚持和完善中国特色社会主义制度　推进国家治理体系和治理能力现代化若干重大问题的决定》将公有制为主体、多种所有制经济共同发展，按劳分配为主体、多种分配方式并存，社会主义市场经济体制三项制度并列作为社会主义基本经济制度。

正，并取得了一定成效。但也要看到，当前收入分配制度改革还存在一定堵点卡点，成为中长期改革的重点：一是劳动在收入分配中占比仍偏低，税收调节财富差距的作用未能充分发挥；二是脱贫地区增收渠道较为单一，市场化帮扶机制还不健全；三是第三次分配领域调节力量微薄，总体仍处于起步阶段，成为今后推进中长期改革的重点难点。

1. 总体框架

总体来看，我国不断完善劳动、资本、土地、知识、技术、管理和数据等要素按贡献参与分配的初次分配机制，加快健全以税收、社会保障、转移支付为主要手段的再分配调节机制，以增加城乡居民收入、缩小收入分配差距、规范收入分配秩序为重点，努力实现居民收入增长和经济发展同步，劳动报酬增长和劳动生产率提高同步，逐步形成合理有序的收入分配格局，促进经济持续健康发展和社会和谐稳定。①

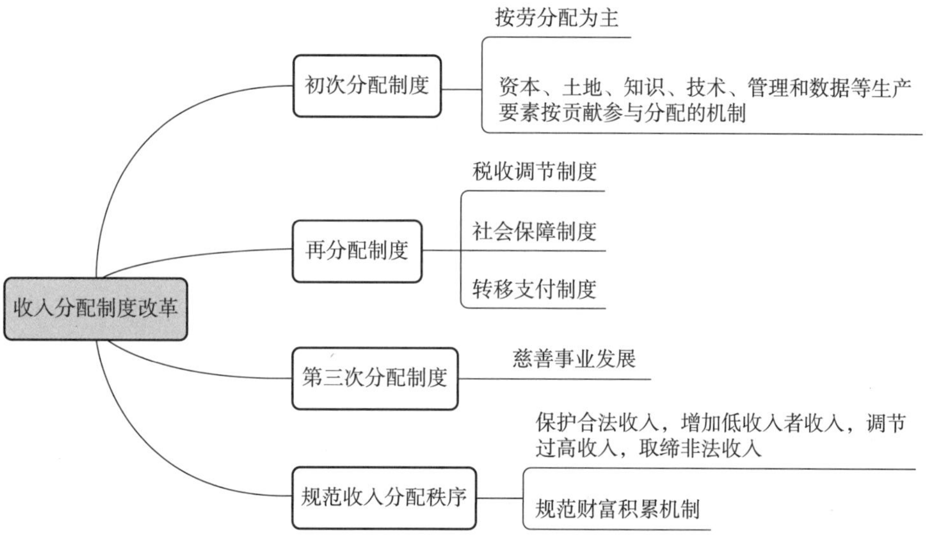

图 9-1 收入分配制度改革的总体框架

（1）持续完善“劳动、资本、土地、知识、技术、管理和数据”等要素按贡献参与分配的初次分配机制，拓宽居民收入渠道

在收入分配制度改革过程中，为进一步优化激励机制和提升经济效率，拓宽居民收入来源渠道。1987 年，党的十三大首次提出实行“以按劳分配为主体，其他配方式为补充”的分配制度。1993 年，十四届三中全会首次确立了**“按劳分配为主体、多种分配方式并存”**的社会主义基本分配制度，并在《中共中央关于建立社会主义市场经济体制若干问题的决定》中提出**“允许属于个人的资本等生产要素参与收益分配”**，明确了个人资本作为生产要素参与分配的权利。2002 年，党的十六大明确提出**“确立劳动、资本、技术和管理等生产要素按贡献参与分配的原则，完善按劳分配、多种分配方式并存的分配制度”**，既肯定了劳动在财富创造过程中所发挥的决定性作用，又肯

① 中国政府网．国务院批转发展改革委等部门关于深化收入分配制度改革若干意见的通知（国发〔2013〕6 号）［EB/OL］．https：//www. gov. cn/gongbao/content/2013/content_2332770. html.

定了非劳动生产要素在财富生产中的重要作用，解决了劳动和非劳动生产要素怎样参与收入分配问题，即按贡献大小参与收入的分配。2013 年，党的十八届三中全会首次将**“知识”**作为生产要素纳入其中，再次拓宽可参与分配的要素范围。2019 年，十九届四中全会首次将**“数据”**增列为参与分配的生产要素，明确“健全劳动、资本、土地、知识、技术、管理、数据等生产要素由市场评价贡献、按贡献决定报酬的机制”。至此，我国通过建立健全**劳动**、**资本**、**土地**、**知识**、**技术**、**管理和数据**等生产要素按贡献参与分配的机制，规范收入分配秩序，极大提高了广大劳动者的积极性和创造性，对我国经济长期持续高速增长发挥了重大推动作用。

（2）形成以税收、社会保障、转移支付为主要手段的再分配调节机制，在再分配过程中更加注重公平

再分配指政府通过税收、社会保障、转移支付等方式对国民收入在初次分配之后进行第二次分配，对于调节初次分配形成的收入和财富过大差距、促进社会公平正义和共同富裕具有重要作用。2002 年，党的十六大提出初次分配注重效率、再分配注重公平。2007 年，党的十七大强调“再分配更加注重公平”。2012 年，党的十八大报告提出“加快健全以税收、社会保障、转移支付为主要手段的再分配调节机制”。

分领域看，**在税收方面**，改革初期，调节个人收入的税收制度陆续设立。随着 1994 年分税制改革的推行，个人所得税、消费税、财产税等一些税种得以不断完善，调节作用也开始显现。2006 年，国家“十一五”规划纲要就提出实行“综合和分类相结合的个人所得税制度”改革目标。2014 年，《中共中央关于全面推进依法治国若干重大问题的决定》明确“加大税收调节力度”。2019 年实施个人所得税改革，一是增加了 6 项专项附加扣除，即子女教育、继续教育、大病医疗、住房贷款利息、住房租金、赡养老人；二是个人应税所得实现了“小综合”，即将工资薪金、劳务报酬、稿酬和特许权使用费 4 项个人劳动所得实行综合征收，对其他所得如经营所得、利息（股息、红利）所得、财产租赁所得、财产转让所得等仍然实行分类征收。此次个人所得税改革实现了历史性突破，不仅大大增强了个人所得税的调节功能，而且也提高了个人所得税的公平性。2023 年 8 月，国务院印发《国务院关于提高个人所得税有关专项附加扣除标准的通知》（国发〔2023〕13 号），旨在进一步减轻家庭生育养育和赡养老人的支出负担。目前，我国形成了以个人所得税调节为主、消费税和部分财产税调节为辅的居民收入分配税收调节体系，调节力度不断增强。

在社会保障方面，在改革初期，部分地区开始试点探索社会保障制度的改革，失业保险制度逐步建立，推进企业职工养老保险制度改革。1993 年，党的十四届三中全会首次将社会保障制度列为社会主义市场经济框架的五大环节之一。党的十六大之后，多层次、社会公平和制度可持续成为社会保障制度改革的总体目标，以社会保险、社会救助为核心的社会保障体系框架不断发展完善，各类补充保障项目日益多元。2011 年，《社会保险法》正式实施，社会保险事业迈入法治时代。2012 年，党的十八大报告明确，要坚持全覆盖、保基本、多层次、可持续方针，以增强公平性、适应流动性、保证可持续性为重点，全面建成覆盖城乡居民的社会保障体系。2022 年，党的二十大报告提出，健全覆盖全民、统筹城乡、公平统一、安全规范、可持续的多层次社会保障体系。目前，我国建立了以养老、医疗、失业为主的社会保险体系和以最低生活保障为主的社会救助体系，社会福利、社会优抚等制度不断完善，城乡统一的居民养老保险和医疗保险覆盖到全国，农村最低生活保障制度普遍建立。

在转移支付方面，1995 年，财政部制定了《过渡期财政转移支付办法（1995）》，在建立规范化转移支付制度方面迈出了第一步。2007 年，党的十七大报告将一般性转移支付作为财政转移支付制度的一个重要方面进行阐述。2014 年，按照党的十八届三中全会关于深化财税体制改革的部署，国务院印发《关于改革和完善中央对地方转移支付制度的意见》（国发〔2014〕71 号），对转移支付制度改革做出全面部署。2016 年，国务院印发《关于推进中央与地方财政事权和支出责任划分改革的指导意见》（国发〔2016〕49 号），从顶层设计的角度提出了财政事权和支出责任划分改革的总体原则。2019 年，经国务院批准，财政部印发发展改革方案，根据财政事权和支出责任划分改革要求，理顺转移支付的功能定位、边界分类和管理机制。其中，一般性转移支付主要用于均衡地区间财力配置，保障地方政府日常运转和推动区域协调发展；共同财政事权转移支付主要用于履行中央承担共同财政事权的支出责任，增强地方对基本民生和基本公共服务的保障能力；专项转移支付主要用于办理特定事项，引导地方贯彻落实党中央重大决策部署。2020 年，为应对新冠疫情冲击，中央财政创设财政资金直达机制，在保持现行财政体制不变、资金分配权限不变和保障主体责任不变的前提下，建立了“中央切块、省级细化、备案同意、快速直达”的工作流程，推动资金直达市县基层、直接惠企利民。

（3）建立健全第三次分配制度，改善收入和财富分配格局

与初次分配和再分配不同，第三次分配主要是企业、社会组织等根据自愿原则，以慈善和公益方式对所属资源和财富进行分配，是对初次分配和再分配的有益补充，其中慈善事业发展是第三次分配制度的重要组成部分。从 1994 年到 2004 年，社会对慈善的态度从否定、模糊逐步转向鼓励。1994 年中华慈善总会成立，官方媒体开始使用“慈善”一词，也正是在这一时期提出了“第三次分配”的概念。2004 年，党的十六届四中全会决议指出“健全社会保险、社会救助、社会福利和慈善事业相衔接的社会保障体系”，第一次明确将慈善事业作为社会保障体系的组成部分。2005 年，政府发布了《中国慈善事业发展指导纲要（2006—2010 年）》，开始制度化推动我国慈善事业的发展。2014 年 11 月 24 日，国务院印发《国务院关于促进慈善事业健康发展的指导意见》（国发〔2014〕61 号），明确鼓励和支持以扶贫济困为重点开展慈善活动、培育和规范各类慈善组织、加强对慈善组织和慈善活动的监督管理。

2016 年 3 月，十二届全国人大四次会议通过《慈善法》，标志着我国慈善事业进入法治化时代。全国人大常委会先后于 2017 年、2018 年修订了《红十字会法》《企业所得税法》。2019 年 10 月，党的十九届四中全会通过的《中共中央关于坚持和完善中国特色社会主义制度 推进国家治理体系和治理能力现代化若干重大问题的决定》指出，**“重视发挥第三次分配作用，发展慈善等社会公益事业”**，这是党中央首次明确将

"第三次分配"作为收入分配制度体系的重要组成。2020 年 10 月，党的十九届五中全会再次提出，"要发挥第三次分配作用，发展慈善事业，改善收入和财富分配格局"。2022 年 12 月，《慈善法》迎来初次修订，针对个人求助等舆论热点做了法条更新。2023 年 12 月 29 日，党的十四届全国人大常委会第七次会议表决通过关于修改《慈善法》的决定，完善促进措施，规范慈善活动，强化领导监督，增设应急慈善专章，规范个人求助。新修改的《慈善法》自 2024 年 9 月 5 日起施行。随着我国经济发展和社会文明程度提高，公众的慈善意识越来越强，款物捐赠的数额也屡创新高，为实现共同富裕提供制度支撑。

（4）规范收入分配秩序，推动形成合理有序的收入分配格局

在居民收入不断增长的同时，为遏止收入分配差距持续扩大趋势，收入分配秩序进一步规范。2007 年，党的十七大提出"保护合法收入，调节过高收入，取缔非法收入""打破经营垄断，创造机会公平，整顿分配秩序，逐步扭转收入分配差距扩大趋势"。党的十八大在党的十七大基础上指出，"规范收入分配秩序，保护合法收入，增加低收入者收入，调节过高收入，取缔非法收入"。2013 年，《中共中央关于全面深化改革若干重大问题的决定》提出，**"清理规范隐性收入、取缔非法收入""防止领导干部利用公共权力或自身影响为亲属和其他特定关系人谋取私利"**。党和政府出台一系列整顿分配秩序的具体政策，例如，2014 年对长期存在的央企、国企高管畸高薪资明确设置上限。2022 年，党的二十大报告明确"促进机会公平，增加低收入者收入，扩大中等收入群体，规范收入分配秩序"，并**首提"规范财富积累机制"**，指明了下一步收入分配制度改革方向。

2. 基本方向

（1）以缩小地区差距、城乡差距为主攻方向，着力提高发展的平衡性和协调性

在推进共同富裕的过程中，要坚决防止两极分化，缩小地区差距、城乡差距。一是要不断缩小区域发展差距，构建多极点支撑、多层次联动的区域发展格局，不断增强区域发展的平衡性和协调性。发挥区域协调发展战略对共同富裕的重要支撑作用，鼓励不同地区探索因地制宜的共同富裕道路，加快建立并不断完善先富带后富、先富帮后富的机制，健全转移支付制度，重点缩小区域间人均财政支出差距，不断加大对欠发达地区的精准支持力度。二是促进城乡融合发展，缩小城乡差距。全面实施乡村振兴战略，强化以工补农、以城带乡，不断缩小城乡差距，加快形成工农互促、城乡互补、协调发展、共同繁荣的新型工农城乡关系，促进广大农村居民与城镇居民同步实现共同富裕。重点围绕缩小城乡居民收入差距和实际消费差距，不断提高农村居民增收能力，使城乡融合发展成果更多更公平地惠及民生。

（2）突出"扩中""提低"，形成以中等收入群体为主体的"橄榄型"社会结构

党的二十大报告提出，增进民生福祉，提高人民生活品质，重要路径就是"增加低收入者收入，扩大中等收入群体"。一方面，精准识别"扩中""提低"重点人群，分类制定针对性政策措施，推动更多低收入人群迈入中等收入行列，鼓励高收入人群和企业更多回报社会。另一方面，系统探索"扩中""提低"实现路径，全面拓宽居民增收渠道，探索构建初次分配、再分配、三次分配协调配套的制度安排，加大普惠性人力资本投入，加强困难群体帮扶，推进公共服务优质共享，促进社会结构全面优化。

（3）努力提高劳动报酬占初次分配比重，实现居民收入增长与经济增长基本同步

初次分配是在市场机制下实现对劳动、资本等要素的回报，是最基本、最重要的分配环节，提高劳动报酬在其中的比重关乎收入分配的合理性和劳动价值的充分体现。坚持基本分配制度，健全充分体现劳动、知识、技术等要素价值的收入分配机制，提高劳动报酬在初次分配中的比重，增加一线劳动者劳动报酬，激发劳动者创新创造活力，使其各尽所能、各得其所。通过健全工资合理增长机制，逐步提高劳动报酬在初次分配中的比重，多渠道促进城乡居民增收，努力确保居民收入增长与经济增长基本同步。

（4）确保收入分配公平公正合理，满足人民日益增长的美好生活需要

解决好国民收入分配问题，既关系到经济的长远可持续发展，也关系到社会公平和正义，更关系到国家安全和社会稳定。完善收入分配制度，就要着眼于满足人民日益增长的美好生活需要，立足新发展阶段，加快转变经济发展方式，着力解决发展不平衡、不充分问题，不断提高发展质量，推动共享发展。要坚持社会公平正义，排除阻碍劳动者参与发展、分享发展成果的障碍，努力让劳动者实现体面劳动、全面发展。要着力推动经济高质量发展，通过全国人民共同奋斗把“蛋糕”做大做好；构建初次分配、再分配、第三次分配协调配套的制度体系，通过合理的制度安排正确处理增长和分配关系，把“蛋糕”切好分好，着力遏制收入差距扩大趋势，达到分配公平的目标。

3. 难点卡点

（1）劳动报酬占比仍偏低，税收调节财富差距的作用未能充分发挥

在国民初次收入分配阶段，劳动报酬占 GDP 的比例能够体现劳动者分享经济发展成果的多少，也是衡量居民收入初次分配公平与否的重要指标。近年来，我国劳动报酬占 GDP 比重虽有所提升，但仍低于欧美国家及多数发展中国家。2022 年，我国居民工资性收入占 GDP 比重仅为 24%，我国的工资支出占比只相当于美国的 42%左右。同时，与 OECD 国家相比，我国社会保障支出占 GDP 的比重也明显偏低，导致难以通过公共支出改善收入分配。中国社会科学院农村发展研究所测算显示，我国社会保障支出占 GDP 比重约达 17%，较 OECD 国家平均仍低 3.0 个百分点。此外，我国迟迟未推出调节存量财产差距的遗产税、赠予税、房产税等，税收调节财富差距的作用也未能充分发挥。①

（2）脱贫地区增收渠道较为单一，市场化帮扶机制还不健全

促进共同富裕，最艰巨最繁重的任务仍然在农村，尤其是农村贫困地区。尽管我国已经实现全面脱贫，但巩固扶贫成果、防止脱贫之后又返贫，是实现共同富裕进程中的重中之重。当前，我国脱贫地区产业结构依旧相对单一，对农业依赖度较高，二、

① 傅娟（国家信息中心大数据发展部副研究员）. 共同富裕目标下我国收入分配改革的进展、困难及推进策略研究［EB/OL］. https：//www. sohu. com/a/762085430_121106875.

三产业相关企业数量少、规模小、层级低，持续“造血”能力偏弱。各地区非农市场主体注册数据构建的“产业非农化指数”显示，2020年实现全面脱贫后，脱贫地区产业非农化指数为11.1，明显低于非贫困地区的14.8，这表明脱贫地区非农业相关企业的发展依旧薄弱。此外，有的地方对帮扶资金、项目等政策依赖强，市场化帮扶机制不健全，长效化的社会帮扶大格局和多元主体帮扶机制还有待进一步完善。①

（3）第三次分配领域调节力量微薄，总体仍处于起步阶段

我国第三次分配的人民群众参与深度与广度均有待加强，就作为第三次分配主要内容的公益慈善个人捐赠数量而言，与以美国为对照的国家相比仍有差距。将《中国慈善发展报告（2021）》和《2020美国慈善捐赠报告》中得到的中美两国2019年慈善领域相关数据进行比较，中国社会慈善捐赠总量为1379.74亿元，占同年GDP的0.1%；美国社会慈善捐赠总量为28623.2亿元，占同年GDP的1.3%，个人捐赠是美国慈善经费供给的主要来源。② 相较而言，我国是以基金会行业形式呈现的企业捐赠作为经费供给的主要来源。此外，第三次分配受众因城乡、阶层、性别等要素差异而存在局限。譬如由于城乡发展不平衡，城市地区经济发展相对较快，第三次分配服务较为完善，而农村地区发展相对滞后，城乡差距导致了第三次分配在农村地区中的覆盖面不全。

（三）收入分配制度改革的基本经验

收入分配制度的改革历程，是不断适应经济社会发展需要，积极探索、不断完善的过程。在此过程中，收入分配制度改革遵循按劳分配的原则、坚持初次分配的核心地位、正确把握公平与效率的关系，形成了许多值得总结的宝贵经验。

1. 遵循按劳分配的原则

从改革的过程来看，我国收入分配制度改革始终围绕按劳分配这一主线展开，只是按劳分配的实现形式随着实践的发展不断完善。始终坚持社会主义收入分配制度的本质特征，保证了收入分配制度的社会主义基本原则和发展方向。实行“各尽所能，按劳分配”是社会主义分配制度的具体形式。邓小平同志也反复强调要“坚持按劳分配原则，这在社会主义建设中始终是一个很大的问题”，并且明确提出“一定要坚持按劳分配的社会主义原则”。从改革的实践来看，我国收入分配制度在演变的过程中始终坚持了按劳分配的原则，并在此基础上不断加以完善，而按劳分配实际就是按劳动者对生产的贡献进行的分配。“把按劳分配和按生产要素分配结合起来”的原则，实质上也是对按劳分配政策的进一步完善。

2. 坚持初次分配的核心地位

初次分配在收入分配体制改革中处于基础性地位。在整个收入分配体制改革中，

---

① 傅娟（国家信息中心大数据发展部副研究员）. 共同富裕目标下我国收入分配改革的进展、困难及推进策略研究［EB/OL］. https：//www. sohu. com/a/762085430_121106875.

② 李函珂. 基于共享发展视域的中国第三次分配：阶段、问题与路向［J］.《西南民族大学学报》（人文社会科学版），2023（7）：189-196.

初次分配处于基础性、关键性位置，也是收入分配问题最多、解决起来难度最大的一个环节。改革开放以来，我国的分配方式由过去的按劳分配转变为按劳分配为主、多种分配方式并存，初步形成了与社会主义市场经济相适应的收入分配制度。2007 年，党的十七大提出“要坚持和完善按劳分配为主体、多种分配方式并存的分配制度”。2019 年，党的十九届四中全会将按劳分配为主体、多种分配方式并存的收入分配制度上升为社会主义基本经济制度。《中共中央关于坚持和完善中国特色社会主义制度推进国家治理体系和治理能力现代化若干重大问题的决定》指出：“坚持按劳分配为主体、多种分配方式并存。坚持多劳多得，着重保护劳动所得。”

3. 正确把握公平与效率的关系

改革开放以来，市场竞争机制被逐渐引入，收入分配制度改革开始以打破平均主义为突破口，逐步重视拉开收入差距，提升收入分配的效率，调动劳动者的积极性。之后随着市场经济发展，居民收入差距过大、收入分配不均衡问题逐渐显现，收入分配公平逐渐放在了更加重要的位置，只有统筹效率和公平，才能实现共同富裕目标。党的十三大提出“我们的分配政策，既要有利于善于经营的企业和诚实劳动的个人先富起来，合理拉开收入差距，又要防止贫富悬殊，坚持共同富裕的方向，在促进效率的前提下体现公平”。此后，党的十四届三中全会又提出了效率优先、兼顾公平的原则。之后随着收入分配差距的不断扩大，开始逐步重视公平的问题。党的十六大提出，坚持效率优先、兼顾公平的原则，初次分配注重效率，再分配注重公平。党的十七大首次提出了“初次分配和再分配都要处理好效率和公平的关系”。党的十八大又将公平放在了更加重要的位置，要求“初次分配和再分配都要兼顾效率和公平，再分配更加注重公平”。党的二十大报告提出“坚持多劳多得，鼓励勤劳致富，促进机会公平”。从政策层面看，为缓解不同群体间的收入差距，政府颁布了最低工资标准、出台了《劳动合同法》和《就业促进法》，通过法律手段来保障劳动者权益，增加劳动者收入，整个改革过程都体现了公平与效率的兼顾。

（四）党的十八大以来收入分配制度改革取得的新突破

党的十八大以来，我国持续完善分配制度，打击非法收入，规范收入分配秩序。通过高质量发展和“调高、扩中、提低”等一系列分配制度改革，居民收入水平实现较快增长，收入来源实现多元化，脱贫攻坚取得全面胜利，健全再分配和第三次分配制度取得阶段性成效，为实现共同富裕奠定了基础。

1. 居民收入水平实现较快增长，与经济增长基本同步

根据国家统计局数据，2023 年，全国居民人均可支配收入为 39218 元，较 2012 年的 16510 元增加 22708 元，累计名义增长 137.54%。其中，城镇居民人均可支配收入为 51821 元，较 2012 年的 24127 元增加 27694 元，累计名义增长 114.78%；农村居民人均可支配收入为 21691 元，较 2012 年的 8389 元增加 13302 元，累计名义增长 158.56%。居民收入增长与经济增长基本同步，2013—2021 年居民人均可支配收入年均

实际增速快于人均国内生产总值增速 0.5 个百分点。[①] 值得注意的是，我国中等收入群体的规模超过 4 亿多人，按联合国的标准，我国人民的生活已经进入相对殷实富足阶段。[②]

2. 居民收入来源多元化，转移净收入和财产净收入占比上升

根据国家统计局数据，一方面，我国居民转移净收入和财产净收入占比实现上升。2023 年，在全国居民人均可支配收入中，居民人均可支配财产净收入为 3362 元，较 2012 年增长 173.11%，占人均可支配收入的比重由 2012 年的 7.46%提升至 2023 年的 8.57%；居民人均可支配转移净收入为 7261 元，较 2012 年增长 166.26%，占人均可支配收入的比重由 2012 年的 16.52%提升至 2023 年的 18.51%。另一方面，居民工资性收入和经营净收入保持较快增长。2023 年居民人均可支配工资性收入为 22053 元，较 2012 年增长 135.13%；居民人均可支配经营净收入为 6542 元，较 2012 年增长 106.24%。

3. 脱贫攻坚战取得全面胜利，贫困人口收入水平显著提高

党的十八大以来，习近平总书记对扶贫工作做出一系列重要论述，创造性地提出“精准扶贫”的重要思想[③]，推动了扶贫减贫理论创新和实践创新。2015 年 11 月，《中共中央　国务院关于打赢脱贫攻坚战的决定》专门制定了 2020 年 7000 多万农村贫困人口全部脱贫的宏伟目标，并提出产业帮扶、易地搬迁等十余项具体实施方略。到 2020 年底，现行标准下的农村贫困人口全部脱贫，区域性整体贫困得到解决。**一是农村贫困人口如期全部脱贫**。2013—2020 年，全国农村贫困人口累计减少 9899 万人，年均减贫 1237 万人，贫困发生率年均下降 1.3 个百分点。**二是贫困人口收入水平显著提高**。2020 年，贫困地区农村居民人均可支配收入为 12588 元，2013—2020 年年均增长 11.6%，比全国农村年均增速快 2.3 个百分点；扣除价格因素，年均实际增长 9.2%，比全国农村年均实际增速快 2.2 个百分点。**三是贫困地区农村居民收入结构持续优化**。就业扶贫成效显著，工资性收入成为收入首要来源。2020 年贫困地区农村居民人均工资性收入为 4444 元，2014—2020 年年均增长 12.7%，占可支配收入的比重为 35.3%，比 2013 年提高 3.7 个百分点。经营净收入稳定增长，非农经营收入占比提高。2020 年贫困地区农村居民人均经营净收入为 4391 元，2014—2020 年年均增长 6.7%，占可支配收入的比重为 34.9%。财产、转移净收入快速增长，收入来源更加多元。2020 年贫困地区农村居民人均财产净收入、转移净收入分别达到 185 元和 3567 元，2014—2020 年年均分别增长 16.8%、15.4%，合计占可支配收入的比重为 29.8%，比 2013 年提高 7.3 个百分点。**四是区域性整体贫困得到解决**。一半以上农村减贫人口来自西部地区。2013—2020 年，西部地区农村贫困人口累计减少 5086 万人，

---

① 国家统计局．居民收入水平较快增长　生活质量取得显著提高——党的十八大以来经济社会发展成就系列报告之十九［EB/OL］. https：//www.stats.gov.cn/zt_18555/zthd/lhfw/2023/fjxsd/202302/t20230227_1918904.html.

② 新华社．中共中央宣传部“中国这十年”系列主题新闻发布会介绍经济和生态文明领域建设与改革情况［EB/OL］. https：//www.gov.cn/xinwen/2022-05/13/content_5690083.html.

③ 2013 年 11 月 3 日，习近平总书记到湖南省花垣县十八洞村考察扶贫工作，首次提出“精准扶贫”的重要思想。

减贫人口占全国减贫人口的 51.4%，年均减少 636 万人。[①]

4. 健全再分配制度取得阶段性成就，税收、社保、转移支付制度进一步完善

从税收制度看，我国初步建立了税制合理、税负稳定、结构优化、管理规范的现代税制体系；税收法定进程加快，为收入分配调节奠定坚实制度基础；系列减税降费政策持续落地，利企惠民成效显著；综合与分类相结合的个人所得税改革，明显减轻了中低收入者税负，大幅度提升了人民群众的获得感。**从社会保障制度看**，我国已经建立了世界上规模最大的社会保障体系，基本养老保险和基本医疗保险的参保率持续多年分别稳定在 90%和 95%以上，[②] 多层次保障体系初步形成，社保体系现代化水平不断提升。低保、托幼、助残等社会救助事业日渐完善，对弱势群体的支持力度持续增强。**从转移支付制度看**，转移支付规模不断扩大。2023 年，中央对地方的转移支付规模达到 10.06 万亿元；加大“三保”支持力度，保障基层财政平稳运行。县级基本财力保障机制奖补资金由 2018 年的 2462.79 亿元增加到 2023 年的 4107 亿元，年均增长 10.8%。强化国家重大战略财力保障，支持如期打赢脱贫攻坚战，2016—2020 年，五年累计安排中央财政专项扶贫资金 5305 亿元。2023 年通过一般性转移支付安排财力补助资金 1700 亿元、使用 2022 年权责发生制结转资金 300 亿元，支持地方做好疫情防控等工作，重点向县级财政倾斜。

5. 第三次分配逐步完善，慈善事业发展呈现新格局

民政部数据显示，截至 2023 年 11 月 15 日，全国共登记认定慈善组织超过 1.3 万个，净资产合计近 2000 亿元；全国累计成立慈善信托 1544 笔，信托合同规模达 63.33 亿元。[③] 具体来看，**一是总体规模持续扩容**。我国社会组织实现了量与质的双向稳步提升，从 2012 年的 49.9 万个跃增至 2021 年的 90.1 万个。截至 2022 年 6 月底，全国登记认定的慈善组织超过 10000 个，备案慈善信托合同金额逾 40 亿元。在民政部指定的 30 家互联网公开募捐信息平台，共带动超过 500 亿人次的网民参与慈善活动，所募善款超过 350 亿元。**二是善款数额日益增长**。全国接收国内外社会各界款物捐赠价值总计 817 亿元。2014 年首次超过 1000 亿元，2018 年和 2019 年均突破 1500 亿元。2020 年，我国内地接受款物捐赠价值 2086 亿元，首次突破 2000 亿元。**三是志愿服务获得了长足发展**。据统计，全国注册志愿者人数从 2012 年的 292 万人增长到 2021 年的 2.17 亿人，平均每万人中就有 1544 人注册成为志愿者，占总人口比例的 15.4%。[④] 此外，2023 年，慈善力量拓展服务领域，积极发挥作用。在社会救助方面，各地民政部门建立政府救助与慈善帮扶衔接联动机制，让公益慈善资源更高效地惠及

---

① 国家统计局．党的十八大以来经济社会发展成就系列报告之二十——脱贫攻坚战取得全面胜利　脱贫地区农民生活持续改善［EB/OL］．https：//www.gov.cn/xinwen/2022-10/11/content_5717712.html.

② 国家卫生健康委．党的十八大以来老龄工作进展与成效新闻发布会［EB/OL］．https：//baijiahao.baidu.com/s?id=1744634670798320408.

③ 民政部．坚持不懈开创慈善事业高质量发展新局面——2023 年慈善事业发展综述［EB/OL］．https：//www.mca.gov.cn/n152/n166/c1662004999979997161/content.html.

④ 慈善公益报．十年筑路十年行——新时代中国慈善事业发展纪实［EB/OL］．https：//baijiahao.baidu.com/s?id=1753437556716974215.

困难群众，把基本民生保障的网底扎得更密更牢。

二、进一步全面深化长期收入分配制度改革面临的新形势新要求

当前和今后一个时期是以中国式现代化全面推进强国建设、民族复兴伟业的关键时期。[①] 面对纷繁复杂的国际国内形势，面对新一轮科技革命和产业变革，收入分配制度改革面临一系列新挑战：一是经济增长动力不足条件下，收入“蛋糕”难做大，分配更困难；二是扩大中等收入群体难度加大，收入分配的“扩中提低”功能有待加强；三是群体性返贫风险仍存，或进一步扩大收入差距；四是在新一轮科技浪潮下，失业和财富不平等问题或进一步凸显；五是中国式现代化提出了新的更加艰巨繁重的任务，要求收入分配制度更好地支撑新动能培育和经济增长。

（一）经济增长动力不足条件下，收入“蛋糕”难做大，分配更困难

从中长期看，我国经济增长面临内外部多重挑战。**从外部看，**一是全球经济衰退加速。近期的全球滞胀风险，在美联储以及其他经济体强力反通胀的政策作用下，通胀可能会得到较快抑制，但也会加速经济衰退，使得发达经济体回归到长期停滞的轨道中，这会给我国中长期增长带来不利影响。二是逆全球化、去全球化兴起，贸易摩擦、地缘政治风险较以往更加频繁。三是中美竞争不断加剧，可能导致美国与中国的选择性脱钩，减少技术转让的机会，限制中国企业的投资选择，并减缓资本流入中国，加大经济下行压力。**从内部看，**需求不足的状况在短期内较难逆转，新冠疫情三年，居民人均可支配收入年平均实际增长 4.4%，2023 年前三季度实际增长 5.9%，慢于 1979—2019 年年平均实际增速 8.4%。其中，中小微企业、个体户、中低收入者受影响更大。在收入分配“蛋糕”难做大的情况下，收入分配调节的重要性更加凸显，收入分配改革将更加紧迫。

（二）扩大中等收入群体难度加大，收入分配的“扩中提低”功能有待加强

扩大中等收入群体是实现中国式现代化的重要一环。近 20 年，我国中等收入群体规模逐渐壮大，目前约占全国总人口的 1/3。中等收入群体比重从 2002 年的 1.6%增长到 2021 年的 34.3%。但也要看到，在经济增长乏力的背景下，中等收入群体面临的阶层滑落风险较大。**一方面，大多数潜在和脆弱中等收入群体工作在中小私营企业里或者是个体户，面临较大的不确定性，**一旦受到外部冲击，收入随时可能下降，甚至面临失业无收入的风险。而且，他们难以享受应有的社会保障和公共服务，生产生活存在很大不确定性。与此同时，教育、医疗和养老等高昂成本在很大程度上侵蚀了他们的生活水平和消费需求。**另一方面，中等收入群体收入增长面临较多制约因素。**例如，由于户籍制度改革不到位，不少农民工在劳动力市场上面临或多或少的歧视，无法实现与城镇职工同工同酬，享受不到应有的社保待遇。出生于农村贫困家庭或其他

---

① 新华社．4 月 30 日中共中央政治局召开会议 习近平主持会议［EB/OL］．https：//www.gov.cn/yaowen/liebiao/202404/content_6948449.html.

不利环境的孩子无法享有同等受教育机会，进而严重制约他们未来在劳动力市场上的竞争力和获取收入的能力，也降低了他们通过提升人力资本向上流动的可能性。瑞士信贷《全球财富报告 2021》显示，我国财富基尼系数从 2000 年的 0.599 持续上升至 2015 年的 0.711，随后有所缓和，降至 2019 年的 0.697，但 2020 年在新冠疫情冲击下再度上升至 0.704，表明我国居民财富积累加快，分化也在加剧。这就要求进一步完善收入分配制度，更好发挥其“扩中提低”功能，使分配格局更趋公平合理，尽快形成“橄榄型”格局。

（三）群体性返贫风险仍存，或进一步扩大收入差距

2020 年底，我国取得了脱贫攻坚战的全面胜利，完成了消除绝对贫困的艰巨任务，但由于一部分已脱贫人口的脱贫和致富能力还不牢固，存在返贫的可能与风险。**一是突发公共事件冲击。**以重大疫情等为主的健康风险冲击和以干旱、火灾、地震等为主的生态环境风险冲击，在短期内造成个体与家庭财产甚至生命健康损失，由此引发已脱贫人口、易返贫致贫人口、严重困难群体等几乎同一时间段在数量或区域上出现集中返贫现象。**二是区域发展水平滞后。**对于区域社会经济发展不足的地区而言，一旦特惠性政策减弱，薄弱的经济基础与较低的自身发展能力将难以支持地区帮扶政策稳定衔接，规模性返贫现象发生的概率随之增加。**三是风险代际传递。**主要表现为因父母或家庭导致子辈贫困，包括文化贫困、政策依赖与经济结构等多方面的影响因素。边缘贫困户、低收入人口等处于绝对贫困线边缘的人口极易因为较难获得平等优质的教育等资源而停滞不前，甚至逆向落入绝对贫困状态。规模性返贫或将造成我国收入分配差距进一步扩大，打造合理的收入分配格局的任务更加艰难。

（四）在新一轮科技浪潮下，失业和财富不平等问题或进一步凸显

当前，全球新一轮科技革命和产业变革加速演进，科技进步对经济发展和社会进步具有积极意义。然而，科技进步对就业、工资增长或形成一定冲击。**一方面，以人工智能、互联网、自动化为代表的技术进步取代的多是中等收入群体从事的职业。**一些研究发现，最易于被新技术机器替代的职业是那种在流水线上的工人、办公室的文员以及从事重复性、常规性劳动的员工，这类人群大多是中等收入群体。与此同时，企业会减少对常规型劳动的投入，而增加对非常规型劳动力的需求。因此，在劳动力市场中，高收入人群（如经理人）和低收入人群（如服务员）的就业比例上升，中等收入人群（如工厂工人）的就业比例下降，从而产生“工作极化”现象[①]。**另一方面，科技进步本身并不能提高收入分配的公平性。**近年来我国数字经济快速发展，但因数字经济而提高的技术效率和配置效率，大都归平台和资本方所占有，未能与劳动者以更加市场化、公平化的方式分配。比如，2015—2020 年美团的骑手成本占营业收入的比例从 158%下降到 74%，同期经营绩效大幅提升。再比如，房地产开发等领域的大

① 李实（北京师范大学收入分配研究员执行院长）. 发达国家财富不平等的启示［J］. 北大金融评论，2020，4（5）.

量收益被投资者和管理层获得，农民工等普通从业者并未获得相应比例的报酬。面对新一轮科技浪潮，构建与社会发展相适应的收入分配制度，进一步提高劳动报酬占初次分配比重成为改革重点。

（五）中国式现代化要求收入分配制度更好地支撑新动能培育和经济增长

在新中国成立特别是改革开放之后的长期探索和实践基础上，经过十八大以来在理论和实践上的创新突破，我们党成功推进和拓展了中国式现代化。① 我国正处在全面建设社会主义现代化强国、向第二个百年奋斗目标进军的新发展阶段，需要进一步挖掘新动能，培育新质生产力，以实现建设现代化强国的经济增长目标。近年来，投资和出口这“两驾马车”对国民经济的边际拉动效果开始递减，经济增长需要更多依赖消费拉动。然而，当前居民收入增速的放缓将不可避免地掣肘居民部门消费的扩大，且居民收入分配不均问题依然存在，难以支撑大规模消费需求。这就要求收入分配制度改革进一步深化，必须加快完善分配制度，努力提高居民收入在国民收入分配中的比重、提高劳动报酬在初次分配中的比重，并有效缩小居民收入分配差距和改善收入增长预期，从根本上提振居民消费信心，释放居民消费潜力，推动经济实现良性循环，在实现中国式现代化的路程上为经济增长提供坚实支撑。

三、深入领会进一步全面深化收入分配制度改革的指导思想、基本原则和总目标

习近平总书记指出，进一步全面深化改革，要紧扣推进中国式现代化这个主题，突出改革重点，把牢价值取向，讲求方式方法，为完成中心任务、实现战略目标增添动力。② 瞄准 2029 年、2035 年及 2050 年改革目标，收入分配制度改革将坚持按劳分配为主体、多种分配方式并存，以增加城乡居民收入、缩小收入分配差距、规范收入分配秩序为重点，努力实现居民收入增长和经济发展同步，逐步形成合理有序的收入分配格局，不断推动全面深化改革走深走实，为早日实现党的二十大擘画的全面建成社会主义现代化强国的宏伟蓝图创造更多有利条件。

（一）指导思想

以习近平新时代中国特色社会主义思想为指导，要全面贯彻落实党的二十大和二十届二中、三中全会精神，坚持稳中求进工作总基调，立足新发展阶段，完整、准确、全面贯彻新发展理念，加快构建新发展格局，着力推动高质量发展，坚持以人民为中心的发展思想，以满足人民日益增长的美好生活需要为根本目的，切实保障和改善民生，保持社会稳定，坚持按劳分配为主体、多种分配方式并存，以增加城乡居民收入、缩小收入分配差距、规范收入分配秩序为重点，努力实现居民收入增长和经济发展同步，

---

① 习近平．高举中国特色社会主义伟大旗帜　为全面建设社会主义现代化国家而团结奋斗——在中国共产党第二十次全国代表大会上的报告［EB/OL］. https：//www. gov. cn/xinwen/2022-10/25/content_ 5721685. html.

② 新华社．5 月 23 日，习近平总书记在济南市主持召开企业和专家座谈会时的讲话［EB/OL］. https：//baijiahao. baidu. com/s? id＝1799854432581033175.

逐步形成合理有序的收入分配格局，为全面建设社会主义现代化国家奠定坚实基础。

（二）基本原则

1. 坚持以人民为中心的发展思想，促进共同富裕

共同富裕是社会主义的本质要求，分配制度是促进共同富裕的基础性制度。改革过程中，要坚持以人民为中心，把促进全体人民共同富裕作为为人民谋幸福的着力点，把逐步实现全体人民共同富裕摆在更加重要的位置上。一方面，要不断把“蛋糕”做大，着力推动高质量发展，实现从“有没有”到“好不好”的发展。另一方面，要把不断做大的“蛋糕”分好，合理的制度安排是把“蛋糕”切好分好的关键。要坚持社会主义基本经济制度和分配制度，调整收入分配格局，完善以税收、社会保障、转移支付等为主要手段的再分配调节机制，维护社会公平正义，解决好收入差距问题，不断健全覆盖全民、统筹城乡、公平统一、安全规范、可持续的多层次社会保障体系，使发展成果更多、更公平惠及全体人民。

2. 坚持按劳分配的主体地位，有效维护劳动者的合法权益

按劳分配是社会主义制度的基本特征之一，也是社会主义的基本分配原则。只有坚持按劳分配原则才能充分体现社会公平，才能让劳动成为每一个人的自觉行动。因此，要坚持社会主义制度不动摇，就要坚持按劳分配原则不动摇，在社会财富分配中，坚决维护按劳分配的主体地位。只有维护按劳分配的主体地位，才能确保社会财富分配的公平、正义，才能有效维护劳动者的合法权益。

3. 正确处理效率和公平的关系，做到鼓励创收致富与缩小收入差距相结合

探索构建初次分配、再分配、三次分配协调配套的基础性制度安排，处理好政府、企业、居民三者分配关系，规范收入分配秩序，初次分配更加注重效率，形成有效激励；再分配更加注重均衡，形成合理分配结果；三次分配更加注重引导，形成先富帮后富的良好社会风气。同时，在初次分配中鼓励全体劳动者通过诚实劳动、辛勤劳动、创造性劳动创收致富，同时完善税收、社会保障等再分配调节手段，规范收入分配秩序，切实保障困难群众基本生活，有效抑制通过非市场因素获利，不断缩小不同群体间的收入差距。

4. 坚持循序渐进，防范民粹主义

当前我国发展不平衡不充分问题仍然突出，城乡区域发展和收入分配差距依然明显，推动共同富裕、形成合理的收入分配格局的重要性不言而喻。但也要认识到，实现共同富裕是一个在动态中向前发展的过程，不可能一蹴而就，也不可能齐头并进，实现共同富裕绝不是“劫富济贫”，而是踏上现代化新征程的必然选择。在推进收入分配改革的过程中，既做大“蛋糕”，也分好“蛋糕”，提高发展的平衡性、协调性、包容性，切实防范过分强调收入均等化、将共同富裕等同于“劫富济贫”等民粹思想。

（三）总目标

全面建成社会主义现代化强国，总的战略安排是分两步走：从 2020 年到 2035 年基本实现社会主义现代化；从 2035 年到 21 世纪中叶把我国建成富强民主文明和谐美丽的社会主义现代化强国。[①] 按照全面建设社会主义现代化国家的战略安排，收入分配制度改革目标如下。

到 2029 年，要进一步全面深化改革，坚持以人民为中心，尊重人民主体地位和首创精神，人民有所呼、改革有所应，做到改革为了人民、改革依靠人民、改革成果由人民共享。[②] 我国居民收入增长和经济增长基本同步，劳动报酬提高与劳动生产率提高基本同步，与之相适应的收入分配制度建立完善。**一是初次分配机制进一步完善。**通过实施就业优先战略和更加积极的就业政策，进一步扩大就业创业规模；通过深化工资制度改革，进一步完善企业、机关、事业单位工资决定和增长机制。**二是以税收、社会保障、转移支付为主要手段的再分配调节机制加快健全。**通过健全公共财政体系，完善转移支付制度，加大税收调节力度，不断完善社会保险、社会救助和社会福利制度，基本公共服务均等化取得阶段性成果。**三是第三次分配作用加强，慈善事业实现高质量发展。**慈善监管体系健全有效，扶持政策基本完善，体制机制协调顺畅，全社会支持慈善、参与慈善的氛围更加浓厚，慈善事业对社会救助体系形成有力补充。**四是基本形成公开透明、公正合理的收入分配秩序。**通过大力整顿和规范收入分配秩序，加强制度建设，健全法律法规，加强执法监管，保护合法收入，规范隐性收入，取缔非法收入，收入分配秩序更加公正合理。

到 2035 年，人均国内生产总值达到中等发达国家水平，中等收入群体显著扩大，全体人民共同富裕取得更为明显的实质性进展。要聚焦提高人民生活品质、完善收入分配和就业制度：**一是初次分配制度更加有效，劳动报酬在初次分配中的比重进一步提升。**通过健全工资合理增长机制，保持居民收入与经济增长基本同步，着力提高低收入群体收入，扩大中等收入群体，以提升中低收入群体的财产性收入为重点的创新要素市场化配置体制机制基本建立。最低工资标准调整、工资集体协商和企业薪酬调查制度更加健全，公务员和企业相当人员工资水平调查比较制度建立完善。**二是再分配制度更加完善，共享发展理念落到实处。**现阶段我国居民收入和家庭财产格局还存在一定的不合理状况，制约了共同富裕的实现进程，有必要通过完善再分配制度，对初次分配加以矫正，将共享发展理念落到实处。税收、社保、转移支付等调节力度和精准性持续加大，合理调节过高收入和一定程度的财富集中，使发展成果更多、更公平地惠及全体人民。**三是第三次分配调节充分发挥，公益慈善体制机制更加成熟。**公益慈善事业的顶层设计进一步完善，慈善资源在扶老、救孤、恤病、助残、扶弱、济

---

① 习近平．习近平：高举中国特色社会主义伟大旗帜　为全面建设社会主义现代化国家而团结奋斗——在中国共产党第二十次全国代表大会上的报告［EB/OL］. https：//www. gov. cn/xinwen/2022-10/25/content_5721685. html.

② 中共中央关于进一步全面深化改革　推进中国式现代化的决定［EB/OL］. http：//www. news. cn/politics/20240721/cec09ea2bde840dfb99331c48ab5523a/c. html.

困、托幼、救灾及社会公益方面的调剂、补充作用得到充分发挥，志愿服务体系更好地满足群众需求。

到2050年，在基本实现现代化的基础上，全体人民共同富裕基本实现，**收入分配差距明显缩小**。城乡、区域和居民之间收入差距较大的问题得到有效缓解，**合理的收入分配格局基本形成**。居民收入在国民收入分配中的比重、劳动报酬在初次分配中的比重逐步提高，社会保障和就业等民生支出占财政支出比重明显提升，中等收入群体持续扩大，"橄榄型"分配结构基本形成。**收入分配秩序明显改善**。合法收入得到有力保护，过高收入得到合理调节，隐性收入得到有效规范，非法收入予以坚决取缔，人民享有更加幸福安康的生活，我国成为综合国力和国际影响力领先的社会主义现代化强国。

四、进一步全面深化收入分配制度改革的重点任务

习近平总书记指出，必须自觉把改革摆在更加突出位置，紧紧围绕推进中国式现代化进一步全面深化改革。① 在全面建设社会主义现代化国家、向第二个百年奋斗目标进军的新征程上，要全面贯彻落实党的二十大和二十届二中、三中全会精神，全面深化分配制度改革，坚持按劳分配为主体、多种分配方式并存，构建完善初次分配、再分配、第三次分配协调配套的制度体系。一是要持续优化初次分配格局，努力提高居民收入在国民收入分配中的比重、劳动报酬在初次分配中的比重；二是要逐步健全再分配机制，通过税收、社会保障等机制在做大"蛋糕"的基础上合理分配"蛋糕"；三是要重视发挥第三次分配作用，更好发挥济贫救困功能；四是推进"提低扩中控高"，形成"橄榄型"分配结构；五是加快建立财富积累机制，规范收入分配秩序；六是优化税收和社会保障制度，释放居民消费潜力；七是深化人才工作机制创新，确保收入分配适应新质生产力发展。

（一）持续优化初次分配格局，进一步提高劳动报酬在初次分配中的比重

一是提升就业质量增加劳动者劳动收入。持续实施就业优先战略，坚持经济发展就业导向，扩大就业容量，提升就业质量，促进充分就业。注重缓解结构性就业矛盾，加快提升劳动者技能素质，发展现代职业教育，健全终身职业技能培训制度。加快新一代信息技术与制造业深度融合，挖掘新产业新业态新模式带动就业潜力，创造更多更高质量更高收入的就业岗位。健全就业公共服务体系、劳动关系协调机制，完善重点群体就业支持体系。加快乡村产业振兴，积极促进农民工就业，增加农村居民工资性收入。

二是提高劳动报酬在初次分配中的比重。坚持居民收入增长和经济增长基本同步、劳动报酬提高和劳动生产率提高基本同步，增加劳动者特别是一线劳动者的劳动报酬。完善劳动者工资决定、合理增长、支付保障机制，完善企业薪酬调查和信息发布制度，健全劳动者工资决定、合理增长和支付保障机制，健全最低工资标准调整机制。改革完善事业单位工资、国有企业工资分配等制度。积极推行工资集体协商制度。

① 新华社.4月30日中共中央政治局召开会议　习近平主持会议［EB/OL］. https：//www.gov.cn/yaowen/liebiao/202404/content_6948449.html.

按照自愿、弹性原则，稳妥有序推进渐进式延迟法定退休年龄改革。

三是完善按要素分配制度。实行劳动、资本、土地、技术、管理、知识、数据等生产要素由市场评价贡献、按贡献决定报酬的机制，有利于提高效率效益、推动创新发展和转型升级。要健全各类生产要素由市场决定报酬的机制，拓展和创新收入分配方式。第一，拓宽财产性收入渠道。从农村土地、金融资产入手，探索通过土地、资本等要素使用权和收益权增加中低收入群众要素收入，多渠道增加城乡居民财产性收入。深化农村土地制度改革，赋予农民更加充分的财产权益。有序推动农村宅基地出租、流转、抵押，探索实现已入市农村集体土地与国有土地同地同权，探索农村集体经济收益分配向当地低收入困难群体倾斜。推动资本市场稳定健康发展，丰富居民可投资金融产品，完善上市公司分红激励机制。促进房地产市场持续健康发展，支持居民合理拥有住房资产。第二，增加技术、管理和知识要素收入。鼓励符合条件的企业用足用好股权、期权等工具激励科研人员等核心人才。完善职务科技成果转化激励政策，健全科研人员职务发明成果权益分享机制。第三，构建数据要素收益分配机制。积极培育数据市场并健全数据价值实现机制，科学界定数据要素权属，探索建立合理分配数据要素收益的方法制度，促进数字红利共享。

（二）健全再分配机制，加大税收、社保、转移支付等调节力度，提高调节精准性

一是完善税收调节机制。税收是国家财政的主要来源，也是收入分配的调节利器。第一，优化税制结构。要健全地方税、直接税体系，提高直接税比重，增强税收对收入分配的调节作用。第二，完善个人所得税制度。要健全综合与分类相结合的个人所得税制度，完善专项附加扣除范围和标准，优化个人所得税税率结构。第三，完善消费、财产等方面税收。要加大消费环节税收调节力度，积极稳妥推进房地产税立法和改革，探索建立与数字经济发展相适应的税收制度。第四，完善税收征管。要深化税收征管制度改革，健全自然人税费服务与监管体系，提升税收监管能力。

二是健全社会保障制度。推进基本养老保险由制度全覆盖到法定人群全覆盖，完善灵活就业人员参加职工社会保险制度。发展企业年金、职业年金，规范发展第三支柱养老保险。完善基本医疗保险制度，健全重特大疾病医疗保险和救助制度，支持商业健康保险发展。实现企业职工基本养老保险全国统筹，推动基本医疗保险、失业保险省级统筹，巩固完善工伤保险省级统筹。健全社会保障待遇调整机制。完善社会救助制度兜底功能。完善帮扶残疾人、孤儿等社会福利制度。健全退役军人工作体系和保障制度。

三是加大转移支付力度。第一，完善财政转移支付制度。要继续增加财政转移支付，缩小区域人均财政支出差距，逐步实现主要按常住人口进行均衡性转移支付，增强基层公共服务保障能力。加大对口支援和帮扶工作力度。第二，优化转移支付结构。要明确中央和地方财政事权与支出责任，稳定提高一般性转移支付比重，提高均衡性转移支付在一般性转移支付中的比重。第三，强化转移支付管理。要提高转移支付项

目实施的精准性，提高转移支付资金使用效率，促进转移支付制度化、规范化。

(三) 重视发挥第三次分配作用，更好发挥济贫救困功能

一是支持有意愿有能力的企业、社会组织和个人积极参与公益慈善事业。进入21世纪，我国社会公益事业迅速起步，捐赠财物较快增长，志愿者队伍不断扩大。但公益慈善事业发展总体上仍相对滞后，社会参与不足。要进一步调动社会各方面发展公益慈善事业的积极性，支持更多人财物投入社会公益领域。企业是我国慈善捐赠的主体，目前企业捐赠占款物捐赠总量的60%以上。要鼓励企业更好履行社会责任，积极参与生态治理、民生建设、乡村振兴和区域协调发展，持续增加慈善捐赠。社会组织参与第三次分配具有较好条件，积极有序发展慈善组织，动员更多社会组织从自身实际出发参与慈善捐赠。个人是参与第三次分配的源头活水。目前我国个人捐赠不到捐赠总量的30%，需要提高。要增强个人公益慈善意识，采取财物捐赠、志愿服务、互助互济等多种方式参与公益慈善活动。

二是探索公益慈善活动有效实现形式。第一，完善适合我国国情的慈善组织模式。要加强现代慈善组织制度建设，建立健全非营利法人制度，打造慈善捐赠主平台。完善志愿者注册、服务记录、激励嘉许、保险保障、基层组织等制度，搭建好志愿者服务平台。第二，探索各类新型捐赠模式。要探究金融助力第三次分配的方式，鼓励设立慈善信托。利用数字网络便捷泛在的优势，积极培育和规范发展互联网慈善。第三，拓展慈善捐赠和志愿服务领域。要加大教育、医疗卫生、助残助老、减灾救灾等方面慈善投入，拓展生态环保、文艺、科技等领域慈善活动，支持慈善力量更加及时充分参与重大突发事件救援。

三是完善公益慈善事业政策法规体系和社会文化环境。第一，落实公益慈善税收优惠政策。对非营利组织从事公益性或非营利性活动，予以免税。对企业发生的公益性捐赠支出，不超过年度利润总额12%的部分，准予扣除企业所得税。对个人将其所得用于教育、扶贫、济困等公益慈善事业的捐赠额，未超过纳税人申报应纳所得税额30%的部分，可从其应纳税所得额中扣除。对符合条件的公益慈善事业捐赠，实行企业所得税或个人所得税全额税前扣除。建立健全慈善褒奖制度，让捐赠者获得光荣感和成就感。第二，加强慈善领域法治建设。要执行好《慈善法》《公益事业捐赠法》《红十字会法》《民法典》以及《基金会等管理条例》，推进相关立法修法工作。第三，健全慈善综合监管体系。要加强慈善组织专业化、规范化建设，建立健全慈善组织、志愿者、捐赠方和政府部门协调联动机制，加强政府部门对慈善行业的监督管理。第四，创造有利于公益慈善事业发展的社会环境。要弘扬中华民族乐善好施、守望相助的传统文化，提倡向上向善、关爱社会，引导更多个人、社团和企业自愿积极参与社会公益事业。

(四) 推进"提低扩中控高"，形成更加合理的收入分配格局

一是着力扩大中等收入群体规模，推动更多低收入人群迈入中等收入行列。要提高高等教育质量，做到学有专长、学有所用，帮助他们尽快适应社会发展需要。技术

工人也是中等收入群体的重要组成部分，要加大技能人才培养力度，提高技术工人工资待遇，吸引更多高素质人才加入技术工人队伍。中小企业主和个体工商户是创业致富的重要群体，要改善营商环境，减轻税费负担，提供更多市场化的金融服务，帮助他们稳定经营、持续增收。进城农民工是中等收入群体的重要来源，要深化户籍制度改革，解决好农业转移人口随迁子女教育等问题，让他们安心进城，稳定就业。要适当提高公务员特别是基层一线公务员及国有企事业单位基层职工工资待遇。要增加城乡居民住房、农村土地、金融资产等各类财产性收入。

二是促进基本公共服务均等化，帮扶保障低收入群体。低收入群体是促进共同富裕的重点帮扶保障人群。要加大普惠性人力资本投入，有效减轻困难家庭教育负担，提高低收入群众子女受教育水平。要完善养老和医疗保障体系，逐步缩小职工与居民、城市与农村的筹资和保障待遇差距，逐步提高城乡居民基本养老金水平。要完善兜底救助体系，加快缩小社会救助的城乡标准差异，逐步提高城乡最低生活保障水平，兜住基本生活底线。要完善住房供应和保障体系，坚持房子是用来住的、不是用来炒的定位，租购并举，因城施策，完善长租房政策，扩大保障性租赁住房供给，重点解决好新市民住房问题。

三是加强对高收入的规范和调节，防止两极分化。在依法保护合法收入的同时，要防止两极分化、消除分配不公。要合理调节过高收入，完善个人所得税制度，规范资本性所得管理。要积极稳妥推进房地产税立法和改革，做好试点工作。要加大消费环节税收调节力度，研究扩大消费税征收范围。要加强公益慈善事业规范管理，完善税收优惠政策，鼓励高收入人群和企业更多回报社会。要清理规范不合理收入，加大对垄断行业和国有企业的收入分配管理，整顿收入分配秩序，清理借改革之名变相增加高管收入等分配乱象。要坚决取缔非法收入，坚决遏制权钱交易，坚决打击内幕交易、操纵股市、财务造假、偷税漏税等获取非法收入行为。

（五）加快建立财富积累机制，规范收入分配秩序

合理的收入分配秩序和规范的财富积累机制是保证社会公平正义的关键。要保证发展成果由人民共享，管控好两极分化，必须构建公开透明、公正合理的分配秩序，形成促进公平、体现效率的财富积累机制，未来要以健全法律法规为重点，规范收入分配秩序和财富积累机制。一方面，要不断完善收入分配调控的政策体系和法律体系，建立个人收入和财产信息系统，保护合法收入，调节过高收入，清理和规范隐性收入，取缔非法收入。完善工资收入分配制度，规范工资收入分配秩序，围绕更好体现不同职业群体的特点，深化企业事业单位薪酬分配制度改革，有效发挥激励导向作用。另一方面，要构建财富积累的分化管控与鸿沟消弭机制，鼓励实体性、创新性的生产资料和要素的有序积累，下大力气遏制投机性、虚拟性金融资产和资本的无序扩张，积极引导金融服务支持实体经济，保持财富积累的结构均衡。

（六）优化税收和社会保障制度，释放居民消费潜力

一是完善社会保障体系，控制预防性储蓄水平。政府应当充分运用财政政策，有

效调控财政收支，健全社会保障体系，提高人民群众的社会安全感，减少因风险而进行的预防性储蓄，从而释放更多的资金用于消费。**二是优化企业部门和居民部门的利润分配模式，改善居民消费预期**。加强企业利润分配制度的改革。科学设定员工绩效评估机制，确保利润分配公平公正，设立与企业绩效挂钩的奖励机制。完善企业内部管理制度，提高企业的运营效率和利润水平，从根本上保障利润分配制度的执行效果。**三是通过财税体制改革优化财富的再分配**。调整个人所得税制度，适度增加个人所得税的起征点，减轻中低收入者的税收压力。推进资源税改革，基于各地区资源条件的差异合理确立税率水平，避免统一税率给企业造成结构性负担。健全转移支付机制，通过调整中央与地方的税收收入划分比例、财政转移支付标准等方式，促进地区间收入差距的逐步缩小。

（七）深化人才工作机制创新，确保收入分配适应新质生产力发展

习近平总书记强调，深化人才工作机制创新。要按照发展新质生产力要求，畅通教育、科技、人才的良性循环，完善人才培养、引进、使用、合理流动的工作机制。要健全要素参与收入分配机制，激发劳动、知识、技术、管理、资本和数据等生产要素活力，更好体现知识、技术、人才的市场价值，营造鼓励创新、宽容失败的良好氛围。[①] 下一步，**一是分类推进技术工人薪酬制度改革**。指导企业根据业务特点，选择适用的分配制度和分配形式。属于新一代信息技术、高端装备制造、新材料、新能源汽车等战略性新兴产业和未来产业的企业，可更多探索项目跟投、科技成果转化奖励、股权激励等激励性强的中长期激励方式，进一步畅通技能要素参与企业价值分配的途径。**二是完善政府人才政策和指导服务功能**。在人才引进、评选、表彰、奖励政策中更多考虑生产、服务岗位和技术技能人才特点，特别是对战略性新兴产业和未来产业的优秀人才加大倾斜力度，支撑新质生产力发展，更好地指导企业科学分配薪酬资源。有条件的工业园区、产业园区、自贸区等可探索制定园区内或特定行业工资指导意见，提炼和推广具有区域、行业、职业特色的技术工人分配、评价制度。持续发布生产制造和服务岗位的市场工资价位，健全技术工人需求动态分析体系。支持国有企业对符合国家要求的“高精尖缺”技术工人实行年薪制或协议工资制等灵活分配形式。**三是引导企业综合运用物质和精神激励手段**。除薪酬分配制度外，鼓励企业采用多种福利待遇和开展表彰、授予荣誉、搭建创业平台等非物质激励手段，激发技术技能人才的责任感使命感。探索建立技能人才创新基金，支持高技能人才跨地区、跨分子公司开展专项技术攻坚；优化优秀技能人才培育计划，与国内外高等院校和上下游关联企业联合开展定向或滚动培养。**四是鼓励企业通过协商协调机制提升激励效果**。利用企业集体协商和民主管理机制，让技术技能人才更多参与企业劳动管理、工时标准、考核评价、薪酬分配等涉及自身权益的决策过程。

---

① 新华社．1 月 31 日习近平在中共中央政治局第十一次集体学习时强调：加快发展新质生产力　扎实推进高质量发展［EB/OL］. https：//www. gov. cn/yaowen/liebiao/202402/content_6929446. html.

深入推进社会保障制度改革，在中国式现代化进程中增进民生福祉

社会保障体系是人民生活的安全网和社会运行的稳定器。[①] 改革开放 46 年来，我国社会保障制度日趋健全完善，从探索企业职工退休费用社会统筹，到相继建立养老、医疗、失业、工伤、生育保险制度，形成了一套与社会主义市场经济体制相适应的制度体系。特别是党的十八大以来，我国成功建立了具有鲜明中国特色、世界上规模最大、功能完备的社会保障体系，社会保障事业发展取得历史性成就。当前，我国社会保障制度改革已进入系统集成、协同高效的阶段。但也要看到，在少子老龄化、经济内生动力不足、重点领域风险隐患较多的背景下，社会保障体系改革面临多重挑战，中国式现代化对社会保障体制的“全覆盖”“精准性”“公平性”提出更高要求。当前和今后一个时期是以中国式现代化全面推进强国建设、民族复兴伟业的关键时期，必须全面贯彻落实党的二十届三中全会精神，紧紧围绕推进中国式现代化，进一步深化社会保障制度改革，健全社会保障体系。具体而言，要加快养老、医疗等领域社会保险制度的改革步伐，巩固提高社会保险统筹层次，完善筹资和待遇调整机制。特别需要注意的是，聚焦新就业形态就业人员、灵活就业人员、农民工等重点群体，优化完善社会保障制度“全覆盖”；重点关注低收入群体需求，健全分层分类社会救助体系；缩小城乡间、区域间社保待遇差距，以公平公正原则实现共同富裕的愿景，不断为中国式现代化注入强劲动力、提供有力制度保障。

一、社会保障制度改革 46 年的主要历程、基本经验与伟大成就

社会保障是保障和改善民生、维护社会公平、增进人民福祉的基本制度保障，是促进经济社会发展、实现广大人民群众共享改革发展成果的重要制度安排，发挥着民生保障安全网、收入分配调节器、经济运行减震器的作用，是治国安邦的大问题。[②] 改革开放以来，我国将社会保障作为改善人民生活的基础民生工程，稳步推进社会保障体系建设，取得了重大进展。从 20 世纪 80 年代探索企业职工退休费用社会统筹，到相继建立养老、医疗、失业、工伤、生育保险制度，社会保障法律法规体系不断健全，制度框架基本形成。目前，我国基本建成功能完备的社会保障体系，是世

---

① 习近平．高举中国特色社会主义伟大旗帜　为全面建设社会主义现代化国家而团结奋斗——在中国共产党第二十次全国代表大会上的报告［EB/OL］. https：//www. gov. cn/xinwen/2022-10/25/content_5721685. html.

② 新华社．促进我国社会保障事业高质量发展、可持续发展［EB/OL］. https：//www. gov. cn/xinwen/2022-04/15/content_5685399. html.

界上规模最大的社会保障体系，为人民创造美好生活提供了重要保障，为打赢脱贫攻坚战提供了坚强支撑，为如期全面建成小康社会、实现第一个百年奋斗目标提供了有利条件。

（一）社会保障制度改革的主要历程

改革开放46年来，我国社会保障制度实现了从企业单位保障到社会保障，从企业单一责任到国家、单位和个人三方责任共担，从城镇到农村，从城镇职工到城乡居民的重大转变，建成了具有鲜明中国特色、世界上规模最大、功能完备的社会保障体系。我国社会保障制度改革大致经历了四个阶段：1978—1986年，我国仍以“国家—单位保障”制度为主，部分地区探索社会统筹试点；1986—2002年，“七五”计划首次提出“社会保障”概念，我国社会保障制度逐步从“国家—单位保障”向“国家—社会保障”转型；2002—2012年，全面小康目标的指引下，社会保障体系建设进入城乡统筹、全民覆盖、全面发展时期；2012年至今，中国特色社会主义进入新时代，我国社会保障制度进入顶层设计的快速发展时期，不断向更加公平、可持续的目标迈进。

1. 第一阶段（1978—1986年）：我国实行“国家—单位保障”制度，部分地区尝试探索社会统筹

1978年以前，我国长期实行的是与计划经济体制相配套的退休和医保制度，这实质上是建立在计划经济体制下的“企业或单位保险制度”，由企业包揽劳动者生老病死伤残等所有福利。“文革”期间，社会保障制度进入蜕变停滞期，国家撤销了负责社会保障的内务部，管理劳动保险的中华全国总工会也处于停滞状态。1978年3月，第五届全国人大第一次会议通过的《宪法》，对养老保障、医疗保障、社会福利、贫困救助及军烈属生活保障等方面作出了原则性规定。1978年6月，国务院颁布了《关于安置老弱病残干部的暂行办法》和《关于工人退休、退职的暂行办法》，恢复了中断多年的干部与国营企业职工退休退职制度。随后，部分地区开始尝试退休费用的社会统筹。从1984年开始，江苏省泰州市、广东省东莞市和江门市、辽宁省黑山县、四川省自贡市等地纷纷开展国营企业退休费用社会统筹的试点，但这一时期，**“国家—单位保障”的模式基本未被触动。**

2. 第二阶段（1986—2002年）：“七五”计划首次提出“社会保障”的概念，社会保障制度由“国家—单位保障”向“国家—社会保障”转型

1986年4月，第六届全国人大审议通过《国民经济和社会发展第七个五年计划》，**首次提出了“社会保障”的概念，**还设单独章节阐述了社会保障改革与社会化问题。从“七五”计划开始，随着经济体制改革和国企改革启动，我国社会保障事业朝着社会化改革方向迈进。1993年11月，党的十四届三中全会通过**《中共中央关于建立社会主义市场经济体制的若干问题的决定》，将社会保障确认为市场经济体系的五大支柱之一，**提出“实行社会统筹和个人账户相结合”“建立多层次的社会保障体系”“社会保险行政管理和社会保险基金经营要分开”原则，确立了社会保障体系的改革方向。

到 1998 年 3 月，国务院机构改革方案决定在原劳动部基础上**成立劳动和社会保障部**，初步理顺了社会保险管理体制。

这一时期，社会保障领域的各项改革同步进行。**养老保险领域**，1991 年 6 月，国务院发布了《关于企业职工养老保险制度改革的决定》，首次提出建立多层次养老保险体系框架，明确基本养老保险实行“省级统筹”。1995 年 3 月，国务院印发《关于深化企业职工养老保险制度改革的通知》（国发〔1995〕6 号），确立了社会统筹和个人账户相结合的新基本养老制度框架，提出探索建立补充养老金制度。1997 年，国务院正式颁布《关于建立统一的企业职工基本养老保险制度的决定》（国发〔1997〕26 号），标志着具有中国特色的社会基本养老保险制度正式建立。**医疗保险领域**，1994 年，“两江试点”启动，江苏省镇江市、江西省九江市进行社会统筹与个人账户相结合的社会医疗保险制度的试点，为全国医保制度改革探索经验，医疗社会保险开始取代公费医疗与劳保医疗。**失业保险领域**，1986 年，国务院颁布了《国营企业职工待业保险暂行规定》，我国失业保险制度初步建立，为确保下岗人员的基本生活。1999 年 1 月，国务院发布了《失业保险条例》，将覆盖对象扩大到城镇所有企业事业单位及其职工。该阶段，各项社会保障制度从地方试点开始走向制度统一和模式定型，社会保险制度改革随着市场经济改革的步伐加快而加快，其体现了为市场经济改革服务、以养老保险改革和医疗保险改革为重点的特色。

3. 第三阶段（2002—2012 年）：全面小康目标的指引下，社会保障体系建设进入城乡统筹、全民覆盖、全面发展时期

从党的十六大到党的十八大，以统筹城乡发展为显著标志，社会保障体系建设进入城乡统筹、全民覆盖、全面发展时期。2002 年 11 月，党的十六大提出了全面建设小康社会的奋斗目标，并明确**“健全社会保障体系”“建立同经济发展水平相适应的社会保障体系”**的要求，社会保障体系建设进入以政府基本公共服务均等化为主线的新发展阶段。这一时期，以统筹城乡发展为显著标志，社会保障覆盖面开始往城乡居民扩展，逐步推进新型农村合作医疗制度试点、城镇居民基本医疗保险试点、农村最低生活保障制度、住房保障制度改革等。在此期间，国家还制定实施了支持发展企业年金、商业保险和城乡医疗救助的政策措施，多层次的社会保障体系框架初步形成。2011 年，作为我国第一部社会保险综合性法律，**《社会保险法》**正式实施，社会保险事业迈入法治时代。

分领域看，**在基本养老保险方面**，2003 年，我国开始探索新农保，2009 年推开试点；2011 年 6 月，在全国逐步推行城镇居民养老保险。**在医疗保险方面**，在 1998 年 12 月建立和实施城镇职工基本医疗保险制度的基础上，2002 年 10 月建立新农合并试点；2003—2010 年，逐步将城镇基本医疗保险由国有、集体企业进一步扩大覆盖范围到所有人群。**在工伤保险方面**，2004 年 1 月，《工伤保险条例》（中华人民共和国国务院令〔第 375 号〕）正式施行，为职工权益与安全生产提供保障。**在社会救助方面**，2003 年，民政部等三部门发布《关于实施农村医疗救助的意见》（民发〔2003〕158 号）；2005 年 2 月，国务院转发《关于建立城市医疗救助制度试点工作意见》，标志着农村和城市医疗救助制度相继建立。2007 年 7 月，国务院颁发《关于在全国建立农村最低生活保障制度的通知》（国发〔2007〕19 号），要求各地从实际情况出发，建立农村最低生活保障制度。**在补充保障方面，**2004 年《企业年金试行办法》（中华人民共和国劳动和社会保障部令〔第 20 号〕）的颁布，标志着我国企业年金制度的正式建立。

4. 第四阶段（2012 年至今）：社会保障制度进入顶层设计的快速发展期，向更加公平可持续的目标迈进

党的十八大以来，中国特色社会主义进入新时代，我国社会保障制度进入顶层设计的快速发展时期。2012 年 11 月，党的十八大报告提出“全面建成覆盖城乡居民的社会保障体系”。2013 年，党的十八届三中全会通过《中共中央关于全面深化改革若干重大问题的决定》，提出**社会保障制度改革的总目标是“建立更加公平可持续的社会保障制度”**。2022 年 10 月，在党的十九大报告“全面建成覆盖全民、城乡统筹、权责清晰、保障适度、可持续的多层次社会保障体系”的基础上，党的二十大报告提出**“健全覆盖全民、统筹城乡、公平统一、安全规范、可持续的多层次社会保障体系”，**进一步丰富了社会保障制度的内涵。2024 年 7 月，党的二十届三中全会通过的《决定》提出**“健全社会保障体系”“完善基本养老保险全国统筹制度”“健全社保基金保值增值和安全监管体系”“健全社会救助体系”**等举措。在全面建设社会主义现代化国家、向第二个百年奋斗目标进军的新征程上，必须把增进民生福祉、促进社会公平作为发展社会保障事业的根本出发点和落脚点，做到全国一盘棋，织密筑牢社会保障安全网，不断提高人民生活品质。这一时期，社会保障体系建设驶入快车道，**一是多层次社会保障体系建设积极推进，**大病保险制度、企业年金、职业年金相继建立，长期护理保险制度试点范围继续扩大；**二是社会保险制度结构不断优化，**建成了统筹城乡的基本养老保险制度和基本医疗保险制度，实施医疗保险与生育保险的合并，实现机关事业单位职工和企业职工基本养老保险制度并轨；**三是社会救助制度创新发展，**包括医疗救助、农村和城镇最低生活保障制度在内的各项制度得以建立与完善，社会救助制度从残补型走向制度型，构建起了中国社会保障体系的兜底保障线。

（二）改革的总体框架、基本方向和难点卡点

改革是推动发展的根本动力，是推进社会保障制度更加成熟定型的必然要求。经过多年改革，我国社会保障体系的“四梁八柱”已基本确立，建立起适合社会主义市场经济体制改革发展需要的制度体系。但也要看到，当前社会保障领域还存在诸多瓶颈。一是城乡分割问题长期存在，导致社会保障在城乡之间的不平衡；二是社会保险统筹层次长期处于偏低状态，导致各地区社保发展不平衡；社会保障共建共享、协同供给机制尚不完善，距离建成与现代化国家相适应的社会保障制度还有一定差距。

1. 总体框架

我国社会保障是各种社会保险、社会救助、社会福利、军人保障、医疗保健、福

利服务以及各种政府或企业补助、社会互助保障等社会措施的总称。① 改革开放以来，我国先后建立养老、医疗、失业、工伤、生育保险制度，形成社会保障制度基本框架，在法制方面形成了以《社会保险法》为核心的社会保障法治化制度体系。

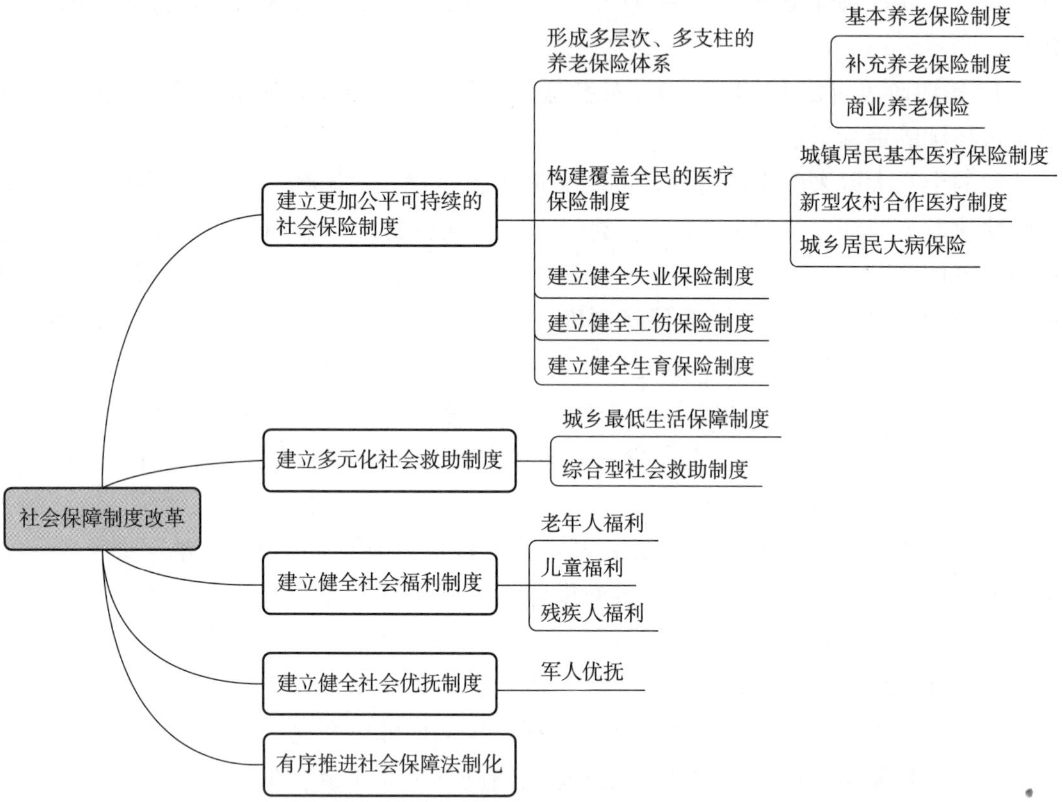

图 9-2　社会保障制度改革的总体框架

（1）形成多层次、多支柱的养老保险体系

改革开放初期，我国社会养老保险制度更多是作为国企改制的配套措施。直到1991年，《国务院关于企业职工养老保险制度改革的决定》（国发〔1991〕33号）提出“逐步建立起基本养老保险与企业补充养老保险和职工个人储蓄性养老保险相结合的制度”，由“国家、企业、个人三方共同负担”。经此，**我国养老保险体系开始朝“多层次”的结构性改革方向迈进**。1995年，《国务院关于深化企业职工养老保险制度改革的通知》提出，鼓励建立企业补充养老保险和个人储蓄性养老保险的具体安排。1997年，《国务院关于建立统一的企业职工基本养老保险制度的决定》（国发〔1997〕26号），要把改革企业职工养老保险制度与建立多层次的社会保障体系紧密结合起来。在此阶段，基本养老保险制度得以发展壮大，对补充或储蓄性养老保险则是以鼓励为主。**此后，“多层次”成为我国官方文件的固定表述并延续下来**。2005年，《国务院关于完善企业职工基本养老保险制度的决定》（国发〔2005〕38号）提出，建立多层次

① 郑功成．社会保障学［M］．北京：商务印书馆，2000（9）：11.

养老保险体系，划清中央与地方、政府与企业及个人的责任。2006 年，国家“十一五”规划纲要要求建立健全与经济发展水平相适应的分层次、广覆盖的社会保障体系。2011 年，国家“十二五”规划纲要完善了相关表述，提出“坚持广覆盖、保基本、多层次、可持续方针”“发展企业年金和职业年金”“发挥商业保险补充性作用”。2012 年，我国实现基本养老保险制度全面覆盖城乡居民。2015 年，以国务院发布《机关事业单位工作人员养老保险制度改革的决定》（国发〔2015〕2 号）为主要标志，**普遍性养老金制度得以确立**。2017 年，党的十九大报告明确提出，要“全面建成覆盖全民、城乡统筹、权责清晰、保障适度、可持续的多层次社会保障体系”。此阶段，商业保险发挥的仍是补充性作用。2018 年，金融监管总局《关于开展个人税收递延型商业养老保险试点的通知》（金规〔2023〕4 号）提出，“推进多层次养老保险体系建设，对养老保险第三支柱进行有益探索”，**这是我国官方文件中首次出现“第三支柱”的表述**，而商业养老保险被当作第三支柱的探索形式。2021 年，国家“十四五”规划纲要表述更新为“发展多层次、多支柱养老保险体系”，**这是党和国家的纲领性文件首次对养老保险体系使用“多支柱”的表述**，至此，我国多层次、多支柱养老保险体系的总体架构基本形成。第一层次为政府主导的基本养老保险制度，包括城镇职工基本养老保险（含企业、机关事业单位）、城乡居民基本养老保险等支柱，都采用现收现付与个人账户相结合的筹资模式。第二层次为单位主办、市场化管理的补充养老保险制度，主要包括机关事业单位的职业年金、城镇企业职工的企业年金这两个支柱。第三层次则是个人自愿的商业养老保险，包括多种能起保险保障作用的养老金融工具，如养老储蓄、养老年金保险、养老目标基金、养老信托、养老理财、住房反向抵押贷款等金融产品。

（2）构建覆盖全民的医疗保险制度

自 1987 年起，职工大病医疗费用社会统筹和退休人员医疗费用社会统筹开始在北京、四川等地区的部分行业和市县进行试点。1989 年 3 月，国务院转批国家体改委《关于 1989 年经济体制改革要点的通知》，决定在湖南省株洲、湖北省黄石、吉林省四平和辽宁省丹东进行公费医疗保险制度改革试点，在广东省深圳市、海南省进行社会保障综合改革试点，其基本思路是提高医疗保险制度的社会化程度，实施医疗费用在政府、用人单位和医院之间的三方负担，**标志着我国社会医疗制度进入实质性改革阶段**。1994 年 4 月，国家体改委等 4 部门联合制定了《关于职工医疗制度改革的试点意见》（体改分〔1994〕51 号），随后在江西省九江市、江苏省镇江市开展职工医疗保险制度的试点工作，**探索“统账结合”的医疗保险制度**。1998 年 12 月，国务院印发《关于建立城镇职工基本医疗保险制度的决定》（国发〔1998〕44 号），正式确立了社会统筹和个人账户相结合、单位和职工共同缴费、覆盖城镇所有用人单位的职工基本医疗保险制度。与此同时，通过实施大额医疗费用补助办法、公务员医疗补助措施、企业补充医疗保险计划，实行针对特困群体的社会医疗制度，建立起了多层次医疗保障体系。2003 年 1 月，国务院转发卫生部等部门制定的《关于建立新型农村合作医疗制度的意见》（国办发〔2003〕3 号），明确了建立新农合制度的目标、原则和实施细节，并要求各地组织试点，**新农合制度逐步建立**。2007 年 7 月，国务院发布《关于开展城镇居民基本医疗保险试点的指导意见》（国发〔2007〕20号），**标志着基本医疗保险在制度层面实现全覆盖**。2012年8月，国家发展改革委等6部门印发《关于开展城乡居民大病保险工作的指导意见》（发改社会〔2012〕2605号），探索建立重特大疾病保险制度。2015年，我国全面推进大病医疗保险，**全民医保体系基本建成**，为全民从根本上解除疾病后顾之忧并向健康中国迈进提供了稳定可靠的制度保障。2016年1月，国务院颁发《关于整合城乡居民基本医疗保险制度的意见》（国发〔2016〕3号），提出整合新型农村合作医疗和城镇居民基本医疗保险制度，**建立统一的城乡居民基本医疗保险制度**。2016年12月，人力资源社会保障部、财政部正式启动异地就医住院费用的直接结算工作，不断规范和完善直接结算工作，并且从异地就医住院费用的直接结算迈向兼顾异地门诊费用的直接结算。2020年《中共中央 国务院关于深化医疗保障制度改革的意见》的发布，强调要加快建成覆盖全民、城乡统筹、权责清晰、保障适度、可持续的多层次医疗保障体系。

（3）建立健全失业保险、工伤保险、生育保险制度

在失业保险方面，1986年国务院发布《国营企业职工待业保险暂行规定》，标志着待业保险制度的建立。1999年1月，国务院发布《失业保险条例》，建立起了覆盖所有企事业单位的失业保险制度。**在工商保险方面**，1996年8月，劳动部印发《企业职工工伤保险试行办法》，规定了工伤保险的管理程序、认定条件、支付标准，设立工伤保险基金，建立了工伤保险制度。2004年1月，《工伤保险条例》正式施行，为职工权益与安全生产提供保障。**在生育保险方面**，1994年，劳动部颁布《企业职工生育保险试行办法》，将原来企业和单位负担和管理的生育保障方式改为实行社会统筹，推动了生育保险制度发展。

（4）持续推进社会保障的城乡统筹

2003年，科学发展观提出，经济与社会协调发展，城镇与农村统筹发展，理论上突破了社保体系作为国企配套措施的局限性，农村居民和城镇居民的相关社会保障项目开始正式纳入我国社会保障体系建设。**一是建立城乡居民基本医疗保险制度**。2003年，国务院办公厅转发了卫生部、财政部和农业部联合发布的《关于建立新型农村合作医疗制度的意见》（国办发〔2003〕3号），2007年国务院发布《关于开展城镇居民基本医疗保险试点的指导意见》（国发〔2007〕20号）。以上两个文件第一次把我国基本医疗保障制度扩展到城镇和农村居民，填补了我国基本医疗保险制度覆盖面的空白。**二是建立城乡居民基本养老保险制度**。从2003年开始，各地在总结“老农保”经验的基础上，开始探索新型农村养老保险制度。2009年国务院出台《关于开展新型农村社会养老保险试点的指导意见》（国发〔2009〕32号），2011年国务院印发《关于开展城镇居民社会养老保险试点的指导意见》（国发〔2011〕18号），决定在全国逐步推行城镇居民养老保险。这标志着在制度设计层面上，实现了全体国民“老有所养”的全覆盖。**三是建立覆盖城乡的最低生活保障制度**。在总结部分地区试点经验的基础上，2007年颁布了《国务院关于在全国建立农村最低生活保障制度的通知》（国发〔2007〕19号）。**2012年，社会保障制度城乡一体化提到了议事日程**。2012年，

《国务院关于进一步加强和改进最低生活保障工作的意见》（国发〔2012〕45号）颁布，适应新形势，对城乡享受低保人员的对象认定、标准制定、规范管理、能力建设等提出了明确要求。2014年，国务院印发《关于建立统一的城乡居民基本养老保险制度的意见》（国发〔2014〕8号）；2016年，国务院下发《关于整合城乡居民基本医疗保险制度的意见》（国发〔2016〕3号）。最低生活保障、城乡居民的基本养老保险和基本医疗保险，这三方面实现了城乡一体化，对统筹城乡发展，推进城乡基本公共服务均等化，具有重要的意义。

（5）逐步建成社会救助、社会福利和社会优抚制度

在社会救助方面，我国逐步建立起多元化救助制度体系，其中最为核心的是城乡最低生活保障制度的建立。经过多地多年试点，1999年国务院颁布《城市居民最低生活保障条例》（国务院令第271号）。2007年，国务院印发《关于在全国建立农村最低生活保障制度的通知》（国发〔2007〕19号），全国31个省（自治区、直辖市）、2777个涉农县（市、区）全部建立农村最低生活保障制度。党的十八大以来，国家进一步整合社会救助体系。2014年，以国务院制定并实施《社会救助暂行办法》（国务院令第649号）为主要标志，由民政部主导，以最低生活保障与特困人员供养制度、受灾人员救助以及医疗救助、教育救助、住房救助、就业救助和临时救助为主体，社会力量参与为补充的综合型社会救助制度基本形成。2015年，国务院又决定全面建立临时性的急难型救助，使综合型社会救助制度进一步健全。2023年10月，国务院办公厅转发民政部等单位印发的《关于加强低收入人口动态监测做好分层分类社会救助工作的意见》（国办发〔2023〕39号），进一步扩大了救助范围，扎牢低收入人口社会救助的"托底线"。

在社会福利方面，我国社会福利制度主要包含老年人福利、儿童福利、残疾人福利等内容。老年人福利方面，从强调养老服务体系各构成部分的职责分工到强调构成部分的协同与配合，从老年人基本照料服务到老年人医疗、养老、康复等相结合的普惠性养老服务，我国养老服务内涵不断丰富与更新。残疾人与儿童福利方面，我国于2015年、2016年分别发布了《国务院关于全面建立困难残疾人生活补贴和重度残疾人护理补贴制度的意见》（国发〔2015〕52号）、《关于加强困境儿童保障工作的意见》（国发〔2016〕36号）等文件，对残疾人、儿童以及残疾儿童等社会福利待遇层面予以规范，落实了残疾人两项补贴政策，扩大了儿童福利范围，由孤残儿童扩展到困境儿童，残疾人福利和儿童福利的普惠性凸显。2021年，《"十四五"残疾人保障和发展规划》（国发〔2021〕10号）及《"十四五"民政事业发展规划》（民发〔2021〕51号）等文件进一步提出在"十四五"时期应加强对儿童、残疾人等群体社会福利的普惠性，强化了社会福利的普惠性属性。

在社会优抚方面，我国社会优抚制度主要是指面向军人及其家属的优抚保障制度。2018年第十三届全国人大第一次会议针对我国退役军人的特殊性及其合法权益的保护，决定在国务院组织部门中增设退役军人事务部，对转业、复员、退休、退役等军人实施统一管理，退休军人的优抚保障待遇实现了专项性与规范化管理，并于2019

年对《军人抚恤优抚条例》涉及的相关部门给予调整与明确。2021 年我国发布了该条例的意见征求稿，进一步优化对军人优抚的保障范围、优抚方式与优抚水平。

（6）有序推进社会保障法治化

自 1992 年之后，我国出台了大批与市场经济体制相配套的法律制度，这些法律制度中，包含若干社会保障类法律法规，从立法层面拉开了中国社会保障法治建设的序幕。1994 年，《劳动法》颁布，其中专章规定了社会保险制度。之后，我国社会保险制度改革和立法同步推进，《失业保险条例》《工伤保险条例》先后出台。在众多政策文件基础上，2011 年我国正式实施《社会保险法》，对社会保险制度的框架及基本内容进行了规范，为各项社会保险制度的实际运行提供了基本的法律依据，而且确立了中国特色的社会保障体系是以权利和义务相结合的缴费型社会保险为主体的制度，从而成为新型社会保障体系建设走向法治化的重要标志。此后，各项法治建设不断完善，社会保障的法治化建设程度越高。例如，2012 年，我国制定与实施了《军人保险法》。这是新中国成立以来国家专门就军人保险事务制定的第一部法律，弥补了《社会保险法》中对军人保险规范不足的缺憾。2014 年，国务院以行政法规的形式调整社会救助领域的问题出台《社会救助暂行办法》（国务院令第 649 号）。2021 年 12 月，人力资源社会保障部印发了《人力资源和社会保障法治建设实施方案（2021—2025 年）》（人社部发〔2021〕96 号）。此外，国家立法机关也在加速制定《慈善法》，2015 年 10 月、12 月先后经第十二届全国人大常委会第十七、十八次会议两次审议，并决定提交 2016 年 3 月举行的第十二届全国人民代表大会第四次会议审议通过。2022 年，习近平总书记在中央政治局进行第二十八次集体学习时强调，**要从立法、执法、司法、守法各环节加强社会保障工作**，在法治轨道上推动社会保障事业健康发展。要加强社会保障立法工作，加快制定或修订社会保险、社会救助、社会福利等方面的相关法律，依法落实各级政府和用人单位、个人、社会的社会保障权利、义务、责任。要依法健全社会保障基金监管体系，防范化解基金运行风险，维护基金安全。2023 年 9 月，社保经办领域首部行政法规《社会保险经办条例》（国令第 765 号）发布，标志着社保经办工作的法治化、规范化、精细化迈上新台阶。

2. 基本方向

我国在社会保障领域进行了一系列改革探索，始终坚持全体人民共同富裕的实践要求，强化社会保障制度的收入再分配功能，扩大社会保障可及性，积极推动高质量参保；增强社会保障可持续性，优化社会保障的体系结构和运行机制；提高社会保障安全性，健全基金监管体系；深化社会保障规范性，加强法治建设，改革的系统性、整体性、协同性进一步增强。

（1）坚持全体人民共同富裕的实践要求，强化社会保障制度的收入再分配功能

中国式现代化是全体人民共同富裕的现代化，共同富裕是中国特色社会主义的本质要求。促进共同富裕，完善初次分配和再分配体制机制、实现分配正义是关键。这就要求社会保障制度改革适应社会主要矛盾的变化，顺应人民对美好生活的期待，以建设公平统一的社会保障体系为目标，着力解决社会保障事业发展不平衡不充分的矛盾，加大再分配力度，强化互助共济功能，逐步缩小城乡之间、区域之间、人群之间的社会保障待遇差距，不断推动幼有所育、学有所教、劳有所得、病有所医、老有所养、住有所居、弱有所扶取得新进展，进一步织密社会保障安全网。

（2）扩大社会保障可及性，积极推动高质量参保

扩大可及性的目的是将更多的人群纳入覆盖范围。这既是促进社会公平的必然要求，也体现了社会保险“大数法则”的内在规律。这就需要把高质量参保作为工作重点，聚焦新业态就业人员、灵活就业人员、农民工等重点群体，完善参保政策措施，推动参保人数增长、结构优化、费率与待遇水平相适应，解决一些群体“漏保”“脱保”“断保”问题。扩大新就业形态就业人员职业伤害保障试点。聚焦加快建设全国统一大市场和促进区域协调发展，统一规范有关政策、待遇标准等，完善转移接续制度，更好促进劳动力和人才流动。

（3）增强社会保障可持续性，优化社会保障的体系结构和运行机制

增强可持续性是社会保障制度建设的基本要求，关乎人民群众对民生保障的信心和预期。改革创新是增强制度可持续性的动力源泉。这就要求持续推进企业职工基本养老保险全国统筹，开展省级政府养老保险工作考核，积极发展第三支柱养老保险，全面推开个人养老金制度，提高覆盖率和缴费水平。健全城乡居民养老保险制度，稳步推动更多有条件的集体经济组织等对参保人缴费给予补助，鼓励多缴多得、长缴多得。继续巩固完善失业保险、工伤保险省级统筹。

（4）提高社会保障安全性，健全基金监管体系

提高安全性关系到参保群众的每一分“养老钱”、每一笔“救急款”，关系到社会保障制度的可靠运行。这就要求始终绷紧基金安全风险防控这根弦，压实主体责任，落实监督责任，坚持以零容忍的态度严厉打击欺诈骗保、套保或挪用贪占等违法行为，持续筑牢政策、经办、信息、监督“四位一体”防控体系，强化人防、制防、技防、群防“四防”协同。探索全国统筹业务大管控模式向全险种推广，不断提高基金风险防控水平。

（5）深化社会保障规范性，加强法治建设

深化规范性是巩固社会保障重大改革成果、促进制度成熟定型的重要保障。我国社会保障领域整体上主要依靠部门规章、政策文件来规范运行、调节利益，一些运行多年的社会保障制度政策，需要上升为法律法规，以增强基金收支管理刚性约束，明晰中央和地方事权。一些法律法规，也需要根据新的情况变化适时完善。这就需要突出法治建设，强化制度规范统一。根据新形势和重大改革要求，推动加强“废改立”工作，做到改革于法有据。加大现有法律法规的贯彻实施力度，及时完善配套政策和实施细则。坚持从严执法，加大普法宣传力度，加强协同联动，提高法律法规权威性和执行力。

3. 难点卡点

在推进社会保障制度改革的过程中，也要看到当前社会保障领域还存在诸多瓶颈。一是城乡分割问题长期存在，导致社会保障在城乡之间的不平衡；二是社会保险统筹层次长期处于偏低状态，导致各地区社保发展不平衡；三是社会保障共建共享、协同供给机制尚不完善，距离建成与现代化国家相适应的社会保障制度还有一定差距。

（1）城乡分割问题长期存在，导致社会保障在城乡之间的不平衡

社会保障体系建设的城乡分割，正在成为恶化城乡关系、激化社会矛盾的潜在因素，在一定程度上拉大了经济的失衡。例如，农村居民最低生活保障制度、新型农村合作医疗制度（后合并成为城乡居民基本医疗保险制度）、新型农村社会养老保险制度（后合并成为城乡居民基本养老保险制度）等基本社会保障制度陆续建立，使得农村居民的社会保障权得以充分实现。但是，受到缴费水平、待遇增长机制等因素的影响，农村居民的社会保障待遇普遍低于城镇居民，并由此产生了逆向的收入再分配。城乡之间发展失衡与社会不平等现象加剧，既影响国民经济的持续健康发展，也影响社会公正，并可能破坏社会稳定。

（2）社会保险统筹层次长期处于偏低状态，导致各地区社保发展不平衡

在改革初期探索建立社会保险制度的过程中，我国采取摸着石头过河的方式，以市县统筹为主，相继建立各项社会保险制度，出现了具有地方特色的各种模式。长期以来，我国社会保险统筹层次一直处于偏低的状态。**一是各统筹地区社会保险政策存在显著差异。**尽管各地社会保险制度按照国家制定的基本制度框架建立起来，但各统筹地区政府有一定权限制定本地区有关社会保险的具体政策措施，特别是在早期摸着石头过河的探索阶段，各统筹地区各项社会保险政策五花八门，特别是筹资和待遇方面，不同地区之间存在显著差异，容易产生矛盾或攀比，进一步加剧不同地区特别是东中西部之间、南北之间、城乡之间在社会保险领域发展的不平衡状况。**二是各统筹地区社会保险基金收支状况不平衡。**由于各地区社会经济发展不平衡，单位、个人缴费和待遇水平存在显著差异，各统筹地区之间基金收支与结余状况极不平衡，一些地方特别是东北地区和西部地区的部分省市城镇职工基本养老保险基金当期征缴收不抵支，养老保险基金支出增长率超过基金收入增长率。**三是各统筹地区之间社会保险缴费和待遇标准差距明显。**尤其在各项社会保险缴费费基、费率标准和享受待遇的资格条件以及待遇标准等方面还存在显著差异。在统筹层次较低的情况下，各统筹地区之间社会保险待遇差别显著还会引起尖锐矛盾和相互攀比，进一步加剧不同地区、不同群体之间利益不平衡，导致在社会保障领域出现社会不公平问题。**四是社会保险关系跨统筹地区转移不顺畅。**由于各统筹地区社会保险政策存在一定差异，对于从其他统筹地区转入的参保人员享受当地相关社会保险待遇特别是养老保险待遇，还专门设置某些壁垒或门槛；再加上各统筹地区社会保险经办管理体制存在某些不同之处，导致不同地区之间社会保险关系不便衔接，跨统筹地区社会保险关系转移往往面临难以衔接或转移不畅的矛盾或障碍。

（3）社会保障共建共享、协同供给机制尚不完善

我国社会保障制度改革已进入系统集成、协同高效的阶段，这就要求政府、市场、社会、个人都参与到社会保障体系建设，改变过去政府“一枝独大”局面，形成共建共治、协同共享局面。在共同富裕背景下，实现对经济发展成果的共享，要求以高质量社会保障为手段，让全体社会成员能在参与中实现自身利益，实现社会保障共建共享，助推共同富裕。但是当前，政府主导并负责管理的基本保障“一枝独大”，而市场主体和社会力量承担的补充保障发育不够。[①] 个人和企业参与社会保障更多地体现在缴费和履行义务以及理论与形式层面，真正能在社会保障事务管理和监督检查中发挥作用的空间极为有限，全体成员对经济发展成果的共享度过低，不利于共同富裕的实现。

（三）社会保障制度改革的基本经验

改革开放以来，国家把社会保障作为改善人民生活的基础民生工程，稳步推进社会保障体系保障制度改革，取得了重大进展。在此过程中，社会保障制度改革坚持以实现“全覆盖”“保基本”为优先目标、坚持公平性和可持续性原则、坚持顶层设计与分散试点相结合、坚持精算平衡原则，持续增强了改革的系统性、整体性、协同性。

1. 坚持以实现“全覆盖”“保基本”为优先目标

我国正处于并将长期处于社会主义初级阶段，生产力发展水平总体上还比较低，城乡和地区之间发展差距比较大，社会保障制度发展的经济基础仍然比较薄弱，统筹兼顾的难度依然很大。在社会保障制度改革进程中，要善于把我国基本国情与社会保障事业发展规律结合起来，巩固完善具有中国特色的社会保障制度模式，坚持与经济社会发展水平相适应，恰当把握改革的进度和力度；从我国人口结构、城乡二元结构正在发生显著变化的实际出发，积极应对人口老龄化加快给社会保障制度带来的严峻挑战，努力推进城乡社会保障统筹发展；以全覆盖、保基本为优先目标，尽力而为、量力而行，扩大社会保障覆盖范围，稳步提高各项社会保障待遇标准，既要让城乡居民更多分享改革发展成果，又要引导广大人民群众形成对社会保障的合理预期。

2. 坚持公平性和可持续性原则

社会保障制度改革的过程中，紧扣增强公平性、适应流动性、保证可持续性，加强社会保障制度的顶层设计，改革的系统性、整体性、协同性进一步增强。例如，统一城乡居民养老保险制度，实现机关事业单位和企业养老保险制度并轨，形成职工养老和居民养老两大制度平台，填补了部分群体缺乏保障的制度空白。建立健全企业职工基本养老保险基金中央调剂制度，均衡了省际结构性矛盾，缓解了中西部地区和老工业基地省份基金支付压力。统一养老保险单位费率，全面实现养老保险省级统筹，为在更大范围内互助共济创造了条件，也为实施全国统筹奠定了基础。工伤保险预防、补偿、康复“三位一体”制度体系建设积极推进，失业保险保生活、防失业、促就业的功能进一步凸显。社会保障制度改革必须充分考虑这些基本特点。要在坚持公平与效率、权利与义务、统一性与灵活性相结合的同时，更加注重增强制度的公平性和激励约束功能，实现人人享有基本社会保障；在着力解决现实突出问题的同时，更加注重增强制度的可持续性，实现社会保障制度长期稳定运行。

---

① 习近平．促进我国社会保障事业高质量发展、可持续发展［J］．求是，2022（4）．

3. 坚持顶层设计与分散试点相结合

社会保障体系建设涉及诸多子制度的顶层设计，为应对复杂多变的社会经济环境，尤其是改革开放以来经济体制的转变，我国社会保障形成了顶层设计与分散试点相结合的政策构建模式。这是一种在中央选择性控制下通过地方试验获得经验借鉴的学习机制，经历了从“从无到有、以点带面”到“在顶层规划与科学统筹的基础上，在多种政策方案中进行有中择优”的转变。我国在从传统社会保障制度过渡到现代社会保障制度的过程中，多数政策采用了试点先行、渐进改革的方案，职工基本养老保险、职工基本医疗保险、农村社会养老保险、新型农村社会养老保险、新型农村合作医疗保险、城镇居民基本医疗保险、城镇居民社会养老保险、长期护理保险、城市医疗救助等制度的制定过程中均出现了政策试点的影子。

4. 坚持精算平衡原则

2013 年 11 月，中共十八届三中全会决定首次提出养老保险坚持精算平衡原则。同年，人力资源社会保障部制定发布了《关于加强社会保险精算工作的意见》。社会保险精算制度化规范化建设起步。事实上，无论是医保，还是更大范围的社保，都必须充分发挥精算在决策和基金管理等方面的支撑作用。社会保障制度改革必须参考社会平均工资的增长水平、投资收益率、期望寿命、人口增长率、老龄化速度，定期调整缴费率、给付率、最低缴费年限和退休年龄，并健全多缴多得的激励机制，实现在全国统一基础上可持续的代际平衡。

（四）党的十八大以来社会保障制度改革取得的新突破

党的十八大以来，我国把社会保障体系建设摆上更加突出的位置，统一城乡居民基本养老保险制度，实现机关事业单位和企业养老保险制度并轨，建立企业职工基本养老保险基金中央调剂制度。整合城乡居民基本医疗保险制度，全面实施城乡居民大病保险，组建国家医疗保障局。推进全民参保计划，降低社会保险费率，划转部分国有资本充实社保基金。积极发展养老、托幼、助残等福利事业，人民群众不分城乡、地域、性别、职业，在面对年老、疾病、失业、工伤、残疾、贫困等风险时都有相应的制度保障。[①] 经过不懈努力，我国成功建设了具有鲜明中国特色、世界上规模最大、功能完备的社会保障体系。国际社会保障协会授予中国政府“社会保障杰出成就奖”，推动社会保障事业取得历史性成就。

1. 保障人群范围扩大、待遇水平稳步提升

围绕覆盖全民、人人享有社会保障的目标，实施全民参保计划，精准推进农民工、灵活就业人员等重点群体参保。基本养老保险、失业保险、工伤保险参保人数分别从 2012 年的 7.9 亿人、1.5 亿人、1.9 亿人，增加到 2023 年底的 10.66 亿人、2.44 亿人、3.02 亿人。落实为困难群体代缴部分或全部最低标准养老保险费政策，基本实现应保

---

① 新华社．习近平主持中央政治局第二十八次集体学习并讲话［EB/OL］. https://www.gov.cn/xinwen/2021-02/27/content_5589187.html.

尽保。坚持社会保障水平与经济发展相适应，稳步提高各项社会保障待遇。建立健全养老金待遇确定和合理调整机制，连续调整企业和机关事业单位退休人员基本养老金。

2. 实现由覆盖城乡向城乡统筹转变

党的十八大以前，我国社会保险制度覆盖面基本实现了由城镇职工向全体城乡居民扩展的制度化调整，覆盖城乡的社会保险制度初步定型。党的十八大以来，我国不断加大对社会保险制度的调整与优化，制度设计思路逐渐由覆盖城乡转向城乡统筹。**一是对制度进行合并整合。**以就业为划分主线的、面向城镇职工、城乡居民和灵活就业人员三大群体的社会保险制度实现合理整合。**二是打破藩篱，建立衔接制度。**打破了社会保险户籍限制，扩大缴费选择，群体间享受待遇更加统一。灵活就业人员取消只有城镇户籍加入的城镇户籍限制，允许就业者在当地参加职工医保，保障以农民工为代表的进城务工群体能够获得参与社会保险的同等机会。**三是理顺服务经办，加快统筹融合。**在服务经办上，管理主体趋于一致，管理内容逐步兼容，趋于一体化经办服务；信息化在基层经办的作用加强，社保服务网络借助信息化建设覆盖面持续扩大，延展到乡镇，辐射到社区，重视“最后一公里”问题。

3. 社会保障兜底扶贫成效显著

2020 年，我国完成绝对贫困的脱贫治理目标，脱贫攻坚取得了全面胜利。脱贫攻坚期间，我国社会保障制度体系与保障能力稳步提升，社会救助、社会福利、社会保险在扶贫减贫中的重要作用得以充分发挥。**一是社会救助与扶贫政策密切衔接。**不断强化救助制度与扶贫减贫政策在标准设计、帮扶对象、给付待遇等方面的对接，以社会救助制度助力和巩固扶贫工作成效，通过低保制度和特困人员供养制度将 1936 万建档立卡贫困人口纳入其中，解决了 19.6%的贫困人口脱贫难题，较好地发挥了社会保障的兜底保障作用。**二是政府财政兜底持续增强。**财政持续增加对贫困人口基本医疗保险、基本养老保险基金的补助以及加大对医疗救助的支出，其中针对贫困人口基本养老保险缴费难问题，政府财政通过代缴的方式帮助贫困人口参加基本养老保险，累计人次达到 6000 多万；同时政府财政通过开展医保扶贫专项活动，有效解决了贫困人口 3300 多亿元的医疗负担，促使基本医保、大病保险和医疗救助覆盖率均达到 100%。**三是慈善力量帮扶效果显著。**社会组织慈善力量是社会保障与扶贫减贫的重要中介，对有效扶贫具有长效作用。中华慈善总会作为慈善组织的重要代表，凭借其规模化与规范化的社会运作，举办多种活动助力慈善事业，比如“善济病困项目”“幸福家园村社互助工程”等，对部分基层困难群众起到了直接保障的作用。

4. 社会保障管理与经办制度走向成熟

一方面，2018 年党和国家机构改革实现了社会保障管理体制的优化，形成了民政部管理社会救助、社会福利与慈善事业，人力资源社会保障部管理养老保险、失业保险与工伤保险，国家医疗保障局管理医疗保障、生育保险与护理保险，退役军人事务部管理退役军人保障，以及应急管理部管理灾害救助、住房和城乡建设部管理住房保障的社会保障管理新格局，扫除了长期制约社会保障改革与发展的体制性障碍。

2023年国务院机构改革理顺了老年保障行政体制，将老龄工作与养老服务工作职责赋予民政部门；再加上发展和改革、财政、审计、税务部门从上到下专门设置的社会保障机构，中国特色的社会保障管理体制基本定型。另一方面，伴随2023年7月国务院颁布的《社会保险经办条例》付诸实施，基本养老保险、基本医疗保险、工伤保险、失业保险、生育保险等国家规定的社会保险经办制度得到确立，社会救助等经办机制也在走向完善。①

二、进一步全面深化社会保障制度改革面临的新形势新要求

改革开放以来，我国社会保障制度统一性和规范性不断增强，更加公平更可持续的社会保障制度改革迈出重要步伐。但也要看到，当前我国经济恢复发展本身有不少难题，长期积累的深层次矛盾加速显现，新形势下社会保障体系改革面临多重挑战，一是少子老龄化趋势明显加快，我国养老照护体系面临较大压力；二是社保基金呈现"收不抵支"现象，未来或存在"穿底"风险；三是经济内生动力不足的背景下，要求社会保障制度更好地发挥再分配和兜底功能。特别是面对纷繁复杂的国际国内形势，面对新一轮科技革命和产业变革，面对人民群众新期待，迫切需要进一步深化社会保障制度改革，必须通过实现更高水平的"全覆盖""精准性""公平性"，以适应中国式现代化的发展进程与发展要求。

（一）少子老龄化趋势明显加快，我国养老照护体系面临较大压力

少子老龄化对我国人口发展产生深刻影响。**在老龄化方面**，国家统计局数据显示，截至2023年底，我国60岁及以上人口有29697万人，占全国人口的21.1%，较2022年底提高了1.3个百分点；我国65岁及以上人口有21676万人，占全国人口的15.4%，较2022年底提高了0.5个百分点。中国首席经济学家论坛副理事长李迅雷预测，我国60岁以上老人的数量急剧增加，增长趋势或要持续到2034年。② **在少子化方面**，国家统计局数据显示，2023年我国人口已连续两年负增长，2023年人口自然增长率为-1.48‰。此外，我国总和生育率从1970年代之前的6左右，降至1990年的2左右，再降至2010年后的1.5左右，至2023年回落至1.0左右，在全球主要经济体中倒数第二（仅比韩国略高），全面二孩、三孩政策未能扭转中国出生人口下降趋势。③ 在此背景下，**一是失能半失能风险水平的大幅增加**。随着人口期望寿命将继续增长，但是失能期望寿命也会继续增长，失能老年人将受到最为严重的影响。据预测，到2030年，我国失能人口预计会增长为1.3624亿到1.3674亿，失能老龄人口在总失

---

① 郑功成. 中国特色社会保障制度论纲［J］. 社会保障评论，2024（1）.

② 李迅雷. 未来面临人口老龄化加速、房地产和出口走弱、地方政府的投资能力下降三重压力，中央政府应进一步加杠杆、推进国企改革和税制改革［EB/OL］. https：//m.jrj.com.cn/madapter/stock/2023/11/19145338480956.shtml.

③ 任泽平：2023年我国人口已经连续两年负增长　在全球主要经济体中位居倒数第二，应加大力度放开并鼓励生育［EB/OL］. https：//www.sohu.com/a/757756665_114984.

能人口中的占比将超过 57%,[①] 其高龄和失能情况将阻碍他们充分、平等地参与生活的各个方面。**二是养老护理压力和需求持续增长。**伴随着老龄化加剧和所呈现的高龄化、失能化的特点，养老护理压力和需求持续增长，以高龄老年人为主的长期照护压力将更加凸显。然而，我国养老护理服务及相关产品或难以满足老龄化需求。**在服务供给方面**，2023 年，我国有超过 4200 万失能老人，需要约 1000 万名护理人员。然而，目前养老护理人员数量不到百万，护理人员缺口巨大。此外，养老护理员队伍整体专业化水平低、护理人员结构不合理、流失率较高等发展困境，养老护理行业发展面临着严峻挑战。**在产品供给方面**，包括智能硬件、康复辅具、医疗器械、适老化食品、保健品等，与日本 5 万种适老化产品相比，我国在这些养老产品的开发和供应上严重不足，产品数量仅达百种，无法满足老年人需求。[②]

（二）社保基金呈现"收不抵支"现象，未来或存在"穿底"风险

从安全性方面来看，社保体系的安全、平稳和健康运行是社保事业高质量发展的基石，是提高社保治理体系和治理能力现代化的重要标志。当前，社保体系安全方面面临着诸多挑战：**一是我国社保基金收支缺口不断扩大，对财政补贴的依赖度逐年上升。**自 2013 年开始，社保基金就已出现收支不相抵的情况，之后赤字规模逐年扩大，2019 年收支缺口 1. 07 万亿，2020 年受新冠疫情影响，扩大到 2. 35 万亿。从 2013 至 2020 年，社保基金累计结余的规模总计增长 110. 6%，同期财政补贴规模增长 185. 1%，社保基金对于财政补贴的依赖程度不断提高，目前财政补贴占社保基金总收入的比例为 27. 7%，比 2013 年上升 7. 2 个百分点。[③] 未来，社会老龄化叠加经济增长放缓，将进一步加剧社保基金的入不敷出。**二是社保基金收支的区域性、结构性矛盾凸显，一些地方社保基金存在"穿底"风险，养老金发放压力大。**一些统筹层次较低的险种，如机关事业单位养老保险待遇的按时足额发放尤其需要关注。**三是社保基金风险防控形势依然严峻。**目前，基金安全仍呈现"案件高发期、存量风险消化期、风险隐患排查期"三期叠加的态势，基金"跑冒滴漏"、欺诈骗保问题时有发生，基金安全形势不容乐观。社保基金是社会保障事业健康运行的物质基础，是社保制度的"底板"。

（三）经济内生动力不足的背景下，要求社会保障制度更好地发挥再分配和兜底功能

当前，国内仍处于经济恢复和转型升级关键期，外需下滑和内需不足碰头，周期性和结构性问题并存，一些地方的房地产、地方债务、中小金融机构等风险隐患凸显，

---

① 北京大学人口研究所所长郑晓瑛，*TrendsandChallengesforPopulationandHealthDuringPopulationAging—China*，2015—2050（《中国人口老龄化时期人口与健康的趋势和挑战 2015—2020》）。

② 搜狐网. 全面剖析丨中国万亿养老护理市场的现状、潜力和发展方向［EB/OL］. http：//news. sohu. com/a/770758438_100064556.

③ 林采宜（中国首席经济学家论坛研究院副院长），胡奕苇（中国首席经济学家论坛研究院研究员）. 老龄化渐行渐近　社保缺口究竟多大［EB/OL］. https：//baijiahao. baidu. com/s？id＝1721182350238937137.

部分地区遭受洪涝、台风、地震等严重自然灾害。[①] 在此背景下，一是居民收入放缓、增收渠道受限，中等收入群体面临更多不确定性和风险；二是低收入人群和困难人群数量增加，部分脱贫地区存在规模性返贫风险。民政部数据显示，截至 2023 年 6 月，全国低收入人口动态监测信息平台已归集到包括低保对象、特困人员、低保边缘家庭成员等 6600 万低收入人口的基本信息，大约占到全国总人口的 4.7%。[②] 这对社会保障制度的再分配和兜底功能提出更高要求。这就要求社会保障制度充分发挥经济运行减震器的作用，进一步优化再分配能力，更好地保护低收入和特殊困难人群的利益，促进制度统一和公平，织密民生保障网。

（四）中国式现代化要求社会保障制度实现更高水平的“全覆盖”“精准性”“公平性”

习近平总书记指出，进一步全面深化改革，要紧扣推进中国式现代化这个主题。[③] 中国式现代化对社会保障体制提出了更新、更高的要求。具体体现在：一是人**口规模巨大的现代化要求社会保障制度实现更高水平的“全覆盖”**。我国拥有 14 亿多人口，规模超过现有发达国家人口总和，社会保障全覆盖的艰巨性和复杂性前所未有。当前，我国社会保障扩面工作取得了显著的成效，但也存在一定的问题，例如部分农民工、灵活就业人员、新就业形态就业人员等人群没有纳入社会保障，存在“漏保”“脱保”“断保”的情况，工伤保险、失业保险等的覆盖面仍有一定缺失，这就要求社会保障制度进一步健全，覆盖面亟须拓展扩大。**二是全体人民共同富裕的现代化要求社会保障调节具有更高的“精准性”**。党的二十大报告指出，共同富裕是中国特色社会主义的本质要求，也是一个长期的历史过程。我们坚持把实现人民对美好生活的向往作为现代化建设的出发点和落脚点。促进共同富裕，要构建初次分配、再分配、三次分配协调配套的基础性制度安排，加大税收、社保、转移支付等调节力度并提高精准性。其中，社会保障的精准性既体现为保障风险（如疾病、灾害风险）的精准性，也体现为保障人群（如低收入人群、困难人群）的精准性，还体现为保障区域（如中西部地区）的精准性。在实现中国式现代化的进程中，要通过改革增强社会保障调节的精确性，促进全体人民朝着共同富裕目标扎实迈进。**三是物质文明和精神文明相协调的现代化要求社会保障更加凸显“公平性”**。当前，我国社会保障公平性有显著提升，但城乡、区域、群体之间待遇差异不尽合理。例如，城镇职工保险和城乡居民保险制度分割的现象依然存在，社会保险制度再分配效果有待提高。在现代化引领下，一方面，社会保障要进一步加强“再分配”，发挥收入调节作用，夯实人民幸福生活的物质基础，推动物质文明发展；另一方面，要贯彻“天下为公”“民为邦本”的理

---

① 新华社．政府工作报告——2024 年 3 月 5 日在第十四届全国人民代表大会第二次会议上［EB/OL］. https：//www.gov.cn/gongbao/2024/issue_11246/202403/content_6941846.html.

② 民政部．全国低收入人口动态监测信息平台建设已取得积极成效［EB/OL］. https：//www.gov.cn/xinwen/jdzc/202310/content_6912006.htm.

③ 新华社．习近平主持召开企业和专家座谈会强调：紧扣推进中国式现代化主题　进一步全面深化改革［EB/OL］. https：//www.gov.cn/yaowen/liebiao/202405/content_6953237.htm.

念，弘扬中华优秀传统文化，促进精神文明发展。

三、深入领会进一步全面深化社会保障制度改革的指导思想、基本原则和总目标

习近平总书记指出，进一步全面深化改革，要紧扣推进中国式现代化这个主题，突出改革重点，把牢价值取向，讲求方式方法，为完成中心任务、实现战略目标增添动力。[①] 随着我国社会保障体系不断发展，社会保障制度改革要坚持国家顶层设计，做到全国一盘棋，围绕实现2029年、2035年、2050年的改革目标，抓住推进社会保障制度改革需要解决的重大体制机制问题、深层次矛盾和问题，深入贯彻全覆盖、保基本、多层次、可持续等原则加强社会保障体系建设，不断为中国式现代化注入强劲动力、提供有力制度保障。

（一）指导思想

以习近平新时代中国特色社会主义思想为指导，全面贯彻落实党的二十大和二十届二中、三中全会精神，坚持稳中求进工作总基调，完整、准确、全面贯彻新发展理念，坚持人民至上，坚持共同富裕，把增进民生福祉、促进社会公平作为发展社会保障事业的根本出发点和落脚点，使改革发展成果更多更公平惠及全体人民；坚持制度引领，围绕全覆盖、保基本、多层次、可持续等目标加强社会保障体系建设；坚持与时俱进，用改革的办法和创新的思维解决发展中的问题，坚决破除体制机制障碍，推动社会保障事业不断前进；坚持实事求是，既尽力而为又量力而行，把提高社会保障水平建立在经济和财力可持续增长的基础之上，不脱离实际、超越阶段，完善覆盖全民、统筹城乡、公平统一、可持续的多层次社会保障体系，进一步织密社会保障安全网，以满足人民日益增长的美好生活需要为根本目的，为全面建设社会主义现代化国家贡献积极力量。

（二）基本原则

1. 坚持社会保障“全覆盖”“保基本”的原则

我国城乡和地区之间发展差距比较大，统筹兼顾的难度依然很大。在社会保障制度改革进程中，要善于把我国基本国情与社会保障事业发展规律结合起来，巩固完善具有中国特色的社会保障制度模式，坚持与经济社会发展水平相适应，恰当把握改革的进度和力度；从我国人口结构、城乡二元结构正在发生显著变化的实际出发，积极应对人口老龄化加快给社会保障制度带来的严峻挑战，努力推进城乡社会保障统筹发展；以全覆盖、保基本为优先目标，尽力而为、量力而行，扩大社会保障覆盖范围，稳步提高各项社会保障待遇标准，既要让城乡居民更多分享改革发展成果，又要引导广大人民群众形成对社会保障的合理预期。

---

① 新华社．习近平主持召开企业和专家座谈会强调：紧扣推进中国式现代化主题　进一步全面深化改革［EB/OL］．https：//www. gov. cn/yaowen/liebiao/202405/content_6953237. htm.

2. 坚持增强制度的公平性和可持续性

社会保障是由多项具体制度构成的制度体系，各项制度既相互独立又紧密联系，既关乎当前又涉及长远。社会保障制度改革必须充分考虑这些基本特点。要在坚持公平与效率、权利与义务、统一性与灵活性相结合的同时，更加注重增强制度的公平性和激励约束功能，实现人人享有基本社会保障；在着力解决现实突出问题的同时，更加注重增强制度的可持续性，实现社会保障制度长期稳定运行。

3. 坚持互助共济的原则

社会主义制度是我国的根本制度，其本质是共同富裕。我国社会保障体系建设，应始终以维护社会公平、实现社会互助共济为基本取向。在推进社会保障体系建设的过程中，要强化社会保障的互助共济功能，通过社会救助、社会保险、社会福利等方面的制度优化，对弱势群体予以特别保障。改革完善不合理的社会保障制度，有效调整不同地区、不同群体之间利益结构，及时化解社会经济发展不平衡带来的社会矛盾和冲突，实现社会经济协调发展，增强发展动力，增进人民团结，让城乡全体社会成员共享改革发展成果，最终实现共同富裕。

4. 强化权利和责任的对应

加强社会保障体系建设，既要确保底线公平，又要强调权利与责任的对应，重视个人当期缴费与将来待遇之间的对应关系，激励参保人员多缴多得。当然，权利和责任相对应，不等于权利和责任完全对等。缴费的多少并不能完全决定待遇的高低。尤其是国家在对孤寡病残人员、城乡贫困人口、受自然灾害影响生活困难群体等实施社会救助时，并不以受助者缴费的多少为前提。社会保障体系建设受到社会经济发展条件的内在制约，必须考虑我国实际发展情况，要在保证全体国民社会保障基本权利平等、强化社会保障互助共济功能的基础上，体现权利和责任的对应，从而促使城乡社会保障体系持续均衡发展，全面提升社会保障水平。

（三）总目标

到 2029 年，在中华人民共和国成立八十周年时，社会保障制度在加速弥合区域、城乡、群体、基本公共服务等方面取得显著成效，在促进共同富裕方面取得实质性进展。**一是社会保障法定人群实现全覆盖。**法定人员应保尽保，灵活就业人员、农民工、低保边缘群体纳入社保覆盖范围。对城镇职工保险制度的缴费负担、衔接转续、征缴管理进行改革完善，提高制度吸引力，将更多参保者依法纳入职工保险制度体系，促进参保质量进一步提升。**二是多层次社会保障体系更加健全。**以养老金、医疗保障和养老服务等为重点补充保障制度实现较快发展，通过税收优惠等方式，支持发展多层次、多支柱养老保险体系，企业年金覆盖率进一步提高，规范发展第三支柱养老保险，商业医疗保险行业规模和质量进一步扩大。**三是社保统筹层次进一步提升。**养老保险全国统筹及失业保险、工伤保险省级统筹取得稳步进展，社保基金调剂力度进一步加大，基金调剂力度进一步提升。**四是公共服务平台等社会保障制度运行支撑进一步强**

化。全国统一的社会保险公共服务平台进一步完善，社会保险费征缴体制、划转国有资本充实社保基金运行管理机制加快健全，合理培育社会保障领域重点社会组织，在社会救助服务供给、公益化医疗保障和慈善事业等领域支持相关社会组织发展，完善统一的慈善财税制度。**五是社会保障法治化水平进一步提高**。结合经济社会发展和制度改革情况，养老保障、医疗保障领域重点法律法规进一步完善，为制度高质量良性运转提供有效的法律法规支撑，更好地发挥保障作用。

到2035年，随着我国基本实现现代化，覆盖全民、统筹城乡、公平统一、可持续的多层次社会保障体系基本建成，基本公共服务均衡性和可及性不断增强，满足人民群众多样化、个性化、多层次的社会保障需求，推动人的全面发展、促进全体人民共同富裕将取得更为明显的实质性进展。**在社会保险制度方面**，基本养老保险制度实现全国统筹，多层次、多支柱的养老保险体系发展成熟，有力保障人民群众的养老需求；公平可持续的一体化医保体制成功建立，城镇职工医保和城乡居民医保合一，形成以市场为主导的医药价格和采购机制；失业保险金的支付标准和覆盖面提升至更高水平；工伤认定和赔偿机制更加健全；生育保险政策充分适应人口政策的变化，有效支持家庭生育。**在社会救助方面**，更加灵活的社会救助机制建成，能够快速响应各类突发事件和社会需求，社会救助与社会服务充分整合，有效保障特殊和困难群体生活，最低生活保障制度与社会救助、慈善事业充分衔接，形成多元化的社会救助体系。**在法治化方面**，社会保险、社会救助、社会福利等方面的相关法律进一步完善，各级政府和用人单位、个人、社会的社会保障权利、义务、责任进一步落实，社会保障基金监管体系更加健全，社会保障法治化环境明显改善，充分保障人民群众合法权益，保障人民安居乐业。

到2050年，我国建成世界上规模最大、功能完备、全球领先的社会保障制度体系，形成社会保障全民共建共享的发展局面，可持续性、可及性、安全性、规范性显著增强，为人民群众提供更加充分、更加可靠、更加公平的社会保障，充分满足人民对美好生活的需要，为顺利建成综合国力和国际影响力领先的社会主义现代化强国提供制度支撑。

四、进一步全面深化社会保障制度改革的重点任务

社会保障关乎人民最关心最直接最现实的利益问题。[①] 习近平总书记指出，我国社会保障制度改革已进入系统集成、协同高效的阶段。要准确把握社会保障各个方面之间、社会保障领域和其他相关领域之间改革的联系，提高统筹谋划和协调推进能力，确保各项改革形成整体合力。[②] 当前和今后一个时期是以中国式现代化全面推进强国建设、民族复兴伟业的关键时期，要全面贯彻落实党的二十届三中全会精神，必须自

---

① 新华社．习近平主持中央政治局第二十八次集体学习并讲话［EB/OL］. https：//www. gov. cn/xinwen/2021-02/27/content_5589187. html.

② 新华社．习近平：促进我国社会保障事业高质量发展、可持续发展［EB/OL］. https：//www. gov. cn/xinwen/2022-04/15/content_5685399. html.

党把改革摆在更加突出位置，紧紧围绕推进中国式现代化进一步全面深化改革。要正确认识和处理好发展与保障和改善民生的关系，既要通过保障和改善民生来带动发展，又要根据发展水平确定民生的保障和改善程度，下一步，一是深化基本养老保险制度改革，发展多层次、多支柱养老保险体系；二是促进多层次医疗保障有序衔接，完善公平适度的医疗待遇保障机制；三是巩固提高社会保险统筹层次，增强各项社会保险制度的公平性；四是完善筹资和待遇调整机制，缩小城乡间、区域间的筹资和保障待遇差距；五是推进社保基金相关机制改革，确保安全规范可持续运行；六是加快推进分层分类社会救助体系建设，提升民生保障精准化程度；七是深化社会福利制度改革，更好保障弱势群体合法权益；八是重视社会保障法治建设，提升制度的统一性和规范性。特别需要注意的是，聚焦新就业形态就业人员、灵活就业人员、农民工等重点群体，优化完善社会保障制度“全覆盖”；重点关注低收入群体需求，健全分层分类社会救助体系；优化体制机制，不断缩小城乡间、区域间社保待遇差距，以公平公正原则实现共同富裕的愿景，以高质量社会保障体系建设助力中国式现代化。

（一）深化基本养老保险制度改革，发展多层次、多支柱养老保险体系

党的二十大报告提出，发展多层次、多支柱养老保险体系。新形势下，要加快完善多层次养老保险体系，要着重提升统筹谋划和协调推进能力，促进“三支柱”养老保险制度联动改革，形成整体合力。**一是深化基本养老保险制度改革，实现高质量全覆盖。**在多层次保障体系中，国家主导的法定保障体系为普惠和兜底型制度，起到基础保障作用。要以全民参保计划为基础，继续推进扩大社保覆盖面，尤其是尽快将大规模的流动人口、灵活就业群体和新就业形态群体纳入保障，实现“应保尽保”。要深入推进社保征收体制改革，促进征缴法治化，增强缴费积极性。在实现人群全覆盖目标基础上，提高覆盖质量，促进长缴多得、多缴多得，实现应收尽收。要加强顶层设计，建立养老金待遇调整机制、便利化社保转移接续，促进社保制度的财务可持续发展。健全基本养老、基本医疗保险筹资和待遇合理调整机制，逐步提高城乡居民基本养老保险基础养老金。**二是打通制度衔接，建立第二、第三支柱统一管理体制。**首先，在税优政策上进行衔接。现阶段，企业（职业）年金覆盖的人群有限，很多单位没有建立年金计划。第二支柱与第三支柱个人享受税收优惠的比例或额度可予打通，即如果职工参加企业（职业）年金个人缴费没有达到税优上限的比例或额度，可将差额部分追加至个人账户的缴费上限。其次，在投资管理上进行衔接。第二、第三支柱均采用委托人投资运营模式，由专业性金融机构进行投资运营，在治理结构、投资政策和待遇发放方式等方面都应实现统一，方便参保者，并建立统一的市场竞争秩序。最后，实现缴费、账户记录和基金转移接续等方面的衔接，以统一的账户管理信息系统为基础，当参保人在不同性质的单位间转换工作及跨地域流动时，能够实现第二、第三支柱养老金账户间的无缝对接。**三是加强立法和税收优惠政策支持，推动第二、第三支柱普惠发展。**放宽加入年金计划的限制条件；放开年金投资的个人投资选择权，

设立标准化养老金投资产品，引入目标日期基金和默认投资工具，为职工提供简化的投资产品选项；进一步拓宽年金投资范围和渠道，丰富年金产品投资选择，提高投资权益类资产的上限。四是增强可持续性，夯实稳健运行的制度基础。按照自愿、弹性原则，稳妥有序推进渐进式延迟法定退休年龄改革。完善企业职工基本养老保险全国统筹制度，强化统一性和规范性。

（二）促进多层次医疗保障有序衔接，完善公平适度的医疗待遇保障机制

医疗保障是减轻群众就医负担、增进民生福祉、维护社会和谐稳定的重大制度安排。在今后一个时期，要促进多层次医疗保障有序衔接，充分发挥政府、市场、社会的积极作用，健全以基本医疗保险为主体，医疗救助为托底，补充医疗保险、商业健康保险、慈善捐赠、医疗互助等共同发展的多层次医疗保障制度，更好满足人民群众多元化医疗保障需求。**一是基本医疗保险领域，**统一全国基本医疗保险用药范围，健全医疗保障待遇清单制度，规范医保支付政策；合理确定待遇保障水平，健全职工医保门诊共济保障机制，逐步提高城乡居民医保门诊保障水平。**二是医疗救助领域，**统一规范医疗救助制度，建立救助对象及时精准识别机制，实施分层分类救助，规范救助费用范围，合理确定救助标准。**三是补充医疗保险领域，**规范城乡居民大病保险、职工大额医疗费用补助、企业补充医疗保险等制度。**四是商业健康保险领域，**鼓励商业健康保险发展，鼓励商业保险机构提供综合性健康保险产品和服务，支持开发与基本医疗保险相衔接的商业健康保险产品，更好覆盖基本医保不予支付的费用。

（三）巩固提高社会保险统筹层次，增强各项社会保险制度的公平性

一是要巩固提高社会保险统筹层次和参保覆盖率。完善基本养老保险全国统筹制度，健全全国统一的社保公共服务平台。推进全民参保计划，实现社会保险法定人群全覆盖。稳步推进基本养老保险全国统筹，做实基本医疗保险市级统筹，推动省级统筹。**二是推进实现失业保险省级统筹，巩固完善工伤保险省级统筹，**实施新就业形态就业人员职业伤害保障办法。逐步放开放宽居民在常住地或就业地参加社会保险的户籍限制。**三是加强社会保险、基本医疗保险关系转移接续，完善全国统一的社会保险和医疗保障信息服务平台。**加强执法监督，全面落实企业为农民工缴纳职工养老、医疗、工伤、失业、生育等社会保险费用的责任，支持有条件的地区有序推进居住证持有人在常住地申请最低生活保障。

（四）完善筹资和待遇调整机制，缩小城乡间、区域间的筹资和保障待遇差距

筹资和待遇安排是社会保障制度运行的重要基础。我们要健全社会保障筹资和待遇的确定和调整机制，并逐步缩小职工与居民、城镇与农村的筹资和保障待遇差距。**在筹资机制方面，建立缴费与经济社会发展水平相挂钩的机制。**比如，在充分考虑城乡居民承受能力和地方财政承受能力的前提下，指导地方调整城乡居民基本养老保险的缴费档次和缴费补贴标准；研究建立城乡居民基本医疗保险缴费与经济社会发展水平和居民人均可支配收入挂钩的机制，优化个人缴费和政府补助结构；在建立长期护理保险制度的过程中，探索建立互助共济、责任共担的多渠道筹资机制，参加长期护理保险的职工筹资以单位和个人缴费为主，形成与经济社会发展和保障水平相适应的筹资动态调整机制。**在待遇机制方面，推进社会保险待遇水平与经济社会发展的联动调整。**比如，综合考虑物价变动、职工平均工资增长、基金承受能力以及财力状况等因素，完善职工基本养老保险、工伤保险待遇水平调整机制；落实城乡居民基本养老保险待遇确定和基础养老金正常调整机制，逐步提高城乡居民基础养老金标准；稳定基本医疗保险住院待遇，稳步提高门诊待遇，做好门诊待遇和住院待遇的统筹衔接；健全失业保险待遇标准确定和正常调整机制，完善失业保险保障标准与物价上涨挂钩联动机制。**在政策实施精准度方面，**要聚焦新就业形态就业人员、灵活就业人员、农民工等重点群体，精准定位未参保人员并分类施策；确保困难群体基本养老保险应保尽保。健全灵活就业人员、农民工、新就业形态人员社保制度，扩大失业、工伤、生育保险覆盖面。

（五）推进社保基金相关机制改革，确保安全规范可持续运行

建议社保基金从以下几个方面进行机制改革：**一是改革筹资机制。**包括设定明确的筹资目标、稳步增加中央财政预算拨款、加快国有资产划转速度以及拓展新的筹资手段等。**二是完善投资机制。**改革内部激励机制，吸引和留住高水平人才；拓展全国社保基金的投资渠道，稳步提升投资收益水平；多层次构建投资体系，降低整体风险水平；适当划分直接投资和委托投资比例，提高基金投资管理水平等。**三是健全管理机制。**完善相关法律法规，以法律形式规范全国社保基金的运行管理；合理设定封闭期限和支付计划；完善国有资产划转后的股权管理等。

（六）加快推进分层分类社会救助体系建设，提升民生保障精准化程度

社会救助制度进入调整转型时期，制度建设任务繁重。应该通过实际的改革进一步优化社会救助的制度体系，进而更好地实现社会救助的目标。

从制度内容上看，一是应该尽快补齐目前的制度短板，如推动社会救助城乡一体化的相关制度、将非户籍人口纳入居住地社会救助的相关制度、确定相对贫困标准（或低收入标准）的制度，以及一些新建项目的制度。二是应该进一步完善现有的一些制度，如多层次的贫困者识别机制及相关制度（尤其是专项救助对象的救助需求评估的制度和方法）、社会救助对象管理及就业促进的相关制度，以及建立社会救助相关服务体系的制度等。

从制度形式上看，一是应该加快社会救助立法，尽快出台社会救助法，为社会救助制度体系构建基本的法制框架，并确定社会救助的基本制度骨架和关键性的制度节点。二是应该对社会救助的主要项目建立行政法规，对社会救助各个领域的制度体系作出更加详细的规定。三是应该对社会救助对象识别、待遇提供、管理与服务等各方面的具体运行制定可操作的规范与标准。

（七）深化社会福利制度改革，更好保障弱势群体合法权益

未来一个时期，社会福利领域要重点关注老年人、困境儿童和残疾人等特殊群体的福利保障，并保障妇女儿童合法权益。特别要以应对老龄化、少子化为重点，完善人口发展战略，健全覆盖全人群、全生命周期的人口服务体系，促进人口高质量发展。**一是提升养老服务水平。**实施积极应对人口老龄化国家战略，发展养老事业和养老产业，优化孤寡老人服务，推动实现全体老年人享有基本养老服务。持续完善居家社区机构相协调、医养康养相结合的养老服务体系，加强基本养老服务，完善兜底性养老服务，健全失能老年人长期照护服务体系，满足多层次多样化的老年人养老、医疗和照护服务需求。**二是提升困境儿童福利保障水平。**完善帮扶孤儿和事实无人抚养儿童福利制度，持续提高孤儿和事实无人抚养儿童在医疗、教育、康复、就业等方面的保障水平，拓展保障范围。**三是完善残疾人福利制度。**根据经济社会发展情况，完善残疾人“两项补贴”（困难残疾人生活补贴、重度残疾人护理补贴）动态调整机制，加强残疾人“两项补贴”制度与长期护理保险、老年人福利、社会救助等制度相衔接，完善残疾人关爱服务体系，促进残疾人事业全面发展。**四是保障妇女儿童合法权益。**坚持男女平等基本国策，贯彻落实《中国妇女发展纲要（2021—2030年）》和《中国儿童发展纲要（2021—2030年）》要求，为妇女和儿童发展创造更好环境，更好保障妇女和儿童的合法权益。

（八）重视社会保障法治建设，加强制度的统一性和规范性

我国已形成以《社会保险法》为核心，以《工伤保险条例》《失业保险条例》等单项立法为支撑的社保法律体系，但该体系并不完善，现行相关规定立法层级较低、内容陈旧且较为分散。未来，应从立法、执法、司法、守法各环节加强社会保障工作，在法治轨道上推动社会保障事业健康发展。**一是重视顶层设计与立法协同。**要更加追求各项法律之间的相互衔接、相互协同，这就要求立法机关做好顶层设计与整体的统筹规划，科学、理性立法，增强制度刚性约束。其一，尽快设立清晰的社会保障立法框架，为积极、有序地推进整个社会保障法治建设提供行动指南，将法定社会保障的定制权收归中央。其二，坚持目标和需求导向，加快弥补社会保障法律制度短板，补齐立法空白。重点开展社会救助法、社会福利法、医疗保障法、养老保险法、儿童福利法等重点领域的法律制定工作，尽早修订社会保险法、慈善法以及失业保险、工伤保险法规，为社会保障制度走向成熟、定型提供法律依据和法律保障，也为人民群众提供清晰、理性、稳定的社会保障预期。其三，注重各类法律规范之间的协调与衔接。一方面要做好各类社会保障法律法规之间的衔接工作，避免立法交叉；另一方面是做好社会保障法律法规与其他经济、社会法律法规制度之间的协调，减轻社会保障法律法规实际运行过程中的阻力和困难。**二是坚持共建共享的价值取向。**社会保障是保障和改善民生、维护社会公平、增进人民福祉的基本制度保障，是促进经济社会发展、

实现广大人民群众共享改革发展成果的重要制度安排，社会保障法治体系必须全面贯彻共建共享的理念。健全社会保障的法治体系，要以公民权利义务对等为准则、以社会保障责任共担为手段、以共享社会保障成果为目标。照顾多层次社会保障体系建设需求。法定的社会保障是水平适度的基本保障，以公平普惠为追求目标，无法满足民众个性化、多样化的需求。随着我国经济快速发展，人民生活水平不断提高，对社会保障普遍有了更高的诉求，期望在普惠保障的基础上享受更高水平的补充保障，如补充医疗保障、商业健康保险等。

深化医药卫生体制改革，推进健康中国建设

习近平总书记指出，人民健康是社会文明进步的基础，是民族昌盛和国家富强的重要标志[①]。党的二十届三中全会通过的《决定》指出，深化医药卫生体制改革，实施健康优先发展战略深化医药卫生体制改革，实施健康优先发展战略深化医药卫生体制改革，实施健康优先发深化医药卫生体制改革，实施健康优先发展战略[②]。深化医药卫生体制改革是改革开放的重要组成部分，是保障和改善民生的重大举措，关系人民健康福祉、民族未来。改革开放以来，在党和国家大力推进经济建设、发展社会主义市场经济的大环境下，我国医药卫生体制改革持续推进，逐步探索出了一条具有中国特色的医改道路，基本建立了一套具有中国特色的基本医疗卫生制度。党的十八大以来，我国围绕分级诊疗、公立医院改革、全民医保、药品供应保障、重大疫病防控、全民健康信息化、卫生健康科技创新、综合监管等方面，着力在解决“看病难、看病贵”问题上持续发力，推动深化医药卫生体制改革取得重大阶段性成效。但同时也要看到，医药卫生体制改革取得的成绩是阶段性的，与人民群众的期盼相比，还有一定的差距。

展望未来，伴随社会经济发展进入新阶段，人民生活水平和健康素养不断提高，卫生健康需求日益增长，我国医药卫生体制改革面临着一系列新形势新要求。进一步深化医药卫生体制改革，要以习近平新时代中国特色社会主义思想为指导，全面贯彻落实党的二十届三中全会精神，继续坚持以人民健康为中心、以体制机制改革创新为动力，持续提升健康治理能力和体系的现代化水平，不断完善医药卫生高质量发展体制机制。具体来看，一是健全公共卫生体系，夯实高质量发展的健康保障基础；二是进一步完善与社会主义现代化相适应的医疗卫生服务体系，为人民群众提供全方位全周期健康服务；三是深化以公益性为导向的公立医院改革，推动公立医院高质量发展；四是深化药品领域改革创新，健全药品供应保障制度；五是系统推动医疗、医保、医药协同发展和治理，更好地保障人民健康福祉；六是统筹推进数字化赋能、人才保障、综合监管，为全面建成健康中国注入强劲动力。

---

① 人民日报．把人民健康放在优先发展战略地位——论学习贯彻习近平总书记在教育文化卫生体育领域专家代表座谈会上重要讲话［EB/OL］．http：//opinion.people.com.cn/n1/2020/0926/c1003-31875637.html.

② 中共中央关于进一步全面深化改革　推进中国式现代化的决定［EB/OL］．http：//www.news.cn/politics/20240721/cec09ea2bde840dfb99331c48ab5523a/c.html.

一、医药卫生体制改革 46 年的主要历程、基本经验与伟大成就

改革开放以来，从国情实际出发，我国逐步探索出了一条具有中国特色的医改道路，基本建立了一套具有中国特色的基本医疗卫生制度，为全面建成小康社会和实现“两个一百年”奋斗目标提供了强大的健康支撑。

（一）医疗卫生体制改革的主要历程

改革开放后，从计划经济体制到社会主义市场经济体制的转变对医疗卫生事业的发展产生了深刻影响。此时的医疗卫生体系失去了原有的制度基础，为适应经济发展、社会进步和全民健康素质提高的需要，卫生政策不得不紧跟经济体制的变革而进行调整。改革开放 46 年来，我国不断探索医疗体制新的发展路径，相继进行了一系列改革。从总体上看，我国的医药卫生体制改革经历了以下几个阶段。

1. 第一阶段（1978—1985 年）：初步探索医疗卫生体制改革

改革开放之前的“十年浩劫”对卫生系统造成了严重损害，为加强医疗事业的建设，国家开始重新思考新的改革路径，尤其是对医疗机构内部进行调整。在经济体制改革的影响下，1979 年，卫生部提出“运用经济手段管理卫生事业”的思路。在此阶段，卫生工作的重点是“转移到医疗卫生现代化建设上”，并运用经济手段调节。**在医院管理方面，**《关于加强医院经济管理试点工作的通知》《医院经济管理暂行办法》《关于加强卫生机构经济管理的意见》《全国医院工作条例》等政策相继出台，开展了“定额补助、经济核算、考核奖惩”的工作试点，以扭转医疗机构经营核算落后的局面。**在医疗主体方面，**1980 年 8 月，国务院批转卫生部《关于允许个体医生开业行医问题的请示报告》，这不仅推动了国有医院改革，缓解了国有资本办医的矛盾，而且为形成多种所有制并存的医疗卫生系统奠定了基础。

2. 第二阶段（1985—2009 年）：建立适应社会主义市场经济环境的医疗卫生体制

党的十二届三中全会后，政治体制、经济体制以及文化、科技、教育等各个领域的改革开始启动，从而为医疗体制改革的全面推行奠定了基础。由于医改初步探索阶段的改革只是管理方面的调整，并未涉及体制的变革，因而这一阶段延续了上一阶段的政策思路，并逐渐重视管理体制、运行机制等方面的问题。

一是“放权让利”，扩大医院自主权，扩大医疗卫生服务有效供给。1985 年 4 月，国务院批转卫生部《关于卫生工作改革若干政策问题的报告》强调了医疗机构的转型发展，即“放宽政策，简政放权，多方集资”，扩大医疗机构的自主性。具体来说，1988 年 11 月，国务院发布卫生部“三定”（定职能、定机构、定编制）方案，要求对直属企事业单位由直接管理转向间接管理。同年，国务院批转卫生部、财政部等部门《关于扩大医疗卫生服务有关问题的意见》，进一步提出用市场化手段调动卫生事业单位的积极性，包括推行多种形式的承包责任制、开展有偿服务、调整医疗服务收费标准、“以副补主”等内容。另外，为保证政府对医院的管理，医院的分级管理模式被

正式提出。总体来看，虽然这一阶段主要效仿了其他领域的改革措施，也得到了业界的不同评价，但仍标志着医改的启动，并为今后的改革推行奠定了基础。

二是积极推进市场化，探索建立适应社会主义市场经济环境的医疗卫生体制。1992 年 9 月，卫生部下发《关于深化卫生医疗体制改革的几点意见》，明确提出拓宽卫生筹资渠道，完善补偿机制，加强经营开发，增强卫生经济实力。当年卫生部工作会议要求医院在“以工助医”“以副补医”等方面取得新成绩，刺激了医院创收以弥补不足。医疗卫生机构开始提供专家门诊、点名手术、特殊护理、特需病房等服务，医疗卫生服务的市场化、商业化更为明显，医疗卫生机构的公益性受到较大影响，群众对“看病问题”反映强烈。为此，1993 年 9 月，卫生部发出《关于加强医疗质量管理的通知》，要求医务人员提高医疗质量意识。1994 年 2 月，国务院发布《医疗机构管理条例》，对医疗机构的规划布局和设置审批、登记、执业、监督管理以及相关法律责任进行了规定，将医疗机构执业管理工作纳入法治轨道。1997 年 1 月，中共中央、国务院出台《关于卫生改革与发展的决定》，提出卫生改革的目的在于增强卫生事业的活力，充分调动卫生机构和人员的积极性。强调要适应社会主义市场经济发展，遵循卫生事业发展内在规律，逐步建立起宏观调控有力、微观运行富有生机的新体制，并就改革城镇职工医疗保险制度、改革卫生管理体制、积极发展社区卫生服务、改革卫生机构运行机制等做出规定。为抓好贯彻落实，2000 年 2 月，国务院办公厅转发八部委《关于城镇医药卫生体制改革的指导意见》（国办发〔2000〕16 号），明确提出医疗卫生改革的目标是建立适应社会主义市场经济要求的医药卫生体制。之后陆续出台了多个配套政策，包括《关于城镇医疗机构分类管理的实施意见》（卫医发〔2000〕233 号）、《关于卫生事业补助政策的意见》（财社〔2000〕17 号）、《医院药品收支两条线管理暂行办法》（卫规财发〔2000〕229 号）、《关于医疗卫生机构有关税收政策的通知》（财税〔2000〕42 号）、《医疗机构药品集中招标采购试点工作若干规定的通知》（卫规财发〔2000〕232 号）、《药品招标代理机构资格认定及监督管理办法》（国药管市〔2000〕306 号）、《关于实行病人选择医生促进医疗机构内部改革的意见》（卫医发〔2000〕234 号）、《关于开展区域卫生规划工作的指导意见》（计社会〔1999〕261 号）、《关于深化卫生事业单位人事制度改革的实施意见》（人发〔2000〕31 号）等。从改革的内容看，大体包括建立新的医疗机构分类管理制度，转变公立医疗机构运行机构，公立医疗机构内部引入竞争机制，实行医药分开核算、分别管理，调整医疗服务价格及药品价格等。

三是探讨新医改方案，解决积重问题。2005 年 7 月《中国青年报》刊出由国务院发展研究中心负责的医改研究报告，通过对历年医改的总结反思，指出当时的一些改革思路和做法存在诸多问题，主要表现为医疗服务公平性下降和卫生投入的宏观效率低下，医疗卫生体制的商业化、市场化倾向违背了医疗卫生事业的基本规律，城镇医疗保险制度存在明显缺陷，我国医疗卫生体制期待变革①。鉴于此，2006 年 6 月，国

① 王俊秀．国务院研究机构最新报告称我国医改不成功［N］．中国青年报，2005-07-28.

务院深化医药卫生体制改革部际协调小组正式成立。2007 年，党的十七大报告进一步明确了人人享有基本医疗卫生服务、公共医疗卫生的公益性及强化政府责任和投入等基本思路。2008 年 9 月，国务院常务会议审议并原则通过《关于深化医药卫生体制改革的意见》并公开向社会征求意见。

3. 第三阶段（2009—2012 年）：启动新一轮医药卫生体制改革

2009 年 4 月，《关于深化医药卫生体制改革的意见》（以下简称《意见》）和《医药卫生体制改革近期重点实施方案（2009—2011 年）的通知》（国发〔2009〕12 号）（以下简称《实施方案》）发布，新一轮医药卫生体制改革正式启动。《意见》明确提出深化医改的总目标，即建立健全覆盖城乡居民的基本医疗卫生制度，为群众提供安全、有效、方便、价廉的医疗卫生服务。《意见》对基本医疗卫生服务的四大体系，即公共卫生服务体系、医疗服务体系、医疗保障体系、药品供应保障体系建设，以及完善医疗卫生体制机制的八个方面，即建立协调统一的医药卫生管理体制、建立高效规范的医药卫生机构运行机制、建立政府主导的多元卫生投入机制、建立科学合理的医药价格形成机制、建立严格有效的医药卫生监管体制、建立可持续发展的医药卫生科技创新和人才保障机制、建立实用共享的医药卫生信息系统、建立健全医药卫生法律制度等作出全面部署。作为医改工作的重要抓手，《实施方案》提出了 2009—2011 年五项重点改革任务，即加快推进基本医疗保障制度建设、初步建立国家基本药物制度、健全基层医疗卫生服务体系、促进基本公共卫生服务逐步均等化和推进公立医院改革试点，作为深化医药卫生体制改革的重点。

4. 第四阶段（2012 年至今）：持续深化医药卫生体制改革

虽然新一轮医改方案提出了比较明确的改革目标与路线，但具体到执行环节，改革的作用范围和作用力度都面临着很多约束条件，以至于改革效果不明显，“看病贵、看病难”的问题依然没有得到缓解。2012 年党的十八大报告指出，健康是促进人的全面发展的必然要求，要坚持为人民健康服务的方向，提高人民健康水平。2013 年的党的十八届三中全会审议通过的《中共中央关于全面深化改革若干重大问题的决定》对深化医药卫生体制改革提出了具体而明确的要求，即要统筹推进医疗保障、医疗服务、公共卫生、药品供应、监管体制综合改革。《中共中央关于全面深化改革若干重大问题的决定》同时提出要改革医保支付方式，健全全民医保体系，深化基层医疗卫生机构综合改革，加快公立医院改革；要进一步完善合理分级诊疗模式，加强区域公共卫生服务资源整合，促进优质医疗资源纵向流动，鼓励社会办医等。2016 年 8 月，全国卫生与健康大会提出了构建分级诊疗制度、现代医院管理制度、全民医保制度、药品供应保障制度、综合监管制度五项基本医疗卫生制度。2017 年党的十九大报告将“优质高效的医疗卫生服务体系”纳入深化医药卫生体制改革的基本内容。至此，“5（五项基本制度）+1（优质高效的医疗卫生服务体系）”成为我国医改的重点领域，“实施健康中国战略”这个目标统领着此后的各项医改举措。继 2016 年中共中央、国务院印发《“健康中国 2030”规划纲要》后，2019 年 7 月，健康中国行动推进委员会又印发了《健康中国行动（2019—2030 年）》，显示我国健康中国建设不断提速。此后，2022 年党的二十大报告提出“推进健康中国建设，深化医药卫生体制改革”；2024 年党的二十届三中全会审议通过的《决定》提出，深化医药卫生体制改革，包括促进医疗、医保、医药协同发展和治理，促进优质医疗资源扩容下沉和区域均衡布局等。这为“十四五”时期乃至更长时期的深化医改工作作出了全面部署，指明了前进方向，提供了根本遵循。

（二）医药卫生体制改革的总体框架、基本方向、难点卡点

改革开放以来，党中央高度重视医药卫生体制改革工作，根据形势变化调整医药卫生体制改革重心和改革方向。总体来看，医药卫生体制改革主要集中在加强公共卫生体系改革、推动医疗卫生服务体系改革、推进医疗保障制度改革、建立药品供应保障体系改革、创新人才发展体制机制改革和推进医药卫生监管体制改革。未来更长一段时期深化医改的使命是扎实推进新发展阶段卫生健康事业高质量发展，进一步聚焦医改的难点卡点问题，均衡推进各项改革措施。

1. 总体框架

我国医药卫生体制改革深入贯彻党中央、国务院决策部署，坚持以人民健康为中心的发展理念，着力解决“看病难、看病贵”问题，在加强公共卫生体系改革、推动医疗卫生服务体系改革、推进医疗保障制度改革、建立药品供应保障体系、深化人才发展体制机制改革、统筹推进医药卫生监管体制改革等重点领域和关键环节集中发力，精准施策，协调联动。

（1）持续推进疾控体系改革，加强公共卫生体系建设

一是推进疾病预防控制体系改革。20 世纪 70 年代末，在修订原有行政法规的基础上，卫生部颁布了《急性传染病管理条例》《全国卫生防疫站工作条例》《卫生防疫人员实行卫生防疫津贴的规定》《各级卫生防疫站组织编制规定》等，明确和加强了卫生防疫体系在预防控制传染病中的责任、地位和作用，初步构建起卫生防疫法律框架。1989 年，第七届全国人大常委会通过了《传染病防治法》，规定国家对传染病防治实行预防为主的方针，并将传染病分为甲类、乙类和丙类，预防、控制和消除各类传染病的发生与流行。此外，卫生部相继出台《传染病防治法实施办法》《尘肺病防治条例》《化妆品卫生监督条例》《公共场所卫生监督条例》等政策法规，为疾病预防体系建设提供了强有力的法律依据。2001 年，卫生部出台了《关于疾病预防控制体制改革的指导意见》《全国疾病预防控制机构工作规范》，明确了各级疾病预防控制中心的职能与任务。2019 年第十三届全国人大常委会通过《基本医疗卫生与健康促进法》，这是卫生健康领域第一部基础性、综合性的法律，为推进健康中国战略提供了有力的法律保障。由此，卫生服务模式由“以疾病治疗为中心”转向“以人民健康为中心”。2021 年 5 月，国家疾病预防控制局正式揭牌成立，意味着疾控机构职能从单纯预防控制疾病向全面维护和促进全人群健康转变，新机构将承担制定传染病防控政策等五大职能，同时标志着我国疾控体系的改革发展正式拉开序幕。

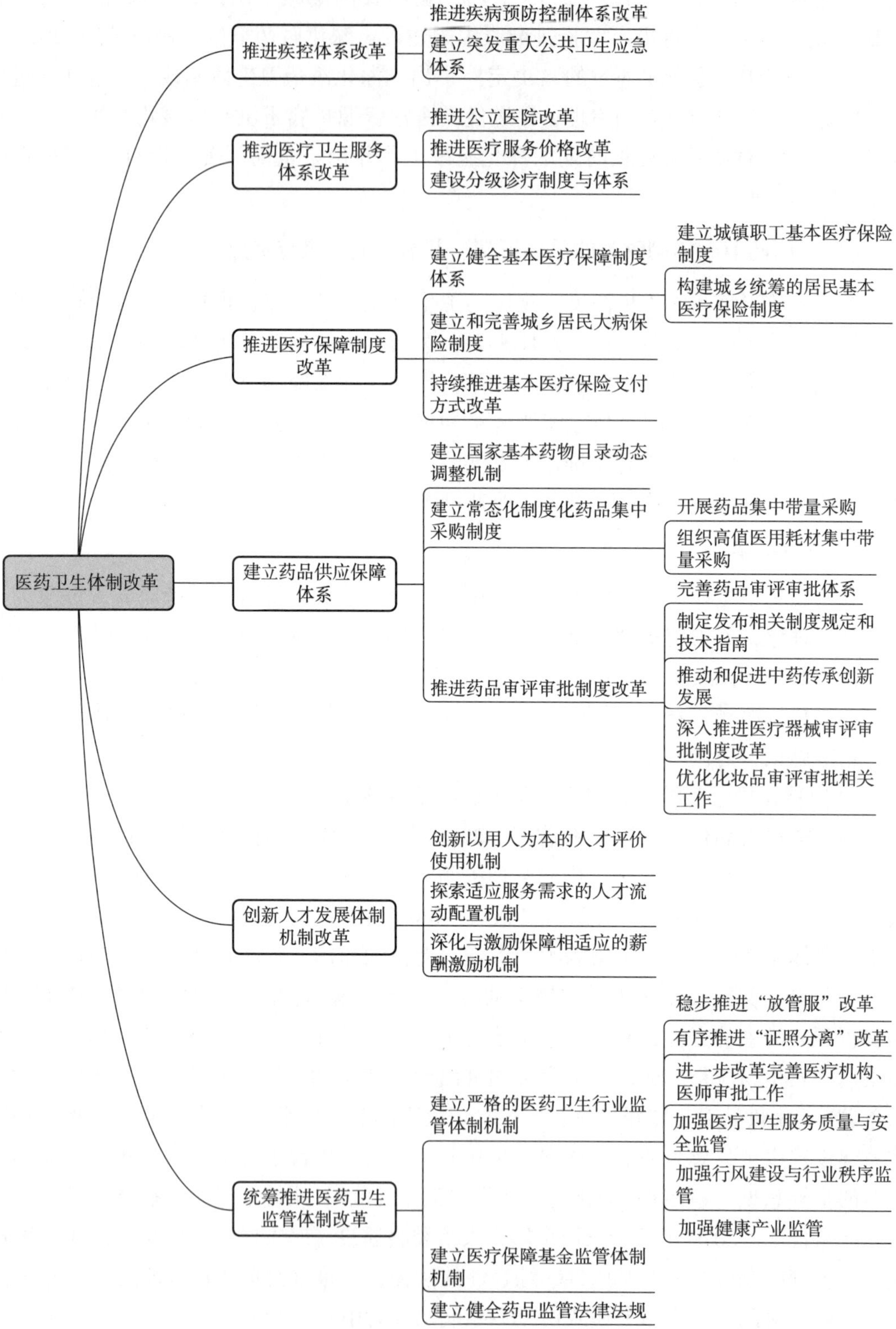

图 9-3 医药卫生体制改革的总体框架

二是建立突发重大公共卫生应急体系。2003 年，国务院颁布《突发公共卫生事件应急条例》，以法律的形式明确了我国对突发公共卫生事件应当遵循的原则和方针，并规定了各级政府及相关部门在应对突发公共卫生事件中的责任与义务。2005 年 12 月，国务院应急管理办公室正式成立。2007 年 8 月，全国人大常委会通过《突发事件应对法》，该法是我国积极主动地预防、及时有效地处置和最大限度地减少各类突发事件发生的重要立法，在突发事件的预防与应急准备、监测与预警、应急处置与救援、事后恢复与重建等方面进行了明确的规定，其中，突发公共卫生事件作为突发事件重要分类在该法中予以明确规定。2013 年，国务院办公厅《关于印发突发事件应急预案管理办法的通知》（国办发〔2024〕5 号）对预案应急响应是否分级、如何分级、如何界定分级响应措施等问题做出了明确规定。2016 年，国务院《关于印发“十三五”卫生与健康规划的通知》（国发〔2016〕77 号），指出加强突发公共卫生事件尤其是突发急性传染病综合监测、快速检测、风险评估和及时预警能力建设，提升突发事件卫生应急监测预警水平、应对能力和指挥效力，突发公共卫生事件预警信息响应率达到 95%以上。2018 年两会期间，国务院出台改革开放以来第 8 次政府机构改革方案，首次设立应急管理部。

（2）推动医疗卫生服务体系改革，为人民群众提供全方位全周期健康服务

一是推进公立医院改革。2010 年 2 月，卫生部等五部委联合发布《关于公立医院改革试点的指导意见》，明确各类医疗机构功能定位、改革公立医院补偿机制、调整医疗服务价格、落实政府责任、开展认识薪酬制度改革等。2017 年 7 月，国务院办公厅印发《关于建立现代医院管理制度的指导意见》（国办发〔2017〕67 号），提出构建现代医院管理制度应从医院章程、决策机制、民主管理制度、章程建设等多方面统筹考虑，将建立现代医院管理制度作为公立医院改革的重要目的。2018 年，《关于开展建立健全现代医院管理制度试点的通知》（国卫体改发〔2018〕50 号）发布，明确了“制定医院章程，完善医院议事决策制度，发挥专家治院作用，落实医疗质量安全核心制度，推进药品、耗材合理使用，健全医院财务资产管理，优化医院收入结构”等具体改革内容和政策工具，强调新医改下医院管理制度要以治理体系和能力现代化为根本，用医院的精细化管理和人性化服务撬动我国公立医院现代化的杠杆，促进我国医疗健康事业发展。

二是推进医疗服务价格改革。我国医疗服务价格政策的变迁以 1988 年为分水岭，在此之前，实行医疗服务价格国家统一管理、制定，医疗服务价格低于医疗服务成本，亏损部分由政府补贴，体现了医疗服务对我国国民的福利政策。之后，随着市场经济体制及基本医疗保险制度的建立，医疗服务的商品属性逐渐被认识，2000 年《关于城镇医药卫生体制改革的指导意见》（国办发〔2000〕16 号）明确了制定医疗服务价格的原则，体现价值规律、反映供求关系、考虑国家对医疗服务的补贴以及居民的经济承受能力。同年，国家计委、卫生部印发《关于改革医疗服务价格管理的意见的通知》（计价格〔2000〕962 号）提出对医疗服务价格实行政府指导价和市场调节价，取消政府定价。2001 年国家计委、卫生部、国家中医药管理局联合下发《全国医疗服务价格项目规范（试行 2001 年版）》通知，统一了全国医疗服务价格项目，同时将医疗服务项目收费改为医疗服务项目价格，明确了医疗服务是一种特殊的商品。新医改以来，围绕取消药品加成和“三医联动”，国家出台了《全国医疗服务价格项目规范(试行 2012 年版)》、《改革药品和医疗服务价格形成机制的意见》、《中共中央　国务院关于推进价格机制改革的若干意见》、《关于印发推进医疗服务价格改革意见的通知》(发改价格〔2016〕1431 号)、《关于促进医药产业健康发展的指导意见》(国办发〔2016〕11 号)、《关于做好当前医疗服务价格动态调整工作的意见》、《中共中央　国务院关于深化医疗保障制度改革的意见》，均对医疗服务价格改革提出了指导性建议，积极稳妥推进医疗服务价格改革，建立以成本和收入结构变化为基础的价格动态调整机制，逐步理顺医疗服务比价关系。

三是建设分级诊疗制度与体系。2015 年，《国务院办公厅关于分级诊疗制度建设的指导意见》(国办发〔2015〕70 号）首次强调分级诊疗作为深化医改主要抓手，明确了现阶段分级诊疗的概念内涵以及目标任务。随着地方经验的积累，医疗联合体成为引领构建分级诊疗新格局的重要模式，开始出现在国家级政策中。2017 年，国务院办公厅发布《关于推进医疗联合体建设和发展的指导意见》(国办发〔2017〕32 号)，这是深化医改的重要步骤和制度创新，有利于调整优化医疗资源结构布局，促进医疗卫生工作重心下移和资源下沉。2018 年国务院办公厅、国家卫生健康委和国家中医药管理局着重于出台医联体配套文件，为完善医联体建设提供政策支持，在改革完善全科医生培养与使用激励机制、促进“互联网+医疗健康”发展、开展城市医疗联合体建设试点工作、推进紧密型县域医疗卫生共同体建设等方面，为各地医联体建设与分级诊疗就医格局的形成提供更明确的指导意见。

(3) 推进医疗保障制度改革，筑牢群众看病就医保障网

一是建立健全基本医疗保障制度体系。首先，建立城镇职工基本医疗保险制度。1998 年 12 月，国务院发布《关于建立城镇职工基本医疗保险制度的决定》(国发〔1998〕44 号)，正式提出在全国范围内进行城镇职工医疗保险制度改革，明确了“社会统筹与个人账户相结合”的制度模式，强调城镇所有用人单位及其职工都要参加基本医疗保险。在筹资方面，实行责任共担的筹资机制，城镇职工和单位共同缴费。**其次，构建居民基本医疗保险制度的城乡统筹。**2003 年 1 月，国务院办公厅转发卫生部等部门发布《关于建立新型农村合作医疗制度意见》(国办发〔2003〕3 号)，新型农村合作医疗制度正式建立，强调政府组织、引导和支持，农民意愿参加，以大病统筹为主，实行个人缴费、集体扶持和政府资助相结合。2016 年 1 月，国务院印发《关于整合城乡居民基本医疗保险制度的意见》(国发〔2016〕3 号）提出，推进城乡居民基本医疗保险和新型农村合作医疗制度的整合，建立统一的城乡居民基本医疗保险制度。2020 年 2 月，中共中央、国务院印发《关于深化医疗保障制度改革的意见》，明确了全面深化我国医疗保障制度改革的指导思想、基本原则、发展目标，部署了重点改革任务、发展取向及相应的行动方案，为全面深化医疗保障制度改革提供了科学的顶层设计和系统的行动指南。

二是建立和完善城乡居民大病保险制度。为进一步完善城乡居民医疗保障制度，提高重特大疾病保障水平，减轻城乡居民的重特大疾病医疗负担，2012 年 8 月，国家发展改革委等六部委发布《关于开展城乡居民大病保险工作的指导意见》（发改社会〔2012〕2605 号），从城乡居民医保基金、新农合基金中划出一定比例或额度作为大病保险资金，保障对象为城乡居民医保、新农合参保（合）人。2015 年 7 月，国务院办公厅印发《关于全面实施城乡居民大病保险的意见》（国办发〔2015〕57 号），旨在进一步推动城乡居民大病保险制度的完善与实施，强调完善筹资机制、提高保障水平、加强制度衔接、规范承办服务、严格监督管理。

三是持续推进基本医疗保险支付方式改革。在基本医疗保险制度建立后，为确保医保基金收支平衡，加强对医疗费用合理增长的控制，我国开展了医保支付方式改革。1999 年，劳动和社会保障部等五部委印发《关于加强城镇职工基本医疗保险费用结算管理意见的通知》（劳社部发〔1999〕23 号），“采取总额预付结算、服务项目结算、服务单元结算等方式”明确了医保基本支付方式。2017 年，国务院办公厅印发《关于进一步深化基本医疗保险支付方式改革的指导意见》（国办发〔2017〕55 号），要求全面推行以按病种付费为主的多元复合式医保支付方式改革，并鼓励部分地方选择一定病种开展基本诊断相关组（Giagnosis Related Groups，DRG）付费试点。2020 年，国家医疗保障局出台《区域点数法总额预算和按病种分值付费试点工作方案的通知》，并选择 71 个城市开展按病种分值（Giagnosis Intervention Packet，DIP）付费国家试点。2021 年 11 月，国家医疗保障局印发《DRG/DIP 支付方式改革三年行动计划》（医保发〔2021〕48 号），提出支付方式改革于 2025 年底前实现全覆盖。

（4）建立药品供应保障体系，满足人民群众用药需求

一是建立国家基本药物目录动态调整机制。基本药物制度在我国是一项从无到有的制度创新。1979 年我国引入基本药物理念，1982 年制定第 1 版《国家基本药物目录》，到 2004 年共发布 6 版，但由于缺少相关配套政策，一直处于“有目录无制度”的局面。2009 年新一轮医改启动，公布 2009 版《国家基本药物目录（基层医疗卫生机构配备使用部分）》，明确基本药物集中采购、优先使用、价格报销等相关政策。2018 年 9 月，国务院办公厅印发《关于完善国家基本药物制度的意见》（国办发〔2018〕88 号），进一步明确基本药物“突出基本、防治必需、保障供应、优先使用、保证质量、降低负担”的功能定位，现行的 2018 年版《国家基本药物目录》总品种数量共 685 种，能够更好地满足临床基本用药需求，强调坚持基本药物主导地位，各级公立医疗机构全面配备、优先使用基本药物。

二是建立常态化制度化药品集中采购制度。首先，开展药品集中带量采购，协同推进医药服务供给侧改革。2015 年 2 月，国务院办公厅印发《关于完善公立医院药品集中采购工作的指导意见》（国办发〔2015〕7 号），文件汲取了十余年各省市药品集中采购的实践经验和创新模式，是药品集中采购的里程碑式文件，是统领当前国内省级药品集中招标采购的政策框架。2019 年 1 月，国务院办公厅印发《关于国家组织药品集中采购和使用试点方案的通知》（国办发〔2019〕2 号），要求 11 个试点城市，结合实际情况制定实施方案和配套政策，加强组织领导，层层压实责任，做好宣传引导和风险防范，确保将 4+7 带量采购的成果落到实处，真正地惠及百姓。2021 年 1 月，国务院办公厅印发《关于推动药品集中带量采购工作常态化制度化开展的意见》（国办发〔2021〕2 号），旨在发挥医保基金战略性购买作用，推动药品集中带量采购工作常态化制度化开展，健全“政府组织、联盟采购、平台操作”的工作机制，引导药品价格回归合理水平，更好地保障人民群众病有所医。这是我国集中采购的又一个里程碑式文件，我国药品集采进入常态化、制度化发展阶段，也标志着我国的集中采购的制度已经成熟。**其次，组织高值医用耗材集中带量采购，完善价格形成机制。**2021 年 6 月，国家医疗保障局、国家发展改革委等六部门联合印发《关于开展国家组织高值医用耗材集中带量采购和使用的指导意见》（医保发〔2021〕31 号），明确要逐步扩大集采覆盖范围，从国家集采慢慢过渡到联盟集采、省级集采、地市集采等。2023 年 3 月，国家医疗保障局办公室发布《关于做好 2023 年医药集中采购和价格管理工作的通知》（医保办函〔2023〕13 号），明确推进医用耗材集中带量采购。

三是推进药品审评审批制度改革。第一，完善药品审评审批体系。国家药监局按照新修订实施的《药品管理法》要求，实施药物临床试验机构的备案管理，发布相关规定和工作程序，上线临床试验机构备案信息平台。**第二，制定发布相关制度规定和技术指南。**特别是建立 4 条加速药物上市注册通道，将《药品管理法》《疫苗管理法》等明确列出的临床急需的短缺药、儿童用药、罕见病用药、重大传染病用药、疾病防控急需疫苗以及创新疫苗等纳入加快上市注册范围，鼓励研发机构注册。**第三，推动和促进中药传承创新发展。**组织制定多个技术审评要求和指导原则。在标准不降低、程序不减少的前提下，应急批准了“三方”（清肺排毒颗粒、化湿败毒颗粒、宣肺败毒颗粒）紧急上市，全力推进“三方”成果转化，顺利结束中药配方颗粒试点，有序开展备案工作，加快标准制定。**第四，深入推进医疗器械审评审批制度改革。**全面实施新修订的《医疗器械监督管理条例》，加快推进相关的部门规章和规范性文件的出台，实施标准提升计划，组织强制性标准优化评估。同时，通过深入推动医疗器械唯一标识 UDI 的试点、医疗器械注册人制度的实施，以及临床真实世界数据应用试点等工作，有力助推产业创新高速发展。**第五，优化化妆品审评审批相关工作。**全面深入实施《化妆品监督管理条例》，先后出台相关注册、生产、经营等一系列配套规章文件，组织制定完善技术审评要点和审评标准，不断创新审评审批模式，完善注册备案信息服务平台，审批审评效率显著提高。

（5）创新人才发展体制机制改革

一是创新以用人为本的人才评价使用机制。坚持破立并举，深化改革人才评价制度。推动落实《关于深化卫生专业技术人员职称制度改革的指导意见》，开展“唯帽子”专项治理工作，优化完善人才分类评价标准，探索建立大数据分析与代表作、临床典型案例等相结合的评价方式，卫生职称制度改革迈出新的一步。完善医疗卫生机构岗位管理制度，各地积极完善岗位设置，提高中、高级专业技术岗位比例。**二是探索适应服务需求的人才流动配置机制。**积极推进医疗卫生机构编制管理工作，积极开展公立医院编制标准研究，保障基层医疗卫生机构编制配备。依托县域医共体、紧密型城市医疗集团建设等工作，统筹进行岗位设置、岗位聘用等，推进区域内人才一体化培养、一体化管理。**三是深化与激励保障相适应的薪酬激励机制**。全面推开公立医院薪酬制度改革，推进落实《关于深化公立医院薪酬制度改革的指导意见》（人社部发〔2021〕52号），明确公立医院薪酬制度改革的主要目标和重点任务，薪酬制度改革正式全面启动实施。以“两个60%”为着力点，各地深入推进“三医”联动改革，拓宽薪酬改革空间，优化医务人员薪酬结构，充分调动医务人员积极性。推进基层医疗卫生机构按照“公益一类保障、公益二类激励”，落实“两个允许”要求，建立符合基层实际的人事薪酬制度。

（6）统筹推进医药卫生监管体制改革

一是建立严格的医药卫生行业监管体制机制。第一，稳步推进“放管服”改革。国家卫健委编制实施卫生健康监管事项清单，全面清理卫生健康证明事项，编制卫生健康证明事项清单。**第二，有序推进“证照分离”改革**。对“营利性医疗机构设置审批”“消毒产品生产企业卫生许可”“公共场所卫生许可”“自由贸易试验区涉企卫生健康许可”等涉企审批事项实行备案或告知承诺制。**第三，进一步改革完善医疗机构、医师审批工作**。全面实施医疗机构、医师、护士电子化注册管理；简化医疗机构审批申请材料，取消医疗机构验资证明；二级及以下医疗机构设置审批与执业登记“两证合一”；全面实施中医诊所和养老机构内设以医疗机构备案制；五部委印发《关于印发开展促进诊所发展试点意见的通知》（国卫医发〔2019〕39号），试点实施诊所备案制；医疗卫生机构开展职业健康检查改为备案制；妇产科医师执业证书与母婴保健技术考核合格证书“两证合一”。**第四，加强医疗卫生服务质量与安全监管**。实行非营利性和营利性医疗机构分类管理。陕西健全非营利性和营利性社会办医分类管理制度，重点加强非营利性社会办医院产权归属、财务运营、资金结余使用等的监管，加强对营利性社会办医院盈利率的管控。**第五，加强行风建设与行业秩序监管**。严格落实“九不准”规定，开展重点领域专项整治，如医药购销领域和医疗服务中不正之风专项治理、医疗乱象专项治理、大型医院巡查、规范医疗服务行为“三合理”、民营医疗机构行风建设专项整治、打击骗取医保和救助资金专项治理等。**第六，加强健康产业监管**。探索对新型健康服务机构、跨界融合服务的包容、审慎、有效监管。上海基于信息化建立健康服务全过程监管体系，维护健康服务市场秩序。浙江、山东、广东、四川、云南、宁夏等省份建成升级互联网医疗服务监管平台，实现互联网医院医疗、医保、医疗的全过程智能监管与预警。

二是建立医疗保障基金监管体制机制。为确保医保基金安全、公平和高效，国家积极加强医保基金监管。2018年9月，国家医疗保障局联合国家卫健委、公安部、国家药监局等部门印发《关于开展打击欺诈骗取医疗保障基金专项行动的通知》，开启了打击欺诈骗保工作的序幕。2020年6月，国务院办公厅印发《关于推进医疗保障基金监管制度体系改革的指导意见》（国办发〔2020〕20号），明确提出构建并形成党委领导、政府监管、社会监督、行业自律、个人守信相结合的“五位一体”医保基金监管新格局。2021年1月，《医疗保障基金使用监督管理条例》颁布，为医保基金监管奠定了法律基础。我国医保制度在运行监管方面从放任不管或无法监管转向依法有序的全方位、全流程监管。2023 年 5 月，国务院办公厅发布《关于加强医疗保障基金使用常态化监管的实施意见》（国办发〔2023〕17 号），提出要完善长效监管机制，做实常态化监管，推进智能监控和社会监督常态化，特别是建立健全激励与约束并重的监管机制，更大激发医疗机构规范使用医保基金的内生动力。

三是建立健全药品监管法律法规。1984 年 9 月，第六届全国人大常委会第七次会议审议通过《药品管理法》，这是我国第一次以法律形式对药品研制、生产、经营和使用环节进行规范，明确了生产、销售假冒伪劣药品的法律责任，标志着我国药品监管工作开始进入法制化轨道。2000 年 1 月，国务院颁布《医疗器械监督管理条例》，这是我国第一部规范医疗器械生产、经营、使用和监督管理的法规，从此结束了医疗器械监管无法可依的历史。2001 年 2 月，第九届全国人大常委会第二十次会议对《药品管理法》进行了重要修订。修订的主要内容包括：统一国家药品标准，取消药品地方标准；加重了生产、销售假劣药品的法律责任；将药品生产、经营质量管理规范作为法定要求予以明确。2002 年 8 月，国务院颁布《药品管理法实施条例》，条例依据修订后的《药品管理法》对药品监督管理做了进一步具体规定。2019 年 6 月颁布的《疫苗管理法》是世界上首部综合性疫苗管理法律。《疫苗管理法》坚持疫苗产品的战略性和公益性，鼓励疫苗研发创新，全力保障疫苗质量安全。同年 8 月，新修订的《药品管理法》颁布，巩固和深化了药品审评审批制度改革成果，全面实施药品上市许可持有人制度，全面加强药品全生命周期质量管理。

2. 基本方向

未来更长一段时期深化医改的使命是扎实推进新发展阶段卫生健康事业高质量发展，均衡推进各项改革措施，推动优质医疗资源扩容和均衡布局，不断提高居民获得感和满意度，积极应对人口老龄化、疫情防控任务以及居民对卫生健康服务日益增长的需求等客观现实，着力在体制机制上深化改革进程。

（1）进一步改善医疗卫生体制改革全局性、集成性和有效性

一是不断加大“三医”联动协同推进医疗卫生体制改革工作力度。卫生健康和医保部门、药品生产和流通部门相关政策、改革措施同步推进，协同发力，更好地发挥政策合力，深入推进医药卫生体制改革工作。围绕卫生健康事业筹资补偿机制、利益驱动机制、协同推进多领域、全方位、系统性改革措施，整合政府投入机制、医疗保障战略购买机制、药品集中招标采购等流通领域改革，加强监管推进医疗服务行为合理化，调整医疗服务价格以及绩效考核转变补偿方式等制度措施，形成医疗卫生机构补偿合理、运行良好、医务人员积极性高、更加关注居民健康的良性利益驱动机制，推动卫生健康事业可持续发展。**二是不断提高卫生健康服务供给侧结构性改革的集成性、有效性。**公共卫生服务体系与医疗卫生服务体系有效联动，协同推进，针对妇幼人群、老年人群、残疾人群等的心理健康、心脑血管疾病、肿瘤等社会普遍关注的问题，采取更加有效的综合防控措施，提高早放早诊早治水平，有效防范重大疾病风险，卫生健康体系的整理效率大幅度提高。不断充实和丰富卫生健康服务内涵、扩展服务

内容，在做好公共卫生服务项目的基础上，推进医养结合、医体结合、医教结合等，提高医疗卫生健康服务的全面性、系统性、有效性，满足人民群众的健康需求。充分利用社会资源，完善长期护理、康复服务、临终关怀等服务体系，形成政府与市场相结合、公立与民营互为补充、专业机构和非专业机构分工协作的全方位、全周期健康服务模式，更好地推进健康中国建设。

（2）推动建立更加优质高效的医疗卫生服务体系

一是积极发展高质量高水平医疗服务高地。通过大力推进国家医学中心和国家区域医疗中心建设，医疗卫生服务体系服务质量和服务能力得到全面提升。特别是针对中西部医疗卫生资源相对薄弱、高技术服务能力不足的地区，加强国家层面的投入和技术援助力度，提高疑难重症治疗水平和诊疗能力。大力发展国家级、世界级医学高峰，提高国家医学中心、国家区域医疗中心的科研能力、创新能力，围绕医疗器械、药品、疫苗等“卡脖子”医疗技术难题，联合各种资源，开展科研攻关，推进技术创新，力争进入全球卫生科技创新前沿，引领全球医学发展。国家区域医疗中心服务能力和水平不断提高，进一步提高医疗服务的同质化、均衡化水平，特别是提高心脑血管疾病、肿瘤、重症急救水平等，有效解决当地居民的医疗服务需求。**二是有效补齐公共卫生与基层医疗服务体系短板。**不断加大政府投入和人才建设力度，建设强大的公共卫生服务体系。破除束缚卫生人才队伍发展的体制机制，营造调动卫生人才积极性的政策环境，加快建立与现代化疾病防控体系相适应的人才培养与使用、激励机制，及早补齐公共卫生人才发展短板。公共卫生机构的运行效率不断提高，活力不断增强，专业技术水平有效改善，具备防范重大公共卫生危机风险的能力。大力推进医联体、医共体等建设力度，吸引大医院医生参与家庭医生签约、家庭医生团队建设，协同提供居民所需的基本医疗和公共卫生服务。基层医疗卫生机构通过平台式建设模式，不断推进基层医疗卫生机构服务价格、技术设施、诊疗项目的同质化、均衡化。**三是推动完善更加高效顺畅的医疗卫生体系、体制机制。**建立维护以公益性和健康为核心的补偿机制，整合政府投入、医保支付、价格调整等体制机制，统筹政府财政投入、公共卫生资金、医保资金等，建立以健康绩效、健康水平改善为核心的投入机制，通过经济激励、推动医疗机构、公共卫生机构以及养老、体育等组织协同运作、有效合作，为居民提供全方位、全周期的健康服务。建立基于医疗服务成本的价格体系，深入开展成本核算，实时调整医疗服务价格或医疗保障支付标准，维护医疗卫生机构基本运行和正常发展需要。

（3）不断提高卫生健康事业治理现代化水平

一是更好地落实和执行卫生健康优先发展战略。大力推进健康中国建设，有效实施健康融入所有政策等卫生工作方针，推动各部门协作；围绕提高群众健康水平，建立制度化、法制化的健康风险评估机制，不断推进风险评估机制落实到位；有效防控来自各个方面的健康风险。加强部门协作和沟通，不断提高相关部门对健康影响、健康风险防控的重视程度。**二是不断提高人民群众健康素养。**鼓励和推动人民群众参与个人自身健康管理，为自身健康负责。大力实施健康教育和健康促进，建立完善的补偿机制和绩效考核机制，针对青少年、职业人群、老年群体等，开展更加深入、全面、有效的健康教育和健康促进活动，不断提高居民的健康素养。**三是更加充分合理地应用大数据等新技术**。充分运用互联网、物联网、5G、大数据等新技术手段，不断提高卫生健康服务现代化水平。互联网医疗更加规范、应用更加充分，有效提高了卫生健康服务的便利化、全面化、系统化水平。充分运用信息化、大数据手段开展更有针对性的健康教育和健康促进、实施更加有效的健康管理，疾病干预措施的全面性、深入性、普及性不断提高。充分利用大数据开展风险预警，监测范围、监测准确性、智能性不断提高，有效防范不同领域的公共卫生风险。

（4）推动形成多级防控、有序就医的新发展格局

一是健康服务供给侧发展模式发生深刻变革。逐步实现以治病为中心向以健康为中心转变，通过实施健康融入所有政策，多部门合作、联动，多级防控体系充分发挥作用，建立更加全面有效的多级疾病防控和健康干预模式。通过筹资机制、绩效考核机制改革，加强战略规划和顶层体制机制改革，医疗卫生机构积极参与疾病的早期预防和早期诊治，转变医疗治疗病人获得收益的运行模式，投入和考核以提高居民健康水平为核心。公共卫生机构全面参与健康风险防控，针对各个生命周期的重点健康问题和风险因素，采取一系列干预措施，不断提高风险干预的广度和深度，实现多级、多层、全面的健康风险防控，医疗卫生服务体系的服务模式实现根本性转变。**二是形成分级诊疗、有序就医的发展格局**。不断加强宏观规划和协调，持续推进体制机制改革，促进优质医疗资源下沉，破除人事、薪酬制度制约，充分激发基层医疗卫生机构活力，不断提高医务人员的积极性，显著提升基层医疗卫生机构服务能力，切实满足居民的医疗服务需求。同时，完善医保战略购买、政府投入机制等分级诊疗政策支撑环境建设，推动医保支付制度改革向门诊统筹机制和医联体总额付费转变，助力分级诊疗目标实现。以发展 DRG 付费、DIP 付费和创新慢性疾病康复、护理服务支付方式为重点，推进急慢分开。

（5）绘就卫生健康事业高质量发展远景

一是充分贯彻落实以人民为中心的发展理念。人民群众的获得感、幸福感作为检验医药体制改革成效的金标准，在改革的各个领域、各个环节得到充分贯彻和落实。不断提高医疗服务的质量和水平，切实提高解决疑难重症、急症的能力，有效满足居民医疗服务需求。切实控制医疗费用增速，转换医疗卫生服务体系筹资机制，加大药品耗材集中招标采购力度，降低价格，同时加强医疗服务合理使用监管，有效控制医疗费用增长。不断提高卫生健康服务的智能化、便利化水平，切实改善服务感受。**二是不断提高卫生健康事业公益属性**。切实执行各项医改政策要求，确保政府卫生投入按预算执行到位，综合考虑期望寿命、患病率及死亡率、公共卫生风险防控需求等因素，明确政府卫生投入的适宜标准，科学合理地提升政府卫生投入水平。更加注重公共卫生服务项目、预防保健机构的投入水平，加大疾病预防控制机构、卫生监督机构的投入力度。建立合理的财政分担机制，各级政府卫生投入责任更加明确，中央和地方支出责任更加合理，建立事权和财权相匹配的卫生健康投入机制。持续推进医疗卫生机构财务管理制度改革，实施更加合理的预算管理制度，提高医疗卫生机构的自主性和主动性，在不断提高医疗卫生机构活力和效率的基础上，切实维护卫生健康事业的公益性。**三是显著改善卫生健康事业发展的公平性。**不断优化不同地区之间的优质医疗卫生资源配置，通过医联体、医共体、互联网医疗等措施，显著提高城乡之间优质医疗卫生资源配置的均衡性。不断完善医疗保障制度建设，针对妇幼、老年、残疾等弱势群体，制定差异性保障措施，有效防范因病致贫、因病返贫。不断提高居民健康水平，不断提高社会满意度。**四是有效防范公共卫生危机。**推动经济社会可持续发展。社会各界积极参与健康中国建设，普遍重视卫生健康事业发展，转变发展理念，相关责任主体明确应对公共卫生风险和事件的基本责任，具备相应的能力，准确高效地处理行业风险因素和公共卫生事件，危害社会安全的健康风险因素得到有效防控。公共卫生社区治理水平不断提高，居民参与意识基本知识技能水平不断提高，公共卫生风险群防群控落实到位，全社会卫生应急能力不断提高。

3. 难点卡点

我国深化医药卫生体制改革工作进入攻坚克难的新阶段，公共卫生体系的改革发展机制仍需完善、有序就医和诊疗新格局尚未完全建立、公立医院补偿机制和薪酬制度改革进展缓慢、医疗保障制度改革的协同性与联动机制不完善、药品供应保障制度仍待健全等难点卡点仍然存在，未来需要进一步聚焦核心问题。

（1）公共卫生体系的改革发展机制仍需完善

一是公共卫生治理体系尚未建立。现阶段我国公共卫生治理基本依靠政府主导，社会力量和民间组织在公共卫生治理中发挥的作用有限，公共卫生治理的现代化水平不高，公共卫生治理的多元化格局尚未形成，公共卫生治理的机制和制度还需健全。**二是医防融合的工作机制尚未完全成熟。**我国已经提出“预防为主，防治结合”几十年，但“医”与“防”之间如何深度融合尚未形成共识[①]，如何处理好疾控中心与医疗机构的关系仍然是个难题。**三是公共卫生法律体系不健全。**公共卫生法律体系是公共卫生法制体系的基础性支柱，包括理论支撑、人才配备、经费保障、物资供给、技术支持、群众参与等多个方面，涉及政治、经济、文化、教育、科学、社会等多个领域，是一个综合性的保障体系[②]。目前，我国公共卫生领域有 13 部法律，但主要侧重微观技术层面，部门立法和管理型立法特征明显，立法碎片化问题突出。

（2）有序就医和诊疗新格局尚未完全建立

一是区域之间，优质医疗资源集中在大城市和省会城市，群众跨省就医问题仍较为突出。全国 42.9%的三级医院和 61.4%的国家卫健委委属委管医院分布在东部地区，与其相比，中西部省份在医疗技术水平、医学科研教育、设施设备等方面仍存在明显差异。县医院能力提升进展不均衡，东、中、西部地区基本标准符合率分别为

---

① 吴凡，等．中国疾病预防控制体系发展改革的若干问题与对策建议［J］．中国卫生资源，2020（3）．

② 钟南山，曾益康，陈伟伟．我国公共卫生治理现代化的法制保障［J］．法治社会，2022（2）．

89.86%、82.74%、75.26%，西部地区增幅低于全国0.46个百分点①。**二是层级之间，医疗资源与就诊向基层下沉的效果不明显，持续向高层级医院集中的态势仍未改变。**基层诊疗量占比和患者基层首诊率长期在低位徘徊，最近10年全国社区卫生服务中心（站）和乡镇卫生院诊疗人次占全国总诊疗人次的比例都在20%上下波动，并无明显增长趋势。医共体成员单位各自为政、相互竞争，牵头医院越做越强，对基层医疗卫生机构形成“虹吸”效应，尚未建立有效的合作协同机制，分级诊疗效果不显著，分级诊疗内生动力不足。

（3）公立医院补偿机制和薪酬制度改革进展缓慢

一是公立医院新补偿机制尚未全面建立。医疗服务价格调整是建立取消药品加成补偿长效机制、开展医务人员薪酬改革、优化医疗机构收入结构、实现高质量发展的重要前提。然而，当前医疗服务价格调整区域间发展仍不均衡，总体调整不到位，医院收入下行压力较大。药品耗材集采医保基金结余留用成为公立医院新增的一个收入渠道，然而，由于带量采购规模小、结余留用政策落实不到位等情况，当前医保结余留用资金规模尚小，加上药品耗材零差率加成补偿不到位，补偿机制无法发挥公立医院成本补偿和促进薪酬制度改革的作用。**二是公立医院薪酬制度改革进展缓慢。**我国公立医院薪酬制度与发达国家和地区相比仍然具有一定的调整和完善空间，符合卫生行业特点的薪酬制度改革亟待突破。公立医院负责人薪酬激励约束机制基本建成，人均工资水平已接近社会平均工资的2倍，人员支出占业务支出比例不断提高，但是与国际通行做法相比，公立医院薪酬水平仍具有一定的增长空间，国际上公立医院医务人员薪酬水平一般为社会平均工资的3~5倍。改革中，各地区以完善岗位绩效工资制度为主，医务人员固定薪酬占比仍然较低，应注重医务人员的收入稳定和有效激励。

（4）医疗保障制度改革的协同性与联动机制不完善

医疗保障制度改革是一项十分复杂的系统工程，与之关联的因素较多，尤其是涉及管理服务体制、医疗服务体系、药品采购等重要方面。在目前的改革过程中，往往各自为政，就医保谈医保，相对忽视了医疗保障与医疗服务、药品流通与采购等方面的联动改革，影响和制约了改革的整体效应。医疗、医保与医药是维护公民健康的“三驾马车”，这三个方面归属于不同的部门管理，尚未形成科学的“三医联动”机制，医药卫生体制改革有待继续深化。医疗保障在“三医联动”改革中的作用发挥仍不充分，医疗保障对医疗服务和医药市场约束力有限。比如，分级诊疗试图以医保的价格杠杆引导患者向基层流动，但在不同级别医疗机构医疗资源配置悬殊、健康守门人制度缺乏、民众就医观念不改变的背景下，医保对医疗服务的撬动和引导作用仍难以有效发挥。

（5）药品供应保障制度仍待健全

一是存在政策集中扎堆、衔接不顺畅的现象。近年来，药品供应保障政策密集出

---

① 国家卫生健康委员会．国家卫生健康委办公厅关于通报2021—2022年度县医院医疗服务能力评估情况的函［EB/OL］．https：//wjw.fujian.gov.cn/xxgk/fgwj/gjwj/202305/t20230516_6169884.html.

台，有力提高了群众看病用药的可及性，但药品供应保障政策链条较长，涉及部门较多，在具体落实中存在政策接续性不足、相关环节衔接不畅等问题，阻碍了群众获得感的提升。**二是政策性短缺与市场机制短缺仍然存在。**当前我国药品短缺现象虽然得到了极大缓解，现阶段主要为短暂性、局部性短缺，但是企业垄断、价格虚高、以缺逼涨等行为依然存在，部分急抢救药品涨价幅度过大，有些临床常用药品的制剂或原料由外资企业独家供应。政策性短缺与市场机制短缺并存，需要更加深入地分析如何处理好企业生产积极性、药品供应稳定性、采购价格合理性等政策目标的关系。

（三）46 年来医药卫生体制改革的基本经验

新中国成立以来，党中央坚持把人民健康放在优先发展的战略地位，确立了新时代卫生与健康工作方针，不断深化医药卫生体制改革，走出了一条中国特色卫生健康事业改革发展之路。具体表现在始终坚持以人民健康为根本目标、坚持在改革创新中发展医疗卫生事业、坚持正确处理政府与市场的关系、坚持基本医疗卫生事业公益性不动摇、坚持动态看待医药卫生体制改革、坚持目标和过程的平衡等方面。

1. 坚持以人民健康为根本目标，不断完善医疗卫生保障制度

新中国成立后，把“一切为了人民健康”作为发展社会主义医药卫生改革的根本宗旨，坚持医药卫生改革的公益性，坚持卫生工作为人民服务。进入新时代，党中央强调要努力全方位全周期保障人民健康。坚持经济性与社会性的平衡和统一，把解决人民群众最关心、最直接、反映最突出的健康问题作为医药卫生改革的出发点和落脚点。以实现人人享有基本医疗卫生服务为目标，逐步建立覆盖最广大人群的医疗服务体系和基本医疗保障制度。建立稳定的公共卫生改革投入机制，构建强大的公共卫生体系。不断补短板强弱项，引导医疗卫生资源投向中西部地区、农村地区等。同时，把保障人民健康作为重要考量因素纳入经济社会发展的各项政策，在发展理念、发展规划、公共政策等方面具体体现和落实。

2. 坚持在改革创新中发展医疗卫生事业，不断增强医药卫生体制活力

一方面不断深化医疗、医保、医药联动改革，完善医疗服务体系，建立多元医疗保障制度，全面建立基本药物制度和推进药品价格形成机制改革等。医疗、医保与医药体制与社会主义市场经济体制、人民群众对医疗服务需求的匹配性、适应性不断增强。另一方面不断深化医疗卫生领域要素、主体和制度开放。医疗药品、器材、设施的进口规模不断扩大，在提高医疗救治水平的同时不断提高相关领域的自主研发和生产能力。参考借鉴世界先进的管理和监管制度，加快推进公立医院、保险机构、监管机构相关制度现代化。医疗市场开放之门越来越大，民营资本、社会团体、国外资本投资医疗卫生领域与规模不断拓展，有效增加了医疗资源数量以及提高医疗服务质量。

3. 坚持正确处理政府与市场的关系，不断提高医药卫生改革效率

在医药卫生领域政府、市场、社会的关系方面，百年历程表明：要区分医疗卫生服务类型，政府坚持保基本、兜底线，将基本医疗卫生制度作为公共产品提供以及强

化公共卫生供给，实现基本医疗卫生服务领域政府有所为，非基本医疗卫生服务领域市场有活力。放开允许鼓励社会资本、社会企业、社会团体办医，培育多种类型的医疗保险机构，满足人民群众日益多样化的医疗卫生保障需求。同时，完善医疗服务等价格形成机制，发挥市场价格对医疗卫生资源的发现引导作用，优化医务人员薪酬等激励机制，提升医疗服务效率与水平。

4. 坚持基本医疗卫生事业公益性不动摇，不断创新公益性实现机制

改革开放以来，对医疗卫生服务“公益性”的认识不断深化，并逐渐区分医疗卫生公益性与医疗服务有偿性、市场微观主体私利性与社会宏观公益性的差别。对医疗服务公益性的认识经历了从个体到整体，从过程到结果的转变。要实现医疗服务结果的公益性、效率性和优质性的统一，关键是要形成微观主体的利益协同机制和宏观层面的公益保障机制，并在实践中逐渐构建完善的制度机制。通过建立多元化的医疗服务主体和保险机构，不断完善科学的内部治理结构，逐步形成健康有为的市场主体。在此基础上，构建竞争有序的医疗服务体系，形成医疗服务机构、医务人员、患者、保险方各自用手投票和用脚投票的顺畅机制，进而形成有效的第三方购买与监管机制，利用第三方保险方的“专业”与“大数”减少医疗卫生领域的不确定性和信息不对称性，同时完善监管机构对相关方的约束机制。

5. 坚持动态看待医药卫生体制改革，与时俱进改革完善

医药卫生体制改革与时代背景、物质基础等特定历史阶段的环境有很强的相适性。有些措施在当时取得了了不起的成就，也得到人民的认可，但不具有延续性和普适性。例如，中华人民共和国成立初期，人民健康最大的威胁是传染病等基础疾病，农村缺医少药，薄弱的国民经济也无力支撑对广大农村地区采取与城市同等医疗保障政策，于是通过强调和发展公共卫生，创造性地发展了农村合作医疗和赤脚医生制度，发挥了很好的作用。到 20 世纪 60 年代，主要传染病基本消除或得到有效控制，卫生工作的重点逐渐转向提高医疗技术水平和治疗疾病上来，城市里迅速建立起多家医院。随着个体经济的兴起，农村经济水平的提高，农民视野的拓展，对健康有了更高的期望，不仅赤脚医生，乡镇卫生院甚至县医院都逐渐不能满足农村人口的医疗需求，提高医疗专业化水平和服务能力摆在了重要位置。要根据客观变化的现实，动态调整医疗卫生体制和具体运作模式。

6. 坚持目标和过程的平衡，在发展中化解改革阻力

改革是对既有利益的调整，梳理医药卫生体制改革发展历史可以得出，巧妙化解改革阻力是成功推动改革的重要因素。**一是通过增加收入补偿部分群体的利益损失。** 1998 年国家决定建立城镇职工基本医疗保险制度，用职工基本医疗保险制度取代原来的企业职工劳保医疗和机关事业单位的公费医疗制度。由于职工基本医疗保险相对于前者被保险者待遇有所下降，为减少阻力通过调涨工资和增加相应医疗补助等方式提高相关人员收入。**二是建立多层次医疗保险满足多样化需求。**在职工基本医疗保险和居民基本医疗保险的基础上，为了弥补新保险制度相对于原来保险功能的非全面性，以及由于人们对健康和医疗保障有了更高的需求，国家进一步建立补充型医疗保险制度，并给予一定的税收优惠，用多样化、多层次的商业医疗保险制度，相对补齐改革给既定人群带来的利益损失，从而减少改革阻力。**三是借鉴双轨制采取两种路径并行的改革方式**。双轨制思路既给相关方适应新形势、新制度留有缓冲适应期，也是形成新支撑力量从而推动全面改革的有效措施，例如，公立医院改革为民营医院成长打开了空间，同时民营医院的发展又为改革公立医院提供了参照、支撑。待新制度成熟时全面并轨，例如，城乡居民医疗保险的分立和合并。**四是采取试点方式在相对小范围内推行**。公立医院等试点改革有利于控制风险避免发生颠覆性错误，同时便于及时总结医疗卫生改革中的经验教训并不断改进、修订、完善相关方案。**五是新人新办法老人老办法**。改革是进取和妥协的艺术，在没有更好的办法时，保留既得利益，从新人开始实行新制度。**六是剥离职能重组机构**。由于历史原因我国各种医疗保险曾属于不同部门管理，部门间的利益纠葛导致难以形成改革共识，在实践中也出现重重障碍。2018 年，为整合城镇居民医疗保险、新农合、医疗救助等医疗保险，从相关主管单位剥离出这些管理职能，成立了统一的医疗保险管理机构国家医疗保障局。

（四）党的十八大以来医药卫生体制改革取得的新突破和新成效

党的十八大以来，以习近平同志为核心的党中央把保障人民健康放在优先发展的战略位置，将深化医药卫生体制改革纳入全面深化改革统筹推进。坚持“一个转变、两个重点”的思路，把“以治病为中心”转变为“以人民健康为中心”，围绕分级诊疗、公立医院改革、全民医保、药品供应保障、重大疫病防控、全民健康信息化、卫生健康科技创新、综合监管八方面建设，着力在解决看病难、看病贵问题上持续发力，推动深化医药卫生体制改革取得重大阶段性成效。

1. 加快构建有序的就医和诊疗新格局

一是国家医学中心和国家区域医疗中心规划设置和布局建设加快推进。截至目前，已设置心血管、儿科、呼吸等 13 个类别的国家医学中心；确定 5 批 125 个国家区域医疗中心建设项目，实现覆盖所有省份的目标。省级区域医疗中心建设有序开展①。**二是以医联体建设为重点构建分级诊疗体系**。加强人、财、物、技等一体化管理，并以高血压、糖尿病等慢性病为切入点，畅通双向转诊机制。成立专科联盟，扩大优质专科资源辐射面。截至 2023 年底，全国组建各种形式医疗联合体 1.8 万余个，双向转诊达到 3032.17 万人次②，双向转诊结构得到优化，分级诊疗制度建设取得阶段性成效。**三是互联网诊疗和远程医疗服务快速发展**。逐步形成“省、地市、县、乡、村”五级远程医疗服务体系，重点覆盖国家级贫困县和边远地区。截至目前，全国设置超

---

① 白剑峰．我国加快建立分级诊疗制度［EB/OL］．https：//www.gov.cn/govweb/lianbo/bumen/202307/content_6894340.htm.

② 国家卫生健康委员会．国家卫生健康委举行卫生健康事业进展成效新闻发布会［EB/OL］．http：//www.scio.gov.cn/xwfb/bwxwfb/gbwfbh/wsjkwyh/202403/t20240304_836259_m.html.

过 2700 家互联网医院，地市级、县级远程医疗服务实现全覆盖[①]。**四是基层医疗卫生服务能力持续提高。**目前，全国累计达到服务能力标准的乡镇卫生院和社区卫生服务中心超过 4 万家[②]。截至 2022 年末，全国基层医疗卫生机构卫生人员总数为 455.1 万，较上年增加 11.9 万，同比增长 2.69%，占全国卫生人员总数的 31.6%[③]。

2. 公立医院改革不断深化

一是临床专科建设不断加强。我国已经支持并完成了覆盖 31 个省（区、市）和新疆生产建设兵团 300 余家三级医院的 1700 余个临床重点专科建设项目。**二是医疗服务模式不断创新。**目前为止，全国 50%二级以上公立医院都开展了预约诊疗服务，有超过 4800 家医院能够提供精准的分时段预约诊疗，有 2000 多家医院提供多学科诊疗服务模式。同时，接近 60%的三级公立医院和 36%的二级公立医院都开展了日间手术，日间手术国家一级推荐的目录超过了 700 项，通过日间手术的模式，有效地缓解了手术难的问题。另外，以胸痛中心、卒中中心、创伤中心、高危孕产妇救治中心、高危儿童和新生儿救治中心“五大中心”为重点提升急诊急救的能力，全国“五大中心”的建设超过了 1.4 万个，在挽救患者的生命方面发挥了重要的作用。**三是智慧医院建设积极推进。**大力发展互联网诊疗，推动远程医疗发展，截至目前，全国 30 个省份建成了省一级互联网医疗监管平台，全国批复设置了 2700 余家互联网医院[④]。新冠疫情暴发以来，互联网诊疗服务在更快满足患者医疗服务需求、缓解医院线下医疗服务压力、提高服务效率、减少人员流动与聚集、降低交叉感染风险等方面发挥了积极作用。**四是医疗服务价格改革全面推开。**从 2012 年开始，国家发展改革委指导各地按照建机制、控费用、调结构、强监管的原则，加强价格与医疗、医保、医药等政策联动，通过取消药品加成、调整医疗服务价格、改革收付费方式、强化费用控制和落实政府办医责任等综合措施，协同推进改革，并建立了改革联系示范点制度，确定了 7 个试点城市。目前，公立医疗机构医疗服务价格改革已经全面推开。对于取消药品加成后公立医院减少的合理收入，主要通过调整医疗服务价格进行补偿，补偿比例基本上在 80%~90%。各地按照“总量控制、结构调整、有升有降、逐步到位”的要求，重点提高诊疗、手术、护理、康复、中医等体现医务人员技术劳务价值的项目价格，降低大型医用设备检查治疗和检验价格，逐步理顺医疗服务比价关系。据统计，各省调整医疗服务价格的数量在 500~5000 项不等。同时各地还放开了公立医疗机构特需医疗服务和其他市场竞争比较充分、个性化需求比较强的医疗服务价格，满足群众多样化需求。

---

① 国家卫生健康委员会．国家卫生健康委举行卫生健康事业进展成效新闻发布会［EB/OL］. http：//www. scio. gov. cn/xwfb/bwxwfb/gbwfbh/wsjkwyh/202403/t20240304_836259_m. html.

② 国家卫生健康委员会．国家卫生健康委举行卫生健康事业进展成效新闻发布会［EB/OL］. http：//www. scio. gov. cn/xwfb/bwxwfb/gbwfbh/wsjkwyh/202403/t20240304_836259_m. html.

③ 国家卫生健康委员会．2022 年我国卫生健康事业发展统计公报［EB/OL］. https：//www. gov. cn/lianbo/bumen/202310/P020231012649046990925. pdf.

④ 国家卫生健康委员会．国家卫生健康委举行卫生健康事业进展成效新闻发布会［EB/OL］. http：//www. scio. gov. cn/xwfb/bwxwfb/gbwfbh/wsjkwyh/202403/t20240304_836259_m. html.

3. 全民医保制度逐步健全

一是世界规模最大的基本医疗保障网建成。截至2023年底，全国基本医疗保险参保人数达133386.9万，参保率稳定在95%以上①；居民个人卫生支出所占比重由2012年的34.34%，下降到2022年的27%②。

二是医保支付方式改革进一步深化。党的十八大以来，我国政府对于医保支付方式的探索是通过医院和就医者利益平衡的方式逐渐过渡为实现医疗总额费用的支出和医疗服务质量的平衡，通过国家的有效政策调控，从传统层层收费到单一付费体制的改革，再从单一付费模式的试点推行到地区复合式医保支付方式，继而从地区医保支付方式到借鉴外国的DRGs付费体系，推动我国医保支付方式发生根本性的变革。截至2023年底，我国共有282个统筹地区实现了DRG/DIP支付方式改革实际付费③。

三是跨省异地就医直接结算覆盖范围进一步扩大。第一，群众异地就医住院费用结算更加方便。全国住院费用跨省联网定点医疗机构有6.88万家，比2017年增加了7倍。住院费用跨省直接结算率由2017年的不到5%，提高到2022年的65%左右，累计惠及2038.76万人次④。**第二，普通门诊跨省直接结算取得突破。**每个县至少有1家定点医疗机构能够直接报销跨省异地就医门诊费用，全国普通门诊费用跨省联网定点医疗机构有38.21万家，累计惠及了6959.91万人次⑤。**第三，门诊慢特病相关治疗费用跨省直接结算取得进展。**每个统筹地区至少有1家定点医疗机构能够直接报销5种门诊慢特病异地就医费用，分别是高血压、糖尿病、恶性肿瘤门诊放化疗、尿毒症透析以及器官移植后抗排异治疗。全国门诊慢特病跨省联网定点医疗机构达到2.46万家，累计惠及73.02万人次⑥。**第四，异地就医备案服务不断优化。**近年来，我国不断扩大可备案人群范围、减少备案所需材料，同时依托国家医保服务平台APP、国家医保局微信公众号等全国统一的线上备案渠道，实现异地就医备案“网上办”和“掌上办”，京津冀三地还在区域范围内推行了“就医购药视同备案”政策，无须办理备案手续，可直接享受异地就医结算服务。

四是农村低收入人口基本医疗保障稳步实现。第一，重点人群应保尽保得到保障。中央财政持续加大居民医保参保补助力度，医疗救助分类资助特困人员、低保人员、返贫致贫人口和纳入监测的易返贫致贫贫困人口参保，确保农村低收入人口看病有制

---

① 国家医疗保障局.2023年医疗保障事业发展统计快报［EB/OL］. http://www.nhsa.gov.cn/art/2024/4/11/art_7_12348.html.

② 国家卫生健康委员会.2022年我国卫生健康事业发展统计公报［EB/OL］. http://www.nhc.gov.cn/guihuaxxs/s3585u/202309/6707c48f2a2b420fbfb739c393fcca92/files/9b3fddc4703d4c9d9ad399bcca089f03.pdf.

③ 国家医疗保障局.282个统筹地区实现医保支付方式改革实际付费［EB/OL］. https://baijiahao.baidu.com/s?id=1787028136007082295&wfr=spider&for=pc.

④ 国家医疗保障局.国家医保局：全国住院费用跨省联网定点医疗机构达6.88万家［EB/OL］. https://baijiahao.baidu.com/s?id=1766218460043810718&wfr=spider&for=pc.

⑤ 国家医疗保障局.国家医保局：全国住院费用跨省联网定点医疗机构达6.88万家［EB/OL］. https://baijiahao.baidu.com/s?id=1766218460043810718&wfr=spider&for=pc.

⑥ 国家医疗保障局.国家医保局：全国住院费用跨省联网定点医疗机构达6.88万家［EB/OL］. https://baijiahao.baidu.com/s?id=1766218460043810718&wfr=spider&for=pc.

度保障。2022年，全国共资助9766万名困难群众参保，监测农村低收入人口参保率稳定在99%以上[①]。**第二，基本医保、大病保险和医疗救助（三重制度）减负实效逐步强化。**稳定基本医保住院待遇水平，健全门诊共济保障机制；普惠性提高居民大病患者报销水平，并对特殊困难群众精准实施倾斜支付；健全重特大疾病医疗保险和救助制度，夯实救助托底保障功能。2022年三重制度惠及农村低收入人口就医1.45亿人次，帮助减轻费用负担1487亿元[②]。**第三，防止因病返贫致贫长效机制不断健全。**国家医疗保障局指导各地做好高额医疗费用负担患者监测预警，及时将符合条件的重点监测人员纳入医疗救助范围，协同相关部门实施综合帮扶。2021年以来，各地主动推送预警信息740万余人次[③]。此外，还通过医保目录调整和常态化开展药品医用耗材带量采购，合力降低农村低收入人口的就医成本。

4. 药品供应保障体系日益完善

一是药物目录管理取得积极进展。第一，品种范围实现全国基本统一。目录内西药和中成药由国家层面统一确定和管理，各地不作调整，支付范围全国统一，不仅体现了制度公平，也有利于异地就医直接结算等工作。**第二，品种范围逐步扩大，保障能力稳步提升。**医保局成立后，建立了动态调整机制，每年都将一些新上市的新药好药增补进入目录，6年累计纳入药品744种，目录内西药和中成药数量从2017年的2535种，增加至目前的3088种，保障水平显著提升[④]。特别是肿瘤、高血压、糖尿病、罕见病、自身免疫性疾病等治疗领域，目录内品种数量和药品疗效大幅提升，实现了保障范围与疾病流行和临床用药需求更高程度的匹配。统计显示，在全国公立医院采购的药品中，目录内品种的采购金额占比已超过90%。**第三，通过谈判等措施，引导目录内药品价格回归合理，大幅减轻了患者负担。**2024年1—2月，医保基金已为397个协议期内谈判药品支付154.5亿元，3950万人次的参保患者从中受益[⑤]。

二是药品、高值医用耗材集中采购，显著提升了群众的医疗获得感。第一，群众用药负担显著降低。通过集采，我国药价持续上涨趋势得到扭转。**第二，群众用药质量明显提升。**在降价的同时，集采兑现了带量的承诺，有效提升了一批高质量药品耗材的可及性。比如，群众使用原研药和通过仿制药质量和疗效一致性评价药品的比例由集采前的50%提高到90%以上；心脏支架集采后，材质性能更好的铬合金支架使用比例由60%上升到90%以上，原先占据市场较大份额但性能一般的不锈钢支架逐步退出市场。**第三，医药行业发展更健康更可持续。**集采引导药品企业从过去的“拼渠

① 孙秀艳．攻坚克难推进体制机制变革　医保事业实现历史性跨越［EB/OL］．https：//www.gov.cn/lianbo/bumen/202305/content_6874833.htm.

② 孙秀艳．攻坚克难推进体制机制变革 医保事业实现历史性跨越［EB/OL］．https：//www.gov.cn/li-anbo/bumen/202305/content_6874833.htm.

③ 中国政府网．攻坚克难推进体制机制变革　医保事业实现历史性跨越［EB/OL］．https：//www.gov.cn/lianbo/bumen/202305/content_6874833.htm

④ 国家医疗保障局．事关医保目录、异地就医、高效服务等：国家医保局这场新闻发布会信息量很大［EB/OL］．http：//www.nhsa.gov.cn/art/2024/4/11/art_52_12351.html.

⑤ 国家医疗保障局．事关医保目录、异地就医、高效服务等：国家医保局这场新闻发布会信息量很大［EB/OL］．http：//www.nhsa.gov.cn/art/2024/4/11/art_52_12351.html.

道、拼销售”，转到目前的“拼质量、拼价格”，企业以质量谋发展的内生动力不断提升。在集采的推动下，2018 年以来，我国通过仿制药质量和疗效一致性评价的药品累计数量，由当时的不足 200 种快速上升到目前的超过 3000 种，高质量药品正逐步占据临床用药主流。此外，集采通过量价挂钩，以量换价，从机制上破解了医药价格虚高问题，净化了医药流通渠道，改善了行业生态，为医药产业的高质量发展提供了良好的生态环境。

三是药品审评审批体系逐渐科学高效。第一，一批新药优先获准上市。有效提高了患者用药的可及性，解决了一些临床治疗难题，满足了临床需求。**第二，推动仿制药一致性评价。**对提高我国医药产业整体水平、确保药品安全性和有效性、倒逼制药业结构升级和转型调整、增强国际竞争力，都具有十分重要的意义。**第三，出台药品上市许可持有人制度。**打破了“卖青苗”的窘境；鼓励创新、吸引资本；方式多元化（研发外包 CRO、生产外包 CMO、营销外包 CSO）；与国际接轨。

四是特殊人群基本用药进一步保障。保障儿童基本用药需求，鼓励儿童药品研发。首批研发申报的儿童药品有 32 种。对儿童用药重大科技项目立项，放宽对医疗机构儿童药品的“一品两规”限制，满足儿科特别是综合医院儿科用药需求。此外积极协调推动生产供应，确保地高辛口服溶液等儿科临床急需药品供应充足，协调恢复去皮质素等 66 种可用于儿童的短缺药品的生产供应。妇儿专科非专利、急抢救药品、基础输液、常用低价药品等不列入招标采购范围，实行直接挂网采购，确保上述药品的供应保障。加强罕见病的用药保障，制定罕见病目录并不断动态更新，推进罕见病规范化诊疗，为罕见病患者提供及时、高效的医疗服务。同时，新药专项支持罕见病用药研发，加快罕见病用药审评审批，加快罕见病临床急需药品上市。

五是药品生产流通体系进一步转型升级。通过推行公立医院药品集中采购“两票制”、医保部门集中带量采购等，药品行业集中度明显提高，研发投入明显增加，专利药、原研药不断增加，药品生产流通秩序进一步转型升级，减少无序竞争、降低流通成本。药品器械流通企业进一步向上下游延伸开展服务，规范医药电子商务，丰富药品流通渠道和发展模式，形成规范化、集约化的现代药品流通体系。短缺药品供应保障和监测预警得到有效治理，药品储备和应急供应机制进一步完善，覆盖基层和偏远地区的城乡医药流通网络基本建成，确保药品及时供应。

5. 重大疾病防控取得显著成效

一是法律法规政策体系不断健全完善。制修订《传染病防治法》《精神卫生法》《疫苗管理法》等法律和《艾滋病防治条例》《血吸虫病防治条例》等法规条例。印发艾滋病、结核病、地方病、慢性病等重大疾病防治规划，发布实施防控类标准百余项。建立国务院防治重大疾病工作部际联席会议制度，极大提高了疾病防控工作法治化、制度化、标准化、规范化。

二是严密的公共卫生监测网有效筑牢。全民健康保障信息化工程国家级疾控信息系统上线运行，建成了全球最大、横向到边、纵向到底的疾病和健康危险因素监测网络，重点地方病和饮用水水质监测网络覆盖到全国所有乡镇，以近视为主的学生常见病及健康危害因素监测与干预体系日趋完善。

三是重点传染病和地方病防控成效显著。全国传染病疫情总体保持稳中有降，做好新冠疫情常态化防控和应急处置，最大限度保护人民群众生命安全和身体健康，国家免疫规划疫苗接种率持续保持在90%以上，艾滋病病死率、结核病报告发病率显著下降，通过了世界卫生组织国家消除疟疾论证，所有血吸虫病流行县达到传播控制标准，重点地方病区县总体控制，消除率达到99.9%。

四是慢性病防治和精神卫生工作稳步推进。启动全民健康生活方式行动县，覆盖率超过97%，建成488个国家慢性病综合防治示范区，重大慢性病过早死亡率从2015年的18.5%下降到2022年的15.2%①。在册严重精神障碍患者服务管理覆盖到全国所有的区县，2021年底，在册的患者规范化管理率达到92%。

五是疾控系统健康扶贫工作统筹推进。启动实施凉山州艾滋病防治与健康扶贫攻坚第一阶段行动和重大传染病防治攻坚第二阶段行动。凉山州艾滋病治疗覆盖率从41.1%提升到94.8%，新发感染率从0.064%下降到0.02%。指导贫困地区实施结核病、包虫病等重点传染病防治，地方病综合防控三年攻坚行动，提高了健康扶贫的精准性和防控成效。

六是国际交流合作积极开展。派出公共卫生专家赴西非支援抗击埃博拉疫情，同许多国家、地区、国际组织分享抗疫经验，共建中国智慧和力量，实现传染病从国内防控到参与全球合作的历史性跨越。

6. 全民健康信息化建设成效显著

一是制度规范的顶层设计基本形成。国家相继出台关于促进规范健康医疗大数据应用与“互联网+医疗健康”发展的意见，制订印发“十三五”全民健康信息化发展规划和安全规划，按照夯实基础、深化应用、创新发展的工作思路，推动形成以信息化建设为基础，以大数据发展和“互联网+”服务为引领的“一体两翼”发展格局。

二是互联互通的平台基础逐步夯实。国家全民健康信息平台初步建成，省统筹区域全民健康信息平台不断完善，实现各级平台联通全覆盖。建立健全全员人口信息、居民电子健康档案、电子病历和基础资源等数据库，积极推动公立医院逐步接入区域全民健康信息平台，依托平台推动不同医疗机构之间诊疗信息互通共享。

三是疫情防控应急能力全面提升。发挥大数据在疫情防控、监测分析、病毒溯源、物资调配等方面的重要作用。推进健康码政策统一和标准一致，全国所有省份实现“一省一码”，实现核酸检测和新冠病毒疫苗接种信息全国共享，做好核酸检测结果全国互认。搭建跨部门数据共享平台，运用大数据追踪风险人群，切实保障公众有序出行。

四是便民服务应用成效不断凸显。全面推进落实“互联网+医疗健康”10项服务30条措施，深化便民惠民“五个一”服务行动，全国各级医院普遍开展互联网健康咨

① 国家卫生健康委员会.国家卫健委：2022年我国重大慢性病过早死亡率下降到15.2%［EB/OL］. https：//baijiahao.baidu.com/s？id=1782619461839310901&wfr=spider&for=pc.

询、分时段预约就诊、诊间结算、移动支付等线上服务，优化改造就医流程，看病就医“三长一短”问题得到有效缓解。

五是网络安全的防护能力明显增强。贯彻《网络安全法》等法律法规要求，制定印发国家健康医疗大数据标准安全服务管理办法、医疗卫生机构网络安全管理办法，建立卫生健康行业网络信息与数据安全责任制，制定应急预案。组建网络安全专家队伍，加大培训力度，举办技能大赛，开展安全监测，切实提升全行业网络安全保障水平。

7. 卫生健康科技创新与医学工作取得显著进步

一是新药研发由仿到创，医药产业由大到强。国家卫健委自2008年以来，牵头组织实施了国家科技重大专项、新药创制和传染病防控两个重大专项，专项支持获批上市一类新药达80个，是专项实施前的16倍，有力推动我国新药研发由仿到创、医药产业由大到强的跨越式发展，带动我国传染病预防诊断治疗和控制水平跨越式提升。面对新冠疫情，依托重大专项长期部署积累的研发能力、人才团队和优势的技术平台，迅速确认病原，并开展科学溯源，研发系列诊断产品，开展疫苗和药物研发攻关等，全方位为综合防控、科学精准、“动态清零”提供坚强支撑。

二是卫生健康科技创新体系建设不断完善，行业治理能力持续提升。我国在心血管领域等常见病、多发病的20个领域建成了50家国家临床医学研究中心。在生物医药领域建成75家国家重点实验室，在各学科领域中居首位。在北京协和医院等5家医疗机构建设转化医学国家重大科技基础设施，布局建设109家委级重点实验室，省级行政区域实现全覆盖。同时，启动实施中国医学科学院医学与健康科技创新工程，建立科研院所稳定支持的资源配置新机制，健全完善临床研究、伦理审查、科研诚信、成果转化等医学研究管理政策，有力促进医学研究规范健康发展①。

三是中医药科研创新取得重要进展。第一，党中央、国务院对中医药科技创新的支持力度稳步增大。国家中医药局会同科技部、国家卫健委等部委，建设14个国家重点实验室、2个中医类国家医学临床研究中心，5个国家工程技术研究中心、5个国家工程研究中心、6个国家工程实验室；会同国家发展改革委，建设40个国家中医临床研究基地；布局建设175个国家中医药管理局重点研究室②。**第二，中医药科技人才队伍建设不断加强。**有7人当选为中国工程院院士，1人当选为中国科学院院士。国家中医药局打造了15个国家中医药多学科交叉创新团队和20个国家中医药传承创新团队，遴选了149名战略型领军人才岐黄学者、100名青年岐黄学者③。**第三，创新为中医药事业发展注入了新的活力。**通过临床和机理研究，中医药在治疗缺血性中风、

① 金振娅．医学科技创新与医学教育进步显著 为我国卫生健康事业发展提供有力保障［EB/OL］. https：//www. gov. cn/xinwen/2022-08/26/content_5706894. html.

② 田晓航．李恒．让传统医学紧密拥抱现代科技——十年来我国中医药科研创新取得重要进展［EB/OL］. https：//www. gov. cn/xinwen/2022-09/24/content_5711639. html.

③ 国家卫生健康委员会．国家卫健委：十年来我国中医药事业稳步发展［EB/OL］. https：//www. gov. cn/xinwen/2022-09/24/content_5711651. html.

非小细胞肺癌、糖尿病、慢阻肺等一系列重大疾病、常见多发病方面均取得重要进展，形成了一批中医药特色治疗方案。在抗击新冠疫情中，通过科研筛选出“三药三方”，快速建立起第一道防线，为取得抗疫成果发挥了重要作用。

四是持续深化医教协同改革，为卫生事业发展提供可靠人才保障。我国推动医学教育纳入法治化保障，基本医疗卫生与健康促进法和医师法都明确要求完善医学教育、毕业后教育、继续教育的三阶段医学教育体系，建立健全住院医师规范培训制度。我国深化医教协同改革，狠抓制度落实，累计培训住院医师 83 万人。同时，注重问题导向，持续加强全科、儿科、精神科等紧缺人才培养，2022 年末，全国医师数量已达到 443. 5 万人，千人口医师数达到 3. 15 人，数量接近发达国家医师配置水平①。

8. 医药卫生综合监管制度不断完善

一是医疗卫生行业综合监管督查机制逐步完善。国家医疗卫生行业综合监管督查机制实现对 31 个省（区、市）的实地督查全覆盖和通报反馈，各省（区、市）对照问题清单制定整改方案并公示，将督查整改作为提高医疗卫生行业综合监管水平的重要抓手。整体来看，省级层面已全面建立由政府主导的医疗卫生行业综合监管制度，初步形成多部门协调配合、协同监管的工作机制。省级层面的医疗卫生行业综合监管督查机制也逐渐建立，纳入重大事项督查范围开展专项督查，推动医疗卫生行业综合监管各项措施的落实。

二是多元化监管体系逐步完善。2021 年 3 月，《国家卫生健康委办公厅关于开展医疗服务多元化监管工作的通知》出台，该通知指出在全国范围推动开展医疗服务多元化监管工作。31 个省（区、市）和新疆生产建设兵团均以多种形式部署落实此项工作并取得一定进展。**在机构自治方面，**多地建立了医疗机构依法执业组织管理体系和自查信息系统，并结合信用体系建设建立医疗机构和医务人员依法执业承诺制度，个别地区还探索将医务人员依法执业情况与绩效分配、评优评先、职称评聘挂钩。**在行业自律方面，**以医疗美容、社会办医等领域为重点，推动医疗卫生行业组织转换职能，发挥在行业标准规范制定、机构信用评价、机构依法执业培训等方面的作用。**在政府监管方面，**加强多部门协同监管和监管结果协同运用，如浙江省卫健委与市场监督管理局建立医疗广告协查机制，四川省将医疗机构违反医保协议行为纳入卫生健康部门记分管理。**在社会监督方面，**多地利用信息系统公开查询和通报制度等推进医疗机构信息和监管结构信息公开，广泛召集各行各业人员建立社会监督员制度，对医疗行风、医保基金开展社会监督。

三是监管机制与手段不断创新。第一，完善执法全过程记录制度。国家卫健委印发《卫生健康行政执法过程记录工作规范》，在记录方式、保管、归档及调取等方面进一步规范卫生健康行政执法全过程记录工作。**第二，探索建立医疗卫生行业信用机制。**建立卫生健康各类信用信息库，不良信用信息应用于医疗机构和医师注册，

---

① 国家卫生健康委员会 . 2022 年我国卫生健康事业发展统计公报［EB/OL］. http：//www. nhc. gov. cn/cms-search/downFiles/8a3994e41d944f589d914c589a702592. pdf.

101 所医疗机构法人、20 名医师再次注册时被拦截。建立失信联合惩戒机制，28 部委联合发布《关于对严重危害正常医疗秩序的失信行为　责任人实施联合惩戒合作备忘录》。**第三，信息化技术助推智能监管。**运用大数据、电子监督平台等加强对行业准入、医疗服务、医保资金等的智能监管。国家推行电子化行业准入管理，与医师定期考核、医疗机构效验、医疗监督执法、医疗质量控制等信息系统互联互通。

二、进一步全面深化医药卫生体制改革面临的新形势新要求

展望未来，伴随社会经济发展进入新阶段，人民生活水平和健康素养不断提高，卫生健康需求日益增长，我国医药卫生体制改革面临一系列新形势新要求。一是全球公共卫生安全形势复杂严峻，对增进人民健康福祉产生深远影响；二是疾病谱的变化增加了医疗保障的复杂性与压力；三是中国式现代化对医药卫生体制改革提出新要求。

（一）全球公共卫生安全形势复杂严峻，对增进人民健康福祉产生深远影响

一是新发传染病发生和发展具有高度不确定性。近年来，全球相继暴发了非典、甲型 H1N1 流感、高致病性 H7N9 禽流感、中东呼吸综合征、登革热、埃博拉出血热等重大传染病疫情。尽管已经发现了许多种病毒，但仍有大量未知的病毒有待确认，其中不乏一些对人类健康构成威胁的传染病。随着国际交流日益频繁，预防大规模传染病的难度上升，世界卫生组织警告，全球正处于“重大疾病暴发边缘”。目前全球多个地区正出现一些新的传染病病例，这些病例的出现可能预示着更大规模的疾病暴发。这些疾病包括一些已知的传染病，如埃博拉病毒和鼠疫，以及一些新出现的病毒。从国内看，一些已经控制或消除的传染病面临再流行风险，鼠疫等传统烈性传染病威胁仍然存在，核辐射和生物恐怖威胁不容忽视，突发公共卫生事件处于易发多发期。由于全球化和气候变化的影响，这些疾病的传播速度在加快，范围在不断扩大，构成了严重的公共卫生威胁。

二是极端天气不确定性因素增多。联合国政府间气候变化专门委员会指出，随着全球气温持续上升，极地冰川将继续融化，导致海平面上升。同时，极端天气事件，如洪水和干旱，预计将更加频繁和严重。极端天气事件可严重威胁人类生存环境和身体健康，不仅会造成直接伤亡，还会增加传染病、非传染病以及精神心理疾病的风险。加之我国人口基数大、人口密度高、气候类型复杂、社会经济发展不平衡，脆弱人群健康问题多样，受极端天气事件影响而引起的公共卫生安全和突发性健康风险不断加剧。

（二）疾病谱的变化增加了医疗保障的复杂性与压力

在我国城镇化、工业化进程加快推进的过程中，人们的生活方式、饮食方式和生态环境的变化，使疾病谱发生了明显变化，即从传统的传染性疾病为主向慢性病为主转变，重大疾病也更加常见。恶性肿瘤、脑血管病、心脏病、呼吸系统疾病、糖尿病等慢性非传染性疾病成为引致居民死亡的主要疾病种类。根据相关统计，我国的慢性

病患者已超过 3 亿人，慢性病致死人数占到全国因病死亡人数的 80%，导致的疾病负担占到总疾病负担的 70%。[①] 以往慢性病患者以老年人为主，近些年来有年轻化的趋势，尤其是高血压、糖尿病在年轻人中比较常见。可见，疾病谱的变化增加了医疗保障的复杂性与压力，而目前医疗保障在推进慢性疾病防治、减轻慢性病患者医疗负担方面还不够理想，需要推动医疗保障制度的改革与完善，确保实现“病有所医”的目标。

（三）中国式现代化对医药卫生体制改革提出新要求

党的二十大报告指出，人民健康是民族昌盛和国家强盛的重要标志。实现人民健康必然要求持续推进健康中国建设，这是不断提升全民健康水平和健康服务质量的丰富内涵，也是实现中国式现代化的必然要求。健康中国建设是中国式现代化的必然要求，是中国式现代化的重要组成部分，是实现中华民族伟大复兴的重要支撑。

一是城乡居民日益升级的健康需求对医疗保障制度提出更高要求。随着经济发展与生活水平的持续提升，人们对健康和医疗保障的需求也将有所改变。加之各种新设备、新技术、新药品不断应用于临床医学，人们对美好生活的追求意味着对健康的需求也在升级，尤其体现在从医疗需求向健康需求的转变，通过实现健康需求的满足进而提升个人生活质量和幸福程度。重视疾病预防、减少疾病的痛苦，成为大多数人的意愿。城乡居民对健康需求的升级意味着对整个医疗保障制度的改革与发展提出更高要求，未来需要实现更高质量的医疗保障。

二是人口老龄化程度不断加深对医疗保障能力和资金均提出新要求。我国是世界上人口老龄化速度最快、规模最大且家庭保障功能因少子高龄化而持续大幅度弱化的国家。截至 2023 年底，我国 60 岁及以上人口有 29697 万，占全国人口的 21.1%，其中 65 岁及以上人口有 21676 万；新出生人口数量由 2016 年的 1786 万下降到 2023 年的 902 万[②]。未来一段时期，我国将由老龄化社会进入老龄社会，到 21 世纪中叶我国的人口老龄化将达到最高峰，65 岁及以上老年人口占比将接近 30%[③]。人口结构的深刻变化将使我国的医疗服务尤其是慢性病、老年病管理、治疗服务的需求量增加，医疗支出压力增大。另外，人口老龄化将会使得人口赡养率上升，由于我国医疗保险主要实行的是现收现付制，人口老龄化也将会对医保筹资和支付带来巨大的压力。目前我国医疗保障制度设计还存在不少问题，筹资机制、补偿机制和服务机制均不理想，迫切需要进一步改革，应对人口老龄化带来的挑战。在现行制度规定中，退休职工不需要缴纳医疗保险费，职工医保的“系统老龄化”问题更值得高度重视。

三是就业形态的多样化与人口快速流动对医疗保障提出新要求。根据第七次全国

---

① 中国网财经．我国慢病患者已超 3 亿人 专家：慢病治疗不应依赖某种药物［EB/OL］. https：//www. sohu. com/a/140056496_436021.

② 国家统计局．中华人民共和国 2023 年国民经济和社会发展统计公报［EB/OL］. https：//www. gov. cn/lianbo/bumen/202402/content_6934935. html.

③ 中国发展研究基金会．积极应对老龄社会——〈中国发展报告 2020〉发布［EB/OL］. http：//fashion. chinad ai-ly. com. cn/a/202006/15/WS5ee71bb4a31027ab2a8d02d8. html.

人口普查数据，我国人口流动依然活跃，人口的集聚效应进一步显现。2020 年我国人户分离人口达到 4.93 亿，约占总人口的 35%。其中，流动人口有 3.76 亿，较 2010 年第六次人口普查增长了近 70%[①]。从流向上看，人口持续向沿江、沿海地区和内地城区集聚，长三角、珠三角、成渝城市群等主要城市群的人口增长迅速，集聚度加大。人口的快速流动给医疗保障带来压力和挑战，主要表现在：一方面，就业形态日趋多样化，灵活就业、非正规就业已经成为众多劳动者的选择，数字经济、共享经济和新业态的兴起是经济社会发展的重要趋势，与之相关的社会保险政策需要进行调整与完善。以共享经济为例，由于政策上无法判定劳动者与平台之间是否存在雇佣关系，所以导致整个社会保险制度面临巨大挑战。在互联网经济下，“一仆多主”“无主用工”“租赁员工”“共享员工”等多种劳动就业方式并存，以标准就业或正规劳动关系为基本依据的职工基本医疗保险面临挑战。**另一方面**，在大力推进工业化与城镇化的过程中，人口流动日益频繁，2020 年我国流动人口有 3.76 亿，占总人口的比重接近 27%[②]。人口的快速流动对于基本医疗保险的参保扩面、缴费筹资、待遇补偿、管理服务等方面均带来了压力和挑战。此外，对乡村医疗资源的合理布局提出了挑战。人口向城市集中使乡村人口结构和空间布局发生了重大变化。突出体现在很多农村地区的“空心化”、常住人口的老龄化，这对乡村医疗资源的布局规划的“动态化”调整提出了更高的要求。

三、深入领会进一步全面深化医药卫生体制改革的指导思想、基本原则和总目标

以习近平同志为核心的党中央总结百年发展经验，擘画健康中国宏伟蓝图，指明发展道路、坚持健康优先、强调改革创新、推进高质量发展。深化医药卫生体制改革作为卫生健康事业高质量发展的动力之源、发展之基，需要按照新要求、立足新形势、谋划新构想、实施新举措，助力百年发展目标更快、更好地实现。

（一）指导思想

进一步深化医药卫生体制改革，要以习近平新时代中国特色社会主义思想为指导，全面贯彻落实党的二十大和二十届二中、三中全会精神，把保障人民健康放在优先发展的战略位置，以医保、医疗、医药协同发展和治理深化改革，以推进数字化赋能为路径促进改革，坚持推动优质医疗资源扩容下沉和区域均衡布局，促进医药领域创新发展，健全公共卫生体系，为强国建设、民族复兴伟业提供健康支撑。

（二）基本原则

一是坚持和加强党的领导。坚持党对卫生健康工作的全面领导，坚定不移地走中

① 牛其昌．全国人户分离规模逼近 5 亿人，公共服务亟待突破户籍藩篱［EB/OL］. https：//baijiahao. baidu. com/s？ id = 1699541231151234460&wfr = spider&for = pc.

② 陆娅楠．第七次全国人口普查主要数据公布人口总量保持平稳增长［EB/OL］. https：//www. gov. cn/xinwen/2021-05/12/content_5605913. html.

国特色社会主义医改道路，发挥党统领全局、协调各方的领导核心作用，发挥好保方向、管大局、做决策、促改革、保落实的作用。

二是坚持把人民健康放在优先发展的战略位置。既要强化政府责任，满足群众基本医疗卫生需求，又要发挥市场机制作用，满足群众多层次多样化的需求，不断增强人民群众对改革的获得感、幸福感、安全感。

三是坚持卫生健康事业的公益性。毫不动摇把公益性写在医疗卫生事业的旗帜上，坚持公立医疗机构在服务体系中的主体地位，将公益性贯穿到医改的全过程、各环节，坚持尽力而为、量力而行，不断完善制度、改革机制、扩展服务、提高质量，让人民群众共享改革红利。

四是坚持新时代党的卫生与健康工作方针。必须坚持以基层为中点，以改革创新为动力，预防为主，中西医并重，把健康融入所有政策，人民共建共享。通过深化改革，推动以治病为中心向以人民健康为中心转变，将健康政策融入全局、健康服务贯穿全程、健康福祉惠及全民。

五是坚持立足国情、协同联动。坚持从基本国情出发，推动基本医疗卫生服务水平与经济社会发展相协调、与人民群众的期待期盼和承受能力相适应，正确处理政府和市场等重要关系，突出改革的系统性和政策的协同性。

（三）总目标

全面建成社会主义现代化强国，总的战略安排是分两步走：从 2020 年到 2035 年基本实现社会主义现代化；从 2035 年到 21 世纪中叶把我国建成富强民主文明和谐美丽的社会主义现代化强国。按照全面建设社会主义现代化国家的战略安排，医药卫生体制改革的目标如下。

到 2029 年，公共卫生体系进一步健全，公共卫生应急、服务、协同、保障等关键能力全面强化。医疗卫生服务体系进一步健全，资源配置和服务均衡性逐步提高，重大疾病防控、救治和应急处置能力明显增强，中西医发展更加协调，有序就医和诊疗体系建设取得积极成效。医疗保障制度更加成熟定型，基本完成待遇保障、筹资运行、医保支付、基金监管等重要机制和医药服务供给、医保管理服务等关键领域的改革任务，医疗保障政策规范化、管理精细化、服务便捷化、改革协同化程度明显提升。药品和高值医用耗材集中采购范围进一步扩大，短缺药品监测网络和信息直报制度进一步完善，特殊人群用药得到保障。

到 2035 年，建成健康中国①。形成与基本实现与社会主义现代化相适应，体系完整、分工明确、功能互补、连续协同、运行高效、富有韧性的整合型医疗卫生服务体系，医疗卫生服务公平性、可及性和优质服务供给能力明显增强，促进

---

① 习近平．习近平：高举中国特色社会主义伟大旗帜　为全面建设社会主义现代化国家而团结奋斗——在中国共产党第二十次全国代表大会上的报告［EB/OL］. https：//www. gov. cn/xinwen/2022-10/25/content_5721685. html.

人民群众健康水平显著提升①。基本医疗保障制度更加规范统一，多层次医疗保障体系更加完善，医疗保障公共服务体系更加健全，医保、医疗、医药协同治理格局总体形成，中国特色医疗保障制度优越性充分显现，全民医疗保障向全民健康保障积极迈进②。

到 2050 年，全面建成能有效应对重大疫情和突发公共卫生事件的应急保障体系，显著提升突发公共卫生事件应急处置能力。全面建成以基本医疗保险为主体，医疗救助为托底，补充医疗保险、商业健康保险、医疗互助共同发展的医疗保障制度体系。高质量药品供应与药学服务的均衡性和可及性持续增强，药品供应保障实现高质量发展新格局。

四、进一步全面深化医药卫生体制改革的重点任务

围绕 2035 年基本实现社会主义现代化、2050 年全面建成社会主义现代化强国等目标要求，针对目前医药卫生工作面临的新形势，应以改革创新谱写中国式现代化卫生健康新篇章，以中国式现代化健康治理的顶层设计为引领，进一步完善医药卫生高质量发展的体制机制。具体来看，包括健全公共卫生体系，进一步完善与社会主义现代化相适应的医疗卫生服务体系，深入推进公益性为导向的公立医院改革，深化药品领域改革创新，促进医疗、医保、医药协同发展和治理，统筹推进数字化赋能、人才保障、综合监管。其中，特别要促进“三医”协同发展和治理，要坚持公益性导向，深入推进供给侧结构性改革；要加强全民医保制度建设；要从研发、生产、流通、使用全流程发力，完善药品供应保障体系。

（一）健全公共卫生体系，夯实高质量发展的健康保障基础

一是促进社会共治、医防协同、医防融合。加强应急医药物资生产保供，提升基层传染病防控救治能力；建立各级各类公立医院的公共卫生责任清单并明确考核评价标准，推动二级及以上医疗机构设立疾病预防控制或公共卫生科室，明确工作职能，配备专职人员。研究制定医疗机构疾病预防控制监督员管理办法。实行公共卫生分领域首席专家制度。加强疾控机构对医疗机构疾病预防控制工作的技术指导和监督考核。探索推进疾控机构专业人员参与医疗联合体工作，推动县级疾控机构与县域医共体协同发展。**二是推进疾病预防控制体系改革。**健全完善传染病疫情监测、风险评估和预警制度，研究制定建立健全智慧化多点触发传染病疫情监测预警体系的指导性文件，推动传染病监测预警与应急指挥信息平台建设。制定疾病预防控制体系高质量发展的指导性文件。

---

① 中共中央办公厅　国务院办公厅印发《关于进一步完善医疗卫生服务体系的意见》[EB/OL]. https://www.gov.cn/zhengce/2023-03/23/content_5748063.html.

② “十四五”全民医疗保障规划的通知 [EB/OL]. https://www.gov.cn/zhengce/content/2021-09/29/content_5639967.html.

（二）进一步完善与社会主义现代化相适应的医疗卫生服务体系，为人民群众提供全方位全周期健康服务

一是规范促进区域医疗中心发挥引领辐射作用的管理和运行机制。完善区域医疗中心建设方案，遏制医院无序扩张和非正常的人才流动，不盲目扩大建设规模和床位规模，不盲目追求患者门诊量，不虹吸基层人才和常见病多发病病源，与市县级医疗机构进行合理分工，真正意义上促进优质医疗资源均衡布局和患者合理有序就医。**二是发挥医保支付经济杠杆作用。**建立"统一预算、总额包干、结余留用，合理超支分担"机制，结余留用的医保资金纳入医疗服务性收入，形成医联体内部统一的利益导向，促进医疗资源下沉和医疗服务模式转变。**三是进一步发挥信息化在分级诊疗中的积极作用。**建设远程医疗协作网，缩小区域间服务能力差距。推动医联体内信息互通、数据共享，搭建分级诊疗信息化平台，为家庭医生签约服务、双向转诊、预约诊疗等提供技术支撑。**四是加强基层医疗卫生服务。**持续加强基层医疗卫生机构规范化建设，充分发挥三级医院、综合性医院和专科医院的资源优势作用，加大基层全科医生培养培训力度，壮大全科医生人才队伍。完善家庭医生签约服务，发挥好基层的"健康守门人"作用。

（三）深化以公益性为导向的公立医院改革，推动公立医院高质量发展

一是持续完善公立医院补偿机制。持续深化医疗服务价格改革，逐步调低大型医疗设备检查价格，同步提高体现医务人员劳务价值的医疗服务价格，建立科学合理的医疗服务价格动态调整机制。持续扩大药品耗材集采范围，贯彻落实好集中带量采购药品耗材医保资金结余留用政策。加大政府对公立医院的投入力度，建立稳定的政府卫生投入增长机制，探索实行"以事定费、购买服务、专项补助"财政补助机制。**二是深化公立医院薪酬制度改革。**拓宽公立医院薪酬制度改革经费渠道，增加公立医院薪酬存量和增量所需经费。进一步完善公立医院薪酬水平决定机制、薪酬水平和总量核算方法，提高公立医院医务人员薪酬水平。进一步优化公立医院医务人员薪酬结构，提高固定薪酬占比，逐步建立医务人员收入与医疗收入脱钩机制。

（四）深化药品领域改革创新，健全药品供应保障制度

一是推动医药科技创新。大力发展卫生健康领域新质生产力，完善卫生健康科技创新体系。围绕实用管用易用好用，聚焦关键技术和装备以及健全国内标准规范体系，支持发展临床医学研究，促进医工结合、医药融合，推动医学科技领域前沿技术和未来产业的创新研发，建立符合中国人体质的健康标准和规范指南。促进创新药物、疫苗和医疗设备等成果转化为临床应用，推动人工智能、互联网等信息技术在卫生健康领域深度应用，为维护人民健康提供更多工具和手段。**二是完善中医药传承创新发展机制。**推进中医优质医疗资源提质扩容增能，加强中医优势专科能力建设，优化中医医疗服务价格和支付政策，充分发挥中医药防病治病的独特优势和作用。提升中医药科技服务能力、协同创新能力，加强中医药古典医籍精华的挖掘、保护和开发。推动实施“新时代神农尝百草”工程，丰富中医药治疗手段，开发更多道地药材资源。大力弘扬中医药文化精神内涵和时代价值，不断推动中医药走出去。

（五）促进医疗、医保、医药协同发展和治理，更好地保障人民健康福祉

探索建立医疗、医保、医药统一高效的政策衔接、信息联通、监管联动等机制。**在政策协同方面，**要加强党对深化医改的全面领导，突出以人民健康为中心，创新“三医”协同发展和治理的跨部门工作机制，提升治理的整体效能。**在信息联通方面，**要把“三医”数据共享和业务联动放在更加突出的位置，以检查检验结果互认、费用一站式结算、电子健康档案、电子病历规范查询、远程医疗、异地就医等业务应用场景为重点，切实提高协同治理、运行评价等决策和服务能力。**在监管联动方面，**治理医药领域损害群众健康权益的现象和问题，强化部门联动，全链条加强监管，形成“三医”标准统一、相互衔接、相互配合的监管格局，通过建立健全联合执法、联合惩戒制度，切实维护人民群众的生命安全和健康权益。

（六）统筹推进数字化赋能、人才保障、综合监管，为全面建成健康中国注入强劲动力

一是推进数字化赋能医改。进一步深化卫生健康信息平台建设，强化区域数据汇集应用，推进跨部门、跨地域、跨层级、跨系统、跨业务融合、数据融合、技术融合。加大信息化建设统筹力度，破除数据共享壁垒，推动重点医疗健康大数据资源要素体系，开展数据治理体系建设，充分激发数据要素价值。加强卫生健康信息安全和隐私保护，构建卫生健康行业网络数据可信体系。**二是持续深化医药卫生人才体制机制改革。**制定关于深化医教协同加快临床医学人才培养改革的意见。健全医教协同机制，推动落实以需定招要求，合理确定招生规模和结构。对住院医师规范化培训基地实行分类指导、分类管理，健全动态管理机制。规范和加强继续医学教育管理。实施医学高层次人才计划。实施卓越中医药师资培训计划。进一步提高乡村医生队伍中执业（助理）医师占比。**三是加强医药卫生领域综合监管。**扎实做好全国医药领域腐败问题集中整治工作，深化体制机制改革，加强廉政建设，持续推进全链条全要素全覆盖治理。开展高费用和异常费用病例核查工作。探索运用穿透式监管，改进监管效果。研究出台医药企业防范商业贿赂合规指引。完善医保基金飞行检查工作机制，建立“回头看”机制。制定促进和规范民营医院发展的政策。

深化劳动力要素市场化改革，提升人力资源对高质量发展的支撑能力

深化劳动力要素市场化改革，建立全国统一的劳动力市场，是激发微观主体创新创业活力，提升全要素劳动生产率的关键之举。改革开放46年以来，我国打破计划经济体制障碍，引导劳动力要素合理畅通有序流动，完善公共就业服务体系和劳动保障法律体系，促进劳动力供需匹配。特别是党的十八大以来，劳动力市场秩序日渐规范，劳动力要素流动自主有序、配置高效公平，激发了全社会创造力和市场活力。

进入新发展阶段，随着人口数量和结构显著变化，加之技术进步、产业转型升级等因素影响，我国劳动力市场供求深度调整，结构性矛盾日益凸显。当前，我国以推动高质量发展为主题，着力推进城乡融合和区域协调发展，均对劳动力要素市场化配置提出更高要求，亟须通过改革促进劳动力资源开发利用，重塑劳动力要素空间配置新格局。

围绕完成2035年远景目标、全面建成社会主义现代化强国等目标要求，未来一段时期内，要深入贯彻落实党的二十届三中全会《决定》部署要求，加快推进劳动力要素市场化改革，充分发挥劳动力要素在支撑乡村振兴、新型城镇化、区域协调发展等重大战略实施中的基础性作用，加快构建与实体经济协同发展的高质量人才供给体系。具体来说，一是构建与现代化产业体系适配的劳动力市场机制，促进劳动力供需长期均衡。二是完善促进城乡劳动力双向流动的体制机制，盘活城乡两端人才资源。三是建立区域之间劳动力要素自由流动的新机制，促进人才区域合理布局和协调发展。四是深化人才服务增值化、数智化、生态化改革，助力提高劳动力市场的运行效率。

一、劳动力要素市场化改革46年的主要历程、基本经验与伟大成就

劳动力是生产要素中最活跃、最能动、最重要的部分，土地、资本要素只有通过劳动力才能激活与运转，技术、数据要素则是复杂劳动的派生产物。纵观改革开放46年来，我国不断打破计划经济体制障碍，适时调整就业政策与就业服务体系，保障了就业市场的有序性、政府服务的可得性、法律保障的公平性，促进了劳动力要素的合理流动和优化配置，为我国经济高质量发展提供基础要素支撑。

（一）劳动力要素市场化改革的主要历程

改革开放46年来，我国劳动力要素市场化配置取得积极成就、发生深远变革，实

现了劳动就业制度由“统包统配”向市场化导向转变，形成了供求双向选择、劳动者自主就业创业新格局，有力促进了人力资源合理流动和有效配置。纵观我国劳动力市场化改革历程，大致可分为四个阶段，即劳动力要素市场化开始起步、全面展开、基本确立及逐步完善时期。

1. 1978—1992 年：劳动力要素市场化开始起步时期

1978—1992 年，我国劳动力由国家统包统配的配置制度开始打破，企业开始实行劳动合同制，劳动人事部门在全国开展了调整用非所学专业技术人员、人才余缺调剂工作，劳动力要素配置领域的服务开始发端，市场出现萌芽①。

1978 年，党的十一届三中全会做出了改革开放的伟大历史抉择，开启了我国经济社会发展的历史新时期。**1980 年 8 月中共中央转发全国劳动就业工作会议通过的《关于进一步做好城镇劳动就业工作》文件，明确“三结合”就业方针，即“在国家统筹规划和指导下，实行劳动部门介绍就业、自愿组织起来就业和自谋职业相结合”。**我国就业政策从“统包统配”就业模式正式向多元就业模式转变。1983 年 7 月国务院发布《关于科技人员合理流动的若干规定》，这是我国第一次通过行政法规对人才流动的方向和人才流动中各个主体的相关权益和责任进行了较为全面的规定。1985 年 3 月中共中央发布了《关于科学技术体制改革的决定》，提出“改革科学技术人员管理制度，造成人才辈出、人尽其才的良好环境。必须改变积压、浪费人才的状况，促使科学技术人员合理流动”。此后，以调整专业技术人员、技术工人、企业聘用干部、出国留学人员等为对象的政策陆续出台。

这一时期，劳动力配置领域的服务开始发端，市场出现萌芽。**20 世纪 70 年代末，劳动人事部门开始创立并组织劳动服务公司，解决待业人员就业问题，并逐步演进为就业服务机构。同一时期，人才公共服务机构也陆续成立。**1983 年，沈阳市人才服务公司、广东省人才交流服务中心相继成立。1984 年 5 月劳动人事部发出《关于成立劳动人事部人才交流咨询服务中心的通知》。同年 6 月，全国人才交流咨询服务中心正式挂牌开业。6 月 23 日到 7 月 4 日，劳动人事部召开全国干部录用与调配改革会议，决定建立全国及地方人才交流中心。此后，各地人才交流服务中心相继成立。1988 年 8 月成立了全国人才流动中心。1979 年，北京市友谊商业服务总公司（北京外企人力资源服务有限公司，FESCO）成立并派出第一名中方雇员，市场化的人力资源服务开始出现。在温州、广东、北京等地还产生了一些民间性质的人才交流服务机构。

2. 1992—2002 年：劳动力要素市场化全面展开时期

1992—2002 年，我国劳动力要素市场化流动配置全面展开，主要特征是劳动者和用人单位作为人力资源市场的主体地位正式确立，劳动力市场和人才市场基本形成，各类服务机构规模不断扩大，人力资源服务业态不断丰富。

1992 年 10 月党的十四大提出建立社会主义市场经济体制的目标，劳动就业制度

---

① 人力资源社会保障部．在流动中汇聚起繁荣发展的人才力量——新中国人力资源流动管理工作 70 年［EB/OL］．https：//m. thepaper. cn/baijiahao_4749339.

改革进入新阶段。党的十四届三中全会正式提出培育和发展“劳动力市场”的目标。1995年实施的《劳动法》，明确了劳动关系各主体的法律地位，以法律的形式规定各类企业实行全员劳动合同制，保障了企业自主用工、个人自主择业的权利，为劳动力市场的建设奠定了坚实法律基础。1998年6月中央提出“劳动者自主择业、市场调节就业、政府促进就业”的新时期就业方针。这一方针明确了政府在市场经济条件下促进就业的作用，确定了建立市场导向的就业机制[①]。在这一阶段，我国经济持续快速发展，带来了大量人力资源需求，人事关系、户籍等障碍相继开始逐步打破，劳动力市场和人才市场正式确立，流动和发展的空间大大扩展。人力资源流动主体从相对单一的专业技术人员扩展到企事业单位各类人员流动，呈现从中西部向东部发达地区、从体制内单位向民营经济和外资企业等体制外用人单位流动的特点。

这一时期，围绕就业、人才资源优化配置的人力资源服务机构规模不断扩大，服务业态不断丰富。国内各类人才服务机构有所增长，外资人才服务企业进入中国市场，网络招聘、猎头、人事代理等人力资源服务业态开始出现。随着国企改革的深入、加入世贸组织以及产业结构调整的推进，人才流动服务开始出现变革与转型，在解决再就业问题、实现政府调控人力资源合理流动等方面发挥了重要的作用。1994年8月中组部、人事部联合下发《加快培育和发展我国人才市场的意见》(人调发〔1994〕7号)，明确提出发展人才市场的总体目标。1994年9月人事部宣布与天津、沈阳、上海三市人民政府共同组建中国北方人才市场、中国沈阳人才市场、中国上海人才市场。这是实现“2000年之前，在全国范围内初步形成功能完善、机制健全、法规配套、指导及时、服务周到的人才市场体系”这一目标的重要措施。此后，人事部陆续与各地共建了一批国家级人才市场。

3. 2002—2012年：劳动力要素市场化基本确立时期

2002—2012年，市场在劳动力要素配置中的基础性作用基本确立，市场化流动逐步成为人力资源流动的主渠道，“就业找市场”成为社会普遍观念；劳动部门和人事部门深化人力资源流动管理体制改革，政府管理职能开始从办市场向管市场、为市场发展创造良好环境转变。

随着社会主义市场经济的发展，市场在劳动力要素配置中的基础性作用不断加强。2003年12月中共中央、国务院召开首次中央人才工作会议，并颁布《关于进一步加强人才工作的决定》(中发〔2003〕16号)，向全国发出实施人才强国战略的号召。该决定指出，要促进人才合理流动，进一步消除人才流动中的城乡、区域、部门、行业、身份、所有制等限制，疏通三支队伍之间、公有制与非公有制组织之间、不同地区之间的人才流动渠道。加强对人才流动的宏观调控，采取有效措施，引导人才向西部地区、基层和艰苦地区等社会最需要的地方流动，鼓励人才安心基层工作。2007年8月发布、2008年1月1日开始实施的《就业促进法》，明确了就业工作在经

---

① 国家统计局．改革开放30年报告之六：人口素质全面提高　就业人员成倍增加［EB/OL］. https://www.stats.gov.cn/zt_18555/ztfx/jnggkf30n/202303/t20230301_1920465.html.

济社会发展中的突出地位，强化了政府促进就业的责任，完善了市场导向就业机制，为积极就业政策的长期实施提供了法律保障①。2008 年实施的《劳动合同法》，完善了劳动合同制度，明确劳动合同双方当事人的权利和义务，有利于构建并发展和谐稳定的劳动关系。随着劳动力市场法律体系日益完善，各地纷纷打破体制障碍和政策壁垒，进一步贯彻落实按需设岗、竞聘上岗、按岗聘用、合同管理等，疏通党政人才、企业经营管理人才和专业技术人才流动渠道，贯通人才市场与劳动力市场，加快构建城乡统一的人力资源市场体系。通过建立劳动合同，实施事业单位聘用制，健全流动人员人事档案管理、人事代理，建立完善养老、失业和医疗保险等社会保障制度，增加户籍管理灵活性，实施居住证制度，创新“户口不迁、关系不转”劳动力柔性流动机制，推动有序规范流动。

这一时期，人力资源服务业形成并得到进一步发展。2007 年 3 月国务院印发《关于加快发展服务业的若干意见》（国发〔2007〕7 号），首次将人才服务业作为服务业中的一个重要门类，强调要“发展人才服务业，完善人才资源配置体系”“扶持一批具有国际竞争力的人才服务机构”。2010 年中共中央、国务院颁布《国家中长期人才发展规划纲要（2010—2020 年）》，提出“完善市场服务功能，畅通人才流动渠道，建立政府部门宏观调控、市场主体公平竞争、中介组织提供服务、人才自主择业的人才流动配置机制。健全人才市场供求、价格、竞争机制，进一步促进人才供求主体到位。大力发展人才服务业。加强政府对人才流动的政策引导和监督，推动产业、区域人才协调发展，促进人才资源有效配置。”2012 年国务院批转《促进就业规划（2011—2015 年）》（国发〔2012〕6 号），提出要大力发展人力资源服务业，加快建立专业化、信息化、产业化的人力资源服务体系。

4. 2012 年至今：劳动力要素市场化逐步完善时期

党的十八大以来，是劳动力要素流动更趋活跃、流动配置机制改革全面深化、人力资源活力竞相迸发的时期。这一时期的主要特征是市场在劳动力要素流动配置中的决定性作用不断加强，在全面深化改革推动下的政府作用和宏观调控机制更加健全，以合理流动和优化配置激发人力资源活力和创造力的政策效应不断显现，人力资源强国建设迈出新征程。

2013 年党的十八届三中全会正式做出“市场在资源配置中起决定性作用”的重要论断，并提出“推进城乡要素平等交换和公共资源均衡配置”等改革举措。2015 年 6 月国务院发布《关于大力推进大众创业万众创新若干政策措施的意见》（国发〔2015〕32 号），提出“加强创业创新公共服务资源开放共享，整合利用全球创业创新资源，实现人才等创业创新要素跨地区、跨行业自由流动。加快推进社会保障制度改革，破除人才自由流动制度障碍，实现党政机关、企事业单位、社会各方面人才顺畅流动”。2016 年 3 月中共中央印发《关于深化人才发展体制机制改革的意见》，提出

---

① 中国网．新中国 60 年：劳动就业工作取得举世瞩目的成就［EB/OL］. http://www.reformdata.org/2009/1030/7704.shtml.

要提高人才横向和纵向流动性，健全人才顺畅流动机制，畅通党政机关、企事业单位、社会各方面人才流动渠道，促进人才向艰苦边远地区和基层一线流动。2016 年 3 月《国民经济和社会发展第十三个五年规划纲要》对人才流动提出了明确目标："建立健全人才流动机制，提高社会横向和纵向流动性，促进人才在不同性质单位和不同地域间有序自由流动。" 2020 年 4 月中共中央、国务院印发《关于构建更加完善的要素市场化配置体制机制的意见》，首次明确了土地、劳动力、资本、技术、数据五大要素市场制度建设的方向及重点改革任务。2021 年 3 月《国民经济和社会发展第十四个五年规划和 2035 年远景目标纲要》要求"健全统一规范的人力资源市场体系，破除劳动力和人才在城乡、区域和不同所有制单位间的流动障碍，减少人事档案管理中的不合理限制"。2022 年 1 月国务院办公厅《关于印发要素市场化配置综合改革试点总体方案的通知》(国办发〔2021〕51 号)，要求"推动劳动力要素合理畅通有序流动"，并提出进一步深化户籍制度改革、加快畅通劳动力和人才社会性流动渠道、激发人才创新创业活力具体措施。2024 年党的二十届三中全会审议通过的《决定》[①] 提出"完善要素市场制度和规则"，并对深化劳动力要素市场化改革作出具体部署，要求健全劳动等生产要素由市场评价贡献、按贡献决定报酬的机制；完善人才有序流动机制。

2012 年以来，人力资源服务业发展进入快车道，为实施就业优先战略、人才强国战略和全面深化改革提供有力支撑。2013 年人力资源社会保障部制定《关于加快推进人力资源市场整合的意见》(人社部发〔2013〕18 号)，首次在全国范围内对建立统一规范的人力资源市场进行正式部署。2014 年 12 月人力资源社会保障部等三部门下发《关于加快发展人力资源服务业的意见》，首次对加快发展人力资源服务业进行全面部署。2017 年 1 月国务院印发《"十三五"促进就业规划》提出要培育人力资源服务产业园，实施"互联网+人力资源服务"行动。2017 年 9 月人力资源社会保障部印发《人力资源服务业发展行动计划》，对今后一段时期人力资源服务业发展进行谋划和安排。2018 年 6 月国务院公布《人力资源市场暂行条例》(国务院令第 700 号)，首次从立法层面明确了政府提高人力资源服务业发展水平的法定职责。2019 年 1 月人力资源社会保障部印发《关于充分发挥市场作用促进人才顺畅有序流动的意见》，这是近年来人才工作领域首个关于人才流动配置的改革性文件。为加快提升人力资源服务水平，2021 年 11 月人力资源社会保障部等五部门联合印发《关于推进新时代人力资源服务业高质量发展的意见》(人社部发〔2021〕89 号)，2022 年 12 月人力资源社会保障部印发《关于实施人力资源服务业创新发展行动计划（2023—2025 年）的通知》(人社部发〔2022〕83 号)，对推进人力资源服务业高质量发展作出部署。

（二）劳动力要素市场化改革的总体框架、基本方向和难点卡点

改革开放 46 年以来，我国劳动就业制度由"统包统配"向市场化导向转变，引导劳动力要素合理畅通有序流动，完善公共就业服务体系和劳动保障法律体系，促进

---

① 新华网．受权发布丨中共中央关于进一步全面深化改革　推进中国式现代化的决定［EB/OL］．http：//www.news.cn/politics/20240721/cec09ea2bde840dfb99331c48ab5523a/c.html.

了劳动力资源的合理配置。在改革过程中，我国始终坚持以市场化为重点、以法治化为保障、以信息化为手段，不断破除妨碍劳动力要素流动的各类障碍和制度藩篱，促进劳动力供需匹配。但也要看到，当前劳动力要素市场化改革仍然存在难点卡点，城乡二元结构体制带来的劳动力市场分割问题，致使全国统一劳动力市场建设进展缓慢。同时，在经济下行压力加大、民营企业经营困难背景下，劳动保障规章制度如何兼顾劳动者和企业的利益，也是接续推进改革需要关注的问题。

1. 总体框架

改革开放 46 年以来，党中央和政府高度重视就业工作，在从计划经济向市场经济转型过程中，不断打破计划经济体制障碍，适时调整就业政策与就业服务体系，保障了就业市场的有序性、政府服务的可得性、法律保障的公平性，实现了劳动就业制度由“统包统配”向市场化导向转变，促进了劳动力要素合理畅通有序流动，激发了劳动者的创造力。

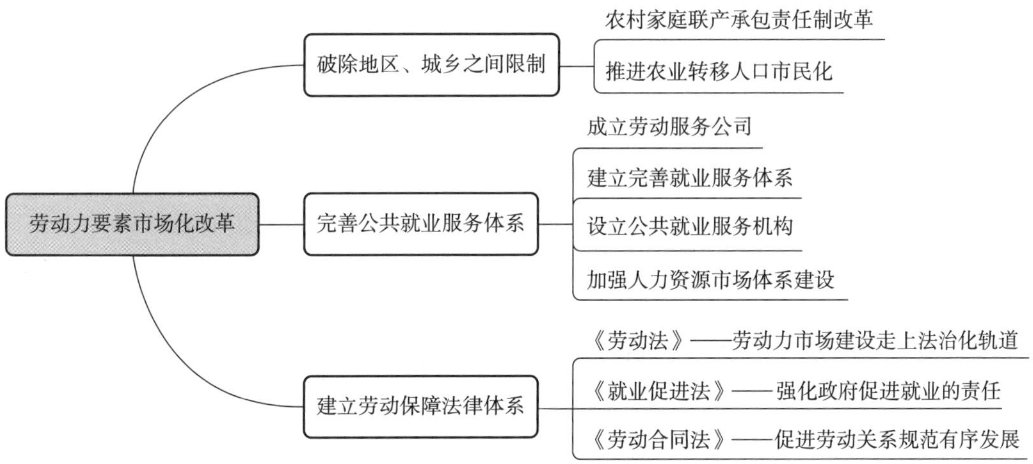

图 9-4 劳动力要素市场化改革的总体框架

(1) 破除地区、城乡之间限制，促进劳动力要素有效流动

20 世纪 70 年代末，我国农村的家庭联产承包责任制改革极大地解放和发展了农业生产力，释放了农村过剩劳动力。在市场化制度建设、户籍制度放宽和开放型经济发展等改革开放大背景推动下，我国城乡间出现了大规模的劳动力流动现象。随着大规模的农村过剩劳动力转移到城市，劳动力资源的城乡和产业配置状况得到改善，人口红利得到极大释放，这成为驱动改革开放 46 年我国经济实现跨越式发展的最重要因素之一。2010 年《中共中央　国务院关于加大统筹城乡发展力度　进一步夯实农业农村发展基础的若干意见》提出“着力采取有针对性的措施，解决新生代农民工问题”，促进符合条件的农业转移人口在城镇落户并享有与城镇居民同等的权益，多渠道多形式地改善农民工的居住条件。党的十八大以来，各级政府加快户籍制度改革，有序推进农业转移人口市民化，加大力度撤除阻碍“农业转移人口”进入城市服务体系的户籍壁垒，推进农业转移人口和城市居民基本公共服务均等化。特别是，2019 年底中

办、国办印发《关于促进劳动力和人才社会性流动体制机制改革的意见》，围绕创造流动机会、畅通流动渠道、扩展发展空间、兜牢社会底线做出顶层设计和制度安排。2022年7月国家发展改革委印发《“十四五”新型城镇化实施方案》（发改规划〔2022〕960号），把推进农业转移人口市民化作为新型城镇化的首要任务，从户籍制度改革、城镇基本公共服务均等化、提升市民化能力等方面统筹谋划，探索系统协同、供需互促的农业转移人口市民化新机制，使农业转移人口“进得来、留得住、有发展”，全面增强农业转移人口融入城市的能力。

（2）完善公共就业服务体系，促进市场化社会化就业

我国从20世纪80年代开始建立并不断完善就业服务体系。1981年，中共中央、国务院下发《关于广开门路，搞活经济，解决城镇就业问题的若干决定》（中发〔1981〕42号），要求在明确“三结合”就业方针的同时，积极成立劳动服务公司，负责对待业人员进行组织、培训和介绍职业。1989年，劳动部下发文件，明确提出建立和完善以职业介绍、就业培训、失业保险、劳动就业服务企业为支柱的就业服务体系。在全国清理整顿公司形势推动下，兼有部分行政职能的公益性劳动服务公司相继更名为劳动就业管理局或服务局，以职业介绍为龙头的四大支柱就业服务事业迅猛发展。1990年劳动部门总结各地经验，制定了《职业介绍暂行规定》，把组织劳动力市场的专门服务机构统一为“职业介绍所”，让其承担职业介绍、职业指导与就业咨询的任务。1991年底，全国30个省（市/区）劳动部门共开办职业介绍所9674所，基本上覆盖了省、地（市）、县（区），并向乡镇延伸。为适应就业再就业形势的需要，2003年提出“就业服务要实现专业化、制度化、社会化”的要求，就业服务开始进入以人本服务为核心的发展阶段。2007年公共就业服务写入《就业促进法》，以法律形式要求县以上政府设立公共就业服务机构，免费为劳动者提供就业政策法规咨询、职业供求信息、市场工资指导价位信息和职业培训信息等方面的服务。2021年国务院印发《“十四五”就业促进规划》（国发〔2021〕14号），提出持续加强统一规范的人力资源市场体系建设，着力打造覆盖全民、贯穿全程、辐射全域、便捷高效的全方位公共就业服务体系，提升劳动力市场供需匹配效率。随着市场经济体制改革深化和劳动力市场的培育，已基本形成多层次的就业服务网络。就业服务体系有助于改善劳动力市场状况、减缓失业带来的消极影响、促进用人单位和劳动者有效对接，实现更充分、更高质量就业。

（3）建立适应社会主义市场经济要求的劳动保障法律体系

改革开放以来，特别是《劳动法》颁布实施以来，我国的劳动保障立法工作取得长足进步，适应社会主义市场经济体制要求的劳动保障法律体系基本建立起来。1994年以来，我国先后制定实施了《劳动法》《就业促进法》《劳动合同法》《劳动争议调解仲裁法》《职业教育法》等法律及相关配套法规。其中，1994年制定的《劳动法》，是新中国成立以来第一部专门保障劳动者合法权益的基本法律，是劳动保障法治建设中一个重要的里程碑。《劳动法》明确了劳动关系各主体的法律地位，在国家法律上保证了企业自主用工、个人自主择业的权利，使劳动力市场建设走上了法治化的轨道。2007 年颁布的《就业促进法》，强化了政府促进就业的责任，明确了促进就业的工作机制，为积极就业政策的长期实施提供了法律保障。《就业促进法》强调国家实行统筹城乡和区域的就业政策，逐步建立城乡劳动者平等就业的制度，消除就业歧视，建立就业援助制度，制定政策并采取措施对就业困难人员给予扶持和援助。《劳动法》及其相关配套法规的制定和实施，确立了以“劳动者自主择业、市场调节就业、政府促进就业”为主要特征的市场导向就业管理体制的法律地位，为劳动力资源的有序流动和合理配置提供了法律保障。

2. 基本方向

一是以市场化为重点，破除妨碍劳动力、人才社会性流动的各类障碍和制度藩篱，建立健全支撑高质量发展的劳动力要素市场化配置的体制机制，促进劳动力在不同空间之间、不同单位类型之间、不同社会阶层之间的自由流动，激发经济社会发展内生动力。**二是以法治化为保障**，不断完善法律制度、优化法治环境，逐步构建起适应我国现实国情的新就业形态治理框架，夯实数字时代劳动立法的实践基础，保障灵活就业和新就业形态劳动者群体的合法权益，以助力新技术、新产业、新业态、新模式“四新经济”实现持续、规范、健康的高质量发展。**三是以信息化为手段**，通过推进劳动力资源信息化建设，及时精准掌握劳动力务工状况，促进劳动力就业需求和企业用工需求精准对接，促进高质量充分就业。

3. 难点卡点

一是二元结构体制带来的城乡间劳动力市场分割问题。当前，我国城乡二元结构体制仍存在，劳动者在城乡产业中自由择业存在户籍等制度阻碍，这也形成了极具中国特色的“农民工”群体，这一群体在生活中兼具农民和市民两种身份，并在生产中参与农业和非农业两种产业的生产活动，因而解决“农民工”群体身份和就业的二重性问题一直是城乡统一劳动力市场建设的关键步骤。**二是劳动法律体系在保护劳动者的同时如何兼顾企业利益**。随着国家劳动、社保法制不断走向健全，普法力度不断加大，劳动者的法律意识和维权能力显著增强。但也存在一些劳动者诉求过高或出现滥诉的问题，这不仅造成企业成本负担过重，而且还易引发社会不稳定问题。在经济下行压力加大、民营企业经营困难背景下，劳动保障规章制度在建立或修订过程中，如何平衡好对劳动者和企业的保护，对提高劳动力市场的灵活性尤为重要。

（三）46 年来劳动力要素市场化改革的基本经验

改革开放 46 年来，我国始终坚持以人民为中心的发展思想，强化就业优先战略，坚持就业市场与政府结合、数量与质量结合、整体与重点结合，统筹安排总体战略，部署具体政策法规，促进了地区、城乡和部门之间劳动力顺畅流动。

1. 坚持就业优先和服务经济社会发展大局

就业是最大的民生，我国是人口大国，又是典型的城乡二元经济结构，充分利用好丰富的劳动力资源、实现农村富余劳动力向城镇转移，是改革开放 46 年我国经济持续高速增长的重要支撑力量，也是民生福祉持续改善、城乡居民收入相对差距缩小的重要因素。改革开放以来，党中央始终坚持就业优先战略，建立宏观调控目标关联机制，把就业增长、失业水平、劳动参与、就业质量等指标作为财政、货币、产业等政策调控的先行指标。保持经济拉动就业能力，在经济发展方式转换、产业变革中建立“人—业”匹配、人与自然协调的现代经济体系和就业结构，在工业化、信息化、数字化发展中推进实现高质量充分就业。依托数字经济、平台经济等培育新的就业增长点，激发经济和就业增长新动能。

2. 坚持市场主导和政府调控并重

改革开放以来，党中央始终坚持尊重市场经济规律，加快完善统一规范、竞争有序的人力资源市场体系，充分发挥市场在劳动力要素配置中的决定性作用，健全人才市场供求、价格、竞争机制，保障和落实用人主体自主权，促进人才供求主体到位。同时，强化政府责任，更好发挥政府作用。一方面，加快建立完善人才流动配置宏观调控机制，坚决破除妨碍人才流动的体制机制性弊端，引导人才资源合理流动和优化配置；另一方面，做好劳动力就业稳岗和技能培训工作，并运用信息化手段提升人岗匹配效率，强化就业服务保障。

3. 不断加强劳动者权益的法治保障

改革开放以来，特别是实行社会主义市场经济体制以来，我国劳动立法不断完善。当前，我国以《劳动法》《劳动合同法》《就业促进法》《劳动争议调解仲裁法》《工会法》《职业病防治法》《安全生产法》等为骨干的劳动法律体系已基本形成，为劳动力市场有效流动和保障劳动者合法权益提供制度保障。特别是近年来，在平台经济和新就业形态蓬勃发展背景下，我国持续推进涉新就业形态用工司法政策的制定工作，加强灵活就业和新就业形态劳动者权益保障，促进新就业形态健康发展。

4. 顺应市场的变化，重视重点群体就业

改革开放以来，党中央顺应市场的变化，出台了较为明智的政策，引导劳动力资源有序转移。比如，1980 年党中央提出“三结合”就业方针，采取劳动部门介绍就业、劳动者自愿组织起来就业和自谋职业相结合的一系列政策措施，仅用三年时间就迅速解决了“文革”期间积累的就业矛盾，全国多数地区基本解决了城镇失业问题。20 世纪 90 年代中期以来，随着结构调整和国有企业三年脱困目标的提出，职工下岗问题突出，国家重点围绕解决国有企业下岗失业人员再就业问题，推出一系列促进就业再就业的政策。1999 年高校扩招后，我国人力资源的禀赋结构发生了巨大变化，政府对就业问题的关注重点从农民工和下岗人员转向高校毕业生群体，对高校毕业生就业制度进行了系列改革。2020 年以来，面对疫情等多重超预期因素影响，重点群体面临较大就业压力，党中央和国务院加大对自主创业、灵活就业支持力度，部署实施高校毕业生、农民工等重点群体就业创业推进行动、专项就业服务等活动，努力确保就业大局总体稳定。

（四）党的十八大以来劳动力要素市场化改革取得的新突破和新成效

党的十八大以来，以充分发挥市场在劳动力要素配置中的决定性作用和更好发挥政府作用为指导，以促进人力资源合理流动和优化配置为目标的政策相继颁布，我国劳动力市场秩序日渐规范，各类人力资源实现合理流动和优化配置，为我国持续改善民生、促进高质量发展提供了有力支撑。

1. 法规体系逐渐完备，为劳动力市场健康运行提供保障

党的十八大以来，《劳动法》《劳动合同法》等相关法律法规不断完善，为劳动力市场健康运行提供了法律保障；就业优先置于宏观政策层面，积极的就业政策体系逐步完善，对促进就业发挥积极作用；功能健全、运行有序的人力资源市场体系基本形成，市场决定性作用愈加明显，创造了良好的就业环境；以职业能力建设为核心的技能人才培养开发体系逐步建立，有利于技能人才成长和发挥作用的制度环境和社会氛围不断完善，促进劳动者就业能力、技能水平不断提升；劳动监察执法能力日益提升，基层劳动保障执法力量不断加强，有力地保障了劳动者的基本权益；按劳分配为主体、多种分配方式并存的与市场经济相适应的工资收入分配制度基本建立，并逐步改革和完善按要素分配的体制机制，促进劳动收入稳步增长；我国社会保障体系建设进入快车道，建成具有鲜明中国特色、世界上覆盖人口规模最大、功能完备的社会保障体系，有效发挥了“稳定器”和“安全网”作用①。

2. 就业形势总体稳定，重点群体就业保障有力

党的十八大以来，党中央、国务院高度重视就业工作，把就业摆在“六稳”“六保”首位，全面强化就业优先政策，多措并举促就业、拓岗位，就业形势总体保持稳定②。国家统计局数据显示，2023 年年末全国就业人员有 74041 万人，其中城镇就业人员 47032 万人，占全国就业人员比重为 63.5%。2023 年全年城镇新增就业 1244 万人，完成 1200 万人左右的全年目标任务③。特别是，在重点群体就业方面，坚持市场化社会化就业与政府帮扶相结合，努力扩大就业容量，缓解就业结构性矛盾，保障重点群体就业形势稳定。**针对高校毕业生，**搭建国家大学生就业服务平台、公共招聘网等青年就业服务平台，持续实施青年百万见习计划，深入开展高校毕业生“三支一扶”计划等基层服务项目，持续开展百日千万、书记校长访企拓岗等招聘活动，加强困难毕业生专项帮扶和离校未就业毕业生实名帮扶，有力解决了高校毕业生就业难问题。**针对城乡困难群众，**加强脱贫人口、大龄农村劳动力就业帮扶，深化劳务协作，壮大劳务品牌，构建统筹城乡的就业格局。加强就业困难人员帮扶，完善就业援助制

---

① 中国劳动和社会保障科学研究院课题组．完善劳动力市场　促进高质量就业［EB/OL］．https：//www.mohrss.gov.cn/wap/xw/rsxw/202212/t20221229_492532.html.

② 国家统计局．人口规模持续扩大　就业形势保持稳定——党的十八大以来经济社会发展成就系列报告之十八［EB/OL］．https：//www.stats.gov.cn/zt_18555/ztfx/sbdesd/fzcj/202302/t20230222_1918196.html.

③ 国家统计局．2023 年国民经济和社会发展统计公报［EB/OL］．https：//www.stats.gov.cn/sj/zxfb/202402/t20240228_1947915.html.

度，兜住、兜准、兜牢就业底线。2023 年全年，促进城镇失业人员再就业 514 万人、困难人员就业 172 万人；农村劳动力外出务工规模继续增加，脱贫人口务工规模达 3397 万人，高于上年①。

3. 新就业形态规范发展，形成新的就业增长点

2012 年以来，我国加快构建灵活就业、新就业形态服务和保障制度，首次出台支持灵活就业健康发展专门意见。完善网约配送员、网约车驾驶员、网约货车司机等新就业形态劳动者权益保障制度，督促平台企业依法合规用工；放开灵活就业人员在就业地参加基本养老保险的户籍限制，支持自主选择缴费方式、缴费基数，落实困难人员灵活就业社会保险补贴政策；启动新就业形态劳动者职业伤害保障试点，推进灵活就业人员参加住房公积金制度试点；出台加强零工市场建设意见和加强零工市场规范化建设②，将零工市场纳入就业公共服务体系建设工作。2023 年，我国就业公共服务水平稳步提高，1 万个"家门口就业服务站"、15 分钟就业服务圈加速布局，3200 余家零工市场规范化水平有效提升③。

4. 劳动权益保障制度不断完善，劳动者合法权益得到保障

2012 年以来，我国劳动法律法规日益完善，劳动关系调整机制逐步健全，不仅保持了劳动力市场活力，也有力保障了劳动者合法权益。**在完善劳动关系协商协调机制方面，**健全劳动法律法规体系，深入实施劳动关系"和谐同行"能力提升三年行动计划；完善协调劳动关系三方机制，深入推进和谐劳动关系创建活动。**在改善劳动者就业条件方面，**健全工资决定、合理增长和支付保障机制，完善最低工资标准调整机制，增加劳动者特别是一线劳动者劳动报酬，持续推进全民参保计划，建成世界上规模最大的社会保障体系。**在规范企业用工方面，**加强劳动争议预防和调处，做好对劳动密集型企业、中小微企业用工指导；强化劳动保障监察执法，依法查处招聘过程中的虚假招聘等违法行为，及时纠正性别、年龄及针对新冠感染康复者的就业歧视，开展就业性别歧视联合约谈和妇女平等就业权检察公益诉讼。

5. 市场环境日益改善，就业公共服务体系不断健全

就业公共服务是促进劳动力市场供需匹配、实施就业失业管理、落实就业政策的重要载体。党的十八大以来，我国公共就业服务体系不断健全，全国县（区）以上普遍设立了就业公共服务机构，有超过 98%的街道、乡镇建立了服务窗口，提供登记招聘、登记求职、职业指导、职业介绍、创业指导等免费服务。五级公共就业服务网络逐步完善，"春风行动"等特色服务活动形成品牌，就业服务标准化、智能化、专业

---

① 邱玥 . 2023 年我国就业形势总体稳定［EB/OL］. https：//baijiahao. baidu. com/s？id = 1789006075185788478&wfr = spider&for = pc.

② 2022 年 6 月，人力资源社会保障部等五部门联合印发《关于加强零工市场建设　完善求职招聘服务的意见》（人社部发〔2022〕38 号），提出了强化零工市场信息服务、强化零工快速对接服务、完善服务场地设施支撑等 10 条意见。2024 年 1 月，人力资源社会保障部颁布《关于加强零工市场规范化建设的通知》。

③ 邱玥 . 加快零工市场建设，促进灵活就业规范发展——打造"家门口"就业新模式［EB/OL］. http：//www. chinareform. org. cn/2024/0125/39094. shtml.

化建设深入推进，人力资源服务业规模日益壮大，服务能力显著提升。2023 年 6 月人社部发布我国首部系统规范人力资源社会保障资源服务机构及相关活动的规章《人力资源服务机构管理规定》，健全了人力资源市场法规体系，规范了人力资源服务机构及相关活动，对推进高标准人力资源市场体系建设、维护劳动者和人力资源服务机构等市场主体合法权益、促进高质量充分就业和优化人力资源流动配置具有重要作用。在政策支持下，人力资源服务业快速发展，2023 年年末全国公共就业和人才服务机构共有 4434 家，全年为劳动者提供登记求职、职业指导、创业服务 1.25 亿人次，登记招聘 1.1 亿人次，为用人单位提供用工指导 588 万家次；2023 年年末全国共有人力资源服务机构 6.99 万家，全年为 3.31 亿人次劳动者提供就业、择业和流动服务，服务用人单位 5599 万家次①。

二、进一步全面深化劳动力要素市场化改革面临的新形势新要求

在新发展阶段，随着人口数量和结构显著变化，加之技术进步、产业转型升级等因素影响，我国劳动力市场供求深度调整，结构性矛盾日益凸显。特别是全面推进中国式现代化建设，要求经济高质量发展取得新突破，科技自立自强能力显著提升，城乡融合发展开创新局面，区域协调发展向更高水平迈进，这些均对劳动力要素市场化配置提出更高要求，亟须通过进一步深化劳动力要素市场化改革，为中国式现代化建设提供合理配置、均衡分布的高素质现代化人力资源。

（一）经济高质量发展对人力资源开发利用和优化配置提出更高要求

党的二十大报告指出，高质量发展是全面建设社会主义现代化国家的首要任务。但随着我国逐渐步入中等收入阶段，劳动年龄人口的绝对数量开始减少，我国经济发展迫切需要由依靠劳动力等要素投入驱动转向依靠人力资本提升和创新驱动，提高全要素生产率，夯实经济高质量发展的基础。当前，我国劳动力市场仍面临较多困难。**一方面，现有人力资源未能得到充分利用。**从总量来看，2019 年以来，由于技术进步等因素的作用，我国单位 GDP 就业容量不断减少。特别是在经济下行压力加大背景下，部分劳动者由于多次求职未果，退出劳动力市场，甚至出现“全职儿女”的社会现象。从结构来看，我国青年失业率高企，大学毕业生就业困难，教育供给和劳动力市场需求之间存在错配问题，如硕士研究生从事送外卖、送快递工作，引发高学历人才浪费的热议。**另一方面，技能型人力资本存在较大缺口。**我国技能型人力资本与经济社会发展需求不相适应，技能人才队伍规模偏小、技能人才缺口较大，高级技能人才比例较小、结构不合理，技能型人力资本地域和行业分布不尽合理等。特别是部分高技能人才在体制间流通机制不够顺畅、分配机制不活，导致资源配置调节能力不足。在新发展阶段，我国亟须主动进行劳动力市场调整，把劳动力要素配置提升到更高水平，通过劳动力质量的提升为我国高质量发展提供强大持续动力。

---

① 人社部．2023 年度人力资源和社会保障事业发展统计公报［EB/OL］．https：//www.mohrss.gov.cn/SYrlzyhshbzb/zwgk/szrs/tjgb/202406/t20240617_520366.html.

（二）技术进步、产业转型升级要求劳动力市场供需实现新的动态平衡

近年来，随着5G、云计算、大数据、人工智能等新一代信息技术的兴起，带动新技术在各行各业广泛应用。新技术的应用在提高劳动生产力、变革生产关系的同时，也影响着就业数量、就业结构和人才需求等①。特别是制造业中“机器换人”的趋势更加明显，将导致低技能劳动者需求萎靡和技术性失业。在新发展阶段，技术迭代发展和产业转型升级步伐加快，使劳动者从传统的简单体力工作向高创造性、高附加值工作转移，对劳动者技能水平提出更高要求。当前，劳动者技能提升难以迅速跟上产业升级需要，存在劳动力市场供需错位问题，就业结构性矛盾尤为突出，表现在传统行业岗位缩减，但新兴产业所需的高层次、高技能、创新型人才缺口巨大，亟须构建现代化人力资源合理配置和迭代更新的长效机制，促进劳动力市场供需的新动态平衡。

（三）新型城镇化和乡村振兴中的劳动力资源开发与配置面临新难题②

全面推进以人为核心的新型城镇化和乡村振兴，需要进一步关注城乡人口，特别是城乡劳动力资源配置面临的新难题。**一是如何保障乡村振兴的人力资源支撑**。数量充足和素质技能较高的农村劳动力是实现乡村振兴的根本保障。在以劳动力为主体的农村人口持续外流趋势下，农村高素质农技人员、管理人员严重缺乏，出现青黄不接、老新断层的现象。需要关注乡村振兴下对农村劳动力的主体需求与农村劳动力短缺之间的结构性矛盾。**二是如何继续开发农村潜在的劳动力资源**。我国劳动年龄人口城乡比例与经济结构比例存在一定偏差，农村地区和第一产业从业者规模较大、占比较高，与现代产业发展需求不相适应，但目前农村地区劳动力资源主要是新生代成长劳动力，大龄、女性劳动力，其就业意愿和能力具有特殊性，继续开发和利用农村潜在的劳动力资源并使之向非农领域转移就业，面临新的困难。**三是如何提高城乡劳动力资源配置效率**。我国劳动力市场的城乡二元分割格局依然没有完全消除，户籍、社会保障和基本公共服务等行政性分割，不利于城乡统一劳动力市场的建立。未来，推进包括劳动力要素在内的城乡要素双向流动，促进城乡融合发展，仍然需要新的政策引导和支持。

（四）中国式现代化要求构建与区域协调发展相适应的劳动力配置新格局

中国式现代化对区域协调发展战略提出更高要求。党的二十大要求深入实施区域协调发展战略、区域重大战略、主体功能区战略、新型城镇化战略，优化重大生产力布局，构建优势互补、高质量发展的区域经济布局和国土空间体系。当前，我国经济社会进入高质量发展阶段，但劳动力市场仍然存在一些不平衡不充分问题。随着各项重大区域发展战略的实施，在市场机制和政府政策推动下，区域间人力资源的竞争将

---

① 中国劳动和社会保障科学研究院课题组．完善劳动力市场　促进高质量就业［EB/OL］．https：//www.mohrss.gov.cn/wap/xw/rsxw/202212/t20221229_492532.html.

② 中国劳动和社会保障科学研究院课题组．中国人口发展对就业的影响与对策分析［EB/OL］．https：//mp.weixin.qq.com/s/uyAMzFJA3WbN2tXdGXGj1A.

加剧，区域性人力资源与经济发展的失衡问题将更加突出。在劳动力资源向发达地区和城市群流动集聚的基本规律和趋势下，合理配置人力资源，促进区域间的有序流动和良性竞争，以缓解发达和发展强劲地区招工用人难问题，以及避免虹吸效应可能形成的人力资源过度消费及其对其他地区的影响，避免东北等部分地区陷入人口与经济的螺旋下沉困局，缓解区域性就业压力将面临新的挑战。

三、深入领会进一步全面深化劳动力要素市场化改革的指导思想、基本原则和总目标

在新时代新征程上，劳动力要素市场化改革要坚持以习近平新时代中国特色社会主义思想为科学指引，坚持以高质量发展为中心，构建劳动力流动新格局，塑造现代化人力资源，推动人口和经济社会高质量发展的良性循环。

（一）指导思想

以习近平新时代中国特色社会主义思想为指导，全面贯彻落实党的二十大和二十届二中、三中全会精神，完整、准确、全面贯彻新发展理念，加快构建新发展格局，着力推动高质量发展，以促进高质量充分就业、推动人的全面发展为目标，深入实施就业优先战略，充分发挥市场配置资源的决定性作用，更好发挥政府作用，健全劳动力和人才要素市场化配置体制机制，加快建立全国统一的劳动力和人才市场，构建更加开放的国际人才交流合作机制，促进劳动力和人才要素合理流动和优化配置，不断提升人力资源配置效率和人力资本水平，为实现中国式现代化提供高质量人力资源支撑。

（二）基本原则

坚持系统观念，统筹推进劳动力就业改革。以全面落实就业优先战略、激活劳动力要素市场为导向，统筹推进劳动力和就业改革工作，通过畅通劳动力流动渠道，提高人才供给质量，破解就业结构性矛盾，促进实现高质量充分就业。

坚持协同发展，完善劳动力资源适配机制。紧跟中国式现代化发展脉动，促进劳动力市场建设与现代化产业体系建设、城乡融合发展、区域协调发展相协同，加快塑造素质优良、总量充裕、结构优化、分布合理的现代化人力资源。

坚持问题导向，破除妨碍劳动力流动弊端。推进劳动力要素市场化配置改革，重点是坚决破除户籍、所有制等身份差异对劳动力要素自由流动、市场化配置的制度障碍，推进平等就业，形成全国统一的劳动力要素市场。

坚持夯实服务，促进劳动力供需有效对接。以促进劳动力供需精准、高效匹配为目标，加快公共服务体系标准化、数字化、智能化建设，强化新就业形态劳动者权益保障，健全高质量充分就业促进机制，不断完善就业公共服务体系。

（三）总目标

到 2029 年底，进一步破除户籍、身份、公共服务等体制机制弊端，促进劳动力和

人才在行业、城乡、区域之间更大程度的双向自主有序流动，人力资本要素配置效率明显提高，全社会创新创业活力和市场效能得到激发。

到2035年底，形成全国统一的劳动力要素市场，强化以科技创新引领现代化产业体系建设，不断提升全社会人力资本和专业技能，推动我国由人口资源大国向人力资本强国转型，实现人才强国，为经济高质量发展提供强大的智力支持。

到2050年底，实现劳动力要素价格市场决定、流动自主有序、配置高效公平，探索建立人力资本参与产业和科技政策评估机制，激发知识、技术、管理、数据等优质生产要素的活力，引导各类要素协同向新质生产力顺畅流动，以全要素生产率大幅提升助力新质生产力发展和中国式现代化建设。

四、进一步全面深化劳动力要素市场化改革的重点任务

新时代新征程上，推进劳动力要素市场化改革，必须以新发展理念引领改革，重点是完善劳动力要素在行业、城乡、区域间顺畅流动的体制机制，充分发挥劳动力要素在支撑高质量发展、区域协调发展、城乡融合发展等国家重大战略实施中的基础性作用，加快构建服务新质生产力发展、中国式现代化建设的高质量人才供给体系。同时，顺应经济社会数字化、老龄化等发展趋势，持续深化人才服务增值化、数智化、生态化改革，助力提高劳动力市场的运行效率。

（一）构建与现代化产业体系适配的劳动力市场机制

现代化产业体系是高质量发展的重要基础。为建设现代化产业体系，亟须完善劳动力市场机制，促进劳动力供需长期均衡，释放劳动力要素潜能。**一是健全促进劳动力要素向发展新质生产力集聚的体制机制**。深化劳动力和人才发展管理体制改革，加快畅通劳动力和人才社会性流动渠道，打通高校、科研院所和企业人才交流通道①。聚焦新产业新业态蓬勃发展产生的全新岗位需求，加大相关领域制度改革，构建适合新就业形态的劳动力市场制度。**二是健全劳动力要素市场培训体系**。统筹推进高等教育、职业教育、继续教育协同创新，建立统筹城乡、覆盖全民、灵活有效的职业教育和培训体系，完善劳动力终身技能培训制度，全面提升劳动力素质，缓解结构性就业矛盾。**三是打造统筹协调的收入分配机制**。健全劳动、资本、土地、知识、技术、管理、数据等生产要素由市场评价贡献、按贡献决定报酬的机制，逐步提高劳动力要素在初次分配中的比重，完善以税收、社会保障、转移支付为主的再分配调节机制，健全劳动力工资合理增长机制，促进劳动力增收。

（二）完善促进城乡劳动力双向流动的体制机制

城乡融合发展的关键在于人才。要完善促进城乡劳动力双向流动的体制机制，盘活城乡两端人才资源，带动资本、技术等要素在城乡间良性循环，赋能乡村全面振兴

---

① 何立峰．健全因地制宜发展新质生产力体制机制［EB/OL］．https://www.gov.cn/yaowen/liebiao/202407/content_6965136.html.

和新型城镇化建设。**一是深化户籍制度改革，完善人才流动制度保障。**保障进城落户农民土地等合法权益，支持进城落户农民依法自愿有偿转让农村土地承包经营权、宅基地使用权、集体收益分配权。推行由常住地登记户口提供基本公共服务制度，推动符合条件的农业转移人口社会保险、住房保障、随迁子女义务教育等享有同迁入地户籍人口同等权利，加快农业转移人口市民化。推进城乡人才评价标准的统一，建立城乡人才评价、职称评定、工资待遇等方面的双向认定制度。**二是建立城乡人才交流合作机制。**通过城乡人才对口支援、城乡人才轮岗交流、城乡人才联合培养等，促进城乡人才的知识共享和经验互鉴。推动城乡人才创新创业，建立城乡人才创新创业平台，通过建设城乡人才创新创业园区、城乡人才创新创业基地、城乡人才创新创业孵化器等，为城乡人才提供更多更好的创新创业空间和条件。实施乡村振兴人才支持计划，有序引导城市各类专业技术人才下乡服务。**三是打造以县城为场景的城乡要素流动新格局。**赋予县级更多资源整合使用权，统筹县城生产、生活、生态、安全需要，推动县城产业配套设施提质增效、市政公用设施提档升级、公共服务设施提标扩面、环境基础设施提级扩能。推进县乡村功能衔接互补和资源统筹配置，引导和服务城市要素入乡发展、城市人口入乡消费。建立分类推进县域经济发展的支持引导机制，发展壮大县域经济。

（三）建立区域之间劳动力要素自由流动的新机制

劳动力要素在区域间充分顺畅流动，是推动区域协调发展向更高水平迈进的关键一环。要着力破除影响劳动力在区域间流动的体制机制障碍，在全国范围内形成统一的劳动力市场，建立劳动力要素自由流动的新机制，为构建优势互补、高质量发展的区域经济布局和国土空间体系提供支撑。**一是构建区域劳动力合理配置和良性流动机制。**瞄准先进制造业、战略性新兴产业、未来产业，加快构建跨区域跨境产业链供应链，推动各类人才在区域内的良性配置和有序流动。要把握产业发展趋势，发挥各地区比较优势，加强产业政策和就业政策协调配合，引导劳动力和人才在不同产业间合理配置。**二是构建区域人才协同发展和共享机制。**深化人才机制统筹规划，完善以“跨域、互认、共享”为特点的人才管理机制，破除区域间政策性的人才使用壁垒，助推人才市场一体化。完善人才有序流动机制，打通高校、科研院所和企业人才交流通道，促进人才区域合理布局，深化东中西部人才协作。以建设全国统一大市场为契机，健全社会保障管理体制，以社会保障一体化促进区域劳动力市场整合。**三是构建更具国际竞争力的引才机制。**推进人才对外开放手段向市场化、项目化、合规化和数字化转型，实现人才资源全球化配置。构建开放自由的国际科技合作生态，推动国际人才交流合作。完善海外引进人才支持保障机制，探索建立高技术人才移民制度，形成具有国际竞争力的人才制度体系。完善“拴心留人”机制，支持他们深度参与国家计划项目、开展科研攻关①。

---

① 黄坤明．构建支持全面创新体制机制［EB/OL］．https：//baijiahao．baidu．com/s？ id=1806051012920870173&wfr=spider&for=pc．

（四）深化人才服务增值化、数智化、生态化改革

人力资源服务业直接服务亿万劳动者和广大用人单位，对促进市场化社会化就业、助力构建现代化产业体系具有重要意义。要顺应经济社会数字化、老龄化等发展趋势，持续深化人才服务增值化、数智化、生态化改革，不断培育人力资源服务新产品、新业态、新模式，拓展人才服务的广度和深度，赋能高质量发展。**一是推进人才服务增值化改革。**深化政府、市场、社会、人才同向发力的增值化改革体系，塑造高层次人才领军领衔、创新型人才集聚集中、高素质劳动者提质提能的“金字塔型”人力资源结构。建立全生命周期人力资源服务体系，特别是为新业态灵活就业群体构建岗位匹配、工资保障、职业培训等全周期服务链条。**二是推进人才服务数智化改革。**支持“互联网+人力资源”融合发展，通过运用大数据、云计算、人工智能、区块链等新技术，构建智慧型人力资源服务云平台，深化人力资源服务机构数字化、智能化动态管理服务，加速培育人岗智能匹配、人力资源素质智能测评、人力资源智能规划等新增长点。**三是推进人才服务生态化改革。**建立人才服务生态系统，融合政府、企业、高校、科研院所、行业协会、金融机构等各方资源，通过资源共享、联合共创、协同发展，构建开放型、全要素人力资源服务产业生态圈，助推人才与实体经济的深度融合。

第十篇

深化生态文明体制改革专题

深化生态文明体制改革，加快推进美丽中国建设

习近平总书记指出，生态文明建设是关系中华民族永续发展的根本大计，是关系党的使命宗旨的重大政治问题，是关系民生福祉的重大社会问题①。必须以更高站位、更宽视野、更大力度来谋划和推进新征程生态环境保护工作，谱写新时代生态文明建设新篇章。改革开放以来，我国生态文明体制改革经历了 3 个阶段：1978—1992 年，环境保护写入《宪法》，环境保护领域制度体系逐步形成；1992—2012 年，生态文明融入党和国家指导思想，环境保护制度建设加快推进；2012 年至今，生态文明顶层设计确立，生态文明制度建设全面展开。党的二十届三中全会强调，必须完善生态文明制度体系，协同推进降碳、减污、扩绿、增长，积极应对气候变化，加快完善落实绿水青山就是金山银山理念的体制机制。以习近平同志为核心的党中央把生态文明建设作为统筹推进“五位一体”总体布局的重要内容，形成了习近平生态文明思想，生态环境保护发生了历史性、转折性、全局性变化。生态文明治理体系不断健全，基本建立起由八项制度构成的产权清晰、多元参与、激励约束并重、系统完整的生态文明制度体系。

当前，我国经济社会已进入加快绿色化、低碳化的高质量发展阶段，生态文明建设仍处于压力叠加、负重前行的关键期，与美丽中国目标相比，与人民群众的期待相比，与高质量发展要求相比，仍有较大差距。生态文明建设面临着一系列新形势新要求，主要包括全球生态环境问题政治化趋势增强，我国维护生态安全面临新挑战；新一代信息技术、绿色技术等蓬勃兴起，我国培育绿色生产力面临新机遇；中国式现代化是人与自然和谐共生的现代化，我国亟须健全全面绿色转型体制机制。围绕完成 2035 远景目标、2050 远景目标，未来一段时间内，要持续深化生态文明体制改革创新和探索实践，完善生态文明统筹协调机制，构建产权清晰、多元参与、激励约束并重、系统完整的生态文明制度体系。具体来看，要持续深化空间规划体制改革，完善生态文明基础制度，健全生态环境治理体系，健全绿色低碳发展机制。

一、生态文明体制改革 46 年的主要历程、基本经验与伟大成就

改革开放之后，针对日益突出的生态环境问题，党和国家制定和实施了一系列节

---

① 习近平．习近平在首个全国生态日之际作出重要指示强调：全社会行动起来做绿水青山就是金山银山理念的积极传播者和模范践行者［EB/OL］. https：//www. gov. cn/yaowen/liebiao/202308/content_6898387. htm.

约资源、保护环境的政策措施。党的十八大以来，以习近平同志为核心的党中央高度重视生态文明建设，把生态文明建设作为统筹推进“五位一体”总体布局的重要内容，形成了习近平生态文明思想，推动我国生态文明建设发生历史性、转折性、全局性变化，生态文明体制改革取得重大突破。

（一）生态文明体制改革的主要历程

1978 年我国开始实行改革开放政策，工业高速发展带来的负面影响使环境问题日趋严峻，国家开始强化环境保护领域的理论和制度建设。1992—2012 年是我国生态文明体制改革的进阶期，开启了生态文明建设历程中环境污染加剧和规模治理的新阶段，在指导思想、法律法规、政策体系、管理体制等方面获得了长足发展。党的十八大以来，为彻底从根源上解决我国的环境问题，党中央、国务院做出“大力推进生态文明建设”的战略决策，将制度建设作为生态文明建设的重点，“四梁八柱”性质的生态文明制度体系基本形成，生态文明制度建设全面展开。

1. 第一阶段（1978—1992 年）：保护环境写入《宪法》，环境保护领域制度体系逐步形成

改革开放初期，工业高速发展使我国生态环境遭到严重的破坏和污染，人口、资源与环境之间的矛盾日益凸显。为确保经济持续健康发展，我国开启了加强资源环境保护、促进人与自然协调发展的探索之路，环境保护的法律法规、政策体系和管理体制建设得到加强。

党中央认识到以法制规制环境保护的重要性和迫切性，1978 年的《宪法》修正案明确“国家保护环境和自然资源，防治污染和其他公害”，为我国生态环境法治建设奠定了坚实基础。1979 年，我国颁布了新中国成立以来首部专门保护生态环境的基本法《环境保护法（试行）》，标志着我国环境保护正式步入法治轨道。此后，环境保护法律制度建设加快推进，《海洋环境保护法》《森林法》《草原法》《水污染防治法》《大气污染防治法》等陆续颁布，**初步形成了我国生态环境保护的法律框架。**

汲取了以往经济建设违背自然规律的教训，我国将环境保护和治理列入党和政府工作的重要内容中。1983 年，国务院召开第二次全国环境保护会议，将环境保护确立为我国需要长期坚持的一项基本国策，制定了“经济建设、城乡建设、环境建设要同步规划、同步实施、同步发展，实现经济效益、社会效益、环境效益相统一”的环境与发展战略方针。这一时期由于工业化进程中高耗能、高污染技术以及高污染企业的引进，生态环境恶化趋势未得到遏制。1989 年，第三次全国环境保护会议形成了**环境保护三大政策和八项管理制度**，即预防为主、防治结合，谁污染谁治理和强化环境管理的三大政策，以及“三同时”制度、环境影响评价制度、排污收费制度、城市环境综合整治定量考核制度、环境目标责任制度、排污申报登记和排污许可证制度、限期治理制度、污染集中控制制度，开启了环境治理政策的新进程，为环境治理政策的执行提供了标准。

这一时期，生态环境管理机构在不断升级中成立了独立环保机构。1982 年，国家

设立城乡建设环境保护部，内设环境保护局，确保城乡建设环境可持续发展。1984年，国务院成立环境保护委员会，领导和组织协调全国的环境保护工作，并将城乡建设环境保护部下属的环境保护局改为国家环境保护局。1988年，环保工作从城乡建设部分离出来，成立独立的环境保护部。至此，环境保护工作有了独立的管理机构，极大推动了环保工作的深入开展。

2. 第二阶段（1992—2012年）：生态文明融入党和国家指导思想，环境保护制度建设加快推进

随着工业化、城市化进程的加快，经济发展对资源环境需求快速增加，党中央提出了资源节约和环境友好型社会、可持续发展观、科学发展观理念并形成了中国特色生态文明建设思想。2007年，党的十七大提出要"建设生态文明，基本形成节约能源资源和保护生态环境的产业结构、增长方式、消费模式"。**"生态文明"首次写入党代会工作报告，正式融入党和国家的指导思想。**为了适应社会主义市场经济体制的要求以及生态环境问题的新变化，我国环境保护制度体系建设进一步丰富和完善。

第一，环境保护主要领域实现有法可依。围绕可持续发展理念，我国环境保护立法和执法工作不断增强。为了加快资源环境立法进度，1993年，全国人民代表大会设立了全国人大环境保护委员会，专门负责推进环境保护的相关立法和修订工作。我国陆续颁布了《防沙治沙法》《固体废弃物污染防治法》《可再生能源法》《节约能源法》《循环经济促进法》等一系列法律制度。1997年修订的《刑法》新增了破坏环境资源保护罪，是我国环境刑事立法的重大进展，进一步加强了对环境保护的法律保障。同时，我国制定了许多环境保护执法检查的文件，重点检查环境执法情况，建设了一支强有力的执法队伍，不断提高环境法律制度的执行力。

第二，生态环境治理政策不断创新。一方面，推行多元化行政命令控制型手段，实现生态环境治理目标。在总结了传统的以末端治理为主要污染控制手段的不足之后，我国及时转变工业污染防治工作指导方针。1993年，第二次全国工业污染防治工作会议提出工业污染防治必须实行清洁生产，由末端治理向生产全过程控制转变，由浓度控制向浓度与总量控制相结合转变，由分散治理向分散与集中控制相结合转变。为进一步落实可持续发展战略，《国务院关于环境保护若干问题的决定》（国发〔1996〕31号）提出，实行环境质量行政领导负责制，实施污染物排放总量控制，建立全国主要污染物排放总量指标体系和定期公布的制度。2003年，《清洁生产促进法》正式施行，强化了企业生产过程中的源头环境管理。2009年，《规划环境影响评价条例》发布，要求提高规划的科学性，从源头预防环境污染和生态破坏，促进经济、社会和环境的全面协调可持续发展。主要污染物减排作为经济社会发展的约束性指标被纳入国家"十一五"规划纲要，并在各年的年度计划中分解落实，作为各级政府政绩考核指标之一。另一方面，**重视发挥市场激励手段，提高企业控制和治理环境污染的自觉性。**1994年环保局发布的《全国环境保护工作纲要（1993—1998）》提出，制定有利于环境保护的金融和财政政策，探索成立环境保护投资公司，完善排污收费制度，逐步推行二氧化硫排污收费、排污水费等环保融资政策、投资政策和收费政策。这一时期，我国制定了不同行业污染物排放的时限标准，深化排污许可制改革，对公益性项目给予税收、信贷等优惠政策以及财政扶持，进行资源价格体系改革，启动基于市场机制的大气排污权交易试点工作。

第三，资源环境管理机构重组升级。1998 年国务院机构改革中，国家环境保护局升格为正部级的国家环境保护总局，环保总局业务编制进一步强化；合并地质矿产部、国家土地管理局、国家海洋局和国家测绘局，组建国土资源部，主管土地资源、矿产资源、海洋资源等自然资源的规划、管理、保护与合理利用。2008 年，国家环境保护总局升格为环境保护部，成为国务院组成部门。环保部门的地位不断提升、权力越来越大，为促进环境保护与经济的高度融合、推动环保事业大发展大繁荣提供了强大的动力和活力。

3. 第三阶段（2012 年至今）：生态文明顶层设计确立，生态文明制度建设全面展开

2012 年，党的十八大将“生态文明建设”纳入中国特色社会主义事业“五位一体”总体布局。2013 年，党的十八届三中全会要求“紧紧围绕建设美丽中国深化生态文明体制改革”“建立系统完整的生态文明制度体系”。2019 年，党的十九届四中全会强调“坚持和完善生态文明制度体系，促进人与自然和谐共生”。党的二十大提出，推动绿色发展，促进人与自然和谐共生，将人与自然和谐共生列为中国式现代化的五大特征之一，为未来我国生态文明建设路径指明了方向。党的二十届三中全会提出，中国式现代化是人与自然和谐共生的现代化。必须完善生态文明制度体系，协同推进降碳、减污、扩绿、增长，积极应对气候变化，加快完善落实绿水青山就是金山银山理念的体制机制。党的十八大以来，党中央表明了大力推进生态文明制度建设的坚定立场，生态文明制度顶层设计和体系建设步伐不断加快。

第一，覆盖各类环境要素的法律法规体系逐步建立。党的十八届四中全会强调“用严格的法律制度保护生态环境”。2015 年 1 月 1 日，新《环境保护法》正式实施，首次确立了生态保护红线、规定环境公益诉讼、设计按日计罚制度、增加环境污染公共监测预警机制等内容，对环境污染行为的惩罚力度也提升至前所未有的高度。此外，我国制定了《深海海底区域资源勘探开发法》《核安全法》《土壤污染防治法》《噪声污染防治法》《湿地保护法》《长江保护法》《黄河保护法》《环境保护税法》《资源税法》等，填补了众多领域的法律空白。聚焦人民群众感受最深刻、要求最迫切的突出环境问题，加大生态环境领域法律修订力度，为打好污染防治攻坚战提供强有力保障。2018 年 3 月，十三届全国人大一次会议通过《宪法》修正案，将新发展理念、生态文明和建设美丽中国的要求载入《宪法》，确立了生态文明的宪法地位，为推进生态环境治理体系和治理能力现代化提供了宪法保障。2023 年，全国人大常委会启动了生态环境法典编纂工作，成立工作专班，力争在 2024 年形成生态环境法典草案并提请审议。党的二十届三中全会进一步提出，推进生态环境治理法律法规政策体系建设。党的十八大以来，我国制修订 30 多部生态环境领域法律和行政法规，覆盖全面、务实管用、严格严密的中国特色社会主义生态环保法律体系初步形成。

第二，推进生态文明制度建设的顶层设计和整体谋划。我国生态环境保护中存在的突出问题大多同体制不健全、制度不严格、法治不严密、执行不到位、惩处不得力有关。2013 年，党的十八届三中全会要求“紧紧围绕建设美丽中国深化生态文明体制改革”“建立系统完整的生态文明制度体系”。2015 年，中共中央、国务院印发《关于加快推进生态文明建设的意见》《生态文明体制改革总体方案》，**明确了我国生态文明体制改革的顶层设计和总体部署**，标志着我国生态文明制度建设逐渐由碎片化的单一制度向制度体系转变。《环境保护督察方案（试行）》《生态环境损害赔偿制度改革试点方案》等改革方案相继落实，为生态文明建设构筑了“四梁八柱”的体制框架和改革任务。“生态环境质量总体改善”作为经济社会发展主要目标之一纳入全国“十三五”规划纲要。为将绿水青山中蕴含的生态产品价值合理高效变现，党中央高度重视生态产品价值实现机制建设。习近平总书记指出，“探索政府主导、企业和社会各界参与、市场化运作、可持续的生态产品价值实现路径”①“建立生态产品价值实现机制关键是要构建绿水青山转化为金山银山的政策制度体系”“推进生态产业化和产业生态化”②。2021 年 5 月，中办、国办印发《关于建立健全生态产品价值实现机制的意见》，**首次将生态产品价值实现机制进行了系统化、制度化阐述**，为构建“绿水青山”转化为“金山银山”的政策制度体系指明了方向。党的二十届三中全会强调，健全生态产品价值实现机制，深化自然资源有偿使用制度改革，推进生态综合补偿，健全横向生态保护补偿机制。同时，我国还主动参与全球生态治理，提出 2030 年“碳达峰”与 2060 年“碳中和”目标，成立了碳达峰碳中和工作领导小组，加强工作的统筹协调，碳达峰碳中和“1+N”政策体系已构建完成并持续落地。党的二十届三中全会要求，健全绿色低碳发展机制，建立能耗双控向碳排放双控全面转型新机制，构建碳排放统计核算体系、产品碳标识认证制度、产品碳足迹管理体系，健全碳市场交易制度、温室气体自愿减排交易制度，积极稳妥推进碳达峰碳中和。

第三，整合分散的生态环保职责，清理多头管理弊端。为适应新时代生态文明建设的需要，2018 年，我国新一轮机构改革优化了环保机构设置，撤销了环境保护部与国土资源部，组建了自然资源部和生态环境部。其中，自然资源部统一行使全民所有自然资源资产所有者职责，统一行使所有国土空间用途管制和生态保护修复职责，着力解决自然资源所有者不到位、空间规划重叠等问题；生态环境部统一行使生态和城乡各类污染排放监管与行政执法职责，加强环境污染治理，保障国家生态安全。此次改革有利于解决过去生态环境保护存在的权责不明、多头执法、效率低下等问题。党的二十届三中全会进一步要求，建立生态环境保护、自然资源保护利用和资产保值增值等责任考核监督制度，完善国家生态安全工作协调机制。

---

① 习近平．习近平主持召开深入推动长江经济带发展座谈会并发表重要讲话［EB/OL］. https：//www. gov. cn/xinwen/2018-04/26/content_5286185. htm#1.

② 习近平．习近平主持召开中央全面深化改革委员会第十八次会议并发表重要讲话［EB/OL］. https：//www. gov. cn/xinwen/2021-02/19/content_5587802. htm.

（二）生态文明体制改革的总体框架、基本方向、难点卡点

改革开放46年来，我国生态文明制度框架体系总体形成。生态文明体制改革的基本方向是约束和激励并举，一方面强化制度约束，严厉查处生态环境保护违法违规行为，另一方面健全激励制度，激发保护生态环境的内生动力。当前，我国生态文明体制仍存在一些难点卡点，包括外部性成本内化机制不完善、发展与保护的协同机制不健全、生态产品价值实现机制不通畅。

1. 总体框架

改革开放以来，我国从问题导向出发，围绕法律法规、政策规范和管理体制机制三方面，不断加强生态文明制度体系建设。进入新时代，为了推进生态文明领域国家治理体系和治理能力现代化，扭转资源约束趋紧、环境污染严重、生态系统退化的状况，党中央更加注重细化的生态文明制度建设，按照“源头严防、过程严管、损害严惩、责任追究”的思路明确了生态文明体制改革框架，着力构建由8项制度组成的产权清晰、多元参与、激励约束并重、系统完整的生态文明制度体系。

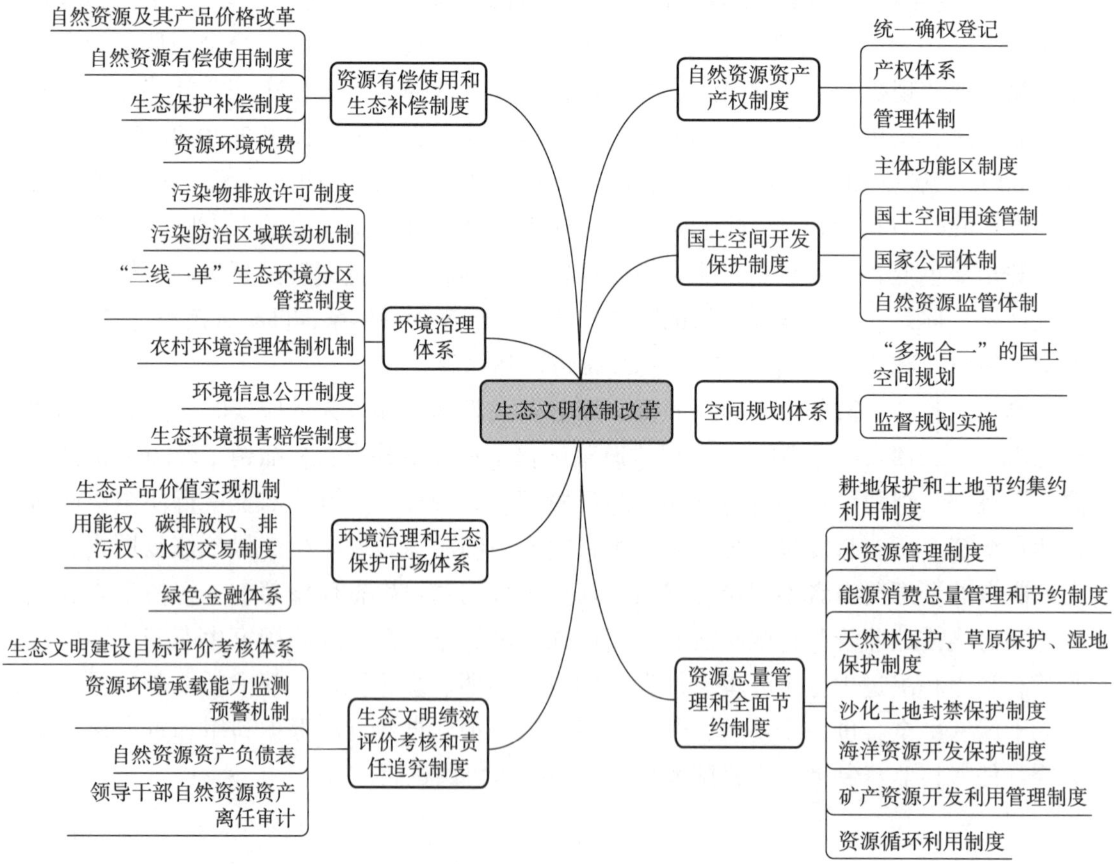

图10-1　生态文明体制改革的总体框架

(1) 建立健全自然资源资产产权制度

自然资源资产产权制度是加强生态保护、促进生态文明建设的重要基础性制度。

改革开放以来，我国形成了自然资源国家所有和集体所有的二元格局，逐步建立起所有权使用权分离、有偿使用的自然资源资产产权制度。2019 年，中办、国办印发《关于统筹推进自然资源资产产权制度改革的指导意见》，是我国自然资源资产产权制度的顶层设计，明确了产权界定、产权配置、产权交易和产权保护的基本内涵和改革路径。按照党中央部署，自然资源资产产权制度改革提速推进。

第一，建立健全自然资源产权体系。《宪法》《民法通则》的修订以及各项自然资源单行法律法规的颁布，使自然资源法律体系和产权制度逐步建立起来，自然资源资产的产权行使、保护和管理基本实现有法可依。以 2007 年《物权法》的颁布为标志，自然资源所有权为主体、自然资源用益物权和担保物权为两翼的自然资源产权体系基本形成。

第二，建立统一的确权登记制度。党的十八届三中全会首次提出自然资源统一确权登记改革任务。2016 年 11 月，中央全面深化改革委员会第二十九次会议审议通过《自然资源统一确权登记办法（试行）》和试点方案，在 12 个省（区）的 32 个区域开展试点，分类探索自然资源确权登记的路径方法。2019 年，自然资源部等五部门印发《自然资源统一确权登记暂行办法》，标志着我国开始全面实行自然资源统一确权登记制度，自然资源确权登记迈入法治化轨道。自然资源确权登记已覆盖自然保护地、森林、湿地、草原、河流、湖泊、探明储量的矿产资源、海域、无居民海岛等各类自然资源。

第三，完善产权主体制度。2018 年，国家通过组建自然资源部，将原分散在国土资源部、农业部、国家林业局、国家海洋局、水利部等部门的职责进行整合，统一行使全民所有自然资源资产所有者职责。为了探索不同层级政府代理行使全民所有自然资源资产所有权实现形式，2022 年，中办、国办印发《全民所有自然资源资产所有权委托代理机制试点方案》，进一步明确国有自然资源资产的产权主体及其权责。

（2）建立健全国土空间开发保护制度

国土空间开发保护制度是从源头上保护生态环境的根本举措。改革开放前的计划经济体制下侧重国土开发，国土空间开发保护制度处于空白。改革开放之后，我国国土管理理念明显转变，政府开始重视国土资源开发利用与保护。

第一，构建陆海全覆盖的主体功能区制度，健全主体功能区配套政策体系。随着国土空间开发失衡、利用效率低下等问题凸显，我国高度重视对国土空间的治理。2006 年，全国“十一五”规划纲要首次要求划定不同类型的主体功能区，实施差异化的管控政策。2010 年，《全国主体功能区规划》（国发〔2010〕46 号）实施，将我国国土空间按开发方式分为优化开发区域、重点开发区域、限制开发区域和禁止开发区域，按开发内容分为城市化地区、农产品主产区和重点生态功能区，明确了主体功能区“9+1”① 的政策体系框架及其改革方向。2013 年，国家发展改革委印发《贯彻落实主体功能区战略、推进主体功能区建设若干政策的意见》（发改规划〔2013〕1154 号），针对各类主体功能区的功能定位和发展方向，在投资方向、产业发展重点、

---

① “9”是财政、投资、产业、土地、农业、人口、民族、环境、应对气候变化政策，“1”是绩效评价考核。

社会事业建设、资源环境保护、基础设施建设等方面提出有针对性的政策措施。2015 年，国务院印发《全国海洋主体功能区规划》（国发〔2015〕42 号），将我国海洋空间划分为优化开发、重点开发、限制开发和禁止开发四类区域。至此，我国主体功能区战略和规划实现了陆域国土空间和海洋国土空间的全覆盖。2017 年，中共中央、国务院印发《关于完善主体功能区战略和制度的若干意见》（中发〔2017〕27 号），提出关键要在严格执行主体功能区规划基础上，将国家和省级层面主体功能区战略格局在市县层面精准落地；重点是健全优化开发区、重点开发区、农产品主产区、重点生态功能区等各类主体功能区空间发展长效机制。为了推动主体功能区战略在国土空间规划中逐级传导落地，2024 年，自然资源部发布《主体功能区优化完善技术指南》，指导省市县级国土空间规划优化细化主体功能区、开展主体功能区动态调整等工作。

第二，健全国土空间用途管制制度，划定并严守生态红线。20 世纪 90 年代中后期以来，伴随着城镇化和工业化的加快推进，对空间资源的竞争越来越激烈。为协调好城镇空间与农业空间、生态空间的关系，我国从建立土地用途管制开始，不断丰富和完善空间用途管制的类型、目标、手段，逐步构建覆盖全域全要素的国土空间用途管制制度。为加强生态保护，2011 年，国务院发布《关于加强环境保护重点工作的意见》（国发〔2011〕35 号），要求编制环境功能区划，在重要生态功能区、陆地和海洋生态环境敏感区、脆弱区等区域划定生态红线。2014 年，修订后的《环境保护法》将生态保护红线写入法律。2017 年 2 月，中办、国办印发《关于划定并严守生态保护红线的若干意见》（厅字〔2017〕2 号），全面启动了生态保护红线划定工作。结合《全国国土空间规划纲要（2021—2035 年）》编制，自然资源部会同生态环境部、国家林业和草原局等部门，与地方各级政府上下联动，以第三次全国国土调查成果为底图底数，以资源环境承载能力和国土空间开发适宜性评价为基础，先后制定多项规则妥善处理各类空间矛盾冲突，实现全国陆海生态保护红线划定。

第三，建立国家公园体制，加强对重要生态系统的保护和永续利用。建立以国家公园为主体的自然保护地体系，是我国生态文明建设的重大制度创新。2013 年，党的十八届三中全会首次提出建立国家公园体制。我国自 2015 年起启动国家公园体制试点工作，《建立国家公园体制总体方案》《关于建立以国家公园为主体的自然保护地体系的指导意见》《关于统一规范国家公园管理机构设置的指导意见》相继印发实施。2018 年，根据国务院机构改革方案组建国家林业和草原局，加挂国家公园管理局牌子，负责统一监督管理我国各类自然保护地。2021 年，国务院批准 5 个国家公园设立方案，范围涉及 10 个省份，保护面积达 23 万平方千米，涵盖近 30% 的陆域国家重点保护野生动植物种类。2022 年 11 月，《国家公园空间布局方案》印发，提出遴选 49 个国家公园候选区，把我国自然生态系统最重要、自然遗产最精华、自然景观最独特、生物多样性最富集的区域纳入国家公园体系严格保护起来，总面积占陆域国土面积的 10. 3%，涉及 700 多个现有自然保护地。

（3）建立健全空间规划体系

国土空间规划是国家空间发展的指南、可持续发展的空间蓝图，是各类开发保护建设活动的基本依据。2001 年，全国“十一五”规划纲要提出将国土空间划分为四类主体功能区，并以此形成合理的空间开发结构，拉开了构建空间规划体系的序幕。为解决空间性规划重叠冲突、部门职责交叉重复、地方规划朝令夕改等问题，党的十八大以来，逐步形成了建立空间规划体系、推进规划体制改革的思路，空间治理能力不断提升。2019 年，中共中央、国务院印发《关于建立国土空间规划体系并监督实施的若干意见》（中发〔2019〕18 号），标志着我国国土空间规划体系顶层设计和“四梁八柱”基本形成。

第一，编制统一的国土空间规划，引领国土空间布局更加有序。党的十八届三中全会首次提出“建立国家空间规划体系”，并要求空间规划体系实现“全国统一、相互衔接、分级管理”。2014 年我国开始推动“多规合一”工作，并在 28 个地区展开试点，探索建立空间规划的协调机制。2016 年，中办、国办印发的《省级空间规划试点方案》（厅字〔2016〕51 号）提出，以主体功能区规划为基础，划定“三区三线”，统筹各类空间性规划，编制统一的省级空间规划。《国土空间调查、规划、用途管制用地用海分类指南（试行）》《省级国土空间规划编制技术规程》等一批技术指南、技术规程陆续发布，为国土空间规划编制提供技术支撑。2022 年，《全国国土空间规划纲要（2021—2035 年）》印发实施，是全国国土空间保护、开发、利用、修复的政策和总纲。省级国土空间规划已全部形成规划成果，截至 2024 年 5 月，29 个省级国土空间规划已获国务院批准实施。市县国土空间总体规划均已编制完成，正在抓紧按程序报批。

第二，建立健全国土空间规划动态监测评估预警和实施监管机制，规范空间开发秩序，合理控制空间开发强度。国土资源部和国家测绘地理信息局依托国土资源、测绘地理等已有空间数据资源，建立国土空间基础信息平台，为国土空间相关的规划、审批、监管与分析决策提供基础服务。2019 年，中共中央、国务院印发的《关于建立国土空间规划体系并监督实施的若干意见》（中发〔2019〕18 号），要求以国土空间基础信息平台为底版，逐步形成全国国土空间规划“一张图”，推进政府部门之间的数据共享以及政府与社会之间的信息交互。2023 年 9 月，自然资源部印发《全国国土空间规划实施监测网络建设工作方案（2023—2027 年）》（自然资办发〔2023〕36 号），部署开展国土空间规划实施监测网络建设试点。

（4）建立健全资源总量管理和全面节约制度

改革开放以来，我国把节约资源确立为基本国策，逐步建立起土地、水、能源、矿产等各类自然资源节约集约利用制度。

第一，建立最严格的耕地保护制度和土地节约集约利用制度。一是建立基本农田保护制度，划定永久基本农田红线，国家“十一五”规划纲要首次提出“18 亿亩耕地红线”。二是严格控制耕地转为其他农用地，坚决制止耕地“非农化”，防止耕地“非粮化”，对耕地用途转换实行全面管控。《全国国土空间规划纲要（2021—2035 年）》

明确，全国耕地保护任务目标为18.65亿亩，保持到2035年不变。三是实施建设用地总量控制和减量化管理，建立节约集约用地激励和约束机制。2012年，国土资源部印发《关于大力推进节约集约用地制度建设的意见》(国土资发〔2012〕47号)，提出节约集约用地八项制度。《国土资源“十三五”规划纲要》提出，实行建设用地总量和强度双控措施，逐步减少新增建设用地计划，控制单位国内生产总值建设用地强度。

第二，建立最严格的水资源管理制度。改革开放初期，为了保护水资源开始限制水资源利用总量，提高水资源利用效率。2009—2010年我国出现大范围、多次、严重的水旱灾害，中共中央、国务院印发《关于加快水利改革发展的决定》(水安监〔2011〕175号)，提出实行最严格的水资源管理制度，建立水资源开发利用控制、用水效率控制、水功能区限制纳污“三条红线”和用水总量控制、用水效率控制、水功能区限制纳污、水资源管理责任和考核“四项制度”。2012年1月，国务院发布《关于实行最严格水资源管理制度的意见》(国发〔2012〕3号)，对该制度作出全面部署和具体安排。针对我国国情水情，2014年3月，习近平总书记在中央财经委员会第五次会议上提出了“节水优先、空间均衡、系统治理、两手发力”治水思路。按照十六字治水方针，严格用水总量和强度双控，强化取水管理，严格节水管理。为健全节水法治工作体系，依法严厉打击用水非法行为，我国首部节约用水行政法规《节约用水条例》自2024年5月1日正式施行。

第三，建立能源消费总量管理和节约制度。为提升能源利用效率，自1980年起，我国开始逐步确立能耗强度考核制度，由于“十一五”期间能源消费总量超标，“十二五”期间由能耗强度单控提升为能耗强度与能源消费总量综合控制。“十三五”时期，为倒逼发展方式转变、加快推进生态文明建设，根据党的十八届五中全会部署，在以往节能工作基础上，我国建立了能源消费强度和总量双控制度，在全国设定能耗强度降低、能源消费总量目标，并将目标分解到各地区，严格进行考核。2021年9月，国家发展改革委印发《完善能源消费强度和总量双控制度方案》(发改环资〔2021〕1310号)，提出完善指标设置及分解落实机制，对国家重大项目实行能耗统筹，坚决管控高耗能高排放项目，推动地方实行用能预算管理。党的二十大报告提出，完善能源消耗总量和强度调控，重点控制化石能源消费，逐步转向碳排放总量和强度“双控”制度。

第四，建立天然林保护制度。一是将所有天然林纳入保护范围。1998年特大洪涝灾害发生后，党中央从我国社会经济可持续发展的战略高度，作出了实施天然林资源保护工程的重大决策，通过天然林禁伐和大幅减少商品木材产量、有计划分流安置林区职工等措施，解决天然林的休养生息和恢复发展问题。2015年，我国对国有林区和国有林场进行体制改革。2016年起，全国全面停止天然林商业性采伐，我国天然林保护由区域性阶段性工程措施进入了全面保护的新阶段。二是完善集体林权制度。1981年，全国开展了以稳定山权林权、划定自留山和确定林业生产责任制为主要内容的林业“三定”工作，在林地集体所有制不变的情况下，建立以家庭承包为主要实现形式的集体林权制度。2008年，中共中央、国务院制定《关于全面推进集体林权制度改革的意见》（中发〔2008〕10 号），在全国推行集体林权制度改革。主体改革完成后，2016 年国务院办公厅出台《关于完善集体林权制度的意见》，巩固和扩大集体林权制度改革成果。2023 年 9 月，中办、国办印发《深化集体林权制度改革方案》，指导今后一个时期集体林权制度改革。

第五，建立草原保护制度。改革开放后我国广大草原地区结合草原实际，逐步推行以“草畜双承包”为主的家庭承包经营责任制。党的十八大以来，国家大力开展承包草原确权登记颁证，推行所有权、承包权、经营权“三权”分置，鼓励草原经营权流转，进一步夯实草原承包制度。为建立草原生态保护的长效机制，充分调动广大农牧民保护草原的自觉性、主动性，从 2011 年开始，我国在内蒙古、西藏、新疆等 13 个主要草原牧区省份，实施草原生态保护补助奖励政策，推行禁牧休牧和草畜平衡等制度措施，保护草原生态环境，促进牧民增收。

第六，建立湿地保护制度。改革开放初期，大量湿地被大规模围垦和开发，湿地面积锐减。1992 年 1 月，我国加入《湿地公约》，政策方向由鼓励湿地开发向湿地保护转型。《湿地保护管理规定》《国家湿地公园管理办法》等部门规章，对湿地保护责任主体，国际重要湿地的申请、检查、生态预警、修复等作出相关规定。实施湿地保护修复制度方案，指定国际重要湿地，发布国家重要湿地名录，开展湿地调查监测和保护修复工程等举措，将湿地保护率、湿地生态状况等纳入地方政府的政绩考核体系。通过湿地立法，《湿地保护法》于 2022 年 6 月 1 日起施行。

第七，建立沙化土地封禁保护制度。改革开放以来我国持续开展荒漠化防治，对于暂不具备治理条件及因保护生态的需要不宜开发利用的连片沙化土地，通过划定封禁保护区、加强封禁设施建设等措施实行封禁保护，遏制沙化扩展，自然恢复荒漠生态系统。2013 年，国家启动实施沙化土地封禁保护区试点，2015 年《国家沙化土地封禁保护区管理办法》印发实施。为推进防沙治沙事业持续健康发展，2016 年，国家林业局印发《沙化土地封禁保护修复制度方案》（林涵沙字〔2016〕167 号），明确了沙化土地封禁保护区制度、沙区天然植被保护制度、自然资源资产产权制度、沙区开发建设项目环评制度、资源开发利用监管制度和国家沙漠公园制度等保护制度。

第八，建立海洋资源开发保护制度。1980 年起，我国组织开展了全国海岸带和海涂资源综合调查、全国海岛资源综合调查。“十五”至“十二五”期间连续制定实施海洋经济和海洋事业国家规划，海洋开发保护有了系统“蓝图”。实施海洋主体功能区制度，确定近海海域海岛主体功能，引导、控制和规范各类用海用岛行为。2015 年 8 月，国务院印发《全国海洋主体功能区规划》，为科学谋划海洋空间开发，规范开发秩序，提高开发能力和效率，构建陆海协调、人海和谐的海洋空间开发格局，提供了基本依据和重要遵循。实行围填海总量控制制度，印发实施《围填海管控办法》（国海发〔2017〕9 号）、《关于加强滨海湿地保护严格管控围填海的通知》（国发〔2018〕24 号）等文件，对围填海面积实行约束性指标管理。建立自然岸线保有率控制制度，发布《海岸线保护与利用管理办法》。实施海洋渔业资源总量管理制度，严格执行休渔禁渔制度，推行近海捕捞限额管理，控制近海和滩涂养殖规模。

第九，建立矿产资源开发利用管理制度。1986 年我国出台《矿产资源法》，明确了矿产资源归国家所有，确立了实行探矿权、采矿权许可制度和矿产资源有偿开采制度。《矿产资源补偿费征收管理规定》《矿产资源勘查区块登记管理办法》《矿产资源开采登记管理办法》《探矿权采矿权转让管理办法》等相继颁布实施，矿产资源开发基本实现了从无证到有证、从无序到有序的转变。党的十八大以来，我国进一步加强矿产资源的合理开发和有效利用。开展矿产资源权益金制度改革，完善重要矿产资源开采回采率、选矿回收率、综合利用率等国家标准，开展常态化矿产资源开发利用水平调查评估。2024 年 2 月，自然资源部发布《矿产资源开发利用水平调查评估办法》（自然资发〔2024〕29 号），标志着我国矿产资源开发利用水平调查评估制度初步建立，有利于摸清矿产资源开发利用家底。

第十，建立资源循环利用制度。一是建立资源产出率统计体系。为了科学评价循环经济发展状况，2012 年起，国家发展改革委、国家统计局组织开展资源产出率统计试点工作，探索地区资源产出率指标核算方法，先后发布了《循环经济评价指标体系》（发改环资〔2007〕1815 号）、《循环经济发展评价指标体系（2017 年版）》。二是实施生产者责任延伸制度。把生产者对其产品承担的资源环境责任从生产环节延伸到产品设计、流通消费、回收利用、废物处置等全生命周期。三是建立垃圾强制分类制度。2000 年，建设部组织在北京、上海等 8 个城市开展生活垃圾分类收集试点，拉开了我国垃圾分类收集试点工作的序幕，《城市生活垃圾管理办法》《生活垃圾分类标志》等指导文件陆续出台。2017 年 3 月，国家发展改革委、住房和城乡建设部印发《生活垃圾分类制度实施方案》（国办发〔2017〕26 号），在 46 个城市先行实施生活垃圾强制分类。先行先试的 46 个重点城市均已公布垃圾分类实施方案，建立了市区两级工作协调机制，开展了垃圾分类示范片区建设。四是完善资源回收再利用制度。制定再生资源回收目录，对复合包装物、电池、农膜等低值废弃物实行强制回收。制定资源分类回收利用标准。建立资源再生产品和原料推广使用制度，相关原材料消耗企业要使用一定比例的资源再生产品。

（5）建立健全资源有偿使用和生态补偿制度

自然资源有偿使用和生态补偿制度的建立和实施，有利于促进资源的合理配置和保护。改革开放以来，我国积极推动构建反映市场供求关系和资源稀缺程度、体现自然价值和代际补偿的资源有偿使用和生态补偿制度。

第一，推进自然资源及其产品价格改革。按照成本、收益相统一的原则，充分考虑社会可承受能力，建立自然资源开发使用成本评估机制，将资源所有者权益和生态环境损害等纳入自然资源及其产品价格形成机制。推进农业水价综合改革，2013 年，国家发展改革委、住房和城乡建设部印发《关于加快建立完善城镇居民用水阶梯价格制度的指导意见》（发改价格〔2013〕2676 号），部署全面实行城镇居民阶梯水价制度。加强对自然垄断环节的价格监管，建立定价成本监审制度和价格调整机制，完善价格决策程序和信息公开制度。自然资源部自然资源开发利用司组织编制的《自然资源价格评估通则》于 2021 年 6 月正式实施，是首部针对包括土地、矿产、海域海岛等各类自然资源价格评估进行整体性规范的技术标准。

第二，完善自然资源有偿使用制度。改革开放后我国全民所有自然资源资产有偿使用制度逐步建立和完善，但仍存在与经济社会发展和生态文明建设不相适应的一些突出问题。针对土地、水、矿产、森林、草原、海域海岛等六类国有自然资源资产有偿使用面临的主要问题，2017 年 1 月，国务院印发《关于全民所有自然资源资产有偿使用制度改革的指导意见》（国发〔2016〕82 号），分门别类提出了不同的改革要求和举措。截至 2024 年 5 月，《关于扩大国有土地有偿使用范围的意见》《海域、无居民海岛有偿使用的意见》《矿业权出让制度改革方案》《关于水资源有偿使用制度改革的意见》等专项方案已印发实施。

第三，完善生态保护补偿制度。2005 年，党的十六届五中全会首次提出，按照“谁开发谁保护、谁受益谁补偿”的原则，加快建立生态补偿机制。2007 年，国家环保总局印发《关于开展生态补偿试点工作的指导意见》（环发〔2007〕130 号），在全国展开多领域的生态保护补偿工作。2016 年 5 月，国务院办公厅印发《关于健全生态保护补偿机制的意见》（国办发〔2016〕31 号），明确了在森林、草原、湿地、荒漠、海洋、水流、耕地等重点领域开展生态保护补偿的思路。建立跨区域生态保护补偿机制，先后发布《关于加快建立流域上下游横向生态保护补偿机制的指导意见》《支持引导黄河全流域建立横向生态补偿机制试点实施方案》《支持长江全流域建立横向生态保护补偿机制的实施方案》等文件。2021 年 9 月，中办、国办印发《关于深化生态保护补偿制度改革的意见》（中办发〔2021〕50 号），以完善分类补偿、健全综合补偿、推进多元化补偿为重点，对未来 15 年生态保护补偿制度进行了系统设计。2024 年 4 月，国务院发布《生态保护补偿条例》，对已有相关法律法规进行整合和优化，推动生态保护补偿立法从量到质的全面提升，标志着我国生态保护补偿开启法治化新篇章。

第四，加快资源环境税费改革。在资源税方面，1984 年，我国颁布《资源税条例（草案）》，对煤炭、石油和天然气三种资源征税，以销售收入为税基，实行超率累进征收。1994 年的税制改革将资源税应税产品范围扩大到矿产资源，并明确实行从量定额的征收办法。由于从量定额征收存在诸多弊端，无法反映资源市场的变化，2011 年 11 月起，我国陆续实施了原油、天然气、煤炭等资源税从价计征改革。2016 年 7 月，我国全面实施资源税改革，对绝大部分应税产品实行了从价计征的方式。《资源税法》于 2020 年 9 月 1 日起施行。在环境税方面，我国自 2007 年开始进行环境税研究，提出了环境税收制度设计方案及配套改革措施。2018 年 1 月 1 日，我国首部“绿色税法”《环境保护税法》正式施行，大气污染物、水污染物、固体废物和噪声四类污染物，过去由环保部门征收排污费，改为由税务部门征收环保税。

（6）建立健全环境治理体系

第一，完善污染物排放许可制度。我国自 20 世纪 80 年代起开始探索建设排污许可制度。2000 年修订的《大气污染防治法》，正式确立大气污染物排放许可制度。2008 年修订的《水污染防治法》明确规定“国家实行排污许可制度”，并授权国务院规定排污许可的具体办法和实施步骤。直到2014年修订《环境保护法》，第一次在环境保护基础法的层面，正式规定了统一的综合性排污许可制度。为尽快在全国范围建立统一公平、覆盖所有固定污染源的企业排放许可制，2016年11月，国务院办公厅印发《控制污染物排放许可制实施方案》（国办发〔2016〕81号），排污许可制度改革全面启动。生态环境部先后出台《固定污染源排污许可分类管理名录》（2019年版）、《排污许可管理条例》、《排污许可管理办法》，进一步规范排污许可证申请与审批工作程序，全面落实排污许可“一证式”管理，强化排污单位主体责任，推动排污许可制度落地执行。

第二，建立污染防治区域联动机制。一是建立区域大气污染防治协作机制。我国从20世纪90年代开始探索通过区域协作解决区域性大气污染问题，“十二五”以来，通过《重点区域大气污染防治“十二五”规划》、“大气十条”等政策文件，推动区域大气污染联防联控工作，建立京津冀及周边、长三角、珠三角等重点区域大气污染防治联防联控协作机制。二是建立流域水环境保护协作机制。20世纪80年代初，我国开始在长江、黄河等重要流域开展综合治理试点工作，探索建设跨部门、跨地区的流域管理机制。党的十八大以来，《关于加快推进水生态文明建设工作的意见》、“水十条”等政策文件要求完善流域协作机制，健全跨部门、区域、流域、海域水环境保护议事协调机制。2020年，生态环境部、水利部印发《关于建立跨省流域上下游突发水污染事件联防联控机制的指导意见》（环应急〔2020〕5号），对流域上下游如何开展协作机制和制度建设进行了系统指导。三是建立重点海域排污总量控制制度。20世纪90年代末以来，国家海洋局先后在天津等地开展总量控制研究试点。在试点经验基础上，2017年，国家海洋局印发《关于率先在渤海等重点海域建立实施排污总量控制制度的意见》《重点海域排污总量控制技术指南》，逐步推动排污总量控制制度在全国沿海全面实施。

第三，实施“三线一单”生态环境分区管控制度。为落实习近平总书记划定并严守生态保护红线、环境质量底线、资源利用上线三条红线的系列要求，2017年，环境保护部在连云港、承德、鄂尔多斯、济南等4市开展“三线一单”生态环境分区管控试点，2018年在全国全面推行。截至2021年底，全国省、市两级生态环境分区管控方案全面完成并发布实施，初步形成了一套全域覆盖、跨部门协同、多要素综合的生态环境分区管控体系。2024年3月，中办、国办印发《关于加强生态环境分区管控的意见》，对新时期全面推进生态环境分区管控进行系统部署。

第四，建立农村环境治理体制机制。改革开放初期，环境保护政策重心是防治工业污染和控制城市环境恶化趋势，农村环境治理缺乏针对性政策。直到1999年11月，国家环保总局出台《国家环境保护总局关于加强农村生态环境保护工作的若干意见》，明确提出农村生态环境保护的目标与任务，要求建立与国家社会经济发展相适应的农村生态环境保护监督管理机制。此后，农村环境保护的法规、政策及标准加快建立健全，整治内容由水环境、土壤等单要素向社会、经济和环境多要素的综合整治转型，以绿色生态为导向的农业补贴制度不断健全，农作物秸秆综合利用制度不断完善。党的十八大以来，农村人居环境整治、农业面源污染防治成为农村环境治理的重点，《农村人居环境整治三年行动方案》《农村人居环境整治提升五年行动方案（2021—2025 年）》《农业面源污染治理与监督指导实施方案（试行）》等政策陆续出台，指导建立农村人居环境长效管护机制，加强农业面源污染治理监督管理。

第五，健全环境信息公开制度。环境保护信息公开自 20 世纪 90 年代起步，对环境保护事业发展提出了污染物排放、可再生资源开发利用、环境质量检测、环境信访等公开要求。2003 年，国家环保总局发布《环境保护行政主管部门政务公开管理办法》《关于企业环境信息公开的公告》，我国的环境信息公开制度开始逐步建立。随后，环境保护主管部门陆续出台《政府信息公开条例》《环境信息公开办法（试行）》《污染源环境监管信息公开目录》《国家重点监控企业自行监测及信息公开办法（试行）》《国家重点监控企业污染源监督性监测及信息公开办法（试行）》《企业事业单位环境信息公开办法》等规范性文件，政府和企业的环境信息公开工作进一步规范。

第六，严格实行生态环境损害赔偿制度。党的十八届三中全会提出对造成生态环境损害的责任者严格实行赔偿制度。2015 年，中办、国办印发《生态环境损害赔偿制度改革试点方案》，在吉林、山东、江苏、湖南、重庆、贵州、云南 7 个省市开展试点。自 2018 年 1 月 1 日起，生态环境损害赔偿制度在全国试行。2021 年实施的《民法典》，明确规定生态环境损害赔偿责任，将改革成果上升为国家基本法律。针对实践中存在的责任落实不到位、部门联动不足、程序规则有待规范等问题，2022 年 4 月，生态环境部等 11 部门联合印发《生态环境损害赔偿管理规定》，进行了相关制度设计和安排，为深化生态环境损害赔偿工作提供制度保障。

（7）建立健全环境治理和生态保护市场体系

第一，建立健全生态产品价值实现机制。我国自 2010 年提出“生态产品”概念后，逐步推进生态产品供给、交易等机制的探索。党的十八大提出要“增强生态产品生产能力”。党的十九大进一步提出“要提供更多优质生态产品以满足人民日益增长的优美生态环境需要”。2016 年以来，我国在福建、海南等地开展生态产品价值实现先行区、试验区建设，在贵州、浙江、江西、青海四省开展生态产品市场化先行试点工作，不断优化制度机制和方法路径。生态环境部联合国家发展改革委和金融机构在全国推行生态环境导向的开发（EOD）模式，破解了生态环境治理融资难的瓶颈。2022 年，国家发展改革委联合国家统计局出台《生态产品总值核算规范（试行）》，为全国范围内的 GEP 核算提供了统一的标准和方法。

第二，推行用能权和碳排放权交易制度。在用能权交易制度方面，为了达成能源消费总量控制的目标，我国自 2011 年起开展了节能量有偿使用和交易试点工作，此后在节能量交易基础上开展用能权交易，以改进原节能量交易机制中的不足。2016 年，国家发展改革委发布《用能权有偿使用和交易制度试点方案》，选择在浙江、福建、河南、四川开展用能有偿使用和交易试点。“十四五”以来，在总结试点省份的经验基础上，国家密集出台多项文件推动用能权交易市场建设，推动能源要素向优质项目、企业、产业及经济发展条件好的地区流动和集聚。在碳排放交易制度方面，为落实

《京都议定书》中关于发展中国家从 2012 年开始承担碳减排义务的要求，我国自 2011 年起着手准备碳交易市场建设工作。2011 年 10 月，国家发展改革委批准北京、天津、上海、重庆、广东、湖北、深圳开展碳排放权交易试点。2013 年起，7 个试点地区碳市场陆续上线交易，为全国碳市场建设积累了经验。2017 年 12 月，国家发展改革委印发《全国碳排放权交易市场建设方案（发电行业）》，标志着我国碳排放交易体系完成了总体设计并正式启动。2020 年底，生态环境部出台《碳排放权交易管理办法（试行）》，印发《2019—2020 年全国碳排放权交易配额总量设定与分配实施方案（发电行业）》，正式启动全国碳市场第一个履约周期。2024 年 5 月 1 日，《碳排放权交易管理暂行条例》施行，为碳市场的规范运行提供了法律依据。

第三，推行排污权交易制度。“十五”之前，我国排污权交易实践主要以地方性、个别式的尝试为主。“十五”期间，我国环保工作重点全面转到污染物排放总量控制上，国家环保总局提出通过实施排污许可证制度促进总量控制工作，通过排污权交易试点完善总量控制工作。2007 年以来，生态环境部门会同财政部、国家发展改革委积极开展排污权有偿使用和交易试点工作。2014 年，国务院办公厅印发《关于进一步推进排污权有偿使用和交易试点工作的指导意见》（国办发〔2014〕38 号），明确了排污权有偿使用和交易试点工作的总体要求、工作目标、政策框架、保障措施等方面内容，指导地方开展试点工作。2015 年，财政部等部门联合印发《排污权出让收入管理暂行办法》（财税〔2015〕61 号），指导地方开展试点工作，规范排污权出让收入管理。截至 2024 年 5 月，全国已有 28 个省份在全省或者选取省内重点区域开展了排污权交易试点。

第四，推行水权交易制度。21 世纪初，我国多地开展了水权交易探索。为推进水权制度建设，规范水权转让行为，2005 年 1 月，水利部发布《水利部关于水权转让的若干意见》，提出了水权转让的六项基本原则。党的十八届三中全会明确提出要推行水权交易制度。2014 年，水利部印发《关于开展水权试点工作的通知》，明确在宁夏、江西、湖北、内蒙古、河南、甘肃、广东 7 个省份开展不同类型的水权试点工作。2016 年，水利部印发《水权交易管理暂行办法》（水政法〔2016〕156 号），填补了我国水权交易的制度空白，规范了水权交易类型，对可交易水权的范围、交易主体和期限等做出了具体的规定。2016 年 6 月 28 日，中国水权交易所正式开业运营。为进一步推进用水权改革，充分发挥市场机制在水资源配置中的作用，2022 年 8 月，水利部等部门联合印发《关于推进用水权改革的指导意见》（水资管〔2022〕333 号），作为当前和今后一个时期推进用水权改革的指导性文件。

第五，建立绿色金融体系。改革开放以来，我国金融机构对环保领域的支持力度逐步提高，绿色信贷不断推进，但更多的处于试行阶段，未形成完整的制度体系。2012 年起，银监会接连印发《绿色信贷指引》《绿色信贷统计制度》《绿色信贷实施情况关键评价指标》，我国绿色信贷政策体系逐步建立起来。2016 年 8 月，中国人民银行等七部委联合发布《关于构建绿色金融体系的指导意见》，标志着我国绿色金融的框架体系逐步形成。该指导意见定义了绿色金融、绿色金融体系，提出从大力发展绿色信贷、推动证券市场支持绿色投资、设立绿色发展基金、发展绿色保险、完善环境权益交易市场、支持地方发展绿色金融、推动开展绿色金融国际合作等方面建立多层次的绿色金融市场体系。2017 年 6 月召开的国务院常务会议决定在浙江、江西、广东、贵州、新疆 5 省区选择部分地方建设绿色金融改革创新试验区，在体制机制上探索可复制可推广的经验。2020 年下半年以来，随着“双碳”重视程度的提高，作为配套的绿色金融相关政策密集出台，绿色金融政策体系不断完善。

（8）建立健全生态文明绩效评价考核和责任追究制度

第一，构建生态文明建设目标评价考核体系。党的十八大提出“要把资源消耗、环境损害、生态效益纳入经济社会发展评价体系，建立体现生态文明要求的目标体系、考核办法、奖惩机制”。党的十八届三中全会指出“完善发展成果考核评价体系，纠正单纯以经济增长速度评定政绩的偏向，加大资源消耗、环境损害、生态效益等指标的权重”。2016 年，中办、国办印发《生态文明建设目标评价考核办法》（厅字〔2016〕45 号），国家发展改革委等部门联合印发《生态文明建设考核目标体系》和《绿色发展指标体系》，形成了“一个办法、两个体系”，建立了生态文明建设目标评价考核的制度规范。

第二，建立资源环境承载能力监测预警制度。2014 年，国家发展改革委会同国土资源部、环境保护部、水利部等部门研究提出有关建立资源环境承载能力监测预警机制的总体构想和工作方案。组织地方调研，开展长江经济带资源环境承载能力试评价，部署研究建立资源环境承载能力监测预警长效机制。2016 年，国家发展改革委等 13 部委联合印发《资源环境承载能力监测预警技术方法（试行）》，提出了资源环境承载能力监测预警的指标体系、指标算法与参考阈值、集成方法与类型划分、超载成因解析及政策预研分析方法等技术要点，指导各地以县为单位开展陆域评价和海域评价。2017 年，中共中央、国务院印发《关于建立资源环境承载能力监测预警长效机制的若干意见》（厅字〔2017〕25 号），标志着我国资源环境承载能力监测预警工作走向规范化、常态化、制度化。

第三，探索编制自然资源资产负债表。2015 年，国务院办公厅印发《编制自然资源资产负债表试点方案》（国办发〔2015〕82 号），对全面加强自然资源统计调查和监测基础工作作出部署。为指导各地区的自然资源资产负债表的编制工作，国家统计局等部门先后印发《自然资源资产负债表试编制度（编制指南）》《自然资源资产负债表试编制度（试行）》《自然资源资产负债表编制制度（试行）》。2018 年以来，自然资源部积极开展探索编制全民所有自然资源资产负债表工作，已初步形成全民所有自然资源资产负债表体系框架和技术规范，2020 年 3 月起在 12 个省（自治区）的 31 个县级单元开展了报表试填工作。

第四，对领导干部实行自然资源资产离任审计，建立生态环境损害责任终身追究制。为促进领导干部树立正确的政绩观，2015 年，中办、国办印发《开展领导干部自然资源资产离任审计试点方案》《党政领导干部生态环境损害责任追究办法（试行）》，推动领导干部守法、守纪、守规、尽责，切实履行自然资源资产管理和生态环境保护责任。2017 年，中央全面深化改革工作领导小组会议审议通过《领导干部自然资源资产离任审计规定（试行）》，标志着经常性的审计制度正式建立，2018 年起由审计试点进入全面推开阶段。

2. 基本方向

实践证明，保护生态环境必须依靠制度，依靠法治。要始终坚持用最严格制度、最严密法治保护生态环境，形成强有力的外部约束和澎湃的内生动力，为生态环境保护提供可靠保障。

（1）强化制度约束，严厉查处生态环境保护违法违规行为

加快制度创新，增加制度供给，完善制度配套，强化制度执行，让制度成为刚性的约束和不可触碰的高压线。要严守生态保护红线、环境质量底线、资源利用上线等“硬约束”，为发展明底线、划边框。严把准入关口，严格环评审批管理，严防“两高一低”项目盲目发展，从源头控制减少污染物排放和遏制自然生态破坏问题。进一步建立健全和严格执行生态环境法规制度，坚持运用好、巩固拓展好强力督察、严格执法、严肃问责等做法和经验。进一步压紧压实生态环境保护政治责任，深入推进中央生态环境保护督察，强化执法监管，切实做到明责知责、担责尽责。落实领导干部生态文明建设责任制，严格考核问责。对不顾生态环境盲目决策、造成严重后果的人，必须追究其责任、终身追责。对破坏生态环境的行为不能手软，不能下不为例，以“零容忍”的态度打击违法行为，大幅度提高违法成本。

（2）健全激励制度，激发保护生态环境的内生动力

完善环境保护激励机制，促使政府部门、企业、公众自主、自愿加强环境保护。要强化正确的发展观、政绩观，建立健全以绿色发展为导向的科学考核评价体系，加大生态文明指标在考核中的权重，发挥考核的导向作用，使领导干部主动扛起生态文明建设的政治责任。完善生态保护补偿制度和生态产品价值实现机制，运用价格、税收、财政、信贷、保险等经济手段，进一步健全资源环境要素市场化配置体系，让市场主体在保护环境中获得合理回报，增强市场主体的主动积极性。为绿色创新提供良好的内部环境和激励制度，通过强化技术改进等手段，使经营者和生产者自觉注重生产过程对环境的影响，主动参与环境保护。

3. 难点卡点

（1）外部性成本内化机制不完善

长期以来，由于资源低价、环境廉价甚至无价，企业缺乏节约资源、保护环境的内生动力和外在压力，其资源利用成本和环境污染成本往往被社会化或外部化，不仅引发了资源环境的危机，也助长了粗放型的开发方式、生产方式和消费方式。我国已有资源税、消费税、车船税和车辆购置税等与绿色相关的部分税种，以及增值税、企业所得税等关于环境保护、节能和资源综合利用等方面的绿色税收政策，在一定程度上发挥了促进资源节约利用和生态环境保护的作用，但税制体系依然存在着以生态环境保护为直接目的的核心税种缺失的问题，且绿色税制调控范围较窄，

绿色激励力度不足。未来要进一步建立健全充分反映市场供求、资源稀缺程度以及环境损害成本的价格形成机制，将资源环境成本真正内部化，才能避免排污者将污染成本转嫁给社会。

（2）发展与保护的协同机制不健全

发展与保护是我国生态文明建设必须应对的长期性矛盾。当前我国生态环境依然脆弱，但生态保护同经济社会发展目标协同性欠佳，存在地方政府和企业在追求经济增长和利润最大化的同时忽视和破坏生态环境的行为，导致地区开发建设强度超出资源环境承载能力，经济发展方式亟待转型。缺乏有效的激励机制调动政府和企业的积极性和主动性，难以实现发展与保护的良性互动。跨区域多元化生态补偿长效机制有待完善，流域分段保护、多头管理的特征依然明显，横向生态保护补偿面临制度供给不足、主体责任不明、协议内容仍待细化、磋商平台搭建不完善以及公众参与度低等问题。

（3）生态产品价值实现机制不通畅

生态产品价值实现工作取得了一定成效，但由于机制尚不健全，工作逐渐步入体制机制改革的深水区、攻坚期。一是生态产品价值核算标准不统一，生态产品价值评估尚未形成公认、精准的评估框架，影响了生态产品价值实现核算机制的建立。二是GEP 核算及应用面临核算工作难度大、核算方法待完善、核算结果应用窄等问题。自然资源资产产权制度还不健全，一些深层次问题还没有完全破题，资源资产产权价值显化不够。生态产品经营开发中经营主体内生动力不足，由于生态资源资产在估值作价、抵押登记、不良处置等方面均存在困难，生态产品市场交易平台、绿色金融产品等市场交易环节主要由当地政府促成，社会资本参与积极性较低。

（三）生态文明体制改革的基本经验——46 年的经验

改革开放 46 年来，我国生态文明制度建设始终坚持以马克思主义生态观为指导，与此同时，在新时代生态文明发展进程的实践中形成了一些基本经验，包括依法保护生态环境；绿水青山就是金山银山；生态修复以自然恢复为主；推进资源节约集约利用；先立再破，积极稳妥推进碳达峰碳中和。

1. 依法保护生态环境

只有实行最严格的制度、最严密的法治，才能为生态文明建设提供可靠保障。保护生态环境必须从制度和法律层面抓起，通过制度约束行为，通过法律强化行为，让制度和法律双管齐下，使生态环境问题的解决获得充分保障。推进生态文明制度建设，既要针对现有问题进行制度创新，也要对现有的法律和制度进行完善，使生态文明建设实践更加规范化、制度化和法治化，做到有科学的规则可以依据、有周密的措施可以实施、有民主的标准可以评价、有严格的责任可以追究。

2. 绿水青山就是金山银山

绿水青山就是金山银山理念对生态环境进行了重新定位，从根本上打破简单地把发展与保护对立起来的思维束缚，体现了尊重自然、顺应自然、保护自然的价值取向，诠释了经济发展和生态环境保护的关系，指明了实现发展和保护协同共生的路径。生态产品价值实现机制作为有效调节“绿水青山”保护者与“金山银山”受益者之间环境和经济利益关系的制度安排，已成为生态文明建设和乡村振兴协同推进的重要举措。

3. 生态修复以自然恢复为主

自然生态系统是一个有机生命躯体，有其自身发展演化的客观规律，具有自我调节、自我净化、自我恢复的能力。修复生态首先要充分尊重和顺应自然，给大自然休养生息足够的时间和空间，依靠自然的力量维护生态系统平衡。对生态受损严重、依靠自身难以恢复的区域，要主动采取科学的人工修复措施，加快生态系统恢复进程。生态保护修复不可能一蹴而就，要以提升生态效益为主要目标，兼顾社会效益和经济效益，实现人与自然和谐共生。

4. 推进资源节约集约利用

节约资源是维护我国资源安全、推动生态文明建设和实现高质量发展的关键环节。我国是资源大国，但人均资源禀赋不高，人均耕地和水资源量分别相当于世界平均水平的1/2和1/4，主要能源资源对外依存度高，进口来源地集中，保障供给安全风险大。推进资源节约集约利用，有利于缓解资源供给压力，降低进口依赖度和供应保障安全风险。高质量发展是资源利用效率高、资源产出效益高的发展，要由依靠资源大量投入转向提高利用效率上来，增加投入产出比，以较小的资源成本创造更高的经济效益。

5. 先立再破，积极稳妥推进碳达峰碳中和

碳达峰碳中和是实现我国高质量发展的内在要求。推进碳达峰碳中和，要坚持先立后破。富煤、贫油、少气是我国的国情，以煤为主的能源结构短期内难以根本改变。实现“双碳”目标，前提是能源体系的转型，即从化石能源为主的体系转向新型能源体系。这是一场广泛而深刻的经济社会变革，牵一发而动全身，需要全国一盘棋，统筹考虑、通盘谋划，讲究策略方法，处理好当前和长远、局部和全局、发展和安全的关系；需要夯实能源供应基础，有效保障能源安全，有计划分步骤实施碳达峰行动。

（四）党的十八大以来生态文明体制改革取得的新突破和新成效

党的十八大以来，生态文明制度体系不断健全，生态环境保护发生历史性、转折性、全局性变化。生态文明领域的改革创新取得重大突破，系统形成习近平生态文明思想，科学指导生态文明建设，生态文明顶层设计和制度体系建设全面推动，与高质量发展相适应的国土空间开发格局逐步形成，统筹推进污染防治和生态保护，生态环境质量明显改善，“双碳”工作开局良好，绿色低碳发展稳步推进。

1. 形成习近平生态文明思想，科学指导生态文明建设

以习近平同志为核心的党中央大力推动生态文明理论创新、实践创新、制度创新，提出一系列新理念新思想新战略新要求，形成了习近平生态文明思想，集中体现为“十个坚持”，系统回答了建设什么样的生态文明、怎样建设生态文明等重大理论与实践问题。2023 年 7 月，习近平总书记在全国生态环境保护大会上提出“四个重大转变”“五个重大关系”“六项重大任务”“一项重大要求”，进一步创新、丰富和发展了习近平生态文明思想，标志着我们党对生态文明建设规律的认识提升到新高度，为新时代生态文明建设提供了理论指引和根本遵循。

2. 生态文明顶层设计制度体系建设全面推动

党的十八大以来，《关于加快推进生态文明建设的意见》《生态文明体制改革总体方案》等纲领性文件相继出台。制修订 30 多部生态环境领域法律和行政法规，覆盖各类环境要素的法律法规体系基本建立。主体功能区战略深入实施，省级以下生态环境机构监测监察执法垂直管理制度、自然资源资产产权制度、河（湖、林）长制、排污许可制度、生态保护红线制度、生态补偿制度、生态环境保护“党政同责”和“一岗双责”等制度逐步建立健全，构建生态文明“四梁八柱”的制度体系基本形成。创新生态环境分区治理方案，形成了一套全域覆盖、跨部门协同、多要素综合的生态环境分区管控体系，全国共划分 4 万余个生态环境管控单元，按照“一单元一策略”制定差异化、精细化的生态环境准入清单，提升了源头预防体系的系统性。中央生态环境保护督察深入推进，有力地推动解决了突出生态环境问题，成为落实生态环境保护责任的硬招实招。

3. 与高质量发展相适应的国土空间开发格局逐步形成

“多规合一”的国土空间规划体系总体形成。2022 年，我国首部“多规合一”的国家级国土空间规划《全国国土空间规划纲要（2021—2035 年）》印发实施。全国省、市、县三级国土空间总体规划已全部编制完成，截至 2024 年 5 月，29 个省级国土空间规划已获国务院批准实施。地方各级总体规划、详细规划和专项规划编制统筹推进，“五级三类”国土空间规划取得决定性进展，形成法定化的国土空间开发保护蓝图。

实现一条红线管控重要生态空间。我国率先提出和实施生态保护红线制度，将生态功能极重要、生态极脆弱以及具有潜在重要生态价值的区域划入生态保护红线，全国划定生态保护红线面积约 319 万平方千米，其中陆域生态保护红线面积约 304 万平方千米，海洋生态保护红线面积约 15 万平方千米，实现了对重要自然资源、生态空间、珍稀濒危物种和栖息地的大规模、整体性保护，为全球生态保护与治理提供了中国方案。

国土空间治理数字化水平提升。自然资源部以“三调”及年度变更调查成果为统一底图，结合规划编制和“三区三线”划定，同步建立了国家、省、市、县“数、线、图”一致的国土空间规划“一张图”。同时，自然资源部以实景三维中国、智慧城市时空大数据平台为基础底版，整合自然地理格局、经济社会发展、国土空间利用等各类数据，基本建成了全国统一、各级联动的国土空间规划实施监督系统，实现国家、省、市、县四级系统互联、业务协同和数据共享。

4. 统筹推进污染防治和生态保护，生态环境质量明显改善

面对环境污染的严峻紧迫形势，我国提出坚决打好污染防治攻坚战的决策部署，颁布实施大气、水、土壤污染防治行动计划，污染治理成效不断显现，生态环境质量明显改善。2013—2022 年，我国 GDP 总量增长 69%，$PM_{2.5}$浓度下降 57%，实现了十连降，重污染天数下降 92%，二氧化硫浓度达到了个位数①。2023 年，全国地表水水质优良（Ⅰ－Ⅲ类）断面比例为 89.4%，接近发达国家水平，比 2012 年提高 27.8 个百分点；劣Ⅴ类断面比例为 0.7%，较 2012 年改善 10.2 个百分点②。长江干流连续 4 年全线达到Ⅱ类水质，黄河干流连续两年全线达到Ⅱ类水质。地级及以上城市建成区黑臭水体基本消除。顺利实现固体废物“零进口”目标。

5. “双碳”工作开局良好，绿色低碳发展稳步推进

我国把“双碳”工作纳入生态文明建设整体布局和经济社会发展全局，构建了碳达峰碳中和“1+N”政策体系，有序开展“碳达峰十大行动”，坚定实施积极应对气候变化国家战略。十年来，我国以年均 3%的能源消费增速支撑了年均超过 6%的经济增长，能耗强度累计下降 26.4%，是全球能耗强度降低最快的国家之一，碳排放强度累计下降超过 35%，超额完成向国际社会承诺的目标，扭转了二氧化碳排放快速增长的态势。建成全球规模最大的碳排放权交易市场和清洁发电体系，煤炭占能源消费比重下降至 2023 年的 56.2%，清洁能源消费比重增长到 6.4%，可再生能源总装机占全国发电总装机超过 50%，超过火电装机，绿色日益成为高质量发展的鲜明底色。

二、进一步全面深化生态文明体制改革面临的新形势新要求

当前，我国经济社会发展已进入加快绿色化、低碳化的高质量发展阶段，生态文明建设仍处于压力叠加、负重前行的关键期，与美丽中国目标相比，与人民群众的期待相比，与高质量发展要求相比，仍有较大差距。生态环境保护结构性、根源性、趋势性压力总体上尚未根本缓解，建设人与自然和谐共生的美丽中国还需要付出长期艰苦的努力。

（一）全球生态环境问题政治化趋势增强，我国维护生态安全面临新挑战

从全球范围看，生态环境问题的日趋严峻，气候变化、环境污染防治、生物多样性保护等跨国界和全球性生态环境问题备受关注。**一是全球环境治理形势更趋复杂，应对生态环境领域国际博弈任务艰巨。**全球生态环境问题政治化趋势增强，部分西方国家打气候牌，持续施压我国承担更大的减排责任。美国对中国以“发达国家”身份承担减排责任的要求日益强烈，要求我国设置和美国一样的减排目标。拜登政府对中美气候合作仍采取政治化、安全化的模式，对中美气候治理中的权利和责任高度敏感，以政治施压、多边协调、议题挂钩等多种方式，迫使我国接受美国制定的规则和环境认知。**二是“碳关税”制度对我国碳信息、碳市场形成挑战。**我国高碳行业碳排放数

① 杨阳．生态环境部：我国近十年大气污染防治取得积极成效［EB/OL］．http：//news.youth.cn/hotnews_41880/202303/t20230328_14415879.htm.

② 生态环境部．生态环境部公布 2023 年第四季度和 1—12 月全国地表水环境质量状况［EB/OL］．https：//www.mee.gov.cn/ywdt/xwfb/202401/t20240125_1064785.shtml.

据可能涉及行业生产的敏感信息，相关出口企业根据欧盟 CBAM 要求提交信息存在数据安全隐患。欧盟 CBAM 数据报送方法和数据标准是由欧盟制定的，存在标准制定的不公平问题。由于目前我国碳排放交易市场只包含电力行业，如果其他行业企业向欧盟出口产品则需要缴纳欧盟 CBAM 的碳差价，造成我国碳排放交易市场的损失，并导致我国碳排放交易市场地位受损。**三是气候变化风险加剧，适应气候变化需求迫切。**气候变化引起的极端气候事件频发，对全球经济社会发展和生态环境的威胁日渐严峻。联合国环境规划署研究指出，20 世纪末气温较工业革命前上升了 2.8℃，在减排的过程中已经发生的气候影响不会消除，潜在的气候风险仍在不断累积，甚至因为地球系统的迟滞效应，在全球实现碳达峰与碳中和后的一定时期内气候变化影响仍将持续。气候变化对我国粮食安全、水安全、生态安全、能源安全和人民生命财产安全等构成了严重威胁，主动适应气候变化是当前面临的现实而紧迫的任务。

（二）新一代信息技术、绿色技术等蓬勃兴起，我国培育绿色生产力面临新机遇

习近平总书记在 2023 年全国生态环境保护大会上强调，深化人工智能等数字技术应用，构建美丽中国数字化治理体系，建设绿色智慧的数字生态文明。随着大数据、人工智能、物联网、区块链、云计算等数字技术的快速发展，数字技术在推动绿色低碳转型发展、提高生态环境数字化治理能力等方面的作用越来越显著。**一是数字技术有助于推进全场景、全产业链绿色转型。**实现绿色转型与发展，在能源结构变革、生产端和消费端节能减排等各个场景都需要进行大量技术创新和应用推广。利用数字技术可以对能源利用数据进行实时采集、监测、传输和分析，从而提高碳排放效率。同时，数字技术能提高能源要素的配置效率，提高产业组织效率，升级改造传统产业，推动传统产业向智能化、绿色化发展转型。**二是数字技术为生态治理全流程提供支撑，让精准识别、实时追踪环境状态，及时研判、系统解决生态问题成为可能。**综合运用数据分析、图像识别、行为分析、风险评估等数字技术，可以主动、快速、精准发现生态环境问题，实现对生态环境监管对象的实时监控、全过程监管，有效提升生态环境监测感知、预警预报、风险防范和应急处置等能力。目前，我国绿色低碳技术研发能力尚不足，技术进企业、进园区和产业化应用还存在一些阻碍和困难。

（三）中国式现代化是人与自然和谐共生的现代化，我国亟须健全全面绿色转型体制机制

促进人与自然和谐共生是中国式现代化的本质要求，建设人与自然和谐共生的现代化是中国式现代化的鲜明特点。习近平总书记在全国生态环境保护大会上强调，要把建设美丽中国摆在强国建设、民族复兴的突出位置，以高品质生态环境支撑高质量发展，加快推进人与自然和谐共生的现代化。随着中国式现代化进程的加速，人们的物质与精神需求不断增长，对更丰富、更优质的生态产品的需求日益迫切，这就要求我们健全全面绿色转型体制机制。**一是中国式现代化要求坚持保护优先，必须加强完善生态环境保护和绿色低碳发展协同的体制机制。**当前，我国生态文明建设仍处于压力叠加、负重前行的关键期，生态环境改善基础还不牢固，产业结构、能源结构、交

通运输结构仍具有明显的高污染、高排放特征，结构调整任重道远，统筹发展与保护难度大。因此，未来要加快完善生态保护修复监管制度，持续深入打好污染防治攻坚战，完善绿色低碳产业政策体系，培育壮大绿色低碳产业，加快构建绿色制造和服务体系，积极稳妥推进碳达峰碳中和，建立健全碳达峰碳中和标准计量体系，完善碳定价机制。**二是中国式现代化要求坚持节约优先，必须加快构建废弃物循环利用体系。**我国一些主要资源外采率高，资源能源利用效率总体上仍然偏低，大量生产、大量消耗、大量排放的生产生活方式尚未得到根本性扭转，提高资源利用效率的需求十分迫切。因此，未来必须加快建立健全有利于废弃物循环利用的政策体系和激励约束机制，增强资源节约集约循环利用水平。**三是中国式现代化要求提升绿色发展能力，推动生态价值转化为经济价值，挖掘生态要素发展潜力。**我国大部分欠发达地区生态资源富集，发展愿望强烈，但由于基础配套设施相对落后，资金、技术、人才等要素规模小且质量不高，以及“双碳”目标下更加严峻的资源环境约束等多种条件限制，导致其绿色产业增长乏力，亟须开拓生态价值向经济价值转化的新路径。因此，未来要加快探索政府主导、企业和社会各界参与、市场化运作、可持续的生态产品价值实现路径，推进生态产业化，让生态优势不断向发展优势转变。

三、深入领会进一步全面深化生态文明体制改革的指导思想、基本原则和总目标

当前我国生态文明制度体系已经基本建立，但距离新时代中国特色社会主义建设的要求还有很大差距，面临许多挑战，需要立足以人民为中心的基本价值遵循，多维度推进生态文明制度体系建设，不断增强生态文明体制改革的系统性、整体性、协同性。

（一）指导思想

坚持以习近平新时代中国特色社会主义思想特别是习近平生态文明思想为指导，全面贯彻落实党的二十大和二十届二中、三中全会精神，坚持稳中求进工作总基调，完整、准确、全面贯彻新发展理念，锚定美丽中国建设目标，牢固树立和践行绿水青山就是金山银山理念，处理好高质量发展和高水平保护、重点攻坚和协同治理、自然恢复和人工修复、外部约束和内生动力、“双碳”承诺和自主行动的关系，不折不扣落实深化生态文明体制改革各项任务，持续改善环境质量，提高资源利用效率，维护国家生态安全，为加快形成以实现人与自然和谐共生现代化为导向的美丽中国建设注入强劲动力、提供有力保障，筑牢中华民族伟大复兴的生态根基。

（二）基本原则

坚持以人为本，生态惠民。坚持以人民为中心的发展理念，加强生态环境保护，治理突出环境问题，为广大人民群众提供更加优质的生态产品，满足日益增长的优美生态环境需要。探索建立市场化、多元化的生态保护补偿机制，让人民群众在生态环境改善中有更多获得感、幸福感、安全感。

坚持统筹部署，系统推进。坚持生态整体系统观，秉持山水林田湖草沙是生命共

同体的理念，加强生态文明建设统筹谋划、综合协调，形成分工明确、责任到位、各方协作的推进格局，扎实推进生态文明建设各项任务落细落实。

坚持多元共治，开放共享。充分调动企业和人民群众的积极性、主动性和创造性，严格落实政府、企业和公众的生态文明责任，营造良好的生态文明建设氛围。积极开展国际交流与合作，促进技术、资金、人才等要素高效流动，形成多方参与的生态文明建设长效机制。

坚持改革的系统性和协调性。抓好生态文明体制改革的协调配套、系统集成，尤其注意同类方案在改革取向、目标和措施方面的协同性。注重解决方案间的重叠、取向不一致、目标不协同等问题。

（三）总目标

到 2029 年，生态环境治理能力大幅提升，环境监管、污染排放控制、环境风险评估和应急响应机制不断健全，自然资源资产产权进一步明晰，严格的资源管理制度深入实施，绿色低碳循环发展政策体系基本健全，顺利实现 2030 年前碳达峰目标，生态补偿和生态产品价值实现机制加速完善，生态文明教育和宣传不断强化，公众的环保意识和参与度显著提升，形成政府、企业和公众共同参与的环境治理格局。

到 2035 年，生态文明法治体系更加全面、系统、高效，生态环境治理体系和治理能力现代化基本实现，国土空间开发保护格局科学合理，自然资源资产产权权责明确、流转顺畅，资源节约集约利用能力显著增强，生态产品价值实现机制逐步成熟，绿色生产生活方式广泛形成，碳排放达峰后稳中有降，生态环境根本好转，生态系统多样性稳定性持续性显著提升，国家生态安全更加稳固，美丽中国建设目标基本实现。

健全有利于形成科学合理的国土空间开发保护格局的体制机制。国土空间规划体系进一步完善，确保各项开发活动符合国家长远发展战略和生态文明建设要求。法律法规体系进一步健全，实现国土空间开发保护的规范化、法治化。执法力度进一步强化，对违反国土空间开发保护规定的行为进行严格查处，确保每一项开发活动都在可控范围内，避免对生态环境造成不可逆转的损害。

建成严格的自然资源管理制度。资源节约集约利用水平稳步提升，能源、水资源、建设用地等总量和强度双控制度更加健全，节水型社会建设取得积极进展，耕地保护制度和节约集约用地制度严格落实，资源产出率进一步提高。

建成高效的环境治理体系。统筹实施重大生态保护工程，实现全国山水林田湖草沙冰一体化保护和系统治理，生态退化区域得到有效改善，水源涵养功能和林草覆盖度稳步提高，生态安全屏障进一步巩固提升。与生态环境保护相适应的监测评价制度不断健全，新技术融合应用能力显著增强。

建立全面推进生产生活方式绿色转型的体制机制。绿色低碳循环发展经济体系进一步完善，工业、农业、服务业绿色转型升级水平大幅提升。安全稳定、经济高效、清洁低碳的新型能源体系加快建成。生态环境科技创新体系不断完善，绿色低碳技术研发水平不断提升，科技成果转化率不断提高，单位地区生产总值二氧化碳排放持续降低，能源资源配置更加合理、利用效率进一步提升，绿色环保生活方式加快形成。

到2050年，生态文明制度建设更加成熟和完善，形成全面覆盖的法律法规体系，实现生态环境管理的制度化、规范化和科学化，实现环境监管的智能化、精准化，建成多元化的生态产品价值实现机制，形成全面参与的生态文明建设行动体系，在全球环境治理中的话语权进一步增强。

四、进一步全面深化生态文明体制改革的重点任务

建设美丽中国是全面建设社会主义现代化国家的重要目标，是实现中华民族伟大复兴中国梦的重要内容。围绕完成2035远景目标、2050远景目标，未来一段时期内，要以习近平新时代中国特色社会主义思想特别是习近平生态文明思想为指导，准确把握进一步全面深化改革的基本原则和总体目标，深入贯彻落实党中央关于全面深化改革部署要求，持续深化空间规划体制改革，完善生态文明基础制度，健全生态环境治理体系，健全绿色低碳发展机制，为实现人与自然和谐共生、建设美丽中国提供坚实的制度保障。

（一）深化空间规划体制改革，提升国土空间治理能力

完善国土空间规划编制和监督实施，健全主体功能区制度体系，完善配套政策，加强国土空间治理标准体系建设，健全国土空间法律法规体系。

一是进一步完善国土空间规划体系。建立健全覆盖全域全类型、统一衔接的国土空间用途管制和规划许可制度。完善规划执行的传导机制，根据领域和层级细化并实施国土空间的开发与保护的区划管制措施。对国土空间详细规划的制定和执行机制进行革新，研究并制定适应不同区域单元和规划深度需求的详细规划编制及管控策略。加快城市群、都市圈等跨行政区域和流域的国土空间专项规划编制工作，更加有效地支撑构建新发展格局。指导地方完善“多规合一”的详细规划体系，更好地引导城市更新行动和乡村建设行动，加快形成“内涵式集约型绿色化的高质量发展”新路径。

二是健全主体功能区制度体系。明确新时期主体功能区战略在国家空间治理体系中的定位和重点任务，全面融入国土空间规划体系，优化战略格局，细化功能分区。紧抓“人、地、产、钱”等关键要素，完善主体功能区配套政策和绩效考核制度，发挥正向激励作用。发挥主体功能区的联结纽带和空间承载作用，推动区域协调发展战略、区域重大战略、主体功能区战略和新型城镇化战略深度融合，构建优势互补、高质量发展的区域经济布局和国土空间体系。

三是健全国土空间法律法规体系。加快开展《国土空间开发保护法》《国土空间规划法》《区域协调发展法》等国土空间治理相关立法工作。修改完善《土地管理法》《城乡规划法》《环境保护法》等相关法律法规，尽快将所有关于空间管治的政策和规划纳入法律框架。

四是进一步完善规划实施监督体系。按照全生命周期的管理理念和“统一底图、统一标准、统一规划、统一平台”要求，建立健全国土空间分类管控机制，推动国土

空间规划和用途管制的数字化、智能化转型。建立空间性专项规划名录清单制度，完善全国国土空间规划实施监督评估预警网络，健全规划动态维护机制，确保“一张蓝图干到底”。

（二）完善生态文明基础制度，强化生态环境保护监管

各级生态环境部门要切实履行生态保护监管职责，加快建立健全生态环境分区管控体系，健全自然资源资产产权制度和管理制度体系，构建全过程、多元化监督管理制度，推动生态保护监管体系和监管能力现代化。

一是健全生态环境分区管控体系。制定分区管控标准，根据不同区域的生态环境特点和保护需求，制定差异化的管控标准和措施。实施区域差异化管理，根据生态环境的敏感度和承载力，对核心保护区、重点管控区和一般管控区实施分类管理。健全生态环境监测制度，完善陆海统筹、空天地一体、上下协同的全国生态监测网络，实现对各分区环境质量的实时监控和数据收集。健全生态环境影响评价制度，规范建设项目环境影响评价工作，确保其符合所在区域的生态环境管控要求。定期对生态环境分区管控体系进行评估，根据评估结果及时调整管控策略。

二是健全自然资源资产产权制度和管理制度体系。完善自然资源资产清查统计制度，建立各类全民所有自然资源资产清查价格体系，建立自然资源资产信息管理平台，明确资产“家底”，助力价值核算。完善自然资源与生态环境调查监测体系，及时跟踪掌握生态产品数量分布、质量等级、功能特点、权益归属、保护和开发利用情况等信息，扎实开展生态产品价值核算工作。完善全民所有自然资源资产所有权委托代理机制，建立生态环境保护、自然资源保护利用和资产保值增值等责任考核监督制度，引导、规范和约束各类开发、利用自然资源的行为。搭建统一的自然资源资产产权市场化交易平台，形成一套能够真实反映自然资源稀缺程度、市场供求状况和环境治理成本的定价机制，明确产权定价方法、交易主客体、交易原则、交易范围，促进产权交易流转顺畅。

三是构建全过程、多元化监督管理制度。完善国家生态安全工作协调机制，增强对生态安全风险的分析评估、监测预警、紧急响应和处理能力。深入推进美丽中国建设的绩效评估工作，确立并执行地方党委和政府领导在生态环境保护方面的责任制度，强化政治责任，确保美丽中国建设目标的实现。编纂生态环境法典，统一规划和推进涉及生态环境保护、资源能源利用、气候变化应对等关键领域的法律规章的制定和修订工作，强化美丽中国建设法治保障。加强执法监管，严格执行和加强领导干部自然资源资产离任审计，推进国有自然资源资产统一监管。

（三）健全生态环境治理体系，提升生态系统的稳定性和可持续性

优质的生态环境是美丽中国的显著特征。要加强生态环境治理体系建设，完善精准治污、科学治污、依法治污制度机制，健全山水林田湖草沙一体化保护和系统治理机制，健全生态产品价值实现机制，加强生态破坏问题监督和查处力度，促进生态环境质量持续改善，不断提升生态系统的稳定性和可持续性。

一是完善精准治污、科学治污、依法治污制度机制。以更高要求深化蓝天碧水净土保卫战。实施以排污许可制度为核心的固定污染源监管体系，确保实现固定污染源的全面、协调、持续管理。建立新污染物协同治理和环境风险管控体系，积极推动多种污染物的联合减排工作。在全国范围内推动建立排污权有偿使用和交易制度，在国家层面出台规范排污权有偿使用和交易的指导性文件。深化环境信息依法披露制度改革，建立环境信用监管机制，加强企业在生态环境保护中的主体责任。促进在重要流域建立统一的上下游生态环境治理体系，实施全面保护、系统性修复和综合治理。

二是健全山水林田湖草沙一体化保护和系统治理机制。落实生态保护红线管理制度，加强生态保护红线面积、功能、性质和管理实施情况的监控，开展生态保护红线监测预警。健全山水林田湖草沙一体化保护和修复的技术体系，坚持因地制宜，实施差异化和区域化的科学管理策略。对于过度利用的草原森林河流湖泊湿地农田等生态系统，严格执行禁止放牧、休养生息、限制砍伐、季节性禁渔、休耕和轮作等措施。完善山水林田湖草沙一体化保护生态补偿机制，加强对江河源头、重要水源地、水土流失重点防治区、蓄滞洪区、受损河湖等重点区域开展水流生态保护补偿。

三是健全生态产品价值实现机制。对森林、河流等纯公共性生态产品，强化生态环境分区管控、生态资源产权制度、生态产品财税支持、生态保护补偿等政策支持。对碳排放权和排污权等准公共性生态产品，强化自然资源有偿使用制度、生态产品定价机制、绿色债券等政策支持。对生态农产品、旅游产品等经营性生态产品，强化生态产品认证推广体系、公众参与、绿色消费、绿色信贷等政策支持。完善绿色金融体系建设，支持绿色金融产品创新，拓展权益类、增信类信贷抵押物的范围，创新生态信用贷模式，不断拓宽绿色信贷渠道。统筹政策性金融与商业融资，充分发挥政策性金融工具的引导示范作用，通过构建全方位、针对性强的生态增信及风险分担机制，丰富市场供给，引导更多金融资源投向生态领域重点发展方向。

四是加强生态破坏问题监督和查处力度。强化中央生态环境保护督察制度，完善生态监督执法制度，扎实推进生态环境保护综合行政执法改革。强化对生态破坏行为和生态保护修复工程实施的监督。持续加强自然保护地监管，实行最严格的自然保护地生态环境保护监管制度，加强对自然保护地设立、晋（降）级、调整、整合和退出的监管，建立健全自然保护地生态环境问题台账，督促重点问题依法查处到位、彻底整改到位，开展常态化监控，坚决遏制新增违法违规问题。强化生态保护综合执法与相关执法队伍的协同联动，建立信息共享机制，完善案件移送标准和程序。

（四）健全绿色低碳发展机制，全面推进发展方式绿色转型

推动经济社会发展绿色化、低碳化是解决生态环境问题的关键，要进一步健全绿色低碳发展机制，加快建设绿色低碳经济体系，加强资源节约集约循环利用，加快规划建设新型能源体系，积极稳妥推进碳达峰碳中和。

一是加快建设绿色低碳经济体系。制定并实施支持绿色低碳发展的财税、金融、投资和价格政策，建立相应的标准体系。培育绿色低碳产业，完善绿色消费激励政策。

优化政府采购政策，推动绿色税收制度。加快对绿色金融制度和标准的完善，深化绿色金融改革。探索基于信用的新型环保监管体系。推广绿色供应链管理技术、标准和认证。针对生态环境质量持续改善和环境管理的科技需求，创新生态环境科技体制机制，推进绿色低碳科技自立自强，建立与美丽中国建设相适应的生态环境科技支撑体系。参与国际标准的制定，完善气候投融资战略，推动国内外标准的协同和互认。

二是加强资源节约集约循环利用。完善资源总量管理和全面节约制度，推广全面节约理念，实施全流程和全链条的节约管理。提高能源和水资源的节约与效率，推动粮食产业链的节约减损，完善土地和矿产资源的节约集约利用制度，提升废弃物的循环利用体系，建立完善的回收基础设施，提高回收行业的专业化和信息化水平，加快绿色低碳技术的创新，培育壮大环保产业。

三是加快规划建设新型能源体系。结合我国能源资源特点，加强能源生产、供应、储备和销售体系的建设，推动煤炭清洁高效利用，确保能源安全的同时加速能源的绿色低碳转型。大力发展风能、太阳能等清洁能源，统筹水电开发与生态保护，安全有序发展核能，科学发展氢能等新能源，确保能源供应安全。全面优化新能源的吸纳与调控机制，着力构建现代化、高效能的新型电力体系，打造以清洁能源为主导，多种能源形式相互补充，生产与销售紧密协同的分布式能源系统。积极倡导社会各界广泛参与新能源的供给与吸纳过程，共同推动形成符合我国国情的、科学合理的新能源发展体系。

四是积极稳妥推进碳达峰碳中和。全面优化积极应对气候变化的工作体系，建立能耗双控向碳排放双控全面转型新机制，坚持先立后破、有计划分步骤的碳达峰行动。构建科学严谨的碳排放统计核算体系，建立健全产品碳足迹管理机制，深化能源活动及工业生产环节的碳排放统计与核算工作。积极探索并建立产品全生命周期碳足迹的标准认证体系，确保碳足迹数据的准确性和可比性。进一步完善碳市场建设，加强碳市场交易及温室气体自愿减排交易制度的规范与监管，推动实施配额有偿分配机制。建立健全自愿碳市场的数据质量监管机制，确保碳市场交易的公正、透明与高效。

第十一篇

推进国家安全体系和能力现代化专题

深化安全体制改革，
推进国家安全体系和能力现代化

习近平总书记在党的二十大报告中指出，国家安全是民族复兴的根基，社会稳定是国家强盛的前提。改革开放以来，面对内外安全环境的改变和自身安全需要的调整，国家安全观逐步演进，国家安全体制改革逐步深入。党的十八大以来，我国在国家安全体制改革方面取得了一系列新突破，国家安全工作取得历史性成就、发生历史性变革。当前，进一步全面深化安全体制改革面临一系列新形势新要求，具体表现在美西方国家对我国遏制力度加强、新一轮科技革命带来全新安全风险、全球生态安全风险日益突出、中国式现代化对国家安全提出新要求等方面。面对新形势，围绕2035年基本实现社会主义现代化、2050年全面建成社会主义现代化强国等目标要求，全面贯彻党的二十届三中全会精神，未来一段时期内，应以改革创新为动力，加快完善系统完善、科学规范、运行有效的国家安全制度体系，推进国家安全体系和能力现代化。具体包括，健全完善国家安全体系，全面推进国家安全保障机制改革，完善公共安全治理机制改革，健全社会治理机制，完善参与全球安全治理机制。其中，要特别注意强化对资源、太空、数据、粮食等关键领域的安全保障体系建设和核心技术保护机制，完善国内人工智能治理机制，加快推动形成具有广泛共识的全球人工智能治理框架和标准规范。此外，要积极适应科技快速发展的新形势，推进国家安全科技赋能。

一、安全体制改革46年的主要历程、基本经验与伟大成就

改革开放以来，党中央对发展和安全高度重视，始终把维护国家安全工作紧紧抓在手上。我国安全观大体经历了传统安全观、新安全观、总体国家安全观等三个发展阶段，同一时期，国家安全体制建设不断完善，国家安全体系的“四梁八柱”加速构建，国家安全能力显著增强，对国家安全的支撑作用日益显现。在这个过程中，国家安全体制改革也形成了一系列宝贵经验。值得注意的是，党的十八大以来，我国在国家安全体制改革方面取得了一系列新突破，国家安全工作取得历史性成就、发生历史性变革。

（一）安全体制改革的主要历程

改革开放以来，面对内外安全环境的改变和自身安全需要的调整，国家安全观也不断演变，形成了从传统安全观、新安全观向以人民安全为宗旨、以合作对话为手段的总体国家安全观的转变。与此同时，国家安全体制改革也随之调整方向，并日益深

入。整体来看，主要分为下列三个阶段：一是党的十一届三中全会提出将全党工作重心转移到经济建设上来，这标志着国家安全观发生关键性转折，我国进入维护发展安全的阶段。二是党的十六大明确指出中国面临的安全形势是“传统安全威胁和非传统安全威胁的因素相互交织”，标志着新安全观的正式形成，这一时期国家安全体制建设进一步加快。三是习近平总书记在中央国家安全委员会第一次会议中首次提出总体国家安全观，《国家安全战略纲要》《国家安全战略（2021—2025 年）》先后印发，国家安全体制改革全面推进。

1. 第一阶段（1978—1991 年）：“国家安全”概念正式提出，维护发展安全成为国家安全体制改革重要目标

改革开放以来，国家安全观在传统的国土安全和国防安全基础上，增加了经济安全，维护发展安全正式被确立为我国国家安全战略的重点。在这一时期，国家安全体制加快建设，国家安全立法逐步展开。

一是“国家安全”这一概念正式提出，国家安全管理体系初步建立。1983 年，国家首次在第六届全国人民代表大会第一次会议上的政府工作报告中使用了“国家安全”一词。1986 年，中共中央首次在《中共中央关于社会主义精神文明建设指导方针的决议》中提及“国家安全”[①]。在此过程中，国家安全管理机构正式确立。1983 年，中央政府把调查部、公安部、统战部、国防科工委等部门中涉及微观国家安全的职能进行统合，建立了国家安全部，负责防范、制止和依法打击危害国家安全和国家利益的违法犯罪活动[②]。此后，各省、自治区、直辖市和新疆生产建设兵团分批次组建省级国家安全厅（局），标志着国家安全管理体系初步建立。

二是国家安全观逐步调整，维护发展安全成为国家安全体制改革重要目标。1978 年，党的十一届三中全会召开，邓小平在对我国现实国情进行客观分析的基础上，提出将全党工作重心转移到经济建设上来，这标志着国家安全观发生关键性转折，我国进入维护发展安全的阶段。1981 年，党的十一届六中全会正式提出我国社会主要矛盾是“人民日益增长的物质文化需要同落后的社会生产之间的矛盾”，此后党的安全工作在重视对国家主权利益的维护的同时，以社会主义现代化建设为核心，坚持改革开放，打破了意识形态的思维局限，为发展创造了良好的内外环境。1987 年，党的十三大提出我国处于社会主义初级阶段的重要论述，并阐发了“一个中心，两个基本点”[③] 的基本路线。自此，在基本路线指导下，维护发展安全正式被确立为我国国家安全战略的重点，标志着维护发展安全成为国家安全体制改革重要目标。

三是国家安全法律体系建设初步展开，聚焦整体安全、社会安全和国民安全。一方面，国家整体安全法律体系逐步建立。1979 年 7 月 1 日，五届全国人大二次会议通

---

① 李文良．中国国家安全体制研究［EB/OL］. https：//www. aisixiang. com/data/94746. html.

② 李文良．中国国家安全体制研究［EB/OL］. https：//www. aisixiang. com/data/94746. html.

③ 以经济建设为中心，坚持四项基本原则，坚持改革开放。

过了《刑法》《刑事诉讼法》，为维护国家安全提供了部分法律依据[①]。1982 年，五届全国人大五次会议通过《宪法》，确立了中华人民共和国中央军事委员会为国家最高军事领导机构，实行主席负责制，对维护国家军事安全具有重要意义。1983 年，随着国家安全部正式成立，国家安全法起草工作同时启动。1988 年，《保守国家秘密法》颁布，规定实行积极防范、突出重点，既确保国家秘密又便利各项工作的方针。另一方面，国家强化了维护社会安全和国民安全的法律立法工作。1979 年 2 月，五届全国人大常委会第六次会议通过《逮捕拘留条例》；1983 年，六届全国人大常委会第二次会议审议通过《全国人民代表大会常务委员会关于国家安全机关行使公安机关的侦查、拘留、预审和执行逮捕的职权的决定》；1986 年，六届全国人大常委会第十七次会议通过《治安管理处罚条例》，提出维护社会秩序和社会安全，保障公共安全，维护社会治安，保护公民的人身安全和自由不受侵犯。

2. 第二阶段（1991—2012 年）：新安全观正式形成，国家安全体制建设加快

1991 年“两极”格局瓦解以后，经济全球化呈现出不可阻挡的趋势，以经济安全为代表的非传统安全问题在国家安全中的地位上升。在这一时期，我国新安全观正式形成，国家安全体制建设进一步加快，安全立法工作进一步加速。

一是非传统安全受到国家层面高度重视，新安全观正式形成。进入新世纪以后，我国处在了改革开放的关键阶段，实现和平发展的愿望日益迫切。2002 年以后，国家安全观发生了较大变化。2002 年 11 月，党的十六大明确指出中国面临的安全形势是“传统安全威胁和非传统安全威胁的因素相互交织”，对新安全观进行了比较系统的表述，标志着新安全观的正式形成。新安全观主张安全上相互信任、共同维护，通过对话和合作解决争端，而不应诉诸武力或以武力相威胁，反对各种形式的霸权主义和强权政治。

二是国家安全体制建设逐步展开，有力维护社会安全。在传统安全方面，1992 年党的十四大报告和 1997 年党的十五大报告均提出“要继续加强人民武装警察部队和公安、安全等部门的建设”的要求[②]，极大地推动了国防、武警、公安和安全等部门工作的发展。其中，国家安全体制也在这些部门得到确立并随着时代的变化而不断得以完善。在应对突发事件方面，2006 年，国务院出台《国家突发公共事件总体应急预案》和《国家安全生产事故灾难应急预案》，提出要提高政府保障公共安全和处置突发公共事件的能力，保障公众的生命财产安全，维护国家安全和社会稳定。上述文件对预防和减少突发事件发生、维护社会安全起到重要作用。

三是国家安全立法工作加速，《国家安全法》正式出台。在国家整体安全方面，1993 年 2 月 22 日，七届全国人大常委会三十次会议通过了《国家安全法》，主要规定国家安全机关履行的职责特别是反间谍工作方面的职责。2009 年，第十一届全国人民

---

① 李忠．加快构建国家安全法律制度体系［EB/OL］．https：//www. gov. cn/xinwen/2016 - 04/25/content _ 5067497. html.

② 李文良．中国国家安全体制研究［EB/OL］．https：//www. aisixiang. com/data/94746. html.

代表大会常务委员会第十次会议对《国家安全法》进行了第一次修订。2010年，第十一届全国人民代表大会常务委员会第十四次会议对《保守国家秘密法》进行了第一次修订。2011年，第十一届全国人民代表大会常务委员会第二十三次会议通过《反恐怖决定》。在应对突发事件方面，2007年通过了《突发事件应对法》，为国家应对突发事件提供了法律保障。

3. 第三阶段（2012年至今）：总体国家安全观正式确立，国家安全体制改革全面推进

2012年11月，以党的十八大召开为起点，标志着中国特色社会主义进入了新时代，这是我国发展新的历史方位。在此背景下，2013年11月，党的十八届三中全会决定成立中央国家安全委员会，标志着国家安全体制建设站上了新的历史起点。此后，国家安全体制改革全面推进。2024年7月，党的二十届三中全会召开并通过《决定》，将推进国家安全体系和能力现代化单列一部分，从党和国家事业发展全局的高度，进一步明确了新时代新征程推进国家安全体系和能力现代化的目标任务、重点举措，为做好工作进一步指明了前进方向、提供了根本遵循①。

一是总体国家安全观正式确立并日益丰富，成为新时代指导国家安全工作的理论指引。2014年4月，习近平总书记在中央国家安全委员会第一次会议中首次提出总体国家安全观，并首次系统提出"11种安全"②。自此以后，总体国家安全观成为新时代中国国家安全工作的理论指引，国家安全体系加速完善。2020年10月，党的十九届五中全会将统筹发展和安全作为"十四五"时期经济社会发展指导思想的重要内容，并历史性地将安全置于同发展并重的位置。2021年11月，党的十九届六中全会通过的《中共中央关于党的百年奋斗重大成就和历史经验的决议》，把维护国家安全列为党的十八大以来十三个方面重大成就之一，并提出"统筹发展和安全，统筹开放和安全，统筹传统安全和非传统安全，统筹自身安全和共同安全，统筹维护国家安全和塑造国家安全"，即"五个统筹"，总体国家安全观得到进一步升华。2023年5月，二十届中央国家安全委员会第一次会议召开，习近平总书记强调，加快推进国家安全体系和能力现代化，以新安全格局保障新发展格局，努力开创国家安全工作新局面。

二是国家安全战略体系加快完善，为全面保障国家安全提供强有力战略支撑。2013年11月，党的十八届三中全会决定，设立国家安全委员会，完善国家安全体制和国家安全战略，以确保国家安全。这一机构的设立大大提高了国家在面临各种安全危机和挑战时的应变能力。此后，从2015年1月审议通过的《国家安全战略纲要》，到2021年11月审议通过的《国家安全战略（2021—2025年）》，国家安全战略体系不断制定完善，进一步明确了国家安全战略指导方针、中长期目标和重点领域国家安全

---

① 李书磊.《中共中央关于进一步全面深化改革、推进中国式现代化的决定》辅导读本［M］. 北京：人民出版社，2024.

② 11种安全中，政治安全、国土安全、军事安全属于传统安全；经济安全、文化安全、社会安全、科技安全、信息安全、生态安全、资源安全、核安全属于非传统安全。

政策，为在新形势下全面保障国家安全提供了强有力的战略支撑①。2018 年、2021 年党中央相继出台了《党委（党组）国家安全责任制规定》《中国共产党领导国家安全工作条例》，确保把思想和行动统一到党中央对国家安全工作的决策部署上来②。《中共中央关于进一步全面深化改革、推进中国式现代化的决定》明确："强化国家安全工作协调机制，完善国家安全法治体系、战略体系、政策体系、风险监测预警体系，完善重点领域安全保障体系和重要专项协调指挥体系。构建联动高效的国家安全防护体系，推进国家安全科技赋能。"这为未来进一步构建国家安全战略体系指明了方向。

三是国家安全法律体系加速构建，为依法捍卫国家安全提供了充分的法律依据。 2015 年 7 月 1 日，全国人大常委会会议通过新版《国家安全法》，明确涉及政治安全、国土安全、军事安全、文化安全、科技安全等十一个领域的国家安全任务，特别关注金融安全、粮食安全、海外利益安全、外层空间安全、国际海底区域安全、极地安全等重点安全。以新的国家安全法为引领，反间谍法、反恐怖主义法、境外非政府组织境内活动管理法、网络安全法、国家情报法、核安全法、反外国制裁法、数据安全法等国家安全立法纷纷出台，国家安全法律制度体系加速构建，为依法捍卫国家安全提供了充分法律依据③。2024 年 3 月 19 日，香港特别行政区立法会审议通过了《维护国家安全条例》，并于 3 月 23 日刊宪生效。香港国安条例与已实施的香港国安法有机衔接，补齐了特区维护国家安全制度机制的短板，共同构筑起特区维护国家安全的坚实屏障，使香港特区能够全面有效防范、制止和惩治危害国家安全的行为和活动④。

（二）安全体制改革的总体框架、基本方向、难点卡点

改革开放以来，党中央高度重视国家安全工作，根据形势变化来调整国家安全体制改革重心和改革方向。在此过程中，安全体制改革的总体框架基本建立并逐步完善，基本方向逐步确立并不断强化。不过，安全体制改革进程中，也出现了一系列难点卡点，未来亟待破解。

1. 总体框架

总体来看，国家安全体制改革主要集中在推进国家安全体制机制改革、完善国家经济安全保障机制、深化公共安全保障机制改革、健全社会稳定和安全机制、参与和推动全球治理体系建设等五个方面。在党中央坚强领导下，国家安全体制的"四梁八柱"已初步搭建，国家安全能力显著增强，对国家安全的支撑作用日益显现。

（1）推进国家安全体制机制改革

一是建立集中统一、高效权威的国家安全领导体制，从制度上强化了党对国家安全工作的绝对领导。 1983 年 7 月，国家安全部成立，随后各省、自治区、直辖市和新疆生产建设兵团分批次组建省级国家安全厅（局）。党的十八届三中全会决定，成立

---

① 为强国建设、民族复兴伟业筑牢国家安全屏障［N］. 人民日报，2024-04-14（1）.

② 为强国建设、民族复兴伟业筑牢国家安全屏障［N］. 人民日报，2024-04-14（1）.

③ 总体国家安全观研究中心 . 把学习贯彻总体国家安全观不断引向深入［N］. 人民日报，2024-04-15（9）.

④ 为强国建设、民族复兴伟业筑牢国家安全屏障［N］. 人民日报，2024-04-14（1）.

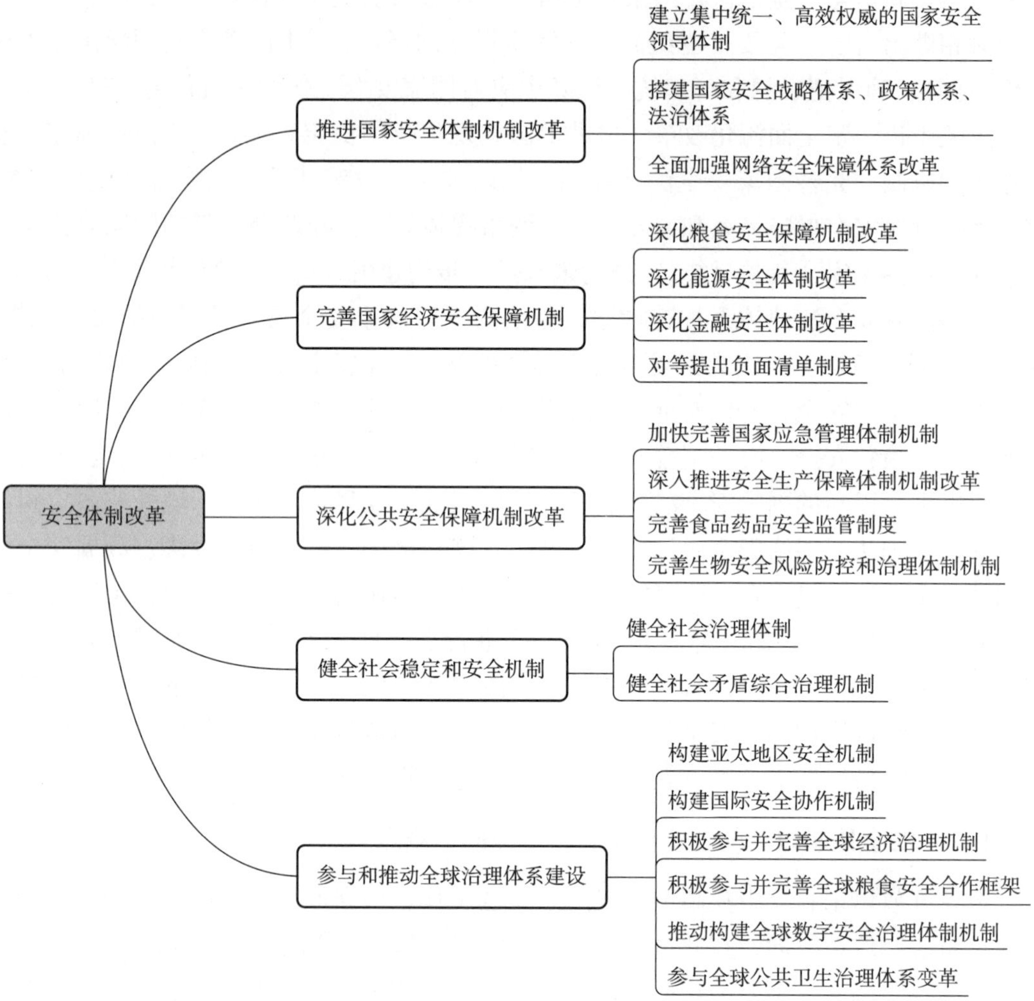

图 11-1　安全体制改革的总体框架

中央国家安全委员会。自此，党中央对国家安全工作实施了更为有力的统领和协调。2018 年 4 月，十九届中央国家安全委员会第一次会议审议通过《党委（党组）国家安全责任制规定》，明确了各级党委（党组）维护国家安全的主体责任，为加强党对国家安全工作领导，推动形成“全国一盘棋”的强大合力提供了坚实有力的制度保障。2021 年，党中央出台《中国共产党领导国家安全工作条例》，系统回答了国家安全工作“谁来领导”“领导什么”“怎么领导”等重大问题，进一步从制度上强化了党对国家安全工作的绝对领导①。

二是搭建国家安全战略体系、政策体系、法治体系，为国家安全工作构建强有力的政策和法治制度支撑。战略体系和政策体系方面，2015 年 1 月，中央政治局会议审议通过《国家安全战略纲要》，强调在新形势下维护国家安全，必须坚持以总体国家

① 傅小强．贯彻总体国家安全观，以加快构建新安全格局保障新发展格局［EB/OL］. https：//cssn. cn/gjaqx/202212/t20221227_5574332. shtml.

安全观为指导，坚决维护国家核心和重大利益，以人民安全为宗旨，在发展和改革开放中促安全，走中国特色国家安全道路；不断推进国防和军事现代化建设，构建国家安全法治体系，使国家安全治理有法可依；规定每年 4 月 15 日为全民国家安全教育日，将国家安全教育纳入国民教育系统。2021 年底，《国家安全战略（2021—2025 年）》出台，明确了国家安全战略的指导方针、中长期目标、重点领域的国家安全政策、工作任务和措施，对新形势下维护国家安全作出了战略部署。法治体系方面，六届全国人大常委会第二次会议审议通过《全国人民代表大会常务委员会关于国家安全机关行使公安机关的侦查、拘留、预审和执行逮捕的职权的决定》，拉开了国家安全机关法治建设的序幕，此后一系列法律法规相继制定修订，为国家安全机关依法履行职责提供有力法治保障。以十二届全国人大常委会第十五次会议通过的《国家安全法》为引领，《反恐怖主义法》《网络安全法》《香港国安法》等 20 余部国家安全专门立法接连出台，110 余部含有国家安全条款的法律法规相继制定修订，《中国共产党领导国家安全工作条例》等重要党内法规颁布①。这标志着国家安全法治建设跃上新台阶。

三是全面加强网络安全保障体系改革，网络安全保障机制的“四梁八柱”基本确立。近年来，我国加快推进网络安全领域顶层设计，在深入贯彻落实网络安全法基础上，制定完善网络安全相关战略规划、法律法规和标准规范，网络安全“四梁八柱”基本确立。**首先，加强战略部署。**《国家网络空间安全战略》发布，《数据安全法》《个人信息保护法》《关键信息基础设施安全保护条例》等一系列法律法规颁布，《汽车数据安全管理若干规定（试行）》（国家互联网信息办公室　中华人民共和国国家发展和改革委员会　中华人民共和国工业和信息化部　中华人民共和国公安部　中华人民共和国交通运输部令第 7 号）等政策文件出台，让网络安全工作在法治化轨道上运行。**其次，强化网络安全风险防范能力。**中央网信办发布关于印发《国家网络安全事件应急预案》的通知（中网办发文〔2017〕4 号），有效提升网络安全应急响应和事件处置能力；建立网络安全审查制度和云计算服务安全评估制度，发布《网络安全审查办法》《云计算服务安全评估办法》，有效防范化解供应链网络安全风险；出台《数据出境安全评估办法》（国家互联网信息办公室令第 11 号），提升国家数据出境安全管理水平。**最后，健全网络安全国家标准体系。**中央网信办印发《关于加强国家网络安全标准化工作的若干意见》（中网办发文〔2016〕5 号），对网络安全国家标准进行统一技术归口，制定发布 340 余项网络安全国家标准，推动发布多项我国主导和参与的国际标准，我国网络安全标准国际话语权和影响力显著提升②。

（2）完善国家经济安全保障机制

一是深化粮食安全保障机制改革，有力保障了粮食安全。首先，完善粮食管理体制。我国粮食管理体制上经历了统购统销、购销调拨包干和粮价放开等几个阶段。

---

① 筑牢新时代国家安全的法治保障（金台锐评）［N］. 人民日报，2023-07-06（19）.

② 王思北 . 网络安全筑牢全民网络安全“防火墙”——我国网络安全工作成就综述［EB/OL］. https：//www. cac. gov. cn/2022-09/05/c_1664000188765042. html.

1995年以后，我国一直实行“米袋子”省长负责制。2020年，习近平总书记在中央农村工作会议上指出，对粮食安全的政治责任，要实行党政同责，“米袋子”省长要负责，书记也要负责。从“米袋子”省长负责制到粮食安全党政同责，党对粮食安全的重视提到了新高度，开启了粮食流通管理工作的新局面①。**其次，深化农产品收储制度改革**。一方面，探索玉米市场化收购新路径。2007年以来，国家在东北三省和内蒙古自治区实行玉米临时收储政策，统一确定收购价格，敞开收购农民玉米。2016年，国家取消玉米临时收储政策，实行“市场化收购”加“补贴”的新机制。另一方面，稻谷小麦由政策性收储主导向市场化收购为主转变。市场化收购改革以来，稻谷小麦市场化收购比重逐渐增加，小麦已经连续数年没有启动托市收购，最低收购价格切实发挥了“托底”作用②。

二是深化能源安全体制改革，有力保障了能源安全。首先，深化油气运营、勘探机制改革。在运营方面，2019年，中央全面深化改革委员会第七次会议审议通过《石油天然气管网运营机制改革实施意见》，强调推动石油天然气管网运营机制改革。此后，广东、海南、湖北、湖南、福建等省级天然气管网以多种形式融入国家管网，“全国一张网”基本成型③。**在勘探方面，**2012年我国首次就页岩气探矿权公开向社会招标，拉开国内页岩气勘查开发领域向各类投资主体全部开放的序幕④。石油天然气上游勘探开发向外资和民企敞开大门，已形成以国家石油公司为主体、多种经济成分参与的油气勘查开采市场格局。**其次，深化油气价格市场化机制改革。成品油方面，**2016年，国家发展改革委发布的《关于进一步完善成品油价格形成机制的通知》（发改价格〔2016〕64号）建立了“油价调控风险准备金”，设定了被称为“天花板”（130美元/桶）和“地板价”（40美元/桶）的成品油价格调控上下限，为保障我国能源安全发挥了积极作用⑤。**在天然气方面，**我国天然气价格市场化改革在2005年开启，实现了天然气出厂价统一实行政府指导价。党的十八大以来，按照“管住中间、放开两头”的总体思路，采取“先非居民后居民”“先试点后推广”“先增量后存量”“边理顺边放开”的实施步骤，加快推进天然气价格市场化改革、快速提高气源和销售等竞争性环节价格市场化程度⑥。**最后，全面推进电力市场化改革**。2015年以来，

① 张福煌．回顾十年中国特色粮食安全之路［EB/OL］．https：//mp. weixin. qq. com/s? __biz=MzU1NzI5NzQwOQ==&mid=2247516060&idx=2&sn=072dbbd14d53601db539cf8b9a7296bc&chksm=fc3505f2cb428ce4bc909413062cc28bf6eebd3eb1acc2f58dfb5583960119dbad94655ba8dc&scene=27.

② 张福煌．回顾十年中国特色粮食安全之路［EB/OL］．https：//mp. weixin. qq. com/s? __biz=MzU1NzI5NzQwOQ==&mid=2247516060&idx=2&sn=072dbbd14d53601db539cf8b9a7296bc&chksm=fc3505f2cb428ce4bc909413062cc28bf6eebd3eb1acc2f58dfb5583960119dbad94655ba8dc&scene=27.

③ 王雪辰．非凡十年·能源发展成就报告——能源体制改革篇［EB/OL］．https：//news. bjx. com. cn/html/20221031/1264824. shtml.

④ 王雪辰．非凡十年·能源发展成就报告——能源体制改革篇［EB/OL］．https：//news. bjx. com. cn/html/20221031/1264824. shtml.

⑤ 王雪辰．非凡十年·能源发展成就报告——能源体制改革篇［EB/OL］．https：//news. bjx. com. cn/html/20221031/1264824. shtml.

⑥ 王雪辰．非凡十年·能源发展成就报告——能源体制改革篇［EB/OL］．https：//news. bjx. com. cn/html/20221031/1264824. shtml.

《关于进一步深化电力体制改革的若干意见》（中发〔2015〕9号）等文件印发，电力体制改革取得重大突破，发用电计划有序放开、交易机构独立规范运行、电力市场建设深入推进①。2022年，《关于加快建设全国统一电力市场体系的指导意见》（发改体改〔2022〕118号）出台，为推进全国统一电力市场建设提供根本遵循。2023年9月印发的《电力现货市场基本规则（试行）》（发改能源规〔2023〕1217号）提出，近期推进省间、省（区、市）区域市场建设，以省间、省（区、市）区域市场“统一市场、协同运行”起步；逐步推动省间、省（区、市）区域市场融合。稳妥有序推动新能源参与电力市场，设计适应新能源特性的市场机制，与新能源保障性政策做好衔接。文件明确了电力现货市场未来改革的基本方向，且为新能源参与电力市场做好部署。

三是深化金融安全体制改革，为保障金融安全提供有力制度支撑。首先，健全金融风险监测、评估、预警体制机制。近年来，中国人民银行加强系统性金融风险监测和评估，全面评估我国金融体系稳健性状况，定期发布《中国金融稳定报告》。2012年起对银行业开展压力测试，覆盖约4000家银行业金融机构，形成了广域覆盖、层次清晰、内容丰富的压力测试体系和常态化工作机制②。运用金融市场压力指数、股票质押融资风险压力测试、公募基金流动性风险压力测试、保险业专项压力测试等工具，及时监测资本市场、保险业风险及跨市场风险状况。**其次，持续完善宏观审慎体制。**2003年，人民银行在房地产金融领域首次引入最低首付比例政策。党的十九大报告明确提出要“健全货币政策和宏观审慎政策双支柱调控框架，深化利率和汇率市场化改革”，是2008年国际金融危机后，针对新时代我国经济金融运行现实的重大战略部署和理论创新。2021年，中国人民银行发布《宏观审慎政策指引（试行）》，明确了我国宏观审慎政策工具箱，系统细化了货币政策和宏观审慎“双支柱”监管框架③。**再次，实施并完善存款保险制度。**1993年，国务院提出建立存款保险基金，保障社会公众利益。2014年，国务院法制办公室就《存款保险条例（征求意见稿）》向社会征求意见。2015年3月，国务院正式公布《存款保险条例》（中华人民共和国国务院令2015年第660号），并决定自5月1日起施行，标志着我国存款保险制度正式建立。**最后，完善跨境资本流动管理框架。**2017年，我国提出了跨境资本流动“宏观审慎+微观监管”两位一体管理框架，有效维护外汇市场稳定，促进跨境资金双向均衡流动。随后，《银行外汇业务合规与审慎经营评估内容》（汇综发〔2021〕64号）、《银行跨境业务反洗钱和反恐怖融资工作指引（试行）》（银发〔2021〕16号）、《境外机构投资者投资中国债券市场资金管理规定》（银发〔2022〕258号）等一系列重大文件先后出台，进一步健全外汇市场“宏观审慎+微观监管”两位一体管理框架。

四是对等提出负面清单制度，在特定阶段维护国家产业安全。改革开放以来，出

---

① 王雪辰．非凡十年·能源发展成就报告——能源体制改革篇［EB/OL］．https：//news.bjx.com.cn/html/20221031/1264824.shtml.

② 中国人民银行金融稳定局党支部．央行：金融稳定保障基金基础框架初步建立已有一定资金积累［EB/OL］．https：//baijiahao.baidu.com/s？id=1803012210059614340&wfr=spider&for=pc.

③ 宏观审慎管理体系更趋健全　防范化解系统性金融风险能力持续夯实［EB/OL］．https：//baijiahao.baidu.com/s？id=1721620244492723516&wfr=spider&for=pc.

于经济发展阶段和产业发展安全的考虑，我国制定并颁布了《外商投资产业指导目录》《指导外商投资方向规定》等法规，调整外商投资的产业方向。1995 年，国家计委、经贸委、外经贸部首次联合发布《外商投资产业指导目录》，成为我国在规范外商投资、引导进出口贸易方面操作性最强的一部法规，此后历经多次修订。随着我国产业环境、政策环境、法治环境的日益完善，我国具备更高水平开放的基础，开始有步骤、有计划地放开产业投资限制。2016 年 3 月，我国制定《市场准入负面清单草案(试点版)》，在天津、上海、福建、广东四省市先行试点。2017 年，试点范围扩大到 15 个省市。在认真总结试点经验基础上，2018 年 12 月，经中共中央、国务院批准，国家发展改革委、商务部发布《市场准入负面清单（2018 年版)》，标志着我国全面实施市场准入负面清单制度①。清单主体包括“禁止准入类”和“许可准入类”两大类。禁止准入类事项包括 4 个事项，分别是法律法规明确设立的与市场准入相关的禁止性规定、《产业结构调整指导目录》中禁止投资和禁止新建的项目、“禁止违规开展金融相关经营活动”以及“禁止违规开展互联网相关经营活动”。对于禁止类事项，市场主体不得进入，行政机关不予审批。此后，商务部持续强化外资政策支持，深入贯彻落实国务院《关于进一步优化外商投资环境加大吸引外商投资力度的意见》（国发〔2023〕11 号)，合理缩减外资准入负面清单，进一步取消或放宽外资准入限制。经过 7 次缩减，负面清单条目由最初的 190 项缩减到 27 项，制造业条目归零②。

（3）深化公共安全保障机制改革

一是加快完善国家应急管理体制机制，为提升应急管理效能提供制度保障。首先，构建中国特色应急管理体制。党的十八大以来，以习近平同志为核心的党中央高度重视应急管理工作，对我国应急管理体制进行系统性、整体性重构，组建了应急管理部和国家综合性消防救援队伍，基本形成统一指挥、专常兼备、反应灵敏、上下联动的中国特色应急管理体制，建立了风险联合会商研判、防范救援救灾一体化、扁平化应急指挥等工作机制，提升了应急管理效能③。**其次，推动形成巨灾保险制度。**银保监会指导 40 多家保险公司组建中国城乡居民住宅地震巨灾保险共同体，各地方结合自身风险特点开展试点，推动巨灾保险在广东、四川等十多个省市落地。2024 年 3 月，金融监管总局、财政部印发《关于扩大城乡居民住宅巨灾保险保障范围　进一步完善巨灾保险制度的通知》（金规〔2024〕2 号)，从扩展巨灾保险责任、提升基本保险金额、支持商业巨灾保险发展等三方面进一步完善巨灾保险制度建设，加快推动巨灾保险高质量发展。

二是深入推进安全生产保障体制机制改革，全面落实安全生产责任制。2016 年印发的《关于推进安全生产领域改革发展的意见》（国务院公报 2017 年第 1 号）提出，

① 邱海峰．中国全面实施市场准入负面清单制度　非禁即入［EB/OL］．https：//china.huanqiu.com/article/9CaKrnKgjIv.

② 新时代改革开放新高地［N］．人民日报，2023-09-26（14）.

③ 应急管理部．中国这十年　新时代中国特色应急管理体制基本形成［EB/OL］．https：//aq.rednet.cn/content/2022/08/31/11772477.html.

着力强化企业安全生产主体责任，着力堵塞监督管理漏洞，着力解决不遵守法律法规的问题，依靠严密的责任体系、严格的法治措施、有效的体制机制、有力的基础保障和完善的系统治理，切实增强安全防范治理能力。此后，《国务院安委会办公室关于全面加强企业全员安全生产责任制工作的通知》（安委办〔2017〕29号）、《地方党政领导干部安全生产责任制规定》、《安全生产十五条措施》等一系列文件先后印发，重大事故指标被纳入对各地区高质量发展考核体系之中，建立地方党政领导干部安全生产“职责清单”和年度“工作清单”，国务院安委会成员单位安全生产工作任务分工得到重新修订，安委会成员单位安全生产工作考核办法首次出台，“三个必须”监管职责得以进一步强化①。

三是完善食品药品安全监管制度，使食品药品安全监管工作“有章可循”。首先，完善食品药品安全监管政策、法律法规和标准体系。国家层面制定《食品安全标准与监测评估“十四五”规划》（国卫食品发〔2022〕28号），修改《食品安全法》，印发《企业落实食品安全主体责任监督管理规定》（国家市场监督管理总局令第60号）、《食品生产经营监督检查管理办法》（国家市场监督管理总局令第49号）、《食品生产许可审查通则（2022版）》（国家市场监督管理总局2022年第33号）、《食品相关产品质量安全监督管理暂行办法》（国家市场监督管理总局令第62号）、《食品安全风险评估管理规定》（卫监督发〔2010〕8号）等法规制度，制定《白酒质量安全追溯体系规范》《冷藏肉腐败变质实时监测装置》等200余项行业标准计划，批准发布《豆类罐头》《食品工业不锈钢管》等100余项行业标准，有效提升了食品的质量水平和市场竞争力，建立包括食品安全管理体系、危害分析与关键控制点（HACCP）体系和有机产品等在内的10种国家推行的认证制度，覆盖食品农产品生产、流通等所有环节②。**其次，强化食品全链条质量安全监管制度。**国家层面先后出台《全面加强药品监管能力建设的实施意见》、《关于深化改革加强食品安全工作的意见》（国务院公报2019年第15号）、《关于促进食品工业健康发展的指导意见》（发改产业〔2017〕19号）、《餐饮质量安全提升行动方案》，为食品安全监管提供有力制度支撑。**最后，构建药品和疫苗全生命周期管理机制。**《药品网络销售监督管理办法》（国家市场监督管理总局令第58号）、《疫苗生产流通管理规定》（国家药监局2022年第55号）、《药品年度报告管理规定》（国药监药管〔2022〕16号）、《细胞治疗产品生产质量管理指南（试行）》（国家药监局2022年第4号）等一系列文件出台，《药品召回管理办法》进一步修订，GMP附录《临床试验用药品》《细胞治疗产品GMP指南》先后印发实施，化药和生物制品说明书模板进行改版，初步构建起药品和疫苗全生命周期管理机制。

四是完善生物安全风险防控和治理体制机制。首先，完善生物安全风险防控体制机制。国家层面出台《生物安全法》，海关总署建立了国门生物安全基础数据信息资

---

① 蔡岩红．截至去年底已对一万余家企业实施联合惩戒　安全生产专项整治三年行动进入“攻坚之年”［EB/OL］．http：//epaper.legaldaily.com.cn/fzrb/content/20210416/Articel05004GN.html.

② 国家市场监督管理总局．对十三届全国人大四次会议第3549号建议的答复［EB/OL］．https：//baijiahao.baidu.com/s?id=1716572215985329413&wfr=spider&for=pc.

源平台，形成风险预警和应急处置机制，启动风险预警和快速反应机制，发布风险预警信息。**其次，探索生物安全领域国际合作机制。**2021 年，中俄共同发表关于加强《禁止生物武器公约》的联合声明。2022 年，世界卫生组织发布《负责任地使用生命科学的全球指导框架》，由天津大学牵头的《生物安全科学家行为准则天津指南》作为中国提出的道德准则成为框架高级别原则。新冠疫情发生以来，我国持续推进病毒溯源研究工作，积极与世界卫生组织沟通合作，组织实施中国—世卫组织新冠病毒溯源联合研究。

（4）健全社会稳定和安全机制

一是健全社会治理体制。党的十八届三中全会提出创新社会治理体制。党的十九大提出完善党委领导、政府负责、社会协同、公众参与、法治保障的社会治理体制。通过一系列基层治理体制机制创新，努力实现政府治理和社会自我调节、居民自治的良性互动。适应社会治理新形势，党的十九届四中全会在总结基层治理经验基础上，提出完善党委领导、政府负责、民主协商、社会协同、公众参与、法治保障、科技支撑的社会治理体系，使社会治理体系要素更完备、结构更合理[①]。党的十九届五中全会把“社会治理特别是基层治理水平明显提高”作为“十四五”时期我国经济社会发展主要目标的重要内容，《国民经济和社会发展第十四个五年规划和 2035 年远景目标纲要》对健全党组织领导的自治、法治、德治相结合的城乡基层社会治理体系作出具体部署[②]。2020 年 4 月，党中央决定成立平安中国建设协调小组；4 月 21 日，平安中国建设协调小组召开第一次会议，提出抓紧建立健全相关工作制度机制、组建各专项组，确保工作高效有序运行。此后，党中央推动建立健全坚强有力的组织领导体制、系统完备的制度体系、融合联动的工作机制，党委领导、政府负责、群团助推、社会协同、公众参与的社会治理体制不断健全，共建共治共享的社会治理格局基本形成[③]。

二是健全社会矛盾综合治理机制。首先，健全社会安全前期人民调解、行政调解、司法调解联动工作体制机制。《关于深化人民法院一站式多元解纷机制建设推动矛盾纠纷源头化解的实施意见》（法发〔2021〕25 号）、《关于进一步加强劳动人事争议协商调解工作的意见》（人社部发〔2022〕71 号）、《关于审理涉执行司法赔偿案件适用法律若干问题的解释》（法释〔2022〕3 号）等文件先后发布，优化调解工作方法。**其次，优化信访制度。**《信访工作条例》出台，于 2022 年 5 月 1 日起施行。2023 年，全国信访系统推进各级信访工作联席会议机制建设，省、市两级实现全覆盖，县级覆盖率达到九成，27 个省份实现了乡镇（街道）一级全覆盖[④]。**再次，完善社会心理服务体系和危机干预机制。**2018 年，国家卫生健康委等 10 部门联合印发《全国社会心理服务体系建设试点工作方案》（国卫疾控发〔2018〕44 号），提出将心理健康服务

---

① 让基层既充满活力又安定有序（人民观察）[N]. 人民日报，2021-03-26（14）.

② 让基层既充满活力又安定有序（人民观察）[N]. 人民日报，2021-03-26（14）.

③ 陈一新. 完善社会治理体系 [N]. 人民日报，2021-01-11（9）.

④ 冯家顺，白阳. 新华社：2024 年国家信访局将全面推进信访工作法制化 [EB/OL]. https://www.gjxfj.gov.cn/2024-01/29/c_1212331854.html.

融入社会治理体系、精神文明建设，融入平安中国、健康中国建设①。2019 年，国家卫生健康委等 9 部门印发《全国社会心理服务体系建设试点地区名单及 2019 年重点工作任务》（国卫办疾控函〔2019〕539 号），在全国 56 个地区部署第一批社会心理服务体系建设试点项目，初步搭建我国社会心理服务网络。随着学生心理健康受到关注，2023 年，教育部等 17 部门印发《全面加强和改进新时代学生心理健康工作专项行动计划（2023—2025 年）》，推动完善学校、家庭、社会和相关部门协同联动的学生心理健康工作格局。当前，社会心理服务体系建设试点工作成果显现，已进入经验总结和推广阶段。**最后，深入推进市域社会治理现代化试点改革。**2019 年以来，国家按照“同步起跑、自愿试点、分批推进、接续达标”的思路部署开展市域社会治理现代化试点工作，制定《全国市域社会治理现代化试点工作指引》，分类指导试点地区探索创新，推动社会治理在市域整体统筹、工作举措在市域精准落地、重大风险在市域有效化解，社会治理整体效能充分显现②。

（5）参与和推动全球治理体系建设

一是构建亚太地区安全机制。改革开放以来尤其是冷战结束以来，我国致力于推进地区安全机制建设，同有关国家共同发起成立上海合作组织和六方会谈，搭建香山论坛平台，建立中国—东盟执法安全合作部长级对话机制、筹建澜沧江—湄公河综合执法安全合作中心，积极支持亚洲相互协作与信任措施会议加强能力和机制建设，参与东盟主导的多边安全对话合作机制③。其中，中国—东盟合作已建立近 50 个领域和机构的对话合作机制，为地区和平发展发挥建设性作用。同时，我国在各个地区机制下提出一系列非传统安全领域合作倡议，有力推动了相关领域交流与合作。我国致力于维护地区海上安全和秩序，加强机制规则建设。2014 年，中国推动在华举行的西太平洋海军论坛年会通过《海上意外相遇规则》，对海军舰机海上意外相遇时的海上安全程序、通信程序、信号简语、基本机动指南等做了规定④。

二是构建国际安全协作机制。首先，广泛参与全球安全治理体系。我国积极参与军控与裁军等领域事务，为重大问题解决和重要规则制定贡献中国方案。目前，我国已成为联合国维和的主力军。同时，我国和其他国家的共同努力已促使上海合作组织成为地区安全合作的典范。我国与欧洲、非洲、美洲等国也不断开展军事交流，共同促进世界和平与稳定。**其次，创新提出国际安全问题处理思路。**我国积极发挥负责任的大国作用，在朝鲜半岛问题上先后提出“双暂停”和“双轨并行”思路；在伊朗核问题上，我国主张经过协商一致并得到安理会认可的多边协议应当得到遵守。我国积极推动阿富汗、叙利亚、巴勒斯坦等问题的政治解决进程。**最后，构建多边安全合作**

① 徐鹏航，李恒．守护“心”健康——全国社会心理服务体系建设观察［EB/OL］．https：//baijiahao.baidu.com/s?id=1794298542607623662&wfr=spider&for=pc.

② 陈一新．完善社会治理体系［N］．人民日报，2021-1-11（9）.

③ 中华人民共和国国务院新闻办公室．《中国的亚太安全合作政策》白皮书．［EB/OL］．https：//www.gov.cn/xinwen/2017-01/11/content_5158864.html.

④ 中华人民共和国国务院新闻办公室．《中国的亚太安全合作政策》白皮书．［EB/OL］．https：//www.gov.cn/xinwen/2017-01/11/content_5158864.html.

机制。近年来，通过军事交流、军事演习等方式，我国与许多国家建立起了更加紧密的安全合作关系，使得中国全球伙伴关系网络的安全支持作用增强。截至 2019 年 7 月，我国已同 150 多个国家开展军事交往，在驻外使馆（团）设有 130 个驻外武官机构，116 个国家在我国设立武官处，同 41 个国家和国际组织建立防务磋商对话机制 54 项，以此推动构建平等互信、合作共赢的新型安全伙伴关系①。

三是积极参与并完善全球经济治理机制。改革开放以来，我国在联合国、WTO、G20 等框架下，积极参与并推动完善全球贸易投资自由化便利化体制机制，推动经济全球化均衡发展。**首先**，积极参与世贸组织改革，全面履行“入世”承诺，大幅放宽市场准入，进口关税总水平由 15.3%降至 7.4%，实施外资准入负面清单管理制度，部分领域开放水平甚至超过一些发达国家②。**其次**，在 G20 杭州峰会首创贸易投资合作机制，促进金砖、上合、中非、中拉、中阿合作机制化、系统化。**最后**，加强多边区域经贸务实合作，就支持多边贸易体制发出中国声音，在坚定维护多边贸易体制的同时，加快实施自贸区战略，推动并落实 RCEP 合作，对推动完善全球贸易自由化便利化体制机制、稳定和优化供应链产业链发挥了重要作用。

四是积极参与并完善全球粮食安全合作框架。加入 WTO 后，我国严格履行“入世”时的关税削减承诺，在双边自由贸易协定下降低农产品进口关税，为促进农产品贸易自由化便利化、增强农业产业链供应韧性创造有利条件；积极推动世界贸易组织（WTO）涉农规则改革，参与众多国际标准规则制定③。在二十国集团框架下提出国际粮食安全合作倡议，推动通过《金砖国家粮食安全合作战略》，推动完善全球粮食安全合作体制机制。同时，我国在多边机制下，与联合国粮农组织、联合国世界粮食计划署、世界动物卫生组织、国际农业研究磋商组织、世界贸易组织、国际农业发展基金等建立了长期稳定的农业合作关系，是联合国粮农组织“南南合作”框架下资金援助最多、派出专家最多、开展项目最多的发展中国家④。

五是推动构建全球数字安全治理体制机制。数字领域治理是全球经济治理的新领域，在很多方面存在空白。数据安全攸关国家安全、公共利益和个人权利。应对数字鸿沟、网络犯罪、黑客袭击问题，制定数字经济法律法规等，需要各国共同商量、携手推动。我国积极参与全球数字治理领域的规则制定、议程设置、机制创设等。2016 年，我国推动通过《二十国集团数字经济发展与合作倡议》，2020 年提出《全球数据安全倡议》。我国提出秉持以人为中心、基于事实的政策导向，支持联合国发挥领导作用，同各方探讨并制定全球数字治理规则，推动全球在数据安全领域的治理与

---

① 凌胜利，杨帆．新中国 70 年国家安全观的演变［EB/OL］．https：//mp. weixin. qq. com/s? __biz=MzIwMzYyMzQ5MQ==&mid=2247495000&idx=2&sn=e609b5f783df1a36ab24c12e8b3f87b9&chksm=96ce3074a1b9b96204c5766426b839755de00715457c951a56ef402ea2811e724fe670fe5f82&scene=27.

② 赵忠秀．促进全球治理体系公平发展的中国担当［N］．光明日报，2023-1-30（12）.

③ 农民日报．全球粮食安全与农业可持续发展的中国贡献［EB/OL］．https：//ribao. xyxww. com. cn/html/2023-10/25/content_133419. html.

④ 农民日报．全球粮食安全与农业可持续发展的中国贡献［EB/OL］．https：//ribao. xyxww. com. cn/html/2023-10/25/content_133419. html.

合作[①]。

六是参与全球公共卫生治理体系变革。多年来，我国与世卫组织开展医改、疾病防控等务实合作。我国呼吁国际社会加大对世卫组织的支持和投入，发挥其关键领导作用，建立健全全球公共卫生安全长效融资机制、威胁监测预警与联合响应机制、资源储备和资源配置体系等合作机制，构建人类卫生健康共同体[②]。在应对新冠疫情上，我国积极参与全球公共卫生治理体系改革和建设，以实际行动支持世卫组织提出的"全球疫苗接种战略"，发起"一带一路"疫苗合作伙伴关系倡议，推动复工复产，向全球提供大量抗疫物资和疫苗，派出抗疫专家组，为疫情防控和遏制起到了重要作用，实践了构建人类卫生健康共同体[③]。2020 年 1 月我国主动提出并与世界卫生组织建立技术交流机制以来，我国专业技术部门、有关专业机构和专家一直同世界卫生组织保持着密切沟通。据不完全统计，双方在新冠疫情防控、医疗救治、疫苗研发、病毒溯源等领域开展技术交流 60 余次。

2. 基本方向

安全体制改革过程中，要始终突出"大安全"理念，统筹推进各领域国家安全工作；强化科技赋能，提高运用尖端科技维护国家安全的能力；运用法治思维和法治方式开展国家安全制度改革，健全完善国家安全法治体系；推进国家安全体系和能力现代化，为推进中国式现代化提供强有力的安全制度保障。

（1）突出"大安全"理念，织密国家安全体系网络

突出"大安全"理念，全面深化国家安全体制改革，统筹推进重点领域国家安全工作，完善重点领域安全保障体系和重要专项协调指挥体系，并全面扩展至政治、军事、国土、经济、金融、文化、社会、科技、网络、粮食、生态、资源、核、海外利益、太空、深海、极地、生物、人工智能、数据等 20 个领域，织密国家安全体系网络，防范和化解影响我国现代化进程的各种风险，实现国家安全各领域战略布局一体融合、战略资源一体整合、战略力量一体运用。

（2）做强网络化、做优数据化、做快智能化[④]，提高运用尖端科技维护国家安全的能力

顺应大数据、人工智能重塑国家安全发展形势的时代潮流，强化科技赋能、做好科技保障，提高运用科学技术维护国家安全的能力。一方面，瞄准事关国家安全的重大工程科技问题，加快自主创新成果转化应用，打造更多攻防制胜的先进手段。另一方面，做强网络化，打造网络尖端技术，提升依托网络技术维护国家安全能力。做优数据化，统筹"算料算力算法"建设，汇聚海量算料、善用强大算力、创新先进算法，以数为"媒"促进防范化解重大风险能力提升。做快智能化，开展前瞻研究和战

---

① 改革和完善全球治理体系（思想纵横）［N］. 人民日报，2021-03-01（9）.

② 赵忠秀 . 促进全球治理体系公平发展的中国担当［N］. 光明日报，2023-01-30（12）.

③ 赵忠秀 . 促进全球治理体系公平发展的中国担当［N］. 光明日报，2023-01-30（12）.

④ 陈一新 . 深入学习贯彻总体国家安全观　坚定不移地维护国家安全［EB/OL］. https：//www. thepaper. cn/newsDetail_forward_27206831.

略布局，加快实施国家安全智能化发展战略，以科技赋能增效助推国家安全工作成效提升。

(3) 强化法治保障，在法治轨道上推动构建新安全格局

坚持全面依法治国，强化法治保障，运用法治思维和法治方式开展国家安全制度改革，健全完善国家安全法治体系，加快制定各重要领域国家安全政策，在法治轨道上全面推进国家安全体系和能力建设，防止权力失范和社会失序，有效预防和消除社会风险发生。统筹推进国内法治和涉外法治，协调推进国内治理和国际治理，充分利用法律手段开展维护国家安全的斗争，实现自身安全与共同安全相协调。

(4) 全面推进国家安全体系和能力现代化，有力支撑中国式现代化建设

推进国家治理体系和治理能力现代化，改革不适应实践发展要求的安全体制机制、法律法规，把成熟的实践经验转化为制度成果，使各项制度更加科学、更加完善，实现党、国家、社会各项事务治理制度化、规范化、程序化，加快提升国家安全体系和能力现代化水平，为推进中国式现代化提供强有力的安全制度保障。

3. 难点卡点

安全体制改革过程中，一些难点卡点逐渐显现，我国在防范化解重大风险、安全监管和确保关键产业链安全等三大领域仍需持续发力，深化相关体制机制改革。

(1) 防范化解重大风险能力仍有待提升

近年来，安全环境复杂多变，我国防范化解重大风险体系仍需健全。一方面，我国社会治理面临不少新情况新挑战，如征地拆迁、噪声污染、家庭纠纷、邻里纠纷、劳资纠纷、高空坠物、P2P 爆雷等问题频发，重大矛盾问题凸显，社会治理方式改革略显迟缓。另一方面，一些地方防范重大矛盾、化解重大风险的能力还有待提高，市域社会治理的效能还没有得到充分发挥。

(2) 安全监管领域仍存短板

近年来，重点领域安全监管问题仍然不断暴露。一方面，煤矿、非煤矿山、危险化学品等重点行业领域安全事故频发，凸显安全监管体系尚存短板。另一方面，新能源等新业态新领域的重大事故隐患专项排查整治尚存监管责任不明确、行业标准不规范、整改验收缺标准等问题，新业态新领域安全监管亟须加强制度建设。

(3) 关键产业链安全稳定难以得到有效保障

从国家安全的战略高度来看，产业安全与粮食安全、科技安全、能源安全、金融安全等领域密切相关。近年来，我国产业链安全风险突出，因关键核心技术和零部件仍存在一些明显的薄弱环节、产业转移和技术路线转换以及产业链安全管理体系滞后等因素引发了诸多问题，其根本原因在于产业链能力的缺失，或者供应链网络上某个关键环节的破坏。

(三) 安全体制改革的基本经验——46 年的经验

党中央坚决做好国家安全工作，国家安全观在我国革命、建设、改革的历程中不断积淀底蕴、拓展外延，推动了安全体制改革的逐步深入。在此过程中，始终坚持党

对国家安全工作的绝对领导，坚持人民安全、政治安全、国家利益至上有机统一，坚持统筹发展和安全两件大事，坚持走和平发展道路，国家安全体制改革取得重大进展，国家安全得到有力保障。

1. 坚持党对国家安全工作的绝对领导

党的领导是中国特色社会主义最本质的特征，是中国特色社会主义制度的最大优势，国家安全工作必须坚持党的绝对领导。适应国家安全新形势新任务，**党的十八届三中全会决定成立中央国家安全委员会，建立集中统一、高效权威的国家安全领导体制，这在我们党的历史上是第一次。习近平总书记亲自担任中央国安委主席**。以习近平同志为核心的党中央科学研判时与势，辩证把握危与机，打赢了一场又一场硬仗，化解了一个又一个风险，有力捍卫了国家主权、安全、发展利益，维护了政治安全、社会安定、人民安宁。实践充分证明，党的绝对领导是做好国家安全工作的根本原则，是维护国家安全和社会安定的根本保证①。在全面建设社会主义现代化国家、实现中华民族伟大复兴的历史进程中，我们必须坚持党的领导，完善集中统一、高效权威的国家安全领导体制，充分发挥党总揽全局、协调各方的领导核心作用，团结带领人民形成万众一心维护国家安全的磅礴伟力②。

2. 坚持人民安全、政治安全、国家利益至上有机统一

我国国家利益与人民安全、政治安全具有内在一致性。**国家安全以人民安全为宗旨，以政治安全为根本，以国家利益至上为准则，实现人民安居乐业、党的长期执政、国家长治久安**。我们党始终把为中国人民谋幸福、为中华民族谋复兴作为初心和使命，以人民安全为宗旨，把保持社会平安稳定作为治国理政的重大任务。政治安全涉及国家主权、政权、制度和意识形态的稳固，是一个国家最根本的需求，是一切国家生存和发展的基础条件③。一个国家对外不能独立自主，内部政治动荡，就不可能维护自身利益，就不可能实现长远发展。政治安全的核心是政权安全和制度安全。我国是中国共产党领导的社会主义国家，维护政治安全最根本的就是维护中国共产党的领导和执政地位、维护中国特色社会主义制度。维护政治安全是全国各族人民根本利益所在，只有坚定不移地维护政治安全，才能更好地保障国家利益。

3. 坚持统筹发展和安全两件大事

习近平总书记在 2016 年 4 月召开的网络安全和信息化工作座谈会上指出，**安全是发展的前提，发展是安全的保障，安全和发展要同步推进**。统筹发展和安全，是对新中国成立 70 多年来推进社会主义现代化建设经验的深刻总结。没有发展，安全就没有保障；没有安全，发展就不可持续。中国特色国家安全道路坚持统筹发展和安全两件

---

① 为党和国家兴旺发达、长治久安提供有力保证（深入学习贯彻党的十九届六中全会精神）[N]. 人民日报，2022-08-05（11）.

② 深刻认识中国特色国家安全道路（深入学习贯彻习近平新时代中国特色社会主义思想）[N]. 人民日报，2022-04-15（9）.

③ 深刻认识中国特色国家安全道路（深入学习贯彻习近平新时代中国特色社会主义思想）[N]. 人民日报，2022-04-15（9）.

大事，既善于运用发展成果夯实国家安全的实力基础，又善于塑造有利于经济社会发展的安全环境，做到坚持发展不停步、维护安全不懈怠，实现高质量发展和高水平安全良性互动①。**必须牢牢坚持发展这个第一要务，同时保障政治安全、国土安全、经济安全、文化安全、社会安全、科技安全、网络安全、海外利益安全、生物安全等国家安全领域**，为发展创造有利条件，把安全发展贯穿国家发展各领域和全过程，防范和化解影响我国现代化进程的各类风险，促进全面、协调、可持续发展②。

4. 坚持走和平发展道路

中国特色国家安全道路的对外呈现即和平发展道路，中国坚持统筹自身安全和共同安全，反对“国强必霸”，致力于兼济天下。当今世界安全形势的新特点新趋势决定了全球性挑战需要各国通力合作来应对。习近平总书记在 2017 年 9 月召开的国际刑警组织第八十六届全体大会开幕式上指出，**安全问题确实是事关人类前途命运的重大问题，如果解决不好，人类和平与发展的崇高事业就难以顺利推进**。要有效应对人类面临的困难和挑战，合作是我们唯一的选择，必须坚持合作共建，实现持久安全。中国坚持走和平发展道路，只有坚持和平发展的理念，才能有基础牢固、真正持久的安全③。中国主张任何国家都不能也不应脱离世界安全、以他国安全为代价而实现自身安全，始终做维护世界和平的坚定力量。中国倡导照顾各国合理的安全关切，不能为了一个国家安全而使其他国家不安全，更不能牺牲别国安全谋求自身所谓的“绝对安全”。

（四）党的十八大以来安全体制改革取得的新突破和新成效

党的十八大以来，以习近平同志为核心的党中央加强对国家安全工作的集中统一领导，把坚持总体国家安全观纳入新时代坚持和发展中国特色社会主义基本方略，从全局和战略高度对国家安全作出一系列重大决策部署，强化国家安全工作顶层设计，完善各重要领域国家安全政策，健全国家安全法律法规，国家安全得到全面加强，经受住了来自政治、经济、意识形态、自然界等方面的风险挑战考验，为党和国家兴旺发达、长治久安提供了有力保证。

1. 国家安全理论实现重大创新

2014 年 4 月 15 日，习近平总书记在中央国家安全委员会**第一次会议上创造性提出，必须坚持总体国家安全观。总体国家安全观形成了“五大要素”和“五对关系”的内容④**。习近平总书记在十九届中央国家安全委员会第一次会议上提出坚持人民安

---

① 深刻认识中国特色国家安全道路（深入学习贯彻习近平新时代中国特色社会主义思想）[N]. 人民日报，2022-04-15（9）.

② 戴维来. 为中国式现代化夯实安全之基 [EB/OL]. https：//www. gmw. cn/xueshu/2023 - 04/27/content_36527150. html.

③ 深刻认识中国特色国家安全道路（深入学习贯彻习近平新时代中国特色社会主义思想）[N]. 人民日报，2022-04-15（9）.

④ 具体内容包括：坚持以人民安全为宗旨，以政治安全为根本，以经济安全为基础，以军事、文化、社会安全为保障，以促进国际安全为依托，走出一条中国特色国家安全道路；既重视外部安全，又重视内部安全；既重视国土安全，又重视国民安全；既重视传统安全，又重视非传统安全；既重视发展问题，又重视安全问题；既重视自身安全，又重视共同安全。

全、政治安全、国家利益至上的有机统一，进一步发展了总体国家安全观①。党的十九届五中全会首次把统筹发展和安全纳入“十四五”时期我国经济社会发展的指导思想，并提出“把安全发展贯穿国家发展各领域和全过程”。习近平总书记在主持中央政治局第二十六次集体学习时就贯彻总体国家安全观提出“十个坚持”的要求，明确了总体国家安全观的核心要义。总体国家安全观深刻回答了新时代国家安全的重大理论和实践问题，标志着党对国家安全基本规律的认识达到了新高度，为发展马克思主义国家安全理论作出重大原创性贡献，为维护和塑造新时代国家安全提供了行动纲领，为完善全球安全治理贡献了中国方案②。

2. 国家安全领导体制更加完善

党的十八届三中全会决定成立中央国家安全委员会，完善集中统一、高效权威的国家安全领导体制，这在党的历史上是第一次。习近平总书记亲自担任中央国安委主席，建立起集中统一、高效权威的国家安全领导体制。《中国共产党领导国家安全工作条例》《党委（党组）国家安全责任制规定》等文件先后出台，系统明确国家安全“谁来领导、怎样领导，谁来落实、怎样落实”等重大问题，进一步从制度上强化了党的绝对领导。随着国家安全工作顶层设计不断完善，集中统一、高效权威的国家安全领导体制更加成熟，国家安全工作得到全面加强，牢牢掌握了维护国家安全的全局性主动。

3. 国家安全体系加速完善

党的十八大以来，国家安全法治体系、战略体系和政策体系不断完善。2015 年 7 月 1 日，《国家安全法》公布实施，开启了国家安全法治建设的崭新篇章③。以国家安全法为引领，《反间谍法》《反恐怖主义法》《境外非政府组织境内活动管理法》《网络安全法》《国家情报法》《核安全法》《反外国制裁法》《数据安全法》等国家安全立法纷纷出台，为新时代依法捍卫国家安全提供了坚实保障。同时，建立起重点领域、重要专项协调机制，有效加强各领域各环节工作统筹，推动国家安全体系更加完善、能力显著增强，让新时代国家安全工作实现了分散到集中、迟缓到高效、被动到主动的历史性变革④。

4. 国家安全能力全面提升

党的十八大以来，各地区各部门坚持底线思维，增强斗争精神、提高斗争本领，严格落实防范化解各种风险的领导责任和工作责任，着力提高风险预判和处置能力，牢牢守住了不发生系统性风险的底线。国家安全保障能力建设被纳入“十三五”“十

① 为党和国家兴旺发达、长治久安提供有力保证（深入学习贯彻党的十九届六中全会精神）[N]. 人民日报，2022-08-05（11）.

② 陈一新．全面贯彻总体国家安全观 [EB/OL]. https：//baijiahao. baidu. com/s? id=1796383593507016307&wfr=spider&for=pc.

③ 国家安全得到全面加强（奋进新征程　建功新时代·非凡十年）[N]. 人民日报，2022-09-20（1）.

④ 陈一新．全面贯彻总体国家安全观 [EB/OL]. https：//baijiahao. baidu. com/s? id=1796383593507016307&wfr=spider&for=pc.

四五”规划纲要，国家层面持续加大对维护国家安全所需的物质、技术、装备、人才、法律、机制等方面保障能力建设，不断增强国家安全保障能力，更好适应了国家安全工作需要①。海外安全保障能力建设不断加强，有力维护了我国公民、法人在海外合法权益，维护了海洋权益。值得注意的是，我国经济安全保障能力持续提升②：粮食产购储加销体系不断健全，牢牢守住了 18 亿亩耕地红线，实现谷物基本自给、口粮绝对安全；能源供给保障能力持续提升，一次能源生产总量达到 48. 3 亿吨标准煤，可再生能源发电装机超过总装机的 50%；产业链供应链自主可控能力不断增强，产业安全发展短板加快补齐，大宗商品、原材料保供稳价有力有序；数据安全能力建设持续推进，数据安全制度体系基本形成，出台全球首部专门规范生成式人工智能服务的规章——《生成式人工智能服务管理暂行办法》③；金融风险防控体制机制逐步完善。

5. 国家安全的人民防线更加巩固

习近平总书记在 2016 年 4 月作出重要指示强调，深入开展国家安全宣传教育，切实增强全民国家安全意识。强化人民群众的国家安全意识，是国家安全工作的固本之策和长久之计。党的十八大以来，首次设立全民国家安全教育日，**首次制定《大中小学国家安全教育指导纲要》，首次设立国家安全学一级学科**，实现了国家安全宣传教育进机关、进农村、进社区、进企业、进学校、进军营、进网络，人民群众国家安全意识显著增强。坚持国家安全一切为了人民、一切依靠人民，动员全党全社会共同努力，汇聚起维护国家安全的强大力量，夯实国家安全的社会基础。

6. 成功应对一系列重大风险挑战

党的十八大以来，以习近平同志为核心的党中央成功应对了一系列重大风险挑战，保持了我国国家安全大局稳定。**一是切实打好捍卫政治安全主动仗。**严密防范和严厉打击敌对势力渗透、破坏、颠覆、分裂活动，顶住和反击外部极端打压遏制，在涉港、涉台、涉疆、涉藏、涉海、人权等一系列重大问题上敢斗善斗，打赢多场硬仗，有力地回击外部势力对我国内政的干涉④。**二是稳妥防范化解经济安全风险。**面对严峻复杂的国内外环境，以习近平同志为核心的党中央统筹国内国际两个大局，统筹发展安全两件大事，坚持稳字当头、稳中求进，扎实做好“六稳”工作、全面落实“六保”任务，在确保安全的同时努力推动高质量发展⑤。**三是新冠疫情防控取得重大战略成果。**14 亿多中国人民团结一心、众志成城，夺取了全国抗疫斗争重大战略成果，为筑牢国家安全屏障奠定了更加坚实牢固的社会基础⑥。

---

① 国家安全得到全面加强（奋进新征程 建功新时代·非凡十年）［N］. 人民日报，2022-09-20（1）.

② 中共国家发展改革委党组．进一步全面深化经济体制改革 以高质量发展推进中国式现代化［EB/OL］. https：//mp. weixin. qq. com/s/LYlPW0p0-z_vBw4eD4bzLg.

③ 国家数据局．数字中国发展报告（2023 年）［EB/OL］. https：//www. szzg. gov. cn/2024/szzg/xyzx/202406/P020240630600725771219. pdf.

④ 国家安全得到全面加强（奋进新征程 建功新时代·非凡十年）［N］. 人民日报，2022-09-20（1）.

⑤ 国家安全得到全面加强（奋进新征程 建功新时代·非凡十年）［N］. 人民日报，2022-09-20（1）.

⑥ 国家安全得到全面加强（奋进新征程 建功新时代·非凡十年）［N］. 人民日报，2022-09-20（1）.

二、进一步全面深化安全体制改革面临的新形势新要求

在以习近平同志为核心的党中央坚强领导下，在总体国家安全观的科学指导下，新时代国家安全工作取得历史性成就，实现了分散到集中、迟缓到高效、被动到主动的历史性变革。同时要看到，当前，世界百年未有之大变局加速演进，世界之变、时代之变、历史之变的特征更加明显，进一步全面深化安全体制改革面临一系列新形势新要求，突出表现在美国等西方国家对我遏制力度加强、新一轮科技革命带来全新安全风险、全球生态安全风险日益突出、中国式现代化对国家安全提出新要求等方面。

（一）美国等西方国家对我遏制力度加强，我国面临严峻的国际发展环境

进入新时代，国际力量对比深刻调整，单边主义、保护主义、霸权主义、强权政治对世界和平与安全威胁上升，逆全球化思潮上升，世界进入新的动荡变革期。一方面，美欧部分国家推动“脱钩断链”“去风险”，构建所谓“小院高墙”，威胁我国产业链供应链安全。另一方面，境外间谍情报机关针对我国稀土、太空、通信、制种等重点领域频繁开展情报窃密、技术攫取活动，严重威胁我国关键领域安全。此外，地缘政治风险上升，我国维护国家安全面临更大挑战。

1. 美西方国家大力推动“脱钩断链”，威胁我国产业链供应链安全

近年来，保护主义重新抬头，逆全球化举措大行其道。美国通过加征关税、贸易管控、技术封锁等举措，割裂全球市场，加重全球经济“碎片化”。同时以“国家安全”等名义从技术、人才、设备等领域实施围堵，延缓我国技术进步和产业转型升级进程，企图将我国产业链锁定在中低端①。近来炒作“中国产能过剩论”并采取新的贸易保护主义措施，遏制我国正在崛起的优势产业②。美国等西方国家上述一系列行为严重威胁我国产业链供应链安全。**在芯片领域，**美国明确与美国国家安全直接相关的特定技术和研究领域，划定战略边界，筑起“小院高墙”，对“院内”核心技术采取强硬的科技封锁。**在新能源汽车领域，**美国将经贸问题泛政治化、泛安全化，刻意炒作中国新能源产品“产能过剩”，企图动用保护主义大棒遏制打压中国产业发展。2024 年 5 月 14 日，美国宣布对自中国进口的电动汽车等产品加征关税。同年 8 月 20 日，欧盟委员会披露了对从中国进口的纯电动汽车征收最终反补贴税的决定草案。欧盟委员会对拟议税率确定如下：比亚迪：17.0%；吉利：19.3%；上汽集团：36.3%；其他合作公司：21.3%；其他所有非合作公司：36.3%。此外，欧盟委员会还决定将特斯拉作为中国出口商实施单独关税税率，现阶段定为9%，欧盟委员会还决定不追溯征收反补贴税。**在投资领域，**美国涉华制裁的数量增加，航空航天、先进计算、量子技术、生物科技等成为重点领域。

---

① 韩文秀．以深化改革促进高质量发展——深入学习贯彻习近平总书记关于高质量发展的重要论述［EB/OL］. https：//baijiahao. baidu. com/s？ id＝1804691487928149083&wfr＝spider&for＝pc.

② 韩文秀．以深化改革促进高质量发展——深入学习贯彻习近平总书记关于高质量发展的重要论述［EB/OL］. https：//baijiahao. baidu. com/s？ id＝1804691487928149083&wfr＝spider&for＝pc.

2024年6月21日，美国财政部在官网发布了长达165页的《建议规则制定公告》（NPRM）草案，以限制美国人在中国半导体和微电子、量子信息技术以及人工智能等领域投资。NPRM是对拜登政府2023年8月发布的《关于处理美国在受关注国家的特定国家安全技术及产品领域投资的行政命令》（《对外投资令》）的细化规定，该命令对中国进行这几项投资限制。**在贸易领域**，美国等西方国家加快推进脱钩断链，通过所谓"友岸外包""近岸外包""制造业回流"等，企图减少对我国商品的依赖①。

2. 境外间谍情报机关针对我国关键领域开展情报工作，威胁我国资源、太空、数据、粮食等安全

近年来，一些境外间谍情报机关、背景复杂的机构和组织频繁开展活动，严重危害我国国家安全。**在资源安全方面**，境外间谍情报机关长期觊觎我国稀土产业发展成果，为压缩我国稀土产业发展空间无所不用其极，频繁开展情报窃密、技术攫取和矿产窃取等活动，对我国资源安全造成损害②。**在太空安全方面**，一个时期以来，世界各国在太空的开发、利用上竞争日趋激烈，太空霸权论和军备竞赛论甚嚣尘上，太空军事化、武器化日益加剧，太空领域国际秩序和治理规则制定进展缓慢，太空威胁和冲突苗头不断涌现，不断恶化的太空安全环境已成为全人类共同面临的重大安全挑战。特别是随着中国空间技术的发展，某些国家将我国视为太空领域主要竞争对手，对我国进行不遗余力的遏制打压③。**在数据安全方面**，近年来，海底光缆已成为个别国家眼中窃取情报信息，甚至谋求地缘政治利益的工具。特别是美国情报部门前雇员斯诺登曝光的材料显示，美国国家安全局早已建立了与"棱镜"计划并行的"上游"计划，凭借带宽优势对全球海底光缆实施全时段、大规模的监控窃听活动长达数十年，严重削弱了全球网络通信基础设施的可靠性，对世界各国信息安全造成巨大威胁④。**在粮食安全方面**，近年来，境外间谍情报机关持续加大对我国粮食领域渗透力度，窃取我国核心科研情报，对我国水稻种业核心竞争力与粮食安全造成显著危害⑤。

3. 地缘政治环境日益复杂，我国维护国家安全将面临更大挑战

近年来，以美国为首的西方国家推行"印太战略"，构建美英日澳核心军事联盟，对我国进行战略遏制和围堵。同时，在南海和台海问题上频繁挑起争端，意图威胁我国领土和主权完整、延缓我国现代化建设进程。2024年初以来，我国面临的地缘政治形势日益恶化，地缘风险持续上升。**一是南海摩擦不断，我国面临较大安全风险。** 2024年初以来，菲律宾方面多次在南海挑衅我国，试图拉拢域外国家干预南海局势。

---

① 韩文秀．以深化改革促进高质量发展——深入学习贯彻习近平总书记关于高质量发展的重要论述［EB/OL］．https：//baijiahao. baidu. com/s？id=1804691487928149083&wfr=spider&for=pc.

② 国家安全部．国家安全部披露5起国家安全领域典型案例［EB/OL］．https：//baijiahao. baidu. com/s？id=1796264181416219928&wfr=spider&for=pc.

③ 国家安全部．国家安全部：太空不是相互博弈的竞技场［EB/OL］．https：//china. huanqiu. com/article/4HpC2VWGZDx.

④ 国家安全部．国家安全部：海底光缆已成个别国家眼中窃取情报信息的工具［EB/OL］．https：//www. peopleapp. com/column/30045008059-500005429455.

⑤ 国家安全部．国家安全部披露5起国家安全领域典型案例［EB/OL］．https：//baijiahao. baidu. com/s？id=1796264181416219928&wfr=spider&for=pc.

5月6日，美国国务院发表美日韩“印太对话”联合声明，对我国在南海的主张及升级局势的行为表示关切，称将继续根据国际法开展三边海上安全和执法合作。美国还推动三方或多边的海上安全和执法合作，加强区域盟友的海上能力。通过提供资金、装备支持和联合训练，提高这些国家在南海的行动能力，对我国形成牵制。**二是台海局势持续升级，我国和平解决台湾问题面临较大挑战。**长期以来，美国通过一系列法案和政策支持台湾，并定期向台湾出售武器，维护台湾的国防力量。同时，持续将先进的海空军事力量部署至亚太地区，在台海地区增加前沿部署和军事活动。台海局势不断升级，我国和平解决台湾问题、实现祖国完全统一面临较大挑战。

（二）新一轮科技革命和产业变革蓬勃兴起，为国家安全带来全新风险和挑战

进入新时代，新一轮科技革命和产业变革越发蓬勃发展，信息化、数字化正重新绘制世界权力图谱，人类社会正加速迈向数字文明时代，而每一次重大技术变革都给国家安全带来新的挑战。新一轮科技革命带来全新安全挑战，已成为我国面临的最复杂、最现实、最严峻的非传统安全问题之一，在国家安全体系中的基础性、战略性、全局性地位更加凸显。

1. 数字技术革命蓬勃兴起，带来诸多安全挑战

当前，数字技术革命加速演进，在促进社会生产力实现新的跃升的同时，也带来了一系列风险挑战。**首先，数字安全风险不断升级。**自2015年起①，全球已有超过170个国家和地区将数字安全作为重要战略方向。从国内来看，各行业数字化转型加快推进，数字安全风险演进升级，并不断向多个领域延伸渗透。数据滥采、数据泄露、电信网络诈骗等侵害人民群众利益的问题时有出现，维护和保障广大人民群众在网络空间的合法权益刻不容缓。同时，新兴网络存储技术带来泄密风险。随着网络“云”功能不断普及，“云端”数据成为境外间谍情报机关关注重点，他们通过网络攻击、植入木马等各种手段，试图窃取我国敏感信息和涉密数据，给个人隐私和国家安全造成严重威胁②。**其次，网络危安事件频发。**互联网日益成为各类风险的策源地、传导器、放大器③，一件小事情都可能成为舆论旋涡，一些谣言传闻经煽动炒作，极易变为现实社会的“龙卷风”。**最后，关键信息基础设施安全形势严峻。**关键信息基础设施是网络安全的重中之重，是关乎国家安全的“命门”所在，是国家的重要战略资源④。金融、能源、电力、通信、交通等领域运行网络已成为境外网络攻击的重点目标，这些设施一旦被入侵、控制、篡改或破坏，就可能导致交通中断、金融紊乱、电

---

① 中国网信杂志．奋楫中流绘新篇——习近平总书记指引网络安全工作述评［EB/OL］．http：//politics. people. com. cn/n1/2023/0910/c1001-40074335. html.

② 国家安全部．国家安全部：警惕云存储泄密风险．［EB/OL］．https：//finance. eastmoney. com/a/202406053095552545. html.

③ 陈一新．加强数字时代的国家安全治理［EB/OL］．https：//baijiahao. baidu. com/s? id=1778090225229780424&wfr=spider&for=pc.

④ 陈一新．加强数字时代的国家安全治理［EB/OL］．https：//baijiahao. baidu. com/s? id=1778090225229780424&wfr=spider&for=pc.

力瘫痪等严重后果。近年来，针对我国党政机关、国防军工、科研院所等单位的网络攻击窃密活动日益呈现组织化、规模化、持续化等特征，带来严重的失泄密隐患，甚至威胁核心人员安全和技术安全。

2. 颠覆性技术突破不断显现，或将带来新一轮安全挑战

颠覆性技术能够快速潜入并替代传统技术，由此产生巨大变化，在给人类社会带来利好的同时，也对现有的发展模式、思维方式、价值理念、隐私安全、伦理框架等带来冲击。**首先，以ChatGPT为代表的生成式人工智能将带来新的安全风险。**ChatGPT的出现和快速发展，一方面将带来生产力的巨大提升，另一方面也可能给国家安全领域带来诸多风险与挑战，如生成“假消息”，扰乱政治传播生态，威胁意识形态安全等。同时，生成式AI逐渐应用于军事领域。美国国防信息系统局已将ChatGPT等生成式AI列入技术观察清单，从目前看，生成式AI一旦应用于作战，或将形成威胁新链路，催生“认知战”等新作战样式。**其次，生物颠覆性技术或将对社会伦理和安全等问题造成重大影响和冲击。**生物医药方面的前沿技术可能被用于人为制造病毒，基因编辑、人工生命、异种移植和脑机接口等前沿生命科学研究与创新未来可能释放巨大的商业潜力。然而，这些前沿科技领域出现的系列颠覆性科技创新也带来了全新的、社会的、法律的和伦理的问题，迫切要求政府、科研机构和商业企业审慎推进相关科技创新成果的商业化。

3. 新行业新业态加速形成，带来更多安全风险

随着经济社会的发展，各种新行业、新业态不断涌现，极大地充实了经济形态、丰富了居民生活消费，但由于法规制度尚未同步细化和完善，在安全监管上出现了一些盲区，造成了很大的安全隐患。**首先，以新能源为代表的新业态带来新型安全生产风险。**从安全生产来看，经过几十年的工业化、城镇化快速发展，许多行业领域积累了不少风险隐患。例如，近年来，新能源新业态不断涌现，新的风险也在上升，主要体现在化学储能电站、氢能等新业态各环节中。**其次，服务业新模式新业态安全监管盲区日益增多。**近期，一些地区的旅游业不断求新、求奇、求大，玻璃栈道、悬崖秋千、高空自行车、玻璃水滑道等高空、高速、高风险网红项目在各地悄然兴起。这些高风险游乐项目在丰富旅游产品和为游客带来欢快体验的同时，安全风险问题也日益突出，严重威胁人民群众人身安全。

（三）全球生态安全风险日益突出，我国生态安全仍然面临诸多挑战

作为国家安全的重要组成部分，生态安全是经济社会持续健康发展的重要保障，是人类生存发展的基本条件。从国际看，近年来全球生态环境问题愈加突出。从国内看，随着我国经济长期高速发展，各种累积的环境污染和生态风险进入集中高发阶段，生态文明建设进入多种压力叠加的关键突破期，恢复“绿水青山”变得尤为重要。总体来看，我国生态安全面临一系列挑战。

1. 全球生态安全风险日益突出，给人类的生存和发展带来严峻挑战

当前，全球气候安全形势更加严峻，气候变化对经济社会发展造成的负面影响也越来越严重，给人类带来了巨大的灾难和损失。**首先，气候变化、自然灾害等非传统安全威胁持续蔓延。**世界气象组织发布的《2023 年全球气候状况报告》显示，2023 年是有记录以来最热的一年，过去 10 年是有记录以来最热的 10 年。全球范围的热浪、洪水、干旱、野火和热带气旋等影响了数百万人的日常生活，造成数十亿美元的经济损失。2024 年 6 月 5 日，世界气象组织发布报告显示，未来 5 年内，全球年平均气温至少会有一年较工业化前水平升温 1.5℃的可能性为 80%；其间至少有一年将可能创下新的高温纪录，超过目前最热的 2023 年。这表示升温幅度越来越接近《巴黎协定》设定的目标，升温超过 1.5℃可能会引发更为严重的气候变化和极端天气。未来，随着极端气候事件和严重自然灾害多发，将导致更大的经济损失和人员伤亡，影响地区乃至世界的稳定和安全，给人类的生存和发展带来严峻挑战。**其次，个别国家为一己私利排放核污水，未来影响深远。**日本在 2023 年 8 月 24 日启动核污水排放。根据东电的计划，在截至 2024 年 3 月的日本 2023 财政年中，分四次排放近 31200 吨核污水，相当于排空近 40 个核污水储存罐。根据东电的计划，“排污入海”一旦开启可能持续长达 30 年。日本福岛核污染水排海长达数十年，能否真正处理达标等都存在极大的不确定性。

2. 突发事件频发、新污染物不断出现，我国生态安全仍然面临许多重大挑战

当前，我国生态安全面临着诸多挑战。**首先，突发环境事件频发，环境安全压力大。**突发环境事件具有突发性、紧急性、危害性和社会性等特点，突发环境事件的发生往往会导致污染物或放射性物质等有毒有害物质进入大气、水体、土壤等环境介质，造成环境质量下降或者生态环境破坏，危及群众身体健康和财产安全。2023 年全国环境应急管理工作会议强调，当前我国结构性、布局性环境风险长期存在，突发环境事件诱因复杂、量大面广，新问题新挑战交织显现，社会关注度高，环境安全压力大，防控形势十分严峻。同时，基层应急力量薄弱、信息迟报瞒报、技术物资支撑不足等问题依然突出①。2024 年 6 月 24 日，生态环境部表示，突发环境事件从数量来看总体呈下降趋势，但是仍然呈多发频发的高风险态势②。生产安全和交通运输事故是突发环境事件的主要诱因。近十年约 3/4 的突发环境事件涉及水污染，约一半的突发环境事件涉及大气污染。从处置难度来看，环境突发事件有污染范围广、处置时间长、环境影响大等特征。**其次，新污染物治理提出新挑战。**新污染物是指排放到环境中，且具有生物毒性、环境持久性、生物累积性等特征，对生态环境或人体健康存在较大风险，但尚未被纳入管理或现有管理措施不足以有效防控其风险的有毒有害化学物质。新污染物治理是新时代新形势下的新问题，与常规污染防治不同，新污染物治理的复杂性在于有毒有害化学物质种类繁多、来源广泛、环境风险隐蔽。在确定每种新污染物治理措施时，需紧密结合环境风险的特异性，找到有针对性的环境管理对策。当前，

---

① 秦朝俊．严密防控环境风险　维护生态环境安全［EB/OL］．http：//www. lzxq. gov. cn/system/2023/06/12/030794374. shtml.

② 生态环境部．生态环境部：我国突发环境事件数量总体下降［EB/OL］．https：//finance. eastmoney. com/a/202406243111678086. html.

被纳入管理视野时间较短。因而，当前新污染物调查监测能力呈现“头重脚轻”现象，省市级生态环境监测力量不平衡、不充分等问题突出①。

（四）中国式现代化对国家安全提出新要求，全面推进“五位一体”国家安全布局势在必行

习近平总书记在二十届中央国家安全委员会第一次会议上发表重要讲话强调，要全面贯彻党的二十大精神，深刻认识国家安全面临的复杂严峻形势，正确把握重大国家安全问题，加快推进国家安全体系和能力现代化，以新安全格局保障新发展格局，努力开创国家安全工作新局面。国家安全体系和能力现代化是中国式现代化的重要组成组分，也是其他现代化的重要支撑。在加快推动现代化建设过程中，必须加快推进政治、经济、文化、社会、生态等五大领域的国家安全体系和能力现代化，有力确保政治安全、经济安全、文化安全、社会安全、生态安全，为中国式现代化提供坚实保障。

1. 中国式现代化要求首先保证政治安全，切实打好捍卫政治安全主动仗

政治安全是最高的国家安全，是维护国家主权、安全、发展利益的生命线，在国家安全中居于统领地位②。长期以来，各种敌对势力一直企图在我国制造“颜色革命”，妄图颠覆中国共产党领导和我国社会主义制度，这是我国政治安全面临的现实危险和长久危害③。进入新时代，这一问题仍然存在，且在网络技术加持下，手段更加隐蔽。大量涉暴恐音视频信息在网络渠道的传播路径更加多样、手法更加隐蔽，相关风险由境外向境内倒灌的危害依然复杂④。中国式现代化要求推进国家安全体系和能力现代化，就必须坚持把政治安全放在首要位置，切实打好捍卫政治安全主动仗，坚定维护中国共产党的领导和执政地位、维护中国特色社会主义制度，加快推动政治安全体系和能力现代化，进一步完善政治安全工作体系，提高防范化解政治安全风险的能力和水平。其中，尤其是要最大限度压缩行政管理层级、减少中间环节，增强工作实战化；突出国之重器等保卫重点，织密反间谍安全防范“立体网”，依法打击各类间谍窃密活动；做强网络化，做优数据化，做快智能化，充分运用先进科技提升新质战斗力⑤。

2. 中国式现代化要求有力保障经济安全，筑牢开放型经济安全防线

经济安全是国家安全的基础，为维护其他重要领域安全提供有力支撑。只有强化国家经济安全保障、推动经济持续平稳健康发展，才能筑牢国家繁荣富强、人民幸福

---

① 国家环境分析测试中心．潜在的新污染物如何监测？专家这么说［EB/OL］．https：//m.thepaper.cn/baijiahao_22851466.

② 郭声琨．【学习宣传贯彻党的二十大精神】推进国家安全体系和能力现代化［EB/OL］．https：//www.12371.cn/2022/11/24/ARTI1669246941254962.shtml.

③ 国家安全部．政治安全是国家安全的根本，必须把握“四大属性”［EB/OL］．https：//baijiahao.baidu.com/s？id=1774281750315072711&wfr=spider&for=pc.

④ 陈一新．加强数字时代的国家安全治理［EB/OL］．https：//baijiahao.baidu.com/s？id=1778090225229780424&wfr=spider&for=pc.

⑤ 陈一新．陈一新在广东省深圳市国家安全机关调研时强调：争做提升新质战斗力的尖兵［EB/OL］．https：//baijiahao.baidu.com/s？id=1797263108342163575&wfr=spider&for=pc.

安康、社会和谐稳定的物质基础。当前经济领域日益成为大国竞争重要战场①。房地产、地方政府债务、中小金融机构等风险仍然突出，而且相互关联、相互传染，经济金融风险的根源在于粗放低质发展②。必须坚持高质量发展来防范化解重大风险，做大经济实力这个分母，稀释风险这个分子，夯实抵御各类风险的基础③。同时，中国式现代化是全面开放的现代化，脱离开放，中国式现代化无从实现。因此，中国式现代化要求在保障安全中继续扩大对外开放，筑牢开放型经济安全防线。在实行高水平对外开放、建设更高水平开放型经济新体制的过程中，既要稳步推动规则、规制、管理、标准等制度型开放，还要加快推动经济安全体系和能力现代化。具体包括，加强对经济领域国家安全问题的前瞻性思考、全局性谋划、战略性布局，打好维护经济安全的“组合拳”④；加强经济安全风险预警、防控机制和能力建设，持续有效防范化解经济领域安全风险，坚决守住不发生系统性风险的底线，以中国式现代化全面推进强国建设、民族复兴伟业。

3. 中国式现代化要求坚决确保文化安全，加快打造中国特色社会主义先进文化

文化安全是国家安全的重要内容，也是国家安全中深层次的、基础性的部分，关乎国家稳定、民族团结、精神传承⑤。随着经济全球化深入发展，各种思想文化相互激荡，不同文明交流交融交锋更加频繁，文化安全被置于前所未有的重要战略地位，在总体国家安全布局中占据越来越重的分量⑥。因此，在中国式现代化建设过程中，必须加快推动文化安全体系和能力现代化，持续强化国家文化安全保障能力建设，完善意识形态工作责任制，有效化解危害文化安全的风险挑战。其中，首要的是必须坚持马克思主义在意识形态领域指导地位的根本制度，切实维护意识形态安全，统一思想、凝聚力量，确保文化建设始终沿着正确方向前进⑦。同时，加强国际传播能力建设，提升国际传播效能，形成同我国综合国力和国际地位相匹配的国际话语权，不断增强中华文明传播力影响力，增进国际社会对中华文化和当代中国价值理念的认同，进而为维护文化安全和国家安全创造良好外部条件⑧。

4. 中国式现代化要求始终维护社会安全，努力建设更高水平的平安中国

社会安全与人民群众切身利益关系最密切，是人民群众安全感的晴雨表，是社会

---

① 国家安全部．国家安全部：坚决筑牢经济安全屏障［EB/OL］．https：//baijiahao. baidu. com/s？ id=1785301086103378660&wfr=spider&for=pc.

② 韩文秀．以深化改革促进高质量发展——深入学习贯彻习近平总书记关于高质量发展的重要论述［EB/OL］．https：//baijiahao. baidu. com/s？ id=1804691487928149083&wfr=spider&for=pc.

③ 韩文秀．以深化改革促进高质量发展——深入学习贯彻习近平总书记关于高质量发展的重要论述［EB/OL］．https：//baijiahao. baidu. com/s？ id=1804691487928149083&wfr=spider&for=pc.

④ 国家安全部．国家安全部：坚决筑牢经济安全屏障［EB/OL］．https：//baijiahao. baidu. com/s？ id=1785301086103378660&wfr=spider&for=pc.

⑤ 吴玉军．以文化认同筑牢维护国家安全的坚实屏障［N］．光明日报，2024-04-19（11）.

⑥ 吴玉军．以文化认同筑牢维护国家安全的坚实屏障［N］．光明日报，2024-04-19（11）.

⑦ 吴玉军．以文化认同筑牢维护国家安全的坚实屏障［N］．光明日报，2024-04-19（11）.

⑧ 吴玉军．以文化认同筑牢维护国家安全的坚实屏障［N］．光明日报，2024-04-19（11）.

安定的风向标[①]。人民安居乐业、社会安定有序、国家长治久安，国家安全才会更为巩固，中国式现代化稳步推进才会更有保障。随着中国式现代化深入推进，安全在人民对美好生活的追求中分量越来越重、越来越多样化多层次，从生命财产安全上升到安业、安居、安康、安心等各方面，内涵外延不断拓展，标准要求更新更高。当前，我国经济面临需求收缩、供给冲击、预期转弱三重压力，呈现经济增速放缓、失业率上升等问题。中等收入群体收入不确定性上升，农村脱贫人口具有规模性返贫风险。这使得国内社会矛盾进入了多发期，烂尾楼、金融暴雷、劳资纠纷等都易引发恶性事件。在上述背景下，只有努力建设更高水平的平安中国，着力解决人民群众最关心最直接最现实的安全问题，全方位提升守护群众平安、保障群众权益的层次和水平，让平安中国建设惠及人民群众生活的方方面面，才能让人民群众获得感、幸福感、安全感更加充实、更有保障、更可持续，更好满足人民群众对美好生活的向往。

5. 中国式现代化要求有效确保生态安全，守牢美丽中国建设安全底线

习近平总书记在 2018 年 5 月召开的全国生态环境保护大会上强调，生态环境安全是国家安全的重要组成部分，是经济社会持续健康发展的重要保障。党的二十大报告指出，中国式现代化是人与自然和谐共生的现代化。习近平总书记在 2023 年 7 月召开的全国生态环境保护大会上强调，我国经济社会发展已进入加快绿色化、低碳化的高质量发展阶段，生态文明建设仍处于压力叠加、负重前行的关键期。要守牢美丽中国建设安全底线，贯彻总体国家安全观，积极有效应对各种风险挑战，切实维护生态安全、核与辐射安全等，保障我们赖以生存发展的自然环境和条件不受威胁和破坏。因此，中国式现代化要求必须有效确保生态安全，守牢美丽中国建设安全底线。未来，应进一步完善国家生态安全工作协调机制，加快建立风险监测预警体系。同时，针对核电安全领域，持续完善核安全监管体系和能力，全面加强核电安全管理，有效确保核与辐射安全。

三、深入领会进一步全面深化安全体制改革的指导思想、基本原则和总目标

国家安全是民族复兴的根基，社会稳定是国家强盛的前提。党的二十大报告指出，“今天，我们比历史上任何时期都更接近、更有信心和能力实现中华民族伟大复兴的目标，同时必须准备付出更为艰巨、更为艰苦的努力”，要求我们“依靠顽强斗争打开事业发展新天地”。当前，国家安全工作面临着一系列新形势新要求，与这些新形势新要求相比，推动国家安全工作仍存在不少体制机制障碍，必须进一步解放思想，坚定不移深化改革，不断在国家安全体制关键性基础性重大改革上突破创新。推进国家安全体系和能力现代化，是积极应对各类风险挑战，服务保障强国建设、民族复兴伟业的内在要求，是续写两大奇迹新篇章、有效满足人民日益增长的美好生活需要的

① 奋力开创新时代国家安全现代化新局面［N］. 人民日报，2022-11-25（11）.

必然举措，也是主动适应世界之变、时代之变、历史之变，完善全球安全治理的客观需要①。

（一）指导思想

坚持以习近平新时代中国特色社会主义思想为指导，全面贯彻落实党的二十大和二十届二中、三中全会精神，深刻认识国家安全面临的复杂严峻形势，正确把握重大国家安全问题，深刻领悟“两个确立”的决定性意义，增强“四个意识”、坚定“四个自信”、做到“两个维护”，坚定不移贯彻总体国家安全观，扎实推进国家安全体系和能力现代化，突出实战实用鲜明导向，更加注重协同高效、法治思维、科技赋能、基层基础，推动各方面建设有机衔接、联动集成，有效防范和化解影响我国现代化进程的各种风险，努力建设更高水平平安中国，以新安全格局保障新发展格局，主动塑造于我有利的外部安全环境，更好维护开放安全，推动发展和安全深度融合，为以中国式现代化全面推进强国建设、民族复兴伟业提供坚强安全保障。

（二）基本原则

1. 坚持党对国家安全工作的绝对领导

党中央对国家安全工作的集中统一领导是基本原则。坚持党对国家安全工作的绝对领导，是“根”和“魂”。要始终坚持党对国家安全工作的集中统一领导，坚定不移贯彻中央国家安全委员会主席负责制，完善高效权威的国家安全领导体制，不折不扣把党中央关于国家安全工作的各项决策部署落到实处②。

2. 坚持中国特色国家安全道路

坚持底线思维、居安思危、未雨绸缪，坚持国家利益至上，以人民安全为宗旨，以政治安全为根本，以经济安全为基础，以军事、科技、文化、社会安全为保障，以促进国际安全为依托，统筹发展和安全，统筹开放和安全，统筹传统安全和非传统安全，统筹自身安全和共同安全，统筹维护国家安全和塑造国家安全。

3. 坚持以人民安全为宗旨

国家安全一切为了人民、一切依靠人民，充分发挥广大人民群众积极性、主动性、创造性，切实维护广大人民群众安全权益，始终把人民作为国家安全的基础性力量，汇聚起维护国家安全的强大力量。

4. 坚持统筹发展和安全

坚持发展和安全并重，实现发展和安全相得益彰。要坚持两点论，既要积极维护和塑造国家安全，以高水平国家安全促进高质量发展，又要加快实现高质量发展，以

---

① 李书磊.《中共中央关于进一步全面深化改革、推进中国式现代化的决定》辅导读本［M］. 北京：人民出版社，2024.

② 李书磊.《中共中央关于进一步全面深化改革、推进中国式现代化的决定》辅导读本［M］. 北京：人民出版社，2024.

高质量发展保障高水平安全，不断实现高质量发展和高水平安全良性互动。要牢牢守住安全发展这条底线，把安全发展贯穿国家发展各领域全过程，把发展建立在更加安全、更为可靠的基础之上，以新安全格局保障新发展格局，不断增强国家综合实力和抵御风险能力。

5. 坚持把政治安全放在首要位置

坚持把政治安全放在首要位置，完善政治安全工作体系，提高防范化解政治安全风险的能力和水平，实现政治安全、人民安全、国家利益至上有机统一。

6. 坚持统筹推进各领域安全

统筹应对传统安全和非传统安全，发展国家安全工作协调机制作用，用好国家安全政策工具箱。

7. 坚持把防范化解国家安全风险摆在突出位置

应敏锐观察、深刻认识国家安全面临的新风险、新挑战，坚持敢于斗争，善于斗争，掌握斗争主动权。系统开展涉台、涉疆、涉藏、涉海、涉领土等重大斗争，严厉打击敌对势力渗透、破坏、颠覆、分裂活动，斩断敌对势力干涉我国内政、企图搞乱我国的“手脚”。深入研究反制裁、反干涉、反“长臂管辖”等有力措施，以高招妙招破解国际反华势力的阴招坏招。

8. 坚持推进国际共同安全

高举合作、创新、法治、共赢的旗帜，推动树立共同、综合、合作、可持续的全球安全观，加强国际安全合作，完善全球安全治理体系，共同构建普遍安全的人类命运共同体。

（三）总目标

全面建成社会主义现代化强国，总的战略安排是分两步走：从 2020 年到 2035 年基本实现社会主义现代化；从 2035 年到 21 世纪中叶把我国建成富强民主文明和谐美丽的社会主义现代化强国。

基于上述战略安排，国家安全体制改革要聚焦建设更高水平平安中国，健全国家安全体系，强化一体化国家战略体系，增强维护国家安全能力，创新社会治理体制机制和手段，有效构建新安全格局①。**到 2029 年，**国家安全领导体制更加完善，国家安全法治体系、战略体系、政策体系加速完善，国家安全工作协调机制和应急管理机制更加健全，国家安全体系更加完善，国家安全治理体系和治理能力现代化取得显著进展，国家安全更为巩固。

政治安全、经济安全、社会安全、科技安全、新型领域安全等重点领域安全体系和能力不断增强，国家政权安全、制度安全、意识形态安全以及粮食、能源资源、重要产业链供应链安全得到有效维护，海外安全保障能力进一步加强，国家安全能力加

---

① 中共中央关于进一步全面深化改革 推进中国式现代化的决定（2024 年 7 月 18 日中国共产党第二十届中央委员会第三次全体会议通过）[EB/OL]. https://www.gov.cn/zhengce/202407/content_6963770.htm.

速迈向现代化。

公共安全治理机制改革深入推进，国家应急管理体制机制加速完善，安全生产保障体制机制和食品药品安全监管制度不断强化，公共安全保障能力加速提升。平安中国建设扎实推进，社会治理机制加速完善，社会稳定得到有效保障。

推动全球安全治理机制加快完善，在推动建设全球有关领域安全治理新机制新规则方面发挥重要作用，为全球安全治理贡献智慧和力量，中国在全球安全治理中的地位和作用显著增强。

到 2035 年，国家安全领导体制基本成熟，国家安全法治体系、战略体系、政策体系基本完善，国家安全工作协调机制和应急管理机制基本健全，国家安全体系和能力全面加强①，基本实现国防和军队现代化，基本实现国家安全治理体系和治理能力现代化。

重点领域安全体系和能力全面增强，国家政权安全、制度安全、意识形态安全以及粮食、能源资源、重要产业链供应链安全得到有效维护，海外安全保障能力日益增强，国家安全能力全面提升。

公共安全治理机制、国家应急管理体制机制基本完善，安全生产保障体制机制和食品药品安全监管制度基本成熟，公共安全保障能力全面提升。平安中国基本建成，社会治理机制基本完善，社会稳定总体实现。

推动全球安全治理水平全面提升，在推动建设全球有关领域安全治理新机制新规则方面发挥关键作用，中国在全球安全治理中的地位和作用全面增强。

到 2050 年，国家安全体系和能力成熟稳定，国家安全治理体系和治理能力领先全球，重点领域安全体系和能力极大强化，公共安全治理机制和社会治理机制成熟稳定，中国成为全球安全治理中的核心大国之一。

重点领域安全体系和能力现代化水平持续提升，国家政权安全、制度安全、意识形态安全以及粮食、能源资源、重要产业链供应链安全得到有力保障，海外安全保障体系完备可靠，国家安全能力领先全球。

公共安全治理机制、国家应急管理体制机制成熟稳定，公共安全保障能力极大强化。社会治理机制成熟稳定，社会整体保持安全稳定。

参与全球安全治理的体制机制基本成熟，在推动完善全球重点安全治理体制机制中发挥更大作用，中国成为全球安全治理中的核心大国之一。

四、进一步全面深化安全体制改革的重点任务

党的二十届三中全会指出，必须全面贯彻总体国家安全观，完善维护国家安全体制机制，实现高质量发展和高水平安全良性互动，切实保障国家长治久安。围绕 2035 年基本实现社会主义现代化、2050 年全面建成社会主义现代化强国等目标要求，

---

① 习近平．习近平：高举中国特色社会主义伟大旗帜 为全面建设社会主义现代化国家而团结奋斗——在中国共产党第二十次全国代表大会上的报告［EB/OL］. https：//www. 12371. cn/2022/10/25/ARTI1666705047474465. shtml.

全面贯彻党的二十届三中全会精神，针对目前国家安全工作面临的新形势，以改革创新为动力，加快完善系统完备、科学规范、运行有效的国家安全制度体系，推进国家安全体系和能力现代化。具体来看，包括下列五大方向：健全国家安全体系，推进国家安全体系现代化；全面推进国家安全保障机制改革，不断增强国家安全能力；完善公共安全治理机制改革，建设更高水平平安中国；健全社会治理体系，不断提升社会治理效能；完善参与全球安全治理机制，共同应对全球重大风险和挑战。其中，特别要注意强化对资源、太空、数据、粮食等关键领域的安全保障体系建设，特别是强化核心技术的保护机制，有效保障上述领域安全。同时，要适应科技快速发展的新形势，推进国家安全科技赋能。此外，完善国内人工智能治理机制，积极参与全球人工智能治理，推动形成具有广泛共识的全球人工智能治理框架和标准规范。

（一）健全国家安全体系，推进国家安全体系现代化

国家安全体系是国家安全制度及其执行能力的集中体现。紧紧围绕坚持党对国家安全工作的绝对领导、坚持党中央对国家安全工作的集中统一领导，坚定不移走中国特色国家安全道路，健全国家安全体系，推进国家安全体系现代化。

1. 完善国家安全工作领导体制

首先，进一步强化高效权威的国家安全领导体制。始终坚持党中央对国家安全工作的集中统一领导，坚定不移贯彻中央国家安全委员会主席负责制，加快完善高效权威的国家安全领导体制，坚决确保党中央决策部署落实到位，切实把政治优势、体制优势转化为国家安全治理效能。**其次，强化国家安全工作协调机制。**落实党委（党组）国家安全责任制，健全重大风险跨部门实时监测、分级预警、快速核查、提示通报等机制，切实掌握各类重大风险的新动向。健全国家安全审查和监管制度、危机管控机制、督促检查和责任追究机制等，充分发挥国家安全工作协调机制的重大作用，实现国家安全工作协调机制有效运转，形成体系性合力和战斗力。根据国家安全形势面临的新特点、新变化、新风险、新挑战，完善重点领域安全保障体系和重要专项协调指挥体系，切实保障重点领域安全。

2. 完善国家安全法治体系、战略体系、政策体系

首先，推进国家安全法治建设。推动重点领域特别是新兴领域国家安全立法，积极推进深海安全、太空安全、数据安全等重要领域国家安全立法，完善中国特色国家安全法律体系，推动国家安全工作法治化，依法防范、制止、打击危害我国国家安全和利益的违法犯罪活动。**其次，加强国家安全战略谋划和顶层设计。**根据新特点、新变化、新风险、新挑战，制定国家安全战略指导方针、目标、中长期规划，编制完成各个重点领域安全改革方案。统筹用好各种战略资源和战略手段，形成完整的国家安全战略体系和政策体系。优化推进国家安全体制改革实施的各个环节，明确国家安全体制改革的工作年度计划和重点任务，确保国家安全体制改革始终沿着正确方向前进。

3. 构建国家安全风险监测预警和风险防控体系

首先，完善国家安全风险监测预警体系。以系统性思维构建国家安全风险监测预警体系，加强国家整体风险、国家重点领域和新兴领域风险的监测预警能力建设，提升国土、粮食、能源资源、重要产业链供应链、太空、深海、生物、海外利益等领域的安全保障能力，推动国家安全风险治理由被动应对转向主动预防，大幅提升国家安全风险监测和治理能力。**其次，加快完善风险防控机制。**面对新形势新挑战，强化多部门协同和配合，进一步健全风险研判机制、决策风险评估机制、风险防控协同机制、风险防控责任机制，加快提升国家安全工作合力和整体效能。

4. 完善国家应急管理体系

首先，完善统一指挥、专常兼备、反应灵敏、上下联动的应急管理体制。强化国家应急管理能力体系建设，进一步提高防灾减灾抗灾救灾能力。加快健全中央与地方分级响应机制，强化跨区域、跨流域、跨部门灾害事故应急协同联动，形成应急管理工作合力，大幅提升灾害事故应急能力和效率。**其次，强化防灾减灾救灾和应急处置体系。**进一步健全责任体系、优化指挥机制、完善法治体系、强化基层应急管理体制，推动各地明确党政领导干部安全生产和防灾减灾责任清单，细化落实部门“三管三必须”行业监管责任。完善应急指挥信息和综合监测预警网络体系，加强极端条件应急救援通信保障能力建设。

5. 构建联动高效的国家安全防护体系

首先，完善国家安全力量布局。科学合理推动并逐步完善国家安全力量布局，使之与国家实力、新形势性要求相匹配，构建全域联动、立体高效的国家安全防护体系。**其次，推进国家安全科技赋能。**全面加强对科技创新的部署，强化国家战略科技力量建设，统筹组织事关国家安全和经济社会发展全局的重大科技任务，加快赶超国际先进水平，为保障国家安全提供有力科技支撑。聚焦国家安全领域的重大技术需求，进一步加强关键和核心技术攻关，全面推进国家安全科技赋能，充分发挥科技创新对国家安全的支撑作用。

（二）全面推进国家安全保障机制改革，不断增强国家安全能力

坚持政治安全、人民安全、国家利益至上有机统一，以人民安全为宗旨，以政治安全为根本，以经济安全为基础，以军事、科技、文化、社会安全为保障，全面推进国家安全保障机制改革，不断增强国家安全能力，推进国家安全能力现代化。

1. 强化重点领域安全能力建设

首先，全方位夯实粮食安全根基。牢牢守住18亿亩耕地红线，逐步把永久基本农田全部建成高标准农田。健全种粮农民收益保障机制和主产区利益补偿机制，健全粮食“产购储加销”协同保障机制。全面发展设施农业，构建多元化食物供给体系。强化种业核心科研成果的保护，防止核心技术泄密。**其次，有效确保能源资源安全。**加快完善国家储备体系，不断完善产供储销体系，增强能源持续稳定供应和风险管控能

力。完善能源风险应急管控体系，强化重要能源设施、能源网络安全防护。多元拓展油气进口来源，维护战略通道和关键节点安全。培育以我为主的交易中心和定价机制，积极推进本币结算。加强战略性矿产资源规划管控，完善战略性矿产资源“探产供储销”统筹和衔接体系，提升战略性资源供应保障能力。加快建设新型能源体系，确保能源安全。强化能源资源安全保护机制，防止境外机关窃取我国重要资源能源和相关技术。**第三，全面提升房地产、地方债和金融领域安全保障能力。**健全房地产企业主体监管制度，推进保障性住房建设，加快构建房地产发展新模式，促进房地产市场平稳健康发展。统筹好地方债务风险化解和稳定发展，建立防范化解地方债务风险长效机制，建立同高质量发展相适应的政府债务管理机制。建设安全高效的金融基础设施，全面加强金融监管，健全权责一致的风险处置责任机制，健全以投资者为本的资本市场基础制度，强化开放条件下金融安全机制。**第四，健全提升产业链供应链韧性和安全水平制度。**健全强化重点产业链发展体制机制，多链融合推动关键核心技术攻关，全链条推进技术攻关、成果应用，加快打造自主可控的产业链供应链。构建科技安全风险监测预警和应对体系，切实防范各类科技安全风险，加强科技基础条件自主保障。建立产业链供应链安全风险评估和应对机制，有效应对各类风险挑战。建设国家战略腹地和关键产业备份，确保关键和重要产业链安全稳定。**第五，加快构建数据基础制度。**进一步完善数据产权界定、数据流通和交易、数据要素收益分配等主要领域关键环节的政策及标准。强化数据产权保护、数据要素市场制度建设、数据要素价格形成机制、数据要素收益分配、数据跨境传输、争议解决等立法。**第六，有力维护太空安全。**加快完善太空安全保障体系建设总体规划，构建有力的太空安全法治保障体系，不断加强太空安全保护机制，加快推动太空安全保障能力建设。

2. 完善涉外国家安全机制

首先，建立健全周边安全工作协调机制。积极参与周边地区安全机制，开展机制间的对话协调，推进同周边国家安全合作。建立周边安全风险识别机制，妥善处置周边安全风险，维护周边安全有序。**其次，强化海外利益和投资风险预警、防控、保护体制机制。**进一步加强国别安全风险评估工作，建立涉外项目法律风险评估制度，引导中资企业增强海外风险防控意识和能力，指导境外人员和机构因地制宜开展风险防控、落实落细安保措施。深化安全领域国际执法合作，坚决维护我国公民、法人在海外合法权益。**再次，健全涉外法治体系。**完善涉外法治工作战略布局，加强涉外安全领域立法，形成系统完备的涉外法律体系，健全反制裁、反干涉、反“长臂管辖”机制，增强涉外执法司法效能，不断提高运用法治手段维护国家安全的能力水平。**最后，健全维护海洋权益机制。**完善跨军地、跨部门工作模式，切实形成联动有效的工作模式，有效防范化解涉海重大安全风险，有力保障我国海洋权益。

3. 健全国家安全教育体系

首先，加快提高干部群众国家安全意识和能力。以落实国家安全领导责任和工作责任为抓手，全面加强国家安全教育。建强配齐全国党委国家安全系统机构和人员，加强国家安全战线党的建设，坚持以党的政治建设为统领，锻造党领导下坚不可摧的国家安全干部队伍。**其次，加强全民国家安全教育。**全面加强国家安全宣传教育，持续增强全民国家安全意识和素养，筑牢国家安全人民防线。加快完善省市县乡村上下贯通、各地区各部门协同配合、军地社会内外联动的立体工作网络。加快推动全民国家安全教育组织机构建设，健全完善国家安全教育各项工作制度，形成党委主导、宣传部门牵头、部队支持、有关部门落实、群团配合、群众参与的全方位、立体化工作格局。

（三）完善公共安全治理机制，建设更高水平平安中国

坚持安全第一、预防为主，进一步完善公共安全治理机制，推动公共安全治理模式加快向事前预防模式转型，进一步提高公共安全治理水平。既立足当前、着力解决突出问题，又立足长远、不断完善制度机制，提高公共安全保障能力，建设更高水平平安中国。

1. 构建以事前预防为主的公共安全治理模式

首先，构建大安全大应急框架。坚持和运用战略思维、系统思维、底线思维、法治思维和创新思维，加强重大安全问题和治理议题的前瞻性思考、全局性谋划、战略性布局，加快构建大安全治理框架。推动公共安全治理理念、体制机制、方式方法持续创新，有效预防重大公共安全问题和风险发生。聚焦安全生产、食品药品安全、个人信息保护等人民群众关心的重点领域，完善公共安全监测和预警机制，严防重大安全问题发生。**其次，推动“制度+技术”双轮驱动赋能。**坚持“预防为主”的原则，进一步完善安全风险评估和预测预警等制度。适应信息技术迅猛发展的新形势，重视先进科技赋能，将技术应用与公共安全场景深度融合，加快提升公共安全监测预警、救援实战和社会动员能力和水平。**最后，引导公众参与公共安全维护。**持续弘扬安全文化、加强安全教育，增强各类责任主体的风险意识和责任意识。充分调动企事业单位、社会组织和公众等多元主体积极性，使其主动参与到公共安全维护中来，更好发挥媒体和专家等作用，持续提升公共安全治理水平。

2. 完善和落实安全生产责任制

首先，完善安全生产风险排查整治和责任倒查机制。加强对煤矿、非煤矿山、石油天然气开采、化工（含石油化工）、医药、危险化学品、烟花爆竹、交通运输（含道路、铁路、民航、水上交通运输、城市轨道交通）、建筑施工（含隧道施工）、民用爆炸物品、燃气、渔业船舶、工贸、电力等重点行业和领域制度化常态化安全监管，推动重点行业领域的生产经营单位建立并实施事故隐患内部报告奖励机制，加大风险隐患排查整治力度，坚决防范遏制重特大事故发生。加强制度化常态化安全监管，加强重点环节安全监管。严格落实安全生产责任制，坚决防范化解重大安全风险。**其次，完善食品药品安全责任体系。**全面落实企业、地方政府、有关部门的相关责任，完善食品药品安全监管制度，建立最严格的监管体系，强化全流程、全生命周期安全监管，依法打击危害食品药品安全犯罪，守护人民群众食品药品安全。**再次，健全生物安全**

监管预警防控体系。完善国家生物安全风险监测预警体系和防控应急预案制度，加快健全重大生物安全事件信息统一发布机制。不断加强动植物疫情和外来入侵物种口岸防控。统筹布局生物安全基础设施，强化生物安全资源监管，全面提高国家生物安全治理能力。**最后，加强对新业态的安全监管**。全面掌握新业态新领域重大事故隐患底数，系统梳理新业态新领域的各类安全风险隐患，加快出台并持续完善相关重大事故隐患判定标准和整改验收标准，有力消除监管盲区。严格落实新业态新领域安全监管责任，加强新业态新领域的安全风险评估。

3. 健全重大突发公共事件处置保障体系

首先，加快构建中国特色应急救援力量体系。持续实施自然灾害防治重点工程，加快打造以国家综合性消防救援队伍为主力、以专业救援队伍为协同、以军队应急力量为突击、以社会力量为辅助的中国特色应急救援力量体系。**其次，提高防灾减灾救灾能力**。加快完善大安全大应急框架下应急指挥机制，不断增强应对突发公共事件的人力财力物力等各方面支撑保障，科学调整应急物资储备品类、规模和结构，提高快速调配和紧急运输能力。强化基层应急基础和力量体系建设，不断提升防灾、减灾、救灾能力。增强全灾种救援能力，加强和完善航空应急救援体系与能力。**最后，强化先进技术对应急管理能力建设的支撑**。加大对应急管理关键技术的研发支持，加大先进装备的配备力度，以大数据、云计算等现代科技综合监测、识别、分析多种灾害及其连带的次生灾害和衍生灾害，全面提升对各类风险的预判能力。

4. 提升网络安全和人工智能治理水平

首先，加强网络安全体制建设。完善网络空间管理体制，提高动态监测、实时预警能力。完善网络空间治理法律法规体系建设，健全网络安全等级保护制度，加强关键信息基础设施安全保护体系建设，强化数据安全保护等制度，加强防范抵御网络攻击的能力，切实确保网络安全。加快完善并不断提升数据安全治理监管能力，加快探索并建立高效便利安全的数据跨境流动机制，切实保障数据跨境流动安全。**其次，建立人工智能安全监管制度**。加快完善人工智能治理机制，提升人工智能安全治理水平，保障关键领域应用安全。加快推动人工智能立法，完善科技伦理监管规则，强化科技伦理审查作用，切实有效防控科技伦理风险，加强分级分类监管，加强对风险的实时分析和评估预警，确保监管政策与技术进步保持同步，确保人工智能健康安全有序发展。**最后，提升网络安全治理效能**。不断加强网络空间意识形态、数据安全管理和公民信息保护等工作，借助数字技术提升公共治理效能，有力保障政治安全、网络安靖。

（四）健全社会治理体系，不断提升社会治理效能

完善社会治理体系，建设共建共治共享的社会治理制度，建设人人有责、人人尽责、人人享有的社会治理共同体。完善矛盾风险源头防范化解机制和完善社会治安防控体系，确保国家安全和社会稳定。

1. 完善共建共治共享的社会治理制度

首先，提升基层治理能力和水平。面对新形势新问题，进一步完善人民内部矛盾

机制，坚持和发展新时代“枫桥经验”，完善网络化管理、精细化服务、信息化支撑的基层治理平台，健全党组织领导的自治、法治、德治相结合的城乡基层治理体系，完善共建共治共享的社会治理制度，加快提升基层治理能力和水平。推进信访工作法治化，坚决贯彻落实《信访工作条例》，加强和改进人民信访工作，畅通和规范群众诉求表达、利益协调、权益保障通道。探索建立全国统一的人口管理制度，更好保障公民合法权利、便利公民社会生活。加快健全社会工作体制机制，推动完善志愿服务体系，加强社会工作者队伍建设。**其次，提高市域社会治理能力。**进一步完善市域社会治理的组织架构和组织方式，进一步强化城乡联动，实现市域社会治理整体性推进。拓宽参与渠道，实现市域社会问题多元共治。强化市民热线等公共服务平台功能。夯实科技支撑，实现市域社会治理智能化。健全“高效办成一件事”重点事项清单管理机制和常态化推进机制。

2. 完善矛盾风险源头防范化解机制

首先，完善社会心理服务体系。健全社会心理服务体系和危机干预机制，推动社会心态健康平和，从源头上预防极端心理问题导致的风险。**其次，充分发挥家风建设在基层治理中的作用。**健全发挥家庭、家教、家风建设在基层治理中作用的机制，推动建设和谐家庭、和谐社会。**最后，推动各类社会组织改革。**深化行业协会商会改革，进一步健全社会组织管理制度，充分发挥行业协会商会和社会组织的积极作用，进一步激发各类社会组织的内生动力和活力。

3. 完善社会治安整体防控体系

首先，建立治安打击整治常态长效机制。强化社会治安整体防控，始终保持严打高压态势，推进扫黑除恶常态化，依法严惩群众反映强烈的涉黑涉恶、电信网络诈骗、跨境赌博、涉枪涉爆、侵害妇女儿童权益和盗抢骗等突出违法犯罪，有力保护人民群众生命财产安全。**其次，加强犯罪新机制和心理研究。**深入研究新形势下犯罪活动规律特点，完善打击犯罪新机制。健全社会心理服务体系和危机干预机制，严防发生个人极端暴力案事件。**再次，加强治安状况日常监测体系建设。**积极探索加强对治安状况的日常监测，分类掌握突出治安问题和治安重点地区，用好挂牌整治措施，推动整改落实。加强重点区域、部位巡防巡控，提升社会治安掌控力。**最后，提高社会治安防控能力。**加强乡镇（街道）服务管理力量，严格落实社会面巡防“四项机制”，提高社会治安整体掌控力、快速反应力，建立经常性打击整治机制，形成工作合力。

（五）完善参与全球安全治理机制，共同应对全球重大风险和挑战

加快落实全球安全倡议，积极引领全球治理体系改革和建设，坚定维护国家主权、安全、发展利益，有效保障全球安全。

1. 完善以联合国为核心的均衡、有效、可持续的全球安全架构

坚持共同、综合、合作、可持续的安全观，坚定维护以联合国为核心的国际体系、以国际法为基础的国际秩序、以联合国宪章宗旨和原则为基础的国际关系基本准则，反对一切形式的单边主义，反对搞针对特定国家的阵营化和排他性小圈子，推动全球治理朝着更加公正合理的方向发展。尊重各国主权、领土完整，坚持重视各国合理安全关切，秉持安全不可分割原则，积极参与联合国框架下的双多边机制，构建均衡、有效、可持续的安全架构，共同应对地区争端和全球性安全问题，实现普遍安全、共同安全。支持对安理会进行必要、合理改革，以进一步提高安理会的权威和效率，持续增强其应对全球性威胁和挑战的能力，更好地履行《联合国宪章》赋予的职责。

2. 完善全球经济治理机制

将发展始终置于国际议程中心位置，持续加强全球、区域、次区域、国别层面发展战略对接，积极推动全球发展倡议同联合国发展领域进程形成合力，推动全球实现优势互补、联动发展。持续加强与联合国、二十国集团、国际货币基金组织、世界银行等机制沟通合作，进一步强化宏观经济政策协调，加快完善全球经济治理机制。坚持以开放为导向，坚持多边主义，坚定维护自由贸易和以世界贸易组织为核心的多边贸易体制，反对一切单边主义和保护主义，持续推动全球一体化进程加速；坚持以平等合作为基础，尊重各国的社会制度和发展道路，推动全球经济治理体系更加公正合理。

3. 完善全球粮食安全合作框架

支持联合国相关机构充分发挥专业优势和协调作用，动员国际社会特别是发达国家加大援助力度，缓解有关国家人民的燃眉之急。持续推动国际社会加强合作，共同建立完善公平合理、持续稳定的农业贸易秩序，避免将粮食安全问题政治化、武器化。加快构建对发展中国家特别是最脆弱国家的支持援助体系，帮助他们切实提升粮食安全保障水平。围绕《金砖国家粮食安全合作战略》等文件，充分发挥多边机制作用，积极应对粮食危机。

4. 推动全球卫生治理体系变革

支持对全球卫生治理体系进行必要合理改革，进一步提升全球卫生治理体系的工作效率，更好应对全球公共卫生危机，推动构建人类卫生健康共同体。支持世界卫生组织在全球卫生治理中发挥中心协调作用，支持其在客观、公正、科学基础上，加强同各方在全球卫生领域的合作。继续支持和参与全球科学溯源，坚决反对任何形式的政治操弄。

5. 推动构建全球数字安全治理体系

持续推动各方以《全球数据安全倡议》为基础，加快制定完善数字治理国际规则。推动各方深化对话合作，完善全球数字治理体系，加快构建网络空间命运共同体。支持在联合国主持下，推动各方通过谈判制定一项针对网络犯罪的具有普遍性、权威性的全球公约，为各国强化打击网络犯罪国际合作提供法律支持。聚焦人工智能领域，支持发挥联合国主渠道作用，推动各方加强全球人工智能治理合作，建立良好沟通协调机制，加快形成具有广泛共识的全球人工智能治理框架和标准规范。